Bruna Pinotti Garcia Oliveira

> Doutoranda do programa de Pós-graduação stricto sensu da Faculdade de Direito da Universidade de Brasília - UNB, na área de Direito, Estado e Constituição. Mestre-bolsista (CAPES/PROSUP Modalidade 1) em Direito pelo Centro Universitário "Eurípides Soares da Rocha" - UNIVEM. Professora universitária titular da Universidade Federal de Goiás - UFG. Professora de curso preparatório para concursos e para Exame da Ordem dos Advogados do Brasil em diversos cursos nacionais à distância e presenciais. Professora dos Programas "Saber Direito" e "Direito sem Fronteiras", na TV Justiça, em Brasília/DF. Autora de diversos trabalhos científicos publicados em revistas qualificadas, livros e anais de eventos, notadamente na área do direito eletrônico e dos direitos humanos. Advogada e consultora jurídica.

E-mail: professorabrunapinottigarcia@gmail.com

Rafael de Lazari

> Advogado e consultor jurídico. Pós-Doutor em Democracia e Direitos Humanos pelo Centro de Direitos Humanos da Faculdade de Direito da Universidade de Coimbra/Portugal. Estágio Pós-Doutoral pelo Centro Universitário "Eurípides Soares da Rocha", de Marília/SP. Doutor em Direito Constitucional pela Pontifícia Universidade Católica, de São Paulo/SP. Professor da Graduação, do Mestrado e do Doutorado em Direito da Universidade de Marília/SP - UNIMAR. Coordenador da Pós-Graduação em Direito Constitucional da Rede LFG de Ensino. Professor convidado de Pós-Graduação (LFG, EBRADI, Projuris Estudos Jurídicos, IED, dentre outros), da Escola Superior de Advocacia, e de Cursos preparatórios para concursos e Exame da Ordem dos Advogados do Brasil (LFG, G7, Vipjus, IED, Vocação Concursos, PCI Concursos, dentre outros). Professor dos Programas "Saber Direito" e "Academia", na TV Justiça, em Brasília/DF. Membro da UJUCASP - União dos Juristas Católicos de São Paulo. Membro da ABDPro - Associação Brasileira de Direito Processual. Palestrante no Brasil e no exterior. Autor, organizador e participante de inúmeras obras jurídicas, no Brasil e no exterior.

E-mail: prof.rafaeldelazari@hotmail.com

Manual de Direitos Humanos

VOLUME ÚNICO

Bruna Pinotti Garcia Oliveira
Rafael de Lazari

Manual de Direitos Humanos

VOLUME ÚNICO

5ª edição | revista ampliada atualizada

2019

www.editorajuspodivm.com.br

Rua Território Rio Branco, 87 – Pituba – CEP: 41830-530 – Salvador – Bahia
Tel: (71) 3045.9051
• Contato: https://www.editorajuspodivm.com.br/sac

Copyright: Edições *Jus*PODIVM

Conselho Editorial: Eduardo Viana Portela Neves, Dirley da Cunha Jr., Leonardo de Medeiros Garcia, Fredie Didier Jr., José Henrique Mouta, José Marcelo Vigliar, Marcos Ehrhardt Júnior, Nestor Távora, Robério Nunes Filho, Roberval Rocha Ferreira Filho, Rodolfo Pamplona Filho, Rodrigo Reis Mazzei e Rogério Sanches Cunha.

Capa: Ana Caquetti

Diagramação: Lupe Comunicação e Design *(lupecomunicacao@gmail.com)*

S243c   Oliveira, Bruna Pinotti Garcia.
         Manual de direitos humanos: volume único / Bruna Pinotti Garcia Oliveira, Rafael de Lazari. – 5. ed. rev., atual. e ampl. – Salvador: Ed. Juspodivm, 2019.
         992 p.

         Bibliografia.
         ISBN 978-85-442-3011-4

         1. Direitos humanos. 2. Direitos fundamentais. Direitos primordiais. I. Oliveira, Bruna Pinotti Garcia. II. Lazari, Rafael de. III. Título

CDD 341.27

Todos os direitos desta edição reservados à Edições *Jus*PODIVM.

É terminantemente proibida a reprodução total ou parcial desta obra, por qualquer meio ou processo, sem a expressa autorização do autor e da Edições *Jus*PODIVM. A violação dos direitos autorais caracteriza crime descrito na legislação em vigor, sem prejuízo das sanções civis cabíveis.

Dedicamos este trabalho à nossa família, sem a qual jamais teríamos conquistado o conhecimento necessário para escrever esta obra, e muito menos os valores da disciplina, da parceria, da paciência, da moralidade e da diligência.

Sem a família, manancial de todas as benesses do homem e porto seguro dos bem aventurados, nada é possível.

Por Bruna, a Edson Garcia, Rosana Pinotti Garcia, Renata Pinotti Garcia e Thiago Oliveira da Silva.

Por Rafael, a Nedécio de Lazari, Soraya de Lazari e Sarah de Lazari.

AGRADECIMENTOS

Por Bruna Pinotti Garcia Oliveira:

Em primeiro lugar, agradeço ao meu amigo e parceiro na construção desta obra, Rafael de Lazari. Sem a sua determinação e a sua disciplina, este trabalho seria apenas mais um projeto que não sairia do papel (ou então um trabalho que eu levaria no mínimo 10 anos para considerar pronto). Todas as vezes em que o desânimo bateu, você vinha com a palavra amiga e o elogio que me motivava a continuar escrevendo (às vezes com o puxão de orelha para eu acelerar o passo). Acima de tudo, agradeço pela amizade que cresceu conforme esta obra era escrita, a qual levaremos por uma vida. Cada dia mais você tem a minha admiração e respeito, meu querido. Obrigada por tudo!

Agradeço, ainda, a todos os professores que motivaram os meus estudos desde as suas raízes, muitos dos quais se tornaram parceiros de publicação e me ajudaram a desenvolver ideias centrais do presente trabalho.

Agradeço aos meus amigos e familiares que me amam por razões transcendentais, não importando o quanto eu fique mal-humorada, estressada, complexada, neurótica e afastada. Eles sabem quem são, mas nomeio alguns porque se não o fizesse seria insuficiente, dado o apoio incondicional que recebi: meus pais, Edson Garcia e Rosana Pinotti Garcia, e meus avós, Manoel Garcia, Carolina Garcia e, em memória, Maria Aparecida Pinotti, espelhos de valores e dignidade; minha tia e madrinha Adriana Garcia, inspiração para a carreira acadêmica; meu tio André Muller, inspiração para a carreira jurídica e incentivador constante; minha irmã, Renata Pinotti, e meus primos, Caroline e Leonardo Garcia, Otávio Augusto e Isabela Muller, por uma infância e adolescência partilhadas; aos meus melhores amigos, Bella Cardoso, Natália Falcão, Tamyris Falcão, Laís Campos, Cíntia Tukasan, Tati Zilio, André Silva, Fer Araújo e Talita Ravagnã, por serem a família que Deus me permitiu escolher. Aos novos amigos de Minas Gerais, Goiânia e Brasília pela calorosa acolhida nos últimos anos, em especial: Ale Tifa, Bárbara's, Thays Silva. Por fim, ao companheiro que escolhi para me acompanhar pela vida, meu esposo, Thiago Oliveira da Silva.

Por Rafael de Lazari:

Em primeiro lugar, agradeço à querida parceira nesta empreita, Bruna Pinotti Garcia Oliveira. Legítima e competente jurista, pensadora crítica dos direitos humanos, foi a força motriz para a elaboração deste trabalho e ser humano de perseverança admirável nos momentos mais críticos deste "Manual". Sempre disse a ela que um "Manual" é para a vida toda, dado o comprometimento para com ele daqui para frente. Não faz mal: é um livro para a vida toda, escrito com uma amiga para a vida toda. Muito obrigado!

Agradeço aos meus alunos, amigos e familiares, pelo apoio irrestrito aos meus sonhos, pelo ombro nos momentos de dificuldade, e pelo carinho com que sempre sou tratado. O pedido de desculpas fica por conta das horas de ausência em razão da solitária atividade de pesquisar, atividade esta que não respeita horários, datas especiais ou dias da semana.

Por ambos:

Agradecemos, sempre, a Deus, que nos ilumina com seus dons - entre eles o do amor pelo conhecimento -, nos dá forças nos momentos mais difíceis, perdoa nossos erros e nos conduz a uma vida melhor na plenitude de sua graça.

Agradecemos à editora Juspodivm, que investiu e acreditou neste projeto.

Um agradecimento especial fica a cada leitor deste trabalho. Acima de tudo, esta obra é dedicada a todos aqueles que lutam por um mundo mais honesto, justo, cordial e gentil, ainda que em dados momentos a guerra seja dada como perdida. O homem de boa vontade é a prova viva de que uma andorinha só faz, sim, verão.

Oração de São Francisco de Assis

Senhor, fazei-me instrumento de vossa paz
Onde houver ódio, que eu leve o amor
Onde houver ofensa, que eu leve o perdão
Onde houver discórdia, que eu leve a união
Onde houver dúvida, que eu leve a fé
Onde houver erro, que eu leve a verdade
Onde houver desespero, que eu leve a esperança
Onde houver tristeza, que eu leve a alegria
Onde houver trevas, que eu leve a luz
Ó Mestre, fazei que eu procure mais
Consolar, que ser consolado
Compreender, que ser compreendido
Amar, que ser amado
Pois, é dando que se recebe
é perdoando que se é perdoado
e é morrendo que se vive para a vida eterna.

A ROSA DE HIROSHIMA,
por Vinícius de Moraes

Pensem nas crianças
Mudas telepáticas
Pensem nas meninas
Cegas inexatas
Pensem nas mulheres
Rotas alteradas
Pensem nas feridas
Como rosas cálidas
Mas oh não se esqueçam
Da rosa da rosa
Da rosa de Hiroshima
A rosa hereditária
A rosa radioativa
Estúpida e inválida
A rosa com cirrose
A antirrosa atômica
Sem cor sem perfume
Sem rosa sem nada.

A FLOR E A NÁUSEA,
por Carlos Drummond de Andrade

Uma flor nasceu na rua!
Passem de longe, bondes, ônibus, rio de aço do tráfego
Uma flor ainda desbotada
iludi a polícia, rompe o asfalto
Façam completo silêncio, paralisem os negócios,
garanto que uma flor nasceu
É feia. Mas é flor. Furou o asfalto, o tédio, o nojo e o ódio.

APRESENTAÇÃO DA 5ª EDIÇÃO

Nossa obra está totalmente atualizada e esta quinta edição é, certamente, aquela que mais encorpou a história contada neste Manual de Direitos Humanos desde 2014. O objetivo de nós, autores, e da Editora que encampa este projeto é claro: abordar tudo o que há de mais moderno em sede de Direitos Humanos, o que vem sendo cobrado pelas bancas examinadoras de concursos públicos dos mais variados graus de dificuldade, o que tem se discutido academicamente, bem com os recentes acontecimentos sociais. Não se trata, portanto, de um livro apartado da realidade; *pelo contrário, buscamos mostrar a realidade dos Direitos Humanos no cotidiano*. Fica mais fácil compreender os procedimentalismos e parâmetros dogmáticos da disciplina se forem inseridos no contexto social que visam tutelar.

Há novidades múltiplas espalhadas por toda a obra (às vezes mediante inserção de novos tópicos; por novos parágrafos; por reposicionamentos conceituais etc.): recentes casos envolvendo o Brasil no sistema interamericano de proteção de direitos humanos (como a condenação pela Corte Interamericana no Caso Herzog ou novas movimentações de casos em trâmite); condenações de outros países pela Corte Interamericana e opiniões consultivas (na parte sobre direitos humanos em espécie, notadamente); esmiuçamentos sobre empresas e direitos humanos; decisões sobre criminalização da homofobia e da transfobia, bem como sobre utilização de animais em rituais religiosos, ambas prolatadas pelo Supremo Tribunal Federal; especificações sobre o Alto Comissariado da ONU para Direitos Humanos; novas normativas internacionais inseridas; mais questões abertas de concursos públicos (isso era um pedido constante de nossos leitores, aliás, visto que tais questões têm aparecido em provas com altíssimo grau de dificuldade); novos julgados em torno de remédios constitucionais; discussões sobre a inconvencionalidade ou não do crime de desacato previsto na legislação penal brasileira (outra casuística, além daquela envolvendo a Lei da Anistia, já constante de outras edições); ampliação das explicações acerca dos Princípios de Yogyakarta; acréscimo de tópico sobre população em situação de rua; acréscimo de tópicos sobre Ministério Público e Defensoria Pública como mecanismos de proteção dos direitos humanos; e muito mais.

Nesta quinta edição, expressamos toda a gratidão a cada leitor, de cada canto do país, qualquer que seja a finalidade da leitura desta obra, que tem estado conosco, comprando nossos livros, nos estimulando com elogios, mandando críticas e sugestões de conteúdo/esclarecimentos. Este Manual de Direitos Humanos é um mecanismo vivo, convém insistir. Ele caminha junto com cada um de vocês. Obrigado. O desejo de uma boa leitura a todos é sempre sincero.

Bruna Pinotti Garcia Oliveira
Rafael de Lazari

São Paulo/SP, 12 de julho de 2019.

APRESENTAÇÃO DA 4ª EDIÇÃO

Com grande honra apresentamos a quarta edição do nosso Manual de Direitos Humanos, seguindo o processo proposto há quase cinco anos por nós, autores, de conferir sistematização a uma disciplina a um só tempo *tão importante* e *tão desconhecida*.

Da mesma forma que externamos felicidade pela consolidação deste Manual como doutrina fundamental para quem quer compreender direitos humanos no Brasil (o fato de termos tantos e tão diversificados leitores ajuda a demonstrar isso, sem prejuízo da conquista ensimesmada de chegarmos a uma quarta edição de livro!), não podemos deixar de manifestar, em sentido contrário, preocupação com a naturalidade com que práticas de violações aos direitos humanos têm se dado. Em tempos tão extremos, de acirramento de ânimos, pedimos serenidade, reflexão, compreensão, e capacidade de entender o outro lado. Como enxergamos direitos humanos como ciência (uma ciência não estritamente jurídica, vale frisar), esperamos que ela forneça os remédios necessários para a pacificação social, econômica e política que o Brasil precisa.

Esta quarta edição traz uma boa verticalização dos direitos humanos. Novos casos da Corte Interamericana de Direitos Humanos, novas pendências na Comissão Interamericana de Direitos Humanos, a nova Lei de Migração (Lei nº 13.445/2017), a inserção de aprofundamentos sobre direitos da nacionalidade, atenção para procedimentos especiais de proteção aos direitos humanos (Resolução nº 1.235/1967 e Resolução nº 1.503/1970), maiores digressões sobre o acordo de Paris, novas menções a posicionamentos jurisprudenciais e documentos consagradores de direitos, são algumas das inovações aqui contidas. Tudo foi feito, lembra-se, mantendo a "espinha dorsal" de desenvolver, nessa ordem: teoria geral dos direitos humanos (primeira parte), evolução histórica e filosófica (segunda parte), diretos humanos em espécie (terceira parte), mecanismos nacionais de proteção (quarta parte) e mecanismos internacionais de proteção (quinta parte).

Reconhecemos a dificuldade em atualizar cada edição deste Manual, pela proposta de direcionar a obra a um caminho desafiador ao invés de uma acepção tradicional de direitos humanos. Os desafios é que nos movem edição após edição e isso se deve, fundamentalmente, a todos os nossos leitores. Manifestamos carinho e gratidão pelo processo coletivo de construção deste livro. Todas as sugestões, críticas e manifestações de apoio são analisadas de forma honesta, para que a obra atenda aos mais variados interesses do leitor.

Bruna Pinotti Garcia Oliveira
Rafael de Lazari

São Paulo/SP, 28 de fevereiro de 2018.

APRESENTAÇÃO DA 3ª EDIÇÃO

Eis que apresentamos a terceira edição do nosso Manual de Direitos Humanos, repleto de *novidades* (em alguns pontos) e *consolidações* (em outros). Seguindo a tônica de estabilizar uma efetiva ciência autônoma dos direitos humanos, continuamos nosso incansável projeto de estabelecer subsídios para o respeito ao ser humano em sua integralidade. O conceito de *ser humano*, aliás, deve ser gozado sempre em completude, jamais em parcelas/frações/etiquetamentos. Ainda que em alguns casos se admita a relativização de certos preceitos (como o direito humano à vida, por exemplo, que comporta pormenorizações), isso não retira a característica da necessidade de completude da compreensão humana, sobretudo nos tempos atuais, em que as individualidades exacerbadas parecem sufocar a percepção naturalmente plural do homem. É preciso tomar todo o cuidado, neste prumo, para que tais individualidades não inviabilizem o senso fraternal de coexistência pensado pelo Estado Democrático de Direito.

Uma primeira novidade desta terceira edição, atendendo a sugestões de nossos sempre argutos leitores, foi a inclusão de *quadros sinópticos* ao final de cada capítulo, sintetizando os principais temas abordados como doutrina. A ideia, obviamente, não é dispensar o aluno da leitura do capítulo em si, mas dar-lhe "pílulas pontuais de estudos" na véspera das provas, bem como frisar assuntos que gozam de importância que merece ser sobrelevada uma vez mais no trabalho. No processo de estruturação de uma efetiva e autônoma disciplina dos direitos humanos, a participação de quem nos lê é fundamental para que criemos uma obra dinâmica, e os quadros sinópticos decorrem, justamente, deste dinamismo de nós autores com nossos leitores. Devemos a vocês essa dica! Muito obrigado!

Uma segunda novidade desta terceira edição foi o aprofundamento do estudo acerca dos entendimentos da Comissão Interamericana de Direitos Humanos e da Corte Interamericana de Direitos Humanos, cada vez mais cobrados do estudioso dos direitos humanos. Como sempre buscamos destacar desde a primeira edição da obra, o traço que mais distingue os direitos humanos de áreas como o direito constitucional ou os direitos difusos e coletivos é justamente a estrutura sistêmica que se firma em prol de sua consolidação substancial. Conferir atenção aos posicionamentos adotados dentro desta estrutura é, portanto, reconhecer a relevância que estes órgãos possuem na tarefa de estabelecer as fundações do contemporâneo direito internacional dos direitos humanos.

Além disso, acrescentamos inúmeras questões discursivas de provas e concursos para que o acadêmico melhor se situe quanto ao que poderá ser dele cobrado quando confrontado com a disciplina de direitos humanos. Ainda em atenção a isso, abordamos temas delicados como os rumos do direito humanitário e do direito dos refugiados no contexto de guerras civis que assolam alguns países do mundo, como a Síria, gerando uma necessária releitura destas disciplinas de forma integrada com o direito internacional dos direitos humanos.

Não podemos deixar de elencar, também, decisões judiciais paradigmáticas que foram acrescidas (como a do Supremo Tribunal Federal em torno da questão da presunção de inocência), assim como legislações correlatas aos direitos humanos, como a nova Lei do Mandado de Injunção (Lei nº 13.300/2016) e o Estatuto da Pessoa com Deficiência (Lei nº 13.146/2015). Com efeito, cada alteração foi feita pensando nos nossos leitores, com vistas a propiciar um mais profundo conhecimento a respeito dos direitos humanos, tema de encantamento e perplexidade no mundo contemporâneo.

Agradecemos a cada um de nossos leitores pelo apoio incondicional que esta obra tem recebido, pelos incontáveis e-mails de agradecimento e de sugestões, enfim, por cada gesto de apoio para que o Manual de Direitos Humanos se consolide como paradigmática iniciativa no mercado editorial jurídico brasileiro.

Bruna Pinotti Garcia Oliveira
Rafael de Lazari

São Paulo/SP, 28 de fevereiro de 2017.

APRESENTAÇÃO DA 2ª EDIÇÃO

Com grande orgulho e honra apresentamos a segunda edição do nosso Manual de Direitos Humanos. A boa recepção da primeira edição - em que tentamos, singelamente, sistematizar uma efetiva disciplina autônoma de direitos humanos -, nos encorajou a continuar aprofundando os estudos desta ciência tão magnífica em prol de passar-se a discuti-la não mais apenas como meros protocolos de intenções, mas como disciplina técnica, com *conteúdo*, *procedimentalização* e *embasamento* próprios. Podemos afirmar sem qualquer temor de equívoco, pois, que os tempos atuais permitem isso aos direitos humanos, e assim tentamos demonstrar ao longo de todo o trabalho.

Nesta segunda edição há ampliações em todos os capítulos do livro. Como obra orgânica que se pretende, este Manual se permite explorar novos campos, repisar terrenos outrora desbravados, bem como apresentar novos pontos de vista a questões tradicionalmente estudadas. No *capítulo I* se acrescentou, por exemplo, a interpretação dos tratados internacionais dos direitos humanos, as facetas do direito humanitário, novas características dos direitos humanos, bem como um estudo sobre a inconvencionalidade da Lei da Anistia; no *capítulo II* foram inseridos documentos de proteção dos direitos humanos que guardam algum perfilhamento anterior ou posterior à Revolução Gloriosa, sem prejuízo de aprofundamentos históricos em geral; no *capítulo III* os direitos humanos em espécie passaram por ampliação (direitos comunicativos e audiência de custódia, como exemplos); no *capítulo IV* se discorreu, dentre outros, sobre os dois primeiros Programas Nacionais de Direitos Humanos, sobre o recente Conselho Nacional de Direitos Humanos, foram trazidas mais questões nevrálgicas acerca dos instrumentos individuais e coletivos de proteção de direitos humanos, e, por fim, foram inseridas nuanças em torno do incidente de deslocamento de competência bem como um estudo sistematizado da Comissão Nacional da Verdade e seu recente relatório de conclusão de trabalhos; no *capítulo V*, por derradeiro, novas formas de compreensão dos direitos humanos na seara internacional foram trazidas, com especial atenção para a Convenção de Viena sobre Direito dos Tratados e noções mínimas sobre direito internacional. De modo geral, também, foram trazidas observações gerais do Comitê de Direitos Humanos e do

Conselho Econômico e Social (ligados às Nações Unidas), de importância impar para a compreensão da disciplina que ora se estuda.

Novos conteúdos ensejaram, por consequência, novas indagações. A exemplo do que foi feito na primeira edição, há um sumário apenas com perguntas nevrálgicas aptas a despertar, regra geral, amplíssimas discussões, de modo que tais novos questionamentos foram acrescidos a este sumário. E, sem prejuízo destas perguntas, algumas questões discursivas de concursos públicos foram inseridas no corpo do trabalho e respondidas logo em sequência. São perguntas que já foram cobradas anteriormente, e sua inclusão se dá justamente para melhorar a integração entre o livro e os estudantes de concursos Brasil afora, público para o qual esta obra também se destina, sem prejuízo de alunos de graduação e pós-graduação bem como demais operadores e profissionais do direito: há conteúdo de sobra neste livro para gerar debates em todos os níveis possíveis. Isso é proposital, e reflete nosso intento de democratizar o conhecimento em direitos humanos!

Esperamos que o nobre leitor faça bom uso deste Manual. Nossa intenção não é apenas formar juristas, especialistas, mestres, doutores, ou prepará-los para concursos públicos dos mais variados níveis. Nossa intenção é fomentar a prática dos direitos humanos nas relações cotidianas: do defensor que auxilia seu assistido por intermédio de normativa protetiva, ao indivíduo que tenta livrar o meio em que vive das mazelas geradas por todo tipo de violação aos direitos humanos. Por vezes nos perguntamos o que estaria acontecendo ao mundo, vendo o completo definhamento das relações intersubjetivas, como as atrocidades cometidas pelo Estado Islâmico, as "guerras por paz", governos pouco simpatizantes da democracia (ou que, muito embora adotem-na formalmente, não se valem de suas tratativas), dentre outros. Deixar de perseverar para que isso cesse seria reconhecer a vitória da injustiça. Não podemos - nem nós autores, nem os nobre leitores - desistir jamais! E não vamos desistir! Sigamos juntos nesta luta!

Bruna Pinotti Garcia
Rafael de Lazari

São Paulo, 25 de abril de 2015.

APRESENTAÇÃO DA 1ª EDIÇÃO

Há cerca de dois anos atrás, em um encontro de docentes, conversávamos sobre inúmeros assuntos, a maioria deles jurídicos, como seria natural num diálogo entre uma professora de filosofia e direitos humanos e um professor de direito constitucional. Em meio a estes assuntos, um surge com maior força: a ausência de uma obra sistematizada de direitos humanos no Brasil. Algo que não fosse nem um curso de direito constitucional disfarçado, ou um curso de direitos difusos e coletivos que menosprezasse os direitos humanos individuais ou o funcionamento dos mecanismos internacionais, ou meramente um curso de direito internacional público que não adentrasse nas especificidades materiais e sistêmicas dos direitos humanos no plano internacional e no plano interno.

É óbvio que existem inúmeros excelentes livros temáticos de direitos humanos, assim como ricos cursos de direito internacional, cursos de direito constitucional, cursos de direitos difusos e coletivos - muitos deles inclusive citados na presente obra. Ainda bem! O que não existia até o presente momento era uma obra que sistematizasse um conteúdo tão amplo e tão cobrado não somente nos concursos públicos Brasil afora, mas como verdadeiro elemento fundamental de formação do jurista nos atuais tempos da democracia contemporânea.

Confessamos que quando montamos a primeira versão do sumário da obra, desde então idealizada em cinco partes, quais sejam, teoria geral, história e filosofia, direitos materiais, instrumentos internos e sistemas internacionais, quase desistimos do projeto. Vimos que o plano inicial de escrever uma obra conjunta em seis meses tinha virado utopia, tamanha a quantidade e a complexidade do conteúdo envolvido. O projeto passou a ser desenvolvido arduamente no período de quase dois anos, ao cabo do qual, finalmente, demos por encerrada a edição de um inédito *Manual de Direitos Humanos*. Estamos tão longe de parar quanto é possível estar para algo que apenas se inicia. Como um filho que os pais querem ver se desenvolver e crescer, este manual se tornou um verdadeiro projeto de vida para nós. Esperamos ano a ano trazer aos estudiosos do direito no país novos rumos para a compreensão dos direitos humanos de uma maneira conglobada e sistematizada.

O primeiro capítulo da obra, intitulado *Teoria geral dos direitos humanos*, tem por fulcro permitir ao leitor uma compreensão global do tema direitos humanos antes de entrar nas especificidades dos direitos materiais e dos sistemas de proteção. Por isso, ele é o coração desta obra, sem o qual pouco se compreenderá sobre como raciocinar sobre direitos humanos, entendendo seus rumos e aprendendo a esmiuçar suas regulamentações.

No segundo capítulo, efetuamos um estudo dos *Antecedentes histórico-filosóficos dos direitos humanos*. Desde o início chegamos ao consenso de que não bastava falar apenas de eventos históricos, se não mostrássemos que tipo de pensamento que os ocasionou. Logo, indiretamente, permite-se ao leitor estudar os fundamentos da formação dos direitos humanos, os quais servem para a compreensão de cada norma que os cerca até hoje.

O terceiro capítulo é um dos mais densos da obra, uma vez que concentra o estudo dos principais documentos internacionais que trazem os *Direitos humanos em espécie*. Adota-se a clássica divisão tripartite dos direitos humanos, começando pelo estudo exaustivo dos direitos civis e políticos; chegando à análise dos direitos econômicos, sociais e culturais; e finalizando com uma teoria dos direitos difusos e coletivos, componentes da dimensão da fraternidade, especificando algumas de suas áreas.

Já o quarto capítulo tenta conferir um caráter mais pragmático e instrumental à atuação do profissional de direitos humanos no país. Colocam-se os clássicos *Instrumentos nacionais de tutela individual e coletiva* num estudo breve e conjunto, sem prejuízo da análise da atual política nacional dos direitos humanos.

Finalizando, o capítulo mais extenso tenta esgotar o máximo possível a temática do funcionamento dos *Sistemas internacionais de proteção dos direitos humanos*, concentrando-se no global e no interamericano, efetuando inclusive análise e seleção dos principais trechos de decisões que envolveram o Brasil perante os tribunais internacionais que analisam questões de direitos humanos.

Contada esta pequena história sobre as origens e a estrutura deste trabalho, vamos refletir um pouco.

Falar em direitos humanos, para muitos, ainda é visto como utopia. Daí surgem trocadilhos diversos, como o famigerado "direito dos manos" - com o perdão da "licença poética" - corrente nos bastidores da vida policial. Isso sem contar expressões consolidadas no ideário popular, como "quem não deve, não teme", ou "bandido bom é bandido morto". Pequenos preconceitos que contaminam as raízes da sociedade, por vezes de forma quase inocente, mas que acabam por gerar graves reflexos na estrutura jurídica e social, funcionando como óbice à realização da justiça.

A humanidade já viu os resultados de um mundo no qual seres humanos não poderiam ser considerados igualmente dignos, embora insista em não retomar as lições de tais acontecimentos. Muitos que não deviam, passaram a temer, não por um crime, mas apenas por serem diferentes. Muitos ditos "bandidos" nada tinham feito, e ainda que o tivessem, jamais mereceriam tamanho tratamento indigno.

Quer dizer, os horrores dos regimes totalitários e ditatoriais ao longo do século XX nos ensinaram que quando homens podem ser diferenciados por sua cor, crença política, raça, posição social, sexo, idade, incidência ou não em criminalidade, entre outros inúmeros fatores (criando-se uma escala de dignidade) é impossível consolidar um regime jurídico fundado na dignidade da pessoa humana.

Assim, a dignidade da pessoa humana surge como valor primordial e estruturador da sociedade contemporânea, guiando todos países que possam se considerar Estados Democráticos de Direito. A pessoa humana é o centro e o Estado existe em prol dela (não o inverso). E quando uma pessoa é considerada "menos" humana que a outra por qualquer fator discriminatório, perde a sua dignidade. E a perda da dignidade de um, nada mais é que a perda da dignidade de todos. Não se pode falar em respeito aos direitos humanos enquanto não se abraçar a herança deixada pelo humanismo: todos os homens são iguais, agora não só aos olhos de Deus, mas aos olhos da sociedade e da lei.

É para nunca nos esquecermos disso que trazemos na epígrafe desta obra, primeiro, a oração de São Francisco de Assis, visando que cada um de nós - autores e leitores - sejamos iluminados com a benção de ser luz na vida dos outros, não nos deixando dominar por vaidades ou imoralidades; e depois, clássicos poemas de dois dos maiores escritores brasileiros, remetendo às mazelas de um dos mais trágicos eventos da humanidade consistente no lançamento das bombas de Hiroshima e Nagasaki, trazendo não só a lição da dor e do arrependimento deste triste legado, mas também exteriorizando uma mensagem de esperança, já que, mesmo depois de tudo isso, uma flor nasceu no chão, rompendo o duro asfalto.

A flor é fraca, como dizia Drummond, um pouco desbotada. Mas não importa, porque uma flor nasceu, apesar dos pesares. Significa que um raio de esperança é melhor que esperança nenhuma. Esperança é a força motriz da sociedade. Quem não acredita num mundo melhor, jamais irá criar um mundo melhor (enquanto quem acredita pode não ver estas melhorias em vida, mas com certeza as deixará como legado humano às futuras gerações). Quem acredita que apenas gestos grandiosos fazem mudanças, nunca deixará seu casulo comportamental danoso.

Então, com todo orgulho possível, nos assumimos como pessoas que acreditam na possibilidade de um mundo melhor, tentando gerar por este compêndio alguma agitação no pensamento dos operadores do Direito em prol do fortalecimento e efetivação dos direitos humanos no Brasil. E pedimos a vocês que nos acompanhem neste sonho...

Bruna Pinotti Garcia
Rafael de Lazari

São Paulo, 10 de janeiro de 2014.

SUMÁRIO

Índice de perguntas 39

» **Capítulo I – TEORIA GERAL DOS DIREITOS HUMANOS** **49**
1   Conceito e base teórica de direitos humanos 50
2   Direitos humanos e garantias constitucionais fundamentais: convergências e divergências conceituais 51
3   Vertentes de proteção dos direitos humanos e relações entre elas: conceitos básicos de direito internacional 53
   3.1   Direitos humanos e as subvertentes do direito de minorias e do direito internacional penal 55
   3.2   Direito humanitário 56
        3.2.1   Direito de Genebra 58
        3.2.2   Direito de Haia 64
        3.2.3   Direito de Nova York 65
   3.3   Direito dos refugiados 66
4   Características dos direitos humanos 69
   4.1   Historicidade 70
   4.2   Mobilidade e dinamismo 71
   4.3   Universalidade 72
   4.4   Generalidade 74
   4.5   Inalienabilidade 74
   4.6   Imprescritibilidade 75
   4.7   Irrenunciabilidade 75
   4.8   Inviolabilidade 76
   4.9   Indivisibilidade 77
   4.10 Complementaridade 77
   4.11 Interdependência ou inter-relação 77
   4.12 Inexauribilidade 78
   4.13 Essencialidade 79

4.14	Efetividade		79
4.15	Relatividade		79
	4.15.1	Universalidade dos direitos humanos e relativismo cultural (relatividade em sentido amplo)	79
	4.15.2	Limitabilidade de direitos humanos (relatividade em sentido estrito)	82
		4.15.2.1 Resolução de conflitos ante a colisão de direitos fundamentais	83
		4.15.2.1.1 Reserva legal simples	83
		4.15.2.1.2 Reserva legal qualificada	83
		4.15.2.1.3 Limites dos limites	83
		4.15.2.1.4 Proteção do núcleo essencial dos direitos humanos	83
		4.15.2.1.5 Proporcionalidade	84
		4.15.2.1.6 Proibição de restrições casuísticas	84
		4.15.2.2 Limitação de direitos humanos pela relação direitos-deveres	84
5	A estrutura normativa do sistema internacional e do sistema regional de proteção aos direitos humanos		88
6	Condições para suspensão de direitos e direitos inderrogáveis		89
7	Interpretação dos tratados internacionais de direitos humanos		91
	7.1	Normativa cogente (*jus cogens*) e normativa não cogente (*soft law*)	92
	7.2	Vedação à interpretação deturpada	94
	7.3	Repercussões interpretativas do monismo e do dualismo do direito internacional	96
	7.4	O critério *pro homine* ou da primazia da norma mais favorável	97
	7.5	Teoria da margem de apreciação	98
8	A incorporação dos tratados internacionais de proteção dos direitos humanos ao Direito brasileiro		100
	8.1	O processo de incorporação de tratados internacionais pelo ordenamento jurídico brasileiro	101
	8.2	Valor do tratado de direitos humanos na Constituição Federal: princípio da primazia dos direitos humanos	101
	8.3	A posição hierárquica dos tratados internacionais de direitos humanos em face do art. 5º, § 3º, da Constituição Federal: hierarquia supralegal	102
	8.4	Tratados "equivalentes a emendas constitucionais"	103
	8.5	Análise da aplicação do critério da supralegalidade perante a jurisprudência do Supremo Tribunal Federal quanto ao princípio do duplo grau de jurisdição	104
	8.6	Análise da aplicabilidade do art. 5º, § 3º, CF (2005-2018)	108
	8.7	Controle de convencionalidade	113
		8.7.1 Primeira casuística: a suposta inconvencionalidade da "Lei da Anistia"	116

8.7.2 Segunda casuística: a suposta inconvencionalidade do crime de desacato 120
9 Classificação constitucional dos direitos humanos 122
10 Eficácia vertical, horizontal e diagonal dos direitos humanos 123
   10.1 Teoria da ineficácia horizontal (ou doutrina da *State Action*) 124
   10.2 Teoria da eficácia horizontal indireta 125
   10.3 Teoria da eficácia horizontal direta 126
11 O neoconstitucionalismo, a nova fase positivista e o Estado Democrático de Direito 127
12 Teorias doutrinárias de classificação de direitos humanos 130
   12.1 Classificação com base na teoria dos "*status*" de Jellinek 130
      12.1.1 Direitos de defesa 130
      12.1.2 Direitos prestacionais 131
      12.1.3 Direitos de participação 131
   12.2 Classificação do Caso Lüth: direitos objetivos e subjetivos 131
13 Fundamentos de direitos humanos 133
   13.1 Fundamento da dignidade da pessoa humana 134
      13.1.1 Previsão no sistema de proteção de direitos humanos 134
      13.1.2 Conceito e desdobramentos 135
      13.1.3 Base para a nova hermenêutica constitucional 136
      13.1.4 Fundamentos associados 137
   13.2 Fundamento da democracia 138
      13.2.1 Previsão no sistema de proteção de direitos humanos 138
      13.2.2 Conceito e desdobramentos 140
      13.2.3 Regime de governo e forma de governo 141
      13.2.4 Democracia, cidadania e justiça participativa 141
   13.3 Fundamento da razoabilidade-proporcionalidade 143
      13.3.1 Nova hermenêutica constitucional e caráter instrumental 143
      13.3.2 Aproximações conceituais 144
      13.3.3 Distanciamentos conceituais 146
   13.4 Fundamento da interdependência: a teoria das "gerações" ou "dimensões" de direitos 147
      13.4.1 Fundamento da liberdade: primeira dimensão 149
      13.4.2 Fundamento da igualdade: segunda dimensão 152
      13.4.3 Fundamento da fraternidade: terceira dimensão 154
      13.4.4 Fundamento do aperfeiçoamento: teorias sobre outras dimensões de direitos humanos 156
14 Sinopse do capítulo 157

» **Capítulo II – OS FUNDAMENTOS FILOSÓFICOS E A EVOLUÇÃO HISTÓRICA DOS DIREITOS HUMANOS** 171
1 Doutrina do direito natural: pensamento grego, romano e cristianista 172

1.1 Antígona e a primeira menção à lei natural 172
1.2 Discussão filosófica na *polis* grega 174
1.3 Discussão filosófica na jovem república romana 176
1.4 Discussão filosófica na Idade Média 178
2 Carta Magna de João Sem Terra de 1215 e a ascensão do absolutismo europeu 180
3 Renascimento e Iluminismo: reflexos do antropocentrismo nas premissas do direito natural 181
   3.1 Renascimento e o agigantamento do absolutismo 182
   3.2 Iluminismo e a quebra do conceito absoluto de soberano 184
   3.3 Revolução Gloriosa e documentos interligados 186
      3.3.1 *Petition of Rights* de 1628 188
      3.3.2 *Habeas Corpus Act* de 1679 188
      3.3.3 *Bill of Rights* de 1689 188
      3.3.4 *Act of Settlement* de 1701 189
   3.4 Revoluções Francesa e Americana: promulgação de novas Constituições 189
   3.5 Revolução Industrial: primeiras Constituições a mencionarem direitos sociais 193
4 O sistema internacional de proteção aos direitos humanos: os precedentes históricos do processo de internacionalização e universalização dos direitos humanos 195
   4.1 Direito humanitário e a fundação da Cruz Vermelha 195
   4.2 Tratado de Versalhes 196
      4.2.1 Liga das Nações 197
      4.2.2 Organização Internacional do Trabalho 199
5 Doutrina do direito positivo: ascensão dos regimes totalitários 200
6 Doutrina dos direitos humanos: reflexos do pós-guerra 204
   6.1 Organização das Nações Unidas 210
   6.2 Tribunal de Nuremberg 212
   6.3 Declaração Universal de 1948 e documentos decorrentes: valor normativo da Declaração Universal dos Direitos Humanos 213
7 Regionalização de direitos humanos 216
8 Direitos humanos na Constituição Federal de 1988: institucionalização dos direitos e garantias fundamentais 217
9 Sinopse do capítulo 219

» **Capítulo III – DIREITOS HUMANOS EM ESPÉCIE: ESTUDO SISTÊMICO A PARTIR DAS DECLARAÇÕES E TRATADOS DA ORGANIZAÇÃO DAS NAÇÕES UNIDAS E DA ORGANIZAÇÃO DOS ESTADOS AMERICANOS** **229**
1 Primeira espécie de direitos humanos: direitos civis e políticos 230
   1.1 Direito à vida 231

	1.1.1	Pena de morte: restrições no sistema internacional e no sistema interamericano	234
	1.1.2	Genocídio	239
	1.1.3	Eutanásia	240
	1.1.4	Direito ao nascimento com vida	242
	1.1.5	Integridade física, psíquica e moral e vedação à experimentação humana	245
	1.1.6	Vedação à tortura	246
	1.1.7	Subsistência com dignidade	253
1.2	Direito à liberdade		254
	1.2.1	Liberdade de pensamento	256
	1.2.2	Liberdade de expressão	258
	1.2.3	Liberdade de informação	265
	1.2.4	Direitos comunicativos	269
	1.2.5	Desaparecimento forçado	271
	1.2.6	Liberdade de religião	279
	1.2.7	Liberdade de associação e de reunião	285
	1.2.8	Liberdade de trabalho	289
	1.2.9	Tráfico internacional de pessoas	294
	1.2.10	Liberdade de locomoção e de residência	296
1.3	Direito à igualdade: direitos humanos das minorias e grupos vulneráveis – discriminação e ações afirmativas		298
	1.3.1	Proteção das mulheres	305
	1.3.2	Proteção das crianças	314
	1.3.3	Proteção das pessoas com deficiência	327
	1.3.4	Proteção dos idosos	335
	1.3.5	Proteção dos indígenas	339
	1.3.6	Proteção da diversidade sexual	346
	1.3.7	Vedação da discriminação e do preconceito racial e étnico	351
	1.3.8	População em situação de rua	363
1.4	Direito à segurança		365
1.5	Direito à propriedade		367
1.6	Direito à propriedade intelectual		371
1.7	Direito à privacidade		374
1.8	Direitos da personalidade		380
	1.8.1	Proteção da personalidade jurídica	380
	1.8.2	Bens jurídicos protegidos: honra, imagem e nome	382
	1.8.3	Direito de resposta e outros meios de proteção	384
1.9	Direitos de acesso à justiça		386
1.10	Direitos humanos penais: Regras Mínimas para o Tratamento dos Reclusos		392

1.10.1 Vedação da prisão arbitrária 395
1.10.2 Indenização por erro judicial 397
1.10.3 Excepcionalidade da prisão provisória 399
1.10.4 Legalidade em sentido estrito e irretroatividade da lei penal ... 401
1.10.5 Presunção de inocência 403
1.10.6 Não produção de provas contra si mesmo 407
1.10.7 Individualização da pena 407
1.10.8 Personalidade da pena 409
1.10.9 Vedação do tribunal de exceção/audiência justa e imparcial 409
1.10.10 Contraditório e ampla defesa 411
1.10.11 Recurso a juiz ou tribunal competente 413
1.10.12 Revisão da sentença transitada em julgado apenas a favor do réu 415
1.10.13 Tratamento especial de determinados detidos 415
1.10.14 Tratamento especial de mulheres reclusas: Regras para o tratamento de mulheres presas e medidas não privativas de liberdade para mulheres infratoras 417
1.10.15 Tratamento especial de menores infratores: Regras mínimas das Nações Unidas para a administração da justiça de menores 419
1.10.16 Tratamento digno quando da restrição da liberdade 421
1.10.17 Medidas alternativas à privação de liberdade: Regras Mínimas das Nações Unidas para a Elaboração de Medidas Não Privativas de Liberdade 428
1.11 Audiência de custódia 429
1.12 Prisão civil do devedor de alimentos 434
1.13 Direitos de nacionalidade 436
1.13.1 Direito ao asilo e proteção dos refugiados: proteção dos direitos tipicamente *humanos* às questões envolvendo nacionalidade 438
1.13.2 Brasileiros e não brasileiros após a nova Lei de Migração (Lei nº 13.445/2017): proteção do direito *constitucional* às questões envolvendo nacionalidade 448
1.13.2.1 Espécies de nacionalidade 450
1.13.2.2 Polipátrida e apátrida 450
1.13.2.3 Modos de aquisição da nacionalidade (considerando a nacionalidade originária) 451
1.13.2.4 Brasileiros natos 451
1.13.2.5 Brasileiros naturalizados 456
1.13.2.6 "Quase nacionalidade" (portugueses equiparados) ... 459
1.13.2.7 Diferenças entre brasileiros natos e naturalizados 460
1.13.2.8 Perda da nacionalidade 461
1.13.2.9 Extradição 463
1.13.2.10 Deportação 468

		1.13.2.11 Expulsão	469
1.14	Direitos políticos: fundamentos da autodeterminação dos povos e da garantia do sistema democrático		469
	1.14.1	Direito à autodeterminação dos povos: artigo 1º comum aos dois Pactos Internacionais da ONU de 1966 e convergência com o artigo 1º, itens 2 e 3, da Carta da ONU	471
	1.14.2	Direito à democracia	474
	1.14.3	Direito ao acesso a cargos públicos	479
2	Segunda espécie de direitos humanos: direitos econômicos, sociais e culturais		481
	2.1	Diferenças entre direitos civis e políticos e obrigações decorrentes da garantia de direitos econômicos, sociais e culturais: princípios da progressão e do constante aperfeiçoamento	481
	2.2	Importância da igualdade material	486
	2.3	Direito à educação	487
	2.4	Direito à cultura	493
	2.5	Direito à saúde	496
	2.6	Direito à alimentação, ao vestuário e à moradia	502
	2.7	Direito ao lazer	504
	2.8	Direito à segurança	505
		2.8.1 Noções gerais	505
		2.8.2 Polícia, direitos humanos e cidadania	507
		2.8.3 Uso da força e das armas de fogo: vedação ao abuso de autoridade	511
		2.8.4 Combate ao crime organizado transnacional e ao tráfico de armas	516
	2.9	Direito à família	519
	2.10	Direito à proteção da maternidade e da infância	522
	2.11	Direito ao trabalho	523
		2.11.1 Liberdade de escolha	524
		2.11.2 Condições justas e favoráveis	526
		2.11.3 Igual e suficiente remuneração	528
		2.11.4 Férias e limitação do horário de trabalho	530
		2.11.5 Saúde e segurança no trabalho	531
		2.11.6 Liberdade de reunião e de associação	532
	2.12	Direito à assistência e à previdência sociais	535
3	Terceira espécie de direitos humanos: direitos de fraternidade ou de solidariedade		538
	3.1	Direitos difusos e coletivos	539
	3.2	Direito à paz	540
	3.3	Direito ambiental	543
	3.4	Direito do consumidor	551

3.5 Direito à probidade administrativa 553
4 Sinopse do capítulo 557

» **Capítulo IV – INSTRUMENTOS E MECANISMOS NACIONAIS DE PROTEÇÃO AOS DIREITOS HUMANOS** **583**
1 Política nacional de direitos humanos 585
   1.1 Programas nacionais de direitos humanos 586
      1.1.1 Primeiro Programa Nacional de Direitos Humanos (PNDH-1) 587
      1.1.2 Segundo Programa Nacional de Direitos Humanos (PNDH-2) 588
      1.1.3 Terceiro Programa Nacional de Direitos Humanos (PNDH-3) 588
      1.1.4 Alterações do PNDH-3 593
   1.2 Conselho Nacional dos Direitos Humanos – Lei nº 12.986/2014 593
2 Tutela individual na promoção dos direitos humanos 599
   2.1 *Habeas corpus* 599
      2.1.1 Surgimento 600
      2.1.2 Natureza jurídica 600
      2.1.3 Espécies 601
      2.1.4 Legitimidade ativa 603
      2.1.5 Legitimidade passiva 605
      2.1.6 Hipóteses de coação ilegal 605
      2.1.7 Competência para apreciação 606
      2.1.8 Procedimento 606
      2.1.9 Algumas considerações finais 607
   2.2 Mandado de segurança individual 609
      2.2.1 Surgimento 609
      2.2.2 Natureza jurídica 610
      2.2.3 Espécies 611
      2.2.4 Legitimidade ativa 611
      2.2.5 Legitimidade passiva 612
      2.2.6 Competência 613
      2.2.7 Procedimento 613
      2.2.8 Algumas considerações finais 614
   2.3 Mandado de injunção individual 615
      2.3.1 Surgimento 615
      2.3.2 Natureza jurídica 617
      2.3.3 Legitimidade ativa 620
      2.3.4 Legitimidade passiva 621
      2.3.5 Competência 621
      2.3.6 Procedimento 622
      2.3.7 Diferença do mandado de injunção para a ação direta de inconstitucionalidade por omissão 623
      2.3.8 Efeitos da decisão concedida em sede de mandado de injunção 623

		2.3.9	Algumas considerações finais	627
	2.4	*Habeas data*	627
		2.4.1	Surgimento	627
		2.4.2	Natureza jurídica	628
		2.4.3	Legitimidade ativa	629
		2.4.4	Legitimidade passiva	629
		2.4.5	Competência	629
		2.4.6	Procedimento	630
		2.4.7	Algumas considerações finais	630
	2.5	Ação popular	631
		2.5.1	Surgimento	631
		2.5.2	Natureza jurídica	632
		2.5.3	Legitimidade ativa	632
		2.5.4	Legitimidade passiva	633
		2.5.5	Competência	633
		2.5.6	Controle do mérito do ato administrativo por meio da ação popular	634
		2.5.7	Art. 18, da "Lei da Ação Popular"	636
		2.5.8	Algumas considerações finais	637
3	Tutela coletiva na promoção dos direitos humanos	637
	3.1	Ação Civil Pública	639
		3.1.1	Considerações iniciais	639
		3.1.2	A ação civil pública e o microssistema processual coletivo	640
		3.1.3	Hipóteses de cabimento	641
		3.1.4	Hipóteses de não cabimento da ação civil pública	641
		3.1.5	Objeto	642
		3.1.6	Competência	642
		3.1.7	Legitimidade ativa	643
		3.1.8	Legitimidade passiva	646
		3.1.9	Possibilidade de utilização da ação civil pública como meio de controle difuso de constitucionalidade e como meio de controle de políticas públicas	646
		3.1.10	Art. 16, da "Lei da Ação Civil Pública"	646
		3.1.11	Algumas considerações finais	648
	3.2	Mandado de segurança coletivo	649
		3.2.1	Considerações gerais	649
		3.2.2	Natureza jurídica	650
		3.2.3	Objeto	650
		3.2.4	Regras do mandado de segurança individual	652
		3.2.5	Legitimidade ativa dos partidos políticos	652
		3.2.6	Legitimidade ativa das organizações sindicais, entidades de classe ou associação	652

         3.2.7   Legitimidade ativa do Ministério Público e da Defensoria Pública 653
         3.2.8   Coisa julgada no mandado de segurança coletivo 653
         3.2.9   Algumas considerações finais 653
   3.3   Mandado de injunção coletivo 654
         3.3.1   Considerações gerais e regras do mandado de injunção individual 654
         3.3.2   Legitimidade ativa 655
         3.3.3   Coisa julgada no mandado de injunção coletivo 655
         3.3.4   Algumas considerações finais 656
4 Outros mecanismos nacionais de proteção aos direitos humanos 657
   4.1   Incidente de deslocamento de competência 657
         4.1.1   O temor da responsabilização do Estado brasileiro perante organismos internacionais de proteção aos direitos humanos 658
         4.1.2   Significado das expressões "grave violação de direitos humanos" e "em qualquer fase do inquérito ou processo" 659
         4.1.3   Da excepcionalidade do IDC: critérios para que haja deslocamento 659
   4.2   Comissão Nacional da Verdade 661
         4.2.1   Composição 662
         4.2.2   Objetivos 662
         4.2.3   Duração 663
         4.2.4   Relatório da Comissão Nacional da Verdade 664
         4.2.5   Conclusões da CNV 668
         4.2.6   Recomendações da CNV: 29 medidas 669
                  4.2.6.1   Medidas institucionais 669
                  4.2.6.2   Reformas constitucionais e legais 672
                  4.2.6.3   Medidas de seguimento das ações e recomendações da CNV 673
         4.2.7   Legado deixado pela CNV 674
   4.3   Ministério Público e direitos humanos 675
         4.3.1   Funções institucionais 676
         4.3.2   Investigação pelo Ministério Público 677
         4.3.3   Outras formas de atuação na defesa dos direitos humanos 678
   4.4   Defensoria Pública e direitos humanos 679
         4.4.1   No Brasil: art. 98, do Ato das Disposições Constitucionais Transitórias 680
         4.4.2   No sistema interamericano: Defensor público interamericano . 680
5 Sinopse do capítulo 681

» **Capítulo V – JUSTIÇA INTERNACIONAL E SISTEMAS GLOBAL E REGIONAIS DE PROTEÇÃO AOS DIREITOS HUMANOS** 691

1	Introdução à justiça internacional dos direitos humanos	692
	1.1 Direito Internacional dos Direitos Humanos	692
	1.2 Violação de direitos humanos e responsabilidade internacional do Estado	695
	1.3 *Responsibility to Protect* – R2P	698
	1.4 Mecanismos de monitoramento e proteção internacional dos direitos humanos	699
	1.5 Empresas e direitos humanos: a possibilidade de extensão da responsabilidade internacional	700
	1.5.1 Caso Shell e a invocação do *Alien Tort Claims Act* (ATCA)	701
	1.5.2 Princípios Orientadores sobre Empresas e Direitos Humanos	702
	1.5.3 Draft de Tratado Internacional Regulatório das Atividades de Empresas Transnacionais e de outras Empresas do Mercado no Direito Internacional dos Direitos Humanos	705
	1.6 Convenção de Viena sobre Direito dos Tratados e noções mínimas de direito internacional	706
	1.6.1 Tratados e sujeitos de direito internacional	707
	1.6.2 Solução de conflitos	708
	1.6.3 Manifestação do consentimento	709
	1.6.4 Plenos poderes	709
	1.6.5 Reserva	710
	1.6.6 Vigência	711
	1.6.7 Emenda e Modificação de Tratados	711
	1.6.8 Nulidade, Extinção e Suspensão da Execução de Tratados	711
	1.6.9 Depositários, Notificações, Correções e Registro	712
2	Sistema africano de direitos humanos	713
	2.1 Carta Africana dos Direitos Humanos e dos Povos	714
	2.2 Protocolo à CADHP para estabelecimento da Corte Africana dos Direitos Humanos e dos Povos	716
3	Sistema islamo-árabe de direitos humanos	717
4	Sistema europeu de direitos humanos	719
	4.1 Conselho da Europa	719
	4.2 Convenção Europeia dos Direitos do Homem	721
	4.3 Tribunal Europeu dos Direitos do Homem	722
	4.3.1 Competência	723
	4.3.2 Composição	723
	4.3.3 Legitimidade ativa	723
	4.3.4 Condições de admissibilidade	723
	4.3.5 Arquivamento e desarquivamento	724
	4.3.6 Processo	724
	4.3.7 Contraditório e produção de provas	725
	4.3.8 Competência consultiva	726

5   Sistema interamericano de direitos humanos 726
    5.1   Sistema da Organização dos Estados Americanos – OEA 726
          5.1.1   Estrutura e Funcionamento 726
                  5.1.1.1   Assembleia Geral 727
                  5.1.1.2   Da Reunião de Consulta dos Ministros das Relações
                            Exteriores 727
                  5.1.1.3   Dos Conselhos 728
                  5.1.1.4   Da Comissão Jurídica Interamericana 728
                  5.1.1.5   Da Comissão Interamericana de Direitos Humanos 728
                  5.1.1.6   Da Corte Interamericana de Direitos Humanos 729
                  5.1.1.7   Da Secretaria-Geral 729
                  5.1.1.8   Das Conferências e Organismos Especializados 729
          5.1.2   Competência e Documentos Produzidos 729
                  5.1.2.1   Áreas de atuação 730
                  5.1.2.2   Sistema convencional e extraconvencional 731
                  5.1.2.3   Pacto de São José da Costa Rica e sua posição jurídica
                            no ordenamento brasileiro 731
    5.2   Convenção Americana dos Direitos Humanos: aspectos materiais 732
          5.2.1   Estrutura, Premissas e Estados-partes 732
          5.2.2   Deveres estatais 734
          5.2.3   Direitos civis e políticos 735
          5.2.4   Progressão dos direitos econômicos, sociais e culturais 735
          5.2.5   Suspensão de garantias 736
          5.2.6   Cláusula federal 737
          5.2.7   Interpretação e aplicação 737
          5.2.8   Correlação entre direitos e deveres 738
    5.3   Convenção Americana dos Direitos Humanos: aspectos formais – meios
          de proteção 738
          5.3.1   Comissão Interamericana de Direitos Humanos 739
                  5.3.1.1   Origens 739
                  5.3.1.2   Composição 739
                  5.3.1.3   Funcionamento 740
                  5.3.1.4   Competência 740
                  5.3.1.5   Legitimidade ativa 741
                  5.3.1.6   Requisitos de admissibilidade 742
                  5.3.1.7   Processo 743
                  5.3.1.8   Relatórios de casos, medidas cautelares, relatórios
                            anuais e relatoria para a liberdade de expressão 745
                  5.3.1.9   Casos contra o Estado brasileiro perante o sistema
                            Interamericano de Direitos Humanos: o Brasil na
                            Comissão Interamericana de Direitos Humanos 746
                            5.3.1.9.1   Casos contenciosos decididos e soluções
                                        amigáveis acordadas 746

5.3.1.9.1.1	Caso José Pereira	746
5.3.1.9.1.2	Caso dos Meninos Castrados de Maranhão ..	748
5.3.1.9.1.3	Caso Aristeu Guida da Silva e família	751
5.3.1.9.1.4	Caso Antônio Ferreira Braga	756
5.3.1.9.1.5	Caso Wallace de Almeida	760
5.3.1.9.1.6	Caso Manoel Leal de Oliveira	765
5.3.1.9.1.7	Caso Sebastião Camargo Filho	768
5.3.1.9.1.8	Caso Simone André Diniz	771
5.3.1.9.1.9	Caso Jailton Neri da Fonseca	775
5.3.1.9.1.10	Caso Corumbiara	778
5.3.1.9.1.11	Caso Maria da Penha Maia Fernandes: Lei nº 11.340, de 7 de agosto de 2006 ("Lei Maria da Penha") – origem e escopo	782
5.3.1.9.1.12	Casos Aluísio Cavalcante e outro, Clarival Xavier Coutrim, Celso Bonfim de Lima, Marcos Almeida Ferreira, Delton Gomes da Mota, Marcos de Assis Ruben, Wanderlei Galati e Carlos Eduardo Gomes Ribeiro	786
5.3.1.9.1.13	Caso Diniz Bento da Silva	795
5.3.1.9.1.14	Caso Carandiru	797
5.3.1.9.1.15	Caso Alonso Eugênio da Silva	802
5.3.1.9.1.16	Caso Marcos Aurélio de Oliveira	804
5.3.1.9.1.17	Caso Newton Coutinho Mendes	807
5.3.1.9.1.18	Caso Ovelário Tames	809
5.3.1.9.1.19	Caso João Canuto de Oliveira	812
5.3.1.9.1.20	Caso 42º Distrito Policial Parque São Lucas	814

                    5.3.1.9.2   Casos brasileiros em trâmite 816
                    5.3.1.9.3   Medidas cautelares fixadas 826
        5.3.2   Corte Interamericana de Direitos Humanos 827
                 5.3.2.1   Composição 828
                 5.3.2.2   Funcionamento 829
                 5.3.2.3   Competência 829
                 5.3.2.4   Legitimidade ativa 830
                 5.3.2.5   Requisitos de admissibilidade 830
                 5.3.2.6   Sentença 831
                 5.3.2.7   Exequibilidade doméstica das decisões da Corte Interamericana de Direitos Humanos 832
                 5.3.2.8   Casos contenciosos, medidas provisórias, supervisão de cumprimento e opiniões consultivas 833
                 5.3.2.9   Casos contra o Estado brasileiro perante o sistema Interamericano de Direitos Humanos: jurisprudência da Corte Interamericana de Direitos Humanos 833
                            5.3.2.9.1   Casos contenciosos julgados 834
                                         5.3.2.9.1.1   Casos sobre tratamento de presos 834
                                         5.3.2.9.1.2   Caso Ximenes Lopes 837
                                         5.3.2.9.1.3   Caso Nogueira de Carvalho e outros 842
                                         5.3.2.9.1.4   Caso Escher e outros 844
                                         5.3.2.9.1.5   Caso Gomes Lund e outros (Guerrilha do Araguaia) 849
                                         5.3.2.9.1.6   Caso Sétimo Garibaldi 856
                                         5.3.2.9.1.7   Caso Trabalhadores da Fazenda Brasil Verde 861
                                         5.3.2.9.1.8   Caso Favela Nova Brasília .. 870
                                         5.3.2.9.1.9   Caso Povo Indígena Xucuru 879
                                         5.3.2.9.1.10   Caso Herzog e outros 886
                            5.3.2.9.2   Casos brasileiros em trâmite 898
                            5.3.2.9.3   Medidas cautelares fixadas 899
        5.3.3   Disposições comuns à Corte e à Comissão 899
        5.3.4   Organismos especializados 900
                 5.3.4.1   Comissão Interamericana de Mulheres 900
                 5.3.4.2   Comissão para a Eliminação de Todas as Formas de Discriminação contra as Pessoas Portadoras de Deficiência 901
6   Sistema global de direitos humanos 902

6.1	Sistema da Organização das Nações Unidas – ONU		902
	6.1.1	Igualdade entre os membros	902
	6.1.2	Estrutura	903
		6.1.2.1 Assembleia Geral	903
		6.1.2.2 Conselho de Segurança	904
		6.1.2.3 Conselho Econômico e Social	906
		6.1.2.4 Conselho de Tutela	906
		6.1.2.5 Corte Internacional de Justiça	907
		6.1.2.6 Secretariado	907
	6.1.3	Competência: proteção de direitos humanos	907
	6.1.4	Sistema convencional e extraconvencional	909
6.2	Corte Internacional de Justiça		911
	6.2.1	Histórico	911
	6.2.2	Aspectos gerais	912
	6.2.3	Composição	912
	6.2.4	Competência	914
	6.2.5	Processo	915
	6.2.6	Casos brasileiros	916
6.3	Alto Comissariado das Nações Unidas para os Direitos Humanos		916
	6.3.1	Histórico, localização e custeio	916
	6.3.2	Composição e competência	917
	6.3.3	Mecanismos e atuação	918
6.4	Comitê de Direitos Humanos		919
	6.4.1	Composição e eleição	920
	6.4.2	Relatórios gerais	920
	6.4.3	Recebimento de denúncias	921
	6.4.4	Denúncias por particulares e o protocolo facultativo ao PIDCP	922
6.5	Conselho de Direitos Humanos		924
	6.5.1	Funcionamento, finalidade e objetivo	924
	6.5.2	Composição e eleição	924
	6.5.3	Mecanismos e procedimentos	925
	6.5.4	Recebimento de reclamação	925
	6.5.5	Procedimentos especiais: Resolução nº 1.235/1967 e Resolução nº 1.503/1970	926
6.6	Comitê de Direitos Econômicos, Sociais e Culturais		928
	6.6.1	Composição e eleição	928
	6.6.2	Competências	929
	6.6.3	Relatórios gerais	930
	6.6.4	Recebimento de denúncias	930
	6.6.5	Instauração de inquéritos	932

6.7 Organismos especializados 932
    6.7.1 Comitê contra a Tortura 933
        6.7.1.1 Composição e eleição 933
        6.7.1.2 Relatórios gerais 933
        6.7.1.3 Recebimento de Comunicações 934
        6.7.1.4 Protocolo Facultativo à Convenção: Subcomitê de Prevenção e sistema de visita 935
    6.7.2 Comitê sobre a Eliminação da Discriminação contra a Mulher 937
        6.7.2.1 Composição e eleição 937
        6.7.2.2 Relatórios gerais 938
        6.7.2.3 Recebimento de Comunicações 938
    6.7.3 Comitê para os Direitos da Criança 941
        6.7.3.1 Composição e eleição 941
        6.7.3.2 Relatórios gerais 941
        6.7.3.3 Medidas de efetivação 942
        6.7.3.4 Recebimento de Comunicações 942
    6.7.4 Comitê sobre os Direitos das Pessoas com Deficiência 943
        6.7.4.1 Composição e eleição 944
        6.7.4.2 Relatórios gerais 944
        6.7.4.3 Medidas de efetivação 945
        6.7.4.4 Recebimento de Comunicações 946
    6.7.5 Comitê para a Eliminação da Discriminação Racial 947
        6.7.5.1 Composição e eleição 947
        6.7.5.2 Relatórios gerais 948
        6.7.5.3 Recebimento de Comunicações 948
    6.7.6 Comitê contra o Desaparecimento Forçado 951
        6.7.6.1 Composição e eleição 951
        6.7.6.2 Relatórios gerais 951
        6.7.6.3 Recebimento de Comunicações 952
6.8 Tribunal Penal Internacional 953
    6.8.1 Histórico 953
    6.8.2 Finalidade e situação jurídica 955
    6.8.3 Composição 956
    6.8.4 Estados-partes 957
    6.8.5 Competência 958
    6.8.6 Normativa aplicável e princípios penais 961
    6.8.7 Processo e julgamento 962
7 Sinopse do capítulo 964

REFERÊNCIAS 981

ÍNDICE DE PERGUNTAS

CAPÍTULO I

- Quais as *semelhanças* e *diferenças* entre os direitos fundamentais e os direitos humanos? 51
- Quais as principais vertentes de proteção dos direitos humanos? Quais são suas principais características? 53
- A pretensão do direito humanitário é a de *"humanizar a guerra"*. Mas, será que isso é possível? 57
- Quais são as vertentes do Direito Humanitário? 57
- Quais os princípios que regem a atuação da Cruz Vermelha? 58
- Quais os principais documentos de proteção do direito humanitário? 58
- A quais situações o direito humanitário se aplica? 61
- O *que* são, e *quais* são as principais características dos direitos humanos? Os direitos humanos se restringem ao ambiente jurídico? 69
- A proteção prioritária a determinados grupos fere a característica da universalidade dos direitos humanos? 72
- Os direitos humanos podem ser extensíveis aos entes não humanos? 72
- Os direitos humanos podem ser aplicados ao nascituro? 74
- Quais os parâmetros para a irrenunciabilidade dos direitos humanos? E a hipótese de programas televisivos que satirizam condições peculiares de alguns seres humanos? O que é o *"caso do arremesso de anões"*? 75
- Qual a importância da descentralização dos sistemas de proteção dos direitos humanos? 77
- Sob quais aspectos pode ser vista a resolução de colisões entre direitos humanos fundamentais? 83
- Qual a importância da relação entre direitos e deveres no campo dos direitos humanos? 84
- Em que casos é possível suspender direitos humanos? 89

➤ Como é aplicado e o que abrange o princípio da primazia da norma mais favorável? 97
➤ O que é a teoria da margem de apreciação? 98
➤ É possível que um tratado de direitos humanos anterior à Emenda Constitucional nº 45/2004 adquira caráter constitucional? 104
➤ Por qual motivo, o nome "controle de *convencionalidade*"? 114
➤ A Lei da Anistia é inconvencional? 116
➤ O crime de desacato (art. 331, Código Penal), é inconvencional? 120
➤ O que são as eficácias *vertical*, *horizontal* e *diagonal* dos direitos humanos? Quais as teorias existentes acerca da eficácia horizontal? 123
➤ Mas o que foi, afinal, o "*caso Lüth*"? 132
➤ Quais as diferenças de densidades normativas entre as normas de direitos humanos e as normas de direitos fundamentais? E entre as normas de direitos humanos em si? 133
➤ Quais fundamentos podem ser associados à dignidade da pessoa humana? 137
➤ Como razoabilidade e proporcionalidade aparecem na nova hermenêutica constitucional? 143
➤ Quais as *semelhanças* entre razoabilidade e proporcionalidade? 144
➤ Quais as *diferenças* entre razoabilidade e proporcionalidade? 146

CAPÍTULO II

➤ Qual registro filosófico da lei natural foi feito na tragédia *Antígona*? Como isto influenciou a concepção de direitos humanos? 172
➤ Como a concepção de *justiça* aparecia na civilização grega? 174
➤ Qual a essência das regras da eterna justiça afirmadas por Cícero? 176
➤ Há influência do cristianismo nos direitos humanos? Ademais, lei divina, lei natural e lei humana se associam em que termos na filosofia de Santo Tomás de Aquino? 178
➤ Pode-se afirmar que houve um rompimento nas concepções de justiça e lei natural a partir do Renascimento e do Iluminismo? Por quê? 181
➤ Em termos de importância prática para a internacionalização dos direitos humanos, em que se diferenciam as Revoluções Francesa e Americana? Qual a principal contribuição de ambos movimentos? 189
➤ A Revolução Industrial foi o estopim para a afirmação de quais espécies de direitos humanos? 193
➤ Quais os principais precedentes históricos do processo de internacionalização e universalização dos direitos humanos? Quer dizer, quais eventos marcaram as raízes deste movimento? 195
➤ Em que aspecto o positivismo influenciou na ascensão dos regimes totalitários? 200
➤ Como se deu a releitura da lei natural após as graves consequências da Segunda Guerra Mundial? 204

- O Tribunal de Nuremberg pode ser considerado um tribunal de exceção? Ele foi válido? 212
- Qual o valor normativo da Declaração Universal dos Direitos Humanos de 1948? Como ela influenciou – e influencia – na elaboração dos documentos internacionais de proteção dos direitos humanos? 214
- A origem dos direitos humanos é contratualista ou jusnaturalista? 216
- Qual a relação entre a afirmação internacional dos direitos humanos e a institucionalização dos direitos e garantias fundamentais no Brasil, pela Constituição de 1988? Quais fatores históricos nacionais levaram a uma estruturação nestes moldes? 217

CAPÍTULO III

- Qual o duplo aspecto do direito à vida? 232
- Em que aspectos a Convenção Americana sobre Direitos Humanos amplia as restrições quanto à pena de morte em comparação ao Pacto Internacional dos Direitos Civis e Políticos da ONU? 234
- O que são os crimes graves aos quais pode ser aplicada a pena de morte, segundo as Nações Unidas? 236
- Como ficam as questões pertinentes à eutanásia no âmbito brasileiro? 241
- As pesquisas com células-tronco embrionárias e o aborto do feto anencefálico, temas trabalhados pela jurisprudência pátria, afrontam o direito ao nascimento com vida? 244
- Nos termos da Declaração da ONU sobre a Proteção de Todas as Pessoas contra a Tortura e Outras Penas ou Tratamentos Cruéis, Desumanos ou Degradantes que gera a vedação à tortura, há situações nas quais a tortura pode ser aceita? 246
- Quanto à normativa específica de vedação à tortura, em que pontos a Convenção da ONU contra a Tortura e Outras Penas ou Tratamentos Cruéis, Desumanos ou Degradantes amplia a proteção da Declaração da ONU? 247
- Em que se diferencia o tratamento da tortura do âmbito internacional para o âmbito interamericano pela Convenção Interamericana para Prevenir e Punir a Tortura? 250
- Qual a normativa brasileira que merece maior destaque quanto à vedação da tortura? 252
- Qual a importância da dignidade humana como princípio fundamental (art. 1º, III, CF), no âmbito interno? 254
- Por que a liberdade de pensamento é corolário das demais dimensões da liberdade? 256
- Qual o papel das relatorias para a liberdade de expressão? 260
- Ato contínuo ao estudo jurisprudencial interamericano, como se protege a liberdade de expressão no âmbito brasileiro? 261
- Dentro da liberdade de informação, o que é o *direito ao esquecimento*? 267
- Em que consiste a disciplina da Convenção Internacional para a Proteção de Todas as Pessoas contra os Desaparecimentos Forçados? 273

- Como fica a utilização de símbolos religiosos em locais públicos? 283
- Qual a diferença entre servidão e escravidão? 290
- O que prevê a normativa específica sobre a abolição da escravidão no âmbito internacional? 291
- O que disciplinam os protocolos à Convenção das Nações Unidas relativo ao Combate ao Tráfico de Migrantes por Via Terrestre, Marítima e Aérea e contra o Crime Organizado Transnacional Relativo à Prevenção, Repressão e Punição do Tráfico de Pessoas, em Especial Mulheres e Crianças? 294
- Mas o que são, afinal, as ações afirmativas, pensando-as pela ótica do direito interno? Quais são seus argumentos *favoráveis* e *contrários*? Qual o posicionamento do Supremo Tribunal Federal sobre elas? 304
- Quais os principais documentos internacionais voltados à proteção da mulher? 306
- Quais as principais medidas recomendadas pela ONU em sua Declaração sobre a Eliminação da Discriminação contra as Mulheres? 307
- Por que a Convenção da ONU sobre a Eliminação de todas as formas de Discriminação contra a Mulher é um dos documentos internacionais que mais sofrem reservas pelos países-membros da organização? 308
- Qual a maior vitória no campo dos direitos humanos em relação à proteção das mulheres para o Brasil? 312
- Qual a diretriz principiológica da Declaração da ONU dos Direitos da Criança? 316
- Quem é criança para fins da Convenção da ONU sobre os Direitos da Criança? 316
- Sobre o que versam os protocolos à Convenção sobre os Direitos da Criança? 317
- Qual a importância conferida pela Constituição Federal e pelo Estatuto da Criança e do Adolescente à garantia dos direitos humanos da criança? 321
- Por quais fases passou o desenvolvimento da proteção da pessoa com deficiência? 327
- Em que pontos o conteúdo da Convenção Interamericana para a Eliminação de Todas as Formas de Discriminação contra as Pessoas Portadoras de Deficiência é menos complexo que o da respectiva Convenção nas Nações Unidas? 333
- E no âmbito pátrio, como se dá a proteção à pessoa com deficiência? 334
- Há normativa internacional específica de proteção aos idosos? 335
- Em quais categorias se dividem os Princípios das Nações Unidas para as Pessoas Idosas? 336
- Quais proteções especiais são conferidas no Brasil pelo artigo 3º do Estatuto do Idoso? 338
- Qual documento deixa claro que a proteção dos indígenas no plano dos direitos humanos é necessária em prol da preservação cultural? 340
- Em que pontos a Convenção da ONU sobre a Eliminação de Todas as Formas de Discriminação Racial amplia a proteção fornecida pela respectiva Declaração? 354

- Existem tratados internacionais ratificados pelo Brasil que endereçam de forma específica as práticas de *apartheid*? ... 358
- E no âmbito brasileiro, qual normativa merece destaque no que tange ao combate à discriminação e ao preconceito racial e étnico? ... 361
- O direito à segurança pode ser visto como direito fundamental individual sob qual aspecto? ... 366
- Quando são cumpridas as funções sociais das propriedades *urbana* e *rural*? .. 368
- O que é o direito de propriedade intelectual e em quais espécies ele se subdivide? ... 372
- Qual o limite entre a violação da privacidade em relação ao que se caracterizaria exercício regular de direito por parte do agente interventor? ... 376
- Dentro do direito à privacidade, o que é a *"Teoria das Esferas"*? ... 377
- Para finalizar, no âmbito pátrio, no que consiste a "Lei Geral de Proteção de Dados"? ... 377
- O que representa o direito de resposta no campo dos direitos humanos? ... 385
- E no Brasil, qual a normativa pertinente ao direito de resposta? ... 385
- Qual o conteúdo dos Princípios de Brasília adotados pela Cúpula Judicial Ibero-Americana sobre Acesso à Justiça? ... 389
- Quais as subvertentes do acesso à justiça previstas na Lei Maior pátria? ... 390
- Qual a finalidade das Regras Mínimas para o Tratamento dos Reclusos? ... 394
- Qual a principal consequência da prisão arbitrária? ... 398
- Pelas normas de direitos humanos, quando a lei penal pode retroagir? ... 402
- Quais as medidas benéficas previstas nas Regras Mínimas em decorrência do princípio da presunção de inocência? ... 404
- Como se dá a individualização da pena e do tratamento dos reclusos pelas Regras Mínimas? ... 408
- Em que consiste a vedação ao juízo ou tribunal de exceção? ... 410
- Quais as semelhanças e as diferenças entre contraditório e ampla defesa? ... 412
- Em quais categorias se divide o tratamento especial e em separado dos detidos? Quais as principais nuances destas categorias? ... 416
- Qual o sentido, nas normas internacionais de direitos humanos, do tratamento digno quando da restrição da liberdade? ... 421
- No âmbito brasileiro, dentro dessa ideia de tratamento digno quando da restrição da liberdade, no que consiste a tese do *"Estado de Coisas Inconstitucional"*? ... 425
- O que é a audiência de custódia? Quais são seus desdobramentos e problemas iniciais? ... 430
- Qual a relação entre a audiência de custódia e o Conselho Nacional de Justiça? ... 432
- Qual o papel do Poder Judiciário brasileiro no processo de implementação do direito humano à audiência de custódia? ... 433
- O que é o direito de asilo? Qual documento das Nações Unidas cuida especificamente dos direitos dos refugiados? ... 438

- Qual órgão do sistema internacional de direitos humanos cuida da proteção dos refugiados? Como ele atua? 441
- E no ordenamento brasileiro, como fica a proteção da questão do asilo e dos refugiados? 442
- E se a criança nascida no Brasil é, exemplificativamente, filha de poloneses que estão a serviço do governo da Itália, será considerada brasileira nata pelo critério territorial? 452
- E se o indivíduo é filho de pai brasileiro ou mãe brasileira, nasceu no exterior, não foi registrado em repartição competente, e continua vivendo no exterior? 453
- E se o indivíduo é filho de pai brasileiro ou mãe brasileira, nasceu no exterior, não foi registrado em repartição competente, e vem a residir na República Federativa do Brasil antes de atingida a maioridade? 454
- As hipóteses de naturalização ordinária se resumem àquelas previstas constitucionalmente? 458
- Mas, na "quase nacionalidade", o português é equiparado ao brasileiro nato ou ao naturalizado? 460
- Um brasileiro nato que passe por perda-voluntária de nacionalidade (art. 12, § 4º, II, primeira parte, CF), se quiser readquirir, posteriormente, a nacionalidade brasileira (visto que isso é possível), voltará a ser brasileiro nato, ou passará a ser brasileiro naturalizado? Em outros termos, é possível que um brasileiro nato se torne brasileiro naturalizado? 462
- Quais são os princípios aplicáveis à extradição? 465
- Qual a diferença entre deportação e repatriação? 468
- Como a ideia de autodeterminação converge com a de cooperação econômica internacional? 473
- Qual a natureza da Carta Democrática Interamericana e qual seu objeto central de discussão? 476
- Qual a principal diferença entre direitos civis e políticos e direitos econômicos, sociais e culturais? 483
- Qual o grande entrave à implementação dos direitos sociais, econômicos e culturais? 484
- Qual o órgão próprio das Nações Unidas voltado à proteção dos direitos humanos na área da educação? 492
- Qual organismo das Nações Unidas é o responsável pela busca de proteção do direito à saúde? Quais são as prioridades e objetivos dele? 498
- Com base nisso, qual a principal diferença entre o direito social à segurança e os direitos sociais à saúde e à educação? 507
- Qual a postura esperada da polícia em relação aos direitos humanos, consolidando o corolário da cidadania? 507
- Quais regulamentações abordam o abuso de autoridade no campo dos direitos humanos internacionalizados? Como devem agir os funcionários responsáveis pela aplicação da lei? 512
- Qual a abordagem no campo dos direitos humanos em relação ao uso de armas de fogo pelos responsáveis por aplicar a lei? 513

- A que remete a expressão conglobada "condições justas e favoráveis" de trabalho? 527
- Qual delineamento pode ser atribuído ao conceito de meio ambiente do trabalho pelas normas de direitos humanos? 531
- Qual o principal objeto de discussão na Conferência de Estocolmo que culminou na *Declaração de Estocolmo sobre o Ambiente Humano*? 545
- Dentro do direito ambiental dos direitos humanos, o que foi o "*Relatório Brundtland*"? 546
- Quais documentos foram elaborados na Rio/92? 546
- Quais informações podem ser extraídas da leitura do art. 225, caput, da Constituição pátria? 549

CAPÍTULO IV

- O que é a política nacional de direitos humanos? 585
- Sobre quais direitos prioritariamente se concentra o Primeiro Programa Nacional de Direitos Humanos? 587
- Sobre quais direitos prioritariamente se concentra o Segundo Programa Nacional de Direitos Humanos? 588
- Qual o objetivo do PNDH-3? Quais são seus eixos orientadores? 588
- Ato contínuo, convém indagar: tendo em vista a possibilidade do manejo de mandado de segurança coletivo e mandado de injunção coletivo (assuntos que serão oportunamente estudados), seria possível falar em um habeas corpus coletivo ou multitudinário? 601
- É possível impetrar *habeas corpus* em favor de um animal? 604
- Qual a amplitude do art. 142, § 2º, da Constituição Federal? 605
- Onde surgiu o mandado de injunção? 615
- Mas o que é, afinal, a *aplicabilidade* das normas constitucionais? 618
- Qual a *natureza* da decisão concedida em sede de mandado de injunção? Como fica a questão com a Lei nº 13.300/2016? 623
- Seria possível a legitimação superveniente dos herdeiros do interessado no *habeas data* em caso de falecimento deste? 629
- A ação popular pode ser considerada um mecanismo de soberania popular? . 632
- O Ministério Público tem legitimidade ativa para o manejo de ação popular? 633
- É possível o controle do mérito do ato administrativo por meio de ação popular? 634
- Como "nasceu" e se desenvolveu o processo coletivo no Brasil? 638
- A ação civil pública é *sinônimo* de ação coletiva? 639
- É possível a utilização do mandado de segurança coletivo para a defesa de direitos/interesses difusos? 650
- Mas qual o significado de direito ou interesse difuso, afinal? 650
- E qual o significado de direito ou interesse coletivo em sentido estrito? 651

- E qual o significado de direito ou interesse individual homogêneo, por fim? . 651
- Quais os requisitos para que haja incidente de deslocamento de competência? 660
- Qual o legado deixado pela Comissão Nacional da Verdade? 674

CAPÍTULO V

- Os tratados de proteção dos direitos humanos podem ser equiparados aos tratados multilaterais clássicos? 696
- Em que consiste a *"Responsibility to Protect"*? 698
- O que são mecanismos de monitoramento e proteção internacional dos direitos humanos? 699
- Qual a organização regional no sistema africano? Em que documento se baseia? Seu sistema pode ser considerado efetivo? 713
- Quais as regras para funcionamento da Corte Africana dos Direitos Humanos e dos Povos? 716
- Quais as principais barreiras para a efetivação de um sistema islamo-árabe de direitos humanos? 717
- Qual o principal documento de proteção dos direitos humanos no âmbito europeu, qual órgão o aprovou e qual órgão ele instituiu? 719
- A legitimidade do Tribunal Europeu dos Direitos do Homem se estende a particulares ou é apenas de Estados-partes? 723
- Quais países podem fazer parte da Organização dos Estados Americanos? Quais requisitos para tanto? 726
- Como se estrutura a Organização dos Estados Americanos? 727
- Como é composta e qual a atribuição da Assembleia Geral da OEA? 727
- Quais são os Conselhos principais da OEA e o que eles podem fazer? 728
- Para que fim servem as conferências e os organismos especializados da OEA? 729
- Qual o fulcro de proteção dos direitos humanos na OEA e como ele interage com o da ONU? 730
- Quais os principais deveres dos Estados signatários da Convenção Americana sobre Direitos Humanos? 734
- Como são tratados os direitos econômicos, sociais e culturais na Convenção Americana sobre Direitos Humanos? 735
- O que prevê a cláusula federal da Convenção Americana sobre Direitos Humanos? 737
- Qual o aparato formal de monitoramento da Convenção Americana sobre Direitos Humanos? 738

ÍNDICE DE PERGUNTAS

- Qual a composição da Comissão Interamericana de Direitos Humanos? 739
- Qual a competência da Comissão Interamericana de Direitos Humanos? 740
- O que é o requisito do esgotamento dos recursos da jurisdição interna perante a Comissão Interamericana dos Direitos Humanos? Quando ele é dispensado? . 742
- Para quais fins servem os relatórios de casos, as medidas cautelares, os relatórios anuais e a relatoria para a liberdade de expressão? 745
- Quem pode dar início a um processo na Corte Interamericana de Direitos Humanos? 830
- Quais os principais meios de controle da Comissão Interamericana de Mulheres e da Comissão para a Eliminação de Todas as Formas de Discriminação contra as Pessoas Portadoras de Deficiência? 900
- O que é o princípio da igualdade entre os membros na Organização das Nações Unidas? 902
- Quem são os membros permanentes do Conselho de Segurança das Nações Unidas? Quantos são os facultativos? Sobre quais matérias este órgão delibera? 904
- Qual a situação atual do Conselho de Tutela das Nações Unidas? 907
- Por que a Corte Internacional de Justiça é o órgão mais importante em termos judiciais no sistema global de proteção? Qual a razão dela não ser tão eficaz quanto poderia? 912
- Por que são tão raros os casos brasileiros que tramitaram perante a Corte Internacional de Justiça em matéria de direitos humanos? 916
- Como é composto o Comitê de Direitos Humanos das Nações Unidas? 920
- Quais os requisitos para reconhecimento de denúncias pelo Comitê de Direitos Humanos das Nações Unidas? Qual o trâmite procedimental? 921
- Cabem denúncias por particulares ao Comitê de Direitos Humanos das Nações Unidas? 922
- O Brasil se sujeita à competência de apreciação de petições do Comitê de Direitos Econômicos, Sociais e Culturais? 929
- Por qual Convenção foi criado Comitê contra a Tortura das Nações Unidas? A que fins ele serve? Como é composto? Quais trâmites procedimentais são possíveis por ele e como funcionam? 933
- Por qual Convenção foi criado Comitê sobre a Eliminação da Discriminação contra a Mulher? A que fins ele serve? Como é composto? Quais trâmites procedimentais são possíveis por ele e como funcionam? 937
- Por qual Convenção foi criado Comitê para os Direitos da Criança? A que fins ele serve? Como é composto? Quais trâmites procedimentais são possíveis por ele e como funcionam? 941

- Por qual Convenção foi criado Comitê sobre os Direitos das Pessoas com Deficiência? A que fins ele serve? Como é composto? Quais trâmites procedimentais são possíveis por ele e como funcionam? 943
- Por qual Convenção foi criado Comitê para a Eliminação da Discriminação Racial? A que fins ele serve? Como é composto? Quais trâmites procedimentais são possíveis por ele e como funcionam? 947
- Por qual Convenção foi criado Comitê contra o Desaparecimento Forçado? A que fins ele serve? Como é composto? Quais trâmites procedimentais são possíveis por ele e como funcionam? 951
- Qual o principal diferencial do Tribunal Penal Internacional em relação aos demais órgãos do sistema global de proteção? 955
- Quais crimes são julgados pelo Tribunal Penal Internacional? 958

TEORIA GERAL DOS DIREITOS HUMANOS

Sumário • **1**. Conceito e base teórica de direitos humanos – **2**. Direitos humanos e garantias constitucionais fundamentais: convergências e divergências conceituais – **3**. Vertentes de proteção dos direitos humanos e relações entre elas: conceitos básicos de direito internacional – **3.1**. Direitos humanos e as subvertentes do direito de minorias e do direito internacional penal – **3.2**. Direito humanitário – **3.3**. Direito dos refugiados – **4**. Características dos direitos humanos – **4.1**. Historicidade – **4.2**. Mobilidade e dinamismo – **4.3**. Universalidade – **4.4**. Generalidade – **4.5**. Inalienabilidade – **4.6**. Imprescritibilidade – **4.7**. Irrenunciabilidade – **4.8**. Inviolabilidade – **4.9**. Indivisibilidade – **4.10**. Complementaridade – **4.11**. Interdependência ou inter-relação – **4.12**. Inexauribilidade – **4.13**. Essencialidade – **4.14**. Efetividade – **4.15**. Relatividade – **5**. A estrutura normativa do sistema internacional e do sistema regional de proteção aos direitos humanos – **6**. Condições para suspensão de direitos e direitos inderrogáveis – **7**. Interpretação dos tratados internacionais de direitos humanos – **7.1**. Normativa cogente (*jus cogens*) e normativa não cogente (*soft law*) – **7.2**. Vedação à interpretação deturpada – **7.3**. Repercussões interpretativas do monismo e do dualismo do direito internacional – **7.4**. O critério pro homine ou da primazia da norma mais favorável – **7.5**. Teoria da margem de apreciação – **8**. A incorporação dos tratados internacionais de proteção dos direitos humanos ao Direito brasileiro – **8.1**. O processo de incorporação de tratados internacionais pelo ordenamento jurídico brasileiro – **8.2**. Valor do tratado de direitos humanos na Constituição Federal: princípio da primazia dos direitos humanos – **8.3**. A posição hierárquica dos tratados internacionais de direitos humanos em face do art. 5º, § 3º, da Constituição Federal: hierarquia supralegal – **8.4**. Tratados "equivalentes a emendas constitucionais" – **8.5**. Análise da aplicação do critério da supralegalidade perante a jurisprudência do Supremo Tribunal Federal quanto ao princípio do duplo grau de jurisdição – **8.6**. Análise da aplicabilidade do art. 5º, §§ 3º, CF (2005-2018) – **8.7**. Controle de convencionalidade – **9**. Classificação constitucional dos direitos humanos – **10**. Eficácia vertical, horizontal e diagonal dos direitos humanos – **10.1**. Teoria da ineficácia horizontal (ou doutrina da State Action) – **10.2**. Teoria da eficácia horizontal indireta – **10.3**. Teoria da eficácia horizontal direta – **11**. O neoconstitucionalismo, a nova fase positivista e o Estado Democrático de Direito – **12**. Teorias doutrinárias de classificação de direitos humanos – **12.1**. Classificação com base na teoria dos "status" de Jellinek – **12.2**. Classificação do Caso Lüth: direitos objetivos e subjetivos – **13**. Fundamentos de direitos humanos – **13.1**. Fundamento da dignidade da pessoa humana – **13.2**. Fundamento da democracia – **13.3**. Fundamento da razoabilidade-proporcionalidade – **13.4**. Fundamento da interdependência: a teoria das "gerações" ou "dimensões" de direitos – **14**. Sinopse do capítulo.

A **teoria geral dos direitos humanos** compreende o estudo amplo de uma temática, abrangendo desde os seus elementos básicos – como *conceito, características, fundamentação* e *finalidade* –, passando pela *análise histórica*, e chegando à compreensão de sua *estrutura normativa*. No presente capítulo, será efetuado um estudo da teoria geral dos direitos humanos, à exceção da parte histórica, que será tratada no capítulo seguinte.

1 CONCEITO E BASE TEÓRICA DE DIREITOS HUMANOS

Na atualidade, a primeira noção que vem à mente quando se fala em direitos humanos é a dos documentos internacionais que os consagram, aliada ao processo de transposição para as Constituições dos países democráticos. Contudo, é possível aprofundar esta noção se tomadas as raízes históricas e filosóficas dos direitos humanos, as quais serão abordadas em detalhes adiante, acrescentando-se que existem direitos inatos ao homem independentemente de previsão expressa por serem elementos essenciais na construção de sua dignidade.

> **(MINISTÉRIO PÚBLICO ESTADUAL DE SÃO PAULO – MPE-SP – PROMOTOR DE JUSTIÇA – 2010)** Em que medida é possível afirmar que as Declarações de Direitos Humanos, a partir do século XVIII, trazem em si raízes jusnaturalistas?

Questão polêmica que se estabelece para conceituar os direitos humanos se refere à adoção de uma tendência jusnaturalista ou contratualista. O fato de, a partir do século XVIII, estarem os direitos fundamentais do homem usualmente reconhecidos em documentos expressos levou a crer que estes teriam mais um caráter contratualista do que um caráter jusnaturalista.

Por seu turno, não se pode negar que a origem teórica do reconhecimento dos direitos humanos está na afirmação de que existem direitos inerentes ao homem e que devem ser a ele garantidos a qualquer tempo, independentemente de reconhecimento expresso: os direitos primeiro surgem e depois são afirmados, tendo tal afirmação o caráter **meramente declaratório**.

Em suma, devido ao aspecto da historicidade e da forte influência pelas premissas do direito natural e do cristianismo, o conteúdo dos direitos humanos possui caráter jusnaturalista. Contudo, os direitos humanos não são pura e simplesmente jusnaturalistas. Afinal, criou-se um sistema voltado à proteção e ao reconhecimento destes direitos, de caráter contratual entre os Estados-membros das organizações internacionais e regionais, o que denota também um caráter contratual ao sistema de proteção dos direitos humanos.

Pode-se afirmar, assim, que **um conceito de direitos humanos não pode ser fixado em termos rigorosos do jusnaturalismo ou do contratualismo**: direitos humanos se fixam em duplo estandarte. A noção contemporânea de direitos humanos nos leva a primar pelo expresso reconhecimento em documentos internacionais, mas a origem teórica de formação exige que se considere a intensa relação entre os direitos humanos e o direito natural.

Como consequência desta dupla influência, um conceito preliminar de direitos humanos pode ser estabelecido: direitos humanos são aqueles **inerentes ao homem** enquanto **condição para sua dignidade**, e que **usualmente são descritos em documentos internacionais para que sejam mais seguramente garantidos**.

Ainda, não se pode perder de vista a essência da finalidade dos direitos humanos, que é a proteção da dignidade da pessoa humana, resguardando seus atributos mais fundamentais. A conquista de direitos da pessoa humana é, na verdade, uma busca da **dignidade da pessoa humana**.

2 DIREITOS HUMANOS E GARANTIAS CONSTITUCIONAIS FUNDAMENTAIS: CONVERGÊNCIAS E DIVERGÊNCIAS CONCEITUAIS

> Quais as semelhanças e diferenças entre os direitos fundamentais e os direitos humanos?

É natural, no estudo dos direitos humanos tipicamente feito por alguém habituado ao direito interno, "*caseiro*", correlacioná-los aos direitos e garantias fundamentais explícitos ou implícitos na Constituição Federal.

Ainda que sejam sobrelevadas as nuanças de cada país dito "*democrático de direito*" na maneira como estruturam seus respectivos ordenamentos internos (organização do Estado, repartição de competências, organização dos Poderes, sistema de tributação, sistema de administração pública, maior ou menor intervenção estatal, regras procedimentais etc.), há entre eles um **ponto de sinonímia** representado justamente pelos direitos humanos e pela forma como estes são encaixados dentro do sistema particularizado de cada nação.

Em outras palavras, enquanto cada país erige-se nos moldes de seu povo, de seu território e de sua ideologia no que diz respeito às pilastras embasadoras do funcionalismo estatal, são os direitos humanos, necessariamente, *supra*nacionais, porque resultantes de uma evolução histórica que se deu por meio de documentos internacionais, conflitos bélicos, acordos econômicos, entendimentos de paz, delimitação de fronteiras, dentre outros tantos meios de convivência – positiva ou negativa – no plano internacional.

Os direitos humanos ficam, portanto, em uma *zona de flutuação* acima dos ordenamentos internos, pois necessariamente dependem de um consenso que transcenda ao "quintal" de cada país. É exatamente por isso, por exemplo, que não há consenso em se admitir a condição da mulher submissa tal como em vários países dos continentes africano e asiático, ainda que pequenos grupos setoriais entendam isso como algo absolutamente natural. O motivo pelo qual a mulher submissa não é encarada como algo normal é simples: há absoluta discrepância entre sua condição de subordinação e violência física/moral e a natureza consensual inerente a uma democracia de que homens e mulheres são iguais perante a lei e na forma da lei.

Exatamente por isso chama-se a atenção para os direitos humanos apenas em um cenário dito "*democrático de direito*": ressalvando o respeito por quem pense o contrário, somente é possível se chegar a um consenso onde é possível, antes, realizar discussões históricas em prol de tal fito. Algo que os Estados ditatoriais e/ou fundamentalistas e/ou extremistas **não costumam** propiciar aos seus povos.

Desta forma, com maior ou menor variação, os direitos humanos são encarados de mesmo modo pelos países que prezam pelo diálogo. Diz-se "com menor ou variação", pois é óbvio que nuanças internas devam ser respeitadas, ainda que num cenário macro se busque sempre um mesmo objetivo, isto é, um denominador comum.

Entretanto, como fator inerente à soberania de cada país, cujos sistemas constitucionais são exemplos, mister se faz **capturar estes direitos humanos de sua zona de flutuação e afixá-los dentro de um ordenamento interno** para que norteiem as pessoas vinculadas a uma Constituição (respeitando-se, urge insistir, as peculiaridades óbvias de cada sistema interno).

Assim, a mesma fórmula do devido processo legal ou do direito ao contraditório e à ampla defesa, como exemplo, pensada através de regras genéricas discutidas, aprovadas e consagradas em documentos internacionais, é depois trazida para o ordenamento de cada país. É dizer: a República Federativa do Brasil faz sua consagração do devido processo legal, do contraditório e da ampla defesa, e as implementa da maneira que melhor atender aos interesses do povo, assim como o fazem os Estados Unidos da América, a Alemanha, o México, o Canadá, a Austrália, a Inglaterra, dentre tantos outros países que prezam pela democracia. Cada país faz a implementação destes direitos humanos de acordo com suas peculiaridades, **muito embora respeitem uma matriz genérica internacionalmente consagrada**.

Se há diferença entre os direitos humanos e os direitos fundamentais, portanto, é uma questão de *"ponto de vista"*. E, ainda que assim o seja, se trata de problema puramente conceitual.

Materialmente falando, **ambos visam à proteção e à promoção da dignidade da pessoa humana**. Logo, quanto ao conteúdo, pouca ou nenhuma diferença há entre eles.

A dissonância, pois, é em relação **ao plano em que esses direitos são consagrados**. Assim, para quem entende haver distinção, os *"direitos humanos"* são os consagrados no plano internacional, enquanto os *"direitos fundamentais"* são os consagrados no plano interno, notadamente nas Constituições.

Em pensando sob enfoque de consagração interna, o que se vê em cada Constituição são os direitos fundamentais, porquanto direitos humanos internalizados. Entrementes, sob enfoque de um objetivo comum de asseguramento de direitos e deveres às pessoas e aos Estados, qualquer diferença pode haver entre eles, a depender do prisma de observação. Repete-se: é tudo uma questão de *"ponto de vista"*.

SEMELHANÇAS	DIFERENÇAS	
Direitos humanos fundamentais	Direitos humanos	Direitos fundamentais
Estabelecem direitos individuais, sociais e coletivos a serem garantidos à pessoa humana	*Supra*nacionais (plano internacional)	Nacionais (plano interno)
Visam à proteção e à promoção da dignidade da pessoa humana (pouca ou nenhuma diferença quanto ao conteúdo material)	Processo histórico longo a ser observado na evolução da humanidade e em seus conflitos	Inspirados nos direitos humanos internacionalizados, embora exista influência de fatores históricos internos
São formados por princípios que possuem baixa ou baixíssima densidade normativa, favorecendo o papel do intérprete	Zona de flutuação acima do ordenamento interno, embora a baixíssima densidade normativa permita um amplo espaço de interpretação pelos países que os aplicam	Se encontram no topo do ordenamento interno e possuem conteúdo mais específico que os direitos humanos (baixa densidade normativa), sujeitando as normas do ordenamento interno
O respeito constitui marco dos regimes de governo democráticos, fundados na lei (Estados Democráticos de Direito)	Conferem atenção especial a questões de relativismo cultural devido à abrangência territorial global	Por serem mais restritos territorialmente, se preocupam menos com questões de relativismo cultural

3 VERTENTES DE PROTEÇÃO DOS DIREITOS HUMANOS E RELAÇÕES ENTRE ELAS: CONCEITOS BÁSICOS DE DIREITO INTERNACIONAL

> *Quais as principais vertentes de proteção dos direitos humanos? Quais são suas principais características?*

Direitos humanos *stricto sensu*, **direito humanitário** e **direito dos refugiados** formam, juntos, as três vertentes de proteção da pessoa humana: o *primeiro* voltado à sua situação em geral; o *segundo* à sua proteção em circunstâncias de guerra; e, o *terceiro*, à garantia de asilo quando recluso de seu país. Comum mencionar, ainda, como *vertentes específicas* – diante de certas peculiaridades – o direito internacional penal e o direito de minorias, que na verdade fazem parte da vertente mais ampla, que é a dos direitos humanos *stricto sensu*.

Como se fala em vertentes de proteção dos direitos humanos, sendo os direitos humanos (em sentido estrito) uma destas vertentes, é possível afirmar que a expressão direitos humanos pode ser tomada em dois sentidos: um **sentido genérico**, *lato sensu*, que envolve todo e qualquer aspecto de proteção da pessoa humana; e um

sentido específico, *stricto sensu*, envolvendo a proteção da pessoa humana excluídas as situações de conflitos armados e de refúgio.

Por originarem de premissas diferentes, por muito tempo prevaleceu uma distinção rigorosa entre as três vertentes – direitos humanos *stricto sensu*, direito humanitário e direito dos refugiados, como se não houvesse diálogo. Atualmente, é unanimidade de que estas três vertentes se **complementam**, **não se excluem**, e podem se fazer presentes **simultaneamente** em algumas situações.

"Uma revisão crítica da doutrina clássica revela que esta padeceu de uma visão compartimentalizada das três grandes vertentes da proteção internacional da pessoa humana – direitos humanos, direito humanitário, direito dos refugiados, em grande parte devido a uma ênfase exagerada nas *origens históricas distintas* dos três ramos (no caso do direito internacional humanitário, para proteger as vítimas dos conflitos armados, e no caso do direito internacional dos refugiados, para restabelecer os direitos humanos mínimos dos indivíduos ao sair de seus países de origem). As convergências dessas três vertentes que hoje se manifestam, a nosso modo de ver, de forma inequívoca, certamente não equivalem a uma uniformidade total nos planos tanto substantivo como processual; de outro modo, já não caberia falar de vertentes ou ramos da proteção internacional da pessoa humana. Uma corrente doutrinária mais recente admite a interação normativa acompanhada de uma diferença nos meios de implementação, supervisão ou controle em deter minadas circunstâncias, mas sem com isto deixar de assinalar a *complementaridade* das três vertentes. [...] Nem o direito internacional humanitário, nem o direito internacional dos refugiados, excluem a aplicação concomitante das normas básicas do direito internacional dos direitos humanos. As aproximações e convergências entre estas três vertentes ampliam e fortalecem as vias de proteção da pessoa humana"[1].

Sem prejuízo, cabe observar que tais vertentes de proteção da pessoa humana passam constantemente por **revisões de perspectivas**. Os problemas que são colocados em seu cerne de discussão mudam de cenário e obrigam os operadores ao reconhecimento da necessidade de interação entre as vertentes e à adoção de novos modos de ver cada vertente individualizada, *para além do seu conceito clássico*.

"Especialmente ao longo das últimas décadas, o direito internacional dos refugiados, assim como o direito internacional dos direitos humanos e o direito internacional humanitário, tem enfrentado situações bastante críticas, bem como repetidas violações. De fato, ao longo desse período, essas três vertentes da proteção da pessoa humana adaptaram-se às novas realidades do cenário internacional, ao mesmo tempo em que se consolidaram e aperfeiçoaram-se. Apesar dos atentados que ocorreram e que ocorrem contra as suas normas, é importante reafirmar a validade continuada dos seus princípios básicos"[2].

---

[1] TRINDADE, Antônio Augusto Cançado. Direito Internacional dos Direitos Humanos, Direito Internacional Humanitário e Direito Internacional dos Refugiados: Aproximações ou Convergências. In: COMITÊ INTERNACIONAL DA CRUZ VERMELHA (Org.). **As três vertentes da proteção internacional dos direitos da pessoa humana**: Direitos Humanos, Direito Humanitário, Direito dos Refugiados. [s.n.], 2004. Disponível em: <http://www.icrc.org/por/resources/documents/misc/direitos-da-pessoa-humana.htm>. Acesso em: 13 jun. 2013.

[2] PAULA, Bruna Vieira de. As três vertentes da proteção internacional dos direitos da pessoa humana: direito internacional dos refugiados e o princípio do non-refoulement. **Fronteira**, Belo Horizonte, v. 5, n. 9, p. 31-65, jun. 2006.

Neste sentido, no direito humanitário se intensifica a preocupação com guerras civis, rompendo com a sua clássica aplicação a conflitos internacionais ou mistos; no direito dos refugiados surgem polêmicas crescentes quanto a pedidos de asilo não mais motivados por perseguições políticas, religiosas, sociais ou afins, mas sim pela busca de sobrevivência fora de zonas de guerra ou de extrema miséria; no direito internacional dos direitos humanos cada vez mais se ruma a uma ampliação do acesso da sociedade civil aos sistemas de proteção, retirando os Estados e as organizações internacionais do protagonismo absoluto no cenário de proteção destes direitos. Compreender a nova dinâmica das vertentes de proteção da pessoa humana é tarefa árdua, mas não há desafio algum em reconhecer que os princípios inaugurais norteadores de cada uma delas permanecem válidos e devem ser implementados para que se propicie a adequada proteção da pessoa humana.

3.1 Direitos humanos e as subvertentes do direito de minorias e do direito internacional penal

Como será visto em momento oportuno (capítulo III), direitos humanos ou direitos do homem são um conjunto de normas com base nas quais garante-se aos indivíduos ou grupos de indivíduos a proteção de sua dignidade, notadamente estabelecendo diversos bens jurídicos que devem ser protegidos para que ele tenha uma vida digna. Tais direitos são enumerados em diversos documentos internacionais e também nas Constituições dos Estados Democráticos de Direito.

O sistema de proteção dos direitos humanos pode ser geral ou específico, isto é, **voltado para todas as pessoas ou voltado para grupos específicos que necessitam de proteção especial** – neste segundo ponto se encontram os chamados direitos de minoria. Não há incompatibilidade entre a proteção geral dos direitos humanos e a criação de um sistema de proteção de minorias, pois sem igualdade material não há efetivamente direitos humanos.

"*Minoria*", neste sentido, pode ser vista como uma categoria relacional correspondente a todo grupo social que possua traços relativamente indeléveis cujos membros não possuem condições de fundirem-se em uma população homogênea e nela plenamente se adaptar. Isso pode ocorrer por peculiaridades étnicas, linguísticas, religiosas ou culturais que não sejam compartilhadas pela maior parte da sociedade, o que demonstra que o conteúdo semântico da denominação "*minoria*" somente pode ser obtido contextualmente, ou seja, **o que é minoria numa sociedade poderá não sê-lo em outras**. A categorização jurídica de uma minoria depende não do sujeito em si, mas da posição jurídica ocupada por ele na sociedade. A criação do conceito de minorias remete ao clássico direito internacional público, mas toma novos rumos no direito internacional dos direitos humanos. Neste contexto, reconhece-se que o Estado Democrático de Direito não deve apenas tutelar os interesses das maiorias, fundando-se também num princípio contramajoritário que será aplicado *in casu* pelo Judiciário[3]. Com efeito, o direito das minorias é apontado como uma subvertente de proteção, dentro da vertente do direito internacional dos direitos humanos.

---

[3] MARTINS, Argemiro Cardoso Moreira; MITUZANI, Larissa. Direito das minorias interpretado: o compromisso democrático do direito brasileiro. **Sequência**, n. 63, p. 319-352, dez. 2011.

Por sua vez, a regulamentação do direito internacional penal também está envolvida nos direitos humanos, notadamente no Estatuto de Roma, colocando a pessoa humana como verdadeiro **sujeito de direito internacional** não apenas na busca de direitos, mas na punição por graves violações conforme a competência do Tribunal Penal Internacional, notadamente, crimes contra a humanidade, crimes de guerra, genocídio e agressão internacional. O direito internacional penal é desenvolvido a partir do fenômeno da fragmentação do direito internacional, mas assume importância também no campo dos direitos humanos, eis que aborda a **responsabilidade por delitos de caráter internacional**. Sujeitam-se a suas normas indivíduos que cometem este tipo de delito, evidenciando-se uma posição não apenas protetiva de indivíduos pelo direito internacional dos direitos humanos, mas também punitiva. Ainda assim, a possibilidade de punição de uma pessoa no âmbito internacional reforça o *status* do indivíduo como parte integrante do sistema de proteção da pessoa humana, de modo que o direito penal internacional pode ser apresentado também como subvertente de proteção da pessoa humana, dentro da vertente do direito internacional dos direitos humanos.

3.2 Direito humanitário

O direito humanitário é o corpo de normas jurídicas de origem convencional ou consuetudinária (costumeira) que se aplica **aos conflitos armados** e que limita, por razões humanitárias, o direito das partes em conflito de escolher livremente os métodos e os meios utilizados na guerra, evitando que sejam afetadas as pessoas e os bens legalmente protegidos.

Isto é, o direito internacional humanitário regulamenta as situações de conflito armado, com o intuito de proteger ao máximo os envolvidos – direta (militares) ou indiretamente (civis e outros) – no conflito, minimizando os seus danos. Também é conhecido pelo nome de **direito dos conflitos armados**, nomenclatura muito utilizada no âmbito da Organização das Nações Unidas mas que talvez não reflita todo o seu objeto de proteção.

"Se é verdade que um ser humano se move por vezes por sentimentos de crueldade, também é certo que ele se comove perante a dor e o sentimento de humanidade, que à semelhança do sofrimento, é também universal. Sendo impossível fazer com que o ser humano renuncie à guerra, é o sentido de humanidade que o leva a opor-se aos seus efeitos"[4]. A **peculiaridade** do direito humanitário é que ele **não proíbe a guerra ou o atentado contra a vida e a saúde dos que estão no campo de batalha**, mas sim **cria regras para que isso ocorra de uma maneira menos brutal**.

Seu objeto é, portanto, diverso do direito internacional dos direitos humanos, que rechaça a própria guerra – basta saber que o objeto central da Organização das Nações Unidas é a paz. Desde suas origens os ramos são autônomos, mas esta mesma autonomia conduziu à complementaridade sistêmica. Logo, aplicam-se regras

---

[4] DEYRA, Michel. **Direito internacional humanitário**. Lisboa: Procuradoria-Geral da República, 2001.

de direitos humanos quando o direito humanitário não é aplicável. "Hoje em dia esta convergência exprime-se através de três princípios comuns aos dois ramos do direito: o princípio da inviolabilidade, que garante a todo o indivíduo não combatente o direito de respeito pela sua vida, integridade física e moral; o princípio da não discriminação no acesso aos direitos protegidos; e o princípio da segurança, que implica nomeadamente o respeito pelas habituais garantias judiciárias. Apesar desta aproximação a um núcleo duro irredutível, os dois ramos do direito continuam a ter as suas especificidades no conteúdo dos direitos enunciados, na sua aplicação e também no facto de serem consagrados em instrumentos jurídicos distintos, nos quais nem todos os Estados são Partes"[5].

> *A pretensão do direito humanitário é a de "humanizar a guerra". Mas, será que isso é possível?*

A Cruz Vermelha tem manifestado preocupações quanto aos meios utilizados em conflitos armados na atualidade, principalmente naqueles que correm à margem da sociedade, como as guerras civis. Não obstante, tem enfrentado dificuldades de se imiscuir em alguns campos de batalha, a exemplo da Faixa de Gaza. Por mais que o direito humanitário controle o modo como se realizam os conflitos armados, esbarra em obstáculos relevantes em fazer cumprir suas normas. Uma das principais falhas é a de proteção de civis, que são constantemente agredidos nos mais variados conflitos armados ao redor do mundo. O ceticismo quanto ao direito humanitário é, assim, justificável pela ferocidade da guerra e pela fragilidade dos mecanismos de controle da implementação deste ramo do Direito.

> *Quais são as vertentes do Direito Humanitário?*

Com efeito, nas **Convenções de Genebra** e em seus **protocolos adicionais** é que se concentra a proteção do direito humanitário. No entanto, a doutrina do direito internacional do direito humanitário afirma que o **Direito de Genebra** é apenas uma de três vertentes do direito humanitário, ao lado do **Direito de Haia** e do **Direito de Nova York**. Segundo Derya[6], esta distinção atualmente é inapropriada, já que os Protocolos de ambas vertentes contêm disposições que regulamentam igualmente a conduta das hostilidades, mas possui um valor histórico e didático.

O Direito de Genebra é composto pelas quatro Convenções de Genebra e seus protocolos adicionais que, em cerca de seiscentos artigos, volta-se à proteção das vítimas nos conflitos de guerra, **tanto militares quanto civis**.

---

[5] Ibid.
[6] Ibid.

3.2.1 Direito de Genebra

O direito de Genebra se refere ao conjunto normativo elaborado e aplicado no âmbito do Comitê Internacional da Cruz Vermelha, **organização humanitária suíça dotada de personalidade jurídica internacional**. Tal personalidade se evidencia, notadamente, pelo fato de que os Estados aderem aos acordos e tratados propostos em seu âmbito, desempenhando para com a Cruz Vermelha relações de natureza diplomática.

> Quais os princípios que regem a atuação da Cruz Vermelha?[7]

a) **Princípios substantivos:**
- Princípio da humanidade: proteção da vida e da saúde humanas;
- Princípio da imparcialidade: conferir proteção sem distinção de nacionalidade, raça, religião, condição social ou filiação política, conferindo atendimento prioritário em situações de emergência.

b) **Princípios derivados:**
- Princípio da neutralidade: abstenção de participação nas controvérsias de ordem política, racial, social, religiosa ou filosófica;
- Princípio da independência: a Cruz Vermelha tem autonomia em relação às sociedades nacionais.

c) **Princípios orgânicos:**
- Caráter benévolo: trata-se de instituição voluntária e desinteressada;
- Unidade: cada país pode possuir apenas uma Sociedade da Cruz Vermelha, que é vinculada ao Comitê Internacional;
- Universalidade: a instituição é universal.

> Quais os principais documentos de proteção do direito humanitário?

Pelo direito humanitário, tem-se que em tempo de guerra os homens devem observar certas normas de humanidade, mesmo em relação ao inimigo. Tais normas constam nas Convenções de Genebra, de 12 de agosto de 1949 (Convenções estas internalizadas em 1957 pelo Decreto nº 42.121), e nos seus Protocolos Adicionais, de 1977 e 2005:

a) **Convenção de Genebra I:** protege **feridos e doentes das forças armadas em campanha**. Adota a seguinte estrutura: Disposições Gerais (capítulo I); dos feridos e dos doentes (capítulo II); das formações e estabelecimentos sanitários

---
[7] Ibid.

(capítulo III); do pessoal (capítulo IV); dos edifícios e material (capítulo V); dos transportes sanitários (capítulo VI); do sinal distintivo (capítulo VII); execução da Convenção (capítulo VIII); da repressão dos abusos e das infracções (capítulo IX); Disposições finais; anexos I e II. Notadamente, confere neutralidade às ambulâncias e hospitais e prevê um tratamento imparcial de todos os envolvidos nas atividades médico-hospitalares, assegurando-se a liberdade de trânsito. Neste sentido, "os estabelecimentos fixos e as formações sanitárias móveis do serviço de saúde não poderão em qualquer circunstância ser objetivo de ataque, antes deverão ser sempre respeitados e protegidos pelas Partes no conflito" (artigo 19). Ainda, "Os transportes de feridos e doentes ou de material sanitário serão respeitados e protegidos do mesmo modo que as formações sanitárias móveis" (artigo 35). Além disso, prevê que "os militares feridos ou doentes serão recolhidos e tratados, qualquer que seja a nação à qual pertençam" (artigo 3º), situando o tratamento não discriminatório;

b) **Convenção de Genebra II**: protege **feridos, doentes e náufragos das Forças Armadas no mar**. Adota a seguinte estrutura: disposições gerais (capítulo I); dos feridos dos doentes e dos náufragos (capítulo II); dos navios-hospitais (capítulo III); do pessoal (capítulo IV); dos transportes sanitários (capítulo V); do sinal distintivo (capítulo VI); da execução da convenção (capítulo VII); da repressão dos abusos e das infracções (capítulo VIII); disposições finais. Em destaque a previsão de seu artigo 12: "Os membros das forças armadas e as outras pessoas mencionadas no artigo seguinte que se encontrarem no mar e que forem feridos, doentes ou náufragos deverão ser respeitados e protegidos em todas as circunstâncias, entendendo-se que o termo 'naufrágio' será aplicável a qualquer naufrágio, quaisquer que sejam as circunstâncias em que o mesmo se tenha dado, incluindo a amaragem forçada ou a queda no mar. Os mesmos serão tratados e cuidados com humanidade pela Parte no conflito que os tiver em seu poder, sem nenhuma distinção de caráter desfavorável baseada no sexo, raça, nacionalidade, religião, opiniões políticas ou qualquer outro critério análogo. É estritamente interdito qualquer atentado contra as suas vidas e as suas pessoas e, em especial, assassiná-los ou exterminá-los, submetê-los a torturas, utilizá-los na realização de experiências biológicas, deixá-los premeditadamente sem assistência médica ou sem tratamento ou expô-los a riscos de contágio ou de infecção criados para tal efeito. Somente razões de urgência médica autorizarão prioridade na ordem dos tratamentos a administrar. As mulheres serão tratadas com as deferências especiais devidas ao seu sexo". Seguem inúmeras regras sobre quem são os náufragos, o modo como deverão ser socorridos e o direito de serem identificados;

c) **Convenção de Genebra III**: trata dos **prisioneiros de guerra**. Adota a seguinte estrutura: disposições gerais (título I); proteção geral aos prisioneiros de guerra (título II); cativeiro (título III) – início do cativeiro, internamento dos prisioneiros de guerra, trabalho dos prisioneiros de guerra, recursos pecuniários dos prisioneiros de guerra, relação dos prisioneiros de guerra com o exterior, relação dos prisioneiros de guerra com as autoridades; fim do cativeiro (título IV) – repatriamento direto e concessão de hospitalidade em países neutros, libertação e repatriamento dos prisioneiros de guerra no fim das hostilidades, morte dos prisioneiros de guerra; departamento de informações e sociedades de auxílio respeitantes aos prisioneiros de guerra (título V); execução da convenção (título VI) – disposições gerais, disposições finais; anexos I a V. Além de normas gerais de proteção destes prisioneiros, traz título que aborda a questão do cativeiro – seu início, a internação dos prisioneiros de guerra, o trabalho e os recursos pecuniários destes, a relação com o mundo exterior e com as autoridades – e título que aborda o fim do cativeiro – abrangendo o repatriamento direto e a concessão de hospitalidade em países neutros, a liberação ao fim das hostilidades e as providências em caso de morte dos prisioneiros. Em destaque o artigo 13 da Convenção: "Os prisioneiros de guerra devem ser sempre tratados com humanidade. É proibido, e será considerado como uma infração à presente Convenção, todo o ato ou omissão ilícita da parte da Potência detentora que tenha como consequência a morte ou ponha em grave perigo a saúde de um prisioneiro de guerra em seu poder. Em especial, nenhum prisioneiro de guerra poderá ser submetido a uma mutilação física ou a uma experiência médica ou científica de qualquer natureza que não seja justificada pelo tratamento médico do prisioneiro referido e no seu interesse. Os prisioneiros de guerra devem também ser sempre protegidos, principalmente contra todos os atos de violência ou de intimidação, contra os insultos e a curiosidade pública. São proibidas as medidas de represália contra os prisioneiros de guerra";

d) **Convenção de Genebra IV:** aborda o **tratamento da população civil**. Adota a seguinte estrutura: disposições gerais (título I); proteção geral das populações contra determinadas consequências da guerra (título II); estatuto e tratamento das pessoas protegidas (título III) – disposições comuns nos territórios das Partes no conflito e aos territórios ocupados, estrangeiros no território de uma Parte no conflito, territórios ocupados, regras relativas ao tratamento de internados, departamentos e agência central de informações; execução da Convenção (título IV) – disposições gerais, disposições finais; anexos I a III. Num título abrange a proteção geral das populações contra determinadas consequências da guerra. Neste viés, o artigo 14: "Desde o tempo de paz, as Partes contratantes e, depois do início das hostilidades, as Partes no conflito, poderão estabelecer no seu próprio território e, se houver necessidade, nos territórios ocupados, zonas e localidades sanitárias e de segurança organizadas de modo a proteger dos efeitos da guerra os feridos e os doentes, os enfermos, os velhos, as crianças com menos de 15 anos, as mulheres grávidas e as mães de crianças com menos de 7 anos. Desde o início de um conflito e no decorrer das hostilidades, as Partes interessadas poderão concluir entre si acordos para o reconhecimento das zonas e localidades que tiverem estabelecido. Poderão para este efeito pôr em execução as disposições previstas no projeto de acordo apenso à presente Convenção, introduzindo as alterações que eventualmente considerem necessárias. As Potências protetoras e a Comissão Internacional da Cruz Vermelha são convidadas a prestar os seus bons ofícios para facilitar o estabelecimento e o reconhecimento destas zonas e localidades sanitárias e de segurança". Por seu turno, o título seguinte aborda o estatuto e tratamento das pessoas protegidas, conferindo proteção ao direito de saída do território em conflito e reforçando o dever de tratamento humanitário com relação às pessoas que se encontrem em território ocupado, bem como colacionando regras relativas ao tratamento de internados e aos departamentos e agência central de informações;

e) Protocolo Adicional I: amplia o conceito de conflito armado internacional, incorporando aqueles em que se luta contra **regimes de dominação colonial ou racistas**. "O Protocolo Adicional I às Convenções de Genebra complementa as disposições das Convenções que regulam os conflitos armados internacionais e amplia a definição aos conflitos que incluem situações nas quais um grupo de pessoas exerce o seu direito à autodeterminação ao lutar contra o domínio colonial, ocupação estrangeira ou regimes racistas"[8]. Neste sentido, o artigo 1º, 2, coloca que "nos casos não previstos no presente Protocolo ou em outros acordos internacionais, as pessoas civis e os combatentes permanecem sob a proteção e o domínio dos princípios do Direito Internacional derivado dos costumes estabelecidos, dos princípios de humanidade e dos ditamos da consciência pública";

f) Protocolo Adicional II: "O Protocolo Adicional II especificamente aplica-se a certos conflitos armados não internacionais de alta intensidade entre forças armadas do Estado e grupos armados organizados que exercem controle territorial de modo a lhes permitir realizar operações militares contínuas e concertadas e aplicar o Protocolo"[9]. Logo, aplica princípios das Convenções (artigo 3º comum) a conflitos armados internos, quando esses ocorrerem devido à atuação de **grupos armados organizados (ou forças armadas dissidentes)** que controlem, de maneira organizada, alguma parte do território (artigo 1º, 1). Contudo, pelo artigo 1º, 2, o Protocolo "não se aplica às situações de tensão e de perturbação internas, tais como motins, atos de violência isolados e esporádicos e outros atos análogos, que não são considerados como conflitos armados".

Vale ressaltar que o Decreto nº 849, de 25 de junho de 1993, promulga os Protocolos I e II de 1977 adicionais às Convenções de Genebra de 1949, adotados em 10 de junho de 1977 pela Conferência Diplomática sobre a Reafirmação e o Desenvolvimento do Direito Internacional Humanitário aplicável aos Conflitos Armados;

g) Protocolo Adicional III: mais recente (2005), aborda a questão da adoção de novo emblema distintivo. Além da cruz vermelha, passa-se a adotar o cristal vermelho (quadrado de bordas vermelhas e fundo branco posicionado de maneira inclinada). Sua internalização se deu em 2010, pelo Decreto nº 7.196.

> *A quais situações o direito humanitário se aplica?*

As situações de conflitos armados às quais o direito humanitário se aplica podem ser:

---

[8] CICV – COMITÊ INTERNACIONAL DA CRUZ VERMELHA. **Resumo das Convenções de Genebra de 12 de agosto de 1949 e dos seus protocolos adicionais**. 2. ed. Genebra: CICV, 2012.
[9] Ibid.

CONFLITO ARMADO		
Internacional	Não Internacional	Misto
Hostilidades entre Estados, envolvendo uma ocupação total ou parcial	Violência armada prolongada dentro de um Estado	Conflito interno com uma participação estrangeira

(MINISTÉRIO PÚBLICO FEDERAL – MPF – PROCURADOR DA REPÚBLICA – 2013) Qual a relação entre dispositivos de derrogação explícita de direitos dos tratados internacionais de direitos humanos e o art. 3º comum às quatro Convenções de Genebra de 1949? Há conflito de regimes internacionais em situações de emergência cobertas hora por uns, hora por outro?

A aplicabilidade total das Convenções de Genebra, ou seja, de seu inteiro teor, se restringe, nos termos do artigo 2º comum às quatro convenções, a: guerra declarada ou de qualquer outro conflito armado que possa surgir entre dois ou mais Estados contratantes, mesmo que o estado de guerra não seja reconhecido por uma delas; e casos de ocupação total ou parcial do território de um Estado contratante pelo outro, mesmo que esta ocupação não encontre qualquer resistência militar. Com efeito, **somente se aplicam plenamente as Convenções nos casos de conflitos internacionais ou mistos que envolvam Estados signatários**.

Caso uma das potências no conflito não seja parte na Convenção, as que o são se manterão, guiadas pelo princípio da reciprocidade. Significa que, caso a potência não signatária se recuse a cumprir as disposições, abre-se a possibilidade para que a potência signatária deixe de aplicar a Convenção plenamente, apenas se vinculando às normas gerais.

Ainda, o artigo 2º comum destaca "que as **normas das Convenções de Genebra não se aplicam aos conflitos armados não internacionais**, isto é, de violência armada prolongada dentro de um Estado, **à exceção do art. 3º, comum às quatro Convenções**". Entretanto, não se pode negar que os protocolos adicionais ampliaram o âmbito de proteção do direito humanitário.

Por sua vez, destaca-se o teor do referido dispositivo: "No caso de conflito armado que não apresente um caráter internacional e que ocorra no território de uma das Altas Potências contratantes, cada uma das Partes no conflito será obrigada a aplicar pelo menos as seguintes disposições: 1) As pessoas que tomem parte diretamente nas hostilidades, incluídos os membros das forças armadas que tenham **deposto as armas** e as pessoas que tenham sido **postas fora de combate por doença, ferimento, detenção ou por qualquer outra causa**, serão, em todas as circunstâncias, **tratadas com humanidade, sem nenhuma distinção** de caráter desfavorável baseada na raça, cor, religião ou crença, sexo, nascimento ou fortuna, ou qualquer critério análogo. Para este efeito, são e manter-se-ão proibidas, em qualquer ocasião e lugar, relativamente às pessoas acima mencionadas: a) As **ofensas contra a vida e integridade física,** especialmente o homicídio sob todas as formas, as mutilações, os tratamentos cruéis, torturas e suplícios; b) A tomada de **reféns**; c) As **ofensas à dignidade das pessoas**, especialmente os tratamentos humilhantes e degradantes; d) **As condenações proferidas e as execuções efetuadas sem prévio julgamento**, realizado por um **tribunal regularmente constituído**, que ofereça todas as **garantias judiciais** reconhecidas como indispensáveis pelos povos civilizados. 2) Os **feridos e doentes** serão **recolhidos e tratados**. Um organismo humanitário imparcial, como a **Comissão Internacional da Cruz Vermelha, poderá oferecer os seus serviços** às Partes no conflito. As Partes no conflito esforçar-se-ão também por pôr em vigor por meio de acordos especiais todas ou parte das restantes disposições da presente Convenção. A aplicação das disposições precedentes não afetará o estatuto jurídico das Partes no conflito".

Além dos direitos básicos estabelecidos no artigo 3º, que devem ser sempre respeitados independentemente do tipo de conflito armado, e que possuem forte relação com a disciplina dos direitos humanos, destacam-se os seguintes:

a) Somente efetuar ataques por objetivos militares, não só a pessoas, como também a edifícios e estruturas afins. Por exemplo, não se pode atacar um hospital ou uma escola;

b) As unidades sanitárias, militares ou civis, sob o controle da Cruz Vermelha, são protegidas, no interesse direto dos feridos, dos enfermos e dos náufragos. Isto envolve pessoal, material, estabelecimentos e instalações sanitárias, bem como os transportes organizados com fins sanitários reconhecíveis por meio do emblema da cruz vermelha, do crescente vermelho ou do cristal vermelho sobre fundo branco;

c) Nunca destruir ou apreender o material sanitário (macas, aparelhos e instrumentos médicos e de cirurgia, medicamentos, pensos etc.), que deve ser deixado à disposição para atender ao propósito de tratar os feridos e os enfermos;

d) Nunca atacar, prejudicar ou impedir de funcionar as unidades sanitárias, militares ou civis, que compreendem todos os edifícios e instalações fixas (hospitais e outras unidades similares, centros de transfusão sanguínea, de medicina preventiva, de abastecimento, depósito) ou formações móveis (hospitais de campanha, tendas, instalações ao ar livre, entre outros) organizados para fins sanitários;

e) Tratar com humanidade o adversário que está ferido, se rende ou é capturado, assim como prisioneiros detidos. Os prisioneiros de guerra têm direito, em todas as circunstâncias, a um tratamento humano, bem como ao respeito da sua pessoa e da sua honra. Tudo isto se extrai do referido artigo 3º, mas é detalhado no restante das Convenções;

f) Respeitar os civis e seus bens, uma vez que uma das práticas mais brutais das guerras é a pilhagem de bens de civis, bem como a prática de outros crimes comuns contra eles, a exemplo do estupro de mulheres habitantes das áreas ocupadas;

g) Não causar sofrimento ou danos excessivos. Coloca-se a limitação do direito das partes em conflito de escolher os métodos e meios de guerra. Além disso, é proibido empregar armas, projéteis, substâncias e métodos de guerra suscetíveis de causar males supérfluos;

h) Garantir a toda e qualquer pessoa afetada pelo conflito armado seus direitos fundamentais, sem nenhuma discriminação, respeitando-se, notadamente, a sua pessoa, a sua honra, as suas convicções e as suas práticas religiosas; e não se perpetrando nenhum atentado, por agente civil ou militar, contra a sua vida, a sua saúde, a sua integridade física ou mental, ou contra a sua dignidade (tudo isto é garantido também no artigo 3º e reforçado no restante das Convenções);

i) Não colocar obstáculos ao pessoal da Cruz Vermelha no desempenho de suas funções.

Desde o ano de 1957 estão ratificadas no Brasil as convenções de Genebra de 1949, e desde o ano de 1993 o estão seus protocolos de 1977. A delegação regional do CICV em Brasília atua para responder às necessidades de pessoas afetadas por situações de violência relacionadas a problemáticas sociais, agrárias e em meio urbano. Além disso, visita detidos, promove o Direito Internacional Humanitário e apoia as forças de segurança na adaptação de procedimentos às normas internacionais de direitos humanos.

3.2.2 Direito de Haia

O **Direito de Haia volta-se ao direito da guerra propriamente dito**, colacionando a normativa que rege a **conduta das operações militares**, bem como os **direitos e os deveres dos militares participantes na conduta das operações militares, limitando os meios de ferir o inimigo**. Parte de sua normativa está no primeiro protocolo às Convenções de Genebra, mas no geral o conteúdo se encontra nas Convenções de Haia de 1899 (revistas em 1907), também conhecidas como **Convenções sobre a Resolução Pacífica de Controvérsias Internacionais**.

No artigo 1º da redação de 1899, coloca-se a intenção de manutenção da paz como regra (o que hoje é objetivo de atuação da Organização das Nações Unidas), "a fim de evitar tanto quanto possível o recurso à força nas relações entre os Estados, as Potências signatárias acordam em empregar todos os esforços para assegurarem a solução pacífica das pendências internacionais". Após, aborda questões sobre mediações, bons ofícios, comissões internacionais de inquérito e arbitragem internacional.

Com efeito, coloca-se a guerra como exceção, mas não se recusa que, por vezes, pode ser um recurso necessário. Inicialmente, se buscará a solução pacífica, evitando a intervenção armada. Para que um Estado declare guerra contra o outro deverá ter se atido aos limites fixados no Direito de Haia.

Os países envolvidos na negociação original que deu origem ao tratado foram: Alemanha, Áustria, Hungria, Bélgica, China, Dinamarca, Espanha, Estados Unidos, México, França, Reino Unido, Itália, Japão, Luxemburgo, Montenegro, Países Baixos, Pérsia, Portugal, Romênia, Rússia, Sérvia, Sião, Suécia, Noruega, Suíça e Bulgária.

Hoje, tal normativa possui um caráter mais costumeiro do que jurídico, já que o papel de zelar pela paz acabou sendo ocupado pela Organização das Nações Unidas, com número bastante superior de aderentes e sob regimes de governo, em regra, democráticos. No entanto, como se verá no tópico seguinte, a Organização das Nações Unidas recomendou aos Estados-membros assumirem compromisso com relação a este documento.

3.2.3 Direito de Nova York

Pelo Direito de Nova York também se zela pela proteção dos direitos humanos em período de conflito armado. No entanto, volta-se a esta atividade de proteção **desenvolvida no âmbito da Organização das Nações Unidas**, com sede de atuação em Nova York.

Neste sentido, em 1968 a Assembleia Geral das Nações Unidas adotou a Resolução nº 2444 (XXIII) com o título "**Respeito dos direitos humanos em período de conflito armado**", o que constitui um marco da mudança de atitude do organismo global de proteção no que diz respeito ao direito humanitário. Após este documento, as Nações Unidas têm mostrado relevante interesse em tratar matérias relativas às guerras de libertação nacional, bem como à interdição ou limitação da utilização de determinados armamentos.

No artigo 1º da referida Resolução, a Organização das Nações Unidas "Faz sua a resolução XXVIII adotada em Viena em 1965 pela XX Conferência Internacional da Cruz Vermelha, que estabeleceu nomeadamente os seguintes princípios que deverão ser observados por todas as autoridades, governamentais e outras, responsáveis pela conduta de operações em período de conflito armado, a saber: a) o direito das partes num conflito armado de adotar meios de afetar o inimigo não é ilimitado; b) proibição de lançar ataques contra as populações civis enquanto tais; c) deve fazer-se sempre a distinção entre as pessoas que participam nas hostilidades e os membros da população civil, afim de que estes sejam poupados na medida do possível".

Neste viés, reforça-se o compromisso do Secretário-Geral da Organização de permanecer em contato e colaboração com a Cruz Vermelha: "2. Convida o Secretário Geral a estudar, com a consulta do Comitê Internacional da Cruz Vermelha e outras organizações internacionais apropriadas: a) As medidas que poderiam ser tomadas com vista a assegurar uma melhor aplicação das convenções e das regras internacionais de caráter humanitário existentes quando de conflitos armados; b) A necessidade de elaborar novas convenções internacionais de caráter humanitário ou outros instrumentos jurídicos apropriados com o intuito de melhor assegurar a proteção dos civis, dos prisioneiros e dos combatentes quando de conflitos armados e de proibir e limitar a utilização de certos métodos e meios de guerra; 3. Pede ao Secretário Geral de tomar todas as outras medidas necessárias para dar efeito às disposições da presente resolução e de dar conta à Assembleia Geral, quando da sua vigésima quarta sessão, das medidas que terá tomado".

Por seu turno, pede-se que os Estados-membros da Organização das Nações Unidas assumam compromissos no campo do direito humanitário: "4. Pede ainda aos

Estados Membros de prestarem toda a assistência possível ao Secretário Geral para a preparação do estudo solicitado no parágrafo 2 supra; 5. Faz apelo a que todos os Estados que ainda o não fizeram, se tornem Partes às Convenções de Haia de 1899 e 1907, ao Protocolo de Genebra de 1925 e às Convenções de Genebra de 1949".

3.3 Direito dos refugiados

Envolve a garantia de asilo a alguém fora do território do qual é nacional por qualquer dos motivos especificados em normas de direitos humanos, principalmente: perseguição por razões de raça, religião, nacionalidade, pertença a um grupo social determinado ou convicções políticas. O regime contemporâneo do direito dos refugiados remete às negociações decorrentes da Segunda Guerra Mundial, que levaram à criação do Alto Comissariado das Nações Unidas para os Refugiados (ACNUR) e à adoção da Convenção relativa ao Estatuto dos Refugiados de 1951, e tem como fundamento jurídico o princípio do *non-refoulement*, segundo o qual se proíbe a expulsão de refugiado para fronteiras de territórios onde a sua vida ou a sua liberdade sejam ameaçadas por razão de raça, religião, nacionalidade, filiação a grupos sociais ou opiniões políticas.

> **(DEFENSORIA PÚBLICA DA UNIÃO – DPU – DEFENSOR PÚBLICO -CESPE – 2017)** O intenso fluxo transnacional de pessoas é um dos traços marcantes da pós-modernidade. A chamada migração mista vem exigindo dos países e demais atores internacionais soluções complexas para os diversos grupos de pessoas que deixam para trás seu país de origem ou domicílio pelas mais variadas causas, o que tem feito surgir diferentes sistemas e regimes de proteção. Um exemplo de fluxo transnacional de pessoas decorre da crise humanitária da Venezuela, que, conforme a *Human Rights Watch*, está se espalhando para além das fronteiras venezuelanas. Milhares de pessoas têm fugido de uma crise humanitária que o governo venezuelano nega existir e não enfrenta adequadamente e muitas delas vieram para o Brasil, principalmente pela fronteira da Venezuela com o Estado de Roraima. Em solo brasileiro, essas pessoas têm buscado proteção por meio de diferentes formas de asilo. Considerando o texto acima como referência inicial, diferencie refúgio, visto humanitário e autorização de residência para fins humanitários, relacionando seus conceitos às normas nacionais e aos instrumentos internacionais de proteção aos direitos humanos.

"No início, o regime desenvolveu-se para responder ao problema dos refugiados europeus, como decorrência das duas guerras mundiais e, por conseguinte, centrava-se na Europa. Posteriormente, a Guerra Fria teve uma influência enorme nas normas e nas políticas do regime, que em muito refletiram as disputas leste e oeste. Contudo, o fim da Guerra Fria trouxe novos problemas, como o relevante aumento das medidas restritivas dos países, em maior ou menor grau, em relação aos solicitantes de refúgio. Essas restrições foram agravadas após os ataques terroristas de 11 de setembro de 2011, uma vez que as medidas de combate ao terrorismo implantadas por diversos países dificultam a entrada de solicitantes de refúgio e são, frequentemente, discriminatórias. Além disso, as dinâmicas geopolíticas geradas com o fim da Guerra Fria deram uma nova perspectiva às principais causas dos movimentos de refugiados, assim como às suas respostas e soluções"[10].

Na atualidade, a questão dos refugiados tem ganhado notoriedade devido ao conflito sírio. Desde o começo de protestos sociais no ano de 2011, a Síria tem passado por um momento de grave tensão social. A divisão populacional é expressada por uma maioria sunita, mas o presidente sírio pertence a uma vertente alauita que traduz a elite econômica e política do país. As poucas reformas políticas realizadas nos últimos anos não foram suficientes para conter o estado de guerra civil, que se intensificou a partir da primavera árabe. A violência, na verdade, se intensificou, e a assistência por parte de países como os Estados Unidos esbarram em questões delicadas, como a ausência de disposição de entrar em conflito direto com o Irã, apoiador do regime político sírio. Por outro lado, os meros embargos econômicos não têm bastado para paralisar o conflito. Neste meio tempo, milhares de pessoas são mortas todos os anos como efeito colateral[11]. O aumento da morte de civis tem levado milhões de sírios a fugirem do país e a buscar asilo em países vizinhos, mas o número de refugiados é muito elevado e nem todos os países estão sendo muito receptivos em recebê-los. O Brasil está entre os países que tem recebido refugiados, foragidos do conflito armado instalado na Síria.

O caso sírio mostra que o perfil de refugiados tem mudado em relação ao contexto clássico pelo qual a questão sempre foi analisada. A perseguição não é feita a grupos específicos dentro do país, isto é, estes refugiados não sofrem uma perseguição individual por qualquer motivo. No entanto, toda a população da Síria está exposta ao risco de morte iminente devido à incessante guerra civil.

De forma semelhante, viu-se eclodir recentemente a crise de refugiados da Venezuela, cuja origem está numa crise política do governo atual, encabeçado por Nicolás Maduro, que surge num cenário de crise econômica no qual os índices de inflação se agravavam exponencialmente. A crise político-econômica atingiu a população civil e consolidou uma crise humanitária, em especial diante da escassez de alimentos, de medicamentos e de itens básicos de higiene, transformando o país num dos mais pobres e violentos do mundo[12].

O que se denomina **fluxo transnacional de pessoas** seriam os movimentos de **refúgio em massa** que estão cada vez mais recorrentes no cenário mundial. Tais movimentos se originam em crises humanitárias instituídas em território nacional que impulsionam a população a se dirigir para as fronteiras do país, buscando asilo no país vizinho. Entretanto, se mostra impossível impor uma simples solução que seria o dever estatal de conceder asilo em razão do princípio da proibição do rechaço.

---

[10] PAULA, Bruna Vieira de... Op. Cit.
[11] SILVA, Júlio César Lázaro da. Conflito na Síria: a primavera que não consegue se estabelecer. **Brasil Escola**. Disponível em: <http://brasilescola.uol.com.br/geografia/conflito-na-siria-primavera-que-nao-consegue-se-estabelecer.htm>. Acesso em: 25 mai. 2016.
[12] 5 pontos para entender a crise na Venezuela. Exame, 17 maio 2019.

No caso da Venezuela, o número estimado de refugiados chegou a 4 milhões, correspondendo ao segundo maior grupo de deslocados do mundo, atrás, apenas, da Síria, que teria 5,6 milhões de refugiados[13]. Seria materialmente impossível obrigar que os países de fronteira direta acolhessem todas estas pessoas, pura e simplesmente. Neste sentido, mostra-se essencial que ocorra uma intervenção para determinar os rumos dos recebimentos, notadamente por negociações diplomáticas, impedindo que concentrações de refugiados em locais não estruturados para recebê-los gere um cenário de violência e violação de direitos humanos fundamentais dos refugiados e da população local. Sem prejuízo, devem ser tomadas medidas de cooperação internacional para permitir a colaboração geral de todos os Estados do mundo com relação às crises de refugiados.

Entre as medidas solicitadas pelas populações deslocadas em massa, estão o reconhecimento de **refúgio**, que se aplica nos casos de pessoas que deixam seus países em razão de fundada perseguição ou em contexto de conflitos armados, nos moldes das definições do Estatuto dos Refugiados de 1951 e no que classicamente se enquadraria como asilo (gera maior repercussão jurídica, pois obriga o Estado que concede asilo a conceder plenos direitos ao asilado, sendo que o asilo, em sua acepção clássica, não é provisório); a concessão de **visto humanitário**, consistente na possibilidade de extensão na ampliação do conceito clássico de refugiado para permitir a proteção humanitária de populações deslocadas em razão de crises econômicas ou ambientais, sujeitando-se a normativas próprias internas (no Brasil, as Resoluções do CONARE nº 97/2012 e nº 17/2013 regulam, respectivamente, a questão do visto humanitário para haitianos, aos quais não se concede o asilo com fundamento na inexistência de conflito armado formalmente reconhecido pelo Brasil no Haiti, e para sírios, sendo o segundo conversível para condição de asilado tão logo ocorra o ingresso do sírio no país, eis que a Síria se encontra em situação de guerra); e a **autorização de residência para fins humanitários** (consistente na emissão de autorização para fixação de residência a quem tenha obtido no país um visto humanitário, regulada no Brasil nos termos da Portaria Interministerial nº 10/2018, voltada especificamente para cidadãos haitianos e apátridas residentes na República do Haiti).

Há que se considerar a situação específica dos haitianos, que não são reconhecidos como asilados pelo Brasil, com justificativa de que foram desastres naturais, mais precisamente o terremoto do ano de 2010 que deixou mais de 300.000 mortos e afetou as estruturas do país, que levou a população do Haiti a se deslocar para o Brasil. Tecnicamente, os haitianos não são considerados refugiados, mas sim migrantes. A eles, tem sido concedido visto humanitário, seguido de autorização de residência, os quais possuem prazos fixados, embora não exista impedimento à realização de pedidos de renovação.

Outros motivos que também levam ao refúgio ou à migração em massa na atualidade são a fome e a miséria, levando milhares de habitantes do continente

---

[13] Número de refugiados e migrantes da Venezuela chega a 4 milhões. Deutsche Welle (agência pública da Alemanha), Berlim, 07 jun. 2019.

africano a sair de seus países em busca de melhores condições de vida. Mais uma vez, denota-se a mudança do perfil do refugiado na sociedade contemporânea.

Há uma ligação direta entre a linguagem do direito dos refugiados e a dos direitos humanos. Em verdade, o princípio da proibição do rechaço se repete em diversos documentos do direito internacional dos direitos humanos, a exemplo da Declaração Universal dos Direitos Humanos e do Pacto Internacional de Direitos Civis e Políticos. O ACNUR, por sua feita, é órgão vinculado à Organização das Nações Unidas, onde se concentra o sistema do direito internacional dos direitos humanos. Por este motivo, direitos materiais dos refugiados podem ser estudados sem reservas em conjunto com direitos humanos. Não obstante, se denota que este tem sido um dos tópicos mais cobrados em questões dissertativas de concursos recentes, razão pela qual as questões detalhadas sobre direito dos refugiados serão vistas oportunamente no tópico 1.13.1 do capítulo III.

4 CARACTERÍSTICAS DOS DIREITOS HUMANOS

> O que *são*, e quais *são as principais características dos direitos humanos? Os direitos humanos se restringem ao ambiente jurídico?*

As características são adjetivações conferidas aos direitos humanos. Tal rol é meramente *exemplificativo*, obviamente, mas ajuda a compreender a importância dos direitos humanos para um sistema conglobado das ciências – exatas, sociais e biológicas.

Aliás, utilizando-se de *"gancho"* feito no parágrafo acima, urge enfatizar a importância dos direitos humanos para todo esse *sistema conglobado de ciências exatas, sociais, e biológicas.*

É comum pensar os direitos humanos como algo *juridicizado* e *procedimentalizado*, *como se* sua previsão dependesse estritamente de documentos internacionais e internos, *como se* seu descumprimento importasse tão somente sanções a pessoas, Estados e organizações internacionais, *como se* a efetividade dos instrumentos nacionais e internacionais se restringisse a um bom punhado de mecanismos jurídicos manejados pelos autoproclamados *"operadores"* do Direito.

Os direitos humanos são, contudo, inerentes à *filosofia*, à *sociologia*, à *política*, à *física nuclear*, à *biomedicina*, à *geografia*, à *história*, à *matemática*, à *economia*, à *farmacologia*, dentre tantas outras ciências. Não há mais se conceber, repete-se, num Estado dito *"democrático"*, um purismo conceitual para os direitos humanos, como algo hermeticamente livre das contribuições que todas as ciências podem efetuar: tão importante quanto a Corte de Haia são as pesquisas científicas que conseguem fazer "brotar" comida em solo climaticamente hostil; tão apreciável quanto o repúdio aos crimes de guerra e genocídio são as campanhas que impedem que a diarreia e o cólera continuem a dizimar crianças recém-nascidas; tão desprezível quanto os Estados que rotineiramente violam direitos de seus cidadãos são as armas bélicas que continuam a deixar no ar um cheiro de pólvora misturado a sangue.

Eis, pois, uma primeira característica *macro* dos direitos humanos: sua *observância para todas as ciências*.

Antes de adentrar no estudo de cada uma das características, vale observar um quadro geral para a visualização conjunta destas:

Historicidade
Mobilidade ou Dinamismo
Universalidade
Generalidade
Inalienabilidade
Imprescritibilidade
Irrenunciabilidade
Inviolabilidade
Indivisibilidade
Complementaridade
Interdependência ou inter-relação
Inexauribilidade
Essencialidade
Efetividade
Relatividade
Limitabilidade (relatividade em sentido estrito)

4.1 Historicidade

Os direitos humanos não são fruto de apenas um acontecimento específico. Eles são produto de um processo *temporal* e *complexo* no qual vão se formando suas nuanças. Convém lembrar, neste diapasão, que graças a esta característica, são os direitos humanos *mutáveis, adaptáveis, aperfeiçoáveis*.

Ainda acerca da historicidade (valendo reforçar que os antecedentes históricos dos direitos humanos serão oportunamente estudados em capítulo autônomo), urge obtemperar que a evolução dos direitos humanos observa um **fluxo evolutivo contínuo**, a maior ou menor velocidade a depender do período cronológico.

Assim, se é quase nula a evolução desta ciência durante a Idade Média ("*período das trevas*"), ou se é tímido o seu desenvolvimento no espaço temporal compreendido entre o anteceder da Primeira Grande Guerra Mundial e o final da Segunda Grande Guerra Mundial, *é cristalino o movimento de defesa dos direitos humanos após o findar do segundo conflito intercontinental, com o advento da Declaração dos Direitos do Homem* e do Cidadão de 1948, a institucionalização das Nações Unidas como algo muito mais forte que a obsoleta Liga das Nações, o rápido desenvolvimento do direito internacional, sem contar os inúmeros documentos internacionais celebrados nas últimas sete décadas.

Por último, esta característica da historicidade importa dizer que os direitos humanos **não são estacionários**, estando, portanto, em constante evolução, de acordo com as novas necessidades que os novos tempos e o desenvolvimento das relações humanas exigem.

"Os direitos do homem, por mais fundamentais que sejam, são direitos históricos, ou seja, nascidos em certas circunstâncias, caracterizadas por lutas em defesa de novas liberdades contra velhos poderes, e nascidos de modo gradual, não todos de uma vez e nem de uma vez por todas"[14]. Conforme os direitos humanos nascem, não podem mais cair no esquecimento, serem revogados. Uma vez nascidos, se tornam tão essenciais à proteção da pessoa humana quanto os anteriormente reconhecidos.

Eis a consagração da chamada "*proibição do retrocesso*", mais difundida no campo dos direitos sociais[15], mas certamente vigente para todas as espécies de direitos humanos fundamentais.

Como exemplo, se um dia o direito ao devido processo legal já foi encarado como um direito à vingança, e posteriormente como um processo judicialiforme inquisitório (em que investigador, acusador e julgador eram, normalmente, a mesma pessoa), e posteriormente como um processo público e igualitário as partes, certamente o momento atual é de desenvolver premissas em prol de uma duração razoável do processo, do estímulo ao devido processo também no plano administrativo, e da adaptabilidade do procedimento às necessidades casuísticas. Nesta tônica, nada obsta que a tendência futura do devido processo legal seja a ideia de princípio da cooperação entre as partes envolvidas na demanda **(o Código de Processo Civil de 2015 somente ajuda a comprovar isso)**. Todo este conceito desenvolvimentista, na verdade, faz parte do historicismo dos direitos humanos e sua ideia de proibição do retrocesso.

4.2 Mobilidade e dinamismo

Os direitos humanos, por serem direitos históricos (isto é, por se formarem ao longo dos acontecimentos históricos relevantes ao redor do mundo), estão em **constante modificação**.

A ausência de estaticidade dos direitos humanos (ou seja, seu dinamismo) implica admitir que não é possível fixar um rol taxativo e determinado destes direitos e nem afirmar que já foram reconhecidos todos os direitos humanos que deveriam ser reconhecidos.

Com efeito, deparando-se com a afirmação de que "a imobilidade é uma característica dos direitos humanos", se está diante de uma assertiva incorreta, pois isso implicaria reconhecer que os direitos humanos não estão abertos à modificação de seu conteúdo material.

---

[14] BOBBIO, Norberto. **A era dos direitos**. 9. ed. Rio de Janeiro: Elsevier, 2004, p. 25.
[15] QUEIRÓZ, Cristina. **Direitos fundamentais (teoria geral)**. Coimbra, Portugal: Coimbra Editora, 2002, p. 151.

4.3 Universalidade

Os direitos humanos destinam-se a todos os seres humanos, independentemente da raça, cor, credo ou ideologia assumida.

> A proteção prioritária a determinados grupos fere a característica da universalidade dos direitos humanos?

Em uma primeira importante questão a ser trabalhada, a característica da universalidade não apenas defende a proteção equivalente a todos, como também importa dizer que determinados grupos são mais necessitados e, portanto, devem receber maiores *doses de proteção* por parte do Estado. Afinal, dentro da concepção de democracia, está a discussão entre minorias e maiorias, sendo sabido que as minorias, historicamente desprotegidas, necessitam de maior carga protetiva exatamente para fornecer um ideal de igualdade material (ou substancial).

Deste modo, quando se acena para um *Estatuto do Idoso* (Lei nº 10.741/2003), para um *Estatuto da Juventude* (Lei nº 12.852/2013), para um *Estatuto da Criança e do Adolescente* (Lei nº 8.069/1990), para a *Lei Maria da Penha* (Lei nº 11.340/2006), para o *Estatuto da Igualdade Racial* (Lei nº 12.288/2010), para o *Estatuto do Torcedor* (Lei nº 10.671/2003), para o *Código de Proteção e Defesa do Consumidor* (Lei nº 8.078/1990), dentre outros, tais diplomas normativos não apenas não contrariam a retórica de universalidade dos direitos humanos (pode-se, equivocadamente, pensar que isto demonstra apenas uma proteção setorial e puramente privilegiadora), como servem para colocar em posição de equivalência e de proteção suficiente grupos que nem sempre gozaram desta ótica protecionista. É dizer: tais diplomas não trazem privilégios a determinados setores, mas, sim, atribuem **equivalência de direitos entre maiorias e minorias**. O mesmo se pode afirmar quanto aos inúmeros tratados internacionais que voltam atenção à proteção de grupos vulneráveis, a serem estudados no capítulo III.

> Os direitos humanos podem ser extensíveis aos entes não humanos?

Prosseguindo, em uma segunda discussão, pode-se indagar se os direitos humanos seriam extensíveis aos entes não humanos, como os animais. Há, inclusive, importante corrente mundial (cada vez mais representativa) que defende a existência de um *Direito Animal*, estendendo a algumas espécies de animais direitos tipicamente humanos, como a vida e a vedação a experimentos científicos que coloquem em risco a saúde do ser vivo. O embasamento dá-se na *dignidade da pessoa não humana*, tal como a Índia assim considerou os golfinhos (pessoa não humana), dada sua elevada capacidade intelectiva atestada por estudos científicos[16]. Também, outro embasamento possível

---

[16] ÍNDIA declara os golfinhos como pessoas não humanas. **Revista ecológica**, 25 jul. 2013. Disponível em: <http://revistaecologica.com/direitos-dos-animais/india-declara-os-golfinhos-como-pessoas-nao-humanas>. Acesso em: 19 set. 2013.

pode ser o reconhecimento dos animais como *seres vivos dotados de sensibilidade*, a exemplo do que o Código Civil francês reconheceu em seu art. 515-14 (janeiro de 2015). Este último caso deve ser considerado emblemático, pois até então os animais eram tratados como bens móveis no art. 528 da aludida codificação francesa, o que foi posteriormente modificado com grande apoio da população do país gálio[17].

Pensando em casos práticos, um importante exemplo, nesta indagação, seria a chamada *Farra do Boi*, que ocorre em diversos locais do país, mas, mais notadamente, no Estado de Santa Catarina. Por tal, sob a alegação de se tratar de uma cultura "importada" da Europa e há tempos assimilada no Brasil, realizam-se festividades em que bovinos são soltos nas ruas para "correrem atrás" dos participantes da festividade cultural. O Supremo Tribunal Federal, contudo, no julgamento do RE nº 153.531/SC[18], entendeu haver violação ao meio ambiente em tal prática, sem se debruçar, contudo, sobre a suposta universalidade dos direitos humanos ampliados aos animais.

Outro exemplo seria o caso das *rinhas de galo*, tão populares no país desde o período colonial, já havendo, inclusive, casos de legislações estaduais regulamentando--as e permitindo os confrontos entre animais especialmente treinados para isso, em um negócio que movimenta vultosas quantias financeiras por meio de apostas. Isso tanto é verdade que na ADI nº 1.856/RJ[19], o Supremo Tribunal Federal declarou a inconstitucionalidade de legislação estadual que permitia a prática, utilizando como base a proteção constitucional do meio ambiente. Mais uma vez não se trabalhou a questão da extensão dos direitos humanos, contudo.

Por fim, a proibição pelo Supremo Tribunal Federal na ADI nº 4.983/CE[20], da chamada "*Vaquejada*", ao declarar inconstitucional lei do Estado do Ceará (de nº 15.299/2013), que regulava a prática de atividade em que vaqueiros, montados em seus cavalos, buscam derrubar um touro puxando-o pelo rabo, a fim de dominar o animal. No caso, a aplicação de direitos fundamentais aos animais não foi propriamente discutida, ficando a discussão mais restrita a ser tal prática uma manifestação cultural digna ou não de permissivo legal e jurisprudencial[21].

É óbvio que os animais merecem proteção constitucional e *infra*constitucional por ampla gama de direitos que podem, inclusive, ser importadas/adaptadas dos

---

[17] CÓDIGO CIVIL FRANCÊS. Disponível em: http://www.legifrance.gouv.fr/affichCode.do?cidTexte=LEGITEXT000006070721. Acesso em: 15 abril. 2015. Assim também procedeu o ordenamento português, com seu Estatuto Jurídico dos Animais (Lei nº 8/2017), que alterou o Código Civil do país lusitano com a inclusão, dentre outros, de um art. 201-B, para considerar os animais como seres vivos dotados de sensibilidade e objeto de proteção jurídica em virtude da sua natureza (CÓDIGO CIVIL PORTUGUÊS. Disponível em: http://www.codigocivil.pt. Acesso em: 04 jun. 2017).

[18] Supremo Tribunal Federal, 2ª T. **RE nº 153.531/SC**. Rel.: Min. Francisco Rezek. DJ. 13/03/1998.

[19] Supremo Tribunal Federal, Pleno. **ADI nº 1.856/RJ**. Rel.: Min. Celso de Mello. DJ. 26/05/2011.

[20] Supremo Tribunal Federal, Pleno. **ADI nº 4.983/CE**. Rel.: Min. Marco Aurélio. DJ. 06/10/2016.

[21] Chama-se a atenção, entretanto, para a emenda constitucional nº 96/2017, que acresceu um parágrafo sétimo ao art. 225, CF, autorizando a utilização de animais em práticas desportivas que se traduzem, também, em manifestações culturais. Diz o dispositivo: "Para fins do disposto na parte final do inciso VII do § 1º deste artigo, não se consideram cruéis as práticas desportivas que utilizem animais, desde que sejam manifestações culturais, conforme o § 1º do art. 215 desta Constituição Federal, registradas como bem de natureza imaterial integrante do patrimônio cultural brasileiro, devendo ser regulamentadas por lei específica que assegure o bem-estar dos animais envolvidos" (também, a Lei nº 13.364/2016, que eleva o Rodeio, a Vaquejada, bem como as respectivas expressões artístico-culturais, à condição de manifestação cultural nacional e de patrimônio cultural imaterial). Desde já nos manifestamos pela inconstitucionalidade material da emenda, por violar o princípio da proibição do retrocesso em matéria ambiental.

direitos humanos. O respeito ao meio ambiente é, inclusive, uma das premissas fraternais que movem o **Estado contemporâneo ecocêntrico**. Prevalece, entretanto, que isso não importa defender uma extensão dos direitos humanos aos entes não humanos (o mesmo vale para as pessoas jurídicas e para aqueles indivíduos que já faleceram, notadamente naquilo que diz respeito, em ambos os casos, aos seus direitos da personalidade).

> Os direitos humanos podem ser aplicados ao nascituro?

Por fim, há se lembrar que também o nascituro deve ser considerado destinatário de proteção dos direitos fundamentalmente humanos, algo, inclusive, que não foi deixado de lado pelo Código Civil, o qual, em seu art. 2º, prevê que a personalidade civil da pessoa começa do nascimento com vida, muito embora a lei coloque a salvo, desde a concepção, os direitos do nascituro.

Não se quer, aqui, produzir aprofundamentos acerca das teorias da personalidade jurídica do nascituro (teoria natalista, teoria concepcionista, teoria da personalidade condicionada), haja vista remontar tal questão aos aprofundamentos inerentes sobre o tema dos civilistas. De toda maneira, questões como a Lei nº 11.804/2008, ou a possibilidade de sofrer o nascituro danos morais[22], ajudam a reforçar a tese de que os direitos humanos devem ser aplicados por uma perspectiva racional e objetivista àqueles que ainda não nasceram. Disso decorre, inclusive, um desdobramento do direito à vida, que é o direito de nascer.

4.4 Generalidade

Os direitos humanos, na qualidade de normas jurídicas, não são criados para situações concretas pretéritas ou para pessoas determinadas: suas regras são aplicadas e elaboradas com **abstração e generalidade**. Quando se afirma a generalidade dos direitos humanos não se pretende dizer que estes direitos não podem abranger categorias especiais de pessoas ou pessoas em situações determinadas, mas, sim, que tais normas não podem ser criadas única e exclusivamente para certa pessoa. A proteção de minorias e grupos vulneráveis não viola a generalidade dos direitos humanos, conforme já referido quanto à universalidade destes direitos.

4.5 Inalienabilidade

Os direitos humanos são **intransferíveis** e **inegociáveis**, não se lhes podendo atribuir valor econômico (comercialmente falando). Um indivíduo não pode, por exemplo, negociar seu direito à liberdade em troca de qualquer tipo de bem com valor financeiro. A inalienabilidade não importa dizer, entretanto, que não se possa desempenhar atividades econômicas utilizando-se de um direito humano.

---

[22] Superior Tribunal de Justiça, 4ª T. **REsp nº 399.028/SP**. Rel.: Min. Sálvio de Figueiredo Teixeira. DJ. 15/04/2002.

Como exemplo, o art. 5º, XXVII, da Constituição Federal, prevê que aos autores pertence o direito de utilização, publicação ou reprodução de suas obras, transmissível aos herdeiros pelo tempo que a lei fixar; da mesma forma como o artigo 27, item II, da Declaração Universal de Direitos Humanos dispõe que toda pessoa tem direito à proteção dos interesses morais e materiais decorrentes de qualquer produção científica, literária ou artística da qual seja autor. É possível, pois, extrair utilização econômica consequencial de um direito humano.

Ora, o direito de criação é inerente ao direito à livre manifestação do pensamento e à liberdade de todas as formas de expressão, aqui entendidos sob a ótica da reprodução artística. E, muito embora se esteja falando de um direito humano, é absolutamente possível que o indivíduo tenha vantagem patrimonial com o exercício de um direito que lhe é assegurado: o que se negocia, nesse caso, não é o direito humano propriamente dito, mas a **atividade resultante** do exercício desse direito.

4.6 Imprescritibilidade

Os direitos humanos são sempre exigíveis, não se perdendo com o decurso do tempo. Assim, uma vez que são sempre exercíveis e exercidos, não deixam de existir pela falta de uso (prescrição).

O que pode haver é a prescrição do direito decorrente do exercício dos direitos humanos. Tal como se viu na característica anterior, é possível desenvolver relações jurídicas negociais a partir dos direitos humanos inerentes à pessoa, e, como tal, caso haja violação estritamente negocial a este direito decorrente, abre-se prazo para reclamar sua lesão. Os direitos humanos em si, entretanto, não podem ser acondicionados no tempo.

4.7 Irrenunciabilidade

Direitos humanos não podem ser renunciados pelo seu titular devido à fundamentalidade material destes direitos para a dignidade da pessoa humana. O máximo que se admite é a **limitação voluntária de seu exercício**, desde que num *estrito caso concreto* (esta limitação não pode ser absoluta), e *por período determinado* (esta limitação não pode viger sempre).

> *Quais os parâmetros para a irrenunciabilidade dos direitos humanos? E a hipótese de programas televisivos que satirizam condições peculiares de alguns seres humanos? O que é o "caso do arremesso de anões"?*

Questão que desperta especial atenção quanto à irrenunciabilidade são os programas televisivos que mostram anões com o especial fito de fazer deles chacota (uma versão moderna do caso de arremesso de anões, popularmente conhecida – a explicação do caso se encontra abaixo) ou mulheres com quase ou nenhuma roupa vendendo o sexo feminino como algo fácil e promíscuo.

Em pensando os direitos humanos pela ótica da irrenunciabilidade, tal conduta jamais deveria ser permitida, ainda que os titulares de tais direitos alegassem a prática dos atos supostamente degradadores como sendo de sua inteira responsabilidade, anuência e consentimento: em ambos os exemplos citados acima, poder-se-ia alegar que tudo não passa de uma profissão como qualquer outra, e que tal prática ajuda no sustento da família, por exemplo, de modo que mais vale ser "ridicularizado" em um programa de televisão do que estar em casa desempregado.

De toda maneira, há se pensar, sempre, por esta ótica da irrenunciabilidade: o arremesso de anões é uma suposta "brincadeira" na qual pessoas com nanismo são lançadas em direção a uma determinada distância, saindo vencedor aquele que conseguir fazer o arremesso na maior distância possível, numa variação pior adaptada do conhecido jogo de boliche. Com efeito, na França (há relatos da prática, também, nos Estados Unidos da América e na Austrália), em uma cidadela daquele país, a Prefeitura optou por proibir estabelecimento – onde tal prática era comum – de seguir com sua conduta, sob a alegação de que seria ela contrária à dignidade da pessoa humana. Entretanto, um dos portadores de nanismo que trabalhava sendo arremessado questionou a interdição argumentando – por meio das alegações de livre trabalho e de livre iniciativa – que necessitava do trabalho para a sua sobrevivência.

A questão chegou ao Conselho de Estado francês, órgão máximo administrativo daquele país, que decidiu de modo favorável ao Poder Público Municipal, ou seja, seria perfeitamente possível proibir o arremesso de anões com base na preservação da ordem pública e da dignidade humana daqueles envolvidos em tal ato.

Irresignado, o mesmo anão, então, recorreu ao Comitê de Direitos Humanos das Nações Unidas, que muito embora tenha reconhecido a importância daquela atividade para a sobrevivência do indivíduo como a de sua família, entendeu que os direitos humanos, por serem irrenunciáveis, **não comportam qualquer tipo de restrição, notadamente se esta restrição for de ordem econômica**. Do contrário, se correria o risco de abrir brecha para violações mais acintosas aos direitos humanos, utilizando-se sempre como precedente o aspecto econômico.

4.8 Inviolabilidade

Direitos humanos não podem deixar de ser observados por disposições *infra-*constitucionais ou por atos das autoridades públicas.

Questão interessante quanto a esta característica da inviolabilidade remonta ao fato de que o Estado, por dever atribuidor de direitos humanos, é também, historicamente, seu maior violador.

Isso permite concluir que o Estado, além da obrigação de estar comprometido com o não desrespeito aos direitos humanos (sob pena de sua responsabilização nos cenários nacional e internacional, inclusive), deve também **fornecer instrumentos para que os cidadãos se defendam dos próprios agentes estatais** (afora os instrumentos internacionais, objeto de estudo do quinto capítulo deste trabalho, também serão estudados os nacionais, no quarto capítulo).

Entretanto, vale lembrar que não apenas o Estado é um violador de direitos humanos, mas também os próprios cidadãos, entre si, numa variação *hobbesiana* do "lobo do homem". Graças a isso, inclusive, desenvolveu-se a chamada "eficácia horizontal dos direitos humanos", que será estudada mais à frente ainda neste capítulo.

De toda maneira, tais dados permitem concluir que, mais que uma característica abstrata, goza a inviolabilidade dos direitos humanos de mecanismos para a sua *materialização*, algo de extrema importância em um mundo que, paradoxalmente, tenciona evoluir em direitos humanos e, ainda assim, insiste em desrespeitá-los de modo contumaz.

4.9 Indivisibilidade

Os direitos humanos compõem um **único conjunto de direitos** que não podem ser analisados de maneira isolada, separada, mas, sim, sistêmica.

Neste sentido, não basta garantir um direito humano e abrir mão de outro; não basta escolher uma das dimensões e esquecer das demais em defesa de um Estado mais ou menos intervencionista, ou na busca da preservação dos interesses individuais em detrimento dos coletivos.

O único sentido dos direitos humanos está na **observação conjunta**, na garantia universal de um todo de direitos e não de parcelas destes. Não cabe separar direitos humanos na prática, mas apenas na teoria para **fins metodológicos** de forma a permitir uma compreensão mais adequada do conteúdo deles.

4.10 Complementaridade

> *Qual a importância da descentralização dos sistemas de proteção dos direitos humanos?*

Os sistemas regionais descentralizam a Organização das Nações Unidas para **respeitar a complementaridade**, ou seja, os diferentes elementos de base cultural, religiosa e social das diversas regiões.

Mediante o processo de regionalização é possível manter a característica da universalidade sem perder de vista as peculiaridades culturais, religiosas, sociais e econômicas das diversas regiões do globo.

A característica da complementaridade será estudada em detalhes no capítulo V, que trata dos sistemas internacionais de proteção dos direitos humanos.

4.11 Interdependência ou inter-relação

(POLÍCIA CIVIL DE SÃO PAULO – PC-SP – DELEGADO DE POLÍCIA – 2011)
Considerando a indivisibilidade dos direitos humanos, explique por que a violação dos direitos econômicos, sociais e culturais propicia a violação de direitos civis e políticos.

As dimensões de direitos humanos apresentam uma **relação orgânica entre si**, logo, a dignidade da pessoa humana deve ser buscada por meio da implementação mais eficaz e uniforme das liberdades clássicas, dos direitos sociais, econômicos e de solidariedade como um todo único e indissolúvel.

Deste modo, a característica da interdependência ou inter-relação remete às chamadas **dimensões de direitos humanos**. Em verdade, interdependência é mais que uma característica, mas verdadeiro **fundamento** dos direitos humanos, razão pela qual será estudada a parte adiante neste capítulo, com foco em cada uma das dimensões de direitos.

Frisa-se, neste diapasão, que graças a tal característica dos direitos humanos, a violação dos direitos econômicos, sociais e culturais implicam, comum e consequencialmente, também a violação dos direitos civis e políticos, *seja* por partir-se da premissa que estes antecedem àqueles (caso se adote a terminologia "*geração*", e não "*dimensão*" de direitos humanos), *seja* pelo fato de que cada direito de segunda dimensão (direitos econômicos, sociais e culturais) tem em seu bojo uma carga mínima pressuposta de direitos civis e políticos (como exemplo, o direito ao trabalho, clássico direito de segunda dimensão, tem como direito de primeira dimensão pressuposto a liberdade de ter um ofício ou profissão; noutro exemplo, o direito à saúde tem como direito de primeira dimensão pressuposto o direito de viver bem e com dignidade; como exemplo final, o direito à manifestação cultural tem como direito de primeira dimensão pressuposto a liberdade artística e de expressão). Há, pois, um conjunto inter-relacionado de direitos, deveres e garantias.

4.12 Inexauribilidade

Os direitos humanos estão em constante aperfeiçoamento, ou seja, a cada dia podem surgir **novas perspectivas** com relação aos direitos já declarados (ou, mesmo, o que parte da doutrina denomina como **novos direitos**).

A existência de modificações sensíveis nas perspectivas dos direitos reconhecidos é bastante perceptível. Por exemplo, a cada dia se reconhecem novos grupos vulneráveis cuja situação de marginalização e preconceito se agrava na sociedade, como ocorre no que tange à proteção da diversidade sexual – na primeira afirmação da igualdade material a sociedade ainda não havia passado por modificações sensíveis que fizessem crer que quantidade substancial de pessoas com sexualidade fora dos padrões impostos necessitavam de proteção especial, perspectiva que tem mudado de rumos na atualidade quando se observa o debate sobre os direitos humanos.

Por seu turno, como se verá adiante no estudo do fundamento do aperfeiçoamento, determinadas modificações na ordem jurídica dos direitos humanos são tão sensíveis que se chega a falar em novos direitos. A exemplo, quando da estruturação do sistema de proteção dos direitos humanos não parecia essencial abordar questões inerentes à bioética e a práticas como clonagem e pesquisas com célula tronco – realidade distante dos recursos científicos disponíveis. Hoje, mostra-se cada vez mais importante discutir a questão no cenário internacional.

Se os direitos humanos estão em constante releitura e aperfeiçoamento, então não é possível afirmar que são exauríveis. Com efeito, a inexauribilidade surge como característica dos direitos humanos.

4.13 Essencialidade

Os direitos humanos são essenciais para a proteção da pessoa humana em sua dignidade e em seus direitos, conferindo proteção imprescindível aos bens jurídicos inatos à natureza humana, devidamente reconhecidos nos sistemas de proteção dos direitos humanos.

4.14 Efetividade

Para dar efetividade aos direitos humanos a ONU se subdivide, isto é, **o tratamento é global, mas certas áreas irão cuidar de determinados direitos**. Em outras palavras, internacionalmente, coexistem sistemas geral e especial de proteção de direitos humanos, que funcionam complementarmente.

Nesta linha, o sistema especial realça o processo de especificação do sujeito de Direito, passando ele a ser visto em sua especificidade e concretude (*ex.*: criança, grupos vulneráveis, mulher), enquanto o sistema geral é endereçado a toda e qualquer pessoa, concebida em sua abstração e generalidade.

Além disso, há uma descentralização para os sistemas regionais a fim de preservar a complementaridade, característica já estudada, sem a qual não há efetividade.

4.15 Relatividade

O princípio da relatividade dos direitos humanos possui dois sentidos, um *amplo* e um *restrito*. Pelo **sentido amplo**, a relatividade é vista como relativismo cultural, buscando-se um diálogo entre a universalidade dos direitos humanos e as diversas culturas existentes; pelo **sentido restrito**, a relatividade é vista como limitabilidade dos direitos humanos, não reconhecendo nenhum deles como absoluto.

4.15.1 Universalidade dos direitos humanos e relativismo cultural (relatividade em sentido amplo)

> **(DEFENSORIA PÚBLICA ESTADUAL DO PARANÁ – DPE-PR – DEFENSOR PÚBLICO – 2013)** Redija texto dissertativo acerca da compatibilidade entre relativismo cultural e universalismo dos direitos humanos, abordando, necessariamente, os seguintes aspectos: 1) superação da tensão entre universalismo e relativismo; 2 – relação entre as concepções de dignidade humana e percepção de direitos humanos; 3 – conceitos de dignidade humana; 4 – percepção da incompletude das culturas.

O multiculturalismo existente no globo impede que a universalidade se consolide plenamente, de forma que é preciso levar em consideração as culturas locais para compreender adequadamente os direitos humanos.

Quando se fala que direitos humanos são universais, fica estabelecido que eles são válidos para todas as pessoas do mundo, independentemente de onde elas sejam. Assim, basta ser pessoa para ter os direitos humanos reconhecidos internacionalmente. Devido ao universalismo dos direitos humanos, firma-se a ideia de cooperação internacional e toma-se um aspecto positivo da globalização.

"Os elementos de internacionalização devem ser vistos como forma de assegurar o crescimento econômico. [...] A crítica à globalização só tem sentido se esta for prejudicial ao desenvolvimento aos direitos humanos. A liberdade de escolha na utilização dos meios econômicos também faz parte da liberdade assegurada a todos. Cabe aos Estados e à comunidade internacional o devido controle dos capitais e incentivos à produção"[23].

As teorias que defendem o universalismo dos direitos humanos se contrapõem ao relativismo cultural, que afirma a validez de todos os sistemas culturais e a impossibilidade de qualquer valorização absoluta desde um marco externo, que, neste caso, seriam os direitos humanos universais.

A doutrina universalista dos direitos humanos prega a eliminação de quaisquer distinções na aplicação dos direitos consagrados no sistema de proteção de direitos humanos, independentemente de colidirem ou não com fatores culturais. Por exemplo, não importa se a prática de uso de véu é inerente a determinada cultura se esta cultura oprime os direitos da mulher.

A respeito, Camargo e Melo Neto[24] entendem: "A Declaração Universal dos Direitos Humanos adotada em 10 de dezembro de 1948 consolida a afirmação de uma ética universal, ao consagrar um consenso sobre valores de cunho universal a serem seguidos pelos Estados. [...] Não é consenso que o processo de internacionalização dos direitos humanos e a criação de um sistema internacional de proteção dos mesmos consistam em um avanço ou mesmo em algo positivo e benéfico. Os críticos do alcance universal dos direitos humanos afirmam que a pretensa universalidade dos mesmos esconde o seu caráter marcadamente europeu e cristão e simboliza a arrogância do imperialismo cultural do mundo ocidental, que tenta universalizar as suas próprias crenças. Sendo assim, o universalismo induz à destruição da diversidade cultural. A essa crítica, os universalistas se defendem alegando que a existência de normas universais relativas ao valor da dignidade humana é uma exigência do mundo atual, e que os diversos Estados que ratificaram instrumentos internacionais de proteção aos direitos humanos, consentiram em respeitar tais direitos. Desta feita, não podem se isentar do controle da comunidade internacional, na hipótese de violação desses direitos, e, portanto, de descumprimento de obrigações internacionais".

Os defensores do relativismo cultural adotam o posicionamento de que a manifestação das diversas culturas é necessária para a consolidação de uma perspectiva

---

[23] FARÁG, Cláudio. Comentários aos artigos XXI e XXII. In: BALERA, Wagner (Coord.). **Comentários à Declaração Universal dos Direitos do Homem**. Brasília: Fortium, 2008, p. 124.

[24] CAMARGO, Raquel Peixoto do Amaral; MELO NETO, José Baptista de. **A proteção internacional dos direitos humanos face ao relativismo cultural**. UFPB, X encontro de iniciação à docência. Disponível em: <http://www.prac.ufpb.br/anais/IXEnex/iniciacao/documentos/anais/3.DIREITOSHUMANOS/3CCJDDPUMT01.pdf>. Acesso em: 04 jun. 2013.

adequada de direitos humanos. Logo, o relativismo defende que os direitos humanos não se aplicam igualmente a todas as culturas, podendo tal aplicabilidade variar por fatores culturais.

Entre duas posturas extremas – favoráveis ao universalismo (**puramente universalistas**) e contrárias ao universalismo (**puramente relativistas**) – situa-se uma gama de **posições intermediárias**. Muitas declarações de direitos humanos emitidas por organizações internacionais regionais põem um acento maior ou menor no aspecto cultural e dão mais importância a determinados direitos de acordo com sua trajetória histórica.

Na verdade, a criação de sistemas regionais de proteção de direitos humanos representa uma tentativa do sistema internacional global de proteção de direitos humanos de **instituir um conceito de direitos humanos universais que se equilibrem com as particularidades** sociais, econômicas e culturais de cada Estado.

Parte da doutrina afirma que a chave para a solução do conflito "*universalismo X multiculturalismo*" está na preservação de um **núcleo essencial** dos direitos humanos, uma espécie de **mínimo ético insuperável**. Logo, existiriam determinados direitos que não poderiam ser relativizados em hipótese alguma ao passo que outros poderiam sê-lo. Tal análise seria feita caso a caso, mediante critério de proporcionalidade.

Neste sentido, uniformizar não significa desrespeitar as particularidades culturais, mas encontrar um **ponto de equilíbrio** que permita a garantia mínima de certos direitos humanos.

Aponta Reis[25]: "Universalizar, ao contrário do que pensam alguns autores, não é uniformizar as ideias, criar um pensamento único. Trata de levar a todo o planeta um marco mínimo de respeito entre as mais diversas culturas, para que haja diálogo entre elas. Esse diálogo deve ser produtivo, ao contrário do que ocorreria com o relativismo, pois não haveria como chegar a um mínimo de entendimento. A partir deste marco, que são os direitos fundamentais, cada povo tem a máxima liberdade de expressar suas tradições e crenças. É verdade que a universalidade dos direitos humanos tem sido utilizada no curso da história para justificar intervenções imperialistas de alguns Estados em outros povos, como ocorreu no colonialismo e no neo-colonialismo, assim como, mais recentemente, na invasão americana ao Estado soberano do Iraque. Apesar disso, essas manipulações do Direito devem ser vistas como patologias e não como o próprio Direito, pois este tem como meta a convivência pacífica entre os povos, com a proibição de excessos na seara internacional".

As posições intermediárias que buscam fortalecer o diálogo entre as peculiaridades culturais e a universalização dos direitos humanos, tão necessária para evitar a repetição de um cenário de desolamento como o da Segunda Guerra Mundial, parecem razoáveis neste contexto e predominam na doutrina. Contudo, parece que, **se nenhum diálogo se mostrar possível**, mais coerente defender a universalização

---

[25] REIS, Marcus Vinícius. **Multiculturalismo e direitos humanos**. Disponível em: <www.senado.gov.br/senado/spol/pdf/ReisMulticulturalismo.pdf>. Acesso em: 04 jul. 2013.

do que o relativismo, posto que esta foi uma conquista jurídica e histórica da qual não se deve abrir mão.

Frisa-se que tem ganhado espaço na doutrina uma releitura do relativismo dos direitos humanos, colocando a noção de mínimo ético como excessivamente ideológica e pouco instrumental. O questionamento paira sobre haver ou não seriedade no tratamento da questão cultural em relação aos direitos humanos.

Fajardo[26] afirma que o constitucionalismo liberal do século XIX estruturou a noção de Estado monocultural e que desde então a sujeição cultural dos povos minoritários foi uma constante porque mesmo no constitucionalismo social o reconhecimento das minorias não implicou numa quebra da concepção monista. O constitucionalismo monocultural, que reconhece direitos materiais à identidade mas não os instrumentaliza, e o constitucionalismo pluricultural, com algum aparelhamento protetivo, não se mostram suficientes para garantir a preservação das culturas nacionais. O efetivo pluralismo jurídico ainda é uma realidade distante tanto no âmbito interno dos países quanto no âmbito externo.

Segato[27], por seu turno, defende que não há se falar num relativismo cultural, mas sim num **pluralismo histórico**. A própria noção de limites infranqueáveis merece ser revista alheia à noção multicultural implícita no ordenamento jurídico internacional e nacional. Neste sentido, a teoria dos mínimos jurídicos não passa de uma extensão dos princípios do ocidente e sua aplicação, além de inconstitucional, tende a ser etnocida.

4.15.2 Limitabilidade de direitos humanos (relatividade em sentido estrito)

Os direitos humanos não podem ser utilizados como um escudo para práticas ilícitas ou como argumento para afastamento ou diminuição da responsabilidade por atos ilícitos. Assim, os direitos humanos não são ilimitados e encontram seus limites nos demais direitos igualmente consagrados como humanos. Não há direitos humanos absolutos. Todos eles devem ser analisados de maneira conglobada, de forma que um respeite a esfera de abrangência do outro. É preciso haver uma **concordância prática** de direitos humanos.

As limitações dos direitos humanos são óbices impostos tanto à incidência como a não incidência de tais direitos, como meio de assegurar a relatividade com que eles se autodeterminam. A seguir, há se discorrer sobre algumas espécies de limitações, baseando-se naquelas vigentes para os direitos fundamentais (direitos humanos internalizados).

---

[26] FAJARDO, Raquel Z. Yrigoyen. El horizonte del constitucionalismo pluralista: del multiculturalismo a la descolonización. In: GARAVITO, Cézar Rodríguez (Coord.). **El derecho en América Latina**: Un mapa para el pensamiento jurídico del siglo XXI. Disponível em: <http://www.miguelcarbonell.com/artman/uploads/1/El_horizonte_del_constitucionalismo_pluralista.pdf>. Acesso em: 24 mar. 2015.

[27] SEGATO, Rita Laura. Que cada povo teça os fios da sua história: o pluralismo jurídico em diálogo didático com legisladores. **Revista de Direito da UNB – Universidade de Brasília**. Brasília, ano 1, v. 1. Disponível em: <http://revistadireito.unb.br/index.php/revistadireito/article/view/19>. Acesso em: 24 mar. 2015.

4.15.2.1 Resolução de conflitos ante a colisão de direitos fundamentais

> Sob quais aspectos pode ser vista a resolução de colisões entre direitos humanos fundamentais?

4.15.2.1.1 Reserva legal simples

Em alguns casos, a Constituição autoriza a intervenção do legislador na proteção de direito fundamental (*ex.*: o art. 5º, VII, CF, segundo o qual é assegurada, *nos termos da lei*, a prestação de assistência religiosa nas entidades civis e militares de internação coletiva) (*ex. 2*: o art. 5º, XXIV, CF, segundo o qual *a lei* estabelecerá o procedimento para desapropriação por necessidade ou utilidade pública, ou por interesse social, mediante justa e prévia indenização em dinheiro, ressalvados os casos previstos na Constituição).

Nesta espécie de limitação, a norma constitucional que submete determinados direitos à reserva de lei restritiva contém, a um só tempo, *uma norma de garantia*, que reconhece e garante determinado âmbito de proteção, e *uma norma de autorização de restrições*, que permite ao legislador estabelecer limites ao âmbito de proteção constitucionalmente assegurado[28].

4.15.2.1.2 Reserva legal qualificada

Aqui, a Constituição não se limita a exigir que eventual restrição no âmbito de proteção de determinado direito seja prevista em lei, como estabelece, também, condições especiais, os fins a serem perseguidos ou os meios a serem utilizados (*ex.*: o art. 5º, XIII, CF, segundo o qual é livre o exercício de qualquer trabalho, ofício ou profissão, atendidas as *qualificações profissionais* que a lei estabelecer)[29].

4.15.2.1.3 Limites dos limites

Mesmo as restrições impostas aos direitos humanos fundamentais são limitadas (daí, inclusive, a ideia de se interpretar restrições de modo restritivo). Estes limites, que decorrem da própria Constituição, referem-se tanto à necessidade de proteção de um núcleo essencial do direito fundamental quanto à clareza, determinação, generalidade e proporcionalidade das restrições impostas[30].

4.15.2.1.4 Proteção do núcleo essencial dos direitos humanos

Dentro dos "limites dos limites", tal ideia visa à proteção de um núcleo duro de direitos humanos, contra o qual restrições não podem ser arguidas. Um bom

---

[28] MENDES, Gilmar Ferreira; COELHO, Inocêncio Mártires; BRANCO, Paulo Gustavo Gonet. **Curso de direito constitucional**. 4. ed. São Paulo: Saraiva, 2009, p. 331.
[29] Ibid., p. 343.
[30] Ibid., p. 348.

exemplo são as cláusulas pétreas – implícitas ou explícitas – do sistema constitucional brasileiro (ex.: art. 60, § 4º, CF).

4.15.2.1.5 Proporcionalidade

Usado no mesmo sentido da razoabilidade (em regra), o postulado da proporcionalidade não está expresso no texto constitucional, sendo sua consagração implícita, portanto. Com efeito, três são os subpostulados que concretizam o princípio da proporcionalidade, a saber, o **subpostulado da adequação** (*a medida adotada tem de ser apta a atingir o fim almejado*), o **subpostulado da exigibilidade (ou necessidade, ou menor ingerência possível)** (*o meio deve ser o menos oneroso possível*), e o **subpostulado da proporcionalidade em sentido estrito** (*é a relação entre o custo e o benefício da medida*). Não obstante, é muito invocada no campo da solução de conflitos entre direitos humanos a **teoria da margem da apreciação**. A limitação pelo raciocínio baseada em critérios de proporcionalidade será aprofundada adiante, tendo em vista o fundamento da razoabilidade-proporcionalidade dos direitos humanos.

4.15.2.1.6 Proibição de restrições casuísticas

Há se observar a proibição de leis restritivas, de conteúdo casuístico ou discriminatório. Assim, as restrições aos direitos individuais devem ser estabelecidas por leis que atendam aos requisitos da generalidade e da abstração[31].

4.15.2.2 Limitação de direitos humanos pela relação direitos-deveres

> Qual a importância da relação entre direitos e deveres no campo dos direitos humanos?

Ante a colisão entre normas de direitos humanos e fundamentais, cabe ao intérprete coordenar os bens jurídicos em conflito realizando a redução proporcional de cada um deles, já que mesmo os **direitos** humanos encontram limitações nos **deveres** humanos. Ademais, na resolução de problemas jurídico-constitucionais deve ser dada primazia aos critérios que favoreçam a integração política e social, a unidade, o sistema constitucional[32]. Quando direitos humanos e fundamentais de duas pessoas humanas entrarem em colisão – o que é comum devido à baixíssima densidade normativa de normas de direitos humanos –, se mostrará necessário escolher entre o bem jurídico mais relevante.

Acima de tudo, o que se deve ter em vista é a premissa reconhecida nos direitos humanos de que não há direito que seja absoluto, correspondendo-se para

---

[31] Ibid., p. 373.
[32] Para melhor compreensão dos critérios de solução das colisões de direitos fundamentais, voltar atenção ao estudo dos fundamentos de direitos humanos.

cada direito um dever. Logo, o exercício de direitos humanos é limitado pelo igual direito de mesmo exercício por parte de outrem, não sendo nunca absolutos, mas sempre relativos.

Explica Canotilho[33] quanto aos direitos fundamentais, mas o mesmo vale para os direitos humanos (razão pela qual justifica-se a explanação que segue): "a ideia de deveres fundamentais é suscetível de ser entendida como o 'outro lado' dos direitos fundamentais. Como ao titular de um direito fundamental corresponde um dever por parte de um outro titular, poder-se-ia dizer que o particular está vinculado aos direitos fundamentais como destinatário de um dever fundamental. Neste sentido, um direito fundamental, enquanto protegido, pressuporia um dever correspondente". Com efeito, a um direito humano conferido à pessoa corresponde o dever de respeito ao arcabouço de direitos conferidos às outras pessoas, como se extrai da disciplina internacional nesta matéria.

Destaca-se o artigo XXIX da Declaração Universal, com o seguinte teor:

Artigo XXIX, DUDH

*1. Toda pessoa tem **deveres para com a comunidade**, em que o livre e pleno desenvolvimento de sua personalidade é possível.*

*2. No exercício de seus direitos e liberdades, toda pessoa estará sujeita apenas às **limitações determinadas pela lei**, exclusivamente com o fim de assegurar o devido reconhecimento e respeito dos direitos e liberdades **de outrem** e de satisfazer às justas exigências da moral, da ordem pública e do bem-estar de uma sociedade democrática.*

3. Esses direitos e liberdades não podem, em hipótese alguma, ser exercidos contrariamente aos propósitos e princípios das Nações Unidas.

Em outras palavras, pode-se exercer à vontade os direitos garantidos, **salvo quando tal exercício prejudicar os direitos e garantias de outrem**, fazendo-se necessário respeitar assim uma relação de dever para com a comunidade.

Logo, "a colidência entre os direitos afirmados na Declaração é natural. Busca-se com o presente artigo evitar que, no eventual choque entre duas normas garantistas, os sujeitos nela mencionados se valham de uma interpretação tendente a infirmar qualquer das disposições da Declaração ao argumento de que estão respeitando um direito em detrimento de outro"[34].

Em sentido semelhante, o artigo 32 da Convenção Americana sobre Direitos Humanos prevê:

---

[33] CANOTILHO, José Joaquim Gomes. **Direito constitucional e teoria da constituição**. 2. ed. Coimbra: Almedina, 1998, p. 479.

[34] CRUZ, Marcelo Cavaletti de Souza. Comentários aos artigos XXIX e XXX. In: BALERA, Wagner (Coord.). **Comentários à Declaração Universal dos Direitos do Homem**. Brasília: Fortium, 2008, p. 153.

Artigo XXXII - Correlação entre deveres e direitos, CADH

*1. Toda pessoa tem **deveres para com a família, a comunidade e a humanidade**.*

*2. Os **direitos de cada pessoa são limitados** pelos direitos dos demais, pela segurança de todos e pelas justas exigências do bem comum, em uma sociedade democrática.*

A CADH especifica três fatores que limitam os direitos de cada pessoa: os *direitos para com os demais*, a *segurança coletiva* e as *exigências do bem comum*. Assim, um interesse coletivo ou difuso sempre predomina sobre um individual. Por consecução lógica, no exercício de seus direitos, a pessoa deve cumprir com seus deveres perante a comunidade.

De forma mais específica, a Declaração Americana dos Direitos Humanos, também datada de 1948, traz capítulo a respeito dos **deveres** da pessoa humana:

Artigo XXVIII - Alcance dos direitos do homem, DADH

*Os direitos do homem estão **limitados pelos direitos do próximo**, pela **segurança de todos** e pelas **justas exigências do bem-estar geral** e do desenvolvimento democrático.*

CAPÍTULO SEGUNDO - Deveres

Artigo XXIX - Deveres perante a sociedade, DADH

*O indivíduo tem o **dever de conviver com os demais**, de maneira que todos e cada um possam formar e desenvolver integralmente a sua personalidade.*

Artigo XXX - Deveres para com os filhos e os pais, DADH

*Toda pessoa tem o **dever de auxiliar, alimentar, educar e amparar** os seus filhos menores de idade, e os filhos têm o **dever de honrar**.*

Artigo XXXI - Deveres de instrução, DADH

*Toda pessoa tem o **dever de adquirir**, pelo menos, a **instrução primária**.*

Artigo XXXII - Dever do sufrágio, DADH

*Toda pessoa tem o **dever de votar** nas eleições populares do país de que for nacional, quando estiver legalmente habilitada para isso.*

Artigo XXXIII - Dever de obediência à Lei, DADH

*Toda pessoa tem o dever de **obedecer à Lei** e aos demais mandamentos legítimos das autoridades do país onde se encontrar.*

Artigo XXXIV - Dever de servir a coletividade e a nação, DADH

*Toda pessoa devidamente habilitada tem o **dever de prestar os serviços civis e militares** que a pátria exija para a sua defesa e conservação, e, no caso de calamidade pública, os serviços civis que estiverem dentro de suas possibilidades.*

Da mesma forma tem o dever de desempenhar os cargos de eleição popular de que for incumbida no Estado de que for nacional.

Artigo XXXV – Deveres de assistência e previdência sociais, DADH

*Toda pessoa está **obrigada a cooperar com o Estado** e com a coletividade na assistência e previdência sociais, de acordo com as suas possibilidades e com as circunstâncias.*

Artigo XXXVI – Dever de pagar impostos, DADH

*Toda pessoa tem o dever de **pagar os impostos** estabelecidos pela Lei para a manutenção dos serviços públicos.*

Artigo XXXVII – Dever do trabalho, DADH

*Toda pessoa tem o **dever de trabalhar**, dentro das suas capacidades e possibilidades, a fim de obter os recursos para a sua subsistência ou em benefício da coletividade.*

Artigo XXXVIII – Dever de se abster de atividades políticas em países estrangeiros, DADH

*Todo estrangeiro tem o **dever de se abster de tomar parte nas atividades políticas** que, de acordo com a Lei, sejam **privativas dos cidadãos** do Estado onde se encontrar.*

O artigo que antecede o capítulo traz a noção geral da relação entre direitos e deveres, a qual é especificada adiante. Tal capítulo da DADH deixa claro que a cada direito garantido à pessoa humana corresponde um dever: o direito de viver em sociedade relaciona-se com o dever de participar da comunidade; o direito de constituir família liga-se ao dever de honrar a família e de cuidado e zelo um quanto aos outros; o direito à educação correlaciona-se com o dever de adquirir no mínimo a educação primária; o direito de participação política remonta ao dever de votar; o direito de exercer direitos pressupõe o respeito aos mandamentos legais; o direito de nacionalidade liga-se ao dever de servir à pátria; o direito à previdência e à assistência relaciona-se com o dever de contribuição; o direito ao convívio numa sociedade salutar centralizada no Estado e na pessoa humana gera o dever de contribuir mediante impostos; o direito de trabalhar também é um dever; e, por sim, a garantia dos direitos humanos independente do território gera o dever para aquele que não seja nacional do país de abstenção no exercício de direitos políticos naquela localidade.

Como bem se observa, mesmo nos principais documentos internacionais de direitos humanos há forte preocupação a respeito da relação entre direitos e deveres. Caso contrário, seria reconhecer erroneamente que uma pessoa seria mais digna que a outra, podendo exercer direitos de forma ilimitada, retirando a mesma possibilidade daquela. Enfim, a relatividade de direitos humanos neste aspecto deve ser reconhecida, pois se não o fosse ficaria impossível garantir uma comunidade que se desenvolvesse harmonicamente, em igualdade plena.

5 A ESTRUTURA NORMATIVA DO SISTEMA INTERNACIONAL E DO SISTEMA REGIONAL DE PROTEÇÃO AOS DIREITOS HUMANOS

A estrutura normativa dos direitos humanos se assemelha com a estrutura normativa do próprio direito internacional, já que os direitos humanos designam notadamente os direitos afirmados universalmente em documentos internacionais, registrados perante organizações internacionais diversas. A formação de uma estrutura normativa de direitos humanos pode ser remontada ao processo de internacionalização destes direitos, que é **relativamente recente**, remetendo-se ao pós-guerra enquanto resposta às atrocidades e aos terrores cometidos durante o nazismo, notadamente diante da lógica de destruição de Hitler e da descartabilidade da pessoa humana por ele pregada que gerou o extermínio de milhões de pessoas, tudo com embasamento legal. Logo, se a Segunda Guerra Mundial foi uma ruptura com os direitos humanos, o pós-guerra foi o marco para o reencontro com estes[35], consolidando-se o processo de formação dos sistemas internacionais de proteção pouco a pouco.

Os sistemas internacionais de proteção de direitos humanos se estabelecem no âmbito de organizações internacionais, conforme normas de direito internacional.

Internacionalmente, coexistem sistemas geral e especial de proteção de direitos humanos, que funcionam complementarmente:

a) **Sistema especial:** realça o processo de especificação do sujeito de Direito, passando ele a ser visto em sua especificidade e concretude (*ex.*: criança, grupos vulneráveis, mulher);

b) **Sistema geral:** é endereçado a toda e qualquer pessoa, concebida em sua abstração e generalidade.

Junto ao sistema normativo global existem os sistemas normativos regionais de proteção, internacionalizando direitos humanos no plano regional, notadamente Europa, América e África, cada qual com aparato jurídico próprio[36]. Tais sistemas coexistem de forma complementar, junto com o próprio sistema nacional de proteção (caráter interno):

a) **Sistema global de proteção:** estabelece-se notadamente no âmbito da Organização das Nações Unidas, primeira e mais importante organização internacional no processo de internacionalização dos direitos humanos. Ela foi criada em 1945 para manter a paz e a segurança internacionais, bem como promover relações de amizade entre as nações, cooperação internacional e respeito aos direitos humanos[37]. Ao lado da Declaração Universal dos Direitos Humanos de 1948, a Carta das Nações Unidas de 1945 é considerada um dos principais marcos à concepção contemporânea de direitos humanos.

---

[35] PIOVESAN, Flávia. Introdução ao sistema interamericano de proteção dos direitos humanos: a convenção americana de direitos humanos. In: GOMES, Luís Flávio; PIOVESAN, Flávia (Coord.). **O sistema interamericano de proteção dos direitos humanos e o direito brasileiro**. São Paulo: Revista dos Tribunais, 2000.

[36] Ibid.

[37] NEVES, Gustavo Bregalda. **Direito Internacional Público & Direito Internacional Privado**. 3. ed. São Paulo: Atlas, 2009, p. 118.

No entanto, muitos outros documentos compõem a estrutura normativa de proteção dos direitos humanos no âmbito global. Em destaque: Pacto Internacional de Direitos Civis e Políticos de 1966; Pacto Internacional dos Direitos Econômicos, Sociais e Culturais de 1966; Estatuto de Roma de 1998; Convenção sobre a eliminação de todas as formas de discriminação contra a mulher de 1979; Declaração sobre a Proteção de Todas as Pessoas contra a Tortura e Outras Penas ou Tratamentos Cruéis, Desumanos ou Degradantes de 1975; Convenção contra a Tortura e Outras Penas ou Tratamentos Cruéis, Desumanos ou Degradantes de 1984; Convenção Internacional sobre os Direitos da Criança de 1989; Convenção das Nações Unidas sobre os Direitos das Pessoas com Deficiência de 2006; Regras Mínimas para o Tratamento dos Reclusos de 1955 etc. São inúmeros os documentos internacionais voltados à proteção dos direitos humanos, algum de caráter genérico, outros de caráter específico;

b) Sistema regional de proteção: os sistemas de proteção regionais mais consistentes são o interamericano e o europeu. O africano também, aos poucos, toma novos rumos, enquanto que o islamo-arábico permanece na total inefetividade. O Brasil faz parte do sistema interamericano de proteção de direitos humanos.

A Carta da Organização dos Estados Americanos, que criou a Organização dos Estados Americanos, foi celebrada na IX Conferência Internacional Americana de 30 de abril de 1948, em Bogotá e entrou em vigência no dia 13 de dezembro de 1951, sendo reformada pelos protocolos de Buenos Aires (27 de fevereiro de 1967), de Cartagena das Índias (5 de dezembro de 1985), de Washington (14 de dezembro de 1992) e de Manágua (10 de junho de 1993). Após a criação da OEA, foi elaborado o mais importante documento de proteção de direitos humanos no âmbito interamericano, o Pacto de San José da Costa Rica, também chamado de Convenção Americana sobre Direitos Humanos, de 1969.

Destacam-se, ainda, documentos regionais interamericanos voltados à proteção de determinados direitos humanos: Convenção interamericana para prevenir, punir e erradicar a violência contra a mulher de 1994; Convenção Interamericana para a Eliminação de Todas as Formas de Discriminação contra as Pessoas Portadoras de Deficiência de 1999; Convenção Interamericana para Prevenir e Punir a Tortura de 1985 etc.;

c) Sistema nacional de proteção: o sistema interno de proteção dos direitos humanos se forma com a institucionalização destes direitos no texto das Constituições democráticas, bem como com a incorporação no âmbito interno dos tratados internacionais dos quais o país seja signatário, mediante o devido processo legal.

Mais questões pertinentes a tais sistemas serão estudadas nos capítulos IV e V da obra.

6 CONDIÇÕES PARA SUSPENSÃO DE DIREITOS E DIREITOS INDERROGÁVEIS

Em que casos é possível suspender direitos humanos?

Alguns direitos e garantias humanos podem ser suspensos **em situações excepcionais** – e, desde que respeitadas **limitações rigorosas** –, ao passo que **outros nunca podem ser suspensos**. Por suspensão entende-se deixar de garanti-los às pessoas por um determinado período de tempo, até que cesse uma situação excepcional ou que se chegue a um termo certo.

Fala-se sobre a suspensão de direitos e garantias humanos tanto nos Pactos Internacionais de 1966 (ONU) quanto na Convenção Americana sobre Direitos Humanos de 1969 (OEA), havendo disciplina ainda no âmbito latino-americano por regulação do MERCOSUL.

Primeiro, estuda-se a possibilidade de suspensão de direitos e garantias **no âmbito da ONU**.

Os direitos e garantias previstos no Pacto de Direitos Civis e Políticos, isto é, de primeira dimensão, podem ser suspensos quando situações excepcionais ameacem a existência da nação e sejam proclamadas oficialmente (artigo 4º, PIDCP). No entanto, as medidas de suspensão das obrigações do Estado em relação ao Pacto, conforme o artigo 4º:

a) Não podem ser incompatíveis com as demais obrigações que lhes sejam impostas pelo Direito Internacional;

b) Não devem acarretar discriminação alguma apenas por motivo de raça, cor, sexo, língua, religião ou origem social;

c) Não pode envolver qualquer dos direitos dos artigos 6º (direito à vida), 7º (não submissão a tortura e outros tratamentos cruéis, desumanos ou degradantes), 8º (vedação da servidão e da escravidão), 11 (não prisão por inadimplemento contratual), 15 (princípio da legalidade e princípio da irretroatividade da lei penal, ressalvados princípios de direitos humanos consolidados), 16 (direito à personalidade jurídica) e 18 (direito à liberdade de pensamento, consciência e religião).

Quando Estados-partes do Pacto Internacional dos Direitos Civis e Políticos fizerem uso do direito de suspensão, devem comunicar imediatamente aos outros Estados-partes, por intermédio do Secretário-Geral das Nações Unidas, dizendo quais as disposições que foram suspensas e os motivos de tal suspensão, efetuando nova comunicação quando cessar a suspensão (artigo 4º, PIDCP).

Previne-se que uma interpretação deturpada do Pacto gere a possibilidade de suspender direitos humanos que sejam mais amplos no âmbito do Estado-Parte, nos termos do artigo 5º, 2: "Não se admitirá qualquer restrição ou suspensão dos direitos humanos fundamentais reconhecidos ou vigentes em qualquer Estado-parte do presente pacto em virtude de leis, convenções, regulamentos ou costumes, sob pretexto de que o presente pacto não os reconheça ou os reconheça em menor grau".

O Pacto Internacional dos Direitos Econômicos, Sociais e Culturais não se aprofunda sob o aspecto da suspensão dos direitos humanos, mas também em seu artigo 5º, 2, lança idêntica medida de prevenção mencionada no parágrafo anterior.

Partindo para a **Convenção Americana sobre Direitos Humanos**, o artigo 27 é intitulado "Suspensão de garantias", com o seguinte teor: "1. Em caso de **guerra**, de perigo público, ou de **outra emergência** que **ameace a independência ou segurança do Estado-parte**, este poderá adotar as **disposições** que, **na medida e pelo tempo estritamente limitados às exigências da situação, suspendam as obrigações contraídas** em virtude desta Convenção, desde que tais disposições não sejam **incompatíveis com as demais obrigações que lhe impõe o Direito Internacional** e não encerrem **discriminação** alguma fundada em motivos de raça, cor, sexo, idioma, religião ou origem social". Logo, cabe a suspensão das obrigações assumidas em decorrência do Pacto de maneira limitada (necessidades temporais e circunstanciais) quando houver guerra, perigo público ou outra emergência que ameace a independência ou a segurança do Estado-parte.

Contudo, a suspensão não pode abranger qualquer direito previsto no Pacto, conforme prossegue o artigo 27: "2. A disposição precedente não autoriza a suspensão dos direitos determinados nos seguintes artigos: 3 (direito ao reconhecimento da **personalidade jurídica**), 4 (direito à **vida**), 5 (direito à **integridade pessoal**), 6 (proibição da **escravidão** e da **servidão**), 9 (princípio da **legalidade** e da **retroatividade**), 12 (liberdade de **consciência** e **religião**), 17 (proteção da **família**), 18 (direito ao **nome**), 19 (direitos da **criança**), 20 (direito à **nacionalidade**) e 23 (direitos **políticos**), nem das garantias indispensáveis para a proteção de tais direitos". Por sua vez, o artigo 27, 3, traz disposição idêntica à do PIDCP quanto à comunicação da suspensão aos demais Estados-partes, aqui restrita aos membros da OEA.

No âmbito latino-americano destaca-se a previsão do **Protocolo de Assunção sobre Compromisso com a Promoção e Proteção dos Direitos Humanos do MERCOSUL (MERCOSUL/CMC/DEC nº 17/05)**, promulgado pelo Decreto nº 7.225, de 1º de julho de 2010, estando previsto nos artigos 4º e 5º: "Artigo 4º Quando as consultas mencionadas no artigo anterior resultarem ineficazes, as demais Partes considerarão a natureza e o alcance das medidas a aplicar, tendo em vista a gravidade da situação existente. Tais medidas abarcarão desde a **suspensão do direito a participar deste processo de integração até a suspensão dos direitos e obrigações** emergentes do mesmo. Artigo 5º As medidas previstas no artigo 4º serão adotadas por **consenso pelas Partes** e comunicadas à Parte afetada, a qual **não participará no processo decisório pertinente**. Essas medidas entrarão em vigência na data em que se realize a comunicação respectiva à Parte afetada".

7 INTERPRETAÇÃO DOS TRATADOS INTERNACIONAIS DE DIREITOS HUMANOS

"Interpretar é descobrir o sentido e o alcance da norma jurídica. Toda lei está sujeita a interpretação, não apenas as obscuras e ambíguas. O brocardo romano *in claris cessat interpretatio* não é, hoje, acolhido, pois até para firmar-se que a lei é clara é preciso interpretá-la. Há, na verdade, interpretações mais simples, quando a lei é clara, e complexas, quando o preceito é de difícil entendimento. [...] A hermenêutica é a ciência da interpretação das leis. Como toda ciência, tem os seus métodos"[38].

---

[38] GONÇALVES, Carlos Roberto. **Direito civil brasileiro**: parte geral. São Paulo: Saraiva, 2011, v.1.

Neste viés, também é desenvolvida atividade interpretativa em relação às normas internacionais de proteção dos direitos humanos.

Os tratados de direitos humanos possuem **normas muito amplas**, com **baixíssima densidade normativa**, que **geralmente adotam a forma de princípios**, razão pela qual sempre que forem aplicadas exigirão uma atividade de interpretação de seu real sentido. Na verdade, o processo de interpretação das normas de direitos humanos se **assemelha** ao das normas de direitos fundamentais. Em outras palavras, no geral, o critério que permitirá a solução de colisões será o da razoabilidade-proporcionalidade.

Contudo podem ser apontadas algumas peculiaridades neste processo de interpretação que merecem estudo apartado.

7.1 Normativa cogente (*jus cogens*) e normativa não cogente (*soft law*)

(PROCURADORIA ESTADUAL DO RIO GRANDE DO SUL – PGE/RS – ASSESSOR JURÍDICO – 2015 – adaptada) Discorra sobre os principais instrumentos normativos no direito internacional dos direitos humanos, elencando, pelo menos três desses instrumentos ora vigentes. Nesse contexto, explique a diferença entre o denominado "*hard law*" e "*soft law*".

Tal como acontece no direito interno com os princípios gerais do direito e os costumes em relação à norma positivada, no âmbito externo é possível dividir em duas categorias o caráter coativo das normas. Neste sentido, determinadas normas de direitos humanos possuem **força cogente praticamente absoluta**, notadamente quando são objetos de tratados internacionais e não podem ser suspensas em hipótese alguma. Por outro lado, há normas que emanam de posicionamentos de organismos internacionais e acabam por **influenciar**, mas não coagir, a aplicação dos direitos humanos.

Denomina-se *jus cogens* – direito cogente, lei coercitiva ou lei imperativa – estas normas peremptórias que não podem em hipótese alguma ser derrogadas pelos Estados. Neste sentido, é possível identificar como *jus cogens* todas as normas que são consideradas inderrogáveis em termos de suspensão dos direitos humanos (vide tópico 6 outrora estudado), mas não somente elas, podendo a jurisprudência dos órgãos reconhecer outras como tais.

Algumas normas de direito cogente tanto no âmbito internacional quanto no interamericano são o direito ao reconhecimento da personalidade jurídica, o direito à vida, o direito à integridade pessoal, a proibição da escravidão e da servidão, o princípio da legalidade e da retroatividade, a liberdade de consciência e religião, o direito à nacionalidade e os direitos políticos. Outras são normas que se referem à autodeterminação, ao uso da força, ao direito humanitário etc. Quando uma regra é reconhecida no sistema internacional ou nacional como parte do *jus cogens*, não pode ser ignorada por nenhum Estado sujeito ao sistema.

A figura do *jus cogens* tem um papel importante nos dias atuais, quando se mostra essencial reconhecer a existência de uma **regra geral que seja parâmetro aos atos de todos os entes estrangeiros**. Evita-se que o campo jurídico internacional seja colocado como "*terra de ninguém*", onde predominará o mais forte política ou militarmente.

Neste sentido, um Estado não pode se eximir de atender a estas normas, o que limita a sua liberdade de contratar, fazendo reservas aos tratados internacionais. Correto, desta forma, afirmar que o *jus cogens* é um fator que **limita a autonomia contratual dos Estados no campo internacional**.

Além disso, quando da interpretação dos tratados internacionais não será possível derrogar norma do *jus cogens*, conforme prevê o artigo 53 da Convenção de Viena: "É **nulo** um tratado que, no momento de sua conclusão, **conflite com uma norma imperativa de Direito Internacional geral**. Para os fins da presente Convenção, uma norma imperativa de Direito Internacional geral é uma norma aceita e reconhecida pela comunidade internacional dos Estados como um todo, como norma da qual nenhuma derrogação é permitida e que só pode ser modificada por norma ulterior de Direito Internacional geral da mesma natureza". Aplica-se, assim, a grave sanção da nulidade aos atos jurídicos que contrariem o *jus cogens*.

Se, de um lado, existem normas absolutamente cogentes, do outro lado denotam-se normas cujo conteúdo não é juridicamente vinculante. No meio termo estão aquelas que se tornam vinculantes **porque um compromisso internacional específico foi firmado em relação a elas**. Hierarquicamente, estão acima das normas de *soft law* (embora, no geral, sejam com elas compatíveis), mas abaixo das normas de *jus cogens* (podendo ser por elas tidas como nulas). Neste sentido, são as denominadas normas de *hard law*.

Em relação aos documentos de *soft law*, se tratam aqueles que não são juridicamente vinculantes ou trazem apenas obrigações pouco constringentes, mas acabam empregados na prática como **referências para pautar a vida social**, por serem elaborados de maneira mais célere em relação às leis e tratados, com maior atenção aos aspectos técnicos de um tema e por entidades com respaldo para tratar de um certo assunto.

A exemplo, **Declarações** não são tratados, então não são formalmente vinculantes. Entretanto, seus dispositivos encaixam-se na noção de *soft law*, visto que acabam por pautar largamente as relações sociais no que diz respeito à proteção dos direitos humanos. Sendo assim, sem sombra de dúvidas, servem de parâmetro interpretativo na aplicação das normas de proteção dos direitos humanos. **Tratados internacionais**, por sua vez, encaixam-se no conceito de *hard law*.

Vale destacar que dentro de um documento de *soft law* pode restar conhecida uma norma do *jus cogens*, caso em que será tida como tal **independente da natureza do documento**.

CATEGORIAS NORMATIVAS NO DIREITO INTERNCIONAL SOB O ASPECTO DA COERCIBILIDADE
1º *Jus Cogens*: normas absolutamente cogentes e inderrogáveis, independente de convenção internacional específica, de modo que qualquer norma que a contrarie é nula.

2º Normas convencionais de direitos humanos: são aquelas que se tornam obrigatórias e podem ser juridicamente exigidas em relação aos Estados que se tornaram signatários do tratado que as prevê.

3º *Soft Law*: são aquelas que se encontram em documentos não convencionais (notadamente Declarações de Direitos e normas afins) e não fazem parte do *jus cogens*, muito embora um documento de *soft law* possa conter normas de *jus cogens*.

7.2 Vedação à interpretação deturpada

Artigo XXX, Declaração Universal de Direitos Humanos

Nenhuma disposição da presente Declaração pode ser **interpretada** como o reconhecimento a qualquer Estado, grupo ou pessoa, do direito de **exercer qualquer atividade ou praticar qualquer ato destinado à destruição de quaisquer dos direitos e liberdades aqui estabelecidos**.

Artigo 80º, Carta ONU

Salvo o que for estabelecido em acordos individuais de tutela, feitos em conformidade com os artigos 77º, 79º e 81º, pelos quais se coloque cada território sob este regime e até que tais acordos tenham sido concluídos, **nada neste capítulo será interpretado como alteração de qualquer espécie nos direitos de qualquer Estado ou povo ou nos termos dos atos internacionais vigentes em que os membros das Nações Unidas forem partes**. [...]

Artigo 5º, Pacto Internacional dos Direitos Civis e Políticos

1. Nenhuma disposição do presente Pacto poderá ser **interpretada** no sentido de reconhecer a um Estado, grupo ou indivíduo qualquer direito de **dedicar-se a quaisquer atividades ou praticar quaisquer atos que tenham por objetivo destruir os direitos ou liberdades reconhecidos** no presente Pacto ou impor-lhe limitações mais amplas do que aquelas nele previstas.

2. Não se admitirá qualquer **restrição ou suspensão dos direitos humanos fundamentais** reconhecidos ou vigentes em qualquer Estado Parte do presente Pacto em virtude de leis, convenções, regulamentos ou costumes, sob pretexto de que o presente Pacto não os reconheça ou os reconheça em menor grau.

Artigo 46, Pacto Internacional dos Direitos Civis e Políticos

Nenhuma disposição do presente Pacto poderá ser **interpretada** em **detrimento das disposições da Carta das Nações Unidas e das constituições das agências especializadas**, as quais definem as responsabilidades respectivas dos diversos órgãos da Organização das Nações Unidas e das agências especializadas relativamente às questões tratadas no presente Pacto.

Artigo 47, Pacto Internacional dos Direitos Civis e Políticos

Nenhuma disposição do presente Pacto poderá ser **interpretada** em **detrimento do direito inerente a todos os povos de desfrutar e utilizar plena e livremente suas riquezas e seus recursos naturais**.

Artigo 5º, Pacto Internacional dos Direitos Econômicos, Sociais e Culturais

1. Nenhuma das disposição do presente Pacto poderá ser **interpretada** no sentido de **reconhecer a um Estado, grupo ou indivíduo qualquer direito de dedicar-se a quaisquer atividades ou de praticar quaisquer atos que tenham por objetivo destruir os direitos ou liberdades reconhecidos** no presente Pacto ou impor-lhes limitações mais amplas do que aquelas nele prevista.

2. Não se admitirá qualquer **restrição ou suspensão dos direitos humanos fundamentais reconhecidos ou vigentes** em qualquer País em virtude de leis, convenções, regulamentos ou costumes, sob pretexto de que o presente Pacto não os reconheça ou os reconheça em menor grau.

Artigo 24, Pacto Internacional dos Direitos Econômicos, Sociais e Culturais

Nenhuma das disposições do presente Pacto poderá ser **interpretada em detrimento das disposições da Carta das Nações Unidas ou das constituições das agências especializadas**, as quais definem as responsabilidades respectivas dos diversos órgãos da Organização das Nações Unidas e agências especializadas relativamente às matérias tratadas no presente Pacto.

Artigo 25, Pacto Internacional dos Direitos Econômicos, Sociais e Culturais

Nenhuma das disposições do presente Pacto poderá **ser interpretada em detrimento do direito inerente a todos os povos de desfrutar e utilizar pela e livremente suas riquezas e seus recursos naturais**.

Artigo 29, Convenção Americana sobre Direitos Humanos – Normas de interpretação

Nenhuma disposição desta Convenção pode ser interpretada no sentido de:

a) permitir a qualquer dos Estados Partes, grupo ou pessoa, **suprimir o gozo e exercício dos direitos e liberdades** reconhecidos na Convenção ou limitá-los em maior medida do que a nela prevista;

b) **limitar o gozo e exercício** de qualquer direito ou liberdade que possam ser reconhecidos de acordo com as **leis** de qualquer dos Estados Partes ou de acordo com **outra convenção** em que seja parte um dos referidos Estados;

c) excluir **outros direitos e garantias** que são inerentes ao ser humano ou que decorrem da forma democrática representativa de governo; e

d) excluir ou limitar o **efeito** que possam produzir a Declaração Americana dos Direitos e Deveres do Homem e outros atos internacionais da mesma natureza.

Artigo 30, Convenção Americana sobre Direitos Humanos – Alcance das restrições

As restrições permitidas, de acordo com esta Convenção, ao gozo e exercício dos direitos e liberdades nela reconhecidos, não podem ser aplicadas senão de acordo com **leis** que forem promulgadas por motivo de **interesse geral** e com o **propósito** para o qual houverem sido estabelecidas.

Por ser tão amplo o exercício hermenêutico, tem-se como **aspecto positivo** a possibilidade de abranger o máximo de situações jurídicas dignas de proteção, mas como **aspecto negativo** a viabilidade de se deturpar a finalidade da norma para aplicá-la como for mais conveniente.

Ciente disso, os tratados internacionais de direitos humanos expressam preocupação sobre a interpretação de seu conteúdo, lembrando que tais interpretações *não podem fugir da finalidade da organização e não podem servir ao impedimento no exercício de direitos humanos fundamentais ou à violação da lei*. Não obstante, não se pode excluir um direito previsto em normativa diversa sob o argumento de que o tratado não o protege, **preservando-se a maior proteção cabível**.

Nota-se que restringe-se o processo de interpretação dos tratados internacionais de direitos humanos com a intenção de **vedar a deturpação de seu conteúdo**. Seja na aplicação destes tratados no âmbito internacional, seja no âmbito interno, nunca se poderá perder o verdadeiro sentido por trás da norma, que é a proteção plena da dignidade da pessoa humana e a garantia da paz entre os povos.

7.3 Repercussões interpretativas do monismo e do dualismo do direito internacional

Na doutrina, foram criadas duas teorias para solucionar os conflitos existentes no processo de incorporação dos tratados no ordenamento jurídico de um Estado que assine um tratado internacional, seja ele de direitos humanos, seja ele de matéria diversa, quais sejam, a **teoria monista** e a **teoria dualista**.

Pela **teoria monista**, o direito interno e o direito internacional compõem um mesmo sistema jurídico, não sendo assim autônomos ou independentes. Por outro lado, a **teoria dualista**, que é adotada pelo Brasil, coloca o direito interno e o internacional como duas ordens jurídicas distintas[39]. Adotada a teoria monista, dispensa-se um processo de incorporação normativa, uma vez que se entende impossível a existência de conflito entre as duas ordens jurídicas. Seguindo a teoria dualista, compreende-se que é possível que a norma internacionalmente ratificada pelo Estado entre em controvérsia com a normativa interna, razão pela qual deverá passar por um processo de aprovação perante o Legislativo para valer plenamente enquanto Direito positivo no âmbito nacional.

Adota-se no Brasil, conforme posicionamento amplamente majoritário, a teoria dualista, sendo possíveis controvérsias entre os diplomas internacionais ratificados pelo Brasil e a legislação interna. Neste sentido, para que uma norma internacional passe a valer no ordenamento interno precisa ser incorporada e, caso com ele entre em conflito, será necessário efetuar um exercício hermenêutico para decidir qual será aplicada. Trata-se de exercício que vai além do simples critério da norma mais favorável e observa a efetiva hierarquia pela qual foi incorporada a normativa no âmbito interno, se *infra*constitucional, se constitucional ou outra, como a *supra*legal.

---

[39] MELLO, Celso D. de Albuquerque. **Curso de Direito Internacional Público**. 14. ed. São Paulo: Saraiva, 2000, p. 114-115.

Na prática, parece ser o posicionamento mais coerente. Embora seja papel do legislador antes de aprovar a ratificação verificar a existência de eventuais conflitos entre o compromisso internacional e o ordenamento jurídico pátrio, algumas questões têm passado despercebidas, gerando discussões polêmicas no Judiciário, especialmente em matéria de direitos humanos.

7.4 O critério *pro homine* ou da primazia da norma mais favorável

> Como é aplicado e o que abrange o princípio da primazia da norma mais favorável?

Aplicado o critério hermenêutico cronológico, lei posterior revoga lei anterior; aplicado o critério hierárquico, lei superior derroga lei inferior. No entanto, estes métodos podem ser desconsiderados nos direitos humanos, aplicando-se a norma mais favorável em caso de conflito.

Este é o princípio da interpretação *pro homine*, também conhecido como da **norma mais favorável**. Se feitas reservas a um tratado internacional, obviamente será deixada uma lacuna de proteção. Para preservar este princípio, a lacuna deixada deve ser vista da maneira mais restrita possível, abrangendo uma menor quantidade de casos.

Critério puramente cronológico: norma posterior prevalece sobre norma anterior
Critério puramente hierárquico: norma superior prevalece sobre norma inferior
Critério da primazia da norma mais favorável: em caso de conflito, aplica-se a norma mais favorável

Observa-se o princípio da primazia dos direitos humanos numa faceta material, conforme aduz Portela[40]: "O princípio da primazia dos direitos humanos nas relações internacionais implica em que o Brasil *deve incorporar os tratados quanto ao tema ao ordenamento interno brasileiro e respeitá-los*. Implica, também em que as normas voltadas à proteção da dignidade em caráter universal devem ser aplicadas no Brasil em caráter prioritário em relação a outras normas".

O princípio da primazia da norma mais favorável ao indivíduo é essencial para a solução dos *hard cases*, nos quais dois direitos de indivíduos distintos entram em conflito aparente, em decorrência da relatividade e coexistência dos direitos humanos. Com mais razão, o princípio da primazia da norma mais favorável deve ser levado em consideração nestes casos difíceis nos quais se faz presente uma colisão

---

[40] PORTELA, Paulo Henrique Gonçalves. **Direito Internacional Público e Privado**. Salvador: JusPODIVM, 2009, p. 99-101.

de princípios e que exigem critério hermenêutico contemporâneo para solução. A norma que for mais favorável ao indivíduo deverá ser aplicada.

Em termos procedimentais, o princípio da primazia assume força nos sistemas monistas, que dispensam o processo de incorporação normativa aos tratados de direitos humanos. Neste sentido, eventual conflito entre normas de direitos humanos, independentemente do grau hierárquico, seria resolvido pelo critério da norma mais favorável, aplicando-se aquela que confere maior proteção à pessoa humana. Por exemplo, se no caso do depositário infiel se entendesse que a prisão civil deste era inconstitucional seria porque uma norma de direitos humanos, ainda que hierarquicamente inferior, é mais favorável à pessoa humana e deve ser seguida – qualquer norma mais favorável poderia predominar mesmo sobre a norma constitucional.

O Brasil, embora adote o critério da primazia da norma mais favorável em algumas de suas decisões, **o faz com reservas**, respeitando a questão hierárquica da incorporação dos tratados internacionais de proteção aos direitos humanos.

7.5 Teoria da margem de apreciação

O que é a teoria da margem de apreciação?

A **teoria da margem de apreciação** é baseada na subsidiariedade da jurisdição internacional e ponderada pelo princípio da proporcionalidade. Por tal, determinadas controvérsias correlatas a restrições estatais devem ser debatidas e solucionadas pelas comunidades nacionais, impedindo que o juiz internacional interfira e as aprecie, notadamente porque fatores culturais internos devem receber o merecido destaque.

"Significa dizer que uma margem de apreciação, ou área de julgamento discricionário é permitida aos Estados quando estes julgam existir uma necessidade social e a natureza de uma resposta apropriada. A noção da 'margem de apreciação' baseia-se no fato de que as autoridades nacionais estão numa posição melhor do que um tribunal internacional para julgar o que é necessário de acordo com as condições locais. Em direito internacional público, ela oferece uma maneira de mediar a tensão entre a soberania estatal em relação às instituições internacionais e a necessidade de universalização dos patamares de direitos humanos"[41].

Na jurisprudência do Sistema Interamericano, a margem de apreciação teve destaque na **Opinião Consultiva nº 4/84** sobre mudanças constitucionais no processo de naturalização de estrangeiros na Costa Rica, sendo ainda aplicada isoladamente (a frequência é maior na Corte Europeia de Direitos Humanos).

---

[41] FELDMAN, David. **Civil Liberties and Human Rights in England and Wales**. 2. ed. Oxford: Oxford University Press, 2002, p. 57 apud CORRÊA, Paloma Morais. Corte interamericana de direitos humanos: opinião consultiva 4/84 – a margem de apreciação chega à América. **Revista de Direito Internacional**. Brasília, v. 10, n. 2, 2013.

Em artigo científico considerado referencial no tema, Corrêa[42] aponta: "Tal teoria foi criada pela jurisprudência da Corte Europeia de Direitos Humanos com o objetivo de preservar a discricionariedade dos Estados na implementação de normas internacionais de direitos humanos. Na jurisprudência do Sistema Interamericano, a margem de apreciação ganhou espaço na Opinião Consultiva 4/84, que discutia mudanças constitucionais no processo de naturalização de estrangeiros na Costa Rica. [...] Como primeiro argumento, mencionou a doutrina clássica, que impõe a discricionariedade estatal nos assuntos relacionados à atribuição de nacionalidade aos indivíduos, mas estabeleceu um contraponto ao lembrar que, atualmente, a discricionariedade estatal está limitada por assuntos relacionados à proteção dos direitos humanos, o que obriga à relativização da jurisdição estatal em relação às legislações internacionais. [...] Ainda na fundamentação, a Corte expressa a necessidade de conciliação desses princípios impostos pelo direito internacional aos poderes do Estado com as questões que reconhecidamente recaem sob a esfera doméstica de cada Estado, como é o caso das regras estabelecendo a nacionalidade. [...] Na segunda parte da fundamentação, coube à Corte analisar as questões relativas à discriminação. Primeiramente, destacou que a noção de igualdade está ligada à dignidade da pessoa humana, sendo por isso inadmissível que seres humanos sejam submetidos a tratamentos diferentes que denotem a superioridade de qualquer grupo em relação aos demais. Seguindo esse raciocínio, considera ainda o fato de não ser toda e qualquer forma de diferença de tratamento que é classificada como discriminatória, pois nem toda diferença de tratamento é ofensiva à dignidade humana. [...] E foi justamente ao considerar a proporcionalidade de possíveis restrições à dignidade da família em relação ao bem-estar público que a Corte Interamericana de Direitos Humanos, seguindo a referência já feita ao Tribunal Europeu de Direitos Humanos, aplicou a teoria da margem de apreciação na Opinião Consultiva 4/84. Sob o argumento de que é compatível com a natureza e o objetivo do direito à nacionalidade o procedimento privilegiado de naturalização para aqueles que, vistos objetivamente, possuem laços históricos, culturais e espirituais muito mais estreitos com o povo da Costa Rica, a Corte afirmou que: '[...] não há dúvida que pertence ao poder soberano da Costa Rica decidir quais patamares devem determinar a concessão ou negativa de nacionalidade aos estrangeiros que a requerem, e estabelecer certas diferenças razoáveis baseadas em diferenças fáticas que, vistas objetivamente, reconhecem que alguns requerentes possuem maior afinidade do que outros com os valores e interesses do sistema da Costa Rica [...] e que, portanto, a Corte está plenamente convencida da margem de apreciação que é reservada aos Estados para estabelecer os requisitos de aquisição da nacionalidade e determinar se estes foram satisfeitos [...]'. Entre os argumentos favoráveis à aplicação da doutrina da margem de apreciação está o da vantagem institucional, uma vez que a capacidade decisória das autoridades nacionais é superior à dos órgãos internacionais, que via de regra carecem de recursos, informações, análise de dados e acesso à perícia técnica. [...] Além disso, a demonstração de cautela por parte dos órgãos internacionais na

---

[42] CORRÊA, Paloma Morais. Corte interamericana de direitos humanos: opinião consultiva 4/84 – a margem de apreciação chega à América. **Revista de Direito Internacional**. Brasília, v. 10, n. 2, 2013.

atribuição de responsabilidade estatal por violação aos direitos humanos, adequada quando consideramos as consequências formais e informais advindas dessa divulgação (como sanções e retaliações no plano internacional, além do abalo à reputação do Estado), também advoga em favor da margem de apreciação. Finalmente, a adoção da doutrina também é considerada positiva pelo fato de contribuir na cooperação entre as instituições nacionais e internacionais. Essa parceria facilitaria o processo de internalização das normas internacionais pelos atores domésticos. [...] Autores contrários à aplicação da doutrina, contudo, ponderam que a margem de apreciação proporciona o desenvolvimento de um direito paralelo, criado pelos magistrados, e que a discricionariedade conferida aos juízes na aplicação das normas internacionais dificultaria a efetividade dessas normas. Salientam, ainda, que essa prática comprometeria a imparcialidade do Judiciário em razão da possibilidade de supervalorização dos interesses do Estado em relação às normas internacionais de proteção aos direitos humanos. A aplicação da doutrina em relação a normas de *jus cogens*, que não admitiriam derrogação dada à sua natureza fundamental de um valor internacional a ser protegido, também tem sido alvo de muitas críticas. Outra objeção está relacionada aos custos da ambiguidade normativa gerada pelo uso da margem de apreciação, que tende a deixar os indivíduos mais vulneráveis às ações do Estado, além de afetar indiretamente a outros Estados. [...] Enquanto na Europa percebe-se um aumento do uso da doutrina como justificativa para a não interferência de tribunais internacionais nos assuntos relacionados aos valores morais e à cultura de cada Estado, na América a discricionariedade estatal foi ratificada no contexto da discussão acerca do direito à nacionalidade e à proibição de discriminação, porém de uma forma bastante específica".

8 A INCORPORAÇÃO DOS TRATADOS INTERNACIONAIS DE PROTEÇÃO DOS DIREITOS HUMANOS AO DIREITO BRASILEIRO

(POLÍCIA CIVIL DO CEARÁ – PC-CE – DELEGADO DE POLÍCIA – 2014) A respeito da posição hierárquica dos tratados internacionais, incorporados ao direito interno brasileiro, responda: a) quais são as possíveis posições hierárquicas, atualmente, dos tratados internacionais de direitos humanos ratificados após a Emenda Constitucional nº 45/2004? b) Qual é a posição hierárquica dos tratados internacionais de direitos humanos ratificados na vigência da atual Constituição Federal, mas antes da Emenda Constitucional nº 45/2004? As respostas deverão contemplar o posicionamento atual do Supremo Tribunal Federal eventualmente existente.

Discutir a incorporação dos tratados internacionais de proteção dos direitos humanos ao direito pátrio é discutir, justamente, a **aplicabilidade de documentos internacionais consagradores da dignidade humana** no ordenamento brasileiro, justamente em tempos de contemporaneidade, em que os tradicionais conceitos de soberania, delimitações geográficas e limitações legislativas internas são absolutamente relativizados em prol de um **contexto de diálogo – aqui, no caso, notadamente normativo – internacional**.

8.1 O processo de incorporação de tratados internacionais pelo ordenamento jurídico brasileiro

(POLÍCIA CIVIL DE GOIÁS – PC-GO – DELEGADO DE POLÍCIA – UEG -2018)
Discorra sobre a competência para a assinatura, a aprovação e a promulgação de tratados e convenções internacionais, bem como sobre os três possíveis *status* normativos de tais atos no ordenamento jurídico pátrio.

Para um tratado internacional ingressar no ordenamento jurídico brasileiro deve ser observado um procedimento complexo, que exige o cumprimento de quatro fases, nada obstante pequenas variações doutrinárias de números de etapas e nomenclaturas: **negociação**, **assinatura**, **aprovação parlamentar** e **promulgação do texto**.

No Brasil, compete à União "manter relações com Estados estrangeiros e participar de organizações internacionais", nos termos do art. 21, I, da Constituição Federal. O agente nas relações internacionais com competência privativa para negociar é o Presidente da República – admite-se delegação de tal função mediante carta de plenos poderes –, que manterá as relações com o respectivo Estado estrangeiro e celebrará tratados, convenções e atos internacionais, que precisam apenas do referendo do Congresso Nacional, conforme dispõe o art. 84, VII e VIII da Constituição Federal.

O momento seguinte é o da assinatura – ou autenticação – do tratado por esta autoridade competente. Contudo, a exigibilidade dos tratados depende de atos posteriores. A colaboração entre os Poderes Executivo e Legislativo é indispensável para a conclusão de um tratado no ordenamento jurídico brasileiro, já que muito embora a competência seja do Presidente da República, cabe ao Congresso Nacional, por meio de um decreto legislativo, autorizar a ratificação (aceite definitivo) do ato internacional.

Nos termos do art. 49, I, da Constituição Federal "é da competência exclusiva do Congresso Nacional: I – resolver definitivamente sobre tratados, acordos ou atos internacionais que acarretem encargos ou compromissos gravosos ao patrimônio nacional".

Por exemplo, quanto ao Pacto de São José da Costa Rica, este foi negociado e assinado pela autoridade do Executivo competente e posteriormente submetido à aprovação do Congresso Nacional, a qual foi concedida pelo Decreto Legislativo nº 27/1992. Somente depois o Pacto foi promulgado pelo Decreto nº 678/1992 e ratificado pelo Brasil perante a Organização dos Estados Americanos.

8.2 Valor do tratado de direitos humanos na Constituição Federal: princípio da primazia dos direitos humanos

*Art. 5º, § 1º As normas definidoras dos direitos e garantias fundamentais têm **aplicação imediata**.*

*Art. 5º, § 2º Os direitos e garantias expressos nesta Constituição não excluem outros decorrentes do regime e dos princípios por ela adotados, ou dos **tratados internacionais** em que a República Federativa do Brasil seja parte.*

Quando um tratado internacional ingressa no ordenamento jurídico, acrescenta outros direitos e deveres para os cidadãos.

O § 1º e o § 2º, do art. 5º, existiam de maneira originária na Constituição Federal, **consagrando o princípio da primazia dos direitos humanos**, como reconhecido pela ampla doutrina majoritária.

Antes da Emenda Constitucional nº 45/2004, os tratados de direitos humanos possuíam caráter de lei ordinária, mas, desde então, isso não significava que tais direitos eram menos importantes. Na verdade, nada obstante o conservadorismo histórico do STF quanto à questão, após a Constituição de 1988 passou-se a afirmar que os tratados de direitos humanos são mais do que leis ordinárias, **mas fontes de direitos implícitos**, o que mostra a primazia dos direitos humanos.

Um precedente histórico de declaração dos tratados internacionais como fonte de direito implícito foi o questionamento pelo Partido MDB com relação à LC nº 5. Tal partido político brasileiro abrigou os opositores do Regime Militar de 1964 ante o poderio governista da Aliança Renovadora Nacional (ARENA). Organizado em fins de 1965 e fundado no ano seguinte, o partido se caracterizou por sua multiplicidade ideológica graças, sobretudo, aos embates entre os "autênticos" e "moderados" quanto aos rumos a seguir no enfrentamento ao poder militar. Inicialmente raquítico em seu desempenho eleitoral, experimentou grande crescimento no governo de Ernesto Geisel obrigando os militares a extinguirem o bipartidarismo e assim surgiu o Partido do Movimento Democrático Brasileiro em 1980. A LC nº 5 previa que eram inelegíveis não só os condenados por certos crimes, mas também quem estivesse sendo processado por estes. Foi efetuada a arguição incidental de inconstitucionalidade, **identificando no padrão de confronto o princípio do estado de inocência, que na época era implícito** (uma vez que previsto na Declaração Universal de Direitos Humanos de 1948). O TRE não acolheu a tese, mas o TSE sim (4x3). Contudo, o STF caçou a decisão (7x4). Ficou impedida, assim, a candidatura do MDB.

Logo, todos os tratados que ingressaram no ordenamento jurídico após a Constituição Federal de 1988 são mais que leis ordinárias – materialmente falando –, isto é, são **efetivas fontes de direitos implícitos**. A exemplo, pode-se mencionar os Pactos Internacionais dos Direitos Civis e Políticos e dos Direitos Econômicos, Sociais e Culturais, ambos de 1966, e a Convenção Americana sobre Direitos Humanos de 1969, que entraram em vigor no ordenamento em 1992; e a Convenção sobre a tortura de 1984, que entrou em vigor no Brasil em 1991. A questão é que tais tratados não passaram pelo procedimento similar ao de emenda constitucional para aprovação, uma vez que a alteração constitucional que passou a assim estabelecer data de 2004.

Mais questões quanto a esta "força" dos tratados internacionais serão analisadas logo a seguir, bem como no tópico sobre controle de convencionalidade.

8.3 A posição hierárquica dos tratados internacionais de direitos humanos em face do art. 5º, § 3º, da Constituição Federal: hierarquia *supra*legal

> Art. 5º, § 3º Os **tratados e convenções internacionais sobre direitos humanos** que forem aprovados, em cada Casa do Congresso Nacional, em dois turnos, por três quintos dos votos dos respectivos membros, serão equivalentes às emendas constitucionais.

Com o advento da Emenda Constitucional nº 45/2004, que acresceu o § 3º ao art. 5º da Constituição Federal, abriu-se a possibilidade para que os tratados internacionais de direitos humanos fossem – com sua internalização – **equiparados às emendas constitucionais**, desde que houvesse a aprovação do tratado em cada Casa do Congresso Nacional, com votação em dois turnos e aprovação por três quintos dos votos dos respectivos membros.

No que atine aos demais diplomas, há posicionamentos doutrinários conflitantes quanto à possibilidade de considerar como hierarquicamente constitucional os tratados internacionais de direitos humanos que ingressaram no ordenamento jurídico brasileiro anteriormente ao advento da referida emenda. **Jurisprudencialmente**, a resposta foi dada pelo Supremo Tribunal Federal na discussão que se deu com relação à prisão civil do depositário infiel, disciplinada como legal no Decreto-Lei nº 911/1969, e prevista como ilegal no Pacto de São José da Costa Rica (tratado de direitos humanos aprovado antes da EC nº 45/2004 e depois da CF/1988). O Supremo Tribunal Federal firmou o entendimento pela *supra*legalidade do tratado de direitos humanos anterior à Emenda (estaria numa posição que paralisaria a eficácia da lei *infra*constitucional, mas não revogaria a Constituição no ponto controverso). Logo, o tratado de direitos humanos anterior à Emenda Constitucional nº 45/2004 é mais do que lei ordinária (e por isso paralisa a lei ordinária que o contrarie), porém menos que o texto constitucional. **Criou-se, então, uma necessidade de dupla compatibilidade das leis ordinárias.**

8.4 Tratados "equivalentes a emendas constitucionais"

A partir da alteração constitucional que culminou no art. 5º, § 3º, os tratados de direitos humanos que ingressarem no ordenamento jurídico brasileiro, versando sobre matéria de direitos humanos, passarão por um processo de aprovação semelhante ao de emenda constitucional. Muito embora não haja qualquer obrigatoriedade quanto a isso (para não ferir a independência do Poder Legislativo), há uma **recomendação doutrinária prevalente** neste sentido.

Atualmente, estão nesta condição a Convenção Internacional de Direitos da Pessoa Portadora de Deficiência e seu Protocolo Facultativo (Decreto nº 6.949/2009). Ademais, ainda no campo dos direitos da pessoa com deficiência, urge mencionar importante inovação: o **Tratado de Marraqueche para facilitar o acesso a obras publicadas às pessoas cegas, com deficiência visual ou com outras dificuldades para ter acesso ao texto impresso**, que foi assinado no âmbito da Organização Mundial de Propriedade Intelectual, tem agora, oficialmente, o "*status*" de tratado internacional de direitos humanos internalizado na forma do art. 5º, § 3º, CF. Muito embora já tivesse sido ele aprovado pelo Congresso Nacional brasileiro pelo Decreto Legislativo nº 261/2015 com quórum de votação de equivalência à emenda constitucional, somente em outubro de 2018, por força do Decreto nº 9.522, seu processo de internalização foi concluído, ganhando, então, oficialmente falando, o "*status*" de tratado de direitos humanos equivalente à emenda constitucional. Portanto, é preciso atualizar-se no sentido de que, **se antes eram dois os documentos internalizados na forma do art. 5º, § 3º** (Convenção de Nova York

+ seu Protocolo Facultativo), **agora são três**, pois a estes dois devemos acrescer o Tratado de Marraqueche.

> *É possível que um tratado de direitos humanos anterior à Emenda Constitucional nº 45/2004 adquira caráter constitucional?*

Sim, bastando para tanto que este tratado seja submetido à nova votação no Congresso Nacional, desta vez nos moldes da Emenda (dois turnos, *quórum* de 3/5). Feito isto, se encerraria qualquer controvérsia e o caráter do tratado passaria a ser de norma constitucional.

8.5 Análise da aplicação do critério da *supra*legalidade perante a jurisprudência do Supremo Tribunal Federal quanto ao princípio do duplo grau de jurisdição[43]

(MINISTÉRIO PÚBLICO ESTADUAL DA BAHIA – MPE-BA – PROMOTOR DE JUSTIÇA – 2012) Qual o estágio atual da discussão sobre a possibilidade ou não da prisão civil do devedor fiduciante de coisa móvel?

(TRIBUNAL REGIONAL FEDERAL DA 2ª REGIÃO – TRF-2 – JUIZ FEDERAL – 2011) O Brasil ratificou e promulgou a Convenção Interamericana de Direitos Humanos, também conhecida como Pacto de São José. Determina no seu artigo 8º, 2, h, o duplo grau de jurisdição, como o direito de toda pessoa acusada de delito, de recorrer da sentença para juiz ou tribunal superior. Como se coaduna o presente dispositivo com os casos em que a própria Constituição regulou que um determinado caso fosse julgado exclusivamente por tribunal, sem previsão de recurso?

O precedente da súmula vinculante nº 25 é o Recurso Extraordinário nº 466.343-1[44], decidido pelo Tribunal Pleno em 03 de dezembro de 2008, relatado pelo Ministro Cezar Peluso. No julgamento, prevaleceu o posicionamento colacionado pelo voto do Ministro Gilmar Mendes, que toma como ponto de partida a alteração constitucional efetuada em 2004, do qual se destaca o seguinte trecho: "[...] Em termos práticos, trata-se de uma declaração eloquente de que os tratados

---

[43] Tópico baseado em trechos do trabalho científico: GARCIA, Bruna Pinotti. Crise constitucional decorrente das disparidades dos critérios de interpretação das normas de direitos humanos no Supremo Tribunal Federal: direitos humanos como muleta argumentativa do intervencionismo judicial. In: LAZARI, Rafael de; BERNARDI, Renato (org.). **Crise constitucional**: espécies, perspectivas e mecanismos de superação. Rio de Janeiro: Lumen Juris, 2015. p. 143-162.

[44] Supremo Tribunal Federal, Pleno. **RE nº 466.343/SP**. Rel.: Min. Cezar Peluso. DJ. 03/12/2008.

já ratificados pelo Brasil, anteriormente à mudança constitucional, e não submetidos ao processo legislativo especial de aprovação no Congresso Nacional, não podem ser comparados às normas constitucionais. Não se pode negar, por outro lado, que a reforma também acabou por ressaltar o caráter especial dos tratados de direitos humanos em relação aos demais tratados de reciprocidade entre os Estados pactuantes, conferindo-lhes lugar privilegiado no ordenamento jurídico. Em outros termos, solucionando a questão para o futuro – em que os tratados de direitos humanos, para ingressarem no ordenamento jurídico na qualidade de emendas constitucionais, terão que ser aprovados em quórum especial nas duas Casas do Congresso Nacional –, a mudança constitucional ao menos acena para a insuficiência da tese da legalidade ordinária dos tratados e convenções internacionais já ratificados pelo Brasil, a qual tem sido preconizada pela jurisprudência do Supremo Tribunal Federal desde o remoto julgamento do RE nº 80.004/SE. [...] Por conseguinte, parece mais consistente a interpretação que atribui a característica de supralegalidade aos tratados e convenções de direitos humanos. Essa tese pugna pelo argumento de que os tratados sobre direitos humanos seriam infraconstitucionais, porém, diante de seu caráter especial em relação aos demais atos normativos internacionais, também seriam dotados de um atributo de supralegalidade. Em outros termos, os tratados sobre direitos humanos não poderiam afrontar a supremacia da Constituição, mas teriam lugar especial reservado no ordenamento jurídico. Equipará-los à legislação ordinária seria subestimar o seu valor especial no contexto do sistema de proteção dos direitos da pessoa humana. [...]".

Logo, o Supremo Tribunal Federal firmou o entendimento pela *supra*legalidade do tratado de direitos humanos anterior à Emenda nº 45, o que paralisaria a eficácia das leis *infra*constitucionais que o contrariassem, mas não revogaria o texto constitucional no que fosse controverso.

Tomadas estas premissas, coloca-se para início de discussão que o Pacto de São José da Costa Rica prevê o duplo grau de jurisdição em seu artigo 8º, item 2, alínea *h*: "Toda pessoa acusada de um delito tem direito a que se presuma sua inocência, enquanto não for legalmente comprovada sua culpa. Durante o processo, toda pessoa tem direito, em plena igualdade, às seguintes garantias mínimas: [...] h) direito de **recorrer da sentença a juiz ou tribunal superior**".

Deste modo, perante a Organização dos Estados Americanos o duplo grau de jurisdição é reconhecido como um direito humano, consistente na possibilidade de recorrer da sentença penal condenatória a um juiz ou Tribunal de grau superior. Em se tratando de norma que confere direito humano fundamental de forma mais ampla que a Constituição Federal, entende-se que deveria gerar a paralisia das normas *infra*constitucionais que a desrespeitem. No entanto, o Supremo Tribunal Federal não parece guardar um posicionamento que siga esta linha de raciocínio.

Reiteradamente, desde antes – e mesmo depois – da decisão sobre o caso do depositário infiel, continua afirmando a plena eficácia da normativa da Lei nº 6.830 de 22 de setembro de 1980, pela qual das sentenças de primeira instância proferidas em execuções de valor igual ou inferior a 50 (cinquenta) Obrigações Reajustáveis do Tesouro Nacional – ORTN, só se admitirão embargos infringentes e de declaração (art. 34).

Ora, se os chamados embargos infringentes devem ser interpostos ao mesmo juízo, não cabendo recurso a juízo superior, violado resta o duplo grau de jurisdição. Em que pese não ser garantia constitucional, se trata de garantia de norma protetiva de direitos humanos de caráter *supra*legal, a Convenção Americana sobre Direitos Humanos.

A questão é: se a Convenção Americana sobre Direitos Humanos possui *status supra*legal em matéria de direitos e garantias fundamentais, isto vale para todos direitos que se enquadrem nesta categoria, inclusive o direito ao duplo grau de jurisdição. Paralisada restaria, assim, a eficácia do art. 34 da Lei nº 6.830/1980. O Supremo Tribunal Federal não tem seguido este raciocínio, argumentando que não há incompatibilidade da Lei referida com o princípio do duplo grau de jurisdição[45], o que é incompatível com o que decidiu no caso do depositário infiel.

Quando o Supremo Tribunal Federal foi chamado para decidir, mais uma vez, sobre o *status* hierárquico da Convenção em comento, agora no que tange à garantia do duplo grau de jurisdição, atribuiu-lhe força constitucional.

O voto do Ministro Celso de Mello, proferido na Ação Penal nº 470 ("Caso Mensalão"), em 18 de setembro de 2013, seguido pela maioria do Tribunal Pleno, reconheceu o recurso de embargos infringentes sob uma sustentação argumentativa binômia, duplamente ofensiva à Constituição Federal: a) a competência legislativa do Supremo Tribunal Federal para normas processuais, mesmo diante da previsão de competência exclusiva da União pelo art. 22, I, CF; b) a constitucionalidade do duplo grau de jurisdição devido à previsão no Pacto de San José da Costa Rica, já tido como norma *supra*legal em julgamento anterior.

A Lei nº 8.038/1990, ao abordar o processo e julgamento das ações penais de competência originária, traz nos arts. 1º a 12 a descrição de um procedimento que se encerra com o julgamento, nada mencionando sobre a possibilidade de recurso deste julgamento. A Convenção Americana sobre Direitos Humanos garante a toda pessoa o direito ao duplo grau de jurisdição (artigo 8º, 2, *h*), logo, seria possível afirmar, em princípio, quanto à compatibilidade *supra*legal que está ausente.

Contudo, a Lei nº 8.038/1990 apenas foi elaborada com vistas a regulamentar a Constituição Federal, conferindo especificidades procedimentais que ali não poderiam estar previstas. O texto constitucional, por sua vez, estabelece com clareza a estrutura do Poder Judiciário e traz expressamente casos em que a competência de julgamento seria originariamente da maior Corte do país, inviabilizando recurso para Corte diversa: "Art. 102. Compete ao Supremo Tribunal Federal, precipuamente, a guarda da Constituição, cabendo-lhe: I – processar e julgar, originariamente [...]". Se julgará de maneira originária, evidente que será o único a julgar, e por uma única vez. Expressamente, se prevê no art. 102, I, CF a competência originária para o julgamento dos acusados do Mensalão, eis que se enquadram na categoria da alínea "c" do art. 102, I.

A Constituição, quando reconhece casos de competência originária do Supremo Tribunal Federal, o faz de maneira pontual, consciente de que depois do Supremo

---

[45] Supremo Tribunal Federal. 1ª T. **ARE nº 639.448 AgR/MG**. Rel.: Min. Dias Toffoli. DJ. 19/06/2012.

Tribunal Federal não há nenhum outro Tribunal a que se possa recorrer – logo, quem for por ele julgado, ao mesmo tempo em que tem o "privilégio" de ser julgado pela mais alta Corte do país, tem o prejuízo de não usufruir do duplo grau de jurisdição. Afinal, não faria sentido criar um novo Tribunal Superior apenas para garantir que os feitos de competência originária da Suprema Corte fossem julgados por no mínimo dois Tribunais. Presente, deste modo, a compatibilidade constitucional em relação à Lei nº 8.038/1990.

Não obstante, é necessário verificar a compatibilidade constitucional entre a norma *supra*legal e a Constituição Federal. Em outras palavras, algo assegurado pela Constituição Federal e que faça pleno sentido em termos estruturais não poderia ser derrogado por uma norma *supra*legal, mas apenas por outra norma constitucional, com a qual deva obrigatoriamente conviver de forma harmônica.

De início, relevante verificar se o duplo grau de jurisdição abrangeria casos de competência originária da Corte mais elevada do país. Se o duplo grau de jurisdição assegura o julgamento por juiz ou Tribunal *diverso* – não pelo mesmo juiz ou Tribunal – então evidentemente que o redator da Convenção Americana sobre Direitos Humanos não pretendeu abranger pelo duplo grau o processo e julgamento dos feitos de competência originária da mais alta Corte interna. Se o tivesse feito, estaria exigindo que a estrutura judiciária dos países signatários fosse totalmente incoerente, criando um Tribunal superior à mais alta instância judicial do país. Em outras palavras, novo julgamento pelo mesmo juiz ou Tribunal não é exercício do duplo grau de jurisdição. Mesmo que o duplo grau de jurisdição fosse norma constitucional, não garantiria o dito recurso de embargos infringentes no julgamento originário de ação penal pelo Supremo Tribunal Federal.

Ainda que assim não se entenda, nunca se pode perder de vista que o duplo grau de jurisdição é norma *supra*legal (seguido o raciocínio da súmula vinculante nº 25), abaixo da norma constitucional, **ao menos pensando pela ótica da expressa previsão** (a Constituição Federal não prevê explicitamente o duplo grau como o faz a Convenção, restando a extração de tal ideia no ordenamento interno da mera estrutura judiciária pátria consagrada no art. 92, CF). Se as normas que estruturam o funcionamento do Poder Judiciário, estabelecendo feitos de competência originária da Corte Superior, são constitucionais, jamais poderiam ser derrogadas por norma inferior. Do contrário admitir, seria colocar o duplo grau de jurisdição com *status* constitucional, em que pese estar previsto em norma que o próprio Supremo alegou possuir *status supra*legal (**repete-se: ao menos pensando sob a ótica da expressa previsão**).

Aparentemente, o Supremo Tribunal Federal optou por conferir *incidentalmente* (*sic*) à Convenção Americana sobre Direitos Humanos o *status* de norma constitucional apenas porque assim seria mais conveniente ao julgamento político mais importante de todos os tempos na história brasileira. A invocação da Convenção Americana sobre Direitos Humanos, por tanto tempo renegada no ordenamento interno, não foi uma vitória, mas uma mera convencionalidade argumentativa.

Logo, parece faltar seriedade quando o assunto é decidir sobre o *status* normativo das normas internacionais de direitos humanos anteriores à Constituição

Federal de 1988, variando-se o argumento conforme mais conveniente ao caso concreto: se não é conveniente o *status supra*legal pacificado em súmula vinculante, baixa-se para o de norma ordinária quando o assunto são os embargos à execução fiscal de menor valor e sobe-se para norma constitucional quando o interesse político é mais forte.

8.6 Análise da aplicabilidade do art. 5º, § 3º, CF (2005-2018)

Embora o art. 5º, § 3º, CF tenha sido incluído abaixo do rol de direitos individuais, desde então se passou a afirmar indiscriminadamente na doutrina e jurisprudência que todo tratado internacional de direitos humanos poderia ser aprovado pelo quórum especial, não apenas os que se referissem aos direitos individuais. O raciocínio parte do fato de que o próprio § 1º do art. 5º se refere a *"direitos e garantias fundamentais"* como um todo, categoria expressamente mais ampla que a dos direitos individuais e coletivos. Da mesma forma, o § 2º do art. 5º se refere aos *"direitos e garantias expressos nesta Constituição"*, não apenas aos discriminados no artigo em que está inserido. Neste ponto, o raciocínio parece escorreito e, por lógica, o procedimento do art. 5º, § 3º, CF é aplicável **a todo tratado internacional de direitos humanos, não apenas àqueles que discriminem direitos categorizados no art. 5º, CF**.

Da inclusão do dispositivo pela EC nº 45/2004, se supunha que dali em diante, sempre que o Poder Legislativo tivesse que aprovar um tratado internacional de direitos humanos o faria utilizando-se do procedimento expresso na Constituição Federal. Logo, não seria discricionário o critério para a aprovação ou não pelo procedimento especial previsto na Constituição. Entendia-se que a Constituição finalmente havia regulamentado o procedimento de aprovação de tratados de direitos humanos, que permitiria não apenas materialmente, mas formalmente, que estes tomassem uma posição hierárquica de relevo no ordenamento jurídico nacional.

A observação de 14 anos de vigência da emenda constitucional deveria ser suficiente para fazer emergir uma nova categoria de direitos inserida no bloco de constitucionalidade, bem como para esclarecer a abrangência e o caráter vinculante do art. 5º, § 3º, CF, além de permitir elucidar os dois aspectos mencionados nos parágrafos anteriores.

Para tal verificação, a partir de dados disponíveis no endereço eletrônico oficial do Planalto brasileiro[46], efetuou-se um levantamento acerca dos tratados internacionais de direitos humanos incorporados ao ordenamento brasileiro desde a criação do procedimento especial de aprovação. Na tabela abaixo, colaciona-se cada tratado com matéria de direitos humanos, bem como informação da categoria de direitos humanos em que ele se enquadra: direitos individuais, direitos sociais, direitos políticos e de nacionalidade, direitos difusos e coletivos, além de categorias mistas (como direito social coletivo, por exemplo).

---

[46] BRASIL. Poder Executivo. Planalto. **Portal de Legislação**: Decretos. Disponível em: <http://www4.planalto.gov.br/legislacao/portal-legis/legislacao-1/decretos1/decretos-1>. Acesso em: 10 nov. 2018.

Número do Decreto	Tratado Internacional de Direitos Humanos Incorporado	Categoria de direitos
5.640, de 26/12/2005	Convenção Internacional para Supressão do Financiamento do Terrorismo, adotada pela Assembleia-Geral das Nações Unidas em 9 de dezembro de 1999 e assinada pelo Brasil em 10 de novembro de 2001.	Difusos e coletivos (direito à paz)
5.639, de 26/12/2005	Convenção Interamericana contra o Terrorismo, assinada em Barbados, em 3 de junho de 2002.	Difusos e coletivos (direito à paz)
5.472, de 20/6/2005	Convenção de Estocolmo sobre Poluentes Orgânicos Persistentes, adotada, naquela cidade, em 22 de maio de 2001.	Difusos e coletivos (direito ao meio ambiente)
5.445, de 12/5/2005	Protocolo de Quioto à Convenção-Quadro das Nações Unidas sobre Mudança do Clima, aberto a assinaturas na cidade de Quioto, Japão, em 11 de dezembro de 1997, por ocasião da Terceira Conferência das Partes da Convenção-Quadro das Nações Unidas sobre Mudança do Clima.	Difusos e coletivos (direito ao meio ambiente)
5.941, de 26/10/2006	Protocolo contra a Fabricação e o Tráfico Ilícito de Armas de Fogo, suas Peças, Componentes e Munições, complementando a Convenção das Nações Unidas contra o Crime Organizado Transnacional, adotado em Nova York, em 31 de maio de 2001.	Direito social coletivo (direito à segurança pública)
5.919, de 3/10/2006	Convenção Interamericana sobre o Cumprimento de Sentenças Penais no Exterior, concluída em Manágua, em 9 de junho de 1993, com reserva à primeira parte do parágrafo 2º do Artigo VII, relativa à redução dos períodos de prisão ou de cumprimento alternativo da pena.	Direito individual (direito à liberdade, direito humano-penal)
5.760, de 24/4/2006	Segundo Protocolo relativo à Convenção da Haia de 1954 para a Proteção de Bens Culturais em Caso de Conflito Armado, celebrado na Haia, em 26 de março de 1999.	Direito social coletivo (direito à cultura)
5.753, de 12/4/2006	Convenção para a Salvaguarda do Patrimônio Cultural Imaterial, adotada em Paris, em 17 de outubro de 2003, e assinada em 3 de novembro de 2003.	Direito social coletivo (direito à cultura)
5.705, de 16/2/2006	Protocolo de Cartagena sobre Biossegurança da Convenção sobre Diversidade Biológica.	Direito difuso/coletivo (biossegurança)

Número do Decreto	Tratado Internacional de Direitos Humanos Incorporado	Categoria de direitos
5.687, de 31/1/2006	Convenção das Nações Unidas contra a Corrupção, adotada pela Assembleia-Geral das Nações Unidas em 31 de outubro de 2003 e assinada pelo Brasil em 9 de dezembro de 2003.	Direito difuso/coletivo (direito à probidade administrativa)
6.271, de 22/11/2007	Convenção nº 167 e a Recomendação nº 175 da Organização Internacional do Trabalho (OIT) sobre a Segurança e Saúde na Construção, adotadas em Genebra, em 20 de junho de 1988, pela 75ª Sessão da Conferência Internacional do Trabalho.	Direito social (direito ao trabalho)
6.270, de 22/11/2007	Convenção nº 176 e a Recomendação nº 183 da Organização Internacional do Trabalho (OIT) sobre Segurança e Saúde nas Minas, adotadas em Genebra, em 22 de junho de 1995, pela 85ª Sessão da Conferência Internacional do Trabalho.	Direito social (direito ao trabalho)
6.177, de 1º/8/2007	Convenção sobre a Proteção e Promoção da Diversidade das Expressões Culturais, assinada em Paris, em 20 de outubro de 2005.	Direito social coletivo (direito à cultura)
6.085, de 19/4/2007	Protocolo Facultativo à Convenção contra a Tortura e Outros Tratamentos ou Penas Cruéis, Desumanos ou Degradantes, adotado em 18 de dezembro de 2002.	Direito individual (vedação à tortura)
6.060, de 12/3/2007	Convenção Interamericana sobre Transparência nas Aquisições de Armas Convencionais, celebrada na Cidade da Guatemala, em 7 de junho de 1999.	Direito social coletivo (direito à segurança pública)
6.478, de 9/6/2008	Convenção Internacional relativa à Intervenção em Alto-Mar em Casos de Acidentes com Poluição por Óleo, feita em Bruxelas, em 29 de novembro de 1969, e o Protocolo relativo à Intervenção em Alto-Mar em Casos de Poluição por Substâncias Outras que não Óleo, feito em Londres, em 2 de novembro de 1973.	Difusos e coletivos (direito ao meio ambiente)
6.340, de 3/1/2008	Convenção Interamericana sobre Assistência Mútua em Matéria Penal, assinada em Nassau, em 23 de maio de 1992, e seu Protocolo Facultativo, assinado em Manágua, em 11 de junho de 1993.	Direito individual (direito à liberdade, direito humano-penal)
6.949, de 25/8/2009	Convenção Internacional sobre os Direitos das Pessoas com Deficiência e seu Protocolo Facultativo, assinados em Nova York, em 30 de março de 2007.	Direito individual (direito à igualdade)

Número do Decreto	Tratado Internacional de Direitos Humanos Incorporado	Categoria de direitos
6.766, de 10/2/2009	Convenção nº 178 relativa à Inspeção das Condições de Vida e de Trabalho dos Trabalhadores Marítimos, assinada em Genebra, em 22 de outubro de 1996.	Direito social (direito ao trabalho)
7.944, de 6/3/2013	Convenção nº 151 e a Recomendação nº 159 da Organização Internacional do Trabalho sobre as Relações de Trabalho na Administração Pública, firmadas em 1978.	Direito social (direito ao trabalho)
8.358, de 13/11/2014	Convenção Multilateral Ibero-Americana de Seguridade Social, firmada pela República Federativa do Brasil, em Santiago, em 10 de novembro de 2007.	Direito social (direito à seguridade social)
8.343, de 13/11/2014	Convenção sobre o Acesso Internacional à Justiça, firmada pela República Federativa do Brasil, em Haia, em 25 de outubro de 1980.	Direito individual (direito de acesso à justiça)
8.605, de 18/12/2015	Convenção nº 185 (revisada) da Organização Internacional do Trabalho – OIT e anexos, adotada durante a 91ª Conferência Internacional do Trabalho, realizada em 2003, que trata do novo Documento de Identidade do Trabalhador Marítimo.	Direito social (direito ao trabalho)
8.501, de 18/8/2015	Convenção para a Redução dos Casos de Apatridia, firmada em Nova Iorque, em 30 de agosto de 1961.	Direito à nacionalidade
8.767, de 11/5/2016	Convenção Internacional para a Proteção de Todas as Pessoas contra o Desaparecimento Forçado, firmada pela República Federativa do Brasil em 6 de fevereiro de 2007.	Direito individual (direito à liberdade, proteção contra o desaparecimento forçado)
8.766, de 11/5/2016	Convenção Interamericana sobre o Desaparecimento Forçado de Pessoas, firmada pela República Federativa do Brasil, em Belém, em 10 de junho de 1994.	Direito individual (direito à liberdade, proteção contra o desaparecimento forçado)
9.176, de 19/10/2017	Convenção sobre a Cobrança Internacional de Alimentos para Crianças e Outros Membros da Família e o Protocolo sobre a Lei Aplicável às Obrigações de Prestar Alimentos, firmados pela República Federativa do Brasil, em Haia, em 23 de novembro de 2007.	Direito social (direito à alimentação)
9.080, de 16/6/2017	Convenção sobre a Conservação das Espécies Migratórias de Animais Silvestres, de 23 de junho de 1979.	Difusos e coletivos (direito ao meio ambiente)

Número do Decreto	Tratado Internacional de Direitos Humanos Incorporado	Categoria de direitos
9.073, de 5/6/2017	Acordo de Paris sob a Convenção-Quadro das Nações Unidas sobre Mudança do Clima, celebrado em Paris, em 12 de dezembro de 2015, e firmado em Nova Iorque, em 22 de abril de 2016.	Difusos e coletivos (direito ao meio ambiente)
9.039, de 27/4/2017	Convenção sobre a Obtenção de Provas no Estrangeiro em Matéria Civil ou Comercial, firmada em Haia, em 18 de março de 1970.	Direito individual (direito ao contraditório e à ampla defesa)
9.522, de 08/10/2018	Tratado de Marraqueche para Facilitar o Acesso a Obras Publicadas às Pessoas Cegas, com Deficiência Visual ou com Outras Dificuldades para Ter Acesso ao Texto Impresso, firmado em Marraqueche, em 27 de junho de 2013.	Direito individual (direito à igualdade)

Dos 31 tratados internacionais devidamente incorporados ao ordenamento brasileiro desde a EC nº 45/2004, apenas dois deles passaram pelo procedimento especial do art. 5º, § 3º, CF, e adquiriram o *status* de norma constitucional: o **Decreto nº 6.949/2009** (que promulga a Convenção Internacional sobre os Direitos das Pessoas com Deficiência e seu Protocolo Facultativo), bem como o **Decreto nº 9.522/2018** (que promulga o Tratado de Marraqueche para facilitar o Acesso a Obras Publicadas às Pessoas Cegas).

Sendo assim, o fato de terem sido incorporados 31 tratados e apenas dois deles mediante procedimento especial permite deduzir que **o legislador tem tratado como critério discricionário o uso deste**. Noutras palavras, quando o tratado internacional de direitos humanos é assinado internacionalmente e submetido à aprovação legislativa, o Poder Legislativo tem decidido discricionariamente sobre utilizar ou não o procedimento que a Constituição Federal expressamente prevê em seu art. 5º, § 3º, CF. Diferente do que seria o caminho esperado, o procedimento constitucional não se tornou um padrão de aprovação dos tratados internacionais de direitos humanos.

Isso implica dizer que no sistema brasileiro coexistem hoje todas as seguintes circunstâncias: **a)** tratado internacional de direitos humanos aprovado antes da Constituição de 1988 (*inúmeros*); **b)** tratado internacional de direitos humanos aprovado entre a entrada em vigor da Constituição de 1988, porém antes da EC nº 45/2004, ao qual o STF atribuiu hierarquia *supra*legal, embora sem se ater ao critério em julgamentos futuros (*inúmeros*); **c)** tratado internacional de direitos humanos aprovado depois da vigência da EC nº 45/2004 submetido ao procedimento do artigo 5º, § 3º, CF devidamente promulgado (*apenas dois*); **d)** tratado internacional de direitos humanos aprovado depois da vigência da EC nº 45/2004 não submetido ao procedimento do art. 5º, § 3º, CF, mas a mero procedimento comum semelhante ao de aprovação de lei ordinária, devidamente promulgado (*vinte e nove*).

8.7 Controle de convencionalidade

(DEFENSORIA PÚBLICA ESTADUAL DE SÃO PAULO – DPE-SP – DEFENSOR PÚBLICO – 2012) Discorra sobre a teoria do controle de convencionalidade das normas nacionais em face do direito internacional dos direitos humanos. Fundamente.

Rememorando o que foi visto nos itens anteriores, quando a Constituição Federal de 1988 entrou em vigor, o Supremo Tribunal Federal entendia que todo e qualquer tratado internacional, versasse ou não sobre direitos humanos, tinha *status* de lei ordinária[47] – seguindo tendência histórica da Corte[48] –, nada obstante o previsto no segundo parágrafo, do art. 5°, CF, segundo o qual *"os direitos e garantias expressos nestas Constituição não excluem outros decorrentes do regime e dos princípios por ela adotados, ou dos tratados internacionais em que a República Federativa do Brasil seja parte"*. Tal entendimento vigorou até o advento da Emenda Constitucional n° 45/2004, que acresceu ao art. 5° da Constituição um parágrafo terceiro, segundo o qual *"os tratados e convenções internacionais sobre direitos humanos que forem aprovados, em cada Casa do Congresso Nacional, em dois turnos, por três quintos dos votos dos respectivos membros, serão equivalentes às emendas constitucionais"*.

Ficou em zona cinzenta, contudo, a situação dos tratados internacionais que não forem (ou não foram) aprovados pelo procedimento de emenda. Com isso, o STF revisou seu posicionamento no RE n° 466.343[49], e, atualmente, os tratados internacionais possuem tripla hierarquia em nosso ordenamento – **de acordo com o posicionamento jurisprudencial do STF, frisa-se**:

a) Se versar sobre direitos humanos, e for aprovado pelo procedimento de emenda constitucional, nos moldes do art. 5°, § 3°, da Constituição, o *status* do tratado internacional será de norma constitucional;

b) Se versar sobre direitos humanos, mas não for aprovado pelo procedimento de emenda (hipótese do art. 5°, § 2°, da Constituição), o *status* do tratado internacional será de norma *supra*legal, isto é, abaixo da Constituição, mas acima do ordenamento *infra*constitucional. É a situação atual do Pacto de São José da Costa Rica, por exemplo;

c) Se não versar sobre direitos humanos, o tratado internacional terá o *status* de lei ordinária, conforme o entendimento genuíno do Supremo Tribunal Federal.

Com base nesta tríplice hierarquia dos tratados internacionais, se começou a falar com maior frequência em **controle de convencionalidade** – uma modalidade aproximada ao controle de constitucionalidade – como medida apta a aferir a consonância das normas aos tratados internacionais com "*status*" de emenda constitucional ou nível *supra*legal.

---

[47] Também: TAVARES, André Ramos. **Curso de direito constitucional**. 11. ed. São Paulo: Saraiva, 2013, p. 410.
[48] A título de exemplo: Supremo Tribunal Federal, 2ª T. **RE n° 109.173/SP**. Rel.: Min. Carlos Madeira. DJ. 27/02/1987.
[49] Supremo Tribunal Federal, Pleno. **RE n° 466.343/SP**. Rel.: Min. Cezar Peluso. DJ. 03/12/2008.

No sistema interamericano de proteção dos direitos humanos (matéria a ser estudada no último capítulo deste livro), o controle de convencionalidade apareceu pela primeira vez no **Caso Almonacid Arellano e outros vs. Chile**. Analisando fato ocorrido durante o regime militar chileno, em que Luis Alfredo Almonacid Arellano foi assassinado – por sua suposta atuação opositora ao regime – sem que o crime tivesse sido adequadamente investigado por conta de uma Lei de Anistia superveniente, a Corte Interamericana de Direitos Humanos entendeu que, como o Chile se comprometeu com a Convenção Americana de Direitos Humanos, **essa Convenção deveria ser parâmetro para a declaração de inconvencionalidade da lei de anistia chilena**. No aludido caso, a Corte Interamericana foi além e afirmou **competir precipuamente ao Poder Judiciário de cada país apreciar tais inconvencionalidades**, ficando a atuação da Corte mais restrita a um **caráter subsidiário**.

> *Por qual motivo, o nome "controle de convencionalidade"?*

No âmbito do direito internacional público, é comum que os documentos internacionais sejam denominados *"Convenções"* (como a própria *"Convenção* Americana de Direitos Humanos", *supra*mencionada). Em admitindo que tais documentos possam ser parâmetro, daí o nome *"controle de convencionalidade"*, tal como a Constituição é parâmetro para *"controle de constitucionalidade"*.

Frisa-se, desde logo, que o controle de convencionalidade **não** pressupõe atuação exclusivamente jurisdicional. Mais uma vez a Corte Interamericana de Direitos Humanos, dessa vez no **Caso Gelman vs. Uruguai**, pontuou uma atuação institucional múltipla no combate às inconvencionalidades. Tomando como parâmetro comparativo o modelo brasileiro de combate a inconstitucionalidades, para elucidar a questão, sabe-se que ele pode ser jurisdicional bem como não jurisdicional/político. Um exemplo do controle não jurisdicional de constitucionalidade seria a apreciação, pela Comissão de Constituição e Justiça de uma Casa legislativa, de uma inconstitucionalidade de projeto de lei, ou mesmo o veto jurídico do Presidente da República a projeto de lei que repute inconstitucional. Partindo deste alicerce, nos parece perfeitamente factível que uma Comissão de Constituição e Justiça acene por uma **inconvencionalidade de projeto de lei** (controle de convencionalidade pelo Poder Legislativo), assim como o Presidente da República **vete juridicamente projeto de lei que ofenda dispositivo consagrado em tratado internacional de direitos humanos** (controle de convencionalidade pelo Poder Executivo).

Mas, indubitavelmente, é na modalidade jurisdicional que o controle de convencionalidade dá passos mais robustos. Mazzuoli é um dos principais defensores do controle convencionalidade no país, que, **judicialmente**, pode ocorrer nas vias **concentrada** e **difusa**.

Para o autor, tal controle será possível pela **via concentrada** (a mesma essência do *controle concentrado de constitucionalidade*) quando o parâmetro for tratado internacional sobre direitos humanos internalizado na forma do terceiro parágrafo, do art. 5º, da CF. Neste sentido, expõe o autor[50]: "*b.1) Controle concentrado de convencionalidade* [...]. Ora, se a Constituição possibilita sejam os tratados de direitos humanos alçados ao patamar constitucional, com *equivalência de emenda*, por questão de lógica deve também garantir-lhes os meios que prevê a qualquer norma constitucional ou emenda de se protegerem contra investidas não autorizadas do direito infraconstitucional. Nesse sentido, o que defendemos é ser plenamente possível utilizar-se das ações do controle concentrado, como a ADIn (que invalidaria a norma constitucional por *inconvencionalidade*), a ADECON (que garantiria à norma infraconstitucional a compatibilidade vertical com um tratado de direitos humanos formalmente constitucional), ou até mesmo a ADPF (que possibilitaria exigir o cumprimento de um 'preceito fundamental' encontrado em tratado de direitos humanos formalmente constitucional), não mais fundamentadas apenas no texto constitucional, senão também nos tratados de direitos humanos aprovados pela sistemática do art. 5º, § 3º, da Constituição e em vigor no país".

Desta maneira, prossegue o autor[51] que a ação direta de inconstitucionalidade (ADI) se transformaria em **ação direta de *inconvencionalidade***; a ação declaratória de constitucionalidade (ADC) se transformaria em **ação declaratória de *convencionalidade***; e a arguição por descumprimento de preceito fundamental (ADPF) poderia ser utilizada para **proteger "preceito fundamental" de um tratado de direitos humanos violado por normas *infra*constitucionais, inclusive leis municipais e normas anteriores à data que o tratado foi aprovado**. Lembra, por fim, a possibilidade de o Supremo Tribunal Federal declarar a ***inconvencionalidade*** **por omissão** (fazendo menção à ADO) de medida para tornar efetiva norma internacional de direitos humanos em vigor no Brasil e anteriormente aprovada por maioria qualificada, dando ciência ao Poder competente para sanar a omissão.

Ademais, Mazzuoli também acena para a possibilidade de que os tratados internacionais sobre direitos humanos que não sejam internalizados nos moldes do parágrafo terceiro, do art. 5º, da Constituição, sirvam como parâmetro para controle jurisdicional de convencionalidade **em via difusa** (a mesma lógica do controle difuso de constitucionalidade). Neste sentido, o autor[52]: "*b.2) Controle difuso de convencionalidade*. Os tratados de direitos humanos não internalizados pela maioria qualificada acima estudada serão paradigma (apenas) do controle *difuso* de convencionalidade (pois, no nosso entendimento, os tratados de direitos humanos não aprovados pela maioria qualificada referida são somente *materialmente constitucionais*, diferentemente dos tratados aprovados por aquela maioria, que têm *status* material *e formal* de normas constitucionais) [...]. Assim, o controle *difuso* de convencionalidade é aquele a ser exercido por todos os juízes e tribunais do país, a requerimento das partes ou *ex officio*. Uma vez que *todos* os tratados de direitos humanos em vigor no país guardam nível materialmente constitucional, constitui *obrigação* dos juízes e tribunais locais (inclusive do STF, *v.g.*, quando decide em um Recurso Extraordinário, um *Habeas Corpus* etc.) invalidar as leis internas – sempre quando *menos*

---

[50] MAZZUOLI, Valerio de Oliveira. **Curso de direito internacional público**. 7. ed. São Paulo: RT, 2013, p. 409.
[51] Ibid., p. 409.
[52] Ibid., p. 411.

benéficas que o tratado de direitos humanos em causa, em atenção ao princípio *pro homine* – que afrontam as normas internacionais de direitos humanos que o Brasil aceitou (por meio de ratificação formal) na órbita internacional".

Por fim, quanto aos **tratados comuns** – que, para o autor, têm "*status*" acima da legislação interna, diferentemente do posicionamento adotado atualmente pelo STF, como já dito –, estes não servirão como paradigma para controle de convencionalidade, mas do *controle de supralegalidade* das normas *infraconstitucionais*. Assim, "as leis contrárias aos tratados comuns são *inválidas* por violação ao princípio da hierarquia, uma vez que tais tratados (sendo supralegais) acima delas se encontram"[53].

8.7.1 Primeira casuística: a suposta inconvencionalidade da "Lei da Anistia"

A Lei da Anistia é inconvencional?

Dentre as medidas tomadas em prol da **redemocratização do país**, é preciso mencionar a Lei nº 6.683, de 28 de agosto de 1979, que concedeu anistia a todos aqueles que, no período compreendido entre 02 de setembro de 1961 e 15 de agosto de 1979, cometeram **crimes políticos ou conexo com estes**, **crimes eleitorais**, aos que **tiveram seus direitos políticos suspensos** e aos **servidores da Administração Direta e Indireta, de fundações vinculadas ao poder público, aos Servidores dos Poderes Legislativo e Judiciário, aos Militares e aos dirigentes e representantes sindicais, punidos com fundamento em Atos Institucionais e Complementares** (art. 1º). Ademais, de acordo com o primeiro parágrafo do art. 1º, foram considerados conexos os crimes de qualquer natureza relacionados com crimes políticos ou praticados por motivação política. Por fim, consoante o art. 1º, § 2º, da "Lei de Anistia", ficaram excetuados dos benefícios tratados na Lei nº 6.683 os que foram condenados pela prática de crimes de terrorismo, assalto, sequestro e atentado pessoal (veja-se, pois, com relação a este último dispositivo, que a anistia não foi irrestrita, ao contrário do que se possa pensar).

Com efeito, a anistia representou mais um passo em prol da inevitável derrocada do regime militar vigente no país desde 1964. Diferentemente de outros momentos históricos, em que rupturas bruscas marcaram regimes mais ou menos coniventes com as sempre buscadas aspirações democráticas, no processo que culminou com a Constituição Federal de 1988 é possível observar uma série de **realizações** que asseguraram uma transição **a mais suave possível** (é óbvio que não há se falar em um movimento inteiramente pacífico, mas inegável é o processo paulatino de transição). A Lei da Anistia, repete-se, foi uma destas realizações, por "passar uma borracha" em tensões históricas existentes entre aqueles que almejavam a manutenção do regime militarista e aqueles que lutaram por sua derrubada.

---

[53] Ibid., p. 413.

Na ADPF nº 153/DF[54], o Supremo Tribunal Federal foi chamado a se manifestar, por iniciativa do Conselho Federal da Ordem dos Advogados do Brasil, acerca da recepção ou não do acima mencionado art. 1º, § 1º, da Lei nº 6.683/1979. Se o dispositivo impugnado assegura como conexos os crimes de qualquer natureza relacionados com crimes políticos ou praticados por motivação política, deveria o guardião da Constituição Federal se manifestar acerca da extensão da anistia aos **agentes públicos** responsáveis, entre outros crimes, pela prática de homicídio, desaparecimento forçado, abuso de autoridade e lesões corporais **contra opositores políticos ao regime militar**. Da decisão tomada dependia a **bilateralidade** (ambos os lados beneficiados) ou a **unilateralidade** (apenas os opositores do regime vigente beneficiados) da Lei da Anistia.

Em seu voto de relatoria, o Ministro Eros Grau lembrou sobre a *"batalha da anistia"*: "A inflexão do regime [= a ruptura da aliança entre os militares e a burguesia] deu-se com a crise do petróleo de 1974, mas a formidável luta pela anistia – luta que, com o respaldo da opinião pública internacional, uniu os 'culpados de sempre' a todos os que eram capazes de sentir e pensar as liberdades e a democracia e revelou figuras notáveis como a do bravo senador Teotonio Vilela; luta encetada inicialmente por oito mulheres reunidas em torno de Terezinha Zerbini, do que resultou o CBD (Comitê Brasileiro pela Anistia); pelos autênticos do MDB, pela própria OAB, pela ABI (à frente Barbosa Lima Sobrinho), pelo IAB, pelos sindicatos e confederações de trabalhadores e até por alguns dos que apoiaram o movimento militar, como o general Peri Bevilácqua, ex-ministro do STM [e foram tantos os que assinaram manifestos em favor do movimento militar!] – a formidável luta pela anistia é expressiva da página mais vibrante de resistência e atividade democrática da nossa História. Nos estertores do regime viam-se de um lado os exilados, que criaram comitês pró-anistia em quase todos os países que lhes deram refúgio, a Igreja (à frente a CNBB) e presos políticos em greve de fome que a votação da anistia [desqualificada pela inicial] salvou da morte certa – pois não recuariam da greve e já muitos estavam debilitados, como os jornais da época fartamente documentam – de outro os que, em represália ao acordo que os democratas esboçavam com a ditadura, em torno da lei, responderam com atos terroristas contra a própria OAB, com o sacrifício de dona Lydia; na Câmara de Vereadores do Rio de Janeiro, com a mutilação do secretário do combativo vereador Antonio Carlos; com duas bombas na casa do então deputado do chamado *grupo autêntico* do MDB Marcello Cerqueira, um dos negociadores dos termos da anistia; com atentados contra bancas de jornal, contra *O Pasquim*, contra a *Tribuna de Imprensa* e tantos mais. Reduzir a nada essa luta, inclusive nas ruas, as passeatas reprimidas durante pelas Polícias Militares, os comícios e atos públicos, reduzir a nada essa luta é tripudiar sobre os que, com desassombro e coragem, com desassombro e coragem lutaram pela anistia, marco do fim do regime de exceção. Sem ela, não teria sido aberta a porta do Colégio Eleitoral para a eleição do 'Dr. Tancredo', como diziam os que pisavam o chão da História. Essas jornadas, inesquecíveis, foram heroicas. Não se as pode desprezar. A mim causaria espanto se a brava OAB sob a direção de Raimundo Faoro e de Eduardo

---

[54] Supremo Tribunal Federal, Pleno. **ADPF nº 153/DF**. Rel.: Min. Eros Grau. DJ. 29/04/2010.

Seabra Fagundes, denodadamente empenhada nessa luta, agora a desprezasse, em autêntico *venire contra factum proprium*".

No mais, lembrou que o legislador procurou estender a conexão aos crimes praticados pelos agentes do Estado contra os que lutavam pelo Estado de exceção, daí o **caráter bilateral da anistia**.

Por fim, atentou o Ministro Eros Grau que a Lei nº 6.683, de 1979, **precede** à Convenção das Nações Unidas contra a tortura e outros tratamentos ou penas cruéis, desumanos ou degradantes (adotada pela Assembleia Geral em 1984); a Lei nº 9.455, de 1997, que define os crimes de tortura; bem como o art. 5º, XLIII, CF, dispositivo segundo o qual a lei considerará crimes inafiançáveis e insuscetíveis de graça ou anistia a prática de tortura, o tráfico ilícito de entorpecentes e drogas afins, o terrorismo e os definidos como hediondos.

Por todos estes motivos, o Ministro Eros Grau acenou pela impossibilidade de revisão da Lei da Anistia, mantendo sua bilateralidade, vez que o Poder Judiciário não estaria autorizado, no Estado Democrático de Direito, a dar outra redação a texto normativo. Esta atribuição competiria, se for o caso, ao Legislativo. Por todos estes argumentos, **prevalentes e vencedores**, foi a ADPF nº 153 julgada improcedente, de modo que entendeu-se a Lei nº 6.683 compatível com o ordenamento instaurado aos 5 de outubro de 1988, data em que a transição democrática efetivamente se completou com o advento da atual Lei Fundamental pátria.

A questão da compatibilidade da Lei da Anistia está longe de ser pacífica, contudo, **a depender do parâmetro que se adota como "compatível"**. Explica-se: no caso "*Gomes Lund e outros*", que tramitou perante a Corte Interamericana de Direitos Humanos (trechos do caso serão vistos oportunamente, no capítulo V), analisou-se um triste fato da história do Brasil, envolvendo a chamada "*Guerrilha do Araguaia*".

A "guerrilha" foi um movimento instalado na região amazônica brasileira, entre o fim da década de 1960 e o início da década de 1970, encabeçada pelo Partido Comunista do Brasil, e que tinha por escopo fazer frente ao regime militar então vigente. Muito embora se trate de tema absolutamente controverso (não se vai entrar no mérito da questão, obviamente), guardava o movimento, ao menos em termos de tentativa de atuação, grande similitude com o intento revolucionário exitoso em Cuba, o qual começou na zona rural do país e alastrou-se para as aglomerações urbanas. De toda maneira, o que se sabe é que o Exército pátrio identificou o foco guerrilheiro e o combateu com grande intensidade.

A partir daí, há enorme zona cinzenta acerca do que efetivamente aconteceu na Guerrilha do Araguaia. Livros e documentários diversos já foram feitos, mostrando diferentes pontos de vista. O denominador comum do processo são contundentes denúncias de **violações de direitos humanos**, com assassinatos sumários, ordens de que não fossem feitos reféns (por ambos os lados), bem como desaparecimento de corpos (corpos estes, aliás, cuja maioria jamais foi devolvida às suas famílias).

No *supracitado* caso "*Gomes Lund*", proposto perante a Comissão Interamericana de Direitos Humanos em 1995, e posteriormente submetido à Corte Interamericana de Direitos Humanos em 2009, discutiu-se a responsabilidade do Estado brasileiro na detenção arbitrária, tortura e desaparecimento forçado de setenta pessoas, entre membros do PC do B e camponeses da região do Araguaia, através de operações do Exército Brasileiro ocorridas entre os anos de 1972 e 1975, durante o período ditatorial porque passava o Brasil.

Com efeito, a Corte decidiu, em novembro de 2010, que as anistias mundo afora foram obstáculos alegados por alguns Estados para investigar, e, quando fosse o caso, punir os responsáveis por violações graves aos direitos humanos. Isso seria incompatível, conforme a jurisprudência majoritária da Corte (*ex.: "Caso Barrios Altos versus Peru"*), com os documentos internacionais de cunho protetivo aos direitos humanos. Na situação brasileira, lembrou-se que este país aderiu tanto à Convenção Americana de Direitos Humanos – o *"Pacto de San José da Costa Rica"*, de 1969 – (Decreto nº 678/1992), como à Corte Interamericana (Decreto nº 4.463/2002), de modo que a Lei da Anistia brasileira seria **inconvencional**, em adotando como parâmetro os ditames da Convenção (dentre outros, os artigos 1.1, 8.1 e 25). Segundo decidiu-se, pois, as disposições da Lei da Anistia brasileira que impedem a investigação e sanção de graves violações de direitos humanos são **incompatíveis com a Convenção, carecem de efeitos jurídicos e não podem seguir representando um obstáculo para a investigação dos fatos do caso envolvendo a Guerrilha do Araguaia, nem para identificação e punição dos responsáveis.**

Observa-se, em suma, que há decisões em tese conflitantes: uma que acena pela **adequação** da Lei nº 6.683 aos **preceitos da Constituição de 1988 (ADPF nº 153)**, e outra que acena pela **inconvencionalidade** da aludida lei em relação ao **Pacto de San José da Costa Rica naquilo que pertine a violações de direitos humanos (caso "Gomes Lund e outros").**

Neste sentido afirmou Gomes[55]: "A Lei de Anistia brasileira, embora recebida pela Constituição de 1988 (de acordo com a visão do STF), é inconvencional (por violar as convenções de direitos humanos ratificadas pelo Brasil) e inválida (por contrariar frontalmente o *jus cogens* internacional). Nem tudo que o STF diz ter sido recebido pela Constituição de 1988 é compatível com os tratados em vigor no Brasil e detém validade. A prisão civil do depositário infiel, por exemplo, foi declarada inválida pelo STF justamente tendo em conta os tratados de direitos humanos por nós ratificados, que segundo o próprio STF contam na ordem jurídica brasileira com nível superior às leis (RE nº 466.343-SP). As leis brasileiras (desde o momento em que o Brasil passou a subscrever os tratados internacionais) estão sujeitas a dois tipos de controle vertical: (a) de constitucionalidade e (b) de convencionalidade. Nem tudo que é recebido pela Constituição é convencional e válido, porque agora as leis devem também ter compatibilidade com as Convenções internacionais. Uma lei pode ser constitucional, mas, ao mesmo tempo, inconvencional. Tanto no caso de inconstitucionalidade como na hipótese de inconvencionalidade, a lei não vale. Tem vigência, mas não vale (fundamental aqui é a distinção que Ferrajoli faz entre vigência e validade). É preciso que os operadores jurídicos brasileiros se familiarizem com os controles de constitucionalidade e de convencionalidade. Porque, afinal, é a Constituição pátria que admite a validade dos tratados internacionais (CF, art. 5º, § 2º)".

---

[55] GOMES, Luiz Flávio. Punição dos crimes da ditadura: crise constitucional e internacional. In: LAZARI, Rafael de; BERNARDI, Renato (org.). **Crise constitucional**: espécies, perspectivas e mecanismos de superação. Rio de Janeiro: Lumen Juris, 2015, p. 134-135.

Ajuda a "incendiar" o debate movimentações no âmbito do **direito brasileiro**. Como exemplos, o **relatório final de atividades da Comissão Nacional da Verdade** – a CNV será estudada oportunamente no capítulo IV desta obra, como mecanismo nacional de proteção de direitos humanos –, o qual lembrou que desde o início da década de 1980 familiares de desaparecidos no Araguaia têm percorrido a região em busca de informações que os levem a encontrar restos mortais de seus entes, bem como acenou para uma necessidade de revisão da Lei da Anistia; a **ação de órgãos persecutórios no intento de processar supostos torturadores ainda vivos do período ditatorial** (vide o grupo *"Justiça de Transição"*, por exemplo); ou declarações de agentes políticos acerca da **necessidade de que a Lei da Anistia volte à pauta da Corte máxima de justiça do país**[56].

Por uma ótica **estritamente formal**, portanto, a Lei da Anistia brasileira é inconvencional naquilo que pertine a violações envolvendo direitos humanos, por violar o Pacto de San José da Costa Rica ao qual a República Federativa do Brasil se comprometeu a seguir. Por um **prisma material**, contudo, as discussões estão longe de ter seu fim, sobretudo considerando a resistência de variados setores da sociedade brasileira (incluindo-se a doutrina e representantes do Poder Judiciário) a que a Lei nº 6.683 seja revista, com base, principalmente, na alegação do exaurimento da questão pelo STF na ADPF nº 153, outrora estudada.

8.7.2 Segunda casuística: a suposta inconvencionalidade do crime de desacato

> O crime de desacato (art. 331, Código Penal), é inconvencional?

Notadamente com base em tese entronizada no Brasil pela Defensoria Pública do Estado de São Paulo, chegou-se a propalar a **inconvencionalidade do crime de desacato**, por supostamente ofender o artigo 13, da Convenção Americana de Direitos Humanos, que trata da liberdade de pensamento e expressão. De acordo com o art. 331, do Código Penal, desacatar funcionário público no exercício da função ou em razão dela configura crime punido com detenção de seis meses a dois anos ou multa. Por sua vez, consoante o mencionado dispositivo do tratado de diretos humanos de hierarquia *supra*legal, toda pessoa tem direito à liberdade de pensamento e de expressão, direito este que não pode estar sujeito a censura prévia, mas a responsabilidades ulteriores (fala-se, ademais, não ser possível o direito de expressão por vias ou meios indiretos).

No âmbito do sistema interamericano de proteção, entretanto, um precedente funcionou como "fagulha" para o caso brasileiro. De acordo com o **Informe Anual da Relatoria para Liberdade de Expressão da Comissão Interamericana de Direitos Humanos** (2004), assim se dispôs: "A figura do desacato se encontra contemplada

---

[56] Neste sentido afirmou o Ministro Luís Roberto Barroso a órgãos de imprensa no final de 2014, levantando a indagação acerca da compatibilidade da Lei da Anistia com a Constituição, bem como qual posição deve prevalecer: se a do STF ou a da Corte Interamericana.

em vários códigos penais do hemisfério, e consiste na sanção penal das ofensas aos funcionários públicos no desempenho de suas funções. Em alguns caso se considera, inclusive, uma figura de ação pública, isto é, que a persecução penal corresponde aos órgãos acusadores do Estado (Ministérios Públicos, Fiscais ou Procuradorias) [...]. **No ano de 1995, a Comissão Interamericana de Diretos Humanos emitiu informe** no qual assinalou que as leis que estabelecem o delito de desacato são incompatíveis com o artigo 13 da Convenção Americana de Direitos Humanos, pois entendeu que não são conformes com o critério de necessidade e que os fins que perseguem não são legítimos. A CIDH concluiu que esse tipo de normas **se presta para abuso como um meio para silenciar ideias e opiniões impopulares**, e **reprime o debate necessário para o efetivo funcionamento das instituições democráticas**". Ainda, avançou na questão: "As leis de desacato outorgam uma proteção aos funcionários públicos de que não dipõe o resto de integrantes de uma sociedade, e inverte o princípio democrático que procura a sujeição do governo – e, por consequência, dos funcionários públicos – ao escrutínio público, para prevenir ou controlar o abuso de poder. Os cidadãos têm direito de criticar e examinar as atitudes dos funcionários no que se relaciona com sua função pública". Isso, inclusive, é o que embasa o **Princípio 11, da Declaração de Princípios sobre Liberdade de Expressão**: "Os funcionários públicos estão sujeitos a um maior escrutínio por parte da sociedade. As leis que penalizam a expressão ofensiva dirigida a funcionários públicos, geralmente conhecidas como 'leis de desacato', atentam contra a liberdade de expressão e o direito à informação".

Em síntese, a sanção penal a alguém por ofender funcionário público, simplesmente por ser o ofendido funcionário público, iria contra a noção de liberdade de expressão aqui atrelada a preceitos de controle da Administração Pública e de sujeição do Estado à sociedade. Em um primeiro momento, o Superior Tribunal de Justiça pareceu encampar a questão, conforme decidido por sua Quinta Turma no dia 15 de dezembro de 2016: "A Comissão Interamericana de Direitos Humanos – CIDH já se manifestou no sentido de que as leis de desacato se prestam ao abuso, como meio para silenciar ideias e opiniões consideradas incômodas pelo *establishment*, bem assim proporcionam maior nível de proteção aos agentes do Estado do que aos particulares, em contravenção aos princípios democrático e igualitário. A criminalização do desacato está na contramão do humanismo, porque ressalta a preponderância do Estado – personificado em seus agentes – sobre o indivíduo. A existência de tal normativo em nosso ordenamento jurídico é anacrônica, pois traduz desigualdade entre funcionários e particulares, o que é inaceitável no Estado Democrático de Direito. Punir o uso de linguagem e atitudes ofensivas contra agentes estatais é medida capaz de fazer com que as pessoas se abstenham de usufruir do direito à liberdade de expressão, por temor de sanções penais, sendo esta uma das razões pelas quais a CIDH estabeleceu a recomendação de que os países aderentes ao Pacto abolissem suas respectivas leis de desacato. O afastamento da tipificação criminal do desacato não impede a responsabilidade ulterior, civil ou até mesmo de outra figura típica penal (calúnia, injúria, difamação etc.), pela ocorrência de abuso na expressão verbal ou gestual utilizada perante o funcionário público"[57].

---

[57] Superior Tribunal de Justiça, 5ª T. **REsp nº 1.640.084/SP**. Rel.: Min. Ribeiro Dantas. DJ. 15/12/2016.

Não foi, contudo, o **posicionamento final** do Tribunal da Cidadania. Após a decisão do fim de 2016 pela descriminalização do desacato por sua inconvencionalidade ante à Convenção Americana de Direitos Humanos, a Terceira Seção afetou *habeas corpus* para pacificar a questão ao decidir: "De acordo com o art. 41 do Pacto de São José da Costa Rica, as funções da Comissão Interamericana de Direitos Humanos **não ostentam caráter decisório**, mas tão somente instrutório ou cooperativo. Desta feita, depreende-se que a CIDH não possui função jurisdicional [...].Com efeito, as recomendações expedidas pela CIDH não possuem força vinculante, **mas tão somente 'poder de embaraço' ou 'mobilização da vergonha'**. Embora a Comissão Interamericana de Direitos Humanos já tenha se pronunciado sobre o tema 'leis de desacato', não há precedente da Corte relacionada ao crime de desacato atrelado ao Brasil [...]. Ainda que existisse decisão da Corte (IDH) sobre a preservação dos direitos humanos, **essa circunstância, por si só, não seria suficiente a elidir a deliberação do Brasil acerca da aplicação de eventual julgado no seu âmbito doméstico, tudo isso por força da soberania que é inerente ao Estado**. Aplicação da **Teoria da Margem de Apreciação Nacional (margin of appreciation)** [...].Preenchimento das condições antevistas no art. 13.2. do Pacto de São José da Costa Rica, de modo a acolher, de forma patente e em sua plenitude, a incolumidade do crime de desacato pelo ordenamento jurídico pátrio, nos termos em que entalhado no art. 331 do Código Penal"[58].

Para todos os efeitos, portanto, **em posicionamento com o qual manifestamos perfilhamento**, o crime de desacato não é inconvencional (ao menos em termos de jurisprudência nacional). Se é certo que a liberdade de expressão deve ser um objetivo constante, buscado com incansável luta, de acordo com as regras do jogo democrático, não menos correto é o fato de que a Administração Pública deve ser respeitada. **O respeito é bom por todos os lados, e para todas as pessoas, estejam elas dentro ou fora da Administração Pública**. Que fique claro que a ameaça de punição por desacato não pode ser utilizada como "mordaça" a fim de garantir que a Administração Pública não seja incomodada. A crítica ao funcionalismo público não pode ser confundida, entretanto, como um direito a transgredir normas básicas de respeito: quando um funcionário público é ofendido, a violação a códigos morais se dá, para além da relação entre pessoa e Estado, para a relação entre pessoa e pessoa.

9 CLASSIFICAÇÃO CONSTITUCIONAL DOS DIREITOS HUMANOS

A CF utiliza a expressão "direitos fundamentais" como um gênero, dividindo-os nas espécies *direitos individuais* (art. 5º, CF, em sua grande maioria), *direitos sociais* (genericamente previstos no art. 6º, CF), *direitos da nacionalidade* (arts. 12 e 13, CF), e *direitos políticos* (arts. 14 a 17, CF).

É diferente da lógica pensada para os "direitos humanos" propriamente ditos, cuja terminologia adota a ideia de *direitos civis e políticos* (prioritariamente relacionados às ideias de liberdade e de participação na vida política do Estado), *direitos sociais*,

---

[58] Superior Tribunal de Justiça, 3ª Seção. **HC nº 379.269/MS**. Rel.: Min. Antonio Saldanha Palheiro. DJ. 24/05/2017. Também: Supremo Tribunal Federal, 2ª T. **HC nº 141.949/DF**. Rel.: Min. Gilmar Mendes. DJ. 13/03/2018.

econômicos e culturais (prioritariamente relacionados à ideia de igualdade), e *direitos de fraternidade ou de solidariedade* (prioritariamente relacionados à transcendência das relações humanas).

Mais questões sobre o direito internacional dos direitos humanos e os direitos humanos internalizados na forma de direitos fundamentais serão vistas no capítulo III deste trabalho.

10 EFICÁCIA VERTICAL, HORIZONTAL E DIAGONAL DOS DIREITOS HUMANOS

O que são as eficácias vertical, horizontal e diagonal dos direitos humanos? Quais as teorias existentes acerca da eficácia horizontal?

Inicialmente, dada a relação de subordinação entre a sociedade e o Estado, e para proteger aquela de eventuais arbítrios deste, sempre tiveram os direitos humanos **irradiação centrífuga**, com emanação do poder de comando atingindo os comandados **verticalmente**, bem como limitando a atuação deste poder.

Todavia, com a crescente influência dos textos constitucionais nas democracias ocidentais, vitaminada pela atribuição de força normativa aos preceitos magnos, ocorreu uma verdadeira miscigenação do direito constitucional e dos direitos humanos com outras áreas jurídicas até então não misturáveis, no fenômeno doutrinariamente conhecido por *"constitucionalização/humanização do direito privado"*, em que o valor da autonomia privada, antes absoluto, foi secundarizado em prol do interesse público. Nesta frequência, ato contínuo passou-se a admitir como plausível a hipótese de que os direitos humanos emanam, também, **do homem**, em sua relação **horizontal** com seus congêneres, e não só do Estado[59].

Tal hipótese surgiu na segunda metade do século passado, na Alemanha, conhecida por *Drittwirkung*, abrasileirada como "eficácia horizontal", ou "eficácia privada", ou "eficácia externa" dos direitos fundamentais, tendo ganhado força na Europa, principalmente na Áustria, na Espanha e em Portugal (além de seu nascedouro germânico, obviamente), fazendo com que a Constituição Portuguesa de 1976, por exemplo, em seu art. 18/1, previsse a vinculação das entidades públicas *e privadas* aos direitos fundamentais.

Em suma, na nova hermenêutica constitucional, a Constituição está de fato – não apenas teoricamente – no centro do sistema jurídico. De uma supremacia meramente formal, agregou-se uma valia material e axiológica à Constituição. Passou a ser um modo de olhar e interpretar todos os ramos do Direito, num processo chamado por

---

[59] Robert Alexy (**Teoría de los derechos fundamentales**. Centro de Estudios Políticos y Constitucionales: Madrid, 2002, p. 507) fala em "efeito de irradiação" das normas jusfundamentais por todo o ordenamento jurídico, com a ajuda do conceito de ordem valorativo objetivo. É o que os alemães chamam de *Ausstrahlungswirkung*, conforme Ingo Wolfgang Sarlet (**A eficácia dos direitos fundamentais**. Porto Alegre: Livraria do Advogado, 2001, p. 343).

alguns de **filtragem constitucional**, do qual decorreu uma constitucionalização do direito *infra*constitucional[60].

Não se pode esquecer, contudo, da chamada **eficácia diagonal** dos direitos humanos/fundamentais, aplicada às relações entre particulares em que haja subordinação entre estes, notadamente nas relações de trabalho (empregador/empresa e empregado). De acordo com tal prisma de eficácia, em algumas hipóteses, mesmo nas relações entre particulares, alguns agentes encontram-se em posição desfavorável, desprivilegiada em relação a outros agentes, o que faz com que tal relação deva ser equilibrada por uma incidência proporcional de direitos fundamentais/humanos. Apesar de termos posição bastante restritiva e crítica quanto a esta teoria, sobretudo pensando que as teorias das eficácias horizontal e vertical foram feitas pensando **apenas nos agentes "indivíduo" e "Estado" singularmente considerados**, sem qualquer carga valorativa entre estes (não se fala em Estados mais ou menos importantes/indivíduos mais ou menos importantes), pode-se pensar na lógica de aplicação da eficácia diagonal também às relações consumeristas, principalmente nos casos de consumidor hipervulnerável.

Isto posto, nada obstante as eficácias vertical e diagonal, convém dispensar especial atenção às teorias existentes para explicar a eficácia horizontal dos direitos humanos/fundamentais na esfera privada.

10.1 Teoria da ineficácia horizontal (ou doutrina da *State Action*)

Oriunda do direito norte-americano, para esta teoria os direitos humanos não podem ser aplicados às relações entre particulares, de forma que não existe uma "eficácia horizontal" de direitos humanos. Segundo Daniel Sarmento[61], "é praticamente um axioma do Direito Constitucional norte-americano, quase universalmente aceito tanto pela doutrina como pela jurisprudência, a ideia de que os direitos fundamentais, previstos no *Bill of Rights* da Carta estadunidense, impõem limitações apenas para os Poderes Públicos e não atribuem aos particulares direitos frente a outros particulares com exceção apenas da 13ª Emenda, que proibiu a escravidão. Para justificar esta posição, a doutrina apoia-se na literalidade do texto constitucional, que se refere apenas aos Poderes Públicos na maioria das suas cláusulas consagradoras de direitos fundamentais. Além do argumento liberal, outra justificativa invocada pela doutrina da *state action* liga-se ao pacto federativo. Nos Estados Unidos, cumpre não esquecer, compete aos Estados, e não à União, legislar sobre Direito Privado, a não ser quando a matéria normatizada envolva o comércio interestadual ou internacional. Assim, afirma-se que a *state action* preserva o espaço de autonomia dos Estados, impedindo que as cortes federais, a pretexto de aplicarem a Constituição, intervenham na disciplina das relações privadas".

Por tal teoria, a única e histórica razão para a existência dos direitos humanos/fundamentais é a proteção contra os arbítrios estatais, de modo que, entre particu-

---

[60] BARROSO, Luís Roberto. **Interpretação e aplicação da Constituição**. 7. ed. São Paulo: Saraiva, 2009, p. 340-341.
[61] SARMENTO, Daniel. **Direitos fundamentais e relações privadas**. 2. ed. Rio de Janeiro: Lumen Juris, 2006, p. 189.

lares, já bastam as regras implícitas de convívio social comumente norteadas pela autonomia privada.

Essa doutrina, contudo, apesar de minoritária e restrita aos EUA, já começa a encontrar combate dentro da própria Suprema Corte Norte-americana.

10.2 Teoria da eficácia horizontal indireta

É a teoria adotada pelos alemães (*Mittelbare Drittwirkung*), e cujo defensor principal é Günther Dürig, que a desenvolveu em 1956.

A ideia é que os direitos humanos só se aplicam indiretamente aos particulares, sob o argumento de que, do contrário, caso houvesse uma aplicação direta dos direitos humanos às relações entre particulares, isso acabaria aniquilando por completo a autonomia da vontade, o que levaria à consequente extinção do direito privado. Conforme Claus-Wilhelm Canaris[62], "somente o Estado é destinatário dos direitos fundamentais, de acordo com a opinião prevalente na Alemanha. Não obstante elas também produzem efeitos sobre as relações entre sujeitos jusprivativistas, embora apenas 'mediatamente'. Conforme já afirmei várias vezes, os direitos fundamentais devem ser considerados na concretização das cláusulas gerais juscivilistas. Porém, ainda não está inteiramente esclarecido como esse efeito 'mediato' pode ser explicado de forma dogmaticamente precisa. Mais especificamente, não se compreende sem mais nem menos se e porque os direitos fundamentais possuem eficácia no quadro das cláusulas gerais juscivilistas como *direito constitucional específico* e não apenas atuam como outros recursos de concretização – e.g. regras da moral social". Neste diapasão, o autor[63] ressalta o risco de se admitir uma eficácia incondicionada de direitos fundamentais entre particulares: "Aplicada coerentemente, a consequência da doutrina da 'eficácia externa imediata' implica que todos os direitos fundamentais conduzem, *sem mais nem menos*, a proibições de intervenções no âmbito das relações jusprivativistas e a direitos de defesa em face de outros jusprivativistas. Assim, eles não carecem mais de nenhuma implementação no próprio sistema de regras do Direito Privado. Mais especificamente, o recurso às cláusulas gerais se torna inteiramente supérfluo".

Pela teoria da eficácia indireta a produção de efeitos entre particulares das normas de direitos fundamentais não pode se fundar exclusivamente na Constituição, precisando ser modulada pelas normas e parâmetros do direito privado. Sendo assim, a atividade do legislador de direito privado é necessária e, no máximo, cabe ao juiz efetuar interpretação conforme os direitos fundamentais das normas de direito privado[64]. O importante é que, desde esta teoria, os direitos fundamentais nas relações privadas não são mais direitos subjetivos constitucionais, e sim normas objetivas de princípio[65].

---

[62] CANARIS, Claus-Wilhelm. A influência dos direitos fundamentais sobre o direito privado na Alemanha. In: **Revista Jurídica**: órgão nacional de doutrina, jurisprudência, legislação e crítica judiciária, nº 312. Porto Alegre: Notadez, 2003, p. 17.

[63] Ibid., p. 16.

[64] STEINMETZ, Wilson. Princípio da proporcionalidade e atos de autonomia privada restritivos de direitos fundamentais. In: SILVA, Virgílio Afonso da (Org.). **Interpretação constitucional**. São Paulo: Malheiros, 2007, p. 19-20.

[65] Ibid., p. 20.

Segundo a doutrina alemã defensora desta teoria, as "portas de entrada" dos direitos humanos na relação entre particulares seriam as cláusulas gerais do direito privado e os conceitos jurídicos indeterminados. Neste sentido, defende Silva[66] que é principalmente pelas cláusulas gerais, que ligam o sistema de valores de direitos fundamentais ao direito privado por requererem um preenchimento valorativo – mas não só por elas –, que os direitos fundamentais produzem efeitos no direito privado.

10.3 Teoria da eficácia horizontal direta

Trata-se da teoria adotada em Portugal, na Espanha, e na Itália, embora, tal como a teoria anterior, também tenha sido desenvolvida na Alemanha, na década de 1950. Seu principal entusiasta foi Hans Carl Nipperdey, então presidente do Tribunal Federal do Trabalho alemão (*Bundesarbeitsgericht*).

A teoria da eficácia direta ou imediata, segundo Steinmetz[67], preconiza que "as normas de direitos fundamentais são imediata ou diretamente aplicáveis às relações jurídicas entre particulares. O conteúdo, a forma e o alcance da eficácia jurídica dessas normas não dependem, *necessariamente*, da vigência de regulações legislativas concretizadoras específicas, nem de interpretação e de aplicações judiciais de textos de normas interpretativas de direito privado, de modo especial, de textos portadores de cláusulas gerais". No Brasil, Silva[68] se encontra entre os defensores desta teoria.

Explica Steinmetz[69], na defesa de uma posição intermediária, que são fundamentos da eficácia direta o princípio da supremacia da Constituição, a posição preferente dos direitos fundamentais na ordem constitucional e o princípio da dignidade da pessoa humana; assim, somente se afastaria a eficácia imediata quando houvesse regulamentações legislativas que concretizassem direitos fundamentais que fossem constitucionalmente possíveis ou conformes aos direitos fundamentais. Isto é, em determinados casos a legislação *infra*constitucional pode oferecer uma resposta suficiente aos conflitos entre particulares se for plenamente compatível com as limitações constitucionais e seus pressupostos éticos.

Assim, essa doutrina reconhece a aplicabilidade direta, sem quaisquer mecanismos intermediários, dos direitos humanos entre particulares. No Brasil, observa-se uma tendência por este terceiro posicionamento adotado no RE nº 201.819/RJ[70].

Vejamos, pois, uma análise concisa de tais teorias:

Teoria da eficácia vertical
Tradicionalmente, sempre tiveram os direitos humanos irradiação centrífuga, isto é, com emanação do poder de comando, atingindo os comandados, verticalmente, bem como limitando a atuação deste poder de comando.

---

[66] SILVA, Virgílio Afonso da. **A constitucionalização do Direito**: os direitos fundamentais nas relações entre particulares. São Paulo: Malheiros, 2008, p. 78-79.
[67] STEINMETZ, Wilson... Op. Cit., p. 22.
[68] SILVA, Virgílio Afonso da... Op. Cit., p. 94.
[69] STEINMETZ, Wilson... Op. Cit., p. 25.
[70] Supremo Tribunal Federal, 2ª T. **RE nº 201.819/RJ**. Rel.: Min. Ellen Gracie. DJ. 11/10/2005.

Teoria da eficácia diagonal Aplicada às relações entre particulares em que haja subordinação entre estes, notadamente nas relações de trabalho (empregador/empresa e empregado).
Teoria da ineficácia horizontal Os direitos humanos não podem ser aplicados às relações entre particulares, de forma que não existe uma "eficácia horizontal" de direitos humanos. Por tal teoria, a única e histórica razão para a existência dos direitos humanos/fundamentais é a proteção contra os arbítrios estatais, de modo que, entre particulares, já bastam as regras implícitas de convívio social comumente norteadas pela autonomia privada.
Teoria da eficácia horizontal indireta A produção de efeitos entre particulares das normas de direitos fundamentais não pode se fundar exclusivamente na Constituição, precisando ser modulada pelas normas e parâmetros do direito privado.
Teoria da eficácia horizontal direta Essa doutrina reconhece a aplicabilidade direta, sem quaisquer mecanismos intermediários, dos direitos humanos entre particulares. No Brasil, observa-se uma tendência por este terceiro posicionamento.

11 O NEOCONSTITUCIONALISMO, A NOVA FASE POSITIVISTA E O ESTADO DEMOCRÁTICO DE DIREITO

É sabido que o pós-Segunda Guerra provocou mudanças no cenário geopolítico mundial, mas, mais do que isso, criou uma maneira diferente de pensar o direito, consubstanciada na reaproximação deste com a moral, algo impensável na teoria pura *kelseniana* adepta de um ordenamento fechado[71]/[72] e no sistema autopoiético de Luhmann[73].

Melhor explica-se: o Estado Democrático de Direito é tido como sucedâneo lógico do que um dia foi o Estado Liberal e depois Estado Social, vindo à tona após a *supra*mencionada Segunda Guerra Mundial tendo em vista a análise empírica de que mesmo o Estado nazifascista, legitimador de atrocidades genocidas, foi um

---

[71] KELSEN, Hans. **Teoria pura do direito**. 6. ed. São Paulo: Martins Fontes, 2003.
[72] Interessante, neste sentido, a crítica de Karl Larenz (**Metodologia da ciência do direito**. 3. ed. Lisboa: Fundação Calouste Gulberkian, 1997, p. 125) à teoria pura de Kelsen: "Com exceção da lógica e da matemática, o conceito positivista de ciência só admite como científicas as disciplinas que se servem dos métodos das ciências da natureza, ou seja, de uma pesquisa causal que assente na observação, na experimentação e na recolha de factos. Ora não só a ciência do Direito, mas também as chamadas ciências do espírito, como por ex., a linguística, a história de arte, da filosofia e da literatura, e, muito mais ainda, a filosofia e a teologia, são manifestamente incompatíveis com semelhantes métodos. Se estas ciências não devem ser todas excluídas do círculo das ciências reconhecidas, então carece de crítica o próprio conceito positivista de ciência".
[73] LUHMANN, Niklas. Legitimação pelo procedimento. Brasília: Universidade de Brasília, 1980. O ideário de Luhmann é combatido por Habermas (**Direito e moral**. Lisboa: Instituto Piaget, 1992, p. 87): "Evidentemente, o conceito de autonomia sistêmica, ainda que tenha uma referência empírica, não atinge a intuição normativa, que associamos à 'autonomia do direito'. Observamos a *praxis* de decisão judicial, como sendo, apenas, independente, na medida em que, primeiro, os programas jurídicos do legislador não prejudiquem o núcleo moral do formalismo jurídico; e na medida em que, segundo as considerações políticas e morais que inevitavelmente, entram na jurisdição, se encontrem fundamentadas e não são tratadas como meras racionalizações de interesses, juridicamente, insignificantes".

Estado de Direito, e, portanto, legal, nos termos estritos de uma análise fria. Tal constatação, muito embora possa chocar alguns pensadores do direito, nada mais é que decorrência imperfeita de se pensar por tanto tempo a ideia de império da lei como algo irrestrito. Indubitavelmente, pois, o nacional-socialismo (e sua ideia "legalista") permitiu concluir que não basta um Estado de Direito, é preciso um Estado *Democrático* de Direito, representando a democracia ponto diferenciador do totalitarismo de Hitler, Mussolini, Salazar, Franco, dentre outros[74].

Neste sentido, conforme trecho de julgado extraído da obra de Robert Alexy, o Tribunal Constitucional alemão, no BVerfGE 23, 98 (106), de 1968, desconsiderou o § 2º do 11º Decreto da Lei de Cidadania do *Reich*, de 25 de novembro de 1941, de cunho nacional-socialista, que privava da nacionalidade alemã os judeus emigrados, ao entender que os dispositivos ditos "jurídicos" do nazismo podem, sim, ser perfeitamente destituídos de validade por contrariarem os princípios fundamentais de *justiça*.

Segundo Alexy[75], "o direito e a justiça não estão à disposição do legislador. A ideia de que um legislador constitucional tudo pode ordenar a seu bel-prazer significaria um retrocesso à mentalidade de um positivismo legal desprovido de valoração, há muito superado na ciência e na prática jurídicas. Foi justamente a época do regime nacional-socialista na Alemanha que ensinou que o legislador também pode estabelecer a injustiça (BVerfGE [*Bundesverfassungsgericht*, Tribunal Constitucional Federal] 3, 225 (232)). Por conseguinte, o Tribunal Constitucional Federal afirmou a possibilidade de negar aos dispositivos 'jurídicos' nacional-socialistas sua validade como direito, uma vez que eles contrariam os princípios fundamentais da justiça de maneira tão evidente que o juiz que pretendesse aplicá-los ou reconhecer seus efeitos jurídicos estaria pronunciando a injustiça, e não o direito (BVerfGE 3, 58 (119); 6, 132 (198)). O 11º Decreto infringia esses princípios fundamentais. Nele, a contradição entre esse dispositivo e a justiça alcançou uma medida tão insustentável que ele foi considerado nulo *ab initio* (cf. BGH, RzW [*Bundesgerichtshof, Rechtsprechung zur Wiedergutmachungsrecht*, Decisões do Supremo Tribunal de Justiça alemão sobre o direito de reparação], 1962, 563; BGHZ [*Entscheidungen des Bundesgerichtshofes in Zivilsachen*, Decisões em matéria cível do Supremo Tribunal de Justiça alemão] 9, 34 (44); 10, 340 (342); 16, 350 (354); 26, 91 (93)). Esse decreto tampouco se tornou eficaz por ter sido aplicado durante alguns anos ou porque algumas das pessoas

---

[74] Oportunas ao contexto as palavras de Canotilho (**Direito constitucional**. 7. ed. Coimbra, Portugal: Livraria Almedina, 2003, p. 100): "O Estado constitucional é 'mais' do que Estado de direito. O elemento democrático não foi apenas introduzido para 'travar' o poder (*to check the power*); foi também reclamado pela necessidade de *legitimação* do mesmo poder (*to legitimize State power*). Se quisermos um Estado constitucional assente em fundamentos não metafísicos, temos de distinguir claramente duas coisas: (1) uma é a da legitimidade do direito, dos direitos fundamentais e do processo de legislação no sistema jurídico; (2) outra é a da *legitimidade* de *uma ordem de domínio* e da *legitimação do exercício do poder político*. O Estado 'impolítico' do Estado de direito não dá resposta a este último problema: donde vem o poder. Só o princípio da *soberania popular* segundo o qual 'todo poder vem do povo' assegura e garante o direito à igual participação na formação democrática da vontade popular. Assim, o princípio da soberania popular concretizado segundo procedimentos juridicamente regulados serve de 'charneira' entre o 'Estado de direito' e o 'Estado democrático' possibilitando a compreensão da moderna fórmula *Estado de direito democrático*. Alguns autores avançam mesmo a ideia de democracia como valor (e não apenas como processo), irrevisivelmente estruturante de uma ordem constitucional democrática".

[75] ALEXY, Robert. **Conceito e validade do direito**. São Paulo: WMF Martins Fontes, 2009, p. 07-08.

atingidas pela 'desnaturalização' declararam, em seu tempo, estarem resignadas ou de acordo com as medidas nacional-socialistas. Pois, uma vez estabelecida, uma injustiça que infrinja abertamente os princípios constituintes do direito não se torna direito por ser aplicada e observada".

O trecho do julgado em evidência alude à combatividade de comando "hitlerista", o que poderia levar à errônea suposição de que só o positivismo nazista deveria ser enfrentado, o que não é verdade. Prova disso, em outro trecho de julgado extraído novamente da obra de Robert Alexy, o mesmo Tribunal Constitucional Federal alemão, em 1973, no BVerfGE 34, 269 (286 s.), decidiu a respeito da possibilidade de o juiz decidir em contrariedade a enunciado de lei, num caso que nenhuma relação guardava com o nacional-socialismo.

Neste sentido, Alexy[76] afirma que "a vinculação tradicional do juiz à lei, um elemento sustentador do princípio da separação dos poderes e, por conseguinte, do estado de direito, foi modificada na Lei Fundamental, ao menos em sua formulação, no sentido de que a jurisprudência está vinculada à 'lei e ao direito' (art. 20, § 3). *Com isso, segundo o entendimento geral, rejeita-se um positivismo legal estrito.* A fórmula mantém a consciência de que, embora, em geral, lei e direito coincidam faticamente, isso não acontece de maneira constante nem necessária. *O direito não é idêntico à totalidade das leis escritas.* Quanto às disposições positivas do poder estatal, pode existir, sob certas circunstâncias, uma excedência de direito, que tem sua fonte no ordenamento jurídico constitucional como um conjunto de sentido e é capaz de operar como corretivo em relação à lei escrita; encontrar essa excedência de direito e concretizá-la em decisões é tarefa da jurisprudência".

Há se observar, portanto, que o que era necessidade de encontrar justificativa para deslegitimar espiritualmente a estrutura legalista sobre a qual erigiu-se o Estado nazista acabou servindo de fórmula genérica para reaproximar o direito da moral, cindidos na etapa moderna da evolução constitucionalista. A isso se deu o nome de *neoconstitucionalismo*.

Dentro do neoconstitucionalismo, emerge uma nova fase do positivismo (um "pós-positivismo", como muitos preferem), na qual se pode observar, dentre outras coisas, a **agregação de normatividade aos princípios**; a **atribuição de valor ao normativismo incapaz de acompanhar o sem-número de possibilidades fáticas ante um mesmo caso** e o fomento à **vinculação vertical e também horizontal dos direitos fundamentais e humanos**; a possibilidade de manter atuais as legislações frente ao processo evolutivo rápido e constante da sociedade contemporânea por meio de **cláusulas abertas e conceitos jurídicos indeterminados** passíveis de concretização singularizada pelo julgador; a retirada da subsunção a "última palavra" da aplicação do direito conferindo à **ponderação e às teorias da argumentação eficácia decisória**; e a promoção da **judicialização da política**.

Dentre estes aspectos, merece destaque o da normatividade dos princípios. Com efeito, na fase genuinamente positivista, os princípios entravam nos Códigos apenas como válvulas de segurança, eram meras pautas programáticas *supra*legais,

---

[76] Ibid., p. 10.

não possuindo normatividade; ao passo que na fase pós-positivista, as Constituições destacam a hegemonia axiológica dos princípios, transformando-os em pedestal normativo que dá base a todo edifício jurídico dos novos sistemas constitucionais[77].

Não se pode olvidar que os princípios sempre desempenharam um importante papel social, mas foi somente na atual dogmática jurídica que eles adquiriram normatividade. Hoje em dia, os princípios servem para condensar valores, dar unidade ao sistema e condicionar a atividade do intérprete. Os princípios são normas jurídicas, não meros conteúdos axiológicos, aceitando aplicação autônoma[78].

Entretanto, esta proposta a respeito da normatividade dos princípios, inicialmente, não foi implementada de forma efetiva, sendo que por muito tempo na aplicação do Direito permaneceu o ideário de que os princípios eram simples diretrizes, não sendo dotados de autonomia. Com o impulso da atual onda de ativismo judicial no Brasil, os princípios de direitos fundamentais adquirem cada vez mais força, assim como a cada dia é conferida maior importância às normas declaratórias de direitos humanos.

12 TEORIAS DOUTRINÁRIAS DE CLASSIFICAÇÃO DE DIREITOS HUMANOS

Apesar de naturalmente estudadas pela ciência constitucional, as teorias doutrinárias de classificação dos direitos fundamentais também comportam sua aplicação no âmbito dos direitos humanos, haja vista o fato de **traduzirem uma eficácia histórica** e, principalmente, o **âmbito de incidência** com que os direitos foram sendo aplicados ao longo dos tempos. Para tanto, mister se faz analisar as teorias tradicionais e contemporâneas dos direitos fundamentais, que nada mais são que direitos humanos internalizados.

12.1 Classificação com base na teoria dos "*status*" de Jellinek

O publicista alemão Georg Jellinek faz uma classificação doutrinária dos "*status*", na análise da relação entre homem e Estado. Para o autor, haveria quatro "*status*", a saber, "*status subjectionis*" (relação de sujeição ao Estado), o "*status negativus*" (relação de defesa contra o Estado), o "*status positivus*" (possibilidade de exigir algo do Estado), e o "*status activus*" (participação na formação da vontade estatal).

Com base nesta teoria, faz-se uma classificação dos direitos fundamentais em *funções*, agrupando-os em três blocos: *direitos de defesa, direitos prestacionais* e *direitos de participação*. Cada um destes blocos há de ser estudado de forma separada.

12.1.1 Direitos de defesa

São aqueles que o indivíduo utiliza para se defender dos arbítrios do Estado. Estão atrelados ao valor "*liberdade*" e correspondem, portanto, aos direitos funda-

---

[77] BONAVIDES, Paulo. **Curso de direito constitucional**. 26. ed. São Paulo: Malheiros, 2011, p. 262-264.
[78] BARROSO, Luís Roberto... Op. Cit., p. 327.

mentais de primeira geração/dimensão. Possuem um *caráter negativo*, isto é, exigem uma conduta de abstenção do Estado (o Estado não deve praticar certos atos para que estes direitos sejam assegurados, como, por exemplo, não se opor à liberdade de reunião nem à liberdade de expressão).

12.1.2 Direitos prestacionais

São direitos que exigem do Estado uma *atuação positiva*, isto é, uma prestação material. Estão atrelados, essencialmente, ao valor *"igualdade"* e correspondem, portanto, aos direitos fundamentais de segunda geração/dimensão. Possuem um caráter positivo, isto é, exigem uma conduta ativa do Estado (o Estado deve fornecer educação, segurança, lazer e saúde, por exemplo).

12.1.3 Direitos de participação

São direitos que permitem a *participação* do indivíduo na vida política do Estado, e, portanto, estão ligados à cidadania. Possuem *natureza mista*, isto é, tanto podem ter caráter positivo (o Estado tem, por exemplo, o dever de realizar eleições periódicas) como negativo (Estado não pode, por exemplo, proibir que mulheres votem pelo simples fato de serem mulheres).

Vejamos, pois:

Direitos de defesa
São aqueles que o indivíduo utiliza para se defender dos arbítrios do Estado. Estão atrelados ao valor *"liberdade"* e correspondem, portanto, aos direitos fundamentais de primeira geração/dimensão. Possuem um *caráter negativo*.

Direitos prestacionais
São direitos que exigem do Estado uma *atuação positiva*, isto é, uma prestação material. Estão atrelados, essencialmente, ao valor *"igualdade"* e correspondem, portanto, aos direitos fundamentais de segunda geração/dimensão. Possuem um *caráter positivo*.

Direitos de participação
São direitos que permitem a *participação* do indivíduo na vida política do Estado, e, portanto, estão ligados à cidadania. Possuem *natureza mista*.

12.2 Classificação do Caso Lüth: direitos objetivos e subjetivos

Um posicionamento mais tradicional certamente vai se ater tão somente ao *aspecto subjetivo* dos direitos humanos, isto é, aos sujeitos que titularizam tais direitos. A dimensão subjetiva dos direitos humanos, portanto, nada mais representa que os sujeitos que recebem/exercem tais direitos (contra o Estado, inclusive, quando preciso).

Nada obstante, há também um *aspecto objetivo* a ser considerado, baseado em **construções objetivas para toda uma coletividade**, transpassando assim a mera maneira singularizada de analisar o indivíduo como preconiza a perspectiva subjetiva.

Isso acaba por enfraquecer um pouco a dicotomia vista alhures entre direitos negativos/direitos positivos, ao clamar por uma carga dupla coexistente, objetiva e positiva, *em todas as espécies de direitos humanos*. Consoante tal entendimento, consagrado em 1958, no caso *Lüth*, oriundo do Tribunal Constitucional Federal alemão, todos os direitos têm um aspecto positivo, isto é, de atuação ativa do Estado. A diferença é que esta carga é mínima nos direitos tipicamente negativos, e máxima nos direitos tipicamente positivos.

> *Mas o que foi, afinal, o "caso Lüth"?*

Matéria tipicamente estudada pelo direito constitucional, o *"caso Lüth"* (Alemanha), de janeiro de 1958, acabou por se firmar como um dos mais importantes paradigmas para a compreensão das **cargas emanantes dos direitos fundamentais (notadamente, a irradiação dos direitos fundamentais para o âmbito *infra*constitucional)**. Com efeito, Erich Lüth, presidente do clube de imprensa de Hamburgo, foi condenado em instâncias ordinárias por ter estimulado um boicote aos filmes do diretor de cinema Veit Harlan, por seu possível passado nazista. Lembra-se, neste contexto, que a Alemanha ainda lidava com as "feridas não cicatrizadas" deixadas pela Segunda Guerra Mundial e as atrocidades praticadas por Adolf Hitler em nome de uma suposta supremacia da raça ariana.

A origem do problema que ensejou o caso em lume data de um pouco antes. Veit Harlan, em 1940 *(durante o regime nazista, portanto)*, havia produzido um filme de propaganda antissemita, sendo por isso processado e absolvido pelo fundamento de que não poderia se recusar a cumprir as ordens de Joseph Goebbels, principal entusiasta da propaganda nazista. Nada obstante, no primeiro filme que produziu *após o findar do regime nacional-socialista*, que conteúdo algum possuía de preconceituoso, Harlan foi surpreendido por uma palestra de Erich Lüth a empresários e produtores cinematográficos "convocando-os" a boicotar o novo filme do cineasta alemão. Por tal razão, Veith Harlan pediu a condenação de Erich Lüth a omitir-se (sob pena de multa ou até mesmo prisão) de expressar suas opiniões no sentido de que se boicotasse o filme do cineasta alemão outrora acusado – e absolvido – de incitar o ódio aos judeus, o que foi prontamente acolhido em graus originários. Irresignado, Lüth apresentou recursos até que a questão chegasse no Tribunal Constitucional alemão, o qual **reformou** a condenação dos graus anteriores sob a fundamentação de que a ciência constitucional (no caso, aqui manifestada sob a forma de liberdade de expressão) deveria ser observada **mesmo em um âmbito estritamente particular**, como a discussão envolvendo Erich Lüth e Veit Harlan.

Veja-se, pois, que nada obstante tenha Lüth invocado o dever de "condenação moral" de Harlan por um filme de teor antissemita em seu currículo (muito embora tenha sido o cineasta absolvido formalmente), bem como pelo fato de que sua liberdade de expressão de sugerir o boicote do novo filme do diretor deveria ser respeitada graças à característica tipicamente negativa dos direitos relacionados à liberdade, optou o Tribunal Constitucional alemão por promover uma **revisitação a este mecanismo de direitos negativos e direitos positivos** para defender que todos os direitos fundamentais tem uma carga positiva, ainda que mínima, no sentido de exigir a tutela protetiva do Estado em caso de seu desrespeito: veja-se, no caso em lume, muito embora seja a liberdade de expressão vetor clássico que exige conduta não intervencionista do Estado (o que não se pode negar, de modo que a liberdade de expressão é um valor supremo contra a qual o Estado não pode se insurgir de maneira irrestrita), uma intervenção estatal nos típicos "*direitos de defesa*" também é possível, se necessário, **a fim de assegurar a incidência dos direitos fundamentais nas relações entre particulares**.

Por este novo enfoque, todos os direitos fundamentais exigem uma atuação estatal: **mínima**, nos clássicos *direitos de defesa*; **média**, nos *direitos de participação*, e **máxima**, nos *direitos prestacionais*. Isso não invalida, pois, a classificação baseada em Jellinek acima vista, apenas propõe complementá-la às exigências dos novos tempos. Tanto a classificação baseada em Jellinek, como esta teoria das dimensões positiva e negativa devem, em verdade, coexistir.

13 FUNDAMENTOS DE DIREITOS HUMANOS

Quais as diferenças de densidades normativas entre as normas de direitos humanos e as normas de direitos fundamentais? E entre as normas de direitos humanos em si?

As normas de direitos humanos e direitos fundamentais, por sua própria natureza, possuem baixa densidade normativa. Isso significa que elas **abrem alta margem para interpretação** e **geralmente adotam a forma de princípios**, não de regras. Neste sentido, toma-se a divisão clássica de Alexy[79], segundo o qual a distinção entre regras e princípios é uma distinção entre dois tipos de normas, fornecendo juízos concretos para o **dever ser**. A diferença essencial é que **princípios são normas de otimização**, ao passo que regras são normas que são sempre satisfeitas ou não. Se as regras conflitam, uma será válida e outra não. Se princípios colidem, um deles deve ceder ainda que em partes, embora não perca sua validade e nem exista fundamento em uma cláusula de exceção, ou seja, haverá razões suficientes para que em um juízo de ponderação um princípio prevaleça. Enquanto adepto da adoção de tal critério de equiparação normativa entre regras e princípios, o jurista alemão Robert Alexy é colocado entre os nomes do pós-positivismo.

Ainda assim, é possível verificar, com relação a estas normas específicas, princípios ou tendências mais abrangentes, que envolvem um grupo de diretrizes ou então indiretamente compõem todas elas. Em outras palavras, existem determinados **fundamentos que pairam sobre todos os princípios e regras** de direitos humanos e fundamentais, como o caso da dignidade da pessoa humana, da democracia e da razoabilidade-proporcionalidade, **ou referem-se especificamente a um grupo deles**, a exemplo da liberdade, da igualdade e da fraternidade.

---

[79] ALEXY, Robert. **Teoria dos direitos fundamentais**. 2. ed. São Paulo: Malheiros, 2011, p. 91-94.

Por isso, embora a nomenclatura princípio seja usual na doutrina e na jurisprudência quanto a estes elementos que serão estudados neste capítulo, opta-se, **para fins de distinção dos demais princípios específicos**, a adoção do vocábulo *fundamento*. Logo, pretende-se deixar evidente que a existência de normas específicas de baixa densidade normativa adotando a forma de princípio jurídico não exclui normas ainda mais abrangentes, também tomando a forma de princípio, com baixíssima densidade normativa[80], a ponto de poderem ser consideradas fundamentos base de todo o sistema de direitos humanos e fundamentais.

13.1 Fundamento da dignidade da pessoa humana

(DEFENSORIA PÚBLICA ESTADUAL DO PARANÁ – DPE-PR – DEFENSOR PÚBLICO – UFPR – 2014) Discorra a respeito da dignidade fundamental do ser humano, abordando, especialmente, os seguintes aspectos: a) definição; b) elementos componentes; c) funções no direito internacional dos direitos humanos.

A dignidade da pessoa humana é o valor-base de interpretação de qualquer sistema jurídico, internacional ou nacional, que possa se considerar compatível com os valores éticos, notadamente da moral, da justiça e da democracia. Pensar em dignidade da pessoa humana significa, acima de tudo, colocar a pessoa humana como centro e norte para qualquer processo jurídico de interpretação, seja na elaboração da norma, seja na sua aplicação.

13.1.1 Previsão no sistema de proteção de direitos humanos

A importância do princípio da dignidade da pessoa humana já pode ser detraída com a sua aparição no preâmbulo e no primeiro artigo da Declaração Universal dos Direitos Humanos de 1948:

> *Considerando que o reconhecimento da* **dignidade** *inerente a todos os membros da família humana e de seus direitos iguais e inalienáveis é o fundamento da liberdade, da justiça e da paz no mundo,*
>
> *Considerando que os povos das Nações Unidas reafirmaram, na Carta, sua fé nos direitos humanos fundamentais,* **na dignidade e no valor da pessoa humana** *e na igualdade de direitos dos homens e das mulheres, e que decidiram promover o progresso social e melhores condições de vida em uma liberdade mais ampla,*
>
> *Artigo I*
> *Todas as pessoas nascem livres e iguais em* **dignidade** *e direitos. São dotadas de razão e consciência e devem agir em relação umas às outras com espírito de fraternidade.*

---

[80] "É traço que se repete nas normas constitucionais modernas serem elas abertas à medição do legislador, apresentando uma regulamentação deliberadamente lacunosa, a fim de ensejar liberdade para a composição de forças políticas no momento da sua concretização" (MENDES, Gilmar Ferreira; BRANCO, Paulo Gustavo Gonet. **Curso de direito constitucional**. 7. ed. São Paulo: Saraiva, 2012, p. 70). Esta tendência, evidente em tempos de Constitucionalismo, mostra-se aplicável também na normativa internacional de Direitos Humanos.

A menção constante da dignidade, no que pode ser considerado o principal instrumento de declaração de direitos humanos universais desde o seu início, a coloca não só como principal norte de interpretação das normas de direitos humanos como um todo, mas como a **justificativa principal para a criação de um sistema internacional com tal natureza de proteção**.

Como seria natural, a dignidade da pessoa humana foi transposta para os textos constitucionais dos países democráticos – inclusive o brasileiro – na qualidade de fundamento da república federativa:

> Art. 1º A República Federativa do Brasil, formada pela união indissolúvel dos Estados e Municípios e do Distrito Federal, constitui-se em Estado Democrático de Direito e tem como *fundamentos*:
> [...]
> III – *a dignidade da pessoa humana*;

Percebe-se o porquê da dignidade da pessoa humana ter tanto destaque no sistema jurídico internacional e nacional, sendo menção constante nas legislações específicas e nas decisões judiciais, bem como objeto de estudo na doutrina jurídica.

13.1.2 Conceito e desdobramentos

Estabelecer um conceito para a dignidade da pessoa humana é uma tarefa complicada, notadamente face à altíssima densidade normativa inerente a este fundamento.

Sem pretender estabelecer uma definição fechada ou plena, é possível conceituar dignidade da pessoa humana como o **principal valor** do ordenamento ético – e, por consequência, jurídico – que pretende colocar a pessoa humana como um **sujeito pleno de direitos e obrigações** na ordem internacional e nacional, cujo desrespeito acarreta a própria **exclusão de sua personalidade**.

Pela própria impossibilidade de se estabelecer um conceito fechado, a doutrina se limita a relatar a importância da dignidade da pessoa humana, buscando enquadrá-la em termos históricos e filosóficos, com as devidas correlações quanto à universalidade e à validade dos direitos humanos.

Para Reale[81], a evolução histórica demonstra o domínio de um valor sobre o outro, ou seja, a existência de uma ordem gradativa entre os valores; mas existem os valores fundamentais e os secundários, sendo que o valor fonte é o da pessoa humana. Nesse sentido, são os dizeres de Reale[82]: "partimos dessa ideia, a nosso ver básica, de que a pessoa humana é o valor-fonte de todos os valores. O homem, como ser natural biopsíquico, é apenas um indivíduo entre outros indivíduos, um ente animal entre os demais da mesma espécie. O homem, considerado na sua objetividade espiritual, enquanto ser que só realiza no sentido de seu dever ser, é o que

---

[81] REALE, Miguel. **Filosofia do direito**. 19. ed. São Paulo: Saraiva, 2002, p. 228.
[82] Ibid., p. 220.

chamamos de pessoa. Só o homem possui a dignidade originária de ser enquanto deve ser, pondo-se essencialmente como razão determinante do processo histórico".

Ou ainda, aponta Barroso[83]: "o princípio da dignidade da pessoa humana identifica um espaço de integridade moral a ser assegurado a todas as pessoas por sua só existência no mundo. É um respeito à criação, independente da crença que se professe quanto à sua origem. A dignidade relaciona-se tanto com a liberdade e valores do espírito como com as condições materiais de subsistência".

Por sua vez, Bonavides[84] entende que "a vinculação essencial dos direitos fundamentais à liberdade e à dignidade humana, enquanto valores históricos e filosóficos, nos conduzirá sem óbices ao significado da universalidade inerente a esses direitos como ideal da pessoa humana".

Uma das principais consequências inerentes à amplitude e ao caráter genérico do conceito de dignidade da pessoa humana, tão essencial para corretamente guiar a sociedade em termos éticos e moralmente aceitos (ao menos sob ótica democrática e pluralista), é a da possibilidade de se ter um ser humano indigno, que num discurso filosófico mais rigoroso, nem ao menos poderia ser considerado um ser humano. Depreende Lowenthal[85]: "É através da Constituição Federal que o Estado fala e regula o exercício de suas funções, suas obrigações, a emissão de leis e a sua efetiva aplicação na sociedade. Portanto, ao estabelecer como um de seus fundamentos a 'dignidade da pessoa humana', ele se obriga a respeitar e a fazer valer tal valor. Contudo, em nenhum momento a legislação define o que seria esta 'dignidade da pessoa humana', constituindo um valor em aberto. Ao adotar um significado mínimo apreendido no discurso antropocentrista do humanismo, a expressão valoriza o ser humano, considerando este o centro da criação, o ser mais elevado que habita o planeta, o que justifica a grande consideração pelo Estado e pelos outros seres humanos na sua generalidade em relação a ele. Contudo, cabe destacar que a partir do momento que o valor 'dignidade da pessoa humana' é posto a exame, gera o contra valor indignidade. Portanto, é como se o discurso constitucional admitisse a indignidade, mesmo que dialeticamente, ao estabelecer o valor dignidade. Isso leva ao questionamento em relação à dignidade estabelecida como valor máximo de toda pessoa humana: se ela é o valor máximo seria necessário que toda pessoa fosse digna, caso contrário, não seria humana. Assim, a pessoa indigna não é humana; a pessoa não digna não é pessoa e nem é humana. Para ser pessoa é preciso ser digno, sendo a dignidade um requisito para a pessoa ser considerada humana".

13.1.3 Base para a nova hermenêutica constitucional

Não há dúvidas que a dignidade da pessoa humana é o principal valor guia do Direito e do próprio comportamento ético da humanidade. Mas, mais do que isso,

---

[83] BARROSO, Luís Roberto... Op. Cit., p. 382.
[84] BONAVIDES, Paulo... Op. Cit., p. 562.
[85] LOWENTHAL, Anamaria Valiengo. Exame da expressão "a dignidade da pessoa humana" sob o ângulo de uma semiótica jurídica. In: POZZOLI, Lafayette; SOUZA, Carlos Aurélio Mota de (Org.). **Ensaios em homenagem a Franco Montoro**: humanismo e política. São Paulo: Loyolla, 2001, p. 331-335.

justamente por sua origem e relevância, ela despontou como o fundamento central da nova hermenêutica constitucional porque lança as bases para uma nova teoria de direitos fundamentais. Neste sentido, entende Barroso[86]: "a separação histórica do jusnaturalismo e o fracasso político do positivismo abriram caminho para um conjunto amplo e inacabado de reflexões acerca do Direito, sua função social e sua interpretação. O Pós-positivismo é a designação provisória e genérica de um ideário difuso, no qual se incluem a definição das relações entre valores, princípios e regras, aspectos da chamada nova hermenêutica constitucional, e a teoria dos direitos fundamentais, **edificada sobre o fundamento da dignidade humana**. A valorização dos princípios, sua incorporação, explícita ou implícita, pelos textos constitucionais e o reconhecimento pela ordem jurídica de sua normatividade fazem parte desse ambiente de reaproximação entre **Direito e Ética**".

Isto acarreta que no exercício da atividade hermenêutica, notadamente a constitucional, a dignidade da pessoa humana passou a ser constantemente invocada. Embora isto seja predominantemente positivo, no Brasil, tem sido comum a utilização deste fundamento sem se atentar para sua real abrangência e importância, enquanto mero recurso retórico para a realização de um "invencionismo judicial", tendência que deve ser combatida.

13.1.4 Fundamentos associados

Quais fundamentos podem ser associados à dignidade da pessoa humana?

A dignidade da pessoa humana é muito mais que mero recurso retórico, mas efetivo fundamento do sistema protetivo de direitos humanos ao qual estão relacionados diversos outros fundamentos que conferem sentido às previsões dos documentos declaratórios de direitos humanos e fundamentais.

Neste sentido, Comparato[87] aponta outros fundamentos de direitos humanos associados à dignidade da pessoa humana:

a) **Autoconsciência:** "Contrariamente aos outros animais, o homem não tem apenas memória de fatos exteriores, incorporada ao mecanismo de seus instintos, mas possui a consciência de sua própria subjetividade, no tempo e no espaço; sobretudo, consciência de sua condição de ser vivente e mortal";

b) **Sociabilidade:** "[...] o indivíduo humano somente desenvolve as suas virtualidades de pessoa, isto é, de homem capaz de cultura e auto-aperfeiçoamento, quando vive em sociedade. É preciso não esquecer que as qualidades eminentes e próprias do ser humano – a razão, a capacidade de criação estética, o amor – são essencialmente comunicativas";

---

[86] BARROSO, Luís Roberto... Op. Cit., p. 351-352.
[87] COMPARATO, Fábio Konder. Fundamento dos Direitos Humanos. **Instituto de Estudos Avançados da USP**, 1997. Disponível em: <http://www.iea.usp.br/publicacoes/textos/comparatodireitoshumanos.pdf>. Acesso em: 02 jul. 2013.

c) Historicidade: "A substância da natureza humana é histórica, isto é, vive em perpétua transformação, pela memória do passado e o projeto do futuro";

d) Unicidade existencial: "outra característica essencial da condição humana é o fato de que cada um de nós se apresenta como um ente único e rigorosamente insubstituível no mundo".

Inequívoco que a dignidade da pessoa humana é o principal norte de interpretação das normas de direitos humanos, servindo também como a justificativa principal para a criação de um sistema com tal natureza de proteção, seja ele internacional, seja ele nacional. Em verdade, o sistema nacional de proteção de direitos humanos ganha novos rumos quando a Constituição Federal de 1988 traz a dignidade humana como um de seus fundamentos.

13.2 Fundamento da democracia

A adoção da forma democrática de Estado aparece como fundamento dos direitos humanos por ser um pressuposto para que eles possam ser adequadamente exercidos. Em outras palavras, **fora de um Estado democrático, não há possibilidade de exercício pleno de nenhuma das dimensões de direito**: a liberdade fica tolhida pela censura, os direitos políticos pelo impedimento da participação popular, os direitos econômicos, sociais e culturais pela manipulação de recursos ao que é conveniente ao governo antidemocrático e não ao interesse coletivo, os direitos de solidariedade pela impossibilidade de criação de consciência coletiva sem o exercício e a efetivação dos direitos individuais.

13.2.1 Previsão no sistema de proteção de direitos humanos

Na Declaração Universal, o conceito de democracia aparece associado adequadamente ao pressuposto de um Estado de Direito que propicie e assegure todos os direitos humanos e fundamentais, como se denota no preâmbulo:

> *Considerando essencial que os direitos humanos sejam protegidos pelo **Estado de Direito**, para que o homem não seja compelido, como último recurso, à rebelião contra **tirania** e a **opressão**, [...]*
>
> *Considerando que os Estados-Membros se comprometeram a desenvolver, em cooperação com as Nações Unidas, o **respeito universal aos direitos humanos e liberdades fundamentais** e a observância desses direitos e liberdades, [...].*

Indiretamente depreendem-se aspectos da democracia, quais sejam o respeito ao princípio da legalidade e da anterioridade, a existência de um modelo estatal que crie e aplique leis utilizando um adequado processo legislativo e judicial, o impedimento da tirania e da opressão (marca de regimes totalitários e ditatoriais), a garantia de respeito e observância dos direitos humanos fundamentais.

Não obstante, no artigo XXIX há menção direta ao direito de se conviver numa sociedade democrática:

> *2. No exercício de seus direitos e liberdades, toda pessoa estará sujeita apenas às limitações determinadas pela lei, exclusivamente com o fim de assegurar o devido reconhecimento e respeito dos direitos e liberdades de outrem e de satisfazer às justas exigências da moral, da ordem pública e do bem-estar de uma **sociedade democrática**.*

Quanto à disciplina na Constituição Federal, a adoção do modelo de Estado Democrático consta desde o preâmbulo:

> *Nós, representantes do povo brasileiro, reunidos em Assembleia Nacional Constituinte **para instituir um Estado Democrático**, destinado a assegurar o exercício dos direitos sociais e individuais, a liberdade, a segurança, o bem-estar, o desenvolvimento, a igualdade e a justiça como valores supremos de uma sociedade fraterna, pluralista e sem preconceitos, fundada na harmonia social e comprometida, na ordem interna e internacional, com a solução pacífica das controvérsias, promulgamos, sob a proteção de Deus, a seguinte Constituição da República Federativa do Brasil.*

Em verdade, do preâmbulo se depreendem algumas esferas do modelo de Estado Democrático, demonstrando que este vai além da simples permissão de participação política e ingressa na possibilidade de exercício de direitos humanos e fundamentais por todos os cidadãos, assegurando o respeito da dignidade destes.

O mesmo pode ser extraído de outras previsões do texto constitucional, notadamente a do título V, que trata da *Defesa do Estado e das Instituições **Democráticas***, que será exercida pelos órgãos de segurança pública e mediante institutos como o estado de defesa e o estado de sítio. Como instituições democráticas podem-se colocar todas aquelas que têm por fulcro assegurar a defesa de alguma das facetas da dignidade da pessoa humana, logo, democracia é participação popular, **mas não somente isso**.

"Democracia", em verdade, significa **dignidade** e **igualdade no exercício de direitos** (por exemplo, o art. 215, IV, da Constituição Federal fala em democratização do acesso aos bens de cultura).

A Constituição Federal confere atenção também ao conceito clássico de democracia. O modelo de Estado Democrático previsto no texto constitucional é conceituado de maneira mais restrita no art. 1º da Constituição Federal, que traz os fundamentos da República, em seu parágrafo único:

> *Art. 1º A República Federativa do Brasil, formada pela união indissolúvel dos Estados e Municípios e do Distrito Federal, **constitui-se em Estado Democrático de Direito** e tem como fundamentos:*
> *[...]*
> *Parágrafo único. Todo o **poder emana do povo**, que o exerce por meio de **representantes** eleitos ou **diretamente**, nos termos desta Constituição.*

Antes de esmiuçar este conceito, frisa-se a importância da menção ao modelo do Estado Democrático no preâmbulo e no art. 1º do texto constitucional, despontando este como condição *sine qua non* à consolidação das premissas trazidas pela Constituição Federal de 1988.

A República Federativa do Brasil é um Estado Democrático de Direito e a adoção da forma federativa que implica no modelo democrático é considerada cláusula pétrea pela Constituição Federal em seu art. 60, § 4º, o que exclui a possibilidade de alteração do regime de governo democrático, trocando-o por um antidemocrático.

13.2.2 Conceito e desdobramentos

A primeira implicação da democracia em seu sentido clássico é que, por meio dela, é garantida a soberania popular, que pode ser conceituada como "a qualidade máxima do poder extraída da soma dos atributos de cada membro da sociedade estatal, encarregado de escolher os seus representantes no governo por meio do sufrágio universal e do voto direto, secreto e igualitário"[88]. O sentido de soberania popular associado à democracia pode ser depreendido da menção do parágrafo único de que o poder emana do povo, que o exerce.

Quanto ao conceito restrito de democracia, tem-se que ela é o regime de governo no qual os cidadãos participam das decisões políticas, direta ou indiretamente. Em outras palavras, democracia (do grego, *demo + kratos*) é um regime de governo em que o **poder de tomar decisões políticas está com os cidadãos**, de forma direta (quando um cidadão se reúne com os demais e, juntos, eles tomam a decisão política) ou indireta (quando ao cidadão é dado o poder de eleger um representante). Logo, dentro do conceito de democracia incluem-se três modelos democráticos possíveis: **direto**, **indireto** e **misto**.

Neste sentido, a principal classificação da democracia refere-se aos seus modelos possíveis, que variam conforme o nível de participação popular direta ou indireta:

a) **Democracia direta:** também chamada de *pura*, na qual o cidadão expressa sua vontade por voto direto e individual em casa questão relevante;

b) **Democracia indireta:** também chamada *representativa*, em que os cidadãos exercem individualmente o direito de voto para escolher representante(s) e aquele(s) que for(em) mais escolhido(s) representa(m) todos os eleitores;

c) **Democracia semidireta ou participativa:** em que se tem uma *democracia representativa mesclada com peculiaridades e atributos da democracia direta* (sistema híbrido ou misto).

A democracia direta tornou-se cada vez mais difícil, considerado o grande número de cidadãos, de modo que a regra é a democracia indireta. Na Grécia Antiga se encontra um raro exemplo de democracia direta, que somente era possível porque

---

[88] BULOS, Uadi Lammêngo. **Constituição Federal anotada**. 5. ed. São Paulo: Saraiva, 2003, p. 480.

embora a população fosse grande, a maioria dela não era composta de pessoas consideradas como cidadãs, como mulheres, escravos e crianças, e somente os cidadãos tinham direito de participar do processo democrático.

Uma democracia semidireta é um regime de democracia em que existe a combinação de representação política com formas de democracia direta. A maioria dos países adota modelo de democracia semidireta, com a diferença de que uns se aproximam mais da indireta e outros mais da indireta. Contemporaneamente, o regime que mais se aproxima dos ideais de uma democracia direta é a democracia semidireta da Suíça.

A democracia brasileira adota a modalidade semidireta em alguns casos, porque possibilita a participação popular direta no poder por intermédio de processos como o plebiscito, o referendo e a iniciativa popular (art. 14, *caput*, CF). Como são hipóteses restritas, pode-se afirmar que a democracia indireta é predominantemente adotada no Brasil, por meio do sufrágio universal e do voto direto e secreto com igual valor para todos.

13.2.3 Regime de governo e forma de governo

Regime de governo é diferente de *forma de governo*. Por regime de governo entende-se a adoção de uma forma democrática ou antidemocrática, ao passo que por forma de governo compreende-se a adoção de um ou outro modelo governamental que permita que tal forma ganhe vida. Em outras palavras, uma democracia pode existir num sistema presidencialista ou parlamentarista, republicano ou monárquico – somente importa que seja dado aos cidadãos o poder de tomar decisões políticas (por si só ou por seu representante eleito) para que exista democracia.

Tomando que existe o regime de governo democrático, há também o regime de governo antidemocrático ou ditatorial. Tal existência não é atestada no campo meramente teórico, mas se detecta de forma prática, isto é, existem na atualidade países que adotam regimes de governo ditatoriais. **A ONU se opõe aos regimes ditatoriais e toma medidas não somente para combatê-los, mas para esclarecer o passado ditatorial dos países que passaram por um período de privação da democracia.** Ainda assim, muitos países hoje adotam regime antidemocrático de governo, utilizando-se de recursos como a censura para evitarem a queda do poder, a exemplo de Cuba, China, Coréia do Norte, Sudão e Irã. Todos estes países fazem parte da ONU e estão no centro dos debates mais polêmicos nela estabelecidos, uma vez que o ideário dos direitos humanos é completamente contrário aos modelos antidemocráticos.

13.2.4 Democracia, cidadania e justiça participativa

A democracia é o regime de governo em que se assegura a participação popular, sendo que o sujeito que pode participar é o cidadão. Logo, democracia e cidadania são **conceitos interligados**, não somente no aspecto jurídico em seu sentido técnico restrito, mas **ao próprio elemento da justiça**, valor do Direito. Pode-se afirmar isto se considerados os três conceitos de Aristóteles[89] sobre as dimensões da justiça (*distributiva, comutativa* e *social*), dos quais se origina a dimensão da justiça participativa.

Por esta dimensão da **justiça participativa**, resta despertada a consciência das pessoas para uma atitude de agir, de falar, de atuar, de entrar na vida da comunidade em que se vive ou trabalha. Enfim, busca despertar esta **consciência de que há uma obrigação de cada um para com a sociedade** de participar de forma consciente e livre e de se interar total e habitualmente na vida social que pertence[90].

Quem deve participar é quem vive na sociedade, é o cidadão, aquele que pode ter direitos. **Participar é, ao mesmo tempo, um direito e um dever.** O cidadão deve participar, e esta é uma obrigação de todo aquele que vive em sociedade. E o cidadão deve ter espaço para participar, pois o fato de não participar já é uma injustiça em si. Com a ampliação do conceito de soberania e cidadania e, consequentemente, da responsabilidade do cidadão, se torna ainda mais evidente esta necessidade de participar[91].

"O desinteresse da maioria dos indivíduos pelos assuntos políticos é um dos grandes problemas políticos nas sociedade modernas. Os indivíduos são levados ao isolamento pelo predomínio de valores individualistas e de interesses estritamente particulares, assim como pela submissão às leis do mercado e do consumo. Nesse contexto, perde-se o sentido do que é comunitário e não se percebe a importância da participação na vida coletiva"[92].

A referência à justiça participativa, corolário do conceito de cidadania, é de fundamental importância para o elemento moral da noção de ética, no sentido de possibilitar um agir voltado para o bem da sociedade.

Ninguém é obrigado a suportar desonestidades. A cidadania tem um compromisso com a efetivação da democracia participativa. E participar não é votar a cada eleição, não se interessar pelo andamento da política e até se esquecer de quem mereceu seu sufrágio.

"Muitas vezes achamos que não cabe a nós a responsabilidade pelo que acontece em nosso bairro, na cidade, no país. Afinal, o que podemos fazer? Não somos políticos; é a tais homens, eleitos pelo povo, que compete resolver os problemas. Em nenhum momento nos perguntamos: se nos tivéssemos reunido com outras pessoas para discutir os problemas que nos afetam, se nos tivéssemos rebelado de alguma forma, esses fatos estariam acontecendo? Como interferir? Como atuar para mudar essa realidade tão dura?"[93]

Com efeito, participar é um direito de todo aquele que é cidadão, consolidando o conceito de democracia e reforçando os valores éticos de preservação do justo e

---

[89] ARISTÓTELES. **Ética a Nicômaco**. São Paulo: Martin Claret, 2006, p. 105-110.
[90] POZZOLI, Lafayette. Justiça participativa e cidadania. **Revista ibero-americana de filosofia política e filosofia do direito**. Porto Alegre, Instituto Jacques Maritain do Rio Grande do Sul, v. 1, n. 1, 2006, p. 98-102.
[91] Ibid., p. 98-102.
[92] SCHLESENER, Anita Helena. Cidadania e política. In: CARDI, Cassiano; et. al. **Para filosofar**. São Paulo: Scipione, 2000, p. 182.
[93] Ibid., p. 175.

garantia do bem comum. E a participação somente é possível dentro de um regime de governo democrático.

13.3 Fundamento da razoabilidade-proporcionalidade

Razoabilidade e proporcionalidade são fundamentos de caráter instrumental na solução de conflitos que se estabeleçam entre direitos humanos e fundamentais, notadamente quando não há legislação *infra*constitucional específica abordando a temática objeto de conflito.

13.3.1 Nova hermenêutica constitucional e caráter instrumental

> Como razoabilidade e proporcionalidade aparecem na nova hermenêutica constitucional?

Em verdade, a nova hermenêutica constitucional, baseada no reconhecimento da força normativa dos princípios, ampliou a importância da razoabilidade e da proporcionalidade porque são os fundamentos utilizados na escolha do princípio colidente preponderante.

O pós-positivismo consolida uma nova hermenêutica constitucional, conferindo maior liberdade ao intérprete, que passa a ter o dever de considerar na aplicação do Direito que a Constituição e seus princípios ocupam o centro do sistema jurídico. Sob a égide da nova hermenêutica, o constitucionalismo de renovação da segunda metade do século XX permite, notadamente, a introdução dos princípios da proporcionalidade e da razoabilidade enquanto mecanismos interpretativos constitucionais[94].

A nova hermenêutica constitucional consolida e confere novos rumos à atividade interpretativa. Assim, cabe ao juiz examinar imparcialmente os elementos envolvidos na situação de conflito de princípios e, utilizando-se da razoabilidade e da proporcionalidade, encontrar uma solução adequada. Por isso, "a interpretação pode ser concebida como uma atividade criadora de Direito. Em toda esta atividade encontra-se presente a vontade humana, posto que cabe ao intérprete determinar o conteúdo exato das palavras e imputar um significado à norma jurídica"[95]. O juiz acaba por criar o Direito sempre que interpreta, mas tal criação fica mais evidente quando, no uso do fundamento da razoabilidade-proporcionalidade, soluciona uma colisão entre direitos humanos e fundamentais.

Vale retomar os principais pontos da nova hermenêutica, conforme Bonavides[96]: "há na Constituição normas que se interpretam e normas que se concretizam. A

---

[94] BONAVIDES, Paulo... Op. Cit., p. 598-599.
[95] BASTOS, Celso Ribeiro; MEYER-PFLUG, Samantha. A interpretação como fator de desenvolvimento e atualização das normas constitucionais. In: SILVA, Virgílio Afonso da (Org.). **Interpretação constitucional**. São Paulo: Malheiros, 2007, p. 155.
[96] BONAVIDES, Paulo... Op. Cit., p. 606-608.

distinção é relevante desde o aparecimento da nova hermenêutica, que introduziu o conceito novo de concretização, peculiar à interpretação de boa parte da Constituição, nomeadamente dos direitos fundamentais e das cláusulas abstratas e genéricas do texto constitucional. [...] Os métodos tradicionais, a saber, gramatical, lógico, sistemático e histórico, são de certo modo rebeldes a valores, neutros em sua aplicação, e por isso mesmo impotentes e inadequados para interpretar direitos fundamentais. Estes se impregnam de peculiaridades que lhes conferem um caráter específico, demandando técnicas ou meios interpretativos distintos, cuja construção e emprego gerou a nova hermenêutica. [...] A partir daí se coloca, obviamente, o recurso ao princípio da proporcionalidade, que também serve de apoio à metodologia da nova hermenêutica".

Ocorre que desde a metade do século XX, o discurso do positivismo não mais se adequa às exigências jurídicas; no entanto, o pós-positivismo não promoveu um simples retorno ao jusnaturalismo, **mas uma inclusão no ordenamento jurídico dos princípios da razoabilidade e da proporcionalidade sob uma nova perspectiva**[97].

A nova perspectiva do Direito permitiu não só a melhor compreensão dos princípios materiais garantidos, mas também o desenvolvimento de princípios instrumentais e específicos de interpretação constitucional, como a razoabilidade e a proporcionalidade, transformando o Direito em um sistema aberto de valores e a Constituição no diploma jurídico que visa realizá-los[98].

Evidencia-se o caráter instrumental do fundamento da razoabilidade e da proporcionalidade, servindo para proporcionar a correta atividade de interpretação nos casos de escolha entre o bem jurídico que deve preponderar. Logo, o caráter não é autônomo, isto é, não há razoabilidade-proporcionalidade por si só, mas somente dentro de uma busca de resolução de colisões entre outros princípios, permitindo que se alcance justiça no caso concreto.

13.3.2 Aproximações conceituais

Quais as semelhanças entre razoabilidade e proporcionalidade?

Tanto a razoabilidade quanto a proporcionalidade servem para **evitar interpretações esdrúxulas manifestamente contrárias às finalidades do texto declaratório**, seja nos documentos internacionais, seja na Constituição Federal. Afinal, pretende-se que a aceitação de um processo interpretativo mais intenso pela fase do pós-positivismo não implique em decisões que contrariem os propósitos do próprio sistema, como se extrai do artigo XXX da Declaração Universal de 1948: "Nenhuma disposição da presente Declaração pode ser interpretada como o reconhecimento a qualquer Estado, grupo ou pessoa, do direito de exercer qualquer atividade ou

---

[97] BARROSO, Luís Roberto... Op. Cit., p. 325-326.
[98] Ibid., p. 331-332.

praticar qualquer ato destinado à destruição de quaisquer dos direitos e liberdades aqui estabelecidos". Com efeito, proporcionam um exercício de ponderação, em que são analisados os mais diversos pontos de vista em torno de uma questão a fim de que se chegue a uma solução que se repute mais apropriada.

Pela ponderação de valores ou ponderação de interesses se procura estabelecer o peso relativo de cada um dos princípios contrapostos, com base na razoabilidade e na **preservação dos núcleos mínimos do valor que seja cedido**. A ponderação, como mecanismo de convivência de normas que tutelam valores ou bens jurídicos contrapostos, conquistou amplamente a doutrina e já repercute nas decisões dos tribunais. Mas vale lembrar que a adoção de uma teoria de princípios não significa o abandono de regras, do direito positivo. Por isso, é possível imaginar situações em que uma regra dê aplicabilidade a um princípio, outra na qual uma regra excepcionará a aplicação de um princípio, ou então uma na qual o princípio paralisará a eficácia de uma regra[99].

Aliás, cabe ao magistrado adotar um comportamento ativo e limitado, de forma que sua decisão respeite os parâmetros oriundos da atividade jurisdicional, fazendo uso da razoabilidade e da proporcionalidade, de modo que sua decisão atinja o objetivo maior que é o da realização da justiça.

Na ideia de ponderação, inclui-se a de **sopesamento**, nomenclatura utilizada por alguns autores como técnica para designar o exercício da atividade interpretativa de ponderação. Neste sentido, Alexy[100] entende que determinados valores exteriorizam tudo o que é levado em conta num sopesamento de direitos fundamentais: "assim, com poucos conceitos, como 'dignidade', 'liberdade', 'igualdade', 'proteção' e 'bem-estar da comunidade', é possível abarcar quase tudo aquilo que tem que ser levado em consideração em um sopesamento de direitos fundamentais". Por sua vez, "segundo a lei do sopesamento, a medida permitida de não-satisfação ou de afetação de um princípio depende do grau de importância da satisfação do outro"[101].

Sempre que invocado o fundamento da proporcionalidade-razoabilidade, se terá em vista a escolha entre dois bens jurídicos considerados essenciais, declarados como tais internacional e nacionalmente. Contudo, direitos precisam dialogar, uma vez que não há se falar em direito absoluto sem se aceitar a premissa de que o Direito pode servir mais a uns do que a outros.

Aproximações entre razoabilidade e proporcionalidade
– Servem para evitar interpretações manifestamente contrárias às finalidades do texto declaratório (seja no âmbito dos direitos humanos, seja no âmbito do direito constitucional);
– Visam à preservação de um núcleo mínimo do valor que será cedido em detrimento de outro;
– Ideia de sopesamento (diálogo entre direitos).

---

[99] Ibid., p. 330-331.
[100] ALEXY, Robert. **Teoria dos direitos fundamentais**... Op. Cit., p.159.
[101] Ibid., p.167.

13.3.3 Distanciamentos conceituais

> Quais as diferenças entre razoabilidade e proporcionalidade?

Razoabilidade e proporcionalidade guardam, assim, a mesma finalidade, mas se distinguem em alguns pontos.

Historicamente, a **razoabilidade se desenvolveu no direito anglo-saxônico**, ao passo que a **proporcionalidade origina-se do direito germânico** (muito mais metódico, objetivo e organizado), muito embora uma tenha buscado inspiração na outra certas vezes. Por conta de sua origem, a **proporcionalidade tem parâmetros mais claros** nos quais pode ser trabalhada, enquanto a **razoabilidade permite um processo interpretativo mais livre**. Não obstante, a **proporcionalidade tem um maior sentido jurídico**, enquanto a **razoabilidade se relaciona mais intensamente a discussões filosóficas**. Evidencia-se o maior sentido jurídico e o evidente caráter delimitado da proporcionalidade pela adoção em doutrina de sua divisão clássica em 3 sentidos:

a) **Adequação, pertinência ou idoneidade:** significa que o meio escolhido é de fato capaz de atingir o objetivo pretendido;

b) **Necessidade ou exigibilidade:** a adoção da medida restritiva de um direito humano ou fundamental somente é legítima se indispensável na situação em concreto e se não for possível outra solução menos gravosa;

c) **Proporcionalidade em sentido estrito:** tem o sentido de máxima efetividade e mínima restrição a ser guardado com relação a cada ato jurídico que recaia sobre um direito humano ou fundamental, notadamente verificando se há uma proporção adequada entre os meios utilizados e os fins desejados. Logo, é proibido não só o excesso (exagerada utilização de meios em relação ao objetivo pretendido), como também a insuficiência de proteção (os meios utilizados estão inferiores do necessário para alcançar o objetivo em questão). Em suma, questiona-se se a restrição feita a outros valores igualmente declarados enquanto direitos humanos ou fundamentais é legítima em face da realização de outro direito igualmente declarado e que deverá preponderar no caso concreto, se não haveria uma maneira de proporcionar uma maior efetividade do direito restringido em comparação à prevalência do outro.

Distanciamentos entre razoabilidade e proporcionalidade
– Razoabilidade desenvolveu-se no direito anglo-saxônico; proporcionalidade origina-se no direito germânico;
– Proporcionalidade tem parâmetros e métodos mais claros; razoabilidade permite um processo interpretativo mais livre;
– Proporcionalidade tem maior sentido jurídico (notadamente pelas ideias de adequação, necessidade e proporcionalidade em sentido estrito); razoabilidade se relaciona mais intensamente a discussões filosóficas.

13.4 Fundamento da interdependência: a teoria das "gerações" ou "dimensões" de direitos

(MINISTÉRIO PÚBLICO ESTADUAL DE SÃO PAULO – MPE-SP – PROMOTOR DE JUSTIÇA – 2010) Como se definem as três principais gerações de direitos humanos?

Uma das características dos direitos humanos é a **interdependência**, segundo a qual as dimensões de direitos humanos apresentam uma relação orgânica entre si. Logo, a dignidade da pessoa humana deve ser buscada por meio da implementação mais eficaz e uniforme das liberdades clássicas, dos direitos sociais, econômicos e de solidariedade como um **todo único e indissolúvel**.

As dimensões de direitos humanos não são estanques, mas, sim, complementares. **Somam-se** e **dialogam** uma com a outra, formando um completo sistema de proteção da pessoa humana. Toma-se o pressuposto de que todos os bens jurídicos garantidos à pessoa humana devem ser preservados e respeitados, sob pena de uma proteção defeituosa. Por isso mesmo, **a nomenclatura *dimensão* é mais adequada do que *geração***.

Aprofunda Piovesan[102], ao explicar a estrutura da Declaração Universal sob o aspecto das dimensões de direitos humanos: "Ao conjugar o valor da liberdade com o da igualdade, a Declaração introduz a concepção contemporânea de direitos humanos, pela qual esses direitos passam a ser concebidos como uma unidade interdependente e indivisível. Assim, partindo do critério metodológico que classifica os direitos humanos em gerações, compartilha-se o entendimento de que uma geração de direitos não substitui a outra, mas com ela interage. Isto é, afasta-se a equivocada visão da sucessão 'geracional' de direitos, na medida em que se acolhe a ideia da expansão, cumulação e fortalecimento dos direitos humanos, todos essencialmente complementares e em constante dinâmica de interação. Logo, apresentando os direitos humanos uma unidade indivisível, revela-se esvaziado o direito à liberdade quando não assegurado o direito à igualdade; por sua vez, esvaziado, revela-se o direito à igualdade quando não assegurada a liberdade".

A cada dimensão de direitos humanos corresponde um bem jurídico que se encontra no centro de proteção, razão pela qual pode ser colocado como fundamento de direitos humanos.

Já foi dito que alguns fundamentos de direitos humanos se relacionam com todos os direitos declarados, a exemplo da dignidade, da democracia e da razoabilidade-proporcionalidade, enquanto outros se referem a grupos específicos de direitos. É o que ocorre com os fundamentos das dimensões de direitos humanos: tem-se o fundamento da liberdade, relacionado com a primeira dimensão; o da igualdade, referente à segunda dimensão; e o da fraternidade, aplicado à terceira dimensão.

Aprofundando esta ideia de dimensões de direitos humanos antes de ingressar no estudo dos fundamentos propriamente ditos, tem-se que, conforme evoluíram as

---

[102] PIOVESAN, Flávia. **Direitos humanos e o direito constitucional internacional**. 9. ed. São Paulo: Saraiva, 2008, p. 141-142.

chamadas *dimensões dos direitos humanos*, tais bens jurídicos fundamentais adquiriram novas vertentes, saindo de uma noção individualista e chegando a uma coletiva, de modo que a própria finalidade dos direitos humanos adquiriu nova compreensão, deixando de se preservar apenas o indivíduo e passando a envolver a manutenção da sociedade sustentável.

A teoria das dimensões de direitos humanos foi identificada pelo jurista tcheco--francês Karel Vasak, no ano de 1979, em conferência ministrada em Estrasburgo, sendo seguida de forma praticamente unânime pela doutrina da área dos direitos humanos nas décadas que seguiram. Com efeito, o autor defendeu que existiriam três dimensões de direitos humanos, ideário aceito até os dias de hoje. São elas:

a) **1ª dimensão:** direitos civis e políticos (liberdade);

b) **2ª dimensão:** direitos sociais, econômicos e culturais (igualdade material);

c) **3ª dimensão:** direitos de solidariedade, notadamente ambientais (fraternidade).

Nota-se que as três primeiras dimensões de direitos remetem ao lema da Revolução Francesa, "Liberdade, igualdade, fraternidade", o que foi feito propositalmente por Vasak, permitindo a visualização restrita dos grupos de direitos humanos que se formaram no decorrer da história.

Em resumo, as dimensões de direitos humanos se referem às mudanças de paradigmas quanto aos bens jurídicos que deveriam ser considerados fundamentais ao homem.

Vasak não se baseou apenas no lema da Revolução Francesa, mas na própria estrutura do sistema internacional de proteção de direitos humanos que começava a se delinear, notadamente com a Declaração Universal.

Neste sentido, Piovesan[103] aponta que a Declaração Universal inovou em dois aspectos: quando deu paridade no grau de importância aos direitos civis e políticos e aos direitos econômicos, sociais e culturais; e quando afirmou a inter-relação, indivisibilidade e interdependência destes direitos. "Em suma, todos os direitos humanos constituem um complexo integral, único e indivisível, no qual os diferentes direitos estão necessariamente inter-relacionados e são interdependentes entre si"[104].

Contudo, a teoria de Vasak sofreu modificações em sua estrutura original, ganhando vertentes variadas elaboradas por doutrinadores de direitos humanos. A premissa para tais alterações é que embora todo direito humano seja imutável, isso não significa que o processo interpretativo não possa evoluir e, com isso, se reconhecer que um novo aspecto da dignidade humana merece ampla proteção, o que pode ser chamado de fundamento do aperfeiçoamento. Neste sentido, vertentes defendem dimensões posteriores de direitos humanos, além das três tradicionais.

Compartilha-se do entendimento de que hoje, a problemática dos direitos humanos concentra-se mais num **problema de efetivação** do que de reconhecimento,

---
[103] Ibid., p. 140.
[104] Ibid., p. 142.

de declaração. Conforme aponta Bobbio[105] "o importante não é fundamentar os direitos do homem, mas protegê-los". Logo, essencial voltar atenção à efetivação dos fundamentos materiais de direitos humanos, quebrando com o cenário de inefetividade que predomina atualmente.

13.4.1 Fundamento da liberdade: primeira dimensão

O fundamento da liberdade guia um dos grupos de direitos humanos fundamentais internacionalmente reconhecidos, também conhecidos como parte da primeira dimensão de direitos humanos, composta pelos direitos civis e políticos.

A Declaração Universal confere atenção especial à liberdade não somente como uma espécie de direito individual, mas como verdadeiro fundamento sistêmico, o que se denota pelas inúmeras menções da liberdade no preâmbulo do referido documento:

> *Considerando que o reconhecimento da dignidade inerente a todos os membros da família humana e de seus direitos iguais e inalienáveis é o **fundamento da liberdade**, da justiça e da paz no mundo,*
>
> *Considerando que o desprezo e o desrespeito pelos direitos humanos resultaram em atos bárbaros que ultrajaram a consciência da Humanidade e que o advento de um mundo em que os homens gozem de **liberdade de palavra, de crença e da liberdade de viverem a salvo do temor** e da necessidade foi proclamado como a mais alta aspiração do homem comum,*
>
> *Considerando essencial que os direitos humanos sejam protegidos pelo Estado de Direito, para que o homem não seja compelido, como **último recurso, à rebelião contra tirania e a opressão**, [...]*
>
> *Considerando que os povos das Nações Unidas reafirmaram, na Carta, sua fé nos direitos humanos fundamentais, na dignidade e no valor da pessoa humana e na igualdade de direitos dos homens e das mulheres, e que decidiram promover o progresso social e melhores condições de vida em uma **liberdade mais ampla**,*
>
> *Considerando que os Estados-Membros se comprometeram a desenvolver, em cooperação com as Nações Unidas, o respeito universal aos direitos humanos e **liberdades fundamentais** e a observância desses direitos e liberdades,*
>
> *Considerando que uma compreensão comum desses direitos e **liberdades** é da mais alta importância para o pleno cumprimento desse compromisso, [...]*

Liberdade enquanto fundamento aparece associada à dignidade da pessoa humana, pressupondo a interação com a necessária igualdade entre todos os membros da família humana. Retoma-se a noção de interdependência, de forma que "sem a efetividade dos direitos econômicos, sociais e culturais, os direitos civis e políticos se reduzem a meras categorias formais"[106]. O mesmo ocorre quando se associa a noção de liberdade mais ampla ao exercício efetivo de todos direitos humanos declarados.

---
[105] BOBBIO, Norberto... Op. Cit., p. 43.
[106] PIOVESAN, Flávia. **Direitos humanos e o direito constitucional internacional**... Op. Cit., 2008, p. 142.

Após, os considerandos da Declaração traçam alguns aspectos do direito à liberdade em sentido estrito, quais sejam, liberdade de pensamento, liberdade de expressão e liberdade de religião.

Ainda, ao se assegurar a rebelião contra a tirania e a opressão como último recurso, reforça-se o aspecto político do fundamento da liberdade, recaindo sobre o povo a verdadeira soberania, sendo o governante mero representante desde poder popular.

Finaliza-se colocando como pressuposto para a consolidação do sistema de proteção de direitos humanos o reconhecimento e a efetivação não somente de direitos, mas também de liberdades. Evidencia-se que não basta garantir direitos, é preciso conferir liberdade para exercê-los, com o mínimo de intervenção estatal possível.

Pode-se afirmar, ainda, que quando a Declaração Universal coloca que todos são livres em direitos no seu artigo 1º, não está falando apenas da liberdade em sentido estrito, mas de **todos os direitos que compõem a dimensão da liberdade no campo do sistema internacional de proteção**.

O cerne do fundamento da liberdade está na **abstenção estatal**, retirando o governante da posição de soberano e instituindo a ideia de soberania popular, garantindo-se ao povo o exercício de seus direitos individuais e a possibilidade de participar das decisões políticas do Estado.

Em outras palavras, quanto à primeira dimensão de direitos, inicialmente, denota-se a afirmação dos direitos de liberdade, referente aos direitos que tendem a limitar o poder estatal e reservar parcela dele para o indivíduo (liberdade em relação ao Estado), sendo que posteriormente despontam os direitos políticos, relativos às liberdades positivas no sentido de garantir uma participação cada vez mais ampla dos indivíduos no poder político (liberdade no Estado).

Neste sentido, Bobbio[107] explica as duas vertentes que formam a primeira dimensão de direitos humanos, reforçando o mencionado intervalo temporal entre o reconhecimento do aspecto de abstenção e a afirmação do aspecto de participação popular: "[...] num primeiro momento, afirmaram-se os direitos de liberdade, isto é, todos aqueles direitos que tendem a limitar o poder do Estado e a reservar para o indivíduo, ou para os grupos particulares, uma esfera de liberdade *em relação ao* Estado; num segundo momento, foram propugnados os direitos políticos, os quais – concebendo a liberdade não apenas negativamente, como não impedimento, mas positivamente, como autonomia – tiveram como consequência a participação cada vez mais ampla, generalizada e frequente dos membros de uma comunidade no poder político (ou liberdade *no* Estado)".

Os dois movimentos que levaram à afirmação dos direitos de primeira dimensão, que são os direitos de liberdade e os direitos políticos, foram a **Revolução Americana**, que culminou na Declaração de Virgínia (1776), e a **Revolução Francesa**, cujo documento essencial foi a Declaração dos Direitos do Homem e do Cidadão (1789)[108], eventos históricos que serão aprofundados em momento oportuno[109].

---

[107] BOBBIO, Norberto... Op. Cit., p. 52.
[108] Ibid., p. 103.
[109] Vide capítulo II.

No sentido clássico de formação do fundamento da liberdade, acima de tudo, **liberdade pode ser colocada como o direito a ter direitos e de exercê-los independentemente de intervenção estatal**, uma vez que o Estado somente deve interferir quando estritamente necessário, exigindo-se formalmente a participação popular na tomada das suas decisões.

Silva[110] explica que "o homem se torna cada vez mais livre na medida em que amplia seu domínio sobre a natureza", ou seja, com a evolução da sociedade, a tendência é que o círculo que delimita a esfera da liberdade se amplie. Entretanto, a liberdade nunca foi assegurada de forma irrestrita, internacional ou constitucionalmente, o que implicaria numa libertinagem e na violação das liberdade de terceiros, fazendo cair por terra todo o cerne do fundamento da liberdade consistente na vedação de intervenções arbitrárias na esfera de direitos.

Por isso mesmo, quando se fala em liberdade enquanto fundamento de direitos humanos não cabe se prender ao direito à liberdade em si, mas a todos direitos individuais que dependem da abstenção estatal para o completo exercício. A própria igualdade, no sentido de igualdade no exercício de direitos individuais, pode ser colocada como um aspecto da primeira dimensão, reforçando-se num primeiro momento o aspecto da igualdade formal, com aprofundamento futuro para a igualdade material.

Neste sentido, tem-se o quadro a seguir relatando o grupo de direitos que fazem parte, classicamente, da primeira dimensão de direitos humanos:

Direito à vida Pena de morte, genocídio, eutanásia, direito ao nascimento com vida, integridade, vedação à tortura, subsistência com dignidade.
Direito à liberdade Pensamento, expressão, informação, religião, associação e reunião, trabalho, locomoção e residência.
Direito à igualdade Inicialmente igualdade formal, no sentido de igualdade no exercício de direitos independentemente de proteção especial; após, criação de sistema específico de proteção de grupos vulneráveis em prol da igualdade material, englobando-se proteção das mulheres, das crianças, das pessoas com deficiência, da diversidade sexual, da diversidade étnica e racial.
Direito à segurança Segurança pessoal, individual.
Direito de propriedade Bens e valores, respeitada a função social.
Direito de propriedade intelectual Moral e patrimonial.
Direito à privacidade Intimidade e vida privada.

---

[110] SILVA, José Afonso da. **Curso de direito constitucional positivo**. 25. ed. São Paulo: Malheiros, 2006, p. 231.

Direitos da personalidade Personalidade jurídica, honra, imagem, nome, direito de resposta, direito à indenização.
Direitos de acesso à justiça Acesso à justiça formal e efetivo.
Direitos humanos-penais Vedação da prisão arbitrária, indenização por erro judicial, excepcionalidade da prisão provisória, legalidade em sentido estrito e irretroatividade da lei penal, presunção de inocência, não produção de provas contra si mesma, individualização da pena, personalidade da pena, vedação do tribunal de exceção / audiência justa e imparcial, contraditório e ampla defesa, recurso a juiz ou tribunal competente, revisão da sentença transitada em julgado apenas a favor do réu, tratamento especial de determinados detidos, tratamento digno quando da restrição da liberdade, não prisão por dívida de valor.
Direitos de nacionalidade Nacionalidade nata, naturalização, vedação da perda mas não da troca.
Direitos políticos Instrumentos de democracia direta e indireta, sufrágio universal, iniciativa popular, plebiscito, referendo.

13.4.2 Fundamento da igualdade: segunda dimensão

O fundamento da igualdade guia outro dos grupos de direitos humanos fundamentais internacionalmente reconhecidos, correspondentes à segunda dimensão de direitos humanos, composta pelos direitos econômicos, sociais e culturais.

A Declaração Universal também dá atenção à igualdade, colocando-se como fundamento sistêmico para a consecução efetiva tanto dos direitos de segunda dimensão quanto dos direitos de primeira dimensão, o que se percebe pelas menções da liberdade no preâmbulo do referido documento:

> *Considerando que o reconhecimento da dignidade **inerente a todos** os membros da família humana e de seus **direitos iguais** e inalienáveis é o **fundamento** da liberdade, da justiça e da paz no mundo, [...]*
>
> *Considerando que os povos das Nações Unidas reafirmaram, na Carta, sua fé nos direitos humanos fundamentais, na dignidade e no valor da pessoa humana e **na igualdade de direitos dos homens e das mulheres**, e que decidiram promover o progresso social e melhores condições de vida em uma liberdade mais ampla,*
>
> *Considerando que os Estados-Membros se comprometeram a desenvolver, em cooperação com as Nações Unidas, o **respeito universal aos direitos humanos** e liberdades fundamentais e a observância desses direitos e liberdades, [...]*

Garantir a todos igualdade e dignidade em direitos é fundamento da liberdade (primeira dimensão, referindo-se à igualdade material no exercício de direitos) e da justiça (segunda dimensão, remetendo à noção de justiça social).

Reforça-se a noção de que **a primeira e a segunda dimensão de direitos humanos coexistem**, não são estanques. Logo, "sem a efetividade da liberdade entendida em seu mais amplo sentido, os direitos econômicos, sociais e culturais carecem de verdadeira significação"[111].

Não obstante, coloca-se a importância de adotar um sentido universal e amplo da acepção de igualdade, inclusive vedando distinções em razão de sexo. O respeito aos direitos humanos deve ser universal, o que veda a noção de que possa existir um ser humano mais ou menos digno, que faça jus a mais ou menos direitos humanos reconhecidos.

No mais, quando a Declaração Universal coloca que todos são iguais em direitos no seu artigo 1º, não está falando apenas da igualdade formal, da proteção de grupos vulneráveis perante à lei, mas de todos os direitos de segunda dimensão, englobando educação, lazer, cultura, trabalho, saúde, entre outros, os quais devem ser garantidos igualmente o máximo possível, mostrando-se necessária para tanto a intervenção estatal.

Os direitos de segunda dimensão possuem como marca a **exigência de intervenção estatal**, de forma a garantir determinados direitos mesmo aos que não possuem condições de consegui-los por si só. Se todas as pessoas possuem direito à educação, à saúde, ao lazer, entre outros, estes devem ser garantidos, mesmo que não possuam condições de pagar por eles. Neste contexto entra o Estado com o dever de equiparar as pessoas em direitos o máximo possível.

Portanto, o cerne do fundamento da igualdade está na intervenção estatal, porque, por mais que o Estado deva se abster ao permitir o exercício de direitos humanos, há certos direitos que devem ser garantidos e não podem ser perseguidos por todas pessoas sem que o Estado tome providências, notadamente, aquelas menos favorecidas economicamente.

Quanto à segunda dimensão, inicialmente foram proclamados os direitos sociais, expressando o amadurecimento das novas exigências como as de bem-estar e igualdade material (liberdade por meio do Estado). Durante a Revolução Industrial tomaram proporção os direitos de segunda dimensão, que são os direitos sociais, refletindo a busca do trabalhador por condições dignas de trabalho, remuneração adequada, educação e assistência social em caso de invalidez ou velhice, garantindo o amparo estatal à parte mais fraca da sociedade[112].

Sendo assim, é amplo o grupo de direitos que podem ser colocados entre os direitos econômicos, sociais e culturais, conforme quadro a seguir:

Direito à igualdade
(no exercício de direitos econômicos, sociais e culturais, intervenção estatal)
Direito à educação
Direito à saúde

---

[111] PIOVESAN, Flávia. **Direitos humanos e o direito constitucional internacional**... Op. Cit., p. 142.
[112] BOBBIO, Norberto... Op. Cit., p. 52.

Direito à alimentação, ao vestuário e à moradia
Direito ao lazer
Direito à cultura
Direito à segurança pública
Direito à família
Direito à proteção da maternidade e da infância
Direito ao trabalho (liberdade de escolha, condições justas e favoráveis, igual e suficiente remuneração, férias e limitação do horário de trabalho, saúde e segurança no trabalho, liberdade de reunião e de associação)
Direito à assistência e à previdência sociais

13.4.3 Fundamento da fraternidade: terceira dimensão

As duas primeiras dimensões de direitos humanos concentram-se em direitos pertencentes ao indivíduo, à pessoa humana propriamente dita, não possuindo um foco na coletividade. Esta é a principal nota do fundamento da fraternidade, consolidado na terceira dimensão de direitos humanos, também conhecida como dos direitos de solidariedade: **o foco na coletividade**.

Assim, ao lado dos direitos sociais, chamados de segunda dimensão, emergiram os chamados direitos de terceira dimensão, que constituem uma categoria ainda **heterogênea** e **vaga**, mas que concentra na reivindicação do direito de viver num ambiente sem poluição[113].

No entanto, a terceira dimensão de direitos humanos engloba muito mais que o direito ao meio ambiente saudável, tanto é que o primeiro aspecto dela que surgiu nos documentos internacionais não foi este, mas sim o do direito à paz:

> *Considerando que o reconhecimento da dignidade inerente a todos os membros da família humana e de seus direitos iguais e inalienáveis é o fundamento da liberdade, da justiça e da **paz** no mundo,*
>
> *Considerando essencial que os direitos humanos sejam protegidos pelo Estado de Direito, para que o homem não seja compelido, como **último recurso, à rebelião** contra tirania e a opressão,*
>
> *Considerando essencial promover o desenvolvimento de **relações amistosas entre as nações**,*
>
> *Considerando que os Estados-Membros se comprometeram a desenvolver, em **cooperação** com as Nações Unidas, o respeito universal aos direitos humanos e liberdades fundamentais e a observância desses direitos e liberdades, [...]*

---
[113] Ibid., p. 25.

O direito à paz, em verdade, é o fundamento da criação de um sistema internacional de proteção de direitos humanos. Afinal, a internacionalização dos direitos humanos foi um reflexo das consequências negativas das duas Grandes Guerras Mundiais, notadamente a Segunda.

Por isso, o preâmbulo da Declaração Universal traz o direito à paz no mundo, colocando a rebelião como último recurso (**a paz é a regra**) e frisando a importância da cooperação internacional e da promoção de relações amistosas entre as nações.

Entretanto, a Declaração Universal engloba indiretamente todos os direitos difusos e coletivos que se inserem na terceira dimensão de direitos humanos, afinal, traz em sentido genérico o dever de agir com espírito de fraternidade em relação aos demais (artigo 1º).

A ideia que está por trás do fundamento da fraternidade é que todos devem agir na comunidade global, uns com relação aos outros, como verdadeiros irmãos, preocupando-se com o exercício de direitos humanos por parte deles. Então, que se relativize a soberania em prol da promoção da paz.

Definitivamente, a fraternidade sofreu ao longo de muito tempo estas restrições do mundo jurídico, doravante sempre esteve presente na lei e nos costumes da vida social como um todo. **Etimologicamente falando, fraternidade é não só o vínculo de parentesco entre irmãos, mais que isso, é a união/convivência como se fosse entre irmãos**. Vista, em regra, como corrente meramente filosófica, o enfoque por parte do Direito vem sofrendo mudanças, a ponto de finalmente tal conceito passar a ser tratado como categoria jurídica que sempre foi, surgindo como uma terceira dimensão de direitos humanos, clamando pela proteção da sociedade como um todo, visando a implantação da dignidade e do bem comum. Ajuda na formação de tal conceito o fato que a dimensão da fraternidade deixa de considerar o homem como ente ensimesmado a passa a encaixá-lo como ente integrante de um contexto que envolva outros seres dotados de dignidade[114].

No mais, tal fraternidade não se refere apenas às gerações atuais, mas também às **gerações futuras**. Assim, um mundo pacífico e salutar deve ser entregue às gerações que se seguirem. Isto engloba um mundo no qual a justiça adquira cada vez mais uma perspectiva coletiva, repousando no seio social; que tenha seus recursos naturais preservados; e que seja habitado por nações que convivam pacificamente entre si.

Em síntese, elenca-se os principais direitos relacionados à fraternidade:

Direitos difusos e coletivos em geral
Direito ambiental, direito do consumidor, direito à incolumidade da administração pública, direito a serviços públicos eficientes.
Direito à paz

---

[114] MACHADO, Carlos Augusto Alcântara. **A fraternidade como categoria jurídico-constitucional**. In: Congresso Nacional "Direito e Fraternidade", 26 de janeiro de 2008, no Auditório Mariápolis Ginetta, Vargem Grande Paulista – São Paulo.

13.4.4 Fundamento do aperfeiçoamento: teorias sobre outras dimensões de direitos humanos

A doutrina não é pacífica no que tange à definição de dimensões posteriores de direitos humanos. Sendo assim, neste ponto surgem as variações da teoria original de Karel Vasak. Frisa-se, preliminarmente, que cada doutrinador – seja dos direitos humanos, seja do direito internacional, seja do direito constitucional – costuma fazer sua própria classificação, a depender de seus parâmetros de definição previamente estipulados. Não se pode, portanto, falar em um rol fechado de variações, de modo que a seguir serão vistas as mais comumente arraigadas na atualidade.

Isto posto, para **Bobbio**[115] – e a maioria da doutrina – os chamados direitos de **quarta dimensão** se referem aos **efeitos traumáticos da evolução da pesquisa biológica, que permitirá a manipulação do patrimônio genético do indivíduo de modo cada vez mais intenso**. Como estão em jogo direitos não discutidos anteriormente, concorda-se que os **direitos biológicos** surgem como quarta dimensão de direitos humanos.

Por outro lado, **Bonavides**[116] defende que são de **quarta dimensão** os direitos inerentes à globalização política, notadamente composta por **democracia, informação e pluralismo**. Bonavides[117] também diverge ao falar de uma **quinta dimensão** composta pelo **direito à paz**, o qual foi colocado por Vasak na terceira dimensão. Não se está de acordo com a posição do autor porque é visível que os direitos à paz e à cooperação amistosa (globalização e universalização) já fazem parte da base do sistema internacional de proteção de direitos humanos, associando-se aos direitos de fraternidade.

Autores da área do **direito eletrônico**, como **Peck**[118] e **Olivo**[119], entendem que ele seria a **quinta dimensão dos direitos humanos**, envolvendo o **direito de acesso e convivência num ambiente salutar no ciberespaço**. Compartilha-se o entendimento, contudo, de que não se trata propriamente de dizer que a sociedade se depara com uma nova dimensão de direitos fundamentais, a não ser que se entenda por nova dimensão uma maximização de direitos fundamentais tradicionalmente estabelecidos.

"Por exemplo, até o surgimento da *Internet* não existiu um meio de comunicação que possibilitasse o exercício dos direitos de liberdade de maneira maximizada. O mesmo vale para a privacidade: muito mais fácil garantir o direito de proteção à privacidade quando a intimidade e a vida privada estão restritas à vida social concreta, no trabalho e em casa, sem que existam meios de ingressar nessas esferas de direito de maneira despercebida. Nas ofensas ao direito de personalidade também ocorreu uma maximização da necessidade de proteção, diante do efeito

---

[115] BOBBIO, Norberto... Op. Cit., p. 25-26.
[116] BONAVIDES, Paulo... Op. Cit., p. 570-571.
[117] Ibid., p. 569.
[118] PECK, Patrícia. **Direito digital**. São Paulo: Saraiva, 2002, p. 26.
[119] OLIVO, Luís Carlos Cancellier de. Os "novos" direitos enquanto direitos públicos virtuais na sociedade da informação. In: WOLKMER, Antônio Carlos; LEITE, José Rubens Morato (Org.). **Os "novos" direitos no Brasil**: natureza e perspectivas. São Paulo: Saraiva, 2003, p. 332.

potencializador para as ofensas propagadas pela rede. Ainda, violar o direito de propriedade intelectual não era fácil quando não existiam os gravadores de CDs, sites de *download*, mecanismos para leitura de *e-books*, mas a tecnologia transformou cada proprietário de um computador em um copiador potencial. Esses são alguns exemplos que permitem afirmar: a sociedade globalizada, com a *Internet*, se deparou pela primeira vez com a possibilidade concreta de violação em larga escala de direitos humanos fundamentais previamente estabelecidos, não propriamente com uma nova dimensão destes direitos"[120].

Independentemente das controvérsias doutrinárias, é possível extrair que direitos humanos não são estanques, mas se sujeitam a **constante aperfeiçoamento**. Logo, é sempre possível que surja uma nova dimensão de direitos humanos, embora na atualidade o problema repouse muito menos no reconhecimento de direitos humanos e muito mais na efetividade dos direitos reconhecidos.

Não se trata de saber *quais* são e *quantos* são esses direitos, a *natureza* ou o *fundamento* deles, se são direitos *naturais* ou *históricos*, *absolutos* ou *relativos*, mas sim **qual é o modo mais seguro para efetivá-los, garanti-los, impedindo que, apesar das inúmeras declarações de reconhecimento, eles sejam continuamente violados**[121].

Tomando os posicionamentos adotados neste tópico, colocam-se no quadro as posições dominantes na atualidade:

Direitos biológicos
Decorrentes do patrimônio genético, questões como células-tronco, clonagem, investigação das origens genéticas da humanidade, manipulação genética, pesquisa biológica, entre outras.
Democracia, informação, pluralismo e paz
Interações entre os homens em um contexto plural.
Direito eletrônico
Interações entre homem e novas tecnologias, exploração da leitura dos direitos humanos na era da informatização.

14 SINOPSE DO CAPÍTULO

Atenta-se para o fato que a sinopse abaixo não exclui a necessidade de leitura de todo o capítulo. A seguir, apenas são **condensadas** algumas das principais informações extraídas da análise da Teoria Geral dos Direitos Humanos caso o leitor procure uma **compreensão sistematizada** do conteúdo trabalhado nesta primeira parte do Manual.

---

[120] GARCIA, Bruna Pinotti. **Ética na Internet**: um estudo da autodisciplina moral no ciberespaço e de seus reflexos jurídicos. 2013. 340 f. Dissertação (Mestrado em Direito) – Centro Universitário Eurípides de Marília, Fundação de Ensino "Eurípides Soares da Rocha", Marília, 2013.
[121] BOBBIO, Norberto... Op. Cit.

1 CONCEITO E BASE TEÓRICA DE DIREITOS HUMANOS

- Pode-se afirmar que um conceito de direitos humanos não pode ser fixado em termos rigorosos do *jusnaturalismo* ou do *contratualismo*: direitos humanos se fixam em *duplo estandarte*. A noção contemporânea de direitos humanos leva a primar pelo expresso reconhecimento em documentos internacionais, mas a origem teórica de formação exige que se considere a intensa relação entre os direitos humanos e o direito natural.

2 DIREITOS HUMANOS E GARANTIAS CONSTITUCIONAIS FUNDAMENTAIS: CONVERGÊNCIAS E DIVERGÊNCIAS CONCEITUAIS

- *Semelhanças entre direitos humanos e direitos fundamentais: a)* ambos estabelecem direitos individuais, sociais e coletivos a serem garantidos à pessoa humana; *b)* ambos visam à proteção e à promoção da dignidade da pessoa humana (pouca ou nenhuma diferença quanto ao conteúdo material); *c)* ambos são formados por princípios que possuem baixa ou baixíssima densidade normativa, favorecendo o papel do intérprete; *d)* o respeito a ambos constitui marco dos regimes de governo democráticos, fundados na lei (Estados Democráticos de Direito).
- *Diferenças entre direitos humanos e direitos fundamentais: a)* direitos humanos são tipicamente s*upra*nacionais (plano internacional), enquanto os direitos fundamentais ocorrem tipicamente no plano interno; *b)* direitos humanos têm processo histórico longo a ser observado na evolução da humanidade e em seus conflitos, enquanto os direitos fundamentais são inspirados nos direitos humanos internacionalizados, embora exista influência de fatores históricos internos; *c)* direitos humanos estão em zona de flutuação acima do ordenamento interno (embora a baixíssima densidade normativa permita um amplo espaço de interpretação pelos países que os aplicam), enquanto os direitos fundamentais se encontram no topo do ordenamento interno e possuem conteúdo mais específico que os direitos humanos (baixa densidade normativa), sujeitando as normas do ordenamento interno; *d)* direitos humanos conferem atenção especial a questões de relativismo cultural devido à abrangência territorial global, enquanto os direitos fundamentais, por serem mais restritos territorialmente, se preocupam menos com questões de relativismo cultural.

3 VERTENTES DE PROTEÇÃO DOS DIREITOS HUMANOS E RELAÇÕES ENTRE ELAS: CONCEITOS BÁSICOS DE DIREITO INTERNACIONAL

- *Direitos humanos stricto sensu, direito humanitário* e *direito dos refugiados* formam, juntos, as três vertentes de proteção da pessoa humana: o primeiro voltado à sua situação em geral; o segundo à sua proteção em circunstâncias de guerra; e, o terceiro, à garantia de asilo quando recluso de seu país. Comum mencionar, ainda, como *vertentes específicas* – diante de certas peculiaridades – o *direito internacional penal* e o *direito de minorias*, que na verdade fazem parte da vertente mais ampla, que é a dos direitos humanos *stricto sensu*.
- Atualmente, é unânime o entendimento de que estas três vertentes *se complementam, não se excluem, e podem se fazer presentes simultaneamente em algumas situações*. Sem prejuízo, cabe observar que tais vertentes de proteção da pessoa humana passam constantemente por *revisões de perspectivas*.

3.1 Direitos humanos e as subvertentes do direito de minorias e do direito internacional penal

- *Sistemas geral e específico:* o sistema de proteção dos direitos humanos pode ser geral ou específico, isto é, voltado para todas as pessoas ou voltado para grupos específicos que necessitam de proteção especial – neste segundo ponto se encontram os chamados direitos de minoria. Não há incompatibilidade entre a proteção geral dos direitos humanos e a criação de um sistema de proteção de minorias, pois sem igualdade material não há efetivamente direitos humanos.

- Por sua vez, a regulamentação do direito internacional penal também está envolvida nos direitos humanos, notadamente no Estatuto de Roma, colocando a pessoa humana como verdadeiro sujeito de direito internacional não apenas na busca de direitos, mas na punição por graves violações conforme a competência do Tribunal Penal Internacional, notadamente, crimes contra a humanidade, crimes de guerra, genocídio e agressão internacional.

3.2 Direito humanitário

- O direito internacional humanitário regulamenta as situações de *conflito armado*, com o intuito de proteger ao máximo os envolvidos – direta (militares) ou indiretamente (civis e outros) – no conflito, minimizando os seus danos. Também é conhecido pelo nome de *direito dos conflitos armados*. A peculiaridade do direito humanitário é que ele não proíbe a guerra ou o atentado contra a vida e a saúde dos que estão no campo de batalha, mas sim cria regras para que isso ocorra de uma maneira menos brutal.

- *As situações as quais o direito humanitário se aplica podem ser: a) conflito armado internacional* (hostilidades entre Estados, envolvendo uma ocupação total ou parcial); b) conflito armado não internacional (violência armada prolongada dentro de um Estado); *c) conflito armado misto* (conflito interno com uma participação estrangeira). Destaca-se que as normas das Convenções de Genebra não se aplicam aos conflitos armados não internacionais, isto é, de violência armada prolongada dentro de um Estado, à exceção do artigo 3º, comum às quatro Convenções. Entretanto, não se pode negar que os protocolos adicionais ampliaram o âmbito de proteção do direito humanitário.

- *São três as vertentes do direito humanitário: a) Direito de Genebra* (vide Convenções de Genebra e seus protocolos adicionais); *b) Direito de Haia* (volta-se ao direito da guerra propriamente dito, colacionando a normativa que rege a conduta das operações militares, bem como os direitos e os deveres dos militares participantes na conduta das operações militares, limitando os meios de ferir o inimigo. Parte de sua normativa está no primeiro protocolo às Convenções de Genebra, mas no geral o conteúdo se encontra nas Convenções de Haia de 1899 – revistas em 1907 –, também conhecidas como *Convenções sobre a Resolução Pacífica de Controvérsias Internacionais*. Hoje, tal normativa possui um caráter mais costumeiro do que jurídico, já que o papel de zelar pela paz acabou sendo ocupado pela Organização das Nações Unidas, com número bastante superior de aderentes e sob regimes de governo, em regra, democráticos); *c) Direito de Nova York* (também zela pela proteção dos direitos humanos em período de conflito armado, no entanto, volta-se a esta atividade de proteção desenvolvida no âmbito da Organização das Nações Unidas, com sede de atuação em Nova York. Neste sentido, em 1968 a Assembleia Geral das Nações Unidas adotou a Resolução nº 2444 (XXIII) com o título *Respeito dos direitos humanos em período de conflito armado*, o que constitui um marco da mudança de atitude do organismo global de proteção no que diz respeito ao direito humanitário. Após este documento, as Nações Unidas têm mostrado relevante interesse em tratar matérias relativas às guerras de libertação nacional, bem como à interdição ou limitação da utilização de determinados armamentos).

3.3 Direito dos refugiados

- Envolve a garantia de asilo a alguém fora do território do qual é nacional por qualquer dos motivos especificados em normas de direitos humanos, principalmente: perseguição por razões de raça, religião, nacionalidade, pertença a um grupo social determinado ou convicções políticas.

- O regime contemporâneo do direito dos refugiados remete às negociações decorrentes da Segunda Guerra Mundial, que levaram à criação do Alto Comissariado das Nações Unidas para os Refugiados (ACNUR) e à adoção da Convenção relativa ao Estatuto dos Refugiados de 1951, e tem como fundamento jurídico o princípio do *non-refoulement*, segundo o qual se proíbe a expulsão de refugiado para fronteiras de territórios onde a sua vida ou a sua liberdade sejam ameaçadas por razão de raça, religião, nacionalidade, filiação a grupos sociais ou opiniões políticas.

4 CARACTERÍSTICAS DOS DIREITOS HUMANOS

4.1 Historicidade

- Os direitos humanos não são fruto de apenas um acontecimento específico. Eles são produto de um processo *temporal* e *complexo* no qual vão se formando suas nuanças. Graças a esta característica, são os direitos humanos *mutáveis, adaptáveis, aperfeiçoáveis*.
- Ademais, esta característica da historicidade importa dizer que os direitos humanos não são estacionários, estando, portanto, em constante evolução, de acordo com as novas necessidades que os novos tempos e o desenvolvimento das relações humanas exigem. Eis a consagração da chamada "*proibição do retrocesso*", mais difundida no campo dos direitos sociais, mas certamente vigente para todas as espécies de direitos humanos fundamentais.

4.2 Mobilidade e dinamismo

- A ausência de estaticidade dos direitos humanos (ou seja, o dinamismo destes direitos) implica admitir que não é possível fixar um rol taxativo e determinado destes direitos e nem afirmar que já foram reconhecidos todos os direitos humanos que deveriam ser reconhecidos.

4.3 Universalidade

- Os direitos humanos destinam-se a todos os seres humanos, independentemente da raça, cor, credo ou ideologia assumida.
- Ademais, a característica da universalidade não apenas defende a proteção equivalente a todos, como também importa dizer que determinados grupos são mais necessitados e, portanto, devem receber maiores *doses de proteção* por parte do Estado (noção de igualdade material).

4.4 Generalidade

- Os direitos humanos, na qualidade de normas jurídicas, não são criados para situações concretas pretéritas ou para pessoas determinadas. Suas regras, pois, são aplicadas e elaboradas com abstração e generalidade. A proteção de minorias e grupos vulneráveis não viola a generalidade dos direitos humanos, conforme já referido quanto à universalidade destes direitos.

4.5 Inalienabilidade

- Os direitos humanos são intransferíveis e inegociáveis, não se podendo, pois, se lhes atribuir valor econômico (comercialmente falando). Um indivíduo não pode, por exemplo, negociar seu direito à liberdade em troca de qualquer tipo de bem com valor financeiro. A inalienabilidade não importa dizer, entretanto, que não se possa desempenhar atividades econômicas utilizando-se de um direito humano.

4.6 Imprescritibilidade

- Os direitos humanos são sempre exigíveis, não se perdendo com o decurso do tempo. Assim, uma vez que são sempre exercíveis e exercidos, não deixam de existir pela falta de uso (prescrição). O que pode haver é a prescrição do direito decorrente do exercício dos direitos humanos.

4.7 Irrenunciabilidade

- Direitos humanos não podem ser renunciados pelo seu titular devido à fundamentalidade material destes direitos para a dignidade da pessoa humana. O máximo que se admite é a limitação voluntária de seu exercício, desde que num *estrito caso concreto* (esta limitação não pode ser absoluta), e *por período determinado* (esta limitação não pode viger sempre).

4.8 Inviolabilidade

- Direitos humanos não podem deixar de ser observados por disposições *infra*constitucionais ou por atos das autoridades públicas.
- Questão interessante quanto a esta característica da inviolabilidade remonta ao fato de que o Estado, por dever atribuidor de direitos humanos, é também, historicamente, seu maior violador. Isso permite concluir que o Estado, além da obrigação de estar comprometido com o não desrespeito aos direitos humanos (sob pena de sua responsabilização nos cenários nacional e internacional, inclusive), deve também fornecer instrumentos para que os cidadãos se defendam dos próprios agentes estatais.

4.9 Indivisibilidade

- O único sentido dos direitos humanos está na observação conjunta, na garantia universal de um todo de direitos e não de parcelas destes. Não cabe separar direitos humanos na prática, mas apenas na teoria para fins metodológicos de forma a permitir uma compreensão mais adequada do conteúdo deles.

4.10 Complementaridade

- Os sistemas regionais descentralizam a Organização das Nações Unidas para respeitar a complementaridade, ou seja, os diferentes elementos de base cultural, religiosa e social das diversas regiões. Mediante o processo de regionalização é possível manter a característica da universalidade sem perder de vista as peculiaridades culturais, religiosas, sociais e econômicas das diversas regiões do globo.

4.11 Interdependência ou inter-relação

- As dimensões de direitos humanos apresentam uma relação orgânica entre si, logo, a dignidade da pessoa humana deve ser buscada por meio da implementação mais eficaz e uniforme das liberdades clássicas, dos direitos sociais, econômicos e de solidariedade como um todo único e indissolúvel.

4.12 Inexauribilidade

- Os direitos humanos estão em constante aperfeiçoamento, ou seja, a cada dia podem surgir novas perspectivas com relação aos direitos já declarados (ou, mesmo, o que parte da doutrina denomina como novos direitos).

4.13 Essencialidade

- Os direitos humanos são essenciais para a proteção da pessoa humana em sua dignidade e em seus direitos, conferindo proteção imprescindível aos bens jurídicos inatos à natureza humana, devidamente reconhecidos nos sistemas de proteção dos direitos humanos.

4.14 Efetividade

- Para dar efetividade aos direitos humanos a ONU se subdivide, isto é, o tratamento é global, mas certas áreas irão cuidar de determinados direitos. Em outras palavras, internacionalmente, coexistem sistemas geral e especial de proteção de direitos humanos, que funcionam complementarmente. Além disso, há uma descentralização para os sistemas regionais a fim de preservar a característica da complementaridade, sem a qual não há efetividade.

4.15 Relatividade

- São dois os sentidos de relatividade: *a)* pelo *sentido amplo*, a relatividade é vista como *relativismo cultural*, buscando-se um diálogo entre a universalidade dos direitos humanos e as diversas culturas existentes; *b)* pelo *sentido restrito*, a relatividade é vista como *limitabilidade dos direitos humanos*, não reconhecendo nenhum deles como absoluto.
- No que tange à ideia de *relatividade em sentido amplo*, as teorias que defendem o universalismo dos direitos humanos se contrapõem ao relativismo cultural, que afirma a validez de todos os sistemas culturais e a impossibilidade de qualquer valorização absoluta desde um marco externo, que, neste caso, seriam os direitos humanos universais. Os defensores do relativismo cultural, pois, adotam o posicionamento de que a manifestação das diversas culturas é necessária para a consolidação de uma perspectiva adequada de direitos humanos, logo, o relativismo defende que os direitos humanos não se aplicam igualmente a todas as culturas, podendo tal aplicabilidade variar por fatores culturais. Entre duas posturas extremas – *favoráveis ao universalismo (puramente universalistas)* e *contrárias ao universalismo (puramente relativistas)* – situa-se uma gama de posições intermediárias. Muitas declarações de direitos humanos emitidas por organizações internacionais regionais põem um acento maior ou menor no aspecto cultural e dão mais importância a determinados direitos de acordo com sua trajetória histórica.
- Por sua vez, no que tange à ideia de *relatividade em sentido estrito*, os direitos humanos não podem ser utilizados como um escudo para práticas ilícitas ou como argumento para afastamento ou diminuição da responsabilidade por atos ilícitos. Assim, os direitos humanos não são ilimitados e encontram seus limites nos demais direitos igualmente consagrados como humanos. Não há direitos humanos absolutos. Todos eles devem ser analisados de maneira conglobada, de forma que um respeite a esfera de abrangência do outro. É preciso haver uma concordância prática de direitos humanos. Aqui, é possível pensar em critérios para a resolução de conflitos ante a colisão de direitos fundamentais: *a)* reserva legal simples; *b)* reserva legal qualificada; *c)* limites dos limites; *d)* proteção do núcleo essencial dos direitos humanos; *e)* proporcionalidade; *f)* proibição de restrições casuísticas; e *g)* limitação dos direitos humanos pela relação direitos-deveres.

5 A ESTRUTURA NORMATIVA DO SISTEMA INTERNACIONAL E DO SISTEMA REGIONAL DE PROTEÇÃO AOS DIREITOS HUMANOS

- Internacionalmente, coexistem sistemas *geral* e *especial* de proteção de direitos humanos, que funcionam complementarmente: *a) sistema especial* (realça o processo de especificação do sujeito de Direito, passando ele a ser visto em sua especificidade e concretude – *ex.*: criança, grupos vulneráveis, mulher); *b) sistema geral* (é endereçado a toda e qualquer pessoa, concebida em sua abstração e generalidade).
- Junto ao *sistema normativo global* existem os *sistemas normativos regionais de proteção*, internacionalizando direitos humanos no plano regional, notadamente Europa, América e África, cada qual com aparato jurídico próprio. Tais sistemas coexistem de forma complementar, junto com o próprio sistema nacional de proteção (caráter interno). Vejamos: *a) sistema global de proteção* (estabelece-se notadamente no âmbito da Organização das Nações Unidas); *b) sistema regional de proteção* (interamericano, europeu, africano e islamo-arábico); *c) sistema nacional de proteção* (se forma com a institucionalização dos direitos humanos no texto das Constituições democráticas, bem como com a incorporação no âmbito interno dos tratados internacionais dos quais o país seja signatário, mediante o devido processo legal).

6 CONDIÇÕES PARA SUSPENSÃO DE DIREITOS E DIREITOS INDERROGÁVEIS

- Alguns direitos e garantias humanos podem ser suspensos em situações excepcionais – e, desde que respeitadas limitações rigorosas –, ao passo que outros nunca podem ser suspensos. Por suspensão entende-se deixar de garanti-los às pessoas por um determinado período de tempo, até que cesse uma situação excepcional ou que se chegue a um termo certo.

- Fala-se sobre a suspensão de direitos e garantias humanos tanto nos Pactos Internacionais de 1966 (ONU), quanto na Convenção Americana sobre Direitos Humanos de 1969 (OEA), havendo disciplina ainda no âmbito latino-americano por regulação do MERCOSUL.

7 INTERPRETAÇÃO DOS TRATADOS INTERNACIONAIS DE DIREITOS HUMANOS

- Os tratados de direitos humanos possuem normas muito amplas, com *baixíssima densidade normativa*, que geralmente adotam a forma de princípios, razão pela qual sempre que forem aplicadas exigirão uma atividade de interpretação de seu real sentido.

7.1 Normativa cogente (*jus cogens*) e normativa não cogente (*soft law*)

- *Categorias normativas no direito internacional sob o aspecto da coercibilidade: a) jus cogens* (normas absolutamente cogentes e inderrogáveis, independente de convenção internacional específica, de modo que qualquer norma que a contrarie é nula); *b) normas convencionais de direitos humanos* (são aquelas que se tornam obrigatórias e podem ser juridicamente exigidas em relação aos Estados que se tornaram signatários do tratado que as prevê); *c) soft law* (são aquelas que se encontram em documentos não convencionais – notadamente Declarações de Direitos e normas afins – e não fazem parte do *jus cogens*, muito embora um documento de *soft law* possa conter normas de *jus cogens*).

7.2 Vedação à interpretação deturpada

- Por ser tão amplo o exercício hermenêutico, tem-se como *aspecto positivo* a possibilidade de abranger o máximo de situações jurídicas dignas de proteção, mas como *aspecto negativo* a viabilidade de se deturpar a finalidade da norma para aplicá-la como for mais conveniente. Ciente disso, os tratados internacionais de direitos humanos expressam preocupação sobre a interpretação de seu conteúdo, lembrando que não podem fugir da finalidade da organização e não podem servir ao impedimento no exercício de direitos humanos fundamentais ou à violação da lei.

7.3 Repercussões interpretativas do monismo e do dualismo do direito internacional

- Na doutrina, foram criadas duas teorias para solucionar os conflitos existentes no processo de incorporação dos tratados no ordenamento jurídico de um Estado que assine um tratado internacional, seja ele de direitos humanos, seja ele de matéria diversa, quais sejam, a *teoria monista* e a *teoria dualista*: *a)* pela *teoria monista*, o direito interno e o direito internacional compõem um mesmo sistema jurídico, não sendo assim autônomos ou independentes; *b)* por outro lado, a *teoria dualista*, que é adotada pelo Brasil (conforme posicionamento amplamente majoritário), coloca o direito interno e o internacional como duas ordens jurídicas distintas.
- Adotada a *teoria monista*, dispensa-se um processo de incorporação normativa, uma vez que se entende impossível a existência de conflito entre as duas ordens jurídicas; seguindo a *teoria dualista*, compreende-se que é possível que a norma internacionalmente ratificada pelo Estado entre em controvérsia com a normativa interna, razão pela qual deverá passar por um processo de aprovação perante o Legislativo para valer plenamente enquanto Direito positivo no âmbito nacional.

7.4 O critério *pro homine* ou da primazia da norma mais favorável

- O princípio da primazia dos direitos humanos nas relações internacionais implica em que o Brasil deve incorporar os tratados quanto ao tema ao ordenamento interno brasileiro e respeitá-los. Implica, também, em que as normas voltadas à proteção da dignidade em caráter universal devem ser aplicadas no Brasil em caráter prioritário em relação a outras normas.
- Em termos procedimentais, o princípio da primazia assume força nos sistemas monistas, que dispensam o processo de incorporação normativa aos tratados de direitos humanos. O Brasil,

embora adote o critério da primazia da norma mais favorável em algumas de suas decisões, o faz com reservas, respeitando a questão hierárquica da incorporação dos tratados internacionais de proteção aos direitos humanos.

7.5 Teoria da margem de apreciação

- A teoria da margem de apreciação é baseada na subsidiariedade da jurisdição internacional e ponderada pelo princípio da proporcionalidade. Por tal, determinadas controvérsias correlatas a restrições estatais devem ser debatidas e solucionadas pelas comunidades nacionais, impedindo que o juiz internacional interfira e as aprecie, notadamente porque fatores culturais internos devem receber o merecido destaque.
- Na jurisprudência do Sistema Interamericano, a margem de apreciação teve destaque na Opinião Consultiva nº 4/84 sobre mudanças constitucionais no processo de naturalização de estrangeiros na Costa Rica, sendo ainda aplicada isoladamente (a frequência é maior na Corte Europeia de Direitos Humanos).

8 A INCORPORAÇÃO DOS TRATADOS INTERNACIONAIS DE PROTEÇÃO DOS DIREITOS HUMANOS AO DIREITO BRASILEIRO

8.1 O processo de incorporação de tratados internacionais pelo ordenamento jurídico brasileiro

- Para um tratado internacional ingressar no ordenamento jurídico brasileiro deve ser observado um procedimento complexo, que exige o cumprimento de quatro fases, nada obstante pequenas variações doutrinárias de números de etapas e nomenclaturas: *a)* negociação; *b)* assinatura; *c)* aprovação parlamentar; e *d)* promulgação do texto.

8.2 Valor do tratado de direitos humanos na Constituição Federal: princípio da primazia dos direitos humanos

- O § 1º e o § 2º, do art. 5º, existiam de maneira originária na Constituição Federal, consagrando o princípio da primazia dos direitos humanos, como reconhecido pela ampla doutrina majoritária. Logo, todos os tratados que ingressaram no ordenamento jurídico após a Constituição Federal de 1988 são mais que leis ordinárias – materialmente falando –, isto é, são efetivas *fontes de direitos implícitos*.

8.3 A posição hierárquica dos tratados internacionais de direitos humanos em face do art. 5º, § 3º, da Constituição Federal: hierarquia *supra*legal

- Com o advento da Emenda Constitucional nº 45/2004, que acresceu o § 3º ao art. 5º da Constituição Federal, abriu-se a possibilidade para que os tratados internacionais de direitos humanos fossem – com sua internalização – equiparados às emendas constitucionais, desde que houvesse a aprovação do tratado em cada Casa do Congresso Nacional, com votação em dois turnos e aprovação por três quintos dos votos dos respectivos membros.
- Por sua vez, o Supremo Tribunal Federal firmou o entendimento pela *supra*legalidade do tratado de direitos humanos anterior à Emenda (estaria numa posição que paralisaria a eficácia da lei *infra*constitucional, mas não revogaria a Constituição no ponto controverso). Logo, o tratado de direitos humanos anterior à Emenda Constitucional nº 45/2004 é mais do que lei ordinária, e por isso paralisa a lei ordinária que o contrarie, porém menos que o texto constitucional. Criou-se, então, uma necessidade de dupla compatibilidade das leis ordinárias.

8.4 Tratados "equivalentes a emendas constitucionais"

- A partir da alteração constitucional que culminou no art. 5º, § 3º, os tratados de direitos humanos que ingressarem no ordenamento jurídico brasileiro, versando sobre matéria de direitos humanos, passarão por um processo de aprovação semelhante ao de emenda constitucional. Muito embora não haja qualquer obrigatoriedade quanto a isso (para não ferir a independência do Poder Legislativo), há uma recomendação doutrinária prevalente neste sentido.

• Atualmente, estão nesta condição a Convenção Internacional de Direitos da Pessoa Portadora de Deficiência e seu Protocolo Facultativo (Decreto nº 6.949/2009). Ademais, ainda no campo dos direitos da pessoa com deficiência, urge mencionar importante inovação: o Tratado de Marraqueche para facilitar o acesso a obras publicadas às pessoas cegas, com deficiência visual ou com outras dificuldades para ter acesso ao texto impresso, que foi assinado no âmbito da Organização Mundial de Propriedade Intelectual, tem agora, oficialmente, o "*status*" de tratado internacional de direitos humanos internalizado na forma do art. 5º, § 3º, CF. Muito embora já tivesse sido ele aprovado pelo Congresso Nacional brasileiro pelo Decreto Legislativo nº 261/2015 com quórum de votação de equivalência à emenda constitucional, somente em outubro de 2018, por força do Decreto nº 9.522, seu processo de internalização foi concluído, ganhando, então, oficialmente falando, o "*status*" de tratado de direitos humanos equivalente à emenda constitucional. Portanto, é preciso atualizar-se no sentido de que, se antes eram dois os documentos internalizados na forma do art. 5º, § 3º (Convenção de Nova York + seu Protocolo Facultativo), agora são três, pois a estes dois devemos acrescer o Tratado de Marraqueche.

8.5 Análise da aplicação do critério da *supra*legalidade perante a jurisprudência do Supremo Tribunal Federal quanto ao princípio do duplo grau de jurisdição

• Parece faltar seriedade quando o assunto é decidir sobre o *status* normativo das normas internacionais de direitos humanos anteriores à Constituição Federal de 1988, variando-se o argumento conforme mais conveniente ao caso concreto: se não é conveniente o *status* supralegal pacificado em súmula vinculante (vide a questão envolvendo a vedação da prisão civil do depositário infiel), baixa-se para o de norma ordinária quando o assunto são os embargos à execução fiscal de menor valor e sobe-se para norma constitucional quando o interesse político é mais forte (vide admissibilidade de embargos infringentes, na AP nº 470).

8.6 Análise da aplicabilidade do art. 5º, § 3º, CF (2005-2018)

• Dos 31 tratados internacionais devidamente incorporados ao ordenamento brasileiro desde a EC nº 45/2004, apenas dois deles passaram pelo procedimento especial do art. 5º, § 3º, CF, e adquiriram o *status* de norma constitucional: o Decreto nº 6.949/2009 (que promulga a Convenção Internacional sobre os Direitos das Pessoas com Deficiência e seu Protocolo Facultativo), bem como o Decreto nº 9.522/2018 (que promulga o Tratado de Marraqueche para facilitar o Acesso a Obras Publicadas às Pessoas Cegas). Sendo assim, o fato de terem sido incorporados 31 tratados e apenas dois deles mediante procedimento especial permite deduzir que o legislador tem tratado como critério discricionário o uso deste.

• No sistema brasileiro coexistem hoje as seguintes circunstâncias, portanto: *a) tratado internacional de direitos humanos aprovado antes da Constituição de 1988* (inúmeros); *b) tratado internacional de direitos humanos aprovado entre a entrada em vigor da Constituição de 1988, porém antes da EC nº 45/2004, ao qual o STF atribuiu hierarquia supralegal, embora sem se ater ao critério em julgamentos futuros* (inúmeros); *c) tratado internacional de direitos humanos aprovado depois da vigência da EC nº 45/2004 submetido ao procedimento do artigo 5º, § 3º, CF devidamente promulgado* (apenas dois); *d) tratado internacional de direitos humanos aprovado depois da vigência da EC nº 45/2004 não submetido ao procedimento do art. 5º, § 3º, CF, mas a mero procedimento comum semelhante ao de aprovação de lei ordinária, devidamente promulgado* (vinte e nove).

8.7 Controle de convencionalidade

• Com base na tríplice hierarquia dos tratados internacionais adotada pelo STF no julgamento do RE nº 466.343, se começou a falar mais intensamente no Brasil em *controle de convencionalidade* –

uma modalidade aproximada ao controle de constitucionalidade – como medida apta a aferir a consonância das normas aos tratados internacionais com "*status*" de emenda constitucional ou nível *supra*legal.
- No sistema interamericano de proteção dos direitos humanos, o controle de convencionalidade apareceu pela primeira vez no *Caso Almonacid Arellano e outros vs. Chile*. Analisando fato ocorrido durante o regime militar chileno, em que Luis Alfredo Almonacid Arellano foi assassinado – por sua suposta atuação opositora ao regime – sem que o crime tivesse sido adequadamente investigado por conta de uma Lei de Anistia superveniente, a Corte Interamericana de Direitos Humanos entendeu que, como o Chile se comprometeu com a Convençao Americana de Direitos Humanos, essa Conveção deveria ser parâmetro para a declaração de inconvencionalidade da lei de anistia chilena. No aludido caso, a Corte Interamericana foi além e afirmou competir precipuamente ao Poder Judiciário de cada país apreciar tais inconvencionalidades, ficando a atuação da Corte mais restrita a um caráter subsidiário.
- Frisa-se que o controle de convencionalidade não pressupõe atuação exclusivamente jurisdicional. Mais uma vez a Corte Interamericana de Direitos Humanos, dessa vez no *Caso Gelman vs. Uruguai*, pontuou uma atuação institucional múltipla no combate às inconvencionalidades. Mas, indubitavelmente, é na modalidade jurisdicional que o controle de convencionalidade dá passos mais robustos. Em termos jurisdicionais, tal controle será possível: *a) pela via concentrada* (quando o parâmetro for tratado internacional sobre direitos humanos internalizado na forma do terceiro parágrafo, do art. 5º, da CF); *b) pela via difusa* (quando o parâmetro for tratado internacional sobre direitos humanos não internalizado na forma do terceiro parágrafo, do art. 5º, CF).
- Quanto aos tratados comuns, de acordo com a teoria, estes não serviriam como paradigma para controle de convencionalidade, mas para *controle de supralegalidade* das normas *infra*constitucionais.

9 CLASSIFICAÇÃO CONSTITUCIONAL DOS DIREITOS HUMANOS

- A CF utiliza a expressão "direitos fundamentais" como um gênero, dividindo-os nas espécies *direitos individuais* (art. 5º, CF, em sua grande maioria), *direitos sociais* (genericamente previstos no art. 6º, CF), *direitos da nacionalidade* (arts. 12 e 13, CF), e *direitos políticos* (arts. 14 a 17, CF).
- É diferente da lógica pensada para os "direitos humanos" propriamente ditos, cuja terminologia adota a ideia de *direitos civis e políticos* (prioritariamente relacionados às ideias de liberdade e de participação na vida política do Estado), *direitos sociais, econômicos e culturais* (prioritariamente relacionados à ideia de igualdade), e *direitos de fraternidade ou de solidariedade* (prioritariamente relacionados à transcendência das relações humanas).

10 EFICÁCIA VERTICAL, HORIZONTAL E DIAGONAL DOS DIREITOS HUMANOS

- *Eficácia vertical dos direitos humanos:* tradicionalmente, sempre tiveram os direitos humanos irradiação centrífuga, isto é, com emanação do poder de comando, atingindo os comandados, verticalmente, bem como limitando a atuação deste poder de comando.
- *Eficácia horizontal dos direitos humanos:* todavia, com a crescente influência dos textos constitucionais nas democracias ocidentais, vitaminada pela atribuição de força normativa aos preceitos magnos, ocorreu uma verdadeira miscigenação do direito constitucional e dos direitos humanos com outras áreas jurídicas até então não misturáveis, no fenômeno doutrinariamente conhecido por "*constitucionalização/humanização do direito privado*", em que o valor da autonomia privada, antes absoluto, foi secundarizado em prol do interesse público. Nesta frequência, ato contínuo passou-se a admitir como plausível a hipótese de que os direitos humanos emanam, também, do homem, em sua *relação horizontal com seus congêneres*, e não só do Estado. Três teorias compreendem a análise desta espécie de eficácia: *a)* teoria da ineficácia horizontal; *b)* teoria da eficácia horizontal indireta; e *c)* teoria da eficácia horizontal direta.
- *Eficácia diagonal dos direitos humanos:* não se pode esquecer, contudo, da chamada *eficácia diagonal dos direitos humanos/fundamentais*, aplicada às relações entre particulares em que haja

subordinação entre estes, notadamente nas relações de trabalho (empregador/empresa e empregado). De acordo com tal prisma de eficácia, em algumas hipóteses, mesmo nas relações entre particulares, alguns agentes encontram-se em posição desfavorável, desprivilegiada em relação a outros agentes, o que faz com que tal relação deva ser equilibrada por uma incidência proporcional de direitos fundamentais/humanos.

10.1 Teoria da ineficácia horizontal (ou doutrina da *State Action*)

- Os direitos humanos não podem ser aplicados às relações entre particulares, de forma que não existe uma "eficácia horizontal" de direitos humanos. Por tal teoria, a única e histórica razão para a existência dos direitos humanos/fundamentais é a proteção contra os arbítrios estatais, de modo que, entre particulares, já bastam as regras implícitas de convívio social comumente norteadas pela autonomia privada.

10.2 Teoria da eficácia horizontal indireta

- A produção de efeitos entre particulares das normas de direitos fundamentais não pode se fundar exclusivamente na Constituição, precisando ser modulada pelas normas e parâmetros do direito privado.

10.3 Teoria da eficácia horizontal direta

- Essa doutrina reconhece a aplicabilidade direta, sem quaisquer mecanismos intermediários, dos direitos humanos entre particulares. No Brasil, observa-se uma tendência por este terceiro posicionamento.

11 O NEOCONSTITUCIONALISMO, A NOVA FASE POSITIVISTA E O ESTADO DEMOCRÁTICO DE DIREITO

- O Estado Democrático de Direito é tido como sucedâneo lógico do que um dia foi o Estado Liberal e depois Estado Social, vindo à tona após a Segunda Guerra Mundial tendo em vista a análise empírica de que mesmo o Estado nazifascista, legitimador de atrocidades genocidas, foi um Estado de Direito, e, portanto, legal, nos termos estritos de uma análise fria. Observou-se que não basta um Estado meramente legalista, se não acompanhá-lo, também, as noções de ética e justiça.

- Dentro do neoconstitucionalismo, emerge uma nova fase do positivismo (um "pós-positivismo", como muitos preferem), na qual se pode observar, dentre outras coisas: *a)* a agregação de normatividade aos princípios; *b)* a atribuição de valor ao normativismo incapaz de acompanhar o sem-número de possibilidades fáticas ante um mesmo caso e o fomento à vinculação vertical e também horizontal dos direitos fundamentais e humanos; *c)* a possibilidade de manter atuais as legislações frente ao processo evolutivo rápido e constante da sociedade contemporânea por meio de cláusulas abertas e conceitos jurídicos indeterminados passíveis de concretização singularizada pelo julgador; *d)* a retirada da subsunção a "última palavra" da aplicação do direito conferindo à ponderação e às teorias da argumentação eficácia decisória; e *e)* a promoção da judicialização da política.

12 TEORIAS DOUTRINÁRIAS DE CLASSIFICAÇÃO DE DIREITOS HUMANOS

- Apesar de naturalmente estudadas pela ciência constitucional, as teorias doutrinárias de classificação dos direitos fundamentais também comportam sua aplicação no âmbito dos direitos humanos, haja vista o fato de traduzirem uma eficácia histórica e, principalmente, o âmbito de incidência com que os direitos foram sendo aplicados ao longo dos tempos.

12.1 Classificação com base na teoria dos "status" de Jellinek

- *Direitos de defesa:* são aqueles que o indivíduo utiliza para se defender dos arbítrios do Estado. Estão atrelados ao valor *"liberdade"* e correspondem, portanto, aos direitos fundamentais de primeira geração/dimensão. Possuem um *caráter negativo*.

- *Direitos prestacionais:* são direitos que exigem do Estado uma *atuação positiva*, isto é, uma prestação material. Estão atrelados, essencialmente, ao valor *"igualdade"* e correspondem, portanto, aos direitos fundamentais de segunda geração/dimensão. Possuem um *caráter positivo*.

- *Direitos de participação:* são direitos que permitem a *participação* do indivíduo na vida política do Estado, e, portanto, estão ligados à cidadania. Possuem *natureza mista*.

12.2 Classificação do Caso Lüth: direitos objetivos e subjetivos

- Um posicionamento mais tradicional certamente vai se ater tão somente ao *aspecto subjetivo* dos direitos humanos, isto é, aos sujeitos que titularizam tais direitos. A dimensão subjetiva dos direitos humanos, portanto, nada mais é que os sujeitos que recebem/exercem tais direitos (contra o Estado, inclusive, quando preciso).

- Nada obstante, há também um *aspecto objetivo* a ser considerado, baseado em construções objetivas para toda uma coletividade, transpassando assim a mera maneira singularizada de analisar o indivíduo como preconiza a perspectiva subjetiva.

13 FUNDAMENTOS DE DIREITOS HUMANOS

13.1 Fundamento da dignidade da pessoa humana

- A dignidade da pessoa humana é o valor-base de interpretação de qualquer sistema jurídico, internacional ou nacional, que possa se considerar compatível com os valores éticos, notadamente da moral, da justiça e da democracia. Pensar em dignidade da pessoa humana significa, acima de tudo, colocar a pessoa humana como centro e norte para qualquer processo jurídico de interpretação, seja na elaboração da norma, seja na sua aplicação.

- A importância do princípio da dignidade da pessoa humana já pode ser detraída com a sua aparição no preâmbulo e no primeiro artigo da Declaração Universal dos Direitos Humanos de 1948.

- Fundamentos associados da dignidade humana: *a) autoconsciência* (o homem possui consciência da própria subjetividade); *b) sociabilidade* (o homem somente desenvolve suas virtualidades de pessoa e busca aperfeiçoamento quando vive em sociedade); *c) historicidade* (a natureza humana vive em perpétua transformação); e *d) unicidade existencial* (cada ser humano representa ente rigorosamente insubstituível no mundo).

13.2 Fundamento da democracia

- Fora de um Estado democrático, não há possibilidade de exercício pleno de nenhuma das dimensões de direito: a liberdade fica tolhida pela censura, os direitos políticos pelo impedimento da participação popular, os direitos econômicos, sociais e culturais pela manipulação de recursos ao que é conveniente ao governo antidemocrático e não ao interesse coletivo, os direitos de solidariedade pela impossibilidade de criação de consciência coletiva sem o exercício e a efetivação dos direitos individuais.

- Modelos possíveis de democracia: *a) democracia direta/pura* (o cidadão expressa sua vontade por voto direto e individual em cada questão relevante); *b) democracia indireta/representativa* (os cidadãos exercem individualmente o direito de voto para escolher representantes que atuarão em seu nome); *c) democracia semidireta/participativa* (tem-se uma democracia representativa mesclada com peculiaridades e atributos da democracia direta).

13.3 Fundamento da razoabilidade-proporcionalidade

- Razoabilidade e proporcionalidade são fundamentos de *caráter instrumental* na solução de conflitos que se estabeleçam entre direitos humanos e fundamentais, notadamente quando não há legislação *infra*constitucional específica abordando a temática objeto de conflito.
- *Aproximações conceituais:* tanto a razoabilidade quanto a proporcionalidade servem para evitar interpretações esdrúxulas manifestamente contrárias às finalidades do texto declaratório, seja nos documentos internacionais, seja na Constituição Federal. Ademais, proporcionam um exercício de ponderação, em que são analisados os mais diversos pontos de vista em torno de uma questão a fim de que se chegue a uma solução que se repute mais apropriada.
- *Distanciamentos conceituais:* historicamente, a razoabilidade se desenvolveu no direito anglo-saxônico, ao passo que a proporcionalidade origina-se do direito germânico (muito mais metódico, objetivo e organizado), muito embora uma tenha buscado inspiração na outra certas vezes. Por conta de sua origem, a proporcionalidade tem parâmetros mais claros nos quais pode ser trabalhada, enquanto a razoabilidade permite um processo interpretativo mais livre. Não obstante, a proporcionalidade tem um maior sentido jurídico, enquanto a razoabilidade se relaciona mais intensamente a discussões filosóficas.

13.4 Fundamento da interdependência: a teoria das "gerações" ou "dimensões" de direitos

- As dimensões de direitos humanos não são estanques, mas, sim, complementares. Somam-se e dialogam uma com a outra, formando um completo sistema de proteção da pessoa humana. Toma-se o pressuposto de que todos os bens jurídicos garantidos à pessoa humana devem ser preservados e respeitados, sob pena de uma proteção defeituosa. Por isso mesmo, a nomenclatura *dimensão* é mais adequada do que *geração*. São três as dimensões "pacíficas": *a) primeira dimensão* (direitos civis e políticos, relacionados à liberdade); *b) segunda dimensão* (direitos sociais, econômicos e culturais, relacionados à igualdade); *c) terceira dimensão* (direitos de solidariedade, notadamente ambientais e os relacionados à paz).
- *Primeira dimensão:* o fundamento da liberdade guia um dos grupos de direitos humanos fundamentais internacionalmente reconhecidos, também conhecidos como parte da primeira dimensão de direitos humanos, composta pelos direitos civis e políticos. A Declaração Universal confere atenção especial à liberdade não somente como uma espécie de direito individual, mas como verdadeiro fundamento sistêmico. O cerne do fundamento da liberdade está na *abstenção estatal*, retirando o governante da posição de soberano e instituindo a ideia de soberania popular, garantindo-se ao povo o exercício de seus direitos individuais e a possibilidade de participar das decisões políticas do Estado. Os dois movimentos que levaram à afirmação dos direitos de primeira dimensão foram a Revolução Americana, que culminou na Declaração de Virgínia (1776), e a Revolução Francesa, cujo documento essencial foi a Declaração dos Direitos do Homem e do Cidadão (1789).
- *Segunda dimensão:* O fundamento da igualdade guia outro dos grupos de direitos humanos fundamentais internacionalmente reconhecidos, correspondentes à segunda dimensão de direitos humanos, composta pelos direitos econômicos, sociais e culturais. A Declaração Universal também dá atenção à igualdade, colocando-se como fundamento sistêmico para a consecução efetiva tanto dos direitos de segunda dimensão quanto dos direitos de primeira dimensão. O cerne do fundamento da igualdade está na *intervenção estatal*, porque, por mais que o Estado deva se abster ao permitir o exercício de direitos humanos, há certos direitos que devem ser garantidos e não podem ser perseguidos por todas pessoas sem que o Estado tome providências, notadamente, aquelas menos favorecidas economicamente. Durante a Revolução Industrial tomaram proporção os direitos de segunda dimensão, que são os direitos sociais, refletindo a busca do trabalhador por condições dignas de trabalho, remuneração adequada, educação e assistência social em caso de invalidez ou velhice, garantindo o amparo estatal à parte mais fraca da sociedade.

- *Terceira dimensão:* a ideia que está por trás do fundamento da fraternidade é que todos devem agir na comunidade global, uns com relação aos outros, como verdadeiros irmãos, preocupando-se com o exercício de direitos humanos por parte deles. Então, que se relativize a soberania em prol da promoção da paz. O direito à paz é o fundamento da criação de um sistema internacional de proteção de direitos humanos, afinal, a internacionalização dos direitos humanos foi um reflexo das consequências negativas das duas grandes guerras mundiais, notadamente a segunda.
- *Outras dimensões (dimensões variáveis na doutrina):* Para Norberto Bobbio, os chamados direitos de quarta dimensão se referem aos efeitos traumáticos da evolução da pesquisa biológica, que permitirá a manipulação do patrimônio genético do indivíduo de modo cada vez mais intenso. Para Paulo Bonavides, estariam na quarta dimensão a democracia, a informação e o pluralismo, colocando o autor a paz na quinta dimensão. Autores do direito eletrônico colocam-no na quinta dimensão dos direitos humanos, por sua vez, envolvendo o acesso e convivência num ambiente salutar no ciberespaço.

OS FUNDAMENTOS FILOSÓFICOS E A EVOLUÇÃO HISTÓRICA DOS DIREITOS HUMANOS

Sumário • **1**. Doutrina do direito natural: pensamento grego, romano e cristianista – **1.1**. Antígona e a primeira menção à lei natural – **1.2**. Discussão filosófica na *polis* grega – **1.3**. Discussão filosófica na jovem república romana – **1.4**. Discussão filosófica na Idade Média – **2**. Carta Magna de João Sem Terra de 1215 e a ascensão do absolutismo europeu – **3**. Renascimento e Iluminismo: reflexos do antropocentrismo nas premissas do direito natural – **3.1**. Renascimento e o agigantamento do absolutismo – **3.2**. Iluminismo e a quebra do conceito absoluto de soberano – **3.3**. Revolução Gloriosa e documentos interligados – **3.4**. Revoluções Francesa e Americana: promulgação de novas Constituições – **3.5**. Revolução Industrial: primeiras Constituições a mencionarem direitos sociais – **4**. O sistema internacional de proteção aos direitos humanos: os precedentes históricos do processo de internacionalização e universalização dos direitos humanos – **4.1**. Direito humanitário e a fundação da Cruz Vermelha – **4.2**. Tratado de Versalhes – **5**. Doutrina do direito positivo: ascensão dos regimes totalitários – **6**. Doutrina dos direitos humanos: reflexos do pós-guerra – **6.1**. Organização das Nações Unidas – **6.2**. Tribunal de Nuremberg – **6.3**. Declaração Universal de 1948 e documentos decorrentes: valor normativo da Declaração Universal dos Direitos Humanos – **7**. Regionalização de direitos humanos – **8**. Direitos humanos na Constituição Federal de 1988: institucionalização dos direitos e garantias fundamentais – **9**. Sinopse do capítulo.

O surgimento dos direitos humanos está envolvido num histórico complexo no qual pesaram vários fatores: **tradição humanista, recepção do direito romano, senso comum da sociedade da Europa na Idade Média, tradição cristã, entre outros**[1]. Com efeito, são muitos os elementos relevantes para a formação do conceito de direitos humanos tal qual perceptível na atualidade, de forma que é difícil estabelecer um histórico linear do processo de formação destes direitos. Entretanto, é possível

---

[1] COSTA, Paulo Sérgio Weyl A. Direitos Humanos e Crítica Moderna. **Revista Jurídica Consulex**. São Paulo, ano XIII, n. 300, p. 27-29, jul. 2009, p. 28.

apontar alguns fatores **históricos** e **filosóficos** diretamente ligados à construção de uma concepção contemporânea de direitos humanos.

É a partir do **período axial** (800 a.C. a 200 a.C.), ou seja, mesmo antes da existência de Cristo, que o ser humano passou a ser considerado, em sua igualdade essencial, como um ser dotado de **liberdade** e **razão**. Surgiam assim os fundamentos intelectuais para a compreensão da pessoa humana e para a afirmação da existência de direitos universais, porque a ela inerentes. Foi durante este período que despontou a ideia de uma igualdade essencial entre todos os homens. Contudo, foram necessários séculos para que a Organização das Nações Unidas – ONU, que pode ser considerada a primeira organização internacional a englobar a quase-totalidade dos povos da Terra –, proclamasse, na abertura de uma Declaração Universal dos Direitos Humanos de 1948, que "todos os homens nascem livres e iguais em dignidade e direitos"[2].

Não obstante, a própria base filosófica da temática dos direitos inatos ao homem passou por transformações, da ruptura do naturalismo à construção do contratualismo e do positivismo, com posterior "retorno" ao jusnaturalismo, agora sob novas perspectivas.

Logo, relevante compreender o que ocorreu em meio a estes séculos que separaram a primeira concepção de direitos inatos ao homem do processo de internacionalização dos direitos humanos.

1 DOUTRINA DO DIREITO NATURAL: PENSAMENTO GREGO, ROMANO E CRISTIANISTA

Sem dúvidas, em termos filosóficos, a concepção contemporânea de direitos humanos surge de um aperfeiçoamento do ideário de lei natural, o qual foi estudado por inúmeros filósofos com intensidade até a bifurcação entre **Moral** e **Direito** ocorrida no Renascimento e permaneceu com menor intensidade no ideário da civilização ocidental até a internacionalização dos direitos humanos.

1.1 Antígona e a primeira menção à lei natural

> *Qual registro filosófico da lei natural foi feito na tragédia* Antígona*? Como isto influenciou a concepção de direitos humanos?*

Em *Antígona*, encontra-se o primeiro registro consistente da discussão "*direito posto versus direito natural*". Na tragédia, Antígona, uma das filhas do rei Édipo que havia falecido durante o exílio, retorna a Tebas, onde toma conhecimento da morte de seus irmãos em luta fratricida. Contudo, o rei de Tebas, Creonte, nega que Polinices, o irmão que havia atacado Tebas, ora defendida por Etéocles, tenha o seu corpo enterrado[3].

---

[2] COMPARATO, Fábio Konder. **A afirmação histórica dos direitos humanos**. 3. ed. São Paulo: Saraiva, 2004, p. 11-12.
[3] SÓFOCLES. **Édipo rei / Antígona**. São Paulo: Martin Claret, 2003, p. 83-84.

Discordando do pensamento de Creonte, Antígona o confronta e, fundamentada no respeito a um costume sagrado sobre o qual não poderia prevalecer o decreto do rei, enterra o corpo de Polinices, o que gera revolta de Creonte, que determina ordem reversa. Desenterrado o cadáver, Antígona é flagrada novamente tentando enterrá-lo e é levada ao rei[4].

Neste ponto, destaca-se a manifestação de Antígona que consubstancia as premissas da lei natural, ao ser questionada sobre a ousadia em desobedecer Creonte: "sim, pois não foi decisão de Zeus; e a Justiça, a deusa que habita com as divindades subterrâneas, jamais estabeleceu tal decreto entre os humanos; tampouco acredito que tua proclamação tenha legitimidade para conferir a um mortal o poder de infringir as leis divinas, nunca escritas, porém irrevogáveis; não existem a partir de ontem, ou de hoje; são eternas, sim! E ninguém pode dizer desde quando vigoram! Decretos como o que proclamaste, eu, que não temo o poder de homem algum, posso violar sem merecer a punição dos deuses! [...]"[5].

Hêmon, filho de Creonte que iria desposar Antígona, também o confronta, questionando se a sua decisão foi acertada, considerada a vontade dos deuses. Contudo, Creonte nega que qualquer rei, divino ou não, tenha mais poder sobre a sua cidade do que ele mesmo[6]. Após, Creonte delibera e se arrepende de sua decisão, mas o faz tarde demais: Antígona é executada e Hêmon se suicida, assim como a sua mãe, esposa de Creonte[7].

Na tragédia grega denota-se o debate sobre a **validade absoluta do direito posto ou invalidade em relação ao direito natural**, sendo o primeiro posicionamento defendido por Creonte e o segundo posicionamento por Antígona. Logo, desde as raízes da civilização grega se iniciou uma intensa discussão sobre os **limites do direito posto**, considerando que existiram normas que repousam no conhecimento comum da humanidade e que devem ser respeitadas acima de tudo. Que é isso senão a essência filosófica dos direitos humanos?

Expõe Lafer[8] sobre o conceito de direito natural: "o direito natural se contrapõe ao direito positivo, localizado no tempo e no espaço, e funciona, neste paradigma, como um ponto de Arquimedes para a análise metajurídica: tem como pressuposto a ideia de imutabilidade de certos princípios, que escapam à história, e a universalidade destes princípios transcendem a geografia. A estes princípios, que são dados e não postos por convenção, os homens têm acesso através da razão comum a todos, e são estes princípios que permitem qualificar as condutas humanas como boas ou más – uma qualificação que promove uma contínua vinculação entre norma e valor e, portanto, entre Direito e Moral".

O reconhecimento de princípios universais, independentemente de previsões expressas nos ordenamentos jurídicos internos, é a essência dos direitos humanos na

---

[4] Ibid., p. 90-95.
[5] Ibid., p. 96.
[6] Ibid., p. 104-106.
[7] Ibid., p. 116-120.
[8] LAFER, Celso. **A reconstrução dos direitos humanos**: um diálogo com o pensamento de Hannah Arendt. São Paulo: Cia. das Letras, 2009, p. 16.

contemporaneidade. Claro, há diferenças em comparação com a concepção de direito natural (por exemplo, a historicidade é uma característica reconhecida dos direitos humanos, mas não do direito natural). Contudo, o cerne se encontra no **reconhecimento de diretrizes universais** de forte cunho axiológico, valorativo, que servem de diretiva não só para o Direito, mas também para o comportamento humano.

1.2 Discussão filosófica na *polis* grega

> *Como a concepção de* justiça *aparecia na civilização grega?*

De 1100 a 800 a.C., a civilização grega passou por um período denominado **Idade das Trevas**. A Moral dos gregos deste período tinha vaga ligação com sua religião, ora politeísta, não se considerando um dever lutar contra o mal e a favor da justiça. Contudo, já se espelhava neste momento os rumos que a civilização grega tomaria a seguir[9].

Tamanho o estágio de evolução que a cultura grega atingiu que faz *jus* à seguinte descrição, segundo Burns[10]: "entre todos os povos do mundo antigo, aquele cuja cultura mais claramente exemplificou o espírito do homem ocidental foi o helênico ou grego. Nenhuma dessas nações possuía tamanha dedicação à liberdade, pelo menos para si própria, ou uma crença tão firme na nobreza das realizações humanas. Os gregos glorificavam o homem como a mais importante criatura do universo e recusavam submeter-se às imposições dos sacerdotes ou dos déspotas ou mesmo humilhar-se diante de seus deuses. Suas atitudes eram essencialmente laicas e racionalistas. Exaltavam o espírito de livre exame e colocavam o conhecimento acima da fé. Em grande parte, foi devido a essas razões que exaltaram sua cultura ao mais alto nível que o mundo antigo estava destinado a atingir".

Por volta de 800 a.C. as comunidades de aldeias começaram a ceder lugar para unidades políticas maiores, surgindo as chamadas **cidades-estado ou *polis***, como Tebas, Esparta e Atenas. Inicialmente eram monarquias, transformaram-se em oligarquias e, por volta dos séculos V e VI a.C., tornaram-se democracias[11].

Com a Guerra do Peloponeso (431 a.C. a 404 a.C.), entre Atenas e Esparta, acabou a supremacia de Atenas e foi destruída a liberdade em todo o mundo grego. Após a morte de Alexandre Magno (323 a.C.), a civilização grega chegou ao fim e cedeu espaço à civilização helenística, um ruptura brusca, mas que manteve certa continuidade em alguns aspectos, entre eles o filosófico[12].

No berço da civilização grega se fortificou a discussão a respeito da existência de uma **lei natural inerente a todos os homens**. As premissas da concepção de lei

---

[9] BURNS, Edward McNall. **História da civilização ocidental**: do homem das cavernas às naves espaciais. 41. ed. Atualização Robert E. Lerner e Standisch Meacham. São Paulo: Globo, 2001, v. 1, p. 91-94.
[10] Ibid., p. 91.
[11] Ibid., p. 94-95.
[12] Ibid., p. 102-125.

natural estão justamente na discussão promovida na Grécia antiga, no espaço da *polis*. Neste sentido, destaca Assis[13] que, originalmente, a concepção de lei natural está ligada não só à de natureza, mas também à de *diké*: a noção de justiça simbolizada a partir da deusa *diké* é muito ampla e abstrata, mas com a legislação passou a ter um conteúdo palpável, de modo que a justiça deveria corresponder às leis da cidade; entretanto, é preciso considerar que os costumes primitivos trazem o *justo por natureza*, que pode se contrapor ao *justo por convenção ou legislação*, devendo prevalecer o primeiro, que se refere ao naturalmente justo, sendo esta a origem da ideia de lei natural.

Os **sofistas**, seguidores de Sócrates (470 a.C. – 399 a.C.), o primeiro grande filósofo grego, questionaram essa concepção de lei natural, pois a lei estabelecida na *polis*, fruto da vontade dos cidadãos, seria variável no tempo e no espaço, não havendo que se falar num direito imutável; ao passo que Aristóteles (384 a.C. – 322 a.C.), que o sucedeu, estabeleceu uma divisão entre a justiça positiva e a natural, reconhecendo que a lei posta poderia não ser justa[14].

Aristóteles[15], defensor da lei natural que será estudado em detalhes adiante, foi influenciado por um filósofo que costumava elogiar ao traçar este ponto do seu pensamento, qual seja Sófocles, autor de famosas tragédias gregas, entre as quais se destaca a citada *Antígona*.

Aristóteles[16], em *Retórica*, concorda com a distinção feita por Sófocles: "lei particular é aquela que cada comunidade determina e aplica a seus próprios membros; ela é em parte escrita e em parte não escrita. A lei universal é a lei da natureza. Pois, de fato, há em cada um alguma medida do divino, uma justiça natural e uma injustiça que está associada a todos os homens, mesmo naqueles que não têm associação ou pacto com outro. É esse o exato significado em *Antígona*, de Sófocles, quando ela diz que o enterro de Polinices foi um ato justo a despeito da proibição, pois entende que foi justo por natureza".

Como o conceito de direito natural se relaciona ao que pode ou não ser considerado justo, vale estudar como o pensador entendia a justiça. Aristóteles associa a justiça **tanto ao homem, enquanto uma virtude, quanto à lei, na condição de um atributo necessário**. Por um lado, segundo Aristóteles[17], a justiça é uma disposição de caráter que leva as pessoas a agirem de modo justo, a desejarem o justo, bem como a injustiça é uma disposição que leva as pessoas a agirem da maneira contrária. De outro lado, Aristóteles[18] parte do pressuposto de que o homem justo é o que cumpre a lei porque esta é justa, tendo em vista que o legislador busca por meio dela o bem comum, ou seja, a felicidade da sociedade política.

---

[13] ASSIS, Olney Queiroz. **O estoicismo e o Direito**: justiça, liberdade e poder. São Paulo: Lúmen, 2002, p. 311-314.
[14] Ibid., p. 319-321.
[15] Aristóteles (384 a.C. – 322 a.C.), que nasceu em Estagira, entrou na academia de Platão aos 17 anos, permanecendo seu discípulo por 20 anos. Contudo, escreveu mais intensamente que Platão e abordou maior variedade de assuntos. Além disso, fugiu em muitos pontos das ideias defendidas por Platão e, antes mesmo, por Sócrates.
[16] ARISTÓTELES. **Retórica**. São Paulo: Rideel, 2007, p. 69.
[17] Id. **Ética a Nicômaco**... Op. Cit., p. 103.
[18] Ibid., p. 104.

Sendo assim, um homem seria injusto sempre que infringisse a lei, a qual necessariamente refletiria o que se espera de um homem virtuoso. Em outras palavras, de acordo com Aristóteles[19], a lei determina a prática de atos de um homem corajoso, temperante, calmo, enfim, determina o respeito às virtudes; em consequência, justiça é a virtude completa em relação ao próximo.

No entanto, o filósofo não nega que pode ser elaborada uma lei que não respeite os ditames das virtudes ou os direitos inerentes ao ser humano. Aristóteles[20] aponta que a justiça política, aquela entre membros da sociedade iguais, é **em parte natural e em parte legal**: por um lado, a parte natural tem a mesma força em todos os lugares que independe do pensamento do homem; por outro lado, a parte legal é aquela que tem por início algo que não seria injusto, mas que passa a ser por assim ficar estabelecido pelo legislador; assim, existe uma justiça por natureza e outra por convenção, embora ambas sejam mutáveis. Se a lei posta considera injusto algo que seja justo perante a parte natural da justiça, não caberá ao homem virtuoso cumpri-la.

Após o pensamento de Aristóteles, relevante destacar o surgimento do **estoicismo**, doutrina que se desenvolveu durante seis séculos, desde os últimos três séculos anteriores à era cristã até os primeiros três séculos desta era, mas que trouxe ideias que prevaleceram durante toda a Idade Média e mesmo além dela. O estoicismo organizou-se em torno de alguns temas centrais, como a unidade moral do ser humano e a dignidade do homem, considerado filho de Zeus e possuidor, como consequência, de **direitos inatos e iguais em todas as partes do mundo**, não obstante as inúmeras diferenças individuais e grupais[21].

Logo, o pensamento grego foi seguido pelas correntes filosóficas que o seguiram, como o estoicismo e o cristianismo, o que demonstra que o conceito de lei natural tal como originalmente concebido continuou fazendo parte do pensamento ocidental até que originasse a concepção contemporânea de direitos humanos. Entre outros pensamentos que foram influenciados por tal discussão grega, tem-se o da jovem república romana, com pensadores como Cícero.

1.3 Discussão filosófica na jovem república romana

> Qual a essência das regras da eterna justiça afirmadas por Cícero?

Antes que houvesse declinado o esplendor grego, a civilização romana começou a se desenvolver no Ocidente. Aos tempos das conquistas de Alexandre, tal civilização já possuía força na península italiana. Durante cinco séculos cresceu o poder romano e, ao fim do século I a.C., Roma impôs seu domínio sob o mundo helenístico[22].

---

[19] Ibid., p. 105.
[20] Ibid., p. 117.
[21] COMPARATO, Fábio Konder. **A afirmação histórica dos direitos humanos**... Op. Cit., p. 16.
[22] BURNS, Edward McNall. **História da civilização ocidental**, v. 1... Op. Cit., p. 139.

Em fins do século VI a.C., a monarquia foi derrubada e substituída por uma jovem república. Contudo, por mais de dois séculos após sua fundação, a história romana foi de constantes guerras. Na jovem república, as mudanças políticas pouco alteraram a estrutura da monarquia. As classes dividiam-se entre patrícios e plebeus, os quais disputavam espaço, sendo que no século V a.C. os plebeus conseguiram suas primeiras vitórias, culminando uma delas na edição da Lei das Doze Tábuas. Assim, no início da república, não se abandonou o princípio de que o povo deveria ser governado, não governar[23].

Contudo, nos últimos dois séculos de história republicana, Roma foi influenciada pela **civilização helenística**. Na filosofia ocorreu o mesmo: Cícero, pai da eloquência romana e filósofo escolhido para estudo no presente tópico, foi muito influenciado pelos estoicos, embora também assimilasse muitas das ideias de Aristóteles[24].

O filósofo foi um dos principais responsáveis pela discussão sobre a diferença entre o **lícito moral** e o **lícito jurídico**, entendendo **caber ao homem bom e justo desrespeitar leis postas que contrariem a justiça universal**. Esta é a base do conceito romano de lei natural, bem percebido na seguinte assertiva de Cícero[25]: "a razão reta, conforme à natureza, gravada em todos os corações, imutável, eterna, cuja voz ensina e prescreve o bem, afasta do mal que proíbe e, ora com seus mandados, ora com suas proibições, jamais se dirige inutilmente aos bons, nem fica impotente ante os maus. **Essa lei não pode ser contestada, nem derrogada em parte, nem anulada**; não podemos ser isentos de seu cumprimento pelo povo nem pelo senado; não há que procurar para ela outro comentador nem intérprete; não é uma lei em Roma e outra em Atenas, uma antes e outra depois, mas uma, **sempiterna e imutável, entre todos os povos e em todos os tempos**; uno será sempre o seu imperador e mestre, que é Deus, seu inventor, sancionador e publicador, não podendo o homem desconhecê-la sem renegar-se a si mesmo, sem despojar-se do seu caráter humano e sem atrair sobre si a mais cruel expiação, embora tenha conseguido evitar todos os outros suplícios".

Em outras palavras, caso um homem virtuoso se confronte com uma lei que contrarie tais ditames, segundo Cícero[26], "nem por isso deve deixar de seguir e observar as **regras da eterna justiça**, em lugar das de uma justiça convencional, posto que dar a cada um seu direito é próprio do homem bom e justo". Neste ponto, percebe-se uma **ligação entre a virtude, que é inerente à Moral, e a justiça, ligada ao Direito**, a qual se mostra essencial para os fundamentos do direito natural: caberá ao homem virtuoso descumprir a lei posta que contrarie os ditames da justiça.

O período da república, no qual se desenvolveu o pensamento do filósofo, se encerrou por volta de 27 d.C., cedendo lugar ao **principado ou período inicial do Império** (27 d.C. – 180 d.C.) e, posteriormente, à **época das revoltas** (180 d.C. – 284 d.C.) e ao **período final do império** (284 d.C. – 610 d.C.)[27].

---

[23] Ibid., p. 142-144.
[24] Ibid., p. 151-152.
[25] CÍCERO, Marco Túlio. **Da República**. Rio de Janeiro: Ediouro, 1995, p. 100.
[26] Ibid., p. 95.
[27] BURNS, Edward McNall. **História da civilização ocidental**, v. 1... Op. Cit., p. 154-155.

Ressalta-se que, durante o principado, o direito romano alcançou um alto grau de desenvolvimento, adotando a **tripartição direito civil** (*jus civile*), **direito das gentes** (*jus gentium*) e **direito natural** (*jus naturale*), sendo o último o mais interessante, baseado no ideário estoico e, principalmente, no pensamento de Cícero. Isto demonstra que muitos dos conceitos semeados nas civilizações anteriores e no período da república romana se mantiveram no arcabouço teórico de toda a civilização romana.

1.4 Discussão filosófica na Idade Média

> Há influência do cristianismo nos direitos humanos? Ademais, lei divina, lei natural e lei humana se associam em que termos na filosofia de Santo Tomás de Aquino?

Dois fatores foram responsáveis pela queda do Império Romano, um *interno*, o cristianismo, e um *externo*, correspondente à força dos bárbaros germânicos. Ao contrário do que alguns acreditam, o povo germânico não era selvagem e nem desprovido de polidez, podendo competir no mesmo patamar que o romano[28]. Sobre o fator interno que colaborou com a queda do Império Romano, destaca Burns[29]: "a princípio, o cristianismo era apenas uma dentre várias manifestações da tendência geral no sentido do espiritualismo, mas no século IV foi adotado como a religião oficial de Roma, e a partir de então tornou-se uma das maiores forças que plasmaram o desenvolvimento do Ocidente. Enquanto o cristianismo se propagava, o Império Romano estava indubitavelmente declinando".

O pensamento desenvolvido por pensadores como São Gerônimo (340 d.C. – 420 d.C.), Santo Ambrósio (340 d.C. – 397 d.C.) e Santo Agostinho (354 d.C. – 430 d.C.) durante o período de declínio do Império Romano do Ocidente, consistente num conjunto de ideias em relação ao mundo e a Deus, veio a influenciar o ideário do Ocidente por aproximadamente 800 anos[30]. Então, estes arcabouços teóricos iniciais foram profundamente utilizados durante a chamada Idade Média, que teve como marco uma **acentuada tendência para o cristianismo**.

Tendo em vista que durante toda a Idade Média o ideário filosófico, ora baseado na religião, foi um denominador comum, seria contraproducente adentrar em todos os diversos acontecimentos que cercaram o período, bastando estudar algumas das concepções religiosas que cercaram o reforço do conceito de lei natural, notadamente com base no ideário de Santo Tomás de Aquino.

Com efeito, entendeu Aquino[31] que **a lei é um dos modos pelos quais Deus instrui os homens para alcançarem o bem**. Como a lei pertence à razão, e esta

---

[28] Ibid., p. 187.
[29] Ibid., p. 172.
[30] Ibid., p. 190-191.
[31] AQUINO, Santo Tomás de. **Suma teológica**. Direção Gabriel C. Galache e Fidel García Rodríguez. Coordenação Geral Carlos-Josaphat Pinto de Oliveira. Edição Joaquim Pereira. São Paulo: Loyola, 2005, v. IV, parte II, seção I, questões 49 a 114, p. 522.

busca um fim último formado pela bem-aventurança e pela felicidade, para Aquino[32] a lei também visa a bem-aventurança e a felicidade, mas voltadas ao bem comum.

Aquino[33], supondo que o mundo e toda a comunidade do universo são regidos pela razão divina e que a própria razão do governo das coisas em Deus fundamenta-se em lei, entendeu que existe uma lei eterna ou divina, pois a razão divina nada concebe no tempo e é sempre eterna. Com base nisso, Aquino[34] chamou de *lei natural* "a participação da lei eterna na lei racional".

Assim, para o filósofo, existem tipos de lei: a **lei eterna ou divina**, a **lei natural** e a **lei humana**, todas elas com **elementos de conexão**.

Quanto à lei eterna, explicou Aquino[35]: "a lei eterna nada é senão a razão da divina sabedoria, segundo é diretiva de todos os atos e movimentos". Nesta linha, prosseguiu Aquino[36]: "ninguém pode conhecer a lei eterna segundo é em si mesma, a não ser os bem-aventurados, que vêem a essência de Deus. Mas, toda criatura racional conhece-a segundo uma irradiação dela, ou maior ou menor". Este conhecimento mínimo, segundo Aquino[37], existe porque todo conhecimento da verdade é uma irradiação da lei eterna, que é a verdade imutável, e todos conhecem um pouco da verdade.

A lei eterna existe em um plano superior e serve de *diretriz* para as leis que se estabelecem no plano humano, quais sejam a lei natural e a lei humana. Não obstante, o fato de não ser a lei eterna ou divina conhecida de modo absoluto não impede a sua influência nas leis natural e humana, porque estas serão mais adequadas o possível à lei divina, segundo o conhecimento humano existente, que evolui através dos tempos.

Sobre o conteúdo da lei natural, definiu Aquino[38] que "todas aquelas coisas que devem ser feitas ou evitadas pertencem aos preceitos da lei de natureza, que a razão prática naturalmente aprende ser bens humanos". Logo, a lei natural determina o agir virtuoso, o que se espera do homem em sociedade, independentemente da lei humana.

Conforme Aquino[39], a ordem das inclinações naturais estabelece a ordem dos preceitos das leis da natureza, de modo que pertencem à lei natural as coisas que dizem respeito à inclinação para o bem, ou seja, para a procura de obras desejadas como fim, por exemplo, que o homem evite a ignorância e não ofenda outros homens.

Em relação à mutabilidade da lei natural, explicou Aquino[40]: "pode-se entender que a lei natural muda, de dois modos. De um modo, por algo que se lhe acrescenta. E dessa maneira nada proíbe que a lei natural seja mudada: muitas coisas, com

---

[32] Ibid., p. 524.
[33] Ibid., p. 529.
[34] Ibid., p. 531.
[35] Ibid., p. 547.
[36] Ibid., p. 549.
[37] Ibid., p. 550.
[38] Ibid., p. 562.
[39] Ibid., p. 562.
[40] Ibid., p. 569.

efeito, foram acrescentadas à lei natural, úteis para a vida humana, tanto pela lei divina, quanto também pelas leis humanas. De outro modo, entende-se a mudança da lei natural a modo de subtração, a saber, de modo que deixe de ser lei natural algo que antes fora segundo a lei natural. E assim quanto aos primeiros princípios da lei da natureza, a lei da natureza é totalmente imutável".

Sob um enfoque jurídico, aplicando o pensamento do filósofo, é possível dizer que novos direitos naturais podem surgir conforme a evolução da sociedade, mas que não é possível extinguir direitos anteriores e sim, no máximo, compreendê-los de uma forma melhor para o homem. Assim, alguns direitos naturais anteriores poderão sofrer restrições com o surgimento de outros direitos naturais.

Com efeito, compreende Aquino[41], não é lei aquela que não for justa, reta segundo a regra da razão; e não deve ser considerada como lei, mas como corrupção de lei, a lei humana que discorda da lei natural, eis que a primeira regra da razão é a lei da natureza.

Segundo Aquino[42], são qualidades da lei positiva: ser congruente com a religião, ou seja, ser honesta, enquanto proporcional à lei divina; convir à disciplina, isto é, ser justa e possível segundo a natureza, os costumes, o lugar e o tempo, bem como adequada às possibilidades de cada um; ser suficiente para a salvação.

Até aqui, percebe-se que o pensador defendeu a necessária compatibilidade entre a lei natural e a lei humana – sob pena de invalidade da última –, definindo a lei natural como o reflexo da lei eterna na lei racional. Ainda, o filósofo **aproxima a Moral do Direito ao defender que a mesma lei natural que deve repercutir na lei humana é a responsável por prescrever as ações esperadas do homem virtuoso.**

Com a concepção medieval de pessoa humana é que se iniciou um processo de elaboração em relação ao princípio da igualdade de todos, independentemente das diferenças existentes, seja de ordem biológica, seja de ordem cultural. Foi assim, então, que surgiu o **conceito universal de direitos humanos**, com base na **igualdade essencial da pessoa**[43].

2   CARTA MAGNA DE JOÃO SEM TERRA DE 1215 E A ASCENSÃO DO ABSOLUTISMO EUROPEU

No processo de ascensão do absolutismo europeu, a monarquia da Inglaterra encontrou obstáculos para se estabelecer no início do século XIII, sofrendo um revés. Ao se tratar da formação da monarquia inglesa, em 1215 os barões feudais ingleses, em uma reação às pesadas taxas impostas pelo Rei João Sem-Terra, impuseram-lhe a Magna Carta[44].

Assim, abusos do Rei João causaram uma revolta por parte dos nobres que o compeliram a reconhecer os direitos da nobreza e dos cidadãos ingleses, estabelecen-

---

[41]   Ibid., p. 576.
[42]   Ibid., p. 579.
[43]   COMPARATO, Fábio Konder. **A afirmação histórica dos direitos humanos**... Op. Cit., p. 20.
[44]   AMARAL, Sérgio Tibiriçá. Magna Carta: Algumas Contribuições Jurídicas. **Revista Intertemas**: revista da Toledo. Presidente Prudente, ano 09, v. 11, nov. 2006, p. 201-227.

do desde o seu início que **ninguém, inclusive o rei ou o legislador, estaria acima do Direito**. A Magna Carta inglesa, também conhecida como Grande Carta ou, no latim, *Magna Carta Libertatum*, é composta por 63 artigos, todos com foco na limitação do poder estatal. Ela foi um passo essencial para a aceitação do absolutismo na Inglaterra após o fim da Idade Média. Contudo, **suas regras eram muito mais formais do que aplicáveis na prática**.

Referido documento, em sua abertura, expõe a noção de concessão do rei aos súditos, estabelece a existência de uma hierarquia social sem conceder poder absoluto ao soberano, prevê limites à imposição de tributos e ao confisco, constitui privilégios à burguesia, e traz procedimentos de julgamento ao prever conceitos como o de devido processo legal, *habeas corpus*[45] e júri. Não que a carta se assemelhe a uma declaração de direitos humanos, principalmente ao se considerar que poucos homens naquele período eram de fato livres, mas ela foi fundamental naquele contexto histórico de falta de limites ao soberano[46].

A Magna Carta de 1215 instituiu ainda um Grande Conselho, que foi o embrião para o Parlamento inglês, embora isto não signifique que o poder do rei não tenha sido absoluto em certos momentos, como na dinastia Tudor. Havia um absolutismo de fato, mas não de Direito[47]. Logo, embora o Grande Conselho – órgão com representantes do clero e da nobreza que limitava o poder do rei – seja a origem do Parlamento, ainda não se pode falar em separação de poderes (divisão equilibrada entre Executivo, Legislativo e Judiciário). Na verdade, tratava-se de uma previsão legal que na prática não se aplicava.

Em geral, o absolutismo europeu que ascendeu após o fim da Idade Média foi marcado profundamente pelo **antropocentrismo**, colocando o homem no centro do universo, ocupando o espaço de Deus. Naturalmente, as premissas da lei natural passaram a ser questionadas, já que geralmente se associavam à dimensão do divino. A negação plena da existência de direitos inatos ao homem implicava em conferir um poder irrestrito ao soberano, o que gerou consequências que desagradavam a burguesia.

3 RENASCIMENTO E ILUMINISMO: REFLEXOS DO ANTROPOCENTRISMO NAS PREMISSAS DO DIREITO NATURAL

Pode-se afirmar que houve um rompimento nas concepções de justiça e lei natural a partir do Renascimento e do Iluminismo? Por quê?

Durante o absolutismo europeu, dois movimentos foram os mais marcantes para a formação de todo o seu ideário: primeiro, o **Renascimento**, retirando Deus da

---

[45] Vale ressaltar que embora o *habeas corpus* já existisse na Inglaterra desde a Magna Carta de 1215, somente em 1679 foi promulgada a Lei do *Habeas Corpus*, delineando os direitos inerentes a esta garantia e tornando-a mais eficaz.
[46] Ibid., p. 201-227.
[47] Ibid., p. 201-227.

posição central e colocando o homem, permitindo por isso mesmo uma amplificação dos poderes do soberano; depois, o **Iluminismo**, restaurando algumas das premissas do justo como elemento jurídico em quebra ao radical pensamento renascentista, embora o antropocentrismo permanecesse como uma de suas marcas.

3.1 Renascimento e o agigantamento do absolutismo

Por volta de 1500, a Renascença italiana se espalhou para a Europa setentrional e gerou importantes realizações na ciência, fundamentando o pensamento moderno. Ainda, no século XVI, a **Revolução Protestante**, que começou na Alemanha, propagando-se para outros países, contribuiu para os primórdios da era moderna, acabando com a uniformidade religiosa e fomentando um surto de individualismo e consciência racional. A Idade Moderna durou de 1500 a 1800, sendo que a Renascença, um dos principais eventos de tal período, perdurou de 1350 a 1600[48].

É no Renascimento que há de fato o início do debate quanto à distinção entre a Moral e o Direito, pois foi a partir deste momento que se estabeleceu uma dicotomia rigorosa sob este aspecto. Tal dicotomia pode ser percebida claramente na obra *O príncipe*, de Nicolau Maquiavel, colacionada para estudo neste tópico. Quando se distingue Moral de Direito, **valoriza-se mais o aspecto jurídico formal do que o de conteúdo**, o que significa uma perda de força do tradicional conceito de lei natural.

O distanciamento dos conceitos de Moral e Direito se deu, principalmente, devido ao **declínio político da Itália**, mostrando-se necessário adotar uma posição mais radical a respeito da Ética no espaço público, possibilitando o reforço do absolutismo. Então, toda a ética desenvolvida no período voltou-se ao soberano, permitindo que ele readquirisse um papel de relevância da condução do Estado absolutista.

O príncipe, obra considerada um marco para o pensamento absolutista, relata com precisão este contexto no qual o poder do soberano poderia se sobrepor a qualquer direito alegadamente inato ao ser humano desde que sua atitude garantisse a manutenção do poder. Alguns conceitos foram essenciais para possibilitar tal distanciamento dos preceitos da lei natural.

Um deles é a negativa de Maquiavel[49] a respeito da existência de um sumo bem, ou seja, de um bem sem restrições, não havendo, da mesma forma, nenhum mal absoluto. Afinal, em todos os períodos anteriores se acreditou que o homem deveria buscar um bem maior e, ainda que não existisse um bem absoluto, o melhor bem possível.

Outro conceito desenvolvido pelo filósofo que também contribuiu para tanto envolve a transformação do povo numa massa, negando-se a liberdade o máximo possível, o que permitiria o controle pleno pelo soberano, ainda que só pelo temor. Assim, Maquiavel[50] entendeu que seria melhor um soberano miserável do que um liberal, bem como um soberano temido do que um amado, pois o amor exige recompensas, enquanto o temor se mantém apenas pelo medo.

---

[48] BURNS, Edward McNall. **História da civilização ocidental**, v. 1... Op. Cit., p. 338-343.
[49] MAQUIAVEL, Nicolau. **O príncipe**. São Paulo: Martin Claret, 2007, p. 22.
[50] Ibid., p. 100-106.

A tradicional formação do direito natural perde força, ainda, pela simples consideração de que a honra e a felicidade à pátria bastariam para a ordem jurídica[51], independente do indivíduo. Logo, justo seria o imposto pelo soberano, que conheceria os interesses do Estado melhor do que ninguém.

A seguinte passagem de Maquiavel[52], na qual é exultado o agir de César Bórgia, é esclarecedora: "portanto, quem considerar necessário garantir-se em seus novos domínios contra os inimigos, fazer amizades, conquistar pela força e pela fraude, fazer-se amado e temido pelo povo, seguido e reverenciado pelos soldados, destruir os que podem e querem ofendê-lo, renovar antigas leis, ser grato e severo, magnânimo e liberal, suprimir uma infiel milícia e substituí-la por outra nova, manter a amizade dos reis e dos príncipes de modo a que tenham satisfação em agradá-lo, e medo de injuriá-lo, não poderia encontrar melhor exemplo do que a conduta desse homem".

Maquiavel[53] resumiu este ideário na seguinte máxima: "na conduta dos homens, especialmente dos príncipes, contra a qual não há recurso, os fins justificam os meios. Portanto, se um príncipe pretende conquistar e manter o poder, os meios que empregue serão sempre tidos como honrosos, e elogiados por todos, pois o vulgo atenta sempre para as aparências e os resultados".

Outro pensador que influenciou muito o ideário do absolutismo foi Thomas Hobbes, que enxergava o Estado como um **mal necessário** para impedir que os homens vivessem em constante conflito. Neste sentido, Hobbes[54] afirma: "De modo que na natureza do homem encontramos três causas principais de discórdia. Primeiro, a competição; segundo, a desconfiança; e terceiro, a glória. A primeira leva os homens a atacar os outros tendo em vista o lucro; a segunda, a segurança; e a terceira, a reputação. [...] Com isto se torna manifesto que, durante o tempo em que os homens vivem sem um poder comum capaz de os manter a todos em respeito, eles se encontram naquela condição a que se chama guerra; e uma guerra que é de todos os homens contra todos os homens. Pois a guerra não consiste apenas na batalha, ou no ato de lutar, mas naquele lapso de tempo durante o qual a vontade de travar batalha é suficientemente conhecida".

Prossegue Hobbes[55] afirmando em relação ao Leviatã que "graças a esta autoridade que lhe é dada por cada indivíduo no Estado, é-lhe conferido o uso de tamanho poder e força que o terror assim inspirado o torna capaz de confrontar as vontade de todos eles, no sentido da paz em seu próprio país, e da ajuda mútua contra os inimigos estrangeiros. É nele que consiste a essência do Estado, a qual pode assim ser definida: uma pessoa de cujos atos uma grande multidão, mediante pactos recíprocos uns com os outros, foi instituída por cada um como autora, de modo a ela **poder usar a força e os recursos de todos, da maneira a que considerar conveniente, para assegurar a paz e a defesa comum**. Àquele que é portador

---

[51] Ibid., p. 53.
[52] Ibid., p. 64.
[53] Ibid., p. 111.
[54] HOBBES, Thomas. **Leviatã ou matéria, forma e poder de um Estado eclesiástico e civil**. 2. ed. São Paulo: Abril Cultural, 1979 (Coleção "Os Pensadores"), p. 75.
[55] Ibid., p. 106.

dessa pessoa se chama **soberano**, e dele se diz que possui **poder soberano**. Todos os restantes são súditos".

Nos termos da filosofia *hobbesiana*, o Estado se mostra como uma **necessidade para que a convivência social seja possível**. Evidencia-se que Hobbes não estabelece limitações a este poder, permitindo ao soberano fazer tudo o que entenda necessário em prol da manutenção do Estado, ou seja, da sociedade civil unitária. Reforça-se – agora em termos jurídicos e filosóficos mais expressos e delimitados do que na filosofia de Maquiavel – o fundamento do absolutismo que veio a predominar na Europa pelos próximos séculos.

Os monarcas dos séculos XVI, XVII e XVIII agiam de forma autocrática, baseados na teoria política desenvolvida até então que negava a exigência do respeito à Ética, logo, ao direito natural, no espaço público. A partir do momento em que o soberano passa a ocupar o centro do Estado, desconsiderando-se fatores divinos (marca do antropocentrismo renascentista), cabendo apenas a ele impor a lei, **o Direito deixa de ter requisitos mínimos de conteúdo**. Assim, tudo é permitido, pois o justo é o que o soberano impõe. Mesmo com o declínio da Renascença por fatores como a invasão francesa de 1494, este ideário fundamentou o pensamento da Era do Absolutismo, **até que sobreveio o Iluminismo e as Revoluções Americana e Francesa**.

Com efeito, quando passou a se questionar o conceito de *soberano*, ao qual todos deveriam obediência mas que não deveria obedecer a ninguém, indagou-se se os indivíduos que colocaram o soberano naquela posição (pois sem povo não há soberano) teriam direitos no regime social e, em caso afirmativo, quais seriam eles. As respostas a estas questões iniciam uma visão moderna do direito natural, reconhecendo-o como um direito que acompanha o cidadão e não pode ser suprimido em nenhuma circunstância[56].

3.2 Iluminismo e a quebra do conceito absoluto de soberano

A chamada **Revolução Intelectual**, dos séculos XVII e XVIII, tem raízes na história da Renascença, que propiciou horizontes intelectuais mais amplos e uma prosperidade geral. Teve como precursores Bacon, Descartes, Locke e Newton. A atmosfera do Iluminismo fundamenta-se nos pensadores da Revolução Intelectual do século XVII, tendo como princípios basilares: a) o lugar dos homens e mulheres no universo passa a ser o de uma parte de uma cadeia de seres vivos, sendo responsáveis, no entanto, por todas as suas ações, já que dotados de razão; b) há uma nova atitude em relação a Deus e à religião organizada, pois se Deus criou as leis naturais e pôs o mundo em funcionamento, não havia de se esperar o estabelecimento de exceções a ela; c) tomam-se as civilizações clássicas de Grécia e Roma como modelo, rejeitando os pronunciamentos morais do cristianismo; d) busca de uma compreensão rigorosa dos mecanismos deste mundo; e) humanitarismo, no sentido de que um verdadeiro entendimento do mundo presente levaria a um mundo melhor no futuro[57].

---

[56] COSTA, Paulo Sérgio Weyl A... Op. Cit., p. 27-29.
[57] BURNS, Edward McNall. **História da civilização ocidental**: do homem das cavernas às naves espaciais. 43. ed. Atualização Robert E. Lerner e Standisch Meacham. São Paulo: Globo, 2005, v. 2, p. 453-461.

O Iluminismo lançou base para os dois principais eventos que ocorreram no início da Idade Contemporânea, quais sejam as **Revoluções Francesa e Industrial**. Tiveram origem nestes movimentos todos os principais fatos do século XIX e do início do século XX, por exemplo, a disseminação do liberalismo burguês, o declínio das aristocracias fundiárias e o desenvolvimento da consciência de classe entre os trabalhadores[58]. Entre os pensadores que lançaram as ideias que vieram a ser utilizadas no ideário das Revoluções Francesa e Americana se destacam Locke, Montesquieu e Rousseau.

Jonh Locke (1632 d.C. – 1704 d.C.) foi um dos pensadores da época, **transportando o racionalismo para a política**, refutando o Estado Absolutista, idealizando o direito de rebelião da sociedade civil e afirmando que o contrato entre os homens não retiraria o seu estado de liberdade. Locke viveu em meio a um período tumultuado da história inglesa, sendo um dos opositores da dinastia Stuart, derrubada pela Revolução Gloriosa, que será estudada no tópico seguinte.

Aliás, o *Segundo Tratado* de Locke foi uma **justificação para a Revolução Gloriosa**, em prol da legitimação da ocupação do trone pelo rei Guilherme de Orange em razão do consentimento do povo; ao passo que o *Primeiro Tratado* foi uma **refutação ao absolutismo de direito divino e da tradição**.

Com vistas à superação do estado de natureza, segundo Locke[59], seria necessária a união dos homens, **estabelecendo um contrato social e instituindo a sociedade civil**. Logo, como explica Locke[60], os homens num certo ponto concordaram livremente em formar uma sociedade civil por meio de um pacto de consentimento, a qual teria por finalidade principal a preservação da propriedade e da própria sociedade contra os perigos externos, preservando os direitos originalmente detidos no estado de natureza. A partir do momento que a sociedade civil é formada pela vontade dos homens em prol de certos fins, inadmissível que um homem ocupe uma posição de poder absoluto, acima dos direitos inerentes ao ser humano. Por isso mesmo, Locke[61] foi favorável à divisão de poderes.

Ao lado de Locke, pode ser colocado Montesquieu (1689 d.C. – 1755 d.C.), que avançou nos estudos de Locke e na obra *O Espírito das Leis* estabeleceu em definitivo a clássica divisão de poderes: Executivo, Legislativo e Judiciário. O pensador viveu na França, numa época em que o absolutismo estava cada vez mais forte.

O objeto central da principal obra de Montesquieu[62] não é a lei regida nas relações entre os homens, mas as leis e instituições criadas pelos homens para reger as relações entre os homens. Segundo Montesquieu[63], as leis criam costumes que regem o comportamento humano, sendo influenciadas por diversos fatores, não apenas pela razão.

---

[58] Ibid., p. 478.
[59] LOCKE, John. **Segundo Tratado sobre o Governo Civil e Outros Escritos**. Petrópolis: Vozes, 1994, p. 18-19.
[60] Ibid., p. 18-19.
[61] Ibid., p. 84.
[62] MONTESQUIEU, Charles de Secondat. **O Espírito das Leis**. 2. ed. São Paulo: Abril Cultural, 1979, p. 25.
[63] Ibid., p. 26.

Quanto à fonte do poder, diferencia-se, segundo Montesquieu[64], do modo como se dará o seu exercício, uma vez que o poder emana do povo, apto a escolher mas inapto a governar, sendo necessário que seu interesse seja representado conforme sua vontade.

Montesquieu[65] estabeleceu como condição do Estado de Direito a separação dos Poderes em Legislativo, Judiciário e Executivo – que devem se equilibrar –, servindo o primeiro para a elaboração, a correção e a ab-rogação de leis, o segundo para a promoção da paz e da guerra e a garantia de segurança, e o terceiro para julgar (mesmo os próprios Poderes).

Por fim, merece menção o pensador Rousseau (1712 – 1778), defendendo que o homem é naturalmente bom e formulando na obra *O Contrato Social* a teoria da vontade geral, aceita pela pequena burguesia e pelas camadas populares face ao seu caráter democrático.

Rousseau[66], durante *O Contrato Social*, levanta uma nova questão: "o homem nasce livre e por toda a parte se encontra a ferros". Assim, o estado natural do homem é o de liberdade, mas ele aceita limitar esta liberdade desde que possua seus demais direitos garantidos, não aceitando esta condição para se ver tolhido por um ser humano que se diz superior aos demais (o soberano). No mais, o homem em sociedade depende dos demais, isto é, é um ser social (mesmo o soberano) precisa de toda a sociedade para que o Estado seja mantido.

No entendimento de Rousseau[67]: "assim como a vontade particular atua continuamente contra a vontade geral, assim se esforça incessantemente o governo contra a soberania". Significa que a vontade de um só não é nada perto da vontade do todo, bem como a vontade do soberano é meramente executora e nada significa perto da vontade de quem o coloca na posição de poder, a saber, o povo. Assim, a soberania, que é a autoridade máxima, é **prerrogativa exclusiva do "povo"**, sendo inalienável, mesmo ao soberano.

Em comum, estes três pensadores **defendiam que o Estado era necessário, mas que o soberano não possuía poder divino/absoluto, sendo suas ações limitadas pelos direitos dos cidadãos submetidos ao regime estatal**. No entanto, Rousseau era o pensador que mais se diferenciava dos dois anteriores – que eram mais individualistas e trouxeram os principais fundamentos do Estado Liberal –, porque defendia a entrega do poder a quem realmente estivesse legitimado para exercê-lo, pensamento que mais se aproxima da atual concepção de democracia.

3.3 Revolução Gloriosa e documentos interligados

Antes que despontassem as grandes revoluções que interromperam o contexto do absolutismo europeu, na Inglaterra houve uma árdua discussão sobre a garantia das liberdades pessoais, **ainda que o foco fosse a proteção do clero e da nobreza**.

---

[64] Ibid., p. 32.
[65] Ibid., p. 148-149.
[66] ROUSSEAU, Jean Jacques. **O Contrato Social e Outros Escritos**. 12. ed. São Paulo: Cultrix, 1997, p. 21.
[67] Ibid., p. 88.

Vigoravam na Europa os governos absolutistas, como a dinastia Stuart, surgindo opositores, grupo composto por uma burguesia ascendente, partidária do liberalismo. Em meio a esta oposição surgia uma crise político-religiosa agravada pela rivalidade econômica e lutas sectárias entre católicos, anglicanos, presbiterianos e puritanos.

Em torno de 1640, houve o confronto entre o rei Carlos I e o Parlamento, que resultou em uma violenta guerra civil, saindo como vitoriosos os parlamentares, instaurando-se a partir daí a férrea **ditadura Cromwell**. O **Protetorado de Cromwell** tinha apoio do exército e da burguesia puritana, o que permitiu que a Inglaterra se tornasse uma potência naval e comercial. Com a morte do Lorde Protetor, em 1660, o país entrou em uma crise política cuja solução para evitar uma nova guerra civil era a restauração da monarquia e o retorno dos Stuart ao trono inglês. Com a volta dos Stuart, se reavivou o conflito entre a Coroa e o Parlamento inglês, chegando ao ápice com o reinado de Jaime II, soberano católico e absolutista[68].

Quando a dinastia Stuart tentou transformar o absolutismo de fato em absolutismo de direito, ignorando o Parlamento, este impôs ao rei a **Petição de Direitos** de 1628, que exigia o cumprimento da Magna Carta de 1215. Contudo, o rei se recusou a fazê-lo, fechando por duas vezes o Parlamento, sendo que a segunda vez gerou uma violenta reação que desencadeou uma guerra civil. Após diversas transições no trono inglês, despontou a Revolução Gloriosa, que ocupou os anos 1688 e 1689.

Em 1688, Guilherme III de Orange, Chefe de Estado da Holanda, desembarcou com sua esposa Maria, filha de Jaime II, em solo britânico para depor o até então rei Jaime II, movimento que encerrou a chamada Revolução Gloriosa, que assinalou o **triunfo do liberalismo político sobre o absolutismo**. O novo rei aceitou a Declaração de Direitos – Bill of Rights.

Assim, a Revolução foi um movimento pacífico inglês de conteúdo religioso ocorrido em 1688 que substituiu o rei Jaime II Stuart por Guilherme III de Orange, resultando no triunfo do Parlamento, do liberalismo e do protestantismo, e permitindo a aceitação da Declaração de Direitos, aprovada pelo Parlamento em 1689.

Todo este movimento resultou, assim, nas garantias expressas do *habeas corpus* (1679) e do *Bill of Rights* (1689). Por sua vez, a instituição-chave para a limitação do poder monárquico e para garantia das liberdades na sociedade civil foi o Parlamento, e foi a partir do *Bill of Rights* britânico que surgiu a ideia de governo representativo, ainda que não do povo, mas pelo menos de suas camadas superiores[69].

Tais ideais liberais foram importantes como base para o Iluminismo, que se desencadeou por toda a Europa. Aliás, como visto inicialmente, Locke, um dos pensadores que se opôs à dinastia Stuart, fundamentou parte do ideário da Revolução Francesa e do Iluminismo. Destaca-se que quando isso ocorreu, em meados do século XVIII, se dava o advento do capitalismo em sua fase industrial. O processo de formação do capitalismo e a ascensão da burguesia trouxeram implicações profundas no campo teórico, gerando o Iluminismo.

---

[68] MELLO, Leonel Itassu Almeida. John Locke e o Individualismo Liberal. In: WEFFORT, Francisco. (Org.) **Os Clássicos da Política**. 13. ed. São Paulo: Ática, 2002, v. 1, p. 81-83.
[69] COMPARATO, Fábio Konder. **A afirmação histórica dos direitos humanos**... Op. Cit., p. 48.

3.3.1 Petition of Rights *de 1628*

Na *Petition of Rights*, documento elaborado num contexto de disputas entre o Parlamento e o Rei Charles I, era requerido o reconhecimento de direitos e liberdades para os súditos. Neste sentido, o Parlamento se recusava a apoiar os esforços do Estado inglês na Guerra dos Trinta Anos, que estavam sendo altamente lesivos aos cofres públicos. Apesar dos alertas do Parlamento, o Rei Carlos I insistia em suas decisões, tanto a de persistir na guerra quanto a de recusar cumprimento à Magna Carta, o que levou o Parlamento a elaborar uma série de quatro resoluções. Em resposta, o Rei Carlos I resolveu dissolver o Parlamento, transformando o absolutismo de fato em um absolutismo de Direito.

Como resposta, o Parlamento aprovou a *Petition of Rights* em 1628, aceita pelo rei em troca de apoio aos seus esforços militares. Trata-se de um documento muito importante na estruturação do sistema constitucional britânico, vigente até os dias de hoje.

Ressalta-se que o documento continha restrições como a **não taxação dos súditos exceto com a devida autorização parlamentar**, a **vedação ao aprisionamento arbitrário e ao recrutamento militar forçado** e a **regulamentação da lei marcial para não punir de maneira indevida e arbitrária os soldados**.

3.3.2 Habeas Corpus Act *de 1679*

O *Habeas Corpus Act* é um documento de 1679 e representou um ato do parlamento inglês elaborado durante o reinado do Rei Charles II para definir e fortalecer a antiga prerrogativa do *writ habeas corpus*, uma norma processual que forçou as cortes a examinar o pleno cumprimento da lei em relação à detenção de um prisioneiro, assegurando a liberdade individual de locomoção e prevenindo a restrição arbitrária desta liberdade.

Embora o *habeas corpus* já existisse na Inglaterra desde a Magna Carta de 1215, somente em 1679 foi promulgada a Lei do *Habeas Corpus*, delineando os direitos inerentes a esta garantia e tornando-a mais eficaz. Referido diploma inglês serviu de **parâmetro para legislações em todo mundo**, inclusive representando **embrião para a criação de outras garantias semelhantes**.

3.3.3 Bill of Rights *de 1689*

Quando Guilherme de Orange ascendeu ao trono inglês, aceitou uma Declaração de Direitos imposta pelo Parlamento inglês, conhecida como *Bill of Rights*, aprovada em 1689 e até hoje vigente no Reino Unido. Trata-se de documento extremamente relevante que muito influenciou outros que o seguiram na Europa e no mundo.

Constam no teor resumido da Declaração os seguintes direitos, considerados incontestáveis, evitando que no futuro se firmem precedentes ou se deduza consequência alguma em prejuízo do povo: "1. Que é ilegal a faculdade que se atribui à autoridade real para suspender as leis ou seu cumprimento. 2. Que, do mesmo modo, é ilegal a faculdade que se atribui à autoridade real para dispensar as leis ou o seu cumprimento, como anteriormente se tem verificado, por meio de uma usurpação notória. 3. Que tanto a Comissão para formar o último Tribunal, para as coisas eclesiásticas, como qualquer outra Comissão do Tribunal da mesma classe são ilegais ou perniciosas. 4. Que é ilegal toda cobrança de impostos para a Coroa sem o concurso do Parlamento, sob pretexto de prerrogativa, ou em época e modo diferentes dos designados por ele próprio. 5. Que os súditos tem direitos de apresentar petições ao Rei, sendo ilegais as prisões vexações de qualquer espécie que sofram por esta causa. 6. Que o ato de levantar e manter dentro do país um exército em tempo de paz é contrário a lei, se não proceder autorização do Parlamento. 7. Que os súditos protestantes podem Ter, para a sua defesa, as armas necessárias à sua condição e permitidas por lei. 8. Que devem ser livres as eleições dos membros do Parlamento. 9. Que os discursos pronunciados nos debates do Parlamento não devem ser examinados senão por ele mesmo, e não em outro Tribunal ou sítio algum. 10. Que não se exigirão fianças exorbitantes, impostos excessivos, nem se imporão penas demasiado severas. 11. Que a lista dos jurados eleitos deverá fazer-se em devida forma e ser notificada; que os jurados que decidem sobre a sorte das pessoas nas questões de alta traição deverão ser livres proprietários de terras. 12. Que são contrárias às leis, e, portanto, nulas, todas as doações ou promessas de doação do produto de multa ou de confisco infligidos a pessoas que não tenham sido antes julgadas e condenadas. 13. Que é indispensável convocar com frequência os Parlamentos para satisfazer os agravos, assim como para corrigir, afirmar e conservar as leis".

3.3.4 Act of Settlement *de 1701*

O *Act of Settlement* – ou Decreto de Estabelecimento – completa o **conjunto de limitações ao poder monárquico britânico**. Seu objeto era regular a sucessão das coroas inglesa e irlandesa, diante da impossibilidade de reprodução bem sucedida dos monarcas que ocupavam o trono, passando-se o encargo a Sofia de Hanôver (neta de Jaime VI da Escócia e I de Inglaterra) e seus herdeiros protestantes. A partir deste Decreto formou-se o Reino Unido da Grã-Bretanha. Ainda vigente, o Decreto somente pode ser alterado pelo Parlamento.

3.4 Revoluções Francesa e Americana: promulgação de novas Constituições

> *Em termos de importância prática para a internacionalização dos direitos humanos, em que se diferenciam as Revoluções Francesa e Americana? Qual a principal contribuição de ambos movimentos?*

O primeiro grande movimento desencadeado foi a Revolução Americana de 1776, também conhecida como Guerra da Independência dos Estados Unidos ou Guerra da Revolução Americana.

Iniciada em 1607, a emigração inglesa para a América do Norte deu origem à formação de colônias, que em 1732 eram treze. Entre as causas que concorreram para a guerra de independência figura o abandono em que estas se encontravam. No mais, aumentava a importância econômica das colônias, sobretudo após a Grã-Bretanha vencer a guerra contra a França, acrescentando às suas possessões americanas todo o Canadá e as terras situadas entre os montes Apalaches e o rio Mississippi[70]. Então, seguiu-se a aprovação de diversas leis inglesas que contrariavam o interesse das colônias:

a) **Lei de Navegação (*Navigation Act*)**: que limitava boa parte do intercâmbio comercial, fazendo com que as colônias estabelecessem a maior parte de suas relações comerciais com a própria metrópole (vinculação das relações comerciais);

b) **Lei do Açúcar (*Sugar Act*)**: de 1764, que regulamentava o comércio do açúcar, e aumentava o descontentamento dos colonos;

c) **Lei do Selo (*Stamp Act*)**: de 1765, que estabelecia taxas a serem pagas por documentos legais e oficiais, por meio das quais os colonos iriam cobrir as despesas de manutenção das tropas britânicas;

d) *Declaratory Act*: no qual afirmava ter pleno poder e autoridade para legislar sobre as colônias;

e) *Townshend Act*: estabelecendo impostos sobre o chá, o chumbo, o papel e o vidro, importados pelas possessões americanas, gerando revolta na população. Por causa dele, em 5 de março de 1770 ocorreu o chamado massacre de Boston, quando dois regimentos britânicos mataram inúmeros civis ao tentar conter as revoltas, vendo-se o Parlamento britânico obrigado a recuar, anulando o *Townshend Act*;

f) **Lei do Chá *(Tea Act)***: de 1773, com o objetivo de ajudar a Companhia das Índias Orientais a vender seus excedentes de chá nas colônias. No dia 16 de dezembro de 1773, vários colonos disfarçados de índios atacaram três navios no porto e jogaram ao mar toda sua carga de chá. Esse incidente, conhecido como *Boston Tea Party*, foi o estopim da revolução;

g) **Leis Intoleráveis (*Intolerable Acts*)**: cujo ato mais enérgico determinava o fechamento do porto de Boston até que os proprietários do chá fossem indenizados[71].

No **I Congresso Continental**, que reuniu as 13 colônias exceto Geórgia, votou-se pela exigência de revogação das Leis Intoleráveis, mas não se obteve êxito nas negociações com a Grã-Bretanha. O **II Congresso Continental**, reunido em Filadélfia, designou George Washington para comandar as forças dos colonos, ainda havendo esperanças de que a coroa fizesse concessões para evitar a separação[72].

Por toda parte a autoridade inglesa entrava em colapso, tornando-se os conflitos cada vez mais violentos, de forma que se percebeu que ou as colônias se submetiam novamente à metrópole ou partiam para a independência. Em 1776 se deu a

---

[70] BARSA Nova Enciclopédia. **Macropédia**. São Paulo: Barsa Consultoria Editorial Ltda., 2001 (versão 2.0 em CD).
[71] Ibid.
[72] Ibid.

independência das treze Colônias da América Continental Britânica, registrada na Declaração de Direitos do Homem e na Declaração de Independência. Após diversas batalhas, a Inglaterra reconheceu a independência em 1783 (**paz de Versalhes**)[73].

A Declaração da Independência dos Estados Unidos da América foi o documento pelo qual as Treze Colônias declararam sua independência da Grã-Bretanha, ratificada no Congresso Continental em 4 de julho de 1776.

Já a Carta dos Direitos dos Estados Unidos ou Declaração dos Direitos dos Cidadãos dos Estados Unidos (*United States Bill of Rights*) foi introduzida em 1789. Protege liberdades fundamentais como a de expressão, a de religião, a de guardar e usar armas, a de assembleia e a de petição. Também assegura a igualdade de todos de maneira livre e independente, considerando esta como um direito inato. Proíbe a busca e a apreensão sem razão alguma, o castigo cruel e insólito e a confissão forçada. Impede que o Congresso faça qualquer lei em relação ao estabelecimento de religião e proíbe o governo federal de privar qualquer pessoa da vida, da liberdade ou da propriedade sem os devidos processos da lei, trazendo especificações sobre julgamento pelo júri, vedação do *bis in idem* e direito ao contraditório. Em termos políticos, estabelece que o poder pertence ao povo e que o Estado é responsável perante ele, garante a separação dos poderes e institui a realização de eleições diretas.

A Revolução Americana ocorreu antes da Revolução Francesa, mas seu foco foi muito mais localizado, possuindo menor influência na Europa e no mundo. Bobbio[74] expõe que muito se discutiu sobre a relação entre as duas revoluções: alguns alegaram que a Declaração Francesa não possuía originalidade e outros que a semelhança entre ambas se dava pela base comum de ideologia, mas o mais adequado é destacar que a Declaração Francesa é **mais individualista** que a americana, pois os americanos relacionam os direitos do indivíduo com o bem comum da sociedade. Além disso, Bobbio[75] defende que a Revolução Francesa foi ética e politicamente superior à Revolução Americana, pois constituiu, por dois séculos, o modelo ideal para todos os que combateram pela emancipação e libertação do povo.

Historiadores divergem quanto às causas da Revolução Francesa, mas as mais comumente citadas incluem o descontentamento do povo francês, cansado de tolerar um regime em que eram inúmeros os privilégios e os abusos. Neste sentido, a monarquia absolutista era um obstáculo à ascensão da burguesia, classe mais rica e instruída da nação. Os camponeses ainda viviam esmagados pelo sistema feudal imperante no campo. A nobreza e o alto clero possuíam as melhores e mais extensas propriedades. O poder absoluto do rei não podia, pelo menos teoricamente, sofrer limitações. A estrutura agrária obsoleta não atendia às exigências de uma população que se expandia com o progresso industrial e mercantil. Eram necessárias medidas capazes de aumentar a produção agrícola, que mal alimentava a população. Assim, as condições eram propícias à fermentação de ideias revolucionárias, como as de Voltaire e Rousseau[76].

---

[73] Ibid.
[74] BOBBIO, Norberto... Op. Cit., p. 102-103.
[75] Ibid., p. 104-105.
[76] BARSA Nova Enciclopédia... Op. Cit.

Às vésperas da revolução, agravou-se a crise econômica, sendo que o único meio de estabelecer o equilíbrio seria suprimir os privilégios e decretar a igualdade de todos diante do Fisco. Para isso, era necessário opor-se aos nobres, mas o governo não tinha forças para tanto. Luís XVI entrou em choque com o Parlamento, o qual fez publicar, em maio de 1788, uma decisão que valeu como verdadeira declaração de direitos da nação. O povo tomou o partido dos parlamentares e o soberano acabou por decretar o recesso compulsório do Parlamento. A crise se aprofundou e, premido pela gravidade da situação, Luís XVI cedeu e colocou Jacques Necker, homem muito popular, nas funções de primeiro-ministro, o qual convocou os **Estados Gerais**[77].

Logo na primeira sessão dos Estados Gerais, os representantes do **terceiro estado (burguesia)** desentenderam-se com os aristocratas. Depois de negociações infrutíferas, a terceira classe resolveu deliberar sozinha, na qualidade de representantes de 96% da nação, e declararam-se **Assembleia Nacional**, soberana em matéria de impostos. Essa medida praticamente subtraiu ao rei o poder sobre as finanças e se constituiu no primeiro ato revolucionário. Luís XVI hostilizou o terceiro estado e tentou anular suas deliberações, mas ante sua resistência foi obrigado a ceder. A partir de então, a Assembleia declarou-se Assembleia Constituinte, destruindo com isso o poder absoluto da monarquia. Ainda assim, o rei tentava reagir, inclusive demitindo Necker, mas o povo não permitiu[78].

Organizou-se, no dia 13 de julho, um comitê permanente que reuniu 12.000 homens e constituiu uma milícia para a defesa de Paris, primeiro núcleo da Guarda Nacional. No dia 14 de julho, o povo sublevado saqueou o *Hôtel des Invalides* (sede do governo militar parisiense), recolhendo canhões e milhares de fuzis. Em seguida, dirigiu-se à Bastilha, à procura de mais armas e munição. Depois de algumas horas de luta, a massa invadiu a fortaleza e massacrou seus defensores. A queda da Bastilha teve importância decisiva para a revolução, porque era o símbolo das injustiças do antigo regime. De mãos atadas, em 15 de julho, o rei anunciou aos deputados a dispersão das tropas e, no dia seguinte, chamou Necker para reassumir o Ministério das Finanças, bem como sancionou todas as medidas adotadas pelos revolucionários. No futuro, o rei tentou reagir, mas a descoberta de documentos que o comprometiam com a contrarrevolução fez com que ele fosse condenado à morte e guilhotinado em 21 de janeiro de 1793[79].

Em resumo, a Revolução Francesa decorreu da **incapacidade do governo de resolver sua crise financeira, ascendendo com isso a classe burguesa** (*sans-culottes*), sendo o primeiro evento de tal ascensão a Queda da Bastilha, em 14 de julho de 1789, seguida por outros levantes populares. Derrubados os privilégios das classes dominantes, a Assembleia se reuniu para o preparo de uma carta de liberdades, que veio a ser a **Declaração dos Direitos do Homem e do Cidadão**[80].

Tal documento previu: liberdade e igualdade entre os homens quanto aos seus direitos (artigo 1º); necessidade de conservação dos seus direitos naturais, quais

---

[77] Ibid.
[78] Ibid.
[79] Ibid.
[80] BURNS, Edward McNall. **História da civilização ocidental**, v. 2... Op. Cit. p. 494-497.

sejam a liberdade, a propriedade, a segurança e a resistência à opressão (artigo 2º); princípio da autonomia da nação, não se aceitando que um indivíduo exerça sobre ela autoridade sem o apoio de toda a nação (artigo 3º); limitação do direito de liberdade somente por lei (artigo 4º); princípio da legalidade, dando-se liberdade para fazer tudo que a lei não proíba (artigo 5º); participação popular direta e indireta para a criação de leis (artigo 6º); princípio da legalidade criminal (artigo 7º); princípio da irretroatividade da lei penal (artigo 8º); princípio da presunção de inocência (artigo 9º); manifestação livre do pensamento (artigos 10 e 11); força pública como garantidora dos direitos do povo, havendo contribuição comum para os gastos com esta (artigos 12 e 13); direito à fiscalização dos gastos públicos (artigo 14); prestação de contas pelos agentes públicos (artigo 15); necessária separação de poderes (artigo 16); e propriedade como direito inviolável (artigo 17).

3.5 Revolução Industrial: primeiras Constituições a mencionarem direitos sociais

> A Revolução Industrial foi o estopim para a afirmação de quais espécies de direitos humanos?

A **Revolução Industrial**, que começou na Inglaterra, criou o sistema fabril, o que reformulou a vida de homens e mulheres pelo mundo todo, não só pelos avanços tecnológicos, mas notadamente por determinar o êxodo de milhões de pessoas do interior para as cidades. Os milhares de trabalhadores se sujeitavam a jornadas longas e desgastantes, sem falar nos ambientes insalubres e perigosos, aos quais se sujeitavam inclusive as crianças. Neste contexto, surgiu a **consciência de classe**[81], lançando-se base para uma árdua luta pelos **direitos trabalhistas**.

A fase aguda da revolução industrial inglesa, entre 1760 e 1830, foi a continuação natural de um longo processo. **Pode-se falar não em uma, mas em diversas revoluções industriais sucessivas**: uma no século XIII, quando da introdução das primeiras máquinas hidráulicas na indústria têxtil; outra, entre 1540 e 1640, estimulada pela alta dos preços e pela Reforma protestante. Surgiu então a revolução industrial propriamente dita, entre os séculos XVIII e XIX, caracterizada por algumas novidades na produção industrial, como a metalurgia do coque, a utilização da máquina a vapor na mineração e na laminação, a invenção de máquinas nos setores de fiação e tecelagem – algumas já a vapor –, o emprego de novos métodos e materiais na cerâmica, na engenharia civil e nos transportes, sobretudo canais e ferrovias. Esta fase, conhecida como da Revolução Industrial propriamente dita, continuou muito além de 1830 e prosseguiu pelo século XX. Entre outras, as consequências gerais da revolução industrial podem ser resumidas em: urbanização rápida e intensa; progresso das regiões industriais em relação às rurais; incremento do comércio interno e internacional; aperfeiçoamento dos meios de transporte; crescimento demográfico; e redistribuição da riqueza e do poder[82].

---

[81] Ibid., p. 529-540.
[82] BARSA Nova Enciclopédia... Op. Cit.

Se, por um lado, a revolução gerou inúmeros benefícios ao conforto material da população, que passou a ter acesso a bens de consumo antes não disponíveis, por outro lado, a classe menos favorecida, dos operários (boa parte ex-camponeses vítimas do êxodo rural), se viu massacrada num sistema de produção intensa.

O filme *Tempos Modernos*, de Charles Chaplin, permite a visualização – ainda que de forma caricata – do contexto ao qual se sujeitavam os trabalhadores no ápice da Revolução Industrial: em algumas de suas cenas clássicas, o protagonista fica preso às engrenagens do maquinário, se vê obrigado a se adaptar a um método de fazer suas refeições sem parar de trabalhar, adquire um "tique" devido ao movimento repetitivo feito numa das esteiras de produção, passa por necessidades financeiras ao lado de sua companheira e adere a um movimento de greve[83].

Fato é que quanto maior a autonomia de vontade – buscada nas revoluções anteriores – melhor funciona o mercado capitalista, beneficiando quem possui maior número de bens. Assim, a classe que detinha bens, qual seja a burguesia, ampliou sua esfera de poder, enquanto o proletariado passou a ser vítima do poder econômico. **No Estado Liberal, aquele que não detém poder econômico fica desprotegido**. O indivíduo da classe operária sozinho não tinha defesa, mas descobriu que ao se unir com outros em situação semelhante poderia conquistar direitos. Para tanto, passaram a organizar greves.

Nasceu, assim, o **direito do trabalho**, voltado à proteção da vítima do poder econômico: o trabalhador. Parte-se do princípio da hipossuficiência do trabalhador, que é o princípio da proteção e que gerou os princípios da primazia, da irredutibilidade de vencimentos e outros. Nota-se que no campo destes direitos e dos demais direitos econômicos, sociais e culturais não basta uma postura do indivíduo: **é preciso que o Estado interfira e controle o poder econômico**.

Entre os documentos nacionais relevantes que merecem menção nesta esfera destacam-se: **Constituição do México de 1917** e **Constituição alemã de Weimar de 1919**. Sem prejuízo, em 1919 surgiu a Organização Internacional do Trabalho, que será estudada no tópico 4.2.2 deste capítulo.

Explica Comparato[84]: "A Carta Política mexicana de 1917 foi a primeira a atribuir aos direitos trabalhistas a qualidade de direitos fundamentais, juntamente com as liberdades individuais e os direitos políticos (artigos 5º e 123). A importância desse precedente histórico deve ser salientada, pois na Europa a consciência de que os direitos humanos têm também uma dimensão social só veio a se firmar após a grande guerra de 1914-1918, que encerrou de fato o 'longo século XIX'. A Constituição de Weimar, em 1919, trilhou a mesma via da Carta mexicana, e todas as convenções aprovadas pela então recém-criada Organização Internacional do Trabalho, na Conferência de Washington do mesmo ano de 1919, regularam matérias que já constavam da Constituição mexicana: a limitação da jornada de trabalho, o

---

[83] TEMPOS MODERNOS. Direção: Charles Chaplin. Elenco: Charles Chaplin, Paulette Goddard, Henry Bergman. Estados Unidos: [s.n.], 1936. 83 min.
[84] COMPARATO, Fábio Konder. **A Constituição Mexicana de 1917**. Disponível em: <http://www.dhnet.org.br/educar/redeedh/anthist/mex1917.htm>. Acesso em: 10 nov. 2013.

desemprego, a proteção da maternidade, a idade mínima de admissão nos trabalhos industriais e o trabalho noturno dos menores na indústria".

Com efeito, a Constituição de México de 1917 foi a primeira Constituição social, mas a que teve maior repercussão em termos globais foi a segunda, a Constituição alemã de Weimar, de 1919. Vale lembrar que a Constituição de Weimar, quando instituiu o Estado Social, deu nova faceta ao regime democrático alemão, a qual permitiu que nos anos seguintes ascendesse o regime totalitário.

4 O SISTEMA INTERNACIONAL DE PROTEÇÃO AOS DIREITOS HUMANOS: OS PRECEDENTES HISTÓRICOS DO PROCESSO DE INTERNACIONALIZAÇÃO E UNIVERSALIZAÇÃO DOS DIREITOS HUMANOS

Quais os principais precedentes históricos do processo de internacionalização e universalização dos direitos humanos? Quer dizer, quais eventos marcaram as raízes deste movimento?

4.1 Direito humanitário e a fundação da Cruz Vermelha

Historicamente, em 9 de fevereiro de 1863 fundou-se o *Comitê dos Cinco*, como uma comissão de investigação da Sociedade de Genebra para o Bem-estar Público. Entre seus objetivos, se encontrava o de organizar uma conferência internacional sobre a possível implementação das ideias de Henri Dunant.

Estas ideias se originam da obra de Dunant intitulada *Uma recordação de Solferino*, publicada em 1862, na qual ele relata seu testemunho sobre a batalha de Solferino, travada em 24 de agosto de 1859 entre os exércitos da França e da Itália, de um lado, e da Áustria de outro, na qual cerca de quarenta mil homens ficaram no campo, mortos ou moribundos, sem que tivessem assistência médica adequada. Dunant organizou um corpo de voluntários para socorrê-los e descreveu a experiência na obra, lançando-se em seguida numa campanha com o objetivo de melhorar a assistência às vítimas de guerra e de formar em cada país sociedades que organizassem e treinassem homens e mulheres para cuidar dos feridos quando a guerra viesse[85].

Depois da primeira conferência, adotou-se a **primeira Convenção de Genebra**, de 22 de agosto de 1864, tratando das condições dos feridos das forças armadas no campo de batalha. A convenção continha dez artigos, estabelecendo pela primeira vez regras legais garantindo a neutralidade e a proteção para soldados feridos, membros de assistência médica e certas instituições humanitárias, no caso de um conflito armado, aceitando-se a fundação de sociedades nacionais com este fim de proteção. Após o estabelecimento da Convenção de Genebra, as primeiras sociedades nacionais foram fundadas.

---

[85] BARSA Nova Enciclopédia... Op. Cit.

Ainda em 1864, Louis Appia e Charles Van de Velde foram os primeiros representantes independentes e neutros que trabalharam sob o símbolo da Cruz Vermelha em um conflito armado. Três anos depois, em 1867, a primeira Conferência Internacional das Sociedades de Enfermagem aos Feridos na Guerra foi realizada.

Quando Henri Dunant foi à falência, a imagem do *Comitê dos Cinco* ficou comprometida perante a opinião pública, embora neste meio tempo tivessem sido fundadas outras sociedades nacionais. Em 1876, o comitê adotou o nome *Comitê Internacional da Cruz Vermelha (CICV)*, que é até o presente sua designação oficial, cujos esforços têm sido reconhecidos até hoje, tanto que por três vezes recebeu o Prêmio Nobel da Paz (1917, 1944, e 1963).

4.2 Tratado de Versalhes

No final do século XIX e no início de século XX, o mundo passou por variadas crises de instabilidade diplomática, posto que vários países possuíam condições suficientes para se sobreporem sobre os demais, resultado dos avanços tecnológicos e das melhorias no padrão de vida da sociedade. Neste contexto, surgiram condições para a eclosão das duas Guerras Mundiais, eventos que alteraram o curso da história da civilização ocidental.

Durante o século XX se passaram alguns dos mais trágicos eventos da humanidade, a **Primeira e a Segunda Guerras Mundiais**, frutos de variadas pressões internacionais e internas. Por volta de 1870 e nas décadas seguintes, a Europa ocidental e os Estados Unidos possuíam um poder maior do que qualquer nação ou império anterior, superando os setores menos desenvolvidos do mundo. Tal domínio gerou uma preocupação de que uma destas potências preponderasse sobre a outra. Daí decorreram tensões políticas intensas, que cresciam dentro de cada nação, tornando-se impossível evitar a guerra[86].

Com efeito, em 1914 eclodiu a Primeira Guerra Mundial, apesar das inúmeras tentativas de diplomacia após 1870. Em 1882, foi formada a Tríplice Aliança, entre Alemanha, Itália e Áustria-Hungria, visando impedir que a França buscasse vingança após a derrota na Guerra Franco-Prussiana. Contudo, os países europeus começaram a desconfiar das "boas" intenções dos seus vizinhos e, em 1907, se formou a Tríplice Entente, composta por França, Grã-Bretanha e Rússia. Dentro das próprias alianças não eram poucos os conflitos internos e, aliados a esta instabilidade diplomática, o **nacionalismo** e o **militarismo** contribuíram para que começasse a Primeira Guerra Mundial[87].

Colocados muitos interesses em jogo, os países guerrearam em dois blocos bem delimitados: de um lado, Sérvia, Rússia, França, Grã-Bretanha, Japão, Itália, Romênia, Estados Unidos, Grécia, Portugal e Brasil; de outro lado, Áustria, Alemanha, Bulgária e Turquia. O segundo grupo foi derrotado, sendo cada país submetido a um pacto de rendição formulado pela Liga das Nações; o mais fa-

---

[86] BURNS, Edward McNall. **História da civilização ocidental**, v. 2... Op. Cit. p. 596.
[87] Ibid., p. 663-667.

moso destes é o **Tratado de Versalhes**, aplicado à Alemanha, que impunha em suas cláusulas a entrega de territórios e armamentos, bem como o pagamento de uma indenização bilionária[88].

O Tratado de Versalhes foi assinado em 28 de junho de 1919, entre as potências aliadas e a Alemanha, fixando as condições para a paz depois da primeira guerra mundial. A Conferência de Paz de Paris, na qual se redigiu o Tratado, foi dominada pelos "quatro grandes": o americano Woodrow Wilson, o britânico David Lloyd George, o francês Georges Clemenceau e o italiano Vittorio Orlando. **As nações derrotadas não tiveram nenhuma influência na elaboração dos artigos**. Seus termos basearam-se no plano do presidente americano para uma paz justa, conhecido como Quatorze Pontos, aceito pela Alemanha no armistício de outubro de 1918. Não obstante, os aliados decidiram exigir da Alemanha compensação por todos os danos causados à população civil dos aliados e à sua propriedade pelos alemães. A Alemanha perdeu perto de dez por cento de sua população e territórios[89].

A cláusula de culpa de guerra considerou a Alemanha nação agressora, responsável por reparações às nações aliadas, sendo que uma comissão determinou em 1921 que a Alemanha deveria pagar 33 bilhões de dólares. Apesar de economistas declararem que uma soma tão imensa não poderia ser levantada sem causar transtornos graves às finanças nacionais, os aliados insistiram no pagamento. Os quatro grandes queriam garantir que a Alemanha nunca mais seria uma ameaça militar para a Europa. O Exército alemão ficou restrito a cem mil homens e foi proibida a fabricação de carros blindados, tanques, submarinos, aviões e gás venenoso, bem como desmilitarizada parte do território[90].

O tratado foi intensamente criticado pelos alemães. Nos anos seguintes, foi revisto e alterado, quase sempre a favor da Alemanha. Muitas concessões foram feitas à Alemanha antes da ascensão de Adolf Hitler. A combinação de dureza e posterior fraqueza na exigência do cumprimento de suas cláusulas abriu caminho para o ressurgimento do militarismo alemão na década de 1930, que aliado ao ressentimento pelas imensas reparações e pela cláusula de culpa de guerra abriram caminho para a futura agressão alemã[91].

4.2.1 Liga das Nações

A Sociedade das Nações, também conhecida como Liga das Nações, foi uma organização internacional, idealizada em 1919, em Versalhes, nos subúrbios de Paris, onde as potências vencedoras da Primeira Guerra Mundial – notadamente Inglaterra, França e Estados Unidos – se reuniram para negociar um acordo de paz. Além da divisão entre os vencedores que dificultava a paz, os vencidos se recusavam a assinar o injusto tratado imposto, com a Alemanha tentando ludibriar as determinações do Tratado de Versalhes, assim como Áustria, Hungria, Bulgária

---

[88] Ibid., p. 670-683.
[89] BARSA Nova Enciclopédia... Op. Cit.
[90] Ibid.
[91] Ibid.

e Turquia se recusavam a aceitar as obrigações impostas. No final das contas, todos assinaram seus tratados[92].

O pacto da Liga das Nações constava de um preâmbulo e 26 artigos que determinavam seus objetivos, funcionamento, estrutura, e as diversas áreas de atuação e influência, sendo que a organização compreendia três organismos com funções estatutárias: a) a *Assembleia*, composta de todos os seus membros, na qual cada Estado se fazia representar por três delegados (embora com direito a apenas um voto), e que se reunia de forma ordinária anualmente ou extraordinariamente quando convocada pelo Conselho; b) o *Conselho*, composto de membros permanentes – Estados Unidos, que não chegou a ocupar seu lugar, Reino Unido, França, Japão, Itália e, posteriormente, Alemanha e União Soviética – e de membros não permanentes, em número de participantes que foi sendo ampliado, a exemplo do Brasil; e c) a *Administração, ou Secretariado Permanente*, que funcionava na sede da Liga, em Genebra[93].

Não obstante, foram instituídos no âmbito da Liga das Nações um *sistema de minorias* e um *sistema de mandatos*.

O **sistema de minorias** voltava-se à proteção da diversidade que se mostrou evidente em toda a Europa no contexto do guerra. Deste modo, os Estados da Liga das Nações assumiram o compromisso de não discriminar membros de grupos minoritários e de garantir-lhes direitos especiais necessários à preservação de sua integridade étnica, religiosa e linguística.

O **sistema de mandatos** foi previsto para ser aplicado apenas às ex-colônias dos países perdedores da Primeira Guerra Mundial. Neste sentido, embora não houvesse dúvidas de que os países vencidos perderiam suas colônias, transferi-las diretamente aos vencedores evidenciaria uma controvérsia em relação às propostas defendidas no curso da guerra. Então, criou-se um sistema de mandatos que vinculava estas colônias à Liga das Nações. Supostamente, o objetivo seria levar à emancipação destas colônias, mas na prática era como se a Liga se tornasse agora um ente colonizador.

Quando do final da Primeira Guerra Mundial, acreditava-se que os princípios liberais democráticos haviam triunfado de uma vez por todas e que não aconteceria outro evento semelhante. Neste ideal que foi formada a Liga das Nações. Mas os inúmeros tratados e compromissos firmados *fora* do âmbito da Liga das Nações já mostravam a fraqueza da instituição, embora a princípio ela tenha correspondido às esperanças depositadas. Ocorre que a Liga das Nações promoveu o isolamento de grandes países como a Rússia (numa fase inicial), além de fundar-se num tratado internacional altamente prejudicial a países perdedores da guerra como a Alemanha[94]. Não obstante, os Estados Unidos nunca apoiaram a Liga das Nações, o que fez com que ela tivesse pouco ou nenhum poder no âmbito das Américas.

Daí que o Tratado de Versalhes, que instituiu a Liga das Nações, **foi um dos principais motivos para a instituição do regime nazista alemão**, já que a Alemanha

---

[92] AQUINO, Rubim Santos Leão de; et. al. **História das Sociedades**: das comunidades primitivas às sociedades medievais. 36. ed. Rio de Janeiro: Ao Livro Técnico, 1997, p. 244-246.

[93] BARSA Nova Enciclopédia... Op. Cit.

[94] AQUINO, Rubim Santos Leão de; et. al... Op. Cit., p. 244-246.

nunca se conformou por ter sido obrigada a assinar uma confissão de culpa e a se sujeitar ao pagamento de uma vultosa indenização. Após o final da Segunda Guerra Mundial percebeu-se que o objetivo da Liga das Nações não tinha sido atingido e a organização estava fadada ao fracasso.

A Liga das Nações funcionou de 1920 a 1946, dissolvida na sua 21ª sessão e tendo seus bens transferidos à ONU, encerradas as contas da comissão de liquidação em 1947. A Liga das Nações possuía dois organismos autônomos, a saber, a **Organização Internacional do Trabalho – OIT**, criada pelo Tratado de Versalhes, e a **Corte Permanente de Justiça Internacional – CPJI**, cujo estatuto foi elaborado em 1920, as quais remanescem, embora a segunda com outra nomenclatura e estatuto[95], qual seja Corte Internacional de Justiça – CIJ.

4.2.2 Organização Internacional do Trabalho

A Organização Internacional do Trabalho (OIT) é a agência das Nações Unidas que tem por missão promover oportunidades para que homens e mulheres possam ter acesso a um trabalho decente e produtivo, em condições de liberdade, equidade, segurança e dignidade. O *trabalho decente*, conceito formalizado pela OIT em 1999, sintetiza a sua missão histórica de promover oportunidades para que homens e mulheres possam ter um trabalho produtivo e de qualidade, em condições de liberdade, equidade, segurança e dignidade humanas, sendo considerado condição fundamental para a superação da pobreza, a redução das desigualdades sociais, a garantia da governabilidade democrática e o desenvolvimento sustentável[96].

O *trabalho decente* é o ponto de convergência dos **quatro objetivos estratégicos da OIT: o respeito aos direitos no trabalho** (em especial aqueles definidos como fundamentais pela Declaração Relativa aos Direitos e Princípios Fundamentais no Trabalho e seu seguimento adotada em 1998: liberdade sindical e reconhecimento efetivo do direito de negociação coletiva, eliminação de todas as formas de trabalho forçado, abolição efetiva do trabalho infantil, eliminação de todas as formas de discriminação em matéria de emprego e ocupação), a **promoção do emprego produtivo e de qualidade**, a **extensão da proteção social**, e o **fortalecimento do diálogo social**[97].

A OIT foi criada em 1919, como parte do Tratado de Versalhes, que pôs fim à Primeira Guerra Mundial. É a única das agências do Sistema das Nações Unidas com uma estrutura tripartite, composta de representantes de governos e de organizações de empregadores e de trabalhadores. A OIT é responsável pela formulação e aplicação das normas internacionais do trabalho (convenções e recomendações)[98].

As convenções, uma vez ratificadas por decisão soberana de um país, passam a fazer parte de seu ordenamento jurídico. O Brasil está entre os membros

---

[95] MELLO, Celso D. de Albuquerque... Op. Cit., p. 609.
[96] OIT – Organização Internacional do Trabalho. **Conheça a OIT**. Disponível em: <http://www.oit.org.br/>. Acesso em: 10 nov. 2013.
[97] Ibid.
[98] Ibid.

fundadores da OIT e participa da Conferência Internacional do Trabalho desde sua primeira reunião[99].

Na primeira Conferência Internacional do Trabalho, realizada em 1919, a OIT adotou seis convenções. A primeira delas respondia a uma das principais reivindicações do movimento sindical e operário do final do século XIX e começo do século XX: a limitação da jornada de trabalho a 8 diárias e 48 semanais. As outras convenções adotadas nessa ocasião referem-se à proteção à maternidade, à luta contra o desemprego, à definição da idade mínima de 14 anos para o trabalho na indústria e à proibição do trabalho noturno de mulheres e menores de 18 anos[100].

Durante seus primeiros quarenta anos de existência, a OIT consagrou a maior parte de suas energias a desenvolver normas internacionais do trabalho e a garantir sua aplicação. Entre 1919 e 1939 foram adotadas 67 convenções e 66 recomendações. A eclosão da Segunda Guerra Mundial interrompeu temporariamente esse processo. No final da guerra, nasce a Organização das Nações Unidas (ONU), com o objetivo de manter a paz através do diálogo entre as nações, e a OIT, em 1946, se transforma em sua primeira agência especializada[101].

Em 1969, a OIT recebeu o Prêmio Nobel da Paz. A OIT desempenhou um papel importante na definição das legislações trabalhistas e na elaboração de políticas econômicas, sociais e trabalhistas durante boa parte do século XX e o desempenha até hoje, no século XXI.

5 DOUTRINA DO DIREITO POSITIVO: ASCENSÃO DOS REGIMES TOTALITÁRIOS

> Em que aspecto o positivismo influenciou na ascensão dos regimes totalitários?

A crença em um direito natural, ou seja, na existência de valores humanos que não decorrem da vontade estatal, foi um triunfo da burguesia e das revoluções liberais no século XVI, mas foi ao longo do século XIX que o jusnaturalismo chegou ao seu apogeu, sendo consolidado em textos constitucionais escritos. Paradoxalmente, este foi o momento em que ele perdeu totalmente sua força para o positivismo filosófico[102].

Na Europa, ascenderam após a Primeira Guerra Mundial três regimes totalitários, presentes na **Rússia**, na **Itália** e na **Alemanha**. Na Rússia, após a revolução de novembro de 1917, os líderes bolcheviques se viram compelidos a centralizar o poder nas mãos de poucos, assumindo como líderes, primeiramente, Lenin e, com o falecimento deste, Stalin, apesar da preferência de alguns por Trotski. Na Itália, o fascismo, liderado por Benito Mussolini, emergiu devido aos efeitos desmoralizadores e humilhantes da guerra, adotando como premissas o totalitarismo, o nacionalismo

---

[99] Ibid.
[100] Ibid.
[101] Ibid.
[102] BARROSO, Luís Roberto... Op. Cit., p. 350.

e o militarismo. Na Alemanha, o sentimento de humilhação oriundo da derrota na guerra, deixando o país a mercê de seus inimigos, bem como a inflação intensa e o medo do bolchevismo, levaram à formação do Partido Nacional-Socialista dos Trabalhadores Alemães, que tinha o austríaco Adolf Hitler como líder, o qual adotava ardentes ideais políticos antissemitas. O fascismo italiano nunca teve um fundamento racista, mas se assemelhava ao nazismo em muitos aspectos e, quando da sua aliança, a Itália chegou a promulgar decretos antissemitas[103].

Buscando evitar a guerra, as democracias ocidentais toleraram o máximo possível as ambições de expansão de Hitler, e quando perceberam que seu apetite não teria fim já era tarde demais, afinal, a Alemanha já tinha anexado a Áustria e a Tchecoslováquia, e em breve conquistaria a Polônia, apesar do auxílio armado finalmente prestado pela Grã-Bretanha, que declarou guerra à Alemanha em seguida à invasão, no ano de 1939, juntamente com a França. Em seguida, os alemães conquistaram Noruega, Dinamarca, Bélgica, Holanda, França e parte da Rússia. A guerra tornou-se um conflito global com o ataque japonês à base americana de Pearl Harbor em 1941[104].

A teoria jurídica que permite que um Direito com este teor seja considerado válido – embora não correto em termos éticos – é o **Positivismo**. Um de seus precursores foi Hans Kelsen, com a obra *Teoria Pura do Direito*. Ainda, merece menção Carl Schmitt, notadamente em sua *Teoria da Constituição* e em outros discursos, embora o autor se apresente como questionador do positivismo jurídico clássico de Kelsen.

Como observa Lafer[105], com a crescente positivação do Direito pelo Estado, ele se tornou um simples instrumento de gestão e comando da sociedade, ou seja, deixou de ser algo dado pela razão comum, gerando uma mutabilidade no tempo e um particularismo no espaço: o lícito e o ilícito passou a ser basicamente o que cada Estado impõe como tal, não o consolidado pelo direito natural. Logo, se o sistema jurídico alemão autorizava o tratamento desigual dos homens, em tese não importaria que uma lei natural superior à escrita e inerente à razão do homem dissesse que todos os homens eram iguais sem restrições.

Kelsen[106] explicou a pureza de sua teoria dizendo que pretendia tratar de uma **ciência jurídica do Direito**, não política, reconhecendo que a jurisprudência tem confundido Direito com psicologia, sociologia, ética e teoria política – que indubitavelmente são objetos conexos ao Direito, porém distintos.

Kelsen[107] definiu o Direito como **ordem**, ou seja, como um sistema de normas com o mesmo fundamento de validade: a existência de uma **norma hipotética fundamental**. Não importa qual seja o conteúdo desta norma fundamental, ainda assim ela conferirá validade à norma inferior com ela compatível.

---

[103] BURNS, Edward McNall. **História da civilização ocidental**, v. 2... Op. Cit. p. 692-705.
[104] Ibid., p. 724-726.
[105] LAFER, Celso... Op. Cit., p. 17.
[106] KELSEN, Hans... Op. Cit., p. 01-02.
[107] Ibid., p. 33.

Sobre o Direito dos Estados totalitários, aduziu Kelsen[108]: "segundo o Direito dos Estados totalitários, o governo tem poder para encerrar em campos de concentração, forçar a quaisquer trabalhos e até matar os indivíduos de opinião, religião ou raça indesejável. Podemos condenar com a maior veemência tais medidas, mas o que não podemos é considerá-las como situando-se fora da ordem jurídica desses Estados".

Esta norma hipotética fundamental que confere fundamento de validade a uma ordem jurídica é, para Kelsen[109], a premissa em relação à qual a Constituição tem o papel de conferir roupagem. Esta norma hipotética fundamental não teria um conteúdo material determinado, mas seria um reconhecimento geral natural conferido pela comunidade jurídica de que para ter validade uma Constituição precisa estruturar aspectos determinados, além de emergir como formalmente válida[110]. Preenchidos tais requisitos, a Constituição se posicionaria validamente no topo do sistema jurídico, independentemente de seu conteúdo. Nesta perspectiva, a justiça não é a característica que distingue o Direito das outras ordens coercitivas porque é relativo o juízo de valor segundo o qual uma ordem pode ser considerada justa. Percebe-se que a Moral é afastada como conteúdo necessário do Direito, já que a justiça é o valor moral inerente ao Direito.

O jurista alemão não ficou satisfeito com a interpretação dada à sua Teoria Pura do Direito pelos regimes totalitários. Na introdução de sua obra, Kelsen[111] criticou os argumentos dirigidos contra a sua teoria e a sua má utilização segundo as necessidades de certo regime estatal.

Carl Schmitt, jurista alemão, foi um grande crítico da concepção de Kelsen, apesar de também poder ser apontado como um positivista. A maior distinção entre os pensadores está na crítica feita por Schmitt à pretensão de neutralidade do positivismo clássico. O autor não enxergava uma separação entre Direito e política, o que tornava o isolamento do Direito como objeto inviável na prática. Com efeito, o político volta à análise dos temas de teoria constitucional.

Com efeito, o autor alemão defende a existência de uma **Constituição propriamente dita** (apenas aquilo que decorre de uma "decisão política fundamental" que a antecede), e, em segundo plano, de **Leis Constitucionais**[112]. As duas são *formalmente iguais*, mas *materialmente distintas*: na primeira, nem tudo o que se encontra na Constituição é fundamental; e, o que, apesar de estar na Constituição, não for fundamental, serão apenas Leis Constitucionais.

Carl Schmitt ordenou o conceito de Constituição em quatro grupos, a saber, o *conceito absoluto*, o *conceito relativo*, o *conceito positivo*, e o *conceito ideal*, adotando, contudo, o *conceito positivo* – denota-se a dicotomia entre o Direito real e o Direito ideal, que reforça as premissas do positivismo. Isto porquê, para Schmitt, na realidade, uma Constituição é válida quando emana de um poder (é dizer, força ou

---

[108] Ibid., p. 44.
[109] Ibid., p. 52-54.
[110] Com alguma razão, a doutrina questiona se o conceito de norma hipotétiva fundamental de Kelsen não compromete a própria pureza de sua teoria.
[111] Ibid., p. XII.
[112] SCHMITT, Carl. **Teoria de la constitución**. Salamanca: Alianza Editorial, 1996, p. 29-58.

autoridade) constituinte e se estabelece por sua vontade. A unidade do Reich alemão não descansa nos 181 artigos e em sua vigência (o autor faz menção à Constituição de Weimar, de 1919), mas, sim, na **existência política do povo alemão**[113].

Para Schmitt, o natural defensor da Constituição deveria ser o *chefe do que hoje se entende pelo Executivo*; diferenciando-se aqui de Kelsen, para o qual o guardião da Constituição é o tribunal constitucional. Partindo de uma interpretação do art. 48, da Constituição de Weimar (1919), ao chefe do Executivo competiria manter a estabilidade institucional mediante observância aos preceitos fundamentais assegurados em uma Lei Maior. De acordo com o dispositivo mencionado, quando um território não cumprisse com os deveres impostos pela Constituição ou pelas leis do *Reich*, o Presidente poderia obrigá-lo a isso com o apoio das Forças Armadas. Ademais, quando a ordem e a segurança pública estivessem ameaçadas no *Reich*, o Presidente poderia adotar as medidas necessárias para o pronto restabelecimento, inclusive com a ajuda das Forças Armadas (para isso, ele poderia suspender, total ou parcialmente, alguns direitos fundamentais, como as liberdades de locomoção e correspondência, bem como a inviolabilidade do asilo domiciliar)[114].

A tese de Schmitt reflete a evolução de seu posicionamento, que antes mesmo da exposição acerca de quem deveria ser o real defensor da Lei Fundamental (*"Der Hüter der Verfassung"*)[115], já havia trabalhado com a Constituição como objeto de ataque e defesa, bem como em caso de alta traição[116]. Futuramente, inclusive, Schmitt viria a escrever o texto intitulado *"o Führer protege o direito"*, na condição de legítimo defensor da Constituição.

Neste texto, sobre o discurso de Adolf Hitler no *Reichstag*, em 13 de julho de 1934, Schimitt[117] expõe: "Nessa hora fui responsável pelo destino da nação alemã e com isso juiz supremo do povo alemão. O verdadeiro líder [Führer] sempre é também juiz. Da liderança [Führertum] emana a judicatura [Richtertum]. Quem quiser separar ambas ou mesmo opô-las ou transforma o juiz no contra-líder [Gegenführer] ou em instrumento do contra-líder e procura paralisar [aus den Angeln hebem] o Estado com ajuda do Judiciário. Eis um método, muitas vezes experimentado, da destruição não apenas do Estado, mas também do Direito".

O pensamento de Schmitt estruturou a base jurídica do nazismo, do qual era franco apoiador. Por tal apoio irrestrito, o autor foi interrogado no Tribunal de Nuremberg e foi mantido em campo de prisioneiros entre 1945 e 1946, mas nunca foi formalmente acusado de nenhuma violação, embora em parecer os juristas Karl Loewenstein e Franz Neumann tenham chegado a pedir a sua condenação como criminoso de guerra. Em seu primeiro interrogatório, afirmou que não tinha qualquer relação com o planejamento da guerra de agressão, de crimes de guerra e de crimes contra a humanidade, bem como que sua tese de forma alguma poderia ser

---

[113] Ibid.
[114] TAVARES, André Ramos. **Teoria da justiça constitucional**. São Paulo: Saraiva, 2005, p. 80.
[115] SCHMITT, Carl. **La defensa de la Constitucion**. Madrid: Tecnos, 1998.
[116] Id. **Teoria de la Constitucion**. Madrid: Editorial Revista de Derecho Privado, 1927, p. 139-142.
[117] Id. O Führer protege o direito. In: MACEDO JR., Ronaldo Porto. **Carl Schmitt e a fundamentação do direito**. São Paulo: Max Limonad, 2001, p. 220.

interpretada para autorizar estes atos. Ainda, Schmitt negou que sua teoria da ordem internacional e seu conceito de espaço vazio teriam sido desenvolvidos em estilo semelhante ao de Hitler, negou que poderia ser considerado uma grande personalidade acadêmica respeitada pelos nazistas e lembrou que chegou a ser atacado e difamado pelo partido nazista alemão. Basicamente, tenta defender que não era o grande jurista do Reich. No segundo interrogatório, Schmitt desenvolveu sua principal tese de defesa, mantida até o final da série de interrogatórios, a da existência de separação entre sua teoria e a prática nazista. No terceiro interrogatório, Schmitt negou que estava em uma posição decisiva, afirmando que era um mero professor universitário e que não havia colaborado para nenhuma das acusações que a ele eram dirigidas, embora fosse firme em defender suas posições acadêmicas apesar das consequências que elas pudessem gerar. No último interrogatório, o autor afirmou sentir-se superior intelectualmente a Hitler e colocou a pretensão de dar um sentido próprio ao nacional-socialismo da época, bem como disse que não tinha ideia do tipo de ditadura com que estava lidando na época em que começou a desenvolver sua teoria. Basicamente, em todos os pareceres e interrogatórios, Schmitt afirmou que seus escritos possuíam teor científico, não ideológico, não legitimando assim as ações do Estado total nazista[118]. Por seus posicionamentos, foi o pensador proibido de lecionar na Alemanha.

Fato é que em ambas vertentes, *kelseniana* e *schmittiana*, o positivismo foi condenado, diante das graves consequências que precisam ser suportadas com a aceitação de uma ordem jurídica que não tenha o elemento do *justo* como requisito de validade. Explica Lafer[119]: "a preponderância do direito positivo na experiência jurídica dos séculos XIX e XX [...] levou a um modo corrente de aproximar-se do Direito, que consiste na afirmação: não existe outro Direito que não o direito positivo. Tal afirmação, que é uma das dimensões importantes do positivismo jurídico, recusa evidentemente a distinção dicotômica entre um Direito ideal e um Direito real, com a qual opera o paradigma do direito natural deontológico".

Portanto, foi necessário que, após a verificação dos reflexos da guerra, se buscasse uma solução jurídica que impedisse que outros atos semelhantes tivessem respaldo jurídico, apesar de não serem dotados de arcabouço ético, o que foi possível com um resgate dos conceitos de lei natural e de direitos naturalmente inerentes ao homem, declarando-os no âmbito internacional.

6 DOUTRINA DOS DIREITOS HUMANOS: REFLEXOS DO PÓS-GUERRA

> *Como se deu a releitura da lei natural após as graves consequências da Segunda Guerra Mundial?*

---

[118] ALVES, Adamo Dias; OLIVEIRA, Marcelo Andrade Cattoni de. Carl Schimitt: um teórico da exceção sob o estado de exceção. **Revista Brasileira de Estudos Políticos**, Belo Horizonte, n. 105, p. 225-276, jul./dez. 2012.

[119] LAFER, Celso... Op. Cit., p. 47.

A Segunda Guerra Mundial chegou ao fim somente em 1945, após uma sucessão de falhas alemãs, que impediram a conquista de Moscou, desprotegeram a Itália e impossibilitaram o domínio da região setentrional da Rússia (produtora de alimentos e petróleo). Já o evento que culminou na rendição do Japão foi o lançamento das bombas atômicas de Hiroshima e Nagasaki. O mundo somente tomou conhecimento da extensão da tirania alemã quando os exércitos Aliados abriram os campos de concentração na Alemanha e nos países por ela ocupados, encontrando prisioneiros famintos, doentes e brutalizados, além de milhões de corpos dos judeus, poloneses, russos, ciganos, homossexuais e traidores do Reich em geral, que foram perseguidos, torturados e mortos[120].

Os graves eventos que ocorreram durante a guerra baseados no ideário positivista, notadamente o extermínio de milhões de civis, numa ideologia antissemita positivada no ordenamento jurídico do país que autorizava tais atos, fez com que este arcabouço teórico caísse por terra. Passou a ser necessário o resgate do **conteúdo moral no Direito**, deixando claro que existem direitos inerentes ao homem que não podem ser violados (**pressupostos da lei natural**).

Nota-se a preocupação com a garantia da igualdade entre todos os seres humanos, repudiando todo e qualquer ideário racista, bem como remitindo aos atos de desrespeito aos direitos humanos que evidenciam a necessidade de garantir um conteúdo ético mínimo ao Direito. Um resgate axiológico se mostrava necessário e um documento que atingisse a esfera internacional demonstraria esta nova preocupação da sociedade global.

Neste sentido, entende Lafer[121]: "esta busca de uma objetividade dos valores, revigorada pelo conceito de natureza das coisas, foi uma tentativa de lidar com a ruptura totalitária. Baseava-se numa expectativa esperançosa de que o direito natural pudesse vir a desempenhar, diante da crise da Sociedade, do Estado e do Direito, no século XX, a mesma função histórica que desempenhou nos séculos XVII e XVIII – qual seja, a se buscar delimitar o poder do soberano".

As premissas filosóficas para a fundação de uma nova ordem internacional de proteção de direitos humanos se encontram em estudos jurídico-filosóficos de diversos autores, como Hannah Arendt e Jacques Maritain.

Hannah Arendt, pensadora alemã de origem judaica, foi perseguida pelo regime nazista, que tirou sua nacionalidade, de modo que permaneceu apátrida de 1937 a 1951, quando naturalizou-se norte-americana. Duas de suas obras merecem destaque, intituladas "*Origens do totalitarismo*" e "*A condição humana*".

Hannah Arendt[122] abre as "*Origens do totalitarismo*" afirmando: "O antissemitismo (não apenas o ódio aos judeus), o imperialismo (não apenas a conquista) e o totalitarismo (não apenas a ditadura) – um após o outro, um mais brutalmente que o outro – demonstraram que a dignidade humana precisa de nova garantia, somente encontrável em novos princípios políticos e em uma nova lei na terra, cuja vigência

---

[120] BURNS, Edward McNall. **História da civilização ocidental**, v. 2... Op. Cit., p. 724-727.
[121] LAFER, Celso... Op. Cit., p. 78-79.
[122] ARENDT, Hannah. **Origens do totalitarismo**. Tradução Roberto Raposo. São Paulo: Companhia de Bolso, 2012, p. 05.

desta vez alcance toda a humanidade, mas cujo poder deve permanecer estritamente limitado, estabelecido e controlado por entidades territoriais novamente definidas".

Arendt tece considerações sobre as origens do antissemitismo, que são muito anteriores ao nazismo, embora seja este o movimento que tenha conferido àquele a posição de destaque. "O antissemitismo alcançou o seu clímax quando os judeus haviam, de modo análogo, perdido as funções públicas e a influência, e quando nada lhes restava senão sua riqueza. Quando Hitler subiu ao poder, os bancos alemães, onde por mais de cem anos os judeus ocupavam posições-chave, já estavam quase *judenrein* – desjudaizados –, e os judeus na Alemanha, após longo e contínuo crescimento em posição social e em número, declinavam tão rapidamente que os estatísticos prediziam o seu desaparecimento em poucas décadas"[123]. Além disso, dirigir o ódio aos judeus permitia um controle maior das massas pelo poder, afinal judeus possuem características comuns aleatórias e independentes da conduta individual específica, logo, em tese, qualquer pessoa poderia ser perseguida acusada de ser judia.

Com efeito, Arendt explica os movimentos totalitários: "Os movimentos totalitários são organizações maciças de indivíduos atomizados e isolados. Distinguem-se dos outros partidos e movimentos pela exigência de lealdade total, irrestrita, incondicional e inalterável de cada membro individual. Essa exigência é feita pelos líderes dos movimentos totalitários mesmo antes de tomarem o poder e decorre da alegação, já contida em sua ideologia, de que a organização abrangerá, no devido tempo, toda a raça humana. Contudo, onde o governo totalitário não é preparado por um movimento totalitário (como foi o caso da Rússia em contraposição com a Alemanha nazista), o movimento tem de ser organizado depois, e as condições para o seu crescimento têm de ser artificialmente criadas de modo a possibilitar a lealdade total que é a base psicológica do domínio total"[124].

De maneira chocante, em uma de suas passagens mais clássicas, Arendt[125] explica como era possível que o sistema nazista triunfasse, sem que houvesse qualquer reação por parte dos ofendidos: "A experiência dos campos de concentração demonstra realmente que os seres humanos podem transformar-se em espécimes do animal humano, e que a 'natureza' do homem só é 'humana' na medida em que dá ao homem a possibilidade de tornar-se algo eminentemente não natural, isto é, um homem. **Depois da morte da pessoa moral e da aniquilação da pessoa jurídica, a destruição da individualidade é quase sempre bem-sucedida**. É possível que se descubram leis da psicologia de massa que expliquem por que milhões de seres humanos se deixaram levar, sem resistência, às câmaras de gás, embora essas leis nada venham a explicar senão a destruição da individualidade. Mais importante é o fato de que os que eram condenados individualmente quase nunca tentavam levar consigo um dos seus carrascos, de que raramente havia uma revolta séria, e de que, mesmo no momento da libertação, houve poucos massacres espontâneos de homens da SS. Porque destruir a individualidade é destruir a espontaneidade, a capacidade do homem de iniciar algo novo com os seus próprios recursos, algo que não possa

---

[123] Ibid., p. 16.
[124] Ibid., p. 289.
[125] Ibid., p. 385.

ser explicado à base de reação ao ambiente e aos fatos. Morta a individualidade, **nada resta senão horríveis marionetes com rostos de homem**, todas com o mesmo comportamento do cão de Pavlov, todas reagindo com perfeita previsibilidade mesmo quando marcham para a morte. Esse é o verdadeiro triunfo do sistema".

Por seu turno, Arendt[126] abre a obra *"A condição humana"* apontando a dificuldade do cérebro humano acompanhar as suas ações, colocando o homem como um escravo da ciência e da técnica. Coloca-se a correlação entre o modo como o discurso científico se põe e a exteriorização do discurso político, ligando política e ciência. Ambos discursos realizam técnica, mas neles as palavras perdem seu genuíno significado. A autora não tem pretensão de solucionar os problemas e as perplexidades que despontam no seu tempo, mas busca refletir sobre a condição humana de forma contextualizada.

Arendt[127] aponta o **labor** (processo biológico), o **trabalho** (atividade artificialmente concebida) e a **ação** (condição de pluralidade) como *vita activa*, sendo que a ação é a que mais intensamente se relaciona com a política, porque a pluralidade e condição *sine qua non* da vida política: "A ação seria um luxo desnecessário, uma caprichosa interferência com as leis gerais do comportamento, se os homens não passassem de repetições interminavelmente reproduzíveis do mesmo modelo, todas dotadas da mesma natureza e essência, tão previsíveis quanto a natureza e a essência de qualquer outra coisa. A pluralidade é a condição da ação humana pelo fato de sermos todos os mesmos, isto é, humanos, sem que ninguém seja exatamente igual a qualquer pessoa que tenha existido, exista ou venha a existir". Por sua vez, tudo o que toca a vida humana (adentra ou é trazido à vida humana) assume o caráter parte de sua condição.

Para Arendt[128], a *vita activa*, ou seja, a vida humana, tem suas raízes permanentes num mundo de homens ou num mundo de coisas feitas pelo homem, sendo este afinal o ambiente das atividades humanas. Destaca-se a distinção entre esfera privada, da intimidade, e esfera pública, em relação a qual a autora faz uma análise desde as origens greco-romanas para então afirmar que "toda atividade realizada em público pode atingir uma excelência jamais alcançada na intimidade; para a excelência, por definição, há sempre a necessidade de presença de outros, e essa presença requer um público formal, constituído pelos pares do indivíduo; não pode ser a presença fortuita e familiar de seus iguais ou inferiores"[129]. O homem é, portanto, um animal social e, acima de tudo, político, sendo parte de sua condição humana participar da esfera política.

Arendt[130] **aprofunda o estudo da pluralidade humana, sem contudo deixar de enxergar a igualdade entre todos os homens**, a qual vem a se consolidar como fundamento dos direitos humanos: "A pluralidade humana, condição básica da ação e do discurso, tem o duplo aspecto de igualdade e diferença. Se não fossem iguais,

---

[126] Id. **A condição humana**. Tradução Roberto Raposo. 10. ed. Rio de Janeiro: Forense, 2007.
[127] Ibid., p. 16.
[128] Ibid.
[129] Ibid, p. 58.
[130] Ibid., p. 188.

os homens seriam incapazes de compreender-se entre si e aos seus ancestrais, ou de fazer planos para o futuro e prever as necessidades das gerações vindouras. Se não fossem diferentes, se cada ser humano não diferisse de todos os que existiram, existem ou virão a existir, os homens não precisariam do discurso ou da ação para se fazerem entender". Seria preciso silêncio completo ou total passividade para se ocultar a identidade de alguém, pois se há discurso e ação a pessoa se mostra ao mundo e exibe o que a aproxima e a distancia dos demais homens. Assim, a individualidade é elemento da dignidade da pessoa humana e a ação somente é possível quando não há isolamento do indivíduo.

Arendt[131], então, trabalha com a alienação humana consistente no declínio do senso comum e no recrudescimento da aparência e da superstição, que se intensifica mais numa sociedade de operários do que numa de produtores. Em sua obra, a autora aprofunda-se no estudo do labor e do trabalho e, apesar de efetuar críticas ao marxismo, concorda com algumas de suas abordagens, notadamente no que se refere ao prejuízo existencial gerado pelo abuso da força de trabalho. Para ela, a idade moderna denunciou a ociosidade da ação e a inutilidade do discurso, em prol de uma busca incansável por lucros demonstráveis e produtos tangíveis. Esta tentativa de eliminar a pluralidade equivaleria à supressão da esfera pública, abrindo espaço para que regimes autocráticos funcionassem muito bem. Tal abordagem é relevante no campo dos direitos humanos em termos de direitos econômicos, sociais e culturais, bem como para compreensão das causas de ascensão dos regimes totalitários.

Neste ponto, destaca-se a crítica de Arendt[132] ao autoritarismo: "Se a soberania e a liberdade fossem a mesma coisa, nenhum homem poderia ser livre; pois a soberania, o ideal da inflexível autossuficiência e autodomínio, contradiz a própria condição humana da pluralidade". Contra o regime político que prega a derrota da ação humana e a morte de sua individualidade, a autora defende o **direito de resistência**.

Por fim, Arendt[133] coloca a vida como bem supremo da humanidade, afirmando que "seja como for, a era moderna continuou a operar sob a premissa de que a vida, e não o mundo, é o bem supremo do homem; em suas mais ousadas e radicais revisões e críticas dos conceitos e crenças tradicionais, jamais sequer pensou em pôr em dúvida a fundamental inversão de posições que o cristianismo trouxera para o decadente mundo antigo".

Ao longo de toda a sua obra, a autora reforça premissas que o cristianismo trouxe para a sociedade, **sem conferir a estas um caráter sacro, mas sim histórico-social**. Pensamentos como estes permitem situá-la como uma das precursoras do humanismo, em que pese ter sido aluna e aprendiz do existencialista Heidegger.

Também pode ser situado na filosofia humanista o pensador Jacques Maritain. No entendimento de Maritain[134], a nova sociedade humanista deveria ser fundada por alguns caracteres: *comunitária*, visando o bem comum de um todo de pessoas

---

[131] Ibid.
[132] Ibid., p. 246.
[133] Ibid., p. 332.
[134] MARITAIN, Jacques. **Humanismo integral**. 4. ed. São Paulo: Dominus Editora S/A, 1962, p. 105-130.

humanas; *personalista*, já que o bem comum não deve ser só o da sociedade, mas o do indivíduo considerado como pessoa humana; *peregrinal*, isto é, com pessoas não instaladas em moradias definidas, mas viajantes; *pluralista*, unindo diversos grupos e estruturas sociais que encarnem liberdades positivas.

Maritain[135] pensou ainda que nesta nova cristandade é preciso que a pessoa tenha liberdade de autonomia, a qual emerge acima da estrutura política da cidade, razão pela qual o Estado deve ser neutro. Se o Estado não está acima da pessoa humana, como deveria ser encarado o Direito no Humanismo Integral?

Na nova sociedade humanista, segundo Maritain[136], o centro de formação e de organização está na vida da pessoa. A pessoa deve ser considerada o ponto fundamental da sociedade, não se aceitando qualquer restrição aos seus direitos, a não ser que seja indispensável para o bem comum das demais pessoas. Justamente, a característica principal da sociedade humanista integral é a da maximização do valor da pessoa humana.

Maritain[137] ressaltou que o fim da sociedade é o seu bem comum, mas esse bem comum é o das pessoas humanas, que compõem a sociedade. Assim, Maritain[138] apontou as características essenciais do bem comum: *redistribuição*, pela qual o bem comum deve ser redistribuído às pessoas e colaborar para o desenvolvimento delas; *respeito à autoridade na sociedade*, pois a autoridade é necessária para conduzir a comunidade de pessoas humanas para o bem comum; e *moralidade*, que constitui a retidão de vida, sendo a justiça e a retidão moral elementos essenciais do bem comum.

Logo, o filósofo não via utopia na busca de uma sociedade melhor, na qual as pessoas pudessem conviver de maneira harmônica e sustentável. Por isso, despontou como um dos maiores defensores da lei natural, buscando nela os fundamentos para os Direitos do Homem.

No pensamento de Maritain[139], o direito natural é herança do pensamento cristão e pressupõe que existe uma natureza humana que é a mesma em todos os homens; e que o homem é um ser dotado de inteligência e, como tal, age compreendendo o que faz e pode determinar os fins pretendidos. Assim, para Maritain[140], a lei não escrita ou o direito natural constitui "[...] uma ordem ou uma disposição que a razão humana pode descobrir, e segundo a qual a vontade humana deve agir a fim de se por de acordo com os fins necessários do ser humano". Destacou Maritain[141] que "a lei natural que nos prescreve nossos deveres mais fundamentais, e em virtude da qual toda lei obriga, é a mesma que nos prescreve nossos direitos fundamentais".

Com suas ideias, o pensador forneceu fundamentos para a **Declaração Universal dos Direitos Humanos**, instrumento que surgiu para dar um novo fôlego ao

---

[135] Ibid., p. 141-144.
[136] Ibid., p. 136.
[137] Id. **Os direitos do homem e a lei natural**. 3. ed. Rio de Janeiro: Livraria José Olympio Editora, 1967, p. 20.
[138] Ibid., p. 21-22.
[139] Ibid., p. 58-59.
[140] Ibid., p. 59.
[141] Ibid., p. 63.

modo como o Direito deveria ser aplicado, fugindo do formalismo e priorizando a dignidade humana.

A filosofia estudada no presente tópico demonstra que "os horrores da legalidade totalitária, e em menor escala os da legalidade autoritária, que incitaram a reflexão deontológica, dando margem a um renascimento do direito natural"[142]. Com efeito, um retorno ao conteúdo moral do Direito, que se mostrou necessário, **somente é possível com um olhar atento ao elemento do justo e ao conceito de lei natural**. Trata-se de passo muito relevante para a humanidade, que gerou reflexos nos ordenamentos jurídicos de todos os Estados que possam ser considerados democráticos.

Com o fracasso do positivismo e o resgate do elemento axiológico do Direito pelo humanismo, diversos documentos internacionais e nacionais sobrevieram, num processo de internacionalização, regionalização e incorporação dos direitos humanos declarados expressamente. Embora tenha se pretendido um retorno ao conceito de lei natural, o que surgiu foi um novo movimento, chamado **Pós-positivismo**.

Efetuando um retorno ao processo de positivação, nota-se que quando os direitos naturais ora consagrados desde o início da história foram positivados, num movimento de laicização e sistematização do Direito característico do mundo moderno, formou-se uma *ponte involuntária* entre o jusnaturalismo e o positivismo jurídico[143]. Barroso[144] destaca que neste importante momento do século XVIII, posterior ao advento do Estado liberal, que surgiu o constitucionalismo moderno, representando um triunfo em relação às classes dominantes.

Desde o pós-guerra, a proposta era a de um **renascimento do direito constitucional**, que se estabeleceria sem deixar de lado os valores tradicionalmente consagrados, inerentes ao ser humano e à sua vida digna. Contudo, mesmo esta positivação de direitos naturais em âmbito internacional e nacional, a princípio, gerou uma inadequada percepção de que os valores ali consagrados não possuiriam conteúdo normativo, mas seriam meras diretrizes de ação. Embora tal ideário também seja relevante, foi só nos últimos anos que, ao menos no Brasil, os princípios fundamentais passaram a ocupar uma posição de destaque no processo de aplicação do Direito, consolidando a nova hermenêutica constitucional.

6.1 Organização das Nações Unidas

A Organização das Nações Unidas funda-se em ideário muito diferente daquele da Liga das Nações, pois se percebeu que o estabelecimento de uma organização internacional restrita a países vitoriosos, prejudicando de maneira notável os perdedores, **poderia servir de motivação para outros incidentes contrários à paz mundial**, a exemplo do que foi a Segunda Grande Guerra.

No ano de 1944, em Dumbarton Oaks, realizou-se uma conferência visando constituir a nova organização, preparando-se proposições iniciais a respeito dela.

---

[142] LAFER, Celso... Op. Cit., p. 78.
[143] Ibid., p. 38-39.
[144] BARROSO, Luís Roberto... Op. Cit., p. 166.

Em fevereiro de 1945, Churchill, Stalin e Roosevelt resolveram os últimos pontos a respeito da nova organização, decidindo-se, ainda, pela convocação de uma conferência na cidade de São Francisco no dia 25 de abril do mesmo ano. A **Conferência de São Francisco**, oficialmente denominada Conferência das Nações Unidas para a Organização Internacional, estava aberta às Nações Unidas que lutaram contra as potências do Eixo (Japão, Itália e Alemanha)[145].

"O novo organismo somente seria eficaz caso contasse com a aprovação das grandes potências. No entanto, ele não poderia restringir-se tão somente aos grandes Estados, pois seria o oposto ao espírito universalista apresentado como base da nova organização internacional"[146]. Afinal, a experiência da Liga das Nações já havia mostrado que sem uma verdadeira cooperação internacional e sem a garantia de participação do maior número de países do globo a nova Organização estaria fadada ao insucesso.

"Até a fundação das Nações Unidas, em 1945, não era seguro afirmar que houvesse, em Direito Internacional Público, preocupação consciente e organizada sobre o tema dos direitos humanos. De longa data alguns tratados avulsos cuidaram, incidentalmente, de proteger certas minorias dentro do contexto de sucessão de Estados"[147].

A Carta da ONU entrou em vigor no dia 24 de outubro de 1945, quando efetuado o depósito dos instrumentos de ratificação dos membros permanentes do Conselho de Segurança e da maioria dos outros signatários. Após, muitos países ingressaram na ONU. Por isso, os membros podem ser divididos entre originários e admitidos, não havendo diferenças entre direitos e deveres em relação a eles[148]. A Carta da ONU também é chamada de **Carta de São Francisco**, uma vez que foi elaborada na Conferência de São Francisco.

Em síntese, a Organização das Nações Unidas foi criada em 1945 para **manter a paz e a segurança internacionais**, bem como **promover relações de amizade entre as nações, cooperação internacional e respeito aos direitos humanos**[149]. Tais propósitos foram se desenvolvendo e sendo aprofundados, sentido em que a Declaração do Milênio das Nações Unidas, adotada em 8 de setembro de 2000 reflete os principais eixos de atuação da organização no campo dos direitos humanos: o *primeiro eixo* traz valores e princípios a serem preservados, entre eles liberdade, igualdade, solidariedade, tolerância, respeito pela natureza, responsabilidade comum; o *segundo eixo* é sobre paz, segurança e desarmamento, fixando iniciativas contra terrorismo, de combate a armas de destruição em massa, de regulação sobre armamentos em posse de civis; o *terceiro eixo* é sobre desenvolvimento e erradicação da pobreza, colocando o compromisso de libertar da carência o bilhão da população mundial que vive em condições abjetas, notadamente nos países em desenvolvimento; o *quarto*

---

[145] Ibid., p. 624.
[146] SEITENFUS, Ricardo. **Manual das organizações internacionais**. 5. ed. Porto Alegre: Livraria do Advogado, 2008, p. 128.
[147] REZEK, J. F. **Direito Internacional Público**: curso elementar. 8. ed. São Paulo: Saraiva, 2000, p. 210.
[148] Ibid., p. 624.
[149] NEVES, Gustavo Bregalda... Op. Cit., p. 118.

eixo aborda a proteção do ambiente comum, baseado na fiel execução do Protocolo de Quioto, na busca de meios alternativos de energia, na redução de catástrofes e no uso adequado de recursos hídricos; o *quinto eixo* versa sobre direitos humanos, democracia e boa governança, associando o fortalecimento da democracia com a consolidação dos direitos humanos; o *sexto eixo* aborda a proteção dos grupos vulneráveis, especialmente crianças, vítimas de guerra e refugiados; o *sétimo eixo* chama para o dever de responder às necessidades especiais da África, incluindo fomento à democracia e combate à pobreza; o *oitavo e último eixo* é sobre reforçar as Nações Unidas, consistente na busca por torná-la um instrumento mais eficaz.

6.2 Tribunal de Nuremberg

Logo após a Segunda Guerra Mundial, um tribunal se reuniu em Nuremberg, na Alemanha, com o objetivo de julgar os crimes cometidos pelos nazistas durante a guerra. Conhecido como Tribunal de Nuremberg, se realizou entre 20 de novembro de 1945 e 1º de outubro de 1946. Julgou 199 homens, sendo 21 deles líderes nazistas. As acusações foram desde crimes contra o direito internacional até de terem provocado de forma deliberada a Segunda Guerra Mundial.

A criação desse tribunal se deu através de um acordo firmado entre os representantes da ex-URSS, dos EUA, da Grã-Bretanha e da França, em Londres, em 1945. Dentre os réus julgados e condenados estava o braço direito de Adolf Hitler, Hermann Goering.

> *O Tribunal de Nuremberg pode ser considerado um tribunal de exceção? Ele foi válido?*

Durante o julgamento, a maior parte das defesas fundamentou-se na ofensa ao princípio da legalidade, que era baseada nos postulados do direito penal tradicional. O principal argumento levantado foi o de que todas as ações praticadas foram baseadas em ordens superiores, todas dotadas de validade jurídica. E, de fato, o ordenamento alemão permitia de certo modo todas aquelas práticas[150].

"No plano do Direito, uma das maneiras de assegurar o primado do movimento foi o amorfismo jurídico da gestão totalitária. Este amorfismo reflete-se tanto em matéria constitucional quanto em todos os desdobramentos normativos. A Constituição de Weimar nunca foi ab-rogada durante o regime nazista, mas a lei de plenos poderes de 24 de março de 1933 teve não só o efeito de legalizar a posse de Hitler no poder como o de legalizar geral e globalmente as suas ações futuras. Dessa maneira, como apontou Carl Schmitt – escrevendo depois da II Guerra Mundial –, Hitler foi confirmado no poder, tornando-se a fonte de toda legalidade positiva, em virtude

---

[150] Recomenda-se para fins de aprofundamento o filme *O Julgamento de Nuremberg*, indicado ao Oscar em 11 categorias, inclusive melhor filme, vencedor de melhor roteiro adaptado e de melhor ator (O JULGAMENTO DE NUREMBERG. Direção: Stanley Kramer. Elenco: Maximilian Schell, Spencer Tracy, Marlene Dietrich, Richard Widmark e outros. Estados Unidos: [s.n.], 1961. 187 min.).

de uma lei do Parlamento que modificou a Constituição. Também a Constituição stalinista de 1936, completamente ignorada na prática, nunca foi abolida"[151].

O argumento do respeito ao princípio da legalidade caiu por terra diante da **teoria de direitos humanos** que se formava em definitivo na ordem internacional. A partir dela, tem-se o reconhecimento de normas de conhecimento comum da humanidade, que deveriam ser respeitadas independentemente de reconhecimento expresso (premissas da lei natural), sendo válida a condenação de pessoas que praticam atos atentatórios a estes princípios.

Em resumo, consoante explana Mello[152], "o Tribunal de Nuremberg recebeu inúmeras críticas que podem ser resumidas nas seguintes: 1) a violação do princípio *nullum crimen nulla poena sine lege*; 2) ser um verdadeiro 'tribunal de exceção' constituído apenas pelos vencedores; 3) que a responsabilidade no direito internacional é apenas do Estado e não atinge o indivíduo; 4) que os aliados também tinham cometido crimes de guerra; 5) que os atos praticados pelos alemães eram simples atos ilícitos, mas não criminosos; 6) que não houve instrução criminal".

Assim, para muitos o Tribunal de Nuremberg é tido como Tribunal de Exceção, uma vez que se trata de tribunal criado após determinados eventos especificadamente para julgá-los e aos seus responsáveis. Para a maioria, contudo, sua validade é **reconhecida** devido à gravidade dos atos perpetrados pelo regime nazista. Logo, seria uma exceção válida, **evitando uma impunidade inconcebível**.

6.3 Declaração Universal de 1948 e documentos decorrentes: valor normativo da Declaração Universal dos Direitos Humanos

(TRIBUNAL REGIONAL DO TRABALHO DA 8ª REGIÃO – TRT-8 – JUIZ DO TRABALHO – 2013) Discorra a respeito da Declaração Universal dos Direitos Humanos, tratando, além dos aspectos que forem julgados importantes, e de forma fundamentada, de: a) natureza da declaração; b) dimensões ou gerações de direitos contidas na Declaração; c) relação entre dignidade da pessoa humana e os direitos enunciados na Declaração, discorrendo a respeito da concepção de dignidade que é mais adequada à forma como ela é tratada na Declaração; d) significado do respeito universal dos Direitos Humanos, indicando como discutem esse aspecto os adeptos das correntes universalista e relativista, bem como se é possível haver conciliação entre as duas concepções; e) proteção dada ao trabalho humano, indicando os aspectos protegidos, e se a proteção oferecida é suficiente[153].

---

[151] LAFER, Celso... Op. Cit., p. 95.
[152] MELLO, Celso D. de Albuquerque... Op. Cit., p. 937.
[153] A questão é de grande complexidade e não se encontra totalmente respondida neste tópico. Recomendável ler os tópicos sobre fundamento da interdependência (cap. I, tópico 13.4), fundamento da dignidade da pessoa humana (cap. I, tópico 13.1), característica da universalidade (cap. I, tópico 4.3) e direitos sociais (cap. III, tópico 2.11).

No dia 10 de dezembro de 1948, a Assembleia Geral das Nações Unidas elaborou a **Declaração Universal dos Direitos Humanos (Resolução nº 217)**, primeiro e principal documento declaratório de direitos humanos internacionais da história, que deu fundamento para todo o sistema jurídico que veio a ser construído e baseou-se na Carta da ONU de 1945 e nos fundamentos histórico-filosóficos do direito natural e dos direitos humanos. A Declaração Universal dos Direitos Humanos volta-se à proteção de toda e qualquer pessoa humana – basta a condição de ser humano para ser titular destes direitos, tanto é que são universais.

A Declaração Universal foi elaborada num contexto pós-guerra, não se voltando ao combate específico de nenhum dos países beligerantes. Além disso, influenciou de maneira profunda na elaboração dos textos constitucionais dos países ao redor do mundo, bem como na criação de outros documentos internacionais e regionais de proteção da pessoa humana.

Contudo, a Declaração não é, formalmente, um tratado. Entretanto, é **referência básica** para a garantia dos direitos humanos no mundo e de todo e qualquer sistema jurídico, nacional ou internacional (global ou regional), no que concerne à proteção e à promoção da dignidade humana. É, nesse sentido, considerada como autêntico "ponto de partida" para a construção do sistema de proteção internacional dos direitos humanos.

> *Qual o valor normativo da Declaração Universal dos Direitos Humanos de 1948? Como ela influenciou – e influencia – na elaboração dos documentos internacionais de proteção dos direitos humanos?*

Moraes[154] lembra que a Declaração Universal foi a mais importante conquista no âmbito dos direitos humanos fundamentais em nível internacional, muito embora o instrumento adotado tenha sido uma resolução, não constituindo seus dispositivos obrigações jurídicas dos Estados que a compõem. Logo, a força normativa da Declaração de 1948 não é imediata – como toda Declaração, não tem tantos meios coativos quanto uma Convenção, Pacto ou tratado internacional inter-partes.

Como a Declaração não é um tratado, não é formalmente vinculante. Entretanto, seus dispositivos encaixam-se na noção de *soft law*, visto que acabam por pautar largamente as relações sociais no que diz respeito à proteção dos direitos humanos. Por oportuno, é importante destacar que há também quem qualifique a Declaração Universal dos Direitos Humanos como costume internacional, ato de organização internacional ou conjunto de princípios gerais do Direito.

Contudo, a Declaração Universal dos Direitos Humanos de 1948 introduz a **concepção contemporânea** de direitos humanos, marcada pela **universalidade** e **indivisibilidade** destes direitos. Por *universalidade* tem-se a extensão universal dos direitos humanos, numa crença de que a condição de pessoa é o único requisito para

---
[154] MORAES, Alexandre de. **Direitos humanos fundamentais:** teoria geral, comentários aos artigos 1º a 5º da Constituição da República Federativa do Brasil, doutrina e jurisprudência. São Paulo: Atlas, 1997, p. 36-37.

a dignidade e a titularidade de direitos. Por *indivisibilidade* tem-se que a garantia dos direitos civis e políticos é condicionante da observância dos direitos sociais, econômicos e culturais, e vice-versa. Logo, direitos humanos são uma unidade indivisível, interdependente e inter-relacionada[155].

Para Nader[156], "a Declaração Universal dos Direitos do Homem, que encarna os postulados da lei mais alta e orienta o Direito das nações mais cultas, não obstante as restrições que sofre, é prova incontestável da efetividade do direito natural".

Na obra de Maritain intitulada *A Lei Natural e os Direitos do Homem*, podem ser destacados os principais direitos que compõem o texto da Declaração Universal dos Direitos Humanos, divididos em direitos da pessoa humana como tal, direitos da pessoa cívica e direitos da pessoa social.

Entendeu Maritain[157] que os direitos humanos da pessoa como tal se fundamentam no fato de que a pessoa humana é superior ao Estado, que não pode impor a ela determinados deveres e nem retirar dela alguns direitos, por ser contrário à lei natural. São direitos da pessoa humana como tal, segundo Maritain[158]: "em suma, os direitos fundamentais, tais como: o direito à existência e à vida; o direito à liberdade pessoal ou direito de conduzir sua vida como senhor de si mesmo e de seus atos, responsável por estes perante Deus e as leis da cidade; o direito à procura da perfeição da vida humana, moral e racional; o direito à procura do bem eterno (sem a qual não há verdadeira procura da felicidade); o direito à integridade corporal; o direito à propriedade privada dos bens materiais, que é uma salvaguarda das liberdades da pessoa; o direito de contrair matrimônio segundo sua vontade e escolha, e de fundar uma família, ela mesma garantida das liberdades que lhe são próprias; os direitos de associação, o respeito da dignidade humana em cada indivíduo, represente ele ou não um valor econômico para a sociedade – todos esses direitos são radicados na vocação da pessoa, agente espiritual e livre, às ordens dos valores absolutos e com um destino superior ao tempo".

Além disso, Maritain[159] apontou os direitos da pessoa cívica, relacionados ao homem como ser político, por exemplo, o direito de participar da vida política; bem como os direitos da pessoa social, atinentes ao homem em seu espaço de trabalho, por exemplo, o direito de escolher seu trabalho e de receber um justo salário.

Todos estes direitos se encontram consubstanciados na Declaração Universal e em diversos tratados internacionais e Constituições que a sucederam, o que de fato comprova que uma teoria jurídica baseada em elementos axiológicos tem muito a contribuir para a humanidade, tornando a aplicação do Direito mais justa.

Inegável, assim, que a Declaração Universal dos Direitos Humanos influenciou profundamente nas perspectivas atuais sobre os direitos que devem ser garantidos às pessoas e a partir dela foram criados órgãos voltados à proteção efetiva de direitos

---

[155] PIOVESAN, Flávia. Introdução ao sistema interamericano de proteção dos direitos humanos... Op. Cit., p. 18.
[156] NADER, Paulo. **Filosofia do Direito**. 10. ed. Rio de Janeiro: Forense, 2001, p. 172.
[157] MARITAIN, Jacques. **Os direitos do homem e a lei natural**... Op. Cit., p. 70-72.
[158] Ibid., p. 73-74.
[159] Ibid., p. 96-98.

humanos e elaborados documentos que ampliam a proteção da pessoa humana como sujeito de direitos. Logo, é de extrema importância prática e teórica.

> A origem dos direitos humanos é contratualista ou jusnaturalista?

Há quem argumente que a origem dos direitos humanos internacionais é contratualista, não jusnaturalista. A verdade é que, embora sob o aspecto formal exista influência do contratualismo, inegável que quanto ao conteúdo os direitos humanos internacionalmente reconhecidos se fundamentam na doutrina do direito natural, com pequenas adaptações (como o reconhecimento em texto expresso).

Todo este arcabouço de conteúdo partiu de um documento principal: a Declaração Universal dos Direitos Humanos de 1948 (DUDH) – em inglês *Universal Declaration of Human Rights of 1948* (UDHR) –, que será estudada em detalhes no terceiro capítulo desta obra.

A Declaração Universal de Direitos Humanos de 1948 é ponto de **irradiação dos esforços em prol da realização do ideal de universalidade dos direitos humanos**, inspirando os instrumentos globais e regionais[160]. Isto é, da Declaração Universal se originaram muitos outros documentos, nos âmbitos nacional e internacional, sendo que dois deles praticamente repetem e pormenorizam o seu conteúdo, quais sejam: o **Pacto Internacional dos Direitos Civis e Políticos** e o **Pacto Internacional dos Direitos Econômicos, Sociais e Culturais**, datados de 1966. No âmbito regional, tem-se a formação de organizações continentais, que elaboraram seus próprios documentos declaratórios. No âmbito nacional, destacam-se as positivações nos textos das Constituições Federais.

7 REGIONALIZAÇÃO DE DIREITOS HUMANOS

Num ideário de respeitar as particularidades sociais, econômicas e culturais de cada país do globo sem perder de vista a universalidade dos direitos humanos, a própria ONU **incentivou** a criação, ao lado do sistema global, de sistemas regionais de proteção, que buscam internacionalizar os direitos humanos no plano regional, em especial na Europa, na América e na África. Não existe, por enquanto, um sistema asiático e o sistema islamo-arábico ainda é muito incipiente.

Em termos históricos, o sistema americano surgiu pouco depois do sistema global, sendo assinada a Carta da Organização dos Estados Americanos em 30 de abril de 1948, entrando em vigor em 13 de dezembro de 1951. O depósito do instrumento de ratificação foi feito pelo Brasil em 13 de março de 1950. Já o Conselho da Europa, órgão de cúpula do sistema europeu, foi fundado em 5 de maio de 1949.

---

[160] TRINDADE, Antônio Augusto Cançado. O sistema interamericano de direitos humanos no limiar do novo século: recomendações para o fortalecimento de seu mecanismo de proteção. In: GOMES, Luís Flávio; PIOVESAN, Flávia (Coord.). **O sistema interamericano de proteção dos direitos humanos e o direito brasileiro**. São Paulo: Revista dos Tribunais, 2000, p. 104.

A formação do sistema africano é mais recente e pode-se afirmar que ainda está em processo de estruturação.

Os sistemas regionais de proteção serão estudados em detalhes no quinto capítulo deste trabalho.

8 DIREITOS HUMANOS NA CONSTITUIÇÃO FEDERAL DE 1988: INSTITUCIONALIZAÇÃO DOS DIREITOS E GARANTIAS FUNDAMENTAIS

> *Qual a relação entre a afirmação internacional dos direitos humanos e a institucionalização dos direitos e garantias fundamentais no Brasil, pela Constituição de 1988? Quais fatores históricos nacionais levaram a uma estruturação nestes moldes?*

Os direitos e garantias fundamentais tomam por base os direitos humanos reconhecidos no âmbito internacional. Com efeito, após o processo de internacionalização dos direitos humanos vieram o de regionalização de tais direitos e o de incorporação, transpondo-as para o ordenamento interno.

Afinal, como explica Lafer[161], a afirmação do jusnaturalismo moderno de um direito racional, universalmente válido, gerou implicações relevantes na teoria constitucional e influenciou o processo de codificação a partir de então.

Com efeito, quando se fala em institucionalização dos direitos e garantias fundamentais, refere-se ao modo pelo qual a Constituição brasileira disciplina a os direitos e garantias fundamentais.

O principal fator que influenciou o tratamento da temática é o fato de que a Constituição de 1988 demarcou o processo de democratização do Brasil, consolidando a ruptura com o regime autoritário militar instalado em 1964. Após um longo período de 21 anos, o regime militar ditatorial no Brasil caiu, deflagrando-se num processo de abertura democrática. As forças de oposição foram beneficiadas neste processo de abertura, conseguindo relevantes conquistas sociais e políticas. Este processo culminou na Constituição de 1988[162].

"A luta pela normalização democrática e pela conquista do Estado de Direito Democrático começará assim que instalou o golpe de 1964 e especialmente após o AI-5, que foi o instrumento mais autoritário da história política do Brasil. Tomará, porém, as ruas, a partir da eleição de Governadores em 1982. Intensificar-se-á, quando, no início de 1984, as multidões acorreram entusiásticas e ordeiras aos comícios em prol da eleição direta do Presidente da República, interpretando o sentimento da Nação, em busca do reequilíbrio da vida nacional, que só poderia consubstanciar-se numa nova ordem constitucional que refizesse o pacto político-social"[163].

---

[161] LAFER, Celso... Op. Cit., p. 38.
[162] PIOVESAN, Flávia. **Direitos humanos e direito constitucional internacional...** Op. Cit., p. 21-37.
[163] SILVA, José Afonso da. **Curso de direito constitucional positivo...** Op. Cit.

A atual Constituição institucionaliza a instauração de um **regime político democrático** no Brasil, além de introduzir **indiscutível avanço na consolidação legislativa dos direitos e garantias fundamentais e na proteção dos grupos vulneráveis brasileiros**. Assim, a partir da Constituição de 1988, os direitos humanos ganharam relevo extraordinário, sendo este documento o mais abrangente e pormenorizado de direitos humanos já adotado no Brasil[164].

Piovesan[165] lembra que o texto de 1988 inova ao disciplinar primeiro os direitos e depois questões relativas ao Estado, diferente das demais, o que demonstra a prioridade conferida a estes direitos. **Logo, o Estado não existe para o governo, mas sim para o povo**.

Isso permite perceber que a Constituição brasileira está arraigada no ideário dos direitos humanos, o que torna o Brasil um país muito receptivo ao processo de internacionalização de tais direitos, sendo signatário da grande maioria dos tratados de direitos humanos relevantes. Neste sentido, a Carta de 1988 é a primeira Constituição brasileira a elencar a prevalência dos direitos humanos como **princípio regente nas relações internacionais que estabeleça**[166].

O preâmbulo do texto constitucional é apenas uma prévia do que está por vir, isto é, de um rol extremamente detalhado de direitos e garantias fundamentais asseguradas à pessoa humana abrangendo todas as dimensões de direitos humanos. Vejamos: "Nós, representantes do povo brasileiro, reunidos em Assembleia Nacional Constituinte para instituir um **Estado Democrático**, destinado a assegurar o **exercício dos direitos sociais e individuais, a liberdade, a segurança, o bem-estar, o desenvolvimento, a igualdade e a justiça** como valores supremos de uma **sociedade fraterna, pluralista e sem preconceitos**, fundada na harmonia social e comprometida, na ordem **interna e internacional**, com a solução pacífica das controvérsias, promulgamos, sob a proteção de Deus, a seguinte Constituição da República Federativa do Brasil".

Após, o texto constitucional é formado por expressões de cunho valorativo importantíssimo em termos de proteção de direitos humanos consagrados, a exemplo: cidadania (art. 1º, II); dignidade da pessoa humana (art. 1º, III); sociedade livre, justa e solidária (art. 3º, I); bem de todos, sem preconceitos de origem, raça, sexo, cor, idade e quaisquer outras formas de discriminação (art. 3º, IV); prevalência dos direitos humanos (art. 4º, II); inviolabilidade do direito à vida, à liberdade, à igualdade, à segurança e à propriedade (art. 5º, *caput*); direitos sociais (art. 6º, *caput*); soberania popular (art. 14, *caput*); etc.

Talvez a expressão mais relevante – se é que é possível delimitar somente uma – seja a **dignidade da pessoa humana**, que acaba por englobar todas as demais. Assim, reconhece-se a pessoa humana enquanto ser digno, aos quais são garantidos direitos e deveres fundamentais, e isto abre espaço para compreender o Direito apenas tendo em vista ditames éticos.

---

[164] PIOVESAN, Flávia. **Direitos humanos e direito constitucional internacional**... Op. Cit., p. 21-37.
[165] Ibid., p. 21-37.
[166] Ibid., p. 21-37.

A dignidade da pessoa humana é o **valor base de interpretação** de qualquer sistema jurídico, internacional ou nacional, que possa se considerar compatível com os valores éticos, notadamente da moral, da justiça e da democracia. Pensar em dignidade da pessoa humana significa, acima de tudo, colocar a pessoa humana como centro e norte para qualquer processo de interpretação jurídico, seja na elaboração da norma, seja na sua aplicação.

Sem pretender estabelecer uma definição fechada ou plena, é possível conceituar dignidade da pessoa humana como o **principal valor** do ordenamento ético – e, por consequência, jurídico – que pretende colocar a pessoa humana como um **sujeito pleno de direitos e obrigações** na ordem internacional e nacional, cujo desrespeito acarreta a própria **exclusão de sua personalidade**.

No mais, a abertura da Constituição brasileira a valores e princípios sustentada no princípio da dignidade da pessoa humana confere novo sentido à ordem jurídica, rompendo com as barreiras do positivismo tradicional de Kelsen.

Na fase positivista, os princípios entravam nos Códigos apenas como válvulas de segurança, eram meras pautas programáticas *supra*legais, não possuindo normatividade. Na fase pós-positivista, as Constituições destacam a hegemonia axiológica dos princípios, transformando-os em pedestal normativo que dá base a todo edifício jurídico dos novos sistemas constitucionais.

Esta fase pós-positivista, da nova hermenêutica constitucional, somente ganhou forma devido à **Constituição de 1988**.

9 SINOPSE DO CAPÍTULO

Atenta-se para o fato que a sinopse abaixo não exclui a necessidade de leitura de todo o capítulo. A seguir, apenas são **condensadas** algumas das principais informações extraídas da análise da Evolução Histórica e Filosófica dos Direitos Humanos caso o leitor procure uma **compreensão sistematizada** do conteúdo trabalhado nesta segunda parte do Manual.

1 DOUTRINA DO DIREITO NATURAL: PENSAMENTO GREGO, ROMANO E CRISTIANISTA

- O surgimento dos direitos humanos está envolvido num histórico complexo no qual pesaram vários fatores: *tradição humanista, recepção do direito romano, senso comum da sociedade da Europa na Idade Média, tradição cristã*, entre outros.
- É a partir do período axial (800 a.C. a 200 a.C.), ou seja, mesmo antes da existência de Cristo, que o ser humano passou a ser considerado, em sua igualdade essencial, como um ser dotado de *liberdade* e *razão*. Surgiam assim os fundamentos intelectuais para a compreensão da pessoa humana e para a afirmação da existência de direitos universais, porque a ela inerentes. Foi durante este período que despontou a ideia de uma igualdade essencial entre todos os homens.
- Sem dúvidas, em termos filosóficos, a concepção contemporânea de direitos humanos surge de um aperfeiçoamento do ideário de lei natural, o qual foi estudado por inúmeros filósofos com intensidade até a bifurcação entre Moral e Direito ocorrida no Renascimento e permaneceu com menor intensidade no ideário da civilização ocidental até a internacionalização dos direitos humanos.

1.1 Antígona e a primeira menção à lei natural

- Na aludida tragédia grega denota-se o debate sobre a *validade absoluta do direito posto ou invalidade em relação ao direito natural*, sendo o primeiro posicionamento defendido por Creonte e o segundo posicionamento por Antígona. Logo, desde as raízes da civilização grega se iniciou uma intensa discussão sobre os limites do direito posto, considerando que existiram normas que repousam no conhecimento comum da humanidade e que devem ser respeitadas acima de tudo.

1.2 Discussão filosófica na *polis* grega

- De 1100 a 800 a.C. a civilização grega passou por um período denominado Idade das Trevas. A Moral dos gregos deste período tinha vaga ligação com sua religião, ora politeísta, não se considerando um dever lutar contra o mal e a favor da justiça. Contudo, já se espelhava neste momento os rumos que a civilização grega tomaria a seguir.
- Por volta de 800 a.C. as comunidades de aldeias começaram a ceder lugar para unidades políticas maiores, surgindo as chamadas cidades-estado ou *polis*, como Tebas, Esparta e Atenas. Inicialmente eram monarquias, transformaram-se em oligarquias e, por volta dos séculos V e VI a.C., tornaram-se democracias.
- No berço da civilização grega se fortificou a discussão a respeito da existência de uma lei natural inerente a todos os homens. As premissas da concepção de lei natural estão justamente na discussão promovida na Grécia antiga, no espaço da *polis*.
- Os *sofistas*, seguidores de Sócrates (470 a.C. – 399 a.C.), o primeiro grande filósofo grego, questionaram essa concepção de lei natural, pois a lei estabelecida na *polis*, fruto da vontade dos cidadãos, seria variável no tempo e no espaço, não havendo que se falar num direito imutável; ao passo que Aristóteles (384 a.C. – 322 a.C.), que o sucedeu, estabeleceu uma divisão entre a justiça positiva e a natural, reconhecendo que a lei posta poderia não ser justa.
- Após o pensamento de Aristóteles, relevante destacar o surgimento do *estoicismo*, doutrina que se desenvolveu durante seis séculos, desde os últimos três séculos anteriores à era cristã até os primeiros três séculos desta era, mas que trouxe ideias que prevaleceram durante toda a Idade Média e mesmo além dela. O estoicismo organizou-se em torno de alguns temas centrais, como a unidade moral do ser humano e a dignidade do homem, considerado filho de Zeus e possuidor, como consequência, de direitos inatos e iguais em todas as partes do mundo, não obstante as inúmeras diferenças individuais e grupais.

1.3 Discussão filosófica na jovem república romana

- Nos últimos dois séculos de história republicana, Roma foi influenciada pela *civilização helenística*. Na filosofia ocorreu o mesmo: Cícero, pai da eloquência romana, foi muito influenciado pelos estoicos, embora também assimilasse muitas das ideias de Aristóteles. Cícero foi um dos principais responsáveis pela discussão sobre a diferença entre o lícito moral e o lícito jurídico, entendendo caber ao homem bom e justo desrespeitar leis postas que contrariem a justiça universal.
- O período da república, no qual se desenvolveu o pensamento de Cícero, se encerrou por volta de 27 d.C., cedendo lugar ao principado ou período inicial do Império (27 d.C. – 180 d.C.) e, posteriormente, à época das revoltas (180 d.C. – 284 d.C.) e ao período final do império (284 d.C. – 610 d.C.). Ressalta-se que, durante o principado, o direito romano alcançou um alto grau de desenvolvimento, adotando a tripartição direito civil (*jus civile*), direito das gentes (*jus gentium*) e direito natural (*jus naturale*).

1.4 Discussão filosófica na Idade Média

- Dois fatores foram responsáveis pela queda do Império Romano, um *interno*, o cristianismo, e um *externo*, correspondente à força dos bárbaros germânicos.

- O pensamento desenvolvido por pensadores como São Gerônimo (340 d.C. – 420 d.C.), Santo Ambrósio (340 d.C. – 397 d.C.) e Santo Agostinho (354 d.C. – 430 d.C.) durante o período de declínio do Império Romano do Ocidente, consistente num conjunto de ideias em relação ao mundo e a Deus, veio a influenciar o ideário do Ocidente por aproximadamente 800 anos. Então, estes arcabouços teóricos iniciais foram profundamente utilizados durante a chamada Idade Média, que teve como marco uma acentuada tendência para o cristianismo.
- Para Santo Tomás de Aquino, a lei é um dos modos pelos quais Deus instrui os homens para alcançarem o bem. Para o filósofo, existem tipos de lei: a *lei eterna ou divina*, a *lei natural* e a *lei humana*, todas elas com elementos de conexão (a lei eterna existe em um plano superior e serve de *diretriz* para as leis que se estabelecem no plano humano, quais sejam a lei natural e a lei humana. Não obstante, o fato de não ser a lei eterna ou divina conhecida de modo absoluto não impede a sua influência nas leis natural e humana, porque estas serão mais adequadas o possível à lei divina, segundo o conhecimento humano existente, que evolui através dos tempos).
- Com a concepção medieval de pessoa humana é que se iniciou um processo de elaboração em relação ao princípio da igualdade de todos, independentemente das diferenças existentes, seja de ordem biológica, seja de ordem cultural. Foi assim, então, que surgiu o conceito universal de direitos humanos, com base na igualdade essencial da pessoa.

2 CARTA MAGNA DE JOÃO SEM TERRA DE 1215 E A ASCENSÃO DO ABSOLUTISMO EUROPEU

- No processo de ascensão do absolutismo europeu, a monarquia da Inglaterra encontrou obstáculos para se estabelecer no início do século XIII, sofrendo um revés. Ao se tratar da formação da monarquia inglesa, em 1215 os barões feudais ingleses, em uma reação às pesadas taxas impostas pelo Rei João Sem-Terra, impuseram-lhe a Magna Carta. Assim, abusos do Rei João causaram uma revolta por parte dos nobres que o compeliram a reconhecer os direitos da nobreza e dos cidadãos ingleses, estabelecendo desde o seu início que ninguém, inclusive o rei ou o legislador, estaria acima do Direito.
- A Magna Carta inglesa, também conhecida como Grande Carta ou, no latim, *Magna Carta Libertatum*, é composta por 63 artigos, todos com foco na limitação do poder estatal. Ela foi um passo essencial para a aceitação do absolutismo na Inglaterra após o fim da Idade Média. Contudo, suas regras eram muito mais formais do que aplicáveis na prática. Referido documento, em sua abertura, expõe a noção de concessão do rei aos súditos, estabelece a existência de uma hierarquia social sem conceder poder absoluto ao soberano, prevê limites à imposição de tributos e ao confisco, constitui privilégios à burguesia, e traz procedimentos de julgamento ao prever conceitos como o de devido processo legal, *habeas corpus* e júri.
- Em geral, o absolutismo europeu que ascendeu após o fim da Idade Média foi marcado profundamente pelo *antropocentrismo*, colocando o homem no centro do universo, ocupando o espaço de Deus.

3 RENASCIMENTO E ILUMINISMO: REFLEXOS DO ANTROPOCENTRISMO NAS PREMISSAS DO DIREITO NATURAL

3.1 Renascimento e o agigantamento do absolutismo

- Por volta de 1500, a Renascença italiana se espalhou para a Europa setentrional e gerou importantes realizações na ciência, fundamentando o pensamento moderno. Ainda, no século XVI, a Revolução Protestante, que começou na Alemanha, propagando-se para outros países, contribuiu para os primórdios da era moderna, acabando com a uniformidade religiosa e fomentando um surto de *individualismo* e *consciência racional*.
- É no Renascimento que há de fato o início do debate quanto à distinção entre a Moral e o Direito, pois foi a partir deste momento que se estabeleceu uma dicotomia rigorosa sob este aspecto. Tal

dicotomia pode ser percebida claramente na obra *O príncipe*, de Nicolau Maquiavel. Quando se distingue Moral de Direito, valoriza-se mais o aspecto jurídico formal do que o de conteúdo, o que significa uma perda de força do tradicional conceito de lei natural.
- Outro pensador que influenciou muito o ideário do absolutismo foi Thomas Hobbes, que enxergava o Estado como um mal necessário para impedir que os homens vivessem em constante conflito. Frisa-se que Hobbes não estabelece limitações a este poder, permitindo ao soberano fazer tudo o que entenda necessário em prol da manutenção do Estado, ou seja, da sociedade civil unitária. Reforça-se – agora em termos jurídicos e filosóficos mais expressos e delimitados do que na filosofia de Maquiavel – o fundamento do absolutismo que veio a predominar na Europa pelos próximos séculos.

3.2 Iluminismo e a quebra do conceito absoluto de soberano

- A chamada Revolução Intelectual, dos séculos XVII e XVIII, tem raízes na história da Renascença, que propiciou horizontes intelectuais mais amplos e uma prosperidade geral. Teve como precursores Bacon, Descartes, Locke e Newton.
- O Iluminismo lançou base para os dois principais eventos que ocorreram no início da Idade Contemporânea, quais sejam as Revoluções Francesa e Industrial. Tiveram origem nestes movimentos todos os principais fatos do século XIX e do início do século XX, por exemplo, a *disseminação do liberalismo burguês*, o *declínio das aristocracias fundiárias* e o *desenvolvimento da consciência de classe entre os trabalhadores*.
- Jonh Locke (1632 d.C. – 1704 d.C.) foi um dos pensadores da época, transportando o racionalismo para a política, refutando o Estado Absolutista, idealizando o direito de rebelião da sociedade civil e afirmando que o contrato entre os homens não retiraria o seu estado de liberdade. Isto porque, com vistas à superação do estado de natureza, segundo Locke, seria necessária a união dos homens, estabelecendo um contrato social e instituindo a sociedade civil.
- Ao lado de Locke, pode ser colocado Montesquieu (1689 d.C. – 1755 d.C.), que avançou nos estudos de Locke, e na obra *O Espírito das Leis* estabeleceu em definitivo a clássica divisão de poderes: Executivo, Legislativo e Judiciário. O objeto central da principal obra de Montesquieu não é a lei regida nas relações entre os homens, mas as leis e instituições criadas pelos homens para reger as relações entre os homens. Segundo Montesquieu, as leis criam costumes que regem o comportamento humano, sendo influenciadas por diversos fatores, não apenas pela razão.
- Por fim, merece menção o pensador Rousseau (1712 – 1778), defendendo que o homem é naturalmente bom e formulando na obra *O Contrato Social* a teoria da vontade geral, aceita pela pequena burguesia e pelas camadas populares face ao seu caráter democrático.
- Em comum, estes três pensadores defendiam que o Estado era necessário, mas que o soberano não possuía poder divino/absoluto, sendo suas ações limitadas pelos direitos dos cidadãos submetidos ao regime estatal.

3.3 Revolução Gloriosa e documentos interligados

- Em torno de 1640, houve o confronto entre o rei Carlos I e o Parlamento, que resultou em uma violenta guerra civil, saindo como vitoriosos os parlamentares, instaurando-se a partir daí a *ditadura Cromwell*. O Protetorado de Cromwell tinha apoio do exército e da burguesia puritana, o que permitiu que a Inglaterra se tornasse uma potência naval e comercial. Com a morte do Lorde Protetor, em 1660, o país entrou em uma crise política cuja solução para evitar uma nova guerra civil era a restauração da monarquia e o retorno dos Stuart ao trono inglês. Com a volta dos Stuart, se reavivou o conflito entre a Coroa e o Parlamento inglês, chegando ao ápice com o reinado de Jaime II, soberano católico e absolutista.
- Quando a dinastia Stuart tentou transformar o absolutismo de fato em absolutismo de direito, ignorando o Parlamento, este impôs ao rei a Petição de Direitos de 1628, que exigia o cumpri-

mento da Magna Carta de 1215. Contudo, o rei se recusou a fazê-lo, fechando por duas vezes o Parlamento, sendo que a segunda vez gerou uma violenta reação que desencadeou uma guerra civil. Após diversas transições no trono inglês, despontou a Revolução Gloriosa, que ocupou os anos 1688 e 1689.
- Em 1688, Guilherme III de Orange, Chefe de Estado da Holanda, desembarcou com sua esposa Maria, filha de Jaime II, em solo britânico para depor o até então rei Jaime II, movimento que encerrou a chamada Revolução Gloriosa, que assinalou o triunfo do liberalismo político sobre o absolutismo. O novo rei aceitou a Declaração de Direitos – *Bill of Rights*.
- Assim, a Revolução foi um movimento pacífico inglês de conteúdo religioso ocorrido em 1688 que substituiu o rei Jaime II Stuart por Guilherme III de Orange, resultando no triunfo do Parlamento, do liberalismo e do protestantismo, e permitindo a aceitação da Declaração de Direitos, aprovada pelo Parlamento em 1689. Todo este movimento resultou, assim, nas garantias expressas do *habeas corpus* (1679) e do *Bill of Rights* (1689).

3.4 Revoluções Francesa e Americana: promulgação de novas Constituições

- A Revolução Americana ocorreu antes da Revolução Francesa, mas seu foco foi muito mais localizado, possuindo menor influência na Europa e no mundo.
- A Declaração da Independência dos Estados Unidos da América foi o documento pelo qual as Treze Colônias declararam sua independência da Grã-Bretanha, ratificada no Congresso Continental em 4 de julho de 1776. Já a Carta dos Direitos dos Estados Unidos ou Declaração dos Direitos dos Cidadãos dos Estados Unidos (*United States Bill of Rights*) foi introduzida em 1789. Protege liberdades fundamentais como a de expressão, a de religião, a de guardar e usar armas, a de assembleia e a de petição. Também assegura a igualdade de todos de maneira livre e independente, considerando esta como um direito inato. Proíbe a busca e a apreensão sem razão alguma, o castigo cruel e insólito e a confissão forçada. Impede que o Congresso faça qualquer lei em relação ao estabelecimento de religião e proíbe o governo federal de privar qualquer pessoa da vida, da liberdade ou da propriedade sem os devidos processos da lei, trazendo especificações sobre julgamento pelo júri, vedação do *bis in idem* e direito ao contraditório. Em termos políticos, estabelece que o poder pertence ao povo e que o Estado é responsável perante ele, garante a separação dos poderes e institui a realização de eleições diretas.
- Historiadores divergem quanto às causas da Revolução Francesa, mas as mais comumente citadas incluem o descontentamento do povo francês, cansado de tolerar um regime em que eram inúmeros os privilégios e os abusos. Neste sentido, a monarquia absolutista era um obstáculo à ascensão da burguesia, classe mais rica e instruída da nação. Os camponeses ainda viviam esmagados pelo sistema feudal imperante no campo. A nobreza e o alto clero possuíam as melhores e mais extensas propriedades. O poder absoluto do rei não podia, pelo menos teoricamente, sofrer limitações. A estrutura agrária obsoleta não atendia às exigências de uma população que se expandia com o progresso industrial e mercantil. Eram necessárias medidas capazes de aumentar a produção agrícola, que mal alimentava a população. Assim, as condições eram propícias à fermentação de ideias revolucionárias, como as de Voltaire e Rousseau.
- Assim, a Revolução Francesa decorreu da incapacidade do governo de resolver sua crise financeira, ascendendo com isso a classe burguesa (*sans-culottes*), sendo o primeiro evento de tal ascensão a Queda da Bastilha, em 14 de julho de 1789, seguida por outros levantes populares. Derrubados os privilégios das classes dominantes, a Assembleia se reuniu para o preparo de uma carta de liberdades, que veio a ser a Declaração dos Direitos do Homem e do Cidadão. Tal documento previu: liberdade e igualdade entre os homens quanto aos seus direitos (artigo 1º); necessidade de conservação dos seus direitos naturais, quais sejam a liberdade, a propriedade, a segurança e a resistência à opressão (artigo 2º); princípio da autonomia da nação, não se aceitando que um indivíduo exerça sobre ela autoridade sem o apoio de toda a nação (artigo 3º); limitação do direito de liberdade somente por lei (artigo 4º); princípio da legalidade, dando-se liberdade para fazer tudo que a lei não proíba (artigo 5º); participação popular direta e indireta para a criação de leis

(artigo 6º); princípio da legalidade criminal (artigo 7º); princípio da irretroatividade da lei penal (artigo 8º); princípio da presunção de inocência (artigo 9º); manifestação livre do pensamento (artigos 10 e 11); força pública como garantidora dos direitos do povo, havendo contribuição comum para os gastos com esta (artigos 12 e 13); direito à fiscalização dos gastos públicos (artigo 14); prestação de contas pelos agentes públicos (artigo 15); necessária separação de poderes (artigo 16); e propriedade como direito inviolável (artigo 17).

3.5 Revolução Industrial: primeiras Constituições a mencionarem direitos sociais

- A *Revolução Industrial*, que começou na Inglaterra, criou o sistema fabril, o que reformulou a vida de homens e mulheres pelo mundo todo, não só pelos avanços tecnológicos, mas notadamente por determinar o êxodo de milhões de pessoas do interior para as cidades. Os milhares de trabalhadores se sujeitavam a jornadas longas e desgastantes, sem falar nos ambientes insalubres e perigosos, aos quais se sujeitavam inclusive as crianças. Neste contexto, surgiu a consciência de classe, lançando-se base para uma árdua luta pelos direitos trabalhistas.

- No Estado Liberal, aquele que não detém poder econômico fica desprotegido. O indivíduo da classe operária sozinho não tinha defesa, mas descobriu que ao se unir com outros em situação semelhante poderia conquistar direitos. Para tanto, passaram a organizar greves. Nasceu, assim, o direito do trabalho, voltado à proteção da vítima do poder econômico, a saber, o trabalhador. Nota-se que no campo destes direitos e dos demais direitos econômicos, sociais e culturais não basta uma postura do indivíduo: é preciso que o Estado interfira e controle o poder econômico.

- Entre os documentos nacionais relevantes que merecem menção nesta esfera destacam-se: Constituição do México de 1917 e Constituição alemã de Weimar de 1919. Sem prejuízo, em 1919 surgiu a Organização Internacional do Trabalho.

4 O SISTEMA INTERNACIONAL DE PROTEÇÃO AOS DIREITOS HUMANOS: OS PRECEDENTES HISTÓRICOS DO PROCESSO DE INTERNACIONALIZAÇÃO E UNIVERSALIZAÇÃO DOS DIREITOS HUMANOS

4.1 Direito humanitário e a fundação da Cruz Vermelha

- Historicamente, em 9 de fevereiro de 1863, fundou-se o *Comitê dos Cinco*, como uma comissão de investigação da Sociedade de Genebra para o Bem-estar Público. Entre seus objetivos, se encontrava o de organizar uma conferência internacional sobre a possível implementação das ideias de Henri Dunant (notadamente na obra *Uma recordação de Solferino*). Depois da primeira conferência, adotou-se a primeira Convenção de Genebra, de 22 de agosto de 1864, tratando das condições dos feridos das forças armadas no campo de batalha.

- Ainda em 1864, Louis Appia e Charles Van de Velde foram os primeiros representantes independentes e neutros que trabalharam sob o símbolo da Cruz Vermelha em um conflito armado. Três anos depois, em 1867, a primeira Conferência Internacional das Sociedades de Enfermagem aos Feridos na Guerra foi realizada. Em 1876, o *Comitê dos Cinco* adotou o nome *Comitê Internacional da Cruz Vermelha (CICV)*, que é até o presente sua designação oficial, cujos esforços têm sido reconhecidos até hoje, tanto que por três vezes recebeu o Prêmio Nobel da Paz (1917, 1944, e 1963).

4.2 Tratado de Versalhes

- O Tratado de Versalhes foi assinado em 28 de junho de 1919, entre as potências aliadas e a Alemanha, fixando as condições para a paz depois da Primeira Guerra Mundial. A Conferência de Paz de Paris, na qual se redigiu o Tratado, foi dominada pelos "quatro grandes": o americano Woodrow Wilson, o britânico David Lloyd George, o francês Georges Clemenceau e o italiano

Vittorio Orlando. As nações derrotadas não tiveram nenhuma influência na elaboração dos artigos. Seus termos basearam-se no plano do presidente americano para uma paz justa, conhecido como Quatorze Pontos, aceito pela Alemanha no armistício de outubro de 1918. Não obstante, os aliados decidiram exigir da Alemanha compensação por todos os danos causados à população civil dos aliados e à sua propriedade pelos alemães. A Alemanha perdeu perto de dez por cento de sua população e territórios.
- Após o findar da Primeira Grande Guerra Mundial, e como decorrência do Tratado de Versalhes, tem-se o advento de duas instituições: *a) Liga das Nações* (que funcionou de 1920 a 1946, sendo "substituída" pela hoje equivalente ONU); e *b) a Organização Internacional do Trabalho* (organismo autônomo da Liga das Nações, em funcionamento até os tempos atuais no âmbito da ONU, com a missão de promover oportunidades para que homens e mulheres possam ter acesso a um trabalho decente e produtivo, em condições de liberdade, equidade, segurança e dignidade).

5 DOUTRINA DO DIREITO POSITIVO: ASCENSÃO DOS REGIMES TOTALITÁRIOS

- Na Europa, ascenderam após a Primeira Guerra Mundial três regimes totalitários, presentes notadamente na Rússia, na Itália e na Alemanha.
- Com a crescente positivação do Direito pelo Estado, ele se tornou um simples instrumento de gestão e comando da sociedade, ou seja, deixou de ser algo dado pela razão comum, gerando uma mutabilidade no tempo e um particularismo no espaço: o lícito e o ilícito passou a ser basicamente o que cada Estado impõe como tal, não o consolidado pelo direito natural. Logo, se o sistema jurídico alemão autorizava o tratamento desigual dos homens, em tese não importaria que uma lei natural superior à escrita e inerente à razão do homem dissesse que todos os homens eram iguais sem restrições.
- Como consequência, o positivo jurídico puro tratado por Hans Kelsen acabou por ser condenado, diante das graves consequências que precisariam ser suportadas com a aceitação de uma ordem jurídica que não tivesse o elemento do *justo* como requisito de validade. Portanto, foi necessário que, após a verificação dos reflexos da guerra, se buscasse uma solução jurídica que impedisse que outros atos semelhantes tivessem respaldo jurídico, apesar de não serem dotados de arcabouço ético, o que foi possível com um resgate dos conceitos de lei natural e de direitos naturalmente inerentes ao homem, declarando-os no âmbito internacional.

6 DOUTRINA DOS DIREITOS HUMANOS: REFLEXOS DO PÓS-GUERRA

- Os graves eventos que ocorreram durante a guerra baseados no ideário positivista, notadamente o extermínio de milhões de civis, numa ideologia antissemita positivada no ordenamento jurídico alemão que autorizava tais atos, fez com que este arcabouço teórico caísse por terra. Passou a ser necessário o resgate do conteúdo moral no Direito, deixando claro que existem direitos inerentes ao homem que não podem ser violados (pressupostos da lei natural).
- As premissas filosóficas para a fundação de uma nova ordem internacional de proteção de direitos humanos se encontram em estudos jurídico-filosóficos de diversos autores, como Hannah Arendt e Jacques Maritain.
- Com o fracasso do positivismo puro e o resgate do elemento axiológico do Direito pelo humanismo, diversos documentos internacionais e nacionais sobrevieram, num processo de internacionalização, regionalização e incorporação dos direitos humanos declarados expressamente. Embora tenha se pretendido um retorno ao conceito de lei natural, o que surgiu foi um novo movimento, chamado Pós-positivismo.

6.1 Organização das Nações Unidas

- A Organização das Nações Unidas funda-se em ideário muito diferente daquele da Liga das Nações, pois se percebeu que o estabelecimento de uma organização internacional restrita a países vitoriosos, prejudicando de maneira notável os perdedores, poderia servir de motivação para outros incidentes contrários à paz mundial, a exemplo do que foi a Segunda Grande Guerra. Logo, a Conferência de São Francisco, oficialmente denominada Conferência das Nações Unidas para a Organização Internacional, também estava aberta às Nações Unidas que lutaram contra as potências do Eixo (Japão, Itália e Alemanha).

- A Carta da ONU entrou em vigor no dia 24 de outubro de 1945, quando efetuado o depósito dos instrumentos de ratificação dos membros permanentes do Conselho de Segurança e da maioria dos outros signatários. Após, muitos países ingressaram na ONU. Por isso, os membros podem ser divididos entre originários e admitidos, não havendo diferenças entre direitos e deveres em relação a eles. A Carta da ONU também é chamada de Carta de São Francisco, uma vez que foi elaborada na Conferência de São Francisco.

- Em síntese, a Organização das Nações Unidas foi criada em 1945 para manter a paz e a segurança internacionais, bem como promover relações de amizade entre as nações, cooperação internacional e respeito aos direitos humanos. Tais propósitos foram se desenvolvendo e sendo aprofundados, sentido em que a Declaração do Milênio das Nações Unidas, adotada em 8 de setembro de 2000, reflete os principais eixos de atuação da organização no campo dos direitos humanos.

6.2 Tribunal de Nuremberg

- Logo após a Segunda Guerra Mundial, um tribunal se reuniu em Nuremberg, na Alemanha, com o objetivo de julgar os crimes cometidos pelos nazistas durante a guerra. Conhecido como Tribunal de Nuremberg, se realizou entre 20 de novembro de 1945 e 1º de outubro de 1946. Julgou 199 homens, sendo 21 deles líderes nazistas. As acusações foram desde crimes contra o direito internacional até de terem provocado de forma deliberada a Segunda Guerra Mundial.

- Durante o julgamento, a maior parte das defesas fundamentou-se na ofensa ao princípio da legalidade, que era baseada nos postulados do direito penal tradicional. O principal argumento levantado foi o de que todas as ações praticadas foram baseadas em ordens superiores, todas dotadas de validade jurídica. E, de fato, o ordenamento alemão permitia de certo modo todas aquelas práticas. O argumento do respeito ao princípio da legalidade caiu por terra diante da teoria de direitos humanos que se formava em definitivo na ordem internacional. A partir dela, tem-se o reconhecimento de normas de conhecimento comum da humanidade, que deveriam ser respeitadas independentemente de reconhecimento expresso (premissas da lei natural), sendo válida a condenação de pessoas que praticam atos atentatórios a estes princípios.

6.3 Declaração Universal de 1948 e documentos decorrentes: valor normativo da Declaração Universal dos Direitos Humanos

- No dia 10 de dezembro de 1948, a Assembleia Geral das Nações Unidas elaborou a Declaração Universal dos Direitos Humanos (Resolução nº 217), primeiro e principal documento declaratório de direitos humanos internacionais da história, que deu fundamento para todo o sistema jurídico que veio a ser construído e baseou-se na Carta da ONU de 1945 e nos fundamentos histórico-filosóficos do direito natural e dos direitos humanos. A Declaração Universal dos Direitos Humanos volta-se à proteção de toda e qualquer pessoa humana – basta a condição de ser humano para ser titular destes direitos, tanto é que são universais.

- A Declaração não é, formalmente, um tratado. Entretanto, é referência básica para a garantia dos direitos humanos no mundo e de todo e qualquer sistema jurídico, nacional ou internacional (global ou regional), no que concerne à proteção e à promoção da dignidade humana. É, nesse sentido, considerada como autêntico "ponto de partida" para a construção do sistema de proteção internacional dos direitos humanos. Seus dispositivos encaixam-se na noção de *soft law*, visto que acabam por pautar largamente as relações sociais no que diz respeito à proteção dos direitos humanos.

7 REGIONALIZAÇÃO DE DIREITOS HUMANOS

- Num ideário de respeitar as particularidades sociais, econômicas e culturais de cada país do globo sem perder de vista a universalidade dos direitos humanos, a ONU incentivou a criação, ao lado do sistema global, de sistemas regionais de proteção, que buscam internacionalizar os direitos humanos no plano regional, em especial na Europa, na América e na África.

8 DIREITOS HUMANOS NA CONSTITUIÇÃO FEDERAL DE 1988: INSTITUCIONALIZAÇÃO DOS DIREITOS E GARANTIAS FUNDAMENTAIS

- Os direitos e garantias fundamentais tomam por base os direitos humanos reconhecidos no âmbito internacional. Com efeito, após o processo de internacionalização dos direitos humanos vieram o de regionalização de tais direitos e o de incorporação, transpondo-as para o ordenamento interno. Quando se fala em institucionalização dos direitos e garantias fundamentais, refere-se ao modo pelo qual a Constituição brasileira disciplina a os direitos e garantias fundamentais.
- A atual Constituição institucionaliza a instauração de um regime político democrático no Brasil, além de introduzir indiscutível avanço na consolidação legislativa dos direitos e garantias fundamentais e na proteção dos grupos vulneráveis brasileiros. Assim, a partir da Constituição de 1988, os direitos humanos ganharam relevo extraordinário, sendo este documento o mais abrangente e pormenorizado de direitos humanos já adotado no Brasil. Neste sentido, a Carta de 1988 é a primeira Constituição brasileira a elencar a prevalência dos direitos humanos como princípio regente nas relações internacionais que estabeleça (art. 4º, II, CF).

DIREITOS HUMANOS EM ESPÉCIE: ESTUDO SISTÊMICO A PARTIR DAS DECLARAÇÕES E TRATADOS DA ORGANIZAÇÃO DAS NAÇÕES UNIDAS E DA ORGANIZAÇÃO DOS ESTADOS AMERICANOS

Sumário • **1.** Primeira espécie de direitos humanos: direitos civis e políticos – **1.1.** Direito à vida – **1.2.** Direito à liberdade – **1.3.** Direito à igualdade: direitos humanos das minorias e grupos vulneráveis – discriminação e ações afirmativas – **1.4.** Direito à segurança – **1.5.** Direito à propriedade – **1.6.** Direito à propriedade intelectual – **1.7.** Direito à privacidade – **1.8.** Direitos da personalidade – **1.9.** Direitos de acesso à justiça – **1.10.** Direitos humanos penais: Regras Mínimas para o Tratamento dos Reclusos – **1.11.** Audiência de custódia – **1.12.** Prisão civil do devedor de alimentos – **1.13.** Direitos de nacionalidade – **1.14.** Direitos políticos: fundamentos da autodeterminação dos povos e da garantia do sistema democrático – **2.** Segunda espécie de direitos humanos: direitos econômicos, sociais e culturais – **2.1.** Diferenças entre direitos civis e políticos e obrigações decorrentes da garantia de direitos econômicos, sociais e culturais: princípios da progressão e do constante aperfeiçoamento – **2.2.** Importância da igualdade material – **2.3.** Direito à educação – **2.4.** Direito à cultura – **2.5.** Direito à saúde – **2.6.** Direito à alimentação, ao vestuário e à moradia – **2.7.** Direito ao lazer – **2.8.** Direito à segurança – **2.9.** Direito à família – **2.10.** Direito à proteção da maternidade e da infância – **2.11.** Direito ao trabalho – **2.12.** Direito à assistência e à previdência sociais – **3.** Terceira espécie de direitos humanos: direitos de fraternidade ou de solidariedade – **3.1.** Direitos difusos e coletivos – **3.2.** Direito à paz – **3.3.** Direito ambiental – **3.4.** Direito do consumidor – **3.5.** Direito à probidade administrativa – **4.** Sinopse do capítulo.

Os **direitos e garantias fundamentais** possuem divisão metodológica na Constituição Federal que os agrupa em quatro grandes setores de concentração: *direitos e deveres individuais e coletivos* (art. 5º), *direitos sociais* (arts. 6º a 11), *direitos da nacionalidade* (arts. 12 e 13), e *direitos políticos* (arts. 14 a 17).

Nada obstante a mecânica constitucional, no plano internacional os **direitos humanos** são agrupados de modo sutilmente diferente: *direitos civis e políticos* e *direitos sociais, econômicos e culturais*. Sem embargo, também se fala em *direitos relacionados à fraternidade*.

Vejamos (lembrando que similitudes e discrepâncias já foram vistas no primeiro capítulo desta obra):

Agrupamento conceitual de direitos	
Direitos fundamentais	Direitos humanos
– Direitos e deveres individuais e coletivos – Direitos sociais – Direitos da nacionalidade – Direitos políticos	– Direitos civis e políticos – Direitos sociais, econômicos e culturais – Direitos relacionados à fraternidade

Desta maneira, em que pese a ordem disposta dos direitos fundamentais na Lei Fundamental pátria, há se estudá-la **em consonância com a classificação tradicional dos direitos humanos**, pois, de modo que primeiro há se discutir principais nuanças sobre os direitos civis e políticos (correspondentes, na Carta pátria, aos direitos e deveres individuais, direitos da nacionalidade e direitos políticos), em seguida, os direitos econômicos, sociais e culturais (correspondentes aos direitos sociais), e, por fim, os direitos relacionados à fraternidade (direitos difusos e coletivos).

Todo este estudo será efetuado essencialmente a partir da Declaração Universal dos Direitos Humanos, dos Pactos Internacionais da ONU de 1966, da Declaração Americana dos Direitos e Deveres Humanos, da Convenção Americana sobre Direitos Humanos, do Protocolo de San Salvador, e, subsidiariamente, da Constituição Federal de 1988.

Deixa-se claro, com isso, que nada obstante a importância dos direitos e garantias fundamentais – direitos humanos internalizados que são, como já dito no capítulo I –, seu estudo é feito usualmente apenas pela ótica do direito constitucional, gerando uma dificuldade na compreensão da disciplina destes enquanto direitos humanos. Nos tópicos que seguem, pois, tenciona-se **estudar os direitos humanos pela ótica dos direitos humanos** – com o perdão da redundância –, trabalhando, quando necessário – e de modo subsidiário –, o ordenamento interno dos direitos fundamentais apenas com espectro comparativo e não exauriente.

1 PRIMEIRA ESPÉCIE DE DIREITOS HUMANOS: DIREITOS CIVIS E POLÍTICOS[1]

A seguir, se há de estudar questões pertinentes à primeira modalidade dos direitos humanos, ora relacionada ao fundamento da liberdade, composta pelo grupo dos direitos civis e políticos, também tidos como direitos e deveres individuais na Constituição Federal de 1988.

---

[1] Estudo baseado na Declaração Universal dos Direitos Humanos, no Pacto Internacional de Direitos Civis e Políticos, na Declaração Americana dos Direitos e Deveres Humanos e na Convenção Americana sobre Direitos Humanos.

Vale ressaltar que em sua origem concebe-se que estes direitos individuais são **passivos**, ou seja, exige-se apenas que o Estado se abstenha e possibilite aos homens exercê-los como queiram, respeitados os evidentes limites legais e éticos. Neste sentido, o Estado não precisaria alocar recursos e nem desenvolver projetos para permitir o exercício dos direitos civis e políticos.

No entanto, a concepção exclusivamente passiva da postura estatal com relação aos direitos civis e políticos **está superada**. Afinal, nem todas as pessoas possuem recursos para exercerem de maneira plena estes direitos civis e políticos, sendo necessário que o Estado desenvolva providências em prol da igualdade material não somente no exercício dos direitos econômicos, sociais e culturais, mas também no dos direitos civis e políticos.

Ingressa-se, aqui, na ideia de que os direitos econômicos, sociais e culturais **viabilizam o exercício dos direitos civis e políticos**, não existindo de maneira isolada, mas, sim, **interdependente**. Está superada a visão dicotômica entre direitos civis e políticos e direitos sociais, econômicos e culturais, sendo que o primeiro passo para tanto foi o reconhecimento desta interdependência nos Pactos Internacionais de 1966.

Sendo assim, não mais persiste a representação dos interesses individuais sob a ótica negativa perante o Poder Público, sendo relevante também um ótica positiva. Está superado o entendimento de que os direitos individuais não exigem nenhuma postura ativa do Estado. Portanto, deverá o Estado tomar medidas e adotar políticas que permitam a todos o exercício dos direitos de primeira dimensão, **notadamente àqueles que pertençam a grupos vulneráveis ou minorias** e/ou **nos casos em que se encontre obstáculos ao exercê-los**.

1.1 Direito à vida

Artigo III, DUDH
*Toda pessoa tem direito à **vida**, à liberdade e à segurança pessoal.*

Artigo I – Direito à vida, à liberdade, à segurança e integridade da pessoa, DADH
*Todo ser humano tem direito à **vida**, à liberdade e à segurança de sua pessoa.*

A vida humana é o centro gravitacional em torno do qual orbitam todos os direitos da pessoa humana, possuindo reflexos jurídicos, políticos, econômicos, morais e religiosos. Daí existir uma dificuldade em conceituar o vocábulo *vida*, algo que certamente vai muito além da mera concepção de existência física. Logo, tudo aquilo que uma pessoa possui deixa de ter valor ou sentido se ela perde a vida. Sendo assim, a vida é o bem principal de qualquer pessoa, é o primeiro valor moral inerente a todos os seres humanos[2].

---

[2] BARRETO, Ana Carolina Rossi; IBRAHIM, Fábio Zambitte. Comentários aos Artigos III e IV. In: BALERA, Wagner (Coord.). **Comentários à Declaração Universal dos Direitos do Homem**. Brasília: Fortium, 2008, p. 15.

Qual o duplo aspecto do direito à vida?

No tópico do direito à vida tem-se tanto o **direito de nascer/permanecer vivo**, o que envolve questões como pena de morte, eutanásia, pesquisas com células-tronco e aborto; quanto o **direito de viver com dignidade**, o que engloba o respeito à integridade física, psíquica e moral, incluindo neste aspecto a vedação da tortura, bem como a garantia de recursos que permitam viver a vida com dignidade.

Na Declaração Universal dos Direitos Humanos de 1948, além do artigo III, principal no tema em comento, apontam-se os seguintes, que se relacionam a alguma das esferas de proteção do direito à vida: o artigo V, que veda a tortura e outros tratamentos desumanos, degradantes ou cruéis; e o artigo XXV, que mostra que o direito à vida envolve também as condições de bem viver, como alimentação, saúde, vestuário e habitação. Seguindo este ideário, a Declaração Americana proporciona uma visibilidade geral do direito à vida no artigo I, complementado pelo artigo XI que remete à preservação da saúde e do bem-estar.

Nota-se um complexo conceito de direito à vida estabelecido no sistema de proteção dos direitos humanos. A propósito, na **Observação Geral nº 6**, o Comitê de Direitos Humanos deixou claro que o direito à vida, que não pode ser suspenso em hipótese alguma, **não pode ser interpretado num sentido restritivo**. Neste sentido, critica a iniciativa excessiva dos Estados à guerra, o excesso de prisões arbitrárias e o desaparecimento forçado. A **Observação Geral nº 14** aprofunda a temática, evidenciando uma preocupação com o desarmamento. Com efeito, a **Observação Geral nº 36** aprofunda estas duas observações e reforça o caráter amplo que deve ser conferido à interpretação do direito à vida, englobando tanto a pretensão de não morrer de forma prematura ou não natural quanto a de viver com dignidade, fixando, entre outros aspectos, o dever dos Estados de adotarem políticas de prevenção ao suicídio e de combaterem obstáculos à fruição da vida digna, como os elevados índices de violência, os acidentes industriais, o tráfico, a contaminação do meio ambiente, o abuso generalizado de drogas e álcool, a má nutrição e a falta de acesso à água potável e ao saneamento básico.

A Corte Interamericana de Direitos Humanos julgou:

Nota: concentra-se na CIDH boa parte das discussões sobre o direito à vida no que se refere às práticas de execuções extrajudiciais, isto é, homicídios, sejam praticados por agentes públicos, sejam praticados por agentes privados e não devidamente investigados pelo Estado. Abaixo, enumeram-se alguns, ressaltando que o tema também é discutido incidentalmente nos casos sobre tortura, desaparecimento forçado, abuso de poder, dentre outros.

- No **caso Omeara Carrascal e outros vs. Colômbia**, julgado em 21 de novembro de 2018, responsabilizou-se o Estado por aquiescer e tolerar ações de grupos paramilitares em território colombiano, resultando na morte de três pessoas e, ainda, no desaparecimento forçado previamente à morte de uma delas.
- No **caso Villamizar Durán e outros vs. Colômbia**, julgado em 20 de novembro de 2018, condenou-se o Estado pela execução forçada de seis pessoas pelas Forças Armadas, entre

1992 e 1997, após a qual eram apresentadas como componentes de grupos paramilitares ilegais e tidas como baixas resultantes de conflitos entre as Forças Armadas e tais grupos.

- No **caso Pacheco Leon e outros vs. Honduras**, julgado em 15 de novembro de 2017, condenou-se o Estado diante da falta de investigação diligente do homicídio do candidato a deputado pelo Partido Nacional de Honduras, cujos indícios apontam para a participação de agentes estatais.

- No **caso Acosta e outros vs. Nicarágua**, julgado em 25 de março de 2017, condenou-se o Estado por falhas nas investigações para determinar os autores intelectuais do homicídio do esposo da peticionante, potencialmente provocado por sua atuação como defensora de direitos humanos de povos indígenas da região, muito embora tenha ocorrido a condenação dos autores materiais perante a justiça.

- No **caso Gutiérrez e família vs. Argentina**, em novembro de 2013, condenou-se o Estado argentino pela morte de Jorge Omar Gutiérrez, que foi membro da Polícia de Buenos Aires, assassinado quando investigava crimes de comércio paralelo. A administração nacional de aduanas teria colaborado para dificultar a apuração do crime. Determinou-se a adoção de medidas de reparação e não repetição.

- No **caso Valle Jaramillo e outros vs. Colombia**, julgado em novembro de 2008, houve condenação do Estado pela execução extrajudicial do defensor de direitos humanos Valle Jaramillo, bem como pela ameaça de seus familiares presentes no momento do assassinato.

- No **caso Kawas Fernández vs. Honduras**, em abril de 2009, condenou-se o Estado por executar-se extrajudicialmente a defensora de direitos humanos ambientais Blanca Jeannette Kawas Fernández, agindo posteriormente com falta de diligência e com obstacularização das investigações.

- No **caso Zambrano Vélez e outros vs. Equador**, em julho de 2007, condenou-se o Estado por execuções praticadas em operações por membros das Forças Armadas.

- O **caso Nogueira de Carvalho e outro vs. Brasil**, julgado em novembro de 2006, versa sobre a execução extrajudicial de Gilson Nogueira de Carvalho, advogado de direitos humanos que atuava num caso contra um grupo de extermínio formado por Policiais Civis e outros funcionários públicos conhecidos como "meninos de ouro", caso não solucionado pela Polícia e pelo Judiciário brasileiros. O Brasil foi absolvido no caso.

- O **caso Vargas Areco vs. Paraguai**, julgado em setembro de 2006, versa sobre execução extrajudicial por agente militar; tal como o **caso Servellón García e outros vs. Honduras**, também de setembro de 2006; o **caso Huilca Tecse vs. Peru**, de março de 2005; e o **caso Juan Humberto Sánchez vs. Honduras**, em junho de 2003.

- O **caso Myrna Mack Chang vs. Guatemala**, julgado em novembro de 2003, traz a condenação do Estado pela execução extrajudicial feita pelos militares do país num processo de "limpeza social", nada se fazendo depois para investigar os fatos e punir os responsáveis.

- No **caso Las Palmeras vs. Colômbia**, em novembro de 2002, condenou-se o Estado pela execução extrajudicial pela polícia nacional e pelo exército de diversos membros de uma escola rural, fato nunca devidamente investigado e punido.

- No **caso Barrios Altos vs. Peru**, em novembro de 2001, também se condenou pela execução extrajudicial coletiva de 15 pessoas, no contexto do regime ditatorial.

- No **caso Benavides Cevallos vs. Equador**, em junho de 1998, condenou-se o Estado por execução extrajudicial, detenção arbitrária e tortura de Consuelo Benavides Cevallos, supostamente ligada ao grupo guerrilheiro "Alfaro Vive Carajo".

- Ainda sobre execução extrajudicial, o **caso Genie Lacayo vs. Nicarágua**, julgado em janeiro de 1997, condenando-se pela morte de um jovem de 16 anos em decorrência de choques elétricos aplicados pelo contingente militar.

- No **caso El Amparo vs. Venezuela**, em setembro de 1996, condenou-se pelo ataque militar a uma pequena embarcação que resultou na morte de 14 pescadores, dos 16 embarcados.

1.1.1 Pena de morte: restrições no sistema internacional e no sistema interamericano

Artigo 6º, PIDCP

1. O direito à vida é inerente à pessoa humana. Este direito deverá ser protegido pela lei. **Ninguém poderá ser arbitrariamente privado de sua vida.**

2. Nos Países em que a pena de morte não tenha sido abolida, esta poderá ser imposta apenas nos casos de **crimes mais graves**, *em conformidade com legislação vigente na época em que o crime foi cometido e que não esteja em conflito com as disposições do presente pacto, nem com a Convenção sobre a Prevenção e a Punição do Crime de Genocídio. Poder-se-á aplicar essa pena apenas em decorrência de uma sentença* **transitada em julgado e proferida por tribunal competente.** *[...]*

4. Qualquer condenado à morte terá o direito de pedir indulto ou comutação da pena. A **anistia**, *o* **indulto** *ou a* **comutação** *de pena poderão ser concedidos em todos os casos.*

5. A pena de morte não deverá ser imposta em casos de crimes cometidos por pessoas menores de **18 anos**, *nem aplicada a* **mulheres em estado de gravidez.**

6. Não se poderá invocar disposição alguma do presente artigo para retardar ou impedir a abolição da pena de morte por um Estado-parte do presente pacto.

Artigo 4º – Direito à vida, CADH

1. [...] Ninguém pode ser privado da vida arbitrariamente.

2. Nos países que não houverem abolido a pena de morte, esta só poderá ser imposta pelos delitos **mais graves**, *em cumprimento de* **sentença final de tribunal competente** *e em* **conformidade com a lei** *que estabeleça tal pena, promulgada* **antes** *de haver o delito sido cometido. Tampouco se estenderá sua aplicação a delitos aos quais não* **se aplique atualmente.**

3. Não se pode restabelecer a pena de morte nos Estados que a **hajam abolido.**

4. Em nenhum caso pode a pena de morte ser aplicada a **delitos políticos**, *nem a delitos comuns conexos com delitos políticos.*

5. Não se deve impor a pena de morte a pessoa que, no momento da perpetração do delito, for **menor de dezoito anos**, *ou* **maior de setenta**, *nem aplicá-la a* **mulher em estado de gravidez.**

6. Toda pessoa condenada à morte tem direito a solicitar **anistia, indulto ou comutação da pena**, *os quais podem ser concedidos em todos os casos. Não se pode executar a pena de morte enquanto o pedido estiver pendente de decisão ante a autoridade competente.*

Em que aspectos a Convenção Americana sobre Direitos Humanos amplia as restrições quanto à pena de morte em comparação ao Pacto Internacional dos Direitos Civis e Políticos da ONU?

A pena de morte já foi abolida na maioria dos países do globo que participam da sociedade internacional. A tendência é que os casos em que ela é aceita sejam cada vez mais escassos.

Tomando o teor do que o Pacto Internacional dos Direitos Civis e Políticos estabelece em seu artigo 6º, extrai-se que:

a) A vida não pode ser privada de maneira arbitrária, de forma que mesmo nos casos em que for aceita a pena de morte é preciso garantir o devido processo legal formal e material para que sua aplicação seja válida;

b) A preservação do direito à vida envolve a abolição da pena de morte o máximo possível;

c) Nos países que não abolirem tal pena, ela se restringe aos crimes mais graves;

d) É preciso sentença transitada em julgado (irrecorrível) e proferida por tribunal competente;

e) Aceita-se em todos os casos de condenação a pena de morte a anistia, o indulto e a comutação da pena (conversão da pena de morte por uma privativa de liberdade ou diversa);

f) Deve ser respeitada a idade mínima de 18 anos do condenado;

g) Não pode ser aplicada a mulheres grávidas, obviamente porque o feto não deve perder a vida somente porque quem o carrega deve.

Em sentido semelhante, tem-se o artigo 4º da Convenção Americana dos Direitos Humanos, no qual se nota uma ampliação da proteção do Pacto Internacional de Direitos Civis e Políticos, notadamente:

a) Ao se impedir que se aplique a pena a outros delitos: havendo pena de morte para um certo delito num país não é possível que seja aprovada nele uma lei que aplique tal pena para outro delito. Na verdade, evidencia-se a intenção de, paulatinamente, se buscar a abolição total da pena de morte. Também por isso que um Estado que a aboliu não pode instituí-la posteriormente;

b) Pela vedação de aplicação a delitos políticos;

c) Pelo estabelecimento de idade máxima ao condenado à pena de morte, qual seja, 70 anos.

Há tratados pela abolição da pena de morte, destacando-se, notadamente: no **âmbito global**, Segundo Protocolo Adicional ao Pacto Internacional sobre os Direitos Civis e Políticos com vista à Abolição da Pena de Morte, de 15 de Dezembro de 1989[3], aprovado pelo Legislativo brasileiro em 16 de junho de 2009; e no **âmbito**

---

[3] "Artigo 1º 1. Nenhum indivíduo sujeito à jurisdição de um Estado-parte no presente Protocolo será executado. 2. Os Estados Partes devem tomar as medidas adequadas para abolir a pena de morte no âmbito da sua jurisdição. Artigo 2º 1. Não é admitida qualquer reserva ao presente Protocolo, **exceto** a reserva formulada no momento da ratificação ou adesão prevendo a aplicação da pena de morte em tempo de guerra em virtude de condenação

interamericano o Protocolo à CADH referente à abolição da pena de morte de 8 de junho de 1990[4], promulgado pelo Brasil em 27 de agosto de 1998 (Decreto nº 2.754)[5].

No âmbito interamericano, em dezembro de 2011, foi aprovada pela Comissão de Direitos Humanos a **Relatoria sobre "pena de morte no sistema interamericano de direitos humanos: de restrições à abolição"**. A relatoria abrange os princípios gerais relacionados à imposição da pena de morte; a associação entre pena de morte e direito a julgamento justo; a relação entre pena de morte e direito à igualdade e à não discriminação perante a lei, considerando questões raciais que possam afetar na imposição da pena; pena de morte e não submissão a tratamentos cruéis, desumanos e degradantes, destacando-se neste ponto profunda análise sobre os corredores da morte, apontando-os como tratamento cruel, desumano e degradante, devido a angústia mental que impõem[6].

> *O que são os crimes graves aos quais pode ser aplicada a pena de morte, segundo as Nações Unidas?*

O posicionamento das Nações Unidas sobre quais seriam os crimes puníveis com a pena capital é bastante coerente com sua tendência de total abolição da pena. **Sendo assim, não existe um livre arbítrio conferido aos Estados para determinarem o que são estes crimes graves**. A Organização das Nações Unidas, por seus porta-vozes, tem declarado que a pena de morte para crimes relacionados a drogas é contrária à jurisprudência internacional. Por isso mesmo, também, órgãos de julgamento como o Tribunal Penal Internacional, criado no âmbito da Organização, não tem a pena de morte entre as cabíveis. Assim, crimes graves seriam apenas os de genocídio, homicídio e correlatos.

Fica claro o posicionamento da organização em trechos da **Observação Geral nº 6** do Comitê de Direitos Humanos: "Apesar de se desprender dos §§ 2º a 6º do artigo 6º que os Estados não estão obrigados a abolir totalmente a pena de morte,

---

por infração penal de natureza militar de gravidade extrema cometida em tempo de guerra. 2. O Estado que formular uma tal reserva transmitirá ao Secretário-Geral das Nações Unidas, no momento da ratificação ou adesão, as disposições pertinentes da respectiva legislação nacional aplicável em tempo de guerra. 3. O Estado-parte que haja formulado uma tal reserva notificará o Secretário-Geral das Nações Unidas da declaração e do fim do estado de guerra no seu território".

[4] "Artigo 1º Os Estados Partes neste Protocolo não aplicarão em seu território a pena de morte a nenhuma pessoa submetida a sua jurisdição. Artigo 2º 1. Não será admitida reserva alguma a este Protocolo. Entretanto, no momento de ratificação ou adesão, os Estados Partes neste instrumento poderão declarar que se reservam o direito de aplicar a pena de morte em tempo de guerra, de acordo com o Direito Internacional, por delitos sumamente graves de caráter militar. 2. O Estado-parte que formular essa reserva deverá comunicar ao Secretário-Geral da Organização dos Estados Americanos, no momento da ratificação ou adesão, as disposições pertinentes de sua legislação nacional aplicáveis em tempo de guerra a que se refere o parágrafo anterior. 3. Esse Estado-parte notificará o Secretário-Geral da Organização dos Estados Americanos de todo início ou fim de um estado de guerra aplicável ao seu território".

[5] Em ambos casos, o Brasil utilizou-se do artigo que permite a reserva quanto ao direito de aplicar a pena de morte em tempo de guerra, de acordo com o direito internacional, por delitos sumamente graves de caráter militar, o que é coerente se tomado o texto constitucional brasileiro (art. 5º, XLVII, *a*).

[6] OEA – Organização dos Estados Americanos. Comissão Interamericana de Direitos Humanos. **Relatoria sobre pena de morte no sistema interamericano de direitos humanos: de restrições à abolição**. Aprovada em 31 de dezembro de 2011. Disponível em: <http://www.oas.org/pt/cidh/>. Acesso em: 21 fev. 2018.

estes Estados se encontram obrigados a limitar seu uso e, em particular, aboli-la como pena aos delitos que não sejam 'os mais graves'. Em razão disso, deveriam modificar suas normas de direito penal à luz desta disposição e, em todo caso, estão obrigados a restringir a aplicação aos 'delitos mais graves'. O artigo se refere também de forma geral à abolição em termos que denotam claramente que esta é desejável. O Comitê chega portanto à conclusão de que todas as medidas encaminhadas à abolição devem ser consideradas um avanço quanto ao direito à vida, devendo ser informadas ao Comitê. O Comitê observa que certo número de Estados já aboliram a pena de morte ou suspenderam a sua aplicação. Apesar disso, os informes dos Estados mostram que o progresso realizado rumo à abolição ou restrição da aplicação da pena de morte é totalmente insuficiente. **Na opinião do Comitê, a expressão 'os delitos mais graves' deve interpretar-se de forma restritiva no sentido de que a pena de morte deve ser uma medida extremamente excepcional.** Dos termos expressos do artigo 6º se depreende também que a pena de morte somente pode ser imposta em conformidade com o direito vigente no momento que se tenha cometido o delito. Devem ser observadas as garantias de procedimento prescritas, inclusive o direito da pessoa ser ouvida publicamente por um tribunal independente, presumindo-se sua inocência e garantindo a sua defesa e o direito a recurso a tribunal superior. Estes direitos são aplicáveis sem prejuízo da solicitação de indulto ou comutação da pena".

Em destaque, depois da execução de seis pessoas na Indonésia, **incluindo o brasileiro Marco Archer Cardoso Moreira**, o Escritório da ONU para os Direitos Humanos (ACNUDH) lançou um alerta, no início de 2015, condenando o uso contínuo da pena capital como forma de punição para ofensas relacionadas às drogas em alguns países do Sudeste Asiático. Neste sentido, **solicitou** que os países suspendessem a aplicação da pena de morte a estes delitos[7].

Certa feita, ainda, a Assembleia Geral das Nações Unidas lançou dúvidas sobre o suposto potencial de dissuadir da pena de morte em relação à criminalidade e salientou o perigo de se cometerem erros na aplicação da pena e as consequências obviamente irreparáveis de tais erros, que podem ocorrer mesmo em países que dispõem de sistemas de investigação e jurídicos sofisticados[8].

Numa manifestação recente do ano de 2018, especificamente na **Observação Geral nº 36** do Comitê de Direitos Humanos, a ONU afirmou nos itens 39 e 40: "39. O termo "crimes mais graves" deve ser interpretado de forma restritiva e limitar-se exclusivamente a crimes extremamente graves, que impliquem em homicídio intencional. Crimes que não resultam diretamente e intencionalmente em morte, como crimes relacionados a drogas, tentativas de assassinato, corrupção e outros crimes econômicos e políticos, assalto à mão armada, pirataria, sequestro e crimes sexuais, embora de natureza grave, nunca podem justificar, nos termos do artigo 6º, a imposição da pena de morte. Da mesma forma, uma participação limitada ou

---

[7] ONU CONDENA execução de brasileiro na Indonésia e pede moratória à pena de morte. **ONU Brasil**, 20 de janeiro de 2015. Disponível em: <http://nacoesunidas.org/onu-condena-execucao-de-brasileiro-na-indonesia-e-pede-moratoria--a-pena-de-morte/>. Acesso em: 12 abr. 2015.

[8] ARBOUR, Louise. A votação na ONU sobre a pena de morte. **UNRIC**, 28 de dezembro de 2007. Disponível em: <http://www.unric.org/pt/actualidade/opiniao/14736>. Acesso em: 12 abr. 2015.

cumplicidade na prática destes crimes mais graves, como fornecer os meios físicos para que se cometa um assassinato, não pode justificar a imposição da pena de morte. Os Estados-partes têm a obrigação de revisar constantemente sua legislação penal para garantir que a pena de morte não seja imposta por crimes que não possam ser classificados como os crimes mais graves. 40. Sob nenhuma circunstância pode se aplicar a pena de morte como uma sanção contra uma conduta cuja penalização se constitua em uma violação ao Pacto, como o adultério, a homossexualidade, a apostasia (a criação de grupos de oposição política) ou as ofensas a um Chefe de Estado".

A Corte Interamericana de Direitos Humanos julgou:

- Na **Opinião Consultiva 3/83**, a Corte Interamericana definiu sobre pena de morte que a Convenção Americana proíbe absolutamente a extensão da pena de morte e que, em consequência, não pode o governo de um Estado-parte aplicar a pena de morte a delitos para os quais não estava contemplada anteriormente em sua legislação interna.

- No **caso Martínez Coronado vs. Guatemala**, julgado em 10 de maio de 2019, condenou-se o Estado por condenar Manuel Martínez Coronado à pena de morte em razão do assassinato de 7 pessoas, cometidos em 16 de maio de 1995, sem respeito às garantias judiciais, notadamente direito à defesa (a vítima foi assistida por defensor nomeado de ofício que foi responsável por defender simultaneamente ela e o coautor dos crimes e, em grau recursal, representada por advogado próprio, que não conseguiu fazer com que seus argumentos fossem devidamente apreciados), e executá-lo em 10 de fevereiro de 1998. A Corte destacou o regime restritivo da pena de morte e reforçou a jurisprudência do caso Fermín Ramírez vs. Guatemala, em que se reconheceu que o artigo 132 do Código Penal da Guatemala que permitia a condenação por pena de morte se baseava de forma indevida numa suposta periculosidade futura. Além disso, a Corte considerou que a obrigatoriedade de assistência por defensor comum é atentatória ao direito de defesa.

- No **caso DaCosta Cadogan vs. Barbados**, em setembro de 2009, condenou-se o Estado por ter condenado a vítima à pena de morte sem o devido processo legal. No Estado de Barbados, a pena de morte para a prática de homicídio é obrigatória e não pode ser alterada pelo tribunal constitucional, conforme legislação interna. Contudo, o autor do homicídio era dependente químico (alcoólatra) e estava apenas em busca de mais álcool para alimentar seu vício no dia dos fatos. A Corte entendeu que atentava contra a Convenção Americana sobre Direitos Humanos o estabelecimento da pena de morte como obrigatória, devendo a legislação ser alterada. Também determinou que todas as pessoas deveriam passar por avaliações psiquiátricas em caso de condenação. Suspendeu-se, assim, a execução da pena de morte contra o peticionante. Em sentido semelhante, julgado em novembro de 2007, o **caso Boyce e outros vs. Barbados**.

- O **caso Hilaire, Constantine e Benjamin e outros vs. Trinidad e Tobago**, julgado em junho de 2002, também condena o Estado por prever na sua legislação interna a aplicação obrigatória da pena de morte por delito de homicídio doloso. Dos 32 peticionantes, um foi executado e outro teve pena comutada, sendo que todos os outros aguardavam a execução da pena de morte por forca. Alguns dos processos foram também demasiado extensos e não respeitaram o viés da efetividade do devido processo legal. Condenou-se o Estado, além do dever de indenizar e revisar os julgamentos, a abster-se de aplicar a sua Lei de Delitos contra a Pessoa, modificando-a para adequar-se às normas internacionais de proteção da pessoa humana.

- No **caso Raxcacó Reyes vs. Guatemala**, em setembro de 2005, condenou-se o Estado tanto pela aplicação de pena de morte decorrente do sequestro de um menor, quanto por não conferir condições adequadas quando da espera da execução da sentença, como atendimento médico, ventilação, luminosidade, higiene, entre outras. Recomendou-se a alteração da legislação para adequar os tipos penais de sequestro conforme o nível de gravidade, de modo que nem todos se sujeitem a pena de morte. Neste meio tempo, o Estado não deveria aplicar a pena de morte aos condenados por sequestro, revendo as sentenças. No caso específico, não se deve aplicar a pena de morte porque o sequestro não foi tão grave, eis que a criança raptada foi libertada sem sofrer maiores danos físicos.

- No **caso Fermín Ramírez vs. Guatemala**, em junho de 2005, condenou-se o Estado por aplicar pena de morte pela suposta prática de agressões sexuais e homicídio, negando-se indulto e obrigando o peticionante a aguardar a aplicação da pena em cela sem condições adequadas. O processo teria tramitado sem respeitar o devido processo legal e não havia procedimento que assegurasse de maneira concreta o direito de pedir indulto. A legislação deveria, então, ser alterada neste sentido, suspendendo-se a aplicação da pena de morte.

1.1.2 Genocídio

Artigo 6º, PIDCP
*3. Quando a privação da vida constituir um crime de genocídio, entende-se que nenhuma disposição do presente artigo autorizará qualquer Estado-parte do presente pacto a eximir-se, de modo algum, do cumprimento de quaisquer das obrigações que tenham assumido em virtude das disposições da **Convenção sobre a Prevenção e a Punição do Crime de Genocídio**.*

Nos termos do artigo 6º, 3, do Pacto Internacional de Direitos Civis e Políticos denota-se uma preocupação especial das Nações Unidas quanto ao crime de genocídio, reforçando que as suas disposições não devem servir para eximir o cumprimento de qualquer obrigação assumida em virtude da Convenção sobre a Prevenção e a Punição do Crime de Genocídio.

Referido documento foi assinado em 9 de dezembro de 1948 e ratificado pelo Brasil em 4 de setembro de 1951. Pela própria data do documento percebe-se que o reconhecimento do genocídio como crime pela Organização das Nações Unidas foi um reflexo do reconhecimento das atrocidades do nazismo. Neste sentido, as práticas de eliminação de grupos determinados de pessoas nos campos de concentração são exemplo maior de genocídio e influenciaram no conceito estabelecido no âmbito da proteção internacional dos direitos humanos.

Da Convenção se extrai a irrelevância do tempo ser de paz ou guerra, a punição não só do genocídio – mas de atividades de conluio ou participação –, a indiferença quanto à identidade do autor (particular ou governante), e o dever dos Estados-partes de adotarem medidas de repressão notadamente na esfera criminal.

Considera-se genocídio, nos termos do artigo 2º da Convenção: "a) assassinato de membros do grupo; b) dano grave à integridade física ou mental de membros do grupo; c) submissão intencional do grupo a condições de existência que lhe ocasionem a destruição física total ou parcial; d) medidas destinadas a impedir os nascimentos no seio do grupo; e) transferência forçada de menores do grupo para outro". Por seu turno, prevê o artigo 3º: "Serão punidos os seguintes atos: a) o genocídio; b) o conluio para cometer o genocídio; c) a incitação direta e pública a cometer o genocídio; d) a tentativa de genocídio; e) a cumplicidade no genocídio". As pessoas acusadas de genocídio "serão julgadas pelos tribunais competentes do Estado em cujo território foi o ato cometido ou pela corte penal internacional competente com relação às Partes Contratantes que lhe tiverem reconhecido a jurisdição" (artigo 6º, CPPCG). As práticas de genocídio não podem ser consideradas crimes políticos para fins de extradição (artigo 7º, CPPCG).

Os Estados-partes devem tomar providências para punir o genocídio no âmbito interno, tipificando-o na legislação penal (artigo 5º, CPPCG); podendo ainda solicitar aos órgãos das Nações Unidas que tomem providências de prevenção e punição (artigo 8º, CPPCG). Estabelece-se a Corte Internacional de Justiça como órgão competente para solucionar as controvérsias entre os Estados-partes em relação à Convenção (artigo 9º, CPPCG).

1.1.3 Eutanásia

Em termos de direito internacional, não há um documento específico sobre a eutanásia, ficando a questão mais no âmbito interno. Há países em que ela é permitida por lei, como Holanda, Bélgica e em alguns Estados federados dos Estados Unidos da América.

Numa visão inicial sobre o tema, pode-se afirmar que, a rigor, não há violação dos direitos humanos porque estes países e entes federados apenas adotam uma interpretação mais ampla do direito à vida, incluindo o de dispor dela em situações de intenso sofrimento pessoal. Contudo, a verdade é que a Organização das Nações Unidas hesita em firmar posicionamento no tema.

Um dos casos de maior repercussão foi o do tetraplégico espanhol **Ramón Sampedro**, que por trinta anos desde o acidente que o colocou em tal condição postulou na justiça espanhola o direito de morrer de uma maneira digna. Ramón acusava a Espanha de praticar politicagem, paternalismo intolerante e fanatismo religioso ao impedi-lo de alcançar o direito a uma morte digna. O caso chegou ao Comitê de Direitos Humanos da Organização das Nações Unidas, quando se esperava que seria firmado um entendimento mais coerente da organização quanto à eutanásia. No ano de 1998, ainda no curso da reclamação, Ramón faleceu ("*suicídio assistido*"), sendo esta assumida por sua herdeira. Contudo, a ONU entendeu que não subsistiriam os pressupostos que levaram à admissão da reclamação devido ao suicídio cometido por Ramón, razão pela qual teria chegado ao fim o postulado na reclamação. Sendo assim esta foi extinta sem um posicionamento do órgão sobre a questão[9].

Certa feita, no entanto, o Comitê de Direitos Humanos da Organização das Nações Unidas (ONU) criticou a Holanda por sua controversa legalização da eutanásia, dizendo que a lei poderá levar a "mortes assistidas" insensíveis e triviais.

---

[9] CUADRA, Bonifacio de la. La ONU rechaza la reclamación de eutanasia en el "caso Sampedro". **El país**, 03 de maio de 2004. Disponível em: <http://elpais.com/diario/2004/05/03/sociedad/1083535205_850215.html>. Acesso em: 12. abr. 2015.

O comitê afirmou que não estava convencido de que o sistema holandês detectará e prevenirá casos em que houver pressão para despistar os critérios exigidos. Também se mostrou apreensivo com o fato de que a lei prevê que investigações serão realizadas apenas depois da morte do paciente, com a aceitação de que crianças de doze a dezesseis anos – com aprovação dos pais – podem pedir a eutanásia, e com a possibilidade de eutanásia quanto a recém-nascidos. Sendo assim, a lei deveria ser revista[10]. Noutros casos, o Comitê manifestou preocupação de que a eutanásia se tornasse um hábito para solucionar quaisquer doenças ou para abreviar o período de velhice, notadamente quando a família não tivesse mais recursos para cuidar do idoso[11].

Percebe-se que a Organização das Nações Unidas, por seus órgãos, não chegou a afirmar que a eutanásia seria um direito humano, da mesma maneira como não se posiciona no sentido de que os países que autorizam este tipo de prática cometem violação de direitos humanos, **apenas possuindo receio quanto à transformação da eutanásia numa prática rotineira e com critérios questionáveis**. De outro lado, a ONU tem reconhecido a ortotanásia como direito humano, conforme teor da **Observação Geral nº 36** do Comitê de Direitos Humanos da ONU, item 10, afirmando que os Estados-Partes podem permitir ou não devem impedir profissionais médicos de fornecerem tratamento médico ou recursos a fim de facilitar a conclusão da vida adulta para quem esteja sofrendo de doenças que causem dor severa e sofrimento físico ou mental graves, desejando morrer com dignidade, em especial no caso de pessoas mortalmente feridas ou doentes terminais; cabendo à ordem jurídica salvaguardar que os médicos respeitem a decisão livre, informada, explícita e inequívoca de seus pacientes, a fim de proteger contra pressões e abusos.

Como ficam as questões pertinentes à eutanásia no âmbito brasileiro?

No âmbito brasileiro, são escassas as decisões judiciais admitindo o "direito de morrer" por uma "*morte doce*" ou por uma "*boa morte*", condicionando isso ao elevado grau de sofrimento de quem pede, bem como a impossibilidade de recuperação deste de acordo com o momentâneo grau de desenvolvimento da ciência. Afinal, não custa lembrar, mais uma vez, que tal como o direito de permanecer vivo, o direito à vida também engloba o direito de viver com dignidade, e conviver com o sofrimento físico é um profundo golpe a esta dignidade do agente.

Certamente, o que não se pode admitir é o desejo da **"morte pela morte"**, isto é, pelo simples "cansaço de viver". Depressões, infelicidades, infortúnios e destemperos fazem parte da vida do ser humano, e, nestes casos, buscar a morte equivale ao suicídio, e quem participa deste processo pode responder por auxílio, induzimento

---

[10] UN CONCERN at Dutch euthanasia law. **BBC News**, 28 de julho de 2001. Disponível em: <http://news.bbc.co.uk/2/hi/europe/1461226.stm>. Acesso em: 12 abr. 2015.

[11] YOSHIHARA, Susan. United Nations Considers Euthanasia and New Treaty on Aging. **Lifenews**, 30 de setembro de 2011. Disponível em: <http://www.lifenews.com/2011/09/30/united-nations-considers-euthanasia-and-new-treaty--on-aging/>. Acesso em: 12 abr. 2015.

ou instigação, nos moldes da legislação penal. Os casos de abreviação da vida, isso sim, devem restringir-se às hipóteses de cura improvável, aliadas ao sofrimento imoderado do agente.

Questão que desperta atenção sobre o tema, certamente, é a abreviação da vida por doença incurável *antes que o sofrimento comece*. Cada vez mais corriqueiros são os casos de pessoas que, ante a ausência de um tratamento para a moléstia terminal, optam pela evitação do sofrimento antes mesmo de seu começo. Mais uma vez, chama-se a atenção para um juízo de bom senso e ponderação no que pertine a uma interrupção com maior brevidade da existência física: se o sofrimento fizer parte do tratamento em prol da tentativa de cura (ou seja, nesta hipótese se fala em cura), que este processo seja respeitado; se o sofrimento fizer parte das infelicidades de um agente cujo definhamento se mostra irreversível, que este processo possa ser averiguado com acuidade pela autoridade judicial a fim de que se chegue a uma solução que traga o máximo possível de pacificação às partes envolvidas na questão em jogo, nada obstante concepções religiosas ou filosóficas de terceiros envolvidos na questão.

1.1.4 Direito ao nascimento com vida

Artigo 4º – Direito à vida, CADH
*1. Toda pessoa tem o direito de que se respeite sua vida. Esse direito deve ser protegido pela lei e, em geral, **desde o momento da concepção**. Ninguém pode ser privado da vida arbitrariamente. [...]*

A Convenção Americana dos Direitos Humanos traz, no § 1º do artigo 4º, uma ampliação do direito à vida, estendendo-o à concepção. Assim, o marco do direito à vida no âmbito da OEA é o **direito à concepção**. Nota-se que o Pacto de São José da Costa Rica transfere aos Estados-membros o dever de legislar de modo a proteger o direito à vida. No entanto, quando coloca que legislar em proteção ao momento de concepção deve ocorrer de forma geral, isto é, não necessariamente obrigatória, abre espaço para que os Estados-parte determinem outro momento como o inicial do direito à vida (neste sentido, no âmbito da Organização dos Estados Americanos persistem questionamentos no que tange à legalização do aborto ou à sua proibição nos países americanos).

Menção semelhante não existe no âmbito da Organização das Nações Unidas, que se atém a proteger o direito à vida de forma genérica ou por outros focos, o que não significa que se possa afirmar um direito ao aborto. Contudo, é importante notar que países que permitem a realização do aborto não cometem, a rigor, violação de direitos humanos perante a sociedade internacional. Afinal, os documentos internacionais conferem liberdade aos países para determinarem o marco inicial a partir do qual o direito à vida deve ser assegurado. Alguns países que permitem o aborto são França, Inglaterra, Áustria, China, Japão, Rússia, Canadá e parte dos Estados Unidos da América.

Com alguma regularidade, a Organização das Nações Unidas divulga relatórios sobre a política global de aborto, analisando caso a caso as situações dos Estados--partes. **No geral, percebe-se uma crítica aos países que não autorizam o aborto eugênico, notadamente fundamentado em anencefalia, bem como aos países que não autorizem a prática quando a gravidez decorra de violência sexual.** A Organização parece tender a aceitar uma ampliação do rol de causas que autorizem o aborto, apoiando sua prática em caso de deficiência física ou mental grave do feto. Por outro lado, denota-se uma preocupação com o aumento de abortos fundamentados na preferência pelo sexo masculino, implicando numa queda de nascimento de mulheres. Aparentemente, a Organização tem uma tendência a enxergar o aborto sobre a perspectiva do direito da mulher em detrimento do direito do feto, embora esta tendência não se mostre generalizada a ponto de se poder afirmar que existe um direito ao aborto. **De maneira unânime, por seu turno, a Organização firma o entendimento de que o aborto deve ser visto além da perspectiva criminal, observando-se fatores sociais e culturais, bem como conferindo-se a devida atenção à questão sanitária**[12].

Especificamente, na **Observação Geral nº 36** do Comitê de Direitos Humanos da ONU se manifesta sobre o aborto em seu item 9: "Por mais que os Estados--partes possam tomar medidas para regular o aborto, essas medidas não devem resultar na violação do direito à vida da mulher grávida ou de seus outros direitos decorrentes do Pacto, como a proibição de tratamento ou penas cruéis, desumanas ou degradantes. Portanto, todas as restrições legais que limitam a capacidade das mulheres de ter um aborto não devem, nomeadamente, pôr em perigo a vida ou expô-las a dor ou sofrimento físico ou mental, porque isso significaria uma violação do artigo 7º do Pacto. Os Estados-partes devem facilitar o acesso seguro ao aborto para proteger a vida e a saúde das mulheres grávidas, em situações em que a conclusão da gravidez causaria dor ou sofrimento severo às mulheres, especialmente nos casos em que a gravidez é o produto de estupro ou incesto, ou o feto tem uma séria anomalia. Os Estados-partes não devem regular a gravidez ou o aborto de maneira contrária ao seu dever de garantir que as mulheres não tenham que recorrer a abortos perigosos (por exemplo, nenhuma ação deve ser tomada como penalizar gestações de mulheres solteiras, ou aplicar sanções penais para as mulheres que se submetem a um aborto ou médicos que ajudá-los a fazê-lo, quando se prevê que a adoção destas medidas suponha um aumento significativo em abortos perigosos). Os Estados-partes também não devem impor exigências excessivamente onerosas ou humilhantes para as mulheres que desejam fazer um aborto. A obrigação de proteger a vida das mulheres contra riscos de saúde relacionados a abortos inseguros exige que os Estados-partes garantam a homens e mulheres, particularmente adolescentes, acesso à informação e à educação sobre escolhas reprodutivas e toda uma série de métodos contraceptivos. Os Estados--partes também devem garantir que as mulheres grávidas tenham acesso a serviços de saúde adequados, tanto no período pré-natal como pós-aborto".

---

[12] ORGANIZAÇÃO DAS NAÇÕES UNIDAS – ONU. Divisão Populacional. **World Abortion Policies**. Disponível em: <http://www.un.org/>. Acesso em: 12 abr. 2015.

> As pesquisas com células-tronco embrionárias e o aborto do feto anencefálico, temas trabalhados pela jurisprudência pátria, afrontam o direito ao nascimento com vida?

No âmbito do Brasil, questão que desperta especial atenção diz respeito às pesquisas com células-tronco embrionárias. Com efeito, ao apreciar, via ADI nº 3.510/DF[13], o art. 5º, da Lei nº 11.105/2005 – popularmente conhecida por "Lei de Biossegurança" –, o Supremo Tribunal Federal permitiu tais pesquisas, nada obstante o posicionamento da Procuradoria Geral da República, ajuizadora de tal ação direta de inconstitucionalidade, de que isso violaria o direito à vida, tendo em vista começar esta com a fecundação. O STF, com efeito, entendeu que a vida começaria com a formação do cérebro, e não com a fecundação, de modo que a pesquisa com células-tronco seria, pois, perfeitamente possível.

Ademais, outra questão que desperta especial atenção remonta aos casos de anencefalia. O Supremo Tribunal Federal decidiu, via decisão prolatada na Arguição por Descumprimento de Preceito Fundamental nº 54/DF[14], ajuizada pela Confederação Nacional dos Trabalhadores da Saúde, pela possibilidade de extirpação do feto anencefálico do ventre materno, sem que isso configure o crime de aborto previsto no Código Penal.

Isto posto, em entendendo que o feto anencefálico tem vida, agora são três as hipóteses de aborto: em caso de estupro, em caso de risco à vida da gestante, e em caso de feto anencefálico. Por outro lado, em entendendo que o feto anencefálico não tem vida, não haverá crime de aborto por se tratar de crime impossível, afinal, para que haja o delito é necessário que o feto esteja vivo. De toda maneira, qualquer que seja o entendimento adotado, agora é possível tal hipótese, independentemente de autorização judicial.

Com relação ao aborto do feto microcéfalo (notadamente por conta dos recentes estudos que o associam, ainda sem qualquer caráter de definitividade acadêmica e/ou científica, à síndrome ao "*zika vírus*"), começam a pulular posicionamentos doutrinários em um e outro sentido, de forma que, seguindo a tendência brasileira de judicialização de todo tipo de questão mais sensível, tem-se que inevitavelmente o Supremo Tribunal Federal será chamado a se pronunciar sobre a questão (prática recorrente nos últimos tempos). Em parecer preliminar, manifesta-se contrariamente a esta possibilidade, graças ao caráter indicativo de eugenia pura e simples na prática, para muito além de um problema de saúde pública. Não se trará aqui, contudo, maiores aprofundamentos, tendo em vista que mesmo as ciências médicas não definiram um posicionamento tranquilo sobre a temática.

---

[13] Supremo Tribunal Federal, Pleno. **ADI nº 3.510/DF**. Rel.: Min. Ayres Britto. DJ. 29/05/2008.
[14] Supremo Tribunal Federal, Pleno. **ADPF nº 54/DF**. Rel.: Min. Marco Aurélio. DJ. 12/04/2012.

1.1.5 Integridade física, psíquica e moral e vedação à experimentação humana

> **Artigo V, DUDH**
>
> Ninguém será submetido à tortura, nem a **tratamento ou castigo cruel, desumano ou degradante**.
>
> **Artigo 7º, PIDCP**
>
> Ninguém poderá ser submetido à tortura, nem a penas ou **tratamentos cruéis**, desumanos ou degradantes. Será proibido, sobretudo, submeter uma pessoa, sem seu livre consentimento, a **experiências** médicas ou científicas.
>
> **Artigo XXVI – Direito a processo regular, DADH**
>
> Toda pessoa acusada de um delito tem o direito [...] de que se lhe **não inflijam penas cruéis, infamantes ou inusitadas**.
>
> **Artigo 5º – Direito à integridade pessoal, CADH**
>
> 1. Toda pessoa tem direito a que se respeite sua **integridade física, psíquica e moral**.

Na Declaração Universal dos Direitos Humanos, o artigo V, ao vedar tratamentos cruéis, desumanos e degradantes, visa preservar a integridade física, psíquica e moral, sem a qual não há vida digna.

Além destas vedações, no artigo 7º do Pacto Internacional de Direitos Civis e Políticos também se veda a submissão de uma pessoa, sem seu livre consentimento, a experiências médicas ou científicas, as quais também seriam um desrespeito à integridade do ser humano. Neste ponto, evidencia-se a convergência entre a vedação da tortura e a proteção da integridade física, psíquica e moral mediante proibição da experimentação humana.

Experiências médicas e científicas são permitidas e, acima de tudo, são necessárias ao desenvolvimento da ciência, mas não é possível colocar o ser humano numa situação de experimento sem o seu devido consentimento, o que equivaleria a aceitar a **coisificação da pessoa humana**.

Por sua vez, o artigo 5º da Convenção Americana sobre os Direitos Humanos traz o direito à integridade pessoal, mencionando que toda pessoa tem direito a que se respeite sua integridade física, psíquica e moral, aprofundando nos parágrafos seguintes a vedação da tortura e de tratamentos semelhantes, bem como prevendo direitos em caso de privação da liberdade, que serão estudados a parte.

Nota-se, assim, que a integridade humana é protegida numa tríplice esfera: *física*, envolvendo aspectos exteriores ao corpo e detectáveis objetivamente; *psíquica*, no que tange a questões sobre o raciocínio e a lógica que repousam no cérebro humano; e *moral*, conceito amplo que abrange inclusive questões espirituais e sentimentais.

1.1.6 Vedação à tortura

> **Artigo V, DUDH**
>
> **Ninguém será submetido à tortura**, nem a tratamento ou castigo cruel, desumano ou degradante.
>
> **Artigo 7º, PIDCP**
>
> **Ninguém poderá ser submetido à tortura**, nem a penas ou tratamentos cruéis, desumanos ou degradantes. Será proibido, sobretudo, submeter uma pessoa, sem seu livre consentimento, a experiências médicas ou científicas.
>
> **Artigo 5º – Direito à integridade pessoal, CADH**
>
> 2. Ninguém deve ser submetido a **torturas**, nem a penas ou tratos cruéis, desumanos ou degradantes. Toda pessoa privada de liberdade deve ser tratada com o respeito devido à **dignidade** inerente ao ser humano.

O artigo V da Declaração Universal prevê que ninguém será submetido à tortura, nem a qualquer espécie de tratamento ou castigo cruel, desumano ou degradante, previsão repetida no artigo 7º do Pacto Internacional de Direitos Civis e Políticos e no artigo 5º da Convenção Americana sobre os Direitos Humanos. Vale lembrar que a tortura é o clássico exemplo de tratamento cruel.

Há uma preocupação especial da comunidade internacional de vedar tais práticas. Neste sentido, na esfera das Nações Unidas, tem-se a Declaração sobre a Proteção de Todas as Pessoas contra a Tortura e Outras Penas ou Tratamentos Cruéis, Desumanos ou Degradantes, adotada pela Assembleia Geral em 9 de dezembro de 1975, e a Convenção contra a Tortura e Outras Penas ou Tratamentos Cruéis, Desumanos ou Degradantes, adotada pela Assembleia Geral em 10 de dezembro de 1984 e ratificada pelo Brasil em 28 de setembro de 1989 (vide, também, Decreto de promulgação nº 40/1991).

> Nos termos da Declaração da ONU sobre a Proteção de Todas as Pessoas contra a Tortura e Outras Penas ou Tratamentos Cruéis, Desumanos ou Degradantes que gera a vedação à tortura, há situações nas quais a tortura pode ser aceita?

Nesta Declaração, o artigo 1º traz um conceito de tortura: "1. Sob os efeitos da presente declaração, será entendido por tortura todo **ato** pelo qual um **funcionário público**, ou outra **pessoa a seu poder**, inflija **intencionalmente** a uma pessoa **penas ou sofrimentos graves**, sendo eles **físicos ou mentais**, com o **fim** de obter dela ou de um terceiro **informação** ou uma **confissão**, de **castigá-la** por um ato que tenha cometido ou seja suspeita de que tenha cometido, ou de **intimidar** a essa pessoa ou a outras. [...]". No documento o conceito de tortura pode ser assim subdividido: a) ação, não omissão; b) praticada por funcionário público ou alguém sob sua autoridade; c) com dolo (intenção); d) contra uma pessoa; e) consistente em penas ou sofrimentos graves, físicos ou mentais; f) visando – obtenção de informação ou confissão, castigo ou intimidação.

Pelo mesmo dispositivo, a **pena privativa de liberdade que seja aplicada em obediência à lei**, ou seja, sem arbitrariedade, em respeito aos direitos humanos consagrados nas Regras Mínimas para o Tratamento dos Reclusos, **não é tortura**. O que constitui tortura é "[...] uma forma agravada e deliberada de tratamento ou de pena cruel, desumana ou degradante".

Merece evidência, ainda, o artigo 3º da Declaração: "Nenhum Estado poderá tolerar **a tortura ou tratos ou penas cruéis, desumanos ou degradantes. Não poderão ser invocadas circunstâncias excepcionais** tais como estado de guerra ou ameaça de guerra, instabilidade política interna ou qualquer outra emergência pública como justificativa da tortura ou outros tratamentos ou penas cruéis, desumanos ou degradantes". A tortura é uma ofensa tamanha à dignidade da pessoa humana que em nenhuma hipótese pode ser praticada, suspendendo ou excetuando as garantias que a envolvem.

Os outros artigos da Declaração tratam dos deveres estatais de criminalização e punição da tortura, bem como de conscientização em treinamento de seus agentes a respeito de sua vedação e de reparação dos danos causados, encerrando com a invalidação de qualquer declaração ou confissão proferida nestas condições.

> *Quanto à normativa específica de vedação à tortura, em que pontos a Convenção da ONU contra a Tortura e Outras Penas ou Tratamentos Cruéis, Desumanos ou Degradantes amplia a proteção da Declaração da ONU?*

Em geral, a Convenção mencionada apenas amplia as questões protetivas tratadas na Declaração[15], merecendo destaque o seu artigo 1º, que, diferente do primeiro artigo da Declaração, traz uma fórmula genérica para a finalidade da tortura consistente em **qualquer motivo baseado em discriminação de qualquer natureza**. Ademais, exclui as sanções legítimas e lembra que se a lei nacional ou internacional trouxer conceito mais amplo este prevalecerá.

Não obstante, o artigo 5º da Convenção traz interessantes aspectos sobre o exercício da jurisdição, tornando-o o mais amplo possível visando à efetividade da punição dos crimes de tortura, normas que não excluem, mas devem se conciliar, com as de direito interno: "1. Cada Estado-parte tomará as medidas necessárias para **estabelecer sua jurisdição sobre os crimes** previstos no artigo 4º, nos seguintes casos: a) quando os crimes tenham sido cometidos **em qualquer território sob sua**

---

[15] Mas, afinal, qual a diferença entre uma declaração e uma convenção? A Declaração tem natureza de resolução e traz uma recomendação aos Estados de respeito universal aos direitos e liberdades fundamentais da pessoa humana, mas não apresenta instrumentos ou órgãos próprios para torná-la efetiva. Não obstante, o caráter coativo da Declaração, tornando-a obrigatória, é menor que o da Convenção, notadamente porque a primeira tem uma finalidade genérica e informativa, enquanto que a segunda é mais específica e geralmente traz instrumentos de proteção, merecendo por isso a manifestação individual de cada Estado-parte, tornando-se signatário.

jurisdição ou a bordo de navio ou aeronave registrada no Estado em questão; b) quando o suposto autor for **nacional do Estado** em questão: c) quando a **vítima for nacional** do Estado em questão e este o considerar **apropriado**; 2. Cada Estado--parte tomará também as medidas necessárias para estabelecer sua jurisdição sobre tais crimes, nos casos em que o **suposto autor se encontre em qualquer território sob sua jurisdição e o Estado não o extradite**, de acordo com o artigo 8º, para qualquer dos Estados mencionados no parágrafo 1º do presente artigo. 3. Esta Convenção **não exclui** qualquer **jurisdição criminal** exercida de acordo com o **direito interno**". Não extraditando o suspeito, o Estado deverá apurar o fato com o mesmo rigor como apuraria qualquer crime com tal gravidade, não significando que não deva dar tratamento justo e compatível com as garantias constitucionais ao suspeito em questão (artigo 7º, Convenção ONU Tortura).

"Considerando que a tortura é um crime que viola o Direito Internacional, a Convenção estabelece a jurisdição compulsória e universal para os indivíduos suspeitos de sua prática (artigos 5º a 8º). Compulsória porque obriga os Estados-partes a punir os torturadores, independentemente do território onde a violação tenha ocorrido e da nacionalidade do violador e da vítima. Universal porque o Estado-parte onde se encontre o suspeito deverá processá-lo ou extraditá-lo para outro Estado-parte que solicite e tenha o direito de fazê-lo, independentemente de acordo prévio bilateral sobre extradição"[16].

No entanto, a principal contribuição da Convenção em estudo é a criação de um **Comitê contra a Tortura no âmbito das Nações Unidas**, disciplinados dos artigos 17 a 24, o qual será estudado junto dos demais sistemas internacionais de proteção.

Nada impede, no entanto, a atuação de outros órgãos na temática, a exemplo do Comitê de Direitos Humanos, que manifestou-se sobre a tortura em sua **Observação Geral nº 7**, sobre o artigo 7º do Pacto Internacional de Direitos Civis e Políticos que veda a tortura: "O Comitê observa que não é suficiente para aplicar o dispositivo proibir as penas ou tratos cruéis ou considerá-los um delito. A maioria dos Estados têm disposições penais que são aplicáveis aos casos de tortura e análogos. Considerando que, apesar disso, tais práticas podem ocorrer, a interpretação conjunta dos artigos 7º e 2º do Pacto permite extrair que os Estados devem garantir uma proteção eficaz mediante mecanismo de controle. As denúncias de maus-tratos devem ser investigadas de maneira eficaz pelas autoridades competentes. Àqueles que se declararem culpados deve ser imputada a responsabilidade correspondente, e as presumidas vítimas devem ter à sua disposição recursos eficazes, inclusive o direito de obter reparação. Entre as salvaguardas que podem outorgar a eficácia aos métodos de controle cabe citar as disposições contra a detenção sem comunicação; o estabelecimento a certas pessoas, como médicos, advogados e familiares, da possibilidade de comunicar-se com o detido sem prejuízo da investigação; disposições que exijam que se mantenha os detidos em lugares publicamente reconhecidos e que se registrem seus nomes e lugares de detenção num registro central à disposição das pessoas interessadas, como familiares; disposições que considerem inadmissíveis

---

[16] PIOVESAN, Flávia. **Direitos humanos e o direito constitucional internacional**... Op. Cit., 2008, p. 204-205.

ante os Tribunais confissões e outras provas obtidas sob tortura e outros tratamentos afins; e medidas de formação e instrução destinadas aos funcionários encarregados pela aplicação da lei, com foco que não incidam em tais tratamentos".

Destaca-se, ainda, o **Protocolo Facultativo** à Convenção contra a Tortura e Outros Tratamentos ou Penas Cruéis, Desumanos ou Degradantes, adotado em 18 de dezembro de 2002, promulgado no Brasil pelo Decreto nº 6.085, de 19 de abril de 2007. Referido protocolo visa "estabelecer um sistema de visitas regulares efetuadas por órgãos nacionais e internacionais independentes a lugares onde pessoas são privadas de sua liberdade, com a intenção de prevenir a tortura e outros tratamentos ou penas cruéis, desumanos ou degradantes" (artigo 1º). Prevê a criação de um Subcomitê de Prevenção (artigo 2º, artigos 5º a 16) e o estabelecimento de órgãos domésticos para exercerem a tarefa de forma complementar (artigo 3º, artigos 17 a 23).

O **Subcomitê de Prevenção** deve ser guiado pelos princípios da confidencialidade, imparcialidade, não seletividade, universalidade e objetividade, tendo sempre em vista as normas de direitos humanos da ONU (artigo 2º). Originalmente, constituiu-se por 10 membros, passando a 25 após a formalização de 50 ratificações (o que ocorreu em setembro de 2009), os quais devem ser escolhidos, respeitados os critérios de distribuição geográfica equitativa, de equilíbrio de gênero e de não participação de mais de um membro do mesmo Estado, entre pessoas de elevado caráter moral, de comprovada experiência profissional no campo da administração da justiça, em particular o direito penal e a administração penitenciária ou policial, ou nos vários campos relevantes para o tratamento de pessoas privadas de liberdade (artigo 5º). Os Estados-partes indicam e elegem os componentes (artigos 6º e 7º), que terão mandato de 4 anos, aceita uma reeleição (artigo 9º).

Quanto à sua competência, destaca-se o teor do artigo 11: "O Subcomitê de Prevenção deverá: a) Visitar os lugares referidos no Artigo 4 e fazer recomendações para os Estados-Partes a respeito da proteção de pessoas privadas de liberdade contra a tortura e outros tratamentos ou penas cruéis, desumanos ou degradantes; b) No que concerne aos mecanismos preventivos nacionais: (i) Aconselhar e assistir os Estados-Partes, quando necessário, no estabelecimento desses mecanismos; (ii) Manter diretamente, e se necessário de forma confidencial, contatos com os mecanismos preventivos nacionais e oferecer treinamento e assistência técnica com vistas a fortalecer sua capacidade; (iii) Aconselhar e assisti-los na avaliação de suas necessidades e no que for preciso para fortalecer a proteção das pessoas privadas de liberdade contra a tortura e outros tratamentos ou penas cruéis, desumanos ou degradantes; (iv) Fazer recomendações e observações aos Estados-Partes com vistas a fortalecer a capacidade e o mandato dos mecanismos preventivos nacionais para a prevenção da tortura e outros tratamentos ou penas cruéis, desumanos ou degradantes; c) Cooperar para a prevenção da tortura em geral com os órgãos e mecanismos relevantes das Nações Unidas, bem como com organizações ou organismos internacionais, regionais ou nacionais que trabalhem para fortalecer a proteção de todas as pessoas contra a tortura e outros tratamentos ou penas cruéis, desumanos ou degradantes".

Quanto aos **mecanismos preventivos nacionais**, nos termos do artigo 17, "cada Estado-Parte deverá manter, designar ou estabelecer, dentro de um ano da entrada em vigor do presente Protocolo ou de sua ratificação ou adesão, um ou mais mecanismos preventivos nacionais independentes para a prevenção da tortura em nível doméstico. Mecanismos estabelecidos através de unidades descentralizadas poderão ser designados como mecanismos preventivos nacionais para os fins do presente Protocolo se estiverem em conformidade com suas disposições". No Brasil, o papel é desempenhado pelo **Mecanismo Nacional de Prevenção e Combate à Tortura**, que faz parte do Sistema Nacional de Prevenção e Combate à Tortura, ambos regulados pela Lei nº 12.847/2013.

O Protocolo Facultativo aqui em estudo frisa que estes mecanismos nacionais devem possuir independência funcional, ser compostos por peritos que tenham as habilidades e o conhecimento profissional necessário e terem atribuído o caráter de instituição nacional de promoção e proteção de direitos humanos (artigo 18). Além disso, devem possuir, ao menos, competência para: "a) examinar regularmente o tratamento de pessoas privadas de sua liberdade, em centro de detenção conforme a definição do artigo 4º, com vistas a fortalecer, se necessário, sua proteção contra a tortura e outros tratamentos ou penas cruéis, desumanos ou degradantes; b) fazer recomendações às autoridades relevantes com o objetivo de melhorar o tratamento e as condições das pessoas privadas de liberdade e o de prevenir a tortura e outros tratamentos ou penas cruéis, desumanos ou degradantes, levando-se em consideração as normas relevantes das Nações Unidas; c) submeter propostas e observações a respeito da legislação existente ou em projeto" (artigo 19). Com efeito, o artigo 20 assegura que estes mecanismos recebam o aparato para bem desempenharem suas funções, inclusive no que toca ao acesso à informação, e o artigo 21 garante o direito ao sigilo das denúncias e comunicações apresentadas.

> *Em que se diferencia o tratamento da tortura do âmbito internacional para o âmbito interamericano pela Convenção Interamericana para Prevenir e Punir a Tortura?*

No âmbito interamericano, destaca-se a **Convenção Interamericana para Prevenir e Punir a Tortura** adotada pela Assembleia Geral da Organização dos Estados Americanos em 9 de dezembro de 1985 e ratificada pelo Brasil em 20 de julho de 1989 (vide, também, Decreto de promulgação nº 98.386, de nove de dezembro de 1989).

O seu artigo 2º conceitua tortura de uma maneira um pouco diferente dos documentos anteriormente estudados: "Para os efeitos desta Convenção, entender-se-á por tortura todo ato pelo qual são infligidos intencionalmente a uma pessoa penas ou sofrimentos físicos ou mentais, com fins de investigação criminal, como meio de intimidação, como castigo pessoal, como medida preventiva, como pena ou qualquer outro fim. Entender-se-á também como tortura a aplicação, sobre uma pessoa, de métodos tendentes a anular a personalidade da vítima, ou a diminuir sua capacidade física ou mental, embora não causem dor física ou angústia psíquica. Não estarão compreendidas no conceito de tortura as penas ou sofrimentos físicos ou mentais que sejam unicamente consequência de medidas legais ou inerentes a elas, contanto que não incluam a realização dos atos ou a aplicação dos métodos a que se refere este artigo".

O artigo 3º da Convenção traz como responsáveis pela prática de tortura não só os funcionários públicos que ajam por ação ou omissão, mas também os que ordenem, instiguem ou induzam sua prática, ou mesmo funcionem como cúmplices. No artigo 4º se frisa a impossibilidade de exclusão da responsabilidade por obediência a ordens de superiores. Já o artigo 5º traz a impossibilidade de se praticar tortura mesmo em circunstâncias excepcionais. Os artigos 6º, 7º, 8º e 9º reforçam o compromisso de punição, prevenção, conscientização, imparcialidade, penalização e reparação por parte dos Estados-partes. Não obstante, o artigo 10 exclui a possibilidade de aproveitamento de declarações obtidas sob tortura. Dos artigos 11 a 15 são tratadas questões sobre extradição, jurisdição[17] e asilo. Em destaque, o artigo 17 traz o papel fiscalizatório da Comissão Interamericana de Direitos Humanos.

O Centro para a Justiça e o Direito Internacional (CEJIL)[18] elaborou documento consistente num guia de jurisprudência para a compreensão da tortura tanto no âmbito internacional quanto nos regionais, do qual se destaca a conclusão: "a jurisprudência analisada neste guia nos dá motivos para ser otimistas. Desde a adoção de Declaração Universal dos Direitos Humanos a proibição da tortura nele prevista adquiriu força de lei a nível regional e internacional e foi reconhecida pelo direito internacional consuetudinário. Cada vez são mais os Estados que aderem aos tratados que proíbem a tortura e reconhecem a jurisdição dos mecanismos de controle previstos nestes tratados, o que permite a acusação judicial dos indivíduos responsáveis por violações massivas perante tribunais internacionais. Contudo, os mecanismos de aplicação a nível regional e internacional seguem sendo relativamente deficientes, quando não inexistentes, motivo pelo qual é necessário adotar medidas não contempladas na lei a fim de respaldar e consolidar o progresso. O crescente número de fontes legais da proibição da tortura demonstra a aspiração cada vez maior dos órgãos regionais e internacionais de fortalecerem-se mutuamente através de sua jurisprudência. A colaboração mútua contribuiu para a construção de um corpo de direito internacional rico, detalhado e, fundamentalmente, cada vez mais coerente. A comparação entre distintos pontos temáticos deste guia demonstra que a proibição universal finalmente está alcançando estandartes universais. [...] A tendência geral em cada sistema posto em consideração está orientada à proteção crescente do indivíduo, sem excluir a necessidade de vigilância, a fim de garantir a consolidação destas conquistas. Assim como os tribunais e os órgãos internacionais podem ampliar o alcance da aplicação da proibição mediante interpretação de instrumentos geralmente amplos, também podem restringir seu alcance. Há pouco tempo era um tabu absoluto questionar a proibição absoluta da tortura; agora se

---

[17] Permanece a noção de ampla jurisdição, evitando que delitos desta natureza fiquem impuníveis: "Todo Estado--parte tomará as medidas necessárias para estabelecer sua jurisdição sobre o delito descrito nesta Convenção, nos seguintes casos: a) quando a tortura houver sido cometida no âmbito de sua jurisdição; b) quando o suspeito for nacional do Estado-parte de que se trate; c) quando a vítima for nacional do Estado-parte de que se trate e este o considerar apropriado. Todo Estado-parte tomará também as medidas necessárias para estabelecer sua jurisdição sobre o delito descrito nesta Convenção, quando o suspeito se encontrar no âmbito de sua jurisdição e o Estado não o extraditar, de conformidade com o artigo 11. Esta Convenção não exclui a jurisdição penal exercida de conformidade com o direito interno".

[18] Center for Justice and International Law – CEJIL. **La tortura en el derecho internacional**: Guía de jurisprudencia. [s.n.], 2008. Disponível em: <http://www.apt.ch/content/files_res/JurisprudenceGuideSpanish.pdf>. Acesso em: 12 abr. 2015.

debate e se discute sobre os meios e a política adequada sobre o tema, com novos argumentos criativos que pretendem evitar desviar-se dos estandartes internacionais de direitos humanos reconhecidos. A proibição legal absoluta da tortura, tal como a proibição da escravidão e do genocídio, permanece firmemente arraigada a nível internacional. Neste contexto, resta vital garantir que todos os aspectos da proibição se encontrem integralmente refletidos a nível nacional. O progresso na realização dos direitos humanos é lento, mas o regresso pode ser rápido".

> Qual a normativa brasileira que merece maior destaque quanto à vedação da tortura?

No âmbito do Brasil, destaca-se a Lei nº 12.847, de 02 de agosto de 2013, que dentre outras coisas institui o Sistema Nacional de Prevenção e Combate à Tortura, e em cujo art. 3º considera:

a) **Tortura:** os tipos penais previstos na Lei nº 9.455 ("Lei de Tortura"), de 7 de abril de 1997, respeitada a definição constante do artigo 1º da Convenção Contra a Tortura e Outros Tratamentos ou Penas Cruéis, Desumanos ou Degradantes, promulgada pelo Decreto nº 40, de 15 de fevereiro de 1991;

b) **Pessoas privadas de liberdade:** aquelas obrigadas, por mandado ou ordem de autoridade judicial, ou administrativa ou policial, a permanecerem em determinados locais públicos ou privados, dos quais não possam sair de modo independente de sua vontade, abrangendo locais de internação de longa permanência, centros de detenção, estabelecimentos penais, hospitais psiquiátricos, casas de custódia, instituições socioeducativas para adolescentes em conflito com a lei e centros de detenção disciplinar em âmbito militar, bem como nas instalações mantidas pelos órgãos elencados no art. 61 da Lei nº 7.210, de 11 de julho de 1984.

A Corte Interamericana de Direitos Humanos julgou:

- No **caso Pollo Rivera e outros vs. Peru**, julgado em 21 de outubro de 2016, condenou-se o Estado por detenção ilegal de um médico acusado de terrorismo e traição, submetendo-o a tortura e a outros tratamentos cruéis, desumanos e degradantes, seguindo-se com uma condenação em processo sumário perante o foro militar e outra perante a justiça comum. Consta que foram negados todos os pedidos de indulto humanitário feitos pelo senhor Pollo Rivera, que veio a falecer num hospital ainda sob tutela de seus detentores.

- No **caso Omar Humberto Maldonado Vargas e outros vs. Chile**, em 2015, condenou-se o Estado chileno por não ter fornecido recursos efetivos para invalidar processo judicial no qual provas foram obtidas através de tortura, determinando-se a criação de instrumentos para tanto, a investigação dos fatos e a reparação pecuniária.

- No **caso García Lucero e outros vs. Chile**, em agosto de 2013, a Corte condenou o Estado chileno por práticas de tortura e detenção ilegal contra o senhor García Lucero durante o regime ditatorial, mais precisamente em setembro de 1973. Condenou-se à investigação dos fatos, sem prejuízo do pagamento de indenização.

- No **caso Gutiérrez Soler vs. Colômbia**, em setembro de 2005, condenou-se o Estado por atos de tortura cometidos contra a vítima por um policial (confissão forçada, lesões diversas), nada se apurando sobre os responsáveis pelo fato.
- No **caso Maritza Urrutia vs. Guatemala**, em novembro de 2003, condenou-se o Estado pela tortura (física e psicológica) e pela detenção arbitrária da vítima, que participava do Exército Guerrilheiro para os Pobres, por membros do exército, não se investigando e punindo os responsáveis.
- O **caso Loayza Tamayo vs. Peru**, em novembro de 1998, traz uma das diversas condenações do Estado peruano por tratos cruéis, desumanos e degradantes de detidos submetidos a julgamento por traição da pátria nos tempos da ditadura militar.

1.1.7 Subsistência com dignidade

Artigo XXV, DUDH

1. Toda pessoa tem direito a um padrão de vida capaz de assegurar a si e a sua família ***saúde e bem estar****, inclusive* ***alimentação, vestuário, habitação, cuidados médicos e os serviços sociais indispensáveis****, [...]*

Artigo 11, PIDESC

1. Os Estados Partes do presente Pacto reconhecem o direito de toda pessoa a nível de vida adequado para si próprio e sua família, inclusive à ***alimentação, vestimenta e moradia adequadas****, assim como a uma melhoria contínua de suas* ***condições de vida****. Os Estados Partes tomarão medidas apropriadas para assegurar a consecução desse direito, reconhecendo, nesse sentido, a importância essencial da cooperação internacional fundada no livre consentimento. [...]*

Artigo XI – Direito à preservação da saúde e ao bem-estar, DADH

Toda pessoa tem direito a que sua saúde seja resguardada por ***medidas sanitárias e sociais*** *relativas à* ***alimentação, roupas, habitação e cuidados médicos*** *correspondentes ao nível permitido pelos recursos públicos e os da coletividade.*

Nos termos do artigo XXV, DUDH, o direito à vida vai além da mera sobrevivência, abrangendo a vida com saúde e bem estar, bem como alimentação, vestuário, habitação, cuidados médicos e serviços sociais, o que é acompanhado pelo artigo XI da DADH. No mesmo sentido, a primeira parte do artigo 11 do Pacto Internacional de Direitos Econômicos, Sociais e Culturais, discriminando o direito à alimentação, vestimenta e moradia adequadas, assim como a uma melhoria contínua de condições de vida.

A subsistência com dignidade enquanto faceta do direito à vida aparece interligada à realização da segunda dimensão de direitos humanos, quais sejam os direitos tipicamente sociais. Afinal, sem o esforço estatal em promover progressivamente a igualdade material entre os seus cidadãos, fica difícil promover a subsistência digna a todos eles, pois muitos não possuem condições de o fazerem sem um tratamento diferenciado. Como não há efetiva garantia do direito à subsistência com dignidade se ele só pode ser conseguido pelos mais privilegiados numa escala social, **tem-se** que o direito à vida não está associado apenas à primeira dimensão de direitos humanos, mas também a segunda e, que dirá, à terceira, pois sem fraternidade é impossível gerenciar um planeta a longo prazo em condições de manter a vida de seus habitantes.

> Qual a importância da dignidade humana como princípio fundamental (art. 1º, III, CF), no âmbito interno?

No âmbito interno a dignidade humana é o elemento mais forte que a Constituição Federal consagra a um ser humano, apesar de independer desta consagração constitucional para que o ser humano tenha o direito à existência digna.

Consiste a dignidade numa série de fatores que, necessariamente, devem ser observados para que o homem tenha condições de sobrevivência. Não é à toa que a dignidade da pessoa humana tem "*status*" de sobreprincípio constitucional (ou "valor supremo", como preferem alguns), isto é, está acima até mesmo dos princípios.

Como se não bastasse, em que pese o extremo respeito pelo posicionamento que pende pelo caráter absoluto da dignidade humana, aquele que entende ser o sobreprincípio relativizável é o que merece prosperar. *Primeiro*, porque a simples possibilidade de confronto entre as dignidades dos sujeitos "X" e "Y", por si só, já as relativiza. *Segundo*, porque o conceito de dignidade humana apresentou variações ao longo dos tempos, não sendo possível identificar uma dignidade homogênea: entre morrer queimado como herege e suportar a fome e a falta de saneamento básico dos nichos de obscurantismo social há muitas outras formas de se estabelecer o que é "indigno", e, por consequência, o que é "digno". *Terceiro*, porque se relaciona a importância crescente da dignidade à compreensão normativa da Constituição, cujo primado fundamental é defender a ausência de uma norma constitucional que "fale mais alto" que as outras. É dizer: ao consagrar a dignidade humana no bojo de uma Constituição, se lhe atribui os valores de segurança jurídica e humanização aos que se submetem à Lei Fundamental, mas, por outro lado, se lhe retira qualquer privilégio quando do encontro de diferentes normas constitucionais.

A importância da dignidade como "princípio fundamental" (ou como sobreprincípio), pois, reside **na maneira como ela se acopla às outras regras, princípios e valores integrantes de todo o ordenamento jurídico**, e na **forma como se deve acoplar os argumentos regrativos, principiológicos e valorativos para "superá-la" num caso concreto**. Logo, a força da dignidade não está na sua positivação (afinal, a força de todas as normas é a mesma, isto é, sem qualquer hierarquia), **mas no modo como se a usa para interpretar o direito**. Daí sua importância ímpar: funcionar como denominador comum de toda espécie normativa.

1.2 Direito à liberdade

> *Artigo I, DUDH*
> Todas as pessoas nascem **livres** e iguais em dignidade e direitos. São dotadas de razão e consciência e devem agir em relação umas às outras com espírito de fraternidade.

> *Artigo III, DUDH*
> Toda pessoa tem direito à vida, à **liberdade** e à segurança pessoal.
>
> *Artigo I – Direito à vida, à liberdade, à segurança e integridade da pessoa, DADH*
> Todo ser humano tem direito à vida, à **liberdade** e à segurança de sua pessoa.
>
> *Artigo 7º – Direito à liberdade pessoal, CADH*
> 1. Toda pessoa tem direito à **liberdade** e à segurança pessoais. [...]

A liberdade é o **direito primário** que permite o exercício da autonomia individual e, por consequência, o desenvolvimento da própria individualidade e personalidade. Trata-se da primeira categoria de direitos que foi reclamada no âmbito internacional, assim como a primeira a ser reconhecida.

O **direito à liberdade é verdadeiro consectário do direito à vida**, já que esta depende da liberdade para o desenvolvimento intelectual e moral do ser humano. *Liberdade* pode ser vista como a **faculdade** de escolher um rumo para a sua vida, sendo um valor inerente à dignidade humana, pois decorre da inteligência e da vontade, duas características exclusivas do ser humano, dotado de razão. Não obstante, a liberdade possui dois sentidos: pela liberdade *negativa* a pessoa tem liberdade se não interferirem nas suas atividades, ou seja, se não for coagida; ao passo que pela liberdade *positiva* não há verdadeira liberdade se não é possível viver a própria vida como se queira. Logo, a liberdade negativa gera pessoas excluídas, que ficam na pobreza, enquanto a liberdade positiva fica imobilizada quando pessoas não possuem condição para alimentação, vestuário e habitação. Assim, a verdadeira liberdade só surge quando protegidos também os direitos de segunda dimensão, que serão estudados à parte[19].

Silva[20] explica que "o homem se torna cada vez mais livre na medida em que amplia seu domínio sobre a natureza", ou seja, com a evolução da sociedade, a tendência é que o círculo que delimita a esfera da liberdade se amplie. À medida que suas necessidades evoluem, o homem quer ser cada vez mais livre para buscá-las e exercê-las. Obviamente, o direito à liberdade encontra limites éticos e jurídicos, em especial quando se fala na possibilidade de atingir esfera de direitos de terceiros ou da coletividade. A liberdade exercida sem limites nem ao menos é liberdade, mas sim libertinagem, a qual não deve ser protegida pelo ordenamento e nem é condição para o desenvolvimento das individualidades na vida social.

A liberdade primária é a liberdade de pensamento, da qual decorrem as liberdades de expressão, informação, religião, de trabalho e de ir e vir. Afinal, nenhuma das liberdades que podem ser percebidas de forma exteriorizadas seriam possíveis se antes não pudessem ter sido pensadas e decididas.

---

[19] BARRETO, Ana Carolina Rossi; IBRAHIM, Fábio Zambitte... Op. Cit., p. 18-19.
[20] SILVA, José Afonso da. **Curso de direito constitucional positivo**... Op. Cit., p. 231.

1.2.1 Liberdade de pensamento

> **Artigo XVIII, DUDH**
>
> Toda pessoa tem direito à **liberdade de pensamento, consciência** e religião [...].
>
> **Artigo XIX, DUDH**
>
> Toda pessoa tem direito à **liberdade de opinião** e expressão; este direito inclui a liberdade de, **sem interferência, ter opiniões** e de procurar, receber e transmitir informações e ideias por quaisquer meios e independentemente de fronteiras.
>
> **Artigo 18, PIDCP**
>
> 1. Toda pessoa terá direito à liberdade de **pensamento**, de consciência e de religião. [...]
>
> **Artigo 19, PIDCP**
>
> 1. Ninguém poderá ser **molestado por suas opiniões**.
>
> **Artigo IV – Direito de liberdade de investigação, opinião, expressão e difusão, DADH**
>
> Toda pessoa tem direito à **liberdade** de investigação, de **opinião** e de expressão e difusão do pensamento, por qualquer meio.
>
> **Artigo 12, CADH – Liberdade de consciência e de religião**
>
> 1. Toda pessoa tem direito à **liberdade de consciência** e de religião. [...]
>
> **Artigo 13, CADH – Liberdade de pensamento e de expressão**
>
> 1. Toda pessoa tem o direito à **liberdade de pensamento** e de expressão [...].

> Por que a liberdade de pensamento é corolário das demais dimensões da liberdade?

A liberdade de pensamento, qual seja, a liberdade de adotar determinado direcionamento intelectual ou não, formando suas opiniões e tomando suas decisões, é a liberdade primária de todas as demais liberdades. Por isso mesmo, sua menção nos documentos internacionais aparece associada a estas outras espécies de liberdades.

Silva[21] aponta que a liberdade de pensamento, que também pode ser chamada de liberdade de opinião, é considerada pela doutrina como a liberdade primária, eis que é ponto de partida de todas as outras, e deve ser entendida como a liberdade da pessoa adotar determinada atitude intelectual ou não, de tomar a opinião pública que crê verdadeira.

O artigo XVIII da Declaração Universal de 1948 prevê que toda pessoa tem direito à liberdade de pensamento, associando-a à liberdade de consciência e de religião, prosseguindo ao explicitar o que estas duas últimas abrangem. Já o artigo XIX do mesmo diploma dispõe que toda pessoa tem direito à liberdade de opinião associada à liberdade de expressão, delimitando que tal direito inclui ter opiniões –

---

[21] Ibid., p. 241.

o que se relaciona puramente à liberdade de pensamento –, e de manifestá-las e buscá-las – o que corresponde respectivamente à liberdade de expressão e à liberdade de informação.

O que ocorre no artigo XVIII da Declaração Universal dos Direitos Humanos se repete no artigo 18 do Pacto Internacional de Direitos Civis e Políticos, sendo que o artigo 19 do Pacto traz a impossibilidade de violar as opiniões alheias, aprofundando-se no direito à liberdade de expressão.

No âmbito interamericano, o artigo 12 da Convenção Americana sobre Direitos Humanos trata da liberdade de consciência, logo, de pensamento, associada à liberdade religiosa; ao passo que o artigo 13 traz a liberdade de pensamento coligada à liberdade de expressão. Previsão mais abrangente que inclui a liberdade de opinião é feita no artigo IV da Declaração Americana.

O importante é ter em mente que se uma pessoa não está apta a pensar e a adotar posturas intelectuais, torna-se impossível a ela exercer liberdades conexas. Quer dizer, só se pode dizer o que se pensa ao se comunicar (liberdade de expressão); só se pode buscar uma informação quando se tem uma noção do que se pretende conhecer (liberdade de informação); só se pode professar uma crença ao adotá-la intelectualmente (liberdade de religião); só se pode associar ou reunir em defesa de uma causa ao crer nela em sua mente (liberdade de associação e de reunião); só se pode escolher um ofício e exercê-lo livremente ao se conhecer as habilidades para seu bom desempenho (liberdade de trabalho); só se pode decidir para onde ir ao ter noções de espaço e localização (liberdade de locomoção). Enquanto ser racional, o homem é uma entidade pensante, em constante exercício de sua liberdade de pensamento e de consciência.

No ordenamento jurídico brasileiro, conforme o art. 5º, IV, da Constituição pátria, é livre a manifestação do pensamento, sendo vedado o anonimato. Por outro lado, o inciso subsequente a este assegura o direito de resposta, proporcional ao agravo, além da indenização por dano material, moral ou à imagem.

Vê-se, pois, que a Constituição protege a "manifestação" do pensamento, isto é, sua exteriorização, já que o "pensamento em si" já é livre por sua própria natureza de atributo inerente ao homem.

Ademais, a vedação ao anonimato existe justamente para permitir a responsabilização quando houver uma manifestação abusiva do pensamento. Neste sentido, o Supremo Tribunal Federal já decidiu de modo um tanto pacificado que escritos anônimos (a popularmente conhecida "denúncia anônima") não podem ser utilizados para, **por si só**, dar origem a procedimento investigatório, sob argumento de que em um Estado Democrático de Direito que assegure o contraditório e a ampla defesa (ainda que estes sejam mitigados no inquérito policial) não se pode permitir que uma investigação comece por meros documentos apócrifos, sem que haja qualquer verossimilhança ou possibilidade de concretude em potencial da alegação efetuada[22]. Se elas vieram acompanhadas de lastro probatório mínimo e outros fatores indiciários,

---

[22] Supremo Tribunal Federal, 1ª T. **Inq nº 3.487 AgR/GO**. Rel.: Min. Dias Toffoli. DJ. 07/04/2015.

entretanto, podem sevir de base válida à investigação e à persecução criminal[23] (em outros termos, para o Guardião da Constituição, a denúncia anônima pode ensejar a verificação, pela autoridade policial, do contido na denúncia, para que, em verificando sua plausibilidade, aí sim se instaure o inquérito policial para o desenrolar regular das investigações[24]).

1.2.2 Liberdade de expressão

Artigo XIX, DUDH

Toda pessoa tem direito à liberdade de opinião e **expressão**; este direito inclui a liberdade de, **sem interferência, ter opiniões** e de procurar, receber e **transmitir informações e ideias por quaisquer meios e independentemente de fronteiras**.

Artigo 19, PIDCP

2. Toda pessoa terá direito à **liberdade de expressão**; esse direito incluirá a liberdade de **procurar, receber e difundir informações e ideias** de qualquer natureza, independentemente de considerações de fronteiras, verbalmente ou por escrito, em forma impressa ou artística, ou qualquer outro meio de sua escolha.

3. O exercício do direito previsto no § 2º do presente artigo implicará **deveres e responsabilidades** especiais.

Consequentemente, poderá estar sujeito a certas **restrições**, que devem, entretanto, ser expressamente previstas em lei e que se façam necessárias para:

a) assegurar o respeito dos direitos e da reputação das demais pessoas;

b) proteger a segurança nacional, a ordem, a saúde ou a moral pública.

Artigo IV – Direito de liberdade de investigação, opinião, expressão e difusão, DADH

Toda pessoa tem direito à **liberdade** de investigação, **de opinião e de expressão e difusão do pensamento**, por qualquer meio.

Artigo 13 – Liberdade de pensamento e de expressão, CADH

1. Toda pessoa tem o direito à liberdade de pensamento e de **expressão**. Esse direito inclui a liberdade de procurar, receber e difundir informações e ideias de qualquer natureza, sem considerações de fronteiras, verbalmente ou por escrito, ou em forma impressa ou artística, ou por qualquer meio de sua escolha.

2. O exercício do direito previsto no inciso precedente não pode estar sujeito à **censura prévia**, mas a **responsabilidades ulteriores**, que devem ser expressamente previstas em lei e que se façam necessárias para assegurar:

a) o respeito dos **direitos e da reputação** das demais pessoas;

b) a proteção da **segurança nacional**, da **ordem pública**, ou da **saúde** ou da **moral públicas**.

---

[23] Supremo Tribunal Federal, 1ª T. **HC nº 106.152/MS**. Rel.: Min. Rosa Weber. DJ. 29/03/2016.
[24] Supremo Tribunal Federal, 2ª T. **HC nº 106.664/SP**. Rel.: Min. Celso de Mello. DJ. 27/08/2013. Também: Superior Tribunal de Justiça, 5ª T. HC nº 227.307/MT. Rel.: Min. Marilza Maynard (convoc.). DJ. 16/05/2013.

> *3. Não se pode restringir o direito de expressão por **vias e meios indiretos**, tais como o abuso de controles oficiais ou particulares de papel de imprensa, de frequências radioelétricas ou de equipamentos e aparelhos usados na difusão de informação, nem por quaisquer outros meios destinados a obstar a comunicação e a circulação de ideias e opiniões.*
>
> *4. A lei pode submeter os **espetáculos públicos a censura prévia**, com o objetivo exclusivo de regular o acesso a eles, para proteção moral da infância e da adolescência, sem prejuízo do disposto no inciso 2.*
>
> *5. A lei deve proibir toda **propaganda a favor da guerra**, bem como toda apologia ao ódio nacional, racial ou religioso que constitua **incitamento** à discriminação, à hostilidade, ao crime ou à violência.*

A liberdade de expressão encontra previsão no artigo XIX da Declaração Universal dos Direitos Humanos, associada à liberdade de opinião ou pensamento, surgindo como a liberdade de ter opiniões e de transmiti-las por qualquer meio independentemente de fronteiras e sem interferências. O artigo 19 do Pacto Internacional dos Direitos Civis e Políticos repete em suas duas primeiras partes este conteúdo e acrescenta a impossibilidade de molestar alguém por suas opiniões, que a opinião manifestada pode ter qualquer natureza, que a manifestação pode se dar de forma verbal ou escrita e impressa ou artística. No mesmo sentido, a primeira parte do artigo 13 da Convenção Americana sobre Direitos Humanos e o artigo IV da Declaração Americana na parte final.

Com efeito, liberdade de expressão é a liberdade de transmitir, sem interferência, suas opiniões, seja qual for a natureza delas, por quaisquer meios (verbal, escrito, impresso, artístico) e independentemente de fronteiras.

Por sua vez, conforme Silva[25], a liberdade de expressão pode ser vista sob diversos enfoques, como o da liberdade de comunicação, ou liberdade de informação, que consiste em um conjunto de direitos, formas, processos e veículos que viabilizam a coordenação livre da criação, expressão e difusão da informação e do pensamento. Contudo, a manifestação do pensamento não pode ocorrer de forma ilimitada.

Isto porque, os documentos internacionais tratam também da limitação ao direito de liberdade de expressão. Na terceira parte do artigo 19 do Pacto Internacional de Direitos Civis e Políticos tem-se que o exercício do direito em estudo implicará deveres e responsabilidades especiais. **Por isso, poderá estar sujeito a certas restrições, que devem, entretanto, ser expressamente previstas em lei e se mostrarem necessárias para assegurar o respeito dos direitos e da reputação das demais pessoas ou proteger a segurança nacional, a ordem, a saúde ou a moral pública.**

Já o artigo 13 da Convenção Americana sobre Direitos Humanos não só reforça o conteúdo acima, como o aprofunda. Primeiro, ao vedar a censura prévia, que seria o impedimento da manifestação da liberdade de pensamento, embora não se impeça a responsabilização posterior caso o conteúdo divulgado ofenda algum dos limites de interesse público ou interesse de terceiro, em como se aceite a censura prévia no

---

[25] SILVA, José Afonso da. **Curso de direito constitucional positivo**... Op. Cit., p. 243.

caso de espetáculos públicos com fins de preservação do interesse social. Depois, ao vedar o controle indireto, notadamente pela manipulação de meios de comunicação.

O direito à liberdade de expressão precisa ser limitado porque o pensamento de um pode atingir a esfera de direitos de outrem, ofendendo-o em sua honra e imagem, ou caracterizando invasão de sua vida privada ou intimidade. Com efeito, as principais **limitações** à liberdade de expressão estabelecidas no plano interamericano são:

a) Proteção de direitos de terceiros ou do interesse público coletivo, embora proibida a censura prévia, em regra;

b) Aceitação de controle, mas não na forma indireta, monopolizando a divulgação de informação;

c) Aceitação da censura prévia apenas quanto a espetáculos públicos, visando proteger crianças e adolescentes;

d) Proibição de apologias ao crime e à guerra.

Ainda, consta da **Observação Geral nº 10, terceira parte**, do Comitê de Direitos Humanos, sobre os relatórios anuais dos Estados-partes: "Muitos Estados se limitam a mencionar que a liberdade de expressão está garantida pela Constituição ou pelas leis. Contudo, a fim de conhecer o regime específico da liberdade de expressão na legislação e na prática o Comitê precisa de informação adequada sobre as normas que definem o âmbito da liberdade de expressão assim como outras condições que na prática afetam o exercício deste direito. É o equilíbrio entre o princípio da liberdade de expressão e essas limitações e restrições que determinam o âmbito real do direito da pessoa". A **Observação Geral nº 34** também aborda a liberdade de expressão, conferindo destaque à importância da imprensa como essencial ao exercício da liberdade de expressão e de comunicação, bem como ressaltando a necessidade de que a lei fixe limites adequados ao exercício deste direito.

> Qual o papel das relatorias para a liberdade de expressão?

No campo da liberdade de expressão assumem relevância as **relatorias especiais** feitas tanto pela Organização das Nações Unidas quanto pela Organização dos Estados Americanos, ressaltando as principais preocupações no que tange ao exercício deste direito.

A Organização das Nações Unidas concentra seus relatórios em áreas temáticas. Sendo assim, em 2014 abordou o direito da criança à liberdade de expressão e o direito à liberdade de expressão em contextos eleitorais. Em 2013, falou-se sobre o direito de acesso à informação e analisou-se o contexto de vigilância dos meios de comunicação por parte dos Estados, buscando-se o estabelecimento de uma legislação favorável à proteção de dados sem prejuízo do acesso à informação, sendo devido o sigilo apenas em situações excepcionais necessárias à segurança do Estado. No ano de 2012, manifestou-se a preocupação com o discurso do ódio e a proteção dos jornalistas no exercício de suas funções. Em 2011, o foco foi a proteção da liberdade de expressão na *Internet* sem prejuízo dos demais direitos humanos consagrados. Assim por diante, desde o ano de 1994, são elaboradas as relatorias anuais da ONU sobre a liberdade de opinião e de expressão, manifestando as preocupações paulatinas no contexto fático quanto ao exercício destes direitos[26].

No âmbito interamericano, a Comissão Interamericana de Direitos Humanos criou as relatorias para a liberdade de expressão para promover a conscientização pelo pleno respeito do direito à liberdade de expressão e informação no hemisfério, em consideração ao papel fundamental que este direito tem no fortalecimento e no desenvolvimento do sistema democrático e na denúncia de violações e proteção dos demais direitos humanos. Nos informes anuais, é feita a análise da liberdade de expressão no hemisfério, o estabelecimento de desafios e metas, a questão da impunidade daqueles que praticam crimes contra jornalistas, a abordagem da regulação dos órgãos de acesso à informação, aspectos financeiros e orçamentários. Entre as principais atividades desenvolvidas, destacam-se: sistema de casos individuais, assessorando a Corte Interamericana no recebimento e processamento de petições, medidas cautelares; audiências públicas; seminários; informes anuais; pronunciamentos e declarações especiais. Especificamente quanto ao Brasil, a última relatoria elogiou a preocupação brasileira em punir crimes praticados contra jornalistas e em conferir especial proteção a eles, bem como a elaboração do marco civil para a *internet*, mas ainda há que se avançar muito na matéria[27].

> *Ato contínuo ao estudo jurisprudencial interamericano, como se protege a liberdade de expressão no âmbito brasileiro?*

No Brasil trata-se a liberdade de expressão de direito amplíssimo. Conforme o nono inciso, do art. 5º, da Lei Fundamental, é livre a expressão da atividade intelectual, artística, científica e de comunicação, independentemente de censura ou licença.

Isto é, "a manifestação do pensamento é livre e garantida em nível constitucional, não aludindo a censura prévia em diversões e espetáculos públicos. Os abusos porventura ocorridos no exercício indevido da manifestação do pensamento são passíveis de exame e apreciação pelo Poder Judiciário com a consequente responsabilidade civil e penal de seus autores, decorrentes inclusive de publicações injuriosas na imprensa, que deve exercer vigilância e controle da matéria que divulga"[28].

Tal dispositivo é a consagração do direito à manifestação do pensamento, ao estabelecer meios que deem efetividade a tal direito, afinal, o rol exemplificativo de meios de expressão previstos no mencionado inciso trata das *atividades intelectuais*, melhor compreendidas como o direito à elaboração de raciocínios independentes

---

[26] ORGANIZAÇÃO DAS NAÇÕES UNIDAS – ONU. **Freedom of Opinion and Expression**: Annual reports. Disponível em: <http://www.ohchr.org/EN/Issues/FreedomOpinion/Pages/Annual.aspx>. Acesso em: 13 abr. 2015.

[27] OEA – Organização dos Estados Americanos. Comissão Interamericana de Direitos Humanos. Relatoria para a liberdade de expressão. **Informe anual de la Comisión interamericana de derechos humanos de 2013**. Disponível em: <http://www.oas.org/pt/cidh/>. Acesso em: 13 abr. 2015.

[28] BONAVIDES, Paulo... Op. Cit., p. 39.

de modelos preexistentes, impostos ou negativamente dogmatizados; das *atividades artísticas*, que representam o incentivo à cena cultural, sem que músicas, livros, obras de arte e espetáculos teatrais, por exemplo, sejam objeto de censura prévia, como houve no passado recente do país; das *atividades científicas*, aqui entendidas como o direito à pesquisa e ao desenvolvimento tecnológico; e da *comunicação*, termo abrangente, se considerada a imprensa, a televisão, o rádio, a telefonia, a *internet*, a transferência de dados etc.

A Corte Interamericana de Direitos Humanos julgou:

- Na **Opinião Consultiva nº 5/85**, a Corte Interamericana definiu que a censura prévia é vedada, salvo a classificação de espetáculos públicos. Contudo, apesar deste pressuposto, o abuso da liberdade de expressão pode ser repreendido, aplicando-se a responsabilização ulterior, mas jamais o controle preventivo. Ainda, a Corte entende que a exigência de obrigatória formação no curso superior específico para os jornalistas atenta contra a liberdade de expressão.

- No **caso Carvajal Carvajal e outros vs. Colômbia**, julgado em 13 de março de 2018, condenou-se o Estado pela morte do jornalista Nelson Carvajal Carvajal e pelas falhas em garantir a este o exercício de sua liberdade de expressão, tal como por violar os direitos à integridade pessoal, à proteção da família e à liberdade de circulação devido às ameaças feitas aos seus familiares, que os levaram inclusive a sair de seu local de residência. Os fatos se passaram em 1998, ano em que a Colômbia foi considerada o local mais mortal para a imprensa no mundo, devido ao contexto sistemático de execução de jornalistas, em especial daqueles que ousavam falar contra o narcotráfico, e de ausência de investigações sobre tais mortes, tanto que por mais de 20 anos ainda permanecia impune a morte do jornalista Nelson Carvajal Carvajal. A Corte destacou que, no caso de jornalistas, o direito à vida está estritamente relacionado ao direito à liberdade de expressão.

- No **caso Granier e outros (Radio Caracas Televisión) vs. Venezuela**, em junho de 2015, a Corte condenou o Estado venezuelano pelo fechamento da emissora televisiva por efetuar críticas ao governo de Chávez, entendendo haver violação ao direito à liberdade de expressão. Condenou-se o Estado ao restabelecimento da concessão, a realização de processo público e regular de atribuição de frequência, assegurar maneiras de se garantir a atribuição de concessões de forma transparente e independente, bem como pagar indenizações.

- No **caso "La Última Tentación de Cristo" (Olmedo Bustos y otros) vs. Chile**, com sentença de 5 de fevereiro de 2001, condenou-se o Estado chileno por ter censurado previamente a exibição do filme "La Última Tentación de Cristo", decisão do Conselho de Qualificação Cinematográfica ratificada pelo Judiciário, sendo que mesmo depois da Constituição do país ter sido alterada para proibir a censura prévia nenhuma providência foi tomada para autorizar a exibição do filme. Entendeu-se que houve ofensa à liberdade de pensamento e expressão, bem como à liberdade de crença e religião.

- No **caso Ivcher Bronstein vs. Perú**, com sentença de 6 de fevereiro de 2001, o peticionário era um cidadão peruano por naturalização que era acionista majoritário de um canal de televisão. Tal canal transmitia críticas contundentes ao governo peruano, o que levou o governo a revogar a cidadania peruana do peticionário e lhe tolheu o controle acionário do canal. Condenou-se o Estado por ocasionar a perda do controle de um canal televisivo devido ao cancelamento da naturalização da vítima apenas com o propósito de retirá-la do controle da emissora. Reconheceu-se a violação aos direitos de propriedade, liberdade de expressão e nacionalidade. A Corte entendeu que houve violação ao direito de liberdade de expressão, obrigando a restauração dos direitos da vítima.

- No **caso Herrera Ulloa vs. Costa Rica**, com sentença de 2 de julho de 2004, a temática se refere a um jornalista que havia publicado periódicos sobre supostas atuações ilícitas de um agente diplomático da Costa Rica. O Estado condenou o jornalista por quatro acusações de difamação. A Corte entendeu que a condenação foi desproporcional, contrária ao direito de liberdade de expressão, e requereu a anulação dos procedimentos penais.

- No **caso Ricardo Canese vs. Paraguay**, com sentença de 31 de agosto de 2004, durante a campanha presidencial de 1993 no Paraguai, o candidato Ricardo Canese fez declarações à mídia contra o candidato Juan Carlos Wasmosy, a quem acusou de estar envolvido em irregularidades na construção de uma usina hidroelétrica. Canese foi processado e sentenciado a dois meses de prisão além de outras restrições aos seus direitos fundamentais. A Corte considerou desproporcional a condenação e afirmou que era contrária à liberdade de expressão, reforçando a importância do direito nas campanhas eleitorais.

- No **caso Palamara Iribarne vs. Chile**, com sentença de 22 de novembro de 2005, Palamara, ex-oficial militar chileno, escreveu um livro crítico à Armada nacional de seu país. O livro deu origem a um processo penal militar por desobediência e quebra dos deveres militares que levou o Estado a tirar de circulação todas as cópias físicas e eletrônicas existentes. A Corte Interamericana ordenou uma alteração legislativa que assegure a liberdade de expressão no Chile, assim como a publicação do livro, a restituição das obras retidas e o pagamento de indenização.

- No **caso Claude Reyes y otros vs. Chile**, com sentença de 19 de setembro de 2006, a temática se refere à negativa do Estado de oferecer aos peticionantes certa informação que requereram ao Comitê de Investimentos Estrangeiros relacionada à empresa florestal Trillium e ao projeto Rio Cóndor. Pela sentença, a Corte reconheceu que o direito de acesso à informação é um direito humano protegido pelo artigo 13 da Convenção Americana.

- No **caso Kimel vs. Argentina**, com sentença de 2 de maio de 2008, o jornalista Eduardo Kimel foi condenado por ter criticado em um livro a atuação de um juiz penal encarregado de investigar um massacre. O juiz iniciou um processo penal em defesa de sua honra. A Corte entendeu que a sanção ao jornalista era desproporcional e que violava o direito à liberdade de expressão da vítima. Nesta decisão, ordenou ao Estado que reparasse o dano causado à vítima e reformasse a legislação penal sobre a proteção da honra e da reputação por entender que ela violava os princípios penais da tipicidade e da estrita legalidade.

- No **caso Tristán Donoso vs. Panamá**, com sentença de 27 de janeiro de 2009, a temática se refere à proporcionalidade das sanções impostas a um advogado condenado pelos crimes de difamação e injúria por ter afirmado numa conferência de imprensa que um funcionário do Estado havia interceptado suas ligações telefônicas privadas e as colocado a conhecimento de terceiros. A Corte Interamericana concluiu que o Estado violou o direito à liberdade de expressão do advogado e que a condenação criminal foi desnecessária.

- No **caso Ríos y otros vs. Venezuela**, com sentença de 28 de janeiro de 2009, a temática se refere a distintos atos públicos e privados que limitaram os trabalhos jornalísticos dos trabalhadores, diretores e demais pessoas relacionadas com o canal de televisão RCTV, assim como alguns discursos de agentes estatais contra o meio. A Corte considerou que tais discursos foram incompatíveis com a liberdade de buscar, receber e difundir informação. A Corte considerou comprovada a responsabilidade do Estado, mas reiterou sua doutrina sobre as restrições indiretas da liberdade de expressão. Finalmente, a Corte ordenou ao Estado conduzir de forma eficaz as investigações e processos penais por atos de violência contra os jornalistas, assim como a adoção de medidas necessárias para evitar as restrições indevidas e que servem de obstáculo direto ou indireto ao exercício da liberdade de buscar, receber e difundir informação.

- No **caso Perozo y otros vs. Venezuela**, com sentença de 28 de janeiro de 2009, abordou-se os obstáculos colocados no exercício da liberdade de expressão pelas pessoas vinculadas ao canal Globovisión. Condenou-se o Estado por atos e omissões consistentes em declarações de funcionários públicos, atos de hostilidade, agressões físicas e verbais, e obstacularização ao trabalho dos jornalistas cometidos por agentes estatais e particulares em prejuízo de 44 pessoas vinculadas à emissora Globovisión. A Corte considerou que os pronunciamentos de altos funcionários públicos e a omissão das autoridades estatais em sua obrigação de atuar com a devida diligência nas investigações por atos de violência contra os jornalistas constituíram faltas às obrigações estatais de prevenir e investigar tais atos. A Corte considerou provada a responsabilidade do Estado pelos fatos alegados, mas reiterou sua doutrina sobre restrições indiretas da liberdade de expressão. Finalmente, a Corte ordenou ao Estado conduzir de forma eficaz as investigações e processos penais por atos de violência contra os jornalistas, assim como a adoção de medidas necessárias para evitar restrições indevidas e criar obstáculos diretos ou indiretos ao exercício da liberdade de buscar, receber e difundir informação.

- No **caso Usón Ramírez vs. Venezuela**, com sentença de 20 de novembro de 2009, o militar aposentado Usón foi condenado pelo delito de injúria contra a Força Armada Nacional por ter emitido opiniões críticas num programa televisivo sobre a atuação de tal instituição no caso de um grupo de soldados que havia sido gravemente ferido numa instalação militar. A Corte entendeu que a norma penal aplicada para sancionar a vítima não cumpria as exigências do princípio da legalidade por ser ambígua e entendeu que a aplicação do direito penal no caso não era idônea, necessária e proporcional. A Corte ordenou, entre outras medidas, o cancelamento dos efeitos do processo e a modificação do tipo penal previsto em lei.

- No **caso Manuel Cepeda Vargas vs. Colombia**, com sentença de 26 de maio de 2010, a temática se refere à execução do Senador Manuel Cepeda Vargas, líder da Direção Nacional do Partido Comunista Colombiano e proeminente figura do partido político União Patriota. A Corte considerou que em caso como estes é possível restringir ilegitimamente a liberdade de expressão por condições de fato que coloquem quem a exerça numa situação de risco. Como o assassinato foi motivado no legítimo direito de liberdade de associação, aliado à liberdade de expressão da vítima, deveria o Estado ser responsabilizado. A Corte ressaltou que vozes de oposição são imprescindíveis numa sociedade democrática e indicou que a participação efetiva de pessoas, grupos e organizações, bem como partidos políticos de oposição, em uma sociedade democrática deve ser garantida pelos Estados mediante leis e práticas adequadas que possibilitem o acesso real e efetivo aos diferentes espaços deliberativos em termos igualitários, considerando-se ainda a situação de vulnerabilidade dos que pertencem a grupos não dominantes. Neste sentido, a Corte responsabilizou o Estado por não tomar medidas adequadas que evitassem que a vítima fosse morta por ter exercido direitos políticos e civis legítimos.

- No **caso Fontevecchia y D'Amico vs. Argentina**, com sentença de 29 de novembro de 2011, Fontevecchia e D'Amico eram diretores de revista condenados civilmente por tribunais argentinos devido às informações divulgadas a respeito de um filho não reconhecido de Carlos Saúl Menem, então Presidente da República, com uma Deputada, bem como sobre a relação do Presidente com esta Deputada e com o seu filho. A Corte Suprema de Justiça da Argentina considerou violado o direito à vida privada devido àquelas publicações. A Corte Interamericana, por sua vez, considerou que a informação publicada era de interesse público e estava em domínio público. Por isso, não houve ingerência arbitrária no direito à vida privada do então Presidente. Logo, a sanção aplicada às vítimas foi considerada desnecessária e incompatível com o sistema democrático e, notadamente, com o artigo 13 da Convenção Americana sobre Direitos Humanos.

- No **caso Vélez Restrepo y Familiares vs. Colombia**, com sentença de 3 de setembro de 2012, o assunto se refere ao ataque perpetrado contra o jornalista Luis Gonzalo 'Richard' Vélez Restrepo por parte de soldados do Exército Nacional colombiano enquanto filmava uma manifestação na qual os soldados de tal instituição golpearam vários manifestantes. Se refere, ainda, às ameaças e hostilidades que sofreram o jornalista e a sua família, incluindo uma suposta intenção de privação arbitrária contra o jornalista, tendo este tomado providências judiciais contra seus agressores. A Corte considerou o Estado colombiano responsável pela integridade pessoal e pela liberdade de expressão do jornalista, afirmando ainda que o Estado deveria ter protegido a vítima adequadamente das ameaças recebidas e investigado de forma eficaz os ataques e hostilidades praticados contra ela. A Corte afirmou que o exercício do jornalismo só pode ser efetuado de maneira livre quando as pessoas que o exercem não são vítimas de ameaças ou agressões de qualquer natureza, cabendo aos Estados tomar medidas para conferir a devida proteção neste contexto. Entre outras medidas, ordenou-se ao Estado incorporar em seus programas de educação em direitos humanos das Forças Armadas um módulo específico sobre a proteção do direito à liberdade de pensamento e expressão e da importância do trabalho dos jornalistas e comunicadores sociais.

- No **caso Uzcátegui y Otros vs. Venezuela**, com sentença de 3 de setembro de 2012, a Corte condenou o Estado venezuelano por sua responsabilidade na violação, entre outros, do direito à vida de Néstor José Uzcátegui; dos direitos à liberdade e à integridade pessoal do defensor de direitos humanos Luis Enrique Uzcátegui e de Carlos Eduardo Uzcátegui; e do direito à liberdade de expressão de Luis Enrique Uzcátegui. Néstor foi assassinado e seu irmão Luis não somente denunciou os fatos como também afirmou, por distintos meios de comunicação, que em sua opinião o então Comandante Geral das Forças Armadas Policiais do Estado era responsável pelos vários homicídios que teriam sido realizados por seu grupo de extermínio. Após tais denúncias, Luis foi intimidado e hostilizado, bem como foi acusado criminalmente por difamação por parte de tal Comandante. A Corte entendeu que as acusações feitas por Luis deveriam ser entendidas como parte de um debate público mais amplo sobre as forças da seguridade estatal nos casos de graves violações de direitos humanos. Neste sentido, a acusação criminal feita contra Luis acabava por caracterizar limitação indevida de sua liberdade de expressão. No caso, a Corte considerou que o Estado não demonstrou ter tomado ações suficientes e efetivas para prevenir os atos de ameaças e hostilidades contra Luis, indo contra seus direitos de liberdade de pensamento e expressão.

- No **caso Carpio Nicolle e outros vs. Guatemala**, em novembro de 2004, condenou-se o Estado por intimidação e assassinato do jornalista do El Gráfico por parte de militares, em represália às suas opiniões jornalísticas críticas.

- No **caso Blake vs. Guatemala**, em janeiro de 1999, condenou-se o Estado pela detenção arbitrária, desaparecimento forçado e morte dos cidadãos norte-americanos Nicholas Blake, periodista, e Griffith Davis, fotógrafo, o que nunca foi devidamente investigado e punido pelo governo local.

1.2.3 Liberdade de informação

Artigo XIX, DUDH

*Toda pessoa tem direito à liberdade de opinião e expressão; este direito inclui a liberdade de, **sem interferência**, ter opiniões e **de procurar, receber** e transmitir **informações e ideias por quaisquer meios e independentemente de fronteiras**.*

Artigo 19, PIDCP

*2. Toda pessoa terá direito à liberdade de expressão; esse direito incluirá a liberdade de **procurar, receber** e difundir **informações e ideias** de qualquer natureza, independentemente de considerações de fronteiras, verbalmente ou por escrito, em forma impressa ou artística, ou qualquer outro meio de sua escolha.*

> 3. O exercício do direito previsto no § 2º do presente artigo implicará **deveres e responsabilidades** especiais. Consequentemente, poderá estar sujeito a certas **restrições**, que devem, entretanto, ser expressamente previstas em lei e que se façam necessárias para:
>
> a) assegurar o respeito dos direitos e da reputação das demais pessoas;
>
> b) proteger a segurança nacional, a ordem, a saúde ou a moral pública.
>
> **Artigo IV – Direito de liberdade de investigação, opinião, expressão e difusão, DADH**
>
> Toda pessoa tem direito à **liberdade de investigação**, de opinião e de expressão e difusão do pensamento, por qualquer meio.
>
> **Artigo 13 – Liberdade de pensamento e de expressão, CADH**
>
> 1. Toda pessoa tem o direito à liberdade de pensamento e de expressão. Esse direito inclui a liberdade de **procurar, receber** e difundir **informações** e ideias de qualquer natureza, sem considerações de fronteiras, verbalmente ou por escrito, ou em forma impressa ou artística, ou por qualquer meio de sua escolha.
>
> 2. O exercício do direito previsto no inciso precedente não pode estar sujeito à **censura prévia**, mas a **responsabilidades ulteriores**, que devem ser expressamente previstas em lei e que se façam necessárias para assegurar:
>
> a) o respeito dos direitos e da reputação das demais pessoas;
>
> b) a proteção da segurança nacional, da ordem pública, ou da saúde ou da moral públicas. [...]

A liberdade de informação também encontra previsão no artigo XIX da Declaração Universal dos Direitos Humanos, no sentido de liberdade de procurar e receber informações e ideias por quaisquer meios, independente de fronteiras, sem interferência. O artigo 19 do Pacto Internacional dos Direitos Civis e Políticos também tem este conteúdo, trazendo ainda que tal direito gera responsabilidades especiais, notadamente os direitos de terceiros e o interesse público. O artigo 13 da Convenção Americana sobre Direitos Humanos segue a mesma diretriz, assim como o artigo IV da Declaração Americana na primeira parte (utilizando a nomenclatura liberdade de investigação).

Nota-se que o tratamento da liberdade de informação se dá nos mesmos dispositivos que abordam a liberdade de expressão, o que ocorre porque, enquanto a liberdade de informação tem um caráter passivo, a liberdade de expressão tem uma característica ativa, de forma que juntas formam os aspectos ativo e passivo da exteriorização da liberdade de pensamento: não basta poder manifestar o seu próprio pensamento, é preciso que ele seja ouvido e, para tanto, há necessidade de se garantir o acesso ao pensamento manifestado para a sociedade.

Evidente que muitas pessoas fazem da manifestação de seu pensamento não uma mera atividade de lazer ou crescimento pessoal, mas seu próprio ofício. No caso, empenham relevante esforço em criar uma manifestação que possa ser reconhecida pelo público como notável, seja uma pesquisa científica, seja uma produção literária ou artística. Por isso, a principal limitação da liberdade de informação consiste na garantia de direitos de propriedade intelectual aos legítimos detentores desta informação. Com a era da informatização, cada vez mais tem se feito uma releitura das limitações ao exercício da liberdade de informação em relação aos direitos de propriedade intelectual, notadamente os de cunho patrimonial.

> Dentro da liberdade de informação, o que é o direito ao esquecimento?

No ordenamento brasileiro, como decorrência do direito constitucional à informação, há se discutir acerca do chamado "*direito ao esquecimento*", tese que já encontra guarida no direito estrangeiro (notadamente o norte-americano e o alemão) e no direito internacional dos direitos humanos, e que somente agora começa a fincar raízes no ordenamento pátrio[29] (muito embora já fosse difundida pela doutrina).

O Superior Tribunal de Justiça, no julgamento dos Recursos Especiais nº 1.334.097/RJ[30] e nº 1.335.153/RJ[31], entendeu que em alguns casos o direito/dever de informar deve ser superado pelo direito ao esquecimento, isto é, o direito que o indivíduo envolvido em um suposto caso delicado em seu passado tem de que a opinião pública deixe de lembrar de sua ação ou omissão em razão do natural efeito produzido na memória das pessoas pelo decurso do tempo. Nos dois julgamentos paradigmáticos, envolveu-se no polo passivo da demanda importante emissora de televisão do país, em cujo programa se realizava a reconstituição de crimes históricos: em um dos casos, se discutiu a "chacina da Candelária", enquanto em outro de discutiu o assassinato de uma mulher no longínquo ano de 1958.

Contra a exibição de tais programas, postulou-se ação indenizatória por danos materiais e morais arguindo-se a desnecessidade daquela emissora de televisão relembrar fatos que estariam "enterrados" no passado (1993, no caso da chacina, e 1958, na hipótese do homicídio).

Nas primeiras instâncias, saíram os requerentes derrotados em suas pretensões, em face da alegação de que a reconstituição dos crimes históricos nada mais seria que manifestação do direito à informação.

Todavia, nos julgados *supra*mencionados, o Superior Tribunal de Justiça entendeu que, em algumas hipóteses, a melhor maneira de tentar cicatrizar feridas abertas e históricas é pelo decurso do tempo, de modo que seja na figura dos agentes violadores, seja das demais pessoas envolvidas nos acontecimentos, **deve-se valorizar a importância que o tempo é capaz de produzir no inconsciente popular.** Ademais, o STJ lembra, também, que a *internet* não tem um "*botão de delete*", e demonstra preocupação com o poder das mídias sociais na atualidade, o que impediria o passado de exercer seu natural papel de apagar marcas cujos agentes envolvidos gostariam que assim se desse.

---

[29] Corroborando esta tendência, o Enunciado nº 531, da VI Jornada de Direito Civil: "A tutela da dignidade da pessoa humana na sociedade da informação inclui o direito ao esquecimento".
[30] Superior Tribunal de Justiça, 4ª T. **REsp nº 1.334.097/RJ**. Rel.: Min. Luis Felipe Salomão. DJ. 28/05/2013.
[31] Superior Tribunal de Justiça, 4ª T. **REsp nº 1.335.153/RJ**. Rel.: Min. Luis Felipe Salomão. DJ. 28/05/2013.

No caso da "chacina da Candelária", para piorar, o requerente de danos materiais e morais foi processado e absolvido pelas imputações que lhe foram feitas na seara criminal à época, e, com a rememoração pelo programa televisivo, passou a ser ameaçado de morte – bem como a sua família – por traficantes e "justiceiros" do local onde morava, o que somente reforçou seu estigma de "chacinador" muito embora decisão judicial transitada em julgado tenha acenado em sentido oposto, isto é, pela absolvição.

De se lembrar, neste prumo, que o Supremo Tribunal Federal tem repercussão geral reconhecida em torno do direito ao esquecimento, justamente em torno de um dos casos *supra*mencionados (o homicídio praticado no longínquo ano de 1958)[32]. Muito embora o curador da Constituição Federal tenha optado por privilegiar o direito de informar em caso assemelhado (entendendo pela desnecessidade de autorização para biografias[33]), fica difícil, ao menos por hora, tratar tal fator como indicador de que também na questão envolvendo o direito ao esquecimento priorizará o STF a liberdade de informação.

Ademais, certa feita, o Tribunal Europeu de Direitos Humanos endossou o direito ao esquecimento na *Internet* e proferiu decisão que obriga os *sites* de busca a tirar das suas listas de resultados informações relativas a terceiros que solicitem a eliminação. Nestes moldes, as pessoas poderiam solicitar a exclusão das buscas de conteúdos que se mostrassem comprometedores de suas vidas e que tenham ocorrido no passado, garantindo-se um direito de recomeçar, de construir uma nova reputação. A decisão deve ser tomada caso a caso para não prejudicar o fundamental direito de acesso à informação[34]. Ainda é inicial a discussão aprofundada do tema perante a Organização das Nações Unidas e a Organização dos Estados Americanos.

Desta forma, urge conjugar o direito à informação com o também constitucional direito ao esquecimento, sempre tendo como pauta as ideias de bom senso e razoabilidade.

Por fim, **ainda no âmbito brasileiro**, com o escopo de embasar as premissas básicas sobre a liberdade de informação, importa mencionar dois julgados absolutamente paradigmáticos do Supremo Tribunal Federal que, de certa maneira, **reafirmam a importância que deve ser dada à liberdade de informação** para a manutenção de um contexto democrático de direito.

No primeiro deles, estava em jogo a constitucionalidade do art. 45, incisos II e III (parte final), da Lei nº 9.504/1997 ("Lei das Eleições"), dispositivos segundo os quais encerrado o prazo para a realização das convenções no ano das eleições, é vedado às emissoras de rádio e televisão, em sua programação normal e em seu noticiário, usar trucagem, montagem ou outro recurso de áudio ou vídeo que, de qualquer forma, degradem ou ridicularizem candidato, partido ou coligação, ou

---

[32] Supremo Tribunal Federal. **ARE nº 833.248 RG/RJ**. Rel.: Min. Dias Toffoli. DJ. 11/12/2014 (reconhecimento da repercussão geral). Posteriormente, houve a substituição deste processo por outro paradigma de repercussão geral: Supremo Tribunal Federal. **RE nº 1.010.606/RJ**. Rel.: Min. Dias Toffoli. DJ. 19/12/2016.

[33] Supremo Tribunal Federal, Pleno. **ADI nº 4.815/DF**. Rel.: Min. Cármen Lúcia. DJ. 10/06/2015.

[34] O TRIBUNAL DA UE endossa o "direito ao esquecimento" na *Internet*. **El país**, 13 de maio de 2014. Disponível em: <http://brasil.elpais.com/brasil/2014/05/12/sociedad/1399921965_465484.html>. Acesso em: 14 abr. 2015.

produzir ou veicular programa com esse efeito; bem como veicular propaganda política ou difundir opinião favorável ou contrária a candidato, partido, coligação, a seus órgãos ou representantes. O STF, **confirmando os termos de medida cautelar anteriormente concedida**, julgou procedente o pedido formulado para declarar a inconstitucionalidade do inciso II, da segunda parte do inciso III e, por arrastamento, dos §§ 4º e 5º, todos do art. 45 da Lei nº 9.504/1997 (estes dois parágrafos traziam conceitos explicativos de trucagem e montagem). De acordo com a Corte, tais normas são inconstitucionais porque consistem na restrição, subordinação e forçosa adequação programática da liberdade de expressão a mandamentos normativos cerceadores durante o período eleitoral, pretendendo diminuir a liberdade de opinião e de criação artística e a livre multiplicidade de ideias, com a nítida finalidade de controlar ou mesmo aniquilar a força do pensamento crítico, indispensável ao regime democrático[35].

Noutro julgado, o Supremo analisou o art. 4º, § 1º, da Lei nº 9.612/1998, que veda o proselitismo de qualquer natureza na programação das emissoras de radiodifusão comunitária (isto é, que veda a transmissão de conteúdo tendente a converter pessoas a uma doutrina, sistema, religião, seita ou ideologia). Na ADI nº 2.566, o STF declarou inconstitucional tal dispositivo[36].

1.2.4 Direitos comunicativos

A expressão *direitos comunicativos* tem aparecido com frequência na temática dos direitos humanos, relacionando-se com o ponto em estudo, ou seja, a liberdade de expressão e de informação. A noção de direitos comunicativos é baseada na teoria de Habermas[37], que expõe: "Chamo comunicativas às interações nas quais as pessoas envolvidas se põem de acordo para coordenar seus planos de ação, o acordo alcançado em cada caso medindo-se pelo conhecimento intersubjetivo das pretensões de validez. No caso de processos de entendimento mútuo linguísticos, os atores erguem com seus atos de fala, ao se entenderem uns com os outros sobre algo, pretensões de validez, mais precisamente, pretensões de verdade, pretensões de correção e pretensões de sinceridade, conforme se refiram a algo no mundo objetivo (enquanto totalidade faz relações interpessoais legitimamente reguladas de um grupo social) ou a algo no mundo subjetivo próprio (enquanto totalidade das vivências a que têm acesso privilegiado). Enquanto que no agir estratégico um atua sobre o outro para ensejar a continuação desejada de uma interação, no agir comunicativo um é motivado racionalmente pelo outro para uma ação de adesão – e isso em virtude do efeito ilocucionário de comprometimento que a oferta de um ato de fala suscita".

Para Habermas, ademais, a *"situação da razão"* foi compreendida como tarefa de uma destranscendentalização dos sujeitos cognoscentes, não só na linha de tradição do pensamento histórico desde Dilthey até Heidegger, como também na do pensamento pragmático desde Pierce até Dewey (e, certamente, Wittgenstein).

---

[35] Supremo Tribunal Federal, Pleno. **ADI nº 4.451/DF**. Rel.: Min. Alexandre de Moraes. DJ. 21/06/2018.
[36] Supremo Tribunal Federal, Pleno. **ADI nº 2.566/DF**. Rel.: Min. Alexandre de Moraes. DJ. 16/05/2018.
[37] HABERMAS, Jürgen. **Consciência moral e agir comunicativo**. Rio de Janeiro: Tempo Brasileiro, 1989, p. 79.

O sujeito final deve encontrar-se "no mundo", sem perder absolutamente sua espontaneidade "testemunhadora do mundo". Até então, pondera, a disputa entre Mccarthy e os alunos de Heidegger, Dewey e Wittgenstein é uma discussão familiar sobre a pergunta por qual lado ratifica a destranscendentalização de modo correto: se os traços de uma razão transcendentalizada se perdem na areia da historicização e contextualização, ou se uma razão corporificada em contextos históricos comprova a capacidade para uma transcendência de si[38].

Em sentido complementar, Prado lembra que Habermas propõe que se pense um agir voltado *ao entendimento* e *à comunicação*. Um agir que se *contrapõe* ao agir estratégico a partir de uma *tomada de posição* diante do mundo simbólico, ou seja, à linguagem. Habermas chama a atenção, segundo o autor, para a linguagem voltada à comunicação e a confronta com aquele agir concentrado nas alternativas e nos fins a alcançar, que caracteriza a teoria dos sistemas – em moda, há alguns anos, a partir dos trabalhos de Capra, entre outros. Habermas, conclui o autor, realiza a crítica da instrumentalização do mundo a partir do pensamento fenomenológico, que desde o Husserl, da *Crise das Ciências Europeias*, e do Heidegger, de *Ser e Tempo*, sem esquecer a posterior *Fenomenologia da Percepção* de Merleau-Ponty, vem alertando para essa dominação do pensamento técnico-tecnológico[39 e 40].

A ação comunicativa, neste prumo, fomenta o desenvolvimento de meios de expressar singularidades, nada obstante tentativas massificadoras da transmissão da mensagem pelos órgãos emissores da informação (que tendem a ficar ultrapassados, caso insistam em seu *"modus operandi"* rígido). *Pressupõe a formação de uma coletividade não como decorrência de opinião unanimemente aceita, mas enquanto somatória de singularidades, de modo que grupos passem a ser formados não por um interesse estratégico de quem emite a informação, mas por livre disposição daqueles que possuem as mesmas afinidades.* Isso ajuda a entender porque a televisão e os jornais encontram cada vez menos adeptos frequentes: não se trata apenas do desenvolvimento tecnológico que trouxe a *Internet*, mas do que ela pode oferecer, a saber, a possibilidade de que seu *usuário seja único, consuma um conteúdo único*, e, principalmente, *produza um conteúdo único*.

Em linhas gerais, os direitos comunicativos abrangem o **direito de se expressar perante a sociedade**, formulando proposições de razões válidas em contraponto com razões distintas manifestadas pelos demais **de forma democrática**. Como a razão

---

[38] HABERMAS, Jürgen. **Agir comunicativo e razão destranscendentalizada**. Rio de Janeiro: Tempo Brasileiro, 2002, p. 32-33.

[39] PRADO, José Luiz Aidar. **Habermas com Lacan**. Introdução crítica à teoria da ação comunicativa. São Paulo: EDUC, 2014, p. 13.

[40] "Nesse âmbito, os temas de importância da teoria habermasiana envolvem os seguintes pontos: a. O núcleo utópico na noção de *entendimento* permite pensar os rumos de uma social-democracia, sem considerar um fim revolucionário da história. b) Apesar de não buscar uma teoria aplicável, Habermas encara o conceito de sociedade como sistema e como mundo vivido (ou mundo da vida), o que deixa espaço aos de espírito construtivista para realizarem tentativas de montagem de espaços "comunicativos" dentro dos tentáculos do sistema. c) A ética habermasiana do discurso anuncia um caminho iniciado a partir de um postulado segundo o qual "unicamente podem aspirar à validez aquelas normas que consigam (ou possam conseguir) a aprovação de todos os participantes de um discurso prático" (Habermas, 1985, p. 117). d) A ênfase do empreendimento teórico-esclarecedor de Habermas, nas teorias genéticas (Kohlberg), cativa os jardineiros de uma visão desenvolvimentista (evolucionista) e universalista moral da sociedade planetária" (PRADO, José Luiz Aidar... Op. Cit., p. 14).

do outro pode estar correta, é necessário agir num **dever comunicativo**, abrindo-se de forma democrática e franca à manifestação das razões do outro.

Somente pela interação comunicativa seria possível alcançar um maior grau de democratização das decisões tomadas no seio da sociedade. Com efeito, a essência do agir comunicativo está em não somente lutar pelos seus direitos comunicativos, **mas em reconhecer os direitos comunicativos do outro e se abrir ao debate no espaço público**. Neste sentido, a *Internet* tem se mostrado um espaço bastante propício a estas perspectivas de agir comunicativo idealizadas por Habermas.

1.2.5 Desaparecimento forçado

O desaparecimento forçado é uma prática que resulta de uma reação de autoridades governamentais arbitrárias às atitudes de procurar, receber e transmitir informações por parte da vítima. Sendo assim, **com a intenção de silenciá-la**, praticam contra ela **detenção arbitrária e ilegal**, não registrada nos arquivos públicos, e nos casos mais graves assassinato e ocultação de cadáver, deixando os familiares à mercê quanto ao conhecimento de estar a vítima viva ou morta e das reais causas que levaram ao falecimento.

Estas práticas, obviamente, são atentatórias a diversos direitos humanos: ao direito à integridade física, psíquica e moral; ao direito à vida; à vedação da tortura e de práticas semelhantes; aos deveres de conduta das autoridades públicas, que não podem incidir em abuso de autoridade; entre outros. Contudo, a **origem da prática** encontra-se numa inibição ao exercício das liberdades de expressão e de informação na maior parte das vezes (ainda que não exclusivamente), razão pela qual se coloca a questão em estudo neste ponto do trabalho.

A Organização das Nações Unidas manifesta preocupação com relação às práticas de desaparecimento forçado, notadamente, na **Declaração sobre a Proteção de Todas as Pessoas contra os Desaparecimentos Forçados**, adotada pela Assembleia Geral (Resolução nº 47/133, de 18 de dezembro de 1992), e na **Convenção Internacional para a Proteção de Todas as Pessoas contra os Desaparecimentos Forçados**, adotada em 20 de dezembro de 2006 pela Assembleia Geral, promulgada no Brasil em 11 de maio de 2016 pelo Decreto nº 8.767.

Consoante o artigo 1º da Declaração da ONU, todo ato de desaparecimento forçado é uma grave violação de direitos humanos e ato ofensivo à dignidade da pessoa humana, notadamente por subtrair a vítima da proteção da lei e causar a ela e a sua família grandes sofrimentos.

Neste viés, o artigo 2º reforça o dever dos Estados de atuarem em nível nacional, regional e internacional e de maneira cooperativa para coibir e erradicar o desaparecimento forçado, prática que não poderá ele cometer, autorizar ou tolerar. Os Estados devem proteger as pessoas que possam ser vítimas de desaparecimento forçado, razão pela qual não podem extraditar pessoa que corra o risco de ser vítima de desaparecimento forçado (artigo 8º, DPTPDF).

Pelo artigo 3º da Declaração, medidas legislativas, administrativas, judiciais e outras medidas eficazes deverão ser tomadas para prevenir ou erradicar os atos de desaparecimentos forçados.

Entre as medidas legislativas, destaca-se a previsão do artigo 4º da Declaração, pelo dever de criminalização do delito de desaparecimento forçado, prevendo-se caso entendam correto atenuantes aos que praticarem o delito mas colaborarem para que o desaparecido seja encontrado e as circunstâncias do desaparecimento esclarecidas. Sem prejuízo da responsabilidade penal, o artigo 5º da Declaração assegura a responsabilidade civil dos que cometam o ilícito e do Estado ou das autoridades estatais que tenham organizado, consentido ou tolerado tais desaparecimentos, sem prejuízo da responsabilidade internacional desse Estado. No caso, a indenização será paga aos familiares da vítima e, se possível, à vítima (artigo 19, DPTPDF). A obediência hierárquica não é um argumento para que uma autoridade justifique a prática de desaparecimento forçado, sendo devidamente punida (artigo 6º, DPTPDF).

Ainda em termos legislativos, o artigo 12 da Declaração exige que a legislação nacional seja criteriosa na fixação de normas que designem os agentes que podem ordenar a privação de liberdade, prevendo penas para aqueles que abusarem da autoridade conferida.

Dentre as medidas judiciais, destaca-se o artigo 9º da Declaração: "1. O direito a um recurso judicial rápido e eficaz como meio de se determinar o paradeiro das pessoas privadas de liberdade ou o seu estado de saúde, ou de se individualizar a autoridade que ordenou a privação da liberdade ou a tornou efetiva, é necessário, em qualquer circunstância, incluindo as referidas no artigo 7, para a prevenção dos desaparecimentos forçados. 2. No marco desse recurso, as autoridades nacionais competentes terão acesso a todos os lugares onde se encontrem pessoas privadas de liberdade, assim como a qualquer outro lugar onde haja motivos para se crer possam estar pessoas desaparecidas. 3. Também poderão ter acesso a esses lugares qualquer outra autoridade competente facultada pela legislação do Estado ou por qualquer outro instrumento jurídico internacional do qual o Estado seja parte".

Quanto a providências administrativas em relação aos locais de detenção preconiza o artigo 10 da Declaração: "1. Toda pessoa privada de liberdade deverá ser mantida em lugares de detenção oficialmente reconhecidos e, em conformidade com a legislação nacional, apresentada a uma autoridade judicial logo após a sua detenção. 2. Deverá ser proporcionada informação expedita e exata sobre a detenção dessas pessoas e sobre o local ou locais onde as mesmas estão, incluindo os lugares de transferência, aos membros da sua família, ao seu advogado ou a qualquer outra pessoa que tenha interesse legítimo em conhecer essa informação, salvo se as pessoas privadas de liberdade manifestarem-se contrariamente. 3. Em todo lugar de detenção deverá haver um registro oficial atualizado de todas as pessoas privadas de liberdade. Além disso, os Estados tomarão medidas para manter registros centralizados análogos. A informação que figura nesses registros estará a disposição das pessoas mencionadas no parágrafo precedente, bem como de toda a autoridade judicial ou outra autoridade nacional competente e independente e de qualquer outra autoridade competente facultada pela legislação nacional ou por qualquer instrumento jurídico internacional de que o Estado seja parte que queira conhecer o lugar onde se encontra uma pessoa detida".

Além disso, não cabe invocar qualquer circunstância que justifique o desaparecimento forçado, por mais excepcional que seja, conforme artigo 7º: "Nenhuma circunstância, qualquer que seja, mesmo em se tratando de ameaça de guerra, estado de guerra, instabilidade política interna ou qualquer outro estado de exceção, pode ser invocada para justificar os desaparecimentos forçados".

Os atos de desaparecimento forçado devem ser investigados por autoridade competente e punidos, realizando-se investigação detalhada, na qual seja conferida a devida proteção à vítima, cabendo o afastamento cautelar das autoridades acusadas da prática (artigos 13 a 15, DPTPDF).

Em meio a estas investigações, os Estados devem colaborar uns com os outros para a efetiva punição dos acusados. Neste sentido, aplica-se o mesmo raciocínio de ampliação jurisdicional vigente no tratamento da tortura no direito internacional dos direitos humanos, como se extrai do artigo 16 da Declaração: "1. Os supostos autores de qualquer dos atos previstos no parágrafo 1 do artigo 4 serão suspensos de toda função oficial durante a investigação mencionada no artigo 13. 2. Essas pessoas somente poderão ser julgadas pelas jurisdições de direito comum competentes em cada Estado, com exclusão de qualquer outra jurisdição especial, em particular a militar. 3. Não serão admitidos privilégios, imunidades ou dispensas especiais em tais processos, sem prejuízo das disposições que figuram na Convenção de Viena sobre Relações Diplomáticas. 4. Será garantido aos supostos autores da tais atos um tratamento equitativo, conforme as disposições pertinentes da Declaração Universal dos Direitos Humanos e de outros instrumentos internacionais vigentes sobre a matéria, em todas as etapas da investigação, assim como no processo e na sentença que possam alcançá-los".

Relevante a previsão do artigo 17 da Declaração: "1. Todo ato de desaparecimento forçado será considerado **delito continuado** enquanto seus autores prosseguirem ocultando o destino e o paradeiro da pessoa desaparecida e enquanto não se tenham esclarecido os fatos. 2. Quando os recursos previstos no artigo 2º do Pacto Internacional de Direitos Civis e Políticos já não forem eficazes, suspender-se-á a prescrição referente aos atos de desaparecimento forçado até que se restabeleçam aqueles recursos. 3. Em existindo prescrição, a relativa a atos de desaparecimento forçado deverá ser de longo prazo e proporcional à extrema gravidade do delito". Com efeito, se até o esclarecimento das circunstâncias o ato é considerado delito continuado, caso o país tenha praticado o ato antes do tratado e ele persista após a ratificação e/ou eventual reconhecimento de competência de órgão internacional para julgamento, não haverá óbice à competência (o que aconteceu no caso Araguaia em que o Brasil foi condenado pela Corte Interamericana).

Não cabe a anistia e é preciso considerar a gravidade do ato para o indulto, conforme prevê o artigo 18 da Declaração: "1. Os autores ou supostos autores dos atos previstos no parágrafo 1 do artigo 4 não se beneficiarão de nenhuma lei de anistia especial e outras medidas análogas que tenham por fim exonerá-los de qualquer procedimento ou sanção penal. 2. Quando do exercício do direito de indulto, dever-se-á levar em conta a extrema gravidade dos atos de desaparecimento forçado".

Em que consiste a disciplina da Convenção Internacional para a Proteção de Todas as Pessoas contra os Desaparecimentos Forçados?

Por sua vez, a Convenção da ONU sobre a questão toma por base justamente a Declaração, reforçando seus dispositivos e, em grande parte, repetindo-os. O artigo 1º trata do repúdio ao ato; os artigos 3º a 7º do dever estatal de punição, prevenção e adoção de medidas legislativas, judiciais e administrativas; o artigo 12 do direito de denúncia e de investigação justa; o artigo 16 traz o *non-refoulement*; o artigo 17 trata do dever de regulamentação das autoridades competentes para detenção e dos casos em que ela é cabível, devendo sempre ser registrada etc.

Em termos conceituais, destaca-se o artigo 2º da Convenção: "Para efeitos da presente Convenção, entende-se por desaparecimento forçado a prisão, a detenção, o sequestro ou qualquer outra forma de privação de liberdade por agentes do Estado ou por pessoas ou grupos de pessoas agindo com a autorização, o apoio ou o consentimento do Estado, seguido da recusa em reconhecer a privação de liberdade, ou do encobrimento do destino ou do paradeiro da pessoa desaparecida, colocando-a assim fora do âmbito de proteção da lei".

Detalhes relevantes sobre a questão prescricional são aprofundados no artigo 8º da Convenção: "1) Um Estado Parte que aplique um regime de prescrição para o desaparecimento forçado adotará as medidas necessárias para assegurar que o prazo de prescrição do procedimento penal: a) É de longa duração e proporcional à extrema gravidade deste crime; b) Começa a contar a partir do momento em que cessa o crime de desaparecimento forçado, tendo em conta a sua natureza continuada; 2) Cada Estado Parte garantirá às vítimas de desaparecimento forçado o direito a um recurso eficaz durante o prazo de prescrição".

Os aprofundamentos sobre a questão da ampliação jurisdicional feitos no artigo 9º da Convenção também são relevantes: "1) Cada Estado Parte adotará as medidas necessárias para estabelecer a sua competência jurisdicional em relação ao crime de desaparecimento forçado: a) Quando o crime é cometido em qualquer território sob a sua jurisdição ou a bordo de um navio ou de uma aeronave registados no seu Estado; b) Quando o presumível autor é nacional desse Estado; c) Quando a pessoa desaparecida é nacional desse Estado Parte e este o considere adequado. 2) Cada Estado Parte também adotará as medidas necessárias para estabelecer a sua competência jurisdicional em relação ao crime de desaparecimento forçado nos casos em que o presumível autor se encontra em qualquer território sob a sua jurisdição, a menos que o extradite ou o entregue a outro Estado, em conformidade com as suas obrigações internacionais, ou o entregue a um tribunal penal internacional cuja competência ele tenha reconhecido. 3) A presente Convenção não exclui nenhuma jurisdição penal adicional exercida em conformidade com o direito nacional". Os artigos 10 e 11 abordam, ainda, a questão, prevendo direitos ao acusado de prática de desaparecimento forçado e a não aceitação de que saia impune do delito.

O crime de desaparecimento forçado, nos termos do artigo 13 da Convenção "[...] não será considerado um crime político ou um crime conexo com um crime político, ou um crime inspirado por motivos políticos. Por conseguinte, um pedido de extradição que se baseie nesse crime não pode ser recusado apenas com base nesse fundamento". Sendo assim prossegue o artigo afirmando que o crime deve ser considerado passível de extradição pelos Estados Partes.

Os artigos 14 e 15 trazem o dever de auxílio mútuo entre os Estados tanto quanto à punição do crime como em relação à reparação do dano.

Já o artigo 18 assegura o direito à informação nos seguintes termos: "1) Sob reserva do disposto nos artigos 19º e 20º, cada Estado Parte assegurará a qualquer pessoa que tenha um interesse legítimo nesta informação, tais como os familiares da pessoa privada de liberdade, os seus representantes ou advogados, o acesso, pelo menos, às seguintes informações: a) A autoridade que ordenou a privação de liberdade; b) A data, a hora e o local em que a pessoa foi privada de liberdade e admitida no local de privação de liberdade; c) A autoridade responsável pela supervisão da privação de liberdade; d) O paradeiro da pessoa privada de liberdade, incluindo, em caso de transferência para outro local de privação de liberdade, o destino e a autoridade responsável pela transferência; e) A data, a hora e o local da libertação; f) Os elementos relativos ao estado de saúde da pessoa privada de liberdade; g) Em caso de morte durante o período de privação de liberdade, as circunstâncias e a causa da morte, bem como o destino dos restos mortais da pessoa falecida. 2) Se necessário, adotar-se-ão as medidas adequadas para proteger as pessoas referidas no nº 1 deste artigo, bem como as pessoas que participam na investigação, contra quaisquer maus-tratos, intimidações ou sanções em consequência da procura de informações sobre uma pessoa privada de liberdade".

O artigo 19 aprofunda a questão da privacidade e da proteção dos dados pessoais, inclusive genético, impedindo que as informações sejam utilizadas para fim diverso que o da prevenção do desaparecimento forçado.

Finaliza-se com o destaque ao artigo 24 da Convenção: "1) Para efeitos da presente Convenção, entende-se por vítima a pessoa desaparecida e qualquer indivíduo que tenha sido lesado em consequência direta de um desaparecimento forçado. 2) Qualquer vítima tem o direito de conhecer a verdade sobre as circunstâncias do desaparecimento forçado, o andamento e os resultados da investigação, bem como sobre o destino da pessoa desaparecida. Cada Estado Parte adotará as medidas adequadas para o efeito. 3) Cada Estado Parte adotará todas as medidas adequadas para procurar, localizar e libertar pessoas desaparecidas e, em caso de morte, localizar, respeitar e restituir os seus restos mortais. 4) Cada Estado Parte assegurará que o seu sistema jurídico confere às vítimas de um desaparecimento forçado o direito à reparação e a uma indemnização imediata, justa e adequada. 5) O direito à reparação referido no nº 4 deste artigo abrange os danos materiais e morais e, se for caso disso, outras formas de reparação, tais como a: a) Restituição; b) Reabilitação; c) Satisfação, incluindo o restabelecimento da dignidade e da reputação; d) Garantia de não repetição. 6) Sem prejuízo do respeito pela obrigação de prosseguir a investigação até ao conhecimento do destino da pessoa desaparecida, cada Estado Parte adotará as medidas necessárias quanto à situação jurídica das pessoas desaparecidas, cujo destino permaneça desconhecido e à dos seus familiares, nomeadamente no domínio da proteção social, dos assuntos financeiros, do direito da família e dos direitos de propriedade. 7) Cada Estado Parte assegurará o direito de constituir e participar livremente em organizações e associações que têm como objetivo contribuir para a determinação das circunstâncias em que ocorrem os desaparecimentos forçados, a descoberta do destino de pessoas desaparecidas e a assistência às vítimas de desaparecimentos forçados".

Não obstante, em sua Parte II a Convenção cria órgão específico de proteção, o Comitê contra os Desaparecimentos Forçados, que será estudado em tópico próprio no capítulo V.

Com efeito, a **Observação Geral nº 36** do Comitê de Direitos Humanos da ONU reforça que o desaparecimento forçado deve ser considerado como uma violação ao direito à vida, cabendo aos Estados prevenir tais práticas e investigar tais fatos quando ocorram, tal como garantir que o desaparecimento forçado de pessoas seja punido com sanções penais, introduzindo procedimentos rápidos e eficazes para submeter os casos de desaparecimento a uma investigação completa por parte de órgãos independentes e imparciais.

No âmbito interamericano, o desaparecimento forçado está regulamentado na **Convenção Interamericana sobre o Desaparecimento Forçado de Pessoas**, adotada em Belém do Pará em 9 de junho de 1994, promulgada no Brasil pelo Decreto nº 8.766, de 11 de maio de 2016. No geral, o conteúdo é bastante semelhante ao da disciplina internacional, repetindo-se dispositivos da Declaração e da Convenção da ONU.

Conceitua-se no artigo 2º da Convenção: "Para os efeitos desta Convenção, entende-se por desaparecimento forçado a privação de liberdade de uma pessoa ou mais pessoas, seja de que forma for, praticada por agentes do Estado ou por pessoas ou grupos de pessoas que atuem com autorização, apoio ou consentimento do Estado, seguida de falta de informação ou da recusa a reconhecer a privação de liberdade ou a informar sobre o paradeiro da pessoa, impedindo assim o exercício dos recursos legais e das garantias processuais pertinentes".

Inova-se no artigo 9º ao prever o afastamento da jurisdição especial para julgamento dos delitos: "Os suspeitos dos atos constitutivos do delito do desaparecimento forçado de pessoas só poderão ser julgados pelas jurisdições de direito comum competentes, em cada Estado, com exclusão de qualquer outra jurisdição especial, particularmente a militar. Os atos constitutivos do desaparecimento forçado não poderão ser considerados como cometidos no exercício das funções militares. Não serão admitidos privilégios, imunidades nem dispensas especiais nesses processos, sem prejuízo das disposições que figuram na Convenção de Viena sobre Relações Diplomáticas".

No âmbito interamericano, eventuais controvérsias serão resolvidas perante a Comissão Interamericana de Direitos Humanos, prevendo o artigo 13: "Para os efeitos desta Convenção, a tramitação de petições ou comunicações apresentadas à Comissão Interamericana de Direitos Humanos em que se alegar o desaparecimento forçado de pessoas estará sujeita aos procedimentos estabelecidos na Convenção Americana sobre Direitos Humanos e nos Estatutos e Regulamentos da Comissão e da Corte Interamericana de Direitos Humanos, inclusive as normas relativas a medidas cautelares". Ainda, traz o artigo 14: "Sem prejuízo do disposto no artigo anterior, quando a Comissão Interamericana de Direitos Humanos receber uma petição ou comunicação sobre um suposto desaparecimento forçado dirigir-se-á, por meio de sua Secretaria Executiva, de forma urgente e confidencial, ao governo pertinente, solicitando-lhe que proporcione, com a maior brevidade possível, a informação sobre o paradeiro da pessoa supostamente desaparecida e qualquer outra informação que julgar pertinente, sem que tal solicitação prejulgue a admissibilidade da petição".

No âmbito brasileiro, merece destaque a recente Lei nº 13.812, de 16 de março de 2019, que institui a Política Nacional de Busca de Pessoas Desaparecidas, criando um Cadastro Nacional de Pessoas Desaparecidas. De acordo com o art. 2º, I, do Diploma, considera-se pessoa desaparecida todo ser humano cujo paradeiro é desconhecido, **não importando a causa de seu desaparecimento**, até que sua recuperação e identificação tenham sido confirmadas por vias físicas ou científicas.

A Corte Interamericana de Direitos Humanos julgou:

- No **caso Arrom Suhurt e outros vs. Paraguai**, julgado em 13 de maio de 2019, afastou-se a responsabilidade do Estado em situação de alegado desaparecimento forçado, na qual duas vítimas foram detidas e torturadas por homens armados vestidos como civis no período de 17 a 30 de janeiro de 2009. A Corte não detectou provas de que antes da detenção pelo grupo de civis as vítimas estiveram sob poder do Estado ou de que houve um contexto sistemático de desaparecimentos forçados no período, o que impedia a presunção de envolvimento do Estado.

- No **caso Órdenes Guerra e outros vs. Chile**, julgado em 29 de novembro de 2018, responsabilizou-se o Estado por ter rechaçado uma série de ações de indenização por danos morais propostas por 7 grupos de pessoas entre 1997 e 2001, que tinham por objeto a detenção e o desaparecimento forçado ou a execução forçada de seus familiares entre 1973 e 1974, no período da ditadura militar, com fundamento na prescrição de tais demandas. O Estado reconheceu sua obrigação de reparar as vítimas, mas permaneceram controvérsias sobre as medidas de proteção que deveriam ser tomadas, as quais foram fixadas na sentença. A Corte reiterou o caráter imprescritível das ações de indenização por crimes de lesa humanidade, tais como o desaparecimento e a execução forçada no contexto de regimes ditatoriais, reforçando o reconhecimento do direito à verdade.

- No **caso Alvarado Espinoza e outros vs. México**, julgado em 28 de novembro de 2018, responsabilizou-se o Estado pelo desaparecimento forçado de três pessoas, no contexto da luta contra o crime organizado no México, em que se detectava um cenário de violência e impunidade. A Corte reiterou sua jurisprudência, considerando o desaparecimento forçado uma violação pluriofensiva e continuada, tal como afirmando a suficiência de indícios, presunções e provas circunstanciais para fins de reconhecimento da prática.

- No **caso Isaza Uribe e outros vs. Colômbia**, julgado em 20 de novembro de 2018, condenou-se o Estado pelo desaparecimento forçado do sindicalista Víctor Manuel Isaza Uribe em 19 de novembro de 1987, por parte de um grupo paramilitar que contava com aquiescência estatal, bem como por danos causados aos seus familiares que até a data da decisão da Corte não possuíam ciência de seu paradeiro.

- No **caso Terrones Silva e outros vs. Peru**, julgado em 26 de setembro de 2018, condenou-se o Estado pelo desaparecimento forçado de 5 pessoas e, reflexamente, por danos aos seus familiares, que seriam notadamente estudantes e professores, num contexto de luta armada que se instituiu com relação aos universitários e aos docentes, sob o argumento de agirem com propósito subversivo em relação ao governo. Em 2018, o Estado peruano também foi responsabilizado no **caso Munárriz Escobar e outros vs. Peru**, julgado em 20 de agosto de 2018, em razão do desaparecimento forçado de Walter Munárriz Escobar, um jovem de 19 anos que foi visto pela última vez sob custódia da polícia, tal como por lesão à integridade pessoal e às garantias judiciais de seus familiares.

- No **caso Vereda La Esperanza vs. Colombia**, julgado em 31 de agosto de 2017, o Estado foi condenado pelo desaparecimento forçado de 12 pessoas no ano de 1996, que supostamente eram simpatizantes de grupos guerrilheiros atuantes na região, com anuência de grupo paramilitar atuante no local.

- No **caso Gutiérrez Hernández e outros vs. Guatemala**, julgado em 24 de agosto de 2017, condenou-se o Estado por omissões na investigação do desaparecimento e morte de uma professora universitária, informando-se que a investigação se ateve a pesquisar como responsável apenas sua ex-companheira, tratando o caso como um crime passional, e desprezou as peculiaridades do país naquela época, no qual reinava a instabilidade política, surgindo diariamente denúncias de desaparecimento forçado.
- No **caso Vásquez Durand e outros vs. Equador**, julgado em 15 de fevereiro de 2017, condenou-se o Estado pelo desaparecimento forçado de Jorge Vásquez Durand, no contexto de conflito entre Equador e Peru em meados de 1995.
- No **caso Yarce e outros vs. Colômbia**, julgado em 22 de novembro de 2016, condenou-se o Estado pela detenção arbitrária de três defensoras de direitos humanos, além da morte de uma delas e do impedimento de retorno ao lar das outras duas mediante desaparecimento forçado.
- No **caso Tenorio Roca e outros vs. Peru**, julgado em 22 de junho de 2016, condenou-se o Estado por desaparecimento forçado desde 07 de julho de 1984, no contexto de um conflito armado agrário no país. Consta que neste cenário encontraram-se posteriormente mais de 50 corpos enterrados em vala comum. Ainda, considera-se o desaparecimento forçado de Rigoberto Tenorio Roca, eis que, interceptado por forças policiais locais, fora levado num veículo e nunca mais encontrado.
- No **caso Comunidade Campesina de Santa Bárbara vs. Perú**, em setembro de 2015, a Corte Interamericana condenou o Estado peruano pela prática de desaparecimento forçado, que teria sido praticado quando da instalação de Estado de emergência no Peru. Determinou-se a investigação dos fatos, o pagamento de indenização e a prestação de atendimento médico e psicológico aos familiares das vítimas.
- No **caso García e familiares vs. Guatemala**, em novembro de 2012, condenou-se o Estado por desaparecimentos forçados praticados em tempos de conflitos armados internos, entre eles o de Edgar Fernando García. Em sentido semelhante, o **caso Guadiel Álvarez e outros vs. Guatemala**. Ambos versam sobre um diário militar no qual constaria o nome de 183 vítimas de detenções secretas, sequestros e assassinatos.
- No **caso González Medina e familiares vs. República Dominicana**, em fevereiro de 2012, responsabilizou-se o Estado pelo desaparecimento forçado de Narciso González Medina, ativista e crítico do regime ditatorial dominicano na década de 1990. Neste caso, a Corte condenou o Estado pela violação dos direitos à liberdade e à integridade pessoal, à vida e ao reconhecimento da personalidade jurídica de Narciso González Medina, vítima de desaparecimento forçado. Em maio de 1994, Narciso desapareceu sem que até a data da sentença da Corte se tivesse notícia do seu paradeiro. Dias antes do seu desaparecimento, havia publicado artigo de opinião na revista "La Muralla" e havia feito um discurso na Universidad Autónoma de Santo Domingo (UASD) nos quais denunciava corrupção e fraude eleitoral. A Corte concluiu que o contexto de desaparecimento se caracterizou por um clima de alta tensão política devido à alegação de fraude eleitoral nas eleições de maio de 1994 no Estado, tanto é que na data da eleição o país estava praticamente militarizado e que foram utilizados métodos repressivos contra os manifestantes, assim como práticas de perseguição e vigilância dos jornalistas e pessoas que criticavam o governo. Apesar da relação existente entre o exercício da liberdade de expressão de González e seu desaparecimento forçado ter sido reconhecida pela Comissão Interamericana, a Corte não declarou a responsabilidade do Estado pela violação do artigo 13 da Convenção Americana por entender que havia carência de competência temporal (isto é, ao tempo do desaparecimento forçado o país não havia reconhecido a competência da Corte). A Corte lembrou, por seu turno, que seu entendimento é pelo reconhecimento de que quando há violação do direito à vida, à integridade e

à liberdade pessoal com o objetivo de impedir o exercício da liberdade de expressão ou de associação se faz presente uma violação autônoma destes últimos.

- No **caso Gelman vs. Uruguai**, em fevereiro de 2010, condenou-se o Estado pela denominada operação Condor, em meio ao regime ditatorial uruguaio e em apoio ao regime ditatorial argentino, a qual resultou em incontáveis sequestros e desaparecimentos forçados, além de detenção ilegal, tortura, ofensa à vida e à integridade. Determinou-se a adoção de uma política de investigação de desaparecimentos forçados, sem prejuízo da indenização e tratamento à saúde dos peticionantes.

- O **caso Tiu Tojín vs. Guatemala**, julgado em novembro de 2008, condena pelo desaparecimento forçado causado pelo Exército do país com relação a uma das líderes da Patrulha de Autodefesa Civil que se recusava a participar das iniciativas do exército.

- O **caso Heliodoro Portugal vs. Panamá**, de agosto de 2008, versa sobre o desaparecimento forçado de um dos líderes do Movimento de Unidade Revolucionária contra a ditadura militar do Panamá. Tempos depois, o cadáver foi encontrado num quartel militar.

- O **caso Massacre de Pueblo Bello Vs. Colômbia**, julgado em janeiro de 2006, versa sobre desaparecimento forçado e execução extrajudicial por uma organização paramilitar colombiana, resultando na condenação do Estado.

- No **caso Contreras e outros vs. El Salvador**, em agosto de 2011, também houve condenação por desaparecimento forçado. Ainda, apontam-se casos: **Ibsen Cárdenas e Ibsen Peña vs. Bolívia**, de setembro de 2010; **Chitay Nech vs. Guatemala**, julgado em março de 2010; **Radilla Pacheco vs. México**, julgado em novembro de 2009; o **caso Anzualdo Castro vs. Perú**, julgado em setembro de 2009; o **caso La Cantuta vs. Perú**, julgado em novembro de 2006; o **caso Goiburú e outros vs. Paraguai**, julgado em setembro de 2006; **Blanco Romero e outros vs. Venezuela**, em novembro de 2005; **García Asto e Ramírez Rojas vs. Perú**, em novembro de 2005; **Comunidad Moiwana vs. Suriname**, em junho de 2005; **Hermanas Serrano Cruz vs. El Salvador**, em março de 2005; **19 comerciantes vs. Colômbia**, em julho de 2004; **Molina Theissen vs. Guatemala**, em julho de 2004; **Trujillo Oroza vs. Bolívia**, fevereiro de 2002; **Bámaca Velásquez vs. Guatemala**, em fevereiro de 2002; **Castillo Páez vs. Perú**, em novembro de 1998; **Garrido e Baigorria vs. Argentina**, em agosto de 1998; **Caballero Delgado e Santana vs. Colômbia**, em janeiro de 1997.

- Importante condenação do Brasil pela Corte foi no **caso Gomes Lund**, cujo teor é detalhado no capítulo V deste livro, mas vale destacar desde logo que o caso teve por objeto o desaparecimento forçado de pessoas na Guerrilha do Araguaia. O centro do caso foi o direito à informação dos familiares das vítimas, ressaltando-se o dever do Estado de prestar o acesso à informação. Afastou-se a aplicação da Lei de Anistia (Lei nº 6.683/1979), ressaltando o caráter continuado do delito de desaparecimento forçado.

- As primeiras condenações da Corte pelas práticas de desaparecimento forçado se deram em julho de 1989, nos **casos Godínez Cruz vs. Honduras** e **Velásquez Rodríguez vs. Honduras**.

1.2.6 Liberdade de religião

Artigo XVIII, DUDH

*Toda pessoa tem direito à liberdade de pensamento, consciência e **religião**; este direito inclui a liberdade de **mudar de religião ou crença** e a liberdade de **manifestar essa religião ou crença**, pelo ensino, pela prática, pelo culto e pela observância, isolada ou coletivamente, em público ou em particular.*

Artigo 18, PIDCP

*1. Toda pessoa terá direito à liberdade de pensamento, de **consciência** e de **religião**. Esse direito implicará a liberdade de ter ou adotar uma religião ou uma crença de sua escolha e a liberdade de **professar** sua religião ou crença, individual ou coletivamente, tanto pública como privadamente, por meio do culto, da celebração de ritos, de práticas e do ensino.*

*2. Ninguém poderá ser submetido a **medidas coercitivas** que possam restringir sua liberdade de ter ou de adotar uma religião ou crença de sua escolha.*

*3. A liberdade de manifestar a própria religião ou crença estará sujeita apenas a **limitações previstas em lei** e que se façam necessárias para proteger a **segurança**, a **ordem**, a **saúde** ou a **moral públicas** ou **os direitos e as liberdades das demais pessoas**.*

*4. Os Estados partes do presente Pacto comprometem-se a respeitar a **liberdade dos pais** – e, quando for o caso, dos tutores legais – de assegurar a **educação religiosa** e moral dos filhos que esteja de acordo com suas próprias convicções.*

Artigo III – Direito de liberdade religiosa e de culto, DADH

*Toda a pessoa tem o direito de **professar livremente** uma crença religiosa e de **manifestá-la e praticá-la** pública e particularmente.*

Artigo 12 – Liberdade de consciência e de religião, CADH

*1. Toda pessoa tem direito à liberdade de **consciência** e de **religião**. Esse direito implica a liberdade de **conservar** sua religião ou suas crenças, ou de **mudar** de religião ou de crenças, bem como a liberdade de **professar e divulgar** sua religião ou suas crenças, individual ou coletivamente, tanto em público como em privado.*

*2. Ninguém pode ser submetido a **medidas restritivas** que possam limitar sua liberdade de conservar sua religião ou suas crenças, ou de mudar de religião ou de crenças.*

*3. A liberdade de manifestar a própria religião e as próprias crenças está sujeita apenas às **limitações** previstas em lei e que se façam necessárias para proteger a segurança, a ordem, a saúde ou a moral públicas ou os direitos e as liberdades das demais pessoas.*

*4. Os **pais** e, quando for o caso, os tutores, têm direito a que seus filhos e pupilos recebam a educação religiosa e moral que esteja de acordo com suas próprias convicções.*

O artigo XVIII da Declaração Universal de Direitos Humanos trata da liberdade de religião ao prever que toda pessoa tem direito à liberdade de consciência e religião, o que inclui a liberdade de mudar de religião ou crença e a liberdade de manifestar essa religião ou crença, pelo ensino, pela prática, pelo culto e pela observância, isolada ou coletivamente, em público ou em particular. No mesmo sentido, é o primeiro parágrafo do artigo 18 do Pacto Internacional de Direitos Civis e Políticos, o artigo II da Declaração Americana, e o artigo 12 da Convenção Americana sobre Direitos Humanos.

A liberdade de religião atrela-se à liberdade de consciência e à liberdade de pensamento, mas o inverso não ocorre, porque é possível existir liberdade de pensamento e consciência desvinculada de cunho religioso. Aliás, a liberdade de consciência também concretiza a liberdade de ter ou não ter religião, ter ou não ter opinião político-partidária ou qualquer outra manifestação positiva ou negativa da consciência[41].

Liberdade de religião, em termos de direitos humanos, pode ser definida como a possibilidade de adotar qualquer religião ou crença e de manifestá-la (liberdade de expressão religiosa), por formas como ensino, prática, culto e observância, isolada ou em grupo, perante o público ou em particular.

Por isso mesmo, reforça-se no âmbito internacional a impossibilidade de ingerência neste direito como regra, notadamente com o segundo e o quarto parágrafo dos artigos 18 do Pacto e 12 da Convenção, vedando que medidas coercitivas restrinjam a liberdade de ter ou adotar uma religião ou crença de sua escolha, bem como assegurando que os Estados-partes respeitem a liberdade dos pais e tutores legais de educarem moral e religiosamente os filhos de acordo com suas próprias convicções.

Evidente que tal direito encontra limitações, as quais se encontram previstas nestes mesmos artigos do Pacto e da Convenção, com igual teor e pequenas variações semânticas, sendo elas: previsões legais necessárias à proteção de questões de segurança, ordem, saúde ou moral públicas, bem como direitos e liberdades das demais pessoas. Portanto, o exercício da liberdade de religião limita-se à proteção da saúde, da segurança, da ordem e da moral públicas (interesse público), além dos direitos e liberdades das demais pessoas (por exemplo, privacidade, intimidade, honra, imagem, sossego).

Com efeito, o tema da liberdade religiosa adquire maior repercussão quando se parte para o âmbito global do sistema de proteção dos direitos humanos. Afinal, regionalmente, em especial no âmbito interamericano, as controvérsias sobre a liberdade religiosa não geram tantos impactos e tantas divergências conceituais quanto estas no plano global. Sendo assim, **fatores de multiculturalismo** são colocados em jogo aliados às restrições à liberdade religiosa e de crença.

A Organização das Nações Unidas tem atuado, hoje pelo seu Conselho de Direitos Humanos, em Relatorias sobre a Liberdade de Religião e de Crença. São mecanismos destas Relatorias o **envio de recomendações**, as **visitas aos países** e a **submissão de relatório anual à Assembleia Geral**. No relatório se observa uma preocupação com questões práticas atinentes à liberdade religiosa, garantindo-a mesmo aos grupos vulneráveis e às minorias, impedindo a suspensão destes direitos em quaisquer circunstâncias e compreendendo que não há violação da liberdade religiosa quando a manifestação religiosa é também uma manifestação cultural (*ex.*: feriados, símbolos). Observa-se que em alguns países o quadro de intolerância à liberdade religiosa é bastante grave, cabendo adotar medidas corretivas[42].

---

[41] SILVA, Frederico Silveira e. Comentários aos artigos XVII e XVIII. In: BALERA, Wagner (Coord.). **Comentários à Declaração Universal dos Direitos do Homem**. Brasília: Fortium, 2008, p. 107.

[42] ORGANIZAÇÃO DAS NAÇÕES UNIDAS – ONU. **Rapporteur's Digest on Freedom of Religion or Belief**: Excerpts of the Reports from 1986 to 2011 by the Special Rapporteur on Freedom of Religion or Belief Arranged by Topics of the Framework for Communications. Disponível em: <http://www.ohchr.org/Documents/Issues/Religion/RapporteursDigestFreedomReligionBelief.pdf>. Acesso em: 14 abr. 2015.

A **Observação Geral nº 22** do Comitê de Direitos Humanos reflete a preocupação da Organização das Nações Unidas com a liberdade de crença e de religião, notadamente quanto à discriminação daquelas menos tradicionais, estabelecidas recentemente. Ainda, reforça que este direito implica no direito de não crer em nada, ser ateu.

Em termos de normativa específica, destaca-se a **Declaração sobre a Eliminação de Todas as Formas de Intolerância e de Discriminação baseadas em Religião ou Crença**, adotada pela Assembleia Geral pela Resolução nº 36/55, de 25 de novembro de 1981. Na Declaração se lembra a relação entre a liberdade de expressão e demais liberdades como a de associação e de expressão e reforça que discriminações neste campo são altamente atentatórias aos direitos humanos.

No Brasil, o art. 5º, VI, da Constituição Federal, prevê que é inviolável a liberdade de consciência e de crença, sendo assegurado o livre exercício dos cultos religiosos e garantida, na forma da lei, a proteção aos locais de culto e a suas liturgias. Ademais, o inciso VIII, do art. 5º, dispõe que é assegurada, nos termos de lei, a prestação de assistência religiosa nas entidades civis e militares de internação coletiva.

Há se ressaltar, preliminarmente, que a *"consciência"* é mais algo amplo que *"crença"*. A *"crença"* tem aspecto essencialmente religioso, enquanto a *"consciência"* abrange até mesmo a ausência de uma crença. A *"consciência"* é, pois, gênero, da qual ramificam-se várias espécies como a *"crença"*, a *"opinião política"*, a *"posição ideológica"*, dentre tantas outras.

Por sua vez, o *"culto"* é a forma de exteriorização da crença. O culto se realiza em templos ou em locais públicos (desde que atenda à ordem pública e não desrespeite terceiros).

O Brasil não adota qualquer religião oficial, como a República Islâmica do Irã, por exemplo. Em outros tempos, o Brasil já foi uma nação oficialmente católica (o art. 5º, da Constituição Imperial de 1824, trazia o catolicismo apostólico romano como religião oficial do Império). Com a Lei Fundamental de 1988, o seu inciso I, do art. 19, vedou o estabelecimento de religiões oficiais pelo Estado ou qualquer relação de favorecimento/prejudicialidade entre o Estado e estas.

Há se lembrar, contudo, que a liberdade de crença não pressupõe a "liberdade de seita". As instituições oficiais brasileiras respeitam e fazem respeitar as instituições religiosas que não pressupõem o sofrimento físico/moral do indivíduo ou de qualquer ser vivo. Em outras palavras, não estão acobertados pelas liberdades de crença e culto rituais de magia negra, sacrifícios de seres humanos, doutrinas que pregam a autoimolação, dentre outros. **O Supremo Tribunal Federal, entretanto, admitiu a utilização de animais em sacrifícios religiosos, entendendo pela prevalência da liberdade religiosa no confronto com o bem-estar animal**[43].

---

[43] Foi fixada a seguinte tese: " É constitucional a lei de proteção animal que, a fim de resguardar a liberdade religiosa, permite o sacrifício ritual de animais em cultos de religiões de matriz africana". No caso, o Supremo Tribunal Federal acenou pela constitucionalidade da lei estadual gaúcha nº 12.131/2004, que altarava o Código estadual de proteção aos animais para permitir a utilização de animais no livre exercício dos cultos e liturgias das religiões de matriz africana. A tese foi fixada pela Corte por unanimidade (Supremo Tribunal Federal, Pleno. **RE nº 494.601/RS**. Rel.: Min. Marco Aurelio. DJ. 28/03/2019).

Ainda no ordenamento brasileiro, há a particularidade de determinadas crenças que não admitem receber transfusão de sangue por motivo religioso, o que cria um âmbito delicado entre o direito à vida e a liberdade religiosa.

O problema pode ser exemplificado na hipótese em que uma Testemunha de Jeová se submeta a procedimento cirúrgico e, dada a natural perda de sangue, necessite de transfusão, ou no caso de uma emergência médica decorrente de acidente automobilístico em que um dos meios de salvar o lesionado é justamente pelo recebimento de fluídos sanguíneos.

Os entendimentos doutrinários e jurisprudenciais majoritários costumam pacificar-se no sentido de que, em casos como tais, *deve prevalecer o direito à vida, podendo, inclusive, a autoridade médica responder pelos danos decorrentes de uma omissão de socorro.*

De toda forma, urge lembrar que a discussão não é tão simples assim.

Primeiro, porque embora pareça absurdez se inadmitir uma transfusão de sangue, há se lembrar que talvez tal argumento encontre parâmetro no fato de que o Brasil é uma nação predominantemente cristã (notadamente católica e evangélica), respondendo as Testemunhas de Jeová por escassa porcentagem populacional. Sendo assim, resta a dúvida pendente de qual seria o entendimento natural e majoritário no Brasil caso as Testemunhas de Jeová fossem uma maioria religiosa, e não uma minoria. Resta a indagação se a doutrina e a jurisprudência seriam tão consensuais em determinar a prevalência do direito à vida. Eis uma primeira indagação.

Segundo, porque como foi dito outrora, o direito à vida engloba não apenas o direito de permanecer vivo, como o *direito de viver com dignidade*. Ora, se a transfusão de sangue assegura o direito de permanecer vivo, resta a dúvida de como viveria (isto é, com que dignidade) o indivíduo que agora tem fluídos sanguíneos em seu corpo que originariamente não lhe pertencem, e que terá de lidar com questões de sua auto consciência bem como perante inevitáveis julgamentos da comunidade religiosa em que vive. A indagação, pois, é se a segunda concepção do direito à vida estaria devidamente respeitada para um caso como tal.

Terceiro, porque a autoridade médica fica em situação que dificilmente lhe dará uma alternativa cômoda: se recursar-se a realizar o procedimento cirúrgico pode incorrer em responsabilidade penal e até mesmo administrativa (ele pode ser desligado do hospital ou clínica em que trabalha, como exemplo); se realizar o procedimento pode ter de arcar com tentativa de responsabilização civil por parte daquele que recebeu a transfusão de sangue ou de sua família.

Desta maneira, muito embora o entendimento doutrinário e jurisprudencial seja relativamente pacífico no sentido de um prevalente direito à vida em detrimento da liberdade religiosa, indagações como as que foram feitas acima devem marcar a tônica constante do debate sobre o tema.

Como fica a utilização de símbolos religiosos em locais públicos?

Por fim, ainda dentro do ordenamento brasileiro, tem-se a questão da colocação de símbolos religiosos em repartições públicas. Nos Pedidos de Providência nos 1344[44], 1345[45], 1346[46], e 1362[47] questionou-se, perante o Conselho Nacional de Justiça, a fixação de símbolos religiosos (o que estava em jogo eram crucifixos) nos prédios dos fóruns e tribunais Brasil afora, sob a alegação de que isso feriria a laicidade do Estado, bem como causaria constrangimento àqueles seguidores de religiões não cristãs, não iconoclastas, ou, simplesmente, aos não adeptos de qualquer tipo de crença.

Em julgamento conjunto dos mesmos, o Conselho Nacional de Justiça acenou pela inexistência de qualquer ferimento a preceitos constitucionais de laicidade ou de liberdade religiosa no ato de manter crucifixos em locais públicos. Sublinha-se que, na apreciação dos aludidos casos, o relator dos procedimentos chegou a sugerir a realização de consulta popular por meio eletrônico buscando auxiliar na formação da convicção dos conselheiros, o que não só não foi acatado pelos demais integrantes presentes como já votaram estes, de plano, pela manutenção dos símbolos[48].

Exarando singelo posicionamento acerca da questão, em que pese entendimentos doutrinários diversos, há se entender que a questão nevrálgica que se apresenta na utilização de símbolos religiosos em locais públicos não é, propriamente, um problema religioso, mas, sim, um assunto de *liberdades civis amplamente consideradas*.

Explica-se. O Brasil é um país *culturalmente* cristão. A história de sua colonização, expansão e interiorização está intrinsecamente atrelada à história da igreja, dos jesuítas, das missões etc., de modo que hoje, mais de oitenta por cento da população brasileira é adepta de algum dos seguimentos do cristianismo, conforme dados do Instituto Brasileiro de Geografia e Estatística. Isso não anula o fato de que outros vinte por cento da população brasileira também contribuem para a formação cultural do país.

Em considerando que condicionantes fáticas são capazes de moldar a Constituição, com a contrapartida de que a Lei Fundamental ganha em força normativa para vincular juridicamente os por ela tutelados e submetidos, não é necessário um esforço mental hercúleo – do contrário, se trata de uma obviedade – para entender

---

[44] Conselho Nacional de Justiça. **PP nº 1344**. Rel.: Conselheiro Paulo Lôbo. Requerente: Daniel Sottomaior Pereira. Requerido: Presidente do TJCE. Assunto: Alegação – Fere princípio da laicidade – Art. 19, I CF/88 – Utilização de patrimônio estatal divulgar crenças religiosas. DJ. 08/05/2007.

[45] Conselho Nacional de Justiça. **PP nº 1345**. Rel.: Conselheiro Paulo Lôbo. Requerente: Daniel Sottomaior Pereira. Requerido: Presidente do TJMG. Assunto: Alegação – Fere princípio da laicidade – Art. 19, I CF/88 – Utilização de patrimônio estatal divulgar crenças religiosas. DJ. 08/05/2007.

[46] Conselho Nacional de Justiça. **PP nº 1346**. Rel.: Conselheiro Paulo Lôbo. Requerente: Daniel Sottomaior Pereira. Requerido: Presidente do TRF 4ª R. Assunto: Alegação – Fere princípio da laicidade – Art. 19, I CF/88 – Utilização de patrimônio estatal divulgar crenças religiosas. DJ. 08/05/2007.

[47] Conselho Nacional de Justiça. **PP nº 1362**. Rel.: Conselheiro Paulo Lôbo. Requerente: Daniel Sottomaior Pereira. Interessado: Tribunal de Justiça do Estado de Santa Catarina – TJSC. Requerido: Conselho Nacional de Justiça. Assunto: Alegação – Fere princípio da laicidade – Art. 19, I CF/88 – Utilização patrimônio estatal – Divulgação crenças religiosas. DJ. 08/05/2007.

[48] Sobre o tema, também: LAZARI, Rafael de. Símbolos religiosos em repartições públicas e a atuação do Conselho Nacional de Justiça. In: LAZARI, Rafael de; BERNARDI, Renato; LEAL, Bruno Bianco (org.). **Liberdade religiosa no Estado Democrático de Direito**: questões históricas, filosóficas, políticas e jurídicas. Rio de Janeiro: Lumen Juris, 2014, p. 223-235.

que o assunto "religião" entrou na Constituição de 1988 com força *única e exclusivamente* cultural.

Desta maneira, nada obstante afirmar que é a laicidade estatal que vincula ou não a população brasileira, a realidade é que as religiões desempenham importante papel perante a sociedade de modo concomitante à Constituição, de forma que a Lei Fundamental apenas reflete tal contexto. Assim, quando se diz que o Estado brasileiro é laico, isso não ocorre porque o constituinte fez a opção de respeitar todas as religiões, mas porque o próprio contexto multirreligioso e não religioso agiu como força velada neste sentido. Se há, pois, uma opção do constituinte, esta opção não foi a laicidade estatal, mas, sim, a democracia. E, neste diapasão, a democracia implica aceitar a diversidade de vontades na busca por um consenso.

Deste modo, a utilização – ou não – de símbolos religiosos em locais públicos deve ser uma opção de quem é responsável pelo local, porque representa um direito democrático de adotar postura religiosa, mas, também, *um dever democrático de respeitar a postura religiosa adotada por terceiro*. Isto significa, em outras palavras, que tal como um católico tem a liberdade de afixar um crucifixo, também poderia fazê-lo um muçulmano, um judeu, um evangélico, um espírita, um adepto de religiões afrodescendentes etc. com as manifestações que entender cabíveis, pois todos estes participam da formação cultural do país. Do mesmo modo, uma pessoa não adepta de qualquer crença poderia adotar a postura de não afixar qualquer sinal religioso na repartição pública, mas, apenas, um símbolo do time de futebol que tanto ama, por exemplo. Em qualquer caso, **isso não retira o dever do agente responsável pelo local público de respeitar as manifestações ou não manifestações religiosas alheias àquela por ele seguida**. Vai-se além: o indivíduo que opta por manifestar sua religião em um local público, tem o dever **qualificado**, **redobrado**, **intensificado** de respeitar a crença ou a não crença alheia, como sinal de maturidade espiritual. Se for incapaz de fazê-lo, então carecerá de razão em manifestar sua crença, pois a relação direito/dever não estará consubstanciada. Diz-se, assim, que a liberdade pessoal de crença somente se completa quando, junto dela, ocorre também a capacidade de respeitar a crença alheia.

1.2.7 *Liberdade de associação e de reunião*

Artigo XX, DUDH

1. Toda pessoa tem direito à **liberdade de reunião e associação** *pacíficas.*

2. Ninguém pode ser **obrigado** *a fazer parte de uma associação.*

Artigo 21, PIDCP

Direito de reunião pacífica será reconhecido. O exercício desse direito estará sujeito apenas às restrições previstas em **lei** *e que se façam necessárias, em um sociedade democrática, no interesse da* **segurança nacional***, da* **segurança** *ou da* **ordem públicas***, ou para proteger a* **saúde públicas** *ou os* **direitos e as liberdades das pessoas***.*

Artigo 22, PIDCP

*1. Toda pessoa terá o **direito de associar-se livremente** a outras, inclusive o direito de construir **sindicatos** e de a eles filiar-se, para a proteção de seus interesses.*

*2. O exercício desse direito estará sujeito apenas às **restrições** previstas em lei e que se façam necessárias, em um sociedade democrática, no interesse da segurança nacional, da segurança e da ordem públicas, ou para proteger a saúde ou a moral públicas ou os direitos a liberdades das demais pessoas. O presente artigo não impedirá que se submeta a restrições legais o exercício desse direito por membros das forças armadas e da polícia.*

3. Nenhuma das disposições do presente artigo permitirá que Estados Partes da Convenção de 1948 da Organização do Trabalho, relativa à liberdade sindical e à proteção do direito sindical, venham a adotar medidas legislativas que restrinjam – ou aplicar a lei de maneira a restringir – as garantias previstas na referida Convenção.

Artigo XXI – Direito de reunião, DADH

*Toda pessoa tem o direito de se **reunir pacificamente** com outras, em **manifestação pública**, ou em **assembleia transitória**, em relação com seus **interesses comuns**, de qualquer natureza que sejam.*

Artigo XXII – Direito de associação, DADH

*Toda pessoa tem o direito de **se associar** com outras a fim de **promover, exercer e proteger os seus interesses legítimos**, de ordem política, econômica, religiosa, social, cultural, profissional, sindical ou de qualquer outra natureza.*

Artigo 15 – Direito de reunião, CADH

*É reconhecido o direito de **reunião pacífica e sem armas**. O exercício desse direito só pode estar sujeito às restrições previstas em **lei** e que se façam necessárias, em uma sociedade democrática, ao **interesse da segurança nacional, da segurança ou ordem públicas**, ou para proteger a **saúde ou a moral públicas** ou **os direitos e as liberdades das demais pessoas.***

Artigo 16 – Liberdade de associação, CADH

*1. Todas as pessoas têm o direito de associar-se livremente com fins **ideológicos, religiosos, políticos, econômicos, trabalhistas, sociais, culturais, desportivos ou de qualquer outra natureza**.*

*2. O exercício desse direito só pode estar sujeito às **restrições** previstas em lei e que se façam necessárias, em uma sociedade democrática, ao interesse da segurança nacional, da segurança e da ordem públicas, ou para proteger a saúde ou a moral públicas ou os direitos e as liberdades das demais pessoas.*

*3. O presente artigo não impede a imposição de **restrições legais**, e mesmo a privação do exercício do direito de associação, **aos membros das forças armadas e da polícia**.*

Liberdade de associação e de reunião é a liberdade de reunir-se em grupo, manifestando em conjunto um pensamento ou ideário, ou mesmo defendendo interesses em comum. Embora seja possível estabelecer um conceito comum genérico, a liberdade de associação difere-se da de reunião por sua **perenidade**, isto é, enquanto a liberdade de reunião é exercida de forma sazonal, eventual, a liberdade de associação implica na formação de um grupo organizado que se mantém por um período de tempo considerável, dotado de estrutura e organização próprias.

Nos termos do artigo XX da Declaração Universal de 1948, toda pessoa tem direito à liberdade de reunião e associação pacíficas, direito ao qual ninguém pode ser obrigado. Logo, a liberdade de associar-se envolve também a liberdade de deixar de fazê-lo.

Tanto o artigo 21 do Pacto Internacional de Direitos Civis e Políticos quanto o artigo 15 da Convenção Americana sobre Direitos Humanos delimitam o direito de reunião com pequenas variações semânticas, reconhecendo-o desde que exercido de forma pacífica e sem armas, cabendo somente as restrições legais e necessárias, em uma sociedade democrática, ao interesse da segurança nacional, da segurança ou ordem públicas, ou para proteger a saúde ou a moral públicas ou os direitos e as liberdades das demais pessoas. Sentido semelhante e um pouco menos abrangente segue o artigo XXII da Declaração Americana.

Ao tratar da liberdade de associação, o artigo 22 do Pacto Internacional de Direitos Civis e Políticos é mais voltado à liberdade sindical, enquanto o artigo 16 da Convenção Americana sobre Direitos Humanos trata a liberdade de associação num sentido mais amplo, assim como o artigo 22 da Declaração Americana. Destaca-se o primeiro parágrafo do artigo 16 da Convenção, pelo qual todas as pessoas têm o direito de associar-se livremente com fins ideológicos, religiosos, políticos, econômicos, trabalhistas, sociais, culturais, desportivos ou de qualquer outra natureza. Em comum, ambos estabelecem as mesmas limitações, notadamente: restrições previstas em lei e que se mostrem necessárias na sociedade democrática, em defesa da segurança nacional, da segurança e da ordem públicas, ou para proteger a saúde ou a moral públicas, bem como os direitos e liberdades de terceiros; por isso mesmo, aceitam-se restrições legais ao exercício deste direito por membros das forças armadas e da polícia, o que poderia desequilibrar o controle da força estatal e impedir que o Estado garanta plenamente a segurança dos cidadãos.

O artigo 22 do Pacto, por ser mais focado na liberdade de formar sindicatos, remete à impossibilidade de ser usado para restringir garantias previstas na Convenção de 1948 da Organização do Trabalho sobre liberdade sindical e proteção do direito sindical. Opta-se, para fins metodológicos, em aprofundar tal documento na abordagem sobre direitos dos trabalhadores, no tópico de direitos sociais.

No âmbito brasileiro, pelo art. 5º, XVI, CF, todos podem *reunir-se* pacificamente, sem armas, em locais abertos ao público, independentemente de autorização, desde que não frustrem outra reunião anteriormente convocada para o mesmo local, sendo apenas exigido prévio aviso à autoridade competente. Eis a *liberdade de reunião*.

Já pelo art. 5º, XVII, CF, é plena a liberdade de *associação* para fins lícitos, sendo vedado que associações tenham caráter paramilitar. Eis a *liberdade de associação*.

Ademais, a criação de associações independe de lei, sendo vedada a interferência estatal em seu funcionamento (art. 5º, XVIII, CF). As associações poderão ter suas atividades suspensas (para isso não se exige decisão judicial transitada em julgado), ou poderão ser dissolvidas (para isso se exige decisão judicial transitada em julgado) (art. 5º, XIX, CF). Ninguém poderá ser compelido a associar-se ou manter-se associado, contudo (art. 5º, XX, CF).

Também, o art. 5º, XXI, da CF, estabelece a possibilidade de representação processual dos associados pelas entidades associativas. Trata-se de verdadeira representação processual (não é substituição), que depende de autorização expressa dos associados nesse sentido, que pode ser dada em assembleia ou mediante previsão genérica no Estatuto.

Por fim, também no âmbito do direito interno, merece destaque na análise do direito de reunião o estudo dos protestos populares que vêm acontecendo no país, como a "*Marcha das Vadias*", a "*Marcha da Maconha*", e o "*Movimento Passe Livre*"; outros movimentos de massa como a "*Parada do Orgulho Gay*", as "*Marchas para Jesus*", a edição brasileira da "*Jornada Mundial da Juventude*"; e, por fim, manifestações de classes insatisfeitas com seus governos, como os casos de professores, metroviários, profissionais de saúde etc. Todos os exemplos acima dados nada mais representam que a consagração do direito de reunião (conjugado, obviamente, com o direito à livre manifestação do pensamento).

Urge lembrar que o art. 5º, XVI, da Constituição da República, consagra o direito de reunião de forma pacífica (sem armas), e desde que não se frustre outra reunião anteriormente convocada para o mesmo local.

A exigência do *pacifismo* se dá pelo natural almejo do constitucional direito de reunião, que é o movimento popular de reclamar mudanças pela via democrática, algo absolutamente incompatível com qualquer concepção de força ou truculência de qualquer que seja o lado que ela venha.

Já a exigência de que *não se frustre outra manifestação anteriormente convocada para o mesmo local* deve-se à capacidade operacional de oferecimento de segurança pelas autoridades policiais a um determinado protesto, à necessidade de evitar que movimentos que defendam lemas antagônicos se choquem e acabem por desencadear algum tipo de conflito, e, em sentido muito mais amplo, de respeitar aquele grupo político-ideológico que está em seu natural momento de manifestar-se (que nada mais representa que a coexistência de liberdades recíprocas). É dizer: uma "Marcha do Orgulho Heterossexual", no mesmo dia e local combinado para uma "Marcha do Orgulho Homossexual", como fato ilustrativo, pode dar ensejo a algum tipo de manifestação de intolerância por qualquer das partes que fuja ao controle das autoridades responsáveis pelo oferecimento de segurança à manifestação.

A exigência do *prévio aviso às autoridades competentes*, por fim, não almeja ter a natureza de "pedido formal" por parte da comissão organizadora da manifestação, tão menos a exigência de uma autorização. O objetivo é dar ciência aos órgãos de segurança para que estes: possam minimizar os efeitos da manifestação em dada localidade (como, se possível, evitar que uma grande, movimentada e importante avenida seja obstruída por completo, a fim de garantir que os carros e pessoas que não querem participar da manifestação possam por ela transitar), ou checar em seus registros se já não existe manifestação anteriormente convocada para o mesmo local (o prévio aviso, neste prumo, serve para fixar uma regra de preferência ao grupo no que tange à localidade do protesto), bem como para garantir que a manifestação seja protegida contra eventuais movimentos contrários (neste caso, os órgãos de segurança não almejam assegurar direitos dos terceiros não-manifestantes, mas dos próprios manifestantes, a fim de que seus direitos sejam exercidos independentemente de terceiros).

1.2.8 Liberdade de trabalho

Artigo IV, DUDH

*Ninguém será mantido em **escravidão ou servidão**, a escravidão e o tráfico de escravos serão proibidos em todas as suas formas.*

Artigo 8º, PIDCP

*1. Ninguém poderá ser submetido à escravidão; a escravidão e o tráfico de escravos, em todas as suas formas, ficam **proibidos**.*

2. Ninguém poderá ser submetido à servidão.

*3. a) Ninguém poderá ser obrigado a executar **trabalhos forçados ou obrigatórios**;*

*b) A alínea "a" do presente parágrafo não poderá ser interpretada no sentido de proibir, nos países em que certos **crimes sejam punidos com prisão e trabalhos forçados**, o cumprimento de penas de trabalhos forçados, imposta por um tribunal competente;*

*c) Para os efeitos do presente parágrafo, **não serão considerados "trabalhos forçados ou obrigatórios"**:*

*i) qualquer trabalho ou serviço, não previsto na alínea "b", normalmente exigido de um indivíduo que tenha sido encerrado em **cumprimento de decisão judicial** ou que, tendo sido objeto de tal decisão, ache-se em liberdade condicional;*

*ii) qualquer serviço de caráter **militar** e, nos países em que se admite a isenção por motivo de consciência, qualquer serviço nacional que a lei venha a exigir daqueles que se oponha ao serviço militar por motivo de consciência;*

*iii) qualquer serviço exigido em **casos de emergência ou de calamidade** que ameacem o bem-estar da comunidade;*

*iv) qualquer trabalho ou serviço que faça parte das **obrigações cívicas** normais.*

Artigo 6º – Proibição da escravidão e da servidão, CADH

*1. Ninguém poderá ser submetido a escravidão ou servidão e tanto estas como o **tráfico de escravos e o tráfico de mulheres são proibidos** em todas as suas formas.*

*2. Ninguém deve ser constrangido a executar **trabalho forçado ou obrigatório**. Nos países em que se prescreve, para certos delitos, pena privativa de liberdade acompanhada de trabalhos forçados, esta disposição não pode ser interpretada no sentido de **proibir o cumprimento da dita pena**, imposta por um juiz ou tribunal competente. O trabalho forçado não deve afetar a **dignidade**, nem a capacidade física e intelectual do recluso.*

*3. **Não constituem** trabalhos forçados ou obrigatórios para os efeitos deste artigo:*

*a) os trabalhos ou serviços **normalmente exigidos de pessoa reclusa** em cumprimento de sentença ou resolução formal expedida pela autoridade judiciária competente. Tais trabalhos ou serviços devem ser executados sob a vigilância e controle das autoridades públicas, e os indivíduos que os executarem não devem ser postos à disposição de particulares, companhias ou pessoas jurídicas de caráter privado;*

*b) serviço **militar** e, nos países em que se admite a isenção por motivo de consciência, qualquer serviço nacional que a lei estabelecer em lugar daquele;*

*c) o serviço exigido em **casos de perigo ou de calamidade** que ameacem a existência ou o bem-estar da comunidade;*

*d) o trabalho ou serviço que faça parte das **obrigações cívicas** normais.*

(MINISTÉRIO PÚBLICO DA UNIÃO – MPT – PROCURADOR DO TRABALHO – 2008) Em se considerando que o trabalho prestado por pessoas reduzidas à condição análoga à de escravo é gênero, disserte sobre as suas espécies, enfocando, inclusive, normas internacionais aplicáveis à hipótese.

A liberdade de trabalho envolve a vedação da escravidão e da servidão em todas as suas formas. Será abordada neste tópico e não dentro dos direitos sociais, pois, muito mais que um direito do trabalhador, trata-se de um direito da pessoa humana enquanto ser autônomo e dotado de liberdade para ir e vir e trabalhar no que bem lhe aprouver, respeitados os requisitos legais.

Qual a diferença entre servidão e escravidão?

De acordo com o artigo IV da Declaração Universal de 1948, ninguém será submetido à escravidão ou à servidão, sendo tais práticas proibidas em todas as suas formas.

"O trabalho escravo não se confunde com o trabalho servil. A escravidão é a propriedade plena de um homem sobre o outro. Consiste na utilização, em proveito próprio, do trabalho alheio. Os escravos eram considerados seres humanos sem personalidade, mérito ou valor. A servidão, por seu turno, é uma alienação relativa da liberdade de trabalho através de um pacto de prestação de serviços ou de uma ligação absoluta do trabalhador à terra, já que a servidão era uma instituição típica das sociedades feudais. A servidão, representava a espinha dorsal do feudalismo. O servo pagava ao senhor feudal uma taxa altíssima pela utilização do solo, que superava a metade da colheita"[49].

Não ser escravo ou servil é ser um indivíduo livre, dotado de capacidade de consciência e autodeterminação, manifestando sua própria vontade ao mundo, logo,

---

[49] BARRETO, Ana Carolina Rossi; IBRAHIM, Fábio Zambitte... Op. Cit., p. 21.

digno em sua essência. A escravidão e a servidão são a **forma mais vil de desrespeito à racionalidade e à dignidade do ser humano**, pois implicam em aceitar a premissa de que existem seres humanos inferiores, e, por isso, submissos a outros.

O artigo 8º do Pacto Internacional de Direitos Civis e Políticos aprofunda, ao lado do artigo 6º da Convenção Americana sobre Direitos Humanos, a vedação da escravidão e da servidão. Embora ambos tenham o mesmo teor, o artigo 6º da Convenção é mais detalhado, além de ser o único a mencionar o tráfico de mulheres como uma proibição ao lado do tráfico de escravos. Reforça-se a vedação ao trabalho forçado, embora isso não signifique a ilegalidade de penas que envolvam, por exemplo, prestação de serviços à comunidade ou o próprio trabalho obrigatório remunerado do preso (que se não atendido não impede que se cumpra a pena).

No mais, nota-se que o principal aprofundamento feito em relação à Declaração Universal é o estabelecimento de situações de trabalhos forçados ou obrigatórios que não podem ser considerados trabalho escravo ou servil: o aplicado como pena na esfera criminal (prestação de serviços à comunidade e penas alternativas semelhantes), o serviço militar e a obrigação substitutiva, o serviço em prol de solucionar uma situação de calamidade ou perigo na comunidade, o serviço inerente a obrigações cívicas (como o voto obrigatório).

> *O que prevê a normativa específica sobre a abolição da escravidão no âmbito internacional?*

Considerada a normativa específica da Organização das Nações Unidas, a **Convenção Suplementar sobre a Abolição da Escravatura, do Tráfico de Escravos e das Instituições e Práticas Análogas à Escravatura** foi adotada em Genebra em 7 de setembro de 1956, promulgada no Brasil pelo Decreto Presidencial nº 58.563, de 1º de junho de 1966.

A primeira seção do documento volta-se às instituições e práticas análogas à de escravidão, prevendo: "Artigo 1º Cada um dos Estados Membros à presente Convenção tomará todas as medidas, legislativas e de outra natureza, que sejam viáveis e necessárias, para obter progressivamente e logo que possível a abolição completa ou o abandono das instituições e práticas seguintes, onde quer ainda subsistam, enquadrem-se ou não na definição de escravidão assinada em Genebra, em 25 de setembro de 1926. § 1º A servidão por dívidas, isto é, o estado ou a condição resultante do fato de que um devedor se haja comprometido a fornecer, em garantia de uma dívida, seus serviços pessoais ou os de alguém sobre o qual tenha autoridade, se o valor desses serviços não for equitativamente avaliado no ato da liquidação da dívida ou se a duração desses serviços não for limitada nem sua natureza definida. § 2º A servidão, isto é, a condição de qualquer um que seja obrigado pela lei, pelo costume ou por um acordo, a viver e trabalhar numa terra pertencente a outra pessoa e a fornecer a essa outra pessoa, contra remuneração ou gratuitamente, determinados serviços, sem poder mudar sua condição. § 3º Toda instituição ou prática em virtude da qual: Uma mulher é, sem que tenha o direito de recusa, prometida ou dada em casamento, mediante remuneração em dinheiro ou espécie entregue a seus pais, tutor, família ou a qualquer outra pessoa ou grupo de pessoas; o marido de uma mulher, a família ou clã deste têm o direito de cedê-la a um terceiro, a título oneroso ou não; a mulher pode, por morte do marido, ser transmitida por sucessão a outra pessoa; toda instituição ou prática em virtude da qual uma criança ou um adolescente de menos de dezoito anos é entregue, quer por seus pais ou um deles, quer por seu tutor, a um terceiro, mediante remuneração ou sem ela, com o fim da exploração da pessoa ou do trabalho da referida criança ou adolescente. Artigo 2º Com o propósito de acabar com as instituições e práticas visadas no '§ 3º' do 'artigo 1º' da presente Convenção, os Estados Membros se comprometem a fixar, onde couber, idades mínimas adequadas para o casamento; a estimular adoção de um processo que permita a ambos os futuros cônjuges exprimir livremente o seu consentimento ao matrimônio, em presença de uma autoridade civil ou religiosa competente, e a fomentar o registro dos casamentos".

A seção II aborda o tráfico de escravos e assim prevê: "Artigo 3º. § 1º O ato de transportar escravos de um país a outro, por qualquer meio de transporte, ou a cumplicidade nesse ato, constituirá infração penal segundo a lei dos Estados Membros à Convenção, e as pessoas reconhecidas culpadas de tal informação serão passíveis de penas muito rigorosas. § 2º Os Estados Membros tomarão todas as medidas necessárias para impedir que os navios e aeronaves autorizados a arvorar suas bandeiras transportem escravos e para punir as pessoas culpadas desse ato ou culpadas de utilizar o pavilhão nacional para tal fim. § 3º Os Estados Membros tomarão todas as medidas necessárias para que seus portos, seus aeródromos e suas costas não possam servir para o transporte de escravos. § 4º Os Estados Membros à Convenção trocarão informações a fim de assegurar a coordenação prática das medidas tomadas pelos mesmos na luta contra o tráfico de escravos e se comunicarão mutuamente qualquer caso de tráfico de escravos e qualquer tentativa de infração desse gênero de que tenham conhecimento. Artigo 4º Todo escravo que se refugiar a bordo de um navio de Estado Membros à presente Convenção será livre *ipso facto*".

Relevante, ainda, a previsão do artigo 7º, de caráter conceitual: "Para os fins da presente Convenção: § 1º 'Escravidão', tal como foi definida na Convenção sobre a Escravidão de 1926, é o estado ou a condição de um indivíduo sobre o qual se exercem todos ou parte dos poderes atribuídos ao direito de propriedade, e 'escravo' é o indivíduo em tal estado ou condição. § 2º 'Pessoa de condição servil' é a que se encontra no estado ou condição que resulta de alguma das instituições ou práticas mencionadas no artigo primeiro da presente Convenção. § 3º 'Tráfico de escravos' significa e compreende todo ato de captura, aquisição ou cessão de uma pessoa com a intenção de escravizá-la; todo ato de aquisição de um escravo para vendê-lo ou trocá-lo; todo ato de cessão, por venda ou troca, de uma pessoa adquirida para ser vendida ou trocada, assim como, em geral, todo ato de comércio ou transporte de escravos, seja qual for o meio de transporte empregado".

Também a Organização Internacional do Trabalho fez emanar disciplina relevante no tema da proibição da escravidão e da servidão pela sua **Convenção nº 105**, de 25 de junho de 1957 (promulgada pelo Brasil em 1966, pelo Decreto nº 58.822), concernente à abolição do trabalho forçado, destacando-se o artigo 1º do documento: "Qualquer Membro da Organização Internacional do Trabalho que ratifique a presente convenção se compromete a suprimir o trabalho forçado ou obrigatório, e a não recorrer ao mesmo sob forma alguma; a) como medida de coerção, ou de educação política ou como sanção dirigida a pessoas que tenham ou exprimam certas opiniões políticas, ou manifestem sua oposição ideológica, à ordem política, social ou econômica estabelecida; b) como método de mobilização e de utilização da mão-de-obra para fins de desenvolvimento econômico; c) como medida de disciplina de trabalho; d) como punição por participação em greves; e) como medida de discriminação racial, social, nacional ou religiosa".

Em que pese a abolição da escravidão e da servidão como afirmada já na origem da construção teórica dos direitos humanos, ainda permanecem as práticas de escravidão de fato, que devem ser consideradas puníveis pela lei.

No Brasil, é livre o exercício de qualquer trabalho, ofício ou profissão, atendidas as qualificações profissionais que a lei estabelecer (art. 5º, XIII, CF). Tal liberdade representa tanto o *exercício* de qualquer profissão como a *escolha* de qualquer profissão. Mais recentemente, isso se refletiu em alteração do texto constitucional, por força da Emenda Constitucional nº 81/2014 (conhecida por "Emenda do Trabalho Escravo"), que inseriu uma nova hipótese de confisco da propriedade. Pelo novo art. 243 da Constituição, as propriedades urbanas e rurais de qualquer região do país onde forem localizadas culturas ilegais de plantas psicotrópicas (hipótese já prevista anteriormente à Emenda) **ou a exploração de trabalho escravo na forma da lei** (hipótese acrescida) serão expropriadas e destinadas à reforma agrária e a programas de habitação popular, sem qualquer indenização ao proprietário e sem prejuízo de outras sanções previstas em lei, observado, no que couber, o disposto no art. 5º. Ato contínuo, pelo parágrafo único do dispositivo, todo e qualquer bem de valor econômico apreendido em decorrência do tráfico ilícito de entorpecentes e drogas afins (hipótese anterior à Emenda) **e da exploração de trabalho escravo** (hipótese acrescida) será confiscado e reverterá a fundo especial com destinação específica, na forma da lei.

Em verdade, a escravidão e a servidão foram abolidas em termos jurídicos no Brasil e no mundo. Entretanto, não se pode fechar os olhos às inúmeras situações de **escravidão de fato**, comum nas regiões mais isoladas, correspondendo ao fenômeno residual pelo qual pessoas são aliciadas para trabalho escravo por proprietários de terras ou empresas de forma oculta; e de **escravidão indireta**, corresponde à não percepção da justa remuneração pelo trabalho nos moldes que a lei garante, suficientes para a dignidade humana[50].

A Corte Interamericana de Direitos Humanos julgou:

- No **caso Trabalhadores da Fazenda Brasil Verde vs. Brasil**, de outubro de 2016, que será aprofundado no capítulo 5, sobreveio a primeira condenação da Corte por trabalho escravo, referente ao episódio de 85 trabalhadores resgatados em 15 de março de 2000. A Corte considerou que o Brasil não tomou as devidas precauções para prevenir os acontecimentos.

---

[50] BARRETO, Ana Carolina Rossi; IBRAHIM, Fábio Zambitte... Op. Cit., p. 21-22.

1.2.9 Tráfico internacional de pessoas

Um tipo de prática que atenta contra as liberdades fundamentais e que, infelizmente, ainda é comum, é a do tráfico de pessoas, que atinge **majoritariamente** mulheres e crianças. As causas que podem levar à prática de tráfico são as mais diversas, desde pretensão de extração de órgãos, venda de crianças a famílias sem fertilidade e, principalmente, finalidade sexual (impondo-se à vítima a prática de prostituição).

> O que disciplinam os protocolos à Convenção das Nações Unidas relativo ao Combate ao Tráfico de Migrantes por Via Terrestre, Marítima e Aérea e contra o Crime Organizado Transnacional Relativo à Prevenção, Repressão e Punição do Tráfico de Pessoas, em Especial Mulheres e Crianças?

No âmbito da Organização das Nações Unidas, as disciplinas que merecem maior destaque são dois **protocolos** à Convenção das Nações Unidas contra o Crime Organizado Transnacional: o primeiro, assinado em 15 de novembro de 2000 e promulgado no Brasil pelo Decreto nº 5.016 de 12 de março de 2004, **relativo ao Combate ao Tráfico de Migrantes por Via Terrestre, Marítima e Aérea**; o segundo, também assinado em 15 de novembro de 2000 e promulgado no Brasil pelo Decreto nº 5.017 de 12 de março de 2004, **contra o Crime Organizado Transnacional Relativo à Prevenção, Repressão e Punição do Tráfico de Pessoas, em Especial Mulheres e Crianças**.

No Protocolo relativo ao Combate do Tráfico de Migrantes destaca-se o artigo 3º, de caráter conceitual: "Para efeitos do presente Protocolo: a) A expressão 'tráfico de migrantes' significa a promoção, com o objetivo de obter, direta ou indiretamente, um benefício financeiro ou outro benefício material, da entrada ilegal de uma pessoa num Estado Parte do qual essa pessoa não seja nacional ou residente permanente; b) A expressão 'entrada ilegal' significa a passagem de fronteiras sem preencher os requisitos necessários para a entrada legal no Estado de acolhimento; c) A expressão 'documento de viagem ou de identidade fraudulento' significa qualquer documento de viagem ou de identificação: (i) Que tenha sido falsificado ou alterado de forma substancial por uma pessoa ou uma entidade que não esteja legalmente autorizada a fazer ou emitir documentos de viagem ou de identidade em nome de um Estado; ou (ii) Que tenha sido emitido ou obtido de forma irregular, através de falsas declarações, corrupção ou coação ou qualquer outro meio ilícito; ou (iii) Que seja utilizado por uma pessoa que não seja seu titular legítimo; d) O termo 'navio' significa todo o tipo de embarcação, incluindo embarcações sem calado e hidroaviões, utilizados ou que possam ser utilizados como meio de transporte sobre a água, com exceção dos vasos de guerra, navios auxiliares da armada ou outras embarcações pertencentes a um Governo ou por ele exploradas, desde que sejam utilizadas exclusivamente por um serviço público não comercial". Deverão ser adotadas medidas de criminalização no âmbito dos Estados Partes, sem prejuízo do desenvolvimento de políticas de prevenção. No caso do tráfico pela via marítima, um Estado pode fiscalizar navio que esteja abarcando em seu porto caso haja suspeitas e deverá respeitar na abordagem os direitos humanos tanto dos tripulantes quanto de eventuais vítimas. Os migrantes encontrados deverão ter facilitado seu direito de regresso ao território de origem. Dos artigos 10 a 15 do Protocolo são previstas medidas de prevenção e medidas de colaboração entre os Estados, como a exigência de documentos, notadamente nas fronteiras, e a troca de informações.

O Protocolo contra o Crime Organizado Transnacional Relativo à Prevenção, Repressão e Punição do Tráfico de Pessoas, em Especial Mulheres e Crianças, também traz um artigo 3º de caráter conceitual: "Para efeitos do presente Protocolo: a) A expressão 'tráfico de pessoas' significa o recrutamento, o transporte, a transferência, o alojamento ou o acolhimento de pessoas, recorrendo à ameaça ou uso da força ou a outras formas de coação, ao rapto, à fraude, ao engano, ao abuso de autoridade ou à situação de vulnerabilidade ou à entrega ou aceitação de pagamentos ou benefícios para obter o consentimento de uma pessoa que tenha autoridade sobre outra para fins de exploração. A exploração incluirá, no mínimo, a exploração da prostituição de outrem ou outras formas de exploração sexual, o trabalho ou serviços forçados, escravatura ou práticas similares à escravatura, a servidão ou a remoção de órgãos; b) O consentimento dado pela vítima de tráfico de pessoas tendo em vista qualquer tipo de exploração descrito na alínea a) do presente artigo será considerado irrelevante se tiver sido utilizado qualquer um dos meios referidos na alínea a); c) O recrutamento, o transporte, a transferência, o alojamento ou o acolhimento de uma criança para fins de exploração serão considerados 'tráfico de pessoas' mesmo que não envolvam nenhum dos meios referidos da alínea a) do presente artigo; d) O termo 'criança' significa qualquer pessoa com idade inferior a dezoito anos". As vítimas deverão receber a devida assistência e proteção e será facilitado o repatriamento o mais rápido possível, conforme prevê a seção 2 (artigo 6º a 8º) do Protocolo.

As medidas de prevenção são descritas no artigo 9º do protocolo: "1. Os Estados Partes estabelecerão políticas abrangentes, programas e outras medidas para: a) Prevenir e combater o tráfico de pessoas; e b) Proteger as vítimas de tráfico de pessoas, especialmente as mulheres e as crianças, de nova vitimação. 2. Os Estados Partes envidarão esforços para tomarem medidas tais como pesquisas, campanhas de informação e de difusão através dos órgãos de comunicação, bem como iniciativas sociais e econômicas de forma a prevenir e combater o tráfico de pessoas. 3. As políticas, programas e outras medidas estabelecidas em conformidade com o presente Artigo incluirão, se necessário, a cooperação com organizações não-governamentais, outras organizações relevantes e outros elementos da sociedade civil. 4. Os Estados Partes tomarão ou reforçarão as medidas, inclusive mediante a cooperação bilateral ou multilateral, para reduzir os fatores como a pobreza, o subdesenvolvimento e a desigualdade de oportunidades que tornam as pessoas, especialmente as mulheres e as crianças, vulneráveis ao tráfico. 5. Os Estados Partes adotarão ou reforçarão as medidas legislativas ou outras, tais como medidas educacionais, sociais ou culturais, inclusive mediante a cooperação bilateral ou multilateral, a fim de desencorajar a procura que fomenta todo o tipo de exploração de pessoas, especialmente de mulheres e crianças, conducentes ao tráfico". Por sua vez, os artigos 10 a 13 aprofundam a questão do controle de documentos, notadamente nas fronteiras, bem como a temática da troca de informações.

Na esfera interamericana, a preocupação acaba refletindo a normativa da Organização das Nações Unidas, havendo algumas resoluções da Assembleia Geral da Organização dos Estados Americanos. Neste sentido, as seguintes resoluções: AG/RES nº 2.486 (XXXIX-O/09) e AG/RES nº 2.432 (XXXVIII-O/08) sobre prevenção e erradicação da exploração sexual de mulheres e crianças; e AG/RES nº 2118 (XXXV-O/05) e AG/RES nº 1948 (XXXIII-O/03) sobre o combate ao delito de tráfico de pessoas. Por seu turno, há a **Convenção Interamericana sobre Tráfico Internacional de Menores**, assinada na Cidade do México em 18 de março de 1994, promulgada no Brasil em 20 de agosto de 1998, através do Decreto nº 2.740.

Na referida Convenção, os Estados-partes assumem o compromisso de "a) garantir a proteção do menor, levando em consideração os seus interesses superiores; b) instituir entre os Estados Partes um sistema de cooperação jurídica que consagre a prevenção e a sanção do tráfico internacional de menores, bem como a adoção das disposições jurídicas e administrativas sobre a referida matéria com essa finalidade; c) assegurar a pronta restituição do menor vítima do tráfico internacional ao Estado onde tem residência habitual, levando em conta os interesses superiores do menor" (artigo 1º). A Convenção abrange aspectos penais e civis relativos ao tema, conforme o artigo 3º. Fixa-se o dever de cooperação estatal (artigo 4º) a ser exercido notadamente por uma autoridade central estabelecida em cada Estado-parte (artigo 5º).

Conceitualmente, destaca-se o artigo 2º: "a) por 'menor', todo ser humano menor de 18 anos de idade; b) por 'tráfico internacional de menores', a subtração, a transferência ou retenção, ou a tentativa de subtração, transferência ou retenção de um menor, com propósitos ou por meios ilícitos; c) por 'propósitos ilícitos', entre outros, prostituição, exploração sexual, servidão ou qualquer outro propósito ilícito, seja no Estado em que o menor resida habitualmente, ou no Estado Parte em que este se encontre; e d) por 'meios ilícitos', entre outros, o sequestro, o consentimento mediante coação ou fraude, a entrega ou o recebimento de pagamentos ou benefícios ilícitos com vistas a obter o consentimento dos pais, das pessoas ou da instituição responsáveis pelo menor, ou qualquer outro meio ilícito utilizado seja no Estado de residência habitual do menor ou no Estado Parte em que este se encontre".

Penalmente, fixa-se o dever de prevenir e sancionar práticas de tráfico internacional, bem como um amplo conceito de jurisdição para apuração e punição de ilícitos; estabelece-se o dever de criação de mecanismos de controle e execução; e proíbe-se a negativa de extradição pela prática de crimes de tal natureza (artigos 7º a 11). Civilmente, estabelece-se o procedimento de solicitação de localização e de restituição a tramitar perante as autoridades centrais, reforçando-se o dever de cooperação (artigos 12 a 22).

1.2.10 Liberdade de locomoção e de residência

Artigo XIII, DUDH

1. Toda pessoa tem direito à **liberdade de locomoção e residência** *dentro das fronteiras de cada Estado.*

2. *Toda pessoa tem o direito de **deixar qualquer país, inclusive o próprio, e a este regressar**.*

Artigo 12, PIDCP

*1. Toda pessoa que se ache legalmente no território de um Estado terá o direito de nele **livremente circular** e escolher sua **residência**.*

*2. Toda pessoa terá o direito de **sair livremente de qualquer país**, inclusive de seu próprio país.*

*3. Os direitos supracitados não poderão constituir objeto de restrição, a menos que estejam previstas em **lei** e no intuito de proteger a **segurança nacional e a ordem, a saúde ou a moral pública, bem como os direitos e liberdades das demais pessoas**, e que sejam compatíveis com os outros direitos reconhecidos no presente pacto.*

4. Ninguém poderá ser privado do direito de entrar em seu próprio país.

Artigo VIII – Direito de residência e trânsito, DADH

*Toda pessoa tem direito de **fixar sua residência** no território do Estado de que é nacional, de **transitar por ele livremente** e de **não abandoná-lo** senão por sua própria vontade.*

Artigo 22 – Direito de circulação e de residência, CADH

*1. Toda pessoa que se encontre legalmente no território de um Estado tem o direito de **nele livremente circular e de nele residir**, em conformidade com as disposições legais.*

*2. Toda pessoa terá o direito de **sair livremente de qualquer país**, inclusive de seu próprio país.*

*3. O exercício dos direitos supracitados não pode ser **restringido**, senão em virtude de lei, na medida indispensável, em uma sociedade democrática, para prevenir infrações penais ou para proteger a segurança nacional, a segurança ou a ordem públicas, a moral ou a saúde públicas, ou os direitos e liberdades das demais pessoas.*

*4. O exercício dos direitos reconhecidos no inciso 1 pode também ser restringido pela lei, em **zonas determinadas**, por motivo de interesse público.*

*5. Ninguém pode ser **expulso do território do Estado do qual for nacional e nem ser privado do direito de nele entrar**.*

*6. O estrangeiro que se encontre legalmente no território de um Estado-parte na presente Convenção só poderá dele **ser expulso em decorrência de decisão adotada em conformidade com a lei**. [...]*

A liberdade de locomoção envolve o direito de ir e vir, notadamente dentro do território nacional, aliada à liberdade de residência, ou seja, de morar em qualquer lugar deste território. Prevê o artigo XIII da Declaração Universal que toda pessoa tem direito à liberdade de locomoção e residência dentro das fronteiras de cada Estado, o que envolve o direito de deixar o território de qualquer Estado e de ingressar no de seu próprio Estado. Nota-se que a liberdade de locomoção não envolve o direito de entrar em qualquer país, mas apenas de sair de qualquer país e de regressar ao seu próprio país. Sentido semelhante possui o artigo VIII da Declaração Americana.

O artigo 12 do Pacto Internacional de Direitos Civis e Políticos trata da liberdade de locomoção e de residência, assim como o artigo 22 da Convenção Americana sobre Direitos Humanos. A diferença é que o segundo se aprofunda em aspectos da extradição e do asilo, instituto ligado aos direitos políticos que será estudado à parte. Tirando isto, o artigo 22 da Convenção, diferente do artigo 12 do Pacto, também lembra a possibilidade de limitar o direito de locomoção em áreas específicas do território nacional por motivo de interesse público, o que na verdade pode ser deduzido do parágrafo terceiro do artigo 12 do Pacto. Cabe, assim, a delimitação de zonas e áreas inacessíveis por razões de segurança nacional; de ordem, saúde ou moral públicas; e de preservação dos direitos e liberdades das demais pessoas. Inclui-se, neste ponto, a restrição ao livre ingresso de estrangeiros em seu país, preservando os interesses de seus nacionais.

Em resumo, são exceções à liberdade de locomoção: decisão judicial que imponha pena privativa de liberdade ou limitação da liberdade, normas administrativas de controle de vias e veículos, limitações para estrangeiros em certas regiões ou áreas de segurança nacional e qualquer situação em que o direito à liberdade deva ceder aos interesses públicos[51].

A **Observação Geral nº 27** do Comitê de Direitos Humanos aborda a liberdade de locomoção sem grandes inovações quanto ao disposto no Pacto Internacional dos Direitos Civis e Políticos.

No mais, ao longo deste tópico, foram vistos temas específicos sobre a liberdade de locomoção, como a questão do tráfico de pessoas e a do desaparecimento forçado. Sem prejuízo, quando do estudo dos direitos humanos-penais denota-se a estrita relação entre as penas privativas de liberdade e a liberdade de locomoção.

1.3 Direito à igualdade: direitos humanos das minorias e grupos vulneráveis – discriminação e ações afirmativas

> *Artigo I, DUDH*
>
> *Todas as pessoas nascem livres e iguais em dignidade e direitos. São dotadas de razão e consciência e devem agir em relação umas às outras com espírito de fraternidade.*
>
> *Artigo II, DUDH*
>
> *Toda pessoa tem capacidade para gozar os direitos e as liberdades estabelecidos nesta Declaração, sem distinção de qualquer espécie, seja de raça, cor, sexo, língua, religião, opinião política ou de outra natureza, origem nacional ou social, riqueza, nascimento, ou qualquer outra condição.*

---

[51] SANTOS FILHO, Oswaldo de Souza. Comentários aos artigos XIII e XIV. In: BALERA, Wagner (Coord.). **Comentários à Declaração Universal dos Direitos do Homem**. Brasília: Fortium, 2008, p. 82.

Artigo VII, DUDH

Todos são **iguais perante a lei** e têm direito, sem qualquer distinção, a igual proteção da lei. Todos têm direito a igual proteção contra qualquer discriminação que viole a presente Declaração e contra qualquer incitamento a tal discriminação.

Artigo 3º, PIDCP

Os Estados partes do presente pacto comprometem-se a assegurar a homens e mulheres **igualdade** no gozo de todos os direitos civis e políticos enunciados no presente pacto.

Artigo 26, PIDCP

Todas as pessoas são **iguais perante a lei** e têm direito, **sem discriminação alguma**, a igual proteção da lei. A este respeito, a lei deverá proibir qualquer forma de discriminação e **garantir a todas as pessoas proteção igual e eficaz** contra qualquer discriminação por motivo de raça, cor, sexo, língua, religião, opinião política ou de outra natureza, origem nacional ou social, situação econômica, nascimento ou qualquer outra situação.

Artigo II – Direito de igualdade perante a lei, DADH

Todas as pessoas são **iguais perante a lei** e têm os **direitos e deveres** consagrados nesta declaração, sem distinção de raça, língua, crença, ou qualquer outra.

Artigo 1º – Obrigação de respeitar os direitos, CADH

Obrigação de respeitar os direitos

1. Os Estados-partes nesta Convenção comprometem-se a respeitar os direitos e liberdades nela reconhecidos e a garantir seu livre e pleno exercício a toda pessoa que esteja sujeita à sua jurisdição, **sem discriminação alguma**, por motivo de raça, cor, sexo, idioma, religião, opiniões políticas ou de qualquer outra natureza, origem nacional ou social, posição econômica, nascimento ou qualquer outra condição social.

2. Para efeitos desta Convenção, pessoa é todo ser humano.

Artigo 24 – Igualdade perante a lei, CADH

Igualdade perante a lei

Todas as pessoas são **iguais perante a lei**. Por conseguinte, têm direito, **sem discriminação** alguma, à igual proteção da lei.

Artigo 3º – Obrigação de não discriminação, PCADH

Os Estados Partes neste Protocolo comprometem-se a garantir o exercício dos direitos nele enunciados, **sem discriminação alguma** por motivo de raça, cor, sexo, idioma, religião, opiniões políticas ou de qualquer outra natureza, origem nacional ou social, posição econômica, nascimento ou qualquer outra condição social.

O direito à igualdade é um dos **direitos norteadores de interpretação de qualquer sistema jurídico**. O primeiro enfoque que foi dado a este direito foi o de direito civil, enquadrando-o na primeira dimensão, no sentido de que a todas as pessoas deveriam ser garantidos os mesmos direitos e deveres. Trata-se de um aspecto relacionado à igualdade enquanto liberdade, tirando o homem do arbítrio dos demais por meio da equiparação. Basicamente, estaria se falando na **igualdade perante a lei**.

No entanto, com o passar dos tempos, se percebeu que não bastava igualar todos os homens em direitos e deveres para torná-los iguais, pois nem todos possuem as mesmas condições de exercer estes direitos e deveres. Logo, não é suficiente garantir um direito à **igualdade formal**, mas é preciso buscar progressivamente a **igualdade material**. No sentido de igualdade material que aparece o direito à igualdade num segundo momento, pretendendo-se do Estado, tanto no momento de legislar quanto no de aplicar e executar a lei, uma postura de promoção de políticas governamentais voltadas a grupos vulneráveis.

Assim, o direito à igualdade possui dois sentidos notáveis: o de *igualdade perante a lei*, referindo-se à aplicação uniforme da lei a todas as pessoas que vivem em sociedade; e o de *igualdade material*, correspondendo à necessidade de discriminações positivas com relação a grupos vulneráveis e minorias da sociedade, em contraponto à igualdade formal.

Em verdade, o direito à igualdade não pode ser enquadrado puramente na primeira dimensão de direitos humanos e nem tão somente na segunda dimensão: é maior que a primeira, pois tem preocupação com o desenvolvimento de grupos vulneráveis, o que requer ações afirmativas, mas não deixa de fazer parte dela, já que a igualdade é acima de tudo um direito civil, antes de ser uma garantia de igual exercício dos direitos econômicos, sociais ou culturais. Em razão disso, é menção constante em documentos que voltam-se para ambas dimensões.

Neste sentido, o Protocolo de San Salvador (PCADH), adicional à Convenção Americana sobre Direitos Humanos, que tem por foco os direitos econômicos, sociais e culturais, traz o direito à igualdade e o especifica em artigos sobre o tratamento de grupos vulneráveis, notadamente, crianças, idosos e pessoas com deficiência.

O Comitê de Direitos Humanos, por sua **Observação Geral nº 18**, reforça a importância da não discriminação e afirma que este princípio possui um caráter genérico e básico que se estende por toda a normativa de direitos humanos, afirmando, também, a importância dos Estados adotarem ações positivas não só para eliminar a discriminação nas leis, **mas para erradicar a discriminação de fato**.

Ainda, em trecho da **Observação Geral nº 36**, parágrafo 27, o Comitê de Direitos Humanos ressalta a necessidade específica de proteção do direito à vida de grupos vulneráveis: "O dever de proteger o direito à vida requer que os Estados-partes adotem medidas especiais de proteção para as pessoas em situação de vulnerabilidade, cujas vidas estão particularmente em risco devido a ameaças específicas ou padrões preexistentes de violência. Isso inclui defensores de direitos humanos, jornalistas, figuras públicas proeminentes, testemunhas de crimes e vítimas de violência doméstica. Também pode incluir crianças de rua, membros de minorias étnicas e religiosas e povos indígenas, pessoas deslocadas, lésbicas, gays, bissexuais, transexuais e intersexuais (LGBTI), pessoas com albinismo, pessoas acusadas de bruxaria, requerentes de asilo, refugiados e apátridas e, em certas situações, mulheres e crianças. Os Estados-partes devem responder com urgência e eficácia para proteger as pessoas que enfrentam uma ameaça específica, inclusive adotando medidas especiais, tais como a alocação de proteção policial permanente, a emissão de ordens de restrição e a proteção contra possíveis agressores e, em casos excepcionais, somente com o consentimento livre e esclarecido da pessoa ameaçada, a custódia preventiva".

(DEFENSORIA PÚBLICA ESTADUAL DO DISTRITO FEDERAL – DP-DF – DEFENSOR PÚBLICO – 2013) Redija um texto dissertativo a respeito da implementação do direito à igualdade no âmbito do sistema especial de proteção dos direitos humanos. Em seu texto, aborde, necessariamente, os seguintes aspectos: processo de especificação do sujeito de direito na proteção dos direitos humanos; ações afirmativas como instrumento de inclusão social; previsão da adoção de ações afirmativas no sistema especial de proteção dos direitos humanos.

A construção do direito de igualdade em sua faceta material encontra substrato no denominado **sistema especial de proteção aos direitos humanos**. Neste sentido, como já referido no primeiro capítulo, em termos de conteúdo normativo as regulamentações de direitos humanos podem se dividir entre pertencentes ao sistema geral e pertencentes ao sistema especial.

As normas que constam no sistema geral voltam-se ao sujeito de direito genérica e abstratamente concebido como pessoa humana – basta ser humano para ter aqueles direitos ali afirmados. No entanto, diante da percepção de que nem todos os sujeitos de direito conseguem exercer de maneira efetiva os direitos previstos na normativa geral, surge uma preocupação em proteger aqueles que se encontram numa posição de desvantagem na sociedade.

As pessoas que se encontram em posição de desvantagem na sociedade podem ser classificadas como **grupos vulneráveis e/ou minorias**: nem todo grupo vulnerável é uma minoria; nem toda minoria é um grupo vulnerável; mas é possível que a mesma categoria se encaixe nos dois grupos.

Trata-se de *minoria* o grupo de pessoas que existe num Estado em menor número. Tal como os que pertencem aos grupos vulneráveis, necessitam de proteção especial para atingir uma efetiva igualdade. No entanto, nos *grupos vulneráveis* a relação numérica não se faz tão importante: observa-se que um grupo vulnerável não necessariamente existe em menor número, mas sim é marginalizado em relação ao grupo social dominante. As minorias existem necessariamente em menor número e, por isso, são marginalizadas pelas pessoas que não possuem as características peculiares inerentes a elas.

Aprofundando a questão com exemplos, mulheres são um grupo vulnerável, pois marginalizadas devido à construção machista da sociedade, mas não são uma minoria porque existem praticamente na mesma proporção dos homens. Mesmo raciocínio pode ser aplicado aos afrodescendentes, dada a origem misógina da sociedade, não existindo em menor número, mas sim marginalizados pelo legado da escravidão. Considerados os dados do Censo brasileiro, segundo o qual cerca de

24% dos brasileiros declararam ter alguma deficiência[52], novamente se está diante de um grupo vulnerável, mas não de uma minoria. Ainda, crianças e adolescentes podem ser consideradas como parte de um grupo vulnerável, mas existem em número substancial na sociedade, não sendo uma minoria.

Os índios, pelo menos no Brasil, podem ser considerados uma minoria, existindo em menor número que o restante da população (existem países em que a população indígena é maior ou equiparada à população não indígena). No entanto, pela posição altamente marginalizada que ocupam e por restarem desprotegidos num sistema jurídico muitas vezes ineficaz, podem também ser considerados como grupo vulnerável. O mesmo raciocínio se aplica à população de rua, que existe em menor número e em alto grau de marginalização.

Podem ser ditos exclusivamente como minorias mas não como grupos vulneráveis pessoas que exercem o direito de liberdade de maneira diversa ao hábito social geral. É o caso, no aspecto da liberdade religiosa, dos praticantes de candomblé; no aspecto da liberdade de locomoção e de residência, dos ciganos e dos nômades; no aspecto da liberdade sexual, dos homossexuais e transexuais.

Nesta linha de raciocínio, cria-se um sistema especial, o qual é composto por normativas voltadas à proteção de pessoas que tenham sido **marginalizadas da sociedade**, por motivos históricos, sociais, culturais, econômicos ou outros. A não discriminação é componente essencial da teoria dos direitos humanos – a ponto da igualdade ser considerada mais do que um princípio, e sim um verdadeiro fundamento. Contudo, seria ingênuo imaginar que a simples afirmação desta igualdade seria suficiente para alcançá-la. Devido a esta consciência, o sistema de proteção de direitos humanos começa a ganhar novos rumos e a ter uma preocupação concreta com relação às pessoas que necessitam de uma proteção especial.

Aos poucos, começa-se a **elaboração e ratificação de documentos** voltados a estas categorias sociais específicas. De início, trabalha-se com a não discriminação por fatores étnico-raciais, avançando-se para a proteção das mulheres, das crianças, da população indígena e da pessoa com deficiência. Com efeito, existem setores não protegidos de forma intensa pelo sistema internacional ou pelo sistema regional de proteção, diante da ausência de tratado internacional específico vigente, aplicando-se o **princípio geral da não discriminação**, como é o caso dos idosos e, principalmente, das minorias sexuais.

Com efeito, **o processo de especificação do sujeito de direito é contínuo**, conforme detectados no seio social grupos vulneráveis e minorias que necessitem de uma proteção diferenciada. Em relação a cada um destes é necessário tomar medidas que proporcionem a **inclusão social**, que se entende pelo processo de equiparação dos menos favorecidos no seio da sociedade, podendo com ela interagir de maneira plena e em igualdade de condições.

Todavia, o processo de inclusão social deve ser estudado em detalhes com atenção às **peculiaridades de cada grupo vulnerável e minoria**. Por exemplo, é evidente que

---

[52] LEITÃO, Thais. Pessoas com deficiência representam 24% da população brasileira, mostra censo. **Agência Brasil**, 29 de junho de 2012. Disponível em: <http://memoria.ebc.com.br/agenciabrasil/noticia/2012-06-29/pessoas-com-deficiencia-representam-24-da-populacao-brasileira-mostra-censo>. Acesso em: 14 abr. 2015.

o conceito de inclusão social do indígena não é o mesmo que o de inclusão social da pessoa com deficiência, posto que no primeiro caso é preciso respeitar questões culturais e não meramente "civilizar" a população, e, no segundo caso, é necessário adequar a sociedade "civilizada" às pessoas com deficiência. Deste modo, o próprio conceito de inclusão social deve ser visto de maneira complexa, envolvendo fatores sociais, econômicos e culturais relevantes.

De qualquer forma, as providências tomadas em prol da inclusão social, usualmente, são as denominadas **ações afirmativas** que, basicamente, consistem em políticas e programas governamentais voltados a grupos específicos de pessoas. Se adotado um rigor teórico do princípio da igualdade em sua concepção original – exclusivamente formal – não há dúvidas de que são discriminatórias e, portanto, atentatórias aos direitos humanos. No entanto, a concepção material da igualdade conduz invariavelmente à percepção de que existem **discriminações positivas e negativas**. Aquelas discriminações que são atentatórias e ofensivas aos direitos humanos, que humilham, que marginalizam, que ofendem a dignidade da pessoa humana, podem ser ditas **negativas**. Contudo, discriminações que visam promover a inclusão social e permitir que a pessoa seja retirada da margem da sociedade são **positivas**, logo, são compatíveis com os direitos humanos.

A normativa internacional de proteção dos direitos humanos do sistema especial irá afirmar a validade das discriminações positivas, **reforçando o caráter excepcional e temporário das medidas**, que devem ser adotadas até que se atinja o ideal social de igualdade concebido, acelerando um processo que se daria muito lentamente caso ocorresse sem qualquer ação estatal.

Por exemplo, o artigo 4º da Convenção da Organização das Nações Unidas para Eliminação de Discriminação contra a Mulher prevê: "1. A adoção pelos Estados-partes de **medidas especiais de caráter temporário destinadas** a **acelerar a igualdade de fato** entre o homem e a mulher **não se considerará discriminação** na forma definida nesta Convenção, mas de nenhuma maneira implicará, como consequência, a manutenção de normas desiguais ou separadas; essas medidas cessarão quando os objetivos de igualdade de oportunidade e tratamento houverem sido alcançados. 2. A adoção pelos Estados-partes de medidas especiais, inclusive as contidas na presente Convenção, destinadas a proteger a maternidade, não se considerará discriminatória".

No mesmo viés, o artigo 3º, 4, da Convenção da Organização das Nações Unidas sobre a Eliminação de Todas as Formas de Discriminação Racial: "4. Não serão consideradas discriminação racial as **medidas especiais tomadas com o único objetivo de assegurar o progresso adequado** de certos grupos raciais ou étnicos ou de indivíduos que necessitem da proteção que possa ser necessária para proporcionar a tais grupos ou indivíduos igual gozo ou exercício de direitos humanos e liberdades fundamentais, contanto que tais medidas não conduzam, em consequência, à manutenção de direitos separados para diferentes grupos raciais e não prossigam após terem sido alcançados os seus objetivos".

Ainda, o artigo 5º, 3 e 4, da Convenção da Organização das Nações Unidas sobre os Direitos da Pessoa com Deficiência: "3. A fim de promover a igualdade e eliminar a discriminação, os Estados Partes adotarão todas as **medidas** apropriadas para garantir que a adaptação razoável seja oferecida. 4. Nos termos da presente

Convenção, as medidas específicas que forem necessárias para **acelerar ou alcançar** a efetiva igualdade das pessoas com deficiência não serão consideradas discriminatórias".

Portanto, o direito internacional dos direitos humanos é expresso ao afirmar que as ações afirmativas se incluem em discriminações positivas, não atentando contra os direitos humanos, mas sim indo de encontro a eles.

Neste direcionamento, importante aprofundar, **no âmbito do direito brasileiro**, a discussão que se impõe a respeito das ações afirmativas, bem como se elas ferem o princípio da igualdade, ou consagram, justamente, a ideia de igualdade material.

> *Mas o que são, afinal, as ações afirmativas, pensando-as pela ótica do direito interno? Quais são seus argumentos favoráveis e contrários? Qual o posicionamento do Supremo Tribunal Federal sobre elas?*

Preliminarmente, as ações afirmativas são políticas públicas ou programas privados criados temporariamente e desenvolvidos com a finalidade de reduzir as desigualdades decorrentes de discriminações ou de uma hipossuficiência econômica ou física, por meio da concessão de algum tipo de vantagem compensatória de tais condições.

Quem é **contra** as ações afirmativas argumenta que, em uma sociedade pluralista, a condição de membro de um grupo específico não pode ser usada como critério de inclusão ou exclusão de benefícios. Ademais, afirma-se que elas desprivilegiam o critério republicano do mérito (segundo o qual o indivíduo deve alcançar determinado cargo público pela sua capacidade e esforço, e não por pertencer a determinada categoria); são medida inapropriada, imediatista, e podem ser utilizadas como meio de "politicagem barata" (ou seja, por tal argumento, há outros meios mais adequados para obter esse resultado); fomentariam o racismo e o ódio; favoreceriam negros de classe média alta; bem como ferem o princípio da isonomia por causar uma discriminação reversa.

Por outro lado, quem é **favorável** às ações afirmativas defende que elas representam o ideal de justiça compensatória (o objetivo é compensar injustiças passadas, dívidas históricas, como uma compensação aos negros por tê-los feito escravos, por exemplo); representam o ideal de justiça distributiva (a preocupação, aqui, é com o presente. Busca-se uma concretização do princípio da igualdade material); bem como promovem a diversidade.

Neste sentido, as discriminações legais asseguram a verdadeira igualdade, por exemplo, com as ações afirmativas, a proteção especial ao trabalho da mulher e do menor, as garantias às pessoas com deficiência, entre outras medidas que atribuam a pessoas com diferentes condições, iguais possibilidades, protegendo e respeitando suas diferenças[53].

Assim, os diplomas voltados à proteção de grupos vulneráveis da sociedade são contundentes ao afirmar que a previsão de medidas específicas de proteção

---

[53] SANFELICE, Patrícia de Mello. Comentários aos artigos I e II. In: BALERA, Wagner (Coord.). **Comentários à Declaração Universal dos Direitos do Homem**. Brasília: Fortium, 2008, p. 08.

destes grupos, inclusive a adoção de políticas afirmativas com vistas ao alcance da igualdade material, não viola os direitos humanos e o princípio da igualdade – pelo contrário, o consolida.

Nada obstante o posicionamento que se tome, em consonância ao entendimento no campo do direito internacional dos direitos humanos, há se lembrar que o Supremo Tribunal Federal já reconheceu a constitucionalidade das políticas de ações afirmativas, seja para o caso de **afrodescendentes e índios** (ADPF nº 186/DF[54]), seja para o caso de **estudantes advindos do ensino público** (RE nº 597.285/RS, via repercussão geral[55]), seja no caso de **cotas para negros em concursos públicos** (ADC nº 41/DF[56]), o que indica, a partir das decisões prolatadas, um período de prevalência da tese por bastante tempo no âmbito do guardião da Constituição.

1.3.1 Proteção das mulheres

Artigo II, DUDH

*Toda pessoa tem capacidade para gozar os direitos e as liberdades estabelecidos nesta Declaração, sem distinção de qualquer espécie, seja de raça, cor, **sexo**, língua, religião, opinião política ou de outra natureza, origem nacional ou social, riqueza, nascimento, ou qualquer outra condição.*

Artigo 3º, PIDCP

*Os Estados partes do presente pacto comprometem-se a assegurar a **homens e mulheres igualdade** no gozo de todos os direitos civis e políticos enunciados no presente pacto.*

Artigo 26, PIDCP

*Todas as pessoas são iguais perante a lei e têm direito, sem discriminação alguma, a igual proteção da lei. A este respeito, a lei deverá proibir qualquer forma de discriminação e garantir a todas as pessoas proteção igual e eficaz contra qualquer discriminação por motivo de raça, cor, **sexo**, língua, religião, opinião política ou de outra natureza, origem nacional ou social, situação econômica, nascimento ou qualquer outra situação.*

Artigo 1º – Obrigação de respeitar os direitos, CADH

*1. Os Estados-partes nesta Convenção comprometem-se a respeitar os direitos e liberdades nela reconhecidos e a garantir seu livre e pleno exercício a toda pessoa que esteja sujeita à sua jurisdição, sem discriminação alguma, por motivo de raça, cor, **sexo**, idioma, religião, opiniões políticas ou de qualquer outra natureza, origem nacional ou social, posição econômica, nascimento ou qualquer outra condição social.*

---

[54] Supremo Tribunal Federal, Pleno. **ADPF nº 186/DF**. Rel.: Min. Ricardo Lewandowski. DJ. 05/08/2010.
[55] Supremo Tribunal Federal, Pleno. **RE nº 597.285/RS**. Rel.: Min. Ricardo Lewandowski. DJ. 17/09/2009.
[56] Supremo Tribunal Federal. **ADC nº 41/DF**. Rel.: Min. Roberto Barroso. DJ. 08/06/2017. Neste julgado, envolvendo a Lei nº 12.990/2014, fixou-se a seguinte tese: *"É constitucional a reserva de 20% das vagas oferecidas nos concursos públicos para provimento de cargos efetivos e empregos públicos no âmbito da administração pública direta e indireta. É legítima a utilização, além da auto declaração, de critérios subsidiários de heteroidentificação, desde que respeitada a dignidade da pessoa humana e garantidos o contraditório e a ampla defesa".*

> **Artigo 3º – Obrigação de não discriminação, PCADH**
> Os Estados Partes neste Protocolo comprometem-se a garantir o exercício dos direitos nele enunciados, sem discriminação alguma por motivo de raça, cor, **sexo**, idioma, religião, opiniões políticas ou de qualquer outra natureza, origem nacional ou social, posição econômica, nascimento ou qualquer outra condição social.

O direito à igualdade adota como uma de suas vertentes a igualdade entre os sexos, no sentido de que homens e mulheres devem ter o mesmo tratamento em sociedade. Neste sentido, o artigo II da Declaração Universal de Direitos Humanos de 1948 veda distinções de qualquer espécie, inclusive de sexo; e o Pacto Internacional dos Direitos Civis e Políticos traz no artigo 3º a igualdade entre homens e mulheres e no artigo 26 a necessidade de proteção eficaz contra discriminações de sexo. Não obstante, o artigo 1º da Convenção Americana veda a discriminação em razão de sexo.

Contudo, a garantia desta igualdade sem uma proteção específica é insuficiente, pois muitas mulheres ainda se encontram numa posição subjugada da sociedade e, em casos extremos, vítimas do domínio masculino. Assim, as mulheres formam uma categoria vulnerável que merece proteção especial para que seja possível garantir a igualdade material entre os sexos. A razão desta vulnerabilidade reside no fato de que as conquistas femininas de independência pessoal e financeira são relativamente recentes na história da humanidade.

Como exemplo, **no plano nacional**, o voto feminino no Brasil somente passou a ser aceito a partir do Decreto nº 21.076, de 24 de fevereiro de 1932 (Código Eleitoral Brasileiro); enquanto a figura do pátrio poder somente deixou o ordenamento jurídico brasileiro, sendo substituída pelo poder familiar, a partir do Código Civil de 10 de janeiro de 2002.

Quais os principais documentos internacionais voltados à proteção da mulher?

Internacionalmente, esta fragilidade feminina é reconhecida, notadamente, na Declaração da ONU sobre a Eliminação da Discriminação contra as Mulheres, de 7 de novembro de 1967; na Convenção da ONU sobre a Eliminação de Todas as Formas de Discriminação contra a Mulher, de 18 de dezembro de 1979; e na Convenção Interamericana para Prevenir, Punir e Erradicar a Violência contra a Mulher, de 9 de junho de 1994.

Destaca-se o teor da **Declaração e Programa de Ação de Viena**, de 1993: "Parte I. 18. Os Direitos do homem das mulheres e das crianças do sexo feminino constituem uma parte inalienável, integral e indivisível dos direitos humanos universais. **A participação plena e igual das mulheres na vida política, civil, econômica, social e cultural, a nível nacional, regional e internacional, e a erradicação de todas as formas de discriminação com base no sexo constituem objetivos prioritários da comunidade internacional**. A violência com base no gênero da pessoa e todas as formas de assédio e exploração sexual, incluindo as resultantes de preconceitos culturais e tráfico internacional, são incompatíveis com a dignidade e o valor da pessoa humana e devem ser eliminadas. Tal pode ser alcançado através de medidas de carácter legal e da ação nacional e da cooperação internacional em áreas tais como o desenvolvimento socioeconômico, a educação, a maternidade e os cuidados de saúde, e assistência social. Os Direitos do homem das mulheres deverão constituir parte integrante das atividades das Nações Unidas no domínio dos direitos do homem, incluindo a promoção de todos os instrumentos de Direitos do homem relacionados com as mulheres. A Conferência Mundial sobre Direitos do Homem insta os Governos, as instituições e as organizações intergovernamentais e não governamentais a intensificarem os seus esforços com vista à proteção e ao fomento dos Direitos do homem das mulheres e das crianças do sexo feminino".

Ainda, **igualdade entre sexos e valorização da mulher** é galgada pelas Nações Unidas como um entre oito dos Objetivos do Milênio, que foram fixados a partir da Declaração do Milênio das Nações Unidas, adotada em 8 de setembro de 2000.

> *Quais as principais medidas recomendadas pela ONU em sua Declaração sobre a Eliminação da Discriminação contra as Mulheres?*

Sintetiza o artigo 1º da Declaração da ONU sobre a Eliminação da Discriminação contra as Mulheres: "a discriminação contra as mulheres, na medida em que nega ou limita a sua igualdade de direitos em relação aos homens, é fundamentalmente injusta e constitui uma ofensa à dignidade humana".

Algumas medidas apropriadas voltadas ao fim da discriminação das mulheres se encontram nos artigos 2º a 10:

a) Abolição das leis, costumes, regulamentos e práticas discriminatórias, assegurando a proteção jurídica das mulheres pelo princípio da igualdade na Constituição e leis infraconstitucionais e pelos instrumentos internacionais que deverão ser ratificados tão logo possível;

b) Educação da opinião pública e direcionamento das aspirações nacionais à erradicação da discriminação e à abolição de práticas e conceitos machistas; garantia em condição de igualdade do direito ao voto e ao desempenho de funções públicas;

c) Garantia dos mesmos direitos que os homens relativamente à aquisição, mudança ou conservação de nacionalidade, nunca sendo obrigada a adotar a nacionalidade do marido sob pena de ficar apátrida;

d) Previsão legal, em condições de igualdade com os homens, do direito de adquirir, herdar e administrar bens (inclusive durante o casamento), de igualdade na capacidade jurídica e no seu exercício, de livre circulação, de liberdade de escolha matrimonial, de preservação do superior interesse da criança na constância e dissolução do casamento (impedindo que no divórcio a criança fique obrigatoriamente com o pai), de igualdade de responsabilidade quanto aos filhos entre pai e mãe;

e) Revogação de todas disposições do direito penal que sejam discriminatórias contra as mulheres;

f) Igualdade na educação e no exercício do trabalho (inclusive remuneração, respeitadas as particulares necessidades das mulheres, por exemplo, licença-maternidade).

Por sua vez, a Convenção da ONU sobre a Eliminação de Todas as Formas de Discriminação contra a Mulher vem para complementar a mencionada Declaração, diferenciando-se dela na medida em que é um tratado internacional comum, aberto à assinatura de Estados-partes, ao passo que a Declaração é aprovada pela Assembleia Geral da organização e, por isso, aceita por todos os seus Estados-membros. Não obstante, tem caráter mais amplo que a Declaração, merecendo destaque a instituição de órgão protetivo próprio, qual seja o Comitê sobre a Eliminação da Discriminação contra a Mulher.

> *Por que a Convenção da ONU sobre a Eliminação de todas as formas de Discriminação contra a Mulher é um dos documentos internacionais que mais sofrem reservas pelos países-membros da organização?*

Ressalta-se que "[...] a Convenção sobre a Eliminação de todas as formas de Discriminação contra a Mulher enfrenta o paradoxo de ser o instrumento que recebeu o maior número de reservas formuladas pelos Estados, dentre os tratados internacionais de direitos humanos. Um universo significativo de reservas concentrou-se na cláusula relativa à igualdade entre homens e mulheres na família. Tais reservas foram justificadas com base em argumentos de ordem religiosa, cultural ou mesmo legal, havendo países (como Bangladesh e Egito) que acusaram o Comitê sobre a Eliminação da Discriminação contra a Mulher de praticar 'imperialismo cultural e intolerância religiosa', ao impor-lhes a visão de igualdade entre homens e mulheres, inclusive na família. Isso reforça o quanto a implementação dos direitos humanos das mulheres está condicionada à dicotomia entre os espaços público e privado, que, em muitas sociedades, confina a mulher ao espaço exclusivamente doméstico da casa e da família"[57].

A Convenção foi promulgada no Brasil pelo Decreto nº 4.377/2002. Nesta linha, o artigo 1º da mencionada Convenção traz um conceito de discriminação contra a mulher, o que não foi feito na Declaração: "[...] toda distinção, exclusão ou restrição baseada no sexo e que tenha por objeto ou resultado prejudicar ou anular o reconhecimento, gozo ou exercício pela mulher, independentemente de seu estado civil, com base na igualdade do homem e da mulher, dos direitos humanos e liberdades fundamentais nos campos político, econômico, social, cultural e civil ou em qualquer outro campo". As medidas descritas nos artigos 2º, 3º, 5º, 7º, 8º, 9º, 10, 11, 15 e 16 se aproximam muito das especificadas na Declaração. No entanto, o artigo 4º inova ao reforçar o conceito de igualdade material, aceitando medidas temporárias para

---

[57] PIOVESAN, Flávia. **Direitos humanos e o direito constitucional internacional**... Op. Cit., 2008, p. 193-195.

acelerar a igualdade de fato entre homens e mulheres, no que não se inserem medidas protetivas da maternidade que sempre serão necessárias. Por sua vez, o artigo 6º veda o tráfico de mulheres e a exploração da prostituição delas. Ainda, o artigo 12 traz a igualdade entre homens e mulheres no tratamento da saúde e o artigo 13 traz tal igualdade no recebimento de benefícios familiares, na obtenção de crédito financeiro e no acesso a atividades recreativas. Já o artigo 14 destaca a necessidade de proteção especial às mulheres que se encontram na zona rural.

No **âmbito regional**, reforçando este sistema de proteção específico, o artigo 1º da **Convenção Interamericana para Prevenir, Punir e Erradicar a Violência contra a Mulher** conceitua violência contra a mulher como "qualquer ação ou conduta, baseada no gênero, que cause morte, dano ou sofrimento físico, sexual ou psicológico à mulher, tanto no âmbito público como no privado". Tal Convenção foi assinada no Brasil, em Belém do Pará, sendo também conhecida como **Convenção de Belém do Pará** (promulgação pelo Decreto nº 1.973/1996).

Pelo próprio título da Convenção e por seu primeiro artigo nota-se que o foco é mais específico do que a discriminação contra a mulher, qual seja, a violência contra ela. Nesta linha, delimita o artigo 2º: "Entender-se-á que violência contra a mulher inclui violência física, sexual e psicológica: a) que tenha ocorrido dentro da família ou unidade doméstica ou em qualquer outra relação interpessoal, em que o agressor conviva ou haja convivido no mesmo domicílio que a mulher e que compreende, entre outros, estupro, violação, maus-tratos e abuso sexual; b) que tenha ocorrido na comunidade e seja perpetrada por qualquer pessoa e que compreende, entre outros, violação, abuso sexual, tortura, maus tratos de pessoas, tráfico de mulheres, prostituição forçada, sequestro e assédio sexual no lugar de trabalho, bem como em instituições educacionais, estabelecimentos de saúde ou qualquer outro lugar, e c) que seja perpetrada ou tolerada pelo Estado ou seus agentes, onde quer que ocorra".

Ao delimitar os direitos protegidos, a Convenção inicia garantindo o direito a uma vida livre de violência, delimitando a seguir direitos civis e políticos e direitos econômicos, sociais e culturais que devem ser garantidos igualmente, e encerrando ao prever a discriminação e o tratamento estereotipado como formas de violência (artigos 3º a 6º).

Dos artigos 7º a 9º são abrangidas medidas preventivas e repressivas contra a violência à mulher, notadamente com relação àquelas que se encontram em situações de maior vulnerabilidade, destacando-se:

a) Abstenção estatal de práticas que consistam em violência contra a mulher;
b) Atuação diligente para punir, investigar e prevenir a violência contra a mulher;
c) Proteção por leis e medidas judiciais específicas (no que incluem as chamadas medidas de proteção);
d) Acesso à reparação do dano; educação voltada à promoção de consciência social sobre a violência contra a mulher;
e) Modificação paulatina dos padrões socioculturais;
f) Aplicação de serviços especializados apropriados;

g) Acesso a programas de reabilitação e capacitação;
h) Divulgação de informações por meios de comunicação em geral.

Dos artigos 10 a 12 institui-se a **Comissão Interamericana de Mulheres**, relembrando-se o mecanismo de petição aberto a pessoas, grupos de pessoas ou organizações representativas da Comissão Interamericana de Direitos Humanos.

Ainda no âmbito regional, destaca-se a iniciativa da relatoria para direitos das mulheres instituída pela Comissão Interamericana de Direitos Humanos, a qual atua em prol da consolidação e proteção dos direitos das mulheres nas Américas. Especificamente, entre os informes e documentos elaborados por tema ou por período, merece atenção o que se denomina "**Estandartes jurídicos: igualdade de gênero e direitos das mulheres no sistema interamericano de direitos humanos – desenvolvimento e aplicação**", tratando de termas como violência e discriminação de forma aprofundada[58].

A jurisprudência dos órgãos internacionais e regionais sobre o direito das mulheres é bastante contundente e ampla.

No âmbito das Nações Unidas, o Comitê responsável pela Convenção sobre a Eliminação de todas as Formas de Discriminação contra a Mulher divulga **relatorias especiais anuais**, notadamente acompanhando a evolução da proteção dos direitos da mulher em todo mundo. O último documento do Comitê afirmou que o Brasil não tomou providências suficientes para melhorar o atendimento integral à saúde das mulheres, sendo necessário promover uma rediscussão sobre a questão do aborto e deter o tráfico de mulheres e meninas[59].

Não obstante, o Comitê de Direitos Humanos, em sua **Observação Geral de nº 4**, reforça a questão da igualdade em direitos civis e políticos entre homens e mulheres, demonstrando preocupação com o fato de que a maior parte dos países se recusa a cumprir com estas disposições. Ressaltou que não basta a promulgação de leis, sendo necessário desenvolver **políticas afirmativas**.

A **Observação Geral nº 28** do mesmo órgão também ingressa na temática da importância da igualdade entre homens e mulheres. Afirma que a desigualdade persistente encontra bases na cultura, na religião, na formação social e econômica, que não podem servir de pretexto ao desatendimento das normas de direitos humanos quanto às mulheres. Mostra uma preocupação com a questão da saúde da mulher em decorrência do aborto. Enfim, em linhas gerais, preocupa-se com o fato de a mulher nos dias de hoje ainda ser marginalizada da sociedade.

Enumeram-se alguns casos no âmbito internacional cujo objeto foi a igualdade de gênero:

– **Comunicação nº 919/2000 do Comitê de Direitos Humanos – Michael Andreas Müller e Imke Engelhard vs. Namibia:** as vítimas alegam que o artigo

---

[58] OEA – Organização dos Estados Americanos. Comissão Interamericana de Direitos Humanos. **Relatoria sobre os direitos da mulher**. Disponível em: <http://www.oas.org/pt/cidh/>. Acesso em: 21 fev. 2018.

[59] ORGANIZAÇÃO DAS NAÇÕES UNIDAS – ONU. **Recomendações do Comitê sobre a Eliminação de Todas as Formas de Discriminação contra a Mulher**: Follow-up e recomendações gerais – 1989-2014. Disponível em: <http://monitoramentocedaw.com.br/documentos/cedaw>. Acesso em: 15 abr. 2015.

da legislação da Namíbia que impede o homem de adotar o sobrenome da mulher é discriminatório. Michael desejava usar o sobrenome da mulher porque não era tão comum, o que era importante para os negócios da família, mas não conseguiu fazê-lo perante o Estado da Namíbia, que argumentava não ser possível por violar os costumes locais e por prejudicar a segurança jurídica. O Comitê entendeu que houve violação à igualdade de gêneros;

– **Comunicação nº 1008/2001 do Comitê de Direitos Humanos – Isabel Hoyos y Martínez de Irujo vs. Espanha:** Isabel argumenta que as reiteradas decisões espanholas, bem como as menções da legislação nacional, eram discriminatórias porque priorizavam a transmissão dos títulos de nobreza ao homem, independentemente de ser uma mulher a primogênita. O Comitê entendeu em voto dissidente que tais previsões são discriminatórias e noutro voto dissidente que não o são. O voto vencedor foi pela não admissão da petição;

– **Comunicação nº 31/2011 do Comitê sobre a Eliminação de Todas as Formas de Discriminação contra a Mulher – A filha do autor, não identificada vs. Bulgária:** os pais da menor que sofreu abuso sexual na infância ingressaram perante o organismo internacional questionando a eficácia da legislação que criminalizava o abuso sexual e previa os critérios de indenização. No caso, o autor do crime confessou e recebeu uma pena pequena, de apenas 3 anos, continuando a conviver no ambiente da vítima. Na esfera cível, obtida a condenação, não se encontraram bens suficientes para reparar o dano. Sendo assim, a punição criminal e cível foi insignificante comparada ao abuso sexual sofrido pela criança. Decidiu-se que o Estado deveria tomar providências para adequar sua legislação e criar critérios razoáveis de reparação dos danos decorrentes de abuso sexual;

– **Comunicação nº 17/2008 do Comitê sobre a Eliminação de Todas as Formas de Discriminação contra a Mulher – Maria de Lourdes da Silva Pimentel Teixeira vs. Brasil:** Alyne da Silva Pimentel Teixeira, filha da autora, faleceu em decorrência de um acompanhamento gestacional inadequado. No caso, não houve pré-natal e, quando feito o aborto do feto morto, desenvolveu-se grave quadro de saúde da vítima que não foi abordada de maneira adequada, culminando em seu falecimento. O Comitê recomendou ao Brasil que adotasse medidas para assegurar uma maternidade sem riscos, capacitar profissionais de saúde e punir aqueles que violarem os direitos da mulher, melhorar a infraestrutura do atendimento à saúde, dentre outras medidas;

– **Comunicação nº 20/2008 do Comitê sobre a Eliminação de Todas as Formas de Discriminação contra a Mulher – Violeta Komova vs. Bulgária:** a autora alega ter sido vítima de violência doméstica (física, psíquica e moral) ao longo de anos de casamento, sem que o sistema jurídico búlgaro oferecesse condições adequadas para a defesa dos seus direitos. Neste sentido, na maior parte das vezes as autoridades policiais foram omissas e os órgãos judiciais demoraram a resolver as controvérsias, submetendo a vítima a um situação de violação de direitos humanos. O Comitê decidiu que o Estado deveria tomar providências para alterar sua lei de violência doméstica e torná-la mais eficaz, ao passo que também deveria fornecer estrutura para que a vítima e seus filhos obtivessem uma vida digna, não submetidos à violência do agressor apenas por conta da dependência econômica;

– **Comunicação nº 23/2009 do Comitê sobre a Eliminação de Todas as Formas de Discriminação contra a Mulher – Inga Abramova vs. Bielorússia:** a vítima alega que sofreu repressão de seu direito de liberdade de expressão, sendo detida por pregar fitas azuis pelas ruas com vistas a convocar a população para participar da Marcha Europeia. No local da detenção, foi tratada de maneira indigna e se viu obrigada a conviver somente com homens, bem como em condições térmicas mínimas na cela. O Comitê entendeu que o Estado deveria tomar providências para fornecer um tratamento digno às mulheres nos centros de detenção, evitando abusos de qualquer natureza, respeitadas suas necessidades específicas e peculiaridades;

– **Comunicação nº 28/2010 do Comitê sobre a Eliminação de Todas as Formas de Discriminação contra a Mulher – R. K. B. vs. Turquia:** a vítima alega que sofreu discriminação em razão de gênero no local de trabalho. Teria sido demitida por justa causa porque supostamente uma cliente havia se queixado dela, não recebendo mais nenhuma informação a respeito. Ao deixar o trabalho, foi obrigada a assinar um documento abrindo mão dos seus direitos. Além disso, no ambiente de trabalho teve que conviver com práticas de assédio moral e difamações. As decisões tomadas no âmbito do Judiciário turco trataram a questão de maneira estereotipada e contrária à previsão da própria lei trabalhista nacional. O Comitê entendeu que o Estado deveria assegurar a aplicação da referida lei e promover a educação dos operadores do Direito contra a perspectiva estereotipada de gênero.

> *Qual a maior vitória no campo dos direitos humanos em relação à proteção das mulheres para o Brasil?*

Uma grande vitória das mulheres na busca de proteção foi a decisão da Comissão Interamericana de Direitos Humanos que reconheceu a violação do direito feminino de proteção contra a violência doméstica e familiar, diante dos fatos que cercaram o caso de Maria da Penha (a decisão é estudada oportunamente no capítulo V). A decisão no âmbito regional gerou a aprovação, **no plano nacional**, da Lei nº 11.340, de 07 de agosto de 2006, que cria mecanismos para coibir a violência doméstica e familiar contra a mulher. Merece destaque, por fim, a Lei nº 13.104/2015, que passa a prever o feminicídio como circunstância qualificadora do crime de homicídio.

A Corte Interamericana de Direitos Humanos julgou:

- No **caso das mulheres vítimas de tortura sexual em Atenco vs. México**, julgado em 28 de novembro de 2018, o Estado foi responsabilizado por violação de direitos humanos, tanto com base na Convenção Americana de Direitos Humanos quanto na Convenção de Belém do Pará, contra 11 mulheres que foram detidas em meio a manifestações nos dias 3 e 4 de maio de 2006 e transferidas ao Centro de Readaptação Social "Santiaguito" – CEPRESO, contexto em que foram submetidas pelos agentes policiais a diversas formas de violência física, psicológica, moral e sexual, algumas caracterizáveis como tortura, com conivência dos médicos que as examinaram no ingresso do CEPRESO e se recusaram a reportar ou registrar tais violações. Além disso, o Estado não promoveu a investigação devida dos fatos e nem puniu devidamente os envolvidos na esfera penal em razão dos atos de abuso de poder e uso excessivo da força, violando o direito às garantias judiciais. A Corte considerou que as espécies de agressões intentadas contra as vítimas também configuravam discriminação de gênero, em razão do caráter sexista e misógino das ofensas à honra e à integridade física e sexual das vítimas, tal como devido às respostas estereotipadas fornecidas pelas autoridades e pelos órgãos judiciais em razão dos fatos.

- No **caso López Soto e outros vs. Venezuela**, julgado em 26 de setembro de 2018, condenou-se o Estado por violação de diversos direitos humanos, tanto da Convenção Americana de Direitos Humanos quanto da Convenção de Belém do Pará, em prejuízo de uma mulher, vítima de violência doméstica física, verbal, psicológica e sexual, alguns deles consistentes em tratamentos cruéis, desumanos e degradantes, inclusive o cárcere privado por parte do homem com o qual convivia, num contexto que poderia ser considerado de escravidão sexual. Em razão das lesões, a vítima passou 1 ano internada e foi submetida a 15 cirurgias. Houve condenação criminal do responsável pelos danos por privação da liberdade e por lesões graves, mas absolvição pelos atos de violação sexual; além disso, foram absolvidas de todos os delitos os demais acusados, que acobertavam e tinham ciência da situação de violência e cárcere. Sem prejuízo, a polícia local não havia tomado nenhuma providência no curso dos fatos, apesar de múltiplas denúncias apresentadas pela irmã da vítima. A Corte afirmou que para se reconhecer a responsabilidade do Estado por não prevenir e proteger direitos de um indivíduo que faça parte de um grupo vulnerável é preciso verificar se o Estado tinha ciência do risco real e imediato que o grupo estaria exposto e se o Estado tomou medidas razoáveis para prevenir e evitar o risco em questão. A Corte também afirmou que o direito da mulher de viver a salvo da violência doméstica decorre diretamente do direito à não discriminação e que nestes casos o Estado tem dever de diligência estrita, inclusive de capacitação de agentes estatais em matéria de gênero, rompendo com estereótipos que servem de obstáculo à denúncia e à persecução de atos de violência contra a mulher.

- No **caso Veliz Franco e outros vs. Guatemala**, em maio de 2014, condenou-se pela deficiente investigação e apuração sobre o desaparecimento e morte de uma jovem de 15 anos. A sentença da Corte demonstra uma já consolidada preocupação do órgão em promover a igualdade de gênero, assegurando o mesmo rigor na apuração de crimes praticados contra mulheres quanto a crimes perpetrados contra homens. Tal igualdade parece não predominar em alguns países latino-americanos.

- No **caso Artavia Murillo e outros (Fertilização "in vitro") vs. Costa Rica**, em novembro de 2012, condenou-se o Estado por ter proibido a prática de fertilização *in vitro* devido à declaração de inconstitucionalidade do decreto que a autorizava. A Costa Rica seria então o único Estado no mundo a proibir a prática. Condenou-se à regulação da questão e à suspensão da proibição, bem como ao pagamento de indenizações às vítimas.

- Um dos mais relevantes precedentes da Corte em direitos da mulher, julgado em novembro de 2009, foi o **caso González e outras ("Campo Algodonero") vs. México**, condenando-se o Estado por falta de diligência e investigação no desaparecimento e morte de Claudia Ivette Gonzáles, Esmeralda Herrera Monreal e Laura Berenice Ramos Monárrez. Na cidade de Juárez havia um aumento do número de homicídio de mulheres num cenário de delinquência organizada, sendo que as autoridades locais se comportavam de maneira conivente e nunca aprofundavam as investigações sobre o desaparecimento de mulheres. Os corpos foram encontrados após o desaparecimento com sinais de violência sexual, mas ainda assim não se fizeram as devidas investigações. Os "feminicídas do campo algodonero", como ficaram conhecidos os membros de uma gangue mexicana de assassinos em série constituída por Edgar Ernesto Álvarez Cruz e José Francisco Granados de la Paz, atuaram entre 1993 e 2003 na Cidade de Juárez, Chihuahua, México. Segundo consta em confissão, sequestraram, torturaram, estupraram e assassinaram pelo menos 8 a 10 mulheres jovens, mas estima-se que o número real foi de pelo menos 14 feminicídios, devido ao número de cadáveres encontrados

> às margens da cidade em um campo de algodão, além de outros encontrados no monte Cerro Negro no entorno do município. Entre as providências determinadas pela Corte, destacam-se: promover uma investigação adequada do caso e a efetiva punição dos culpados; investigar a atuação dos seus funcionários no caso; reconhecer perante a comunidade internacional sua responsabilidade; levantar monumento em homenagem às vítimas; indenizar os familiares das vítimas e, principalmente, adequar sua legislação e sua infraestrutura para possibilitar uma investigação adequada dos casos de desaparecimento de mulheres, possivelmente vítimas de violência sexual seguida de morte. Aplicou-se no julgamento a Convenção de Belém do Pará conjugada com a Convenção Americana sobre Direitos Humanos.

1.3.2 Proteção das crianças

> **Artigo XXV, DUDH**
> 2. A maternidade e a **infância** têm direito a cuidados e assistência especiais. Todas as **crianças** nascidas dentro ou fora do matrimônio, gozarão da mesma **proteção social**.
>
> **Artigo 24, PIDCP**
> 1. Toda **criança**, terá direito, **sem discriminação** alguma por motivo de cor, sexo, religião, origem nacional ou social, situação econômica ou nascimento, às **medidas de proteção** que a sua condição de menor requerer por parte de sua família, da sociedade e do Estado. [...]
>
> **Artigo 19 – Direitos da criança, CADH**
> Toda **criança** terá direito às **medidas de proteção** que a sua condição de menor requer, por parte da sua família, da sociedade e do Estado.
>
> **Artigo 16 – Direito da criança, PCADH**
> Toda criança, seja qual for sua filiação, tem direito às medidas de proteção que sua condição de menor requer **por parte da sua família, da sociedade e do Estado**. Toda criança tem direito de **crescer ao amparo e sob a responsabilidade de seus pais**; salvo em circunstâncias excepcionais, reconhecidas judicialmente, a criança de **tenra idade** não deve ser separada de sua **mãe**. Toda criança tem direito à **educação gratuita e obrigatória**, pelo menos no nível básico, e a continuar sua formação em níveis mais elevados do sistema educacional.

As crianças podem ser consideradas outro grupo vulnerável protegido no âmbito dos direitos humanos, tendo em vista a promoção da igualdade material.

Em destaque, o artigo 24 do Pacto Internacional dos Direitos Civis e Políticos prevê que toda criança tem direito, sem discriminação de qualquer natureza, às medidas de proteção que a sua condição de menor requerer por parte de sua família, da sociedade e do Estado; ao passo que o artigo 19 da Convenção Americana sobre Direitos Humanos trata dos direitos da criança no sentido de que toda criança terá direito às medidas de proteção que a sua condição de menor requer, também por parte dos três entes mencionados. Isso sem falar na especial proteção à infância conferida pela Declaração Universal.

Ainda, a **Declaração e Programa de Ação de Viena**, de 1993, colaciona: "Parte I. 21. [...] No tocante a todas as iniciativas relativas às crianças, a não-discriminação e o melhor interesse para a criança deverão constituir considerações prioritárias, devendo-se igualmente ter em consideração as opiniões expressas pelas crianças. Os mecanismos e programas nacionais e internacionais deverão ser reforçados com vista à defesa e à proteção das crianças, em particular, das crianças do sexo feminino, das crianças abandonadas, das crianças da rua, das crianças sujeitas à exploração econômica e sexual, incluindo-se nesta a pornografia infantil, a prostituição infantil ou a venda de órgãos, das crianças vítimas de doenças, incluindo a síndrome da imunodeficiência adquirida, das crianças refugiadas e desalojadas, das crianças detidas, das crianças envolvidas em conflitos armados, bem como das crianças vítimas da fome e da seca e de outras situações de emergência. A cooperação e a solidariedade deverão ser promovidas, a fim de permitirem concretizar o disposto na Convenção, e os direitos da criança deverão constituir prioridade dentro da ação alargada do sistema das Nações Unidas no âmbito dos direitos humanos. A Conferência Mundial sobre Direitos do Homem sublinha, igualmente, que, para um desenvolvimento harmonioso e total da sua personalidade, a criança deverá crescer num ambiente familiar merecedor de uma proteção mais ampla".

Neste ponto, reduzir a **mortalidade infantil** é um entre oito dos Objetivos do Milênio, que foram fixados a partir da Declaração do Milênio das Nações Unidas, adotada em 8 de setembro de 2000, exteriorizando uma prática das Nações Unidas para atender aos seus propósitos.

Embora não exista um instrumento que aborde especificamente os direitos das crianças no Sistema Interamericano, normas genéricas do sistema – notadamente as dos mencionados artigo 19 da CADH e artigo 16 do PCADH – permitem a proteção neste âmbito. Aliás, o artigo 16 do PCADH reforça as posturas ativas necessárias por parte do Estado, dos pais e da sociedade com os fins de garantir os direitos da criança. Não obstante, a Convenção Interamericana sobre Restituição Internacional de Menores, ratificada pelo Brasil, resguarda aos menores transferidos para outros países de maneira indevida que voltem para suas casas.

A ausência de documento protetivo específico não significa uma falta de preocupação no âmbito interamericano com as crianças e adolescentes, posto que perante a Comissão Interamericana de Direitos Humanos tramita relatoria especial que divulga informes diversos sobre a temática, abordando a situação do infante em todos os países da América, entre eles os seguintes informes temáticos: violência, criança e crime organizado; direito da criança à família; justiça juvenil e direitos humanos nas Américas; imigração nos Estados Unidos; castigo corporal em crianças e adolescentes; dentre outros[60]. Sem prejuízo, há cediça jurisprudência sobre a proteção dos direitos da criança na Comissão e na Corte Interamericanas, destacados no quadro ao final do tópico.

Por seu turno, há instrumentos internacionais específicos voltados à proteção dos direitos da criança no âmbito das Nações Unidas, quais sejam a Declaração dos

---

[60] OEA – Organização dos Estados Americanos. Comissão Interamericana de Direitos Humanos. **Relatoria sobre os direitos da criança**. Disponível em: <http://www.oas.org/pt/cidh/>. Acesso em: 21 fev. 2018.

Direitos da Criança de 20 de novembro de 1959, e a Convenção sobre os Direitos da Criança de 20 de novembro de 1989, confirmada no Brasil pelo Decreto Legislativo nº 28, de 14 de setembro de 1990 (e promulgada pelo Decreto nº 99.710/1990).

Qual a diretriz principiológica da Declaração da ONU dos Direitos da Criança?

A finalidade da mencionada Declaração, segundo seus próprios termos, é "[...] que a criança tenha uma infância feliz e possa gozar, em seu próprio benefício e no da sociedade, os direitos e as liberdades aqui enunciados e apela a que os pais, os homens e as mulheres em sua qualidade de indivíduos, e as organizações voluntárias, as autoridades locais e os Governos nacionais reconheçam estes direitos e se empenhem pela sua observância mediante medidas legislativas e de outra natureza, progressivamente instituídas [...]".

Neste sentido, são enunciados **dez princípios**, que são a seguir sintetizados:

a) Aplicação dos direitos ali declarados a todas as crianças sem discriminação;

b) Proteção social à criança e facilidades previstas em leis e outros meios para tanto;

c) Direito ao nome e à nacionalidade; direito à previdência social e à saúde;

d) Tratamento especial para crianças incapacitadas física, mental ou socialmente;

e) Criação pelos pais num ambiente de afeto e segurança moral e material, com cuidados especiais às famílias que não possam prover sua subsistência;

f) Direito à educação, gratuita e obrigatória pelo menos no primeiro grau primário;

g) Direito ao lazer e de que seus melhores interesses sejam tomados como norte;

h) Prioridade no recebimento de proteção e socorro; proteção contra quaisquer formas de negligência, crueldade e exploração, inclusive sob o aspecto laboral; proteção contra atos de discriminação.

Quem é criança para fins da Convenção da ONU sobre os Direitos da Criança?

A Convenção sobre os Direitos da Criança começa conceituando criança nos seguintes termos: "para efeitos da presente Convenção considera-se como criança todo ser humano com menos de **dezoito anos de idade**, a não ser que, em conformidade com a lei aplicável à criança, a maioridade seja alcançada antes".

De uma maneira geral, segue aprofundando aspectos anteriormente levantados na Declaração: proteção contra toda forma de castigo ou discriminação por sua condição (artigo 2º); posicionamento de todos os entes sociais voltados ao melhor interesse da criança (artigo 3º); implementação progressiva dos direitos (artigo 4º); direito à educação (artigo 5º); direito à vida (artigo 6º); direito ao registro imediato após o nascimento (artigo 7º); direito à identidade (artigo 8º); manutenção da união com os pais, salvo melhor interesse da criança (artigo 9º); resolução rápida de controvérsias entre Estados-partes sobre a saída da criança de um deles (artigo 10); medidas contra a transferência ilegal de crianças (artigo 11); direito de manifestar sua opinião, na medida do possível (artigo 12); direito à liberdade de expressão, respeitadas as restrições (artigo 13); direito à liberdade de pensamento, de consciência e de crença, respeitados os direitos e deveres dos pais (artigo 14); direito à liberdade de associação e de reunião pacíficas (artigo 15); direito à privacidade (artigo 16); direito ao acesso à informação veiculada pelos meios de comunicação, sendo protegida de conteúdos prejudiciais ao seu bem-estar (artigo 17); assistência aos pais pelo Estado no exercício da responsabilidade pelo desenvolvimento e bem-estar da criança (artigo 18); adoção de medidas estatais para proteger a criança de todas as formas de violência e abuso (artigo 19); direito à proteção e assistência especiais do Estado quando privada temporária ou permanentemente do seu meio familiar, ou cujo interesse maior exija que não permaneça nesse meio, no que se incluem institutos da adoção e da colocação em abrigos (artigos 20 e 21); proteção da criança refugiada (artigo 22); proteção das necessidades especiais da criança portadora de deficiências físicas ou mentais (artigo 23); direito ao melhor padrão possível de saúde (artigos 24 e 25); direito à previdência social (artigo 26); direito a um nível de vida adequado ao seu desenvolvimento físico, mental, espiritual, moral e social (artigo 27); direito à educação, sendo o ensino primário obrigatório e gratuito, cabendo não só a educação voltada ao conhecimento de conteúdo programático, mas também à formação da personalidade e do senso cívico (artigos 28 e 29); respeito às minorias étnicas (artigo 30); direito ao descanso, ao lazer e à cultura (artigo 31); proteção contra a exploração econômica e laboral (artigo 32); proteção contra o uso ilícito de drogas e substâncias psicotrópicas (artigo 33); proteção contra todas as formas de exploração e abuso sexual (artigo 34); combate ao sequestro, à venda ou ao tráfico de crianças (artigo 35); vedação da tortura e de tratamentos cruéis, desumanos ou degradantes, bem como da privação arbitrária da liberdade (artigo 37); respeito ao direito humanitário, limitando a idade mínima de 15 anos para participação nas forças armadas (artigo 38); recuperação e reintegração de criança vítima de qualquer forma de exploração ou violência (artigos 36 e 39); e respeito às garantias processuais e materiais à criança que tenha violado a lei penal (artigo 40).

> *Sobre o que versam os protocolos à Convenção sobre os Direitos da Criança?*

De uma maneira geral, a Convenção trabalha com um conceito de responsabilidade compartilhada entre pais e Estado, promovendo o pleno desenvolvimento da criança. Não obstante, é instituído pela Convenção o **Comitê para os Direitos da Criança**, a respeito do qual versa o Terceiro Protocolo Facultativo, ampliando suas competências inclusive para o recebimento de denúncias, que o Brasil assinou mas ainda não ratificou.

Os Decretos nº 5.006 e 5.007, ambos de 08 de março de 2004, promulgam os dois primeiros protocolos facultativos à Convenção sobre os Direitos da Criança assinados pelo Brasil, respectivamente, **Protocolo Facultativo à Convenção sobre os**

Direitos da Criança relativo ao envolvimento de crianças em conflitos armados e **Protocolo Facultativo à Convenção sobre os Direitos da Criança referente à venda de crianças, à prostituição infantil e à pornografia infantil.**

O Protocolo sobre o envolvimento de crianças em conflitos armados ressalta o compromisso internacional dos Estados de não permitirem que menores de 18 anos façam parte destes conflitos. O recrutamento obrigatório é absolutamente proibido, abrindo-se espaço ao recrutamento voluntário sob algumas condições descritas no artigo 3º, 3: "Os Estados Partes que permitirem o recrutamento voluntário de menores de 18 anos em suas forças armadas nacionais manterão salvaguardas para assegurar, no mínimo que: a) o referido recrutamento seja genuinamente voluntário; b) o referido recrutamento seja feito com o consentimento informado dos pais do menor ou de seus tutores legais; c) os menores em questão sejam devidamente informados das responsabilidades envolvidas no referido serviço militar; d) os menores em questão forneçam comprovação fiável de sua idade antes de serem aceitos no serviço militar nacional".

O Protocolo sobre venda de crianças, prostituição e pornografia infantil começa com um artigo 2º conceitual: "a) Venda de crianças significa qualquer ato ou transação pela qual uma criança é transferida por qualquer pessoa ou grupo de pessoas a outra pessoa ou grupo de pessoas, em troca de remuneração ou qualquer outra forma de compensação; b) Prostituição infantil significa o uso de uma criança em atividades sexuais em troca de remuneração ou qualquer outra forma de compensação; c) Pornografia infantil significa qualquer representação, por qualquer meio, de uma criança envolvida em atividades sexuais explícitas reais ou simuladas, ou qualquer representação dos órgãos sexuais de uma criança para fins primordialmente sexuais".

Por seu turno, o artigo 3º tipifica as infrações: "1. Os Estados Partes assegurarão que, no mínimo, os seguintes atos e atividades sejam integralmente cobertos por suas legislações criminal ou penal, quer os delitos sejam cometidos dentro ou fora de suas fronteiras, de forma individual ou organizada: a) No contexto da venda de crianças, conforme definido no Artigo 2º; (i) A oferta, entrega ou aceitação, por qualquer meio, de uma criança para fins de: a. Exploração sexual de crianças; b. Transplante de orgãos da criança com fins lucrativos; c. Envolvimento da criança em trabalho forçado. (ii). A indução indevida ao consentimento, na qualidade de intermediário, para adoção de uma criança em violação dos instrumentos jurídicos internacionais aplicáveis sobre adoção; b) A oferta, obtenção, aquisição, aliciamento ou o fornecimento de uma criança para fins de prostituição infantil, conforme definido no Artigo 2º; c) A produção, distribuição, disseminação, importação, exportação, oferta, venda ou posse, para os fins acima mencionados, de pornografia infantil, conforme definido no Artigo 2º. 2. Em conformidade com as disposições da legislação nacional de um Estado Parte, o mesmo aplicar-se-á a qualquer tentativa de perpetrar qualquer desses atos e à cumplicidade ou participação em qualquer desses atos. 3. Os Estados Partes punirão esses delitos com penas apropriadas que levem em consideração a sua gravidade. 4. Em conformidade com as disposições de sua legislação nacional, os Estados Partes adotarão medidas, quando apropriado, para determinar a responsabilidade legal de pessoas jurídicas pelos delitos definidos no parágrafo 1 do presente Artigo. Em conformidade com os princípios jurídicos do Estado Parte, essa responsabilidade de pessoas jurídicas poderá ser de natureza criminal, civil ou administrativa. 5. Os Estados Partes adotarão todas as medidas legais e administrativas apropriadas para assegurar que todas as pessoas envolvidas na adoção de uma criança ajam em conformidade com os instrumentos jurídicos internacionais aplicáveis". Os Estados devem exercer jurisdição e assegurar a punição dos delitos descritos no artigo 3º, trabalhando com outros países em cooperação se necessário, sem prejuízo da adoção de medidas preventivas. No mais, o Comitê providenciará relatoria no tema.

Outro documento internacional que merece menção é a **Convenção sobre os Aspectos Civis do Sequestro Internacional de Crianças ("Convenção de Haia")**, concluída na cidade de Haia, em 25 de outubro de 1980, promulgada no Brasil pelo Decreto nº 3.413, de 14 de abril de 2000. Seu objetivo, nos termos do artigo 1º, é: " a) assegurar o retorno imediato de crianças ilicitamente transferidas para qualquer Estado Contratante ou nele retidas indevidamente; b) fazer respeitar de maneira efetiva nos outros Estados Contratantes os direitos de guarda e de visita existentes num Estado Contratante". A Convenção também se aplica ao exercício do direito de visita, entendido como "o direito de levar uma criança, por um período limitado de tempo, para um lugar diferente daquele onde ela habitualmente reside" (artigo 5º, letra "b"); não apenas ao direito de guarda, que compreende "os direitos relativos aos cuidados com a pessoa da criança, e, em particular, o direito de decidir sobre o lugar da sua residência" (artigo 5º, letra "a").

Nos artigos 6º e 7º aborda-se a fixação de uma autoridade central responsável por executar tais objetivos. Neste sentido, qualquer pessoa, instituição ou organismo podem entregar uma criança nesta situação de sequestro para qualquer autoridade central de Estado-parte, que deverá fazer os encaminhamentos para seu retorno ao local de origem; sem prejuízo da adoção de medidas de urgência variadas, principalmente quando o sequestro é recente, isto é, ocorreu há menos de 1 ano (artigo 8º e seguintes).

Merece destaque o artigo 3º da Convenção: "A **transferência ou a retenção de uma criança é considerada ilícita** quando: a) tenha havido **violação a direito de guarda** atribuído a pessoa ou a instituição ou a qualquer outro organismo, individual ou conjuntamente, pela lei do Estado onde a criança tivesse sua residência habitual imediatamente antes de sua transferência ou da sua retenção; e b) esse direito estivesse sendo exercido de maneira efetiva, individual ou em conjuntamente, no momento da transferência ou da retenção, ou devesse está-lo sendo se tais acontecimentos não tivessem ocorrido. O direito de guarda referido na alínea a) pode resultar **de uma atribuição de pleno direito, de uma decisão judicial ou administrativa ou de um acordo vigente** segundo o direito desse Estado". Logo, a Convenção busca proteger os sequestros internacionais nos quais o menor é levado para outro país apesar de uma regular situação de guarda fixada no país de sua residência. Um particularidade que merece atenção é a aplicação da Convenção até os **16 anos de idade**, e não até os 18 (artigo 4º).

Ainda no âmbito da Organização das Nações Unidas, aponta-se, por fim, a **Convenção Relativa à Proteção das Crianças e à Cooperação em Matéria de Adoção Internacional**, concluída na Haia em 29 de maio de 1993, promulgada no Brasil em

21 de junho de 1999 pelo Decreto n° 3.087. Os objetivos do documento são fixados em seu artigo 1°: "a) estabelecer garantias para que as **adoções internacionais** sejam feitas **segundo o interesse superior da criança** e com respeito aos **direitos fundamentais** que lhe reconhece o direito internacional; b) instaurar um **sistema de cooperação** entre os Estados Contratantes que assegure o respeito às mencionadas garantias e, em consequência, previna o sequestro, a venda ou o tráfico de crianças; c) assegurar o reconhecimento nos Estados Contratantes das adoções realizadas segundo a Convenção". Sua aplicação se dá, conforme o artigo 2°, "quando uma criança com residência habitual em um Estado Contratante tiver sido, for, ou deva ser deslocada para outro Estado Contratante". Para tanto, fixa-se uma autoridade central em cada Estado, regulada dos artigos 6° a 13. Requisitos procedimentais são abrangidos do artigo 14 a 22, como a solicitação feita pelos futuros pais no local onde residem, efetuando esta autoridade central o encaminhamento ao Estado destinatário, sempre acompanhada de relatórios que comprovem os requisitos materiais.

O capítulo II trata dos requisitos para as adoções internacionais nos artigos 4° e 5°: "Artigo 4°. As adoções abrangidas por esta Convenção só poderão ocorrer quando as autoridades competentes do Estado de origem: a) tiverem determinado que a **criança é adotável**; b) tiverem verificado, depois de haver examinado adequadamente as possibilidades de colocação da criança em seu Estado de origem, que uma **adoção internacional atende ao interesse superior** da criança; c) tiverem se assegurado de: 1) que as pessoas, instituições e autoridades cujo consentimento se requeira para a adoção hajam sido convenientemente **orientadas e devidamente informadas das consequências de seu consentimento**, em particular em relação à manutenção ou à ruptura, em virtude da adoção, dos vínculos jurídicos entre a criança e sua família de origem; 2) que estas pessoas, instituições e autoridades tenham manifestado seu consentimento livremente, na forma legal prevista, e que este consentimento se tenha **manifestado ou constatado por escrito**; 3) que os consentimentos **não tenham sido obtidos mediante pagamento ou compensação** de qualquer espécie nem tenham sido revogados, e 4) que o consentimento da **mãe**, quando exigido, tenha sido manifestado **após o nascimento da criança**; e d) tiverem se assegurado, observada **a idade e o grau de maturidade da criança**, de: 1) que tenha sido a mesma convenientemente orientada e devidamente informada sobre as **consequências** de seu consentimento à adoção, quando este for exigido; 2) que tenham sido levadas em consideração **a vontade e as opiniões da criança**; 3) que o consentimento da criança à adoção, quando exigido, tenha sido dado **livremente**, na forma legal prevista, e que este consentimento tenha sido **manifestado ou constatado por escrito**; 4) que o consentimento não tenha sido induzido mediante **pagamento ou compensação** de qualquer espécie. Artigo 5°. As adoções abrangidas por esta Convenção só poderão ocorrer quando as autoridades competentes do Estado de acolhida: a) tiverem verificado que os **futuros pais adotivos encontram-se habilitados e aptos para adotar**; b) tiverem se assegurado de que os futuros pais adotivos foram **convenientemente orientados**; c) tiverem verificado que a criança foi ou será autorizada **a entrar e a residir permanentemente** no Estado de acolhida". Percebe-se que os requisitos materiais envolvem o livre e formalizado consentimento dos pais biológicos, do menor (caso tenha maturidade para opinar) e dos futuros pais adotivos.

Quanto a casos julgados no âmbito do sistema internacional, a maior parte deles versa sobre a mesma temática dos casos do sistema interamericano: questões inerentes à família, ao direito de asilo e à detenção em estabelecimento para menores:

- **Comunicação nº 858/1999 do Comitê de Direitos Humanos – Caso Margaret Buckle vs. Canadá:** argumenta que houve ingerência indevida do Estado na sua vida e na vida de sua família por terem as autoridades retirado seus seis filhos de sua guarda. Por outro lado, o Estado argumentou que somente buscava oferecer às crianças um tratamento digno e um adequado desenvolvimento que não poderia ser provido pela autora. O critério a ser utilizado é claro: o melhor interesse das crianças. Por isso, o Comitê entendeu improcedente a comunicação;

- **Comunicação nº 1.407/2005 do Comitê de Direitos Humanos – Caso Juan Asensi Martínez vs. Paraguai:** o pai denuncia os trâmites burocráticos e a inércia do Estado em cuidar para que suas filhas tivessem uma criação adequada ao lado dele, no país onde residia (Espanha), eis que com a mãe as crianças estavam sendo maltratadas e não possuíam acesso a serviços básicos. Por diversas vezes, a mãe se recusava a entregar-lhe as crianças e criava obstáculos ao acesso a elas, chegando a praticar subtração das menores da guarda do pai quando esta finalmente foi concedida, questão que foi resolvida anos depois pelo Judiciário do Estado. Sendo assim, o Comitê julgou culpado o Estado por violar os direitos humanos, notadamente destas crianças, que deveriam ter crescido em melhores condições de vida e não submetidas a uma situação indigna.

Com efeito, o Comitê de Direitos Humanos, que proferiu ambos julgamentos, manifesta preocupação com o direito da criança em sua **Observação Geral nº 17**, ressaltando que "os direitos previstos no artigo 24 do Pacto Internacional dos Direitos Civis e Políticos não são os únicos garantidos às crianças que se encontram ali previstos, que gozam de todos os direitos civis e políticos ali enunciados". Afirma-se que "toda criança, na condição de menor, tem direito a medidas especiais de proteção" e traz algumas destas medidas em todas as áreas de direitos humanos. Coloca-se que nada impede que um Estado fixe por seus critérios a idade limite da menoridade, mas é preciso fazê-lo com razoabilidade. Reforçam-se direitos à nacionalidade, ao registro, à personalidade, entre outros. Sem prejuízo, ressalta-se o dever compartilhado entre família, sociedade e Estado na criação dos menores.

> *Qual a importância conferida pela Constituição Federal e pelo Estatuto da Criança e do Adolescente à garantia dos direitos humanos da criança?*

No Brasil, o "Estatuto da Criança e do Adolescente" (Lei nº 8.069/1990) ajuda a disciplinar as tratativas pertinentes à criança e ao adolescente: considera-se criança a pessoa até 12 (doze) anos incompletos, e adolescente a pessoa entre 12 (doze) e

18 (dezoito) anos de idade[61]. Ademais, não se pode esquecer do "Estatuto da Juventude" (Lei nº 12.852, de 5 de agosto de 2013), que considera "jovem" as pessoas com idade entre 15 (quinze) e 29 (vinte e nove) anos de idade. Vale lembrar, pois, que aos adolescentes entre 15 (quinze) e 18 (dezoito) anos de idade, que são albergados por ambos os Estatutos, aplica-se prioritariamente o "Estatuto da Criança e do Adolescente", e, subsidiariamente, o "Estatuto da Juventude" (art. 1º, § 2º, da Lei nº 12.852/2013).

Isto posto, dando prosseguimento às reflexões sob o prisma do direito interno, a cabeça do art. 227, da Lei Fundamental, preconiza ser dever *da família, da sociedade e do Estado* assegurar à criança, ao adolescente e ao jovem, *com absoluta prioridade*, o direito à vida, à saúde, à alimentação, à educação, ao lazer, à profissionalização, à cultura, à dignidade, ao respeito, à liberdade e à convivência familiar e comunitária, além de colocá-los a salvo de toda forma de negligência, discriminação, exploração, violência, crueldade e opressão.

A leitura do art. 227, *caput*, da Constituição Federal permite concluir que se adotou, neste país, a chamada *"Doutrina da Proteção Integral da Criança"*, ao lhe assegurar a absoluta prioridade em políticas públicas, medidas sociais, decisões judiciais, respeito aos direitos humanos, e observância da dignidade da pessoa humana. Neste sentido, o parágrafo único, do art. 4º, do "Estatuto da Criança e do Adolescente", prevê que a garantia de prioridade compreende a primazia de receber proteção e socorro em quaisquer circunstâncias (alínea "a"), a precedência de atendimento nos serviços públicos ou de relevância pública (alínea "b"), a preferência na formulação e na execução das políticas sociais públicas (alínea "c"), e a destinação privilegiada de recursos públicos nas áreas relacionadas com a proteção à infância e à juventude (alínea "d").

Ademais, a proteção à criança, ao adolescente e ao jovem representa incumbência atribuída **não só ao Estado, mas também à família e à sociedade**. Nesta frequência, o direito à proteção especial abrangerá os seguintes aspectos (art. 227, § 3º, CF):

a) A idade mínima de dezesseis anos para admissão ao trabalho, salvo a partir dos quatorze anos, na condição de aprendiz (inciso I de acordo com o art. 7º, XXXIII, CF, pós-alteração promovida pela Emenda Constitucional nº 20/1998);

b) A garantia de direitos previdenciários e trabalhistas (inciso II);

c) A garantia de acesso ao trabalhador adolescente e jovem à escola (inciso III);

d) A garantia de pleno e formal conhecimento da atribuição do ato infracional, igualdade na relação processual e defesa técnica por profissional habilitado, segundo dispuser a legislação tutelar específica (inciso IV);

---

[61] Chama-se a atenção para a Lei nº 13.257, de oito de março de 2016, que dispõe sobre as políticas públicas para a primeira infância, bem como promove uma série de alterações no Estatuto da Criança e do Adolescente. Dentre as modificações, a inclusão de um parágrafo único no art. 3º do ECA, no sentido de que os direitos enunciados no Estatuto aplicam-se a todas as crianças e adolescentes, sem discriminação de nascimento, situação familiar, idade, sexo, raça, etnia ou cor, religião ou crença, deficiência, condição pessoal de desenvolvimento e aprendizagem, condição econômica, ambiente social, região e local de moradia ou outra condição que diferencie as pessoas, as famílias ou a comunidade em que vivem.

e) A obediência aos princípios de brevidade, excepcionalidade e respeito à condição peculiar de pessoa em desenvolvimento, quando da aplicação de qualquer medida privativa de liberdade (inciso V);

f) O estímulo do Poder Público, através de assistência jurídica, incentivos fiscais e subsídios, nos termos da lei, ao acolhimento, sob a forma de guarda, de criança ou adolescente órfão ou abandonado (inciso VI);

g) Programas de prevenção e atendimento especializado à criança, ao adolescente e ao jovem dependente de entorpecentes e drogas afins (inciso VII).

Prosseguindo, o parágrafo sexto, do art. 227, da Constituição, garante o *"Princípio da Igualdade entre os Filhos"*, ao dispor que os filhos, havidos ou não da relação do casamento, ou por adoção, terão os mesmos direitos e qualificações, proibidas quaisquer designações discriminatórias relativas à filiação.

Assim, com a Constituição Federal, os filhos não têm mais "valor" para efeito de direitos alimentícios e sucessórios. Não se pode falar em um filho receber metade da parte que originalmente lhe cabia por ser "bastardo", enquanto aquele fruto da sociedade conjugal receber a quantia integral. Aliás, nem mesmo a expressão "filho bastardo" pode mais ser utilizada, por representar uma forma de discriminação designatória.

Também, o art. 229 traz uma "via de mão dupla" entre pais e filhos, isto é, os pais têm o dever de assistir, criar e educar os filhos menores, e os filhos maiores têm o dever de ajudar e amparar os pais na velhice, carência ou enfermidade. Tal dispositivo, inclusive, permite que os filhos peçam alimentos aos pais, e que os pais peçam alimentos aos filhos.

Ainda, há se mencionar o acrescentado parágrafo oitavo (pela Emenda Constitucional nº 65/2010), ao art. 227, da Constituição Federal, segundo o qual a lei estabelecerá o estatuto da juventude, destinado a regular os direitos dos jovens (inciso I), e o plano nacional de juventude, de duração decenal, visando à articulação das várias esferas do poder público para a execução de políticas públicas (inciso II). Nada obstante a exigência constitucional desde 2010, somente em 2013 o Estatuto da Juventude foi aprovado (Lei nº 12.852), como visto acima, carecendo, ainda, o Plano Nacional de Juventude de maior regulamentação *infra*constitucional.

Por fim, algumas leis mais recentes merecem destaque: a **Lei nº 13.431/2017**, que estabelece o sistema de garantia de direitos da criança e do adolescente vítima ou testemunha de violência[62]; a **Lei nº 13.441/2017**, que altera o ECA para prever

---

[62] Merece destaque o art. 4º desta Lei: "Para os efeitos desta Lei, sem prejuízo da tipificação das condutas criminosas, são formas de violência: I – violência física, entendida como a ação infligida à criança ou ao adolescente que ofenda sua integridade ou saúde corporal ou que lhe cause sofrimento físico; II – violência psicológica: a) qualquer conduta de discriminação, depreciação ou desrespeito em relação à criança ou ao adolescente mediante ameaça, constrangimento, humilhação, manipulação, isolamento, agressão verbal e xingamento, ridicularização, indiferença, exploração ou intimidação sistemática (*bullying*) que possa comprometer seu desenvolvimento psíquico ou emocional; b) o ato de alienação parental, assim entendido como a interferência na formação psicológica da criança ou do adolescente, promovida ou induzida por um dos genitores, pelos avós ou por quem os tenha sob sua autoridade, guarda ou vigilância, que leve ao repúdio de genitor ou que cause prejuízo ao estabelecimento ou à manutenção de vínculo com este; c) qualquer conduta que exponha a criança ou o adolescente, direta ou indiretamente, a crime violento contra membro de sua família ou de sua rede de apoio, independentemente do ambiente em que

a infiltração de agentes de polícia na *Internet* com o fim de investigar crimes contra a dignidade sexual de criança e de adolescente; a **Lei nº 13.721/2018**, que altera o Código de Processo Penal para estabelecer que será dada prioridade à realização do exame de corpo de delito quando se tratar de crime que envolva violência doméstica e familiar contra mulher ou violência contra criança, adolescente, idoso ou pessoa com deficiência; a **Lei nº 13.798/2019**, que acresce um art. 8º-A ao ECA para instituir a Semana Nacional de Prevenção da Gravidez na Adolescência, a ser realizada anualmente na semana que incluir o dia 1º de fevereiro, com o objetivo de disseminar informações sobre medidas preventivas e educativas que contribuam para a redução da incidência da gravidez na adolescência; bem como a **Lei nº 13.845/2019**, que dá nova redação ao art. 53, V, do ECA para garantir à criança e ao adolescente acesso à escola pública e gratuita, próxima de sua residência, garantindo-se vagas no mesmo estabelecimento a irmãos que frequentem a mesma etapa ou ciclo de ensino da educação básica.

A Corte Interamericana de Direitos Humanos julgou:

- Na **Opinião Consultiva nº 21/14**, a Corte Interamericana se manifestou sobre os direitos das crianças e adolescentes no contexto da migração. Após refletir sobre a questão migratória, a opinião reforça a importância de se distinguir as crianças que chegam migrando por razão de busca de uma melhor situação econômico-financeira daquelas que se encaixam no estrito conceito do direito de asilo. Então, colocam-se direitos que devem ser minimamente respeitados quando da análise do pedido de asilo ou migratório: notificação de procedimento e decisão no processo migratório; direito de que tais processos sejam levados a um juiz especializado; direito de participar de diferentes etapas processuais; direito de ser assistido por um tradutor; acesso à comunicação e a um sistema consular; direito de ser assistido por representante legal e comunicar-se com ele; dever de designar tutor em caso de crianças desacompanhadas; direito de que a decisão se baseie no superior interesse do infante e seja devidamente fundamentada; direito de recorrer da decisão com efeitos suspensivos; razoável duração do processo. No curso do processo, é preciso dispor de alternativas menos lesivas do que a privação da liberdade. Os espaços de alojamento devem respeitar o princípio da separação e a unidade familiar, conservando junto aos responsáveis se com eles estiverem

---

cometido, particularmente quando isto a torna testemunha; III – violência sexual, entendida como qualquer conduta que constranja a criança ou o adolescente a praticar ou presenciar conjunção carnal ou qualquer outro ato libidinoso, inclusive exposição do corpo em foto ou vídeo por meio eletrônico ou não, que compreenda: a) abuso sexual, entendido como toda ação que se utiliza da criança ou do adolescente para fins sexuais, seja conjunção carnal ou outro ato libidinoso, realizado de modo presencial ou por meio eletrônico, para estimulação sexual do agente ou de terceiro; b) exploração sexual comercial, entendida como o uso da criança ou do adolescente em atividade sexual em troca de remuneração ou qualquer outra forma de compensação, de forma independente ou sob patrocínio, apoio ou incentivo de terceiro, seja de modo presencial ou por meio eletrônico; c) tráfico de pessoas, entendido como o recrutamento, o transporte, a transferência, o alojamento ou o acolhimento da criança ou do adolescente, dentro do território nacional ou para o estrangeiro, com o fim de exploração sexual, mediante ameaça, uso de força ou outra forma de coação, rapto, fraude, engano, abuso de autoridade, aproveitamento de situação de vulnerabilidade ou entrega ou aceitação de pagamento, entre os casos previstos na legislação; IV – violência institucional, entendida como a praticada por instituição pública ou conveniada, inclusive quando gerar revitimização. § 1º. Para os efeitos desta Lei, a criança e o adolescente serão ouvidos sobre a situação de violência por meio de escuta especializada e depoimento especial. § 2º. Os órgãos de saúde, assistência social, educação, segurança pública e justiça adotarão os procedimentos necessários por ocasião da revelação espontânea da violência. § 3º. Na hipótese de revelação espontânea da violência, a criança e o adolescente serão chamados a confirmar os fatos na forma especificada no § 1º deste artigo, salvo em caso de intervenções de saúde. § 4º. O não cumprimento do disposto nesta Lei implicará a aplicação das sanções previstas na Lei nº 8.069, de 13 de julho de 1990 (Estatuto da Criança e do Adolescente)".

e em estabelecimentos exclusivos para crianças se desacompanhados. Proíbe-se o encarceramento arbitrário e garante-se a audiência de custódia. As legislações internas dos países devem ser adequadas para permitirem a garantia de tais direitos. Por fim, reforça-se o princípio do non-refoulement, garantindo que a criança não seja expulsa, extraditada ou deportada a não ser que este seja o seu melhor interesse. Também a decisão sobre a separação familiar deve ser ponderada, sempre se priorizando a unidade.

- Na **Opinião Consultiva nº 17/02**, a Corte manifesta-se sobre direitos humanos e condição jurídica de crianças. A Corte lembra a definição de criança como toda pessoa com menos de 18 anos de idade, salvo se por força de lei tiver adquirido a maioridade; a vedação da discriminação em razão de idade, embora isso não impeça o tratamento diferenciado de crianças em razão de suas condições especiais; a necessidade de preservar o seu interesse superior, implicando no desenvolvimento da criança e em seu pleno desenvolvimento; a importância de sua contextualização no seio da família da qual deve ser separado apenas excepcionalmente, cabendo ao Estado apoiá-la; e os direitos da criança nos processos judiciais (inclusive ao devido processo legal e ao processamento por prática de atos ilícitos em órgão diverso do responsável pelo processamento de adultos).

- No **caso Ramírez Escobar e outros vs. Guatemala**, julgado em 09 de março de 2018, condenou-se o Estado em razão de separação arbitrária da família, considerando violados os direitos à família, às garantias judiciais, à liberdade pessoal e, quanto a uma das vítimas, à identidade e ao nome. O caso versa sobre a adoção internacional de crianças da Guatemala, negócio que vinha se mostrando muito lucrativo no país e em meio ao qual diversas irregularidades processuais se tornavam frequentes, propositalmente, devido à debilidade institucional e à flexibilidade inadequada das normas jurídicas. No país, por 30 anos, vigorou lei que conferia caráter privado às adoções, permitindo que fossem outorgadas por notários, e a falta de controle institucional real facilitou o desenvolvimento de redes de delinquência organizada transnacional com objetivo de promover adoções irregulares. Duas das vítimas, uma de 7 anos e outra de 1 ano e meio, foram separadas de suas famílias, sob alegação de que haviam sido abandonados por sua mãe, a qual sofreu um processo judicial arbitrário para a perda do poder familiar. As crianças foram adotadas pela via notarial enquanto ainda pendiam recursos no processo que acusava a genitora de abandono e, embora no curso do processo tenha se reconhecido que o Estado falhou em promover diligências para verificar a capacidade dos pais de continuarem com as crianças, foi arquivado devido à consolidação da situação destas nos Estados Unidos. A Corte considerou que, no caso, a separação das crianças de seus pais se baseou apenas na posição econômica de seus familiares, em estereótipos de gênero sobre a atribuição de diferentes papéis parentais à mãe e ao pai, bem como na orientação sexual da avó materna. A Corte ressaltou que crianças são sujeitos plenos de direito e não meros objetos de proteção jurídica e concluiu que o processo judicial de abandono foi uma ingerência arbitrária do Estado na vida familiar, notadamente devido à forma que se processou a adoção (via notarial), às falhas nas investigações, à não consideração do princípio do melhor interesse da criança, ao não reconhecimento da adoção internacional como excepcional em relação à nacional e à condescendência com o propósito lucrativo das instituições privadas que intermediaram a adoção.

- No **caso V.R.P., V.P.C. e outros vs. Nicarágua**, julgado em 08 de março de 2018, houve violação aos direitos da criança e, neste âmbito, aos direitos à integridade pessoal, à proibição de tratamentos cruéis, desumanos ou degradantes, às garantias judiciais, à vida privada e familiar e à proteção judicial, num episódio em que o Estado falhou nas investigações e no processo judicial que teve por objeto o estupro, mediante violação anal, de uma criança de 9 anos de idade. A mãe da vítima obteve o diagnóstico do abuso sexual em consulta privada e levou o crime a conhecimento das autoridades, o qual foi a julgamento, mas o longo processo teve como resultado a absolvição do acusado, num contexto de possível comprometimento à imparcialidade dos jurados. Além da ausência de investigação rigorosa dos fatos, o Estado também falhou na forma como conduziu as investigações e o processo. O processo penal gerou um sofrimento intenso à vítima e à sua mãe ao não prestar a devida assistência médica e psicológica integral, ao obrigar a vítima a se submeter a nova perícia (realizada por profissional que não era especializado no trato com crianças neste tipo de situação e em ambiente típico de realização em exames ginecológicos em mulheres) e a revisões ginecológicas reiteradas, tal como ao submetê-la a uma reconstituição dos fatos, obrigando-a a reviver os acontecimentos que já haviam sido relatados à polícia e em testemunho em juízo. Na decisão, a Corte frisou que em contextos como este é dever do Estado garantir à criança: o direito à informação sobre o procedimento e a assistência jurídica; o direito de ser ouvida com celeridade; o direito de participar do processo penal sempre que não for prejudicial ao seu bem-estar, de não ter contato com o agressor ao longo dele e de receber o devido acompanhamento e assistência em seu curso, inclusive de profissionais especializados; o acompanhamento de entrevistas por psicólogos e psiquiatras da área e serventuários da justiça treinados, em locais seguros e não intimidatórios.

- No **caso Mendoza e outros vs. Argentina**, em maio de 2013, o Estado foi condenado por ter aplicado a pena de prisão perpétua a cinco menores de idade, bem como por não ter prestado adequada atenção médica (que culminou na morte de um dos infantes e na perda de visão pelo outro), por ter praticado tortura, por não apurar adequadamente os fatos e por não fazer a individualização da pena. Os fatos deveriam ser investigados e devidamente punidos, sem prejuízo de reparação e alteração na legislação vigente de proteção do adolescente.

- No **caso Fornerón e filha vs. Argentina**, em 27 de abril de 2012, condenou-se o Estado por indevido processo de adoção. Sem a autorização de Fonerón, sua filha foi entregue para adoção a um casal, havendo provas de que a entrega foi paga em dinheiro. A "venda" da criança se deu sem autorização e conhecimento do genitor, que nem ao menos sabia da gravidez. Quando este foi à justiça, entendeu-se que seria danoso entregar a filha a ele, pois ela já estava adaptada ao casal, fazendo com que o pai se visse obrigado a concordar com um regime de visitas, sem verdadeira vinculação pai-filha. A Corte entendeu que houve violação dos direitos do pai e da criança no caso, condenado a Argentina a promover a adequada vinculação e a adotar medidas legais e administrativas que voltem-se a impedir as práticas de vendas de crianças.

- No **caso Instituto de Reeducação do Menor vs. Paraguai**, em setembro de 2004, condenou-se o Estado por mortes e lesões a crianças no referido instituto. As condições em que viviam os internos eram precárias: as celas eram insalubres, os internos estavam mal alimentados e precisavam de assistência médica, psicológica e dental adequadas; carecia-se de camas e colchões; o programa de reeducação era deficiente como um todo. Após a morte de diversos adolescentes em estabelecimento de detenção para menores, notadamente em decorrência de incêndios, o caso foi levado à Comissão Interamericana, argumentando-se que o local não tinha condição alguma de funcionamento e que violava os direitos humanos das crianças e adolescentes. Os menores foram levados a outros estabelecimentos espalhados pelo país e muitas vezes eram colocados junto com presos adultos condenados. Neste sentido, a Corte condenou o Estado paraguaio a tomar providências, providenciando local adequado para a internação de menores e reparando os danos causados.

- No **caso "Niños de la Calle" (Villagrán Morales e outros) vs. Guatemala**, em maio de 2001, condenou-se o Estado por práticas até então comuns de ações estatais à margem da lei dirigida contra menores para combater a "delinquência juvenil" e a "vagabundagem". Especificamente, 4 jovens (15, 17, 18 e 20 anos) foram assassinados após detenção ilegal e os fatos nunca foram investigados e esclarecidos. Os fatos deveriam ser investigados e devidamente punidos, sem prejuízo de reparação, alteração na legislação vigente de proteção do adolescente, treinamento de pessoal e criação de estabelecimento educacional em alusão aos nomes das vítimas.

1.3.3 Proteção das pessoas com deficiência

Artigo 18 – Proteção de deficientes, PCADH

*Toda pessoa afetada por **diminuição de suas capacidades físicas e mentais** tem direito a receber **atenção especial**, a fim de alcançar o máximo desenvolvimento de sua personalidade. Os Estados Partes comprometem-se a adotar as **medidas** necessárias para esse fim e, especialmente, a:*

*a) Executar **programas específicos** destinados a proporcionar aos deficientes os **recursos e o ambiente necessário** para alcançar esse objetivo, inclusive programas **trabalhistas** adequados a suas possibilidades e que deverão ser livremente aceitos por eles ou, se for o caso, por seus representantes legais;*

*b) Proporcionar **formação especial às famílias** dos deficientes, a fim de ajudá-los a resolver os problemas de convivência e convertê-los em elementos atuantes no desenvolvimento físico, mental e emocional destes;*

*c) Incluir, de maneira prioritária, em seus **planos de desenvolvimento urbano** a consideração de soluções para os requisitos específicos decorrentes das necessidades deste grupo;*

*d) Promover a formação de **organizações sociais** nas quais os deficientes possam desenvolver uma vida plena.*

De uma maneira geral, a proteção das pessoas com alguma deficiência se encaixa na promoção da igualdade material ao permitir que elas obtenham um adequado tratamento legislativo, judicial e administrativo que atenda às suas especificidades, sem que isso implique, de qualquer forma, em uma discriminação negativa.

A única menção nos documentos gerais de direitos humanos é a do **Protocolo de San Salvador**, o qual reforça a necessidade de atendimento especial não só ao deficiente, mas também à sua família, bem como inclui o dever do Estado de garantir acessibilidade. Logo, predomina a elaboração de tratados internacionais e declarações ligados ao sistema especial para a proteção deste grupo vulnerável.

> *Por quais fases passou o desenvolvimento da proteção da pessoa com deficiência?*

Há quatro fases no desenvolvimento dos direitos humanos da pessoa com deficiência:

a) **Fase da intolerância:** a deficiência simbolizava impureza, pecado ou castigo divino;

b) **Fase da invisibilidade:** ignorava-se a existência das pessoas com deficiência e de seus direitos;

c) **Fase assistencialista:** pautada na perspectiva médica e biológica de que era preciso encontrar uma cura para a deficiência, que era exclusivamente vista como enfermidade;

d) **Fase humanista:** orientada pelo paradigma dos direitos humanos, na qual emergiram os direitos à inclusão social, com ênfase na relação da pessoa com deficiência e do meio em que ela se insere, além da necessidade de eliminar obstáculos e barreiras (culturais, físicos ou sociais) que possam ser superados. Destaca-se a inovação promovida pela Convenção da ONU, que reconhece a deficiência como resultado da interação entre indivíduos e seu meio ambiente, não residindo apenas intrinsecamente no indivíduo[63].

(DEFENSORIA PÚBLICA ESTADUAL DO AMAZONAS – DPE-AM – DEFENSOR PÚBLICO – FCC – 2013) Em relação à tutela de direitos coletivos da pessoa com deficiência, explique a diferença entre os conceitos de integração social e inclusão social, apontando os dispositivos legais que deles tratam e sai respectiva posição na hierarquia das normas jurídicas.

O modelo social de proteção da pessoa com deficiência consagra a noção de que a deficiência não é um infortúnio individual daqueles acometidos por ela e nem um dilema a ser resolvido por toda a sociedade, mas uma simples forma de manifestação da individualidade humana. Neste sentido, a pessoa com deficiência não é vista como incapaz, tendo liberdade para decidir sobre aspectos essenciais de sua vida, notadamente os de caráter existencial. Além disso, a sociedade deve acolher a pessoa com deficiência, não exigindo dela a adaptação à sociedade.

Os conceitos de integração social e inclusão social se diferem na prática, embora ambos se voltem a propiciar a inserção da pessoa com deficiência na sociedade. O modelo de integração volta-se ao atendimento de necessidades individuais da pessoa com deficiência, por exemplo, o acesso individualizado a profissional especializado acompanhante. Já o modelo de inclusão votla-se à uma ampla compreensão de que para que a pessoa com deficiência possa participar ativamente da vida em sociedade deve conviver em meio a ela. Tais modelos costumam se conciliar, como ocorre quando o direito ao atendimento individualizado nas redes de ensino se dá de forma paralela à participação da pessoa com deficiência nas turmas regulares. Neste sentido, o artigo 28, I, Lei nº 13.146/2015, prevê o direito da pessoa com deficiência a um sistema educacional inclusivo em todos os níveis e modalidades, ao passo que os incisos III e V do mesmo dispositivo esclarecem que isso não impede o atendimento individualizado, tanto voltados coletivamente (ex.: contratação de tradutores e intérpretes) quanto propriamente individuais (*v.g.*, especificações de atendimento, nos termos do artigo 30, Lei nº 13.146/2015).

Assim, veda-se a discriminação das pessoas com deficiência, o que não significa que é impedido que a lei garantia distinções que permitam um tratamento igualitário

---

[63] PIOVESAN, Flávia. **Direitos humanos e o direito constitucional internacional...** Op. Cit., 2008, p. 214-216.

destas pessoas na vida em sociedade – pois não basta garantir a igualdade formal na lei sem a criação de instrumentos e políticas voltados aos grupos vulneráveis como o das pessoas com deficiência.

Por isso mesmo, no âmbito internacional **quatro documentos** merecem destaque, quais sejam: **Declaração das Nações Unidas sobre os Direitos das Pessoas com Deficiência**, de 9 de dezembro de 1975 (primeiro documento); complementada pela **Convenção Internacional sobre os Direitos das Pessoas com Deficiência e seu Protocolo Facultativo**, assinados em Nova York, em 30 de março de 2007, e promulgados pelo Decreto nº 6.949 de 25 de agosto de 2009 (estes dois com "*status*" de EC no ordenamento brasileiro) (segundo e terceiro documentos); e a **Convenção Interamericana para a Eliminação de Todas as Formas de Discriminação contra as Pessoas Portadoras de Deficiência**, assinada na Guatemala, em 28 de maio de 1999, promulgada no Brasil pelo Decreto nº 3.956 de 8 de outubro de 2001 (quarto documento).

Ademais, ainda no campo dos direitos da pessoa com deficiência, urge mencionar importante inovação: o **Tratado de Marraqueche para facilitar o acesso a obras publicadas às pessoas cegas, com deficiência visual ou com outras dificuldades para ter acesso ao texto impresso**, que foi assinado no âmbito da Organização Mundial de Propriedade Intelectual, tem agora, oficialmente, o "*status*" de tratado internacional de direitos humanos internalizado na forma do art. 5º, § 3º, CF. Muito embora já tivesse sido ele aprovado pelo Congresso Nacional brasileiro pelo Decreto Legislativo nº 261/2015 com quórum de votação de equivalência à emenda constitucional, somente em outubro de 2018, por força do Decreto nº 9.522, seu processo de internalização foi concluído, ganhando, então, oficialmente falando, o "*status*" de tratado de direitos humanos equivalente à emenda constitucional. Portanto, é preciso atualizar-se no sentido de que, **se antes eram dois os documentos internalizados na forma do art. 5º, § 3º** (Convenção de Nova York + seu Protocolo Facultativo), **agora são três**, pois a estes dois devemos acrescer o Tratado de Marraqueche.

Sobre o **Tratado de Marraqueche**, o artigo 2º traz os conceitos necessários à compreensão do tratado: obras, como obras literárias e artísticas no sentido da Convenção de Berna, podendo adotar a forma de texto ou ilustrações conexas que tenham sido tornadas públicas; exemplar em formato acessível, que é a reprodução da obra em forma que dê acesso de maneira prática e cômoda às pessoas com deficiência visual, respeitada a integridade da obra original; entidade autorizada, que é aquela entidade autorizada ou reconhecida pelo governo para prover aos beneficiários, sem fins lucrativos, educação, formação pedagógica, leitura adaptada ou acesso à informação, ou entidade governamental ou não governamental que tenha tais serviços como atividades ou obrigações principais.

O artigo 3º considera como beneficiários do tratado pessoas cegas, com deficiência visual ou outra deficiência de percepção ou de leitura que não possa ser corrigida por recursos como óculos, e que esteja impossibilidade de manusear livros ou mover os olhos em razão de deficiência.

Conforme o artigo 4º, seria papel do Estado criar condições de tornar os livros acessíveis, inclusive dispensando e excepcionando a exigência de autorização do autor (fixam-se exceções ao direito autoral), bem como viabilizando que uma pessoa traduza obra para uso exclusivamente pessoal. Ainda, o artigo 5º fixa que as obras acessíveis nos termos deste tratado apenas podem ser disponibilizadas nos limites da jurisdição do Estado, o que limita, por exemplo, a importação pessoal de materiais tornados acessíveis em outros idiomas fora do território nacional. Em verdade, conforme o artigo 6º, a importação apenas poderia ser feita por entidade autorizada. Já o artigo 9º, coloca a responsabilidade governamental de promover o intercâmbio transfronteiriço de exemplares acessíveis, incentivando o compartilhamento voluntário de informações em auxílio às entidades autorizadas.

Isto posto, voltando aos quatro documentos que merecem destaque, a **Declaração da ONU sobre os Direitos das Pessoas com Deficiência** começa com um conceito base: "o termo 'pessoas deficientes' refere-se a qualquer pessoa incapaz de assegurar por si mesma, total ou parcialmente, as necessidades de uma vida individual ou social normal, em decorrência de uma deficiência, congênita ou não, em suas capacidades físicas ou mentais".

A seguir, se prescreve o direito à não discriminação, o necessário respeito à dignidade da pessoa humana, igualdade de direitos civis e políticos, promoção da autoconfiança por medidas estatais, direito à saúde e tratamento adequado, direito à segurança econômica e social, consideração de suas necessidades especiais, direito ao lazer e à vivência familiar, proteção contra a exploração, assistência legal qualificada, participação e consulta de organizações específicas e direito à informação.

Ainda no âmbito das Nações Unidas, a **Convenção Internacional sobre os Direitos das Pessoas com Deficiência** e seu **Protocolo Facultativo** despontam como relevantes tratados internacionais na matéria em estudo que foram ratificados pelo Brasil, por possuírem o *"status"* de emenda constitucional (art. 5º, § 3º, CF, com redação dada pela EC nº 45/2004, **além do já comentado Tratado de Marraqueche**).

O documento se inicia com um extenso preâmbulo que expõe suas intenções, notadamente a de suprir a insatisfação quanto à não discriminação e o aproveitamento das pessoas com deficiência para o bem-estar da sociedade. Em que pesem diversos documentos internacionais voltados a isto, com efeito, caberia à Convenção reforçar a importância e a igualdade de direitos com relação às pessoas com deficiência, reconhecendo a importância do papel que elas desempenham em sociedade.

O artigo 1º traz o propósito da Convenção e conceitua pessoa com deficiência: "o propósito da presente Convenção é **promover, proteger e assegurar o exercício pleno e equitativo de todos os direitos** humanos e liberdades fundamentais por todas as pessoas com deficiência e promover o **respeito pela sua dignidade inerente**. Pessoas com deficiência são aquelas que têm **impedimentos de longo prazo de natureza física, mental, intelectual ou sensorial**, os quais, em interação com diversas **barreiras**, podem obstruir sua participação plena e efetiva na sociedade em igualdades de condições com as demais pessoas".

O artigo 2º prossegue com o estabelecimento de conceitos relevantes: "'Comunicação' abrange as línguas, a visualização de textos, o braile, a comunicação tátil, os caracteres ampliados, os dispositivos de multimídia acessível, assim como a linguagem simples, escrita e oral, os sistemas auditivos e os meios de voz digitalizada e os modos, meios e formatos aumentativos e alternativos de comunicação, inclusive a tecnologia da informação e comunicação acessíveis; **'Língua'** abrange as línguas faladas e de sinais e outras formas de comunicação não-falada; **'Discriminação por motivo de deficiência'** significa qualquer diferenciação, exclusão ou restrição baseada em deficiência, com o propósito ou efeito de impedir ou impossibilitar o reconhecimento, o desfrute ou o exercício, em igualdade de oportunidades com as demais pessoas, de todos os direitos humanos e liberdades fundamentais nos âmbitos político, econômico, social, cultural, civil ou qualquer outro. Abrange todas as formas de discriminação, inclusive a recusa de adaptação razoável; **'Adaptação razoável'** significa as modificações e os ajustes necessários e adequados que não acarretem ônus desproporcional ou indevido, quando requeridos em cada caso, a fim de assegurar que as pessoas com deficiência possam gozar ou exercer, em igualdade de oportunidades com as demais pessoas, todos os direitos humanos e liberdades fundamentais; **'Desenho universal'** significa a concepção de produtos, ambientes, programas e serviços a serem usados, na maior medida possível, por todas as pessoas, sem necessidade de adaptação ou projeto específico. O 'desenho universal' não excluirá as ajudas técnicas para grupos específicos de pessoas com deficiência, quando necessárias".

Os princípios que guiam a Convenção, previstos no artigo 3º, são: "a) O respeito pela dignidade inerente, a autonomia individual, inclusive a liberdade de fazer as próprias escolhas, e a independência das pessoas; b) A não-discriminação; c) A plena e efetiva participação e inclusão na sociedade; d) O respeito pela diferença e pela aceitação das pessoas com deficiência como parte da diversidade humana e da humanidade; e) A igualdade de oportunidades; f) A acessibilidade; g) A igualdade entre o homem e a mulher; h) O respeito pelo desenvolvimento das capacidades das crianças com deficiência e pelo direito das crianças com deficiência de preservar sua identidade". Juntos, os três primeiros artigos da Convenção permitem compreendê-la num contexto geral.

Os artigos 4º e 8º trazem obrigações dos Estados, que envolvem notadamente as de caráter legislativo, adequando o ordenamento jurídico às pessoas com deficiência, bem como as de caráter executório, com políticas visando o fim da discriminação e a conscientização social. A promoção da igualdade e da não discriminação é reforçada no artigo 5º.

Os artigos 6º e 7º tratam da mescla de grupos vulneráveis, abordando as mulheres com deficiência e as crianças com deficiência, que possuem então duas condições que merecem atenção especial.

(MINISTÉRIO PÚBLICO ESTADUAL DE MINAS GERAIS – MP-MG – PROMOTOR DE JUSTIÇA – 2018) Discorra sobre os aspectos conceituais dos institutos e a sua implementação nos espaços de uso coletivo, notadamente em ambientes urbanos preexistentes. Especifique de que modo o Ministério Público pode atuar de forma resolutiva para a superação de obstáculos previsíveis na execução da acessibilidade. Indique alternativas factíveis para o enfrentamento do problema nas grandes metrópoles, nas cidades tombadas, de topografia acidentada e de recursos orçamentários insuficientes para as adequações numerosas.

O artigo 9º da Convenção Internacional sobre os Direitos das Pessoas com Deficiência traz uma importante noção, que é a de **acessibilidade**, a qual deve ser a mais ampla possível, proporcionando a igualdade de oportunidades em todos os aspectos da vida em sociedade, notadamente quanto a edifícios, rodovias, meios de transporte e outras instalações internas e externas, inclusive escolas, residências, instalações médicas e local de trabalho, e informações, comunicações e outros serviços, inclusive serviços eletrônicos e serviços de emergência. Para tanto, cabe fiscalizar e implementar **normas e diretrizes mínimas** de acessibilidade em espaços públicos e privados.

Há que se reconhecer, contudo, que muitas são as regras que devem ser obedecidas para propiciar a acessibilidade plena das pessoas com deficiência, o que gera entraves diversos. Em cidades de topografia acidentada, muitas vezes a viabilização da acessibilidade plena nem mesmo é possível, então o que resta é propiciar o maior índice de fruição de direitos que se alcance na prática. Da mesma forma, há limitações quanto às alterações de acessibilidade em prédios tombados, embora estas sejam mais flexíveis, considerando que numa ponderação entre a preservação do patrimônio histórico e o direito à acessibilidade, que permite à pessoa com deficiência ter igual acesso a este patrimônio em relação às demais pessoas, o segundo deve prevalecer como regra.

Sem prejuízo, evidenciam-se custos orçamentários que devem ser tomados em conta, de forma que seja progressiva a implementação de recursos de acessibilidade. Instituições como o Ministério Público e a Defensoria Pública podem se utilizar de instrumentos como o termo de ajustamento de conduta para definir metas parciais a serem atingidas ao longo do tempo em prol da concretização progressiva dos direitos de acessibilidade.

A partir do artigo 10 até o artigo 30 são abordados direitos em espécie, destacando-se: vida, integridade, respeito ao direito humanitário, igualdade perante a lei, acesso à justiça, liberdade em todas suas dimensões, segurança, vedação da tortura e tratamentos afins, vedação de formas de exploração/violência/abuso, nacionalidade, independência, mobilidade, privacidade, convivência familiar, educação, saúde, habilitação e reabilitação, trabalho e emprego (incluindo o estabelecimento de cotas no setor público), subsistência digna, participação popular, cultura, lazer e esporte.

Contando do artigo 31, são estabelecidos mecanismos para dar efetividade à Convenção, notadamente: estabelecimento de estatísticas e pesquisas, cooperação internacional, mecanismos de coordenação no âmbito dos governos dos Estados-partes, elaboração de relatórios pelos Estados-partes – os quais serão considerados pelo **Comitê sobre os Direitos das Pessoas com Deficiência**. Por fim, dos artigos 41 a 50 são estabelecidas questões formais de ratificação, vigência, denúncia, entre outras que são de praxe nos tratados internacionais. O protocolo facultativo, por sua vez, de uma maneira geral, aprofunda as funções e atribuições do mencionado Comitê.

Por fim, no ano de 2018, o Comitê de Direitos Humanos da ONU se manifestou sobre o direito à vida da pessoa com deficiência na **Observação Geral nº 36**, parágrafo 28: "As pessoas com deficiência, incluindo as deficiências psicossociais e intelectuais, têm direito a medidas especiais de proteção para garantir o gozo efetivo do direito à vida em pé de igualdade com os demais. Essas medidas de proteção incluirão os ajustes razoáveis que sejam necessários no campo das políticas públicas para garantir o direito à vida, como o acesso das pessoas com deficiências a bens e serviços essenciais e a medidas especiais destinadas a impedir que as autoridades policiais recorram ao uso excessivo da força contra esses tipos de pessoas".

> Em que pontos o conteúdo da Convenção Interamericana para a Eliminação de Todas as Formas de Discriminação contra as Pessoas Portadoras de Deficiência é menos complexo que o da respectiva Convenção nas Nações Unidas?

A Convenção Interamericana para a Eliminação de Todas as Formas de Discriminação contra as Pessoas Portadoras de Deficiência, documento sobre o assunto em pauta no âmbito da OEA, possui um conteúdo bem menos complexo que o da estudada Convenção Internacional.

Em destaque, o artigo I, de caráter conceitual: "1. Deficiência. O termo 'deficiência' significa uma restrição física, mental ou sensorial, de natureza permanente ou transitória, que limita a capacidade de exercer uma ou mais atividades essenciais da vida diária, causada ou agravada pelo ambiente econômico e social. 2. Discriminação contra as pessoas portadoras de deficiência. a) o termo 'discriminação contra as pessoas portadoras de deficiência' significa toda diferenciação, exclusão ou restrição baseada em deficiência, antecedente de deficiência, consequência de deficiência anterior ou percepção de deficiência presente ou passada, que tenha o efeito ou propósito de impedir ou anular o reconhecimento, gozo ou exercício por parte das pessoas portadoras de deficiência de seus direitos humanos e suas liberdades fundamentais. b) Não constitui discriminação a diferenciação ou preferência adotada pelo Estado-parte para promover a integração social ou o desenvolvimento pessoal dos portadores de deficiência, desde que a diferenciação ou preferência não limite em si mesma o direito à igualdade dessas pessoas e que elas não sejam obrigadas a aceitar tal diferenciação ou preferência. Nos casos em que a legislação interna preveja a declaração de interdição, quando for necessária e apropriada para o seu bem-estar, esta não constituirá discriminação".

O artigo II traça o objetivo de eliminação de todas as formas de discriminação contra a pessoa com deficiência, ao passo que o artigo III traz um rol de medidas que deverão ser tomadas pelos Estados-partes para alcançar este ideal, voltadas à acessibilidade e à eliminação do preconceito, bem como à prevenção das deficiências na medida do possível.

Pelo artigo IV, os Estados-partes assumem um compromisso de desenvolver pesquisas científicas para a prevenção, o tratamento, a reabilitação e a integração da pessoa com deficiência, assim como de proporcionar meios e recursos voltados ao desenvolvimento e à autossuficiência da pessoa com deficiência.

O artigo V frisa a necessidade de diálogo entre representantes de organizações públicas e privadas específicas. Já o artigo VI trata da instituição da Comissão para a Eliminação de Todas as Formas de Discriminação contra as Pessoas Portadoras de Deficiência, seguindo com questões formais sobre ratificação e vigência do tratado.

> E no âmbito pátrio, como se dá a proteção à pessoa com deficiência?

Destaca-se, **no sistema nacional de proteção dos direitos humanos**, a Lei nº 13.146, de 6 de julho de 2015, conhecida como "**Estatuto da Pessoa com Deficiência**". Marcada para entrar em vigor cento e oitenta dias depois de sua publicação oficial, tal comando normativo tem como base a Convenção sobre os Direitos das Pessoas com Deficiência e seu Protocolo Facultativo (*supra*mencionados), e considera pessoa com deficiência aquela que tem impedimento de longo prazo de natureza física, mental, intelectual ou sensorial, o qual, em interação com uma ou mais barreiras, pode obstruir a participação plena e efetiva do indivíduo na sociedade em igualdade de condições com as demais pessoas (art. 2º). Merece destaque, ainda, o oitavo artigo do comando normativo em análise, que preceitua ser dever do **Estado**, da **sociedade** e da **família** assegurar à pessoa com deficiência, com prioridade, a efetivação dos direitos referentes à vida, à saúde, à sexualidade, à paternidade e à maternidade, à alimentação, à habitação, à educação, à profissionalização, ao trabalho, à previdência social, à habilitação e à reabilitação, ao transporte, à acessibilidade, à cultura, ao desporto, ao turismo, ao lazer, à informação, à comunicação, aos avanços científicos e tecnológicos, à dignidade, ao respeito, à liberdade, à convivência familiar e comunitária, entre outros decorrentes da Constituição Federal, da Convenção sobre os Direitos das Pessoas com Deficiência e seu Protocolo Facultativo e das leis e de outras normas que garantam seu bem-estar pessoal, social e econômico.

Ademais, o art. 9º traz a noção de **atendimento prioritário** para casos de: "I – proteção e socorro em quaisquer circunstâncias; II – atendimento em todas as instituições e serviços de atendimento ao público; III – disponibilização de recursos, tanto humanos quanto tecnológicos, que garantam atendimento em igualdade de condições com as demais pessoas; IV – disponibilização de pontos de parada, estações e terminais acessíveis de transporte coletivo de passageiros e garantia de segurança no embarque e no desembarque; V – acesso a informações e disponibilização de recursos de comunicação acessíveis; VI – recebimento de restituição de imposto de renda; VII – tramitação processual e procedimentos judiciais e administrativos em que for parte ou interessada, em todos os atos e diligências. § 1º. Os direitos previstos neste artigo são extensivos ao acompanhante da pessoa com deficiência ou ao seu atendente pessoal, exceto quanto ao disposto nos incisos VI e VII deste artigo. § 2º. Nos serviços de emergência públicos e privados, a prioridade conferida por esta Lei é condicionada aos protocolos de atendimento médico".

Por fim, são trazidos direitos fundamentais de que goza a pessoa com deficiência, a saber, o **direito à vida** (arts. 10 a 13); **o direito à habilitação e à reabilitação** (arts. 14 a 17); o **direito à saúde** (arts. 18 a 26); o **direito à educação** (arts. 27 a 30); o **direito à moradia** (arts. 31 a 33); **o direito ao trabalho** (arts. 34 a 38); o **direito à assistência e à previdência social** (arts. 39 a 41); o **direito à cultura, ao esporte, ao turismo e ao lazer** (arts. 42 a 44); e o **direito ao transporte e à mobilidade** (arts. 46 a 52).

Ressalta-se que há um longo caminho a ser percorrido, caso se queira utilizar o termo *"inclusão da pessoa com deficiência"* em seu máximo significado. O advento de um *Estatuto*, na condição de **norma simbólica** que é, tem o condão de representar o ponto de partida para uma tomada de consciência de que as pessoas com transtornos físicos e psicológicos precisam fazer parte da conjuntura social (respeitadas, obviamente, as suas devidas limitações). Por si só, contudo, um comando legislativo não tem o poder de mudar nada. É preciso que, com ele, venham novas políticas, novos mecanismos protetores, bem como pensamentos paradigmáticos a fim de assegurar direitos a este grupo historicamente desprotegido.

1.3.4 Proteção dos idosos

> **Artigo 18 – Proteção de pessoas idosas, PCADH**
> *Toda pessoa tem direito à **proteção especial na velhice**. Nesse sentido, os Estados Partes comprometem-se a adotar de maneira **progressiva** as medidas necessárias a fim de pôr em prática este direito e, especialmente, a:*
>
> *a) Proporcionar **instalações adequadas**, bem como **alimentação e assistência médica especializada**, às pessoas de idade avançada que careçam delas e não estejam em condições de provê-las por seus próprios meios;*
>
> *b) Executar **programas trabalhistas específicos** destinados a dar a pessoas idosas a possibilidade de realizar atividade produtiva adequada às suas capacidades, respeitando sua vocação ou desejos;*
>
> *c) Promover a formação de **organizações sociais** destinadas a melhorar a qualidade de vida das pessoas idosas.*

Os idosos costumam ser afastados do convívio social à medida em que adquirem mais dificuldades de saúde, naturais ao processo de envelhecimento. A lógica da "descartabilidade" do ser humano e da produtividade em massa que teima em persistir na sociedade leva à intensificação deste movimento de rejeição, cabendo ao Direito assumir uma postura de promoção da igualdade material dos idosos, por medidas judiciais, legislativas e executivas pertinentes.

Há normativa internacional específica de proteção aos idosos?

No plano da proteção internacional dos direitos humanos deste grupo de pessoas, já ocorreu algum avanço, mas este é ainda distante se comparado ao sistema de proteção de outros grupos vulneráveis específicos, como mulheres e pessoas com deficiência.

Em relação à ONU, ainda não há Convenção específica de proteção, mas apenas normativas principiológicas não diretamente coativas, que podem ser combinadas com normas genéricas como as dos Pactos Internacionais de 1966. Neste sentido, de forma mais relevante, em 1991 sobrevieram os **Princípios das Nações Unidas para as Pessoas Idosas**; e em 2002, na II Conferência Internacional de Madri sobre o Envelhecimento, surgiram a **Declaração Política** e o **Plano de Ação Internacional de Madri sobre Envelhecimento (MIPAA)**, estes de ordem um pouco mais pragmática.

Em janeiro de 2010, o Comitê Consultivo do Conselho de Direitos Humanos das Nações Unidas publicou estudo apontando a necessidade de uma convenção internacional específica, o que indica que futuramente é possível que tal documento seja elaborado e ratificado pelos países-membros da ONU.

> *Em quais categorias se dividem os Princípios das Nações Unidas para as Pessoas Idosas?*

Vale colacionar alguns trechos dos Princípios das Nações Unidas para as Pessoas Idosas, de ordem mais genérica, identificando as pretendidas políticas da ONU em favor deste grupo vulnerável ao dividir em categorias as esferas de proteção específica a ser conferida:

a) **Independência (princípios 1 a 6):** acesso à alimentação, água, alojamento, vestuário e cuidados de saúde adequados, recebendo recursos para tanto (apoio do Estado, da comunidade e da família); direito ao trabalho ou a outro rendimento; direito de decidir junto com a sociedade quando é o momento de deixar de ter uma vida ativa de participação social e política, dedicando-se ao repouso com dignidade; acesso a programas de educação e formação; convivência em ambientes seguros e adaptáveis às suas necessidades e preferências; residência em seu próprio domicílio tanto quanto possível;

b) **Participação (princípios 7 a 9):** permanência na integração em sociedade, participando na formulação e execução de políticas que o afetem diretamente, compartilhando suas experiências, conhecimentos e aptidões; possibilidade de prestar serviços à comunidade, inclusive voluntariamente, no que for de seu interesse e capacidade; construção de movimentos e associações de idosos;

c) **Assistência (princípios 10 a 14):** aproveitar os benefícios dos cuidados e da proteção da família e da comunidade, conforme os valores culturais de cada sociedade; acesso a cuidados de saúde que o garantam bem-estar físico, mental e emocional, inclusive preventivos; utilização de meios adequados de assistência em âmbito institucional em prol de proteção, reabilitação e estimulação social e mental num ambiente humano e seguro; acesso a serviços jurídicos; gozo dos direitos humanos e liberdades fundamentais onde quer que se encontrem (lar próprio ou instituições de assistência), com pleno respeito de sua dignidade e do seu direito de decidir seu próprio destino;

d) **Realização pessoal (princípios 15 e 16):** possibilidade de procurar oportunidades com vista ao pleno desenvolvimento do seu potencial; acesso aos recursos educativos, culturais, espirituais e recreativos da sociedade;

e) **Dignidade (princípios 17 e 18):** possibilidade de viver com dignidade e segurança, sem serem explorados ou maltratados física ou mentalmente; tratamento de forma justa, independentemente da sua idade, gênero, origem racial ou étnica, deficiência ou outra condição, e sendo devidamente valorizados.

Por sua vez, **no âmbito regional**, a OEA aprovou em 15 de junho de 2015 a **Convenção Interamericana sobre a Proteção dos Direitos Humanos das Pessoas Idosas**, ainda não incorporada ao ordenamento interno brasileiro. Logo, a proteção específica destes direitos avançou substancialmente no ano de 2015 dentro do sistema interamericano, primeiro sistema a criar um tratado internacional específico para o resguarde das pessoas idosas. Conforme o disposto no primeiro artigo do documento: "O objetivo da Convenção é promover, proteger e assegurar o reconhecimento e o pleno gozo e exercício, em condições de igualdade, de todos os direitos humanos e liberdades fundamentais do idoso, a fim de contribuir para sua plena inclusão, integração e participação na sociedade". Frisa-se, ademais, no mesmo dispositivo, que o disposto em tal Convenção Interamericana não deve ser interpretado como uma limitação a direitos ou benefícios mais amplos ou adicionais reconhecidos pelo direito internacional ou pelas legislações internas dos Estados-partes em favor dos idosos.

Também, no artigo 3º da Convenção são trazidos princípios gerais que lhe são inerentes, a saber, a promoção e defesa dos direitos humanos e liberdades fundamentais do idoso; a valorização do idoso, seu papel na sociedade e sua contribuição ao desenvolvimento; a dignidade, independência, protagonismo e autonomia do idoso; a igualdade e não discriminação; a participação, integração e inclusão plena e efetiva na sociedade; o bem-estar e cuidado; a segurança física, econômica e social; a autorrealização; a equidade e igualdade de gênero e enfoque do curso de vida; a solidariedade e o fortalecimento da proteção familiar e comunitária; o bom tratamento e a atuação preferencial; o enfoque diferencial para o gozo efetivo dos direitos do idoso; o respeito e a valorização da diversidade cultural; a proteção judicial efetiva; bem como a responsabilidade do Estado e a participação da família e da comunidade na integração ativa, plena e produtiva do idoso dentro da sociedade, bem como em seu cuidado e atenção, de acordo com a legislação interna.

Por fim, são elencados na Convenção alguns direitos protegidos: igualdade e não discriminação por razões de idade (artigo 5º); direito à vida e à dignidade na velhice (artigo 6º); direito à independência e à autonomia (artigo 7º); direito à participação e integração comunitária (artigo 8º); direito à segurança e a uma vida sem nenhum tipo de violência (artigo 9º); direito a não ser submetido à tortura nem a penas ou tratamentos cruéis, desumanos ou degradantes (artigo 10); direito a manifestar consentimento livre e informado no âmbito da saúde (artigo 11); direitos do idoso que recebe serviços de cuidado de longo prazo (artigo 12); direito à liberdade pessoal (artigo 13); direito à liberdade de expressão e opinião e ao acesso à informação (artigo 14); direito à nacionalidade e à liberdade de circulação (artigo 15); direito à intimidade e à privacidade (art. 16); direito à seguridade social (art. 17); direito ao trabalho (artigo 18); direito à saúde (artigo 19); direito à educação (artigo 20); direito à cultura (artigo 21); direito à recreação, ao esporte e ao lazer (artigo 22); direito à propriedade (artigo 23); direito à moradia (artigo 24); direito a um meio ambiente saudável (artigo 25); direito à acessibilidade e à mobilidade pessoal (artigo 26); direitos políticos (artigo 27); direito de reunião e de associação (artigo

28); situações de risco e emergências humanitárias (artigo 29); igual reconhecimento como pessoa perante a lei (artigo 30); e acesso à justiça (artigo 31).

Não se pode deixar de reconhecer, veja-se, que os avanços das indústrias médica e farmacológica, a prática de bons hábitos alimentares e esportivos/recreativos, a gradativa melhoria das condições de saneamento básico e as políticas voltadas à previdência social têm promovido um processo geral de envelhecimento das populações de alguns países (o que se soma, geralmente, à queda nos índices de natalidade). O direito internacional dos direitos humanos, portanto, não pode deixar desamparada esta nova realidade em rápido processo evolutivo.

> Quais proteções especiais são conferidas no Brasil pelo artigo 3º do Estatuto do Idoso?

Em relação à **normativa brasileira**, destaca-se o Estatuto do Idoso (Lei nº 10.741/2003), que entrou em vigor em janeiro de 2004, em consonância com a já manifestada preocupação brasileira em conferir proteção específica aos direitos dos idosos.

Dentre as diversas disposições da referida legislação, merece destaque uma que faz parte das disposições preliminares, qual seja o art. 3º, permitindo compreender a amplitude da proteção específica que deve ser conferida aos idosos: "É obrigação da família, da comunidade, da sociedade e do Poder Público assegurar ao idoso, com absoluta prioridade, a efetivação do direito à vida, à saúde, à alimentação, à educação, à cultura, ao esporte, ao lazer, ao trabalho, à cidadania, à liberdade, à dignidade, ao respeito e à convivência familiar e comunitária. § 1º. A garantia de prioridade compreende: I – atendimento preferencial imediato e individualizado junto aos órgãos públicos e privados prestadores de serviços à população; II – preferência na formulação e na execução de políticas sociais públicas específicas; III – destinação privilegiada de recursos públicos nas áreas relacionadas com a proteção ao idoso; IV – viabilização de formas alternativas de participação, ocupação e convívio do idoso com as demais gerações; V – priorização do atendimento do idoso por sua própria família, em detrimento do atendimento asilar, exceto dos que não a possuam ou careçam de condições de manutenção da própria sobrevivência; VI – capacitação e reciclagem dos recursos humanos nas áreas de geriatria e gerontologia e na prestação de serviços aos idosos; VII – estabelecimento de mecanismos que favoreçam a divulgação de informações de caráter educativo sobre os aspectos biopsicossociais de envelhecimento; VIII – garantia de acesso à rede de serviços de saúde e de assistência social locais; IX – prioridade no recebimento da restituição do Imposto de Renda". Este art. 3º, § 1º, do Estatuto do Idoso, foi renumerado pela Lei nº 13.466/2017. Até então o dispositivo era, na verdade, um parágrafo único. A renumeração se deu graças à inclusão de um parágrafo segundo no art. 3º, trazendo uma prioridade especial entre idosos (**isto é, idosos prioritários em relação a outros idosos**). Pela leitura do novo dispositivo incluído, "dentre os idosos, é assegurada prioridade especial aos maiores de oitenta anos, atendendo-se suas necessidades sempre preferencialmente em relação aos demais idosos". Sem prejuízo, a Lei nº 13.466/2017 trouxe outras duas inovações: pelo novo art. 15, § 7º, do Estatuto do Idoso (dispositivo incluído), "em todo atendimento de saúde, os maiores de oitenta anos terão preferência especial sobre os demais idosos, exceto em caso de emergência"; pelo novo art. 71, § 5º, do Estatuto (dispositivo incluído), "dentre os processos de idosos, dar-se-á prioridade especial aos maiores de oitenta anos".

No título II, são trazidos em detalhes direitos específicos dos idosos nos seguintes campos: à vida; à liberdade, ao respeito e à dignidade; à alimentação; à saúde; à educação, à cultural, ao esporte e ao lazer; à profissionalização e ao trabalho; à previdência social; à assistência social; à habitação e ao transporte.

Por sua vez, o título III trata das medidas de proteção, inclusive específicas; já o título IV traz a Política de Atendimento ao Idoso, regulamentando a fiscalização e a punição das instituições responsáveis pelo cuidado dele; ao passo que o título V trata do acesso à justiça (em destaque o processamento prioritário das ações, inclusive para idosos maiores de oitenta anos em relação a outros idosos); e, por fim, o título VI trata dos crimes, seguido por um último título com disposições finais e transitórias.

Não se pode perder de vista, ainda, o texto constitucional, que no título VII (Ordem Social) traz no capítulo VII a proteção da Família, da Criança, do Adolescente, do Jovem e do **Idoso**, sem prejuízo da menção ao direito à assistência social feita no artigo 203, V.

1.3.5 Proteção dos indígenas

A falta de proteção específica conferida aos indígenas é muito mais que um simples preconceito racial ou linguístico, mas se consubstancia em um verdadeiro descumprimento do dever de respeito ao legado das origens da humanidade, ainda mais num país como o Brasil, formado com base numa comunidade indígena gigantesca que foi marginalizada com a colonização.

É preciso respeitar as diferenças culturais entre a sociedade civilizada e os povos indígenas, não os obrigando a adotar o mesmo padrão de comportamento que ela. Afinal, deste modo é possível garantir a preservação do patrimônio cultural da humanidade.

A questão indígena é objeto de preocupação da **Declaração e Programa de Ação de Viena**, nos seguintes termos: "Parte I. 20. A Conferência Mundial sobre Direitos do Homem reconhece a dignidade inerente e o contributo único dos povos indígenas para o desenvolvimento e o pluralismo da sociedade e reafirma vivamente o empenho da comunidade internacional no bem-estar econômico, social e cultural desses povos e no seu direito de gozar dos frutos do desenvolvimento sustentável. Os Estados deverão garantir a participação plena e livre dos povos indígenas em todos os quadrantres da sociedade, particularmente em questões que lhes digam respeito. Considerando a importância da promoção e da proteção dos direitos dos povos indígenas, bem como a contribuição de tal promoção e proteção para a estabilidade política e social dos Estados em que tais povos habitam, os Estados deverão, em conformidade com o direito internacional, **tomar medidas positivas e concertadas** para garantirem o respeito por todos os Direitos do homem e liberdades fundamentais dos povos indígenas, com base na igualdade e na não-discriminação, bem como reconhecer o valor e a diversidade das suas identidades, culturas e organizações sociais distintas".

> Qual documento deixa claro que a proteção dos indígenas no plano dos direitos humanos é necessária em prol da preservação cultural?

Neste sentido, tem-se a **Convenção sobre a Proteção e Promoção da Diversidade das Expressões Culturais** de 20 de outubro de 2005, a qual foi promulgada no Brasil mediante o Decreto nº 6.177, de 1º de agosto de 2007, da qual se destaca o art. 1º, que traz seus objetivos: "Os objetivos da presente Convenção são: a) proteger e promover a diversidade das expressões culturais; b) criar condições para que as culturas floresçam e interajam livremente em benefício mútuo; c) encorajar o diálogo entre culturas a fim de assegurar intercâmbios culturais mais amplos e equilibrados no mundo em favor do respeito intercultural e de uma cultura da paz; d) fomentar a interculturalidade de forma a desenvolver a interação cultural, no espírito de construir pontes entre os povos; e) promover o respeito pela diversidade das expressões culturais e a conscientização de seu valor nos planos local, nacional e internacional; f) reafirmar a importância do vínculo entre cultura e desenvolvimento para todos os países, especialmente para países em desenvolvimento, e encorajar as ações empreendidas no plano nacional e internacional para que se reconheça o autêntico valor desse vínculo; g) reconhecer natureza específica das atividades, bens e serviços culturais enquanto portadores de identidades, valores e significados; h) reafirmar o direito soberano dos Estados de conservar, adotar e implementar as políticas e medidas que considerem apropriadas para a proteção e promoção da diversidade das expressões culturais em seu território; i) fortalecer a cooperação e a solidariedade internacionais em um espírito de parceria visando, especialmente, o aprimoramento das capacidades dos países em desenvolvimento de protegerem e de promoverem a diversidade das expressões culturais".

Ciente deste contexto de necessária proteção da cultura e do povo indígena, a ONU desenvolve uma preocupação específica quanto à proteção deste grupo vulnerável. Neste sentido, tem-se a **Declaração das Nações Unidas sobre os Direitos dos Povos Indígenas**, aprovada pela Assembleia da ONU em 07 de setembro de 2007, da qual se destacam alguns aspectos:

No artigo 1º é trazida a fórmula genérica que garante aos indígenas, como povos ou pessoas, o desfrute pleno dos direitos humanos e liberdades fundamentais. O ideário da igualdade de direitos e liberdades é reforçado pelo artigo 2º e pelos artigos 3º e 4º (estes focados no direito à autodeterminação). Em seguimento, garantem-se os direitos políticos no artigo 5º e o direito à nacionalidade no artigo 6º. Outros direitos humanos são reforçados no artigo 7º.

Destaque especial ao artigo 8º, com o seguinte teor: "1. Os povos e as pessoas indígenas têm direito a **não sofrer a assimilação forçada ou a destruição de sua** cultura. 2. Os Estados estabeleceram **mecanismos eficazes** para a prevenção e o ressarcimento de: a) Todo ato que tenha por objeto ou consequência privar aos povos e as pessoas indígenas de sua integridade como povos distintos ou de seus **valores culturais ou sua identidade étnica**; b) Todo ato que tenha por objeto ou consequência alhear-lhes suas **terras, territórios ou recursos**; c) Toda forma de **mudança forçada** de local de povoado que tenha por objeto ou consequência a violação ou o menosprezo de qualquer de seus direitos; d) Toda forma de assimilação ou integração forçadas; e) Toda forma de **propaganda** que tenha como fim promover ou incitar à **discriminação racial ou étnica** dirigida contra eles".

O sentido do artigo 8º é aprofundado nos artigos 10, 11, 12, 13, 14, 15, 16, 24, 25, 26, 31, 32, 33, 34, 35, que conferem direitos específicos culturais, religiosos, medicinais, territoriais, de ensino, de autoadministração e outros aos indígenas. No mais, enquanto no artigo 8º garante-se a cultura, no artigo 9º garante-se o direito de pertencer a uma comunidade.

Nos termos dos artigos 18, 19, 23 e 27, assegura-se a representação política, notadamente participando de decisões que envolvam a comunidade indígena. Em suma, garante-se o direito de "[...] manter e desenvolver seus sistemas ou instituições políticas, econômicos e sociais [...]" (artigo 20, DDPI)

Portanto, o desenvolvimento social também é um direito, que deve ser garantido sem discriminações, permitindo o melhoramento das condições econômicas e sociais, em áreas como educação, emprego, capacitação e adaptações profissionais, moradia, saneamento, saúde e seguridade social (artigo 21, DDPI). Necessidades especiais de seus grupos vulneráveis, como idosos, mulheres e crianças também devem ser respeitadas (artigo 22, DDPI).

A respeito da retirada de povos indígenas de suas terras originais, embora seja colocada como exceção, pode ocorrer, caso em que o povo local deve ser ouvido e em que é preciso garantir a justa indenização (justa, imparcial e equitativa), que poderá ser paga em terras, territórios e recursos de igual qualidade aos tomados (artigo 28, DDPI).

Destaca-se, ainda, o direito à "[...] conservação e proteção do meio ambiente e da capacidade produtiva de suas terras ou territórios e recursos [...]" (artigo 29, DDPI).

As comunidades indígenas não devem ficar isoladas e alheias aos acontecimentos fora de seu âmbito, mesmo os que envolvam decisões estatais. Neste sentido, o artigo 36 volta-se ao direito de manter e desenvolver contatos, relações e cooperação e suas atividades; o artigo 37 reforça questões sobre a possibilidade de celebrar tratados, acordos e pactos; o artigo 39 traz o direito à assistência financeira e técnica; o artigo 40 trata dos procedimentos para solucionar controvérsias que surjam etc. Reforça-se nos demais dispositivos a necessidade de adotar medidas para garantir todos estes direitos.

Ainda no âmbito das Nações Unidas, merece atenção a realização da **Conferência Mundial sobre os Povos Indígenas**, cujo documento final foi aprovado em 22 de setembro de 2014, reafirmando-se o propósito descrito na Declaração analisada e na Convenção nº 169 da OIT. O documento da Conferência traz compromissos de promoção da participação indígena nas decisões políticas; de promoção de direitos de indígenas que se insiram em grupos vulneráveis; de garantia de acesso à educação, à saúde e à justiça; de proteção contra a violência e a discriminação; de busca pela cooperação nacional e internacional; de preservação da autonomia na busca de desenvolvimento social e econômico das comunidades; de não intervenção indevida por parte de empresas ou do Estado; entre outros.

No mais, o direito ao trabalho é assegurado no artigo 17 e, como se verá agora, aprofundado por regras da OIT. Quer dizer, a OIT, vinculada ao sistema da ONU, traz em sua **Convenção nº 169** – de 27 de junho de 1989 – **sobre Povos Indígenas e Tribais** regulamentações sobre a obtenção de renda e meios para a subsistência destes povos, mas também colaciona questões gerais e sobre a propriedade de terras (o Brasil promulgou este documento pelo Decreto nº 5.051/2004).

O artigo 2º traz a essência de toda a Convenção, possuindo o seguinte teor: "1. Os governos deverão assumir a responsabilidade de desenvolver, com a participação dos povos interessados, uma ação coordenada e sistemática com vistas a proteger os direitos desses povos e a garantir o respeito pela sua integridade. 2. Essa ação deverá incluir medidas: a) que assegurem aos membros desses povos o gozo, em condições de igualdade, dos direitos e oportunidades que a legislação nacional outorga aos demais membros da população; b) que promovam a plena efetividade dos direitos sociais, econômicos e culturais desses povos, respeitando a sua identidade social e cultural, os seus costumes e tradições, e as suas instituições; c) que ajudem os membros dos povos interessados a eliminar as diferenças sócio – econômicas que possam existir entre os membros indígenas e os demais membros da comunidade nacional, de maneira compatível com suas aspirações e formas de vida".

Na parte II, composta pelos artigos 13 a 19, trata-se das terras, trazendo direito aos recursos naturais, ao não translado (admitido excepcionalmente), à transmissão de direitos, à propriedade e à participação nos programas agrários.

A parte III trata da contratação e das condições de emprego, notadamente garantindo-se acesso ao emprego, remuneração justa, assistência médica e social e formação de associações (artigo 20).

A parte IV trata das indústrias rurais, inclusive abrangendo o artesanato indígena; a parte V visa a seguridade social e a saúde; a parte VI aborda o direito à educação e à comunicação; a parte VII traz a possibilidade de contatos e cooperação entre fronteiras; e, finalizando, as partes VIII, IX e X tratam da aplicação da convenção e das normas que a regem formalmente.

Em relação à jurisprudência do sistema de proteção internacional, destacam-se dois casos que tramitaram perante o Comitê de Direitos Humanos:

- **Comunicação nº 547/1993 – Apirana Mahuika e outros vs. Nova Zelândia:** o povo Maori da Nova Zelândia conta com 500.000 membros e o Estado teria reconhecido por acordo os direitos de autoadministração e auto-organização. Desempenhavam suas atividades econômicas por pescaria familiar, acordando com o Estado sobre porcentagem da pescaria que seria explorada nestes moldes. Houve uma restrição que deveria ser temporária e a inclusão de grande empresa no cenário. Não obstante, o povo Maori foi embargado na tentativa de exportar seus produtos. Acabaram chegando a termos de acordo que eram altamente prejudiciais e o povo começou a questionar a atuação governamental na situação, que teria sido contrária ao que determina a legislação, notadamente por violar o direito à autodeterminação. Não que a lei ao final elaborada não fosse favorável, mas retirava a autonomia política do povo Maori. O Comitê entendeu que estas pequenas adequações normativas eram razoáveis e que levaram em consideração os interesses do povo Maori, rejeitando a comunicação;

- **Comunicação nº 879/1999 - George Howard vs. Canadá:** o povo aborígene do Canadá clama por um efetivo exercício dos seus direitos de caça e pesca em consonância com a cultura que cultivaram através dos tempos. O Estado passou a estabelecer por suas leis e decisões judiciais limitações a estes direitos. Contudo, tais limitações não se apresentavam como um efetivo impedimento ao exercício da caça e pesca pelo povo indígena, razão pela qual o Comitê rejeitou a comunicação.

No âmbito interamericano, sem prejuízo de extensa jurisprudência nos órgãos de proteção como a Corte de Direitos Humanos, que se destaca abaixo, enfatiza-se a presença da **relatoria sobre direitos dos povos indígenas** conduzida pela Comissão Interamericana de Direitos Humanos, na qual já foram elaborados os seguintes informes temáticos: sobre isolamento voluntário e contato inicial nas Américas; sobre terras ancestrais e seus recursos naturais; sobre o povo Guarani e as formas contemporâneas de escravidão na Bolívia; sobre a situação dos direitos de povos indígenas nas Américas, e outros.

Destaque merece ser conferido à **Declaração Americana sobre os Direitos dos Povos Indígenas**, de 15 de junho de 2016, aprovado pela Assembleia Geral da OEA depois de anos de debates.

A primeira seção abrange o escopo do documento, sendo que o artigo 1º aborda o direito à autoidentificação como único critério a ser considerado para fins de identificação de uma pessoa como indígena; o artigo 2º reconhece o caráter pluricultural e multilinguístico da população indígena; e o artigo 3º frisa o direito à autodeterminação.

A segunda seção aborda direitos humanos e direitos coletivos, entre eles: pleno gozo de direitos humanos (artigo 5º); ação coletiva internamente e na atuação política e administrativa geral (artigo 6º); igualdade de gênero (artigo 7º); pertencimento aos povos indígenas (artigo 8º); personalidade jurídica (artigo 9º); recusa de assimilação (artigo 10); proteção contra o genocídio (artigo 11); e proteção contra o racismo, a discriminação racial, a xenofobia e outras formas de intolerância relacionadas (artigo 12).

A terceira seção aprofunda o tema da identidade cultural, ressaltando: direito à identidade e à integridade pessoal (artigo 13); sistemas de conhecimento, linguagem e comunicação próprios (artigo 14); educação, por sistemas próprios e garantia de igualdade (artigo 15); espiritualidade indígena (artigo 16); família indígena (artigo 17); saúde (artigo 18); e proteção ao meio ambiente saudável (artigo 19).

A quarta seção abrange direitos organizacionais e políticos, como associação, reunião, liberdade de expressão e pensamento (artigo 20); autonomia ou autogoverno (artigo 21); preservação da lei e da jurisdição indígena (artigo 22); participação de povos indígenas e contribuições de sistemas legais e organizacionais indígenas (artigo 23); e preservação dos compromissos estatais firmados em seu favor (artigo 24).

A quinta seção trata dos direitos econômicos, sociais e de propriedade, inclusive, direito à terra, território e recursos (artigo 25); direito à permanência em isolamento voluntário ou em contato inicial (artigo 26); proteção específica de direitos trabalhistas (artigo 27); presrvação do patrimônio cultural e da propriedade intelectual (artigo 28); direito ao desenvolvimento (artigo 29); e direito à paz, segurança e proteção (artigo 30).

Por fim, a sexta seção traz as disposições gerais aplicáveis ao documento, detalhando obrigações estatais de efetivação e prerrogativas no exercício dos direitos previstos no documento contando com o acesso a remédios judiciais.

No âmbito brasileiro, a Constituição Federal reconhece aos índios, notadamente nos arts. 231 e 232, sua organização social, seus costumes, suas línguas, suas crenças, suas tradições, bem como os direitos originários sobre as terras que tradicionalmente ocupam. A Lei nº 6.001/1973 – Estatuto do Índio –, em seu art. 3º, I, prevê que o **índio ou silvícola** é todo indivíduo de origem e ascendência pré-colombiana que se identifica e é identificado como pertencente a um grupo étnico cujas características culturais o distinguem da sociedade nacional, e em seu art. 3º, II, dispõe que a **comunidade indígena/grupo tribal** é um conjunto de famílias ou comunidades índias, quer vivendo em estado de completo isolamento em relação aos outros setores da comunhão nacional, quer em contatos intermitentes ou permanentes, sem, contudo, estarem neles integrados.

Ademais, de acordo com o art. 4º, do Estatuto, os índios são considerados *isolados* (quando vivem em grupos desconhecidos ou de que se possuem poucos e vagos informes através de contatos eventuais com elementos da comunhão nacional); *em vias de integração* (quando, em contato intermitente ou permanente com grupos estranhos, conservam menor ou maior parte das condições de sua vida nativa, mas aceitam algumas práticas e modos de existência comuns aos demais setores da comunhão nacional, da qual vão necessitando cada vez mais para o próprio sustento); bem como *integrados* (quando incorporados à comunhão nacional e reconhecidos no pleno exercício dos direitos civis, ainda que conservem usos, costumes e tradições característicos da sua cultura).

Por fim, convém lembrar que o art. 232, da Lei Fundamental, prevê que os índios, suas comunidades e organizações são partes legítimas para ingressar em juízo em defesa de seus direitos e interesses, **devendo o Ministério Público intervir em todos os atos do processo**.

A Corte Interamericana de Direitos Humanos julgou:

- No **caso Coc Max e outros (Massacre de Xáman) vs. Guatemala**, julgado em 22 de agosto de 2018, condenou-se o Estado pela morte de 11 pessoas, entre elas 3 crianças, e pela lesão de outras 29, no Massacre de Xáman, ocorrido numa Fazenda em que habitavam membros de um povo indígena maia, em 5 de outubro de 1995. Quase 10 anos depois, sobreveio decisão condenatória de 14 militares envolvidos nos eventos, mas muitos envolvidos não foram processados e cerca de 11 pessoas condenadas permaneciam fugitivas ao tempo da decisão da Corte, o que a levou a reconhecer que o Estado falhou em promover as investigações e punições com relação aos fatos.

- No **caso do povo Xucuru vs. Brasil**, em fevereiro de 2018, foi reconhecida a responsabilidade do Estado brasileiro, em termos parciais quanto ao que foi originalmente proposto, determinando que o Brasil adotasse medidas de reparação, consistente em pagamento de indenização, e de efetivação, notadamente encerrando de uma vez por todas o processo de demarcação de terras indígenas pertencentes à comunidade no que tange à retirada de não indígenas do local e indenização dos terceiros de boa-fé remanescentes.

- No **caso da aldeia Chichupac e comunidades vizinhas do Município de Rabinal vs. Guatemala**, julgado em 30 de novembro de 2016, condenou-se o Estado por não conduzir de forma devida e em prazo razoável diligências para punições ao massacre de 32 indígenas em janeiro de 1982, além de execuções, torturas, violações sexuais, detenções, desaparecimentos forçados e trabalhos forçados no período de 1981 a 1986.

- No **caso Povos Kaliña e Lokono vs. Suriname**, em novembro de 2015, a Corte Interamericana de Direitos Humanos condenou o Estado do Suriname por violação dos direitos de reconhecimento à personalidade jurídica, à propriedade coletiva, à identidade cultural e ao dever de adotar disposições de direito interno por não efetuar a demarcação de territórios em favor dos referidos povos indígenas, não se respeitando ainda o direito de participar da exploração de reservas naturais em áreas por eles ocupadas. Condenou-se o Estado à referida demarcação e a criar um sistema de exploração de tais recursos naturais que favoreça tais povos, bem como ao reconhecimento da personalidade jurídica coletiva, sem prejuízo da reparação pelas violações perpetradas. Também no **caso Comunidad Garífuna Triunfo de la Cruz vs. Honduras** a Corte proferiu decisão em sentido similar.

- No **caso dirigentes, membros e ativista do povo indígena Mapuche vs. Chile**, em maio de 2014, o Estado chileno foi condenado por detenção ilegal, violando princípios da legalidade e da presunção de inocência, considerando tais representantes como terroristas. Condenou-se à reversão das sentenças penais, à prestação de tratamento médico e psicológico adequado, divulgação pública das medidas, adequação do programa de proteção de testemunhas e pagamento de indenização.

- No **caso povo indígena Kichwa de Sarayaku vs. Equador**, em junho de 2012, condenou-se o Estado equatoriano por ter permitido a exploração de petróleo por empresa privada sem autorização dos povos que ocupavam o território, determinando que fosse conferida oportunidade ao povo para tomar decisões sobre o rumo da exploração no local. As explorações de petróleo no Equador teriam sido altamente prejudiciais ao povo indígena, que se viu privado de suas terras. O povo teria sido forçado a aceitar acordos que na verdade se ingeriam no seu cotidiano cultural. Neste sentido, argumenta-se que não há um diálogo do Estado com o povo indígena e que em nenhum momento foi feita consulta prévia. A Corte deu razão ao povo e julgou o Estado como responsável pela violação, estabelecendo como medidas a serem tomadas: a regularização dos procedimentos de consulta prévia; o reconhecimento da responsabilidade internacional; e a reparação dos danos.

- No **caso Comunidad Indígena Xákmok Kásek vs. Paraguai**, em agosto de 2010, condenou-se o Estado por ter vendido parte do território ocupado pelos indígenas para custear parte da dívida da guerra da aliança, o que gerou uma afetação no modo de vida da comunidade local. O objeto da causa é a violação do Estado ao direito de propriedade ancestral da comunidade. Em meio às discussões, o povo teria ficado em condições de falta de saneamento, cuidados médicos e alimentação. Entre outras questões de reparação, reabilitação e não repetição, se determinou centralmente a devolução das terras. A Corte entendeu que o Estado teria cometido violação de direitos humanos e determinou que o território fosse devolvido

> - e protegido, que os serviços básicos deveriam ser prestados à população indígena e que a legislação interna fosse adequada, sem prejuízo da reparação dos danos causados.
> - No **caso membros do povo Saramaka vs. Suriname**, julgado em novembro de 2007, condenou-se o Estado por ter autorizado atividades madeireiras e mineiras no território ocupado por este povo tribal, sem obter o devido consentimento.
> - No **caso Comunidade Indígena Sawhoyamaxa vs. Paraguai**, em março de 2006, condenou-se o Estado paraguaio por não ter preservado o direito à propriedade deste povo.
> - No **caso Comunidade indígena Yakye Axa vs. Paraguai**, em junho de 2005, condenou-se o Estado por desrespeito ao direito de propriedade da população indígena ocupante.
> - Noutra vertente, o **caso Escué Zapata vs. Colômbia**, julgado em julho de 2007, aborda a execução extrajudicial, tortura e agressão contra um líder do movimento indígena local, fatos que nunca foram investigados a cabo.
> - No **caso Yatama vs. Nicarágua**, em junho de 2005, se condenou o Estado por barrar a inscrição de partido político da organização indígena Yatama.
> - No **caso Comunidad Mayagna (Sumo) Awas Tingni vs. Nicarágua**, em agosto de 2001, condenou-se o Estado por não efetuar a demarcação de território indígena.

1.3.6 Proteção da diversidade sexual

A proteção da diversidade sexual é um tema cada vez mais em pauta, eis que, nos últimos anos, cada vez mais pessoas assumem sua sexualidade e lutam pelos direitos de receberem igual tratamento jurídico e social. De uma maneira geral, insere-se nas normas que vedam a discriminação por qualquer motivo. No entanto, pouco a pouco despontam documentos internacionais voltados à proteção da diversidade sexual e da identidade de gênero.

A Organização das Nações Unidas, no âmbito de seu Conselho de Direitos Humanos, tem elaborado resoluções voltadas a este grupo vulnerável, a exemplo dos **Princípios de Yogyakarta**, que são princípios voltados à aplicação da legislação de direitos humanos em todo o planeta em relação à diversidade sexual e à identidade de gênero, delimitando a igualitária aplicação dos direitos humanos consagrados a pessoas que se encaixem em grupos com sexualidade diferenciada (os princípios trazem direitos para as pessoas e obrigações para os Estados).

Alguns princípios merecem destaque: **direito à igualdade e não-discriminação** (*princípio 2* – "Todas as pessoas têm o direito de desfrutar de todos os direitos humanos livres de discriminação por sua orientação sexual ou identidade de gênero. Todos e todas têm direito à igualdade perante à lei e à proteção da lei sem qualquer discriminação, seja ou não também afetado o gozo de outro direito humano. A lei deve proibir qualquer dessas discriminações e garantir a todas as pessoas proteção igual e eficaz contra qualquer uma dessas discriminações"); **direito ao reconhecimento perante a lei** (*princípio 3* – "Toda pessoa tem o direito de ser reconhecida, em qualquer lugar, como pessoa perante a lei. As pessoas de orientações sexuais e identidades de gênero diversas devem gozar de capacidade jurídica em todos os aspectos da vida. A orientação sexual e identidade de gênero autodefinidas por cada pessoa constituem parte essencial de sua personalidade e um dos aspectos mais básicos de sua autodeterminação, dignidade e liberdade. Nenhuma pessoa deverá ser forçada a se submeter a procedimentos médicos, inclusive cirurgia de mudança de sexo, esterilização ou terapia hormonal, como requisito para o reconhecimento legal de sua identidade de gênero. Nenhum status, como casamento ou status parental, pode ser invocado para evitar o reconhecimento legal da identidade de gênero de uma pessoa. Nenhuma pessoa deve ser submetida a pressões para esconder, reprimir ou negar sua orientação sexual ou identidade de gênero"); **direito à privacidade** (*princípio 6* – "Toda pessoa, independente de sua orientação sexual ou identidade de gênero, tem o direito de desfrutar de privacidade, sem interferência arbitrária ou ilegal, inclusive em relação à sua família, residência e correspondência, assim como o direito à proteção contra ataques ilegais à sua honra e reputação. O direito à privacidade normalmente inclui a opção de revelar ou não informações relativas à sua orientação sexual ou identidade de gênero, assim como decisões e escolhas relativas a seu próprio corpo e a relações sexuais consensuais e outras relações pessoais"); **direito ao trabalho** (*princípio 12* – "Toda pessoa tem o direito ao trabalho digno e produtivo, a condições de trabalho justas e favoráveis e à proteção contra o desemprego, sem discriminação por motivo de orientação sexual ou identidade de gênero"); **proteção contra abusos médicos** (*princípio 18* – "Nenhuma pessoa deve ser forçada a submeter-se a qualquer forma de tratamento, procedimento ou teste, físico ou psicológico, ou ser confinada em instalações médicas com base na sua orientação sexual ou identidade de gênero. A despeito de quaisquer classificações contrárias, a orientação sexual e identidade de gênero de uma pessoa não são, em si próprias, doenças médicas a serem tratadas, curadas ou eliminadas"); **direito de buscar asilo** (*princípio 23* – "Toda pessoa tem o direito de buscar e de desfrutar de asilo em outros países para escapar de perseguição, inclusive de perseguição relacionada à orientação sexual ou identidade de gênero. Um Estado não pode transferir, expulsar ou extraditar uma pessoa para outro Estado onde esta pessoa experimente temor fundamentado de enfrentar tortura, perseguição ou qualquer outra forma de tratamento ou punição cruel, desumana ou degradante, em razão de sua orientação sexual ou identidade de gênero"); **direito de constituir família** (*princípio 24* – "Toda pessoa tem o direito de constituir uma família, independente de sua orientação sexual ou identidade de gênero. As famílias existem em diversas formas. Nenhuma família pode ser sujeita à discriminação com base na orientação sexual ou identidade de gênero de qualquer de seus membros").

Outro documento a respeito que assume relevância é a **Declaração condenando violações dos direitos humanos com base na orientação sexual e na identidade de gênero**, de 18 de dezembro de 2008. O Brasil estava presente quando tal Declaração foi aceita pela Assembleia Geral da ONU e votou a favor, tratando-se assim de documento corroborado pelo país no âmbito internacional.

De início, a Declaração lembra a igualdade em dignidade e direitos entre todos os seres humanos e o princípio da não discriminação, o qual também incide sobre distinções baseadas na diversidade sexual ou na identidade de gênero, manifestando preocupação quanto às situações em que isto não tem sido levado em conta.

Em destaque, os artigos 5º e 6º: "Artigo 5º Estamos, assim mesmo, alarmados pela violência, perseguição, discriminação, exclusão, estigmatização e preconceito que se dirigem contra pessoas de todos os países do mundo por causa de sua orientação sexual ou identidade de gênero, e porque estas práticas solapam a integridade e dignidade daqueles submetidos a tais abusos. Artigo 6º Condenamos as violações de direitos humanos baseadas na orientação sexual ou na identidade de gênero onde queira que tenha lugar, em particular o uso da pena de morte sobre esta base, as execuções extrajudiciais, sumarias ou arbitrarias, a prática da tortura e outros tratos ou penas cruéis, inumanos ou degradantes, a detenção provisória ou detenção arbitrarias e a recusa de direitos econômicos, sociais e culturais incluindo o direito a saúde".

A seguir, é elogiado o papel do Conselho de Direitos Humanos e as iniciativas de debate do tema perante a Assembleia Geral. Encerra-se com um chamado aos Estados no sentido de adotarem medidas legislativas, judiciais e executivas para investigarem, punirem e prevenirem atos discriminatórios por conta de diversidade sexual ou identidade de gênero.

No âmbito da Organização dos Estados Americanos, já há algum tempo despontam resoluções, sendo a mais recente a Resolução nº 2.653, de 7 de junho de 2011, que condena a discriminação, os atos de violência e as violações de direitos humanos por motivo de orientação sexual e identidade de gênero. Por sua vez, a adoção da Resolução nº 2.435 sobre "Direitos Humanos, Orientação Sexual e Identidade de Gênero", de 3 de junho de 2008, é elogiada na estudada Declaração da ONU nesta matéria (artigo 9º).

Não obstante, há precedente na temática perante a Comissão Interamericana de Direitos Humanos, qual seja o **caso Marta Alvarez**, colombiana que postulou a equiparação de tratamento perante autoridades prisionais que impediam o recebimento de visitas íntimas de sua companheira, embora tal direito fosse concedido a heterossexuais, sendo que a Comissão reconheceu tal direito à luz do princípio da igualdade e da não discriminação[64].

Também se destaca a instauração de relatoria pela Comissão Interamericana de Direitos Humanos sobre "**direitos das pessoas lésbicas, gays, bissexuais, transexuais e intersexuais**" desde 2014, contando com diversos informes, inclusive um informe específico sobre violência contra pessoas LGBTI elaborado no ano de 2015[65].

Ainda assim, pode-se dizer que a maior conquista no âmbito interamericano é a recente **Convenção Interamericana contra Toda Forma de Discriminação e Intolerância**, de 5 de junho de 2013 (ainda não incorporada ao ordenamento interno brasileiro, mas já assinada pelo Brasil), que pode ser considerado o primeiro documento internacional juridicamente vinculante a expressamente condenar a discriminação baseada em orientação sexual, identidade e expressão de gênero.

O artigo 1º, de caráter conceitual, merece menção de seu inteiro teor: "Para os efeitos desta Convenção: 1. **Discriminação** é qualquer distinção, exclusão, restrição

---

[64] OEA – Organização dos Estados Americanos. Comissão Interamericana de Direitos Humanos. **Informe nº 71/99 / Caso nº 11.656**. Partes: Marta Lúcia Álvarez Giraldo e Colômbia. Washington, 4 de maio de 1999. Disponível em: <https://www.cidh.oas.org/PRIVADAS/Colombia11656.htm>. Acesso em: 25 jun. 2013.

[65] OEA – Organização dos Estados Americanos. Comissão Interamericana de Direitos Humanos. **Relatoria sobre os direitos das pessoas lésbicas, gays, bissexuais, transexuais e intersexuais**. Disponível em: <http://www.oas.org/pt/cidh/>. Acesso em: 21 fev. 2018.

ou preferência, em qualquer área da vida pública ou privada, cujo propósito ou efeito seja anular ou restringir o reconhecimento, gozo ou exercício, em condições de igualdade, de um ou mais direitos humanos e liberdades fundamentais consagrados nos instrumentos internacionais aplicáveis aos Estados-partes. A discriminação pode basear-se em nacionalidade, idade, sexo, orientação sexual, identidade e expressão de gênero, idioma, religião, identidade cultural, opinião política ou de outra natureza, origem social, posição socioeconômica, nível educacional, condição de migrante, refugiado, repatriado, apátrida ou deslocado interno, deficiência, característica genética, estado de saúde física ou mental, inclusive infectocontagioso, e condição psíquica incapacitante, ou qualquer outra condição. 2. **Discriminação indireta** é aquela que ocorre, em qualquer esfera da vida pública ou privada, quando um dispositivo, prática ou critério aparentemente neutro tem a capacidade de acarretar uma desvantagem particular para pessoas pertencentes a um grupo específico, ou as coloca em desvantagem, a menos que esse dispositivo, prática ou critério tenha algum objetivo ou justificativa razoável e legítima, à luz do Direito Internacional dos Direitos Humanos. 3. **Discriminação múltipla ou agravada** é qualquer preferência, distinção, exclusão ou restrição baseada, de modo concomitante, em dois ou mais dos critérios dispostos no Artigo 1.1, ou outros reconhecidos em instrumentos internacionais, cujo objetivo ou resultado seja anular ou restringir o reconhecimento, gozo ou exercício, em condições de igualdade, de um ou mais direitos humanos e liberdades fundamentais consagrados nos instrumentos internacionais aplicáveis aos Estados-partes, em qualquer área da vida pública ou privada. 4. As **medidas especiais ou de ação afirmativa** adotadas com a finalidade de assegurar o gozo ou exercício, em condições de igualdade, de um ou mais direitos humanos e liberdades fundamentais de grupos que requeiram essa proteção não constituirão discriminação, desde que essas medidas não levem à manutenção de direitos separados para grupos diferentes e não se perpetuem uma vez alcançados seus objetivos. 5. **Intolerância** é um ato ou conjunto de atos ou manifestações que denotam desrespeito, rejeição ou desprezo à dignidade, características, convicções ou opiniões de pessoas por serem diferentes ou contrárias. Pode manifestar-se como a marginalização e a exclusão de grupos em condições de vulnerabilidade da participação em qualquer esfera da vida pública ou privada, ou como violência contra esses grupos". Após o estabelecimento destes conceitos introdutórios, é considerado protegido o direito à igualdade sob diversos focos, o que deve implicar num igualitário exercício de todos os direitos e garantias fundamentais.

Nos termos do artigo 4º, "Os Estados comprometem-se a prevenir, eliminar, proibir e punir, de acordo com suas normas constitucionais e com as disposições desta Convenção, todos os atos e manifestações de discriminação e intolerância", o que é detalhado nos parágrafos que o seguem. No mesmo sentido, a previsão de adoção de políticas especiais e ações afirmativas do artigo 5º. Reforça-se a necessidade de medidas legislativas voltadas à eliminação da intolerância e do preconceito no artigo 7º. Dos artigos 8º a 14 são esmiuçadas obrigações estatais nesta seara.

No artigo 15 são previstos mecanismos de proteção e monitoramento desta Convenção, notadamente: monitoramento, consistente em apresentação à Comissão Interamericana de Direitos Humanos petições que contenham denúncias ou queixas de violação da Convenção; consultas à Comissão sobre dispositivos da Convenção e sua interpretação e aplicação; declaração específica de reconhecimento de competência da Corte Interamericana de Direitos Humanos pelos Estados-partes; e instituição de um Comitê Interamericano para a Prevenção e Eliminação do Racismo, Discriminação Racial e Todas as Formas de Discriminação e Intolerância. Encerrando, os artigos 16 a 21 trazem questões formais sobre a assinatura e vigência do tratado.

A referida Convenção é considerada uma conquista para os grupos vítimas de discriminação e intolerância por conta da diversidade sexual e identidade de gênero, notadamente por abrirem caminho, sem sombra de dúvidas, ao sistema de proteção de direitos humanos interamericano. A tendência é que seja aprovada pelo Congresso Nacional e, com isso, ratificada pelo Brasil no âmbito da OEA, bem como promulgada e publicada no âmbito interno, passando pelo mesmo procedimento nos outros países signatários, adquirindo então força coativa no plano dos direitos humanos consagrados internacionalmente.

Por fim, **no Brasil**, destaca-se a criminalização, **pelo Supremo Tribunal Federal**, da homofobia e da transfobia. Em decisão tomada por 8 votos a 3, a Corte entendeu pela aplicação da Lei de Combate ao Racismo (Lei nº 7.716/1989) aos casos de homofobia e transfobia, até que sobrevenha comando normativo formalmente editado pelo Congresso Nacional promovendo a criminalização. A Lei nº 7.716 define crimes resultantes de preconceito de raça ou de cor, ficando claro, portanto, **que o STF adotou um conceito social de raça para decidir pela aplicação deste comando aos casos de ódio contra homossexuais e transexuais**. Em pauta, a ADO nº 26[66] (Ministro Celso de Mello como relator) e o MI nº 4.733[67] (Ministro Edson Fachin como relator), tomando como objeto de questionamento a omissão inconstitucional em torno do art. 5º, XLI, CF, pelo qual a lei punirá qualquer discriminação atentatória dos direitos e liberdades fundamentais. Frisa-se que a decisão tem sido objeto de três questionamentos técnicos contrários na doutrina: o STF teria feito analogia de norma penal incriminadora (o que é vedado aos olhos do Direito Penal); o efeito aplicado pelo STF em sede de ação direta de inconstitucionalidade por omissão ("criando a norma") não existe constitucional ou legalmente (o único efeito previsto é o de cientificar a mora ao Poder competente – art. 103, § 2º, CF e art. 12-H, *caput*, da Lei nº 9.868/1999); ao legislar, o STF desrespeita a autonomia legislativa em decidir pela criminalização ou não da homofobia e da transfobia.

A Corte Interamericana de Direitos Humanos julgou:

- Na **Opinião Consultiva nº 24/17,** a Corte reiterou o direito à igualdade e à não discriminação de pessoas LGBTI, bem como o direito à troca de nome e respectiva alteração de registros. Informou que a alteração de registros públicos e a mudança de documentos são corolários do direito à igualdade e à não discriminação. O procedimento de alteração deve propiciar uma mudança integral dos registros, passando a corresponder integralmente à identidade que a pessoa se encaixe; não devendo exigir comprovação por laudos médicos e psicológicos, bastando a autodeclaração; devendo ser sigiloso e gratuito, na medida do possível; não po-

---

[66] Supremo Tribunal Federal, Pleno. **ADO nº 26/DF**. Rel.: Min. Celso de Mello. DJ. 13/06/2019.
[67] Supremo Tribunal Federal, Pleno. **MI nº 4.733/DF**. Rel. Min. Edson Fachin. DJ. 13/06/2019.

dendo condicionar a alteração a tratamentos físicos, curúrgicos ou hormonais; e tramitando exclusivamente nas vias administrativas, não judiciais. Informa, ainda, que o direito deve se refletir inclusive no aspecto familiar, não podendo a afirmação sexual ou de gênero afetar o direito à família e ao casamento.

- No **caso Flor Freire vs. Equador**, julgado em 31 de agosto de 2016, condenou-se o Estado por haver desligado o peticionante das Forças Armadas após ele ter sido surpreendido tendo atos sexuais com pessoa do mesmo sexo dentro das instalações militares. A Corte reconheceu a violação ao direito à igualdade porque as normativas internas fixam sanções mais gravosas para as situações de atos sexuais homossexuais cometidos nas instalações em comparação a atos sexuais heterossexuais no mesmo contexto.

- No **caso Duque vs. Colômbia**, em fevereiro de 2016, a Corte Interamericana de Direitos Humanos condenou o Estado colombiano por ter rejeitado o pedido de pensão por morte feito por Angel Alberto Duque com relação ao seu falecido companheiro, que morreu em decorrência de AIDS e com o qual viveu por mais de 10 anos. A Corte determinou que fosse dada prioridade ao trâmite do pedido de pensão por morte e condenou o país ao pagamento de indenização por danos morais e materiais.

- No **caso Atala Riffo e filhas vs. Chile**, em fevereiro de 2012, condenou-se o Estado por ter a justiça chilena acolhido a alegação feita pelo pai das crianças de que a orientação sexual da genitora, que estava convivendo com nova companheira, era prejudicial à criação dos filhos, determinando-se a guarda em favor do genitor. No caso, a vítima se separou de seu marido e constituiu relacionamento com uma mulher, o que o levou a questionar até as mais altas Cortes chilenas a sua capacidade de cuidar das filhas por ser lésbica. Segundo seu ex-marido, a condição de lésbica a impedia de fornecer uma criação adequada às crianças. O órgão supremo do Judiciário chileno concedeu a guarda das filhas ao pai (o fundamento da justiça chilena foi o de preservação da família tradicional e prevenção de danos decorrentes da inversão de papéis), o que levou a vítima a postular perante a Comissão Interamericana providências, reconhecendo-se a responsabilidade do Estado pela prática de discriminação. Quando o caso chegou à Corte Interamericana, entendeu-se pela responsabilidade do Estado por violar o princípio da igualdade e da não discriminação. Sendo assim, a preferência sexual dos pais não poderia ser utilizada como argumento contrário ao melhor interesse da criança, até mesmo porque a família vai além deste conceito tradicional. A Corte afastou as alegações e condenou o Estado pelo tratamento discriminatório e pela violação ao direito à privacidade e à família, determinando o pagamento de indenização, a prestação de atendimento psicológico e a preparação de funcionários públicos para lidarem sem discriminação com as alterações nas estruturas familiares. Com efeito, a Corte condenou o Chile a reconhecer sua responsabilidade, prestar a devida assistência às vítimas, reparar o dano material e moral causado às vítimas e desenvolver políticas e programas específicos em combate à discriminação. Nota-se que a Corte não condenou à devolução da guarda à genitora, o que seria exceder em sua competência, pois a Corte não pode funcionar como nova instância judicial modificando os entendimento do Judiciário estatal.

1.3.7 Vedação da discriminação e do preconceito racial e étnico

Artigo II, DUDH
*Toda pessoa tem capacidade para gozar os direitos e as liberdades estabelecidos nesta Declaração, sem distinção de qualquer espécie, seja de **raça, cor**, sexo, língua, religião, opinião política ou de outra natureza, **origem nacional ou social**, riqueza, nascimento, ou qualquer outra condição.*

> *Artigo 26, PIDCP*
>
> *Todas as pessoas são iguais perante a lei e têm direito, sem discriminação alguma, a igual proteção da lei. A este respeito, a lei deverá proibir qualquer forma de discriminação e garantir a todas as pessoas proteção igual e eficaz contra qualquer discriminação por motivo de **raça, cor**, sexo, língua, religião, opinião política ou de outra natureza, **origem nacional ou social**, situação econômica, nascimento ou qualquer outra situação.*
>
> *Artigo 27, PIDCP*
>
> *No caso em que haja **minorias étnicas, religiosas ou linguísticas**, as pessoas pertencentes a essas minorias não poderão ser privadas do direito de ter, conjuntamente com outras membros de seu grupo, **sua própria vida cultural, de professar e praticar sua própria religião e usar sua própria língua**.*
>
> *Artigo II – Direito de igualdade perante a lei, DADH*
>
> *Todas as pessoas são iguais perante a lei e têm os direitos e deveres consagrados nesta declaração, sem distinção de **raça**, língua, crença, ou qualquer outra.*
>
> *Artigo 1º – Obrigação de respeitar os direitos, CADH*
>
> *1. Os Estados-partes nesta Convenção comprometem-se a respeitar os direitos e liberdades nela reconhecidos e a garantir seu livre e pleno exercício a toda pessoa que esteja sujeita à sua jurisdição, sem discriminação alguma, por motivo de **raça**, cor, sexo, idioma, religião, opiniões políticas ou de qualquer outra natureza, **origem nacional ou social**, posição econômica, nascimento ou qualquer outra condição social.*
>
> *Artigo 3º – Obrigação de não discriminação, PCADH*
>
> *Os Estados Partes neste Protocolo comprometem-se a garantir o exercício dos direitos nele enunciados, sem discriminação alguma por motivo de **raça**, cor, sexo, idioma, religião, opiniões políticas ou de qualquer outra natureza, **origem nacional ou social**, posição econômica, nascimento ou qualquer outra condição social.*

(MINISTÉRIO PÚBLICO ESTADUAL DA BAHIA – MPE-BA – PROMOTOR DE JUSTIÇA – 2010) Os direitos humanos e o enfrentamento do racismo institucional no Brasil. Desenvolva o tema na forma de prosa que julgar conveniente, abordando, objetivamente, os conceitos de direitos humanos; racismo; discriminação racial, preconceito racial e racismo institucional, bem como relacionando a defesa dos direitos humanos e a separação do racismo institucional no Brasil, destacando duas medidas que devem ser tomadas nesse sentido.

Muito embora a sociedade brasileira seja **pluralista** e **altamente miscigenada**, ainda são comuns os casos de preconceito racial e étnico, o que coloca pessoas como negros, índios e membros de grupos étnicos minoritários em geral na situação de vulnerabilidade que assegura uma especial proteção sob o viés da igualdade material.

Com teor semelhante ao artigo II da Declaração Universal dos Direitos Humanos e ao artigo 1º da Convenção Americana sobre Direitos Humanos, o artigo 26 do Pacto Internacional dos Direitos Civis e Políticos assegura a igualdade entre as pessoas independentemente de questões raciais, étnicas e linguísticas: "todas as pessoas são iguais perante a lei e têm direito, **sem discriminação alguma**, a igual proteção da lei. A este respeito, a lei deverá proibir qualquer forma de discriminação e **garantir a todas as pessoas proteção igual e eficaz** contra qualquer discriminação por motivo de **raça, cor**, sexo, **língua, religião, opinião política ou de outra natureza, origem nacional ou social**, situação econômica, nascimento ou qualquer outra situação". Também, o artigo 27 que o segue prevê: "no caso em que haja **minorias étnicas, religiosas ou linguísticas**, as pessoas pertencentes a essas minorias não poderão ser privadas do direito de ter, conjuntamente com outras membros de seu grupo, **sua própria vida cultural, de professar e praticar sua própria religião e usar sua própria língua**".

Ainda, a **Declaração e Programa de Ação de Viena**, de 1993, considera: "Parte I. 15. O respeito pelos Direitos do homem e pelas liberdades fundamentais sem qualquer distinção é uma regra fundamental do direito internacional sobre direitos do homem. **A pronta e global eliminação de todas as formas de racismo e discriminação racial, xenofobia e intolerância conexa constitui uma tarefa prioritária para a comunidade internacional.** Os Governos deverão tomar medidas efetivas para as prevenir e combater. Grupos, instituições, organizações intergovernamentais e não-governamentais e os indivíduos são instados a intensificar os seus esforços na cooperação e na coordenação das suas ações contra tais males. 16. A Conferência Mundial sobre Direitos do Homem **congratula-se com os progressos alcançados no desmantelamento do 'apartheid'** e apela à comunidade internacional e ao sistema das Nações Unidas para que apoiem este processo. A Conferência Mundial sobre Direitos do Homem lamenta igualmente os continuados atos de violência que visam minar o processo de desmantelamento pacífico do 'apartheid'".

Não obstante, há diversos documentos internacionais específicos voltados à proteção deste grupo vulnerável, destacando-se: **Declaração das Nações Unidas sobre a Eliminação de Todas as Formas de Discriminação Racial**, de 20 de novembro de 1963; **Convenção Internacional sobre a Eliminação de Todas as Formas de Discriminação Racial**, de 21 de dezembro de 1965 (Decreto nº 65.810 de 8 de dezembro de 1969); **Convenção Internacional sobre a Supressão e Punição do Crime de *Apartheid***, de 1973; **Convenção Internacional contra o *Apartheid* nos Esportes**, de 10 de dezembro de 1985; e, mais recentemente, a **Convenção Interamericana contra o Racismo, a Discriminação Racial e Formas Correlatas de Intolerância**, de 5 de junho de 2013 (ainda não incorporada ao ordenamento interno brasileiro, mas já assinadas pelo Brasil).

Não bastasse a herança da escravidão baseada em raça, os regimes autocráticos fascistas eram enraizados fortemente no preconceito racial e étnico. Daí a preocupação da ONU em conferir uma proteção específica que já dura algumas décadas.

O artigo 1º da Declaração da ONU sintetiza bem a preocupação internacional com as constantes práticas de discriminação racial e étnica: "A discriminação entre seres humanos em razão da raça, cor ou origem étnica é uma ofensa à dignidade humana e será condenado como uma negação dos princípios da Carta das Nações Unidas, como uma violação dos direitos humanos e liberdades fundamentais proclamados na Declaração Universal dos Direitos Humanos, como um obstáculo às relações amigáveis e pacíficas entre as nações e como um fato capaz de perturbar a paz e a segurança entre os povos".

Quanto aos direitos em espécie, o artigo 3º trata do necessário tratamento igualitário sob o aspecto da acessibilidade a locais e a serviços, o que é reforçado no artigo 6º e no artigo 7º, que aborda a igualdade perante a lei.

Em relação às medidas estatais, o artigo 2º frisa a necessidade de medidas de prevenção e combate a práticas discriminatórias com base na raça, cor ou origem étnica; o artigo 4º aborda a necessidade de medidas para rescindir leis e regulamentos que têm o efeito de criar e perpetuar a discriminação racial, ao passo que o artigo 5º veda políticas de segregação racial (em especial *apartheid*); o artigo 8º prevê que as medidas em questão também devem ser tomadas na área da educação; e os artigos 10 e 11 tratam da necessária cooperação internacional para o respeito dos direitos humanos quanto à discriminação por motivo de raça, cor ou etnia.

Merece destaque, ainda, o artigo 9º, que junto com o mencionado artigo 1º sintetiza a finalidade e o objetivo da declaração: "1. Toda a propaganda e as organizações com base em ideias ou teorias de superioridade de uma raça ou grupo de pessoas de uma só cor ou origem étnica, com vista a justificar ou promover a discriminação racial sob qualquer forma, devem ser severamente condenadas. 2. Todos os instigação ou atos de violência, quer por indivíduos ou organizações contra qualquer raça ou grupo de pessoas de outra cor ou origem étnica é considerada um delito contra a sociedade e punível por lei. 3. A fim de pôr em prática os propósitos e princípios da presente Declaração, todos os Estados devem tomar medidas imediatas e positivas, incluindo medidas legislativas e outras, para processar e / ou fora da lei organizações que promovam ou incitem a discriminação racial, ou incitar ou uso violência para fins de discriminação baseada em raça, cor ou origem étnica".

> Em que pontos a Convenção da ONU sobre a Eliminação de Todas as Formas de Discriminação Racial amplia a proteção fornecida pela respectiva Declaração?

Partindo para o estudo da Convenção, tem-se o artigo 1º, de caráter conceitual: "1. Nesta Convenção, a expressão 'discriminação racial' significará qualquer distinção, exclusão, restrição ou preferência baseada em raça, cor, descendência ou origem nacional ou étnica que tem por objetivo ou efeito anula ou restringir o reconhecimento, gozo ou exercício num mesmo plano (em igualdade de condição), de direitos humanos e liberdades fundamentais no domínio político econômico, social, cultural ou em qualquer outro domínio de sua vida. 2. Esta Convenção não se aplicará às distinções, exclusões, restrições e preferências feitas por um Estado-parte nesta Convenção entre cidadãos. 3. Nada nesta Convenção poderá ser interpretado como afetando as disposições legais dos Estados Partes, relativas a nacionalidade, cidadania e naturalização, desde que tais disposições não discriminem contra qualquer nacionalidade particular. 4. Não serão consideradas discriminações racial as medidas especiais tomadas como o único objetivo de assegurar progresso adequado de certos grupos raciais ou étnicos ou indivíduos que necessitem da proteção que possa ser necessária para proporcionar a tais grupos ou indivíduos igual gozo ou exercício de direitos humanos e liberdades fundamentais, contanto que, tais medidas não conduzam, em consequência, à manutenção de direitos separados para diferentes grupos raciais e não prossigam após terem sidos alcançados os seus objetivos". Com efeito, após o estabelecimento de um conceito de discriminação racial, delimita-se que ela pode consistir em distinções, exclusões, restrições e preferências, sem que isto signifique que exista alguma obrigação estatal quanto à nacionalidade, cidadania e naturalização, desde que não se discrimine uma nacionalidade em particular, e encerra-se prevendo que as ações discriminatórias positivas feitas pelo Estado em prol da igualdade material não caracterizam violação.

Os deveres estatais descritos no artigo II perpassam pelo compromisso de não discriminação consistente em não efetuar práticas discriminatórias, não encorajá-las ou defendê-las, tomar medidas eficazes para eliminar normas discriminatórias do ordenamento e favorecer organizações e movimentos multirraciais, e pelo dever de tomar medidas especiais para proteção de indivíduos pertencentes a grupos raciais vulneráveis nas esferas social, econômica, cultural e outras. Por isso mesmo, o artigo III traz o dever estatal de condenar a segregação racial e o *apartheid*.

Prosseguindo, o artigo IV repete a proibição quanto à propaganda discriminatória do artigo 9º da Declaração, e a seguir prevê a obrigação estatal de tutela estabelecendo tipos penais, declarando ilegais e proibindo organizações discriminatórias, vedando às autoridades públicas o incitamento ou encorajamento à discriminação. Nos termos do artigo VI, a proteção estatal também deve se dar no âmbito judiciário pelo acesso a meios e recursos contra atos discriminatórios.

Não obstante, pelo artigo VII, estende-se aos campos do ensino, educação, da cultura e da informação a atuação estatal em prol da eliminação da discriminação e do preconceito por conta de raça, cor ou etnia.

"Se o combate à discriminação é medida emergencial à implementação do direito à igualdade, todavia, por si só, é medida insuficiente. Faz-se necessário combinar a proibição da discriminação com políticas compensatórias que acelerem a igualdade enquanto processo. Isto é, para assegurar a igualdade não basta apenas proibir a discriminação, mediante legislação repressiva. São essenciais estratégias promocionais capazes de estimular a inserção e a inclusão de grupos socialmente vulneráveis nos espaços sociais"[68].

O artigo V traz um rol de direitos que devem ser conferidos sem distinção de raça, de cor ou de origem nacional ou étnica, sendo este rol exemplificativo. Na verdade, se busca a garantia igualitária de todos os direitos humanos consagrados.

No artigo VIII estabelece-se a instituição de um Comitê para a eliminação da discriminação racial, ao qual serão apresentados relatórios pelos Estados-partes (artigo IX) e poderão ser apresentadas reclamações (artigo XI). A partir do artigo

---

[68] PIOVESAN, Flávia. **Direitos humanos e o direito constitucional internacional...** Op. Cit., 2008, p. 189-190.

XVII são estabelecidas questões formais sobre assinatura, ratificação, denúncia e mecanismos afins.

O referido Comitê para a eliminação da discriminação racial tem atuado de maneira bastante intensa, conforme exemplos de julgados:

– **Opinião dada na Comunicação nº 53/2013 – Benon Pjetri vs. Suíça:** o peticionário é pessoa com deficiência natural da Albânia e se mudou para a Suíça com seus familiares em 1991, tendo solicitado a sua naturalização, que foi negada pelo Estado, inclusive com comentário de um parlamentar contrário à naturalização dos albaneses residentes no país, o que demonstra discriminação em razão da origem nacional. Alega que sofreu discriminação no acesso à naturalização diante das inúmeras negativas pelo Legislativo local (na Suíça, o parlamento municipal deve votar sobre a naturalização de um indivíduo), em especial devido ao caráter arbitrário dos requisitos impostos, impossíveis de serem cumpridos por uma pessoa com deficiência. O Comitê, contudo, entendeu que não houve violação de direitos humanos comprovada, porque o Estado demonstrou que seguiu critérios legais específicos para decidir sobre a naturalização do peticionante. Na **Opinião dada na Comunicação nº 56/2014 – V.S. vs. Eslováquia**, o Comitê fez as mesmas recomendações, num caso em que a peticionante não obteve acesso ao emprego como professora em escolas locais em razão de sua origem romani (povo nômade cigano), demonstrando que não havia fundamentos para a negativa de trabalho que não fossem puramente discriminatórios (havia vagas e ela era qualificada para ocupá-las) e obtendo, apesar disso, a negativa dos Tribunais nacionais;

– **Opinião dada na Comunicação nº 52/2012 – Laurent Gabre Gabaroum vs. França:** o peticionante é um negro que trabalhou na empresa Renault e sofreu discriminações no acesso a cargos de direção dentro da empresa por motivo de raça. Alega que o Estado falhou ao conferir uma resposta jurisdicional adequada nas ações que questionaram as práticas de discriminação racial da empresa, afastando os pedidos feitos no âmbito interno pelo peticionante com base em ausência de provas. O Comitê recomendou que o Estado melhorasse seus procedimentos judiciais para as vítimas de discriminação racial, em especial por meio de uma aplicação estrita do princípio da inversão do ônus da prova, bem como difundisse informações a respeito dos procedimentos internos específicos à disposição das vítimas de discriminação racial;

– **Opinião dada na Comunicação nº 50/2012 – A.M.M. vs. Suíça:** o objeto seria a discriminação em razão da origem nacional diante da negativa de asilo com relação a um cidadão da Somália. O peticionante afirmou que motivos de discriminação em razão da origem nacional levaram o Estado a negar-lhe asilo e obrigá-lo a constantes pedidos de visto para residência, sendo que a categoria de visto conferida o impedia de trabalhar no Estado. O Comitê recomendou que o Estado revisasse sua regulamentação sobre o visto provisório, em especial nas situações em que este permite o estabelecimento do estrangeiro de forma legal e permanente em seu território, de forma a possibilitar igual acesso a direitos, notadamente, ao trabalho, à saúde, à educação e à assistência social;

– **Opinião dada na Comunicação nº 48/2010 – União Turca de Berlim vs. Alemanha:** o objeto foi uma entrevista publicada em uma revista argumentando que não cabia mais à Alemanha suportar o legado das classes baixas, altamente improdutivas e prejudiciais às classes altas. Ainda, a reportagem falava dos altos índices de natalidade dos turcos e defendia uma política de delimitação das uniões dos alemães com eles, reestruturando a família alemã. O Judiciário alemão entendeu que não houve prática de discurso ao ódio. Na verdade, nunca foi feita uma investigação criteriosa das manifestações, tidas como "normais". O Comitê reconheceu a responsabilidade do Estado pela prática discriminatória e recomendou a alteração da legislação vigente para ser mais eficaz na persecução deste tipo de ato;

– **Opinião dada na Comunicação nº 42/2008 – D. R. vs. Austrália:** o autor é nacional neozelandês que vive na Austrália a trabalho permanentemente, conforme tratado estipulado entre os dois países. No entanto, a lei australiana limita os direitos à seguridade social, à educação e à nacionalidade. Na qualidade de residente permanente, postula-se a igualdade de condições, sob pena de discriminação por origem nacional. O Comitê entendeu que a natureza das distinções não é discriminatória e não viola a Convenção;

– **Opinião dada na Comunicação nº 43/2008 – Saada Mohamad Adan vs. Dinamarca:** a peticionária é natural da Somália e vive na Dinamarca. Num debate de rádio, a peticionária ouviu críticas ao povo somálio e às práticas por ele supostamente adotadas, como a mutilação genital feminina e a prática de pedofilia. Alega, assim, que as manifestações incitavam ódio na população dinamarquesa contra a Somália. O Comitê criticou as práticas de mutilação genital feminina e entendeu que o Estado não tomou providências suficientes para verificar se o ato era discriminatório. Neste sentido, recomendou ao Estado reparar os danos causados à vítima e a desenvolver política que combatesse todo tipo de discriminação e ódio raciais;

– **Opinião dada na Comunicação nº 38/2006 – Zentralrat Deutscher Sinti und Roma vs. Alemanha:** o objeto foi uma carta em resposta sobre artigo publicado lembrando os seiscentos anos em que os povos *sinti* e *romaníes* estavam na Alemanha. Na carta, se alegava que suportar estas minorias era um ônus caro demais a ser arcado com a herança deixada pelo nazismo e o dever de apagar seus erros, chamando-se os povos de "parasitas" e de "encargo à assistência social alemã". Ademais, o peticionário argumentava que o Código Penal alemão deixava estes povos à mercê destas práticas de discriminação. O Comitê reconheceu a reclamação e recomendou ao Estado alemão uma mudança de postura, seguindo os relatórios e observações do Comitê;

– **Opinião dada na Comunicação nº 30/2003 – Comunidade Judia de Oslo e outros vs. Noruega:** um grupo teria realizado uma passeata em homenagem a um líder nazista na cidade de Oslo. Argumentava o grupo que impedi-lo de manifestar-se favoravelmente ao regime nazista e agradecer por ele era violação à liberdade de expressão e uma ofensa à raça branca e à sua manutenção. O Tribunal norueguês alegou que a homenagem a este líder não presumia a defesa de exterminação dos judeus, fixando precedente judicial que na opinião dos peticionários tornaria a Noruega um local seguro para a prática do nazismo. O Comitê entendeu que houve violação e que deveriam ser tomadas providências para assegurar que não fossem mais praticadas, lembrando que este exercício da liberdade de expressão vai além dos limites aceitos.

O Comitê de Direitos Humanos expediu, ainda, **Observação Geral nº 11**, com conteúdo interessante, sobre a questão da apologia ao ódio em face da liberdade de expressão: "No artigo 20 do Pacto Internacional sobre Direitos Civis e Políticos se estabelece que toda propaganda em favor da guerra e toda apologia ao ódio nacional, racial ou religioso que constitua incitação à discriminação, à hostilidade ou à violência estão proibidas por lei. Na opinião do Comitê, estas proibições, necessárias, são plenamente compatíveis com o direito à liberdade de expressão enunciado no artigo 19, cujo exercício implica em deveres e responsabilidades especiais. A proibição estabelecida no parágrafo envolve toda forma de propaganda que incentive um ato de agressão ou ruptura da paz contrário à Carta das Nações Unidas ou que possa levar a tal ato, enquanto que o parágrafo 2º está voltado contra toda apologia do ódio nacional, racial ou religioso que constitua incitação à discriminação, à hostilidade ou à violência, independente da propaganda ter fins internos ao Estado ou fins externos a este. As disposições do parágrafo 1º do artigo 20 não proíbem a apologia do direito soberano à defesa nacional nem o direitos dos povos à livre determinação e à independência, conforme a Carta das Nações Unidas. Para que o artigo 20 chegue a ser plenamente eficaz deveria existir uma lei que deixasse bem estabelecido que a propaganda e a apologia referidas são contrárias à política do Estado e que estabelecesse uma sanção adequada em caso de descumprimento. O Comitê estima, portanto, que os Estados que ainda não o tenham feito, tomem medidas necessárias para cumprir as obrigações enunciadas no artigo 20 e devem eles mesmos abster-se de toda propaganda ou apologia desta natureza".

> *Existem tratados internacionais ratificados pelo Brasil que endereçam de forma específica as práticas de* apartheid?

A Convenção Internacional sobre a Supressão e Punição do Crime de *Apartheid*, de 1973, e a Convenção Internacional contra o *Apartheid* nos Esportes, de 10 de dezembro de 1985, são tratados internacionais de direitos humanos firmados no âmbito da ONU que se voltam de forma específica ao combate de práticas de *apartheid*, mas nenhum deles foi ratificado pelo Brasil até o momento.

A **Convenção Internacional sobre a Supressão e Punição do Crime de *Apartheid*** declara o *apartheid* e outras políticas e práticas de segregação e discriminação racial como crimes contra a humanidade em seu artigo 1º, considerado o ultraje aos princípios do direito internacional, em particular os propósitos e princípios da Carta das Nações Unidas.

O artigo 2º define a abrangência do crime de *apartheid*, englobadas práticas de tal seara na África: "a) negação a um membro ou membros de um grupo ou grupos raciais ao direito à vida e à liberdade individual: o (i) por assassinato de membros de um grupo ou grupos raciais; o (ii) pela imposição aos membros de um grupo ou grupos raciais sérios danos físicos ou mentais, por violação de sua liberdade ou dignidade, ou submetendo-os à tortura ou a tratamentos cruéis, desumanos ou degradantes; ou (iii) pela prisão arbitrária ou aprisionamento ilegal de membros de um grupo ou grupos raciais; b) imposição deliberada a grupos raciais de condições de vida calculadas para causar sua destruição física no todo ou em parte; c) qualquer medida legislativa e outras medidas calculadas para impedir um grupo ou grupos raciais da participação no social, econômico e cultural da vida política do país e a criação deliberada de condições que impeçam o pleno desenvolvimento de um grupo ou grupos, nomeadamente através da negação a membros de um grupo ou grupos raciais direitos humanos básicos e liberdades fundamentais, incluindo o direito ao trabalho, o direito de formar uniões comerciais, o direito à educação, o direito de deixar e retornar ao seu país, o direito de uma nacionalidade, o direito à liberdade de circulação e de residência, o direito à liberdade de opinião e expressão, e o direito à liberdade de reunião e de associação pacíficas; d) todas as medidas, incluindo medidas legislativas, destinadas a dividir a população segundo critérios raciais através da criação de reservas separadas e guetos para membros de um grupo ou grupos raciais, a proibição dos casamentos mistos entre os membros de vários grupos raciais, a expropriação de propriedades territoriais pertencentes a um grupo ou grupos raciais ou de membros da mesma; e) a exploração do trabalho dos membros de um grupo ou grupos raciais, em particular pela submissão a trabalhos forçados; f) perseguição de organizações ou pessoas, privando-os dos direitos e liberdades fundamentais, porque se opõem ao *apartheid*". Tais atos não podem ser tidos como crimes políticos para efeitos de extradição (artigo 11).

O artigo 3º frisa a aplicabilidade da responsabilidade penal internacional a indivíduos que pratiquem delitos desta espécie, ao passo que o artigo 5º destaca a possibilidade de julgamento tanto na jurisdição nacional quanto pelo Tribunal Penal Internacional.

Com efeito, o artigo 4º aborda medidas legislativas de prevenção e punição ao *apartheid* que devem ser adotadas pelo Estado e o artigo 7º endereça o acompanhamento periódico por meio de relatórios destas medidas, sendo que tais relatórios serão endereçados a membros designados do Conselho de Direitos Humanos (artigo 9º).

A **Convenção Internacional contra o *Apartheid* nos Esportes** tem um viés específico, sendo eslaborada para combater práticas de segregação e ódio racial no contexto dos esportes, notadamente devido a espisódios infortúnios que se estabeleceram em jogos olímpicos, que levaram o Comitê Olímpico Internacional a fixar o princípio da proibição de qualquer tipo de discriminação contra Estado ou indivíduo com base em raça, religião ou política nas olimpíadas (artigo 10).

O tratado internacional é firmado em 1985, oito anos após a aprovação pela Assembleia Geral das Nações Unidas da Declaração Internacional contra o *Apartheid* nos Esportes de 14 de dezembro de 1977, cujo conteúdo material acompanha e em relação à qual se aprofunda em fixação de medidas práticas.

O principal objetivo da Convenção é a eliminação de qualquer prática de *apartheid* nos esportes, considerando *apartheid* como um sistema racial institucionalizado com o propósito de promover a segregação e a discriminação de um grupo racial e *apartheid nos esportes* como a aplicação de tais políticas e práticas nas atividades esportivas profissionais e amadoras (artigo 1º).

Na Convenção, os Estados assumem o compromisso de eliminar todas as formas de *apartheid* nos esportes, inclusive mediante adoção de medidas práticas, como a recusa ao fornecimento de assistência financeira para que seus atletas participem de atividades esportivas em países que adotem práticas de *apartheid* nos esportes, a restrição de acesso a instalações esportivas nacionais e negação de honrarias e prêmios às equipes vinculadas a países que pratiquem *apartheid* nos esportes, a inexigibilidade de contratos esportivos aos quais estejam vinculadas cláusulas de segregação racial, a negação de vistos a atletas de países que institucionalizem o *apartheid* e a expulsão de tais países dos organismos esportivos, sem prejuízo de outras sanções, inclusive de caráter pecuniário (artigos 2º a 9º).

Além disso, o artigo 11 cria uma Comissão contra o *Apartheid* nos Esportes, que tem, entre outras competências, a de apreciar os relatórios periódicos de medidas adotadas pelos Estados-partes previstos no artigo 12 e de receber e examinar queixas, desde que a competência para tanto seja reconhecida pelo Estado-parte, nos termos do artigo 13.

Por fim, importante estudar os principais aspectos da **Convenção Interamericana contra o Racismo, a Discriminação Racial e Formas Correlatas de Intolerância**, assinada, mas ainda não ratificada pelo Brasil (isto é, foi assinada e ainda aguarda a aprovação pelo Congresso Nacional e ratificação da assinatura, o que provavelmente deve acontecer).

No geral, a Convenção Interamericana adota disposições semelhantes à Convenção da ONU. O seu artigo 1º também tem viés conceitual, trazendo concepção semelhante de discriminação racial no parágrafo 1, mas complementando com outros conceitos como o de discriminação indireta, discriminação múltipla, racismo e intolerância: "2. **Discriminação racial indireta** é a que se produz, na esfera pública ou privada, quando uma disposição, um critério ou uma prática, **aparentemente neutra** é suscetível de implicar uma desvantagem particular para as pessoas que pertencem a um grupo específico baseado nos motivos descritos no parágrafo 1, ou lhe põe em desvantagem, a menos que dita disposição, critério ou prática tenha um objetivo ou justificação razoável e legítimo à luz do direito internacional dos direitos humanos. 3. **Discriminação múltipla ou agravada** é qualquer preferência, distinção, exclusão ou restrição baseada, de forma concomitante, **em dois ou mais dos motivos** mencionados no parágrafo 1 ou outros reconhecidos em instrumentos internacionais que tenha por objetivo o efeito de anular ou limitar, o reconhecimento, o gozo ou o exercício, em condições de igualdade, de um ou mais direitos humanos e liberdade fundamentais consagrados nos instrumentos internacionais aplicáveis aos Estados-partes, em qualquer âmbito da vida pública ou privada. 4. O **racismo** consiste em qualquer **teoria, doutrina, ideologia ou conjunto de ideias** que enunciam um vínculo causal entre as características fenotípicas ou genotípicas de indivíduos ou grupos e seus traços intelectuais, culturais e de personalidade, incluindo o falso conceito de superioridade racial. [...] 6. **Intolerância é o ato ou conjunto de atos ou manifestações** que expressam o desrespeito, a rechaça ou a depreciação da dignidade, características, convicções ou opiniões dos seres humanos por serem diferentes ou contrárias. Pode manifestar-se como marginalização e exclusão da participação em qualquer âmbito da vida pública ou privada de grupos em condições de vulnerabilidade ou como violência contra eles".

Nos artigos 2º e 3º efetua-se menção aos direitos protegidos, de uma maneira bastante ampla, garantindo a todos a proteção contra a discriminação ou preconceito, bem como o igualitário exercício de todos os direitos e liberdades fundamentais. Os deveres estatais são descritos nos artigos 4º a 13 e, no geral, são semelhantes aos da Convenção da ONU, cabendo coibir formas de intolerância por diversos meios, como educação e controle de informação, bem como adotar ações afirmativas e aplicar políticas públicas, elaborar legislação protetiva, assegurar a punição de crimes e designar órgão próprio para assegurar o cumprimento da Convenção, entre outros.

O artigo 15 trata dos mecanismos de proteção, entre os quais se destaca a aceitação de reclamação a ser apresentada perante a Comissão Interamericana dos Direitos Humanos, reconhecendo-se também a competência consultiva do órgão; o processamento perante a Corte Interamericana dos Direitos Humanos, quando devidamente reconhecida a competência para tanto; e a instituição de um Comitê Interamericano para a Prevenção e a Eliminação do Racismo, da Discriminação Racial e de Todas as Formas de Discriminação e Intolerância, o que se dará quando entrar em vigor a primeira Convenção para algum dos países que a assinaram, destacando-se que a finalidade deste não é punir violações, mas apurar o cumprimento da Convenção como um todo pelos Estados-partes. Por fim, os artigos 16 a 22 tratam de questões formais sobre interpretação, denúncia, reservas, depósito, entre outras.

Percebe-se a extensão da proteção conferida contra o preconceito racial e étnico no âmbito internacional, que tem fulcro nas graves consequências advindas de práticas atentatórias, entre as quais podem ser mencionadas a escravidão e o nazismo. A busca de uma sociedade mais igualitária pressupõe a aceitação de que todos os seres humanos, independente de raça, etnia, cor, linhagem ou origem, são dignos e, por isso, possuem os mesmos direitos humanos para proteção desta dignidade, cabendo um esforço social para promover uma igualdade real, não meramente formal.

A preocupação no âmbito interamericano com a questão racial também se evidencia na relatoria sobre os direitos humanos das pessoas afrodescendentes e contra a discriminação racial, instituída pela Comissão Interamericana de Direitos Humanos. Entre os documentos elaborados pela relatoria, destaca-se o Informe sobre a **"situação das pessoas afrodescendentes nas Américas"**, trazendo um panorama geral da questão e aprofundando pontos sobre acesso à justiça, perfil racial e medidas adotadas pelos Estados[69].

E no âmbito brasileiro, qual normativa merece destaque no que tange ao combate à discriminação e ao preconceito racial e étnico?

No âmbito pátrio, merece destaque o **Estatuto da Igualdade Racial** (Lei nº 12.288, de 20 de julho de 2010), destinado a garantir à **população negra** a efe-

---

[69] OEA – Organização dos Estados Americanos. Comissão Interamericana de Direitos Humanos. **Relatoria sobre os direitos humanos das pessoas afrodescendentes e contra a discriminação racial**. Disponível em: <http://www.oas.org/pt/cidh/>. Acesso em: 21 fev. 2018.

tivação da igualdade de oportunidades, a defesa dos direitos étnicos individuais, coletivos e difusos e o combate à discriminação e às demais formas de intolerância étnica. Ato contínuo, o segundo artigo do diploma em lume preceitua que é dever do Estado e da sociedade garantir a igualdade de oportunidades, reconhecendo a todo cidadão brasileiro, independentemente da etnia ou da cor da pele, o direito à participação na comunidade, especialmente nas atividades políticas, econômicas, empresariais, educacionais, culturais e esportivas, defendendo sua dignidade e seus valores religiosos e culturais.

Especificamente quanto ao tema **racismo institucional**, que tem sido incidente em provas de concursos, o art. 4º, ao assegurar a proteção da igualdade de oportunidades à população negra, econômica, social, política e culturalmente, reforça nos incisos III a V o dever de combater o racismo institucional: "III – modificação das estruturas institucionais do Estado para o adequado enfrentamento e a superação das desigualdades étnicas decorrentes do preconceito e da discriminação étnica; IV – promoção de ajustes normativos para aperfeiçoar o combate à discriminação étnica e às desigualdades étnicas em todas as suas manifestações individuais, institucionais e estruturais; V – eliminação dos obstáculos históricos, socioculturais e institucionais que impedem a representação da diversidade étnica nas esferas pública e privada".

Com efeito, racismo institucional é aquele que se configura no contexto de instituições públicas, cabendo a modificação na estrutura destas instituições em prol da igualdade racial, inclusive mediante adoção de políticas públicas afirmativas, entre as quais se incluem as cotas (artigo 4º, VII e parágrafo único). O racismo institucional se faz presente quando o cenário das políticas públicas em favor da população negra é desfavorável e pouco efetivo, não gerando inclusão social. Neste sentido, se denota não apenas quando a população negra é excluída da composição de instituições públicas, mas também quando tais instituições não desenvolvem ações específicas voltadas a tal população. Um exemplo de reflexo do racismo institucional seria a pouca preocupação com os índices de criminalidade e encarceramento, que afetam com maioridade ostensiva a população negra; outros exemplos são os obstáculo no acesso à saúde e à educação.

Neste sentido, é determinante fundar uma cultura de direitos em favor da população negra, sendo que o Estatuto procura fazê-lo, reconhecendo uma ampla gama de direitos à população negra: saúde (arts. 6º a 8º); educação, cultura, esporte e lazer (arts. 9º a 22); liberdade de consciência e de crença e o livre exercício dos cultos religiosos (arts. 23 a 26); acesso à terra e à moradia adequada (arts. 27 a 37); trabalho (arts. 38 a 42); e meios de comunicação (arts. 43 a 46).

Entendemos relativamente contraditória, contudo, a essência de um Estatuto (que prega a igualdade de etnias) destinar a ampla maioria de seus preceitos apenas aos afrodescendentes. Reconhecendo que são estes um grupo historicamente desprotegido no país (talvez, "*o*" maior grupo historicamente desprotegido do país), se quer, sim, que a população negra seja abrangida por um Estatuto de Igualdade Racial, mas que tal Estatuto abarque, também, outros grupos étnicos historicamente desprotegidos, ainda que minoritários. Por isso, se faz aqui uma **interpretação ampliativa** dos dispositivos constantes da Lei nº 12.288/2010 naquilo que for *possível* e *adaptável*.

Veja-se bem, para que fique bem claro: não se questiona a atenção dada ao negro na aludida codificação, mas, sim, a ausência de outros grupos étnicos historicamente desprotegidos, razão pela qual se opta por ampliar o alcance da norma em destaque sempre que tal critério hermenêutico se mostrar possível.

A Corte Interamericana de Direitos Humanos julgou:

- No **caso pessoas haitianas e dominicanas expulsas vs. República Dominicana**, em agosto de 2014, a Corte condenou a República Dominicana por ter expulsado pessoas haitianas e descendentes de haitianas na década de 1990, bem como por tratamento discriminatório com relação a tais pessoas, notadamente dificultando o acesso a documentos de identificação. Determinou-se medidas de restituição e reparação, bem como de não repetição, sem prejuízo do pagamento de montante indenizatório.

- No **caso Comunidades afrodescendentes deslocadas da bacia do Rio Cacarica vs. Colômbia**, em novembro de 2013, o Estado foi condenado devido à existência de grupos militares paralelos que operavam no local à base de ameaças, assassinatos e desaparecimentos. Uma operação militar contra as FARC teria gerado o ápice das violações, sendo atingida toda a população em meio à persecução dos narcotraficantes. A população foi deslocada, mas o governo não ofereceu aporte suficiente de estrutura para que tal deslocamento se fizesse sem prejuízo aos direitos humanos. Condenou-se à apuração dos fatos e à condenação dos culpados, bem como à reparação.

- No **caso Aloeboetoe e outros vs. Suriname**, em setembro de 1993, condenou-se o Estado por ameaças a 20 quilombolas que estavam em trânsito para seus locais de origem, dos quais 13 foram liberados e 7 assassinados. Após os fatos, outras 6 pessoas que buscavam esclarecê-los foram também assassinadas.

1.3.8 População em situação de rua

> *Artigo VI, DUDH*
> *Todo homem tem o direito de ser, **em todos os lugares**, reconhecido como pessoa perante a lei.*

Situação extremamente delicada é a da chamada **população em situação de rua**. Trata-se de grupo populacional que possui em comum a pobreza extrema, assim como os vínculos familiares interrompidos ou fragilizados. Seja por conta da constante – e grave – crise econômica dos tempos atuais, e/ou do déficit de moradia, e/ou tendo em vista conflitos pessoais (como questões familiares ou vícios em drogas), não se pode fechar os olhos para um problema cada vez maior nos grandes e médios centros urbanos. A temática pode também ser estudada pela ótica do direito à moradia, mas optou-se por colocá-la aqui, tendo em vista a fragilidade em que vive esta minoria: para além da falta de um teto, a falta de segurança e de privacidade também se fazem presentes.

Em termos normativos internacionais, é fraca a proteção da população em situação de rua, destacando-se relatório sobre uma habitação adequada como elemento integrante do direito a um nível de vida adequado e sobre o direito de não discriminação a este respeito, preparado em cumprimento à Resolução nº 25/17 do

Conselho de Direitos Humanos das Nações Unidas (Relatório A/HRC/31/54)[70]. O aludido Relatório propõe, inclusive, um enfoque tridimensional da questão: "a) A primeira dimensão se refere à ausência de moradia – a ausência tanto do aspecto material de uma habitação minimamente adequada quanto do aspecto social de um lugar seguro, para estabelecer uma família ou relações sociais, e participar da vida em comunidade. b) A segunda dimensão considera a situação de rua como uma forma de discriminação sistêmica e de exclusão social, e reconhece que a privação de um lar dá lugar a uma identidade social através da qual as pessoas em situação de rua formam um grupo social sujeito à discriminação e estigmatização. c) A terceira dimensão reconhece as pessoas em situação de rua como titulares de direitos que são resilientes na luta pela sobrevivência e dignidade. Com uma compreensão única dos sistemas que negam seus direitos, deve-se reconhecer as pessoas em situação de rua como agentes centrais da transformação social necessária para a realização do direito a uma moradia adequada". Termina, por fim, fazendo recomendações para sanar a situação caótica deste grupo fragilizado.

Ainda no âmbito internacional outras iniciativas podem ser mencionadas: **Declaração de Vancouver sobre Assentamentos Humanos** (1976 – decorrente da Conferência Habitat I); **Declaração de Istambul sobre Assentamentos Humanos** (1996 – decorrente da Conferência Habitat II); bem como a **Declaração sobre Cidades e outros Assentamentos Humanos no Novo Milênio** (2001). Da primeira declaração (Vancouver), inclusive, decorreu a instalação (em 1978) da **UN-HABITAT – Programa das Nações Unidas de Assentamentos Humanos**, agência especializada da ONU dedicada à promoção de cidades mais sociais e ambientalmente sustentáveis, de modo que todos os seus residentes disponham de abrigo adequado.

Em termos normativos **internos**, merece destaque o Decreto nº 7.053/2009, que institui a **Política Nacional para a População em Situação de Rua e seu Comitê Intersetorial de Acompanhamento e Monitoramento**, e dá outras providências. O art. 1º, parágrafo único, é conceitual ao afirmar que "considera-se população em situação de rua o grupo populacional heterogêneo que possui em comum a pobreza extrema, os vínculos familiares interrompidos ou fragilizados e a inexistência de moradia convencional regular, e que utiliza os logradouros públicos e as áreas degradadas como espaço de moradia e de sustento, de forma temporária ou permanente, bem como as unidades de acolhimento para pernoite temporário ou como moradia provisória". O art. 2º dispõe que: "A Política Nacional para a População em Situação de Rua será implementada **de forma descentralizada e articulada entre a União e os demais entes federativos que a ela aderirem por meio de instrumento próprio**". O art. 8º, como último dispositivo em destaque, menciona uma rede de acolhimento temporário, sobre a qual o padrão básico de qualidade, segurança e conforto deverá observar limite de capacidade, regras de funcionamento e convivência, acessibilidade, salubridade e distribuição geográfica das unidades de acolhimento

---

[70] RELATÓRIO DA RELATORA ESPECIAL sobre moradia adequada como componente do direito a um padrão de vida adequado e sobre o direito a não discriminação neste contexto. Disponível em: <https://terradedireitos.org.br/wp--content/uploads/2016/11/Relat%C3%B3rio_Popula%C3%A7%C3%A3o-em-situa%C3%A7%C3%A3o-de-rua.pdf>. Acesso em: 12 dez. 2018.

nas áreas urbanas, respeitado o direito de permanência da população em situação de rua, preferencialmente nas cidades ou nos centros urbanos.

Ainda no âmbito interno, mais recentemente merece destaque o Decreto nº 9.894, de 27 de junho de 2019, que dispõe sobre o **Comitê Intersetorial de Acompanhamento e Monitoramento da Política Nacional para a População em Situação de Rua** (ao dispor sobre este Comitê de modo específico, o Decreto nº 9.894 revogou os arts. 9º a 14 do Decreto nº 7.053 *supra*mencionado, que dele tratava). Tal Comitê, composto por 12 membros (composição na forma do art. 3º do Decreto), é órgão consultivo do Ministério da Mulher, da Família e dos Direitos Humanos (art. 2º) destinado a elaborar, dentre outros, planos de ação periódicos com o detalhamento das estratégias de implementação da Política Nacional para a População em Situação de Rua; acompanhar e monitorar o desenvolvimento da Política Nacional para a População em Situação de Rua; propor medidas que assegurem a articulação intersetorial das políticas públicas federais para o atendimento da população em situação de rua; bem como organizar, periodicamente, encontros nacionais para avaliar e formular ações para a consolidação da Política Nacional para a População em Situação de Rua.

> **A Corte Interamericana de Direitos Humanos julgou:**
>
> - No **caso Comunidade Moiwana vs. Suriname**, a Corte prolatou decreto condenatório tendo em vista o fato de que em novembro de 1986 se efetuou operação militar na aludida comunidade (aldeia), o que resutou em ao menos 39 mortes de seus membros. Ademais, a operação queimou e destruiu a propriedade, forçando os sobreviventes a fugirem. Deste então, estas pessoas sofrem com condições de pobreza e não podem praticar seus meios tradicionais de subsistência. A sentença foi dada em junho de 2005.

1.4 Direito à segurança

> *Artigo III, DUDH*
> Toda pessoa tem direito à vida, à liberdade e à **segurança pessoal**.
>
> *Artigo 9º, PIDCP*
> 1. Toda pessoa tem à liberdade e a **segurança pessoais**. [...]
>
> *Artigo I – Direito à vida, à liberdade, à segurança e integridade da pessoa, DADH*
> Todo ser humano tem direito à vida, à liberdade e à **segurança** de sua pessoa.
>
> *Artigo 7º – Direito à liberdade pessoal, CADH*
> 1. Toda pessoa tem direito à liberdade e à **segurança** pessoais. [...]

O direito à segurança encontra-se previsto tanto enquanto **direito individual** quanto como **direito social**. Na qualidade de direito social, associa-se à segurança pública, que deve ser promovida pelo Estado e buscada por toda a sociedade. Na qualidade de direito individual, que será abordada neste tópico, liga-se à segurança do indivíduo como um todo, desde sua integridade física e mental, até a própria segurança jurídica.

> *O direito à segurança pode ser visto como direito fundamental individual sob qual aspecto?*

No sentido aqui estudado, o direito à segurança pessoal é o direito de viver sem medo, protegido pela solidariedade e liberto de agressões, logo, é uma maneira de garantir o direito à vida[71].

Nesta linha, para Silva[72], "efetivamente, esse conjunto de direitos aparelha situações, proibições, limitações e procedimentos destinados a assegurar o exercício e o gozo de algum direito individual fundamental (intimidade, liberdade pessoal ou a incolumidade física ou moral)".

As menções a este direito no âmbito internacional são bastante genéricas, embora reincidentes. Tanto o artigo III da Declaração Universal dos Direitos Humanos, quanto o artigo 9º do Pacto Internacional dos Direitos Civis e Políticos e o artigo 7º da Convenção Americana sobre Direitos Humanos, mencionam o direito à segurança pessoal, sem muito delimitá-lo.

De uma maneira geral, o direito à segurança envolve o direito de exercitar todos os direitos individuais, como liberdade, vida e propriedade, sem ser indevidamente tolhido. Por isso mesmo, o direito à segurança possui um viés específico, que é o da **segurança no Direito**, na lei, no sentido de que ela conferirá uma proteção devida, estável e segura para o exercício de direitos: é a chamada **segurança jurídica**.

No âmbito dos direitos humanos internacionalmente consagrados, a segurança jurídica aparece associada a premissas como o devido processo legal, garantindo a todos uma audiência imparcial e justa para que qualquer direito seja limitado; além de possuir fulcro predominantemente nos direitos ditos humanos-penais, isto é, que associam a concepção de direitos humanos à possibilidade de restrição da liberdade em prol da coletividade, destacando-se o princípio da irretroatividade da lei penal, que confere a todos a segurança de que um ato praticado hoje que seja lícito não pode gerar punição quando se tornar ilícito. Diante desta intrínseca ligação, opta-se por estudo aprofundado no momento oportuno.

Já **no âmbito interno**, o art. 5º, *caput*, da Constituição Federal, se refere à segurança no sentido de *direito adquirido* (o direito já se incorporou a seu titular), de *ato jurídico perfeito* (há se preservar a manifestação de vontade de quem editou algum ato, desde que ele não atente contra a lei, a moral e os bons costumes), e de *coisa julgada* (é a imutabilidade de uma decisão que impede que a mesma questão seja debatida pela via processual novamente), consagrados todos no art. 5º, XXXVI, da Lei Fundamental pátria.

---

[71] BARRETO, Ana Carolina Rossi; IBRAHIM, Fábio Zambitte... Op. Cit., p. 18-19.
[72] SILVA, José Afonso da. **Curso de direito constitucional positivo**... Op. Cit., p. 437.

1.5 Direito à propriedade

Artigo XVII, DUDH

1. Toda pessoa tem direito à propriedade, só ou em sociedade com outros.

*2. Ninguém será **arbitrariamente privado** de sua propriedade.*

Artigo XXIII – Direito de propriedade, DADH

*Toda pessoa tem direito à **propriedade particular** correspondente às **necessidades essenciais de uma vida decente**, e que contribua a manter a dignidade da pessoa e do lar.*

Artigo 21 – Direito à propriedade privada, CADH

*1. Toda pessoa tem direito ao uso e gozo de seus bens. A lei pode subordinar esse uso e gozo ao **interesse social**.*

*2. Nenhuma pessoa pode ser privada de seus bens, salvo mediante o pagamento de **indenização** justa, por motivo de **utilidade pública** ou de **interesse social** e nos casos e na forma estabelecidos pela lei.*

3. Tanto a usura, como qualquer outra forma de exploração do homem pelo homem, devem ser reprimidas pela lei.

(PROCURADORIA ESTADUAL DO PARÁ – PGE-PA – PROCURADOR DO ESTADO – 2006) Discorra sobre o princípio da função socioambiental da propriedade, abordando a evolução conceitual da propriedade e sua atual vinculação com os direitos humanos.

O direito à propriedade consiste no direito de adquirir bens móveis e imóveis e mantê-los em sua esfera de direitos, sem que estes sejam arbitrariamente tolhidos. Trata-se de clássico direito humano de primeira dimensão, tendo em vista que um dos principais motivos que desencadearam as revoluções que serviram de estopim às primeiras declarações de direitos humanos – ainda que nacionais –, quais sejam Francesa e Americana, foi o tratamento abusivo do direito à propriedade dos que não pertenciam às classes privilegiadas do clero e da nobreza.

Com efeito, o direito à propriedade foi assegurado nos documentos internacionais de proteção dos direitos humanos. No âmbito das Nações Unidas, é feita uma menção na Declaração Universal dos Direitos Humanos, da qual se pode extrair que o direito à propriedade pode ser exercido **individualmente ou em grupo** e que ele **não pode ser privado de forma arbitrária**, isto é, que só pode ser retirado nos termos da lei. Contudo, tal documento não se aprofunda em quais seriam as condições em que seria possível privar o direito à propriedade.

Na Declaração Americana, o direito de propriedade aparece associado ao direito a uma vida decente, sendo assim a propriedade um dos instrumentos que proporcionam uma existência digna.

Por outro lado, a Convenção Americana sobre Direitos Humanos detalha situações em que a privação da propriedade não poderia ser considerada arbitrária. Neste sentido, o gozo deste direito pode ser limitado pelo interesse social, de forma que, como é de se esperar no modelo de um Estado Democrático de Direito fraterno, o coletivo prevaleça sobre o individual. A propósito, reforça-se que em qualquer situação a pessoa deverá receber indenização pela propriedade que está sendo extraída de sua esfera de bens.

No Brasil, o ideário da Organização dos Estados Americanos é confirmado ao se exigir que a propriedade atenda à sua função social, bem como ao se assegurar a desapropriação com vistas ao interesse público. Logo, pacífico que o direito à propriedade deve ser garantido, mas, na qualidade de direito individual, sofre limitações por interesses que pertençam à coletividade.

A propriedade "[...] não pode mais ser considerada como um direito individual nem como instituição do direito privado. [...] embora prevista entre os direitos individuais, ela não mais poderá ser considerada puro direito individual, relativizando-se seu conceito e significado, especialmente porque os princípios da ordem econômica são preordenados à vista da realização de seu fim: assegurar a todos existência digna, conforme os ditames da justiça social. Se é assim, então a propriedade privada, que, ademais, tem que atender a sua função social, fica vinculada à consecução daquele princípio"[73].

Neste diapasão, por falar no ordenamento jurídico brasileiro, conforme o art. 5º, *caput* e inciso XXII, da Constituição Federal, é assegurado o direito de propriedade. A função social, consagrada no art. 5º, XXIII, CF, contudo, não é apenas um limite ao direito de propriedade, mas, sim, **faz parte da própria estrutura deste direito**. Em outras palavras, **só há direito de propriedade se atendida sua função social**.

> *Quando são cumpridas as funções sociais das propriedades urbana e rural?*

Consoante o art. 182, § 2º, da Constituição Federal, a propriedade urbana cumpre com sua função social quando atende às exigências fundamentais de ordenação da cidade expressas no plano diretor.

Já conforme o art. 186, da Lei Fundamental, a função social da propriedade rural é cumprida quando atende, simultaneamente, e segundo critérios e graus de exigência estabelecidos em lei, ao aproveitamento racional e adequado, à utilização adequada dos recursos naturais disponíveis e preservação do meio ambiente, à observância das disposições que regulam as relações de trabalho, e à exploração que favoreça o bem-estar dos proprietários e dos trabalhadores.

Indubitavelmente, a função social da propriedade, seja ela urbana ou rural, representa a **mitigação** do "*status*" absoluto que por tempos marcou a relação entre o homem e a coisa (objeto). Imiscuindo-se nesta relação há agora, pois, o aspecto social a que a coisa e o homem devem servir. Aliás, é esta função social da proprie-

---

[73] SILVA, José Afonso da. **Curso de direito constitucional positivo**... Op. Cit., p. 270-271.

dade que assegura que a pequena propriedade rural, assim definida em lei, desde que trabalhada pela família, não será objeto de penhora para pagamento de débitos decorrentes de sua atividade produtiva, dispondo a lei sobre os meios de financiar o seu desenvolvimento (art. 5º, XXVI, CF).

Ainda dentro do direito de propriedade no sistema interno brasileiro, a Constituição Federal assegura, em seu art. 5º, XI, que a casa é asilo inviolável do indivíduo, ninguém nela podendo penetrar sem consentimento do morador, salvo em caso de flagrante delito ou desastre, ou para prestar socorro, ou, durante o dia, por determinação judicial.

Veja-se que, em caso de flagrante delito, para prestar socorro, ou evitar desastre, na casa se pode entrar a qualquer hora do dia. Se houver necessidade de determinação judicial, a entrada na residência, salvo consentimento do morador, somente pode ser feita durante o dia.

Isto posto, para fins de interpretação constitucional, deve-se adotar uma interpretação extensiva do conceito de "*casa*". Assim, abrange escritórios, consultórios, quartos de hotel habitados, estabelecimentos comerciais e industriais (na parte em que não são abertos ao público), a boleia de caminhão (mas só enquanto o motorista dorme, pois, durante o trabalho, na estrada, é veículo comum sujeito a *blitz*) etc.

Ademais, a Constituição Federal utiliza a expressão "*durante o dia*". Pelo *critério cronológico*, "dia" é das 6h00min até as 18h00min; pelo *critério físico-astronômico*, "dia" é o espaço de tempo que vai da aurora ao crepúsculo (não se trata de um critério subjetivo, pois a ciência consegue determinar com precisão os horários da aurora e do crepúsculo); e, pelo *critério misto*, deve haver conjugação dos dois critérios anteriores, para dar o máximo de proteção ao domicílio (assim, pode-se ingressar das 6h00min até as 18h00min, *desde que o sol já tenha nascido (aurora) ou não tenha se posto (crepúsculo)*).

Prosseguindo, a Constituição da República Federativa do Brasil prevê duas hipóteses de *requisição da propriedade*: no caso de iminente perigo público, a autoridade competente poderá usar de propriedade particular, assegurada ao proprietário indenização ulterior, se houver dano (art. 5º, XXV, CF); e no caso de vigência de estado de sítio, decretado em caso de comoção grave de repercussão nacional ou ocorrência de fatos que comprovem a ineficácia da medida tomada durante o estado de defesa, é possível a requisição de bens (art. 139, VII, CF).

Em ambos os casos não há transferência de propriedade. Há apenas uso ou ocupação temporários da propriedade particular. Trata-se de ocupação emergencial, de modo que só caberá indenização posterior, e, ainda, se houver dano.

Nada obstante, a Constituição Federal trata da *desapropriação da propriedade*, e esta está prevista no art. 5º, XXIV, da CF, somente sendo cabível em três casos: necessidade pública; utilidade pública; e interesse social. Na desapropriação, dá-se retirada compulsória da propriedade do particular.

Ainda, no caso de **desapropriação por interesse social**, fala-se na chamada "*desapropriação sanção*", pelo desatendimento da função social da propriedade. Com efeito, são duas as hipóteses de desapropriação-sanção: *desapropriação-sanção de imóvel urbano*, prevista no art. 182, § 4º, III, CF (o pagamento é feito em títulos da dívida pública, com prazo de resgate de até dez anos); *desapropriação-sanção de imóvel rural*, prevista no art. 184, CF (ela é feita para fins de reforma agrária, e o pagamento é feito em títulos da dívida agrária, com prazo de resgate de até vinte anos, contados a partir do segundo ano de sua emissão).

Já o *confisco da propriedade* está previsto no art. 243 da CF. Também é hipótese de transferência compulsória da propriedade, como a desapropriação. Mas, dela se distingue porque no confisco não há pagamento de qualquer indenização. Isto posto, são duas as hipóteses de confisco: as propriedades urbanas e rurais de qualquer região do país onde forem localizadas **culturas ilegais de plantas psicotrópicas** ou a **exploração de trabalho escravo** na forma da lei serão expropriadas e destinadas à reforma agrária e a programas de habitação popular, sem qualquer indenização ao proprietário e sem prejuízo de outras sanções previstas em lei, observado, no que couber, o disposto no art. 5º (art. 243, *caput*, CF, com redação dada pela Emenda Constitucional nº 81/2014); bem como todo e qualquer bem de valor econômico apreendido em decorrência do tráfico ilícito de entorpecentes e drogas afins e da exploração de trabalho escravo será confiscado e reverterá a fundo especial com destinação específica, na forma da lei (art. 243, parágrafo único, CF, também com redação dada pela EC nº 81/2014).

Ato contínuo, a Constituição Federal trata de duas hipóteses de *usucapião* – usucapião constitucional –, em que o prazo para aquisição da propriedade é reduzido: *usucapião urbano* (aquele que possuir como sua área urbana de até duzentos e cinquenta metros quadrados, por cinco anos, ininterruptamente e sem oposição, utilizando-a para sua moradia ou de sua família, adquirir-lhe-á o domínio, desde que não seja proprietário de outro imóvel urbano ou rural, conforme o art. 183, *caput*, da CF); e *usucapião rural* (aquele que, não sendo proprietário de imóvel rural ou urbano, possua como seu, por cinco anos ininterruptos, sem oposição, área de terra, em zona rural, não superior a cinquenta hectares, tornando-a produtiva por seu trabalho ou de sua família, tendo nela sua moradia, adquirir-lhe-á a propriedade, consoante o art. 191, *caput*, da CF).

Não custa chamar a atenção, veja-se, que as hipóteses constitucionais também exigem os requisitos tradicionais da usucapião, a saber, a posse mansa e pacífica, a posse ininterrupta, e a posse não precária (não custa lembrar que imóveis públicos não podem ser adquiridos por usucapião).

Por fim, a Constituição brasileira assegura o *direito de herança*. Tal direito está previsto, de maneira pioneira, no trigésimo inciso, do art. 5º, CF. Nas outras Constituições, ele era apenas deduzido do direito de propriedade. Ademais, a sucessão de bens de estrangeiros situados no país será regulada pela lei brasileira em benefício do cônjuge ou dos filhos brasileiros, sempre *que não lhes seja mais favorável a lei pessoal do "de cujus"* (art. 5º, XXXI, CF).

A Corte Interamericana de Direitos Humanos julgou:

- No **caso Salvador Chiriboga vs. Equador**, em maio de 2008, condenou-se o Estado por violar os direitos à propriedade e às garantias judiciais por desapropriar um imóvel por razão de utilidade pública, ocupando-o antes da sentença final e sem pagamento de justa indenização. Condenou-se ao pagamento de custas e indenizações.

- No **caso Acevedo Buendía e outros ("Aposentados e Jubilados da Controladoria") vs. Perú**, em novembro de 2009, condenou-se o Estado por ter publicado um decreto que excluía o direito de majoração da pensão dos aposentados e jubilados proporcionalmente aos vencimentos dos profissionais na ativa, em que pese norma anterior que garantia a majoração. Nota-se a garantia não somente do direito à propriedade, mas o respeito ao direito adquirido.
- No **caso Cantos vs. Argentina**, em novembro de 2002, condenou-se o Estado por ter efetuado uma operação na empresa do peticionante, retirando seus livros contábeis e controles, o que levou a um prejuízo financeiro, bem como pela perseguição e hostilização da vítima por ter buscado a defesa de seus direitos no Judiciário do país. Determinou-se a alteração da decisão do Judiciário e o pagamento de indenização.
- Uma operação extrajudicial de despejo na Fazenda São Francisco, do Paraná, onde se encontravam 50 famílias, na qual foi assassinado o senhor Garibaldi, deu origem ao **caso Garibaldi vs. Brasil**, julgado em setembro de 2009. Entendeu-se que o Brasil não respeitou os direitos à proteção judicial da vítima. Denota-se a condenação do país por não fixar limites adequados ao exercício do direito à propriedade privada, gerando uma situação de despejo que ofende os parâmetros da razoabilidade.

1.6 Direito à propriedade intelectual

Artigo XXVII, DUDH

1. Toda pessoa tem o direito de participar livremente da vida cultural da comunidade, de fruir as artes e de participar do processo científico e de seus benefícios.

2. Toda pessoa tem direito à **proteção dos interesses morais e materiais decorrentes de qualquer produção científica, literária ou artística** *da qual seja autor.*

Artigo 15, PIDESC

1. Os Estados Partes do presente Pacto reconhecem a cada indivíduo o direito de:

a) participar da vida cultural;

b) desfrutar o progresso científico e suas aplicações;

c) **beneficiar-se da proteção dos interesses morais e materiais decorrentes de toda a produção científica, literária ou artística de que seja autor.**

2. As medidas que os Estados Partes do presente Pacto deverão adotar com a finalidade de assegurar o pleno exercício desse direito aquelas necessárias à conservação, ao desenvolvimento e à difusão da ciência e da cultura.

3. Os Estados Partes do presente Pacto comprometem-se a respeitar a liberdade indispensável à pesquisa científica e à atividade criadora.

4. Os Estados Partes do presente Pacto reconhecem os benefícios que derivam do fomento e do desenvolvimento da cooperação e das relações internacionais no domínio da ciência e da cultura.

Artigo XIII – Direito aos benefícios da cultura, DADH

Toda pessoa tem o direito de tomar parte na vida cultural da coletividade, de gozar das artes e de desfrutar dos benefícios resultantes do progresso intelectual e, especialmente, das descobertas científicas.

*Tem o direito, outrossim, de ser **protegida em seus interesses morais e materiais no que se refere às invenções, obras literárias, científicas ou artísticas de sua autoria**.*

Artigo 14 – Direito aos benefícios da cultura, PCADH

1. Os Estados Partes neste Protocolo reconhecem o direito de toda pessoa a:

a) Participar na vida cultural e artística da comunidade;

b) Gozar dos benefícios do progresso científico e tecnológico;

*c) Beneficiar-se da proteção dos **interesses morais e materiais** que lhe caibam em virtude das **produções científicas, literárias ou artísticas de que for autora**.*

*2. Entre as **medidas** que os Estados Partes neste Protocolo deverão adotar para assegurar o pleno exercício deste direito, figurarão as necessárias para a conservação, desenvolvimento e divulgação da ciência, da cultura e da arte.*

*3. Os Estados Partes neste Protocolo comprometem-se a **respeitar a liberdade** indispensável para a pesquisa científica e a atividade criadora.*

*4. Os Estados Partes neste Protocolo reconhecem os benefícios que decorrem da promoção e desenvolvimento da cooperação e das relações internacionais em assuntos científicos, artísticos e culturais e, nesse sentido, comprometem-se a propiciar **maior cooperação internacional** nesse campo.*

O que é o direito de propriedade intelectual e em quais espécies ele se subdivide?

Historicamente, o problema da proteção do direito autoral surgiu com a impressão gráfica, inventada por Gutenberg, embora no início os privilégios econômicos fossem concedidos aos editores e não aos autores. Por sua vez, na Inglaterra começou a ser exigido o licenciamento e o registro para a impressão de livros em 1662, passando a ser reconhecido o *copyright* em 1709. Com a Revolução Francesa ganhou ainda mais força a proteção do direito autoral ou de propriedade intelectual[74].

O direito de propriedade intelectual consiste em receber o reconhecimento moral e patrimonial por suas criações científicas, literárias ou artísticas. Cada criação é uma contribuição para a sociedade e exige por parte de seu criador um esforço intelectual relevante, qualquer que seja a sua natureza. O detentor da propriedade intelectual investiu tempo e dinheiro para conseguir dar origem à sua obra e merece ser reconhecido por isso, seja mediante a atribuição dos direitos morais, que envolvem questões como a atribuição de seu nome sempre que a obra for reproduzida, seja através dos direitos patrimoniais, que se referem ao pagamento pelo uso da obra pela sociedade.

A contrapartida deste direito é a liberdade de informação associada ao direito de participação da vida cultural da comunidade, bem como o direito de acesso aos progressos científicos.

---

[74] GANDELMAN, Henrique. **De Gutenberg à *Internet*:** direitos autorais das origens à era digital. 5. ed. São Paulo: Record, 2007, p. 26-27.

Considerado o aspecto moral dos direitos de propriedade intelectual, os quais possuem a nota de imprescritibilidade, o problema surge quando um conteúdo é plagiado, isto é, copiado e divulgado como próprio, sem atribuição da autoria original.

Tomado o aspecto patrimonial dos direitos de propriedade intelectual, tem-se que quando é produzida uma obra intelectual, artística ou científica, muitas pessoas terão o interesse de acessar o seu conteúdo, o qual geralmente deverá ser pago. Até a era de informatização, não havia uma preocupação consistente quanto a este aspecto porque o fluxo de informações em sociedade era restrito. Contudo, notadamente desde o surgimento da *Internet*, o acesso e a cópia de conteúdos protegidos pela propriedade intelectual foi facilitado, gerando uma necessidade de rediscussão dos limites do direito de propriedade intelectual em prol da liberdade de informação, que tem se intensificado.

Assim, a revolução digital pôs o poder de documentar ideias nas mãos de pessoas comuns. Foram eliminados muitos intermediários necessários para a produção intelectual. A produção de informação foi democratizada, nem sempre com resultados positivos. A outra face da moeda refere-se ao acesso à informação, inclusive a documentos, que antes era restrito – hoje, basta saber encontrá-la[75].

Vista, ainda, a questão do acesso ao progresso científico, toma-se que o direito à contrapartida financeira não pode ser tal a ponto de inviabilizar que a coletividade se beneficie dele, principalmente quando envolver alguma descoberta que possa alterar substancialmente algum aspecto da saúde humana.

A **Observação Geral nº 17** do Conselho Econômico e Social reforça o direito de acesso ao progresso científico, literário e artístico. A propriedade intelectual visa, por um lado, fomentar a participação contributiva nos campos da ciência, das artes e da cultura em geral. Por outro lado, os direitos de propriedade intelectual encontram limites o direito de acesso é um deles.

Para a proteção da propriedade intelectual em todas as suas esferas sem perder de vista os direitos humanos que a contrapõem, foi criada em 14 de julho de 1967, no âmbito das Nações Unidas, a **Organização Mundial da Propriedade Intelectual – OMPI**, com sede em Genebra, na Suíça. Ainda que faça parte da organização, o Brasil é um dos países com relacionamento internacional mais conturbado sob o aspecto do respeito à propriedade intelectual.

Nos termos do artigo 3º da Convenção que institui a OMPI, ela tem como fins: "i) Promover a proteção da propriedade intelectual em todo o mundo, pela cooperação dos Estados, em colaboração, se for caso disso, com qualquer outra organização internacional; ii) Assegurar a cooperação administrativa entre as Uniões". Sua atuação se dá predominantemente por metas estratégicas e é priorizada a solução não litigiosa de conflitos, notadamente diante de seu Centro de Arbitragem e Mediação. Dentre os tratados atualmente administrados pela organização, diferenciam-se três grupos de proteção, quais sejam Proteção de Propriedade Intelectual, Sistema de Proteção Global e Classificação.

No ordenamento brasileiro, aos autores pertence o direito exclusivo de utilização, publicação ou reprodução de suas obras, transmissível aos herdeiros pelo

---

[75] ABELSON, Hal; LEDEEN, Ken; LEWIS, Harry. **Blown to bits**: your life, liberty and happiness after the digital explosion. Crawfordsville (Indiana/USA): Addison-Wesley, 2008.

tempo que a lei fixar (art. 5º, XXVII, CF). São assegurados, nos termos de lei, a proteção às participações individuais em obras coletivas e à reprodução da imagem e voz humanas, inclusive nas atividades esportivas (art. 5º, XXVIII, "a", CF), bem como direito de fiscalização do aproveitamento econômico das obras que criarem ou de que participarem (art. 5º, XXVIII, "b", CF). A lei assegurará aos autores de inventos industriais privilégio temporário para sua utilização, bem como proteção às criações industriais, à propriedade das marcas, aos nomes de empresas e a outros signos distintivos, tendo em vista o interesse social e o desenvolvimento tecnológico e econômico do país (art. 5º, XXIX, CF).

"Os direitos autorais, também conhecidos como *copyright* (direito de cópia), são considerados bens móveis, podendo ser alienados, doados, cedidos ou locados. Ressalte-se que a permissão a terceiros de utilização de criações artísticas é direito do autor. [...] A proteção constitucional abrange o plágio e a contrafação. Enquanto que o primeiro caracteriza-se pela difusão de obra criada ou produzida por terceiros, como se fosse própria, a segunda configura a reprodução de obra alheia sem a necessária permissão do autor"[76].

No âmbito *infra*constitucional, a Lei nº 9.610/1998 regulamenta os direitos autorais, isto é, "os direitos de autor e os que lhes são conexos".

O art. 7º do referido diploma considera como obras intelectuais que merecem a proteção do direito do autor os textos de obras de natureza literária, artística ou científica; as conferências, sermões e obras semelhantes; as obras cinematográficas e televisivas; as composições musicais; fotografias; ilustrações; programas de computador; coletâneas e enciclopédias; entre outras.

Os direitos morais do autor, que são imprescritíveis, inalienáveis e irrenunciáveis, envolvem, basicamente, o direito de reivindicar a autoria da obra, ter seu nome divulgado na utilização desta, assegurar a integridade desta ou modificá-la e retirá-la de circulação se esta passar a afrontar sua honra ou imagem.

Já os direitos patrimoniais do autor, nos termos dos artigos 41 a 44 da Lei nº 9.610/1998, prescrevem em 70 anos contados do primeiro ano seguinte à sua morte ou do falecimento do último coautor, ou contados do primeiro ano seguinte à divulgação da obra se esta for de natureza audiovisual ou fotográfica. Estes, por sua vez, abrangem, basicamente, o direito de dispor sobre a reprodução, edição, adaptação, tradução, utilização, inclusão em bases de dados ou qualquer outra modalidade de utilização; sendo que estas modalidades de utilização podem se dar a título oneroso ou gratuito.

1.7 Direito à privacidade

Artigo XII, DUDH
*Ninguém será sujeito a interferências na sua **vida privada**, na sua família, no seu lar ou na sua **correspondência**, nem a ataques à sua honra e reputação. Toda pessoa tem direito à proteção da lei contra tais interferências ou ataques.*

---

[76] MORAES, Alexandre de... Op. Cit., p. 180-181.

> *Artigo 17, PIDCP*
>
> *1. Ninguém poderá ser objeto de **ingerência arbitrárias ou ilegais** em sua **vida privada**, em sua família, em seu **domicílio ou em sua correspondência**, nem de ofensas ilegais às suas honra e reputação.*
>
> *2. Toda pessoa terá direito à **proteção da lei** contra essas ingerências ou ofensas.*
>
> *Artigo V – Direito à proteção da honra, da reputação pessoal e da vida particular e familiar, DADH*
>
> *Toda pessoa tem direito à proteção da lei contra os ataques abusivos à sua honra, à sua reputação e à sua **vida particular e familiar**.*
>
> *Artigo IX – Direito à inviolabilidade do domicílio, DADH*
>
> *Toda pessoa tem direito à **inviolabilidade do seu domicílio**.*
>
> *Artigo X – Direito à inviolabilidade de correspondência, DADH*
>
> *Toda pessoa tem o direito à **inviolabilidade e circulação da sua correspondência**.*
>
> *Artigo 11 – Proteção da honra e da dignidade, CADH*
>
> *1. Toda pessoa tem direito ao respeito da sua honra e ao reconhecimento de sua dignidade.*
>
> *2. Ninguém pode ser objeto de **ingerências arbitrárias ou abusivas** em sua vida privada, em sua família, em seu domicílio ou em sua correspondência, nem de ofensas ilegais à sua honra ou reputação.*
>
> *3. Toda pessoa tem direito à proteção da lei contra tais ingerências ou tais ofensas.*

O direito à privacidade, ao qual usualmente é referido no âmbito dos direitos humanos internacionais como **proteção da vida privada**, consiste em assegurar ao indivíduo uma *esfera mínima* de não ingerência em seu espaço particular, abrangendo esferas como pessoal, familiar e profissional. Toda pessoa tem direito de guardar para si determinadas informações que julgue necessárias e isto deve ser respeitado pelo Estado e pelos demais particulares.

Em teor semelhante, os artigos 12 da Declaração Universal de 1948, 17 do Pacto Internacional dos Direitos Civis e Políticos de 1966, V da Declaração Americana e 11 da Convenção Americana sobre Direitos Humanos de 1969, garantem a proteção da privacidade e dos bens jurídicos a ela relacionados, quais sejam, personalidade, no qual se inclui honra e dignidade, a ser abordado no tópico seguinte, e inviolabilidade do domicílio e da correspondência. Ambos núcleos jurídicos correlacionados ao direito à privacidade assim aparecem por uma necessidade de que este seja garantido para que se possibilite um exercício efetivo de tais núcleos. Em outras palavras, sem a proteção da privacidade não há se falar em efetivo exercício dos direitos da personalidade nem do direito à inviolabilidade de domicílio e correspondência.

Consta na **Observação Geral nº 16** do Comitê de Direitos Humanos que os Estados precisam conferir a devida importância ao direito à privacidade nos seus relatórios e compreender de maneira adequada a abrangência protetiva do direito, estabelecendo definições para suas previsões: "o termo 'ilegais' significa que não pode produzir-se ingerência alguma, salvo em casos previstos na lei. A ingerência autorizada pelos Estados só pode ter lugar em virtude da lei, que por sua vez deve conformar-se com as disposições, propósitos e objetivos do Pacto. A expressão 'ingerências arbitrárias' se atém também à proteção do direito previsto no artigo 17. A juízo do Comitê, a expressão 'ingerências arbitrárias' pode ser estendida também às ingerências previstas na lei. Com a introdução com conceito de arbitrariedade se pretende garantir que qualquer ingerências prevista na lei esteja em consonância com as disposições, os propósitos e os objetivos do Pacto, e seja razoável nas circunstâncias do caso concreto. O termo 'família' para efeitos do artigo 17 deve ser interpretado de maneira ampla, incluindo todas as pessoas que compõem a família, tal como entenda a sociedade do Estado parte".

> Qual o limite entre a violação da privacidade em relação ao que se caracterizaria exercício regular de direito por parte do agente interventor?

Em todos os casos, o limite entre a violação da privacidade e dos bens jurídicos conexos em relação ao que se caracterizaria exercício regular de direito por parte do agente interventor, notadamente o Estado, é a **inexistência de ingerência arbitrária ou abusiva**. Quer dizer, não cabe que a intervenção não obedeça aos limites previstos em lei, caso em que será arbitrária, nem que interprete erroneamente tais limites, hipótese de abusividade. A lei deve combater tais intromissões indevidas na vida privada.

O direito à privacidade não pode ser objeto de intervenção apenas pelo Estado do cidadão ou pelos demais pares da sociedade. Experiências recentes demonstram que outros países têm feito uso de mecanismos de vigilância altamente questionáveis. Neste contexto, a descoberta de que a NSA, agência de vigilância norte-americana, interceptava dados brasileiros sem qualquer autorização. Esta atitude motivou o Brasil a levar o tema à tona perante a Organização das Nações Unidas, contando com o apoio de outros países.

No âmbito nacional, destaca-se o art. 5º, X da Constituição Federal, segundo o qual "são invioláveis a intimidade, a vida privada, a honra e a imagem das pessoas, assegurado o direito de indenização pelo dano material ou moral decorrente de sua violação".

Como expõe Bonavides[77], "os conceitos constitucionais de intimidade e vida privada apresentam grande interligação, podendo, porém, ser diferenciados por meio da menor amplitude do primeiro, que se encontra no âmbito de incidência do segundo. Assim, intimidade relaciona-se às relações subjetivas e de trato íntimo da pessoa, suas relações familiares e de amizade, enquanto vida privada envolve todos os demais relacionamentos humanos, inclusive os objetivos, tais como relações comerciais, de trabalho, de estudo etc".

---

[77] BONAVIDES, Paulo... Op. Cit., p. 47.

> *Dentro do direito à privacidade, o que é a "Teoria das Esferas"?*

Com efeito, pela *"Teoria das Esferas"* (ou *"Teoria dos Círculos Concêntricos"*), importada do direito alemão (Heinrich Hubmannn), quanto **mais próxima do indivíduo, maior a proteção a ser conferida à esfera** (as esferas são representadas pela intimidade, pela vida privada, e pela publicidade).

Desta maneira, a *intimidade* merece maior proteção. São questões de foro personalíssimo de seu detentor, não competindo a terceiros invadir este universo íntimo.

Já a *vida privada* merece proteção intermediária. São questões que apenas dizem respeito a seu detentor, desde que realizadas em ambiente íntimo. Se momentos da vida privada são expostos ao público, pouco pode fazer a proteção legal que não resguardar a honra e a imagem do indivíduo.

Por fim, na *publicidade* a proteção é mínima. Compete à proteção legal apenas resguardar a honra do indivíduo, já que o ato é público.

> *Para finalizar, no âmbito pátrio, no que consiste a "Lei Geral de Proteção de Dados"?*

Trata-se da Lei nº 13.709, de 14 de agosto de 2018 (alterações foram promovidas pela Lei nº 13.853/2019). O diploma dispõe sobre o tratamento de dados pessoais, inclusive nos meios digitais, por pessoa natural ou por pessoa jurídica de direito público ou privado, com o objetivo de **proteger os direitos fundamentais de liberdade e de privacidade e o livre desenvolvimento da personalidade da pessoa natural**. Adota-se, finalmente, a premissa de que os dados pessoais têm **valor personalístico**, mas, também, **valor econômico**, tornando-se necessário protegê-los contra abusos que têm ocorrido sistematicamente (incluindo casos de espionagem e vazamento de dados). A lei claramente se inspira nos mecanismos de proteção de dados pessoais da União Europeia (Regulamento Geral de Dados Pessoais, que entrou em vigor em maio de 2018, substituindo e endurecendo documento de 1995).

De acordo com o art. 2º da Lei nº 13.709, a disciplina da proteção de dados pessoais tem como fundamentos o respeito à privacidade; a autodeterminação informativa; a liberdade de expressão, de informação, de comunicação e de opinião; a inviolabilidade da intimidade, da honra e da imagem; o desenvolvimento econômico e tecnológico e a inovação; a livre iniciativa, a livre concorrência e a defesa do consumidor; e os direitos humanos, o livre desenvolvimento da personalidade, a dignidade e o exercício da cidadania pelas pessoas naturais.

Pelo art. 3º, a LGPD aplica-se a qualquer operação de tratamento realizada por pessoa natural ou por pessoa jurídica de direito público ou privado, independentemente do meio, do país de sua sede ou do país onde estejam localizados os dados, desde que: a operação de tratamento seja realizada no território nacional (inciso I); a atividade de tratamento tenha por objetivo a oferta ou o fornecimento de bens ou serviços ou o tratamento de dados de indivíduos localizados no território nacional (inciso II); ou os dados pessoais objeto do tratamento tenham sido coletados no território nacional (inciso III). Deve-se atentar, entretanto, para o art. 4º: "Esta Lei **não se aplica** ao tratamento de dados pessoais: I – realizado por pessoa natural para **fins exclusivamente particulares e não econômicos**; II – realizado para fins exclusivamente: **a) jornalístico e artísticos**; ou **b) acadêmicos**, aplicando-se a esta hipótese os arts. 7º e 11 desta Lei; III – realizado para fins exclusivos de: a) segurança pública; b) defesa nacional; c) segurança do Estado; ou d) atividades de investigação e repressão de infrações penais; ou IV – provenientes de fora do território nacional e que não sejam objeto de comunicação, uso compartilhado de dados com agentes de tratamento brasileiros ou objeto de transferência internacional de dados com outro país que não o de proveniência, desde que o país de proveniência proporcione grau de proteção de dados pessoais adequado ao previsto nesta Lei".

Como órgão de fiscalização, proteção e regulamentação, a Lei nº 13.853, de 8 de julho de 2019, cria, sem aumento de despesa, a **Autoridade Nacional de Proteção de Dados**, órgão da Administração Pública federal integrante da Presidência da República (arts. 55-A e 55-L, incluídos na Lei Geral de Proteção de Dados). A ANPD foi criada sob natureza jurídica transitória, podendo ser transformada pelo Poder Executivo em entidade da Administração Pública federal indireta, submetida a regime autárquico especial e vinculada à Presidência da República (a avaliação quanto essa transformação ou não deverá ocorrer em até dois anos da entrada em vigor da estrutura regimental da ANPD). Suas funções estão no art. 55-J: "I – zelar pela proteção dos dados pessoais, nos termos da legislação; II – zelar pela observância dos segredos comercial e industrial, observada a proteção de dados pessoais e do sigilo das informações quando protegido por lei ou quando a quebra do sigilo violar os fundamentos do art. 2º desta Lei; III – elaborar diretrizes para a Política Nacional de Proteção de Dados Pessoais e da Privacidade; IV – fiscalizar e aplicar sanções em caso de tratamento de dados realizado em descumprimento à legislação, mediante processo administrativo que assegure o contraditório, a ampla defesa e o direito de recurso; V – apreciar petições de titular contra controlador após comprovada pelo titular a apresentação de reclamação ao controlador não solucionada no prazo estabelecido em regulamentação; VI – promover na população o conhecimento das normas e das políticas públicas sobre proteção de dados pessoais e das medidas de segurança; VII – promover e elaborar estudos sobre as práticas nacionais e internacionais de proteção de dados pessoais e privacidade; VIII – estimular a adoção de padrões para serviços e produtos que facilitem o exercício de controle dos titulares sobre seus dados pessoais, os quais deverão levar em consideração as especificidades das atividades e o porte dos responsáveis; IX – promover ações de cooperação com autoridades de proteção de dados pessoais de outros países, de natureza internacional ou transnacional; X – dispor sobre as formas de publicidade das operações de tratamento de dados pessoais, respeitados os segredos comercial e industrial; XI – solicitar, a qualquer momento, às entidades do poder público que realizem operações de tratamento de dados pessoais informe específico sobre o âmbito, a natureza dos dados e os demais detalhes do tratamento realizado, com a possibilidade de emitir parecer técnico complementar para garantir o cumprimento desta Lei; XII – elaborar relatórios de gestão anuais acerca de suas atividades; XIII – editar regulamentos e procedimentos sobre proteção de dados pessoais e privacidade, bem como sobre relatórios de impacto à proteção de dados pessoais para os casos em que o tratamento representar alto risco à garantia dos princípios gerais de proteção de dados pessoais previstos nesta Lei; XIV – ouvir os agentes de tratamento e a sociedade em matérias de interesse relevante e prestar contas sobre suas atividades e planejamento; XV – arrecadar e aplicar suas receitas e publicar, no relatório de gestão a que se refere o inciso XII do caput deste artigo, o detalhamento de suas receitas e despesas; XVI – realizar auditorias, ou determinar sua realização, no âmbito da atividade de fiscalização de que trata o inciso IV e com a devida observância do disposto no inciso II do caput deste artigo, sobre o tratamento de dados pessoais efetuado pelos agentes de tratamento, incluído o poder público; XVII – celebrar, a qualquer momento, compromisso com agentes de tratamento para eliminar irregularidade, incerteza jurídica ou situação contenciosa no âmbito de processos administrativos, de acordo com o previsto no Decreto-Lei nº 4.657, de 4 de setembro de 1942; XVIII – editar normas, orientações e procedimentos simplificados e diferenciados, inclusive quanto aos prazos, para que microempresas e empresas de pequeno porte, bem como iniciativas empresariais de caráter incremental ou disruptivo que se autodeclarem startups ou empresas de inovação, possam adequar-se a esta Lei; XIX – garantir que o tratamento de dados de idosos seja efetuado de maneira simples, clara, acessível e adequada ao seu entendimento, nos termos desta Lei e da Lei nº 10.741, de 1º de outubro de 2003 (Estatuto do Idoso); XX – deliberar, na esfera administrativa, em caráter terminativo, sobre a interpretação desta Lei, as suas competências e os casos omissos; XXI – comunicar às autoridades competentes as infrações penais das quais tiver conhecimento; XXII – comunicar aos órgãos de controle interno o descumprimento do disposto nesta Lei por órgãos e entidades da administração pública federal; XXIII – articular-se com as autoridades reguladoras públicas para exercer suas competências em setores específicos de atividades econômicas e governamentais sujeitas à regulação; e XXIV – implementar mecanismos simplificados, inclusive por meio eletrônico, para o registro de reclamações sobre o tratamento de dados pessoais em desconformidade com esta Lei".

Por fim, consoante o art. 65: "Esta Lei entra em vigor: I – dia 28 de dezembro de 2018, quanto aos arts. 55-A, 55-B, 55-C, 55-D, 55-E, 55-F, 55-G, 55-H, 55-I, 55-J, 55-K, 55-L, 58-A e 58-B; e **II – 24 (vinte e quatro) meses após a data de sua publicação, quanto aos demais artigos**". A maior parte da lei entra em vigor em agosto de 2020, portanto.

Sem dúvidas, caso sua aplicabilidade não se perca em conchavos políticos ou na fraca fiscalização, a Lei Geral de Proteção de Dados tem tudo para ser um marco histórico de proteção aos dados de usuários no país, evitando contumazes desrespeitos que têm ocorrido. No mais, é aguardar o contexto fático para ver se a lei "pegou ou não".

A Corte Interamericana de Direitos Humanos julgou:

- No **caso Escher e outros vs. Brasil**, detalhado no capítulo V, houve condenação do Estado por ter realizado indevidas interceptações telefônicas na sede da organização da qual participavam os peticionantes, responsável pela defesa de direitos dos sem-terra e da reforma agrária.

1.8 Direitos da personalidade

Os direitos da personalidade abrangem a proteção da lei, por meios como o direito de resposta entre outros, de determinados bens jurídicos que formam a pessoa humana em sua individualidade. Todas as pessoas devem ter assegurados os mesmos conjuntos de direitos e deveres perante e lei, resguardadas apenas algumas situações em que se deve ter em vista a igualdade material, de forma que se possibilite o desenvolvimento de individualidades. Logo, **cada pessoa é *igual***, e, ao mesmo tempo, **cada pessoa é *diferente***. Uma individualidade, com capacidades únicas de contribuição para a melhoria da vida em sociedade.

Como se extrai do art. 5º, X da Constituição Federal, "são invioláveis a intimidade, a vida privada, a honra e a imagem das pessoas, assegurado o direito de indenização pelo dano material ou moral decorrente de sua violação". Nota-se que os direitos da personalidade foram colocados pelo constituinte brasileiro ao lado do direito à privacidade. Reforçando a conexão entre a privacidade e a intimidade, ao abordar a proteção da vida privada – que, em resumo, é a privacidade da vida pessoal no âmbito do domicílio e de círculos de amigos –, Silva[78] entende que "o segredo da vida privada é condição de expansão da personalidade", mas não caracteriza os direitos de personalidade em si.

Daí se extraem alguns estandartes da proteção da personalidade: primeiro, o **jurídico**, pelo qual toda pessoa deve ser reconhecida como tal perante a lei; depois, o **prático**, envolvendo quais bens jurídicos formam a personalidade do indivíduo, como honra, imagem e nome; e, por fim, o **formal**, garantindo-se meios de proteção para a tutela de tais bens, entre os quais se destaca o direito de resposta.

A Corte Interamericana de Direitos Humanos julgou:

- Na **Opinião Consultiva nº 22/16**, a Corte decidiu sobre a titularidade de direitos de pessoas jurídicas no sistema interamericano, inclusive no que se refere à representação de pessoas naturais. Afirmou que a interpretação do artigo 1.2 deve ser vista no sentido literal, de modo que quando se diz que "pessoa é todo ser humano", isso abrange apenas pessoas naturais, isto é, indivíduos da espécie humana. Entretanto, enquanto há direitos que apenas podem ser exercidos por pessoas naturais (ex.: vida), há direitos que podem ser exercidos por estas através de pessoas jurídicas (ex.: liberdade de comunicação/imprensa), o que não significa que a titularidade de direitos humanos seja das pessoas jurídicas. Assim, as pessoas jurídicas não podem propriamente ser vítimas de violações de direitos humanos e peticionar à Comissão – peculiaridades resguardadas aos casos de comunidades indígenas e organizações sindicais, dotadas de legitimidade. Não obstante, é possível que ao exercer direitos pessoais representada por pessoa jurídica, uma pessoa natural esgote recursos internos.

1.8.1 Proteção da personalidade jurídica

> *Artigo VI, DUDH*
> *Toda pessoa tem o direito de ser, em todos os lugares, **reconhecida como pessoa perante a lei**.*

---

[78] SILVA, José Afonso da. **Curso de direito constitucional positivo**... Op. Cit., p. 208.

> *Artigo 16, PIDCP*
>
> *Toda pessoa terá direito, em qualquer lugar, ao reconhecimento de sua **personalidade jurídica.***
>
> *Artigo XVII – Direito de reconhecimento da personalidade jurídica e dos direitos civis, DADH*
>
> *Toda pessoa tem direito a ser reconhecida, seja onde for, como **pessoa com direitos e obrigações, e a gozar dos direitos civis fundamentais.***
>
> *Artigo 3º – Direito ao reconhecimento da personalidade jurídica, CADH*
>
> *Toda pessoa tem direito ao reconhecimento de sua **personalidade jurídica.***

Quando se fala em reconhecimento como pessoa perante a lei desdobra-se uma esfera bastante específica dos direitos de personalidade, consistente na personalidade jurídica. Referido direito é amparado nos artigos VI da Declaração Universal dos Direitos Humanos, 16 do Pacto Internacional de Direitos Civis e Políticos de 1966, XVII da Declaração Americana e 3º da Convenção Americana sobre Direitos Humanos.

Basicamente, consiste no direito de ser reconhecido como pessoa perante a lei. Desta forma, vedam-se discriminações legais indevidas entre uma pessoa e outra sob o aspecto do amparo de direitos e deveres: basta ser pessoa para possuir personalidade jurídica e assim ver garantidos todos os direitos legalmente amparados.

"Afinal, se o Direito existe em função da pessoa humana, será ela sempre sujeito de direitos e de obrigações. Negar-lhe a personalidade, a aptidão para exercer direitos e contrair obrigações, equivale a não reconhecer sua própria existência. [...] O reconhecimento da personalidade jurídica é imprescindível à plena realização da pessoa humana. Trata-se de garantir a cada um, em todos os lugares, a possibilidade de desenvolvimento livre e isonômico"[79]. Ao se garantir a personalidade jurídica veda-se a *coisificação* da pessoa humana, isto é, impede-se que qualquer um que seja pessoa seja tratado como objeto, uma vez que a mera condição de pessoa – detentora de direitos e obrigações – já deve garantir o reconhecimento como tal perante a lei.

A Corte Interamericana de Direitos Humanos julgou:

- No **caso das meninas Yean e Bosico vs. República Dominicana**, julgado em setembro de 2005, condenou-se o Estado pela negativa de emissão dos registros de nascimento a favor das vítimas através das autoridades de registro civil, e pelas prejudiciais consequências que tal negativa gerou.

---

[79] GUARDIA, Andrés Felipe T. S. Comentários aos artigos V e VI. In: BALERA, Wagner (Coord.). **Comentários à Declaração Universal dos Direitos do Homem**. Brasília: Fortium, 2008, p. 31.

1.8.2 Bens jurídicos protegidos: honra, imagem e nome

> **Artigo XII, DUDH**
>
> Ninguém será sujeito a interferências na sua vida privada, na sua família, no seu lar ou na sua correspondência, nem a **ataques à sua honra e reputação**. [...]
>
> **Artigo 17, PIDCP**
>
> 1. Ninguém poderá ser objeto de ingerência arbitrárias ou ilegais em sua vida privada, em sua família, em seu domicílio ou em sua correspondência, nem de **ofensas ilegais às suas honra e reputação**.
>
> **Artigo 24, PIDCP**
>
> 2. Toda criança deverá ser registrada imediatamente após seu nascimento e deverá receber um **nome**. [...]
>
> **Artigo V – Direito à proteção da honra, da reputação pessoal e da vida particular e familiar, DADH**
>
> Toda pessoa tem direito à proteção da lei contra os ataques abusivos à sua **honra**, à sua **reputação** e à sua vida particular e familiar.
>
> **Artigo 11, CADH – Proteção da honra e da dignidade**
>
> 1. Toda pessoa tem direito ao respeito da sua **honra** e ao reconhecimento de sua **dignidade**.
>
> 2. Ninguém pode ser objeto de ingerências arbitrárias ou abusivas em sua vida privada, em sua família, em seu domicílio ou em sua correspondência, nem de **ofensas ilegais à sua honra ou reputação**.
>
> **Artigo 18 – Direito ao nome, CADH**
>
> Toda pessoa tem **direito a um prenome e aos nomes de seus pais ou ao de um destes**. A lei deve regular a forma de assegurar a todos esse direito, mediante **nomes fictícios**, se for necessário.

Os bens jurídicos que formam o centro dos direitos de personalidade, isto é, os direitos que devem ser protegidos para que seja possível o livre desenvolvimento da personalidade num sistema jurídico que garanta o reconhecimento de toda pessoa como tal (logo, como individualidades) são: **honra**, **imagem** e **nome**.

Enquanto ser digno, a pessoa humana tem o direito de trabalhar a sua construção pessoal de modo a garantir suas individualidades, logo, dignidade e personalidade são conceitos aliados.

A proteção dos direitos da personalidade é fundamental para a preservação da dignidade da pessoa humana, conforme assevera Bonavides[80]: "encontra-se em clara e ostensiva contradição com o fundamento constitucional da dignidade da pessoa humana (CF, art. 1º, III), com o direito à honra, à intimidade e à vida privada (CF, art. 5º, X) converter em instrumento de diversão ou entretenimento assuntos de natureza tão íntima quanto falecimentos, padecimentos ou quaisquer desgraças

---

[80] BONAVIDES, Paulo... Op. Cit., p. 47-48.

alheias, que não demonstrem nenhuma finalidade pública e caráter jornalístico em sua divulgação. Assim, não existe qualquer dúvida de que a divulgação de fotos, imagens ou notícias apelativas, injuriosas, desnecessárias para a informação objetiva e de interesse público (CF, art. 5º, XIV), que acarretem injustificado dano à dignidade humana autoriza a ocorrência de indenização por danos materiais e morais, além do respectivo direito à resposta".

O caráter abrangente dos direitos da personalidade se evidencia no posicionamento de Canotilho[81], que entende que eles são mais amplos do que aparentam, envolvendo diretamente o direito à participação e o direito à liberdade de expressão. Neste trabalho, opta-se por um conceito restrito de direitos da personalidade, embora não se negue que muitos direitos fundamentais se relacionam diretamente a ele.

Silva[82] destaca que os direitos à honra e à imagem constituem, ao lado do nome e da identidade pessoal, objetos do direito da personalidade; destarte, deve a honra ser vista como "o conjunto de qualidades que caracterizam a dignidade da pessoa, o respeito dos concidadãos, o bom nome, a reputação", enquanto a preservação da imagem "consiste na tutela do aspecto físico, como é perceptível visivelmente".

O direito à honra pode ser dividido em honra *objetiva* e honra *subjetiva*, sendo a primeira consistente na percepção da sociedade em relação à pessoa e a segunda abrangendo a percepção de cada um sobre si mesmo. Assim, honra é não somente a maneira como a sociedade enxerga uma pessoa, mas também o modo como cada um se vê enquanto indivíduo. Ambos aspectos merecem igual proteção.

O direito à imagem aparece tanto associado à dimensão da honra, quando a ofensa à imagem vem cumulada com uma ofensa à honra da pessoa, quanto ligado apenas à dimensão da privacidade, caso em que a ofensa à imagem não atinge a honra da pessoa, mas acaba por caracterizar ingerência indevida no campo de preservação pessoal.

O direito ao nome, por sua vez, consiste na atribuição de um nome completo à pessoa a ser atribuído após seu nascimento. Quanto ao direito a nomes fictícios, isto é, inventados ou falsos, deve ser garantido com vistas a assegurar outros direitos da pessoa humana, por exemplo, para proteger sua integridade física.

Ainda acerca do direito ao nome, no **âmbito interno** importa mencionar importante julgado do Supremo Tribunal Federal em sede de repercussão geral: "*I) O transgênero tem direito fundamental subjetivo à alteração de seu prenome e de sua classificação de gênero no registro civil,* **não se exigindo, para tanto, nada além da manifestação de vontade do indivíduo***, o qual poderá exercer tal faculdade tanto pela via judicial como diretamente pela via administrativa; II) Essa alteração deve ser averbada à margem do assento de nascimento, vedada a inclusão do termo 'transgênero'; III) Nas certidões do registro não constará nenhuma observação sobre a origem do ato, vedada a expedição de certidão de inteiro teor, salvo a requerimento do próprio interessado ou por determinação judicial; IV) Efetuando-se o procedimento pela via judicial, caberá ao magistrado determinar de ofício ou a requerimento do interessado*

---

[81] CANOTILHO, José Joaquim Gomes. **Direito constitucional e teoria da constituição**... Op. Cit., p. 362.
[82] SILVA, José Afonso da. **Curso de direito constitucional positivo**... Op. Cit., p. 209.

a expedição de mandados específicos para a alteração dos demais registros nos órgãos públicos ou privados pertinentes, os quais deverão preservar o sigilo sobre a origem dos atos"[83] (fica claro que a aludida decisão conciliou a proteção de um importante direito da personalidade com a noção de defesa da diversidade sexual).

Em suma, direitos da personalidade são situações jurídicas essenciais que tutelam os atributos essenciais do ser humano e o livre desenvolvimento da vida em relação. Com efeito, são oponíveis *erga omnes*, abstratos, genéricos, absolutos (embora limitáveis por outros direitos fundamentais), inatos, universais, essenciais, vitalícios, indisponíveis e permanentes.

A Corte Interamericana de Direitos Humanos julgou:

- No **caso Usón Ramírez vs. Venezuela**, em novembro de 2009, a Corte condenou o Estado por ter condenado o ex-general das Forças Armadas pelo delito de injúria por conta de uma fala dele num programa televisivo. Entendeu-se que, no caso, o direito à liberdade de expressão prevaleceria à honra objetiva das forças armadas, considerado o interesse público envolvido.

- No **caso Kimel vs. Argentina**, em maio de 2008, condenou-se o Estado por ter condenado pelo delito de calúnia o escritor peticionante que na obra "O massacre de São Patrício" criticava a atuação de religiosos e funcionários públicos ao tempo da ditadura, inclusive acusando alguns da prática de homicídio. Entendeu-se que havia exercício justo da liberdade de expressão.

- No **caso Ricardo Canese vs. Paraguai**, em agosto de 2004, condenou-se o Estado por ter aplicado penas de calúnia e difamação contra a vítima, que proferiu críticas em meio a uma disputa eleitoral.

1.8.3 Direito de resposta e outros meios de proteção

Artigo XII, DUDH

*[...] Toda pessoa tem direito à **proteção da lei** contra tais interferências ou ataques.*

Artigo 17, PIDCP

*2. Toda pessoa terá direito à **proteção da lei** contra essas ingerências ou ofensas.*

Artigo V – Direito à proteção da honra, da reputação pessoal e da vida particular e familiar, DADH

*Toda pessoa tem direito à **proteção da lei contra os ataques abusivos** à sua honra, à sua reputação e à sua vida particular e familiar.*

Artigo 11 – Proteção da honra e da dignidade, CADH

*3. Toda pessoa tem direito à **proteção da lei** contra tais ingerências ou tais ofensas.*

---

[83] Supremo Tribunal Federal, Pleno. **RE nº 670.422 RG/RS**. Rel.: Min. Dias Toffoli. DJ. 15/08/2018.

Artigo 14 - Direito de retificação ou resposta, CADH

*1. Toda pessoa, **atingida por informações inexatas ou ofensivas** emitidas em seu prejuízo por meios de difusão legalmente regulamentados e que se dirijam ao público em geral, tem direito a fazer, pelo **mesmo órgão de difusão**, sua **retificação ou resposta**, nas condições que estabeleça a lei.*

*2. Em nenhum caso a retificação ou a resposta **eximirão das outras responsabilidades legais** em que se houver incorrido.*

*3. Para a efetiva proteção da honra e da reputação, toda publicação ou empresa jornalística, cinematográfica, de rádio ou televisão, deve ter uma **pessoa responsável**, que não seja protegida por imunidades, nem goze de foro especial.*

Cabe à lei proteger todas as esferas dos direitos de personalidade, assegurando não só que se evitem situações de violação, mas também prevendo sanções para quando elas ocorrerem. Notadamente, quando se viola alguma esfera da personalidade humana ofende-se a dignidade, razão pela qual há se falar em dano indenizável, ao menos moral, quando não consubstanciado dano material.

O que representa o direito de resposta no campo dos direitos humanos?

Independentemente do dano indenizável, a Convenção Americana sobre Direitos Humanos, em seu artigo 14, estabelece o principal viés da proteção legal contra violações de direitos de personalidade, qual seja, o direito de resposta. A finalidade do direito de resposta ou de retificação é a de conferir à pessoa lesada um modo de fazer com que o aspecto de sua personalidade que foi violado – geralmente a honra – volte ao *status quo ante*, isto é, retorne à percepção que tinha anteriormente à violação. Para tanto, garante-se o direito de resposta pelo mesmo órgão de difusão da ofensa, nos mesmos moldes desta quanto a aspectos como tiragem e horário, de forma a garantir a mesma ou a mais próxima possível repercussão da correção em comparação ao ato de violação. Bem se sabe que isto não basta para eliminar todas as sequelas da violação, razão pela qual se destaca a não exclusão do dano indenizável.

E no Brasil, qual a normativa pertinente ao direito de resposta?

No Brasil, convém mencionar a – questionável – Lei nº 13.188, de 11 de novembro de 2015, que dispõe sobre o direito de resposta ou retificação do ofendido em matéria divulgada, publicada ou transmitida por veículo de comunicação social. Frisa-se que o direito de resposta tem assento constitucional (na condição de direito fundamental, inclusive) no quinto inciso, primeira parte, do art. 5º, CF, dispositivo segundo o qual é assegurado o direito de resposta, proporcional ao agravo. Tal normativa *infra*constitucional vem, portanto, tentar disciplinar uma situação que sempre ficou em zona cinzenta (geralmente sujeita à interpretação da autoridade judicial), notadamente após a decisão do Supremo Tribunal Federal que entendeu pela não recepção da Lei de Imprensa (Lei nº 5.210/1967) em relação ao ordenamento constitucional inaugurado em 5 de outubro de 1988[84].

De acordo com o art. 4º desta Lei nº 13.188: "A resposta ou retificação atenderá, quanto à forma e à duração, ao seguinte: I – praticado o agravo em mídia escrita ou na internet, terá a resposta ou retificação o destaque, a publicidade, a periodicidade e a dimensão da matéria que a ensejou; II – praticado o agravo em mídia televisiva, terá a resposta ou retificação o destaque, a publicidade, a periodicidade e a duração da matéria que a ensejou; III – praticado o agravo em mídia radiofônica, terá a resposta ou retificação o destaque, a publicidade, a periodicidade e a duração da matéria que a ensejou. § 1º. Se o agravo tiver sido divulgado, publicado, republicado, transmitido ou retransmitido em mídia escrita ou em cadeia de rádio ou televisão para mais de um Município ou Estado, será conferido proporcional alcance à divulgação da resposta ou retificação. § 2º. O ofendido poderá requerer que a resposta ou retificação seja divulgada, publicada ou transmitida nos mesmos espaço, dia da semana e horário do agravo. § 3º. A resposta ou retificação cuja divulgação, publicação ou transmissão não obedeça ao disposto nesta Lei é considerada inexistente. § 4º. Na delimitação do agravo, deverá ser considerado o contexto da informação ou matéria que gerou a ofensa". Frisa-se, ademais, que a partir do art. 5º é trazido procedimento especial, mais célere, para resolver situação em tese ensejadora do direito de resposta. Por hora, há se abster de maiores comentários aprofundados, tendo em vista questionamentos judiciais em torno desta normativa[85].

A Corte Interamericana de Direitos Humanos julgou:

- Na **Opinião Consultiva nº 5/85**, a Corte Interamericana definiu que a censura prévia é vedada, salvo a classificação de espetáculos públicos. Contudo, apesar deste pressuposto, o abuso da liberdade de expressão pode ser repreendido, aplicando-se a responsabilização ulterior, mas jamais o controle preventivo. Ainda, a Corte entende que a exigência de obrigatória formação no curso superior específico para os jornalistas atenta contra a liberdade de expressão.

1.9 Direitos de acesso à justiça

Artigo X, DUDH
*Toda pessoa tem direito, em plena igualdade, a uma audiência justa e pública por parte de um **tribunal independente e imparcial**, para **decidir de seus direitos e deveres** ou do fundamento de qualquer acusação criminal contra ele.*

---

[84] Supremo Tribunal Federal, Pleno. **ADPF nº 130/DF**. Rel.: Min. Carlos Britto. DJ. 30/04/2009.
[85] Vide: ADI nº 5.436/DF, promovida pela Associação Nacional de Jornais, apensada à ADI nº 5.415/DF, manejada pelo Conselho Federal da Ordem dos Advogados do Brasil.

Artigo 14, PIDCP

*1. Todas as pessoas são **iguais** perante os tribunais e as cortes de justiça. Toda pessoa terá o **direito de ser ouvida** publicamente e com as devidas **garantias** por um tribunal competente, independente e imparcial, estabelecido por lei, na apuração de qualquer acusação de caráter penal formulada contra ela ou **na determinação de seus direitos e obrigações de caráter civil**. A imprensa e o público poderão ser excluídos de parte ou da totalidade de um julgamento, que por motivo de **moral pública, de ordem pública ou de segurança nacional em uma sociedade democrática**, quer quando o interesse da **vida privada** das partes o exija, quer na medida em que isso seja estritamente **necessário na opinião da justiça**, em circunstâncias específicas, nas quais a publicidade venha a prejudicar os interesses da justiça; entretanto, qualquer sentença proferida em matéria penal ou civil deverá tornar-se **pública**, a menos que o interesse de **menores** exija procedimento oposto, ou o processo diga respeito a controvérsia **matrimoniais** ou à tutela de menores. [...]*

Artigo XVIII – Direito à justiça, DADH

*Toda pessoa pode **recorrer aos tribunais** para fazer respeitar os seus direitos. Deve poder contar, outrossim, com **processo simples e breve**, mediante o qual a justiça a proteja contra atos de autoridade que violem, em seu prejuízo, qualquer dos direitos fundamentais consagrados constitucionalmente.*

Artigo 25 – Proteção judicial, CADH

*1. Toda pessoa tem direito a um **recurso** simples e rápido ou a qualquer outro recurso efetivo, perante os juízes ou tribunais competentes, que a proteja contra **atos que violem seus direitos fundamentais** reconhecidos pela Constituição, pela lei ou pela presente Convenção, mesmo quando tal violação seja cometida por pessoas que estejam atuando no exercício de suas funções oficiais.*

2. Os Estados-partes comprometem-se:

a) a assegurar que a autoridade competente prevista pelo sistema legal do Estado decida sobre os direitos de toda pessoa que interpuser tal recurso;

b) a desenvolver as possibilidades de recurso judicial; e

c) a assegurar o cumprimento, pelas autoridades competentes, de toda decisão em que se tenha considerado procedente o recurso.

(DEFENSORIA PÚBLICA ESTADUAL DE SÃO PAULO – DPE-SP – DEFENSOR PÚBLICO – 2012) "[...] a titularidade de direitos é destituída de sentido na ausência de mecanismos para sua efetiva reivindicação, o acesso à justiça, pode, portanto, ser encarado como requisito fundamental – o mais básico dos direitos humanos – de um sistema jurídico moderno e igualitário que pretenda garantir, e falo apenas proclamar os direitos de todos (CAPPELLETTI, Mauro; GARTH, Bryant. Acesso à justiça). Tomando como ponto de partida a reflexão proposta por Cappelletti e Garth, explore os fundamentos teóricos, normativos e jurisprudenciais que amparam o controle judicial, por intermédio do manuseio da ação civil pública, das políticas públicas destinadas à efetivação do direito fundamental à assistência jurídica.

De nada adiantaria garantir um rol de proteção a direitos humanos fundamentais sem a previsão de meios para o exercício de tais direitos. Conscientes disso, os documentos internacionais de direitos humanos estabelecem meios para assegurar tais direitos reconhecendo, por um lado, o **direito a um sistema nacional de proteção de todos direitos e obrigações**, e estabelecendo, por outro lado, **sistemas internacionais de proteção de direitos humanos, em garantia de acesso à jurisdição internacional**, tópicos que serão estudados em capítulo a parte.

A **Observação Geral nº 13** do Comitê de Direitos Humanos é bastante clara ao ressaltar que o artigo 14 do Pacto Internacional de Direitos Civis e Políticos se aplica a todas as esferas de justiça (penal, cível, trabalhista etc.). Na observação, se critica a existência de tribunais militares com competência para julgar civis em alguns países, o que iria contra a imparcialidade e a independência esperadas do Judiciário. Reforça-se, também, a importância da publicidade das audiências. A questão do tempo adequado para a elaboração da defesa deve ser observada caso a caso, mas significa, basicamente, tempo hábil para reunir provas e apresentá-las.

Em verdade, a formação de um conceito sistemático de acesso à justiça se dá com a teoria de Cappelletti e Garth, que apontaram **três ondas reformistas, evolucionistas ou de acesso**, isto é, três posicionamentos básicos para a realização efetiva de tal acesso. Tais ondas foram percebidas paulatinamente com a evolução do Direito moderno conforme implementadas as bases da onda anterior, quer dizer, ficou evidente aos autores a emergência de uma nova onda quando superada a afirmação das premissas da onda anterior, restando parcialmente implementada (visto que até hoje enfrentam-se obstáculos ao pleno atendimento em todas as ondas).

Primeiro, Cappelletti e Garth[86] entendem que surgiu uma **onda de concessão de assistência judiciária aos pobres**, partindo-se da prestação sem interesse de remuneração por parte dos advogados e, ao final, levando à criação de um aparato estrutural para a prestação da assistência pelo Estado.

Em segundo lugar, no entender de Cappelletti e Garth[87], veio a **onda de superação do problema na representação dos interesses difusos**, saindo da concepção tradicional de processo como algo restrito a apenas duas partes individualizadas e ocasionando o surgimento de novas instituições, como o Ministério Público.

Finalmente, Cappelletti e Garth[88] apontam uma *terceira onda* consistente no **surgimento de uma concepção mais ampla de acesso à justiça, considerando o conjunto de instituições, mecanismos, pessoas e procedimentos utilizados**: "[...] esse enfoque encoraja a exploração de uma ampla variedade de reformas, incluindo alterações nas formas de procedimento, mudanças na estrutura dos tribunais ou

---

[86] CAPPELLETTI, Mauro; GARTH, Bryant. **Acesso à Justiça**. Porto Alegre: Sérgio Antônio Fabris Editor, 1998, p. 31-32.
[87] Ibid., p. 49-52.
[88] Ibid., p. 67-73.

a criação de novos tribunais, o uso de pessoas leigas ou paraprofissionais, tanto como juízes quanto como defensores, modificações no direito substantivo destinadas a evitar litígios ou facilitar sua solução e a utilização de mecanismos privados ou informais de solução dos litígios. Esse enfoque, em suma, não receia inovações radicais e compreensivas, que vão muito além da esfera de representação judicial".

Assim, dentro da noção de acesso à justiça, diversos aspectos podem ser destacados: de um lado, deve criar-se o Poder Judiciário e se disponibilizar meios para que todas as pessoas possam buscá-lo; de outro lado, não basta garantir meios de acesso se estes forem insuficientes, já que para que exista o verdadeiro acesso à justiça é necessário que se aplique o direito material de maneira justa e célere.

Com efeito, destaca-se o teor da **Declaração e Princípios de Ação de Viena**, de 1993, que permite relacionar a importância do acesso à justiça com a consolidação substancial dos direitos humanos: "Parte I. 27. Qualquer Estado deverá dispor de um **quadro efetivo de soluções para reparar injustiças ou violações dos direitos humanos**. A administração da justiça, incluindo departamentos policiais e de promoção penal e, nomeadamente, a independência do poder judicial e estatuto das profissões forenses em total conformidade com as normas aplicáveis contidas em instrumentos internacionais de direitos humanos, são essenciais para a concretização plena e não discriminatória dos direitos do homem e indispensáveis aos processos democrático e de desenvolvimento sustentado. Neste contexto, deverão ser criadas **instituições que se dediquem à administração da justiça**, devendo a comunidade internacional providenciar por um maior apoio técnico e financeiro. Compete às Nações Unidas utilizar, com carácter prioritário, programas especiais de serviços de consultoria com vista à obtenção de uma **administração da justiça forte e independente**".

> *Qual o conteúdo dos Princípios de Brasília adotados pela Cúpula Judicial Ibero-Americana sobre Acesso à Justiça?*

A temática do acesso à justiça desperta inúmeras discussões, tanto é que foi foco da XIV Cúpula Judicial Ibero-Americana, realizada em Brasília em março de 2008, a qual resultou, dentre outros documentos, na elaboração das **Regras de Brasília sobre Acesso à Justiça das Pessoas em condição de Vulnerabilidade**.

O capítulo I, preliminar, trata dos destinatários das regras, notadamente, idade, incapacidade, pertinência a comunidades indígenas, vitimização, migração e deslocamento interno, pobreza, gênero, demais minorias, privados de liberdade. De forma geral, conceitua-se vulnerabilidade para fins de acesso à justiça, nos termos das regras 3 e 4, da seguinte forma: "3. Consideram-se em condição de vulnerabilidade aquelas pessoas que, por razão da **sua idade, gênero, estado físico ou mental**, ou por **circunstâncias sociais, econômicas, étnicas e/ou culturais**, encontram especiais **dificuldades em exercitar com plenitude** perante o sistema de justiça os **direitos** reconhecidos pelo ordenamento jurídico. 4. Poderão constituir causas de vulnerabilidade, entre outras, as seguintes: a idade, a incapacidade, a pertença a comunidades indígenas ou a minorias, a vitimização, a migração e o deslocamento interno, a pobreza, o gênero e a privação de liberdade. A concreta determinação das pessoas em condição de vulnerabilidade em cada país dependerá das suas características específicas, ou inclusive do seu nível de desenvolvimento social e econômico".

O capítulo II aborda o efetivo acesso à justiça que deve ser conferido a estes grupos, especialmente: cultura jurídica; assistência legal e defesa pública; assistência técnica; assistência qualificada, especializada e gratuita; intérprete; reforma legal dos procedimentos e requisitos legais para acesso à justiça; meios alternativos para solução de conflitos; solução de conflitos nas comunidades indígenas.

Já o capítulo III foca na celebração de atos judiciais, abordando a informação de tais atos, bem como análise de notificações e requerimentos, condições para comparecimento e sua dispensa, acessibilidade, proteção à intimidade e aos dados pessoais, etc.

Por fim, o capítulo IV volta-se à eficácia das regras, a ser buscada mediante cooperação internacional, investigação, estudos, sensibilização e formação de profissionais, novas tecnologias, manuais de boas práticas setoriais, difusão e comissão de acompanhamento.

No que tange ao acesso à justiça **no âmbito nacional**, cabe a garantia de tribunais independentes e imparciais para a resolução de qualquer controvérsia sobre direitos e obrigações, garantido inclusive o direito de recurso nos termos da Convenção Americana sobre Direitos Humanos, a qual complementa o texto do Pacto Internacional de Direitos Civis e Políticos e da Declaração Universal de 1948.

Não obstante, garante-se a publicidade das decisões judiciais, de forma a permitir a fiscalização, pela sociedade, da efetividade do acesso à justiça, que consiste não apenas no acesso ao Judiciário, mas também que este acesso se dê de forma efetiva; que as decisões sejam tomadas com base no Direito e exteriorizem a finalidade dele (o justo); que não ocorra uma procrastinação na conferência de resposta aos conflitos de direitos; e que tais respostas sejam sempre revistas na medida do possível como forma de se garantir a segurança de que as decisões estão sendo tomadas corretamente.

A publicidade é a regra das decisões judiciais, somente sendo relativizada por motivo de interesse público, que envolve a moral pública, a ordem pública e a segurança nacional, ou em razão de necessidade de proteção da vida privada, no que se enquadra o sigilo de ações de direito de família e outras ações que envolvam interesses de menores. Em suma, a publicidade pode ser colocada como corolário do acesso à justiça, permitindo a fiscalização de sua efetividade.

> *Quais as subvertentes do acesso à justiça previstas na Lei Maior pátria?*

No ordenamento interno brasileiro, a Constituição Federal assegura como alguns direitos inerentes ao acesso à justiça:

a) Defesa do consumidor: conforme o inciso XXXII, do art. 5º, da Constituição, o Estado promoverá, na forma da lei, a defesa do consumidor. Tal lei existe, e foi editada em 1990. É a Lei nº 8.078 – Código de Defesa do Consumidor;

b) Inafastabilidade do Poder Judiciário: a lei não excluirá da apreciação do Poder Judiciário lesão ou ameaça de direito (art. 5º, XXXV, CF). Junte-se a isso o fato de que os juízes não podem se furtar de decidir (proibição do "*non liquet*"). Isso tanto é verdade que, na ausência de lei, ou quando esta for omissa, o juiz decidirá o caso de acordo com a analogia, os costumes e os princípios gerais de direito (art. 4º, da Lei de Introdução às Normas do Direito Brasileiro);

c) Direito de petição e direito de certidão: são a todos assegurados, independentemente do pagamento de taxas, o direito de petição aos Poderes públicos em defesa de direitos ou contra ilegalidade ou abuso de poder (art. 5º, XXXIV, "a", CF), bem como a obtenção de certidões em repartições públicas, para defesa de direitos e esclarecimento de situações de interesse pessoal (art. 5º, XXXIV, "b", CF);

d) Direito ao juiz natural/vedação a tribunal de exceção: a Constituição veda, em seu art. 5º, XXXVII, a criação de juízos ou tribunais de exceção. Desta maneira, todos devem ser processados e julgados por autoridade judicial previamente estabelecida e constitucionalmente investida em seu ofício. Não é possível a criação de um tribunal de julgamento após a prática do fato tão somente para apreciá-lo. Em mesmo sentido, o art. 5º, LIII, CF prevê que ninguém será processado nem sentenciado senão pela autoridade competente;

e) Direito ao tribunal do júri: ao tribunal do júri compete o julgamento dos crimes dolosos contra a vida, salvo se tiver o agente prerrogativa de foro assegurada na Constituição Federal, caso em que esta prerrogativa prevalecerá sobre o júri (é o caso do Prefeito Municipal, por exemplo, que será julgado pelo Tribunal de Justiça, pelo Tribunal Regional Federal ou pelo Tribunal Regional Eleitoral a depender da natureza do delito perpetrado). Ademais, além da competência para crimes dolosos contra a vida, norteiam o júri a plenitude de defesa (que é mais que a ampla defesa), o sigilo das votações, e a soberania dos veredictos;

f) Direito ao devido processo legal/direito ao duplo grau de jurisdição: ninguém será privado da liberdade ou de seus bens sem o devido processo legal (art. 5º, LIV). Em verdade, o termo correto é "devido *procedimento* legal", pois todo processo, para ser processo, deve ser legal. O que pode ser legal ou ilegal é o "procedimento". Ademais, há se lembrar que também na esfera administrativa (e não só na judicial) o direito ao procedimento é devido.

Por fim, insere-se na cláusula do devido processo legal o *direito ao duplo grau de jurisdição*, consistente na possibilidade de que as decisões emanadas sejam revistas por outra autoridade também constitucionalmente investida. Não há previsão expressa do duplo grau de jurisdição no ordenamento jurídico naturalmente interno brasileiro, havendo quem o extraia da *organização judiciária pátria*, estruturada em camadas sobrepostas umas às outras aptas a reexaminar matérias de órgãos inferiores, ou mesmo da *cláusula do devido processo legal* estudada pela premissa de que toda decisão deva ser, em regra, passível revisão;

g) Direito ao contraditório e à ampla defesa: "*contraditório*" e "*ampla defesa*" não são a mesma coisa, se entendendo pelo primeiro o direito vigente a ambas as partes de serem informadas dos atos processuais praticados, e pelo segundo o direito do acusado de se defender das imputações que lhe são feitas. Assim, enquanto o contraditório vale para ambas as partes, a ampla defesa só vale para o acusado. Por fim, o contraditório e a ampla defesa vigem tanto para o procedimento judicial como para o administrativo (neste sentido, o art. 5º, LV, CF prevê que aos litigantes, em processo judicial *ou administrativo*, e aos acusados em geral são assegurados o contraditório e a ampla defesa, com os meios e recursos a ela inerentes);

h) Inadmissibilidade de provas ilícitas: são inadmissíveis no processo tanto as provas obtidas *ilicitamente* (quanto contrárias à Constituição) como as obtidas *ilegitimamente* (quando contrários aos procedimentos estabelecidos pela lei processual). Prova "ilícita" e "ilegítima" são espécies do gênero "prova ilegal". O art. 5º, LVI, CF diz "menos do que queria dizer", por se referir apenas às provas ilícitas;

i) Direito à ação penal privada subsidiária da pública: o titular da ação penal pública é o Ministério Público, e a ele compete, pois, manejar esta espécie de ação penal. Se isto não for feito por pura desídia do órgão ministerial, é possível o manejo de ação penal privada subsidiária da pública pela vítima (art. 5º, LIX, CF);

j) Direito à publicidade dos atos processuais: todos os atos processuais serão públicos (art. 5º, LX, CF) e as decisões deverão ser devidamente fundamentadas (art. 93, IX, CF). É possível impor o sigilo processual se o interesse público ou motivo de força maior assim indicar;

k) Direito à assistência judiciária: o Estado prestará assistência jurídica integral e gratuita aos que comprovarem insuficiência de recursos (art. 5º, LXXIV, CF). À Defensoria Pública competirá tal função, nos moldes do art. 134, *caput*, da Constituição Federal. Ademais, são gratuitos para os reconhecidamente pobres, na forma da lei, o registro civil de nascimento (art. 5º, LXXVI, "a", CF) e a certidão de óbito (art. 5º, LXXVI, "b", CF);

l) Direito à duração razoável do processo: trata-se de inciso acrescido à Constituição Federal pela Emenda Constitucional nº 45/2004. Objetiva-se fazer cessar as pelejas judiciais infindáveis. Para se aferir a duração razoável do processo, é preciso analisar o grau de complexidade da causa, a disposição das partes no resultado da demanda, e a atividade jurisdicional que caminhe no sentido de prezar ou não por um fim célere (mas com qualidade).

Baseando-se na jurisprudência do Tribunal Europeu de Direitos Humanos, a doutrina hoje define *critérios objetivos* para verificar a duração "razoável" do processo, a saber, o *critério da complexidade da causa* (uma causa complexa obviamente demora mais), o *critério do comportamento das partes e de seus procuradores* (às vezes, o processo demora porque as partes estão procrastinando o feito), o *critério do comportamento das autoridades judiciais* (pode ser, por exemplo, que o juiz simplesmente esteja "engavetando" o processo), e o *critério do exame da estrutura do órgão jurisdicional* (se o órgão não tem funcionários nem equipamentos, é óbvio que uma decisão a ser prolatada por ele demore mais a sair).

1.10 Direitos humanos penais: Regras Mínimas para o Tratamento dos Reclusos

Como a tutela dos direitos de liberdade foi o ponto de partida para a declaração de direitos humanos, tanto no âmbito interno quanto no internacional, e como o direito penal cuida notadamente desta espécie de tutela no sentido de não privar tal direito fora das hipóteses legais, há extenso rol de direitos humanos-penais nos documentos internacionais declaratórios de direitos humanos.

Tal rol abrange desde **direitos materiais inerentes à liberdade**, como o de vedação da prisão arbitrária, da irretroatividade da lei, de presunção de inocência, de vedação da pena de morte e de tratamento especial ao menor infrator, até **direitos processuais associados à liberdade**, como o de impedimento do tribunal de exceção, de garantia de audiência justa e imparcial, de ampla defesa, sem contar os direitos materiais ligados à proteção de alguma outra esfera da dignidade humana, como o de proibição de tratamentos cruéis, desumanos ou degradantes.

Como cada um é livre na medida em que respeita os direitos de outrem, não o prejudicando, não se pode afirmar que cada um é livre na maneira que lhe convier, ou seja, é válida a restrição da liberdade ao que desrespeita estas limitações. Ao direito à liberdade, neste foco, contrapõe-se o direito à segurança pessoal dos demais integrantes da sociedade, isto é, retira-se de circulação o mau para se permitir a circulação do homem bom. Contudo, o direito à segurança pessoal daquele que perde a liberdade não deixa de existir, devendo ser respeitado, assegurando-se a proteção devida inclusive nos presídios[89].

Quando se mostra necessária a restrição de liberdade, é preciso assegurar que este seja o único direito humano privado, devendo-se garantir ao recluso a preservação de sua dignidade em todos os aspectos. Neste propósito, a Comissão Interamericana de Direitos Humanos possui relatoria ativa sobre os direitos das pessoas privadas de liberdade e, inclusive, divulgou o Informe sobre os **"direitos humanos das pessoas privadas de liberdade nas Américas"** e o Informe sobre o **"uso da prisão preventiva nas Américas"**. No primeiro informe, a Comissão abordou aspectos inerentes ao tratamento digno, ao controle da força policial e aos direitos à vida, à integridade pessoal, à atenção médica e à preservação dos laços familiares. No segundo, destaca os estandartes acerca da prisão preventiva e de outras medidas cautelares, ressaltando preocupação com as estatísticas de prisão preventiva na região[90].

Fato é que no âmbito da proteção dos direitos humanos, o tema do tratamento dos reclusos é tópico polêmico. De forma generalizada, se verifica a preocupação das organizações internacionais em debater sobre a justiça criminal. No 12º Congresso das Nações Unidas sobre Prevenção do Crime e Justiça Criminal, que aconteceu em Salvador/BA entre 12 e 19 de abril de 2010, afirmou-se que a garantia de um sistema penal eficaz, justo e humano é a base do compromisso de proteção aos direitos humanos, sendo que para tanto se mostra essencial atuar de forma ostensiva na prevenção do crime e também dar atenção a grupos vulneráveis, como mulheres, crianças e migrantes. No 13º Congresso, que se encerrou em 17 de dezembro de 2015, aprofundou-se o propósito com a aprovação da Declaração de Doha sobre

---

[89] NIESS, Andréa Patrícia Toledo Távora. Comentários aos artigos IX e X. In: BALERA, Wagner (Coord.). **Comentários à Declaração Universal dos Direitos do Homem**. Brasília: Fortium, 2008, p. 61-64.

[90] OEA – Organização dos Estados Americanos. Comissão Interamericana de Direitos Humanos. **Relatoria sobre os direitos humanos das pessoas privadas de liberdade**. Disponível em: <http://www.oas.org/pt/cidh/>. Acesso em: 21 fev. 2018.

a integração da prevenção do crime e da justiça penal no quadro mais amplo do Programa das Nações Unidas para abordar os problemas sociais e econômicos e promover o Estado de Direito a nível nacional e internacional e a participação pública.

Neste ponto, o estudo se norteará não apenas pelos principais documentos gerais declaratórios de direitos humanos (Declaração Universal dos Direitos Humanos de 1948, Pacto Internacional dos Direitos Civis e Políticos de 1966 e Convenção Americana sobre Direitos Humanos de 1969), mas também pelas Regras Mínimas para o Tratamento dos Reclusos (também conhecidas e atualizadas mais recentemente como **Regras de Mandela**), aprovadas pelo Conselho Econômico e Social da ONU[91].

Vale lembrar: as Regras de Mandela nada mais são que as Regras Mínimas para o Tratamento de Reclusos em versão atualizada. Conforme se diz na introdução das Regras de Mandela, por décadas os Estados usaram as Regras Mínimas para o Tratamento de Reclusos como um guia para estruturar sua justiça e sistemas penais; ocorre que essas regras nunca tinham passado por revisão quando, finalmente, em 22 de maio de 2015, as Nações Unidas oficializaram novo quadro de normas, incorporando novas doutrinas de direitos humanos para tomá-las como parâmetros na reestruturação do atual modelo de sistema penal e percepção do papel do encarceramento para a sociedade. Editaram-se, pois, as chamadas Regras de Mandela (a seguir, sempre que se fizer menção a um dispositivo, remete-se o leitor às Regras Mínimas, e não às Regras de Mandela, visto que muitos dispositivos sofreram modificação na sua numeração no processo atualizador).

Entretanto, apesar de serem as Regras de Mandela uma versão atualizada das Regras Mínimas, algumas **inovações** merecem sobrelevação: as Regras Mínimas desestimulavam o confinamento solitário, enquanto as Regras de Mandela admitem-no (pela Rregra nº 44, "o confinamento solitário refere-se ao confinamento do preso por 22 horas ou mais, por dia, sem contato humano significativo. O confinamento solitário prolongado refere-se ao confinamento solitário por mais de 15 dias consecutivos"); as Regras de Mandela proíbem instrumentos de restrição em mulheres em trabalho de parto, seja durante, seja imediatamente após o parto (Regra nº 48, 2)[92]; as Regras de Mandela desestimulam revistas vexatórias em crianças (Regra nº 60, 2) etc.

> *Qual a finalidade das Regras Mínimas para o Tratamento dos Reclusos?*

Destaca-se, conforme as próprias observações preliminares das regras mínimas no item 1, que estas "[...] não pretendem **descrever em pormenor** um modelo de sistema penitenciário. Procuram unicamente, com base no consenso geral do pensa-

---

[91] Adotadas pelo Primeiro Congresso das Nações Unidas para a Prevenção do Crime e o Tratamento dos Delinquentes, realizado em Genebra em 1955, e aprovadas pelo Conselho Econômico e Social das Nações Unidas através das suas Resoluções nº 663 C (XXIV), de 31 de Julho de 1957, e nº 2076 (LXII), de 13 de Maio de 1977.

[92] Sobre este tema, aliás, a Lei nº 13.434/2017 acresceu parágrafo único ao art. 292, do Código de Processo Penal: "É vedado o uso de algemas em mulheres grávidas durante os atos médico-hospitalares preparatórios para a realização do parto e durante o trabalho de parto, bem como em mulheres durante o período de puerpério imediato".

mento atual e nos elementos essenciais dos mais adequados sistemas contemporâneos, estabelecer **o que geralmente se aceita como sendo bons princípios e práticas no tratamento dos reclusos e na gestão dos estabelecimentos de detenção**".

1.10.1 Vedação da prisão arbitrária

Artigo IX, DUDH

*Ninguém será **arbitrariamente** preso, detido ou exilado.*

Artigo 9º, PIDCP

*1. [...] Ninguém poderá ser preso ou encarcerado arbitrariamente. Ninguém poderá ser **privado de sua liberdade**, salvo **pelos motivos previstos em lei** e em conformidade com os procedimentos.*

Artigo XXV – Direito de proteção contra prisão arbitrária, DADH

*Ninguém pode ser privado da sua liberdade, a não ser nos casos previstos pelas leis e segundo as **praxes estabelecidas pelas leis** já existentes. [...]*

Artigo 7º – Direito à liberdade pessoal, CADH

*2. Ninguém pode ser privado de sua **liberdade física**, salvo pelas causas e nas **condições previamente fixadas** pelas Constituições políticas dos Estados-partes ou pelas leis de acordo com elas promulgadas.*

*3. Ninguém pode ser submetido a **detenção ou encarceramento arbitrários**.*

Ao se estabelecer que ninguém poderá ser submetido à prisão ou detenção arbitrária, tem-se que para a restrição devida da liberdade exige-se o respeito dos requisitos legais, não somente materiais (no tocante aos direitos que devem ser preservados), mas também os formais (atendendo aos requisitos processuais e procedimentais).

Tais requisitos devem ser previamente fixados em lei, ou seja, é preciso que a previsão legal das hipóteses em que a prisão ou detenção será aceita seja anterior ao ato que a motivou. Sem isto, se estaria incidindo em violação a um dos aspectos da legalidade em sentido estrito.

A **Observação Geral nº 8** do Comitê de Direitos Humanos esclarece que a vedação à detenção arbitrária não atinge apenas os detidos por motivos criminais, mas também os detidos por enfermidades mentais, toxicomania, imigração e finalidades docentes, ainda que parte destas normas se aplique apenas na esfera penal.

Ainda sobre a temática, a **Observação Geral nº 35** do Comitê assevera que a detenção que carece de fundamento legal é arbitrária, mas o conceito de arbitrariedade não envolve apenas o que é contrário à lei e inclui o que não seja razoável ou justo, ou mesmo o que não segue o procedimento correto. O mesmo vale para a detenção que dure mais do que o tempo razoável. Ressalta-se que o propósito da detenção não é apenas punir, mas também permitir o aprendizado para reingresso na sociedade, o que somente é possível com a assistência correspondente. Não obstante, todas as razões substantivas para a detenção ou a reclusão deverão estar prescritas pela lei e definidas com suficiente precisão a fim de evitar uma interpretação ou aplicação excessivamente amplas ou arbitrárias. O direito à informação conferido ao acusado é lembrado correspondendo à informação sobre as razões da detenção, o que envolve os fundamentos de fato e de direito.

Extrai-se, ainda, o bem jurídico que deve ser atingido pela privação ou detenção, qual seja, a liberdade física ou de locomoção. Com efeito, nos termos da lei, impede-se uma pessoa de sair da tutela estatal que será feita em estabelecimento apropriado.

As Regras Mínimas, no item 7, garantem que pessoas fiquem indevidamente detidas em estabelecimentos prisionais mediante a instalação de um sistema de registro: "(1) Em todos os locais onde se encontrem pessoas detidas, haverá um **livro oficial de registro**, com páginas numeradas, no qual serão registrados, relativamente a cada recluso: a) A **informação** respeitante à sua **identidade**; b) Os **motivos da detenção** e a **autoridade** competente que a ordenou; c) O dia e a hora da sua **entrada e saída**. (2) Nenhuma pessoa será admitida num estabelecimento penitenciário sem uma **ordem de detenção válida**, cujos pormenores tenham sido previamente registrados no livro de registro". Assim, evita-se que uma pessoa seja indevidamente detida, sem uma ordem regular que assim determine ou por prazo diverso do nela estabelecido[93].

Não obstante, outra medida para evitar ilegalidades na prisão está prevista na sessão sobre informação e direito de queixa dos reclusos, destacando-se o primeiro parágrafo do item 35: "No momento de admissão no estabelecimento, cada recluso deverá receber informação escrita sobre **o regime aplicável aos reclusos da sua categoria, regras disciplinares do estabelecimento, meios autorizados para obter informações e formular queixas, e todas as outras questões** que possam ser necessárias para lhe permitir compreender os seus direitos e obrigações e adaptar-se à vida do estabelecimento".

A Corte Interamericana de Direitos Humanos julgou:

Nota: diversos outros casos julgados pela CIDH versam também sobre detenção arbitrária, mas em contextos mais específicos, como o de instalação de regimes ditatoriais e de prática de desaparecimento forçado e tortura, os quais, por esta razão, são colacionados em outros pontos deste capítulo. Adiante, aponta-se casos que tiveram como objeto central de discussão a questão da detenção arbitrária.

---

[93] As Regras de Mandela trazem atualização parecida: "Regra 6. Deverá existir um sistema padronizado de gerenciamento dos registros dos presos em todos os locais de encarceramento. Tal sistema pode ser um banco de dados ou um livro de registro, com páginas numeradas e assinadas. Devem existir procedimentos que garantam um sistema seguro de trilhas de auditoria e que impeçam o acesso não autorizado ou a modificação de qualquer informação contida no sistema. Regra 7. Nenhuma pessoa será admitida em um estabelecimento prisional sem uma ordem de detenção válida. As seguintes informações serão adicionadas ao sistema de registro do preso quando de sua entrada: (a) Informações precisas que permitam determinar sua identidade única, respeitando a sua autoatribuição de gênero; (b) Os motivos e a autoridade responsável pela sua detenção, além da data, horário e local de prisão; (c) A data e o horário de sua entrada e soltura, bem como de qualquer transferência; (d) Quaisquer ferimentos visíveis e reclamações acerca de maus-tratos sofridos; (e) Um inventário de seus bens pessoais; (f) Os nomes de seus familiares e, quando aplicável, de seus filhos, incluindo a idade, o local de residência e o estado de sua custódia ou tutela; (g) Contato de emergência e informações acerca do parente mais próximo".

- No **caso Galindo Cárdenas e outros vs. Perú**, em 2015, condenou-se o Estado peruano pela detenção indevida e insuficientemente motivada do peticionante, bem como pela realização de tortura psicológica no mesmo quando houve a detenção. O senhor Galindo trabalhava então na Corte de Justiça peruana e foi detido sem justificativa no quartel militar em tempos de Estado de Emergência decretado. Condenou-se à investigação dos fatos, bem como à reparação devida.

- O **caso Díaz Peña vs. Venezuela**, julgado em junho de 2012, também versa sobre detenção ilegal da vítima, ora motivada por sua participação em levantes políticos contra o governo.

- No **caso Vélez Loor vs. Panamá**, de novembro de 2010, condenou-se o Estado por ter detido ilegalmente, não resguardando ainda condições mínimas prisionais e praticando tortura, o imigrante equatoriano Jesús Tranquilino Vélez Loor, sob a acusação de estar ilegalmente no país.

- No **caso Bayarri vs. Argentina**, em outubro de 2008, condenou-se o Estado pela detenção ilegal da vítima em centro clandestino, bem como pela prática de tortura e pelo induzimento de confissão forçada.

- No **caso López Álvarez vs. Honduras**, julgado em fevereiro de 2006, condena-se o Estado por ter submetido a vítima a detenção ilegal com traços de tortura, agressões físicas, condições insalubres, tudo sem motivo justo para detenção, tudo dando a crer que o motivo desta era a perseguição política contra o detido que era membro da Organização Fraternal Negra. A detenção ilegal durou 6 anos e 4 meses.

- No **caso Garcia Asto e Ramírez Rojas vs. Perú**, em novembro de 2005, houve detenção por suposta prática de terrorismo sem flagrante ou ordem judicial, e condenação com submissão a isolamento celular e ausência de condições adequadas, a qual veio a ser anulada. Condenou-se o Estado peruano a pagar indenização e a prestar assistência médica e profissional.

- O **caso Bulacio vs. Argentina**, de setembro de 2003, traz a condenação do Estado pela detenção arbitrária e morte da vítima, de 17 anos, sendo que tal detenção foi efetuada numa operação que deteve mais de 80 pessoas na cidade de Buenos Aires. Muito ferido, o jovem foi hospitalizado mas faleceu, nunca se conferindo resposta sobre os culpados em meio às investigações dos fatos.

- No **caso Cantoral Benavides vs. Perú**, em dezembro de 2001, condenou-se o Estado pela detenção ilegal e arbitrária da vítima, bem como por atos de tortura quando da restrição da liberdade. A vítima teria sido acusada de terrorismo e traição e submetida a tratos cruéis, sistemáticos e degradantes, sendo exposta com roupas da prisão na mídia nacional acusado de práticas comunistas. Por mais de 4 anos ficou privado de sua liberdade.

- O **caso Suárez Rosero vs. Equador**, julgado em janeiro de 1999, traz a condenação do Estado pela detenção arbitrária, sem ordem de prisão preventiva e sem flagrante, da vítima por suposto tráfico de drogas, proferindo-se, ao final, sentença condenatória sem arcabouço probatório.

1.10.2 Indenização por erro judicial

Artigo 9º, PIDCP
*5. Qualquer pessoa vítima de prisão ou encarceramento ilegais terá direito à **reparação**.*

Artigo 14, PIDCP
*6. Se uma sentença condenatória passada em julgado for posteriormente anulada ou se indulto for concedido, pela ocorrência ou descoberta de fatos novos que provem cabalmente a existência de **erro judicial**, a pessoa que sofreu a pena decorrente dessa condenação deverá ser **indenizada**, de acordo com a lei, a menos que fique provado que se lhe pode imputar, total ou parcialmente, não-revelação dos fatos desconhecidos em tempo útil.*

Artigo 10 – Direito à indenização, CADH
*Toda pessoa tem direito de ser indenizada conforme a lei, no caso de haver sido condenada em sentença transitada em julgado, por **erro judiciário**.*

Qual a principal consequência da prisão arbitrária?

A principal consequência da prisão arbitrária é o **direito à reparação**, isto é, ao recebimento de indenização por parte do Estado, responsável pelo encarceramento, em retribuição aos danos materiais e morais causados pela privação da liberdade não aceita pela lei.

De forma mais notável, destaca-se o direito à reparação em decorrência de erro judicial, isto é, de condenação criminal por sentença transitada em julgado. Neste caso, usualmente, a privação da liberdade se estendeu por um tempo razoável, sem contar o incômodo gerado pela retirada, ainda que temporária, da condição de inocente (posto que a partir do trânsito em julgado a pessoa é considerada culpada). Utilizada a via da revisão criminal é possível reverter a situação de condenado, mas obviamente isso não exclui os danos causados no período de cárcere indevido. Por isso, a pessoa terá direito à reparação dos danos pelo Estado, que pagará uma justa indenização a ser estabelecida pelo Poder Judiciário conforme a gravidade do caso.

Há se ressaltar que nem sempre que a revisão criminal for procedente haverá direito à indenização por erro judicial, como asseverado no artigo 14, item 6, parte final do PIDCP. Assim, se a própria pessoa foi responsável pela não revelação dos fatos em tempo adequado, isto é, no curso do processo criminal que gerou a condenação, não há se falar em indenização por erro judicial. Equivale a afirmar que quando o erro judicial se dá por culpa exclusiva da vítima que, propositalmente, não produziu as provas que poderia, não há o dever de indenizar. Tal previsão é adequada e impede que a vítima se aproveite da máquina judiciária para obter a reparação por um dano que somente ocorreu porque ela não tomou providências que deveria.

Nos termos da **Observação Geral nº 32** do Comitê de Direitos Humanos, "esta garantia não é aplicável se demonstrado que a não revelação no momento oportuno do fato desconhecido é total ou parcialmente atribuível ao acusado; em tais casos, o ônus da prova cabe ao Estado. Ademais, não cabe outorgar nenhuma indenização se a sentença condenatória se anula em apelação, ou seja, antes de se tornar definitiva, ou em virtude de um indulto de caráter humanitário ou facultativo, ou motivado por considerações de equidade, que não implique que tenha havido um erro judicial".

1.10.3 Excepcionalidade da prisão provisória

Artigo 9º, PIDCP
*3. Qualquer pessoa presa ou encerrada em virtude de infração penal deverá ser conduzida, sem demora, à presença do juiz ou de outra autoridade habilitada por lei a exercer funções e terá o direito de ser **julgada em prazo razoável ou de ser posta em liberdade**. A **prisão preventiva** de pessoas que aguardam julgamento **não deverá constituir a regra geral**, mas a **soltura** poderá estar **condicionada** a garantias que assegurem o comparecimento da pessoa em questão à audiência, a todos os atos do processo e, se necessário for, para a execução da sentença.*

Artigo XXV – Direito de proteção contra prisão arbitrária, DADH
*[...] Todo indivíduo, que tenha sido privado da sua liberdade, tem o direito de que o juiz **verifique sem demora a legalidade da medida**, e de que o julgue **sem protelação injustificada**, ou, no caso contrário, de ser posto em liberdade. [...]*

Artigo 7º – Direito à liberdade pessoal, CADH
*5. Toda pessoa presa, detida ou retida deve ser conduzida, sem demora, à presença de um juiz ou outra autoridade autorizada por lei a exercer funções judiciais e tem o direito de ser julgada em **prazo razoável ou de ser posta em liberdade**, sem prejuízo de que prossiga o processo. Sua liberdade pode ser condicionada a **garantias** que assegurem o seu comparecimento em juízo.*

Devido ao estado de inocência que deve ser presumido em relação a cada indivíduo, fica impedida – *como regra geral* – a privação da liberdade antes da sentença condenatória transitada em julgado, único instrumento hábil para retirar a condição de inocência de uma pessoa. Em outras palavras, quando se prende uma pessoa antes da sentença condenatória transitada em julgado, isto é, provisória ou preventivamente, se está prendendo uma pessoa inocente.

Assim, é preciso um **motivo maior** que justifique tal atitude por parte da autoridade estatal, que geralmente envolve o interesse público. Isto é, quando for importante para a garantia de preservação da ordem pública ou social que a pessoa fique detida antes da sentença condenatória transitada em julgado, predomina o interesse público, permitindo-se a prisão provisória.

Logo, a regra geral é a da liberdade provisória. Sempre que uma pessoa for detida por motivo de flagrante delito, temporariamente ou preventivamente, caberá o exame dos requisitos que autorizam a liberdade provisória, os quais, se preenchidos, gerarão a soltura imediata.

Vale lembrar que quando uma pessoa é detida provisoriamente, notadamente quando em caso de flagrante, ela não será liberada até que a autoridade competente examine se estão preenchidos os requisitos da liberdade provisória. Por isso, visando mitigar os efeitos da privação da liberdade entre o momento da detenção inicial e do exame dos requisitos em questão, a pessoa deve ser levada o mais rápido possível à presença do juiz ou autoridade habilitada para referido exame. Somente assim será possível respeitar a regra da liberdade provisória sem prejudicar a sociedade deixando livre uma pessoa que deveria ficar detida enquanto responde perante a justiça, ao mesmo tempo em que se respeitam as garantias do acusado, que deverá ficar o mínimo de tempo possível sem uma resposta sobre a necessidade ou não de sua prisão provisória.

Ainda com vistas ao interesse público, tem-se que é possível condicionar a liberdade provisória ao preenchimento de determinadas condições, as quais impeçam que a pessoa se esquive de responder perante a justiça por seus atos. Desta forma, as condições estabelecidas visam garantir que a pessoa compareça em juízo, tanto na fase processual que antecede a condenação quando na de execução da pena.

As Regras Mínimas da ONU também denotam preocupação especial com o tratamento dos presos preventivos devido à sua inerente condição de inocência, razão pela qual o assunto será abordado adiante, quando do tratamento do princípio da presunção de inocência.

No Brasil, antes do advento da Lei nº 12.403/2011 – popularmente conhecida por "Nova Lei de Prisões" –, as únicas opções cabíveis na seara processual eram o aprisionamento cautelar do acusado ou a concessão de liberdade provisória, em dois extremos antagonicamente opostos que desconsideravam hipóteses em que nem a liberdade e nem o aprisionamento cautelar eram as medidas mais adequadas. Em razão disso, após o advento do aludido comando normativo, inúmeras opções são conferidas no vácuo deixado entre o claustro e a liberdade, opções estas conhecidas por "*medidas cautelares diversas da prisão*".

Com efeito, elas estão no art. 319, do CPP, e são inovação trazida pela Lei nº 12.403/2011. São elas:

a) Comparecimento periódico em juízo, no prazo e nas condições fixadas pelo juiz, para informar e justificar atividades (inciso I);

b) Proibição de acesso ou frequência a determinados lugares quando, por circunstâncias relacionadas ao fato, deva o indiciado ou acusado permanecer distante destes locais para evitar o risco de novas infrações (inciso II);

c) Proibição de manter contato com pessoa determinada quando, por circunstâncias relacionadas ao fato, dela o indiciado ou acusado deva permanecer distante (inciso III);

d) Proibição de ausentar-se da Comarca, quando a permanência seja conveniente ou necessária para a investigação/instrução (inciso IV);

e) Recolhimento domiciliar no período noturno e nos dias de folga quando o investigado ou acusado tenha residência e trabalho fixos (inciso V);

f) Suspensão do exercício de função pública ou de atividade de natureza econômica ou financeira quando houver justo receio de sua utilização para a prática de infrações penais (inciso VI);

g) Internação provisória do acusado nas hipóteses de crimes praticados com violência ou grave ameaça, quando os peritos concluírem ser inimputável ou semi-imputável e houver risco de reiteração (inciso VII);

h) Fiança, nas infrações penais que a admitem, para assegurar o comparecimento a atos do processo, evitar a obstrução de seu andamento ou em caso de resistência injustificada à ordem judicial (inciso VIII);

i) Monitoração eletrônica (inciso IX). Tal medida já havia sido trazida para o âmbito da execução penal, pela Lei nº 12.258/2010, e, agora, também o foi para o prisma processual.

A Corte Interamericana de Direitos Humanos julgou:

- No **caso Andrade Salmón vs. Bolívia**, em 1º de dezembro de 2016, a Corte julgou violados os direitos à garantia judicial, à propriedade e à liberdade de locomoção em prejuízo de María Nina Lupe del Rosario Andrade Salmón, diante de restrições indevidas na persecução efetuada em três processos penais. Consta que a peticionante foi processada por três vezes durante mais de uma década, sendo que um processo foi suspenso, outro nunca se encerrou e outro estabeleceu condenação nunca executada. Entretanto, ao longo da persecução, a peticionante sofreu com prisão preventiva, além de outras medidas de restrição à liberdade, como proibição de deixar a cidade, bem como com medidas restritivas à propriedade, pagando fianças e onerando como garantia bens de terceiros, familiares e amigos. A Corte julgou que foi violado o direito à razoável duração do processo, bem como que as medidas provisórias de prisão preventiva e outras medidas cautelares foram aplicadas de forma indevida, devendo ser suspensas.

- No **caso Herrera Espinoza e outros vs. Equador**, julgado em 1º de setembro de 2016, condenou-se o Estado por detenção ilegal sem controle judicial e prisão preventiva arbitrária de quatro pessoas, submetendo-as à tortura e recusando o acesso imediato à autoridade judiciária (audiência de custódia). Quanto a uma das vítimas, se reconheceu que a permanência em prisão preventiva por mais de metade do tempo de sua pena caracterizou antecipação da condenação, atentando-se contra a presunção de inocência.

- No **caso Barreto Leiva vs. Venezuela**, em novembro de 2009, a Corte condenou o Estado por ter condenado a vítima sem que ela fosse assistida por um defensor, sem lhe apresentar as provas e lhe conferir chances de questionar as testemunhas e nem apresentar provas em sua defesa, e principalmente por se ter determinado a prisão preventiva sem a possibilidade de liberdade com fiança, a qual durou mais tempo do que o efetivo tempo de condenação na pena final aplicada. Não foi, ainda, garantido direito de recurso. Condenou-se à adequação da legislação para propiciar o direito de recurso e ao pagamento de indenização.

1.10.4 Legalidade em sentido estrito e irretroatividade da lei penal

Artigo XI, DUDH

*2. Ninguém poderá ser culpado por qualquer ação ou omissão que, no momento, **não constituíam delito** perante o direito nacional ou internacional. Tampouco será imposta **pena mais forte** do que aquela que, no momento da prática, era aplicável ao ato delituoso.*

Artigo 15, PIDCP

*1. Ninguém poderá ser condenado por atos ou omissões que não constituam delito de acordo com direito nacional ou internacional, **no momento em que foram cometidos**. Tampouco poder-se-á impor pena mais grave do que a aplicável no **momento da ocorrência do delito**. Se, depois de perpetrado o delito, a lei estipular a imposição de **pena mais leve**, o delinquente deverá beneficiar-se.*

> 2. Nenhuma disposição do presente Pacto impedirá o julgamento ou a condenação de qualquer indivíduo por atos ou omissões que, no momento em que foram cometidos, eram considerados delituosos de acordo com os **princípios gerais de direito reconhecidos pela comunidade das nações**.
>
> **Artigo 9º – Princípio da legalidade e da retroatividade, CADH**
> Ninguém poderá ser condenado por atos ou omissões que, no momento em que foram cometidos, não constituam delito, de acordo com o direito aplicável. Tampouco poder-se-á impor pena mais grave do que a aplicável no momento da ocorrência do delito. Se, depois de perpetrado o delito, a lei estipular a imposição de pena mais leve, o delinquente deverá dela beneficiar-se.

> Pelas normas de direitos humanos, quando a lei penal pode retroagir?

Considerado o princípio da legalidade estrita vigente no direito penal-constitucional, tem-se que o momento do ato é o fator temporal delimitador da tipicidade ou atipicidade criminal. Em outras palavras, somente será considerado crime o ato que for praticado quando já estava em vigor a norma penal incriminadora.

Há se ressaltar que é feita uma relativização do princípio da legalidade estrita ao se considerar passíveis de condenação atos que, ainda que não tipificados em lei penal incriminadora específica, sejam violadores de princípios gerais assegurados pela ONU. A razão disso é evitar controvérsias para eventuais situações semelhantes à da Alemanha nazista, impedindo que se alegue que a lei *infra*constitucional nacional que não era proibitiva é capaz de impedir a condenação criminal no caso de graves violações aos direitos humanos.

Da mesma forma, o momento do ato é o limite temporal para a imposição de pena mais grave. Sobrevindo lei que majore a pena de uma norma penal incriminadora, esta não se aplica aos atos anteriores à sua vigência. No entanto, o princípio da irretroatividade da lei penal somente vale para as leis penais que agravem a situação do acusado, razão pela qual usualmente é denominado princípio da irretroatividade da lei penal prejudicial ou *novatio legis in pejus*.

Quanto às leis penais que sejam mais benéficas, diminuindo a pena de uma norma penal incriminadora, cabe o aproveitamento ao acusado, mesmo que ele tenha praticado o fato quando vigorava lei mais grave. Tal princípio também é denominado princípio da retroatividade da lei penal mais benéfica ou *novatio legis in mellius*.

A Corte Interamericana de Direitos Humanos julgou:
- No **caso Mémoli vs. Argentina**, condenou-se o Estado argentino em agosto de 2013 porque os senhores Carlos e Pablo Mémoli haviam sido condenados pelo delito de injúria por atacarem membros da Comissão Diretiva Italiana de Primeiros Socorros, acusando-os sobre uma venda ilegal de nichos de cemitério que já vinha sendo reportada por diversos veículos

de imprensa. Não bastasse já haver veiculação das ofensas pelas quais foram condenados, houve alteração posterior do Código Penal para que expressões relacionadas com assunto de interesse público ou que não sejam assertivas fossem descriminalizadas, bem como para que se eliminasse a pena privativa de liberdade pelo delito. Apesar disso, a justiça argentina não reverteu a decisão e os senhores Mémoli foram demandados civilmente com base nas condenações penais, sendo que tal demanda teve concedida medida cautelar que os impediu de gravar e alienar bens. Determinou-se a revogação desta medida cautelar, o encerramento do processo civil e o pagamento de indenização.

- No **caso Cesti Hurtado vs. Perú**, em maio de 2001, se condenou o Estado por ter utilizado sem diligência o foro militar contra a vítima, imputando-lhe fatos mal tipificados e arbitrários. Condenou-se ao pagamento de indenização e à adequação das disposições de direito interno. Em sentido semelhante, o **caso Castillo Petruzzi e outros vs. Peru**, em maio de 1999.

1.10.5 Presunção de inocência

Artigo XI, DUDH

*1. Toda pessoa acusada de um ato delituoso tem o direito de ser **presumida inocente até que a sua culpabilidade tenha sido provada de acordo com a lei**, em julgamento público no qual lhe tenham sido asseguradas todas as **garantias** necessárias à sua defesa.*

Artigo 14, PIDCP

*2. Toda pessoa acusada de um delito terá direito a que se presuma sua inocência enquanto não for **legalmente comprovada sua culpa**.*

Artigo XXVI – Direito a processo regular, DADH

*Parte-se do princípio que **todo acusado é inocente**, até provar-se-lhe a culpabilidade.*

Artigo 8º – Garantias judiciais, CADH

2. Toda pessoa acusada de um delito tem direito a que se presuma sua inocência, enquanto não for legalmente comprovada sua culpa. [...]

A condição de inocência é **inerente à pessoa humana**. Pelo princípio da presunção de inocência, toda pessoa deve ser considerada inocente até que, após o devido processo legal e seu trânsito em julgado, sobrevenha sentença penal condenatória. Logo, a presunção de inocência é mantida não apenas se houver trânsito em julgado, mas somente se no processo em que ele ocorrer tiverem sido asseguradas todas as garantias materiais e processuais. Preenchidos tais requisitos, tem-se legalmente comprovada a culpa, o que permite excluir a condição de inocente do acusado.

"Através desse princípio verifica-se a necessidade de o Estado comprovar a culpabilidade do indivíduo presumido inocente. Está diretamente relacionado à questão da prova no processo penal que deve ser validamente produzida para ao final do processo conduzir a culpabilidade do indivíduo admitindo-se a aplicação das penas previamente cominadas. Entretanto, a presunção de inocência não afasta a possibilidade de medidas cautelares como as prisões provisórias, busca e apreensão, quebra de sigilo como medidas de caráter excepcional cujos requisitos autorizadores devem estar previstos em lei"[94].

Consta na **Observação Geral nº 32** do Comitê de Direitos Humanos: "todas as autoridades públicas têm o dever de abster-se de pré-julgar os resultados de um juízo, por exemplo, abstendo-se de fazer comentários públicos em que se declare a culpabilidade do acusado. Normalmente, os acusados não deverão estar algemados ou na sela durante o processo ou em juízo, nem serem apresentados ao Tribunal de alguma outra maneira que dê a entender que poderia tratar-se de delinquentes perigosos. Os meios de comunicação deverão evitar expressar opiniões prejudiciais à presunção de inocência. Além disso, a duração da prisão preventiva nunca deverá ser considerada indício de culpabilidade nem graduá-la. A negação da liberdade sob fiança ou as conclusões pela responsabilização civil não afetam a presunção de inocência".

> *Quais as medidas benéficas previstas nas Regras Mínimas em decorrência do princípio da presunção de inocência?*

As Regras Mínimas da ONU também denotam preocupação especial com o tratamento dos presos preventivos com fulcro no princípio da presunção de inocência. Isto é, como aqueles que estão presos antes do trânsito em julgado da sentença penal condenatória não podem ser considerados culpados, merecem ser tratados de forma diferente daqueles que o podem, isto é, fazem *jus* a um regime especial (item 84). Consoante aos itens 85 a 93 das Regras Mínimas da ONU, o preso preventivo: a) será separado dos condenados e dormirá sozinho em quarto separado; b) poderá encomendar a própria alimentação às suas expensas; c) poderá usar sua própria roupa ou uma roupa do estabelecimento diversa da dos presos condenados; d) não estará obrigado a trabalhar; e) terá acesso a meios de comunicação e ocupação que não sejam incompatíveis com a condição de recluso; f) se quiser, terá tratamento médico e odontológico particular, desde que pague por isso; g) contatará amigos e família no exterior, respeitados os interesses da administração; h) obviamente, terá assistência de um advogado gratuito ou particular, podendo conversar com ele sem intervenção/oitiva dos funcionários, embora às vistas deles (ver equivalência nas Regras de Mandela nº 111 a nº 120).

No ordenamento brasileiro, constitucionalmente falando, ninguém será considerado culpado *até o trânsito em julgado de sentença penal condenatória* (art. 5º, LVII, CF). Assim, enquanto for possível algum recurso, a presunção do acusado é de inocência. Interessante notar que, neste aspecto, a proteção interna (ao menos pela ótica legalista) parece ser **mais abrangente** que sua equivalente internacional. Seguindo-se a tônica dos dispositivos internacionais acima colacionados, a presunção de inocência atrela-se à prova da culpa, sem, contudo, exigir o trânsito em julgado de sentença condenatória que ateste isso (insiste-se: ao menos pela ótica puramente

---

[94] NIESS, Andréa Patrícia Toledo Távora... Op. Cit., p. 73.

legalista). Com efeito, se trata de típico caso em que a previsão interna deve prevalecer sobre aquela exógena.

Obtempera-se, contudo, o recente posicionamento do Supremo Tribunal Federal (17 de fevereiro de 2016) que permitiu o cumprimento de pena *já após a prolação de pronunciamento decisório em segundo grau* (vide HC nº 126.292/SP[95]), voltando a utilizar um entendimento de outrora que se entendia superado. Conforme o voto de relatoria exarado pelo Ministro Teori Zavascki (no que foi acompanhado pelos Ministros Edson Fachin, Luís Roberto Barroso, Luiz Fux, Dias Toffoli, Cármen Lúcia e Gilmar Mendes, ficando vencidos os Ministros Rosa Weber, Marco Aurélio, Celso de Mello, e Ricardo Lewandowski), "[...] o tema relacionado com a execução provisória de sentenças penais condenatórias envolve reflexão sobre (a) o alcance do princípio da presunção da inocência aliado à (b) busca de um necessário equilíbrio entre esse princípio e a efetividade da função jurisdicional penal, que deve atender a valores caros não apenas aos acusados, mas também à sociedade, diante da realidade de nosso intricado e complexo sistema de justiça criminal. [...] Ressalvada a estreita via da revisão criminal, é, portanto, no âmbito das instâncias ordinárias que se exaure a possibilidade de exame de fatos e provas e, sob esse aspecto, a própria fixação da responsabilidade criminal do acusado. É dizer: os recursos de natureza extraordinária não configuram desdobramentos do duplo grau de jurisdição, porquanto não são recursos de ampla devolutividade, já que não se prestam ao debate da matéria fática probatória. Noutras palavras, com o julgamento implementado pelo Tribunal de apelação, ocorre espécie de preclusão da matéria envolvendo os fatos da causa. Os recursos ainda cabíveis para instâncias extraordinárias do STJ e do STF – recurso especial e extraordinário – têm, como se sabe, âmbito de cognição estrito à matéria de direito. Nessas circunstâncias, tendo havido, em segundo grau, um juízo de incriminação do acusado, fundado em fatos e provas insuscetíveis de reexame pela instância extraordinária, parece inteiramente justificável a relativização e até mesmo a própria inversão, para o caso concreto, do princípio da presunção de inocência até então observado. [...] Nesse quadro, cumpre ao Poder Judiciário e, sobretudo, ao Supremo Tribunal Federal, garantir que o processo – único meio de efetivação do *jus puniendi* estatal –, resgate essa sua inafastável função institucional. A retomada da tradicional jurisprudência, de atribuir efeito apenas devolutivo aos recursos especial e extraordinário (como, aliás, está previsto em textos normativos) é, sob esse aspecto, mecanismo legítimo de harmonizar o princípio da presunção de inocência com o da efetividade da função jurisdicional do Estado. Não se mostra arbitrária, mas inteiramente justificável, a possibilidade de o julgador determinar o imediato início do cumprimento da pena, inclusive com restrição da liberdade do condenado, após firmada a responsabilidade criminal pelas instâncias ordinárias".

Tal posicionamento foi confirmado na ADC nº 43[96] e na ADC nº 44[97], em novembro de 2016.

---

[95] Supremo Tribunal Federal, Pleno. **HC nº 126.292/SP**. Rel.: Min. Teori Zavascki. DJ. 17/02/2016.
[96] Supremo Tribunal Federal, Pleno. **ADC nº 43/DF**. Rel.: Min. Marco Aurélio. DJ. 11/11/2016.
[97] Supremo Tribunal Federal, Pleno. **ADC nº 44/DF**. Rel.: Min. Marco Aurélio. DJ. 11/11/2016.

Com o retorno a tal entendimento, o Supremo Tribunal Federal assume temerário posicionamento (ao nosso sentir) de que **a presunção de inocência se mantém mesmo com recurso extraordinário ou recurso especial interposto** (afinal, a presunção de não culpabilidade somente cessa com o trânsito em julgado da sentença penal condenatória, por força do preceito normativo extraído do art. 5º, LVII, CF), **muito embora a execução provisória da pena já possa começar**. Isso parece um tanto paradoxal, no sentido de que o indivíduo estará cumprindo pena, mas por haver recurso interposto nas Cortes de Superposição, será ainda presumidamente inocente. Por tal razão, optamos pelo posicionamento vencido do Ministro Celso de Mello no julgamento do aludido "*writ*" ao qual se reproduz: "Disso resulta, segundo entendo, que a consagração constitucional da presunção de inocência como direito fundamental de qualquer pessoa – independentemente da gravidade ou da hediondez do delito que lhe haja sido imputado – há de viabilizar, sob a perspectiva da liberdade, uma hermenêutica essencialmente emancipatória dos direitos básicos da pessoa humana, cuja prerrogativa de ser sempre considerada inocente, para todos e quaisquer efeitos, deve prevalecer, até o superveniente trânsito em julgado da condenação criminal, como uma cláusula de insuperável bloqueio à imposição prematura de quaisquer medidas que afetem ou restrinjam a esfera jurídica das pessoas em geral".

Vários argumentos podem ser buscados para tentar compreender a nova tomada de posicionamento do curador da Constituição Federal (na verdade, o retorno a um entendimento de outrora): a tentativa de converter – por alteração constitucional – os recursos extraordinário e especial em ações rescisórias extraordinária e especial; a necessidade de fixação do STJ e do STF como efetivos Tribunais de Superposição (e não como terceiro e quarto graus de jurisdição, respectivamente, como indevidamente se passou a utilizá-los); a confiança institucional abalada por reiterados escândalos de corrupção (vide a "*Operação Lava-Jato*"), a ensejar uma escalada no recrudescimento da tratativa do acusado por algum delito; a utilização da morosidade do Poder Judiciário como mecanismo de procrastinação de decisões a fim de garantir a impunidade etc. Não se entende como o mais **razoável**, contudo, o caminho tomado pelo Supremo Tribunal Federal no sentido de reduzir o âmbito de incidência de um dispositivo constitucional **pleno** e extremamente **claro** em seus termos: a presunção de não culpabilidade se mantém até que advenha decisão judicial passada em julgado; até lá, o início de cumprimento da pena deve ficar sobrestado (salvo se for o caso de uma prisão preventiva, obviamente, presentes seus requisitos), considerando a possibilidade de uma absolvição no âmbito dos Tribunais Superiores.

A Corte Interamericana de Direitos Humanos julgou:

- No **caso Zegarra Marín vs. Perú**, julgado em 17 de fevereiro de 2017, reconheceu-se violação ao direito a garantias judiciais, notadamente o direito à presunção de inocência e, reflexamente, aos direitos à motivação das decisões, ao duplo grau de jurisdição e à proteção judicial. No caso, o peticionante foi condenado por crime contra a administração pública e crime contra a fé pública devido ao lançamento de vistos fraudulentos em passaportes, enquanto ocupava a função de responsável. Em relação ao alcance do princípio da presunção de inocência, a Corte enfatizou que "este princípio é um princípio orientador no julgamento e um padrão fundamental na avaliação probatória que estabelece limites à subjetividade e à discrição da atividade judicial. Assim, em um sistema democrático, a avaliação da evidência deve ser racional, objetiva e imparcial, a fim de distorcer a presunção de inocência e gerar certeza de responsabilidade criminal", destacando que a prova testemunhal para atestar a veracidade de uma assinatura é meramente indiciária (no caso, tomou-se a palavra dos subordinados ao peticionante, única e exclusivamente). Não obstante, a Corte considerou que a inversão do ônus da prova no processo penal, obrigando o acusado a provar sua inocência, atenta contra a presunção de inocência. Também a motivação se mostra relevante para garantir a presunção de inocência, devendo atestar com clareza para a suficiência probatória para a condenação. Quanto ao duplo grau, a Corte assevera que a revisão da decisão judicial não deve ser apenas *pro forma*, sendo inerente ao direito que o órgão recorrido efetivamente reaprecie o conjunto probatório, fundamentando de forma razoável e adequada a decisão.

1.10.6 Não produção de provas contra si mesmo

Artigo 14, PIDCP

3. [...] g) de **não ser obrigada** a depor contra si mesma, nem a confessar-se culpada.

Artigo 8º – Garantias judiciais, CADH

2. [...] Durante o processo, toda pessoa tem direito, em plena igualdade, às seguintes garantias mínimas: [...]

g) direito de não ser obrigada a **depor contra si mesma**, nem a **confessar-se culpada**; e [...]

3. A confissão do acusado só é válida se feita **sem coação** de nenhuma natureza.

Associado ao princípio da presunção de inocência, bem como ao da ampla defesa, estabelece-se a não obrigatoriedade de produção de provas contra si mesmo (*"nemo tenetur se detegere"*). Neste sentido, veda-se não só que uma pessoa seja forçada, coagida, a confessar ou a depor, mas também que não seja obrigada a permitir a utilização de sua pessoa física para a produção de provas, por exemplo, retirada forçada de seu sangue para algum teste etílico ou de DNA. Sobre o último aspecto, há maior controvérsia na interpretação, em especial quando tomada a legislação *infra*constitucional.

A **Observação Geral nº 32** do Comitê de Direitos Humanos não entra em muitos detalhes, mas afirma que "esta salvaguarda deve ser interpretada no sentido de que não se deve exercer pressão física ou psicológica direta ou indireta sobre os acusados por parte das autoridades investigadoras com fim a que se confessem culpados".

1.10.7 Individualização da pena

Individualizar a pena é levar em conta as peculiaridades do fato e do agente, isto é, aplicar e executar a pena de modo individualizado, considerando as peculiaridades do fato concreto e as condições pessoais do autor da infração penal. Cabe observar a individualização quando da elaboração da lei, ao regular margens mínima e máxima; da aplicação da pena, trazendo critérios ao magistrado para determinar uma pena nesta margem e fixar o modo de cumprimento; e da execução da pena, conferindo benefícios e sanções ao apenado, bem como tratando-o conforme suas individualidades.

Em termos de direitos humanos declarados nos documentos gerais, não há menção expressa da individualização da pena, mas ela pode ser extraída de princípios gerais como o da personalidade da pena, o da presunção da inocência (notadamente pelo tratamento diferenciado do preso preventivo), pelo contraditório e ampla defesa (ao se permitir que a pessoa produza tantas provas quanto necessárias para detalhar o ocorrido e obter a resposta mais justa possível do Judiciário), e pelo reconhecimento de que determinados detidos merecem tratamento diferenciado.

> *Como se dá a individualização da pena e do tratamento dos reclusos pelas Regras Mínimas?*

As Regras Mínimas da ONU concentram políticas de tratamento dos reclusos como indivíduos e não como massa, notadamente no momento de execução da pena. Neste sentido, o item 63: "(1) A realização destes princípios exige a **individualização do tratamento** e, para este efeito, **um sistema flexível de classificação dos reclusos por grupos**; é por isso desejável que tais grupos sejam colocados em estabelecimentos separados que permitam a cada grupo receber um tratamento adequado. (2) Estes estabelecimentos **não têm de prever o mesmo grau de segurança** para todos os grupos. É desejável prever **vários graus** de segurança de acordo com as necessidades dos diferentes grupos. Os **estabelecimentos abertos**, pelo próprio fato de não preverem medidas de segurança física contra a evasão, confiando antes na autodisciplina dos reclusos, **oferecem as condições de reabilitação mais favoráveis** para reclusos cuidadosamente selecionados. (3) É desejável que o **número de reclusos** nos estabelecimentos fechados **não seja elevado ao ponto de prejudicar a individualização do tratamento**. Em alguns países, considera-se que a população de tais estabelecimentos não deve ultrapassar as quinhentas pessoas. Nos estabelecimentos abertos, a população deve ser tão reduzida quanto possível. (4) Por outro lado, não é desejável manter estabelecimentos prisionais tão pequenos que impossibilitem a disponibilização dos meios adequados". Logo, o detento deve ser visto como indivíduo e aproximado daqueles que possuam a mesma condição, sem prejuízo de um tratamento individualizado.

Também pelo artigo 69 das Regras Mínimas da ONU, tem-se a separação de grupos com vistas à atribuição de tratamento especial, o que reforça a individualização da pena na fase de execução: "69. Logo que possível após a admissão e depois de um estudo da personalidade de cada recluso condenado a uma pena cuja duração o justifique, será preparado um **programa de tratamento para o recluso**, à luz dos dados obtidos sobre as suas necessidades individuais, capacidades e estado de espírito". Referido programa toma por vista as peculiaridades de cada recluso para definir o melhor modo de cumprimento da sua pena, favorecendo sua ressocialização.

A Corte Interamericana de Direitos Humanos julgou:

- No **caso Ruano Torres e outros vs. El Salvador**, em 2015, entendeu-se haver violação às garantias processuais penais quando do trâmite do processo que resultou na condenação de José Agapito Ruano Torres pelo delito de sequestro. Quando da captura dos supostos sequestradores, estes foram submetidos a ameaças e a agressões físicas variadas. Durante o processo, não houve o respeito ao princípio da individualização, tratando-se todos os réus como unidade. Independente da prática ou não da conduta pelo peticionante, entende-se que houve violação de garantias processuais penais, o que por si só basta para a condenação e responsabilização do Estado. Mais uma vez, a Corte manifesta sua preocupação com o treinamento adequado dos agentes policiais.

1.10.8 Personalidade da pena

Artigo 5º – Direito à integridade pessoal, CADH
*3. A pena não pode passar da **pessoa do delinquente**.*

Tomado o princípio da personalidade da pena, tem-se que ela não poderá passar da pessoa do condenado, isto é, atingir terceiros por mais próximos que eles sejam deste condenado, como familiares, por exemplo. Tal princípio abrange a pena em si, mas não os efeitos civis da condenação, por exemplo, a obrigação de reparar o dano, que pode recair sobre os herdeiros, nos limites da herança.

1.10.9 Vedação do tribunal de exceção/audiência justa e imparcial

Artigo X, DUDH
*Toda pessoa tem direito, em plena igualdade, a uma **audiência justa e pública** por parte de um tribunal **independente e imparcial**, para decidir de seus direitos e deveres ou do fundamento de qualquer acusação criminal contra ele.*

Artigo 14, PIDCP
*1. Todas as pessoas são **iguais perante os tribunais e as cortes de justiça**. Toda pessoa terá o direito de ser **ouvida publicamente** e com as devidas **garantias** por um tribunal competente, **independente e imparcial**, estabelecido por lei, na apuração de qualquer acusação de caráter penal formulada contra ela ou na determinação de seus direitos e obrigações de caráter civil. A imprensa e o público poderão ser excluídos de parte ou da totalidade de um julgamento, que por motivo de **moral pública, de ordem pública ou de segurança nacional** em uma sociedade democrática, quer quando o interesse da vida privada das partes o exija, quer na medida em que isso seja estritamente necessário na opinião da justiça, em circunstâncias específicas, nas quais a publicidade venha a prejudicar os interesses da justiça; entretanto, **qualquer sentença proferida em matéria penal ou civil deverá tornar-se pública**, a menos que o interesse de menores exija procedimento oposto, ou o processo diga respeito a controvérsia matrimoniais ou à tutela de menores.*

> *Artigo XXVI – Direito a processo regular, DADH*
>
> Toda pessoa acusada de um delito tem o direito de ser **ouvida numa forma imparcial e pública**, de ser julgada por **tribunais já estabelecidos** de acordo com leis preexistentes, [...]
>
> *Artigo 8º – Garantias judiciais, CADH*
>
> 1. Toda pessoa terá o direito de ser ouvida, com as devidas **garantias** e dentro de um **prazo razoável**, por um juiz ou Tribunal **competente, independente e imparcial, estabelecido anteriormente por lei**, na apuração de qualquer acusação penal formulada contra ela, ou na determinação de seus direitos e obrigações de caráter civil, trabalhista, fiscal ou de qualquer outra natureza. [...]
>
> 5. O processo penal deve ser **público**, salvo no que for necessário para preservar os interesses da justiça.

Em que consiste a vedação ao juízo ou tribunal de exceção?

É assegurada a todos uma audiência justa e imparcial perante tribunais e Cortes de justiça. Isso significa que todas as pessoas deverão ser tratadas com igualdade perante o Judiciário e que é preciso seguir os termos estritos da legislação no que tange à fixação da autoridade competente para julgamento, o que deve ser feito antes do ato praticado e de forma abstrata, sem perder de vista, ainda, o estabelecimento de casos de impedimento e suspeição em prol da garantia da imparcialidade.

Daí se extrai, ainda, a vedação ao tribunal de exceção, o qual corresponde a um tribunal criado para julgar determinadas pessoas por certos fatos após eles terem ocorrido. Bem verdade que há relatos na história dos direitos humanos que remontam ao formato do tribunal de exceção, notadamente o Tribunal de Nuremberg, que julgou os líderes do nazismo, embora prevaleça que seu formato foi válido considerado o nível de atrocidades das atitudes praticadas pelos seus réus. Entretanto, toma-se que a regra é a da impossibilidade de criar tribunais de exceção, que violam a ideia de tribunais justos e imparciais.

Quanto à justiça e imparcialidade dos Tribunais, a **Observação Geral nº 32** do Comitê de Direitos Humanos considera inaceitável que um Estado faça reserva geral à garantia de um tribunal imparcial. Lembra que os direitos previstos no artigo 14 não podem ser suspensos.

A **Observação Geral nº 32** do Comitê prevê, ainda, que a igualdade no acesso aos órgãos de justiça envolve também procedimentos que sejam igualitários entre as partes.

Ainda, prevê a observação que "a noção de 'tribunal' se refere a um órgão, qualquer que seja sua denominação, criado por lei, independente dos Poderes Executivo e Legislativo, e que goze em casos específicos de independência judicial para decidir questões jurídicas nas atuações de caráter judicial", noção esta aplicável tanto na esfera criminal como na cível.

Na observação é destacado que a noção de imparcialidade está associada a de independência do magistrado, que deve se ver livre de intervenções e influências externas para decidir o caso, o que envolve ainda uma garantia de inamovibilidade.

Por seu turno, a adoção dos *"juízes sem rosto"*, ocultos às partes, segundo a observação, não significa garantir esta imparcialidade e independência, cabendo em certos procedimentos o direito de conhecer ao certo o magistrado responsável pelo julgamento para poder questionar eventual imparcialidade.

Por fim, quanto à publicidade como regra das decisões, esta surge como forma de salvaguardar as características de um órgão judiciário, quais sejam, justiça e imparcialidade, uma vez que ao serem trazidas as decisões a público permite-se que elas sejam fiscalizadas pela sociedade e pelas próprias partes. Transparência é uma marca da Justiça no sistema democrático. Entretanto, há situações em que será aceita a relativização da publicidade, quais sejam, motivos de interesse público que cerquem a ordem moral, a ordem social ou a segurança nacional. Da mesma forma, a **Observação Geral nº 32** do Comitê de Direitos Humanos reforça que a publicidade deve ser tida como regra inclusive na realização de audiências, não cabendo a restrição do acesso à mídia ou a grupos determinados de pessoas.

1.10.10 Contraditório e ampla defesa

Artigo 9º, PIDCP
*2. Qualquer pessoa, ao ser presa, deverá ser **informada das razões da prisão e notificada**, sem demora, **das acusações** formuladas contra ela.*

Artigo 14, PIDCP
*3. Toda pessoa acusada de um delito terá direito, em plena igualdade, a, pelo menos, as seguintes **garantias**:*

*a) de ser **informado**, sem demora, numa língua que compreenda e de forma minuciosa, da **natureza** e dos **motivos** da **acusação** contra ela formulada;*

*b) de dispor do tempo e do meios necessários à **preparação de sua defesa** e a comunicar-se com **defensor** de sua escolha;*

*c) de ser julgado sem **dilações indevidas**;*

*d) de estar **presente no julgamento** e de **defender-se pessoalmente ou por intermédio de defensor** de sua escolha; de ser informado, caso não tenha defensor, do **direito que lhe assiste de tê-lo** e, sempre que o interesse da justiça assim exija, de ter um defensor **designado ex officio gratuitamente**, se não tiver meios para remunerá-lo;*

*e) de **interrogar ou fazer interrogar as testemunhas** da acusação e de obter o comparecimento e o interrogatório das testemunhas de defesa nas mesmas condições de que dispõe as de acusação;*

*f) de ser **assistida gratuitamente por um intérprete**, caso não compreenda ou não fale a língua empregada durante o julgamento;*

> g) de não ser obrigada a **depor contra si mesma, nem a confessar-se culpada**.
>
> **Artigo 7º – Direito à liberdade pessoal, CADH**
>
> 4. Toda pessoa detida ou retida deve ser informada das razões da detenção e notificada, sem demora, da acusação ou das acusações formuladas contra ela.
>
> **Artigo 8º – Garantias judiciais, CADH**
>
> 2. [...] Durante o processo, toda pessoa tem direito, em plena igualdade, às seguintes **garantias mínimas**:
>
> a) direito do acusado de ser assistido gratuitamente por um **tradutor** ou **intérprete**, caso não compreenda ou não fale a língua do juízo ou tribunal;
>
> b) comunicação **prévia e pormenorizada** ao acusado da **acusação** formulada;
>
> c) concessão ao acusado do **tempo** e dos **meios necessários** à preparação de sua **defesa**;
>
> d) direito do acusado de defender-se **pessoalmente** ou de ser **assistido** por um defensor de sua escolha e de **comunicar-se**, livremente e em particular, com seu defensor;
>
> e) direito irrenunciável de ser **assistido por um defensor proporcionado pelo Estado**, remunerado ou não, segundo a legislação interna, se o acusado **não se defender ele próprio, nem nomear defensor** dentro do prazo estabelecido pela lei;
>
> f) direito da defesa de **inquirir as testemunhas** presentes no Tribunal e de obter o **comparecimento**, como **testemunhas ou peritos**, de outras pessoas que possam lançar luz sobre os fatos;
>
> g) direito de não ser obrigada a **depor contra si mesma**, nem a confessar-se culpada; e [...]

Contraditório e ampla defesa aparecem entrelaçados não só na legislação constitucional, mas também no âmbito dos direitos humanos internacionais. Diferente do que se detrai do texto constitucional brasileiro, não muito específico ao delimitar garantias associadas ao contraditório e à ampla defesa, a legislação internacional de direitos humanos esmiúça garantias mínimas que podem ser associadas e estes direitos.

> Quais as semelhanças e as diferenças entre contraditório e ampla defesa?

Em suma, por contraditório tem-se o direito de responder e argumentar sobre todas as acusações e provas que sejam produzidas no processo. Por sua vez, o exercício da ampla defesa envolve não apenas a concessão de todos os meios necessários à defesa (entre os quais se encontram provas e alegações), mas também do tempo hábil para a utilização de tais meios (por exemplo, de nada adiantaria conferir o direito de resposta e não atribuir um prazo razoável para que uma resposta completa e bem elaborada seja apresentada).

Percebe-se o conceito na **Observação Geral nº 32** do Comitê de Direitos Humanos, ressaltando que o tempo adequado deve ser analisado caso a caso, cabendo pedir ampliação nas situações de dificuldades para a comprovação dos fatos; ao passo que meios adequados são todos os documentos e outras provas que colaborem à comprovação da inocência ou à redução do gravame imposto pela pena.

Talvez, uma das principais nuances do princípio do contraditório e da ampla defesa seja o **direito à informação**, que deve ser garantido tanto quando for feita a prisão quanto como forem elaboradas acusações contra a pessoa. As informações devem ser completas, envolvendo justificativas detalhadas dos motivos que a justificaram, bem como previsão do tipo de delito imputado.

Não obstante, garante-se a defesa tanto *pessoal*, apresentada pelo próprio acusado ao se defender dos fatos imputados, notadamente pela via do interrogatório e pelo comparecimento pessoal na audiência, quanto *técnica*, mediante a atribuição de defensor. Quando interrogado, o acusado não pode ser coagido a confessar ou a depor num determinado sentido. Em relação ao defensor, ele poderá ser de sua escolha ou, caso não o possua (por exemplo, porque não o designou quando deveria), nomeado de ofício e atribuído gratuitamente se não tiver condições de remunerá-lo, previsto ainda o direito de comunicação privativa e livre com ele.

A respeito da defesa técnica, consta na **Observação Geral nº 32** do Comitê de Direitos Humanos: "em alguns casos concretos, o interesse da justiça pode exigir a nomeação de um advogado contra os desejos do acusado, em particular nos casos de pessoas que obstruam substancial e persistentemente a condução do processo, ou estejam diante de uma acusação grave e sejam incapazes de atuar em defesa de seus próprios interesses, ou quando seja necessário para proteger de novas pressões ou intimidações os acusados interrogados em juízo".

No mais, caso necessário, o acusado terá um intérprete que intermedeie sua comunicação com o Judiciário, pois seria impossível a ele se defender e responder os argumentos da acusação sem entender exatamente o que lhe está sendo imputado e sem conseguir levar a sua versão dos fatos à autoridade competente para o julgamento.

A capacidade de conduzir o interrogatório a seu favor, levantando aspectos que demonstrem sua inocência, é um direito do réu. Assim, o interrogatório de testemunhas da acusação e a indicação e questionamento de suas próprias testemunhas é um dos principais direitos associados à dimensão do contraditório, uma vez que a prova testemunhal é um dos principais meios de prova e produz grande influência no processo.

1.10.11 Recurso a juiz ou tribunal competente

Artigo 9º, PIDCP
*4. Qualquer pessoa que seja privada de sua liberdade por prisão ou encarceramento terá de **recorrer a um tribunal** para que este decida sobre a legalidade de seu encarceramento e ordene sua **soltura, caso a prisão tenha sido ilegal**.*

Artigo 14, PIDCP
*5. Toda pessoa declarada culpada por um delito terá o direito de **recorrer da sentença condenatória e da pena a uma instância**, em conformidade com a lei.*

> *Artigo 7º – Direito à liberdade pessoal, CADH*
>
> *6. Toda pessoa privada da liberdade tem direito a **recorrer a um juiz ou tribunal competente**, a fim de que este decida, sem demora, sobre a **legalidade de sua prisão ou detenção** e ordene sua soltura, se a prisão ou a detenção forem ilegais. Nos Estados-partes cujas leis preveem que toda pessoa que se vir ameaçada de ser privada de sua liberdade tem direito a recorrer a um juiz ou tribunal competente, a fim de que este decida sobre a legalidade de tal ameaça, tal **recurso não pode ser restringido nem abolido**. O recurso pode ser interposto pela **própria pessoa ou por outra pessoa**.*
>
> *Artigo 8º – Garantias judiciais, CADH*
>
> *2. [...] h) direito de recorrer da sentença a juiz ou tribunal superior.*

Como a liberdade é um dos bens jurídicos mais sagrados da pessoa humana, quando ela é privada com base na lei mostra-se necessária que a opinião a respeito seja a mais adequada possível. Quem emite tal opinião é um ser humano que se encontra na posição de autoridade competente e, como tal, está sujeito a erros. Por isso, estabelece-se a garantia de recurso àquele que tenha sua liberdade privada por decisão da autoridade competente, o qual, se provido, fará cessar a ilegalidade e determinará a soltura do recorrente.

Tal recurso poderá ser interposto a juiz ou Tribunal – hipótese última a mais comum –, caso em que se faz presente o chamado **princípio do duplo grau de jurisdição**. Logo, em termos de direitos humanos, perante as Nações Unidas, não se pode afirmar que o duplo grau de jurisdição seja um direito, embora o recurso o seja, posto que cabe interposição perante juiz competente de mesmo grau, conforme a legislação interna preveja, uma vez que não há previsão no Pacto Internacional dos Direitos Civis e Políticos nem na Declaração Universal dos Direitos Humanos neste linear. Contudo, o Pacto de São José da Costa Rica prevê o duplo grau de jurisdição em seu artigo 8º, item 2, alínea *h*, de modo que perante a Organização dos Estados Americanos o duplo grau de jurisdição é reconhecido como um direito humano, consistente na possibilidade de recorrer da sentença penal condenatória a um juiz ou Tribunal de grau superior.

> **A Corte Interamericana de Direitos Humanos julgou:**
>
> - No caso **Amrhein e outros vs. Costa Rica**, julgado em 25 de abril de 2018, condenou-se o Estado por violação às garantias judiciais e à liberdade e à integridade pessoal por ter recusado o acesso a recurso judicial para reapreciação de fatos e provas em processo condenatório penal com relação a dezessete vítimas. A Corte frisou que os direitos humanos inerentes às garantias judiciais penais englobam o direito de ter um juiz competente, independente e imparcial; o direito de ser julgado dentro de um prazo razoável e o direito de defesa.
> - No **caso Mohamed vs. Argentina**, em novembro de 2012, condenou-se o Estado por não ter garantido à vítima o direito de recorrer da sentença penal condenatória de segunda instância, após ter sido absolvido em primeira instância e condenado em segunda, sob o argumento que tal recurso seria extraordinário e não poderia reapreciar os fatos. A condenação abrangeu

> a indenização de danos materiais e morais, a suspensão dos efeitos da sentença condenatória e o dever de julgamento do recurso interposto.

1.10.12 Revisão da sentença transitada em julgado apenas a favor do réu

> *Artigo 14, PIDCP*
> 6. Se uma sentença condenatória passada em julgado for **posteriormente anulada** ou se indulto for concedido, pela **ocorrência ou descoberta de fatos novos que provem cabalmente a existência de erro judicial**, a pessoa que sofreu a pena decorrente dessa condenação deverá ser indenizada, de acordo com a lei, a menos que fique provado que se lhe pode imputar, total ou parcialmente, não revelação dos fatos desconhecidos em tempo útil.
>
> 7. Ninguém poderá ser **processado ou punido por um delito pelo qual já foi absolvido ou condenado por sentença passada em julgado**, em conformidade com a lei e os procedimentos penais de cada país.
>
> *Artigo 8º – Garantias judiciais, CADH*
> 4. O **acusado absolvido** por sentença transitada em julgado não poderá ser submetido a **novo processo** pelos mesmos fatos.

A revisão criminal, consistente na alteração de uma sentença judicial que já tenha transitado em julgado, somente é aceita para absolver um réu que tenha sido condenado, mas não para condenar um que já tenha sido absolvido. Em outras palavras, somente pode ser favorável ao réu, melhorando a sua condição, o que inclui também a redução de pena, mas jamais para prejudicá-lo, seja aumentando a pena, seja condenando-o após já ter sido absolvido.

O fundamento da garantia é a segurança jurídica, a qual somente é relativizada quando um interesse maior estiver em jogo, qual seja, a liberdade do acusado. Logo, mesmo que sejam descobertos fatos novos, se o réu foi absolvido em processo criminal transitado em julgado, não caberá abertura de revisão criminal para condená-lo; e se ele foi condenado à pena inferior do que deveria em sentença passada em julgado, não cabe revisão criminal para aumentá-la. A situação inversa somente é aceita porque não se justificaria prejudicar a liberdade de uma pessoa por motivo de segurança jurídica.

1.10.13 Tratamento especial de determinados detidos

> *Artigo 10, PIDCP*
> 2. a) as pessoas **processadas deverão ser separadas**, salvo em circunstância excepcionais, das pessoas condenadas e receber **tratamento distinto**, condizente com sua condição de pessoa não condenada.

*b) as pessoas processadas, **jovens**, deverão ser separadas das adultas e julgadas o mais rápido possível.*

*3. O regime penitenciário num tratamento cujo objetivo principal seja a **reforma e a reabilitação moral** dos prisioneiros. Os **delinquentes juvenis** deverão ser separados dos adultos e receber tratamento condizente com sua idade e condição jurídica.*

Artigo 14, PIDCP

*4. O **processo aplicável a jovens que não sejam maiores** nos termos da legislação penal levará em conta a idade dos menores e a importância de promover sua **reintegração social**.*

Artigo 5º – Direito à integridade pessoal, CADH

*4. Os processados devem ficar separados dos condenados, salvo em **circunstâncias excepcionais**, e devem ser submetidos a tratamento adequado à sua condição de pessoas não condenadas.*

*5. Os **menores**, quando puderem ser processados, devem ser **separados dos adultos e conduzidos a tribunal especializado**, com a maior rapidez possível, para seu tratamento.*

> Em quais categorias se divide o tratamento especial e em separado dos detidos? Quais as principais nuances destas categorias?

O tratamento especial e em separado dos detidos se divide em quatro categorias, por fundamentos diferentes:

a) Homens e mulheres, em qualquer situação, devendo preferencialmente permanecer em unidades separadas, mas se não for possível que ao menos nos estabelecimentos que recebam homens e mulheres sejam assegurados recintos totalmente separados;

b) Detidos provisoriamente, antes do trânsito em julgado da sentença penal condenatória, devido ao princípio da presunção de inocência. Se uma pessoa é presumida inocente e somente tem sua liberdade retirada porque, por uma situação excepcional, é de interesse público sua detenção antes do trânsito em julgado da sentença penal condenatória, nada mais correto do que garantir a ela um tratamento diferenciado, digno de sua condição de inocência. Em situações excepcionais, todavia, é possível mantê-los juntos no mesmo espaço, sem que fique prejudicado o tratamento diferenciado;

c) Presos civis devem permanecer separados dos presos penais;

d) Jovens e menores infratores, em qualquer situação. Independente de serem menores ou não, os jovens devem preferencialmente ser separados dos adultos nos estabelecimentos prisionais, com o fim de não serem contaminados em sua personalidade por aqueles que, usualmente, muito já delinquiram. Tem-se que a personalidade dos jovens e menores ainda não está totalmente formada, o que facilita o processo de reinserção social.

Em relação aos menores, ainda, deve ser garantido o tratamento perante tribunal especializado, o qual tenha como notas a celeridade e a consciência de seu papel de promotor da reintegração social dos menores infratores. Protege-se, no caso, a infância e a juventude, alicerces da construção da sociedade.

A separação de categorias também é prevista no item 8 das Regras Mínimas: "as diferentes **categorias de reclusos** serão mantidas em **estabelecimentos penitenciários separados ou em diferentes zonas** de um mesmo estabelecimento penitenciário, tendo em consideração o respectivo **sexo, idade, antecedentes penais, justificação legal da detenção e necessidades de tratamento**. Assim: a) Na medida do possível, **homens e mulheres** ficarão detidos em estabelecimentos separados; nos estabelecimentos que recebam homens e mulheres, a totalidade dos locais destinados às mulheres será completamente separada; b) Os presos **preventivos** serão mantidos em separado dos presos **condenados**; c) As pessoas presas por **dívidas** ou outros reclusos do **foro civil** serão mantidos em separado dos reclusos do foro criminal; d) Os **jovens** reclusos serão mantidos em separado dos adultos".

Tal separação impede que a prisão se torne uma "faculdade" para o crime, que um presumivelmente inocente tenha que conviver com um culpado, que um jovem seja contaminado pela criminalidade dos mais velhos, que a prisão passe a ser um antro de relacionamentos indevidos, que situações de violência pelos mais fortes e agressivos se estabeleçam. Logo, as Regras Mínimas se aprofundam em relação às normas gerais de direitos humanos, incluindo questões sobre a separação por espécie de crime cometido, por periculosidade do condenado e por gênero.

Reforça-se, nos itens 67 e 68 das Regras Mínimas da ONU, que é devida a separação de presos por categorias conforme a periculosidade: "67. As **finalidades da classificação** deverão ser: (a) **Separar** dos restantes os reclusos que, em virtude dos seus antecedentes criminais ou má índole, sejam suscetíveis de exercer uma **influência negativa** sobre os outros reclusos; (b) **Dividir** os reclusos por grupos a fim de **facilitar o seu tratamento** com vista à respectiva reabilitação social. 68. Há que dispor, na medida do possível, de **estabelecimentos separados ou de seções distintas** dentro de um estabelecimento para o tratamento das diferentes categorias de reclusos". A separação por periculosidade consolida a individualização da pena na fase de execução e impede que o estabelecimento prisional se torne uma faculdade do crime. Logo, presos com grau de periculosidade diferenciado merecem tratamento específico.

1.10.14 Tratamento especial de mulheres reclusas: Regras para o tratamento de mulheres presas e medidas não privativas de liberdade para mulheres infratoras

Não obstante o tratamento conferido pelas Regras Mínimas para o Tratamento dos Reclusos da ONU, que assegura a separação entre homens e mulheres em situações de detenção (regra nº 8), bem como a presença constante de oficial feminina no controle das chaves de estabelecimento ou setor prisional feminino e nas atividades de inspeção (regra nº 53), merecem destaque as Regras das Nações Unidas para o tratamento de mulheres presas e medidas não privativas de liberdade para mulheres infratoras, também conhecidas como **Regras de Bangkok**, expedidas em julho de 2010 pelo Conselho Econômico e Social da ONU e aprovadas pela Assembleia Geral. **As mencionadas regras não são excludentes, devendo as Regras de Bangkok, assim, dialogarem com as Regras Mínimas para Tratamento de Reclusos.**

A pretensão das Regras de Bangkok não é a de violar o princípio da igualdade entre homens e mulheres, mas sim a de viabilizá-lo, tomando em consideração as distintas necessidades das mulheres presas, decorrentes da sua condição de vulnerabilidade.

A Seção I das regras compreende a administração geral das instituições e é aplicável a todas as categorias de mulheres privadas de liberdade, incluindo casos penais e civis, mulheres presas provisoriamente ou condenadas, assim como mulheres submetidas a medidas disciplinares ou medidas corretivas ordenadas por um juiz.

Manifesta-se uma clara preocupação no que se refere à necessidade da presença da mulher no seio familiar, por exemplo, ao se estabelecer o direito da mulher de tomar providências referentes à guarda dos seus filhos antes de ingressar no estabelecimento ou mesmo adiar o cumprimento da pena em razão do cuidado da prole, bem como de que o encarceramento ocorra em local próximo ao da residência da família.

Quanto à higiene da mulher, reforça-se a importância do cuidado especial no período menstrual, garantindo-se absorventes e adequada circulação de água. Em relação à saúde, o exame de ingresso deve determinar o histórico reprodutivo, de doenças sexualmente transmissíveis, de abusos sexuais, de dependência química e de traumas psicológicos, respeitada a confidencialidade deste exame. Fixa-se o direito de ser tratada por mulher, caso solicite, na medida do possível. Ainda, deve ser conferida orientação jurídica à mulher que queira denunciar eventuais abusos detectados, bem como tratamento especializado voltado a outra doença física ou mental detectada, incluindo medidas de saúde preventiva feminina, como exame de câncer de mama, papanicolau e ginecológico.

Caso criança vá acompanhar a mulher no ingresso no estabelecimento, deve receber exame pediátrico; nas situações de visitas, deve ser recebida em ambiente propício. Em situações excepcionais nas quais a criança tenha que viver no ambiente prisional, ela não deve ser tratada como presa, devendo ser educada em espaço semelhante aos usuais.

A revista no estabelecimento prisional deve ser conduzida com competência, profissionalismo e sensibilidade, utilizando recursos que consigam substituir a necessidade de contato físico e de exposição da mulher, evitando todo tipo de revista íntima ou invasiva. Já as sanções disciplinares não devem ocasionar o isolamento familiar, além do que são proibidas sanções de isolamento ou segregação disciplinar a mulheres gestantes ou a mulheres com filhos ou em período de amamentação. No trabalho de parto jamais podem ser usados instrumentos de contenção. Os profissionais devem ser capacitados sobre questões de gênero e a proibição da discriminação e o assédio sexual.

Autoridades prisionais deverão colocar em prática medidas para atender às necessidades de proteção das adolescentes privadas de liberdade, incluindo acesso à educação e à orientação vocacional, além de inserção em serviços e programas compatíveis com suas condições pessoais, sem prejuízo do devido suporte médico especializado.

A Seção II contém regras aplicáveis apenas a categorias especiais tratadas em cada subseção. Apesar disso, as regras da subseção A, que se aplicam a presas condenadas, aplicam-se igualmente à categoria de presas relacionadas na subseção B sempre que não se contraponham às normas relativas a essa categoria. Ainda, as subseções A e B contêm regras adicionais para o tratamento de adolescentes privadas de liberdade.

Quanto às presas condenadas, deve ser facilitada a transição para regimes não privativos de liberdade, aproximando-as da convivência familiar e livrando-as do estigma da prisão, além de proporcionada a sua plena reintegração social e assegurada a convivência familiar durante todo o período de detenção. Entre os direitos assegurados à categoria de presas condenadas e que podem ser ampliados às demais, destacam-se: ser consultada a respeito das visitas que deseja receber, orientação sobre dieta e saúde durante a lactância e a gravidez, convivência familiar.

A Seção III contém regras que contemplam a aplicação de sanções não privativas de liberdade e medidas para mulheres adultas infratoras e adolescentes em conflito com a lei, incluindo no momento da prisão e nos estágios de pré-julgamento, e após a sentença do processo criminal. Neste sentido, devem ser asseguradas opções específicas para mulheres de medidas despenalizadoras e alternativas à prisão e à prisão cautelar, considerando o histórico de vitimização de diversas mulheres infratoras e suas responsabilidades de cuidado. Principalmente se a mulher tiver filhos, a pena de prisão deve ser considerada apenas quando o crime for grave ou violento ou a mulher representar ameaça contínua.

A Seção IV contém regras sobre pesquisa, planejamento, avaliação, sensibilização pública e compartilhamento de informações, e é aplicável a todas as categorias de mulheres infratoras compreendidas nessas regras.

1.10.15 Tratamento especial de menores infratores: Regras mínimas das Nações Unidas para a administração da justiça de menores

As Regras mínimas das Nações Unidas para a administração da justiça de menores, também conhecidas como **Regras de Pequim**, foram adotadas pela Assembleia Geral das Nações Unidas em 1985, visando abordar a necessidade de atenção e assistência especial aos jovens infratores. Elas se aplicam não só aos delinquentes juvenis, **mas também aos menores que possam ser processados por qualquer comportamento específico**. Além disso, **devem ser aplicadas em leitura conjunta com as Regras Mínimas para Tratamento dos Reclusos**.

Estabelece-se de início que "os Estados membros esforçar-se-ão por criar condições que assegurem ao menor uma vida útil na comunidade fomentando, durante o período de vida em que o menor se encontre mais exposto a um comportamento desviante, um processo de desenvolvimento pessoal e de educação afastado tanto quanto possível de qualquer contato com a criminalidade e a delinquência" (item 1.2). É preciso adotar políticas sociais voltadas ao jovem para prevenir a delinquência e a criminalidade.

As regras estabelecem o seguinte rol de conceitos (item 2.2): "a) Menor é qualquer criança ou jovem que, em relação ao sistema jurídico considerado, pode ser punido por um delito, de forma diferente da de um adulto; b) Delito é qualquer comportamento (ato ou omissão) punível por lei em virtude do sistema jurídico considerado; c) Delinquente juvenil é qualquer criança ou jovem acusado de ter cometido um delito ou considerado culpado de ter cometido um delito".

Coloca-se que nos países em que se autoriza a responsabilização penal de menores, esta não deve ser fixada num nível etário baixo, tendo em vista os problemas de maturidade afetiva, psicológica e intelectual.

Quanto ao objetivo da justiça de menores, tem-se que "o sistema da Justiça de menores deve dar a maior importância ao bem-estar destes e assegurar que qualquer decisão em relação aos Delinquentes juvenis seja sempre proporcional às circunstâncias especiais tanto dos Delinquentes como do delito" (item 5.1). Deve ser assegurado poder discricionário, exercido com razoabilidade, às autoridades envolvidas no processo perante a justiça de menores.

Estabelece-se a necessidade de respeito a direitos e garantias fundamentais no curso do processo: "as garantias fundamentais do processo, tais como a presunção de inocência, o direito de ser notificado das acusações, o direito de não responder, o direito à assistência judiciária, o direito à presença dos pais ou tutor, o direito de interrogar e confrontar as testemunhas e o direito ao recurso serão asseguradas em todas as fases do processo" (item 7.1). Cabe ainda a proteção da privacidade do menor para evitar que seja prejudicado por uma publicidade inútil ou pelo processo de estigmatização. Não é possível aplicar-se pena de morte ou castigos corporais.

Quando um menor é detido cabe a imediata comunicação aos pais ou responsáveis e análise pela autoridade competente sobre a possibilidade de soltura. Ainda, "sempre que possível tentar-se-á tratar o caso dos delinquentes juvenis evitando o recurso a um processo judicial perante a autoridade competente" (item 11.1). Se for necessária a abertura de processo judicial, este deve ser guiado de forma justa e equitativa, favorecendo os interesses do menor. O menor deve, no processo, ser representado por advogado à sua escolha ou designado, bem como é assegurada a possibilidade de seus pais ou tutores participarem do processo. Todos estes procedimentos devem se operar com celeridade. Cabe, no mais, a especialização dos serviços policiais.

A prisão preventiva deve ser uma medida de último recurso e sua duração deve ser a mais limitada possível. Aliás, mesmo a título definitivo, "a privação da liberdade individual só é imposta se o menor for considerado culpado de um fato grave que implique violência contra outra pessoa ou de reincidência noutros crimes graves e se não existir outra solução adequada" (item 17.1, letra "c"). Entre as medidas substitutivas da internação sugeridas (item 18): "a) Medidas de proteção, orientação e vigilância; b) Regime de prova; c) Medidas de prestação de serviços à comunidade; d) Multas, indenização e restituição; e) Tratamento intermédio e outras medidas de tratamento; f) Participação em grupos de 'counselling' e outras atividades semelhantes; g) Colocação em família idônea, em centro comunitário ou outro estabelecimento; h) Outras medidas relevantes". Qualquer que seja a medida, deve propiciar a profissionalização e a formação do adolescente.

No tratamento em meio aberto, deve ser inserida a participação de toda a comunidade, inclusive com abertura ao voluntariado. No tratamento em instituição é preciso assegurar assistência, proteção, educação e formação profissional, garantida a separação entre jovens e adultos em tais estabelecimentos, bem como a criação de sistemas de semidetenção.

1.10.16 Tratamento digno quando da restrição da liberdade

Artigo 10, PIDCP

*1. Toda pessoa privada de sua liberdade deverá ser tratada com **humanidade e respeito à dignidade** inerente à pessoa humana.*

Artigo XXV - Direito de proteção contra prisão arbitrária, DADH

*[...] Tem também direito a um **tratamento humano** durante o tempo em que o privarem da sua liberdade.*

Artigo XXVI - Direito a processo regular, DADH

*Toda pessoa acusada de um delito tem o direito [...] de que se lhe **não inflijam penas cruéis, infamantes ou inusitadas**.*

Artigo 5º, CADH - Direito à integridade pessoal

*1. Toda pessoa tem direito a que se respeite sua **integridade física, psíquica e moral**. [...]*

*6. As penas privativas de liberdade devem ter por finalidade essencial a **reforma** e a **readaptação social** dos condenados.*

> Qual o sentido, nas normas internacionais de direitos humanos, do tratamento digno quando da restrição da liberdade?

Não bastasse a preocupação com a tutela da liberdade, pode ser extraído outro viés de proteção dos direitos humanos penais, qual seja, **de que a tutela penal da liberdade se dê estritamente sobre a liberdade, não sobre a dignidade da pessoa humana.**

Neste sentido, a privação da liberdade deve se dar com respeito à humanidade e à dignidade, o que envolve a não violação da integridade física, psíquica e moral para além do estritamente necessário à privação da liberdade. No mais, lembra-se que a pena tem finalidade ressocializadora, a qual só pode ser concretizada se o preso não for destruído em sua dignidade e, durante a privação da liberdade, obter o adequado acompanhamento para reintegrar-se na vida social sem cometer outros delitos.

Da mesma forma, ao se vedar a tortura e outros tratamentos desumanos, cruéis ou degradantes, tem-se o impedimento de que a prisão seja suplício ou funcione como barreira à garantia de outros bens jurídicos essenciais à pessoa humana.

A propósito, relembra-se o teor do artigo V da DUDH, pelo qual "ninguém será submetido à tortura, nem a tratamento ou castigo cruel, desumano ou degradante", e do artigo 7º do PIDCP, que prevê que "ninguém poderá ser submetido à tortura, nem a penas ou tratamentos cruéis, desumanos ou degradantes. Será proibido, sobretudo, submeter uma pessoa, sem seu livre consentimento, a experiências médicas ou científicas", cujo teor é acompanhado pelo item 2 do artigo 5º da CADH.

A **Observação Geral nº 9** do Comitê de Direitos Humanos concentra-se na preocupação com a garantia de condições dignas na detenção, bem como exige dos Estados que sejam mais claros em seus relatórios anuais sobre a temática, extraindo-se o trecho: "O tratamento humano e o respeito à dignidade das pessoas privadas de liberdade são uma norma básica de aplicação universal que não pode depender inteiramente dos recursos materiais. O Comitê tem consciência de que, entre outros aspectos, as modalidades e as condições de detenção podem variar segundo os recursos dos quais se disponha, mas isso não justifica critérios de discriminação. A responsabilidade final quanto à observância deste princípio é do Estado no tocante a todas as suas instituições onde detenha legalmente as pessoas contra a sua vontade, não apenas prisões, mas também hospitais, campos de detenção e correlatos". Na **Observação Geral nº 21** reforça-se a interpretação neste sentido, afirmando-se, num trecho, que "tratar toda pessoa privada de liberdade com humanidade e respeito à sua dignidade é uma norma fundamental de aplicação universal. Por isso, tal norma, como mínimo, não pode depender dos recursos materiais disponíveis no Estado Parte. Esta norma deve aplicar-se sem distinção de nenhum gênero, como, por exemplo, motivos de raça, cor, sexo, idioma, e religião, opinião política ou de outro gênero, origem nacional ou social, patrimônio, nascimento ou qualquer outra condição". Ainda, na **Observação Geral nº 36**, destaca-se que é dever dos Estados proteger a vida das pessoas privadas de liberdade, não podendo invocar a falta de recursos financeiros ou outros problemas logísticos para reduzir essa responsabilidade, sendo que a perda da vida no curso da detenção implica em presunção de sua privação arbitrária pelas autoridades estaduais.

Já a **Observação Geral nº 20** do Comitê de Direitos Humanos prevê que as práticas de isolamento celular (solitária) prolongado podem equivaler, em alguns casos, à violação de direitos humanos. É a crítica que se faz, no Brasil, ao Regime Disciplinar Diferenciado, muitas vezes aplicado de forma arbitrária e sem limitação temporal. Exatamente por isso, como já dito em outro momento, as Regras de Mandela inovam em relação às Regras Mínimas (a versão original era proibitiva; a versão atualizada é autorizativa, desde que excepcionalmente): "Regra 44. Para os objetivos destas Regras, o confinamento solitário refere-se ao confinamento do preso por 22 horas ou mais, por dia, sem contato humano signicativo. O confinamento solitário prolongado refere-se ao confinamento solitário por mais de 15 dias consecutivos. Regra 45. 1. O confinamento solitário será utilizado somente em casos excepcionais como último recurso, pelo menor prazo possível e sujeito a uma revisão independente, e somente de acordo com autorização de autoridade competente. Não deverá ser imposto como consequência da sentença do preso. 2. A determinação de confinamento solitário será proibida no caso de preso portador de deficiência mental ou física quando essas condições possam ser agravadas por tal medida. A proibição do uso do confinamento solitário e de medidas similares em casos envolvendo mulheres e crianças, como referido em outros padrões e normas das Nações Unidas sobre prevenção ao crime e justiça criminal, permanece aplicável".

O tratamento digno dos presos é uma das maiores preocupações das Regras Mínimas da ONU. Dos itens 9 a 14 trata-se do espaço de alojamento: já no seu item 9 elege a preferência pelo abrigo em celas ou quartos individuais para descanso noturno, embora se reconheça que a sobrelotação temporária pode excepcionar este requisito; no item 10 indica que todos locais de alojamento devem ter condições próprias de higiene e saúde, incluindo aspectos como condições climatéricas, cubicagem de ar disponível, a área mínima, a iluminação, o aquecimento e a ventilação; no item 11 exige que nos locais de vivência e trabalho devem existir janelas amplas para leitura ou trabalho com luz natural durante o dia, luz artificial durante a noite e ar fresco; no item 12 se prevê a necessidade de instalações sanitárias adequadas; no item 13 é garantido o banho ou ducha quanto for necessário para higiene geral, sendo a frequência mínima de 1 vez por semana num clima temperado; e no item 14 assegura-se a conservação das zonas utilizadas pelos reclusos com a devida manutenção e limpeza.

Na sessão seguinte, sobre higiene pessoal, assegura-se no item 15 a manutenção da limpeza do local e o fornecimento de água e artigos de higiene para limpeza e saúde, e no item 16 o direito a uma boa aparência, incluindo cuidados de cabelo e barba.

Após, trata-se do vestuário e da roupa de cama, sendo que pelo item 17 o vestuário deverá ser adaptado às condições climatéricas e de saúde a todos os reclusos que não estejam autorizados a usar o seu próprio vestuário (o estão, por exemplo, os que forem autorizados a deixar o estabelecimento por um período de tempo), não devendo quando padronizado ser degradante ou humilhante, cabendo a manutenção em limpeza e bom estado com trocas periódicas; e pelo item 19 deverá ser fornecido um leito individual e roupa de cama própria, suficiente e limpa.

Ainda, trata-se da alimentação em sessão própria, no seguinte teor, conforme item 20: "(1) A administração deverá fornecer a cada recluso, às horas habituais, **alimentação de valor nutritivo adequado à saúde e à robustez física**, com boa qualidade geral e bem preparada e servida. (2) Todos os reclusos deverão ter **acesso a água potável** sempre que dela necessitem". O recluso não pode comer na hora em que bem entender, mas apenas quando lhe for fornecida comida nas horas habituais. Já a água própria ao consumo deve estar disponível sempre.

Há, ainda, preocupação com o lazer do recluso, prevendo-se na sessão sobre exercício e desporto, composta pelo item 22, que há direito de exercício adequado ao ar livre aos reclusos que não desenvolvam trabalho exterior quando o clima assim permitir, e, aos que tenham condições físicas compatíveis, garante-se o recebimento de educação física e recreativa em período e local próprio.

Por fim, tem-se sessão específica sobre serviços médicos, consolidando a preocupação com a manutenção da integridade física e mental do recluso, demonstrando-se pelos artigos 24, 25 e 26 que o médico é mais que o responsável pelo atendimento do recluso em caso de doenças, cabendo a ele o papel preventivo, evitando que o recluso adoeça, notadamente ao alertar o diretor do estabelecimento pelo desrespeito às condições básicas necessárias à sua saúde.

Quanto à aplicação de sanções disciplinares com vistas à manutenção da ordem nos estabelecimentos prisionais, ressalta-se a vedação do item 31 de que "os castigos corporais, as sanções que impliquem a colocação em quarto escuro e todas as penas cruéis, desumanas ou degradantes serão completamente proibidos como sanções disciplinares"; e do item 32 de que são impedidas penas de isolamento, redução de alimentação e outras prejudiciais à saúde física e mental, salvo se houver autorização médica no sentido de que o recluso pode suportá-las e respeitados os limites do item 31. Não obstante, conforme item 33, "os instrumentos de restrição de movimentos, como **algemas, correntes, ferros e coletes de força**, **não** deverão jamais ser aplicados como **sanção**", mas apenas como meios de precaução de fuga, por recomendação médica ou quando esgotados meios de contenção do recluso.

Neste sentido, no ordenamento brasileiro se editou a Súmula Vinculante nº 11, consoante a qual só é lícito o uso de algemas em casos de resistência e de fundado receio de fuga ou de perigo à integridade física própria ou alheia, por parte do preso ou de terceiros, justificada a excepcionalidade por escrito, sob pena de responsabilidade disciplinar, civil e penal do agente ou da autoridade e de nulidade da prisão ou do ato processual a que se refere, sem prejuízo da responsabilidade civil do Estado[98].

Prosseguindo, também se relaciona ao tratamento digno do recluso a permissão de contato com o mundo exterior, seja por meio de familiares e amigos, conforme item 37, pelo qual "os reclusos deverão ser autorizados a, sob a necessária supervisão, comunicar regularmente com as suas **famílias e amigos idôneos**, quer por **correspondência** quer através de **visitas**", seja quanto aos fatos exteriores propriamente ditos, de acordo com item 39, "os reclusos deverão ser mantidos regularmente **informados** das notícias mais importantes através da leitura de **jornais, periódicos ou publicações penitenciárias especiais**, através de transmissões de **rádio**, **conferências** ou quaisquer outros meios **análogos, autorizados ou controlados pela administração**". Tanto o acesso à informação e à educação não fica impedido que no item 40 se garante a leitura de livros educativos e recreativos e no item 41 permite-se o exercício da liberdade religiosa na busca e na divulgação de crenças.

Para garantir o respeito à dignidade do preso, deve ser selecionado pessoal capacitado para trabalhar nos estabelecimentos prisionais, conforme itens 46 a 54, destacando-se a necessidade de integridade, humanidade, aptidões pessoais e capacidades profissionais; remuneração, nível intelectual e nível educativo adequados; número suficiente de especialistas, tais como psiquiatras, psicólogos, assistentes sociais, professores e instrutores técnicos; diretor qualificado e acessível aos reclusos; funcionários do sexo feminino para a tutela e guarda de reclusas; utilização de

---

[98] Em sentido complementar, o Decreto nº 8.858/2016, que regulamenta o art. 199 da Lei de Execuções Penais, sobre uso de algemas. Especialmente, os arts. 2º e 3º do Decreto: "Art. 2º. É permitido o emprego de algemas apenas em casos de resistência e de fundado receio de fuga ou de perigo à integridade física própria ou alheia, causado pelo preso ou por terceiros, justificada a sua excepcionalidade por escrito. Art. 3º. É vedado emprego de algemas em mulheres presas em qualquer unidade do sistema penitenciário nacional durante o trabalho de parto, no trajeto da parturiente entre a unidade prisional e a unidade hospitalar e após o parto, durante o período em que se encontrar hospitalizada".

força apenas quando estritamente necessário, reportando-se ao diretor, evitando-se ao máximo uso de armas principalmente por parte dos que estejam em contato direto com detentos.

Além disso, destaca-se o item 57, aplicável ao grupo de reclusos condenados, mas que pode ser tomado como regra a toda pessoa sob tutela penal: "a prisão e outras medidas que resultem no corte dos laços do recluso com o mundo exterior são dolorosas **pelo próprio fato de retirarem à pessoa o direito de autodeterminação,** ao privarem-na da sua liberdade. Por isso, o sistema penitenciário **não deverá, exceto pontualmente por razões justificáveis** de separação ou manutenção da disciplina, **agravar o sofrimento inerente a tal situação**".

Vale destacar que o trabalho obrigatório não é considerado um tratamento contrário à dignidade do recluso, embora o trabalho forçado o seja. Dos itens 71 a 76 das regras Mínimas da ONU extrai-se: o trabalho é obrigatório, dentro das condições do apenado, não podendo ser cruel ou menosprezar a capacidade física e intelectual do condenado; como o trabalho não existe independente da educação, cabe incentivar o aperfeiçoamento pessoal; até mesmo porque o trabalho deve se aproximar da realidade do mundo externo, será remunerado; além disso, condições de dignidade e segurança do trabalhador, como descanso semanal e equipamentos de proteção, deverão ser respeitados.

> No âmbito brasileiro, dentro dessa ideia de tratamento digno quando da restrição da liberdade, no que consiste a tese do "Estado de Coisas Inconstitucional"?

O instituto do Estado de Coisas Inconstitucional (ECI) foi reconhecido pela primeira vez na Corte Constitucional Colombiana, em 1997. Em um primeiro contexto, estava em jogo a aplicação de direitos previdenciários a professores colombianos (*Sentencia de Unificación nº 559/1997*); em um segundo contexto, a questão penitenciária colombiana (após provocação envolvendo as penitenciárias de Medelín e Bogotá) (*Sentencia de Tutela nº 153/1998*); em um terceiro contexto, o deslocamento forçado de pessoas por conta da violência desencadeada pela ação de grupos armados (*Sentencia T-025/2004*). Atualmente, o instituto vem sendo reconhecido com relativa constância naquele ordenamento.

Em todos os casos, pontos em comum partiram da existência de **três requisitos (cumulativos)** para que o instituto em comento fosse reconhecido: o *primeiro* deles, a existência de verdadeiro **litígio estrutural** envolvendo a questão submetida à apreciação judicial, não bastando, portanto, a mera proteção ineficiente para o reconhecimento do ECI; o *segundo* deles, um contexto de **massiva violação de direitos fundamentais**, não bastando, pois, pontuais afrontas para que o instituto se materialize (é claro que violações a direitos fundamentais importam a necessidade de movimentação do aparato estatal a fim de que estas cessem, afinal, a compreensão dos destinatários das normas constitucionais é individualizada; desrespeitos pontuais e casuísticos, contudo, não ensejam a inconstitucionalidade generalizada de um Estado de Coisas); o *terceiro* deles, a **deliberada omissão dos Poderes Públicos** em fazer cessar o contexto estrutural de massiva violação de direitos (deste modo, caso fique demonstrado que as autoridades que compõem a Administração Pública estão atuando proativamente em prol da resolução do problema, de modo que esta somente não ocorre por circunstâncias alheias à vontade do agente público, não restará caracterizada omissão suficiente a ensejar Estado de Coisas Inconstitucional).

Com efeito, o Estado de Coisas Inconstitucional não se assemelha às ações diretas de inconstitucionalidade, por exemplo, porque não se fixam em um dado caso ou uma dada inconstitucionalidade de determinada lei, emenda ou ato normativo, mesmo que de forma abstrata. *É mais que isso.* Parte, sim, de uma *visão generalizada do problema*, o qual tem expressão mais caótica e que afeta a todos no Estado de Direito, *direta ou indiretamente*.

Por certo que, pensando de forma ingênua, o mero reconhecimento do Estado de Coisas Inconstitucional pouco ou quase nada alteraria o plano concreto das *coisas*, dado que a simples declaração não é o bastante para ceifar a massiva violação de direitos fundamentais. Por isso é que se diz (e se espera) que o Poder Judiciário atue *para além do âmbito de reconhecimento*, no acompanhamento das políticas públicas capazes de modificar o quadro inconstitucional, o que se dará *por meio do diálogo* e da *flexibilização das decisões prolatadas*, neste sentido, pelo Supremo Tribunal Federal.

Nesse contexto, **no Brasil**, o Supremo Tribunal Federal foi chamado a se manifestar pela primeira vez sobre o instituto do Estado de Coisas Inconstitucional na Arguição por Descumprimento de Preceito Fundamental nº 347/DF (medida cautelar), envolvendo a **questão penitenciária pátria**[99]. Promovida pelo PSOL – Partido Socialismo e Liberdade, almejava-se na aludida manifestação de controle concentrado de constitucionalidade o reconhecimento da **falência da política penitenciária pátria** no que diz respeito à dignidade a ser assegurada aos cumpridores de penas. Afinal, é fato que o sistema prisional brasileiro carece dos atributos inerentes ao bom cumprimento dos fins sociais (e não meramente retributivos) da pena, haja vista o *déficit* crônico de condições humanas, estruturais e financeiras para lidar com a constante crescente de "hóspedes" a superlotar os estabelecimentos prisionais do país. Do caráter *infra*estrutural às políticas públicas carcerárias, certamente muito há de ser feito caso se queira dar efetividade ao princípio da dignidade do cumprimento da pena.

Dos tópicos formulados pela parte requerente, dois em especial lograram êxito unânime, a saber, a proibição do contingenciamento de recursos do Fundo Penitenciário Nacional, bem como o estímulo à realização de audiências de custódia pelo país inteiro (sobre as audiências de custódia se há de falar no tópico seguinte). Sem prejuízo destas, outras medidas também foram trabalhadas pelos Ministros da mais alta Corte de Justiça do País, como a necessidade de *deliberada fundamentação* acerca da prisão e liberdade provisória (bem como das medidas cautelares diversas da prisão), ou a *finalidade pedagógica* do reconhecimento do Estado de Coisas Inconstitucional.

Questão que merece especial atenção diz respeito à necessidade de parâmetros para que o Poder Judiciário (na figura do Supremo Tribunal Federal) atue quando

---

[99] Supremo Tribunal Federal, Pleno. **ADPF nº 347-MC/DF**. Rel.: Min. Marco Aurelio. DJ. 09/09/2015.

do reconhecimento do ECI. Muito embora se trate de instituto recentemente introduzido no ordenamento brasileiro, defende-se de antemão, pois, que **a atuação judiciária ocorra com a parcimônia que se espera para a aplicação de um** *instituto excepcional*, tal como o são os mecanismos de intervenção, a deflagração dos Estados de Defesa e de Sítio, e o uso excepcional das Forças Armadas: todos estes casos marcam contextos de instabilidade institucional, muito embora a Constituição a ser aplicada seja aquela mesma vigente para os contextos de estabilidade. Assim, urge que o Estado de Coisas Inconstitucional seja mecanismo excepcional, por importar a movimentação de inúmeras engrenagens tradicionalmente estabilizadas pelas Teorias do Direito e do Estado.

Pensa-se, contudo, que o sucesso do instituto dependerá da capacidade judiciária em *diálogos* com as demais funções e instituições republicanas, de modo que, ao contrário do que se pode pensar, a atuação do Poder Judiciário no reconhecimento do Estado de Coisas Inconstitucional e na implementação de medidas que o alterem, não caracteriza supremacia judicial pura e simples, mas justamente a colaboração dos Poderes da República na atuação conjunta e recíproca para solucionar o problema *sub judice*, razão pela qual se defende que o **diálogo institucional** deve preponderar. A busca, portanto, deve ser pelo diálogo no reconhecimento do ECI, sem que sua materialização ocorra à mercê dos tantos organismos que compõem o Estado Democrático de Direito da República Federativa Brasileira.

A Corte Interamericana de Direitos Humanos julgou:

- No **caso Favela Nova Brasília vs. Brasil**, em fevereiro de 2017, que será aprofundado no capítulo V, o Estado brasileiro foi condenado devido a 23 homicídios e 3 atos de violência sexual contra mulheres resultantes de duas incursões policiais na Favela Nova Brasília, em circunstâncias que nunca foram esclarecidas pelas investigações realizadas e nem punidas.

- No **caso Chinchilla Sandoval vs. Guatemala**, julgado em fevereiro de 2016, condenou-se o Estado por violação aos direitos à vida, à integridade física, às garantias judiciais e à proteção judicial, devido à morte de detenta que cumpria pena em presídio sem que recebesse os cuidados de saúde necessários à sua condição. Ao longo de sua detenção, havia sido diagnosticada com leucemia, osteoporose, subnutrição e depressão, mas todas suas tentativas de obter liberdade foram negadas, inclusive a moção por doença terminal que estava corroborada por pareceres médicos.

- No **caso Pacheco Teruel e outros vs. Honduras**, em abril de 2012, condenou-se o Estado por não possuir estrutura prisional adequada, desde água, saneamento, ventilação, luz natural e segurança, culminando na morte de 107 detentos em incêndio no estabelecimento prisional. A Corte é incisiva em afirmar que a ausência de condições financeiras do Estado não é motivo para não garantir os estandartes mínimos de tratamento digno de detentos, os quais devem ser adotados e implementados, sem prejuízo da indenização das vítimas.

- No **caso Montero Aranguren e outros (Retén de Catia) vs. Venezuela**, em julho de 2006, condenou-se o Estado pela execução extrajudicial de 37 reclusos peticionantes, de um total de 63 reclusos mortos, deixando outros feridos e dezenas de desaparecidos.

- No **caso Caesar vs. Trinidade e Tobago**, em março de 2005, condenou-se o Estado por aplicar penas cruéis contra o peticionante, então condenado por delito sexual, consistente em agressões físicas, trabalhos forçados, ausência de mínimas condições de ventilação e clima, fazendo com que ele desenvolvesse ansiedade e depressão. Determinou-se a derrogação da

> lei de penas corporais vigente no país, que permitia a aplicação de agressões físicas contra determinados criminosos.
> - No **caso Tibi vs. Equador**, em setembro de 2004, condenou-se o Estado por detenção ilegal e arbitrária em péssimas condições, submetendo a vítima a tentativas de confissão forçada.
> - No **caso Durand e Ugarte vs. Perú**, em dezembro de 2001, condenou-se o Estado pelo desaparecimento forçado e morte das vítimas em meio a um motim no estabelecimento prisional. Ainda, no **caso Neira Alegría e outros vs. Perú**, em setembro de 1996, condenou-se o Estado pelo ataque a um estabelecimento prisional que deixou 111 mortos em tempos de estado de emergência.

1.10.17 Medidas alternativas à privação de liberdade: Regras Mínimas das Nações Unidas para a Elaboração de Medidas Não Privativas de Liberdade

As Regras Mínimas das Nações Unidas para a Elaboração de Medidas Não Privativas de Liberdade foram aprovadas em 14 de dezembro de 1990, pela Assembleia Geral das Nações Unidas, integrando a Resolução nº 45/110, sendo também conhecidas como **Regras de Tóquio**. Trazem "uma série de princípios básicos que visam promover o uso de medidas não privativas de liberdade, assim como garantias mínimas para os indivíduos submetidos a medidas substitutivas ao aprisionamento". **Devem ser lidas em conjunto com as demais regras já expostas**.

Ao aplicar estas Regras, os Estados devem "assegurar o equilíbrio adequado entre os direitos dos infratores, os direitos das vítimas e a preocupação da sociedade com a segurança pública e a prevenção do crime" (item 1.4), bem como respeitar o princípio da não discriminação.

No mais, "o sistema de justiça criminal deverá oferecer uma grande variedade de medidas não privativas de liberdade, desde medidas tomadas na fase pré-julgamento até as da fase pós-sentença" (item 2.3). O desenvolvimento de tais medidas deve ser encorajado e monitorado. Deve ser evitado o máximo possível iniciar procedimentos ou julgamentos formais em um tribunal.

Cabe assegurar discricionariedade à autoridade judiciária na aplicação da pena para que escolha medida adequada ao caso concreto, decisão esta que deve ser fundada em fatores como natureza e gravidade da infração, além de personalidade e antecedentes do infrator, o objeto da condenação e os direitos das vítimas. No mais, a aplicação de medidas exige o consentimento do infrator, bem como a sua oitiva antes e durante a aplicação. Ressalta-se a excepcionalidade da prisão preventiva.

A dignidade do infrator deve ser protegida e "as medidas não privativas de liberdade não devem envolver experimentações médicas ou psicológicas no infrator, nem podem comportar risco indevido de dano físico ou mental para este" (item 3.8). Também a privacidade deve ser respeitada, resguardando-se a sigilosidade dos registros.

Entre as medidas não privativas que podem ser adotadas, destacam-se (item 8.2): "a) Sanções verbais, como a censura, a repreensão e a advertência; b) Acompanhamento em liberdade antes da decisão do tribunal; c) Penas privativas de direitos; d) Sanções econômicas e pecuniárias, como multas e multas diárias; e) Ordem de confisco ou apreensão; f) Ordem de restituição à vítima ou indenização desta; g) Condenação suspensa ou suspensão da pena; h) Regime de experiência e vigilância judiciária; i) Imposição de prestação de serviços à comunidade; j) Envio a um estabelecimento aberto; k) Prisão domiciliar; l) Qualquer outra forma de tratamento não institucional; m) Uma combinação destas medidas". Frisa-se que "o fracasso de uma medida não privativa de liberdade não deve conduzir automaticamente à imposição de uma medida de prisão".

Ainda, são fixadas medidas relativas à aplicação da pena, que são medidas alternativas à privação de liberdade no curso da pena privativa: "medidas relativas à aplicação das penas incluem, entre outras: a) Autorizações de saída e processo de reinserção; b) Libertação para trabalho ou educação; c) Libertação condicional, de diversas formas; d) Remissão da pena; e) Indulto" (item 9.2).

Finaliza-se abordando a necessidade de que profissionais e voluntários recebam qualificação profissional e treinamento adequado para lidar com medidas alternativas à prisão, sempre propiciando e favorecendo a plena reabilitação do infrator.

1.11 Audiência de custódia

Artigo 9º, PIDCP

*3. Qualquer pessoa presa ou encarcerada em virtude de infração penal deverá ser conduzida, **sem demora**, à **presença do juiz ou de outra autoridade habilitada por lei a exercer funções judiciais** e terá o direito de ser julgada em prazo razoável ou de ser posta em liberdade. A prisão preventiva de pessoas que aguardam julgamento não deverá constituir a regra geral, mas a soltura poderá estar condicionada a garantias que assegurem o comparecimento da pessoa em questão à audiência, a todos os atos do processo e, se necessário for, para a execução da sentença.*

Artigo 7º, CADH

*5. Toda pessoa presa, detida ou retida deve ser conduzida, **sem demora**, à **presença de um juiz ou outra autoridade autorizada por lei a exercer funções judiciais** e tem o direito de ser julgada em prazo razoável ou de ser posta em liberdade, sem prejuízo de que prossiga o processo. Sua liberdade pode ser condicionada a garantias que assegurem o seu comparecimento em juízo.*

O direito de ser conduzido sem demora a uma autoridade tão logo feita a detenção, sanando eventuais arbitrariedades que tenham se apresentado neste processo, é garantido nos documentos internacionais de proteção dos direitos humanos. Além dos dispositivos acima vistos, a Convenção Europeia de Direitos Humanos dispõe, em seu quinto artigo, que "3. Qualquer pessoa presa ou detida nas condições previstas no parágrafo 1, alínea c), do presente artigo deve ser apresentada imediatamente a um juiz ou outro magistrado habilitado pela lei para exercer funções judiciais e tem direito a ser julgada num prazo razoável, ou posta em liberdade durante o processo. A colocação em liberdade pode estar condicionada a uma garantia que assegure o comparecimento do interessado em juízo". Da mesma forma, quando as Regras

Mínimas para Tratamento dos Reclusos exigem um processamento justo e célere, livre de vícios e notadamente isento de casos de detenção arbitrária, assegura que o preso tenha contato com a autoridade judiciária para apresentar eventuais fatos que sejam por ela desconhecidos e que impliquem no reconhecimento de abuso de poder cometido pela autoridade detentora.

> *O que é a audiência de custódia? Quais são seus desdobramentos e problemas iniciais?*

A audiência de custódia nada mais representa que a possibilidade de se levar o preso, no prazo mais urgente possível (e o prazo a que se tem feito menção é o de vinte e quatro horas) à presença da autoridade judicial, a fim de que esta delibere sobre a **necessidade de manutenção da prisão em flagrante**, sua **conversão em prisão preventiva**, a **soltura condicionada ou incondicionada do indivíduo**, a **presença ou ausência do estado de flagrância**, bem como a **integridade física e moral daquele que teve sua liberdade de ir e vir restringida**.

O instituto tem, neste contexto, **três desdobramentos iniciais**, que certamente merecerão ser aprofundados pela doutrina especializada:

a) No *primeiro* deles, tem-se que se trata de instituto absolutamente inovador no âmbito penal **pátrio**. É certo, num primeiro exemplo, que a legislação eleitoral (art. 236, § 2º, do Código Eleitoral) prevê uma audiência assemelhada, ao tratar da possibilidade excepcional de prisão desde cinco dias antes até quarenta e oito horas depois do encerramento das eleições – ou a partir de quinze dias antes das eleições para os candidatos –, caso em que o preso será conduzido à presença do juiz competente que relaxará a prisão e promoverá a responsabilidade do coator se verificar a ilegalidade da detenção. Nesta hipótese, contudo, se está falando estritamente da necessidade de manutenção do livre gozo dos direitos políticos do indivíduo, que não pode deles ser privado por condutas teratológicas da autoridade pública. É certo também, noutro caso, que os parágrafos primeiro e segundo do art. 306, CPP preveem sobre o prazo de até vinte e quatro horas (após realizada a prisão) para que se encaminhe ao juiz competente o auto de prisão em flagrante bem como para que se entregue ao acusado, mediante recibo, nota de culpa assinada pela autoridade relatando o motivo da prisão, o nome do condutor bem como o das testemunhas. Entretanto, o ato de levar **fisicamente** o preso à presença de autoridade judicial (não se está falando dos autos do processo, mas do próprio ser humano) é uma inovação no ordenamento pátrio, apesar de prevista há tempos em documentos internacionais a que o Brasil se comprometeu a cumprir;

b) No *segundo* desdobramento, com a audiência de custódia somente se consagra a ausência da natureza cautelar ou provisória da prisão em flagrante, tal como o são tradicionalmente a prisão preventiva e a prisão temporária. A prisão em flagrante passa a ter mera natureza pré-processual, pois a ideia é que ela não subsista, e, ainda que mantido o encarceramento do indivíduo, que assim o seja a partir de então com outra denominação e outros requisitos;

c) No terceiro desdobramento, parece completar-se um ciclo iniciado com a redemocratização e com grande passo dado em 2011, por força da Lei nº 12.403. Até então, vigia a mera ideia de aprisionamento/liberdade do indivíduo (ou haveria motivos para manter-se solto, ou, do contrário, o cárcere seria a única alternativa). Em 2011, contudo, foram previstas as chamadas medidas cautelares diversas da prisão, no art. 319 da Lei Adjetiva Penal. Deste modo, a partir de 2011, é possível cumular medidas alternativas, substituí-la por uma mais branda ou mais severa se isso se fizer necessário, ficando o aprisionamento restrito apenas a mais absoluta ineficácia das medidas de privação total ou parcial da liberdade. Com a instituição da audiência de custódia, mais um tipo de prisão, que muitas vezes se prolongava indevidamente no tempo, passa a ser condicionado à aferição pela autoridade judicial.

Por outro lado, há **dois problemas de ordem prática** que podem se revelar na audiência de custódia (lembrando que, nada obstante a existência de projetos de lei, o instituto ainda se encontra pendente de regulamentação *tipicamente legislativa*), e que merecerão enfrentamento:

a) No primeiro deles, **de ordem social**, a audiência de custódia revela a mais absoluta *desconfiança do sistema em relação ao próprio sistema*. É dizer: não basta que a prisão em flagrante se dê em consonância a todos os formalismo legais, tão menos por uma pessoa/instituição constitucionalmente legitimada, fazendo-se necessário que a autoridade judicial chancele a legalidade do procedimento. Isso se dá em razão de confusões históricas em torno da autoridade policial, que envolve desde as prisões por averiguação, passando pelos porões da ditadura, chegando a práticas que cada vez com mais frequência chegam ao Poder Judiciário ou às Cortes Internacionais de proteção aos direitos humanos. Pode-se dizer, portanto, que a audiência de custódia é mecanismo que visa **reparar imperfeição no sistema jurídico de processo penal**. Olhando por este aspecto, o novíssimo mecanismo é algo a se lamentar, pois representa uma tentativa de sanar falhas procedimentais, e, principalmente, humanas: tivesse o indivíduo detido respeitados os seus direitos desde o princípio, não haveria esse alto grau de insegurança/desconfiança em relação aos motivos da detenção ou sua integridade física e psicológica;

b) Entende-se que, a julgar pela previsão nas diretivas de direitos humanos, à autoridade judicial (e apenas a ela) competirá receber o preso. Surge, de pronto, a discussão sobre a **sobrecarga do Poder Judiciário aliada à capacidade do magistrado de aferir, de plano, a manutenção ou não da prisão em flagrante**. Pensa-se numa situação prática: a autoridade judicial opera na normalidade cotidiana com sua pauta – comumente "apertada" de audiências –, quando chega até ela um indivíduo preso em flagrante. Terá o juiz, então, em questão de minutos, de decidir se há ou não a situação do constrangimento indevido. Como a autoridade judicial não teve contato mais aprofundado com o caso, poderá, no máximo, sobre ele fazer exame de legalidade sumaríssimo. Um risco nesse processo é o de que, temendo livrar alguém de sabida índole perigosa, e sem ter maiores condições de analisar a retidão do procedimento de flagrante, opte pela manutenção do indivíduo, e então boa parte do objetivo da audiência de custódia restará prejudicado (isso seria um efeito colateral indesejado do instituto).

> **Qual a relação entre a audiência de custódia e o Conselho Nacional de Justiça?**

Questão interessante a ser observada é que o Conselho Nacional de Justiça, órgão constitucional/administrativo vinculado ao Poder Judiciário e encarregado de melhorar a eficiência das condutas da função republicana a que pertence (dentre elas a historicamente calamitosa questão do sistema penitenciário), tem se mostrado entusiasta de tal prática, havendo, **em um primeiro momento**, acordo fixado com o Tribunal de Justiça do Estado de São Paulo para que a audiência de custódia fosse analisada em caráter experimental. Tal projeto, aliás, denominado *Projeto Audiência de Custódia* (iniciativa do CNJ, do TJ/SP e do Ministério da Justiça) visa à criação de estrutura multidisciplinar nos Tribunais de Justiça para receber presos em flagrante e analisar sobre a necessidade de manutenção do indivíduo preso bem como sua integridade física e moral. Além do Estado de São Paulo, pioneiro na implantação da medida, outros Estados da federação estão implementando gradativamente o instituto, independentemente do advento de lei regulamentadora.

Não bastasse o projeto, ao capitanear a implantação da *audiência de custódia* no ordenamento brasileiro, **em um segundo momento** o Conselho Nacional de Justiça assume *posição experimentalista* de regulamentar algo que, *por hora*, somente é feito nos documentos internacionais de direitos humanos. Prova disso é a **Resolução nº 213** do Conselho, de 15 de dezembro de 2015, que institucionalizou a realização da audiência no âmbito judiciário pátrio ao estabelecer alguns procedimentos padronizados até então inexistentes **(lembrar que a Resolução sofreu pequenas alterações pelas Resoluções nº 254/2018 e nº 268/2018)**. Lastreada na ADPF nº 347 MC[100] e na ADI nº 5.240[101], e com vigência desde 1º de fevereiro de 2016, tal Resolução nº 213 visou elucidar algumas dúvidas procedimentais que pairavam em torno do instituto: em caso de prisão em flagrante delito de competência originária de tribunal, se definiu que a apresentação do preso será feita ao juiz que o Presidente do órgão ou o relator designar para esse fim (art. 1º, § 3º); estando a pessoa presa acometida de grade enfermidade, ou havendo circunstância excepcional que comprove a impossibilidade de apresentação no prazo de vinte e quatro horas, deverá ser assegurada a realização da audiência no local em que a pessoa se encontre (art. 1º, § 4º); a audiência será conduzida na presença do Ministério Público e da Defensoria Pública, caso a pessoa não tenha defensor constituído no momento da lavratura do flagrante (art. 4º); a apresentação da pessoa presa em flagrante será obrigatoriamente precedida de cadastro no Sistema de Audiência de Custódia (art.

---

[100] Supremo Tribunal Federal, Pleno. **ADPF nº 347 MC/DF**. Rel.: Min. Marco Aurélio. DJ. 09/09/2015. A aludida ADPF tratou do reconhecimento da teoria do *Estado de Coisas Inconstitucional* no Brasil, já trabalhada no tópico anterior, no que diz respeito ao sistema penitenciário.

[101] Supremo Tribunal Federal, Pleno. **ADI nº 5.240/SP**. Rel.: Min. Luiz Fux. DJ. 20/08/2015. A aludida Ação Direta de Inconstitucionalidade questionou o Provimento Conjunto nº 03/2015, da Presidência do Tribunal de Justiça do Estado de São Paulo e da Corregedoria-Geral de Justiça do Estado de São Paulo, que regulamentou a audiência de custódia em terras paulistas. O pedido de declaração de inconstitucionalidade do ato normativo em lume foi julgado improcedente, contudo.

7º); o termo da audiência será apensado ao inquérito ou à ação penal (art. 12); a apresentação à autoridade judicial no prazo de vinte e quatro horas também será assegurada às pessoas presas em decorrência de cumprimento de mandados de prisão cautelar ou definitiva (art. 13); dentre outras questões.

> Qual o papel do Poder Judiciário brasileiro no processo de implementação do direito humano à audiência de custódia?

Não se pode desconsiderar a fundamentalidade do Poder Judiciário para um país que se preza democrático, na condição de *termômetro social*. Assim o é ao menos em tempos contemporâneos, em que o protagonismo da autoridade julgadora pode até ser inovação analisando-a *internamente* e por *visão unilateral*, mas certamente não o é caso se observe *conglobadamente*, considerando a mesma espécie de fenômeno que ocorreu, em outros tempos, com a autoridade executiva/administrativa e legislativa, consecutivamente. Ora, se o Poder Executivo ditou as "*regras do jogo*" no Primeiro Estado francês, e se depois é possível observar o inchaço legislativo como necessidade inerente de textualização das normas de conduta – uma clara decorrência do positivismo jurídico em seu apogeu e do intervencionismo exacerbado típico do Estado social –, o afloramento do Poder Judiciário após o findar de um segundo conflito de caráter mundial, no segundo lustro da década de 1940, apenas representa o movimento de consolidação desta espécie republicana, *algo decorrente do processo cíclico entre as funções que vem ocorrendo há séculos*.

Ademais, é óbvio que **a todas as instituições republicanas compete a observância da Constituição Federal e dos documentos consagradores de direitos humanos**. O Legislativo deve fazê-lo por meio de comandos normativos regulamentadores de normas constitucionais (muitas das quais ditas programáticas, segundo uma concepção tradicional); o Executivo deve fazê-lo cumprindo e/ou mandando dar cumprimento àquilo que foi decidido pela função legiferante; as demais instituições, como Ministério Público, Defensoria Pública, Polícias etc. devem fazê-lo cada qual a sua maneira, igualmente de modo democrático, tal como foi previamente pensado pelo constituinte. Mas o Poder Judiciário, em sua **típica atribuição de exercer jurisdição**, de **resguardar direitos fundamentais à dignidade humana**, e de **resolver contendas de ordem concreta**, tem uma factualidade que as demais instituições não possuem: a possibilidade de dar um *rosto*, um *nome*, e uma *personalidade* a cada um dos destinatários de direitos. Sob enfoque judiciário, ainda que se esteja no âmbito dos interesses difusos (tradicionalmente de difícil identificação dos prejudicados pela lesão ao bem jurídico), se consegue aferir a parcela de garantias a que cada um tem direito e, sobretudo, o montante que não vem sendo devidamente implementado. Exatamente por isso se pode pensar no Poder Judiciário como um protetor dos direitos humanos, e não como a "*longa manus*" de um Estado inquisidor/absolutista como já o fora em sua história de submissão ao poder do soberano.

Com a audiência de custódia a lógica não pode ser diferente. Documentos internacionais de direitos humanos **atribuem ao Poder Judiciário** a função de analisar eventuais violações à integridade física e psicológica, bem como o natural estado de liberdade do indivíduo detido pré-cautelarmente, o que denota *confiança* e *legitimidade* à função judicante para que assim proceda. Este movimento transnacional de implementação de direitos mantém a mesma sintonia ao que tem ocorrido no Brasil, desde o pós-redemocratização em 1988: a atribuição da *função protagonista* ao Poder Judiciário no cumprimento dos preceitos constitucionais. Some-se a isso o fato de que, mesmo sem a existência de comando legislativo específico disciplinando o instituto, age a função judicante de forma pioneira institucionalizando-o e implementando-o em seu âmbito de atuação, mediante sua extração direta dos documentos internacionais que o consagram, o que serve como subsídio à compreensão dos direitos humanos por uma ótica substancial de consolidação.

Enxerga-se de maneira geral, pois, *positivamente* o atual movimento predominante de aceitação do instituto, temendo-se, apenas, que essa boa vontade dos agentes reguladores (oriundos de todas as funções e instituições republicanas, notadamente do Poder Judiciário) seja mera euforia passageira de quem deseja aproveitar a oportunidade de modificação do sistema processual penal sem que sejam feitas maiores digressões a um conjunto de normas e instituições que merece urgente e racional atenção. Estas digressões devem servir, justamente, à finalidade de que sejam sopesados os **aspectos positivos** e **negativos** em torno da audiência de custódia (aspectos negativos existem, como restou explicitado), a fim de bem aperfeiçoá-la sem que haja qualquer supressão de garantias. A busca é, pois, pela *harmonização* destas garantias.

Ademais, de nada adiantará a regulamentação do instituto se não houver um *aparato estrutural* preparado para receber o contingente de pessoas envolvidas na audiência de custódia (o preso, obviamente, mas também a autoridade judicial, bem como o agente acusador e o agente defensor); se não houver *margem temporal* para que sejam elas realizadas sem "travar" as sempre críticas pautas judiciárias Brasil afora; dentre outros. É preciso ter paciência, portanto, no processo de implementação da audiência de custódia.

1.12 Prisão civil do devedor de alimentos

Artigo 11, PIDCP

Ninguém poderá ser preso apenas por não poder cumprir com uma **obrigação contratual**.

Artigo XXV – Direito de proteção contra prisão arbitrária, DADH

[...] Ninguém pode ser preso por deixar de cumprir **obrigações de natureza claramente civil**. *[...]*

Artigo 7º – Direito à liberdade pessoal, CADH

7. Ninguém deve ser detido por **dívidas**. *Este princípio não limita os mandados de autoridade judiciária competente expedidos em virtude de inadimplemento de* **obrigação alimentar**.

(CÂMARA DOS DEPUTADOS – ANALISTA LEGISLATIVO – 2014) Um projeto de lei que propõe a abolição da prisão civil do devedor inescusável de alimentos está em vias de ser votado. Por isso, um Deputado Federal ocupou a tribuna para sustentar que não há nada que justifique a manutenção da hipótese de prisão civil, técnica executiva de eficácia duvidosa que fere o direito à liberdade e representa, hoje, punição por dívida. Assim, o referido Deputado defendeu a abolição de qualquer previsão de prisão civil no ordenamento brasileiro, pugnando, para isso, pela aprovação do referido projeto de lei. Com base nas informações hipotéticas acima, redija um discurso parlamentar em resposta à manifestação do Deputado que pugnou pela aprovação da proposição, abordando, necessariamente, os seguintes aspectos: 1 – tentativa de abolição de qualquer previsão de prisão civil por projeto de lei; 2 – eficácia da prisão civil como técnica de execução indireta por coerção – não punição – pessoal que excepciona o princípio da responsabilidade patrimonial na execução; 3 – valores em conflito que justificam a prisão civil em nosso ordenamento: direito à liberdade vs. dignidade da pessoa humana e direito à vida, sendo estes assegurados por meio dos alimentos.

A restrição da liberdade é medida adotada, em regra, na tutela penal, devido à relevância dos bens jurídicos colocados em jogo. Na antiguidade, a prisão por dívida era muito comum, notadamente na Grécia e em Roma, sendo meio coativo ao cumprimento da obrigação contraída, isto é, forçando o devedor a pagar sua dívida para ser libertado. Há resquícios deste tipo de uso da privação da liberdade no ordenamento jurídico de diversos países, mas em termos de direitos humanos assevera-se a excepcionalidade desta prática.

As Regras Mínimas da ONU tratam em sessão própria do tratamento dos presos por dívida, em seu item 94, nos seguintes termos: "Nos países cuja legislação preveja a prisão por dívidas, ou por ordem de um tribunal no âmbito de qualquer outro processo de natureza não penal, estes reclusos não deverão ser submetidos a maiores restrições nem ser tratados com maior severidade do que o necessário para garantir a segurança e a ordem. O seu tratamento não deverá ser menos favorável do que o concedido aos presos preventivos, sob reserva, porém, da eventual obrigação de trabalhar. Presos sujeitos à prisão civil terão o mesmo tratamento do preso preventivo, mas terá obrigação, não faculdade, de trabalhar".

No mais, enquanto o Pacto Internacional de Direitos Civis e Políticos exclui genericamente a possibilidade de uma pessoa ser presa por não cumprir obrigação contratual, a Convenção Americana sobre Direitos Humanos entra em detalhes e traz aquela que, para a OEA, é a única situação em que a prisão por dívida é aceita: quando recair sobre **pensão alimentícia**. Bem se sabe, os ordenamentos constitucional e *infra*constitucional brasileiros aceitavam, além desta situação, também a do depositário infiel, o que gerou polêmicas no Poder Judiciário brasileiro até sobrevir decisão do Supremo Tribunal Federal com a consequente edição de enunciado daquilo que hoje é a súmula vinculante nº 25 vedando, enfim, a prisão do depositário infiel sob qualquer modalidade, conferindo o *status* de *supra*legalidade ao Pacto de San José da Costa Rica e consequente prevalência sobre o Decreto-Lei nº 911/1969, que autorizava tal prática.

1.13 Direitos de nacionalidade

Artigo XIV, DUDH

1. Toda pessoa, vítima de perseguição, tem o direito de procurar e de gozar **asilo** em outros países.

2. Este direito não pode ser invocado em caso de perseguição legitimamente motivada por **crimes de direito comum** ou por **atos contrários aos propósitos e princípios das Nações Unidas**.

Artigo XV, DUDH

1. Toda pessoa tem direito a uma **nacionalidade**.

2. Ninguém será **arbitrariamente privado** de sua nacionalidade, nem do **direito de mudar** de nacionalidade.

Artigo 13, PIDCP

Um estrangeiro que se ache legalmente no território de um Estado-parte do presente pacto só poderá dele ser **expulso em decorrência de decisão adotada em conformidade com a lei** e, a menos que razões imperativas de segurança nacional a isso se oponham, terá a possibilidade de expor as razões que militem contra sua expulsão e de ter seu caso reexaminado pelas autoridades competentes, ou por uma ou várias pessoas especialmente designadas pelas referidas autoridades, e de fazer-se representar com esse objetivo.

Artigo 24, PIDCP

3. Toda **criança** terá o direito de adquirir uma nacionalidade.

Artigo XIX – Direito à nacionalidade, DADH

Toda pessoa tem **direito à nacionalidade que legalmente lhe corresponda**, podendo **mudá-la**, se assim o desejar, pela de qualquer outro país que estiver disposto a concedê-la.

Preâmbulo, CADH

[...] Reconhecendo que os direitos essenciais da pessoa humana **não derivam do fato de ser ela nacional de determinado Estado**, mas sim do fato de ter como fundamento os atributos da pessoa humana, razão por que justificam uma proteção internacional, de natureza convencional, coadjuvante ou complementar da que oferece o direito interno dos Estados americanos; [...]

Artigo 20 – Direito à nacionalidade, CADH

1. Toda pessoa tem direito a uma **nacionalidade**.

2. Toda pessoa tem direito à nacionalidade do Estado em **cujo território houver nascido, se não tiver direito a outra**.

3. A ninguém se deve **privar arbitrariamente** de sua nacionalidade, nem do direito de **mudá-la**.

Artigo 22 – Direito de circulação e de residência, CADH

[...]

> 5. *Ninguém pode ser **expulso do território do Estado do qual for nacional** e nem ser privado do direito de nele entrar.*
>
> 6. *O estrangeiro que se encontre legalmente no território de um Estado-parte na presente Convenção só poderá dele ser **expulso em decorrência de decisão adotada em conformidade com a lei.***
>
> 7. *Toda pessoa tem o direito de buscar e receber **asilo em território estrangeiro**, em caso de perseguição por delitos políticos ou comuns conexos com delitos políticos, de acordo com a legislação de cada Estado e com as Convenções internacionais.*
>
> 8. *Em nenhum caso o estrangeiro pode ser **expulso ou entregue a outro país, seja ou não de origem**, onde seu direito à vida ou à liberdade pessoal esteja em risco de violação em virtude de sua raça, nacionalidade, religião, condição social ou de suas opiniões políticas.*
>
> 9. *É proibida a **expulsão coletiva** de estrangeiros.*

Nacionalidade é o vínculo **jurídico-político** que liga um indivíduo a um Estado, fazendo com que ele componha o seu povo e, nesta qualidade, adquira direitos e deveres de caráter político. Diz-se " vínculo *jurídico*", pois vai consagrar direitos; diz-se "vínculo *político*", pois permitirá a participação na vida política da sociedade. Os direitos humanos internacionais são completamente contrários à ideia do apátrida – ou *heimatlos* –, que é o indivíduo que não possui o vínculo da nacionalidade com nenhum Estado[102].

Logo, a nacionalidade é um direito da pessoa humana, o qual não pode ser privado dela de forma arbitrária. Não há privação arbitrária quando respeitados os critérios legais previstos no texto constitucional no que tange à perda da nacionalidade, cabendo avaliar, no entanto, se tais critérios são dotados de **razoabilidade** perante um sistema internacional de proteção de direitos humanos.

Contudo, é exatamente por ser um direito que a nacionalidade não pode ser uma obrigação, garantindo-se à pessoa o direito de deixar de ser nacional de um país e passar a sê-lo de outro, mudando de nacionalidade, por um processo conhecido como naturalização.

A Convenção Americana sobre Direitos Humanos, ato contínuo, aprofunda-se em meios para garantir que toda pessoa tenha uma nacionalidade desde o seu nascimento ao adotar o critério do *jus solis*, explicitando que ao menos a pessoa terá a nacionalidade do território onde nasceu, quando não tiver direito a outra nacionalidade por previsões legais diversas.

---

[102] Sensível à situação dos apátridas, a nova Lei de Migração (Lei nº 13.445/2017) confere proteção especial a esta classe de pessoas notadamente em seu art. 26. Dentre eles, o quarto parágrafo do dispositivo prevê que o reconhecimento da condição de apátrida assegura os direitos e garantias previstos na Convenção sobre o Estatuto dos Apátridas, de 1954, promulgada pelo Decreto nº 4.246, de 22 de maio de 2002, bem como outros direitos e garantias reconhecidos pelo Brasil.

1.13.1 Direito ao asilo e proteção dos refugiados: proteção dos direitos tipicamente humanos às questões envolvendo nacionalidade

> O que é o direito de asilo? Qual documento das Nações Unidas cuida especificamente dos direitos dos refugiados?

Tem-se no âmbito dos direitos humanos internacionais a previsão do **direito de asilo**, consistente no direito de buscar abrigo em outro país quando naquele do qual for nacional estiver sofrendo alguma perseguição[103]. Tal perseguição não pode ter motivos legítimos, como a prática de crimes comuns ou de atos atentatórios aos princípios das Nações Unidas, o que subverteria a própria finalidade desta proteção. Em suma, o que se pretende com o direito de asilo é evitar a consolidação de ameaças a direitos humanos de uma pessoa por parte daqueles que deveriam protegê-los – isto é, os governantes e os entes sociais como um todo –, e não proteger pessoas que justamente cometeram tais violações.

"Sendo direito humano da pessoa refugiada, é obrigação do Estado asilante conceder o asilo. Entretanto, prevalece o entendimento que o Estado não tem esta obrigação, nem de fundamentar a recusa. A segunda parte deste artigo permite a interpretação no sentido de que é o Estado asilante que subjetivamente enquadra o refugiado como asilado político ou criminoso comum"[104].

Tal proteção relaciona-se à característica da universalidade dos direitos humanos, prevista no artigo II da Declaração Universal quando afirma que todo homem, sem distinções, pode gozar dos direitos e liberdades ali previstos. O dispositivo traz um aspecto da igualdade que impede a distinção entre pessoas pela condição do país ou território a que pertença, o que é importante sob o aspecto de proteção dos refugiados, prisioneiros de guerra, pessoas perseguidas politicamente, nacionais de Estados que não cumpram os preceitos das Nações Unidas[105].

Entre os tratados internacionais específicos, merece destaque a **Convenção relativa ao Estatuto dos Refugiados**, de 28 de julho de 1951, e seu **Protocolo Facultativo**, de 18 de novembro de 1967, trazendo obrigações de não discriminação e enumera direitos aos refugiados nos países em que eles se encontrem (submissão a estatuto próprio, aquisição de propriedade, fruição da propriedade intelectual, liberdade religiosa, acesso à justiça). Neste diapasão, **inicialmente** define-se o termo "*refugiados*" tanto como aqueles que se sujeitam a tratados internacionais específicos (Ajustes de 12 de maio de 1926 e de 30 de junho de 1928, Convenções de 28 de outubro de 1933 e de 10 de fevereiro de 1938, Protocolo de 14 de setembro de 1939

---

[103] Se fala, aqui, em essência do asilo político, e não do asilo diplomático (aquele em que a pessoa busca abrigo em uma representação diplomática estrangeira sediada no país), que seria "uma forma provisória de asilo político". Conforme lembram Mendes e Branco, a maioria dos países não aceita o asilo diplomático, muito embora haja precedentes históricos relevantes em países da América Latina e da Europa (MENDES, Gilmar Ferreira; BRANCO, Paulo Gustavo Gonet. **Curso de direito constitucional**. 6. ed. São Paulo: Saraiva, 2011).
[104] SANTOS FILHO, Oswaldo de Souza... Op. Cit., p. 83.
[105] SANFELICE, Patrícia de Mello... Op. Cit., p. 11.

e Constituição da Organização Internacional dos Refugiados) quanto aqueles "que, em consequência dos acontecimentos ocorridos **antes de 1º de janeiro de 1951** e temendo ser perseguida por motivos de raça, religião, nacionalidade, grupo social ou opiniões políticas, se encontra fora do país de sua nacionalidade e que não pode ou, em virtude desse temor, não quer valer-se da proteção desse país, ou que, se não tem nacionalidade e se encontra fora do país no qual tinha sua residência habitual em consequência de tais acontecimentos, não pode ou, devido ao referido temor, não quer voltar a ele". Ademais, além da restrição *temporal* (para acontecimentos ocorridos antes de 1º de janeiro de 1951), adotou-se *restrição geográfica*: somente para eventos ocorridos na Europa (art. 1º, item B.1).

Destaca-se, entretanto, **notadamente por força do Protocolo de 1967**, a **ampliação do conceito de refugiado, eliminando as restrições temporal e geográfica**, sobretudo a partir de eventos da história recente da humanidade, incorporando situações de refúgio em que se detecte a fuga em massa de pessoas **em busca de condições de vida melhores** (por exemplo, refugiados de países africanos que passavam fome e necessidade em sua terra natal) **ou de um ambiente pacífico livre de conflitos armados e guerras civis** (como é o caso do conflito sírio).

(DEFENSORIA PÚBLICA ESTADUAL DE MINAS GERAIS – DPE-MG – DEFENSOR PÚBLICO – 2014) Discorra sobre o princípio do *non-refoulement*, justificando a sua importância para o sistema de proteção internacional de Direitos Humanos, bem como indicando um dispositivo legal vigente no ordenamento jurídico brasileiro que o consagre.

No âmbito do Estatuto dos Refugiados (1951), relevante o estudo do princípio do *non-refoulement* ou "princípio da proibição do rechaço", típico do Direito dos Refugiados. Ele consiste na regra segundo a qual "nenhum dos Estados Contratantes expulsará ou rechaçará, de forma alguma, um refugiado para as fronteiras dos territórios em que sua vida ou liberdade seja ameaçada em decorrência da sua raça, religião, nacionalidade, grupo social a que pertença ou opiniões políticas" (artigo 33, § 1º do Estatuto dos Refugiados). É a regra que proíbe, portanto, que um pretendente ao refúgio tenha sua entrada negada num país quando tal fato implique seu retorno ao país onde sua vida e integridade estão em risco em vista da obrigação estatal de proteger todos os indivíduos que estão sob sua jurisdição. Ainda, adotando uma interpretação extensiva, típica das normas que visam a proteger a pessoa humana, o princípio do *non-refoulement* incide também sobre o caso de todos os estrangeiros que, de uma forma ou de outra, sofram ameaças indevidas a sua vida ou liberdade em outros países, proibindo sua devolução para estes. Com isso, ficam, por exemplo, proibidas a deportação e a expulsão que impliquem extradição inadmitida pela lei brasileira, ou a extradição para países onde os extraditandos não tenham respeitada sua dignidade. Também o preveem os artigos 22.8 da Convenção Americana sobre Direitos Humanos e o artigo 3º da Convenção contra a Tortura.

Em suma, o direito dos refugiados envolve a garantia de asilo a quem se encontra fora do território do qual é nacional por algum dos motivos especificados em normas de direitos humanos, notadamente perseguição por razões de raça, religião, nacionalidade, pertença a um grupo social determinado ou convicções políticas. Entretanto, é relevante observar que a concessão de asilo não é um fator isolado, isto é, não basta recepcionar o asilado em seu território nacional, **sendo necessário oferecer um aparato de proteções para permitir que o refugiado seja inserido na vida em sociedade de maneira adequada, embora ele também tenha deveres no território nacional.**

O próprio artigo 2º do documento internacional de 1951 fixa que "todo refugiado tem **deveres** para com o país em que se encontra, os quais compreendem notadamente a obrigação de se conformar às leis e regulamentos, assim como às medidas tomadas para a manutenção da ordem pública". Em contrapartida a estes deveres, surge o direito de ser tratado no exercício de direitos nas mesmas circunstâncias que seria uma pessoa que não estivesse na condição de refugiada (artigo 5º).

Frisa-se, ainda, no artigo 3º o direito à não discriminação entre os refugiados; no artigo 4º o direito à liberdade de religião; no artigo 8º o direito a não adoção de medidas excepcionais com base no exclusivo argumento da condição de refúgio, embora no artigo 9º se autorizem medidas provisórias; no artigo 10 o direito à continuidade de residência.

Quanto ao estatuto pessoal, fixa o artigo 12: "1. O estatuto pessoal de um refugiado será **regido pela lei do país de seu domicílio**, ou, na falta de domicílio, pela lei do país de sua **residência**. 2. Os direitos adquiridos anteriormente pelo refugiado e decorrentes do estatuto pessoal, e notadamente os que resultam do casamento, serão respeitados por um Estado Contratante, ressalvado, sendo o caso, o cumprimento das formalidades previstas pela legislação do referido Estado, entendendo-se, todavia, que o direito em causa deve ser dos que seriam reconhecidos pela legislação do referido Estado se o interessado não se houvesse tornado refugiado". Adiante, fixam-se **estandartes mínimos** de garantia à propriedade (artigo 13), à propriedade intelectual (artigo 14), à associação (artigo 15) e ao acesso à justiça (artigo 16).

Dos artigos 17 ao 19 se aborda a questão dos **empregos** remunerados, garantindo-se tratamento que seja **tão favorável quanto o conferido aos demais estrangeiros**; e dos artigos 20 ao 24 se expõe a matéria do **bem-estar** do refugiado, garantindo-lhe **tratamento igualitário ao dos nacionais** em situações de racionamento, alojamento, educação pública, assistência pública (inclusive saúde), direitos trabalhistas e previdenciários.

As medidas administrativas são reguladas do artigo 25 ao 34, abrangendo, entre outras, a entrega de documentos e certificados que seriam conferidos a estrangeiro em igual condição (inclusive documento de identificação caso este tenha se perdido e documentos de viagem), assegurando-se liberdade de locomoção. Os Estados devem, ainda, autorizar a transferência de bens ao território nacional e não podem submeter os refugiados a taxas, impostos, de qualquer espécie, além ou mais elevados do que os que são ou serão cobrados dos seus nacionais em situação análogas. Os Estados não aplicarão sanções penais em virtude da entrada ou permanência irregulares do refugiado, possuindo ainda o dever de viabilizar a naturalização na medida do possível.

Por fim, do artigo 35 ao 46 são fixadas questões sobre a aplicabilidade do Estatuto, destacando-se o dever de cooperação com a Organização das Nações Unidas e o Alto Comissariado das Nações Unidas para Refugiados, bem como a previsão de cláusula federal e a fixação da Corte Internacional de Justiça para dirimir eventuais controvérsias.

Ressalta-se que além do mencionado Estatuto, diversos documentos internacionais disciplinam a matéria, a exemplo da Declaração Universal de 1948, Quarta Convenção de Genebra Relativa à Proteção das Pessoas Civis em Tempo de Guerra de 1949, Convenção relativa ao Estatuto dos Apátridas de 1954, Convenção sobre a Prestação de Alimentos no Estrangeiro de 1956, Convenção sobre a Redução da Apatridia de 1961 e Declaração das Nações Unidas sobre a Concessão de Asilo Territorial de 1967.

> *Qual órgão do sistema internacional de direitos humanos cuida da proteção dos refugiados? Como ele atua?*

A proteção de refugiados foi estabelecida como missão principal da agência de refugiados da ONU, qual seja o **Alto Comissariado das Nações Unidas para os Refugiados (ACNUR)**, que foi constituída para assistir, entre outros, os refugiados que esperavam para retornar aos seus países de origem no final da Segunda Guerra Mundial.

Desde então, o ACNUR tem oferecido proteção e assistência para dezenas de milhões de refugiados, encontrando soluções duradouras para muitos deles. Os padrões da migração se tornaram cada vez mais complexos nos tempos modernos, envolvendo não apenas refugiados, mas também milhões de migrantes econômicos. Mas refugiados e migrantes, mesmo que viajem da mesma forma com frequência, são fundamentalmente distintos, e por esta razão são tratados de maneira diferente perante o direito internacional moderno[106].

No **âmbito interamericano**, foi instaurada uma relatoria especial sobre os direitos dos migrantes pela Comissão Interamericana de Direitos Humanos, mas como é de praxe em relatorias a atuação se resume à realização de estudos e ao acompanhamento da situação nos países da América, não tomando providências materiais de proteção[107].

Prosseguindo, *migrantes*, especialmente migrantes econômicos, decidem deslocar-se para melhorar as perspectivas para si mesmos e para suas famílias. Já os *refugiados* necessitam deslocar-se para salvar suas vidas ou preservar sua liberdade. Eles não possuem proteção de seu próprio Estado e de fato muitas vezes é seu próprio governo que ameaça persegui-los. Se outros países não os aceitarem em seus territórios,

---

[106] ORGANIZAÇÃO DAS NAÇÕES UNIDAS – ONU. Alto Comissariado das Nações Unidas para os Refugiados (ACNUR). **A quem ajudamos**. Disponível em: <http://www.acnur.org/t3/portugues/a-quem-ajudamos/refugiados/>. Acesso em: 13 jun. 2013.

[107] OEA – Organização dos Estados Americanos. Comissão Interamericana de Direitos Humanos. **Relatoria sobre os direitos dos migrantes**. Disponível em: <http://www.oas.org/pt/cidh/>. Acesso em: 21 fev. 2018.

e não os auxiliarem uma vez acolhidos, poderão estar condenando estas pessoas à morte ou a uma vida insuportável nas "sombras", sem sustento e sem direitos[108].

Destaca-se o teor da **Declaração e Programa de Ação de Viena**, de 1993: "Parte I, 23. [...] A Conferência Mundial sobre Direitos do Homem reconhece que as violações graves dos Direitos do homem, incluindo em conflitos armados, se encontram entre **os múltiplos e complexos fatores que conduzem à movimentação dos povos**. A Conferência Mundial sobre Direitos do Homem reconhece que, face às complexidades da crise global dos refugiados e em conformidade com a Carta das Nações Unidas, considerando os instrumentos internacionais relevantes e a solidariedade internacional e num espírito de partilha de responsabilidades, se torna necessária **uma abordagem global pela comunidade internacional, em coordenação e cooperação com os países interessados e as organizações relevantes**, tendo presente o mandato do Alto Comissariado das Nações Unidas para os Refugiados. O que deverá incluir o desenvolvimento de estratégias para abordar as causas remotas e os efeitos das movimentações dos refugiados e de outras pessoas desalojadas, o fortalecimento de mecanismos de preparação e resposta em caso de emergência, a disponibilização de proteção e assistência efetivas, tendo presente as necessidades especiais das mulheres e das crianças, bem como a obtenção de soluções duradouras, começando pela solução preferível do repatriamento voluntário dignificante e seguro, incluindo as soluções adoptadas pelas conferências internacionais sobre refugiados. A Conferência Mundial sobre Direitos do Homem sublinha as responsabilidades dos Estados, particularmente as relacionadas com os países de origem. À luz da abordagem global, a Conferência Mundial sobre Direitos do Homem realça a importância de se dar especial atenção, inclusive através de organizações intergovernamentais e humanitárias, e de se procurarem soluções duradouras para as questões relacionadas com pessoas internamente desalojadas, incluindo o seu regresso voluntário e seguro e a sua reintegração. Em conformidade com a Carta das Nações Unidas e os princípios do direito humanitário, a Conferência Mundial sobre Direitos do Homem realça, igualmente, a importância e a necessidade da assistência humanitária às vítimas de todas as catástrofes naturais e das causadas pelo homem".

Existe uma relação evidente entre o problema dos refugiados e a questão dos direitos humanos. As violações dos direitos humanos constituem não só uma das principais causas dos êxodos maciços, mas afastam também a opção do repatriamento voluntário enquanto se verificarem. As violações dos direitos das minorias e os conflitos étnicos encontram-se cada vez mais na origem quer dos êxodos maciços, quer das deslocações internas[109].

> *E no ordenamento brasileiro, como fica a proteção da questão do asilo e dos refugiados?*

---

[108] Ibid.

[109] Id. **Direitos Humanos e Refugiados**. Ficha normativa nº 20. Disponível em: <http://www.gddc.pt/direitos-humanos/Ficha_Informativa_20.pdf>. Acesso em: 13 jun. 2013.

O **ordenamento brasileiro** também trata do direito ao asilo e da proteção aos refugiados, tendo como ponto de partida o art. 4º, X, da Constituição, o qual consagra como um de seus princípios norteadores das relações internacionais a concessão de asilo político. Muito embora o art. 4º, CF não o tenha feito, entende-se que a proteção dos refugiados é um princípio fundamental implícito que norteia o Brasil em suas relações internacionais, razão pela qual se há de estudá-lo aqui, juntamente com a condição do asilado.

Isto posto, a **tradição multicultural de uma sociedade naturalmente miscigenada**, aliada a medidas que buscam naturalmente a **solução pacífica das controvérsias no âmbito internacional** (respectivamente, fatores *fático* e *jurídico*, veja-se), faz com que a República Federativa do Brasil seja um destino natural para muitos daqueles que se julgam perseguidos em seus países e entendam indevida tal perseguição.

Em primeiro aspecto, chama-se a atenção para a Lei nº 13.445/2017 (nova Lei de Migração), que reconhece a **proteção do asilado** (sobre essa lei se há de falar de forma mais aprofundada adiante). Entre seus arts. 27 e 29 são trazidas algumas informações: o asilo político, que constitui ato discricionário do Estado, poderá ser diplomático ou territorial e será outorgado como instrumento de proteção à pessoa; não se concederá asilo a quem tenha cometido crime de genocídio, crime contra a humanidade, crime de guerra ou crime de agressão, nos termos do Estatuto de Roma do Tribunal Penal Internacional; a saída do asilado do país sem prévia comunicação implica renúncia ao asilo. Como visto, o instituto pode ser de dois tipos: **diplomático** – quando o requerente está em país estrangeiro e pede asilo à embaixada brasileira – ou **territorial** – quando o requerente está em território nacional[110].

Por sua vez, com relação aos **refugiados**, tem-se a Lei nº 9.474, de 22 de julho de 1997, a qual define mecanismos para implementação do Estatuto dos Refugiados de 1951. De acordo com o art. 1º do aludido diploma, **será reconhecido como refugiado** todo indivíduo que devido a fundados temores de perseguição por motivo de raça, religião, nacionalidade, grupo social ou opiniões políticas encontre-se fora do seu país de nacionalidade e não possa ou não queira acolher-se à proteção de tal país (inciso I); aquele que, não tendo nacionalidade e estando fora do país onde antes teve sua residência habitual, não possa ou não queira regressar a ele devido a fundados temores de perseguição (inciso II); bem como o indivíduo que, devido a grave e generalizada violação de direitos humanos, é obrigado a deixar seu país de nacionalidade para buscar refúgio em outro (inciso III). Tal condição será extensível ao cônjuge, ascendentes e descendentes, bem como demais membros do grupo familiar que do refugiado dependam economicamente, e desde que se encontrem em território nacional (art. 2º). O reconhecimento da condição de refugiado sujeitará seu beneficiário na Lei nº 9.474, sem prejuízo do disposto em instrumentos internacionais de que o governo brasileiro seja parte, ratifique ou venha a aderir (art. 4º). O refugiado gozará de direitos e estará sujeito aos deveres dos estrangeiros no Brasil,

---

[110] Em sentido complementar, o Decreto nº 9.199/2017, que regulamenta e pormenoriza a Lei nº 13.445/2017, dispõe em seu art. 109: "O asilo político poderá ser: I – diplomático, quando solicitado no exterior em legações, navios de guerra e acampamentos ou aeronaves militares brasileiros; ou II – territorial, quando solicitado em qualquer ponto do território nacional, perante unidade da Polícia Federal ou representação regional do Ministério das Relações Exteriores".

ao disposto na Lei nº 9.474, no Estatuto de 1951, e no protocolo sobre o Estatuto dos Refugiados de 1967, cabendo-lhe a obrigação de acatar as leis, regulamentos e providências destinados à manutenção da ordem pública (art. 5º). O refugiado terá direito, nos termos do Estatuto de 1951, a cédula de identidade de comprovação de sua condição jurídica, carteira de trabalho e documento de viagem (art. 6º). Os processos de reconhecimento da condição de refugiado serão gratuitos e terão caráter urgente (art. 47).

O estrangeiro que chegar ao território nacional poderá expressar sua vontade de solicitar reconhecimento como refugiado a qualquer autoridade migratória que se encontre na fronteira, a qual lhe proporcionará as informações necessárias quanto ao procedimento cabível. Vale lembrar que em nenhuma hipótese será efetuada a deportação deste estrangeiro para a fronteira de território em que sua vida ou liberdade esteja ameaçada, em virtude de raça, religião, nacionalidade, grupo social ou opinião política (tal benefício, contudo, não poderá ser invocado por refugiado considerado perigoso para a segurança pátria). O ingresso irregular no território nacional **não** constitui impedimento para o estrangeiro solicitar refúgio às autoridades competentes.

Dispositivo interessante é o art. 3º, da Lei nº 9.474/1997, segundo o qual **não se beneficiarão da condição de refugiados** os indivíduos que já desfrutem de proteção ou assistência por parte de organismo ou instituição das Nações Unidas que não o ACNUR – Alto Comissariado (inciso I); aqueles que sejam residentes no território nacional e tenham direitos e obrigações relacionados com a condição de nacional brasileiro (inciso II); os que tenham cometido crime contra a paz, crime de guerra, crime contra a humanidade, crime hediondo, participado de atos terroristas ou tráfico de drogas (inciso III); bem como os indivíduos que sejam considerados culpados de atos contrários aos fins e princípios das Nações Unidas (inciso IV).

Ademais, de acordo com o art. 38, da Lei nº 9.474/1997, **cessará a condição de refugiado** nas hipóteses em que o estrangeiro voltar a se valer da proteção do país de que é nacional (inciso I); recuperar voluntariamente a nacionalidade outrora perdida (inciso II); adquirir nova nacionalidade e gozar da proteção do país cuja nacionalidade adquiriu (inciso III); estabelecer-se novamente, de maneira voluntária, no país que abandonou ou fora do qual permaneceu por medo de ser perseguido (inciso IV); não puder mais continuar a recusar a proteção do país de que é nacional por terem deixado de existir as circunstâncias em consequência das quais foi reconhecido como refugiado (inciso V); sendo apátrida, estiver em condições de voltar ao país no qual tinha sua residência habitual, uma vez que tenham deixado de existir as circunstâncias em consequência das quais foi reconhecido como refugiado (inciso VI).

Isto posto, merece destaque, no que pertine às tratativas atinentes ao refugiado no Brasil, o **CONARE – Comitê Nacional para os Refugiados**, órgão de deliberação coletiva e vinculado ao Ministério da Justiça e da Segurança Pública. Vejamos algumas questões sobre tal órgão:

a) Funções do CONARE (art. 12): Analisar o pedido e declarar o reconhecimento, em primeira instância, da condição de refugiado (inciso I); decidir a cassação, em primeira instância, *ex officio* ou mediante requerimento das autoridades competentes, da condição de refugiado (inciso II); determinar a perda, em primeira instância, da condição de refugiado (inciso III); orientar e coordenar as ações necessárias à eficácia da proteção, assistência e apoio jurídico aos refugiados (inciso IV); aprovar instruções normativas esclarecedoras à execução da Lei nº 9.474;

b) Estrutura e funcionamento (art. 14): O CONARE será composto por um representante do Ministério da Justiça e da Segurança Pública, que o presidirá (inciso I); por um representante do Ministério das Relações Exteriores (inciso II); por um representante do Ministério do Trabalho (inciso III)[111]; por um representante do Ministério da Saúde (inciso IV); um representante do Ministério da Educação, Cultura e Desporto (inciso V); um representante do Departamento de Polícia Federal (inciso VI); bem como um representante de organização não governamental, que se dedique a atividades de assistência e proteção de refugiados no país (inciso VII). Tais membros serão indicados pelo Presidente da República, mediante indicações dos órgãos e da entidade que o compõem. Haverá, no CONARE, um Coordenador Geral, com a missão de preparar os processos de requerimento de refúgio e a pauta de reunião.

A participação no Conselho, será considerado serviço relevante e não implicará remuneração de qualquer natureza ou espécie (art. 15). O CONARE se reunirá com *quorum* de quatro membros com direito a voto, deliberando por maioria simples (em caso de empate, será considerado voto decisivo o do Presidente do Conselho) (art. 16 e parágrafo único).

Há se lembrar, por fim, que o Alto Comissariado das Nações Unidas para Refugiados será sempre membro convidado para as reuniões do CONARE, com direito a voz, mas sem voto (art. 14, § 1º);

c) Decisão do CONARE: A decisão pelo reconhecimento da condição de refugiado será considerada **ato declaratório** e deverá estar devidamente fundamentada (art. 26). Proferida a decisão, o CONARE notificará o solicitante e o Departamento de Polícia Federal, para as medidas administrativas cabíveis: no caso de *decisão positiva*, o refugiado será registrado junto ao Departamento de Polícia Federal, devendo assinar termo de responsabilidade e solicitar cédula de identidade pertinente (art. 28); no caso de *decisão negativa*, esta deverá ser fundamentada na notificação ao solicitante, cabendo direito de recurso ao Ministro da Justiça, no prazo de quinze dias, contados do recebimento da notificação (durante a avaliação do recurso, será permitido ao solicitante de refúgio e aos seus familiares permanecer no território nacional, sendo observado o disposto nos §§ 1º e 2º, do art. 21, desta Lei nº 9.474) (arts. 29 e 30).

A decisão do Ministro da Justiça, vale lembrar, não será passível de recurso, devendo ser notificada ao CONARE, para ciência do solicitante, e ao Departamento

---

[111] Com a extinção do Ministério do Trabalho pelo governo Jair Bolsonaro, essa representatividade fica em zona cinzenta. As atribuições do extinto Ministério foram divididas entre as pastas da Economia, da Cidadania, e da Justiça e Segurança Pública. Por interpretação teleológica, enquanto não houver disciplina normativa da questão, entende-se que a vaga deve ser preenchida por um representante do Ministério da Cidadania (já que o Ministério da Justiça já é representado e a questão escapa das atribuições do Ministério da Economia).

de Polícia Federal, para as providências devidas (art. 31). No caso de recusa definitiva de refúgio, ficará o solicitante sujeito à **legislação de estrangeiros**, não devendo ocorrer sua transferência para o seu país de nacionalidade ou de residência habitual, enquanto permanecerem as circunstâncias que põem em risco sua vida, integridade física e liberdade, salvo nas situações determinadas nos incisos III e IV do art. 3º, já trabalhados (art. 32).

Mais questões procedimentais, como procedimento de refúgio, autorização de residência provisória, bem como atos instrutivos, podem ser extraídas dos arts. 17 a 25 da Lei nº 9.474, bem como de documentos internos elaborados pelo CONARE, como a Resolução nº 18, de 30 de abril de 2014;

d) Perda da condição de refugiado: Implicará perda da condição de refugiado, de acordo com o art. 39, da Lei nº 9.474, a renúncia (inciso I); a prova da falsidade dos fundamentos invocados para o reconhecimento da condição de refugiado ou a existência de fatos que, se fossem conhecidos quando do reconhecimento, teriam ensejado uma decisão negativa (inciso II); o exercício de atividades contrárias à segurança nacional ou à ordem pública (inciso III); bem como a saída do território nacional sem prévia autorização do governo brasileiro (inciso IV). Os refugiados que perderem essa condição com fundamento nos incisos I e IV serão enquadrados no regime geral de permanência de estrangeiros no território nacional, e os que a perderem com fundamento nos incisos II e III estarão sujeitos às medidas compulsórias previstas na Lei nº 13.445/2017 (nova Lei de Migração). Compete ao CONARE decidir em primeira instância sobre cessação ou perda da condição de refugiado, cabendo, dessa decisão, recurso ao Ministro da Justiça, no prazo de quinze dias, contados do recebimento da notificação. A decisão exarada pelo Ministro da Justiça é irrecorrível, e deverá ser notificada ao CONARE, que a informará ao estrangeiro e ao Departamento de Polícia Federal, para as providências cabíveis (arts. 40 e 41).

É preciso lembrar, por fim, acerca das chamadas **soluções duráveis**, isto é, procedimentos que impliquem na resolução dos problemas de ordem operacional e de qualidade de vida envolvendo o refugiado.

Num primeiro caso, deve ser mencionada a **repatriação**, medida ideal considerando as normas internacionais protetoras de direitos humanos que asseguram tanto o direito a uma nacionalidade (no sentido de identificação para com um conjunto de fatores históricos e culturais) como o direito a uma nação (no sentido de lugar para se morar propriamente dito). A repatriação de refugiados aos seus países de origem deve ser caracterizada pelo caráter voluntário do retorno (regra geral), salvo nos casos em que não possam recusar a proteção do país de que são nacionais, por não mais subsistirem as circunstâncias que determinaram o refúgio (art. 42, Lei nº 9.474). Sobre a repatriação, ver também o art. 49, da Lei nº 13.445/2017, bem como os arts. 185 e 186 do Decreto nº 9.199/2017.

Noutra hipótese, se deve mencionar a **integração local**, caso em que o refugiado passará por um processo de identificação com a cultura brasileira, bem como seus direitos e deveres. Esta integração é feita com o auxílio de órgãos não governamentais, como as Cáritas Arquidiocesana de São Paulo e do Rio de Janeiro, que, por meio de convênio celebrado com o Alto Comissariado das Nações Unidas para Refugiados, administram os recursos destinados por aquele organismo aos programas referentes à inserção destas pessoas na comunidade de acolhida[112].

Os refugiados, assim como os solicitantes de refúgio, têm acesso ao Sistema Único de Saúde e à educação pública. Neste sentido, no exercício de seus direitos e deveres, a condição atípica dos refugiados deverá ser considerada quando da necessidade da apresentação de documentos emitidos por seus países de origem ou por suas representações diplomáticas e consulares (art. 43), bem como o reconhecimento de certificados e diplomas, os requisitos para a obtenção da condição de residente e o ingresso em instituições acadêmicas de todos os níveis deverão ser facilitados, levando-se em consideração a situação desfavorável vivenciada pelos refugiados (art. 44).

Por fim, se deve mencionar o **reassentamento**, que pode ocorrer tanto por parte do Brasil com relação a realocação de refugiados em outros países com aptidão receptora (o que deve se dar, sempre que possível, de modo voluntário, com supedâneo no art. 45 da Lei nº 9.474), como por parte de refugiados de outros países que sejam realocados no Brasil (o que deverá ser feito de forma planificada, e com a participação coordenada de órgãos estatais, e, quando possível, de organizações não governamentais, identificando áreas de cooperação e de determinação de responsabilidades, por força do art. 46, da Lei nº 9.474).

> **A Corte Interamericana de Direitos Humanos julgou:**
>
> - Na **Opinião Consultiva nº 25/18**, a Corte se manifestou sobre o direito de asilo e seu reconhecimento no sistema interamericano de proteção de direitos humanos, afirmando que o conceito de asilo dos documentos interamericanos de proteção abrange tanto o asilo territorial, o qual se embasa nas tradicionais normas do Estatuto dos Refugiados, quanto o asilo diplomático ou político, requerido por quem sofra ameaça em decorrência de opinião política ou crime político no território de origem. A Corte ressaltou que a consulta apresentada pelo Estado do Equador parecia indicar a intenção de se considerar o asilo diplomático como uma prerrogativa estatal, não como um direito humano, com base na interpretação literal da Convenção Americana de Direitos Humanos. A Corte considerou que o asilo diplomático é uma prática humanitária que tem por finalidade a prevenção de danos a direitos fundamentais e a salvaguarda da vida de pessoas ameaçadas, razão pela qual há abrangência protetiva pela Convenção Americana de Direitos Humanos, frisando ainda que a concepção de asilo diplomático se encaixa no que pode ser denominada "tradição latino-americana do asilo". Quanto à regulação do asilo diplomático, a Corte entendeu que seria aquela de responsabilidade interestadual, isto é, no âmbito de cada Estado.
>
> - Na **Opinião Consultiva nº 18/03**, a Corte Interamericana é provocada a se manifestar sobre a situação de migrantes sem documentação, questionando-se se é possível conferir tratamento jurídico diverso aos trabalhadores nesta condição, minimizando direitos por exemplo, bem como se vigora o princípio da igualdade e não discriminação. A Corte responde que é necessário aos países adotar medidas para impedir o tratamento discriminatório, sob pena de responsabilidade internacional, destacando o caráter essencial dos princípios da não discriminação e da igualdade (que não decorrem de nenhum tratado internacional específico, se inserindo como normativa de *jus cogens*). As obrigações de respeito a estes patamares

---

[112] Informação extraída do endereço eletrônico da Cáritas Brasileira. Disponível em: http://caritas.org.br/projetos/programas-caritas/refugiados. Acesso em 14 de janeiro de 2015.

não são apenas dever do Estado, mas dos particulares também. Com efeito, a proteção do gozo e exercício de direitos pelos trabalhadores migrantes é essencial. Por seu turno, na **Opinião Consultiva nº 4/84**, a Corte reforça que nem toda discriminação feita com relação a estrangeiros é por si só discriminatória – no caso, questiona-se se o estabelecimento de prazos e requisitos diversos para a naturalização conforme o país de origem seria discriminatório, afirmando a Corte que não há justificativa para tanto, como a existência de laços que unam os povos destes países.

- Na **Opinião Consultiva nº 16/99**, a Corte trata do direito de informação sobre a assistência consular. Assim, reconhece ao detido estrangeiro direitos individuais, entre eles o direito à informação sobre a assistência consular, aos quais correspondem deveres correlativos a cargo do Estado receptor. Ainda, o Estado deve cumprir seu dever de informar o detido sobre os direitos que lhe reconhece no momento de privá-lo de liberdade e, em todo caso, antes de prestar sua primeira declaração perante a autoridade. Em seu voto, Cançado Trindade afirmou: "Neste final de século, temos o privilégio de testemunhar o processo de humanização do Direito Internacional, que hoje alcança também este aspecto das relações consulares. Na confluência destas com os direitos humanos, cristalizou-se o direito individual subjetivo à informação sobre a assistência consular, de que são titulares todos os seres humanos que se vejam em necessidade de exercê-lo: este direito individual, situado no universo conceitual dos direitos humanos, é hoje respaldado tanto pelo Direito Internacional convencional como pelo Direito Internacional consuetudinário".

- No **caso Wong Ho Wing vs. Perú**, em junho de 2015, o Estado peruano foi condenado por ter extraditado o chinês quando havia sido juntada no processo de extradição documentação que comprovava que caso houvesse a extradição o extraditado poderia ser condenado à pena de morte em seu país. Consonante o princípio da não devolução, determinou-se a tomada de decisão definitiva no processo de extradição, a revisão da detenção do peticionante e a indenização por danos materiais e morais.

- No **caso família Pacheco Tineo vs. Bolívia**, em novembro de 2013, condenou-se o Estado boliviano por expulsar a família peruana de seu território, negando asilo, apesar do risco à vida e à integridade pessoal dos peticionantes. A condenação determinou que o serviço migratório boliviano fosse reformado, com preparação de pessoal, sem prejuízo do pagamento de indenização.

- No **caso Gangaram Panday vs. Suriname**, em janeiro de 1994, condenou-se o Estado por ter detido a vítima, estrangeiro expulso da Holanda, sem justificativa numa cela de um albergue de deportados, assassinando-a.

1.13.2 Brasileiros e não brasileiros após a nova Lei de Migração (Lei nº 13.445/2017): proteção do direito constitucional às questões envolvendo nacionalidade[113]

A Lei de Migração (Lei nº 13.445/2017) expressamente revogou o Estatuto do Estrangeiro (Lei nº 6.815/1980). Nas primeiras três edições deste Manual de Direitos Humanos se fazia menção à proteção jurídica do estrangeiro pela Lei nº 6.815, documento muito criticado por adotar como critérios regulamentadores a soberania e a segurança nacionais, algo que foi reajustado pela Lei nº 13.445/2017,

---

[113] Para mais questões sobre o direito constitucional: LAZARI, Rafael de. **Manual de direito constitucional**. 3. ed. Belo Horizonte: D'Plácido, 2019.

que passou a adotar como critério regulamentador a **dignidade humana** em seus preceitos. Sem prejuízo da Lei nº 13.445, destaque deve ser dado ao **Decreto nº 9.199**, de 20 de novembro de 2017, que *regulamenta* a Lei de Migração. De antemão, critica-se o Decreto por, em muitos aspectos, *inovar* no ordenamento jurídico (ele funciona como decreto autônomo em muitas partes, quando deveria ser mero decreto regulamentar), ou, pior, *contrariar* o que diz a Lei de Migração. Essas críticas serão devidamente pontuadas quando for o caso, no desenvolvimento das questões referentes a este item 1.13.2.

Prosseguindo, questão a ser considerada é que a nova Lei de Migração, que entrou em vigor no final de 2017 após cento e oitenta dias de "*vacatio legis*" (art. 125) modificou, também, questões relativas aos direitos da nacionalidade (notadamente casos de naturalização e perda da nacionalidade). Exatamente por isso se opta, desde a quarta edição do livro, **por trabalhar critérios internos para aferição de nacionalidade de forma mais ampla** (as três primeiras edições apenas falavam em extradição, deportação e expulsão na Lei nº 6.815).

Para que se tenha ideia da profundidade das modificações a que nos referimos no processo de substituição da Lei nº 6.815 pela Lei nº 13.445, reproduzimos os dois primeiros artigos do novel comando, que trazem **novos conceitos** e a **necessidade de conciliação do diploma com outras normas internas e internacionais específicas**: "Art. 1º Esta Lei dispõe sobre os direitos e os deveres do migrante e do visitante, regula a sua entrada e estada no País e estabelece princípios e diretrizes para as políticas públicas para o emigrante. § 1º Para os fins desta Lei, considera-se: I – (VETADO); II – **imigrante**: pessoa nacional de outro país ou apátrida que trabalha ou reside e se estabelece temporária ou definitivamente no Brasil; III – **emigrante**: brasileiro que se estabelece temporária ou definitivamente no exterior; IV – **residente fronteiriço**: pessoa nacional de país limítrofe ou apátrida que conserva a sua residência habitual em município fronteiriço de país vizinho; V – **visitante**: *pessoa nacional de outro país ou apátrida que vem ao Brasil para estadas de curta duração, sem pretensão de se estabelecer temporária ou definitivamente no território nacional*; VI – **apátrida**: *pessoa que não seja considerada como nacional por nenhum Estado, segundo a sua legislação, nos termos da Convenção sobre o Estatuto dos Apátridas, de 1954, promulgada pelo Decreto nº 4.246, de 22 de maio de 2002, ou assim reconhecida pelo Estado brasileiro.* [...] Art. 2º Esta Lei não prejudica a aplicação de normas internas e internacionais específicas sobre refugiados, asilados, agentes e pessoal diplomático ou consular, funcionários de organização internacional e seus familiares"[114].

---

[114] Apesar das novas terminologias, continuaremos a utilizar o termo "estrangeiro" em sentido amplo, salvo quando uma denominação específica se fizer necessário, como "apátrida" ou "refugiado". Ademais, o Decreto nº 9.199 traz outros conceitos no seu art. 1º, parágrafo único: "I – migrante – pessoa que se desloque de país ou região geográfica ao território de outro país ou região geográfica, em que estão incluídos o imigrante, o emigrante e o apátrida"; "VII – refugiado – pessoa que tenha recebido proteção especial do Estado brasileiro, conforme previsto na Lei nº 9.474, de 22 de julho de 1997; e "VIII – ano migratório – período de doze meses, contado da data da primeira entrada do visitante no território nacional, conforme disciplinado em ato do dirigente máximo da Polícia Federal". Por fim, a cabeça do art. 2º do aludido Decreto regulamentador traz importante proteção: "Ao imigrante são garantidos os direitos previstos em lei, vedada a exigência de prova documental impossível ou descabida que dificulte ou impeça o exercício de seus direitos".

1.13.2.1 Espécies de nacionalidade

Vejamos:

a) Nacionalidade originária: A *nacionalidade originária (ou primária)* é aquela que resulta do nascimento, seja por um vínculo sanguíneo, seja por um vínculo territorial. O Estado atribui-a ao indivíduo num ato unilateral, isto é, independentemente da vontade do indivíduo. Cada país é livre para fixar seus critérios de atribuição de nacionalidade, desde que respeitadas regras vistas como razoáveis pelo direito internacional dos direitos humanos (um país não pode determinar que somente será seu nacional aquele que nascer "loiro e de olhos azuis", por exemplo, ou privar da nacionalidade a pessoa que tenha alguma deficiência física/intelectual, noutra ilustração);

b) Nacionalidade secundária: Por sua vez, a *nacionalidade secundária (ou adquirida)* é aquela que decorre de uma manifestação conjunta de vontades. Ao indivíduo, competirá demonstrar seu interesse em adquirir a nacionalidade de um país; ao Estado, competirá decidir se aceita ou não tal indivíduo como seu nacional. Veja-se que, enquanto na nacionalidade originária se tem um ato involuntário, na nacionalidade secundária se tem ato voluntário.

1.13.2.2 Polipátrida e apátrida

O *"polipátrida"* é aquele que possui mais de uma nacionalidade, porque critérios de soberania de cada país permitem isso (exemplo: o filho de alemães nascido no Brasil, desde que qualquer de seus pais não esteja a serviço de seu país, é brasileiro nato. Este mesmo filho de alemães, por tal condição, provavelmente também será nacional alemão, de acordo com as regras alemãs próprias).

Aqui há um **conflito positivo de nacionalidades**, já que o enquadramento do indivíduo é múltiplo.

É algo totalmente diferente do *"apátrida"*, também conhecido por *"heimatlos"*, que é o indivíduo sem nacionalidade alguma. Isso ocorre não raras vezes em caso de conflitos bélicos, por exemplo, em que uma nação invade outro país anexando-o ao seu território sem prever, contudo, que os cidadãos do país anexado passarão a ter uma nova nacionalidade. Neste caso, por haver cidadãos sem pátria, se estará falando de apátridas. A nova Lei de Migração (Lei nº 13.445/2017) define apátrida em seu art. 1º, § 1º, VI, como a pessoa que **não seja considerada como nacional por nenhum Estado, segundo a sua legislação**, nos termos da Convenção sobre o Estatuto dos Apátridas, de 1954, promulgada pelo Decreto nº 4.246, de 22 de maio de 2002, ou assim reconhecida pelo Estado brasileiro. A recente codificação, ademais, dispensa especial atenção ao apátrida em seu art. 26, de cujos dispositivos podem ser destacados: o apátrida reconhecido que não opte pela naturalização imediata terá a autorização de residência outorgada em caráter definitivo (§ 8º); caberá recurso contra decisão negativa de reconhecimento da condição de apátrida (§ 9º); subsistindo a denegação do reconhecimento da condição de apátrida, é vedada a devolução do indivíduo para país onde sua vida, integridade pessoal ou liberdade estejam em risco (§ 10); será reconhecido o direito de reunião familiar a partir do reconhecimento da condição de apátrida (§ 11); implica perda da proteção conferida a renúncia, a prova da falsidade dos fundamentos invocados para o reconhecimento da condição de apátrida, ou a existência de fatos que, se fossem conhecidos por ocasião do reconhecimento, teriam ensejado decisão negativa (§ 12)[115].

Em suma, aqui há um **conflito negativo de nacionalidades**, já que o enquadramento do indivíduo é inexistente caso sejam seguidas as regras lógicas de atribuição de nacionalidade. Ademais, acerca da condição do *"heimatlos"*, destaca-se o pensamento de Hannah Arendt, que analisou, notadamente, o contexto dos judeus durante a Segunda Guerra Mundial[116].

1.13.2.3 Modos de aquisição da nacionalidade (considerando a nacionalidade originária)

Tratam-se de critérios através dos quais a nacionalidade é fixada em um país. Considera-se, para tais critérios, a nacionalidade originária, isto é, aquela que decorre de ato unilateral do Estado. São eles:

a) **Critério territorial (*"jus solis"*):** A nacionalidade é definida pelo local do nascimento. Países que recebem muitos imigrantes, ou que querem formar um corpo próprio de nacionais, costumam adotar tal critério. Exemplificativamente, será nacional do país "A" aquele que nascer no território do país "A";

b) **Critério sanguíneo (*"jus sanguinis"*):** A nacionalidade é definida pelo vínculo de descendência. Países que sofrem uma debandada muito grande de nacionais, em razão de conflitos, doenças, necessidades econômicas, ou oportunidades promissoras em terras estrangeiras, costumam adotar tal critério. Exemplificativamente, será nacional do país "A" aquele que for filho de nacionais do país "A";

c) **Critério misto:** A nacionalidade pode ser definida tanto em razão do local do nascimento, como pelo vínculo de descendência. Entende-se que a República Federativa do Brasil adota tal critério, pois tanto são brasileiros natos os filhos nascidos no exterior de pais brasileiros desde que qualquer deles esteja a serviço do país (critério sanguíneo), por exemplo, como o são os nascidos em território nacional, ainda que de pais estrangeiros, desde que qualquer deles não esteja a serviço de seu país (critério territorial), noutro exemplo.

→ **"Jus solis":** Nacionalidade definida pelo local de nascimento

→ **"Jus sanguinis":** Nacionalidade definida pela descendência

→ **Critério misto:** Nacionalidade pode tanto ser definida pelo local de nascimento, como pela descendência

1.13.2.4 Brasileiros natos

Definir os *brasileiros natos* é definir quais são aqueles a quem a nacionalidade brasileira será atribuída automaticamente pelo nascimento. Tomam-se os critérios de

---

[115] Ver, também, arts. 95 a 107, do Decreto nº 9.199/2017.
[116] ARENDT, Hannah. **Origens do totalitarismo**. Tradução Roberto Raposo. São Paulo: Companhia de Bolso, 2012.

atribuição de nacionalidade vistos no tópico anterior (territorial, sanguíneo e misto) e fecha-se um rol daqueles que serão **genuinamente considerados brasileiros**. São eles, conforme disposto em **rol exaustivo**:

a) Os nascidos na República Federativa do Brasil, ainda que de pais estrangeiros, desde que estes não estejam a serviço de seu país (art. 12, I, "a", CF): Adota-se, aqui, o critério territorial, vez que basta ao indivíduo nascer em território brasileiro (salvo se os pais estiverem a serviço de seu país) para que seja considerado brasileiro nato. Ademais, não se exige que ambos os pais estejam a serviço de seu país para não ser considerado o nascido um brasileiro nato, ressalvada a hipótese de um dos pais ser, já, brasileiro nato, caso em que a criança, provavelmente, terá dupla nacionalidade.

Com isso, é possível vislumbrar situações exemplificativas a partir desta hipótese: se o indivíduo nascer no Brasil e for filho de pais poloneses que não estão por aqui a serviço da Polônia, por exemplo, então este indivíduo será brasileiro nato; se o indivíduo nascer no Brasil e for filho de pais poloneses que estão por aqui a serviço da Polônia, então este indivíduo não será brasileiro nato; se o indivíduo nascer no Brasil e for filho de pais poloneses, de modo que apenas um dos pais está por aqui a serviço da Polônia, então este indivíduo não será brasileiro nato, salvo se o funcionário polonês for casado com nacional brasileiro, caso em que a criança será também brasileira nata pelo critério sanguíneo (dupla nacionalidade).

> E se a criança nascida no Brasil é, exemplificativamente, filha de poloneses que estão a serviço do governo da Itália, será considerada brasileira nata pelo critério territorial?

Por expressa disposição constitucional, esta criança será brasileira nata, ainda que os pais estejam a serviço de um governo. Com efeito, o texto constitucional é claro no sentido de que somente não será brasileiro nato o indivíduo nascido em território brasileiro com um ou ambos os pais a serviço de **seu país**. Se um ou ambos os pais poloneses estivessem a serviço da Polônia, considerando o exemplo, então a criança não seria brasileira nata; como um ou ambos os pais poloneses estão a serviço da Itália (um outro país), então a criança será brasileira nata;

b) Os nascidos no estrangeiro, de pai brasileiro ou mãe brasileira, desde que qualquer deles esteja a serviço da República Federativa do Brasil (art. 12, I, "b", CF): Diferentemente da hipótese anterior adota-se, aqui, o critério sanguíneo, bastando, para tanto, que qualquer dos pais (atenção para a partícula alternativa "ou") esteja a serviço da República Federativa do Brasil.

É preciso complementar, ainda, que a expressão "*a serviço da República Federativa*" deve ser interpretada de maneira amplíssima, de modo que o indivíduo pode estar a serviço da União, de algum Estado ou Município integrante da Federação, bem como das pessoas da Administração Pública Indireta;

c) Os nascidos no estrangeiro de pai brasileiro ou mãe brasileira, desde que sejam registrados em repartição brasileira competente ou venham a residir na

República Federativa do Brasil e optem, em qualquer tempo, depois de atingida a maioridade, pela nacionalidade brasileira (art. 12, I, "c", CF): Ambos os casos se dão para nascidos no estrangeiro, com pais que não estão a serviço da República Federativa do Brasil.

Na primeira parte do dispositivo ("*nascidos no estrangeiro de pai brasileiro ou mãe brasileira, desde que sejam registrados em repartição brasileira competente*"), se adota o critério sanguíneo **conjugado com a necessidade de registro**. Em caso de nascido no estrangeiro, de pai *ou* mãe brasileira (atenção para a partícula alternativa), basta que haja o registro em repartição brasileira competente.

Na segunda parte do dispositivo ("*nascidos no estrangeiro de pai brasileiro ou mãe brasileira que venham a residir na República Federativa do Brasil e optem, em qualquer tempo, depois de atingida a maioridade, pela nacionalidade brasileira*"), por sua vez, se traz a figura da **nacionalidade potestativa**, pois exige-se, além do critério sanguíneo, a manifestação de vontade do filho, daí a exigência que isso seja feito após atingida a maioridade (ver art. 213, do Decreto nº 9.199/2017).

> *E se o indivíduo é filho de pai brasileiro ou mãe brasileira, nasceu no exterior, não foi registrado em repartição competente, e continua vivendo no exterior?*

Nesse caso, chama-se a atenção para o art. 63, da nova Lei de Migração (Lei nº 13.445/2017), dispositivo segundo o qual "*o filho de pai ou de mãe brasileiro nascido no exterior e que não tenha sido registrado em repartição consular poderá, a qualquer tempo, promover* **ação de opção de nacionalidade**". O aludido dispositivo visa sanar um vácuo ainda deixado pela EC nº 54/2007, que, por sua vez, visou a corrigir um vácuo deixado pela emenda constitucional de revisão nº 3/1994.

Explica-se. A redação originária do art. 12, I, "c", CF, dispunha que seriam brasileiros natos "*os nascidos no estrangeiro, de pai brasileiro ou de mãe brasileira, desde que sejam registrados em repartição brasileira competente, ou venham a residir na República Federativa do Brasil antes da maioridade e, alcançada esta, optem, em qualquer tempo, pela nacionalidade brasileira*". Esta redação, confusa e cheia de lacunas, foi alterada pela emenda constitucional de revisão nº 3/1994. A ECR nº 3/1994 não previu, contudo, a hipótese de a pessoa nascida no exterior ser registrada em repartição brasileira competente, de modo que um nascido no estrangeiro filho de pai ou mãe brasileiro que não estivesse a serviço do Brasil somente seria brasileiro nato se viesse a residir no Brasil e optasse, a qualquer tempo, pela nacionalidade brasileira (ou seja, o nascido no estrangeiro que nunca viesse a residir no Brasil jamais seria brasileiro nato, e, a depender de onde estivesse, poderia não ser nacional do país de nascimento, criando situação de apatrídia). A EC nº 54/2007 corrigiu *parte do problema*: ela permitiu que um nascido no estrangeiro, filho de pai ou mãe brasileiro que não estivesse a serviço do Brasil adquirisse a nacionalidade brasileira mesmo continuando a residir no exterior, bastando, para isso, o registro em repartição brasileira competente. A EC nº 54 não elucidou, contudo, a situação do nascido no estrangeiro, de pai ou mãe brasileiro que não estão a serviço do Brasil, *que não veio residir no Brasil nem foi registrado em repartição brasileira competente*.

Logo, a única forma de "entender" a recente disposição da nova Lei de Migração é **conciliando-a com a atual disposição constitucional**: se o indivíduo nasceu no estrangeiro, é filho de pai brasileiro ou mãe brasileira que não esteja a serviço do Brasil, e foi registrado em repartição brasileira competente, será brasileiro nato por expressa disposição constitucional; se o indivíduo nasceu no estrangeiro, é filho de pai brasileiro ou mãe brasileira que não esteja a serviço da República Federativa do Brasil, não foi registrado em repartição brasileira competente, e vem a residir na República Federativa do Brasil, poderá ser considerado brasileiro nato, bastando que requeira essa nacionalidade a qualquer tempo depois de atingida a maioridade (também conforme a disposição constitucional); **agora, se o indivíduo nasceu no estrangeiro, é filho de pai brasileiro ou mãe brasileira que não esteja a serviço do Brasil, não foi registrado em repartição brasileira competente nem veio residir na República Federativa do Brasil, tem agora a disponibilização de uma** *ação de opção de nacionalidade* **para que, se for o caso, declare seu interesse** *opcional* **em adquirir a qualquer tempo a condição de brasileiro nato.**

É preciso tomar muito cuidado, entretanto, para um possível problema: o Decreto nº 9.199 aparentemente reduz o alcance da Lei nº 13.445/2017. Comparando redações, o art. 63 da Lei de Migração diz que "o filho de pai ou de mãe brasileiro nascido no exterior e que não tenha sido registrado em repartição consular poderá, a qualquer tempo, promover ação de opção de nacionalidade". Já o art. 214 do Decreto diz que "o filho de pai ou de mãe brasileira nascido no exterior e que não tenha sido registrado em repartição consular poderá, a qualquer tempo, **desde que esteja residindo no País**, promover ação de opção de nacionalidade". Observa-se que o Decreto reduz a ação de opção de nacionalidade à residência do indivíduo no país, enquanto a Lei, ao não delimitar, dá a opção tanto para o indivíduo que esteja vivendo no exterior, como para aquele que esteja residindo no país. Ante o conflito, posiciona-se favoravelmente à Lei, por uma questão de hierarquia normativa **(veja-se que, aqui, o Decreto contradiz a Lei)**.

> *E se o indivíduo é filho de pai brasileiro ou mãe brasileira, nasceu no exterior, não foi registrado em repartição competente, e vem a residir na República Federativa do Brasil antes de atingida a maioridade?*

Veja-se que, neste caso, o indivíduo não se enquadra em nenhuma das duas hipóteses vistas no art. 12, I, "c", CF, nem na solução genérica tratada no art. 63, da Lei nº 13.445 (muito embora a ação de opção de nacionalidade seja sim, desde logo, possível, conforme nosso entendimento): ele nem foi registrado em repartição brasileira competente, nem optou pela nacionalidade brasileira após atingir a maioridade e ter vindo residir na República Federativa do Brasil. Neste caso, já defendíamos em outras edições que a melhor solução possível seria conceder a esse indivíduo uma **"nacionalidade primária provisória"**[117] (já que ele é filho de pai brasileiro ou mãe

---

[117] Também: "Art. 32, § 2º, da Lei nº 6.015/1973: O filho de brasileiro ou brasileira, nascido no estrangeiro, e cujos pais não estejam ali a serviço do Brasil, desde que registrado em consulado brasileiro ou não registrado, venha a residir

brasileira), e, após atingida a maioridade, esta nacionalidade primária provisória ficaria suspensa até que o indivíduo formalizasse a opção pela nacionalidade brasileira nos termos do preceito constitucional[118]. Se reconhecida a nacionalidade brasileira neste processo formal, tal decisão teria efeitos "*ex tunc*", convertendo a anterior nacionalidade primária provisória como se tivesse sido, desde o princípio, uma nacionalidade primária definitiva (se entendia, inclusive, que não era o caso de aplicação, por analogia, do art. 70, da nova Lei de Migração, já que o aludido dispositivo se aplica à naturalização provisória, e aqui se está a falar de um brasileiro provisoriamente nato, o que é totalmente diferente). **Apesar do silêncio da Lei nº 13.445, parece ter sido este o caminho confirmado pelo Decreto nº 9.199 nos seus arts. 213 e 215 analisados conjugadamente** (mais especificamente o art. 215: "O filho de pai ou mãe brasileira nascido no exterior e cujo registro estrangeiro de nascimento tenha sido transcrito diretamente em cartório competente no País terá a confirmação da nacionalidade vinculada à opção pela nacionalidade brasileira e pela residência no território nacional. § 1º. Depois de atingida a maioridade e até que se faça a opção pela nacionalidade brasileira, a condição de brasileiro nato ficará suspensa para todos os efeitos. § 2º. Feita a opção pela nacionalidade brasileira, os efeitos da condição de brasileiro nato retroagem à data de nascimento do interessado") **(veja-se que, aqui, o Decreto inova em relação à Lei que deveria meramente regulamentar).**

Resumindo nosso entendimento (tentativa de conciliação da CF + Lei de Migração + Decreto nº 9.199)	
→ Art. 213, do Decreto nº 9.199: "A opção pela nacionalidade é o ato pelo qual o brasileiro nascido no exterior e que não tenha sido registrado em repartição consular confirma, perante a autoridade judiciária competente, a sua intenção de manter a nacionalidade brasileira. § 1º. A opção de nacionalidade não importará a renúncia de outras nacionalidades. § 2º. A opção de nacionalidade é ato personalíssimo e deverá ocorrer por meio de procedimento específico, de jurisdição voluntária, perante a Justiça Federal, a qualquer tempo, após atingida a maioridade civil. § 3º. A União sempre será ouvida no processo de opção de nacionalidade por meio de citação dirigida à Advocacia-Geral da União, observado o disposto no art. 721 da Lei nº 13.105, de 16 de março de 2015 – Código de Processo Civil".	→ Aqui regulamenta-se a situação do art. 12, I, "c", parte final, CF: o indivíduo nasceu no estrangeiro, é filho de pai ou mãe brasileiro, não foi registrado em repartição competente, veio residir na República Federativa do Brasil, atingiu a maioridade, e agora quer optar pela nacionalidade brasileira.

---

no território nacional antes de atingir a maioridade, poderá requerer, no juízo de seu domicílio, se registre, no livro 'E' do 1º Ofício do Registro Civil, o termo de nascimento".

[118] Já havia amparo jurisprudencial neste sentido: "Vindo o nascido no estrangeiro, de pai brasileiro ou de mãe brasileira, a residir no Brasil, ainda menor, passa a ser considerado brasileiro nato, sujeita essa nacionalidade a manifestação da vontade do interessado, mediante a opção, depois de atingida a maioridade. Atingida a maioridade, enquanto não manifestada a opção, esta passa a constituir-se em condição suspensiva da nacionalidade brasileira" (Supremo Tribunal Federal, 2ª T. **RE nº 418.096/RS**. Rel.: Min. Carlos Velloso. DJ. 22/03/2005).

Resumindo nosso entendimento (tentativa de conciliação da CF + Lei de Migração + Decreto nº 9.199)	
→ Art. 214, do Decreto nº 9.199: "O filho de pai ou de mãe brasileira nascido no exterior e que não tenha sido registrado em repartição consular poderá, a qualquer tempo, desde que esteja residindo no País, promover ação de opção de nacionalidade".	→ Regulamenta a ação de opção de nacionalidade a qualquer tempo para casos de indivíduos que vieram residir na República Federativa do Brasil. Entendemos que, como o art. 63, da Lei de Migração, não traz a exigência de residência no país, a ação pode ser promovida com o indivíduo estando dentro ou fora do país, seja maior ou menor de idade (graças à expressão "a qualquer tempo").
→ Art. 215, do Decreto nº 9.199: "O filho de pai ou mãe brasileira nascido no exterior e cujo registro estrangeiro de nascimento tenha sido transcrito diretamente em cartório competente no País terá a confirmação da nacionalidade vinculada à opção pela nacionalidade brasileira e pela residência no território nacional. § 1º. Depois de atingida a maioridade e até que se faça a opção pela nacionalidade brasileira, a condição de brasileiro nato ficará suspensa para todos os efeitos. § 2º. Feita a opção pela nacionalidade brasileira, os efeitos da condição de brasileiro nato retroagem à data de nascimento do interessado".	→ Situação do brasileiro nato provisório, se não optar pela ação de opção de nacionalidade do art. 214 do Decreto nº 9.199.

1.13.2.5 Brasileiros naturalizados

Trata-se de nacionalidade secundária, isto é, exige-se uma manifestação de vontade dupla: do agente que quer adquirir a nacionalidade brasileira, e do Estado brasileiro que deliberará sobre aceitar ou não. Se aceitar, então este brasileiro será denominado "*brasileiro naturalizado*". São eles:

a) Os que, na forma da lei, adquiram a nacionalidade brasileira, exigidas aos originários dos países de língua portuguesa apenas residência por um ano ininterrupto e idoneidade moral (art. 12, II, "a", CF): Trata-se de hipótese conhecida por "*naturalização ordinária*".

Convém observar em primeiro lugar que, aqui, há um desdobramento em duas situações, a saber, **o caso dos estrangeiros que não são originários de países de língua portuguesa**, e **o caso dos estrangeiros originários dos países de língua portuguesa**.

Para *os estrangeiros advindos de países de língua portuguesa* (Portugal, Timor Leste, Macau, Angola etc.), a própria Constituição fixa os requisitos: *residência por um ano ininterrupto e idoneidade moral*.

Já para *os estrangeiros advindos de países que não falam a língua portuguesa*, as condições, outrora previstas no Estatuto do Estrangeiro (Lei nº 6.815/1980), agora estão dispostas na recente Lei de Migração (Lei nº 13.445/2017), sobretudo em seu art. 65: capacidade civil segundo a lei brasileira (inciso I); residência em território nacional pelo prazo mínimo de quatro anos (inciso II); comunicar-se em língua portuguesa, considerando as condições do naturalizando (inciso III); não possuir condenação penal ou estar reabilitado, nos termos da lei (inciso IV).

Quadro comparativo entre o Estatuto do Estrangeiro (revogado) e a nova Lei de Migração (atualmente disciplinadora da matéria) em se tratando de hipótese de naturalização ordinária que envolva estrangeiros advindos de países que não falam a língua portuguesa	
Lei nº 6.815/1980 (requisitos estavam a partir do art. 112):	Lei nº 13.445/2017 (requisitos a partir do art. 65):
→ Capacidade civil segundo a lei brasileira	→ Capacidade civil segundo a lei brasileira
→ Registro como permanente no Brasil	→ Sem exigência correspondente na nova lei
→ Residência contínua no território nacional pelo prazo mínimo de quatro anos imediatamente anteriores ao pedido de naturalização (este prazo podia ser diminuído, nos termos do art. 113, e dispensado, nos termos do art. 114, do Estatuto revogado)	→ Residência em território nacional pelo prazo mínimo de quatro anos. Pelo art. 66 da nova lei, o prazo de residência será reduzido para, no mínimo, um ano, se o naturalizando preencher quaisquer das seguintes condições: ter filho brasileiro (inciso II); ter cônjuge ou companheiro brasileiro e não estar dele separado legalmente ou de fato no momento de concessão da naturalização (inciso III); haver prestado ou poder prestar serviço relevante ao Brasil (inciso V); ou recomendar-se por sua capacidade profissional, científica ou artística (inciso VI) (o preenchimento das condições previstas nas duas últimas hipóteses aqui descritas será avaliado na forma disposta em regulamento)
→ Saber ler e escrever a língua portuguesa, considerando as condições do naturalizando	→ Comunicar-se em língua portuguesa, considerando as condições do naturalizando
→ Ter uma profissão ou bens suficientes à manutenção própria e da família	→ Sem exigência correspondente na nova lei
→ Ter boa saúde (não se exigia a prova de boa saúde a nenhum estrangeiro que já residisse no Brasil há mais de dois anos)	→ Sem exigência correspondente na nova lei
→ Ter boa conduta	→ Sem exigência correspondente na nova lei
→ Inexistência de denúncia, pronúncia ou condenação no Brasil ou no exterior por crime doloso a que seja cominada pena mínima de prisão, abstratamente considerada, superior a um ano	→ Não possuir condenação penal ou estar reabilitado, nos termos da lei

Vale lembrar que, neste caso, a concessão da naturalização se fará mediante *portaria do Ministro da Justiça*. Será emitido ao indivíduo um certificado, emitido pelo Ministério da Justiça, que será entregue pelo Juiz federal da cidade em que o interessado tenha domicílio (se não houver Juiz federal, pelo Juiz estadual da comarca, e, na sua falta, pelo Juiz da comarca mais próxima). Isso, aliás, justifica o art. 109, X, CF, que diz respeito à competência da justiça federal para julgar causas pertinentes à naturalização.

> As hipóteses de naturalização ordinária se resumem àquelas previstas constitucionalmente?

O art. 115, § 2º, **da hoje revogada** Lei nº 6.815/1980 trazia, ainda, duas outras hipóteses de naturalização ordinária: a **radicação precoce** (estrangeiro admitido no Brasil até a idade de cinco anos, radicado definitivamente no território nacional, e desde que requeresse a naturalização até dois anos após atingir a maioridade) e a **conclusão de curso superior** (estrangeiro que tivesse vindo a residir no Brasil antes de atingir a maioridade, que tivesse feito curso superior em estabelecimento nacional de ensino, e desde que requeresse a naturalização até um ano depois da formatura). Para estes casos, ao requerer a naturalização, o estrangeiro deveria apenas apresentar o documento de identidade para estrangeiro, atestado policial de residência contínua no Brasil, e atestado policial de bons antecedentes. Portanto, à égide da antiga lei, além das hipóteses constitucionais já estudadas, se podia mencionar estas duas hipóteses *infra*constitucionais.

A grande questão é que o Estatuto do Estrangeiro (Lei nº 6.815/1980), repete-se, foi revogado, e junto com ele o *supra*mencionado art. 115, § 2º. A nova Lei de Migração (Lei nº 13.445/2017), que passa a disciplinar, dentre outras coisas, questões atinentes a brasileiros naturalizados, previu hipóteses de naturalização: **ordinária**, **extraordinária**, **especial** ou **provisória**.

A naturalização ordinária é aquela que se acabou de estudar; a extraordinária remete ao art. 12, II, "b", CF, que será estudado a seguir. Restam, portanto, a naturalização especial e a provisória:

Naturalização especial:	Naturalização provisória:
➔ Pelo art. 68 da nova Lei de Migração, a naturalização especial poderá ser concedida ao estrangeiro que se encontre em uma das seguintes situações: **seja cônjuge ou companheiro, há mais de cinco anos, de integrante do Serviço Exterior Brasileiro em atividade ou de pessoa a serviço do Estado brasileiro no exterior** (inciso I); ou **seja ou tenha sido empregado em missão diplomática ou em repartição consular do Brasil por mais de dez anos ininterruptos** (inciso II).	➔ Pelo art. 70 da nova Lei de Migração, a naturalização provisória poderá ser concedida **ao migrante criança ou adolescente que tenha fixado residência em território nacional antes de completar dez anos de idade** e **deverá ser requerida por intermédio de seu representante legal**; ➔ Tal naturalização será convertida em definitiva se o naturalizando **expressamente** assim o requerer **no prazo de dois anos após atingir a maioridade**

> Pelo art. 69 da nova Lei, são requisitos para a concessão da naturalização especial ter capacidade civil, segundo a lei brasileira (inciso I); comunicar-se em língua portuguesa, consideradas as condições do naturalizando (inciso II); bem como não possuir condenação penal ou estar reabilitado, nos termos da lei (inciso III)

Portanto, é imperioso atentar para o fato de que as hipóteses de naturalização ordinária, **após a alteração *infra*constitucional**, se restringem atualmente àquelas previstas constitucionalmente, com a ressalva de hipóteses específicas, casuísticas, que são adjetivadas como "*naturalização especial*" ou "*naturalização provisória*".

Por fim, as hipóteses de naturalização ordinária (as duas constitucionais), uma vez atendidos os requisitos listados, **ensejam direito público subjetivo ao seu requerente**. Na nova Lei de Migração, se deixa clara a diferença entre "*será*" e "*poderá ser*": quando se refere às naturalizações ordinária e extraordinária, utiliza a expressão "*será concedida*" (vide cabeças dos arts. 65 e 67), ao passo que quando se refere às naturalizações especial e provisória, utiliza a expressão "*poderá ser*" (vide cabeças dos arts. 68 e 70). Assim, quando se diz "*será concedida*", basta ao interessado que atenda aos requisitos previstos na legislação *infra*constitucional;

b) Os estrangeiros de qualquer nacionalidade residentes na República Federativa do Brasil há mais de quinze anos ininterruptos e sem condenação penal, desde que requeiram a nacionalidade brasileira (art. 12, II, "b", CF): Trata-se de hipótese conhecida por "*naturalização extraordinária*", segundo a qual, uma vez presentes os requisitos, há também direito público subjetivo à aquisição da nacionalidade (ela é também tratada no art. 67, da Lei nº 13.445/2017 – nova Lei de Migração). Originariamente, se falava em residência ininterrupta de trinta anos, o que foi reduzido à metade pela emenda constitucional de revisão nº 3/1994. Ademais, muito embora haja regra especial para aqueles advindos de países em que se fala língua portuguesa (hipótese de naturalização ordinária, acima vista), não se impede que optem por seguir os requisitos da naturalização extraordinários se satisfeitos os requisitos que ora se estuda (afinal, o dispositivo constitucional é cristalino ao utilizar a expressão "*estrangeiros de qualquer nacionalidade*").

1.13.2.6 *"Quase nacionalidade" (portugueses equiparados)*

É aquela prevista no art. 12, § 1º, da CF. Nesse dispositivo, a Lei Fundamental pátria não atribui nacionalidade aos portugueses, mas cria uma situação de quase nacionalidade desde que exista reciprocidade por parte de Portugal (que fique claro: o português mantém essa condição). Esta reciprocidade é dada pelo "*Tratado de Amizade, Cooperação e Consulta*", celebrado em Porto Seguro no ano 2000 (Decreto nº 3.927/2001), e, também, a "*Convenção sobre Igualdade de Direitos e Deveres entre Brasileiros e Portugueses*" (Decreto nº 70.391/1972).

> *Mas, na "quase nacionalidade", o português é equiparado ao brasileiro nato ou ao naturalizado?*

Analisando o dispositivo constitucional, verifica-se que há ressalva quanto às previsões constitucionais específicas (utiliza-se a expressão *"salvo os casos previstos nesta Constituição"*). **Disso conclui-se que o português (diante de reciprocidade) equipara-se ao brasileiro naturalizado**.

O Tratado de Amizade, Cooperação e Consulta traz vários dispositivos interessantes: a titularidade do estatuto da igualdade por brasileiros em Portugal e por portugueses no Brasil não implicará em perda das respectivas nacionalidades (art. 13, item 1); o gozo de direitos políticos por brasileiros em Portugal e por portugueses no Brasil só será reconhecido aos que tiverem **três anos de residência habitual** e depende de requerimento à autoridade competente, de modo que o gozo de direitos políticos no Estado da residência importa na **suspensão do exercício dos mesmos direitos** no Estado da nacionalidade (art. 17, itens 1 e 3); não poderão prestar serviço militar no Estado de residência (art. 19) etc.

Para finalizar, vale lembrar que o instituto da *"quase nacionalidade"* não anula a possibilidade de que um português possa requerer a naturalização para se tornar brasileiro. O português *"quase nacional"*, muito embora tenha regra especial, é um estrangeiro. Caso queira acionar o procedimento de naturalização, se submeterá às regras outrora estudadas.

1.13.2.7 Diferenças entre brasileiros natos e naturalizados

De acordo com o art. 12, § 2º, da Constituição Federal, apenas o texto constitucional pode fixar distinções entre brasileiros natos e naturalizados. Lei *infra*constitucional não pode fazê-lo, salvo se respeitar ou reforçar o que diz a Lei Fundamental pátria. Trata-se de manifestação do princípio da igualdade, no sentido de que um brasileiro naturalizado não possa ser visto como "cidadão inferior" àquele que tem a nacionalidade brasileira desde o princípio.

Neste diapasão, a Constituição Federal fixa diferenças (e somente ela pode fazê-lo, insiste-se):

a) Cargos públicos privativos de brasileiros natos (art. 12, § 3º, CF): Há três cargos que, *por questão de segurança nacional*, apenas podem ser ocupados por brasileiros natos, a saber, os cargos de Diplomata, de Oficial das Forças Armadas, e de Ministro de Estado da Defesa (incisos V, VI e VII do art. 12, § 3º, CF);

b) Linha sucessória da Presidência da República (art. 12, § 3º, CF): O Presidente da República, o Vice-Presidente da República, o Presidente da Câmara dos Deputados, o Presidente do Senado, e os Ministros do STF, devem ser brasileiros natos. Eis a linha sucessória da Presidência da República, consoante previsto no art. 80, da Constituição (incisos I, II, III e IV, do art. 12, § 3º, CF).

Vale lembrar que, como os Ministros do Supremo Tribunal Federal devem, todos, ser brasileiros natos, por consequência também deverá sê-lo o Conselheiro Presidente do Conselho Nacional de Justiça, já que este é o Ministro Presidente do STF;

c) Assentos do Conselho da República (art. 89, VII, CF): Integrarão o Conselho da República, nos moldes do art. 89, VII, CF, dentre outros, seis brasileiros natos, com mais de trinta e cinco anos de idade, sendo dois nomeados pelo Presidente da República, dois eleitos pelo Senado, e dois eleitos pela Câmara dos Deputados, todos com mandato de três anos, vedada a recondução. Vale lembrar que não se pode dizer que o Conselho da República é um *"órgão privativo de brasileiros natos"*: apesar de ser integrado pelo Presidente da República, pelo Vice-Presidente da República, pelo Presidente da Câmara dos Deputados, pelo Presidente do Senado, e por seis brasileiros natos, também se farão presentes o Ministro da Justiça (e, nos Ministérios, apenas o órgão de Defesa enseja brasileiro nato) e os líderes da maioria e da minoria na Câmara dos Deputados e no Senado (e os Deputados e Senadores podem muito bem ser brasileiros naturalizados, mas não poderão ocupar a Presidência das Casas, já que a Presidência é cargo privativo de brasileiro nato, como visto);

d) Propriedade de empresa jornalística e de radiodifusão (art. 222, *caput*, CF): A propriedade de empresa jornalística e de radiodifusão sonora e de sons e imagens é privativa de brasileiros natos *ou naturalizados há mais de dez anos*, ou de pessoas jurídicas constituídas sob as leis brasileiras e que tenham sede no país. Também, conforme o segundo parágrafo do mesmo dispositivo, a responsabilidade editorial e as atividades de seleção e direção da programação veiculada são privativas de brasileiros natos *ou naturalizados há mais de dez anos*, em qualquer meio de comunicação social;

e) Vedação de extradição (art. 5º, LI, da CF): Veda-se, de forma absoluta, a extradição do brasileiro nato.

Quanto ao brasileiro naturalizado, a regra é que também não possa ser extraditado, **com duas exceções**: em caso de crime comum praticado antes da naturalização (exceto crime político ou de opinião), ou em caso de tráfico ilícito de entorpecentes, ainda que praticado após a naturalização.

1.13.2.8 Perda da nacionalidade

Perder a nacionalidade não é algo que faz parte de um contexto de normalidade, já que, como dito logo no início da análise desta espécie de direitos humanos, a nacionalidade é o vínculo jurídico-político que liga um indivíduo a outros indivíduos e ao Estado, implicando no exercício de direitos e deveres e na participação da vida política do Estado. Exatamente por não fazer parte de um contexto de normalidade, as hipóteses de perda são **taxativas**. A Constituição Federal prevê duas hipóteses de perda de nacionalidade, em seu art. 12, § 4º:

a) Se o brasileiro tiver cancelada sua naturalização por sentença judicial, em virtude de atividade nociva ao interesse nacional (inciso I): O procedimento para tal situação estava previsto na Lei nº 818/1949, entre os arts. 24 a 34, exigindo-se, ademais, sentença judicial com trânsito em julgado. A nova Lei de Migração (Lei nº 13.445/2017) expressamente revogou essa lei, juntamente com o Estatuto do Estrangeiro, conforme o disposto em seu art. 124. Agora, tal hipótese está consagrada, de forma empobrecida de conteúdo (vale frisar), no art. 75 da nova codificação, dispositivo pelo qual "*o naturalizado perderá a nacionalidade em razão de condenação transitada em julgado por atividade nociva ao interesse nacional, nos termos do inciso I do § 4º do art. 12 da Constituição Federal. Parágrafo único. O risco de geração de situação de apatridia será levado em consideração antes da efetivação da perda da nacionalidade*".

Continua em zona cinzenta, como já ficava à época da Lei nº 818, o que seria a "atividade nociva ao interesse nacional", prevalecendo o entendimento de que seria o fato, além de criminoso, contrário aos interesses do Estado (o Decreto nº 9.199 também não traz tal conceito). Esta hipótese somente atinge os brasileiros naturalizados, já que o dispositivo constitucional fala em "cancelamento da naturalização";

b) Se o brasileiro adquirir outra nacionalidade, salvo em caso de reconhecimento da nacionalidade originária pela lei estrangeira, ou em caso de imposição de naturalização pela norma estrangeira ao brasileiro residente em Estado estrangeiro como condição para permanência em seu território ou para o exercício de direitos civis (inciso II): Trata-se de procedimento meramente administrativo, outrora regulamentado pela Lei nº 818/1949, e agora disciplinado pela Lei nº 13.445/2017 (nova Lei de Migração). Esta hipótese atinge tanto os brasileiros natos como os naturalizados.

Ademais, observa-se que o inciso II em comento contemplou duas exceções de possibilidade de manutenção da nacionalidade brasileira, a saber, em caso de imposição da naturalização pela norma estrangeira como condição para permanência no território, bem como em caso de imposição da naturalização pela norma estrangeira como condição para fruição de direitos civis. Tais exceções foram – bem – contempladas pela ECR nº 3/1994. Nestes casos o indivíduo passará a ter dupla nacionalidade: a brasileira e a do país que exigiu a naturalização por requisito interno próprio.

Por fim, convém lembrar que a situação prevista no art. 12, § 4º, I, CF trata-se de hipótese de **perda-sanção**, ou seja, um vez perdida a nacionalidade brasileira por sentença transitada em julgado em que se reconheça atividade nociva ao interesse nacional, somente será possível readquirir a nacionalidade brasileira por via de ação rescisória. Por sua vez, o cenário contemplado no inciso II representa hipótese de **perda-voluntária (ou perda-mudança)**, de modo que é permitido readquirir a nacionalidade brasileira (neste sentido, inclusive, o art. 76, da Lei nº 11.445/2017 dispõe que "*o brasileiro que, em razão do previsto no inciso II do § 4º do art. 12 da Constituição Federal, houver perdido a nacionalidade, uma vez cessada a causa, poderá readquiri-la ou ter o ato que declarou a perda revogado, na forma definida pelo órgão competente do Poder Executivo*").

> *Um brasileiro nato que passe por perda-voluntária de nacionalidade (art. 12, § 4º, II, primeira parte, CF), se quiser readquirir, posteriormente, a nacionalidade*

brasileira (visto que isso é possível), voltará a ser brasileiro nato, ou passará a ser brasileiro naturalizado? Em outros termos, é possível que um brasileiro nato se torne brasileiro naturalizado?

Por lógica procedimental, este indivíduo deve passar por procedimento de naturalização, de modo que, ao adquirir outra nacionalidade, o indivíduo deixou de ser brasileiro nato e se tornou, aos olhos da lei brasileira, um "estrangeiro". Estrangeiros, neste prisma, devem se submeter a procedimento de naturalização para se tornarem brasileiros. Por lógica procedimental (insiste-se), portanto, o outrora brasileiro nato passará a ser um brasileiro naturalizado. Apesar de até então majoritário, não é este o posicionamento que aqui se adota, contudo: um brasileiro genuíno pode ter, ao longo da vida, quantas nacionalidades desejar, mas os critérios que o fixaram como brasileiro nato estão consolidados de forma imutável pelo tempo (seja pelo critério territorial, seja pelo critério sanguíneo, seja pelos critérios que aliam-se à exigência de registro em repartição competente ou residência no território brasileiro etc.). Não pode um procedimento burocrático, portanto, como o de uma perda-voluntária de nacionalidade, retirar tal condição. Um "ex-brasileiro nato", que deseje voltar a ser "brasileiro", readquirirá tal condição tal como originariamente o fora fixado, isto é, como brasileiro nato. **Nosso posicionamento parece ter sido o adotado pelo Decreto nº 9.199/2017, que regulamenta a Lei de Migração (aqui o Decreto inova no ordenamento jurídico): de acordo com seu art. 254, § 7º, o deferimento do requerimento de reaquisição ou a revogação da perda importará no restabelecimento da nacionalidade originária brasileira.**

1.13.2.9 Extradição

A extradição é a medida de cooperação internacional entre o Estado brasileiro e outro Estado pela qual se concede ou solicita a entrega de pessoa sobre quem recaia condenação criminal definitiva ou para fins de instrução de processo penal em curso. Sua regulamentação está, na nova Lei de Migração (Lei nº 13.445/2017), entre os arts. 81 e 99 (acordos de extradição também podem disciplinar a questão). O Estado que solicita a entrega do indivíduo é chamado *"Estado requerente"*, enquanto o Estado que procede ao envio do extraditando atendendo à solicitação é chamado *"Estado requerido"*[119]. Também, a extradição será *"ativa"* (quando o Estado brasileiro é o solicitante) ou *"passiva"* (quando o Estado brasileiro é o solicitado), ambas trabalhadas a partir do Decreto nº 9.199.

---

[119] Conforme posicionamento do guardião da Constituição: "Conforme reiterados pronunciamentos do Supremo Tribunal Federal, é possível ao Estado requerente, no âmbito da extradição, complementar a documentação considerada insuficiente" (Supremo Tribunal Federal, 2ª T. **Ext nº 1.423/DF**. Rel.: Min. Teori Zavascki. DJ. 23/08/2016). Ademais: "A simples alegação de que a extradição importará risco à vida do extraditando não se presta a obstar o acolhimento do pedido, mormente pela inexistência de comprovação idônea de causa excepcional que legitime a recusa, bem como pelo fato de que a garantia da segurança do extraditando em seu território incumbe ao Estado requerente" (Supremo Tribunal Federal, 1ª T. **Ext nº 1.439/DF**. Rel.: Min. Edson Fachin. DJ. 09/08/2016).

Em primeira análise, não se pode confundir o instituto da extradição com a mera **transferência de pessoas condenadas**. Enquanto no primeiro caso o Estado é solicitado a proceder à entrega de pessoa para responder a processo ou para execução da pena, a transferência de pessoas condenadas somente ocorre após sentença transitada em julgado e depende de vontade expressa do preso em cumprir o restante da pena em seu país de nacionalidade ou de residência, se assim estiver previamente acordado (a transferência somente será autorizada entre países com os quais o Brasil possua acordo em vigor – o art. 103, *caput*, da nova Lei de Migração é claro no sentido de que a transferência de pessoa condenada poderá ser concedida quando o pedido se fundamentar em tratado ou houver promessa de reciprocidade –, e sua efetivação pode ser concedida juntamente com a aplicação de medida de impedimento de reingresso em território nacional, na forma de regulamento, consoante disposto no art. 103, § 2º, da Lei nº 13.445/2017). Trata-se de medida de caráter humanitário, que visa facilitar a reintegração de pessoas condenadas ao meio social de que são originárias, na medida em que possibilita o cumprimento junto a seus familiares e compatriotas do restante da pena aplicada pelo Poder Judiciário de país do qual não é nacional[120].

Em outra diferenciação, como bem lembra Valerio de Oliveira Mazzuoli, a extradição também não pode ser confundida com a **abdução internacional**, "[...] que é o sequestro do indivíduo que se encontra em dado Estado para ser julgado no território de outro, em flagrante violação aos princípios do Direito Internacional, tal como ocorreu com o ex-oficial SS Obersturmbahnführer Adolf Eichmann na Argentina, em 1960, com Antoine Argoud na Alemanha Federal, em 1963, e com Humberto Alvarez Machain no México, em 1990, que foram abduzidos e levados a julgamento em Israel, França e Estados Unidos, respectivamente. Deve-se observar que, em verdade, não há propriamente norma de Direito Internacional proibitiva da abdução. O Direito Internacional sanciona apenas a violação de território do Estado ofendido, e não o sujeito capturado irregularmente. A aquiescência do Estado ofendido, ademais, coloca termo à abdução"[121].

Por fim, a extradição também não pode ser confundida com a **entrega (ou "*surrender*")**, a qual consiste na submissão de um nacional a um tribunal internacional do qual o próprio país faz parte. É a hipótese, notadamente, do Tribunal Penal Internacional, criado pelo Estatuto de Roma, do qual o Brasil é signatário (art. 102, "a", do Estatuto). Aliás, como se trata de Tribunal a que o Brasil se submete, tornar-se-ia possível a entrega de brasileiro nato, inclusive.

Extradição	Consiste na entrega de pessoa que praticou um crime em outro país
Transferência de pessoas condenadas	Trata-se de medida de caráter humanitário, que visa facilitar a reintegração de pessoas condenadas ao meio social de que são originárias

---

[120] Também: BRASIL, Secretaria Nacional de Justiça. **Manual de extradição**. Brasília: Secretaria Nacional de Justiça (SNJ), Departamento de Estrangeiros, 2012, p. 20-21.

[121] MAZZUOLI, Valerio de Oliveira. **Curso de direito internacional público**. 8. ed. São Paulo: RT, 2014, p. 792.

Abdução internacional	É o sequestro do indivíduo que se encontra em dado Estado para ser julgado no território de outro
Entrega	Submissão de um nacional a um tribunal internacional do qual o próprio país faz parte.

O Brasil, sob hipótese alguma, extraditará brasileiros natos. Quanto aos naturalizados, somente o serão caso tenham praticado crimes comuns (exceto crimes políticos e/ou de opinião[122]) antes da naturalização, ou, mesmo depois da naturalização, em caso de envolvimento com o tráfico ilícito de entorpecentes (art. 5º, LI, CF e art. 82, § 5º, da Lei nº 13.445/2017)[123]. Questão que desperta atenção, neste sentido, diz respeito à possibilidade de extradição de *"ex-brasileiro nato"* (o qual, portanto, renunciou à nacionalidade brasileira adquirindo outra nacionalidade). Em paradigmático julgado, o Supremo Tribunal Federal entendeu ser isso possível – naquilo que foi erroneamente divulgado como "o primeiro caso de extradição de brasileiro nato da história" – tomando por base o fato de que, ao adquirir outra nacionalidade, como regra renuncia-se à nacionalidade brasileira. Em verdade, portanto, a extradição não foi de um brasileiro nato, mas de um *"ex-brasileiro nato"*[124].

> *Quais são os princípios aplicáveis à extradição?*

São eles:

a) Princípio da Especialidade: Significa que o estrangeiro só pode ser julgado pelo Estado requerente pelo crime objeto do pedido de extradição. Nada impede que haja uma extensão do pedido pelo Estado requerente, ao longo do procedimento de extradição. Mas o importante é que o extraditado só seja submetido às penas relativas aos crimes que foram objeto do pedido de extradição. Em outras palavras, a pessoa só pode ser julgada, pelo Estado requerente, pelos crimes que foram objeto do pedido de extradição. Neste sentido, o art. 83 da nova Lei de Migração prevê que são condições para concessão da extradição ter sido o crime cometido no território do Estado requerente ou serem aplicáveis ao extraditando as leis penais desse Estado (inciso I), bem como estar o extraditando respondendo a processo investigatório ou a processo penal ou ter sido condenado pelas autoridades judiciárias do Estado requerente a pena privativa de liberdade (inciso II).

---

[122] Ademais: "Não se concede extradição quando o fato que motivar o pedido for considerado mera contravenção no Brasil" (Supremo Tribunal Federal, 1ª T. **Ext nº 1.415/DF**. Rel.: Min. Edson Fachin. DJ. 14/06/2016).

[123] Neste segundo caso, de extradição de brasileiro naturalizado por envolvimento com tráfico ilícito de entorpecentes mesmo após a naturalização, dá-se como exemplo: Supremo Tribunal Federal, 1ª T. **Ext nº 1.244/França**. Rel.: Min. Rosa Weber. DJ. 09/08/2016.

[124] Supremo Tribunal Federal, 1ª T. **Ext nº 1.462/DF**. Rel.: Min. Roberto Barroso. DJ. 28/03/2017. Convém transcrever trecho da ementa: "Conforme decidido no MS 33.864, a Extraditanda não ostenta nacionalidade brasileira por ter adquirido nacionalidade secundária norte-americana, em situação que não se subsume às exceções previstas no § 4º, do art. 12, para a regra de perda da nacionalidade brasileira como decorrência da aquisição de nacionalidade estrangeira por naturalização".

Se o país solicitante descumpre esse princípio, em vista da soberania do outro país, o Brasil não pode fazer nada. Mas gera um desconforto internacional que será ponderado quando de novos pedidos de extradição;

b) Princípio da Dupla Punibilidade: O fato praticado deve ser punível no Estado requerente e no Brasil. Veja: além do fato ser típico em ambos os países, deve ser punível em ambos. Assim, se houve prescrição em algum dos países, por exemplo, não pode ocorrer a extradição[125]. Ademais, em sentido complementar, não se concederá extradição quando a lei brasileira impuser ao crime pena de prisão inferior a dois anos (art. 82, IV, Lei nº 13.445/2017). Por fim, não se concederá extradição quando o fato constituir crime político ou de opinião (art. 82, VII, Lei nº 13.445/2017);

c) Princípio da Retroatividade dos Tratados: O fato de um tratado de extradição entre dois países ter sido celebrado após a ocorrência do crime não impede a extradição. Isso fica ainda mais claro com a nova Lei de Migração, pela qual a extradição perde o caráter de medida de retirada compulsória propriamente dita, a passa a ser encarada como medida de cooperação internacional;

d) Princípio da Comutação da Pena (Direitos Humanos): Não se concederá a extradição quando o extraditando tiver de responder, no Estado requerente, perante tribunal ou juízo de exceção (art. 82, VIII, Lei nº 13.445/2017). Noutro aspecto, se o crime for apenado por qualquer das penas vedadas pelo art. 5º, XLVII da CF, a extradição não será autorizada, salvo se houver a comutação da pena[126] (há uma superioridade hierárquica da Constituição Federal em relação aos tratados de extradição e à nova Lei de Migração; assim, apenas se houver o comprometimento do Estado estrangeiro com relação às vedações constitucionais será possível a extradição).

Ademais, de acordo com o art. 85, da Lei nº 13.445, quando **mais de um Estado** requerer a extradição da mesma pessoa pelo mesmo fato, terá preferência o pedido daquele em cujo território a infração foi cometida. Por sua vez, tratando-se de crimes diversos, de acordo com o primeiro parágrafo do aludido dispositivo, terão preferência, sucessivamente, o Estado requerente em cujo território haja sido cometido o crime mais grave, segundo a lei brasileira (inciso I); se a gravidade dos crimes for idêntica, o Estado que em primeiro lugar houver pedido a entrega do extraditando (inciso II); e, se os pedidos forem simultâneos, o Estado de origem, ou, na sua falta, o domiciliar do extraditando (inciso III). Nos casos não previstos,

---

[125] Um bom exemplo de aplicação de tal princípio se deu na **Ext nº 1.362/DF** (Supremo Tribunal Federal, Pleno. Rel.: Min. Teori Zavascki. DJ. 09/11/2016). No caso, o governo argentino solicitou a extradição de um nacional seu, a quem foi imputada a prática de delitos contra a humanidade por integrar um grupo terrorista em atividade na década de 1970, cujo objetivo era o sequestro e o assassinato de cidadãos argentinos contrários ao governo então vigente naquele país. O STF indeferiu o pedido de extradição, contudo, alegando que a punibilidade do indivíduo já estaria extinta nos termos da legislação brasileira (ainda que, nos termos da legislação argentina, não tenha havido a extinção da punibilidade). Também: Supremo Tribunal Federal, 1ª T. Ext nº 1.383/DF. Rel.: Min. Marco Aurélio. DJ. 08/03/2016.

[126] Como exemplo: Supremo Tribunal Federal, 1ª T. **Ext nº 1.188/Estados Unidos da América**. Rel.: Min. Gilmar Mendes. DJ. 08/11/2011.

decidirá sobre a preferência o governo brasileiro (art. 85, § 2º), valendo lembrar que, havendo tratado ou convenção com algum dos Estados requerentes, prevalecerão suas normas no que diz respeito à preferência (art. 85, § 3º).

Ato contínuo, merece destaque o art. 84 da nova Lei de Migração, que visa a atender aos interesses de organismos de direito internacional a fim de evitar o risco de fuga do agente objeto do pedido de extradição. Por tal dispositivo, em caso de urgência, o Estado interessado na extradição poderá, previamente ou conjuntamente com a formalização do pedido extradicional, requerer, por via diplomática ou por meio de autoridade central do Poder Executivo, prisão cautelar com o objetivo de assegurar a executoriedade da medida de extradição que, após exame da presença dos pressupostos formais de admissibilidade exigidos nesta Lei ou em tratado, deverá representar à autoridade judicial competente, ouvido previamente o Ministério Público Federal. O pedido de prisão cautelar deverá conter informação sobre o crime cometido e deverá ser fundamentado, podendo ser apresentado por correio, fax, mensagem eletrônica ou qualquer outro meio que assegure a comunicação por escrito. O pedido de prisão cautelar poderá ser transmitido à autoridade competente para extradição no Brasil por meio de canal estabelecido com o ponto focal da Organização Internacional de Polícia Criminal (Interpol) no país, devidamente instruído com a documentação comprobatória da existência de ordem de prisão proferida por Estado estrangeiro, e, em caso de ausência de tratado, com a promessa de reciprocidade recebida por via diplomática. Efetivada a prisão do extraditando, o pedido de extradição será encaminhado à autoridade judiciária competente. Na ausência de disposição específica em tratado, o Estado estrangeiro deverá formalizar o pedido de extradição no prazo de 60 (sessenta) dias, contado da data em que tiver sido cientificado da prisão do extraditando (caso o pedido de extradição não seja apresentado nesse prazo, o extraditando deverá ser posto em liberdade, não se admitindo novo pedido de prisão cautelar pelo mesmo fato sem que a extradição tenha sido devidamente requerida). A prisão cautelar poderá ser prorrogada até o julgamento final da autoridade judiciária competente quanto à legalidade do pedido de extradição.

Há se lembrar, por fim, da relação entre a **extradição e a condição de refugiado**. De acordo com o art. 33, da Lei nº 9.474/1997, o reconhecimento da condição de refugiado **obstará** o seguimento de qualquer pedido de extradição baseado nos fatos que fundamentaram a condição de refúgio. E, consoante o dispositivo subsequente, a solicitação de refúgio suspenderá, até decisão definitiva, qualquer processo de extradição pendente, em fase administrativa ou judicial, baseado nos fatos que fundamentaram a concessão de refúgio (também o art. 82, IX, da Lei de Migração, pelo qual não se concederá extradição quando o extraditando for beneficiário de refúgio, nos termos da Lei nº 9.474, ou de asilo territorial)[127].

---

[127] Dispositivos finais interessantes da Nova Lei de Migração acerca da extradição: "Art. 90. Nenhuma extradição será concedida sem prévio pronunciamento do Supremo Tribunal Federal sobre sua legalidade e procedência, não cabendo recurso da decisão"; "Art. 92. Julgada procedente a extradição e autorizada a entrega pelo órgão competente do Poder Executivo, será o ato comunicado por via diplomática ao Estado requerente, que, no prazo de 60 (sessenta) dias da comunicação, deverá retirar o extraditando do território nacional"; "Art. 93. Se o Estado requerente não retirar o extraditando do território nacional no prazo previsto no art. 92, será ele posto em liberdade, sem prejuízo

1.13.2.10 Deportação

A **deportação** representa a devolução compulsória de um estrangeiro que tenha entrado ou esteja de forma irregular no território nacional, estando prevista na Lei nº 13.445/2017, em seus arts. 50 a 53. Neste caso, não houve prática de qualquer ato nocivo ao Brasil, havendo, pois, mera irregularidade de visto/permanência.

A deportação será precedida de notificação pessoal ao deportando, da qual constem, expressamente, as irregularidades verificadas e prazo para a regularização não inferior a sessenta dias, podendo ser prorrogado, por igual período, por despacho fundamentado e mediante compromisso de a pessoa manter atualizadas suas informações domiciliares (a notificação não impede a livre circulação em território nacional, devendo o deportando informar seu domicílio e suas atividades). O prazo poderá ser reduzido caso o indivíduo tenha praticado ato contrário aos princípios e objetivos dispostos na Constituição Federal. Vencido o prazo sem que se regularize a situação migratória, a deportação poderá ser executada. A saída voluntária de pessoa notificada para deixar o país equivale ao cumprimento da notificação de deportação para todos os fins. A deportação não exclui eventuais direitos adquiridos em relações contratuais ou decorrentes da lei brasileira.

Lembra-se, ademais: os procedimentos conducentes à deportação devem respeitar o contraditório e a ampla defesa e a garantia de recurso com efeito suspensivo (art. 51, Lei nº 13.445/2017); em se tratando de apátrida, o procedimento de deportação dependerá de prévia autorização da autoridade competente (art. 52, Lei nº 13.445/2017); não se procederá à deportação se a medida configurar extradição não admitida pela legislação brasileira (art. 53, Lei nº 13.445/2017).

> *Qual a diferença entre deportação e repatriação?*

Enquanto a deportação refere-se à irregularidade na permanência em território nacional, a **repatriação (ou impedimento à entrada)** ocorre quando um estrangeiro é impedido de entrar no Brasil, ainda na área de controle migratório (art. 49, Lei nº 13.445)[128]. De acordo com a nova Lei de Migração, não se procederá à **repatriação**, à deportação ou à expulsão **coletivas** em qualquer hipótese (pelo art. 61, parágrafo único, do aludido diploma, entende-se por repatriação, deportação ou expulsão coletiva aquela que não individualiza a situação migratória irregular de cada pessoa); também, não se procederá à **repatriação**, à deportação ou à expulsão de nenhum indivíduo quando subsistirem razões para acreditar que a medida poderá colocar em risco a vida ou a integridade pessoal (art. 62, nova Lei de Migração); por fim, não será aplicada medida de repatriação à pessoa em situação de refúgio ou de apatridia, de fato ou de direito, ao menor de dezoito anos desacompanhado ou separado

---

de outras medidas aplicáveis"; "Art. 94. Negada a extradição em fase judicial, não se admitirá novo pedido baseado no mesmo fato".

[128] Também: BRASIL, Secretaria Nacional de Justiça. **Manual de extradição**. Brasília: Secretaria Nacional de Justiça (SNJ), Departamento de Estrangeiros, 2012, p. 20.

de sua família, exceto nos casos em que se demonstrar favorável para a garantia de seus direitos ou para a reintegração à sua família de origem, ou a quem necessite de acolhimento humanitário, nem, em qualquer caso, medida de devolução para país ou região que possa apresentar risco à vida, à integridade pessoal ou à liberdade da pessoa (art. 49, § 4º, nova Lei de Migração).

1.13.2.11 Expulsão

A **expulsão** consiste em medida administrativa de retirada compulsória de migrante ou visitante do território nacional, conjugada com o impedimento de reingresso por prazo determinado (o prazo de vigência da medida de impedimento vinculada aos efeitos da expulsão será proporcional ao prazo total da pena aplicada e nunca será superior ao dobro de seu tempo). A existência de processo de expulsão não impede a saída voluntária do expulsando do país.

De acordo com o art. 54, § 1º, da Lei nº 13.445/2017, poderá dar causa à expulsão a condenação **com sentença transitada em julgado** relativa à prática de: **crime de genocídio, crime contra a humanidade, crime de guerra** ou **crime de agressão**, nos termos definidos pelo Estatuto de Roma do Tribunal Penal Internacional, de 1998 (inciso I); ou **crime comum doloso passível de pena privativa de liberdade**, consideradas a gravidade e as possibilidades de ressocialização em território nacional (inciso II).

Por sua vez, o art. 55 traz situações em que não se procederá à expulsão do indivíduo. Se a medida configurar extradição inadmitida pela legislação brasileira (inciso I); se o expulsando tiver filho brasileiro que esteja sob sua guarda ou dependência econômica ou sócio afetiva ou tiver pessoa brasileira sob sua tutela (inciso II, "a"); se o expulsando tiver cônjuge ou companheiro residente no Brasil, sem discriminação alguma, reconhecido judicial ou legalmente (inciso II, "b"); se o expulsando tiver ingressado no Brasil até os doze anos de idade, residindo desde então no país (inciso II, "c"); se o expulsando for pessoa com mais de setenta anos que resida no país há mais de dez anos, considerados a gravidade e o fundamento da expulsão (inciso II, "d").

Não se pode esquecer, por fim, da relação entre a **expulsão e a condição de refugiado**. De acordo com o art. 36, da Lei nº 9.474/1997, não será expulso do território nacional o refugiado que esteja regularmente registrado, **salvo por motivos de segurança nacional ou ordem pública**. Ademais, consoante o dispositivo subsequente, a expulsão do refugiado do território nacional não resultará em sua retirada para país onde sua vida, liberdade ou integridade física possam estar em risco, e apenas será efetivada quando da certeza de sua admissão em país onde não haja riscos de perseguição.

1.14 Direitos políticos: fundamentos da autodeterminação dos povos e da garantia do sistema democrático

Fundamental na análise dos direitos humanos em espécie a compreensão dos direitos políticos **como decorrência da própria noção de cidadania** (daí o objeto de estudo se concentrar na **autodeterminação dos povos** e na **garantia do sistema democrático**).

Em sentido amplo, *cidadania*, para além da aptidão do indivíduo para exercer direitos políticos, importa efetivamente participar da vida em sociedade, em todas as suas formas, na maior intensidade possível. Deste modo, tanto é cidadão aquele que se encontra aprisionado e deve usufruir direitos enquanto agente restrito do convívio social, como aquele que goza de liberdade plena e deva conciliar esta com os ditames constitucionais; tanto é cidadão aquele que utiliza direitos fundamentais para se defender do Estado como o é aquele que exige prestações positivas deste mesmo Estado; tanto é cidadão aquele que participa do jogo político como o é aquele que se encontra privado, de modo absoluto ou temporário, desta participação.

A Corte Interamericana de Direitos Humanos julgou:

Nota: abaixo seguem diversos casos em que a CIDH se manifestou sobre situações irregulares em regimes ditatoriais, sempre reforçando a importância da manutenção do sistema democrático enquanto direito humano. Com efeito, inúmeras foram as condenações a respeito de atos praticados em meio a Estados de exceção instalados nos países latino-americanos. Considerando a estrita relação entre o direito à democracia e a necessidade de responsabilização estatal por instauração de regimes ditatoriais, que claramente atentam contra este direito, colacionam-se aqui os casos:

- A **Opinião Consultiva nº 9/87** versa sobre garantias judiciais em tempos de estado de emergência. A Corte se manifesta, assim, sobre quais garantias seriam indispensáveis: *habeas corpus* ou algum recurso efetivo a tribunais competentes, para salvaguardar os direitos materiais indisponíveis que jamais podem ser suspensos; manutenção de procedimentos judiciais inerentes à forma democrática representativa de governo, previstos no direito interno dos Estados como idôneos para garantir a plenitude dos direitos materiais inderrogáveis; respeito ao devido processo legal. Em sentido semelhante, sobre a impossibilidade de suspender certos direitos e as garantias a ele correlatas, a **Opinião Consultiva nº 8/87**.

- No **caso Herzog e outros vs. Brasil**, que será estudado em detalhes no último capítulo, julgado em 15 de março de 2018, o Estado foi condenado pela morte e detenção ilegal do jornalista Vladimir Herzog, que quando estava detido pelo DOI/CODI no contexto da ditadura militar brasileira foi morto, sendo que seu assassinato nunca foi punido, considerando os entraves impostos pela Lei da Anistia – Lei nº 6.683/1979; tal como pelas falhas em assegurar aos seus familiares o direito à verdade.

- O Estado peruano foi condenado diversas vezes por irregularidades à época do Estado de emergência (**caso Espinoza Gonzáles**, **caso Osorio Rivera e familiares**, **caso Cantoral Huamaní e García Santa Cruz**, **caso Baldeón García, Hermanos Gómez Paquiyauri**, entre outros).

- No **caso Uzcátegui e outros vs. Venezuela**, em setembro de 2012, condenou-se o Estado pela execução extrajudicial da vítima. Nada se informava sobre os motivos de detenções de outros peticionantes, da mesma família da vítima executada, nem se registravam tais detenções.

- No **caso Fleury vs. Haiti**, em novembro de 2011, advogado e defensor de direitos humanos que trabalhava para a Comissão Nacional Episcopal de Justiça e Paz, foi detido, ameaçado, maltratado e intimidado, bem como colocado em cela superlotada e sem condições adequadas. Foi liberado, com múltiplas lesões, mas voltou a trabalhar meses depois, não convivendo com sua família pois era constantemente vigiado e ameaçado. Condenou-se a apurar os fatos, a aperfeiçoar o treinamento policial, e à indenização.

- No **caso Ticona Estrada e outros vs. Bolívia**, em novembro de 2008, o Estado foi condenado pela detenção ilegal e morte de Renato Ticona Estrada, membro do Movimento de Esquerda Nacional quando da ascensão do golpe militar.

- O **caso Almonacid Arellano e outros vs. Chile**, julgado em setembro de 2006, aborda a condenação do Chile pela morte de Almonacid durante o regime militar por conta de sua participação com a oposição, caso que nunca foi punido ou investigado por conta da Lei de Anistia. O caso Almonacid é relevante porque determinou ao Chile que afastasse a aplicação de sua Lei de Anistia, considerada a grave violação de direitos humanos.

- No **caso Hermanas Serrano Cruz vs. El Salvador**, em novembro de 2004, condenou-se o Estado por proferir um julgamento parcial contra a peticionante, submetendo-a à tortura, no qual se fez a acusação de terrorismo.

- No **caso De La Cruz Flores vs. Perú**, em novembro de 2004, condenou-se o Estado por ter arbitrariamente detido uma médica, acusando-a de terrorismo e julgando-a num tribunal parcial e oculto.

- No **caso "Panel Blanca" (Paniagua Morales e outros) vs. Guatemala**, em maio de 2001, condenou-se o Estado pelo sequestro, tortura, detenção arbitrária, trato inumano e homicídio de 11 pessoas no período da ditadura militar.

1.14.1 Direito à autodeterminação dos povos: artigo 1º comum aos dois Pactos Internacionais da ONU de 1966 e convergência com o artigo 1º, itens 2 e 3, da Carta da ONU

Artigo 1º, Carta ONU

Os objetivos da ONU são: [...]

2. Desenvolver relações de amizade entre as nações baseadas no respeito do **princípio da igualdade de direitos e da autodeterminação dos povos**, e tomar outras medidas apropriadas ao fortalecimento da paz universal;

3. Realizar a **cooperação internacional**, resolvendo os problemas internacionais de caráter econômico, social, cultural ou humanitário, **promovendo e estimulando o respeito pelos direitos do homem e pelas liberdades fundamentais para todos**, sem distinção de raça, sexo, língua ou religião;

Artigo 1º, PIDCP

1. Todos os povos têm **direito à autodeterminação**. Em virtude desse direito, determinam livremente seu estatuto político e asseguram livremente seu desenvolvimento econômico, social e cultural.

2. Para a consecução de seus objetivos, todos os povos podem dispor livremente se suas riquezas e de seus recursos naturais, sem prejuízo das obrigações decorrentes da **cooperação econômica internacional**, baseada no princípio do proveito mútuo, e do Direito Internacional. Em caso algum, poderá um povo ser privado de seus meios de subsistência.

3. Os Estados partes do presente pacto, inclusive aqueles que tenham a responsabilidade de administrar territórios não-autônomos e territórios sob tutela, deverão promover o exercício do **direito à autodeterminação** e respeitar esse direito, em conformidade com as disposições da Carta das nações unidas.

> *Artigo 1º, PIDESC*
>
> *1. Todos os povos têm **direito à autodeterminação**. Em virtude desse direito, determinam livremente seu estatuto político e asseguram livremente seu desenvolvimento econômico, social e cultural.*
>
> *2. Para a consecução de seus objetivos, todos os povos podem dispor livremente se suas riquezas e de seus recursos naturais, sem prejuízo das obrigações decorrentes da **cooperação econômica internacional**, baseada no princípio do proveito mútuo, e do Direito Internacional. Em caso algum, poderá um povo ser privado de seus meios de subsistência.*
>
> *3. Os Estados partes do presente pacto, inclusive aqueles que tenham a responsabilidade de administrar territórios não-autônomos e territórios sob tutela, deverão promover o exercício do **direito à autodeterminação** e respeitar esse direito, em conformidade com as disposições da Carta das nações unidas.*

A premissa dos direitos políticos é a **autodeterminação dos povos**. Neste sentido, embora cada Estado tenha obrigações de direito internacional que deve respeitar para a adequada consecução dos fins da comunidade internacional, também tem o direito de se autodeterminar, sendo que tal autodeterminação é feita pelo seu povo.

Se autodeterminar significa garantir a liberdade do povo na tomada das decisões políticas, logo, o direito à autodeterminação pressupõe a **exclusão do colonialismo**. Não se aceita a ideia de que um Estado domine o outro, tirando a sua autodeterminação.

A **Declaração e Programa de Ação de Viena**, de 1993, fruto da II Conferência Internacional de Direitos Humanos, tem latente preocupação no que tange à autodeterminação dos povos: "Parte I. 2. Todos os povos têm direito à autodeterminação. Em virtude desse direito, determinam livremente sua condição política e promovem livremente seu desenvolvimento econômico, social e cultural. Levando em consideração a **situação particular dos povos submetidos à dominação colonial ou outras formas de dominação estrangeira**, a Conferência Mundial sobre Direitos Humanos reconhece o direito dos povos de tomar medidas legítimas, em conformidade com a Carta das Nações Unidas, para garantir seu direito inalienável à autodeterminação. A Conferência Mundial sobre Direitos Humanos considera que a negação do direito à autodeterminação constitui uma violação dos direitos humanos e enfatiza a importância da efetiva realização desse direito. De acordo com a Declaração sobre os Princípios do Direito Internacional Relativos a Relações Amistosas e à Cooperação entre Estados em conformidade com a Carta das Nações Unidas, nada do que foi exposto acima será entendido como uma autorização ou estímulo a qualquer ação que possa desmembrar ou prejudicar, total ou parcialmente, a integridade territorial ou unidade política de Estados soberanos e independentes que se conduzam de acordo com o princípio de igualdade de direitos e autodeterminação dos povos e que possuam assim Governo representativo do povo como um todo, pertencente ao território sem qualquer tipo de distinção. 3. Devem ser adotadas medidas internacionais eficazes para garantir e monitorar a aplicação de normas de direitos humanos a povos submetidos a ocupação estrangeira, bem como medidas jurídicas eficazes contra a violação de seus direitos

humanos, de acordo com as normas dos direitos humanos e o direito internacional, particularmente a Convenção de Genebra sobre Proteção de Civis em Tempo de Guerra, de 14 de agosto de 1949, e outras normas aplicáveis do direito humanitário. [...]
9. A Conferência Mundial sobre Direitos do Homem reafirma que os países menos desenvolvidos empenhados no processo de democratização e de reformas econômicas, muitos dos quais se situam em África, deverão ser **apoiados pela comunidade internacional**, por forma a serem bem sucedidos no seu processo de transição para a democracia e para o desenvolvimento econômico".

> *Como a ideia de autodeterminação converge com a de cooperação econômica internacional?*

Para as Nações Unidas, a autodeterminação é tão importante que consta do artigo 1º comum aos dois Pactos de 1966. Mais do que isso, a noção de autodeterminação converge com a de cooperação internacional. Significa que não é possível manter um país sob tutela ou colonizado sob o argumento de que ele não tem condições de "andar por suas próprias pernas". Se um país tem dependência econômica para com outro, de forma que perdê-la o levaria à miséria, a solução não é mantê-lo submisso, mas **propiciar a ele meios de adquirir a sua autodeterminação progressivamente**, até se encontrar em plena independência, garantindo ao povo sua autodeterminação.

Para tanto, mostra-se necessário enxergar a cooperação internacional como um instrumento de promoção do desenvolvimento, retirando países de uma situação de subdesenvolvimento para efetivar direitos humanos no contexto deles, afinal, não basta garantir a autodeterminação sem reparar a dívida que decorre de séculos de exploração para com estes países.

O oitavo Objetivo do Milênio, decorrente da Declaração do Milênio das Nações Unidas (2000) fixa a necessidade de uma parceria global para o desenvolvimento ou, como ficou dito no Brasil, de "todo mundo trabalhando pelo desenvolvimento". Para tanto, abrange as seguintes metas: 1) avançar no desenvolvimento de um sistema comercial e financeiro aberto, baseado em regras, previsível e não discriminatório; 2) atender às necessidades especiais dos países menos desenvolvidos; 3) atender às necessidades especiais dos países sem acesso ao mar e dos pequenos Estados insulares em desenvolvimento; 4) tratar globalmente o problema da dívida dos países em desenvolvimento, mediante medidas nacionais e internacionais de modo a tornar a sua dívida sustentável a longo prazo; 5) em cooperação com os países em desenvolvimento, formular e executar estratégias que permitam que os jovens obtenham um trabalho digno e produtivo; 6) em cooperação com as empresas farmacêuticas, proporcionar o acesso a medicamentos essenciais a preços acessíveis, nos países em vias de desenvolvimento; 7) em cooperação com o setor privado, tornar acessíveis os benefícios das novas tecnologias, em especial das tecnologias de informação e de comunicações.

A **Observação Geral nº 12** do Comitê de Direitos Humanos volta-se à preocupação com a autodeterminação dos povos, reforçando a importância de se garantir este direito de maneira generalizada em prol da amizade e da cooperação internacional, bem como solicitando que os países sejam mais específicos em seus relatórios sobre o tema. O direito abrange o livre estabelecimento dos povos quanto à sua condição política e ao seu desenvolvimento econômico, social e cultural. No mais, não se pode esquecer da importância do direito de dispor livremente dos seus recursos e riquezas naturais.

Por seu turno, a **Observação Geral nº 23** reforça a importância do direito à autodeterminação conferido, em certa medida, às minorias, inclusive linguísticas, em respeito à multiculturalidade interna do país.

1.14.2 Direito à democracia

Artigo XXI, DUDH

*1. Toda pessoa tem o direito de **tomar parte no governo de seu país, diretamente** ou por intermédio de **representantes** livremente escolhidos.*

2. Toda pessoa tem igual direito de acesso ao serviço público do seu país.

*3. A **vontade do povo** será a base da autoridade do governo; esta vontade será expressa em **eleições periódicas e legítimas, por sufrágio universal, por voto secreto ou processo equivalente que assegure a liberdade de voto.***

Artigo 1º, PIDCP

*1. Todos os povos têm direito à autodeterminação. Em virtude desse direito, determinam livremente seu **estatuto político** e asseguram livremente seu desenvolvimento econômico, social e cultural. [...]*

Artigo 1º, PIDESC

*1. Todos os povos têm direito à autodeterminação. Em virtude desse direito, determinam livremente seu **estatuto político** e asseguram livremente seu desenvolvimento econômico, social e cultural. [...]*

Artigo 25, PIDCP

Todo cidadão terá o direito e a possibilidade, sem qualquer das formas de discriminação mencionadas no artigo 2º e sem restrições infundadas:

*a) de participar da **condução dos assuntos públicos, diretamente** ou por meio de **representantes** livremente escolhidos;*

*b) **de votar e de ser eleito** em **eleições periódicas, autênticas, realizadas por sufrágio universal e igualitário e por voto secreto**, que garantam a manifestação da vontade dos eleitores;*

*c) de ter acesso em condições gerais de igualdade, às **funções públicas** de seu país.*

Artigo XX - Direito de sufrágio e de participação no governo, DADH

*Toda pessoa, legalmente capacitada, tem o direito de **tomar parte** no governo do seu país, quer **diretamente**, quer através de seus representantes, e de participar das **eleições**, que se processarão por **voto secreto**, de uma maneira **genuína, periódica e livre**.*

> **Artigo 23 – Direitos políticos, CADH**
>
> 1. Todos os cidadãos devem gozar dos seguintes direitos e oportunidades:
>
> a) de **participar da condução dos assuntos públicos**, diretamente ou por meio de representantes livremente eleitos;
>
> b) de **votar e ser eleito** em eleições periódicas, autênticas, realizadas por sufrágio universal e igualitário e por voto secreto, que garantam a livre expressão da vontade dos eleitores; e
>
> c) de ter acesso, em condições gerais de igualdade, às **funções públicas** de seu país.
>
> 2. A lei pode **regular o exercício dos direitos e oportunidades**, a que se refere o inciso anterior, exclusivamente por motivo de **idade, nacionalidade, residência, idioma, instrução, capacidade civil ou mental, ou condenação**, por juiz competente, **em processo penal**.

A ordem internacional apoia o **regime democrático** a ser adotado em todos os países que sigam os preceitos das Nações Unidas, sendo este reconhecido como a única forma adequada de garantir com efetividade e segurança os direitos humanos inerentes a cada um.

Ao povo de cada Estado são conferidos direitos políticos consistentes no direito e dever de participar das decisões políticas estatais, seja diretamente, seja por seus representantes, seja se candidatando para ocupar a posição de representante. Em outras palavras, a cada pessoa que compõe o povo de um Estado na qualidade de nacional é reconhecido o direito de participar da democracia.

A **Declaração e Programa de Ação de Viena**, de 1993, prevê: "Parte I. 8. A democracia, o desenvolvimento e o respeito pelos Direitos do homem e pelas liberdades fundamentais são interdependentes e reforçam-se mutuamente. A democracia assenta no desejo livremente expresso de um povo em determinar os seus sistemas político, econômico, social e cultural e a sua total participação em todos os aspectos da sua vida. Neste contexto, a promoção e a proteção dos Direitos do homem e das liberdades fundamentais, a nível nacional e internacional, deverão revestir-se de carácter universal e ser conduzidas sem quaisquer condições implícitas. A comunidade internacional deverá apoiar o reforço e a promoção da democracia, do desenvolvimento e do respeito pelos Direitos do homem e pelas liberdades fundamentais em todo o mundo".

Na **Observação Geral nº 25** o Comitê de Direitos Humanos reforça a importância dos instrumentos de democracia direta e afirma que não viola as bases da democracia o estabelecimento de critérios objetivos ao exercício do sufrágio universal passivo. Logo, é razoável fixar limites de idades ou condições ao exercício de alguns cargos sem que isso signifique a violação dos direitos humanos. A maior preocupação descrita no informe é com restrições indevidas ao direito de voto.

Com efeito, os direitos humanos internacionais consolidam a tradicional divisão entre **democracia direta** e **indireta**: na *primeira*, as pessoas são convocadas a participar da tomada de decisão política diretamente, decidindo se uma atitude específica deve ou não ser adotada no âmbito do Estado; na *segunda*, pessoas são chamadas para eleger representantes que irão tomar as decisões políticas do Estado, podendo, inclusive, se candidatar para a ocupação de tais cargos. Os estatutos políticos de cada país irão optar por um ou outro sistema democrático, cabendo inclusive a adoção de modelo misto, o que é muito comum.

As eleições, que funcionam como instrumento para a democracia indireta, devem ser **periódicas** – ou seja, se dar de tempos em tempos conforme períodos previamente delimitados – e **legítimas** – isto é, encontrarem regulamentação no âmbito do sistema jurídico-constitucional e se realizarem conforme ela –, por **sufrágio universal**, garantindo assim tanto o direito de votar quanto o de ser votado. Ademais, deve o voto ser **secreto ou proferido mediante processo equivalente que assegure a liberdade de escolha**, impedindo-se que a pessoa seja coagida a votar por qualquer razão que não a sua livre consciência sobre quem é o representante mais adequado.

Em verdade, a participação do povo em qualquer parte da estrutura estatal é um direito, razão pela qual o acesso a funções públicas também deve ser regulamentado por lei, não sendo permitidas discriminações ilegais. Neste sentido, o Pacto de São José da Costa Risca coloca como aceitáveis apenas distinções pelos seguintes motivos: idade, nacionalidade, residência, idioma, instrução, capacidade civil ou mental, ou condenação, por juiz competente, em processo penal. Qualquer discriminação fora destes casos consiste em ilegalidade no óbice ao acesso às funções públicas.

> Qual a natureza da Carta Democrática Interamericana e qual seu objeto central de discussão?

Preocupação específica se desenvolve no âmbito interamericano pela Carta Democrática Interamericana, de 11 de setembro de 2001 (aprovada durante a reunião da OEA em Lima/Perú), a qual tem natureza de **documento *soft law***, aberto à assinatura dos países-membros da OEA. O documento é uma decorrência do compromisso democrático da Terceira Cúpula das Américas, realizada em Québec/Canadá, em abril de 2001.

A título introdutório, o capítulo I trata da democracia no sistema interamericano, do qual se destaca o artigo 2º: "O exercício efetivo da democracia representativa é a base do Estado de Direito e dos regimes constitucionais dos Estados membros da Organização dos Estados Americanos. A democracia representativa reforça-se e aprofunda-se com a participação permanente, ética e responsável dos cidadãos em um marco de legalidade, em conformidade com a respectiva ordem constitucional". Os demais artigos deste capítulo reforçam a necessidade de se garantir a democracia em todos países do âmbito interamericano (artigo 1º, CDI); tratam dos elementos essenciais da democracia (artigo 3º, CDI); trazem como componentes fundamentais a transparência governamental, a probidade, a responsabilidade nas atividades de gestão e o respeito a direitos e liberdades fundamentais (artigo 4º, CDI); buscam o fortalecimento partidário (artigo 5º, CDI); e colocam a participação cidadão como direito e dever (artigo 6º, CDI).

O capítulo II volta-se à democracia e aos direitos humanos, colocando a primeira como corolário dos segundos, isto é, **sem democracia não é possível exercer** adequadamente nenhum dos direitos humanos (artigos 7º, 9º, 10, CDI). Neste viés, reforça-se o direito de acesso à justiça no âmbito interamericano (artigo 8º, CDI).

O capítulo III tem por tema a democracia, o desenvolvimento integral e o combate à pobreza, destacando-se o artigo 11, pelo qual "a democracia e o desenvolvimento econômico e social são interdependentes e reforçam-se mutuamente". A temática da correlação da efetivação dos direitos econômicos, sociais e culturais com a consolidação da democracia é aprofundada dos artigos 12 a 16.

O capítulo IV volta-se ao fortalecimento e à preservação da institucionalidade democrática, trazendo medidas específicas sobre a intervenção internacional em caso de desrespeito às instituições democráticas. Tomadas as medidas adequadas, a Assembleia pode até mesmo votar pela suspensão dos direitos de participação do Estado-membro violador.

O capítulo V aborda a democracia e as missões de observação eleitoral, trazendo a responsabilidade dos países pela realização e garantia de processos eleitorais livres e justos, cabendo cooperação internacional da OEA para tanto (artigo 23, CDI). Os artigos 24 e 25 tratam das missões de observação eleitoral, feitas a pedido do Estado-membro interessado.

O capítulo final trata da promoção da cultura democrática, abordando o desenvolvimento de programas e atividades democráticas pela OEA com fins de promover a governabilidade, a boa gestão, os valores democráticos e o fortalecimento das instituições políticas e das organizações da sociedade civil (artigos 26 e 27, CDI). O último artigo, o 28, trata da garantia de participação da mulher de forma igualitária na democracia, a ser promovida pelos Estados.

Ainda no âmbito interamericano, interessante observar constantes afirmações sobre o direito à verdade[129] como corolário da democracia. Este é o ponto de partida, inclusive, da Relatoria sobre **"direito à verdade nas Américas"** aprovada pela Comissão Interamericana de Direitos Humanos em agosto de 2014. A Comissão nota que as democracias recentes da América Latina sofrem diante do dever de reconhecer, dar publicidade e reparar prévias violações de direitos humanos cometidas durante o período ditatorial, fazendo assim emergir democracias frágeis e pouco maduras. Ainda, a Comissão destaca o papel dos Estados em compreender o direito à verdade como um aspecto essencial de inclusão democrática, permitindo que a participação popular no poder se dê de forma esclarecida e desempedida[130].

Dando seguimento ao estudo, **no Brasil**, importante questão dos direitos políticos atine aos **mecanismos de soberania popular**, dispostos no art. 14, CF, a saber:

---

[129] O direito à verdade, nos termos da Relatoria da Comissão Interamericana, "deriva de um conjunto de direitos estabelecidos nos instrumentos internacionais de direitos humanos e sua garantia depende fundamentalmente da implementação de mecanismos judiciais em resposta a graves violações de direitos humanos e infrações ao DIH. A garantia do direito à verdade envolve também um conjunto de medidas políticas e jurídicas destinadas a contribuir para o esclarecimento das violações dos direitos humanos, a reparação das vítimas eo fortalecimento das instituições democráticas. Em todas essas iniciativas, é essencial a participação e coordenação com as vítimas, suas famílias, defensores dos direitos humanos, organizações da sociedade civil e a sociedade em geral".

[130] OEA – Organização dos Estados Americanos. Comissão Interamericana de Direitos Humanos. **Relatoria sobre direito à verdade nas Américas**. Aprovada em 13 de agosto de 2014. Disponível em: <http://www.oas.org/pt/cidh/>. Acesso em: 21 fev. 2018.

a) **Plebiscito (art. 14, I, CF):** consiste na *consulta prévia* à população acerca de um ato que se pretende tomar. Consoante o primeiro parágrafo, do art. 2º, da Lei nº 9.709/1998, o plebiscito é convocado com anterioridade a ato legislativo ou administrativo, cabendo ao povo, pelo voto, aprovar ou denegar o que lhe tenha sido prometido;

b) **Referendo (art. 14, II, CF):** consiste na *consulta posterior* à população acerca de um ato que já foi praticado, mas que ainda não entrou em vigor (e somente entrará caso isso seja da vontade da população). Consoante o segundo parágrafo, do art. 2º, da Lei nº 9.709/1998, o referendo é convocado com posterioridade a ato legislativo ou administrativo, cumprindo ao povo a respectiva ratificação ou rejeição;

c) **Iniciativa popular (art. 14, III, CF):** consoante o art. 13, da Lei nº 9.709/1998, consiste a iniciativa popular na apresentação de projeto de lei à Câmara dos Deputados, subscrito por, no mínimo, um por cento do eleitorado nacional, distribuído pelo menos por cinco Estados, com não menos de três décimos por cento dos eleitores de cada um deles. Tal projeto deve dizer respeito tão somente a um só assunto, e não poderá ser rejeitado por vício de forma (caso em que caberá à Câmara dos Deputados providenciar a correção de eventuais impropriedades de técnica legislativa ou de redação).

A Corte Interamericana de Direitos Humanos julgou:

- No **caso San Miguel e outros vs. Venezuela**, julgado em 08 de fevereiro de 2018, entendeu-se que houve arbitrariedade do Estado por rescindir o contrato de trabalho de três servidoras públicas de contratação temporária como represália ao fato de terem assinado o documento conhecido como "lista Táscon". A lista foi uma petição apresentada ao Conselho Eleitoral Nacional, com mais de 3 milhões de assinaturas, que demandava a realização de um referendo revocatório do mandato do então Presidente da Venezuela, Hugo Cháves, a qual foi publicada no site do deputado Táscon, favorável ao regime, de forma nominal, como uma forma de incentivar represálias e de calar a dissidência política. As vítimas ajuizaram ações alegando que as despedidas foram injustificadas e discriminatórias, considerando que ocupavam há anos seus postos e apenas os perderam após a divulgação de seus nomes na "lista Táscon". Considerou-se violado o direito à participação política, tal como à liberdade de expressão, pois embora o Estado tivesse a faculdade de romper tais contratos, tal conduta deveria ser devidamente motivada, em especial num contexto de polarização e instabilidade política.

- No **caso Escaleras Mejía e outros vs. Honduras**, julgado em 26 de setembro de 2018, o Estado firmou solução amistosa reconhecendo sua responsabilidade pelo assassinato e pela violação de direitos políticos e do direito à liberdade de associação do defensor ambiental e político Carlos Escaleras Mejía, ocorrido em 18 de outubro de 1997, tal como por não promover as devidas investigações do fato e, reflexamente, pelos danos causados aos seus familiares. A Corte destacou a importância do trabalho dos defensores dos direitos humanos, considerando-o fundamental para o fortalecimento da democracia e do Estado de Direito, que justifica um dever especial de proteção com relação a eles.

- No **caso López Mendoza vs. Venezuela**, em setembro de 2011, condenou-se o Estado por ter aplicado de forma indevida a sanção de suspensão de direitos políticos, impedindo a candidatura da vítima. Condenou-se à adequação da legislação interna, à suspensão dos atos que impediram a candidatura e ao pagamento de indenização.

- No **caso Castañeda Gutman vs. México**, em agosto de 2008, condenou-se o Estado por ter impedido a candidatura de Jorge Castañeda Gutman à presidência da República pela razão deste não ter vinculação partidária. A condenação determinou que a legislação fosse adequada para contemplar de forma compatível com a Convenção Americana o direito à candidatura, bem como o pagamento de indenização ao peticionante.
- No **caso Yvon Neptune vs. Haiti**, em maio de 2008, condenou-se o Estado por ter privado a liberdade do peticionante, então Primeiro-Ministro, em meio ao governo de transição por conta de fatos que decorreram de uma onda de violência no país, sem a formulação de acusações precisas, ocorrendo liberação posterior sem que se justificasse o motivo de sua detenção.

1.14.3 Direito ao acesso a cargos públicos

Artigo 25, PIDCP

Todo cidadão terá o direito e a possibilidade, sem qualquer das formas de discriminação mencionadas no artigo 2º e sem restrições infundadas:

*[...] c) de ter acesso em condições gerais de igualdade, às **funções públicas** de seu país.*

Artigo 23 – Direitos políticos, CADH

1. Todos os cidadãos devem gozar dos seguintes direitos e oportunidades:

*[...] c) de ter acesso, em condições gerais de igualdade, às **funções públicas** de seu país.*

Uma das facetas do direito à democracia se encontra na garantia de que todos poderão gozar, em condições de igualdade, do **acesso às funções públicas**. Isso não abrange apenas o acesso a cargos eletivos, mas a toda espécie de função pública, garantindo-se a estabilidade em seu exercício. Quando, por arbítrio estatal e sem o devido processo legal, uma pessoa é privada de sua função pública, há violação de direitos humanos passível de responsabilização internacional.

No âmbito pátrio, tanto brasileiros *(que preencham os requisitos estabelecidos em lei)* como os estrangeiros *(na forma da lei)* podem ocupar cargos, empregos e funções públicas. Em regra, a investidura em cargo ou emprego público se dá mediante aprovação prévia em concurso público de provas ou de provas e títulos, de acordo com a natureza e complexidade do cargo ou emprego. As exceções são os cargos em comissão, de livre nomeação e exoneração (art. 37, I e II, CF). Em situações excepcionais, como urgência ou interesse público de duração temporária, se pode dispensar o concurso público, ou, ao menos, realizar processo seletivo simplificado. Neste diapasão, a Lei nº 8.745/1993 disciplina os casos de contratação por tempo determinado para atender a necessidade temporária de excepcional interesse público, por exemplo.

A Corte Interamericana de Direitos Humanos julgou:

- No **caso Villaseñor Velarde e outros vs. Guatemala**, julgado em 5 de fevereiro de 2019, o Estado foi considerado responsável por violar os direitos à integridade pessoal e às garantias judiciais em prejuízo da juíza María Eugenia Villaseñor Velarde, devido a atos de ameaça, dano e agressão contra ela dirigidos com o fim de comprometer a sua independência judicial. Para a Corte, a independência judicial é um aspecto central do Estado de Direito, sendo alicerçada na separação dos Poderes e constituindo um dos pilares do devido processo legal. Neste sentido, a independência judicial engloba garantias contra qualquer tipo de pressão externa que possa influenciar a atividade de julgamento.

- No **caso Colindres Schonenberg vs. El Salvador**, julgado em 4 de fevereiro de 2019, condenou-se o Estado por violação dos direitos às garantias judiciais e à permanência em cargo público em condições de igualdade, em razão da destituição arbitrária de um magistrado do Supremo Tribunal Eleitoral, promovida por órgão incompetente (Assembleia Legislativa), sem o devido procedimento prévio e sem direito a recurso.

- No **caso López Lone e outros vs. Honduras**, em outubro de 2015, a Corte condenou o Estado hondurenho por ter destituído do cargo público quatro juízes que adotavam em suas decisões uma postura de defesa do governo. No governo Zelaya, o Presidente instaurou a votação nacional a respeito da instituição de nova Assembleia Constituinte, ato que foi suspenso pela justiça hondurenha. Recusando-se a cumprir a ordem judicial e destituindo o comando militar do país por não o apoiar, Zelaya foi deposto pelo Congresso à força e enviado à Costa Rica. Voltando refugiado ao país, se exilou na embaixada brasileira, situação que gerou um conflito na política de relações exteriores do Brasil. A Corte Interamericana entendeu que o evento da deposição do presidente Zelaya foi um ilícito internacional e no caso López Lone condenou o Estado de Honduras por ter violado direitos de cidadãos hondurenhos que defendiam o governo legítimo, o Estado de Direito e a democracia. Entendeu que a magistrada e os demais servidores destituídos estavam apenas exercendo o livre direito à liberdade de expressão e associação e exercitando seus direitos políticos, não tendo a destituição respeitado as garantias processuais devidas. Condenou-se à devolução dos cargos aos servidores e à reparação total pelo tempo de afastamento.

- No **caso do Tribunal Constitucional vs. Equador**, em agosto de 2013, o Estado foi condenado por dissolver o tribunal constitucional do país por meio de seu Congresso Nacional, cassando seus membros sem o devido processo legal, em detrimento da independência judicial, da separação de poderes e da democracia. Condenou-se ao pagamento de indenização em compensação pela perda do cargo e quanto a demais prejuízos materiais e morais. O **caso da Corte Suprema de Justiça vs. Equador**, também de agosto de 2013, é correlato a este e encontra fundamento semelhante.

- No **caso Mejía Idrovo vs. Equador**, em julho de 2011, condenou-se o Estado por ter afastado sem justificativa o peticionante, então membro do alto escalão das Forças Armadas terrestres, o colocando na reserva policial. Determinou-se a reintegração ao cargo e o pagamento de indenização.

- No **caso Chocrón Chocrón vs. Venezuela**, em julho de 2011, condenou-se o Estado por deixar sem efeito a nomeação de uma magistrada temporária sem garantir-lhe uma mínima estabilidade no exercício do cargo e nem direito à defesa e recurso efetivo. No **caso Reverón Trujillo vs. Venezuela**, em junho de 2009, condenou-se o Estado por ter destituído a peticionante do cargo de magistrada, não respeitando as decisões judiciais internas de restituição e pagamento de indenização. Ainda, no mesmo direcionamento, o **caso Apitz Barbera e outros ("Corte Primeira do Contencioso Administrativo") vs. Venezuela**, julgado em agosto de 2008.

- No **caso Trabalhadores Cassados do Congresso vs. Perú**, julgado em novembro de 2006, condenou-se o Estado peruano por ter ilegalmente destituído de seus cargos no Congresso os 257 peticionantes após o golpe de Estado. Já o **caso Acevedo Jaramillo e outros vs.**

> **Perú (trabalhadores da Municipalidade de Lima e do Sindicato de Trabalhadores da Municipalidade de Lima)**, de fevereiro de 2006, condena o Estado por não cumprir decisão interna que determinava a reintegração de trabalhadores da prefeitura de Lima.
>
> - No **caso Baena Ricardo e outros vs. Panamá**, em fevereiro de 2001, condenou-se o Estado pela dispensa arbitrária de 270 funcionários públicos sem o devido processo legal, em represália ao fato destes representarem a ideologia política adversária.
>
> - No **caso Tribunal Constitucional vs. Perú**, em janeiro de 2001, condenou-se o Estado pela destituição de membros do Tribunal Constitucional peruano sem o devido processo legal, realizando o Congresso um juízo político indevido.

2 SEGUNDA ESPÉCIE DE DIREITOS HUMANOS: DIREITOS ECONÔMICOS, SOCIAIS E CULTURAIS[131]

A seguir, há se estudar as principais questões acerca da segunda modalidade dos direitos humanos.

2.1 Diferenças entre direitos civis e políticos e obrigações decorrentes da garantia de direitos econômicos, sociais e culturais: princípios da progressão e do constante aperfeiçoamento

> *Artigo XXII, DUDH*
>
> *Toda pessoa, como membro da sociedade, tem direito à segurança social e à **realização**, pelo **esforço nacional**, pela **cooperação internacional e de acordo com a organização e recursos de cada Estado**, dos **direitos econômicos, sociais e culturais** indispensáveis à sua dignidade e ao livre desenvolvimento da sua personalidade.*
>
> *Artigo 2º, PIDESC*
>
> *1. Cada Estados Partes do presente Pacto comprometem-se a adotar medidas, tanto por esforço próprio como pela assistência e cooperação internacionais, principalmente nos planos econômico e técnico, até o máximo de seus recursos disponíveis, que visem assegurar, **progressivamente**, por todos os meios apropriados, o, **pleno exercício dos direitos reconhecidos** no presente Pacto, incluindo, em particular, a adoção de medidas legislativas.*
>
> *3. Os **países em desenvolvimento**, levando devidamente em consideração os direitos humanos e a situação econômica nacional, poderão determinar **em que medida** garantirão os direitos econômicos reconhecidos no presente Pacto **àqueles que não sejam seus nacionais**.*

---

[131] Estudo baseado na Declaração Universal dos Direitos Humanos, no Pacto Internacional de Direitos Econômicos Sociais e Culturais, na Declaração Americana dos Direitos e Deveres Humanos e no Protocolo à Convenção Americana sobre Direitos Humanos (Protocolo de San Salvador).

> *Artigo 26 – Desenvolvimento progressivo, CADH*
>
> *Os Estados-partes comprometem-se a adotar as providências, tanto no âmbito interno, como mediante cooperação internacional, especialmente econômica e técnica, a fim de **conseguir progressivamente a plena efetividade dos direitos que decorrem das normas econômicas, sociais e sobre educação, ciência e cultura,** constantes da Carta da Organização dos Estados Americanos, reformada pelo Protocolo de Buenos Aires, na medida dos recursos disponíveis, por via legislativa ou por outros meios apropriados.*
>
> **Artigo 1º – Obrigação de adotar medidas, PCADH**
>
> *Os Estados Partes neste Protocolo Adicional à Convenção Americana sobre Direitos Humanos comprometem-se a adotar as medidas necessárias, tanto de ordem interna como por meio da cooperação entre os Estados, especialmente econômica e técnica, **até o máximo dos recursos disponíveis e levando em conta seu grau de desenvolvimento,** a fim de conseguir, **progressivamente** e de acordo com a **legislação interna,** a **plena efetividade** dos direitos reconhecidos neste Protocolo.*
>
> **Artigo 2º – Obrigação de adotar disposições de direito interno, PCADH**
>
> *Se o exercício dos direitos estabelecidos neste Protocolo ainda não estiver garantido por **disposições legislativas ou de outra natureza**, os Estados Partes **comprometem-se a adotar**, de acordo com suas normas constitucionais e com as disposições deste Protocolo, as medidas legislativas ou de outra natureza que forem necessárias para tornar efetivos esses direitos.*

Além das normativas genéricas *supra*mencionadas, destaque se dá também à **Carta Social das Américas**, aprovada em 2012 pela Assembleia Geral da OEA, em Cochabamba/Bolívia, **com força *"soft law"***. Ela faz, inclusive, uma **conexão com a Carta Democrática Interamericana** outrora estudada, no sentido de que a democracia e o desenvolvimento econômico e social são interdependentes e se reforçam mutuamente; e que a promoção e observância dos direitos econômicos, sociais e culturais são inerentes ao desenvolvimento integral, ao crescimento econômico com igualdade e à consolidação da democracia e do Estado de Direito nos Estados do Hemisfério. No Capítulo I se fala em "Justiça Social, Desenvolvimento com Igualdade e Democracia" (com destaque para o art. 3º, segundo o qual "aos Estados membros, em sua determinação e compromisso de combater os graves problemas da pobreza, da exclusão social e da desigualdade, e de enfrentar as causas que a eles dão origem e suas consequências, cabe a responsabilidade de **criar as condições favoráveis para alcançar o desenvolvimento com justiça social para seus povos**, desse modo contribuindo para fortalecer a governabilidade democrática"); no Capítulo II se fala em "Desenvolvimento Econômico Inclusivo e Equitativo" (com destaque para o art. 10, segundo o qual "os Estados membros promoverão, **em parceria com o setor privado e a sociedade civil**, o desenvolvimento sustentável por meio do crescimento econômico, do desenvolvimento social e da conservação e uso sustentável dos recursos naturais. Os Estados membros reconhecem que o investimento público e privado para a capacitação de recursos humanos, a infraestrutura física, a pesquisa científica e tecnológica e a inovação é fundamental para reduzir as desigualdades e promover o desenvolvimento econômico inclusivo, justo e equitativo"); no Capítulo III se fala em "Desenvolvimento Social, Igualdade de Oportunidades e Não Discriminação" (e aqui se fala na proteção à família, nos direitos dos povos indígenas e afrodescendentes, no acesso justo e equitativo aos serviços públicos básicos, nos direitos à saúde, alimentação e educação, no acesso à água etc.); no Capítulo IV se fala em "Desenvolvimento Cultural, Diversidade e Pluralidade" (com destaque para o art. 27, segundo o qual "a diversidade cultural é um dos traços característicos das nações e dos povos do Hemisfério. O reconhecimento da igualdade das pessoas, dentro da diversidade, é premissa central para as democracias da região. Os Estados membros se comprometem, portanto, a valorizar, respeitar, promover e proteger a diversidade e o diálogo culturais, entendendo que a proteção da diversidade cultural compreende a salvaguarda dos modos de vida, dos sistemas de valores, das tradições e das crenças. Nesse sentido, a defesa do patrimônio cultural material e imaterial é de vital importância e aparece intimamente ligado à preservação, defesa e enriquecimento da diversidade cultural"); e, por fim, no Capítulo V se fala em "Solidariedade e Esforço Conjunto das Américas" (com destaque para o art. 33, segundo o qual "os Estados membros, inspirados nos princípios de solidariedade e cooperação interamericanas, se comprometem a unir esforços para conseguir que impere a justiça social internacional em suas relações e para que seus povos alcancem um desenvolvimento integral, condições indispensáveis para a paz e a segurança. O desenvolvimento integral abrange, entre outros, os campos econômico, social, educacional, cultural, científico, tecnológico, trabalhista, ambiental, e da saúde, em que se devem obter as metas que cada país defina para consegui-lo. **A cooperação interamericana é responsabilidade comum e solidária no âmbito dos princípios democráticos e das instituições do Sistema Interamericano. Cada Estado é responsável por seu próprio desenvolvimento**. A cooperação hemisférica contribui para consolidar a integração regional, o diálogo político e o multilateralismo, e complementa os esforços nacionais voltados para a construção de capacidades humanas e institucionais, com vistas à consecução do desenvolvimento integral").

> *Qual a principal diferença entre direitos civis e políticos e direitos econômicos, sociais e culturais?*

A principal característica dos direitos econômicos, sociais e culturais consiste na necessidade de uma atuação estatal positiva para a sua efetiva implementação. Sem a prestação estatal, tais direitos somente ficarão acessíveis àqueles com poderio econômico e não a todas as pessoas humanas, o que quebraria a concepção da universalidade dos direitos humanos. Diferente dos direitos de segunda dimensão, os direitos civis e políticos não necessitam de uma postura de intervenção estatal intensa, embora o entendimento de que eles dependem apenas de abstenção esteja se quebrando.

Neste sentido, tem-se que a Declaração Universal de 1948 "[...] reconhece a capacidade de gozo indistinto dos direitos e liberdades assegurados a todos os homens, e não apenas a alguns setores ou atores sociais. Garantir a capacidade de gozo, no entanto, não é suficiente para que este realmente se efetive. É fundamental aos ordenamentos jurídicos próprios dos Estados viabilizar os meios idôneos a proporcionar tal gozo, a fim de que se perfectibilize, faticamente, esta garantia. Isto se dá não somente com a igualdade material diante da lei, mas também, e principalmente, através do reconhecimento e respeito das desigualdades naturais entre os homens, as quais devem ser resguardadas pela ordem jurídica, pois é somente assim que será possível propiciar a aludida capacidade de gozo a todos"[132].

Há se ressaltar, ainda, que o Estado não possui apenas um *papel direto* na promoção dos direitos econômicos, sociais e culturais, mas também um *indireto*, quando por meio de sua gestão permite que os indivíduos adquiram condições para sustentarem suas necessidades pertencentes a esta categoria de direitos.

A **Observação Geral nº 20** do Conselho Econômico e Social aprofunda detalhes sobre a vedação à discriminação como um todo, consolidando esta categoria de direitos.

> *Qual o grande entrave à implementação dos direitos sociais, econômicos e culturais?*

É preciso reconhecer que há uma barreira econômica para os Estados implementarem plenamente os direitos econômicos, sociais e culturais. Seria preciso um "*Super Estado*", com orçamento ilimitado, para que se garantisse a todos os indivíduos o maior conforto possível (e necessário) em todos os aspectos abrangidos pelos direitos humanos de segunda dimensão: educação, saúde, lazer, alimentação, moradia, vestuário, trabalho, assistência social, segurança pública etc.

Em outras palavras, o fator *custo* é um aspecto especialmente considerado em relação aos direitos sociais. Neste sentido, Stephen Holmes e Cass Sustein[133] já haviam chamado a atenção em sua obra *The cost of rights: why liberty depends on taxes* para o "*custo dos direitos*".

Com efeito, o grande problema dos direitos sociais é que eles possuem um **custo de individualização** muito mais oneroso que os demais direitos humanos. Isto porque, a efetivação da igualdade material implica num gasto relevante pelo Estado, e mais, há uma individualização na prestação desses direitos.

De acordo com a teoria montada com base na teoria dos "*status*" de Jellinek – como visto logo no primeiro capítulo desta obra –, os direitos sociais são **direitos prestacionais**, que exigem do Estado prestações materiais. Por isso, têm os direitos sociais uma eficácia menor que os direitos de defesa, porque enquanto estes independem de uma atuação do Estado, **os direitos prestacionais dependem (e muito), justamente, do Estado**.

---

[132] SANFELICE, Patrícia de Mello... Op. Cit., p. 11.
[133] HOLMES, Stephen; SUSTEIN, Cass. **The cost of rights**: why liberty depends on taxes. New York: W. W. Norton & Company, 1999.

Nos países subdesenvolvidos o quadro se agrava, pois o Estado mal tem orçamento para bancar despesas mínimas que mantenham seu funcionamento e deve, com os poucos valores que sobram, escolher entre áreas de direitos econômicos, sociais e culturais nas quais deve fazer investimentos.

As Nações Unidas reconhecem que o esforço nacional deve se aliar com o internacional para proporcionar uma viabilização dos direitos econômicos, sociais e culturais, ou seja, não ignora o problema financeiro em implementá-los, principalmente nos países menos desenvolvidos. Contudo, **não aceita que a viabilização de tais direitos seja ignorada**, isto é, o mínimo de esforço positivo deve ser realizado, de forma que a cada dia se amplie a efetividade de tais direitos.

Em semelhante teor, a progressividade e o constante aperfeiçoamento são reconhecidos pela OEA. No entanto, a Convenção Americana sobre Direitos Humanos em si não aprofunda o tratamento dos direitos econômicos, sociais e culturais, o que é feito pelo seu Protocolo Adicional, conhecido como **Protocolo de San Salvador**, datado de 17 de novembro de 1988, entrando em vigor no Brasil com o Decreto nº 3.321, de 30 de dezembro de 1999.

Pelo teor dos artigos 1º e 2º do Protocolo, compreende-se que os direitos econômicos, sociais e culturais devem ser buscados progressivamente e conforme as condições financeiras do país, no entanto, determinadas medidas obrigatoriamente devem ser tomadas, como a elaboração de legislação protetiva específica.

> **(POLÍCIA CIVIL DO PIAUÍ – PC-PI – DELEGADO DE POLÍCIA – NUCEPE -2018)**
> Segundo Ronald Dworkin, quando os juristas discutem sobre direitos e obrigações, sobretudo naquelas situações – os chamados casos difíceis – em que as formas e os conceitos jurídicos parecem "agudizar-se" mais intensamente, os profissionais do Direito parecem lançar mão de standards (normas) que não operam como regras, mas sim, de forma diferente, como princípios (ou em outros casos como diretrizes políticas) (Ronald Dworkin. *Taking Rights Seriously*). Em relação ao tema, responda às questões abaixo em um único texto: a) explique como se resolve a tensão entre princípios constitucionais; b) discorra sobre o mínimo existencial e a vedação do retrocesso, relacionando-os aos direitos fundamentais sociais.

No Brasil, a discussão acerca da progressão e constante aperfeiçoamento dos direitos sociais ganha contornos nevrálgicos quando são acrescentadas ao tema as polêmicas em torno da **reserva do possível** e do **mínimo existencial**. Conforme já dito em outra oportunidade[134], a previsão excessiva de direitos sociais no bojo de uma Constituição, a despeito de um instante bem-intencionado de palavras promovido pelo constituinte, pode levar à negativa, paradoxal – e, portanto, inadmissível – consequência de uma Carta Magna cujas finalidades não condigam com

---

[134] LAZARI, Rafael de. **Reserva do possível e mínimo existencial**: a pretensão de eficácia da norma constitucional em face da realidade. 2. ed. Curitiba: Juruá, 2016.

seus próprios prescritos, fato que deslegitima o Poder Público como determinador de que particulares respeitem os direitos fundamentais, já que sequer eles próprios, os administradores, conseguem cumprir o que consta de seu Estatuto Máximo.

Neste diapasão, tem-se que a despreocupação do constituinte em separar o – desde sempre tênue – liame entre o *político* e o *jurídico* leva a uma mistura que pode se revelar eficaz explosivo para a demolição da já combalida repartição de funções constitucionais. **Em outras palavras**, quando se vincula diretamente uma Constituição, de cunho hodierno eminentemente jurídico, à implementação de políticas sociais, retira-se a concretude do texto constitucional para transformá-lo num *documento compromissário em potencial liquefação à medida que estas políticas forem sendo levadas a efeito*.

Este cenário seria perfeito *se* houvesse um movimento uniforme e homogêneo nesta atividade implementadora, *se* o Brasil fosse um país de *renda per capita* elevada (como é o caso da Alemanha, que se permitiu retirar de sua Lei Fundamental os direitos sociais), *se*, mais de trinta anos depois de Constituição Brasileira, os progressos sociais fossem claramente perceptíveis, *se* não houvesse uma obsolescência programada decorrente de imperfeições como a corrupção e os interesses escusos em prol de uma minoridade etc.

São tantos os "*se*(s)" que se torna impossível, ainda que na melhor das intenções, não reconhecer que a Lei Maior brasileira é documento *compromissário* e em *liquefação*, sim, *mas sem que a implementação de políticas sociais esteja ocorrendo como deveria*, condição imperiosa para admitir-se como válidos os adjetivos "compromissário" e "liquefação" *supra*mencionados.

Com isso, fica desenhado o itinerário objeto das maiores discussões no campo do direito público, nos dias atuais. Veja-se, passo-a-passo: 1º) a Constituição prevê e o Estado não fornece; 2º) Alguém procura o Poder Judiciário que, sob o manto do ativismo judicial, manda o Estado fornecer, independentemente da programaticidade das normas constitucionais; 3º) O Estado diz que não tem recursos orçamentários para tal (reserva do possível); 4º) O Poder Judiciário persiste em seu comando.

2.2 Importância da igualdade material

Artigo 2º, PIDESC
2. Os Estados Partes do presente pacto comprometem-se a garantir que os **direitos nele enunciados se exercerão sem discriminação alguma** *por motivo de raça, cor, sexo, língua, religião, opinião política ou de outra natureza, origem nacional ou social, situação econômica, nascimento ou qualquer outra situação.*

Artigo 3º, PIDESC
Os Estados partes do presente pacto comprometem-se a assegurar a homens e mulheres **igualdade no gozo de todos os direitos econômicos, sociais e culturais** *enunciados no presente pacto.*

> **Artigo 3º – Obrigação de não discriminação, PCADH**
>
> *Os Estados Partes neste Protocolo comprometem-se a garantir o exercício dos direitos nele enunciados, **sem discriminação alguma** por motivo de raça, cor, sexo, idioma, religião, opiniões políticas ou de qualquer outra natureza, origem nacional ou social, posição econômica, nascimento ou qualquer outra condição social.*

Num reforço às previsões genéricas sobre o direito à igualdade feitas na Declaração Universal de 1948, no Pacto Internacional dos Direitos Civis e Políticos de 1966 e na Convenção Americana sobre Direitos Humanos de 1969, o Pacto Internacional dos Direitos Econômicos, Sociais e Culturais de 1966 traz as previsões de seus artigos 2º e 3º.

Ao passo que o artigo 2º volta-se à proibição de discriminações como um todo quanto aos direitos econômicos, sociais e culturais, abrangendo desde raça, passando por religião ou mesmo opinião política, mas pretendendo acima de tudo se referir a qualquer discriminação indevida; o artigo 3º reforça a igualdade entre homens e mulheres no gozo dos mesmos direitos.

Quanto ao sistema interamericano, o Protocolo à Convenção traz artigo específico que veda as discriminações de qualquer ordem na garantia do exercício dos direitos econômicos, sociais e culturais.

Não se pode perder de vista que, independentemente da categoria de direitos que esteja sendo abordada, a igualdade nunca deve aparecer num sentido meramente formal, mas necessariamente material. Significa que discriminações indevidas são proibidas, mas existem certas distinções que não só devem ser aceitas, como também se mostram essenciais.

Neste sentido, ao se tratar dos direitos econômicos, sociais e culturais em espécie, chama-se a atenção para a presença de grupos especiais que merecem tratamento próprio e individualizado, por exemplo, o das crianças e adolescentes, o dos incapacitados ao trabalho e o das mães. Logo, sempre que forem tratados os chamados direitos humanos de segunda dimensão mostra-se essencial ter em vista a necessidade de promoção da igualdade material.

2.3 Direito à educação

> *Artigo XXVI, DUDH*
>
> *1. Toda pessoa tem direito à instrução. A instrução será **gratuita**, pelo menos nos **graus elementares e fundamentais**. A instrução **elementar será obrigatória**. A instrução **técnico-profissional será acessível** a todos, bem como a instrução **superior**, esta baseada no **mérito**.*

2. A instrução será orientada no sentido do pleno desenvolvimento da **personalidade humana** e do **fortalecimento do respeito pelos direitos humanos e pelas liberdades fundamentais**. A instrução promoverá a compreensão, a tolerância e a amizade entre todas as nações e grupos raciais ou religiosos, e coadjuvará as atividades das Nações Unidas em prol da manutenção da paz.

3. Os pais têm prioridade de direito na escolha do **gênero de instrução** que será ministrada a seus filhos.

Artigo 13, PIDESC

1. Os Estados Partes do presente Pacto reconhecem o direito de toda pessoa à educação. Concordam em que a educação deverá visar o pleno desenvolvimento da **personalidade humana** e do **sentido de sua dignidade** e fortalecer o **respeito pelos direitos humanos e liberdades fundamentais**. Concordam ainda em que a educação deverá capacitar todas as pessoas a **participar efetivamente** de uma sociedade livre, favorecer a compreensão, a tolerância e a amizade entre todas as **nações** e entre todos os **grupos** raciais, étnicos ou religiosos e promover as atividades das Nações Unidas em prol da manutenção da paz.

2. Os Estados partes do Presente Pacto reconhecem que, com o objetivo de assegurar o pleno exercício desse direito:

a) a **educação primária deverá ser obrigatória e acessível gratuitamente** a todos;

b) a **educação secundária** em suas diferentes formas, inclusive a educação secundária **técnica e profissional**, deverá ser **generalizada** e **tornar-se acessível** a todos, por todos os meios apropriados e, principalmente, pela implementação **progressiva do ensino gratuito**;

c) a educação de **nível superior** deverá igualmente tronar-se **acessível a todos**, com base na **capacidade** de cada um, por todos os meios apropriados e, principalmente, pela implementação **progressiva do ensino gratuito**;

d) dever-se-á fomentar e intensificar, na medida do possível, a educação de base para aquelas que não receberam **educação primária** ou não concluíram o ciclo completo de **educação primária**;

e) será preciso prosseguir ativamente o desenvolvimento de uma **rede escolar** em todos os níveis de ensino, implementar-se um sistema de **bolsas estudo** e melhorar continuamente as **condições materiais** do corpo docente.

3. Os Estados Partes do presente Pacto comprometem-se a respeitar a liberdade dos pais – e, quando for o caso, dos tutores legais – de escolher para seus filhos **escolas distintas daquelas criadas pelas autoridades públicas**, sempre que atendam aos padrões mínimos de ensino prescritos ou aprovados pelo Estado, e de fazer com que seus filhos venham a receber **educação religiosa ou moral** que seja de acordo com suas próprias convicções.

4. Nenhuma das disposições do presente artigo poderá ser interpretada no sentido de **restringir a liberdade de indivíduos e de entidades de criar e dirigir instituições de ensino**, desde que respeitados os princípios enunciados no § 1º do presente artigo e que essas instituições observem os padrões mínimos prescritos pelo Estado.

Artigo 14, PIDESC

*Todo Estado-parte do presente Pacto que, no momento em que se tornar Parte, ainda não tenha garantido em seu próprio território ou territórios sob sua jurisdição **a obrigatoriedade e a gratuidade da educação primária**, se compromete a elaborar e a adotar, dentro de um prazo de **dois anos**, um **plano de ação detalhados destinado à implementação progressiva**, dentro de um número razoável de anos estabelecidos no próprio plano, do princípio da educação primária obrigatória e gratuita para todos.*

Artigo XII – Direito à educação, DADH

*Toda pessoa tem direito à educação, que deve inspirar-se nos **princípios de liberdade, moralidade e solidariedade humana**. Tem, outrossim, direito a que, por meio dessa educação, lhe seja proporcionado o **preparo para subsistir de uma maneira digna**, para melhorar o seu nível de vida e para poder ser útil à sociedade. O direito à educação compreende o de **igualdade de oportunidade** em todos os casos, de acordo com os dons naturais, os méritos e o desejo de aproveitar os recursos que possam proporcionar a coletividade e o Estado. Toda pessoa tem o direito de que lhe seja **ministrada gratuitamente, pelo menos, a instrução primária**.*

Artigo 13 – Direito à educação, PCADH

1. Toda pessoa tem direito à educação.

*2. Os Estados Partes neste Protocolo convêm em que a educação deverá orientar-se para o **pleno desenvolvimento da personalidade humana e do sentido de sua dignidade** e deverá fortalecer o **respeito pelos direitos humanos**, pelo pluralismo ideológico, pelas liberdades fundamentais, pela justiça e pela paz. Convêm, também, em que a educação deve capacitar todas as pessoas para participar efetivamente de uma sociedade democrática e pluralista, conseguir uma subsistência digna, favorecer a compreensão, a tolerância e a amizade entre todas as nações e todos os grupos raciais, étnicos ou religiosos e promover as atividades em prol da manutenção da paz.*

3. Os Estados Partes neste Protocolo reconhecem que, a fim de conseguir o pleno exercício do direito à educação:

*a) O ensino de **primeiro grau** deve ser **obrigatório e acessível a todos** gratuitamente;*

*b) O ensino de **segundo grau**, em suas diferentes formas, inclusive o **ensino técnico e profissional de segundo grau**, deve ser generalizado e **tornar-se acessível a todos**, pelos meios que forem apropriados e, especialmente, pela implantação **progressiva** do ensino gratuito;*

*c) O ensino superior deve **tornar-se igualmente acessível** a todos, de acordo com a **capacidade de cada um**, pelos meios que forem apropriados e, especialmente, pela implantação **progressiva** do ensino gratuito;*

*d) Deve-se promover ou intensificar, na medida do possível, o **ensino básico para as pessoas que não tiverem recebido ou terminado** o ciclo completo de instrução do primeiro grau;*

> *e) Deverão ser estabelecidos programas de ensino diferenciado para os **deficientes**, a fim de proporcionar instrução especial e formação a pessoas com impedimentos físicos ou deficiência mental.*
>
> *4. De acordo com a legislação interna dos Estados Partes, os **pais terão direito a escolher** o tipo de educação a ser dada aos seus filhos, desde que esteja de acordo com os princípios enunciados acima.*
>
> *5. Nada do disposto neste Protocolo poderá ser interpretado como **restrição da liberdade dos particulares e entidades de estabelecer e dirigir instituições de ensino**, de acordo com a legislação interna dos Estados Partes.*

A Declaração Universal de 1948 divide a disponibilidade e a obrigatoriedade da educação em níveis. Aquela educação que é considerada essencial, qual seja, a elementar, deve ser gratuita e obrigatória. Já a educação fundamental, de grande importância, deve ser gratuita, mas não é obrigatória.

Esta nomenclatura adotada pela Declaração equipara-se ao ensino fundamental e ao ensino médio no Brasil, sendo elementar o primeiro e fundamental o segundo. A educação técnico-profissional refere-se às escolas voltadas ao ensino de algum ofício, não complexo a ponto de exigir formação superior e, justamente por isso, possuem menor duração e menor custo; ao passo que a educação superior é a que se dá no âmbito das universidades, formando profissionais de maior especialidade numa área profissional, com amplo conhecimento, razão pela qual dura mais tempo e é mais onerosa. As duas últimas são de maior custo e não podem ser instituídas de tal forma que sejam garantidas vagas para todas as pessoas em sociedade exigindo-se, entretanto, um critério justo para a seleção dos ingressos, o qual seja baseado no mérito (os mais capacitados conseguirão as vagas de ensino técnico-profissional e superior).

O PIDESC, no item 2 do artigo 13, traz a educação primária como obrigatória e gratuita, equiparando-se ao que a Declaração Universal chamou de educação elementar. Reforça-se a seguir que aqueles que não a receberam devem receber, permitindo-se a todos a conclusão deste ciclo de ensino. Sem prejuízo, pelo artigo 14 exige-se dos Estados-partes um plano de ação a ser apresentado em dois anos (a partir do ingresso como parte) que vise implementar o ensino obrigatório gratuito caso ele ainda não exista, respeitados os limites orçamentários, mas exigida uma razoabilidade. Por decorrência lógica, deve ser priorizada a implementação deste ensino em sua plenitude antes de se preocupar com os níveis a ele superiores.

Prosseguindo com a análise do PIDESC, a educação básica da Declaração Universal encaixa-se na educação secundária, logo, o PIDESC não traz a obrigação da gratuidade para esta, embora seja um objetivo alcançá-la. Não obstante, o PIDESC coloca na categoria de educação secundária também o ensino técnico-profissional, o qual deve ser acessível e generalizado, pretendendo-se a gratuidade progressiva.

O ensino universitário também deve ser acessível – e, além disso, gratuito na medida do possível – a todos, o que significa que todas pessoas podem se candidatar a uma vaga e ocupá-la se atender aos requisitos de seleção por mérito. A menção às bolsas de estudo visa propiciar que alunos menos favorecidos, mas capacitados, tenham acesso ao ensino, e a referência às condições materiais tem a finalidade de reforçar a importância do aspecto estrutural no sistema educacional.

Ainda, a Declaração Universal deixa claro que a educação não envolve apenas o aprendizado do conteúdo programático das matérias comuns como matemática, português, história e geografia, mas também a compreensão de abordagens sobre assuntos que possam contribuir para a formação da personalidade da pessoa humana e conscientizá-la de seu papel social. O item 1 do artigo 13 do PIDESC se aprofunda ao reforçar que a educação volta-se não só ao desenvolvimento da personalidade, mas também ao sentimento de dignidade a ser incutido em cada um e à promoção, em decorrência disso, de um maior respeito a direitos e liberdades fundamentais; por isso mesmo, é trazido à tona o aspecto da justiça participativa, já que é papel de todos promover uma sociedade mais justa e fraterna.

Aliás, **educação básica de qualidade para todos** é um entre oito dos Objetivos do Milênio, que foram fixados a partir da Declaração do Milênio das Nações Unidas, adotada em 8 de setembro de 2000, exteriorizando uma prática das Nações Unidas para atender ao propósito de zelar pelo direito à educação no mundo.

(MINISTÉRIO PÚBLICO ESTADUAL DO PARANÁ – MPE-PR – PROMOTOR DE JUSTIÇA – 2017) Discorra sobre o tema: "Educação em Direitos Humanos".

Igualmente, destaca-se a importância da educação em direitos humanos, conforme reconhecido na **Declaração e Programa de Ação de Viena**, de 1993: "Parte I. 33. A Conferência Mundial sobre Direitos do Homem reafirma que os Estados estão moralmente obrigados, conforme estipulado na Declaração Universal dos Direitos do homem, no Pacto Internacional sobre Direitos Econômicos, Sociais e Culturais e noutros instrumentos internacionais sobre Direitos do homem, a garantir que a **educação tenha o objetivo de reforçar o respeito pelos Direitos do homem e as liberdades fundamentais**. A Conferência Mundial sobre Direitos do Homem realça a importância da inclusão do tema 'direitos do homem' nos programas de educação e apela aos Estados para que assim procedam. A educação deverá promover a compreensão, a tolerância, a paz e as relações amigáveis entre as nações e todos os grupos raciais ou religiosos, e encorajar o desenvolvimento de atividades das Nações Unidas na prossecução desses objetivos. Pelo que, a educação em matéria de direitos do homem e a disseminação de informação adequada, tanto ao nível teórico como prático, desempenham um papel importante na promoção e no respeito dos Direitos do homem relativamente a todos os indivíduos, sem qualquer distinção de raça, sexo, língua ou religião, o que **deverá ser incluído nas políticas educacionais**, quer a nível nacional, quer a nível internacional. A Conferência Mundial sobre Direitos do Homem salienta que as limitações de recursos e as inadequações institucionais podem impedir a imediata concretização destes objetivos".

A educação em direitos humanos é uma grande preocupação das Nações Unidas, que se reflete em diversos de seus informes e documentos. Destaca-se **Declaração** das Nações Unidas sobre educação e formação em matéria de direitos humanos de 19 de dezembro de 2011. Na Declaração, garante-se o direito a todos de obter, ao longo de toda vida e em todas as idades, conhecimento *sobre, por meio* e *para* direitos humanos e liberdades fundamentais, o que se mostra essencial para a efetivação destes. Frisa-se, ainda, que a educação em direitos humanos é também garantida a agentes públicos e privados. A educação em direitos humanos, concebida no espírito de participação, inclusão e responsabilidade, deve ser guiada pelos princípios da igualdade e respeito à diversidade. Cabe, ainda, aos Estados criarem planos de ação, que interajam os diversos atores sociais. No Brasil, destacam-se o Plano Nacional de Educação em Direitos Humanos de 2003 e as Diretrizes Nacionais para a Educação em Direitos Humanos de 2012.

Não obstante, da parte final da Declaração Universal dos Direitos Humanos extrai-se a consciência de que a educação não é apenas a formal, aprendida nos estabelecimentos de ensino, mas também a informal, transmitida no ambiente familiar e nas demais áreas de contato da pessoa, como igreja, clubes e, notadamente, a residência. Por isso, os pais têm um papel direto na escolha dos meios de educação de seus filhos. No item 3 do artigo 13 do PIDESC é esmiuçada a autonomia dos pais na educação formal dos filhos, escolhendo se for o caso estabelecimentos particulares de ensino que se mostrem adequados aos padrões educacionais, e também na informal, por exemplo, decidindo sobre educação moral e religiosa.

As instituições particulares de ensino em qualquer dos níveis de educação podem e devem ser criadas, respeitados os modelos educacionais propostos pelo Estado, mas sem prejuízo à autonomia decisiva, como se extrai do item 4 do artigo 13 do PIDESC.

A **Observação Geral nº 13** do Conselho Econômico e Social reforça o caráter instrumental do direito à educação, permitindo que as pessoas se impulsionem para fora da **zona de marginalização**. Disponibilidade, acessibilidade e aceitabilidade são as características essenciais de qualquer estabelecimento de ensino. O papel de desenvolver a educação não é somente do Estado, **mas também dos órgãos e agentes integrados neste papel**, inclusive no campo internacional. Por sua vez, a **Observação Geral nº 11** aborda os planos de ação para a educação primária, de implementação progressiva em prol da gratuidade e obrigatoriedade plenas.

> *Qual o órgão próprio das Nações Unidas voltado à proteção dos direitos humanos na área da educação?*

Ressalta-se que a preocupação com o direito à educação no âmbito das Nações Unidas vai além das disposições genéricas da DUDH e do PIDESC, culminando no estabelecimento de um órgão **vinculado** próprio, qual seja a **UNESCO – Organização das Nações Unidas para Educação, Ciência e Cultura**, fundada em 16 de novembro de 1945 conforme carta constitutiva assinada em Londres, modificada por diversas conferências que a seguiram.

No setor de educação, a principal diretriz da UNESCO é **auxiliar os países membros a atingir as metas de Educação para Todos**, promovendo o acesso e a qualidade da educação em todos os níveis e modalidades, incluindo a educação de jovens e adultos. Para tanto, a Organização desenvolve ações direcionadas ao fortalecimento das capacidades nacionais, além de prover acompanhamento técnico e apoio à implementação de políticas nacionais de educação, tendo sempre como foco a relevância da educação como valor estratégico para o desenvolvimento social e econômico dos países.

Regionalmente, destaca-se a previsão do artigo XII da Declaração Americana, que acaba por acompanhar parcialmente o teor das regulamentações das Nações Unidas. Por sua vez, o Protocolo de San Salvador acompanha o teor do PIDESC, fazendo menção especial que este não faz a respeito da educação das pessoas com deficiência.

Já no âmbito do direito brasileiro, possui o direito social à educação grande assunção de conteúdo auto obrigacional pelo Estado, nos arts. 205 a 214 da Constituição.

Destes, o art. 205, *caput*, afirma que a educação é *"dever do Estado"*; o art. 206, I, preceitua que a *"igualdade de condições para o acesso e permanência na escola"* é um dos princípios norteadores do tema; o art. 208, I, normatiza que o dever do Estado com a educação será efetivado mediante a garantia de *"educação básica obrigatória e gratuita dos quatro aos dezessete anos de idade, assegurada sua oferta gratuita para todos os que a ela não tiverem acesso na idade própria"*; e o inciso IV do mesmo dispositivo fala em *"educação infantil em creche e pré-escola para crianças de até cinco anos de idade"*. Ademais, os parágrafos primeiro e segundo do art. 208 cravam, respectivamente, que o "acesso ao ensino obrigatório e gratuito é *direito público subjetivo"*, e que o "não oferecimento do ensino obrigatório pelo Poder Público, ou sua oferta irregular, *importa responsabilidade da autoridade competente"*.

2.4 Direito à cultura

Artigo XXVII, DUDH

*1. Toda pessoa tem o **direito de participar livremente da vida cultural da comunidade, de fruir as artes e de participar do processo científico e de seus benefícios**.*

2. Toda pessoa tem direito à proteção dos interesses morais e materiais decorrentes de qualquer produção científica, literária ou artística da qual seja autor.

Artigo 15, PIDESC

1. Os Estados-partes do presente Pacto reconhecem a cada indivíduo o direito de:

*a) **participar da vida cultural;***

*b) **desfrutar o progresso científico e suas aplicações;***

c) beneficiar-se da proteção dos interesses morais e materiais decorrentes de toda a produção científica, literária ou artística de que seja autor.

*2. As medidas que os Estados-partes do presente Pacto deverão adotar com a finalidade de assegurar o pleno exercício desse direito aquelas necessárias à conservação, ao **desenvolvimento e à difusão da ciência e da cultura**.*

> 3. Os Estados Partes do presente Pacto comprometem-se a respeitar a liberdade indispensável à pesquisa científica e à atividade criadora.
>
> 4. Os Estados Partes do presente Pacto reconhecem os benefícios que derivam do fomento e do desenvolvimento da cooperação e das relações internacionais no domínio da ciência e da cultura.
>
> **Artigo XIII – Direito aos benefícios da cultura, DADH**
>
> Toda pessoa tem o direito de **tomar parte na vida cultural da coletividade**, de **gozar das artes e de desfrutar dos benefícios** resultantes do progresso intelectual e, especialmente, das descobertas científicas.
>
> Tem o direito, outrossim, de ser protegida em seus interesses morais e materiais no que se refere às invenções, obras literárias, científicas ou artísticas de sua autoria.
>
> **Artigo 14 – Direito aos benefícios da cultura, PCADH**
>
> 1. Os Estados Partes neste Protocolo reconhecem o direito de toda pessoa a:
>
> a) **Participar na vida cultural e artística** da comunidade;
>
> b) **Gozar dos benefícios** do progresso científico e tecnológico;
>
> c) Beneficiar-se da proteção dos **interesses morais e materiais** que lhe caibam em virtude das produções científicas, literárias ou artísticas de que for autora.
>
> 2. Entre as **medidas** que os Estados Partes neste Protocolo deverão adotar para assegurar o pleno exercício deste direito, figurarão as necessárias para a conservação, desenvolvimento e divulgação da ciência, da cultura e da arte.
>
> 3. Os Estados Partes neste Protocolo comprometem-se a **respeitar a liberdade** indispensável para a pesquisa científica e a atividade criadora.
>
> 4. Os Estados Partes neste Protocolo reconhecem os benefícios que decorrem da promoção e desenvolvimento da cooperação e das relações internacionais em assuntos científicos, artísticos e culturais e, nesse sentido, comprometem-se a propiciar **maior cooperação internacional** nesse campo.

Como se deduz da própria nomenclatura dos direitos econômicos, sociais e culturais, a cultura é um direito humano de segunda dimensão que deve ser garantido pelo Estado por diversos meios, como a preservação do patrimônio histórico, das crenças, das tradições, dos costumes, do folclore etc.

"A cultura é, em primeiro lugar, fruto da liberdade de expressão e de opinião, que a Declaração garante nos termos do art. XIX, que se manifesta se e quando os homens podem utilizar sua inteligência e seu talento sem quaisquer restrições outras que não sejam aquelas ditadas pelo bem comum. [...] A cultura sofre, no entanto, notáveis restrições na atualidade. Tanto por parte dos poderes públicos, que não a consideram prioritária, quando não agem contra suas expressões mais legítimas através da censura, velada ou explícita, como igualmente por parte dos grandes veículos de comunicação social que, a seu modo, impõe a pauta das matérias. Tal estado de coisas faz amadurecer a cultura de paz, cujo pressuposto é o bem-estar das pessoas"[135].

Na opinião do Conselho Econômico e Social, detectada em sua **Observação Geral nº 21**, "a juízo do Comitê, a cultura é um conceito amplo e inclusivo que compreende todas as expressões da existência humana. A expressão 'vida cultural' faz referência explícita ao caráter da cultura como um processo vital histórico, dinâmico e evolutivo, que tem um passado, um presente e um futuro". Daí se entender que o direito à cultura tem três vertentes: **participar da vida cultural**, **ter acesso à vida cultural** e **contribuir com a vida cultural**. Com efeito, as minorias e vulneráveis merecem atenção especial no que tange ao acesso à cultura, afinal, somente assim há uma efetiva sociedade pluricultural.

A cultura se torna mais do que a simples promoção de eventos artísticos, científicos ou folclóricos, adquirindo a faceta da **cultura da paz**, consistente numa ideia de livre acesso à cultura em si, no exercício da liberdade de informação.

Pela **Observação Geral nº 21** do Conselho Econômico e Social, denota-se a importância da atuação estatal em prol do direito à cultura: "o direito de participar na vida cultural pode se qualificar como uma liberdade. Para realizá-lo, é necessário que o Estado se abstenha de fazer algo (não ingerência no exercício das práticas culturais e no acesso aos bens culturais), por um lado, e que tome medidas positivas (assegurar-se de que existam as condições prévias para participar da vida cultural, promovê-la e facilitá-la, conferindo acesso aos bens culturais e preservando-os), por outro".

No **âmbito brasileiro**, o Estado garantirá a todos o pleno exercício dos direitos culturais e acesso às fontes da cultura nacional, e apoiará e incentivará a valorização e a difusão das manifestações culturais (art. 215, *caput*, CF). Ademais, o Estado protegerá as manifestações das *culturas populares, indígenas* e *afro-brasileiras*, e das de outros grupos participantes do processo civilizatório nacional (art. 215, § 1º, CF). Por fim, o art. 216 define como patrimônio cultural brasileiro os bens de natureza material e imaterial, tomados individualmente ou em conjunto, portadores de referência à identidade, à ação, à memória dos diferentes grupos formadores da sociedade brasileira, nos quais se incluem as formas de expressão (inciso I); os modos de criar, fazer e viver (inciso II); as criações científicas, artísticas e tecnológicas (inciso III); as obras, objetos, documentos, edificações e demais espaços destinados às manifestações artístico-culturais (inciso IV); bem como os conjuntos urbanos e sítios de valor histórico, paisagístico, artístico, arqueológico, paleontológico, ecológico e científico (inciso V).

Convém lembrar, neste diapasão, importante trabalho desenvolvido por Peter Häberle, no sentido da fixação de uma **concepção de Constituição como cultura**. Para o autor, um texto constitucional é resultado do agrupamento de diferentes pontos de vista e grupos que compõem um grupo social, sendo, portanto, fator condicionante e condicionador dessa vida em sociedade[136].

---

[135] BALERA, Wagner. Comentários aos artigos XXVII e XXVIII. In: BALERA, Wagner (Coord.). **Comentários à Declaração Universal dos Direitos do Homem**. Brasília: Fortium, 2008, p. 147.

[136] HÄBERLE, Peter. **Constitución como cultura**. Bogotá: Instituto de Estudios Constitucionales, 2002.

Por fim, chama-se a atenção para a emenda constitucional nº 96/2017, que acresceu um parágrafo sétimo ao art. 225, CF, autorizando a utilização de animais em práticas desportivas que se traduzem, também, em **manifestações culturais**. Diz o dispositivo: "Para fins do disposto na parte final do inciso VII do § 1º deste artigo, não se consideram cruéis as práticas desportivas que utilizem animais, desde que sejam manifestações culturais, conforme o § 1º do art. 215 desta Constituição Federal, registradas como bem de natureza imaterial integrante do patrimônio cultural brasileiro, devendo ser regulamentadas por lei específica que assegure o bem-estar dos animais envolvidos".

Tal manifestação de poder constituinte reformador foi feita "a toque de caixa", considerando a proibição pelo STF, na ADI nº 4.983/CE[137], da chamada "*Vaquejada*", ao declarar inconstitucional lei do Estado do Ceará (de nº 15.299/2013), que regulava a prática de atividade em que vaqueiros, montados em seus cavalos, buscam derrubar um touro puxando-o pelo rabo, a fim de dominar o animal. Contrariando a disposição judicial, o constituinte promoveu alteração no texto constitucional para liberar tal prática, desde que assegurado o bem-estar dos animais envolvidos (aproveita-se o ensejo para criticar o fato de que tal alteração não se deu na "parte cultural" da Constituição – art. 215, mas na "parte ambiental" – art. 225, o que é no mínimo contraditório, já que se fala da utilização de animais em *manifestações culturais*). Sobre o tema, aliás, remete-se o leitor à Lei nº 13.364/2016, que eleva o Rodeio, a Vaquejada, bem como as respectivas expressões artístico-culturais, à condição de manifestação cultural nacional e de patrimônio cultural imaterial.

Meritoriamente, desde já nos manifestamos pela inconstitucionalidade material da emenda, por violar o princípio da proibição do retrocesso em matéria ambiental. Nos tempos atuais, considerando a conversão dos animais para "*seres dotados de sensibilidade*" (a exemplo dos ordenamentos francês e português, conforme estudado dentro da teoria geral dos direitos humanos), ou mesmo a consagração da natureza como sujeito de direitos (vide a "*Pacha Mama*", na Constituição do Equador), se entende que o ordenamento brasileiro destoou da tendência do direito internacional ambiental e promoveu um atraso no processo de proteção da sua fauna ao permitir a utilização de animais em atividades sob pretensa alegação de "manifestação cultural".

2.5 Direito à saúde

Artigo XXV, DUDH
1. Toda pessoa tem direito a um padrão de vida capaz de assegurar a si e a sua família **saúde e bem-estar**, *inclusive alimentação, vestuário, habitação,* **cuidados médicos** *e os serviços sociais indispensáveis, e direito à segurança em caso de desemprego, doença, invalidez, viuvez, velhice ou outros casos de perda dos meios de subsistência fora de seu controle.*

---

[137] Supremo Tribunal Federal, Pleno. **ADI nº 4.983/CE**. Rel.: Min. Marco Aurélio. DJ. 06/10/2016.

Artigo 12, PIDESC

1. Os Estados Partes do presente Pacto reconhecem o direito de toda pessoa desfrutar o mais elevado nível possível de saúde física e mental.

2. As medidas que os Estados partes do presente Pacto deverão adotar com o fim de assegurar o pleno exercício desse direito incluirão as medidas que se façam necessárias para assegurar:

*a) a **diminuição da mortalidade infantil**, bem como o desenvolvimento são das crianças;*

*b) a melhoria de todos os aspectos de **higiene do trabalho e do meio ambiente**;*

*c) a prevenção e tratamento das **doenças epidêmicas, endêmicas, profissionais e outras**, bem como a luta contra essas doenças;*

*d) a criação de condições que assegurem a todos **assistência médica e serviços médicos** em caso de enfermidade.*

Artigo XI – Direito à preservação da saúde e ao bem-estar, DADH

*Toda pessoa tem direito a que sua **saúde** seja resguardada por **medidas sanitárias e sociais** relativas à alimentação, roupas, habitação e **cuidados médicos** correspondentes ao nível permitido pelos recursos públicos e os da coletividade.*

Artigo 10 – Direito à saúde, PCADH

*1. Toda pessoa tem direito à saúde, entendida como o gozo do **mais alto nível de bem-estar físico, mental e social**.*

*2. A fim de tornar efetivo o direito à saúde, os Estados Partes comprometem-se a reconhecer a saúde como **bem público** e, especialmente, a adotar as seguintes **medidas** para garantir este direito:*

*a) **Atendimento primário** de saúde, entendendo-se como tal a assistência médica essencial colocada ao alcance de todas as pessoas e famílias da comunidade;*

*b) Extensão dos benefícios dos serviços de saúde a **todas as pessoas sujeitas à jurisdição do Estado**;*

*c) Total **imunização** contra as principais doenças infecciosas;*

*d) **Prevenção e tratamento** das doenças endêmicas, profissionais e de outra natureza;*

*e) **Educação** da população sobre prevenção e tratamento dos problemas da saúde; e*

*f) Satisfação das necessidades de saúde dos **grupos de mais alto risco** e que, por sua situação de pobreza, sejam mais **vulneráveis**.*

O direito à saúde deve ser garantido para proporcionar à pessoa humana o bem-estar e a sobrevivência nas melhores condições possíveis, isto é, com o mínimo de dores e desconfortos, evitando-os na existência de recursos que assim permitam. Logo, o direito à saúde envolve muito mais do que cuidar de doenças que surjam, abrangendo a prevenção de condições que diminuam o bem-estar da pessoa. Somente aliando prevenção com tratamento é possível manter o mais elevado nível de saúde física e mental.

O PIDESC delimita em seu artigo 12 algumas das providências necessárias para assegurar o direito à saúde em todas suas searas: diminuição da mortalidade infantil, melhoria do meio ambiente do trabalho, prevenção de doenças e plenitude de assistência médica e serviços médicos.

Por seu turno, o Conselho Econômico e Social delimita em sua **Observação Geral nº 14** que é indispensável a garantia mais plena possível do direito à saúde. Reforça-se que o direito à saúde está ligado a uma variedade de direitos humanos. O mais alto nível de saúde vai além da saúde física, abrange também o direito de estar são. Em que pese a limitação orçamentária, o acesso aos serviços não pode ser discriminatório.

Neste viés, **combater a AIDS, a malária e outras doenças** é um entre oito dos Objetivos do Milênio, que foram fixados a partir da Declaração do Milênio das Nações Unidas, adotada em 8 de setembro de 2000, exteriorizando uma prática das Nações Unidas para atender ao propósito de zelar pelo direito à saúde no mundo.

> *Qual organismo das Nações Unidas é o responsável pela busca de proteção do direito à saúde? Quais são as prioridades e objetivos dele?*

A preocupação das Nações Unidas com o direito à saúde vai além das previsões da DUDH e do PIDESC e ganha força com a criação da **OMS – Organização Mundial da Saúde**, vinculada às Nações Unidas e criada em 7 de abril de 1948, objetivando promover o mais elevado nível de saúde possível. Assim, é responsável por prover liderança no mundo em questões de saúde, controlando a agenda de pesquisa da saúde, estabelecendo normas e estandartes, articulando opções políticas, provendo suporte técnico para países e monitorando e acessando tendências de saúde.

A preocupação no âmbito interamericano reflete-se no colacionado artigo XI da Declaração Americana e é aprofundada pelo artigo 10 do Protocolo de San Salvador. Nota-se que referido protocolo associa a saúde ao mais alto nível de bem-estar físico, mental e social, o qual deve ser buscado mediante o asseguramento progressivo das seguintes medidas: atendimento primário e generalizado, imunização contra as principais doenças, prevenção e tratamento de doenças, educação a respeito das doenças e atenção a grupos de alto risco.

Em ato contínuo, **sob o prisma da Constituição brasileira**, de maneira indúbia é no direito à saúde que se concentram as principais discussões recentes do direito constitucional.

Esse acirramento de ânimos no que diz respeito à saúde se dá tanto porque, de todos os direitos sociais, este é o que mais perto está do direito fundamental individual à vida, do art. 5º, *caput*, da Constituição pátria, como porque são visíveis os avanços da medicina/indústria farmacêutica nos últimos tempos – embora não sejam menos cristalinos os preços praticados no setor. É dizer: o direito fundamental à saúde tem custo de individualização exacerbado, se comparado com o direito social à educação, por exemplo.

Como se não bastasse, é ululante o caráter híbrido da saúde, em considerando seus enfoques *positivo* – o direito individual de receber saúde –, e *negativo* – o dever do Estado de fornecer saúde.

Tal direito está disciplinado na Lei Fundamental nos arts. 196 a 200, e, dentre estes, o art. 196 afirma ser a saúde *"direito de todos e dever do Estado, garantido mediante políticas sociais e econômicas que visem à redução do risco de doença e outros agravos e ao acesso universal e igualitário às ações e serviços para sua promoção, proteção e recuperação"*, e o art. 198, parágrafos primeiro a terceiro, tratam da distribuição de recursos para manutenção desta garantia fundamental (muita atenção, neste sentido, para a EC nº 86/2015, que promoveu alterações na forma de rateio).

Some-se a isso o fato de o direito à saúde ser amplíssimo, bastando para essa conclusão a análise superficial do rol de funções do Sistema Único de Saúde contido no art. 200 da Constituição, pelo qual, dentre outras, são atribuições do SUS a execução de ações de vigilância sanitária e epidemiológica (inciso II), a ordenação da formação de recursos humanos na área (inciso III), a participação da formulação da política e da execução das ações de saneamento básico (inciso IV), a colaboração na proteção do meio ambiente, nele comprometido o do trabalho (inciso VIII) etc. Outrossim, há ainda outra extensa gama de questões circundantes, como a determinação de internação de pacientes em unidades de terapia intensiva, a insuficiência de leitos hospitalares comuns, o fornecimento de medicamentos importados e de alto custo, o envio de pacientes para tratamento no exterior etc.

(MINISTÉRIO PÚBLICO FEDERAL – MPF – PROCURADOR DA REPÚBLICA – 2017)
Discorra sobre a litigância dos direitos sociais no sistema global e interamericano de direitos humanos, expondo ainda sobre os contornos da indivisibilidade e da dimensão objetiva dos direitos humanos em face dos direitos sociais, bem como os modos de defesa direta e indireta de tais direitos.

Originalmente, a divisão entre direitos civis e políticos e direitos econômicos, sociais e culturais, que se percebe tanto pela estrutura dos Pactos de 1966 da ONU quando da própria Convenção Americana sobre Direitos Humanos e seu Protocolo (Protocolo de San Salvador), impunha uma abstenção praticamente total dos órgãos do sistema em impor condenações dos Estados, ressalvadas situações de ações estatais específicas que levaram à violação do direito à vida ou à integridade pessoal. Até recentemente, a Corte Interamericana de Direitos Humanos se manifestou raramente sobre o tema direitos sociais, notadamente devido ao fato de que não há previsão expressa sobre direitos econômicos, sociais e culturais na Convenção Americana sobre Direitos Humanos, com ressalva do artigo 26, que garante o dever de implementação progressiva destes direitos.

Entretanto, o reforço de aspectos teóricos basilares da teoria geral dos direitos humanos tem imposto um reconhecimento cada vez mais prático da indivisibilidade e da interdependência dos direitos humanos. Neste sentido, o reconhecimento de que a ofensa de um direito humano afeta por total o atributo da dignidade da pessoa humana e de que não basta assegurar direitos civis e políticos sem um respeito concreto ao mínimo existencial dos direitos econômicos, sociais e culturais **tem imposto mudanças na jurisprudência internacional dos direitos humanos**, o que se percebe de forma paradigmática em decisões recentes da Corte Interamericana de Direitos Humanos sobre o direito à saúde.

Quanto ao sistema global de proteção, critica-se a pouca efetividade da OMS no sentido de promover uma saúde global, em que pesem os amplos poderes regulatórios a ela conferidos pela ONU: "No que se refere à sua efetividade, porém, segundo o relator especial da ONU sobre o direito à saúde, o lituano Dainius Pūras, os cuidados primários e a 'concepção moderna de saúde pública' expressa pelo preâmbulo da OMS e outros documentos internacionais estão perdendo a batalha de distribuição de recursos humanos e financeiros. Nesse ponto emerge uma das muitas contradições entre as atuações das diferentes agências da ONU. A iniquidade no acesso aos insumos de saúde (medicamentos, produtos diagnósticos, equipamentos etc.) deve-se em grande parte ao sistema vigente de propriedade intelectual e às políticas comerciais nocivas praticadas pelos países mais desenvolvidos, com pleno respaldo de organismos como a Organização Mundial do Comércio e a Organização Mundial da Propriedade Intelectual"[138].

Caberia à OMS fazer a ponte entre o reconhecimento teórico do direito à saúde para a sua realização prática, mas ela tem falhado neste processo. Isso não desmerece o esforço teórico da própria ONU em reafirmar o direito à saúde, como o fez na Cúpula do Milênio nos anos 2000. Logo, "apesar de seus reducionismos e limitações, as possibilidades política, ideológica e social suscitadas por esse movimento da ONU contribuíram para a tomada de consciência, no plano global, da necessidade de redução das profundas desigualdades mundiais"[139].

Aos poucos, o direito internacional dos direitos humanos passa a influenciar de forma cada vez mais intensa as políticas públicas nacionais dos Estados. Neste sentido, há que se questionar se a jurisprudência recente da Corte Interamericana, cujos destaques seguem no quadro adiante, pode redirecionar a aplicação prática do direito à saúde pelos Tribunais pátrios, da mesma forma como as atuações no âmbito da governança global da saúde pela ONU, em parceria com a OMS, reconduziu, ao menos em partes, políticas de saúde no mundo.

A Corte Interamericana de Direitos Humanos julgou:

- No **caso Cuscul Pivaral e outros vs. Guatemala**, julgado em 23 de agosto de 2018, responsabilizou-se o Estado por violação de diversos direitos de 49 pessoas portadoras de HIV (34 vivas e 15 falecidas) e, reflexamente, de seus familiares, considerando que houve falha em promover o adequado tratamento de saúde. A Corte considerou que a não promoção de tratamento de mulheres grávidas com HIV e da população em geral com HIV atentava contra o direito à saúde e desobedecia ao princípio da progressividade, com escopo no

---

[138] VENTURA, Daisy. O direito à saúde e os 70 anos da Declaração Universal dos Direitos Humanos. In: **Direitos humanos fundamentais**: 70 anos da Declaração Universal dos Direitos Humanos e 20 anos do reconhecimento da jurisdição da Corte Interamericana de Direitos Humanos e as mudanças na aplicação do direito no Brasil: coletânea de artigos. Brasília: MPF, 2019, p. 50-70.

[139] Ibid.

artigo 26, CADH. A Corte destacou a disciplina de diversas normas acerca do direito à saúde internacionais e nacionais, frisando que o dever de proteção se estenderia às pessoas com HIV. Além disso, considerou que, ainda que após recursos judiciais o Estado tenha começado a promover tratamento de pessoas com HIV, haviam falhas na definição de políticas públicas no campo e que dentre os peticionantes 48 não haviam recebido tratamento algum, razão pela qual subsistiam fundamentos para a condenação. A Corte também destacou que dentre os direitos econômicos, sociais e culturais existem os progressivos e os de execução imediata, considerando tratamento de saúde em casos como este um direito cuja execução não pode ser postergada pelo Estado.

- No **caso Poblete Vilches e outros vs. Chile**, julgado em 08 de março de 2018, reconheceu-se a violação ao direito à saúde, considerando a recusa do Hospital em que a vítima estava internada em disponibilizar tratamentos indispensáveis, como o transporte por ambulância e os aparelhos para respiração mecânica, que resultaram em sua morte. Também considerou violados o direito à vida, o direito à integridade pessoal, o direito ao acesso à informação e ao consentimento informado e o direito de acesso à justiça. A Corte argumentou que embora o direito à saúde seja um direito social, não se pode olvidar a indivisibilidade e a interdependência dos direitos humanos, e que embora o dever de implementar direitos econômicos, sociais e culturais seja progressivo, não significa que não existam obrigações que devam ser respeitadas de imediato. A Corte embasou sua condenação no artigo 26 da Convenção Americana, na Carta da OEA, na Declaração Americana de Direitos Humanos, nas normas de direito internacional sobre direito à saúde e na legislação chilena que reconhece o dever do Estado de respeitar este direito de maneira não discriminatória. A Corte ressaltou ter sido o primeiro episódio em que endereçou especificamente o direito à saúde da pessoa maior de idade, considerando-o embasado de forma autônoma pelo artigo 26, CADH, merecendo destaque as suas principais conclusões: o direito à saúde em situações de emergência deve ter serviços regulados de forma adequada pelo Estado, que deve ofertá-los conforme os elementos de disponibilidade, acessibilidade, qualidade e aceitabilidade, em condições de igualdade e sem discriminação, além do fornecimento para grupos em situações vulneráveis; idosos desfrutam de direito ao reforço do nível de proteção em relação aos serviços de saúde de prevenção e de urgência; para imputar aos Estados mortes médicas é preciso que ocorra a negação de um serviço ou tratamento essencial, apesar da previsibilidade do risco enfrentado pelo paciente, ou uma negligência médica grave, verificando-se se o comportamento omissivo levou ao resultado prejudicial; a falta de atenção médica adequada pode levar à violação do direito à integridade pessoal; o consentimento informado é uma obrigação das instituições de saúde, devendo ser prestado inclusive aos idosos, direito que somente pode ser transferido em circunstâncias especiais para parentes ou representantes.

- No **caso I.V. vs. Bolívia**, julgado em 30 de novembro de 2016, o Estado foi condenado por um caso de imperícia médica, no qual a peticionante havia chegado ao hospital para uma cesárea de emergência e diante da existência de aderências em seu útero foi submetida a uma laqueadura, sobre a qual não foi previamente informada/consultada, nem o foi seu representante. A Corte afirmou que "o consentimento informado do paciente é uma condição sine qua non para a prática médica, que se baseia no respeito pela autonomia e pela liberdade de tomar suas próprias decisões de acordo com seu plano de existência. Em outras palavras, consentimento informado garante o efeito útil da regra que reconhece a autonomia como um elemento indissolúvel da dignidade da pessoa". Neste contexto, a Corte fez referência à "relação especial entre o médico e o paciente, que se caracteriza pela assimetria no exercício do poder que o médico assume devido ao seu conhecimento profissional especializado e ao controle da informação que ele mantém. Essa relação de poder é governada por certos princípios da ética médica, principalmente os princípios de autonomia da paciente, beneficência, não-maleficência e justiça".

- No **caso Gonzales LLuy e outros vs. Equador**, em setembro de 2015, se condenou o Estado equatoriano devido à contaminação por HIV de uma menina de 3 anos de idade devido a uma transfusão de sangue, passando a ser discriminada a partir de então, inclusive sendo rejeitada em estabelecimentos educacionais do Estado. Condenou-se o Estado equatoriano a fornecer tratamento digno a menor e a indenizá-la pelos prejuízos sofridos, bem como a desenvolver política de preparo dos agentes públicos na área da saúde para lidarem com este tipo de situações.

- No **caso Suárez Peralta vs. Equador**, de maio de 2013, condenou-se o Estado equatoriano por não ter prestado atendimento médico-hospitalar adequado num caso de apendicite, bem como por não ter apurado adequadamente os fatos no processo judicial levado à justiça equatoriana, chegando-se a declarar prescrição deste após anos de protelação.

- No **caso Vera Vera e outra vs. Equador**, em maio de 2011, foi condenado o Estado por ter mantido detido sem assistência médico-hospitalar um baleado.

- No **caso Albán Cornejo e outros vs. Equador**, em novembro de 2007, condenou-se o Estado por não ter investigado adequadamente a morte de uma paciente por meningite bacteriana num hospital privado devido a negligência médica.

- O **caso brasileiro Ximenes Lopes**, julgado em julho de 2006, versa sobre o direito à saúde em estabelecimentos de saúde mental. Condenou-se o Estado brasileiro pelo equivocado tratamento conferido a Damião Ximenes Lopes, que perante tratamento de internação em instituição do SUS começou a apresentar lesões e a desenvolver comportamento agressivo, vindo a falecer.

2.6 Direito à alimentação, ao vestuário e à moradia

Artigo XXV, DUDH

*1. Toda pessoa tem direito a um **padrão de vida** capaz de assegurar a si e a sua família saúde e bem-estar, inclusive **alimentação, vestuário, habitação**, cuidados médicos e os serviços sociais indispensáveis, e direito à segurança em caso de desemprego, doença, invalidez, viuvez, velhice ou outros casos de perda dos meios de **subsistência** fora de seu controle.*

Artigo 11, PIDESC

*1. Os Estados-partes do presente Pacto reconhecem o direito de toda pessoa a **nível de vida** adequado para si próprio e sua família, **inclusive à alimentação, vestimenta e moradia adequadas**, assim como a uma melhoria contínua de suas **condições de vida**. Os Estados-partes tomarão medidas apropriadas para assegurar a consecução desse direito, reconhecendo, nesse sentido, a importância essencial da cooperação internacional fundada no livre consentimento.*

*2. Os Estados-partes do presente pacto, reconhecendo o direito fundamental de toda pessoa de estar **protegida contra a fome**, adotarão, individualmente e mediante cooperação internacional, as **medidas**, inclusive programas concretos, que se façam necessárias para:*

*a) **melhorar os métodos de produção, conservação e distribuição de gêneros alimentícios** pela plena utilização dos conhecimentos técnicos e científicos, pela difusão de princípios de educação nutricional e pelo aperfeiçoamento ou reforma dos regimes agrários, de maneira que se assegurem a exploração e a utilização mais eficazes dos recursos naturais;*

b) assegurar uma repartição equitativa dos recursos alimentícios mundiais em relação às necessidades, levando-se em conta os problemas tanto dos países importadores quanto dos exportadores de gêneros alimentícios.

Artigo XI - Direito à preservação da saúde e ao bem-estar, DADH

*Toda pessoa tem direito a que sua saúde seja resguardada por medidas sanitárias e sociais relativas à **alimentação, roupas, habitação** e cuidados médicos correspondentes ao nível permitido pelos recursos públicos e os da coletividade.*

Artigo 12 - Direito à alimentação, PCADH

*1. Toda pessoa tem direito a uma **nutrição adequada** que assegure a possibilidade de gozar do mais alto nível de **desenvolvimento físico, emocional e intelectual**.*

*2. A fim de tornar efetivo esse direito e de eliminar a desnutrição, os Estados Partes comprometem-se a **aperfeiçoar os métodos de produção, abastecimento e distribuição de alimentos**, para o que se comprometem a promover maior **cooperação internacional** com vistas a apoiar as políticas nacionais sobre o tema.*

Alimentação, vestuário e moradia formam a tríade de suporte material que é necessária à existência com dignidade. Como já abordado, **o direito à vida vai além da mera sobrevivência**, envolvendo uma existência com dignidade, sendo que os tratados internacionais são claros ao colocar alimentação, vestuário e moradia como necessários para tal existência digna.

O padrão de vida necessário para a promoção de suas melhores condições precisa de muitos elementos, entre os quais se destacam os que compõem esta tríade de suporte material. Bem se sabe que um dos maiores problemas no mundo hoje é a dificuldade de proporcionar razoavelmente a distribuição de recursos entre as pessoas para promover o nível de vida adequado, principalmente sob o aspecto do direito à alimentação.

Acabar com a fome e com a miséria é galgado pelas Nações Unidas como um entre oito dos Objetivos do Milênio, que foram fixados a partir da Declaração do Milênio das Nações Unidas, adotada em 8 de setembro de 2000. Ainda, o PIDESC demonstra uma preocupação especial com a distribuição dos alimentos pelo mundo (o que se depreende também do PCADH quando fala em cooperação internacional), exigindo medidas para melhorar os métodos de produção, conservação e distribuição de gêneros alimentícios, bem como para assegurar uma repartição igualitária dos recursos alimentícios mundiais. No entanto, esta ainda é uma realidade distante. Inúmeros são os relatos de pessoas passando fome pelo mundo, principalmente crianças, e diversas foram as recomendações e tentativas de desenvolvimento de políticas das Nações Unidas, mas apesar de estas terem gerado alguma melhoria isolada, o grande quadro ainda mostra uma situação insatisfatória longe de ser solucionada.

Especificamente, destaca-se a **Convenção Interamericana sobre Obrigação Alimentar**, concluída em Montevidéu, em 15 de julho de 1989, e promulgada no Brasil em 17 de dezembro de 1997 pelo Decreto nº 2.428. Preconiza seu artigo 1º:

"Esta Convenção tem como objeto a determinação do direito aplicável à obrigação alimentar, bem como à competência e à cooperação processual internacional, quando o credor de alimentos tiver seu domicílio ou residência habitual num Estado Parte e o devedor de alimentos tiver seu domicílio ou residência habitual, bens ou renda em outro Estado Parte. Esta Convenção aplicar-se-á às obrigações alimentares para menores considerados como tal e às obrigações derivadas das relações matrimoniais entre cônjuges ou ex-cônjuges. Os Estados poderão declarar, ao assinar ou ratificar esta Convenção, ou a ela aderir, que a mesma se limita à obrigação alimentar para menores". Com efeito, o âmbito da Convenção é notadamente o dos alimentos prestados em família, abordando-se como se dará a prestação de alimentos em caso de alimentante e alimentado em Estados-partes diversos. Ressalta-se no seu artigo 4º que "**toda pessoa tem direito a receber alimentos sem distinção de nacionalidade, raça, sexo, religião, filiação, origem, situação migratória ou qualquer outro tipo de discriminação**".

2.7 Direito ao lazer

Artigo XXIV, DUDH

Toda pessoa tem direito a repouso e lazer, inclusive a limitação razoável das horas de trabalho e férias periódicas remuneradas.

Artigo XV – Direito ao descanso e ao seu aproveitamento, DADH

Toda pessoa tem direito ao **descanso**, ao **recreio honesto** e à oportunidade de **aproveitar utilmente** o seu tempo livre em benefício de seu melhoramento espiritual, cultural e físico.

O PIDESC, em seu artigo 7º, associa o direito ao lazer como um dos direitos dos trabalhadores. No entanto, o direito ao lazer pode ser compreendido num sentido muito mais amplo, posto que mesmo aqueles que não trabalham necessitam de atividades em sua vida que funcionem como "válvula de escape" às tarefas cotidianas.

Como se extrai da Declaração Universal, o lazer e o descanso são direitos que devem ser garantidos a todas as pessoas. Neste sentido, se sobressai a necessidade de prestações positivas do Estado para criação de espaços próprios ao lazer, como praças, clubes, museus, teatros e eventos. Em se tratando de um direito social, bem como de um direito cultural em certo viés, fundamental a preocupação estatal neste sentido, embora seja inegável que existem outros direitos econômicos, sociais e culturais que devem ser tomados como prioridade.

Mesmo sentido amplo é extraído do artigo XV da Declaração Americana, que coloca o direito ao lazer como direito ao recreio honesto, correlacionado ao direito ao descanso.

No âmbito interno, a Constituição não tem tópico específico destinado a explicar "o quê" é o direito social ao lazer, podendo-se extraí-lo, sem pretensões exaurientes ao tema, da cultura (arts. 215 a 216-A) e do desporto (art. 217). Também, o lazer aparece como componente teleológico do salário mínimo, no art. 7º, IV. Por fim, o terceiro parágrafo do art. 217, da Constituição Federal, dispõe que o Poder Público incentivará o lazer "como forma de promoção social".

2.8 Direito à segurança

O direito à segurança no sentido de prestação positiva do Estado pode ser compreendido sob algumas vertentes, passando por noções gerais no plano internacional e interno e chegando à essência da compreensão dos limites do uso da força pelo Estado, sob pena de caracterização de abuso de autoridade, prática refutada pelos direitos humanos.

2.8.1 Noções gerais

> *Artigo XXII, DUDH*
> *Toda pessoa, como membro da sociedade, tem direito à **segurança social** e à realização, pelo esforço nacional, pela cooperação internacional e de acordo com a organização e recursos de cada Estado, dos direitos econômicos, sociais e culturais indispensáveis à sua dignidade e ao livre desenvolvimento da sua personalidade.*

O sentido que a expressão segurança social adota no mencionado dispositivo da Declaração Universal é semelhante ao do art. 6º da Constituição Federal de 1988. Trata-se da chamada *segurança pública*, aquela que deve ser garantida pelo Estado aos que convivem em sociedade, de modo a evitar que seus direitos humanos fundamentais sejam violados.

Envolve, assim, uma postura estatal positiva de construção de um espaço público seguro, a ser garantido, notadamente, mediante policiamento ostensivo voltado à prevenção e à repressão. Com efeito, a atuação policial se dá no espaço público, que é aquele de uso comum e posse de todos.

A **Observação Geral nº 35** do Comitê de Direitos Humanos reforça que "os Estados têm a obrigação de adotar medidas apropriadas para proteger o direito à liberdade pessoal contra privações desse direito por parte de terceiros. Os Estados devem proteger as pessoas contra sequestros ou retenções causadas por delinquentes ou grupos irregulares, incluindo grupos armados e terroristas, que operem em seu território. Também deverão proteger as pessoas contra toda privação indevida de liberdade que provoquem organizações legais, como empregadores, escolas e hospitais". Logo, a garantia de segurança pública pelo Estado não se limita ao exercício do poder de polícia contra o crime, inserindo-se em conceito mais abrangente, garantindo a **plena liberdade-segurança do cidadão**.

Por muito tempo a atuação das Polícias ficava restrita, apenas se limitando ao exercício do poder de polícia fiscalizatório e repressivo. No entanto, uma preocupação social tem se arraigado nestas instituições, que tomaram novos rumos. Como exemplo, as Polícias também têm desenvolvido iniciativas junto à população em complemento às suas funções tradicionais, como o caso de campanhas preventivas, da presença em redes sociais e do serviço de ouvidoria e pesquisa de satisfação.

Pouco a pouco, percebe-se que há uma preocupação em aproximar a Polícia da sociedade, tirando a imagem de uma instituição à parte, inimiga da população. Mais que isso, pretende-se acabar com a percepção da Polícia como uma instituição avessa aos direitos humanos garantidos à população, passando a ser protetora e efetivadora destes direitos, mesmo quando estiver atuando na repressão de um cidadão que infringiu a lei.

Por outro lado, inegável que inúmeras notícias são veiculadas diariamente a respeito da atuação policial no espaço público para dirimir conflitos e controlar manifestações. Muitas vezes, se dá o uso indevido da força, que deve ser coibido e caracteriza clássica violação de direitos humanos. O uso desnecessário de disparos de armas, bombas de efeito moral, balas de borracha e outros aparatos de contenção e dispersão caracteriza violação de direitos humanos, notadamente, à liberdade de expressão, à liberdade de manifestação, à integridade física, moral e psíquica e à vida.

No âmbito interno, o art. 196 da Constituição Federal preceitua que a saúde é "*direito de todos* e dever do Estado". Em mesma frequência, o art. 205 diz que a educação é "*direito de todos* e dever do Estado e da família". Já o art. 144 prevê que a segurança pública é "*dever do Estado*, direito e responsabilidade de todos", complementando que os órgãos responsáveis pela garantia da segurança pública, compondo sua estrutura, são: Polícia Federal; Polícia Rodoviária Federal; Polícia Ferroviária Federal; Polícias Civis; e Polícias Militares e Corpos de Bombeiros Militares.

Uma inovação que merece ser sobrelevada, ainda, é o popularmente denominado "SUS da Segurança Pública", o qual nomeamos de forma correta: **SUSP – Sistema Único de Segurança Pública**. Com regulamentação dada pela Lei nº 13.675/2018, em atenção ao preceito constitucional do art. 144, § 7º, CF, o SUSP é integrado pelos órgãos de que trata o art. 144 da Constituição Federal, pelos agentes penitenciários, pelas guardas municipais e pelos demais integrantes estratégicos e operacionais, que atuarão nos limites de suas competências, de forma cooperativa, sistêmica e harmônica. Ademais, conforme o art. 9º, § 1º, da Lei, são integrantes estratégicos do SUSP: a União, os Estados, o Distrito Federal e os Municípios, por intermédio dos respectivos Poderes Executivos (inciso I); e os Conselhos de Segurança Pública e Defesa Social dos três entes federados (inciso II). Por sua vez, pelo § 2º são integrantes operacionais do SUSP: Polícia Federal (inciso I); Polícia Rodoviária Federal (inciso II); Polícias Civis (inciso IV); Polícias Militares (inciso V); Corpos de Bombeiros Militares (inciso VI); Guardas Municipais (inciso VII); órgãos do sistema penitenciário (inciso VIII); institutos oficiais de criminalística, medicina legal e identificação (inciso X); Secretaria Nacional de Segurança Pública (inciso XI); Secretarias Estaduais de Segurança Pública ou congêneres (inciso XII); Secretaria Nacional de Proteção e Defesa Civil (inciso XIII); Secretaria Nacional de Política Sobre Drogas (inciso XIV); agentes de trânsito (inciso XV); e guarda portuária (inciso XVI). Os sistemas estaduais, distrital e municipais serão responsáveis pela implementação dos respectivos programas, ações e projetos de segurança pública, com liberdade de organização e funcionamento, respeitado o disposto na Lei nº 13.675. A ideia é integrar as políticas de segurança pública no país, a fim de coibir a – cada vez mais organizada e sofisticada – atuação de criminosos, bem como compartilhar informações e modelos operacionais nos mais diversos organismos de todos os entes federativos.

> Com base nisso, qual a principal diferença entre o direito social à segurança e os direitos sociais à saúde e à educação?

Nos casos dos direitos fundamentais sociais à saúde e à educação, toma-se o **sentido direito-dever**, isto é, primeiro se assegura ao cidadão o direito, depois se cobra do agente estatal o dever. Já na segurança pública **essa ordem é invertida**, somente se reconhecendo o direito depois de atribuído ao Estado o dever.

Essa factualidade, mais que um mero desapercebimento do constituinte, se dá por três motivos: o *primeiro* é a vedação da justiça por mãos próprias, que impede, como regra, a autotutela, inclusive havendo previsão penal para o exercício arbitrário das próprias razões, tudo em prol da jurisdicionalização dos conflitos particulares; o *segundo*, pela própria impossibilidade do cidadão se defender proficuamente da violência fruto da marginalização social à sua volta, o que faz com que a segurança pública seja, sim, imprescindível à manutenção de um estado almejado de tranquilidade; e o *terceiro*, pela natural exigibilidade pelo cidadão em face do Estado, de ordem, caso se sinta ameaçado em seus direitos individuais.

É ululante, pois, o conteúdo prestacional da segurança pública como direito social, neste terceiro enfoque. Não menos notória, contudo, é a **exígua** carga principiológica do art. 144 e parágrafos da Constituição, cujo *caput* se limita a falar na segurança pública "exercida para a preservação da ordem pública e da incolumidade das pessoas e do patrimônio". Afora isso, o que se tem é uma básica previsão funcional de cada uma das Polícias elencadas nos cinco incisos do artigo em evidência (analisando desta forma, a Lei nº 13.675, *supra*mencionada, é muito bem-vinda, por dar alguns direcionamentos mais específicos).

2.8.2 Polícia, direitos humanos e cidadania

> Qual a postura esperada da polícia em relação aos direitos humanos, consolidando o corolário da cidadania?

Ricardo Balestreri[140], com base em sua experiência de quase uma década de parceria no campo da educação para os direitos humanos junto a policiais e em demais aspectos de sua experiência prática, tece considerações que devem ser guia na atuação da Polícia em relação aos direitos humanos, que estudaremos individual-

---
[140] BALESTRERI, Ricardo. **Direitos humanos**: coisa de polícia. Disponível em: <http://www.mpba.mp.br/atuacao/ceosp/artigos/Balestreri_Direitos_Humanos_Coisa_policia.pdf>. Acesso em: 03 out. 2013.

mente a partir deste ponto, intercalando pensamentos do autor com complementos explicativos de nossa autoria:

a) Cidadania, dimensão primeira: o policial é, acima de tudo um cidadão, e na cidadania deve nutrir sua razão de ser. Cidadão é aquele que possui com o Estado o vínculo jurídico-político da nacionalidade, passando a compor o seu povo, adquirindo direitos políticos aos quais correspondem deveres perante à sociedade. Um cidadão não é diferente do outro, todos têm a mesma importância e o mesmo papel social.

Portanto, o policial é equiparado a todos os membros da comunidade em direitos e deveres. Sua condição de cidadania é, portanto, condição primeira, tornando-se absurda qualquer reflexão fundada sobre suposta dualidade ou antagonismo entre uma "sociedade civil" e outra "sociedade policial", isto é, a sociedade é uma só, composta por todos os cidadãos brasileiros e a polícia não forma uma sociedade paralela.

A "lógica" da Guerra Fria (socialismo/capitalismo), aliada aos "anos de chumbo", no Brasil, quer dizer, ao período de ditadura militar, é que foram responsáveis por solidificar esses equívocos, criando a imagem da polícia como um "inimigo interno". Mesmo após o encerramento desses anos de paranoia, sequelas ideológicas persistem indevidamente, obstaculizando a prática dos direitos humanos na seara da atividade policial;

b) Policial, cidadão qualificado: o agente de segurança pública é, acima de tudo, um cidadão qualificado: representa o Estado, em seu contato mais imediato com a população. Em verdade, todo cidadão que é designado para desempenho de uma função pública passa a exteriorizar a imagem que o Estado pretende passar, à qual notadamente se encontra aliado um valor ético. Mas não é o Estado que é ético ou não, e sim as pessoas que compõem o seu aparato. Entre elas, destaca-se o policial, uma das figuras representativas do Estado que mais ficam aos olhos da população.

A proximidade do policial com a comunidade se deve ao fato dele ser a autoridade mais comumente encontrada, funcionando assim como uma espécie de "porta voz" popular do conjunto de autoridades das diversas áreas do poder. Não obstante, o fato de possuir uma rara permissão legal para o uso da força e das armas confere--lhe natural e destacada autoridade para a construção social ou para sua devastação (para o bem ou para o mal da sociedade);

c) Policial, pedagogo da cidadania: é inegável que existe uma dimensão pedagógica no agir policial que, como em outras profissões de suporte público, é anterior às próprias especificidades de sua especialidade. Quer dizer, o policial é também um formador de opinião, enquadrando-se num conceito mais amplo de educador. Essa dimensão não pode ser abdicada e reveste de profunda nobreza a função policial;

d) A importância da autoestima pessoal e institucional: o reconhecimento da mencionada "dimensão pedagógica" parece ser o caminho mais rápido e eficaz para a reconquista da abalada autoestima policial. Neste sentido, os vínculos de respeito e solidariedade só podem constituir-se sobre uma boa base de autoestima. Quer dizer, em nível pessoal, é fundamental que o cidadão policial sinta-se motivado e orgulhoso de sua profissão, o que só é alcançável a partir de um patamar de "sentido existencial". Se a função policial for esvaziada desse sentido, transformando quem a exerce em mero cumpridor de ordens sem um significado pessoalmente assumido como ideário, o resultado será uma autoimagem denegrida e uma baixa autoestima, gerando perda de qualidade na prestação de serviços (consubstanciada no abuso de poder e no desrespeito aos direitos humanos);

e) **Polícia e "superego" social:** essa "dimensão pedagógica", evidentemente, não se confunde com "dimensão demagógica" e, em razão disso, não exime a Polícia de sua função técnica de intervir preventivamente no cotidiano e repressivamente em momentos de crise, uma vez que democracia nenhuma se sustenta sem a contenção do crime, da sociopatia. A atuação policial, assim, é indispensável para as culturas urbanas, complexas e de interesses conflitantes, contendo o óbvio caos a que estaríamos expostos sem ela. Zelar, pois, diligentemente, pela segurança pública, pelo direito do cidadão de ir e vir, de não ser molestado, de não ser saqueado, de ter respeitada sua integridade física e moral, é dever da polícia, essencial para a preservação dos direitos humanos;

f) **Rigor** *versus* **violência:** o uso legítimo da força não se confunde, contudo, com truculência. A fronteira entre a força e a violência é delimitada, na seara formal, pela lei, no âmbito racional pela necessidade técnica e, no campo moral, pelo antagonismo que deve reger a metodologia de policiais e criminosos. Significa que a lei delimita juridicamente a atuação do policial, mas a própria moralidade incute no policial o bom senso que limita suas atuações. Assim, a força deve ser usada com bom senso, na medida do necessário ao adequado desempenho das funções;

g) **Policial** *versus* **criminoso – metodologias antagônicas:** no âmbito do inconsciente coletivo, o policial exerce função educativa arquetípica: deve ser "o mocinho", com procedimentos e atitudes coerentes com a "firmeza moralmente reta", oposta radicalmente aos desvios perversos do outro arquétipo que se lhe contrapõe, o do bandido.

Quando a sociedade enxerga o policial como o bandido, entra numa crise de moralidade decorrente da confusão de arquétipos, intensificando o processo de violência. O cidadão pensa: se o policial, que deveria evitar a delinquência, comete crimes, também eu deveria praticar ilícitos;

h) **A "visibilidade moral" da polícia e a importância do exemplo:** a Polícia recorre-se, como regra, em momentos de fragilidade emocional, que deixam os indivíduos ou a comunidade fortemente "abertos" ao impacto psicológico e moral da ação realizada. Por essa razão é que uma intervenção incorreta gera marcas traumáticas por anos ou até pela vida inteira, assim como a ação do "bom policial" será sempre lembrada positivamente.

Falta um maior processo de reflexão por parte dos policiais a respeito de seu papel social, desta ampla possibilidade de modificar a percepção social a respeito das instituições públicas. Zelar pela ordem pública é, assim, acima de tudo, dar exemplo de conduta ética.

Ao acreditar que determinadas pessoas, por terem infringido a lei, merecem um tratamento menos digno, o policial passa a relativizar seus princípios éticos e de civilidade, rebaixando-se à posição do criminoso e tendendo a cometer infrações da mesma natureza;

i) "Ética" corporativa *versus* **ética cidadã:** tal consciência da auto importância obriga o policial a abdicar de qualquer lógica corporativista. Por lógica corporativista, entende-se reforçar a distinção da Polícia como uma corporação alheia à sociedade, autônoma.

Ter identidade com a Polícia, amar a corporação, coisas essas desejáveis, não se podem confundir, em momento algum, com acobertar práticas abomináveis. Pelo contrário, a verdadeira identidade policial exige do sujeito um permanente zelo pela "limpeza" da instituição da qual participa, não concordando com práticas desonestas ou ilícitas.

Aqui, denota-se a oposição entre a "ética da corporação" – que na verdade é a negação de qualquer possibilidade ética – com a ética da cidadania – aquela voltada à missão da polícia junto ao cidadão;

j) Critérios de seleção, permanência e acompanhamento: política profissional, Forças Armadas, Comunicação Social, Direito, Medicina, Magistério e Polícia são algumas das profissões de predileção para os psicopatas, sempre em busca do exercício livre e sem culpas de seu poder sobre outrem. A permissão para o uso da força, das armas, do direito a decidir sobre a vida e a morte, exerce irresistível atração à perversidade, preenchendo as vagas institucionais com a escória da sociedade. Os processos de seleção de policiais devem tornar-se cada vez mais rígidos no bloqueio à entrada desse tipo de gente. Igualmente, é preciso proporcionar um maior acompanhamento psicológico aos policiais já na ativa.

O zelo pelo respeito e a decência dos quadros policiais não cabe apenas ao Estado mas aos próprios policiais, os maiores interessados em participarem de instituições livres de vícios, valorizadas socialmente e detentoras de credibilidade;

k) Direitos humanos dos policiais – humilhação *versus* **hierarquia:** o equilíbrio psicológico, tão indispensável na ação da Polícia, passa também pela saúde emocional da própria instituição. Mesmo que isso não se justifique, é evidente que policiais maltratados internamente, submetidos a treinamentos indignos, tendem a descontar sua agressividade sobre o cidadão. Evidentemente, polícia não funciona sem hierarquia, mas é preciso distinguir hierarquia de humilhação, ordem de perversidade.

Em muitas Academias de Polícia (é claro que não em todas) os policiais parecem ainda ser "adestrados", sendo submetidos a toda ordem de maus-tratos. Por uma contaminação da ideologia militar, os futuros policiais são, muitas vezes, submetidos a violento estresse psicológico, a fim de atiçar-lhes a raiva contra o "inimigo", como é visto muitas vezes o próprio cidadão.

Por outro lado, a debilidade hierárquica é também um mal, podendo passar uma imagem de descaso e desordem no serviço público. Neste sentido, é criticável a falta de legislações uniformes aplicáveis às instituições policiais. Enquanto um melhor direcionamento não ocorre em plano nacional, é fundamental que os Estados e instituições da Polícia Civil direcionem de maneira estratégica o processo de maneira a unificar sob regras claras a conduta do conjunto de seus agentes;

l) A formação dos policiais: a superação desses desvios poderia dar-se, ao menos parcialmente, pelo estabelecimento de conteúdos e metodologias padrão na formação de todas as Polícias, que privilegiasse a formação do juízo moral, as ciências humanísticas e a tecnologia como contraponto de eficácia à incompetência da força bruta.

Um bom currículo e professores habilitados não somente nos conhecimentos técnicos, mas também nas artes didáticas e no relacionamento interpessoal, são essenciais para a geração de policiais que atuem de acordo com a lei e a ordem hierárquica, assim como conforme a autonomia moral e intelectual.

A Corte Interamericana de Direitos Humanos julgou:

- No **caso Ortiz Hernández e outros vs. Venezuela**, julgado em 22 de agosto de 2017, condenou-se o Estado pela morte a tiros de um soldado em formação durante o treinamento a que era submetido. Os responsáveis que dispararam os tiros nunca foram punidos. A Corte ressaltou que "embora a atividade militar comporte um risco pela natureza das suas funções, o Estado tem a obrigação de proteger a vida e a integridade pessoal dos membros das forças armadas em todos os aspectos da vida militar, incluindo o treinamento para lidar com situações de guerra ou conflito, bem como manutenção da disciplina militar, entre outros". Assim, determinou que fossem tomadas medidas de redução de risco à atividade policial.

- No **caso Vanessa Hinojosa e outros vs. Equador**, julgado em 29 de novembro de 2016, o Estado foi condenado por conduzir de forma superficial uma investigação de morte de um policial num dormitório do batalhão com um tiro na cabeça, concluindo por suicídio que teria sido motivado pelo fato da vítima ter antes de sua morte se embriagado e atirado em policiais colegas.

2.8.3 Uso da força e das armas de fogo: vedação ao abuso de autoridade

Como se depreende do tópico anterior, é preciso responsabilidade na atuação policial no espaço público, utilizando da força apenas na medida do necessário e sem perder de vista os direitos humanos consagrados. Se não, deixa de existir preservação do direito à segurança pública, dando lugar a um *status* de eliminação de direitos e liberdades individuais (daí se compreende o fundamento da proporcionalidade/razoabilidade que cerca os direitos humanos, de modo que a proteção de um direito não pode acarretar violação de outro, mas apenas restrição necessária).

Neste viés, trecho da **Observação Geral nº 35** do Comitê de Direitos Humanos no sentido de que os Estados "devem prevenir o uso injustificado da força nas atividades de manutenção da ordem pública e oferecer uma reparação se ele ocorrer, assim como proteger a população contra abusos das forças de segurança privadas e contra os riscos gerados pela disponibilidade excessiva de armas de fogo".

Na mesma linha, os seguintes trechos da **Observação Geral nº 36** do mencionado órgão da ONU: "Os Estados-partes devem **monitorar o impacto no direito à vida de armas menos letais** que foram projetadas para serem usadas por policiais e soldados encarregados de missões policiais, incluindo dispositivos que causam contrações nos músculos por meio de choques elétricos (*taser*), balas metálicas revestidas de borracha e projéteis de energia atenuada. O uso dessas armas deve ser reservado exclusivamente aos agentes da lei que tenham recebido o treinamento apropriado e ser estritamente regulado de acordo com os protocolos internacionais para seu uso. Além disso, essas armas menos letais só podem ser utilizadas, segundo critérios de necessidade e proporcionalidade, em situações de caráter excepcional, em que outras medidas menos danosas se revelaram ou são claramente insuficientes. Por exemplo, os Estados-partes não devem recorrer a esse tipo de armas em situações comuns de controle de massas e manifestações. [...] O **uso de força letal por uma pessoa agindo em legítima defesa**, ou por outra pessoa que venha em sua defesa, deve ser razoável e necessário em vista da ameaça representada pelo agressor; deve ser o último recurso depois de esgotar ou considerar alternativas não letais, entre outras coisas, as advertências; a quantidade de força aplicada não deve exceder o estritamente necessário para responder à ameaça; a força aplicada deve ser cuidadosamente direcionada, tanto quanto possível, somente contra o agressor; e a ameaça a que responde deve ser extrema, isto é, deve existir perigo de morte iminente ou de ferimentos graves. O uso deliberado de força potencialmente letal para manter a ordem diante de ameaças que não são de extrema gravidade, por exemplo, para proteger a propriedade privada ou para impedir a fuga de um criminoso suspeito ou de um prisioneiro que não represente uma ameaça séria e iminente à vida ou à integridade física de terceiros não pode ser considerado um uso proporcional da força".

> *Quais regulamentações abordam o abuso de autoridade no campo dos direitos humanos internacionalizados? Como devem agir os funcionários responsáveis pela aplicação da lei?*

No campo dos direitos humanos internacionalizados, merece destaque o **Código de Conduta para os Funcionários Responsáveis pela Aplicação da Lei**, adotado pela Assembleia Geral das Nações Unidas na sua Resolução nº 34/169, de 17 de dezembro de 1979, o qual é aplicável a Delegados, Policiais e outras autoridades que de alguma forma apliquem a lei.

Nos termos do artigo 1º "os funcionários responsáveis pela aplicação da lei devem sempre **cumprir o dever que a lei lhes impõe, servindo a comunidade e protegendo todas as pessoas contra atos ilegais**, em conformidade com o elevado grau de **responsabilidade** que a sua profissão requer". A todos os funcionários responsáveis por aplicar a lei, isto é, os que exerçam poderes policiais, especialmente de detenção ou prisão, aplica-se o dever de respeitar a lei no exercício de suas funções e de desempenhar suas atividades em benefício do interesse público. Trata-se de responsabilidade relevante, razão pela qual se cobra uma postura ética exemplar.

O artigo 2º traz uma fórmula genérica, com o seguinte teor: "No cumprimento do dever, os funcionários responsáveis pela aplicação da lei devem **respeitar e proteger a dignidade humana**, manter e apoiar os **direitos humanos de todas as pessoas**".

Prosseguindo, no artigo 3º se estabelecem os limites para o uso da força: somente quando **estritamente necessária** e na **medida exigida** para se cumprir o dever, trazendo assim o binômio necessidade/proporcionalidade, evidenciada a excepcionalidade do uso da força.

No artigo 5º evidencia-se a correlação entre a prática da tortura e o abuso de autoridade: "Nenhum funcionário responsável pela aplicação da lei pode **infligir, instigar ou tolerar qualquer ato de tortura ou qualquer outro tratamento ou pena cruel**, desumano ou degradante, nem nenhum destes funcionários pode invocar ordens superiores ou circunstâncias excepcionais, tais como o estado de guerra ou uma ameaça de guerra, ameaça à segurança nacional, instabilidade política interna ou qualquer outra emergência pública, como justificativa para torturas ou outros tratamentos ou penas cruéis, desumanos ou degradantes".

No artigo 4º confere-se o direito ao sigilo das pessoas sob guarda destas autoridades, ao passo que no artigo 6º frisa-se o direito à saúde.

Por consecução lógica, obsta-se no artigo 7º a prática de atos de corrupção, cabendo ao funcionário não somente deixar de praticá-los, mas também opor-se a eles e combatê-los.

Finaliza-se, no artigo 8º, com o dever de respeito a este Código e o dever de oposição a práticas de violação que presencie, notadamente pelo exercício de comunicação à autoridade competente.

Há que se mencionar que em complemento ao documento estudado surgiram os **Princípios orientadores para a Aplicação Efetiva do Código de Conduta para os Funcionários Responsáveis pela Aplicação da Lei**, adotados pelo Conselho Econômico e Social das Nações Unidas na sua Resolução nº 1.989/61, de 24 de maio de 1989.

Também merecem destaque as disciplinas internacionais que vedam a tortura, já estudadas outrora neste capítulo, além dos **Princípios Básicos sobre o Uso da Força e Armas de Fogo pelos Funcionários Responsáveis pela Aplicação da Lei**, adotados pelo Oitavo Congresso das Nações Unidas para a Prevenção do Crime e o Tratamento dos Delinquentes, realizado em Havana, Cuba, de 27 de Agosto a 7 de setembro de 1999.

> *Qual a abordagem no campo dos direitos humanos em relação ao uso de armas de fogo pelos responsáveis por aplicar a lei?*

Dentre outras questões, frisa-se o dever do Estado de promover estrutura para o desenvolvimento de armas não letais e para o fornecimento de equipamentos defensivos aos funcionários.

Sempre que a arma de fogo for utilizada gerando lesão ou morte, deve ser elaborado relatório (princípio 6, com aspectos procedimentais trazidos dos princípios 22 a 26), o que serve para coibir o abuso de autoridade. Por sua vez, o abuso de autoridade deve ser punido como crime nos termos da lei (princípio 7). Para evitar tais práticas, dos princípios 18 a 21 dispõe-se acerca das habilitações, formação e aconselhamento que devem ser prestadas aos funcionários para que respeitem a lei e os direitos humanos no exercício de suas funções.

Entre todos os dispositivos, destaque para os princípios 4 e 5, delimitando o uso de armas de fogo: "4. Os funcionários responsáveis pela aplicação da lei, no exercício das suas funções, devem, na medida do possível, recorrer a meios não violentos antes de utilizarem a força ou armas de fogo. Só poderão recorrer à força ou a armas de fogo se **outros meios se mostrarem ineficazes ou não permitirem alcançar o resultado** desejado. 5. Sempre que o uso legítimo da força ou de armas de fogo seja **indispensável**, os funcionários responsáveis pela aplicação da lei devem: a) utilizá-las com **moderação** e a sua ação deve ser **proporcional** à gravidade da infração e ao objetivo legítimo a alcançar; b) esforçar-se por **reduzirem ao mínimo os danos e lesões** e respeitarem e preservarem a vida humana; c) assegurar a prestação de **assistência e socorros médicos** às pessoas feridas ou afetadas, tão rapidamente quanto possível; d) assegurar a **comunicação da ocorrência** à família ou pessoas próximas da pessoa ferida ou afetada, tão rapidamente quanto possível".

Complementam os mencionados dispositivos os princípios 9 e 10: "9. Os funcionários responsáveis pela aplicação da lei não devem fazer uso de armas de fogo contra pessoas, salvo em caso de **legítima defesa, defesa de terceiros contra perigo iminente de morte ou lesão grave**, para **prevenir um crime particularmente grave** que ameace vidas humanas, para proceder à **detenção de pessoa** que represente essa ameaça e que resista à autoridade, ou impedir a sua **fuga**, e somente quando medidas menos extremas se mostrem insuficientes para alcançarem aqueles objetivos. Em qualquer caso, só devem recorrer intencionalmente à utilização letal de armas de fogo quando isso seja estritamente indispensável para proteger vidas humanas. 10. Nas circunstâncias referidas no princípio 9, os funcionários responsáveis pela aplicação da lei devem identificar-se como tal e fazer uma advertência clara da sua intenção de utilizarem armas de fogo, deixando um prazo suficiente para que o aviso possa ser respeitado, exceto se esse modo de proceder colocar indevidamente em risco a segurança daqueles responsáveis, implicar um perigo de morte ou lesão grave para outras pessoas ou se se mostrar manifestamente inadequado ou inútil, tendo em conta as circunstâncias do caso".

Ao lembrar no princípio 12 que é direito de todos a liberdade de associação pacífica, colaciona-se nos princípios 13 e 14 os limites para o uso da força em situações nas quais tal direitos esteja sendo exercido: "13. Os funcionários responsáveis pela aplicação da lei devem esforçar-se por dispersar as reuniões ilegais mas não violentas sem recurso à força e, quando isso não for possível, limitar a utilização da força ao estritamente necessário. 14. Os funcionários responsáveis pela aplicação da lei só podem utilizar armas de fogo para dispersarem reuniões violentas se não for possível recorrer a meios menos perigosos, e somente nos limites do estritamente necessário. Os funcionários responsáveis pela aplicação da lei não devem utilizar armas de fogo nesses casos, salvo nas condições estipuladas no princípio 9". Vale notar que nem sempre tais regras são seguidas pelos policiais na contenção de manifestações.

Dos princípios 15 a 17 trata-se da manutenção da ordem entre pessoas detidas ou presas, que deve se dar sem uso da força, salvo situações excepcionais, logo, não se aplica violência contra quem já está detido, pois não é necessário.

A Corte Interamericana de Direitos Humanos julgou:

- No **caso Trueba Arciniega e outros vs. México**, foi firmada solução amistosa, em 27 de novembro de 2018, reconhecendo o Estado mexicano sua responsabilidade por uma abordagem policial abusiva que resultou em uma morte.

- No **caso Valdemir Quispialaya Vilcapoma e Victoria Vilcapoma Taquia vs. Perú**, em novembro de 2015, a Corte Interamericana de Direitos Humanos condenou o Estado do Perú por conta do padrão organizado de política estatal de violência instituído pelo Estado peruano, impondo-se técnicas abusivas de treinamento para o desempenho de funções militares. No caso, a Corte Superior peruana chegou a declarar a inconstitucionalidade do delito de abuso de autoridade. Com efeito, a Corte Interamericana impôs a devida investigação dos fatos e a alterar seu sistema preparatório de agentes do contingente policial, sem prejuízo da oferta de devido tratamento médico à vítima e da reparação do dano causado.

- No **caso García Ibarra e outros vs. Equador**, em novembro de 2015, se reconheceu a violação praticada pelo Estado do Equador por ofensa ao direito à vida do adolescente José Luis García Ibarra, morto por um agente da Polícia Nacional do Equador. O agente foi condenado apenas por homicídio culposo na justiça equatoriana. A Corte entendeu que não foi dada uma resposta satisfatória na investigação do crime, bem como que se excedeu o tempo razoável à apuração dos fatos, determinando-se o pagamento de reparação.

- No **caso Massacre de Santo Domingo vs. Colômbia**, em novembro de 2012, condenou-se o Estado colombiano pelo ataque explosivo à aldeia de Santo Domingo, perpetrado no combate ao narcotráfico e que resultou na morte de 17 pessoas, inclusive crianças, e no ferimento de outras 27. Como o próprio Estado já havia indenizado a maioria das vítimas, condenou-se apenas ao reconhecimento público do ato e à prestação de assistência à saúde, indenizando os que ainda não haviam o sido.

- No **caso massacre de El Mozote e lugares próximos vs. El Salvador**, em outubro de 2012, se condenou o Estado por ataque das Forças Armadas a vilarejos, retirando as vítimas de seus locais de origem, determinando-se a reparação dos danos e a contínua investigação dos fatos.

- No **caso Nadege Dorzema e outros vs. República Dominicana**, em outubro de 2012, condenou-se o Estado pelo uso excessivo de força por agentes militares contra um grupo de haitianos, no qual morreram sete pessoas e várias outras ficaram feridas. Determinou-se, entre outras coisas, a investigação dos fatos, a reparação dos danos e a adoção de procedimentos regulares quanto ao tratamento de imigrantes no país.

- No **caso Massacres do Rio Negro vs. Guatemala**, em setembro de 2012, condenou-se o Estado por repetidas violações direitos humanos devido a um conflito interno no país.

- No **caso Masacre de Las Erres vs. Guatemala**, em novembro de 2009, a Corte condenou o Estado por falta de diligência na investigação, julgamento e sanção dos responsáveis pelo assassinato, tortura, violação sexual, entre outros atos em prejuízo de numerosas pessoas habitantes do loteamento de Las Erres por parte de agentes militares, num contexto de conflito armado interno.

- No **caso Massacre da Rochela vs. Colômbia**, em maio de 2007, condenou-se o Estado pela execução extrajudicial por parte de um grupo paramilitar de diversos comerciantes locais.

- O **caso Penal Miguel Castro vs. Perú**, interposto pelos reclusos do presídio Miguel Castro e seus familiares e julgado em novembro de 2006, condenou o Estado peruano por abuso de força contra reclusos, que resultou na morte de dezenas, deixando outros feridos.

- No **caso Massacres de Ituango vs. Colômbia**, julgado em julho de 2006, condenou-se o Estado por operações paramilitares que resultaram na morte e na ofensa à integridade dos habitantes do povo.

- No **caso Masacre de Mapiripán vs. Colômbia**, em setembro de 2005, condenou-se o Estado por ter organizado uma operação paramilitar direcionada contra um centro de resistência civil que resultou na morte e agressão de diversas pessoas.

- No **caso Massacre Plan de Sánchez vs. Guatemala**, em novembro de 2004, condenou-se o Estado pela invasão armada de uma vila, disparando-se armas aleatoriamente inclusive contra mulheres e crianças.

- No **caso Del Caracazo vs. Venezuela**, em agosto de 2002, condenou-se o Estado por emprego excessivo de força contra 44 cidadãos da cidade de Caracas por agentes militares e policiais, utilizando-se ainda de mecanismos para assegurar a impunidade dos fatos. O contexto foi o de manifestos contra a suspensão de garantias da Constituição venezuelana.

2.8.4 Combate ao crime organizado transnacional e ao tráfico de armas

A **Convenção das Nações Unidas contra o Crime Organizado Transnacional** assinada em 15 de novembro de 2000 foi promulgada no Brasil pelo Decreto nº 5.015, de 12 de março de 2004, possuindo três Protocolos facultativos, todos ratificados pelo Brasil: assinado em 15 de novembro de 2000 e promulgado no Brasil pelo Decreto nº 5.016 de 12 de março de 2004, **relativo ao Combate ao Tráfico de Migrantes por Via Terrestre, Marítima e Aérea**; assinado em 15 de novembro de 2000 e promulgado no Brasil pelo Decreto nº 5.017 de 12 de março de 2004, **contra o Crime Organizado Transnacional Relativo à Prevenção, Repressão e Punição do Tráfico de Pessoas, em Especial Mulheres e Crianças**; assinado em 31 de maio de 2001 e promulgado no Brasil pelo Decreto nº 5.941 de 26 de outubro de 2006, **contra a Fabricação e o Tráfico Ilícito de Armas de Fogo, suas Peças, Componentes e Munições**. Os dois primeiros protocolos já foram abordados quando se tratou do tráfico de pessoas, restando analisar o tratado principal e o último protocolo.

A Convenção tem por objetivo "promover a cooperação para prevenir e combater mais eficazmente a criminalidade organizada transnacional" (artigo 1º, CCOT). Considera-se transnacional, nos termos do artigo 3º, 2, CCOT, apenas se: "a) For cometida em mais de um Estado; b) For cometida num só Estado, mas uma parte substancial da sua preparação, planeamento, direção e controle tenha lugar em outro Estado; c) For cometida num só Estado, mas envolva a participação de um grupo criminoso organizado que pratique atividades criminosas em mais de um Estado; ou d) For cometida num só Estado, mas produza efeitos substanciais noutro Estado". O movimento de cooperação entre os Estados não deve significar restrição à soberania (artigo 4º, CCOT). Detalhes sobre as medidas de cooperação e de prevenção são aprofundados nos artigos 26 a 31 da Convenção.

Seu segundo artigo tem caráter conceitual, prevendo: "a) 'Grupo criminoso organizado' – grupo estruturado de três ou mais pessoas, existente há algum tempo e atuando concertadamente com o propósito de cometer uma ou mais infrações graves ou enunciadas na presente Convenção, com a intenção de obter, direta ou indiretamente, um benefício econômico ou outro benefício material; b) 'Infração grave' – ato que constitua infração punível com uma pena de privação de liberdade, cujo máximo não seja inferior a quatro anos ou com pena superior; c) 'Grupo estruturado' – grupo formado de maneira não fortuita para a prática imediata de uma infração, ainda que os seus membros não tenham funções formalmente definidas, que não haja continuidade na sua composição e que não disponha de uma estrutura elaborada; d) 'Bens' – os ativos de qualquer tipo, corpóreos ou incorpóreos, móveis ou imóveis, tangíveis ou intangíveis, e os documentos ou instrumentos jurídicos que atestem a propriedade ou outros direitos sobre os referidos ativos; e) 'Produto do crime' – os bens de qualquer tipo, provenientes, direta ou indiretamente, da prática de um crime; f) 'Bloqueio' ou 'apreensão' – a proibição temporária de transferir, converter, dispor ou movimentar bens, ou a custódia ou controle temporário de bens, por decisão de um tribunal ou de outra autoridade competente; g) 'Confisco' – a privação com caráter definitivo de bens, por decisão de um tribunal ou outra autoridade competente; h) 'Infração principal' – qualquer infração de que derive um produto que possa passar a constituir objeto de uma infração definida no Artigo 6 da presente Convenção; i) 'Entrega vigiada' – a técnica que consiste em permitir que remessas ilícitas ou suspeitas saiam do território de um ou mais Estados, os atravessem ou neles entrem, com o conhecimento e sob o controle das suas autoridades competentes, com a finalidade de investigar infrações e identificar as pessoas envolvidas na sua prática; j) 'Organização regional de integração econômica' – uma organização constituída por Estados soberanos de uma região determinada, para a qual estes Estados tenham transferido competências nas questões reguladas pela presente Convenção e que tenha sido devidamente mandatada, em conformidade com os seus procedimentos internos, para assinar, ratificar, aceitar ou aprovar a Convenção ou a ela aderir; as referências aos Estados-partes constantes da presente Convenção são aplicáveis a estas organizações, nos limites das suas competências".

Adiante, frisa-se a importância dos Estados criminalizarem a participação em grupo criminoso organizado (artigo 5º, CCOT), a lavagem do produto do crime (artigo 6º, CCOT), a corrupção (artigo 8º, CCOT) e a obstrução à justiça (artigo 23, CCOT); trazendo também medidas contra a lavagem de dinheiro (artigo 7º, CCOT) e a corrupção (artigo 9º, CCOT); sem prejuízo da responsabilização de pessoas jurídicas envolvidas (artigo 10, CCOT).

Ainda, abordam-se medidas judiciais que devem assegurar a adequada punição destes delitos, proporcional ao grau de gravidade (artigo 11, CCOT), bem como a necessidade de previsão de medidas de confisco de produtos e destruição dos mesmos (artigos 12 e 14, CCOT), assegurada a cooperação internacional (artigo 13, CCOT). No âmbito jurisdicional, o artigo 15 permite aos Estados processarem não apenas delitos praticados em seu território, mas também delitos que sejam cometidos por seu nacional ou contra seu nacional. São tratadas, ainda, questões sobre extradição (artigo 16); assistência judiciária recíproca (artigo 18, CCOT); investigações conjuntas (artigo 19, CCOT); técnicas especiais de investigação (artigo 20, CCOT); transferências de processo penal (artigo 21, CCOT); estabelecimento de antecedentes (artigo 22, CCOT); e proteção de testemunhas e de vítimas (artigos 24 e 25, CCOT).

Trata-se de Convenção bastante específica e aprofundada, que serve de parâmetro para a atuação dos Estados no combate ao crime organizado transnacional, que expõe a grave risco a segurança pública interna. Esta Convenção, como destacado de início, é completada por Protocolos voltados a crimes específicos. O **terceiro** tem por objetivo "promover, facilitar e fortalecer a cooperação entre os Estados Partes a fim de prevenir, combater e erradicar a fabricação e o tráfico ilícitos de armas de fogo, suas peças e componentes e munições" (artigo 2º, PCCOT).

Divide-se em disposições gerais, prevenção e disposições finais. Nas disposições gerais, trata de âmbito de aplicação, penalização (de fabricação, tráfico e qualquer adulteração), do confisco e apreensão e, ainda, colaciona em seu artigo 3º definições relevantes: "a) 'Arma de fogo' significa qualquer arma portátil com cano que dispare, seja projetada para disparar ou possa ser prontamente transformada para disparar bala ou projétil por meio da ação de um explosivo, excluindo-se armas de fogo antigas ou suas réplicas. Armas de fogo antigas e suas réplicas serão definidas de conformidade com o direito interno. Em hipótese nenhuma, entretanto, serão incluídas entre as armas de fogo antigas as armas de fogo fabricadas após 1899; b) 'Peças e componentes' significam qualquer elemento ou elemento de reposição projetado especificamente para uma arma de fogo e essencial a sua operação, incluindo o cano, carcaça ou coronha, culatra móvel ou tambor, ferrolho ou bloco de culatra e qualquer dispositivo projetado ou adaptado para diminuir o som causado pelo disparo de uma arma de fogo; c) 'Munições' significa o cartucho completo ou seus componentes, incluindo estojos, espoletas, carga propulsora, balas ou projéteis, que sejam utilizados em uma arma de fogo, contanto que tais componentes sejam eles mesmos sujeitos a autorização no respectivo Estado Parte; d) 'Fabricação ilícita' significa a fabricação ou montagem de armas de fogo, suas peças e componentes ou munições: i) A partir de peças e componentes traficados ilegalmente; ii) Sem licença ou autorização de autoridade competente do Estado Parte onde a fabricação ou a montagem ocorra; ou iii) Sem a marcação das armas de fogo no momento da fabricação, de conformidade com o artigo 8 deste Protocolo; O licenciamento ou a autorização da fabricação de peças e componentes respeitará o direito interno; e) 'Tráfico ilícito' significa importação, exportação, aquisição, venda, entrega, transporte ou transferência de armas de fogo, suas peças e componentes e munições deste ou através do território de um Estado-parte para o território do outro Estado Parte, caso qualquer dos Estados-partes em questão não o autorize de conformidade com os termos deste Protocolo, ou caso as armas de fogo não estejam marcadas de conformidade com o artigo 8 do presente Protocolo. f) 'Rastreamento' significa o acompanhamento sistemático, do fabricante ao comprador, de armas de fogo e, quando possível, de suas peças e componentes e munições, com a finalidade de auxiliar as autoridades competentes dos Estados-partes na detecção, investigação e análise da fabricação e do tráfico ilícitos".

No que se refere à prevenção, destacam-se os deveres estatais de: manutenção de registro (artigo 7º, PCCOT); fabricação de armas com marcadores (artigo 8º, PCCOT); tomar medidas para evitar a reativação ilícita de armas de fogo desativas (artigo 9º, PCCOT); criar sistema eficiente de licenciamento ou autorização de exportação e importação (artigo 10, PCCOT); tomar medidas para garantir segurança e aumentar eficiência de controles (artigo 11, PCCOT); assegurar trocas de informações e cooperação, inclusive para treinamento (artigos 12 a 14, PCCOT); e regular atividades de indivíduos envolvidos em operações de corretagem (artigo 15, PCCOT).

2.9 Direito à família

Artigo XII, DUDH

Ninguém será sujeito a interferências na sua vida privada, na sua **família**, no seu lar ou na sua correspondência, nem a ataques à sua honra e reputação. Toda pessoa tem direito à proteção da lei contra tais interferências ou ataques.

Artigo XVI, DUDH

1. Os homens e mulheres de maior idade, sem qualquer restrição de raça, nacionalidade ou religião, têm o direito de contrair **matrimônio** e fundar uma **família**. Gozam de **iguais direitos** em relação ao **casamento**, sua **duração** e sua **dissolução**.

2. O casamento não será válido senão com o **livre e pleno consentimento** dos nubentes.

3. A família é o núcleo natural e fundamental da sociedade e tem direito à proteção da sociedade e do Estado.

Artigo 23, PIDCP

1. A família é o elemento **natural e fundamental** da sociedade e terá o direito de ser protegida pela sociedade e pelo Estado.

2. Será reconhecido o direito do homem e da mulher de, em idade **núbil**, **contrair casamento e construir família**.

3. Casamento algum será sem o **consentimento** livre e pleno dos futuros esposos.

4. Os Estados Partes do presente Pacto deverão adotar as medidas apropriadas para assegurar a **igualdade de direitos e responsabilidades** dos esposos quanto ao casamento, durante o mesmo e o por ocasião de sua dissolução. Em caso de dissolução, deverão adotar-se disposições que assegurem a proteção necessária para os filhos.

Artigo 10, PIDESC

Os Estados Partes do presente Pacto reconhecem que:

1. Deve-se conceder à família, que é o elemento natural e fundamental da sociedade, as mais amplas **proteção e assistência possíveis**, especialmente para a sua constituição e enquanto ela for responsável pela criação e educação dos filhos. O matrimônio deve ser contraído com livre consentimento dos futuros cônjuges.

Artigo VI – Direito à constituição e proteção da família, DADH

Toda pessoa tem **direito a constituir família**, **elemento fundamental** da sociedade e a receber proteção para ela.

Artigo 17 – Proteção da família, CADH

1. A família é o **núcleo natural e fundamental** da sociedade e deve ser **protegida** pela sociedade e pelo Estado.

2. É reconhecido o direito do homem e da mulher de contraírem **casamento** e de constituírem uma família, se tiverem a idade e as condições para isso exigidas pelas leis internas, na medida em que não afetem estas o **princípio da não discriminação** estabelecido nesta Convenção.

*3. O casamento não pode ser celebrado sem o **consentimento livre e pleno** dos contraentes.*

*4. Os Estados-partes devem adotar as medidas apropriadas para assegurar a **igualdade de direitos** e a adequada **equivalência de responsabilidades** dos cônjuges quanto ao casamento, durante o mesmo e por ocasião de sua dissolução. Em caso de **dissolução**, serão adotadas as disposições que assegurem a proteção necessária aos **filhos**, com base unicamente no **interesse e conveniência** dos mesmos.*

*5. A lei deve reconhecer iguais direitos tanto aos **filhos nascidos fora do casamento**, como aos nascidos dentro do casamento.*

Artigo 15 – Direito à constituição e proteção da família, PCADH

*1. A família é o **elemento natural e fundamental** da sociedade e deve ser protegida pelo Estado, que deverá velar pelo melhoramento de sua situação moral e material.*

*2. Toda pessoa tem direito a **constituir família**, o qual exercerá de acordo com as disposições da legislação interna correspondente.*

*3. Os Estados Partes comprometem-se, mediante este Protocolo, a proporcionar **adequada proteção ao grupo familiar** e, especialmente, a:*

*a) Dispensar **atenção e assistência especiais à mãe**, por um período razoável, antes e depois do parto;*

*b) Garantir **às crianças alimentação adequada**, tanto no período de lactação quanto durante a idade escolar;*

*c) Adotar **medidas especiais de proteção dos adolescentes**, a fim de assegurar o pleno amadurecimento de suas capacidades físicas, intelectuais e morais;*

*d) Executar **programas especiais de formação familiar**, a fim de contribuir para a criação de ambiente estável e positivo no qual as crianças percebam e desenvolvam os valores de compreensão, solidariedade, respeito e responsabilidade.*

O **direito a constituir/ter família** também é garantido internacionalmente, conforme menção da Declaração Universal de 1948. Para tanto, garante-se o direito ao casamento aos homens e mulheres maiores de idade, sem distinção de raça, nacionalidade ou religião. Os cônjuges possuirão iguais direitos, tanto na formação do vínculo do casamento, quanto no seu curso e em sua dissolução. Outro marco do compromisso de formação da família pelo casamento é a manifestação da vontade livre e plena dos nubentes, não sendo possível coagir alguém ao casamento.

A família é vista pelo Pacto Internacional de Direitos Civis e Políticos como um **elemento natural e fundamental da sociedade**, razão pela qual o Estado deve protegê-la, assim como a própria sociedade. No mais, seguem-se as disposições da Declaração Universal, especificando que a igualdade de direitos e deveres envolve também questões sobre a proteção dos filhos.

Da **Observação Geral nº 19** feita pelo Comitê de Direitos Humanos a respeito do dispositivo do Pacto, constam afirmações de reforço sobre a importância de igualdade no seio do casamento e em sua dissolução e sobre a necessidade de adoção de medidas que permitam um amplo exercício de direitos humanos no âmbito familiar.

A verdadeira inovação da observação está em mencionar a **diversidade do conceito de família**, nos seguintes termos: "O Comitê observa que o conceito de família pode mudar em alguns aspectos de um Estado para o outro, e entre regiões dentro de um mesmo Estado, de maneira que não é possível dar uma definição uniforme do conceito. No mais, o Comitê destaca que quando a legislação e a prática de um Estado considerarem um grupo de pessoas como família este deve ser objeto de proteção nos termos do artigo 23. Por isso, nos seus informes, os Estados deveriam expor a interpretação ou a definição que se dá ao conceito de família e seu alcance nas suas sociedades e em seus ordenamentos jurídicos. Quando existirem diversos conceitos de família dentro de um Estado, 'nuclear' e 'estendida', deveria determinar-se a existências destes diversos conceitos de família, com indicação do grau de proteção de uma e outra. Em vista da existência de diversos tipos de família, como as de união estável e as famílias monoparentais, os Estados deveriam também indicar em que medida a legislação e as práticas nacionais reconhecem e protegem a estes tipos de família e aos seus membros".

A família também é abordada no Pacto Internacional dos Direitos Econômicos, Sociais e Culturais, que por sua própria natureza foca no papel do Estado de garantir às famílias toda proteção e assistência possíveis.

O caráter nuclear da família é reforçado pela Declaração e pela Convenção Americanas, bem como o casamento é colocado na segunda como um direito humano do homem e da mulher, valendo o princípio da não discriminação. Reforça-se na Convenção que os filhos devem ser protegidos quando da dissolução do casamento, sendo o critério para tanto apenas o interesse a conveniência destes. Não obstante, tem-se por esta que os filhos nascidos dentro e fora do casamento recebem o mesmo tratamento e são considerados igualmente parte da família.

Já o Protocolo à Convenção Americana aprofunda alguns aspectos sobre a família, focando na proteção especial que deve ser conferida a alguns de seus membros, como a mulher gestante ou em lactação, a criança e o adolescente. Para tanto, cabe a constituição de programas especiais de proteção.

Ato contínuo, pelo prisma do **direito brasileiro**, segundo o art. 226, *caput*, da Constituição Federal, a família é a *base da sociedade*, e, por isso, merece especial proteção do Estado.

Convém frisar que o conceito de família é **constitucionalmente incompleto**. Nada obstante sua concepção tradicional, o texto constitucional reconhece ainda a versão familiar monoparental, ao prever sobre a comunidade formada por qualquer dos pais e seus descendentes (art. 226, § 4º). Trata-se de claro exemplo de dispositivo constitucional que comporta interpretação maximizada, para abranger tanto conceitos biológicos, como sócio afetivos e por afinidade, e, ainda, variadas combinações como avós e netos, tios e sobrinhos, irmãos, ou pessoas do mesmo sexo.

O critério para se definir família, portanto, é *"eudemonista"*, isto é, representativo da essência de busca pela felicidade. O núcleo familiar, pois, é aquele onde seus integrantes se sentem confortáveis e querem estar. Este conceito pode, veja-se, tanto ser *inclusivo* como *exclusivo*: se há se falar em família em variadas combinações, por outro lado fica prejudicado a formação de um conceito conglobado em guetos de obscurantismo social onde impera a violência e a falta de gentilezas.

2.10 Direito à proteção da maternidade e da infância

Artigo XXV, DUDH

2. A **maternidade** e a **infância** têm direito a **cuidados e assistência especiais**. Todas as crianças nascidas **dentro ou fora do matrimônio**, gozarão da mesma proteção social.

Artigo 10, PIDESC

Os Estados Partes do presente Pacto reconhecem que:

2. Deve-se conceder **proteção às mães por um período de tempo razoável antes e depois do parto**. Durante esse período, deve-se conceder às mães que trabalhem licença remunerada ou licença acompanhada de benefícios previdenciários adequados.

3. Devem-se adotar **medidas especiais de proteção e de assistência em prol de todas as crianças e adolescentes**, sem distinção por motivo de filiação ou qualquer outra condição. Devem-se proteger as crianças e adolescentes contra a **exploração econômica e social**. O emprego de crianças e adolescentes em **trabalhos** que lhes sejam nocivos à saúde ou que lhes façam correr perigo de vida, ou ainda que lhes venham a prejudicar o desenvolvimento normal, será punido por lei.

Os Estados devem também estabelecer limites de idade sob os quais fique proibido e punido por lei o emprego assalariado da **mão-de-obra infantil**.

Artigo VII – Direito de proteção à maternidade e à infância, DADH

Toda mulher em estado de **gravidez** ou em época de **lactação**, assim como toda **criança**, têm direito à **proteção, cuidados e auxílios especiais**.

A maternidade e a infância devem ser protegidas pela razão óbvia que é assegurar o desenvolvimento adequado dos futuros cidadãos. Assim, é apoiada a mãe *antes* e *após* a chegada de seu filho por um período de tempo, de forma que ele fique por ela assistido; bem como é garantido à criança a igual proteção de direitos pelo Estado, nascendo dentro ou fora do casamento, no que se inclui a vedação de explorações de caráter econômico ou social, notadamente laboral (crianças não podem trabalhar e mesmo os adolescentes, quando o podem, sujeitam-se a limitações em prol de sua saúde e segurança).

Aliás, melhorar a saúde das gestantes é um entre oito dos Objetivos do Milênio, que foram fixados a partir da Declaração do Milênio das Nações Unidas, adotada em 8 de setembro de 2000, exteriorizando uma prática das Nações Unidas para atender aos seus propósitos.

Na Constituição brasileira, o direito fundamental social à proteção à maternidade e à infância não se encontra concentrado em parte específica da Constituição, numa seção autônoma, como a previdência social e a educação, por exemplo, mas espalhado por toda a Lei Fundamental. É o que se pode inferir se analisado o art. 5º, L, que assegura às presidiárias "condições para que possam permanecer com seus filhos durante o período de amamentação"; o art. 7º, XVIII, que prevê a licença à gestante; o art. 7º, XXV, que constitucionaliza a "assistência gratuita aos filhos e dependentes desde o nascimento até cinco anos em creches e pré-escolas"; o art. 201, II, que protege a maternidade, especialmente a gestante; o art. 203, I, que prevê como objetivo da assistência social à proteção "à família, à maternidade, à infância, à adolescência e à velhice"; o art. 203, II, que normatiza "o amparo às crianças e adolescentes carentes", dentre outros.

2.11 Direito ao trabalho

O direito ao trabalho é clássico direito social porque foi a partir dele que se originou a categoria da segunda dimensão de direitos humanos. Neste sentido, o marco histórico do surgimento de tais direitos foi a Revolução Industrial, no estágio em que se percebeu que a exploração da mão-de-obra de um homem pelo outro não deveria implicar numa anulação do explorado, devendo-se garantir a ele um rol de direitos e garantias que permitissem a sua existência digna mesmo no espaço de trabalho.

Quanto à proteção genérica conferida pela Declaração Universal tem-se "[...] um conjunto mínimo de direitos dos trabalhadores. De forma geral, os dispositivos em comento versam sobre o direito ao trabalho, principal meio de sobrevivência dos indivíduos que 'vendem' força de trabalho em troca de uma remuneração justa. Ademais, estabelecem a liberdade do cidadão de escolher o trabalho e, uma vez obtido o emprego, o direito de nele encontrar condições justas, tanto no tocante à remuneração, como no que diz respeito ao limite de horas trabalhadas e períodos de repouso (disposição constante do artigo XXIV da Declaração). Garantem ainda o direito dos trabalhadores de se unirem em associação, com o objetivo de defesa de seus interesses"[141].

Os documentos internacionais de caráter geral refletem este ideário de proteção dos direitos essenciais do trabalhador, mas a garantia internacional dos direitos sociais do trabalho vai além, ganhando forças com a elaboração de documentos específicos e, principalmente, com a criação da **Organização Internacional do Trabalho – OIT**. O Brasil faz parte da OIT desde a sua fundação, sendo signatário da maioria de suas Convenções, algumas das quais serão mencionadas nos subtópicos a seguir, em complemento com os direitos gerais garantidos no âmbito da Declaração Universal e dos Pactos de 1966, reforçados pela Convenção Americana de 1969.

Internamente falando, o trabalho é o direito fundamental social que maior guarida encontra na Constituição, haja vista a grande quantidade de mecanismos assecuratórios dos arts. 7º a 11 – que só perdem para o art. 5º –, dentre os quais se podem destacar, no art. 7º, o *"seguro-desemprego, em caso de desemprego involuntário"* (inciso II), o *"salário mínimo, fixado em lei, nacionalmente unificado, capaz de atender a suas necessidades vitais básicas e às de sua família com moradia, alimentação, educação, saúde, lazer, vestuário, higiene, transporte e previdência social, com reajustes periódicos que lhe preservem o poder aquisitivo, sendo vedada sua vinculação para qualquer fim"* (inciso IV), a *"remuneração do trabalho noturno superior à do diurno"* (inciso IX), o *"salário-família pago em razão do dependente do trabalhador de baixa renda nos termos da lei"* (inciso XII), o *"gozo de férias anuais remuneradas com, pelo menos, um terço*

---

[141] LEITÃO, André Studart; MEIRINHO, Augusto Grieco Sant'Anna. In: BALERA, Wagner (Coord.). **Comentários à Declaração Universal dos Direitos do Homem**. Brasília: Fortium, 2008, p. 128.

a mais do que o salário normal" (inciso XVII), a "*proteção do mercado de trabalho da mulher, mediante incentivos específicos, nos termos da lei*" (inciso XX), a "*redução dos riscos inerentes ao trabalho, por meio de normas de saúde, higiene e segurança*" (inciso XXII), a "*proteção em face da automação, na forma da lei*" (inciso XXVII), dentre outros.

Em análise à gama de direitos atrelados ao trabalho, percebe-se que se pode distribuí-los em blocos, de forma que a Constituição enfatiza: o **direito de trabalhar** – isto é, o direito de não ficar desempregado, como quando assegura o mercado de trabalho da mulher (art. 7º, XX), ou quando protege os trabalhadores contra a automação (art. 7º, XXVII); o **direito de trabalhar com dignidade** – isto é, a preconização da necessidade de condições humanas de trabalho, como quando prevê adicional de remuneração para atividades penosas, insalubres ou perigosas (art. 7º, XXIII) ou trata da duração do trabalho normal não superior a oito horas diárias e quarenta e quatro horas semanais (art. 7º, XIII); bem como o **direito de perceber rendimentos pelo trabalho** – isto é, a remuneração devida pelo labor, como quando trata do salário mínimo (art. 7º, IV) ou do décimo terceiro salário (art. 7º, VIII).

A Corte Interamericana de Direitos Humanos julgou:

- No caso **Maldonado Ordoñez vs. Guatemala**, julgado em 03 de maio de 2016, condenou-se o Estado por violação aos direitos de conhecer o fundamento de acusação e de defesa, bem como ao princípio da legalidade, diante da demissão da peticionante de seu cargo na Procuradoria de Direitos Humanos do país efetuada após apresentação de uma carta por três irmãos seus acusando-a de falsificação de uma escritura pública, constando que embora a peticionante houvesse comprovado sua inocência ainda assim foi demitida, decisão esta que não foi motivada e foi mantida mesmo diante de recursos administrativos e judiciais interpostos.

- No **caso Trabajadores Cesados de Petroperú e outros vs. Peru**, julgado em 23 de novembro de 2017, condenou-se o Estado por violação aos direitos à garantia judicial e à proteção judicial, bem como direito ao trabalho, diante de medidas tomadas contra trabalhadores de petrolíferas no país, dentre elas: programas de demissão voluntária obscuros, demissão em massa de trabalhadores e imposição de avaliação de desempenho com demissão peremptória aos casos de não obtenção de pontuação mínima. Consta que as atuações dos sindicatos foram barradas e, mesmo após uma campanha futura de individualização dos casos afetados, permaneceram muitas situações afetadas pelas medidas. Considerou-se que a violação ocorreu porque os trabalhadores não tiveram acesso a recurso efetivo para questionarem suas demissões. A Corte aplicou o mesmo entendimento já empregado em outras duas condenações do país, nos **casos Trabalhadores Cassados do Congresso (Aguado Alfaro e outros)** e **Canales Huapaya**. Também no **caso Lagos del Campo vs. Peru**, julgado em 31 de agosto de 2017, condenou-se o Estado por violação do direito à estabilidade laboral em prejuízo de Alfredo Lagos del Campo, que foi demitido logo após ter concedido uma entrevista à revista "La Razón", denunciando fraudes na recente eleição sindical.

2.11.1 Liberdade de escolha

Artigo XXIII, DUDH
*1. Toda pessoa tem direito ao trabalho, à **livre escolha de emprego**, a condições justas e favoráveis de trabalho e à proteção contra o desemprego.*

Artigo 6º, PIDESC

*1. Os Estados Partes do Presente Pacto reconhecem o direito ao trabalho, que compreende o direito de toda pessoa de ter a possibilidade de ganhar a vida mediante um **trabalho livremente escolhido ou aceito**, e tomarão medidas apropriadas para salvaguarda esse direito.*

Artigo XIV – Direito ao trabalho e a uma justa retribuição, DADH

*Toda pessoa tem direito ao trabalho em condições dignas e o de **seguir livremente sua vocação, na medida em que for permitido** pelas oportunidades de emprego existentes. [...]*

Artigo 6º – Direito ao trabalho, PCADH

*1. Toda pessoa tem direito ao trabalho, o que inclui a oportunidade de obter os meios para levar uma vida digna e decorosa por meio do desempenho de uma **atividade lícita, livremente escolhida ou aceita**.*

*2. Os Estados Partes comprometem-se a adotar medidas que garantam plena efetividade do direito ao trabalho, especialmente as referentes à consecução do pleno emprego, à **orientação vocacional** e ao desenvolvimento de projetos de treinamento técnico-profissional, particularmente os destinados aos deficientes. Os Estados Partes comprometem-se também a executar e a fortalecer programas que coadjuvem um adequado atendimento da família, a fim de que a mulher tenha real possibilidade de exercer o direito ao trabalho.*

Artigo 7º – Condições justas, equitativas e satisfatórias de trabalho, PCADH

Os Estados Partes neste Protocolo reconhecem que o direito ao trabalho, a que se refere o artigo anterior, pressupõe que toda pessoa goze do mesmo em condições justas, equitativas e satisfatórias, para o que esses Estados garantirão em suas legislações, de maneira particular: [...]

*b) O direito de todo trabalhador de seguir sua **vocação** e de dedicar-se à **atividade que melhor atenda a suas expectativas** e a **trocar de emprego** de acordo com a respectiva regulamentação nacional; [...]*

O direito ao trabalho associa-se à liberdade de escolha de uma atividade laboral que seja juridicamente aceita. Não significa que uma pessoa pode exercer qualquer trabalho que queira independentemente de qualificações pessoais. Uma vez escolhido o trabalho que se deseja obter, **é preciso buscar a formação necessária ao seu exercício**, que será mais ou menos complexa conforme as aptidões exigidas para tanto.

Logo, a livre escolha do trabalho depende de condições para que a pessoa adquira os conhecimentos necessários ao seu exercício e também de criação de vagas a serem ocupadas por tal profissional. Ao Estado, cabe criar estrutura para ambos aspectos, o que coloca o direito ao trabalho, mais uma vez, como clássico direito de segunda dimensão, exigindo uma prestação positiva estatal.

2.11.2 Condições justas e favoráveis

Artigo XXIII, DUDH

1. Toda pessoa tem direito ao trabalho, à livre escolha de emprego, a **condições justas e favoráveis de trabalho** e à proteção contra o desemprego.

Artigo 6º, PIDESC

2. As medidas que cada Estado-parte do presente pacto tomará a fim de assegurar o pleno exercício desse direito deverão incluir a **orientação e a formação técnica e profissional**, a **elaboração de programas, normas e técnicas apropriadas** para assegurar um desenvolvimento econômico, social e cultural constante e o **pleno emprego produtivo** em condições que salvaguardem aos indivíduos o gozo das liberdades políticas e econômicas fundamentais.

Artigo 7º, PIDESC

Os Estados Partes do presente pacto o reconhecem o direito de toda pessoa de gozar de **condições de trabalho justas e favoráveis**, que assegurem **especialmente**: [...]

c) **igual oportunidade** para todos de serem promovidos, em seu trabalho, á categoria superior que lhes corresponda, sem outras considerações que as de tempo de trabalho e capacidade;

Artigo XIV – Direito ao trabalho e a uma justa retribuição, DADH

Toda pessoa tem direito ao trabalho em **condições dignas** [...]

Artigo 6º – Direito ao trabalho, PCADH

2. Os Estados Partes comprometem-se a adotar medidas que garantam plena efetividade do direito ao trabalho, especialmente as referentes à consecução do pleno emprego, à orientação vocacional e ao **desenvolvimento de projetos de treinamento técnico-profissional, particularmente os destinados aos deficientes**. Os Estados Partes comprometem-se também a executar e a fortalecer programas que coadjuvem um adequado **atendimento da família**, a fim de que a **mulher** tenha real possibilidade de exercer o **direito ao trabalho**.

Artigo 7º – Condições justas, equitativas e satisfatórias de trabalho, PCADH

Os Estados Partes neste Protocolo reconhecem que o direito ao trabalho, a que se refere o artigo anterior, pressupõe que toda pessoa goze do mesmo em condições justas, equitativas e satisfatórias, para o que esses Estados garantirão em suas legislações, de maneira particular: [...]

c) O direito do trabalhador à **promoção ou avanço no trabalho**, para o qual serão levadas em conta suas **qualificações, competência, probidade e tempo de serviço**;

d) **Estabilidade** dos trabalhadores em seus empregos, de acordo com as características das indústrias e profissões e com as causas de justa separação. Nos casos de **demissão injustificada**, o trabalhador terá direito a uma indenização ou à readmissão no emprego ou a quaisquer outras prestações previstas pela legislação nacional; [...]

A que remete a expressão conglobada "condições justas e favoráveis" de trabalho?

A expressão "*condições justas e favoráveis*" que aparece nos documentos internacionais de direitos humanos é tão ampla quanto aparenta, englobando um conjunto de fatores a serem desenvolvidos pelo Estado em favor do trabalho. Envolve desde o pleno emprego, passando pela necessidade de iguais oportunidades na cadeia de trabalho, chegando à busca do emprego de qualidade ao trabalhador e à sociedade – dotado de condições humanas e materiais suficientes à promoção do bem-estar.

Falar em necessária promoção de condições justas e favoráveis significa reconhecer que o trabalho não se cria, desenvolve ou qualifica por si só, exigindo, pois, um papel estatal com tal fulcro. Entre outras responsabilidades do Estado neste viés, destaca-se a de promover a formação técnica e profissional, criar programas e regulamentações em favor do desenvolvimento do trabalho e promover o pleno emprego produtivo (conferir oportunidades de emprego ao maior número de pessoas possível, minando o desemprego).

Neste sentido, a **Observação Geral nº 18** do Conselho Econômico e Social reforça que um dos principais deveres do estado é o de garantir o pleno emprego, qualificando sua população para o desempenho das funções. Não obstante, prevê tal observação que o emprego garantido deve ser digno, ou seja, completamente respeitoso a todos os direitos humanos fundamentais.

Determinadas pessoas possuem melhores condições de, por si mesmas, buscar condições justas e favoráveis para o enquadramento no mercado de trabalho, principalmente investindo patrimônio familiar na criação de um negócio ou na busca de conhecimentos técnicos específicos. Outras, não possuem a mesma "sorte". Ao Estado cabe adotar medidas que equiparem ao máximo possível estas duas categorias de pessoas.

Além disso, dentro do próprio emprego há fatores discriminatórios que podem interferir na igualdade de oportunidades e, na medida do possível, o Estado deve combater tais fatores e permitir que todos na mesma posição da cadeia de trabalho tenham iguais condições de evolução.

A necessidade de promover condições justas e favoráveis de trabalho vai além da garantia apenas aos nacionais, exteriorizando-se numa genuína preocupação de direitos humanos. Maior exemplo disso é a **Convenção nº 97 da OIT para Trabalhadores Migrantes**, aprovada em 1949 (e em vigor no plano internacional desde 1952), obrigando aos signatários a adoção de políticas voltadas à melhoria das condições de trabalho e de vida das pessoas sob condição de migração e emigração.

Destaca-se o rol de direitos do artigo 6º desta Convenção: "Os Membros para os quais a presente Convenção esteja em vigor obrigam-se a aplicar, sem discriminação de nacionalidade, de raça, de religião ou de sexo, aos imigrantes que se encontrem legalmente nos limites do seu território um tratamento que não seja menos favorável que aquele que é aplicado aos seus próprios nacionais no que diz respeito às seguintes matérias: a) Na medida em que estas questões sejam reguladas pela legislação ou dependam das autoridades administrativas: i) A remuneração, incluídos os subsídios familiares quando esses subsídios fazem parte da remuneração, a duração do trabalho, as horas extraordinárias, os feriados pagos, as restrições a trabalho feito em casa, a idade de admissão ao trabalho, a aprendizagem e a formação profissional e o trabalho das mulheres e adolescentes; ii) A filiação nas organizações sindicais e o gozo das vantagens oferecidas pelas convenções coletavas; iii) O alojamento; b) A segurança social (a saber: as disposições legais relativas aos acidentes de trabalho, doenças profissionais, maternidade, doença, velhice e morte, desemprego e encargos de família, assim como qualquer outro risco que, em conformidade com a legislação nacional, for coberto por um sistema de segurança social), sob reserva: i) Dos acordos apropriados visando a manutenção dos direitos adquiridos e dos direitos em vias de aquisição; ii) Das disposições particulares prescritas pela legislação nacional do país de imigração e visando as prestações ou frações de prestações pagáveis exclusivamente pelos fundos públicos, assim como os abonos pagos às pessoas que não reúnem as condições de quotização exigidas para a atribuição de uma pensão normal; c) Os impostos, taxas e contribuições relativas ao trabalho, recebidas na qualidade de trabalhador; d) As ações judiciais relativas às questões mencionadas na presente Convenção [...]".

"À luz do crescente fenômeno da migração e com a consciência de seu impacto, busca a Convenção contribuir para a harmonização das condutas dos Estados através da aceitação dos princípios fundamentais relativos ao tratamento dos trabalhadores migrantes e dos membros das suas famílias, considerando a situação de vulnerabilidade em que frequentemente se encontram. Objetiva a Convenção consagrar a proteção internacional dos direitos de todos os trabalhadores migrantes e dos membros das suas famílias"[142].

Ante o acima exposto, denota-se a preocupação com o tratamento igualitário de todos os trabalhadores, mesmo os migrantes, garantindo-se os mesmos direitos na medida do possível. Logo, a promoção de condições justas e favoráveis de trabalho é um direito humano, mais que um direito constitucional, estendendo-se a todas as pessoas que se encontrem regularmente num território, sendo ou não nacional dele.

2.11.3 Igual e suficiente remuneração

Artigo XXIII, DUDH

*2. Toda pessoa, sem qualquer distinção, tem direito a **igual remuneração** por igual trabalho.*

*3. Toda pessoa que trabalhe tem direito a uma **remuneração justa e satisfatória**, que lhe assegure, assim como à sua família, uma existência compatível com a dignidade humana, e a que se acrescentarão, se necessário, outros meios de proteção social.*

Artigo 7º, PIDESC

*Os Estados Partes do presente pacto o reconhecem o direito de toda pessoa de gozar de **condições de trabalho justas e favoráveis**, que assegurem especialmente:*

---

[142] PIOVESAN, Flávia. **Direitos humanos e o direito constitucional internacional**... Op. Cit., 2008, p. 212.

> *a) uma **remuneração** que proporcione, no mínimo, a todos os trabalhadores:*
>
> *i) um salário **equitativo** e uma remuneração igual por um trabalho de igual valor, sem qualquer distinção; em particular, as mulheres deverão ter a garantia de condições de trabalho não inferiores às dos homens e receber a mesma remuneração que ele por trabalho igual;*
>
> *ii) uma **existência decente** para eles e suas famílias, em conformidade com as disposições do presente Pacto.*
>
> **Artigo XIV – Direito ao trabalho e a uma justa retribuição, DADH**
>
> *Toda pessoa que trabalha tem o direito de receber uma **remuneração** que, em relação à sua **capacidade de trabalho e habilidade**, lhe garanta um **nível de vida conveniente para si mesma e para sua família**.*
>
> **Artigo 7º – Condições justas, equitativas e satisfatórias de trabalho, PCADH**
>
> *Os Estados Partes neste Protocolo reconhecem que o direito ao trabalho, a que se refere o artigo anterior, pressupõe que toda pessoa goze do mesmo em condições justas, equitativas e satisfatórias, para o que esses Estados garantirão em suas legislações, de maneira particular:*
>
> *a) Remuneração que assegure, no mínimo, a todos os trabalhadores condições de **subsistência digna e decorosa** para eles e para suas famílias e **salário equitativo e igual por trabalho igual**, sem nenhuma distinção; [...]*

A remuneração é um direito do trabalhador, já que se ele fosse obrigado a trabalhar gratuitamente estaria submetido às condições de escravidão ou servidão, o que não é aceito pelas normas de direitos humanos como já visto outrora. No entanto, não é a qualquer remuneração que o trabalhador faz jus, mas a uma remuneração revestida de duas características: *igualitária*, no sentido de que fatores discriminatórios não podem levar uma pessoa a receber melhor remuneração que outra no desempenho das mesmas funções; e *suficiente*, devendo assim proporcionar uma existência digna à pessoa que a recebe. Com efeito, o recebimento de remuneração justa e satisfatória se enquadra na acepção de condições justas e favoráveis de trabalho.

Alguns documentos da OIT conferem proteção a estes aspectos da remuneração, destacando-se:

a) **Convenção da OIT nº 95 para Proteção do Salário**, de 1949, estabelecendo o pagamento do salário ao trabalhador, em moeda corrente nacional (em regra) ou em espécie (somente em algumas situações), conferindo liberdade de aquisição de produtos e serviços, sendo protegido contra penhora ou cessão e possuindo o caráter de crédito especial e prioritário;

b) **Convenção da OIT nº 131 para Fixação de Salários Mínimos, especialmente nos Países em Desenvolvimento**, de 1970, prevendo que "todo Membro da Organização Internacional do Trabalho que ratificar a presente Convenção comprometer-se-á a estabelecer um sistema de salários mínimos que proteja todos os grupos de assalariados cujas condições de trabalho forem tais que seria aconselhável assegurar-lhes a proteção", bem como irredutibilidade deste salário e abranger o maior número de necessidades possíveis, dentro das possibilidades econômicas do país;

c) **Convenção da OIT nº 100 para Igualdade de Remuneração de Homens e Mulheres Trabalhadores por Trabalho de Igual Valor**, de 1951, trazendo a necessária igualdade de remuneração entre homens e mulheres pela execução do mesmo trabalho.

2.11.4 Férias e limitação do horário de trabalho

Artigo XXIV, DUDH

Toda pessoa tem direito a repouso e lazer, inclusive a **limitação razoável das horas de trabalho** e **férias periódicas remuneradas**.

Artigo 7º, PIDESC

Os Estados Partes do presente pacto o reconhecem o direito de toda pessoa de gozar de condições de trabalho justas e favoráveis, que assegurem especialmente: [...]

d) o **descanso**, o **lazer**, a limitação razoável das horas de trabalho e férias periódicas remuneradas, assim como a remuneração dos feridos.

Artigo XV – Direito ao descanso e ao seu aproveitamento, DADH

Toda pessoa tem direito ao **descanso**, ao recreio honesto e à oportunidade de aproveitar utilmente o seu **tempo livre** em benefício de seu melhoramento espiritual, cultural e físico.

Artigo 7º – Condições justas, equitativas e satisfatórias de trabalho, PCADH

Os Estados Partes neste Protocolo reconhecem que o direito ao trabalho, a que se refere o artigo anterior, pressupõe que toda pessoa goze do mesmo em condições justas, equitativas e satisfatórias, para o que esses Estados garantirão em suas legislações, de maneira particular: [...]

g) **Limitação razoável** das horas de trabalho, tanto diárias quanto semanais. As jornadas serão de **menor duração** quando se tratar de **trabalhos perigosos, insalubres ou noturnos**;

h) **Repouso, gozo do tempo livre, férias remuneradas**, bem como **remuneração nos feriados nacionais**.

O trabalho é apenas uma parte da vida de uma pessoa, e não toda ela. São necessários intervalos para descanso tanto entre uma jornada e outra quanto entre períodos de tempo, isto é, deve ser garantido espaço diário para descanso e lazer pela limitação das horas de trabalho (com pagamento de horas extras eventualmente trabalhadas), assim como um período contínuo de dias para repouso e diversão após um tempo de trabalho, geralmente anual. Logo, são garantidas férias e limitação das horas de trabalho pelas normas internacionais de direitos humanos enquanto direitos de segunda dimensão.

Há, ainda, convenções específicas no âmbito da OIT, merecendo destaque a **Convenção da OIT nº 132 para Férias Remuneradas**, revista, em vigor internacionalmente desde 30 de junho de 1973, estabelecendo o direito a férias remuneradas anuais.

2.11.5 Saúde e segurança no trabalho

> **Artigo 7º, PIDESC**
>
> *Os Estados Partes do presente pacto o reconhecem o direito de toda pessoa de gozar de condições de trabalho justas e favoráveis, que assegurem especialmente: [...]*
>
> *b) a segurança e a higiene no trabalho;*
>
> **Artigo 7º – Condições justas, equitativas e satisfatórias de trabalho, PCADH**
>
> *Os Estados Partes neste Protocolo reconhecem que o direito ao trabalho, a que se refere o artigo anterior, pressupõe que toda pessoa goze do mesmo em condições justas, equitativas e satisfatórias, para o que esses Estados garantirão em suas legislações, de maneira particular: [...]*
>
> *e) Segurança e higiene no trabalho;*
>
> *f) Proibição de trabalho noturno ou em atividades insalubres ou perigosas para os menores de 18 anos e, em geral, de todo trabalho que possa por em perigo sua saúde, segurança ou moral. Quando se tratar de menores de 16 anos, a jornada de trabalho deverá subordinar-se às disposições sobre ensino obrigatório e, em nenhum caso, poderá constituir impedimento à assistência escolar ou limitação para beneficiar-se da instrução recebida; [...]*

> *Qual delineamento pode ser atribuído ao conceito de meio ambiente do trabalho pelas normas de direitos humanos?*

Na seara das condições justas e favoráveis de trabalho, a cada dia ganha maior força um novo aspecto do direito do trabalhador, consistente na vivência em um **meio ambiente de trabalho salutar**. A noção de meio ambiente do trabalho vem acompanhada de diversos fatores que influenciam a relação do trabalhador com o ambiente no qual desempenhará suas funções, abrangendo sua saúde e segurança não somente em aspectos materiais, com aparelhos de proteção, mas também pessoais, coibindo-se práticas de assédio moral no espaço de trabalho.

Do direito de convivência num ambiente saudável pouco a pouco surge um conceito de **meio ambiente de trabalho saudável**. Grande parte da vida do empregado se dá no local de trabalho, o que significa que a proteção a essa espécie de meio ambiente busca garantir segurança e saúde na vida do trabalhador. Com efeito, liga-se a dignidade da pessoa humana ao espaço de trabalho não somente numa preocupação individual, mas voltada para todos os funcionários que juntos convivem neste ambiente.

Dentre os documentos específicos nesta seara, cumpre mencionar a **Convenção da OIT nº 155 para Segurança e Saúde dos Trabalhadores**, em vigor internacional desde 11 de agosto de 1983, elaborada pela Organização Internacional do Trabalho (OIT), que estabelece em seu artigo 3º que o termo "saúde", com relação ao trabalho, "abrange não só a ausência de afecção ou de doenças, mas também os elementos físicos e mentais que afetam a saúde e estão diretamente relacionados com a segurança e a higiene no trabalho". Neste linear de raciocínio, não se pode deixar de mencionar a **Convenção da OIT nº 111 contra Discriminação em Matéria de Emprego e Ocupação**, em vigor internacional desde 15 de junho de 1960, a qual veda qualquer espécie de discriminação no espaço de trabalho, preservando a saúde do trabalhador.

2.11.6 Liberdade de reunião e de associação

Artigo XXIII, DUDH

*4. Toda pessoa tem direito a organizar **sindicatos** e neles **ingressar** para proteção de seus interesses.*

Artigo XX, DUDH

*1. Toda pessoa tem direito à liberdade de **reunião** e **associação** pacíficas.*

*2. Ninguém pode ser **obrigado a fazer parte** de uma associação.*

Artigo 22, PIDCP

*1. Toda pessoa terá o direito de **associar-se livremente** a outras, inclusive o direito de construir sindicatos e de a eles filiar-se, para a proteção de seus interesses.*

*2. O exercício desse direito estará sujeito apenas às restrições previstas em **lei** e que se façam necessárias, em um sociedade democrática, no interesse da segurança nacional, da segurança e da ordem públicas, ou para proteger a saúde ou a moral públicas ou os direitos a liberdades das demais pessoas. O presente artigo não impedirá que se submeta a restrições legais o exercício desse direito por membros das forças armadas e da polícia.*

*3. Nenhuma das disposições do presente artigo permitirá que Estados Partes da **Convenção de 1948 da Organização do Trabalho**, relativa à liberdade sindical e à proteção do direito sindical, venham a adotar medidas legislativas que restrinjam – ou aplicar a lei de maneira a restringir – as garantias previstas na referida Convenção.*

Artigo 8º, PIDESC

1. Os Estados Partes do presente pacto comprometem-se a garantir:

*a) o direito de toda pessoa de fundar com outras **sindicatos** e de filiar-se ao sindicato de sua escolha, sujeitando-se unicamente aos organização interessada, com o objetivo de promover e de proteger seus interesses econômicos e sociais. O exercício desse direito só poderá ser objeto das restrições previstas em lei e que sejam necessárias, em uma sociedade democrática, no interesse da segurança nacional ou da ordem pública, ou para proteger os direitos e as liberdades alheias;*

*b) o direito dos sindicatos de formar **federações ou confederações nacionais** e o direito desta de formar **organizações sindicais internacionais** ou de filiar-se às mesmas;*

*c) o direito dos sindicatos de **exercer livremente suas atividades**, sem quaisquer limitações além daquelas previstas em lei e que sejam necessárias, em uma sociedade democrática, no interesse da segurança nacional ou da ordem pública, ou para proteger os direitos e as liberdades das demais pessoas;*

*d) o **direito de greve**, exercido de conformidade com as leis de cada país.*

*2. O presente artigo não impedirá que se submeta a restrições legais o exercício desses direitos pelos membros das **forças armadas, da política ou da administração pública**.*

*3. Nenhuma das disposições do presente artigo permitirá que os Estados Partes da **Convenção de 1948 da Organização Internacional do Trabalho**, relativa à liberdade sindical e à proteção do direito sindical, venha a adotar medidas legislativas que restrinjam – ou a aplicar a lei de maneira a restringir – as garantias previstas na referida Convenção.*

Artigo XXII – Direito de associação, DADH

*Toda pessoa tem o direito de **se associar** com outras a fim de **promover, exercer e proteger os seus interesses legítimos**, de ordem política, econômica, religiosa, social, cultural, profissional, sindical ou de qualquer outra natureza.*

Artigo 16 – Liberdade de associação, CADH

*1. Todas as pessoas têm o direito de **associar-se livremente** com fins ideológicos, religiosos, políticos, econômicos, **trabalhistas**, sociais, culturais, desportivos ou de qualquer outra natureza.*

2. O exercício desse direito só pode estar sujeito às restrições previstas em lei e que se façam necessárias, em uma sociedade democrática, ao interesse da segurança nacional, da segurança e da ordem públicas, ou para proteger a saúde ou a moral públicas ou os direitos e as liberdades das demais pessoas.

*3. O presente artigo não impede a imposição de restrições legais, e mesmo a privação do exercício do direito de associação, aos membros das **forças armadas e da polícia**.*

Artigo 8º – Direitos sindicais, PCADH

1. Os Estados Partes garantirão:

a) O direito dos trabalhadores de organizar sindicatos e de filiar-se ao de sua escolha, para proteger e promover seus interesses. Como projeção desse direito, os Estados Partes permitirão aos sindicatos formar federações e confederações nacionais e associar-se às já existentes, bem como formar organizações sindicais internacionais e associar-se à de sua escolha. Os Estados Partes também permitirão que os sindicatos, federações e confederações funcionem livremente;

b) O direito de greve.

2. O exercício dos direitos enunciados acima só pode estar sujeito às limitações e restrições previstas pela lei que sejam próprias a uma sociedade democrática e necessárias para salvaguardar a ordem pública e proteger a saúde ou a moral pública, e os direitos ou liberdades dos demais. Os membros das forças armadas e da polícia, bem como de outros serviços públicos essenciais, estarão sujeitos às limitações e restrições impostas pela lei.

3. Ninguém poderá ser obrigado a pertencer a um sindicato.

Da Declaração Universal extrai-se que o direito de formação de associações entre trabalhadores, na forma de sindicatos, é uma das facetas da liberdade de associação. Neste sentido, uma pessoa não pode ser compelida a associar-se. A Declaração Americana também traz o direito de formação de associações entre trabalhadores como sindicatos.

Quanto aos limites da liberdade de associação, são os mesmos do direito tomado em sentido geral, havendo na Convenção Americana uma previsão específica quanto aos limites da classe de profissionais membros das forças armadas e da polícia, o que é reforçado no Pacto dos Direitos Econômicos, Sociais e Culturais, que também aceita limitações da liberdade de associação dos políticos e funcionários da administração pública.

A organização de sindicatos não precisa ter apenas caráter local, podendo significar a organização de confederações nacionais e organizações internacionais com grupamento de sindicatos.

No Pacto, é destacado ainda o direito de greve, que pode ser exercido pelos funcionários em associação, reivindicando melhorias nas suas condições de trabalho.

Não obstante, tanto o Pacto quanto a Convenção Americana afirmam a necessidade de respeito à **Convenção da OIT nº 87 para Liberdade Sindical e Proteção ao Direito de Sindicalização**, com preocupação em garantir a perenidade dos sindicatos, ainda que postulem questões contrárias aos interesses do Estado. Menciona-se, ainda, a **Convenção da OIT nº 98 para Direito de Sindicalização e de Negociação Coletiva**, tratando das negociações a serem promovidas pelo sindicato em nome da classe.

Ademais, **constitucionalmente falando**, há questões a serem observadas na livre associação sindical ou profissional. Eis o teor dos arts. 8º a 11, todos da Constituição, segundo os quais:

a) A lei não poderá exigir autorização do Estado para a fundação de sindicato, ressalvado o registro no órgão competente, vedadas ao Poder Público a interferência e a intervenção na organização sindical (art. 8º, I);

b) É vedada a criação de mais de uma organização sindical, em qualquer grau, representativa de categoria profissional ou econômica, na mesma base territorial, que será definida pelos trabalhadores ou empregadores interessados, não podendo ser inferior à área de um Município (art. 8º, II);

c) Ao sindicato cabe a defesa dos direitos e interesses coletivos ou individuais da categoria, inclusive em questões judiciais ou administrativas (art. 8º, III);

d) A assembleia geral fixará a contribuição que, em se tratando de categoria profissional, será descontada em folha, para custeio do sistema confederativo da representação sindical respectiva, independentemente da contribuição prevista em lei (art. 8º, IV);

e) Ninguém será obrigado a filiar-se ou a manter-se filiado a sindicato (art. 8º, V);

f) É obrigatória a participação dos sindicatos nas negociações coletivas de trabalho (art. 8º, VI);

g) O aposentado filiado tem direito a votar e ser votado nas organizações sindicais (art. 8º, VII);

h) É vedada a dispensa do empregado sindicalizado a partir do registro da candidatura a cargo de direção ou representação sindical e, se eleito, ainda que suplente, até um ano após o final do mandato, salvo se cometer falta grave nos termos da lei (art. 8º, VIII);

i) As disposições do art. 8º, da Lei Fundamental, aplicam-se à organização de sindicatos rurais e de colônias de pescadores, atendidas as condições que a lei estabelecer (art. 8º, parágrafo único);

j) É assegurada a participação dos trabalhadores e empregadores nos colegiados dos órgãos públicos em que seus interesses profissionais ou previdenciários sejam objeto de discussão e deliberação (art. 10);

k) Nas empresas de mais de duzentos empregados, é assegurada a eleição de um representante destes com a finalidade exclusiva de promover-lhes o entendimento direto com os empregadores (art. 11);

l) É assegurado o direito de greve aos trabalhadores, competindo-lhes decidir sobre sua oportunidade de exercê-lo e sobre os interesses que devam por meio dele defender (art. 9º). Ademais, o parágrafo primeiro, do mencionado dispositivo, prevê que a lei definirá os serviços ou atividades essenciais e disporá sobre o atendimento das necessidades inadiáveis da comunidade. O segundo parágrafo, do art. 9º, prevê que os abusos não serão tolerados, e sujeitarão os responsáveis às penas da lei. **Com efeito, a Lei nº 7.783/1989 disciplina o direito de greve para os trabalhadores da iniciativa privada.**

Por fim, ainda falando do âmbito interno, lembra-se que o Supremo Tribunal Federal declarou a **constitucionalidade do fim da contribuição sindical obrigatória**, que havia sido trazido pela reforma trabalhista. Na ADI nº 5.794/DF[143], à qual foram apensadas tantas outras ações, questionou-se o art. 1º da Lei 13.467/2017, que deu nova redação aos arts. 545, 578, 579, 582, 583, 587 e 602, todos da Consolidação das Leis do Trabalho (CLT), para condicionar o recolhimento da contribuição sindical à expressa autorização dos trabalhadores. Prevaleceu o entendimento do Ministro Luiz Fux, no sentido de que não se poder admitir que a contribuição sindical seja imposta a trabalhadores e empregadores quando a Constituição determina que ninguém é obrigado a se filiar ou a se manter filiado a uma entidade sindical.

2.12 Direito à assistência e à previdência sociais

Artigo XXV, DUDH

1. Toda pessoa tem direito a um padrão de vida capaz de assegurar a si e a sua família saúde e bem estar, inclusive alimentação, vestuário, habitação, cuidados médicos e os serviços sociais indispensáveis, e direito à **segurança em caso de desemprego, doença, invalidez, viuvez, velhice ou outros casos** *de perda dos meios de subsistência fora de seu controle.*

---

[143] Supremo Tribunal Federal, Pleno. **ADI nº 5.794/DF**. Rel.: Min. Edson Fachin. DJ. 29/06/2018.

Artigo 9º, PIDESC

*Os Estados Partes do presente Pacto de toda pessoa à **previdência social**, inclusive ao **seguro social**.*

Artigo XVI - Direito à previdência social, DADH

*Toda pessoa tem direito à **previdência social** de modo a ficar protegida contra as **consequências do desemprego, da velhice e da incapacidade** que, provenientes de qualquer causa alheia à sua vontade, a impossibilitem física ou mentalmente de obter meios de subsistência.*

Artigo 9 - Direito à previdência social, PCADH

*1. Toda pessoa tem direito à previdência social que a proteja das **consequências da velhice e da incapacitação** que a impossibilite, física ou mentalmente, de obter os **meios de vida digna e decorosa**. No caso de **morte** do beneficiário, as prestações da previdência social beneficiarão seus dependentes.*

*2. Quando se tratar de pessoas em atividade, o direito à previdência social abrangerá **pelo menos o atendimento médico e o subsídio ou pensão** em caso de **acidentes de trabalho ou de doença profissional** e, quando se tratar da mulher, licença remunerada para a gestante, antes e depois do parto.*

O suporte à pessoa quando ela atinge, por qualquer motivo, um estágio em que não tem condições de trabalhar, é um direito humano a ser assegurado pela assistência ou pela previdência social. Entre outros aspectos que serão resguardados por este direito estão: desemprego, doença, invalidez, viuvez, velhice ou qualquer caso de perda de meio de subsistência que esteja fora de seu controle. Aquele que não pode se sustentar não deve ser deixado à mercê de sua sorte, mas apoiado pelo Estado. Caso tenha contribuído para a seguridade social, usufruirá da previdência social, mas a assistência social surge para conferir tal proteção aos que não tiveram condições de contribuir.

A **Convenção da OIT nº 102** traz as **Normas Mínimas da Seguridade Social** (em vigor internacional desde 27 de abril de 1955), tratando de questões como auxílio-doença, prestação em caso de desemprego, aposentadoria por velhice, prestações em caso de acidente de trabalho e doenças profissionais, prestações de família, prestações de maternidade e aposentadoria por invalidez.

A **Observação Geral nº 19** do Conselho Econômico e Social aborda a seguridade social em detalhes, reforçando o quanto ela é importante como direito humano e o quanto os Estados são responsáveis por fazê-la efetiva, sem óbice à atuação conjunta da previdência privada e outros entes que possam contribuir para a maior completude do sistema.

Isto posto, fazendo uma análise à luz do **direito interno**, o direito fundamental à assistência aos desamparados encerra com maestria o longo rol de direitos sociais constitucionalmente assegurados no art. 6º. Primeiro, por seu cristalino conteúdo prestacional, típico dos direitos sociais de segunda dimensão, e, segundo, por tentar, tal como um revisor de direitos, suprir eventuais lacunas que tenham sido deixadas pelo constituinte ao regulamentar outros direitos sociais. É dizer: a assistência aos desamparados é um típico "direito tampão".

Neste prumo, prevê o art. 203, CF, que a assistência social será prestada a quem dela necessitar, independentemente de contribuição à seguridade social, tendo por objetivos a proteção à família, à maternidade, à infância, à adolescência e à velhice (inciso I), o amparo às crianças e adolescentes carentes (inciso II), a promoção da integração ao mercado de trabalho (inciso III), a habilitação e a reabilitação das pessoas portadoras de deficiência e a promoção de sua integração à vida comunitária (inciso IV), e a garantia de um salário mínimo de benefício mensal à pessoa portadora de deficiência e ao idoso que comprovarem não possuir meios de provimento da própria manutenção ou de tê-las providas por familiares (inciso V).

Já o direito fundamental social à previdência social está mais bem regulamentado nos artigos 201 e 202 da Constituição – sem prejuízo do contido em legislação *infra*constitucional, instância na qual abunda a matéria –, sendo destinado à cobertura dos eventos de doença, invalidez, morte e idade avançada (inciso I), proteção à maternidade, especialmente à gestante (inciso II), proteção ao trabalhador em situação de desemprego involuntário (inciso III), salário-família e auxílio-reclusão (inciso IV), e pensão por morte (inciso VI), todos do art. 201 da Lei Fundamental.

Com efeito, a previdência decorre de situações justificadas nas quais o labor não se faz possível, de maneira que o indivíduo só não está trabalhando porque já adquiriu este direito ou porque acontecimento superveniente impediu isso. Só que o fato da pessoa não trabalhar não enseja autorizativo para que possa, simplesmente, deixar de receber rendimentos, mesmo porque há quem, além do próprio incapacitado, necessite da renda para subsistência.

A Corte Interamericana de Direitos Humanos julgou:

- No **caso Muelle Flores vs. Peru**, julgado em 6 de março de 2019, condenou-se o Estado por violação às garantias judiciais e ao direito à seguridade social, numa situação em que a vítima havia sido demitida de uma empresa estatal que havia sido privatizada e teve negado o acesso a benefícios previdenciários, excluindo-a do regime de pensões. A vítima era pessoa hipossuficiente e a ausência de materialização do direito à seguridade social por um período de 27 anos – 24 deles sem os quais nem ao menos havia sido proferida decisão definitiva reconhecendo tal direito – gerou prejuízos à sua saúde e à sua integridade pessoal. A Corte reiterou jurisprudência recente de que, em situações determinadas, o artigo 26, CADH, que versa sobre o caráter progressivo dos direitos econômicos, sociais e culturais, tem aplicabilidade imediata. Neste sentido, considerou não apenas a violação do direito às garantias judiciais devido à demora na prestação jurisdicional, mas reconheceu violado o direito à seguridade social, com base no mencionado artigo 26 e no direito à propriedade privada, considerando o caráter econômico das prestações que não foram pagas no tempo devido à vítima.

- No **caso Cinco Pensionistas vs. Perú**, em fevereiro de 2003, condenou-se o Estado por ter alterado o regime de pensões vigente e excluído sem aviso prévio ou justificativa plausível o pagamento feito aos peticionantes, que já haviam se aposentado perante o regime previdenciário anterior, não se cumprindo as decisões do Judiciário, inclusive do tribunal constitucional, que determinavam o restabelecimento do pagamento. Entendeu-se violada a propriedade privada, bem como o progresso dos direitos econômicos, sociais e culturais.

> Condenou-se à adequação da legislação interna, à investigação dos responsáveis pelo descumprimento das decisões judiciais, ao pagamento de indenização, e ao restabelecimento da pensão.

3 TERCEIRA ESPÉCIE DE DIREITOS HUMANOS: DIREITOS DE FRATERNIDADE OU DE SOLIDARIEDADE

> *Artigo I, DUDH*
> Todas as pessoas nascem livres e iguais em dignidade e direitos. São dotadas de razão e consciência e devem agir em relação umas às outras com espírito de **fraternidade**.

A terceira dimensão de direitos humanos ganhou força num **momento posterior** ao de internacionalização de direitos humanos em seus aspectos específicos, razão pela qual as menções nos documentos base do sistema, quais sejam, Declaração Universal, Pactos de 1966 e Convenção Americana de 1969, não são frequentes e nem detalhadas.

Entretanto, da Declaração Universal pode ser depreendido o vocábulo que origina todos os direitos de terceira dimensão: **fraternidade**. Assim, foge-se da observância do indivíduo e passa-se a enxergá-lo dentro do todo, da sociedade.

O vocábulo *fraternidade*, por si só, vem cheio de significado para entender o que seria a terceira dimensão de direitos humanos. Fraternidade é **tratar o outro como seu irmão no planeta Terra**, respeitando-o e estando sempre ciente de que atitudes individuais devem ser limitadas em favor da coletividade.

Uma vez estabelecida enquanto norma jurídica, a fraternidade adquire **imperatividade**. "O homem não pode considerar apenas sua existência individual. Deve sempre perceber que, enquanto homem, permanece em contínua relação com seus semelhantes, e tais relacionamentos devem se desenvolver fraternalmente. Ou seja: o reconhecimento e o respeito à alteridade devem imperar nas relações humanas. Em uma acepção mais jurídica, devem os homens agir de forma a realizar a solidariedade, que, enquanto sentimento, não encontra imperatividade, mas que, traduzido na ordem jurídica como norma, será vinculativo e obrigatório, de acordo com os meandros e limites normativamente estabelecidos"[144].

Em resumo, pela terceira dimensão de direitos humanos percebe-se que existe um interesse muito maior que o dos indivíduos e que deve ser resguardado pelas instituições estatais e pela própria sociedade, até mesmo porque eles não pertencem isoladamente a uma pessoa, mas repousam no seio social, necessitando de instrumentos jurídicos especiais para proteção.

---
[144] SANFELICE, Patrícia de Mello... Op. Cit., p. 09.

3.1 Direitos difusos e coletivos

A categoria de direitos que melhor se associa à terceira dimensão de direitos humanos é conhecida como dos direitos difusos e coletivos, que são aqueles que não possuem um titular determinado e pertencem à coletividade.

Em verdade, é possível diferenciar os direitos difusos dos coletivos, no sentido de que os primeiros são muito mais heterogêneos e vagos, não cabendo determinar o grupo ou categoria de pessoas atingidas, enquanto que os segundos são mais específicos, recaindo sobre um grupo de pessoas que pode ser identificado, embora não plenamente determinado.

Aos direitos difusos e coletivos são conferidos mecanismos de tutela específicos para sua proteção, bem como atribuída competência para tanto a órgãos determinados que exercerão um papel representativo. No Brasil, destacam-se instituições como o Ministério Público e a Defensoria Pública.

Mancuso[145] utiliza o termo interesses difusos e coletivos para tratar dos direitos difusos e coletivos, explicando que interesses podem ser:

Individuais	São os interesses privados, de cunho egoístico
Metaindividuais	São interesses que excedem a órbita de atuação individual e se projetam numa ordem coletiva, podendo ser coletivos ou difusos
Coletivos	Concernentes a uma realidade coletiva, como profissão, categoria ou família, isto é, caracterizando-se pelo exercício coletivo de interesses coletivos, possuindo uma só base jurídica
Difusos	Abrange um número indeterminado de pessoas reunidas pelo mesmo fato, logo, a base é mais ampla que dos interesses difusos (fato, não Direito) e o número de pessoas é indeterminado (não determinável, como nos coletivos). Em verdade, excedem o interesse público ou geral

Por sua vez, Mazzilli[146] apresenta sua conceituação: "Os direitos difusos compreendem grupos menos determinados de pessoas (melhor do que pessoas indeterminadas, são antes pessoas indetermináveis), entre as quais inexiste vínculo jurídico ou fático preciso. São como feixe ou conjunto de interesses individuais, de objeto indivisível, compartilhados por pessoas indetermináveis, que se encontram unidas por circunstâncias de fato conexas. [...] Coletivos, em sentido estrito, são interesses transindividuais indivisíveis de um grupo determinado ou determinável de pessoas, reunidas por uma relação jurídica básica comum. [...] Em sentido lato, os direitos individuais homogêneos não deixam de ser também interesses coletivos. Tanto os interesses individuais homogêneos como os difusos originaram-se de circunstâncias de fato comuns; entretanto, são indetermináveis os titulares de interesses difusos e o objeto de seu interesse é indivisível; já nos interesses individuais homogêneos, os

---
[145] MANCUSO, Rodolfo de Camargo. **Interesses difusos**: conceito e legitimação para agir. 6. ed. São Paulo: Revista dos Tribunais, 2004, p. 82-87.
[146] MAZZILLI, Hugo Nigro. **A defesa dos interesses difusos em juízo**. 22. ed. São Paulo: Saraiva, 2009, p. 53-56.

titulares são determinados ou determináveis, e o objeto da pretensão é divisível) isto é, o dano ou a responsabilidade se caracterizam por sua extensão divisível ou individualmente variável entre os integrantes do grupo)".

Quanto às espécies de direitos difusos e coletivos, pode-se afirmar que há uma coletivização da maioria dos direitos individuais anteriormente reconhecidos e afirmados, na medida do possível conforme a situação em concreto, bem como a percepção de direitos que são puramente difusos ou coletivos.

Neste sentido, quando são tutelados direitos de uma categoria de pessoas vulneráveis, como o idoso, a criança, o portador de deficiência e o consumidor, saindo da dimensão individual e olhando de uma maneira mais ampla para o grupo, tem-se o enquadramento de tradicionais direitos individuais como direitos difusos e coletivos.

Nada impede, por outro lado, o reconhecimento de categorias de direitos difusos e coletivos que surgem de maneira autônoma, sem partir de um direito individual específico previamente garantido. Neste viés, destaca-se, numa ordem estabelecida quando do reconhecimento internacional, primeiro a questão do direito à paz social, e depois o aspecto do direito ao meio ambiente equilibrado.

3.2 Direito à paz

Artigo XXVIII, DUDH

*Toda pessoa tem direito a uma **ordem social e internacional** em que os direitos e liberdades estabelecidos na presente Declaração possam ser **plenamente realizados**.*

Artigo XXX, DUDH

*Nenhuma disposição da presente Declaração pode ser interpretada como o reconhecimento a qualquer Estado, grupo ou pessoa, do direito de exercer qualquer atividade ou praticar qualquer ato destinado à **destruição de quaisquer dos direitos e liberdades** aqui estabelecidos.*

Artigo 5º, PIDCP

*1. Nenhuma disposição do presente pacto poderá ser interpretada no sentido de reconhecer a um Estado, grupo ou indivíduo qualquer direito de dedicar-se a quaisquer atos que tenham por **objetivo destruir os direitos ou liberdades** reconhecidos no presente Pacto ou impor-lhes limitações mais amplas do que aquelas nele prevista.*

*2. Não se admitirá qualquer **restrição ou suspensão** dos direitos humanos fundamentais reconhecidos ou vigentes em qualquer Estado-parte do presente pacto em virtude de leis, convenções, regulamentos ou costumes, sob pretexto de que o presente pacto não os reconheça ou os reconheça em menor grau.*

Artigo 20, PIDCP

*1. Será proibido por lei qualquer **propaganda em favor de guerra**.*

*2. Será proibida por lei qualquer **apologia do ódio nacional, radical, racial ou religioso** que constitua incitamento à discriminação, à hostilidade ou à violência.*

Artigo 27 – Suspensão de garantias, CADH

*1. Em caso de guerra, de **perigo público**, ou de outra **emergência** que ameace a independência ou segurança do Estado-parte, este poderá adotar as disposições que, **na medida e pelo tempo** estritamente limitados às exigências da situação, suspendam as obrigações contraídas em virtude desta Convenção, desde que tais disposições **não sejam incompatíveis com as demais obrigações** que lhe impõe o Direito Internacional e **não encerrem discriminação** alguma fundada em motivos de raça, cor, sexo, idioma, religião ou origem social.*

*2. A disposição precedente **não autoriza a suspensão dos direitos determinados nos seguintes artigos**: 3 (direito ao reconhecimento da personalidade jurídica), 4 (direito à vida), 5 (direito à integridade pessoal), 6 (proibição da escravidão e da servidão), 9 (princípio da legalidade e da retroatividade), 12 (liberdade de consciência e religião), 17 (proteção da família), 18 (direito ao nome), 19 (direitos da criança), 20 (direito à nacionalidade) e 23 (direitos políticos), nem das garantias indispensáveis para a proteção de tais direitos.*

3. Todo Estado-parte no presente Pacto que fizer uso do direito de suspensão deverá comunicar imediatamente aos outros Estados-partes na presente Convenção, por intermédio do Secretário Geral da Organização dos Estados Americanos, as disposições cuja aplicação haja suspendido, os motivos determinantes da suspensão e a data em que haja dado por terminada tal suspensão.

Artigo 29 – Normas de interpretação, CADH

Nenhuma disposição da presente Convenção pode ser interpretada no sentido de:

*a) permitir a qualquer dos Estados-partes, grupo ou indivíduo, **suprimir o gozo e o exercício dos direitos e liberdades** reconhecidos na Convenção ou **limitá-los** em maior medida do que a nela prevista;*

b) limitar o gozo e exercício de qualquer direito ou liberdade que possam ser reconhecidos em virtude de leis de qualquer dos Estados-partes ou em virtude de Convenções em que seja parte um dos referidos Estados;

*c) **excluir** outros direitos e garantias que são inerentes ao ser humano ou que decorrem da forma democrática representativa de governo;*

d) excluir ou limitar o efeito que possam produzir a Declaração Americana dos Direitos e Deveres do Homem e outros atos internacionais da mesma natureza.

O direito à paz vai muito além do direito de viver num mundo sem guerras, atingindo o direito de ter **paz social**, de ver seus direitos **respeitados em sociedade**. Os direitos e liberdades garantidos internacionalmente não podem ser destruídos com fundamento nas normas que surgiram para protegê-los, o que seria controverso.

A Convenção Americana sobre Direitos Humanos aprofunda as possibilidades sobre suspensão e restrição de direitos, que são bastante limitadas, pois se não o fossem seria contrariada a concepção de manutenção de uma ordem internacional e social justas. Nos termos da Convenção, a restrição somente pode ter caráter temporário e deve ter o conteúdo determinado, não podendo nunca atingir um núcleo fundamental. Não obstante, reforça-se a impossibilidade de que as previsões da

Convenção sejam utilizadas para contrariar a si mesmas ou para diminuir eventual proteção mais ampla conferida por outro documento internacional ou nacional.

A respeito do direito à paz no viés de abstenção às guerras, destaca-se a previsão específica do Pacto Internacional dos Direitos Civis e Políticos, que no artigo 20 veda a propaganda em favor da guerra, bem como qualquer espécie de apologia do ódio nacional, radical, racial ou religioso (tipos de apologias que geraram incontáveis conflitos entre os povos do planeta, inclusive a Segunda Guerra Mundial).

Quanto a tratados internacionais específicos a respeito do direito à paz, são incontáveis, até mesmo porque a própria instituição da ONU teve como objetivo primordial a promoção da paz mundial. Diariamente, questões sobre acordos de paz são levadas a debate na ONU e demais organizações regionais, sempre tendo em vista evitar o máximo possível conflitos armados entre países e impedir o máximo que as consequências negativas dos conflitos em geral recaiam sobre a população civil.

Entretanto, merecem destaque a **Declaração sobre o Direito dos Povos à Paz**, aprovada pela Assembleia Geral da ONU em 12 de novembro de 1984, e a **Declaração sobre o Direito à Paz**, aprovada pela Assembleia Geral da ONU em 19 de dezembro de 2016.

O primeiro documento é curto, possuindo o seguinte teor que segue ao seu preâmbulo: "1. Proclama solenemente que os povos do nosso planeta têm um direito sagrado à paz; 2. Declara solenemente que a preservação do direito dos povos à paz e a promoção da sua realização constituem obrigações fundamentais de todos os Estados; 3. Sublinha que a garantia do exercício do direito dos povos à paz exige que as políticas dos Estados sejam orientadas para a eliminação da ameaça de guerra, em particular da guerra nuclear, para a renúncia ao uso da força nas relações internacionais e para a resolução de litígios internacionais por meios pacíficos com base na Carta das Nações Unidas; 4. Apela a todos os Estados e organizações internacionais para que contribuam com todos os meios para a realização do direito dos povos à paz mediante a adoção de medidas adequadas a nível nacional e internacional".

O segundo documento, mais recente, se inicia com intensas considerações que recordam o histórico de proteção do direito à paz no âmbito das Nações Unidas e chamam atenção aos problemas recentes, como o terrorismo, e à importância de promover direitos humanos em geral como garantia à paz, notadamente econômicos, sociais e culturais. Seu conteúdo propriamente é curto, contando com 5 artigos: "Artigo 1º Todo mundo tem o direito de desfrutar da paz de tal forma que se promovam e protejam todos os direitos humanos e se alcance o pleno desenvolvimento. Artigo 2º Os Estados devem respeitar, aplicar e promover a igualdade e a não discriminação, a justiça e o estado de direito e garantir a libertação do medo e da miséria, como meio de consolidar a paz dentro das sociedades e entre estes. Artigo 3º Os Estados, as Nações Unidas e as agências especializadas devem adotar medidas sustentáveis adequadas para implementar esta Declaração, em particularmente a Organização das Nações Unidas para a Educação, Ciência e Cultura. As organizações internacionais, regionais, nacionais e internacionais e a sociedade civil são encorajadas prestar apoio e assistência para a implementação da presente Declaração. Artigo 4º Devem ser promovidas instituições de ensino internacionais e nacionais pela paz, a fim de fortalecer o espírito de tolerância, diálogo, cooperação e solidariedade entre todos os seres humanos. Para esse fim, a Universidade para a Paz deve contribuir para a grande tarefa universal de educar para a paz, dedicando-se a ensino, pesquisa, treinamento de pós-graduação e divulgação de conhecimento. Artigo 5º Nada nesta Declaração deve ser interpretado minando os propósitos e os princípios das Nações Unidas. As previsões desta Declaração devem ser entendidas de acordo com a Carta da Nações Unidas, a Declaração Universal dos Direitos Humanos e os instrumentos internacionais e regionais relevantes ratificados pelos Estados".

3.3 Direito ambiental

Art. 1º, PIDCP

*2. Para a consecução de seus objetivos, todos os povos podem dispor livremente de suas **riquezas** e de seus **recursos naturais**, sem prejuízo das obrigações decorrentes da cooperação econômica internacional, baseada no **princípio do proveito mútuo**, e do Direito internacional. Em caso algum, poderá um povo ser privado de seus meios de subsistência.*

Artigo 11 – Direito a um meio ambiente sadio, PCADH

*1. Toda pessoa tem direito a viver em **meio ambiente sadio** e a contar com os serviços públicos básicos.*

*2. Os Estados Partes promoverão **a proteção, preservação e melhoramento do meio ambiente**.*

Embora no âmbito dos documentos internacionais base de direitos humanos sejam raras previsões expressas sobre o direito ao meio ambiente equilibrado – exceto os transcritos no § 2º, do artigo 1º, do Pacto Internacional dos Direitos Civis e Políticos e artigo 11 do Protocolo de San Salvador –, diversos tratados internacionais foram firmados nas últimas décadas neste âmbito. A base de todos eles se encontra no princípio da fraternidade previsto na Declaração Universal, associado à previsão mencionada do Pacto de que a exploração de riquezas e recursos naturais deve ser limitada pelo princípio do proveito mútuo.

Vale ressaltar que o direito ao meio ambiente sustentável impacta diretamente no direito à vida, conforme afirmou o Comitê de Direitos Humanos da ONU na **Observação Geral nº 36**, parágrafo 65: "A degradação ambiental, as mudanças climáticas e o desenvolvimento insustentável são algumas das ameaças mais prementes e sérias à capacidade das gerações presentes e futuras de usufruir do direito à vida. Portanto, as obrigações impostas aos Estados-partes no direito ambiental internacional deviam inspirar-se no conteúdo do artigo 6º do Pacto de Direitos Civis e Políticos, e a obrigação dos Estados-partes de respeitar e garantir o direito à vida deve reforçar as suas obrigações pertinentes em virtude do direito ambiental internacional. A capacidade das pessoas gozarem do direito à vida e, em particular, a uma vida decente, depende das medidas tomadas pelos Estados-partes para proteger o meio ambiente contra danos e poluição. Neste sentido, os Estados-partes devem assegurar o uso sustentável dos recursos naturais, realizar avaliações de impacto ambiental das atividades que podem ter um impacto significativo ao meio ambiente, notificar outros Estados de quaisquer desastres naturais e emergências e ter em devida conta o princípio da precaução".

A destinatária da tutela do direito ambiental é a própria humanidade, numa perspectiva difusa, como aduz Fiorillo[147]: "[...] não temos dúvida em afirmar que não só existe uma visão antropocêntrica do meio ambiente em sede constitucional, mas também uma indissociável relação econômica do bem ambiental com o lucro que pode gerar, bem como a sobrevivência do próprio meio ambiente. Além disso, a vida humana só será possível com a permanência dessa visão antropocêntrica – o que, obviamente, não permite exageros –, visto que, como o próprio nome já diz, ecossistema engloba os seres e suas interações positivas em um determinado espaço físico".

Destaca-se trecho da **Declaração e Programa de Ação de Viena**, de 1993: "Parte I. 11. O direito ao desenvolvimento deverá ser exercido de modo a satisfazer, de forma equitativa, as necessidades ambientais e de desenvolvimento das gerações presentes e vindouras. A Conferência Mundial sobre Direitos do Homem reconhece que a descarga ilícita de substâncias e resíduos tóxicos e perigosos representa potencialmente uma ameaça séria aos Direitos do homem à vida e à saúde. Consequentemente, a Conferência Mundial sobre Direitos do Homem apela a todos os Estados que adoptem e cumpram, de forma vigorosa, as convenções em vigor relacionadas com a descarga de substâncias e resíduos tóxicos e perigosos, e que cooperem na prevenção de descargas ilícitas. Todas as pessoas têm direito a usufruir dos benefícios decorrentes do progresso científico e suas aplicações. A Conferência Mundial sobre Direitos do Homem refere que alguns progressos, nomeadamente no campo das ciências biomédicas e da vida e da tecnologia de informação, podem ter consequências potencialmente adversas na integridade, na dignidade e nos direitos humanos do indivíduo, e apela à cooperação internacional para garantir o respeito cabal dos direitos do homem e da dignidade da pessoa humana nesta área de preocupação universal".

Qualidade de vida e respeito ao meio ambiente, assegurando o desenvolvimento sustentável são componentes do sétimo Objetivo para o Desenvolvimento Global, desenvolvido a partir da Declaração do Milênio das Nações Unidas, adotada em 8 de setembro de 2000. Quatro metas são associadas ao Objetivo em estudo: 1) integrar os princípios do desenvolvimento sustentável nas políticas e programas nacionais e reverter a perda de recursos ambientais; 2) reduzir as perdas de biodiversidade atingindo, até 2010, uma significante redução da taxa de perda; 3) reduzir pela metade, até 2015, a proporção da população sem acesso permanente e sustentável à água potável segura; 4) até 2020, ter alcançado uma melhora significativa na vida de pelo menos 100 milhões de habitantes de bairros degradados. Tais metas tão precisamente fixadas para a consecução do Objetivo 7, no fundo, geraram um impacto pouco significativo para a solução definitiva dos problemas que assolam a humanidade na busca de implementação do desenvolvimento sustentável, conforme reconheceu a própria ONU no relatório de 2015, que encerrou o prazo de execução dos Objetivos do Milênio.

---

[147] FIORILLO, Celso Antonio Pacheco. **Curso de direito ambiental brasileiro**. 7. ed. São Paulo: Saraiva, 2006, p. 17-18.

> *Qual o principal objeto de discussão na Conferência de Estocolmo que culminou na* Declaração de Estocolmo sobre o Ambiente Humano?

Na Conferência de Estocolmo (1ª Conferência Mundial sobre o Homem e o Meio Ambiente), realizada de 5 a 16 de junho de 1972, se deu a primeira tentativa de regulamentação internacional do direito ambiental, sendo que o principal objeto de discussão foi o limite de exploração dos recursos naturais e do meio ambiente em prol do desenvolvimento econômico, ficando clara a oposição entre os países desenvolvidos e os em desenvolvimento. Um dos principais frutos da Conferência foi a **Declaração de Estocolmo sobre o Ambiente Humano**.

Dos dois primeiros itens do preâmbulo fica clara a origem da preocupação internacional com a preservação ambiental: "1. O homem é ao mesmo tempo obra e construtor do meio ambiente que o cerca, o qual lhe dá sustento material e lhe oferece oportunidade para desenvolver-se intelectual, moral, social e espiritualmente. Em larga e tortuosa evolução da raça humana neste planeta chegou-se a uma etapa em que, graças à rápida aceleração da ciência e da tecnologia, o homem adquiriu o poder de transformar, de inúmeras maneiras e em uma escala sem precedentes, tudo que o cerca. Os dois aspectos do meio ambiente humano, o natural e o artificial, são essenciais para o bem-estar do homem e para o gozo dos direitos humanos fundamentais, inclusive o direito à vida mesma. 2. A proteção e o melhoramento do meio ambiente humano é uma questão fundamental que afeta o bem-estar dos povos e o desenvolvimento econômico do mundo inteiro, um desejo urgente dos povos de todo o mundo e um dever de todos os governos". Os demais itens reforçam a necessidade de busca de um equilíbrio, encontrando alternativas ao desenvolvimento econômico, embora não se ignore que a situação econômica dos países em desenvolvimento deixe pouco espaço para preocupações com a conservação do meio ambiente, de modo a conseguir, mediante uma interação entre todos os agentes sociais, criar uma economia que seja sustentável.

O princípio 1 denota um direito e dever humano de desfrutar de condições de vida adequadas em um meio ambiente de qualidade tal que permita se levar uma vida digna e gozar de bem-estar; o princípio 2 coloca a necessidade de preservação dos recursos naturais para as gerações presentes e futuras, ao lado do princípio 5; o princípio 3 defende a restauração e melhoria dos recursos vitais renováveis; o princípio 4 foca na responsabilidade do homem em prol do desenvolvimento sustentável, enquanto o princípio 13 foca na responsabilidade do Estado; o princípio 6 aduz sobre a necessidade de eliminar a poluição do meio ambiente que gera aquecimento global; os princípios 9, 10, 11, 12, 20, 21 e 24 estão entre os que reforçam as decorrências do subdesenvolvimento econômico para a sustentabilidade – até mesmo porque o princípio 8 coloca a necessidade de propiciar desenvolvimento econômico e social para se obter qualidade de vida -; o princípio 19 reforça a importância da educação ambiental.

Não obstante, a Conferência foi marcada pela criação do **Programa da Organização das Nações Unidas sobre o Meio Ambiente**, que estabelece um sistema próprio responsável por uniformizar e definir as ações internacional e nacional para a proteção do meio ambiente propiciando o desenvolvimento sustentável.

> *Dentro do direito ambiental dos direitos humanos, o que foi o "Relatório Brundtland"?*

Isto posto, como segundo ato do direito ambiental dos direitos humanos, merece destaque o *"Relatório Brundtland"* (**Relatório Nosso Futuro Comum**, de 1987), que recebeu tal nome em homenagem a – então – Primeira-Ministra da Noruega Gro Brundtland, que na época chefiava a Comissão Mundial sobre o Meio Ambiente e Desenvolvimento (criada em 1983). De conteúdo amplíssimo, pautou-se pela noção de **desenvolvimento sustentável (ou ecodesenvolvimento)**, o qual foi definido como o desenvolvimento que satisfaz as necessidades do presente sem comprometer a capacidade das gerações vindouras satisfazerem suas próprias necessidades. Ademais, trouxe: noções de preservação do equilíbrio global e do valor das reservas de capital natural; instrumentos para avaliar o custo-benefício das medidas (aplicação do fundamento da proporcionalidade no âmbito do direito ambiental dos direitos humanos); reflexões sobre os valores reais do consumo e da preservação; bem como utilização equitativa dos recursos entre as nações e as regiões a nível global e à escala regional (*"princípio do acesso equitativo aos recursos naturais"*). Por fim, fortaleceu-se a noção de **ecocentrismo**: se num primeiro momento (do período medieval) vigia a ideia de teocentrismo (com a noção do divino no centro de todas as decisões), e se num segundo momento vigia a noção do antropocentrismo (com o homem no centro de todas as decisões, num movimento influenciado pelo movimento iluminista), o ecocentrismo consiste na consciência comum ambiental como medida inerente à garantia do futuro da humanidade.

Prosseguindo, depois de 20 anos da Conferência de Estocolmo, foi convocada a Conferência das Nações Unidas sobre Meio Ambiente e Desenvolvimento, também conhecida como Rio/92 ou ECO/92, realizada no Rio de Janeiro de 03 a 14 de junho de 1992, numa espécie de retomada da referida Conferência.

> *Quais documentos foram elaborados na Rio/92?*

Nesta Conferência foram elaborados cinco documentos, sendo eles:

1) **Declaração do Rio sobre Meio Ambiente e Desenvolvimento:** formada por um conjunto de princípios que define os direitos e deveres dos Estados. Quanto ao conteúdo dos princípios, o 1º coloca os seres humanos no centro da preocupação com o desenvolvimento sustentável, razão pela qual tem-se, entre outras, a menção do princípio 5 sobre a responsabilidade dos indivíduos para alcançá-lo, reforçada no 10; o princípio 2 frisa a responsabilidade do Estado de buscá-lo e garanti-lo, isoladamente ou de

forma integrada com outros países e a sociedade, assim como o 5, o 7, o 8, o 9, o 11, o 12, o 13, o 14, o 15, o 18, o 19, o 26 e o 27; o 3º coloca que o desenvolvimento não deve se dar apenas no aspecto sustentável, mas também social e econômico; o 6 traz à tona a questão do desenvolvimento dos países como fator influenciador; o 16 trata do poluidor-pagador;

2) **Agenda 21:** consiste num programa de ação mundial para promover o desenvolvimento sustentável, isto é, um instrumento de planejamento para a construção de sociedades sustentáveis, em diferentes bases geográficas, que concilia métodos de proteção ambiental, justiça social e eficiência econômica. Dela decorrem a Agenda 21 nacional e as inúmeras Agendas 21 locais;

3) **Declaração de Princípios sobre as florestas:** conta com um conjunto de princípios básicos para apoiar o manejo sustentável das florestas a nível mundial;

4) **Convenção sobre a Diversidade Biológica (CDB):** está estruturada sobre três bases principais – a *conservação da diversidade biológica*, o *uso sustentável da biodiversidade*, e a *repartição justa e equitativa dos benefícios provenientes da utilização dos recursos genéticos* – e se refere à biodiversidade em três níveis, quais sejam, *ecossistemas*, *espécies* e *recursos genéticos*;

5) **Convenção-Quadro das Nações Unidas sobre Mudança do Clima:** tem por objetivo a estabilização da concentração de gases do efeito estufa (GEE) na atmosfera em níveis tais que evitem a interferência perigosa com o sistema climático, sendo que dentre os princípios que fundamentam a Convenção, o principal é aquele da responsabilidade comum, porém diferenciada.

Dez anos depois da Rio/92, tem-se a *"Rio+10"* (Cúpula Mundial Sobre Desenvolvimento Sustentável), em Johanesburgo, onde se falou em energia limpa e renovável, acesso à água potável, saneamento básico, dentre outros. O principal compromisso assumido foi o de reduzir pela metade a população sem acesso à água potável e saneamento até 2015. Não teve o mesmo sucesso da Rio/92.

Embora não decorra diretamente da Rio/92, o **Protocolo de Quioto** encontra alguns de seus fundamentos nos documentos que foram resultados de tal Conferência, notadamente, na Convenção-Quadro das Nações Unidas sobre Mudança do Clima. Ele foi discutido e negociado na cidade de Quioto, no Japão, aberto para assinaturas em 11 de Dezembro de 1997 e ratificado em 15 de março de 1999.

O Protocolo de Quioto trouxe um calendário pelo qual os países-membros (principalmente os desenvolvidos) teriam a obrigação de reduzir a emissão de gases do efeito estufa no período entre 2008 e 2012 em comparação à década de 1990, sendo que as metas de redução não eram homogêneas a todos os países. Apesar de ter ocorrido alguma redução, as metas não foram em sua maioria atingidas, e não está dentro do esperado a redução da temperatura climática global alcançada. Na 18ª Conferência das Nações Unidas sobre Mudança Climática, realizada em Doha, no Catar, em 2012, se prorrogou o Protocolo de Quioto até o ano de 2020, permanecendo como o documento internacional que regula a emissão de gases de efeito estufa no âmbito global.

Outro evento relevante no âmbito internacional que teve por preocupação central o meio ambiente foi a **Conferência das Nações Unidas sobre Desenvolvimento Sustentável (CNUDS)**, conhecida também como *"Rio+20"*, realizada entre os dias 13 e 22 de junho de 2012 no Rio de Janeiro, cujo objetivo era discutir sobre a renovação do compromisso político com o desenvolvimento sustentável. O resultado da Rio+20 não foi o esperado. Os impasses, principalmente entre os interesses dos países desenvolvidos e em desenvolvimento, acabaram por frustrar as expectativas para o desenvolvimento sustentável do planeta. O documento final apresenta várias intenções e joga para os próximos anos a definição de medidas práticas para garantir a proteção do meio ambiente.

Viabilizando parte destas intenções, na 21ª Conferência das Partes (COP21), realizada em Paris entre novembro e dezembro do ano de 2015, foi adotado o **Acordo de Paris**, novo acordo que tem por objetivo a redução das emissões de gases do efeito estufa no contexto do desenvolvimento sustentável, limitando o aumento da temperatura média global a no mínimo 2 graus, com ambição de que o aumento não exceda 1,5 graus. O acordo fixa **NDCs**, sigla correspondente a "Contribuições Nacionalmente Determinadas". O Brasil ratificou o acordo em setembro de 2016 e pelo seu NDC se compromete a reduzir em 37% a emissão comparada aos níveis de 2005, chegando a 43% abaixo destes em 2030.

Vale destacar que os termos do Acordo de Paris atualmente são objeto de rediscussões e replanejamentos que podem afetar todos os países participantes, o que ocorreu devido à saída dos Estados Unidos anunciada em 01 de junho de 2017. Embora não tenha sido uma saída formal, mediante denúncia, a intenção de não mais cumprir as metas do acordo foi manifestada de forma clara pelo Presidente Donald Trump e a punição do gigante norte-americano no âmbito internacional por descumprimento de tratados internacionais perpassa por entraves políticos intensos, apenas restando aos países remanescentes no acordo a opção de renegociação interna.

Como documentos finais a serem mencionados na esfera do direito ambiental dos direitos humanos (sem prejuízo de tantos outros explicitados em obras específicas de direito ambiental), se pode elencar, também, a **Declaração dos Direitos dos Animais** (1978), bem como a **Carta Encíclica do Papa Francisco sobre o cuidado da Casa Comum** (2015). No *primeiro*, se prevê, dentre outros, que todos os animais nascem iguais perante a vida e têm os mesmos direitos à existência (artigo 1º); todo animal tem direito à atenção, aos cuidados e à proteção do homem (artigo 2º, 3); nenhum animal será submetido a maus tratos nem a atos cruéis, de modo que se for necessário matar um animal, isso deverá ser feito de modo instantâneo, sem provocação de dor e angústia (artigo 3º); o abandono de um animal é um ato cruel e degradante (artigo 6º, 2); a experimentação animal que implique sofrimento físico ou psicológico é incompatível com os direitos do animal, quer se trate de uma experiência médica, científica, ou comercial, devendo as práticas de substituição serem utilizadas e desenvolvidas (artigo 8º); os organismos de proteção e de salvaguarda dos animais devem estar representados a nível governamental, de modo que devem ser os direitos do animal defendidos pela lei como os direitos do homem (artigo 14). No *segundo documento*, por sua vez, se pergunta em um primeiro momento sobre o que está acontecendo com a *"nossa casa"* (no que diz respeito à poluição, mudanças climáticas, perda da biodiversidade, desigualdade planetária, deterioração da qualidade de vida, degradação ambiental, acesso à água, dentre outros); ato contínuo são traçadas algumas linhas de orientação e ação (diálogos sobre o meio ambiente nas políticas internacionais, nacionais e locais, transparência nos processos decisórios, religião dialogando com a ciência etc.); por fim, fala-se na necessidade de uma conversão ecológica, no sentido de que se os desertos exteriores se multiplicam no mundo, porque os desertos interiores se tornaram tão amplos, a crise ecológica é um apelo a uma profunda conversão interior.

Sob a ótica da ciência constitucional brasileira, segundo o art. 225, *caput*, da Constituição Federal, todos têm direito ao *meio ambiente ecologicamente equilibrado, bem de uso comum do povo* e *essencial à sadia qualidade de vida, impondo-se ao Poder Público e à coletividade* o *dever de defendê-lo e preservá-lo para as presentes e futuras gerações.*

> *Quais informações podem ser extraídas da leitura do art. 225, caput, da Constituição pátria?*

Vejamos:

A **primeira** delas diz respeito ao "*meio ambiente ecologicamente equilibrado*". A Constituição não assegura apenas, veja-se, o "direito ao meio ambiente", pois, o meio ambiente já é algo natural da espécie humana, isto é, qualquer espaço físico/social no qual vive a espécie humana pode ser considerado meio ambiente. Exatamente por isso a Constituição Federal assegura um meio ambiente "ecologicamente equilibrado", assim entendido aquele meio em que a exploração de recursos naturais e minerais se dê nos limites do razoável, seguindo as regulamentações existentes sobre o assunto, com a devida recuperação da área degradada se for o caso. Se possível, ainda, almeja-se que a harmonia entre o homem e a natureza (aqui entendida em sentido amplo) seja uma relação mutualista, protocooperativa.

A **segunda** informação remonta à expressão "*bem de uso comum do povo*". Com efeito, seguindo-se a abrasileira teoria das gerações/dimensões de direitos fundamentais, o meio ambiente situa-se na terceira geração/dimensão, ligada ao valor "fraternidade". Por isso, é errado falar no meio ambiente como um "espaço fechado para poucos".

No direito civil, os bens de uso comum do povo são aqueles bens públicos que permitem o livre acesso das pessoas. É exatamente essa a lógica que se quer fazer valer para o meio ambiente: trata-se de bem público, de livre acesso à população, desde que este livre acesso não importe depredação.

A **terceira** informação diz respeito à atribuição de competência para protegê-lo e preservá-lo: *o Poder Público e a coletividade*. É sabido que apenas o Poder Público não basta para promover a conservação e revitalização ambiental. É preciso pessoas, fundações, organizações não governamentais etc., com fito de atuar com função auxiliar nas políticas desempenhadas pelo Poder Público. Desta maneira, é equivocado falar que apenas ao Poder Público competem as tratativas ambientais.

A **quarta** e última informação extraída do art. 225, *caput*, diz respeito ao *"Princípio da Cooperação Intergeracional"*. Preservar o meio-ambiente não é um meio de manter o presente. É muito mais do que isso. Consiste em garantir às gerações vindouras o direito ao meio ambiente ecologicamente equilibrado. A ideia, pois, é que cada geração proteja o meio ambiente em nome da sua geração, e da que há de vir.

Prosseguindo, para assegurar a efetividade do direito ao meio ambiente, incumbe ao Poder Público (art. 225, § 1º): preservar e restaurar os processos ecológicos essenciais e prover o manejo ecológico das espécies e ecossistemas (inciso I); preservar a diversidade e a integridade do patrimônio genético do país e fiscalizar as entidades dedicadas à pesquisa e manipulação de material genético (inciso II); definir, em todas as unidades da federação, espaços territoriais e seus componentes a serem especialmente protegidos, sendo a alteração e a supressão permitidas somente através de lei, vedada qualquer utilização que comprometa a integridade dos atributos que justifiquem sua proteção (inciso III); exigir, na forma da lei, para instalação de obra ou atividade potencialmente causadora de degradação ao meio ambiente, estudo prévio de impacto ambiental, a que se dará publicidade (inciso IV); controlar a produção, a comercialização e o emprego de técnicas, métodos e substâncias que comportem risco para a vida, a qualidade de vida e o meio ambiente (inciso V); promover a educação ambiental em todos os níveis de ensino e a conscientização pública para a preservação do meio ambiente (inciso VI); proteger a fauna e a flora, vedadas, na forma da lei, as práticas que coloquem em risco sua função ecológica, provoquem a extinção de espécies ou submetam os animais a crueldade (inciso VII).

Ademais, acerca de atividades específicas, a Lei Fundamental de 1988 assegura que as usinas que operem com reator nuclear deverão ter sua localização definida em lei federal (sem a qual não poderão ser instaladas). Quanto às atividades de exploração de recursos minerais, aquele que assim o faz fica obrigado a reparar o ambiente degradado, de acordo com a solução técnica exigido pelo órgão público competente, na forma da lei.

Por fim, há se lembrar que a Floresta Amazônica brasileira, a Mata Atlântica, a Serra do Mar, o Pantanal Mato-Grossense e a Zona Costeira são patrimônio nacional, e sua utilização se fará dentro de forma que assegure a preservação do meio ambiente, inclusive quanto ao uso dos recursos naturais.

A Corte Interamericana de Direitos Humanos julgou:

- Na **Opinião Consultiva nº 23/17**, a Corte afirmou que o dever dos Estados de preservação e tutela para com o meio ambiente derivam dos direitos à vida e à integridade física, fazendo referência à noção de desenvolvimento sustentável consolidada na Declaração de Estocolmo e à Agenda 2030 das Nações Unidas. Ainda, a Corte considera que o direito a um meio ambiente saudável possui natureza autônoma, ressaltando a previsão do Protocolo de San Salvador, mas sem perder de vista que a sua preservação implica diretamente em fatores de qualidade de vida e em outros direitos humanos reconhecidos. Neste sentido, os Estados possuem as seguintes obrigações: prevenir danos ambientais significativos dentro e fora de seu território; supervisionar ações em seu território que possam gerar danos; realizar estudos de impacto ambiental; fixar planos de contingência com medidas de segurança e contenção de danos; reduzir efeitos dos danos ambientais já causados; respeitar o princípio

> da precaução; agir conforme o princípio da cooperação, inclusive notificando Estados que possam ser afetados por suas práticas potencialmente nocivas ao meio ambiente; assegurar o acesso à informação e a participação democrática no que se refere a decisões políticas que possam implicar em dano ambiental; bem como garantir o acesso à justiça na busca de punição e reparação.
>
> - No **caso Luna López vs. Honduras**, em outubro de 2013, condenou-se o Estado pela morte do defensor ambientalista e coordenador da Corporação Municipal de Catacamas, Carlos Antonio Luna López. Identificou-se, ao tempo dos fatos, que em Honduras havia conflitos quanto às pessoas que lutavam pelo meio ambiente, colocando-as em risco. A vítima havia denunciado ao Ministério Público extração ilegal de madeira e foi assassinada, mas as circunstâncias de sua morte nunca foram esclarecidas. Além da compensação indenizatória e assistências aos familiares da vítima, condenou-se o Estado a conferir estrutura adequada para os defensores de direitos ambientais.

3.4 Direito do consumidor

Observando o direito do consumidor facilita-se a visualização de como uma categoria de direitos que seriam individuais adquirem perspectiva difusa, coletiva ou, notadamente no caso deste direito, individual homogênea. Nos três casos, torna-se possível a defesa da categoria de direitos na perspectiva da terceira dimensão de direitos humanos, em nome da coletividade ou de um grupo, mediante um representante juridicamente determinado.

Se, por um lado, é direito individual obter exatamente o produto ou serviço contratado e não ser vítima de abusos, também é direito da coletividade o combate às práticas abusivas que se generalizam no mercado, atingindo um número de pessoas indeterminado, em situações que abrangem não só e entrega adequada de produtos e serviços, mas também o direito à informação, entre outros aspectos.

A proteção das relações de consumo pelos direitos difusos e coletivos tem a capacidade de efetivar o direito do consumidor, uma vez que sozinho, muitas vezes, o consumidor é fraco para buscar uma tutela efetiva. É a característica da vulnerabilidade, reconhecida mesmo no âmbito das Nações Unidas.

Podem ser numerados como os principais direitos dos consumidores, segundo Mazzilli[148]: a) direito ao consumo (acesso a bens e serviços básicos); b) direito à segurança (garantia contra produtos ou serviços que possam ser nocivos à vida ou à saúde); c) direito à escolha (opção entre vários produtos e serviços com qualidade satisfatória e preços competitivos); d) direito à informação (conhecimento dos dados indispensáveis sobre produtos ou serviços para uma decisão consciente); e) direito a serem ouvidos (os interesses dos consumidores devem ser levados em conta no planejamento e execução de políticas econômicas); f) direito à indenização (reparação financeira por danos causados por produtos ou serviços); g) direito à educação para o consumo (meios para os cidadãos exercitarem conscientemente sua função no mercado); h) direito a um meio ambiente saudável (a defesa do equilíbrio ecológico para melhorar a qualidade de vida presente e preservá-la para o futuro).

---
[148] MAZZILLI, Hugo Nigro... Op. Cit., p. 163.

Toma-se, então, não só a proteção genérica do direito à propriedade, mas a tutela de uma classe específica de pessoas imbuídas da característica da vulnerabilidade, que pode ser denotada em alguns documentos internacionais.

Em destaque, a Assembleia Geral da ONU editou a Resolução nº 39/248 de 10 de abril de 1985 sobre a proteção ao consumidor. Referida Resolução coloca a obrigação dos Estados de desenvolverem uma política de proteção dos consumidores, garantindo a segurança dos consumidores, bem como a qualidade dos produtos e serviços. Assim, fica reconhecido que os consumidores ocupam uma posição jurídica que exige tratamento e tutela específicos, não somente no aspecto individual, mas também no coletivo.

Em 22 de dezembro de 2015, o documento foi atualizado pela Resolução nº 70/186 da Assembleia Geral da ONU. De início, considera-se que os consumidores sofrem com diversos fatores, como capacidade econômica, nível de educação e poder de negociação, afirmando que os consumidores devem ter direito de acesso a produtos não perigosos e que promovam o desenvolvimento econômico e social justo, equitativo e solidário. Denota-se de forma geral uma preocupação com o consumo sustentável e com a redistribuição de acesso aos bens de consumo, tratando de problemáticas contemporâneas como a do comércio eletrônico e do comércio transnacional.

As necessidades que as diretrizes buscam atender são enumeradas em seu quinto item: "a) o acesso dos consumidores a bens e serviços essenciais; b) a proteção dos consumidores em situação de vulnerabilidade e de desvantagem; c) a proteção dos consumidores contra riscos para sua saúde e sua segurança; d) a promoção e proteção dos interesses econômicos de consumidores; e) o acesso dos consumidores a informações adequadas que permitam escolhas bem fundamentadas de acordo com os desejos e necessidades individuais; f) educação do consumidor, incluindo educação sobre consequências ambientais, sociais e econômicas de suas escolhas; g) a disponibilidade para o consumidor de meios efetivos de solução de controvérsias e compensações; h) a liberdade de formar grupos ou outras organizações relevantes de consumidores e a oportunidade para que essas organizações façam ouvir suas opiniões nos processos de tomada de decisão que os afetam; i) a promoção de modalidades de consumo sustentável; j) um grau de proteção para os consumidores que recorrem ao comércio eletrônico que não seja inferior ao concedido em outras formas de comércio; k) a proteção da privacidade dos consumidores e a livre circulação de informações em todo o mundo".

Nessa perspectiva, enumeram-se princípios para boas práticas comerciais, notadamente: tratamento justo e equitativo; conduta comercial ética; divulgação e transparência de informações; educação e sensibilização dos consumidores; proteção da privacidade do consumidor; e solução efetiva a controvérsias e reclamações.

No Brasil, o direito do consumidor é regulado por uma das codificações mais modernas do mundo, a Lei nº 8.078/1990, a qual goza, inclusive, de suprema importância para o "*microssistema processual coletivo*", ao lado da Lei nº 7.347/1985 ("Lei da Ação Civil Pública"), da Lei nº 4.717/1965 ("Lei da Ação Popular"), da Lei nº 12.016/2009 (Lei do Mandado de Segurança), dentre outras.

3.5 Direito à probidade administrativa

A questão da probidade administrativa assume cada vez mais destaque em tempos de escândalos políticos diversos e intensos debates sobre a punição dos ilícitos cometidos. Com efeito, o direito à probidade administrativa pertence a todos que vivem sob a égide de alguma unidade federativa na qual ocorra uma incidência não somente de atos criminosos, mas de todos os atos ilícitos que resultem em prejuízo aos cofres públicos devido à violação de regras fundamentais da administração pública. Assim sendo, trata-se de direito coletivo a ser tutelado **tanto pelo sistema internacional quanto pelo sistema nacional**.

No âmbito da Organização das Nações Unidas, a preocupação com a temática da probidade administrativa denota-se na **Convenção das Nações Unidas contra a Corrupção**, adotada pela Assembleia Geral das Nações Unidas em 31 de outubro de 2003 e assinada pelo Brasil em 9 de dezembro de 2003, promulgada internamente pelo Decreto nº 5.687, de 31 de janeiro de 2006, restando desde então plenamente vigente.

Dividida em oito capítulos, a Convenção se inicia com disposições gerais que voltam-se à sua finalidade, notadamente, de **prevenção e combate da corrupção com promoção da cooperação internacional e desenvolvimento de políticas adequadas de gestão**. Seu artigo 2º tem caráter conceitual, nos seguintes termos: "Aos efeitos da presente Convenção: a) Por 'funcionário público' se entenderá: i) toda pessoa que ocupe um cargo legislativo, executivo, administrativo ou judicial de um Estado Parte, já designado ou empossado, permanente ou temporário, remunerado ou honorário, seja qual for o tempo dessa pessoa no cargo; ii) toda pessoa que desempenhe uma função pública, inclusive em um organismo público ou numa empresa pública, ou que preste um serviço público, segundo definido na legislação interna do Estado Parte e se aplique na esfera pertinente do ordenamento jurídico desse Estado Parte; iii) toda pessoa definida como 'funcionário público' na legislação interna de um Estado Parte. Não obstante, aos efeitos de algumas medidas específicas incluídas no Capítulo II da presente Convenção, poderá entender-se por 'funcionário público' toda pessoa que desempenhe uma função pública ou preste um serviço público segundo definido na legislação interna do Estado Parte e se aplique na esfera pertinente do ordenamento jurídico desse Estado Parte; b) Por 'funcionário público estrangeiro' se entenderá toda pessoa que ocupe um cargo legislativo, executivo, administrativo ou judicial de um país estrangeiro, já designado ou empossado; e toda pessoa que exerça uma função pública para um país estrangeiro, inclusive em um organismo público ou uma empresa pública; c) Por 'funcionário de uma organização internacional pública' se entenderá um funcionário público internacional ou toda pessoa que tal organização tenha autorizado a atuar em seu nome; d) Por 'bens' se entenderá os ativos de qualquer tipo, corpóreos ou incorpóreos, móveis ou imóveis, tangíveis ou intangíveis e os documentos ou instrumentos legais que creditem a propriedade ou outros direitos sobre tais ativos; e) Por 'produto de delito' se entenderá os bens de qualquer índole derivados ou obtidos direta ou indiretamente da ocorrência de um delito; f) Por 'embargo preventivo' ou 'apreensão' se entenderá a proibição temporária de transferir, converter ou trasladar bens, ou de assumir a custódia ou o controle temporário de bens sobre a base de uma ordem de um tribunal ou outra autoridade competente; g) Por 'confisco' se entenderá a privação em caráter definitivo de bens por ordem de um tribunal ou outra autoridade competente; h) Por 'delito determinante' se entenderá todo delito do qual se derive um produto que possa passar a constituir matéria de um delito definido no artigo 23 da presente Convenção; i) Por 'entrega vigiada' se entenderá a técnica consistente em permitir que remessas ilícitas ou suspeitas saiam do território de um ou mais Estados, o atravessem ou entrem nele, com o conhecimento e sob a supervisão de suas autoridades competentes, com o fim de investigar um delito e identificar as pessoas envolvidas em sua ocorrência". O artigo 3º define o âmbito de aplicação, qual seja a punição e prevenção do delito de corrupção independente da produção de danos, e o artigo 4º aborda a proteção da soberania no exercício da cooperação internacional.

O capítulo II se aprofunda em medidas preventivas que envolvem, nos termos do artigo 5º, a adoção de políticas de gestão dos assuntos e bens públicos com integridade, transparência e obrigação de prestar contas, incluindo a realização de avaliações periódicas e o estabelecimento de cooperação regional e internacional. No mais, o artigo 6º prevê a criação de órgãos com competência específica na área, ao passo que o artigo 7º fixa critérios para a contratação de funcionários públicos com eficiência, transparência, remuneração adequada e capacitação profissional, bem como para a escolha de agentes políticos de maneira que não seja gerada imparcialidade, notadamente pelo controle do financiamento de campanhas. Nos moldes do artigo 8º, o Estado deve zelar pela integridade, honestidade e responsabilidade dos seus funcionários públicos, especialmente pela previsão de códigos de conduta e normas correlatas, mencionando-se o Código Internacional de Conduta para os titulares de cargos públicos (Resolução nº 51/59 da Assembleia Geral da ONU, de 12 de dezembro de 1996), bem como pela inibição de conflitos de interesses. Com efeito, **não somente os funcionários públicos são abordados**, mas também a **contratação pública**, a exemplo dos processos de licitação, sempre baseada em condições justas e impessoais, e a **gestão da fazenda pública**, com medidas de controle de gastos e verificação das contas, controlando ativos e passivos. A importância da publicidade é reforçada no artigo 10, que aborda a informação pública. Além disso, a essencialidade de um Judiciário e de um Ministério Público independentes é prevista no artigo 11. As medidas, em geral, são extensíveis ao setor privado, conforme artigo 12. A sociedade deverá ser integrada a todo o processo, na medida do possível, conforme artigo 13. A lavagem de dinheiro e a prevenção deste tipo de prática é prevista no artigo 14, o que envolve o controle de atividades financeiras e bancárias e uma preocupação especial com o controle transnacional.

O capítulo III volta-se à penalização e aplicação da lei, prevendo como crime todos os atos de suborno de funcionários públicos nacionais, conforme artigo 15, bem como os de suborno de funcionários públicos estrangeiros e de funcionários de organizações internacionais públicas, de acordo com o artigo 16. Já o artigo 17 aborda a malversação ou peculato, a apropriação indébita e outras formas de desvio de bens por um funcionário público, que também deverão ser criminalizadas. Cabe criminalização, ainda, do tráfico de influências, pelo previsto no artigo 18, do abuso de funções, consoante ao artigo 19, e enriquecimento ilícito, nos termos do artigo 20. Tais práticas também devem ser combatidas no setor privado, como se extrai dos artigos 21 e 22. As providências de ocultação e dificultação do rastreio de bens, como a lavagem de dinheiro, o encobrimento e a obstrução da justiça também devem ser penalizadas, conforme artigos 23 a 25. Pessoas jurídicas também devem sofrer as consequências dos atos, de acordo com o artigo 26; assim como aqueles que forem partícipes ou praticarem tentativa, conforme artigo 27. Questões como prescrição, processo, sentença, sanções, medidas cautelares e punitivas na esfera cível (embargo, apreensão e confisco), proteção de testemunhas e outros envolvidos (incluindo peritos, vítimas e denunciantes), as consequências dos atos de corrupção, a indenização pelos prejuízos causados, são abordadas do artigo 29 a 36. Do artigo 37 ao 39, aborda-se a questão cooperativa, entre autoridades, entre organismos e para com o setor privado. O sigilo bancário não pode ser um óbice à investigação e punição destas práticas, de acordo com o artigo 40. A questão jurisdicional é objeto do artigo 42, que permite a extensão da jurisdição não somente ao território, mas aos delitos cometidos contra seus cidadãos ou por um de seus cidadãos ou por alguém que resida no território nacional ou que atinja os seus cofres, impedindo que a impossibilidade de extradição seja um óbice à punição do ilícito.

O capítulo IV aborda a cooperação internacional a partir do artigo 43, abrangendo ainda temas de extradição no artigo 44, translado de pessoas condenadas para o cumprimento da pena no artigo 45, reciprocidade na assistência judicial no artigo 46 (incluindo ações entre os Estados e para com quem cometeu o ilícito), enfraquecimento das ações penais com vistas à punição mais efetiva (artigo 47), cooperação em matéria de cumprimento da lei (artigo 48), investigações conjuntas (artigo 49), técnicas especiais de investigação (artigo 50).

O capítulo V abrange a recuperação de ativos, detectando-se a transferência de produtos do delito e cirando medidas para a recuperação direta de bens e recuperação mediante cooperação internacional. Já o capítulo VI aborda a assistência técnica e intercâmbio de informações. O capítulo VII traz os mecanismos de aplicação e o capítulo VIII encerra com disposições finais.

No âmbito interamericano, tem-se a **Convenção Interamericana contra a Corrupção**, de 29 de março de 1996, promulgada no Brasil pelo Decreto nº 4.410, de 7 de outubro de 2002.

O artigo 1º possui caráter conceitual: "Para os fins desta Convenção, entende-se por: 'Função pública' toda atividade, temporária ou permanente, remunerada ou honorária realizada por uma pessoa física em nome do Estado ou a serviço do Estado ou de suas entidades, em qualquer de seus níveis hierárquicos; 'Funcionário público', 'funcionário de governo' ou 'servidor público' qualquer funcionário ou empregado de um Estado ou de suas entidades, inclusive os que tenham sido selecionados, nomeados ou eleitos para desempenhar atividades ou funções em nome do Estado ou a serviço do Estado em qualquer de seus níveis hierárquicos. 'Bens' os ativos de qualquer tipo, quer sejam móveis ou imóveis, tangíveis ou intangíveis, e os documentos e instrumentos legais que comprovem ou pretendam comprovar a propriedade ou outros direitos sobre estes ativos, ou que se refiram à propriedade ou outros direitos". Nesta toada, o artigo 2º aborda os propósitos da Convenção, semelhantes aos da Convenção da ONU. O artigo 3º, sobre medidas preventivas, também tem conteúdo semelhante, porém menos complexo, das medidas asseguradas na Convenção da ONU (assim como o artigo 5º sobre jurisdição). Abrange-se todo ato de corrupção cometido no âmbito do Estado parte (artigo 4º).

O artigo 6º prevê nos seguintes termos os atos aos quais é aplicada: "l. Esta Convenção é aplicável aos seguintes atos de corrupção: *a.* a solicitação ou a aceitação, direta ou indiretamente, por um funcionário público ou pessoa que exerça funções públicas, de qualquer objeto de valor pecuniário ou de outros benefícios como dádivas, favores, promessas ou vantagens para si mesmo ou para outra pessoa ou entidade em troca da realização ou omissão de qualquer ato no exercício de suas funções públicas; *b.* a oferta ou outorga, direta ou indiretamente, a um funcionário público ou pessoa que exerça funções públicas, de qualquer objeto de valor pecuniário ou de outros benefícios como dádivas, favores, promessas ou vantagens a esse funcionário público ou outra pessoa ou entidade em troca da realização ou omissão de qualquer ato no exercício de suas funções públicas; *c.* a realização, por parte de um funcionário público ou pessoa que exerça funções públicas, de qualquer ato ou omissão no exercício de suas funções, a fim de obter ilicitamente benefícios para si mesmo ou para um terceiro; *d.* o aproveitamento doloso ou a ocultação de bens provenientes de qualquer dos atos a que se refere este artigo; e *e.* a participação, como autor, coautor, instigador, cúmplice, acobertador ou mediante qualquer outro modo na perpetração, na tentativa de perpetração ou na associação ou confabulação para perpetrar qualquer dos atos a que se refere este artigo. 2. Esta Convenção também é aplicável por acordo mútuo entre dois ou mais Estados Partes com referência a quaisquer outros atos de corrupção que a própria Convenção não defina".

Prosseguindo, o artigo 7º remota à obrigação dos Estados partes de adequação da legislação interna. O artigo 8º fala sobre a tipificação do suborno transnacional, que deverá ser notificado nos termos do artigo 10, e o artigo 9º sobre a tipificação do enriquecimento ilícito. Por seu turno, o artigo 11 estabelece a meta de buscar, num desenvolvimento progressivo, harmonizar as legislações pelo estabelecimento de determinadas tipificações. Tal como a Convenção da ONU, o artigo 12 prevê que o ato de corrupção não precisa gerar prejuízo aos cofres públicos. Extradição, assistência, cooperação, medidas sobre bens e sigilo bancário são abordados em temas genéricos dos artigos 13 a 16 no mesmo linear da regulamentação da Organização das Nações Unidas. O artigo 18 aborda o papel de autoridades centrais na assistência e na cooperação internacionais. Por sua feita, os artigos que o seguem possuem caráter de formalização convencional.

Merece destaque a previsão do artigo 17: "Para os fins previstos nos artigos XIII, XIV, XV e XVI desta Convenção, o fato de os bens provenientes do ato de corrupção terem sido destinados a finalidades políticas ou a alegação de que um ato de corrupção foi cometido por motivações ou finalidades políticas não serão suficientes, por si só, para considerá-lo como delito político ou como delito comum vinculado a um delito político".

Nota-se a preocupação – tanto no âmbito internacional quanto no interamericano – com a questão da corrupção, atentatória à probidade administrativa e causadora de inúmeros prejuízos ao interesse coletivo, a qual se reflete **no ordenamento jurídico brasileiro**, tanto pela criminalização de atos quanto pela Lei de Improbidade Administrativa – Lei nº 8.429/1992.

4 SINOPSE DO CAPÍTULO

Atenta-se para o fato que a sinopse abaixo não exclui a necessidade de leitura de todo o capítulo. A seguir, apenas são **condensadas** algumas das principais informações extraídas da análise dos Direitos Humanos em Espécie caso o leitor procure uma **compreensão sistematizada** do conteúdo trabalhado nesta terceira parte do Manual.

1 PRIMEIRA ESPÉCIE DE DIREITOS HUMANOS: DIREITOS CIVIS E POLÍTICOS

1.1 Direito à vida

- *Conceito e duplo aspecto:* a vida humana é o centro gravitacional em torno do qual orbitam todos os direitos da pessoa humana, possuindo reflexos jurídicos, políticos, econômicos, morais e religiosos. Daí existir uma dificuldade em conceituar o vocábulo *vida*, algo que certamente vai muito além da mera concepção de existência física. Logo, tudo aquilo que uma pessoa possui deixa de ter valor ou sentido se ela perde a vida. Sendo assim, a vida é o bem principal de qualquer pessoa, é o primeiro valor moral inerente a todos os seres humanos. Isto posto, o direito à vida tem um duplo aspecto: *a)* direito de nascer/permanecer vivo; *b)* direito de viver com dignidade.

- *Pena de morte: restrições no sistema internacional e no sistema interamericano:* a pena de morte já foi abolida na maioria dos países do globo que participam da sociedade internacional. A tendência é que os casos em que ela é aceita sejam cada vez mais escassos. Tomando o teor do que o Pacto Internacional dos Direitos Civis e Políticos estabelece em seu artigo 6º, extrai-se que: *a)* a vida não pode ser privada de maneira arbitrária, de forma que mesmo nos casos em que for aceita a pena de morte é preciso garantir o devido processo legal formal e material para que sua aplicação seja válida; *b)* a preservação do direito à vida envolve a abolição da pena de morte o máximo possível; *c)* nos países que não abolirem tal pena, ela se restringe aos crimes mais graves; *d)* é preciso sentença transitada em julgado (irrecorrível) e proferida por tribunal competente; *e)* aceita-se em todos os casos de condenação a pena de morte a anistia, o indulto e a comutação da pena (conversão da pena de morte por uma privativa de liberdade ou diversa); *f)* deve ser respeitada a idade mínima de 18 anos do condenado; *g)* não pode ser aplicada a mulheres grávidas, obviamente porque o feto não deve perder a vida somente porque quem o carrega deve. Há tratados pela abolição da pena de morte, destacando-se, notadamente, no âmbito global, o Segundo Protocolo Adicional ao Pacto Internacional sobre os Direitos Civis e Políticos com vista à Abolição da Pena de Morte, de 15 de Dezembro de 1989, aprovado pelo Legislativo brasileiro em 16 de junho de 2009, e no âmbito interamericano o Protocolo à CADH referente à abolição da pena de morte de 8 de junho de 1990, promulgado pelo Brasil em 27 de agosto de 1998. O posicionamento das Nações Unidas sobre quais seriam os crimes puníveis com a pena capital é bastante coerente com sua tendência de total abolição da pena. Sendo assim, não existe um livre arbítrio conferido aos Estados para determinarem o que são estes crimes graves. A Organização das Nações Unidas, por seus porta-vozes, tem declarado que a pena de morte para crimes relacionados a drogas é contrária à jurisprudência internacional. Por isso mesmo, também, órgãos de julgamento como o Tribunal Penal Internacional, criado no âmbito da Organização, não tem a pena de morte entre as cabíveis. Assim, crimes graves seriam apenas os de genocídio, homicídio e correlatos.

- *Genocídio:* considera-se genocídio, nos termos do artigo 2º da Convenção sobre a Prevenção e a Punição do Crime de Genocídio: *a)* assassinato de membros do grupo; *b)* dano grave à integridade física ou mental de membros do grupo; c) submissão intencional do grupo a condições de existência que lhe ocasionem a destruição física total ou parcial; *d)* medidas destinadas a impedir os nascimentos no seio do grupo; *e)* transferência forçada de menores do grupo para outro.

- *Eutanásia:* em termos de direito internacional, não há um documento específico sobre a eutanásia, ficando a questão mais no âmbito interno. Há países em que ela é permitida por lei, como Holanda, Bélgica e em alguns Estados federados dos Estados Unidos da América. Ademais, lembra-se que a Organização das Nações Unidas, por seus órgãos, não chegou a afirmar que a eutanásia seria um direito humano, da mesma maneira como não se posiciona no sentido de que os países que autorizam este tipo de prática cometem violação de direitos humanos, apenas possuindo receio quanto à transformação da eutanásia numa prática rotineira e com critérios questionáveis.

- *Direito ao nascimento com vida:* a Convenção Americana dos Direitos Humanos traz, no § 1º do artigo 4º, uma ampliação do direito à vida, estendendo-o à concepção. Assim, o marco do direito à vida no âmbito da OEA é o direito à concepção. Menção semelhante não existe no âmbito da Organização das Nações Unidas, que se atém a proteger o direito à vida de forma genérica ou por outros focos, o que não significa que se possa afirmar um direito ao aborto. Contudo, é importante notar que países que permitem a realização do aborto não cometem, a rigor, violação de direitos humanos perante a sociedade internacional. Afinal, os documentos internacionais conferem liberdade aos países para determinarem o marco inicial a partir do qual o direito à vida deve ser assegurado. Com alguma regularidade, a Organização das Nações Unidas divulga relatórios sobre a política global de aborto, analisando caso a caso as situações dos Estados-partes. No geral, percebe-se uma crítica aos países que não autorizam o aborto eugênico, notadamente fundamentado em anencefalia, bem como aos países que não autorizem a prática quando a gravidez decorra de violência sexual. De maneira unânime, por seu turno, a Organização firma o entendimento de que o aborto deve ser visto além da perspectiva criminal, observando-se fatores sociais e culturais, bem como conferindo-se a devida atenção à questão sanitária.

- *Integridade física, psíquica e moral e vedação à experimentação humana:* a integridade humana é protegida numa tríplice esfera: *a) física* (envolvendo aspectos exteriores ao corpo e detectáveis objetivamente); *b) psíquica* (no que tange a questões sobre o raciocínio e a lógica que repousam no cérebro humano); e *c) moral* (conceito amplo que abrange inclusive questões espirituais e sentimentais).

- *Vedação à tortura:* há uma preocupação especial da comunidade internacional de vedar práticas de tortura. Neste sentido, na esfera das Nações Unidas, tem-se a Declaração sobre a Proteção de Todas as Pessoas contra a Tortura e Outras Penas ou Tratamentos Cruéis, Desumanos ou Degradantes, adotada pela Assembleia Geral em 9 de dezembro de 1975, e a Convenção contra a Tortura e Outras Penas ou Tratamentos Cruéis, Desumanos ou Degradantes, adotada pela Assembleia Geral em 10 de dezembro de 1984 e ratificada pelo Brasil em 28 de setembro de 1989 (vide, também, Decreto de promulgação nº 40/1991). No âmbito interamericano, destaca-se a Convenção Interamericana para Prevenir e Punir a Tortura adotada pela Assembleia Geral da Organização dos Estados Americanos em 9 de dezembro de 1985 e ratificada pelo Brasil em 20 de julho de 1989 (vide, também, Decreto de promulgação nº 98.386, de nove de dezembro de 1989). No âmbito do Brasil, destaca-se a Lei nº 12.847, de 02 de agosto de 2013, que dentre outras coisas institui o Sistema Nacional de Prevenção e Combate à Tortura.

- *Subsistência com dignidade:* a subsistência com dignidade enquanto faceta do direito à vida aparece interligada à realização da segunda dimensão de direitos humanos, quais sejam os direitos tipicamente sociais. Afinal, sem o esforço estatal em promover progressivamente a igualdade material entre os seus cidadãos, fica difícil promover a subsistência digna a todos eles, pois muitos não possuem condições de o fazerem sem um tratamento diferenciado. No âmbito interno a dignidade humana é o elemento mais forte que a Constituição Federal consagra a um ser humano, apesar de independer desta consagração constitucional para que o ser humano tenha o direito à existência digna.

1.2 Direito à liberdade

- *Conceito e duplo sentido:* a liberdade é o direito primário que permite o exercício da autonomia individual e, por consequência, o desenvolvimento da própria individualidade e personalidade. Trata-se da primeira categoria de direitos que foi reclamada no âmbito internacional, assim como a primeira a ser reconhecida. A liberdade possui dois sentidos: *a)* pela liberdade *negativa*, a pessoa tem liberdade se não interferirem nas suas atividades, ou seja, se não for coagida; *b)* pela liberdade *positiva* não há verdadeira liberdade se não é possível viver a própria vida como se queira.

- *Liberdade de pensamento:* a liberdade de pensamento, que também pode ser chamada de liberdade de opinião, é considerada pela doutrina como a liberdade primária, eis que é ponto de partida de todas as outras, e deve ser entendida como a liberdade da pessoa adotar determinada atitude intelectual ou não, de tomar a opinião pública que crê verdadeira.
- *Liberdade de expressão:* a liberdade de expressão pode ser vista sob diversos enfoques, como o da liberdade de comunicação, ou liberdade de informação, que consiste em um conjunto de direitos, formas, processos e veículos que viabilizam a coordenação livre da criação, expressão e difusão da informação e do pensamento. Contudo, a manifestação do pensamento não pode ocorrer de forma ilimitada. Documentos internacionais tratam também da limitação ao direito de liberdade de expressão. Na terceira parte do artigo 19 do Pacto Internacional de Direitos Civis e Políticos tem-se que o exercício do direito em estudo implicará deveres e responsabilidades especiais. Por isso, poderá estar sujeito a certas restrições, que devem, entretanto, ser expressamente previstas em lei e se mostrarem necessárias para assegurar o respeito dos direitos e da reputação das demais pessoas ou proteger a segurança nacional, a ordem, a saúde ou a moral pública. Já o artigo 13 da Convenção Americana sobre Direitos Humanos não só reforça o conteúdo do Pacto, como o aprofunda. Primeiro, ao vedar a censura prévia, que seria o impedimento da manifestação da liberdade de pensamento, embora não se impeça a responsabilização posterior caso o conteúdo divulgado ofenda algum dos limites de interesse público ou interesse de terceiro, em como se aceite a censura prévia no caso de espetáculos públicos com fins de preservação do interesse social. Depois, ao vedar o controle indireto, notadamente pela manipulação de meios de comunicação. Lembra-se, por fim, que no campo da liberdade de expressão assumem relevância as relatorias especiais feitas tanto pela Organização das Nações Unidas quanto pela Organização dos Estados Americanos, ressaltando as principais preocupações no que tange ao exercício deste direito.
- *Liberdade de informação:* a liberdade de informação encontra previsão no artigo XIX da Declaração Universal dos Direitos Humanos, no sentido de liberdade de procurar e receber informações e ideias por quaisquer meios, independente de fronteiras, sem interferência. O artigo 19 do Pacto Internacional dos Direitos Civis e Políticos também tem este conteúdo, trazendo ainda que tal direito gera responsabilidades especiais, notadamente os direitos de terceiros e o interesse público. O artigo 13 da Convenção Americana sobre Direitos Humanos segue a mesma diretriz, assim como o artigo IV da Declaração Americana na primeira parte (utilizando a nomenclatura liberdade de investigação). No ordenamento brasileiro, como decorrência do direito constitucional à informação, há se lembrar do chamado "*direito ao esquecimento*", tese que já encontra guarida no direito estrangeiro (notadamente o norte-americano e o alemão) e no direito internacional dos direitos humanos, e que somente mais recentemente começa a fincar raízes no ordenamento pátrio.
- *Direitos comunicativos:* em linhas gerais, os direitos comunicativos abrangem o direito de se expressar perante a sociedade, formulando proposições de razões válidas em contraponto com razões distintas manifestadas pelos demais de forma democrática. Como a razão do outro pode estar correta, é necessário agir num dever comunicativo, abrindo-se de forma democrática e franca à manifestação das razões do outro. Somente pela interação comunicativa seria possível alcançar um maior grau de democratização das decisões tomadas no seio da sociedade. Com efeito, a essência do agir comunicativo está em não somente lutar pelos seus direitos comunicativos, mas em reconhecer os direitos comunicativos do outro e se abrir ao debate no espaço público. Neste sentido, a *Internet* tem se mostrado um espaço bastante propício a estas perspectivas de agir comunicativo idealizadas por Jürgen Habermas.
- *Desaparecimento forçado:* o desaparecimento forçado é uma prática que resulta de uma reação de autoridades governamentais arbitrárias às atitudes de procurar, receber e transmitir informações por parte da vítima. Sendo assim, com a intenção de silenciá-la, praticam contra ela detenção arbitrária e ilegal, não registrada nos arquivos públicos, e nos casos mais graves assassinato e ocultação de cadáver, deixando os familiares à mercê quanto ao conhecimento de estar a vítima viva ou morta e das reais causas que levaram ao falecimento. A Organização das Nações Unidas manifesta preocupação com relação às práticas de desaparecimento forçado, notadamente, na Declaração sobre a Proteção de Todas as Pessoas contra os Desaparecimentos Forçados, adotada

pela Assembleia Geral (Resolução nº 47/133, de 18 de dezembro de 1992), e na Convenção Internacional para a Proteção de Todas as Pessoas contra os Desaparecimentos Forçados, adotada em 20 de dezembro de 2006 pela Assembleia Geral, promulgada no Brasil em 11 de maio de 2016 pelo Decreto nº 8.767. No âmbito interamericano, o desaparecimento forçado está regulamentado na Convenção Interamericana sobre o Desaparecimento Forçado de Pessoas, adotada em Belém do Pará em 9 de junho de 1994, promulgada no Brasil pelo Decreto nº 8.766, de 11 de maio de 2016 (no geral, o conteúdo é bastante semelhante ao da disciplina internacional, repetindo-se dispositivos da Declaração e da Convenção da ONU).

- *Liberdade de religião:* o artigo XVIII da Declaração Universal de Direitos Humanos trata da liberdade de religião ao prever que toda pessoa tem direito à liberdade de consciência e religião, o que inclui a liberdade de mudar de religião ou crença e a liberdade de manifestar essa religião ou crença, pelo ensino, pela prática, pelo culto e pela observância, isolada ou coletivamente, em público ou em particular. No mesmo sentido, é o primeiro parágrafo do artigo 18 do Pacto Internacional de Direitos Civis e Políticos, o artigo II da Declaração Americana, e o artigo 12 da Convenção Americana sobre Direitos Humanos. Liberdade de religião, em termos de direitos humanos, pode ser definida como a possibilidade de adotar qualquer religião ou crença e de manifestá-la (liberdade de expressão religiosa), por formas como ensino, prática, culto e observância, isolada ou em grupo, perante o público ou em particular. O exercício da liberdade de religião limita-se à proteção da saúde, da segurança, da ordem e da moral públicas (interesse público), além dos direitos e liberdades das demais pessoas (por exemplo, privacidade, intimidade, honra, imagem, sossego). Em termos de normativa específica, destaca-se a Declaração sobre a Eliminação de Todas as Formas de Intolerância e de Discriminação baseadas em Religião ou Crença, adotada pela Assembleia Geral pela Resolução nº 36/55, de 25 de novembro de 1981. Na Declaração se lembra a relação entre a liberdade de expressão e demais liberdades como a de associação e de expressão e reforça que discriminações neste campo são altamente atentatórias aos direitos humanos.
- *Liberdade de associação e de reunião:* liberdade de associação e de reunião é a liberdade de reunir-se em grupo, manifestando em conjunto um pensamento ou ideário, ou mesmo defendendo interesses em comum. Embora seja possível estabelecer um conceito comum genérico, a liberdade de associação difere-se da de reunião por sua perenidade, isto é, enquanto a liberdade de reunião é exercida de forma sazonal, eventual, a liberdade de associação implica na formação de um grupo organizado que se mantém por um período de tempo considerável, dotado de estrutura e organização próprias. Nos termos do artigo XX da Declaração Universal de 1948, toda pessoa tem direito à liberdade de reunião e associação pacíficas, direito ao qual ninguém pode ser obrigado. Logo, a liberdade de associar-se envolve também a liberdade de deixar de fazê-lo. Tanto o artigo 21 do Pacto Internacional de Direitos Civis e Políticos quanto o artigo 15 da Convenção Americana sobre Direitos Humanos delimitam o direito de reunião com pequenas variações semânticas, reconhecendo-o desde que exercido de forma pacífica e sem armas, cabendo somente as restrições legais e necessárias, em uma sociedade democrática, ao interesse da segurança nacional, da segurança ou ordem públicas, ou para proteger a saúde ou a moral públicas ou os direitos e as liberdades das demais pessoas. Sentido semelhante e um pouco menos abrangente segue o artigo XXII da Declaração Americana.
- *Liberdade de trabalho:* a liberdade de trabalho envolve a vedação da escravidão e da servidão em todas as suas formas. O trabalho escravo não se confunde com o trabalho servil. A escravidão é a propriedade plena de um homem sobre o outro. Consiste na utilização, em proveito próprio, do trabalho alheio. Os escravos eram considerados seres humanos sem personalidade, mérito ou valor. A servidão, por seu turno, é uma alienação relativa da liberdade de trabalho através de um pacto de prestação de serviços ou de uma ligação absoluta do trabalhador à terra, já que a servidão era uma instituição típica das sociedades feudais. A servidão representava a espinha dorsal do feudalismo. O servo pagava ao senhor feudal uma taxa altíssima pela utilização do solo, que superava a metade da colheita. A escravidão e a servidão são a forma mais vil de desrespeito à racionalidade e à dignidade do ser humano, pois implicam em aceitar a premissa de que existem seres humanos inferiores, e, por isso, submissos a outros. Considerada a normativa específica da

Organização das Nações Unidas, a Convenção Suplementar sobre a Abolição da Escravatura, do Tráfico de Escravos e das Instituições e Práticas Análogas à Escravatura foi adotada em Genebra em 7 de setembro de 1956, promulgada no Brasil pelo Decreto Presidencial nº 58.563, de 1º de junho de 1966. Também a Organização Internacional do Trabalho fez emanar disciplina relevante no tema da proibição da escravidão e da servidão pela sua Convenção nº 105, de 25 de junho de 1957, concernente à abolição do trabalho forçado.

- *Tráfico internacional de pessoas:* As causas que podem levar à prática de tráfico são as mais diversas, desde pretensão de extração de órgãos, venda de crianças a famílias sem fertilidade e, principalmente, finalidade sexual (impondo-se à vítima a prática de prostituição). No âmbito da Organização das Nações Unidas, as disciplinas que merecem maior destaque são dois protocolos à Convenção das Nações Unidas contra o Crime Organizado Transnacional: o primeiro, assinado em 15 de novembro de 2000 e promulgado no Brasil pelo Decreto nº 5.016 de 12 de março de 2004, relativo ao Combate ao Tráfico de Migrantes por Via Terrestre, Marítima e Aérea; o segundo, também assinado em 15 de novembro de 2000 e promulgado no Brasil pelo Decreto nº 5.017 de 12 de março de 2004, contra o Crime Organizado Transnacional Relativo à Prevenção, Repressão e Punição do Tráfico de Pessoas, em Especial Mulheres e Crianças. Na esfera interamericana, a preocupação acaba refletindo a normativa da Organização das Nações Unidas, havendo algumas resoluções da Assembleia Geral da Organização dos Estados Americanos. Neste sentido, as seguintes resoluções: AG/RES nº 2.486 (XXXIX-O/09) e AG/RES nº 2.432 (XXXVIII-O/08) sobre prevenção e erradicação da exploração sexual de mulheres e crianças; e AG/RES nº 2118 (XXXV-O/05) e AG/RES nº 1948 (XXXIII-O/03) sobre o combate ao delito de tráfico de pessoas. Por seu turno, há a Convenção Interamericana sobre Tráfico Internacional de Menores, assinada na Cidade do México em 18 de março de 1994, promulgada no Brasil em 20 de agosto de 1998, através do Decreto nº 2.740.

- *Liberdade de locomoção e de residência:* prevê o artigo XIII da Declaração Universal que toda pessoa tem direito à liberdade de locomoção e residência dentro das fronteiras de cada Estado, o que envolve o direito de deixar o território de qualquer Estado e de ingressar no de seu próprio Estado. Nota-se que a liberdade de locomoção não envolve o direito de entrar em qualquer país, mas apenas de sair de qualquer país e de regressar ao seu próprio país. Sentido semelhante possui o artigo VIII da Declaração Americana. O artigo 12 do Pacto Internacional de Direitos Civis e Políticos trata da liberdade de locomoção e de residência, assim como o artigo 22 da Convenção Americana sobre Direitos Humanos.

1.3 Direito à igualdade: direitos humanos das minorias e grupos vulneráveis – discriminação e ações afirmativas

- *Duplo sentido do direito à igualdade:* o direito à igualdade possui dois sentidos notáveis: *a)* o de *igualdade perante a lei*, referindo-se à aplicação uniforme da lei a todas as pessoas que vivem em sociedade; e *b)* o de *igualdade material*, correspondendo à necessidade de discriminações positivas com relação a grupos vulneráveis e minorias da sociedade, em contraponto à igualdade formal.

- *Igualdade material:* a construção do direito de igualdade em sua faceta material encontra substrato no denominado *sistema especial de proteção aos direitos humanos*. As normas que constam no *sistema geral de proteção aos direitos humanos* voltam-se ao sujeito de direito genérica e abstratamente concebido como pessoa humana – basta ser humano para ter aqueles direitos ali afirmados. No entanto, diante da percepção de que nem todos os sujeitos de direito conseguem exercer de maneira efetiva os direitos previstos na normativa geral, surge uma preocupação em proteger aqueles que se encontram numa posição de desvantagem na sociedade. As pessoas que se encontram em posição de desvantagem na sociedade podem ser classificadas como *grupos vulneráveis e/ou minorias*. Nesta linha de raciocínio, cria-se um sistema especial, o qual é composto por normativas voltadas à proteção de pessoas que tenham sido marginalizadas da sociedade, por motivos históricos, sociais, culturais, econômicos ou outros.

- *Ações afirmativas:* as providências tomadas em prol da inclusão social, usualmente, são as denominadas *ações afirmativas* que, basicamente, consistem em políticas e programas governamentais voltados a grupos específicos de pessoas. Se adotado um rigor teórico do princípio da igualdade em sua concepção original – exclusivamente formal – não há dúvidas de que são discriminatórias e, portanto, atentatórias aos direitos humanos. *No entanto*, a concepção material da igualdade conduz invariavelmente à percepção de que existem discriminações positivas e negativas. Aquelas discriminações que são atentatórias e ofensivas aos direitos humanos, que humilham, que marginalizam, que ofendem a dignidade da pessoa humana, podem ser ditas negativas. Contudo, discriminações que visam promover a inclusão social e permitir que a pessoa seja retirada da margem da sociedade são positivas, logo, são compatíveis com os direitos humanos. A normativa internacional de proteção dos direitos humanos do sistema especial irá afirmar a validade das discriminações positivas, reforçando o caráter *excepcional* e *temporário* das medidas, que devem ser adotadas até que se atinja o ideal social de igualdade concebido, acelerando um processo que se daria muito lentamente caso ocorresse sem qualquer ação estatal.

- *Proteção das mulheres:* o artigo II da Declaração Universal de Direitos Humanos de 1948 veda distinções de qualquer espécie, inclusive de sexo; e o Pacto Internacional dos Direitos Civis e Políticos traz no artigo 3º a igualdade entre homens e mulheres e no artigo 26 a necessidade de proteção eficaz contra discriminações de sexo. Não obstante, o artigo 1º da Convenção Americana veda a discriminação em razão de sexo. Ainda, a fragilidade feminina é reconhecida notadamente na Declaração da ONU sobre a Eliminação da Discriminação contra as Mulheres, de 7 de novembro de 1967; na Convenção da ONU sobre a Eliminação de Todas as Formas de Discriminação contra a Mulher, de 18 de dezembro de 1979; e na Convenção Interamericana para Prevenir, Punir e Erradicar a Violência contra a Mulher, de 9 de junho de 1994. Noutro aspecto, a temática da igualdade entre sexos e valorização da mulher é galgada pelas Nações Unidas como um entre oito dos Objetivos do Milênio, que foram fixados a partir da Declaração do Milênio das Nações Unidas, adotada em 8 de setembro de 2000. Ressalta-se que a Convenção sobre a Eliminação de todas as formas de Discriminação contra a Mulher enfrenta o paradoxo de ser o instrumento que recebeu o maior número de reservas formuladas pelos Estados, dentre os tratados internacionais de direitos humanos. Um universo significativo de reservas concentrou-se na cláusula relativa à igualdade entre homens e mulheres na família. Tais reservas foram justificadas com base em argumentos de ordem religiosa, cultural ou mesmo legal, havendo países (como Bangladesh e Egito) que acusaram o Comitê sobre a Eliminação da Discriminação contra a Mulher de praticar "imperialismo cultural e intolerância religiosa", ao impor-lhes a visão de igualdade entre homens e mulheres, inclusive na família. Isso reforça o quanto a implementação dos direitos humanos das mulheres está condicionada à dicotomia entre os espaços público e privado, que, em muitas sociedades, confina a mulher ao espaço exclusivamente doméstico da casa e da família. *No Brasil*, uma grande vitória das mulheres na busca de proteção foi a decisão da Comissão Interamericana de Direitos Humanos que reconheceu a violação do direito feminino de proteção contra a violência doméstica e familiar, diante dos fatos que cercaram o caso de Maria da Penha. A decisão no âmbito regional gerou a aprovação, no plano nacional, da Lei nº 11.340, de 07 de agosto de 2006, que cria mecanismos para coibir a violência doméstica e familiar contra a mulher. Merece destaque, por fim, a Lei nº 13.104/2015, que passa a prever o feminicídio como circunstância qualificadora do crime de homicídio.

- *Proteção das crianças:* frisa-se que, *em termos genéricos*, o artigo 24 do Pacto Internacional dos Direitos Civis e Políticos prevê que toda criança tem direito, sem discriminação de qualquer natureza, às medidas de proteção que a sua condição de menor requerer por parte de sua família, da sociedade e do Estado; ao passo que o artigo 19 da Convenção Americana sobre Direitos Humanos trata dos direitos da criança no sentido de que toda criança terá direito às medidas de proteção que a sua condição de menor requer, também por parte dos três entes mencionados. Isso sem falar na especial proteção à infância conferida pela Declaração Universal. *Em termos específicos*, há instrumentos internacionais voltados à proteção dos direitos da criança no âmbito das Nações Unidas, quais sejam a Declaração dos Direitos da Criança de 20 de novembro de 1959, e a Convenção sobre os Direitos da Criança 20 de novembro de 1989, confirmada no Brasil pelo Decreto Legislativo nº 28, de 14 de setembro de 1990 (e promulgada pelo Decreto nº 99.710/1990). Por fim, reduzir a mortalidade infantil é um entre oito dos Objetivos do Milênio, que foram fixados a partir da Declaração do Milênio das Nações Unidas, adotada em 8 de setembro de 2000, exteriorizando uma prática das Nações Unidas para atender aos seus propósitos.

- *Proteção das pessoas com deficiência:* no âmbito internacional quatro documentos merecem destaque, quais sejam, *Declaração das Nações Unidas sobre os Direitos das Pessoas com Deficiência*, de 9 de dezembro de 1975 (primeiro documento); complementada pela *Convenção Internacional sobre os Direitos das Pessoas com Deficiência* e seu *Protocolo Facultativo*, assinados em Nova York, em 30 de março de 2007, e promulgados pelo Decreto nº 6.949 de 25 de agosto de 2009 (estes dois com "*status*" de EC no ordenamento brasileiro) (segundo e terceiro documentos); e a *Convenção Interamericana para a Eliminação de Todas as Formas de Discriminação contra as Pessoas Portadoras de Deficiência*, assinada na Guatemala, em 28 de maio de 1999, promulgada no Brasil pelo Decreto nº 3.956 de 8 de outubro de 2001 (quarto documento). Ademais, ainda no campo dos direitos da pessoa com deficiência, urge mencionar importante inovação: o *Tratado de Marraqueche para facilitar o acesso a obras publicadas às pessoas cegas, com deficiência visual ou com outras dificuldades para ter acesso ao texto impresso*, que foi assinado no âmbito da Organização Mundial de Propriedade Intelectual, tem agora, oficialmente, o "*status*" de tratado internacional de direitos humanos internalizado na forma do art. 5º, § 3º, CF. Muito embora já tivesse sido ele aprovado pelo Congresso Nacional brasileiro pelo Decreto Legislativo nº 261/2015 com quórum de votação de equivalência à emenda constitucional, somente em outubro de 2018, por força do Decreto nº 9.522, seu processo de internalização foi concluído, ganhando, então, oficialmente falando, o "*status*" de tratado de direitos humanos equivalente à emenda constitucional. Portanto, é preciso atualizar-se no sentido de que, se antes eram dois os documentos internalizados na forma do art. 5º, § 3º (Convenção de Nova York + seu Protocolo Facultativo), agora são três, pois a estes dois devemos acrescer o Tratado de Marraqueche.

- *Proteção dos idosos:* os idosos costumam ser afastados do convívio social na medida em que adquirem mais dificuldades de saúde, naturais ao processo de envelhecimento. A lógica da "descartabilidade" do ser humano e da produtividade em massa que teima em persistir na sociedade leva à intensificação deste movimento de rejeição, cabendo ao Direito assumir uma postura de promoção da igualdade material dos idosos, por medidas judiciais, legislativas e executivas pertinentes. No plano da proteção internacional e regional dos direitos humanos deste grupo de pessoas, já ocorreu algum avanço, mas este é ainda distante e incipiente se comparado ao sistema de proteção de outros grupos vulneráveis específicos, como mulheres e pessoas com deficiência. Destaca-se, neste contexto, como ponto positivo, a recente Convenção Interamericana sobre a Proteção dos Direitos Humanos dos Idosos, aprovada em 15 de junho de 2015 no âmbito da OEA. Em relação à *normativa brasileira*, destaca-se o Estatuto do Idoso (Lei nº 10.741/2003).

- *Proteção dos indígenas:* é preciso respeitar as diferenças culturais entre a sociedade civilizada e os povos indígenas, não os obrigando a adotar o mesmo padrão de comportamento que ela. Afinal, deste modo é possível garantir a preservação do patrimônio cultural da humanidade. Neste sentido, tem-se a Convenção sobre a Proteção e Promoção da Diversidade das Expressões Culturais de 20 de outubro de 2005, a qual foi promulgada no Brasil mediante o Decreto nº 6.177, de 1º de agosto de 2007. Ciente deste contexto de necessária proteção da cultura e do povo indígena, a ONU desenvolve uma preocupação específica quanto à proteção deste grupo vulnerável, podendo-se falar na Declaração das Nações Unidas sobre os Direitos dos Povos Indígenas, aprovada pela Assembleia da ONU em 07 de setembro de 2007. Ademais, a OIT, vinculada ao sistema da ONU, traz em sua Convenção nº 169 – de 27 de junho de 1989 – sobre Povos Indígenas e Tribais regulamentações sobre a obtenção de renda e meios para a subsistência destes povos, além de colacionar questões gerais e sobre a propriedade de terras (o Brasil promulgou este documento pelo Decreto nº 5.051/2004). Ainda no âmbito das Nações Unidas, merece atenção a realização da Conferência Mundial sobre os Povos Indígenas, cujo documento final foi aprovado em 22 de setembro de 2014, reafirmando-se o propósito descrito na Declaração analisada e na Convenção nº 169 da OIT. No âmbito interamericano, sem prejuízo de extensa jurisprudência nos órgãos de proteção como a Corte de Direitos Humanos, enfatiza-se a presença da relatoria sobre direitos dos povos indígenas conduzida pela Comissão Interamericana de Direitos Humanos, na qual já foram elaborados os seguintes informes temáticos: sobre isolamento voluntário e contato inicial nas Américas; sobre terras ancestrais e seus recursos naturais; sobre o povo Guarani e as formas contemporâneas de escravidão na Bolívia; sobre a situação dos direitos de povos indígenas nas Américas, e outros. Destaque merece ser conferido à Declaração Americana sobre os Direitos dos Povos Indígenas, de 07 de junho de 2016, aprovado pela Assembleia Geral da OEA depois de anos de debates. No Brasil, destaca-se a Lei nº 6.001/1973 ("Estatuto do Índio").

- *Proteção da diversidade sexual:* a Organização das Nações Unidas, no âmbito de seu Conselho de Direitos Humanos, tem elaborado resoluções voltadas a este grupo vulnerável, a exemplo dos Princípios de Yogyakarta, que são princípios voltados à aplicação da legislação de direitos humanos em todo o planeta em relação à diversidade sexual e à identidade de gênero, delimitando a igualitária aplicação dos direitos humanos consagrados a pessoas que se encaixem em grupos com sexualidade diferenciada (os princípios trazem direitos para as pessoas e obrigações para os Estados). Outro documento a respeito que assume relevância é a Declaração condenando violações dos direitos humanos com base na orientação sexual e na identidade de gênero, de 18 de dezembro de 2008. O Brasil estava presente quando tal Declaração foi aceita pela Assembleia Geral da ONU e votou a favor, tratando-se assim de documento corroborado pelo país no âmbito internacional. No âmbito da Organização dos Estados Americanos, já há algum tempo despontam resoluções, sendo a mais recente a Resolução nº 2.653, de 7 de junho de 2011, que condena a discriminação, os atos de violência e as violações de direitos humanos por motivo de orientação sexual e identidade de gênero. Por sua vez, a adoção da Resolução nº 2.435 sobre "Direitos Humanos, Orientação Sexual e Identidade de Gênero", de 3 de junho de 2008, é elogiada na *supra*mencionada Declaração da ONU nesta matéria. Ainda, pode-se dizer que a maior conquista no âmbito interamericano é a recente Convenção Interamericana contra Toda Forma de Discriminação e Intolerância, de 5 de junho de 2013 (ainda não incorporada ao ordenamento interno brasileiro, mas já assinada pelo Brasil), que pode ser considerado o primeiro documento internacional juridicamente vinculante a expressamente condenar a discriminação baseada em orientação sexual, identidade e expressão de gênero. Por fim, no Brasil, destaca-se a criminalização, pelo Supremo Tribunal Federal, da homofobia e da transfobia: em decisão tomada por 8 votos a 3, a Corte entendeu pela aplicação da Lei de Combate ao Racismo (Lei nº 7.716/1989) aos casos de homofobia e transfobia, até que sobrevenha comando normativo formalmente editado pelo Congresso Nacional promovendo a criminalização.

- *Vedação da discriminação e do preconceito racial e étnico:* sem prejuízo da Declaração Universal dos Direitos Humanos, da Convenção Americana sobre Direitos Humanos, e do Pacto Internacional dos Direitos Civis e Políticos, há diversos documentos internacionais específicos voltados à proteção deste grupo vulnerável, destacando-se: *a)* Declaração das Nações Unidas sobre a Eliminação de Todas as Formas de Discriminação Racial, de 20 de novembro de 1963; *b)* Convenção Internacional sobre a Eliminação de Todas as Formas de Discriminação Racial, de 21 de dezembro de 1965 (Decreto nº 65.810 de 8 de dezembro de 1969); *c)* e, mais recentemente, a Convenção Interamericana contra o Racismo, a Discriminação Racial e Formas Correlatas de Intolerância, de 5 de junho de 2013 (ainda não incorporada ao ordenamento interno brasileiro, mas já assinadas pelo Brasil). *No âmbito pátrio*, merece destaque o Estatuto da Igualdade Racial (Lei nº 12.288, de 20 de julho de 2010), destinado a garantir à população negra a efetivação da igualdade de oportunidades, a defesa dos direitos étnicos individuais, coletivos e difusos e o combate à discriminação e às demais formas de intolerância étnica.

- *População em situação de rua:* trata-se de grupo populacional que possui em comum a pobreza extrema, assim como os vínculos familiares interrompidos ou fragilizados. Seja por conta da constante – e grave – crise econômica dos tempos atuais, e/ou do déficit de moradia, e/ou tendo em vista conflitos pessoais (como questões familiares ou vícios em drogas), não se pode fechar os olhos para um problema cada vez maior nos grandes e médios centros urbanos. Em termos normativos internos, merece destaque o Decreto nº 7.053/2009, que institui a Política Nacional para a População em Situação de Rua.

1.4 Direito à segurança

- *Direito à segurança como direito individual e como direito social:* o direito à segurança encontra-se previsto tanto enquanto direito individual quanto como direito social. Na qualidade de direito social, associa-se à segurança pública, que deve ser promovida pelo Estado e buscada por toda a sociedade. Na qualidade de direito individual, liga-se à segurança do indivíduo como um todo, desde sua integridade física e mental, até a própria segurança jurídica.
- *Previsão na normativa internacional:* as menções a este direito no âmbito internacional são bastante genéricas, embora reincidentes. Tanto o artigo III da Declaração Universal dos Direitos Humanos, quanto o art. 9º do Pacto Internacional dos Direitos Civis e Políticos e o art. 7º da Convenção Americana sobre Direitos Humanos, mencionam o direito à segurança pessoal, sem muito delimitá-lo.

1.5 Direito à propriedade

- *Origem:* trata-se de clássico direito humano de primeira dimensão, tendo em vista que um dos principais motivos que desencadearam as revoluções que serviram de estopim às primeiras declarações de direitos humanos – ainda que nacionais –, quais sejam Francesa e Americana, foi o tratamento abusivo do direito à propriedade dos que não pertenciam às classes privilegiadas do clero e da nobreza.
- *Normativa internacional:* o direito à propriedade foi assegurado nos documentos internacionais de proteção dos direitos humanos. No âmbito das Nações Unidas, é feita uma menção na Declaração Universal dos Direitos Humanos, da qual se pode extrair que o direito à propriedade pode ser exercido individualmente ou em grupo e que ele não pode ser privado de forma arbitrária, isto é, que só pode ser retirado nos termos da lei. Contudo, tal documento não se aprofunda em quais seriam as condições em que seria possível privar o direito à propriedade. Na Declaração Americana, o direito de propriedade aparece associado ao direito a uma vida decente, sendo assim a propriedade um dos instrumentos que proporcionam uma existência digna. Por outro lado, a Convenção Americana sobre Direitos Humanos detalha situações em que a privação da propriedade não poderia ser considerada arbitrária. Neste sentido, o gozo deste direito pode ser limitado pelo interesse social, de forma que, como é de se esperar no modelo de um Estado Democrático de Direito fraterno, o coletivo prevaleça sobre o individual. A propósito, reforça-se que em qualquer situação a pessoa deverá receber indenização pela propriedade que está sendo extraída de sua esfera de bens.
- *Normativa nacional:* no Brasil, o ideário da Organização dos Estados Americanos é confirmado ao se exigir que a propriedade atenda à sua função social, bem como ao se assegurar a desapropriação com vistas ao interesse público.

1.6 Direito à propriedade intelectual

- *Conceito:* o direito de propriedade intelectual consiste em receber o reconhecimento moral e patrimonial por suas criações científicas, literárias ou artísticas.
- *Proteção:* para a proteção da propriedade intelectual em todas as suas esferas sem perder de vista os direitos humanos que a contrapõem, foi criada em 14 de julho de 1967, no âmbito das Nações Unidas, a Organização Mundial da Propriedade Intelectual – OMPI, com sede em Genebra, na Suíça. Ainda que faça parte da organização, o Brasil é um dos países com relacionamento internacional mais conturbado sob o aspecto do respeito à propriedade intelectual. No que diz respeito à normativa *infra*constitucional brasileira, a Lei nº 9.610/1998 regulamenta os direitos autorais, isto é, "os direitos de autor e os que lhes são conexos".

1.7 Direito à privacidade

- *Conceito:* o direito à privacidade, ao qual usualmente é referido no âmbito dos direitos humanos internacionais como proteção da vida privada, consiste em assegurar ao indivíduo uma *esfera mínima* de não ingerência em seu espaço particular, abrangendo esferas como pessoal, familiar e profissional. Toda pessoa tem direito de guardar para si determinadas informações que julgue necessárias e isto deve ser respeitado pelo Estado e pelos demais particulares.

- *Normativa internacional:* os artigos 12 da Declaração Universal de 1948, 17 do Pacto Internacional dos Direitos Civis e Políticos de 1966, V da Declaração Americana e 11 da Convenção Americana sobre Direitos Humanos de 1969, garantem a proteção da privacidade e dos bens jurídicos a ela relacionados, quais sejam, personalidade, no qual se inclui honra e dignidade, e inviolabilidade do domicílio e da correspondência.
- *Teoria das esferas:* pela "*Teoria das Esferas*" (ou "*Teoria dos Círculos Concêntricos*"), importada do direito alemão (Heinrich Hubmannn), quanto mais próxima do indivíduo, maior a proteção a ser conferida à esfera (as esferas são representadas pela intimidade, pela vida privada, e pela publicidade).

1.8 Direitos da personalidade

- *Estandartes da proteção da personalidade: a)* primeiro, o *jurídico,* pelo qual toda pessoa deve ser reconhecida como tal perante a lei; *b)* depois, o *prático,* envolvendo quais bens jurídicos formam a personalidade do indivíduo, como honra, imagem e nome; e *c)* por fim, o *formal,* garantindo-se meios de proteção para a tutela de tais bens, entre os quais se destaca o direito de resposta.
- *Proteção da personalidade jurídica:* referido direito é amparado nos artigos VI da Declaração Universal, 16 do Pacto Internacional de Direitos Civis e Políticos de 1966, XVII da Declaração Americana e 3º da Convenção Americana sobre Direitos Humanos. Consiste no direito de ser reconhecido como pessoa perante a lei. Desta forma, vedam-se discriminações legais indevidas entre uma pessoa e outra sob o aspecto do amparo de direitos e deveres.
- *Bens jurídicos protegidos: honra, imagem e nome:* o *direito à honra* pode ser dividido em honra *objetiva* e honra *subjetiva,* sendo a primeira consistente na percepção da sociedade em relação à pessoa e a segunda abrangendo a percepção de cada um sobre si mesmo. Assim, honra é não somente a maneira como a sociedade enxerga uma pessoa, mas também o modo como cada um se vê enquanto indivíduo. Ambos aspectos merecem igual proteção. O *direito à imagem* aparece tanto associado à dimensão da honra, quando a ofensa à imagem vem cumulada com uma ofensa à honra da pessoa, quanto ligado apenas à dimensão da privacidade, caso em que a ofensa à imagem não atinge a honra da pessoa, mas acaba por caracterizar ingerência indevida no campo de preservação pessoal. O *direito ao nome,* por sua vez, consiste na atribuição de um nome completo à pessoa a ser atribuído após seu nascimento. Quanto ao direito a nomes fictícios, isto é, inventados ou falsos, deve ser garantido com vistas a assegurar outros direitos da pessoa humana, por exemplo, para proteger sua integridade física.
- *Direito de resposta e outros meios de proteção:* independentemente do dano indenizável, a Convenção Americana sobre Direitos Humanos, em seu artigo 14, estabelece o principal viés da proteção legal contra violações de direitos de personalidade, qual seja, o direito de resposta. A finalidade do direito de resposta ou de retificação é a de conferir à pessoa lesada um modo de fazer com que o aspecto de sua personalidade que foi violado – geralmente a honra – volte ao *status quo ante,* isto é, retorne à percepção que tinha anteriormente à violação. No Brasil, convém mencionar a – questionável – Lei nº 13.188, de 11 de novembro de 2015, que dispõe sobre o direito de resposta ou retificação do ofendido em matéria divulgada, publicada ou transmitida por veículo de comunicação social.

1.9 Direitos de acesso à justiça

- *Normativa internacional:* a temática do acesso à justiça desperta inúmeras discussões, tanto é que foi foco da XIV Cúpula Judicial Ibero-Americana, realizada em Brasília em março de 2008, a qual resultou, dentre outros documentos, na elaboração das Regras de Brasília sobre Acesso à Justiça das Pessoas em condição de Vulnerabilidade.
- *Normativa nacional:* no ordenamento interno brasileiro, a Constituição Federal assegura como alguns direitos inerentes ao acesso à justiça: *a)* direito ao consumidor; *b)* inafastabilidade do Poder

Judiciário; c) direito de petição e direito de certidão; d) direito ao juiz natural / vedação a tribunal de exceção; e) direito ao tribunal do júri; f) direito ao devido processo legal / direito ao duplo grau de jurisdição; g) direito ao contraditório e à ampla defesa; h) inadmissibilidade de provas ilícitas; i) direito à ação penal privada subsidiária da pública; j) direito à publicidade dos atos processuais; k) direito à assistência judiciária; e l) direito à duração razoável do processo.

1.10 Direitos humanos penais: Regras Mínimas para o Tratamento dos Reclusos

- *Vedação da prisão arbitrária:* ao se estabelecer que ninguém poderá ser submetido a prisão ou detenção arbitrária, tem-se que para a restrição devida da liberdade exige-se o respeito dos requisitos legais, não somente *materiais* (no tocante aos direitos que devem ser preservados), mas também os *formais* (atendendo aos requisitos processuais e procedimentais). Tais requisitos devem ser previamente fixados em lei, ou seja, é preciso que a previsão legal das hipóteses em que a prisão ou detenção será aceita seja anterior ao ato que a motivou. Sem isto, se estaria incidindo em violação a um dos aspectos da legalidade em sentido estrito.
- *Indenização por erro judicial:* a principal consequência da prisão arbitrária é o direito à reparação, isto é, ao recebimento de indenização por parte do Estado, responsável pelo encarceramento, em retribuição aos danos materiais e morais causados pela privação da liberdade não aceita pela lei.
- *Excepcionalidade da prisão provisória:* devido ao estado de inocência que deve ser presumido em relação a cada indivíduo, fica impedida – como regra geral – a privação da liberdade antes da sentença condenatória transitada em julgado, único instrumento hábil para retirar a condição de inocência de uma pessoa. Em outras palavras, quando se prende uma pessoa antes da sentença condenatória transitada em julgado, isto é, provisória ou preventivamente, se está prendendo uma pessoa inocente. Assim, é preciso um motivo maior que justifique tal atitude por parte da autoridade estatal, que geralmente envolve o interesse público. Isto é, quando for importante para a garantia de preservação da ordem pública ou social que a pessoa fique detida antes da sentença condenatória transitada em julgado, predomina o interesse público, permitindo-se a prisão provisória. *No Brasil*, antes do advento da Lei nº 12.403/2011 – popularmente conhecida por "Nova Lei de Prisões" –, as únicas opções cabíveis na seara processual eram o aprisionamento cautelar do acusado ou a concessão de liberdade provisória, em dois extremos antagonicamente opostos que desconsideravam hipóteses em que nem a liberdade e nem o aprisionamento cautelar eram as medidas mais adequadas. Em razão disso, após o advento do aludido comando normativo, inúmeras opções são conferidas no vácuo deixado entre o claustro e a liberdade, opções estas conhecidas por "*medidas cautelares diversas da prisão*".
- *Legalidade em sentido estrito e irretroatividade da lei penal:* há se ressaltar que é feita uma relativização do princípio da legalidade estrita ao se considerar passíveis de condenação atos que, ainda que não tipificados em lei penal incriminadora específica, sejam violadores de princípios gerais assegurados pela ONU. A razão disso é evitar controvérsias para eventuais situações semelhantes à da Alemanha nazista, impedindo que se alegue que a lei *infra*constitucional nacional que não era proibitiva é capaz de impedir a condenação criminal no caso de graves violações aos direitos humanos. Da mesma forma, o momento do ato é o limite temporal para a imposição de pena mais grave. Sobrevindo lei que majore a pena de uma norma penal incriminadora, esta não se aplica aos atos anteriores à sua vigência. No entanto, o princípio da irretroatividade da lei penal somente vale para as leis penais que agravem a situação do acusado, razão pela qual usualmente é denominado princípio da irretroatividade da lei penal prejudicial ou *novatio legis in pejus*. Quanto às leis penais que sejam mais benéficas, diminuindo a pena de uma norma penal incriminadora, cabe o aproveitamento ao acusado, mesmo que ele tenha praticado o fato quando vigorava lei mais grave. Tal princípio também é denominado princípio da retroatividade da lei penal mais benéfica ou *novatio legis in mellius*.
- *Presunção de inocência:* no ordenamento brasileiro, constitucionalmente falando ninguém será considerado culpado *até o trânsito em julgado de sentença penal condenatória* (art. 5º, LVII, CF). Assim, enquanto for possível algum recurso, a presunção do acusado é de inocência (lembrando

o posicionamento vigente do STF no sentido de que após a condenação em segunda instância, já é possível o início de cumprimento da pena, o que modestamente discordamos). Interessante notar que, neste aspecto, a proteção interna (ao menos em estritos termos legais) parece ser mais abrangente que sua equivalente internacional. Seguindo-se a tônica dos dispositivos internacionais que tratam do assunto, a presunção de inocência atrela-se à prova da culpa, sem, contudo, exigir o trânsito em julgado de sentença condenatória que ateste isso. Com efeito, se trata de típico caso em que a previsão interna deve prevalecer sobre aquela exógena.

- *Não produção de provas contra si mesmo:* veda-se não só que uma pessoa seja forçada, coagida, a confessar ou a depor, mas também que não seja obrigada a permitir a utilização de sua pessoa física para a produção de provas, por exemplo, retirada forçada de seu sangue para algum teste etílico ou de DNA. Sobre o último aspecto, há maior controvérsia na interpretação, em especial quando tomada a legislação *infra*constitucional.

- *Individualização da pena:* em termos de direitos humanos declarados nos documentos gerais, não há menção expressa da individualização da pena, mas ela pode ser extraída de princípios gerais como o da personalidade da pena, o da presunção da inocência (notadamente pelo tratamento diferenciado do preso preventivo), pelo contraditório e ampla defesa (ao se permitir que a pessoa produza tantas provas quanto necessárias para detalhar o ocorrido e obter a resposta mais justa possível do Judiciário), e pelo reconhecimento de que determinados detidos merecem tratamento diferenciado. As Regras Mínimas da ONU concentram políticas de tratamento dos reclusos como indivíduos e não como massa, notadamente no momento de execução da pena.

- *Personalidade da pena:* tal princípio abrange a pena em si, mas não os efeitos civis da condenação, por exemplo, a obrigação de reparar o dano, que pode recair sobre os herdeiros, nos limites da herança.

- *Vedação do tribunal de exceção/audiência justa e imparcial:* é assegurada a todos uma audiência justa e imparcial perante tribunais e Cortes de justiça. Isso significa que todas as pessoas deverão ser tratadas com igualdade perante o Judiciário e que é preciso seguir os termos estritos da legislação no que tange à fixação da autoridade competente para julgamento, o que deve ser feito antes do ato praticado e de forma abstrata, sem perder de vista, ainda, o estabelecimento de casos de impedimento e suspeição em prol da garantia da imparcialidade. Daí se extrai, ainda, a vedação ao tribunal de exceção, o qual corresponde a um tribunal criado para julgar determinadas pessoas por certos fatos após eles terem ocorrido. Bem verdade que há relatos na história dos direitos humanos que remontam ao formato do tribunal de exceção, notadamente o Tribunal de Nuremberg, que julgou os líderes do nazismo, embora prevaleça que seu formato foi válido considerado o nível de atrocidades das atitudes praticadas pelos seus réus. Entretanto, toma-se que a regra é a da impossibilidade de criar tribunais de exceção, que violam a ideia de tribunais justos e imparciais.

- *Contraditório e ampla defesa:* por *contraditório* tem-se o direito de responder e argumentar sobre todas as acusações e provas que sejam produzidas no processo. Por sua vez, o exercício da *ampla defesa* envolve não apenas a concessão de todos os meios necessários à defesa (entre os quais se encontram provas e alegações), mas também do tempo hábil para a utilização de tais meios (por exemplo, de nada adiantaria conferir o direito de resposta e não atribuir um prazo razoável para que uma resposta completa e bem elaborada seja apresentada). Talvez, uma das principais nuances do princípio do contraditório e da ampla defesa seja o *direito à informação*, que deve ser garantido tanto quando for feita a prisão quanto como forem elaboradas acusações contra a pessoa. As informações devem ser completas, envolvendo justificativas detalhadas dos motivos que a justificaram, bem como previsão do tipo de delito imputado. Não obstante, garante-se a defesa tanto *pessoal*, apresentada pelo próprio acusado ao se defender dos fatos imputados, notadamente pela via do interrogatório e pelo comparecimento pessoal na audiência, quanto *técnica*, mediante a atribuição de defensor. Quando interrogado, o acusado não pode ser coagido a confessar ou a depor num determinado sentido. Em relação ao defensor, ele poderá ser de sua escolha ou, caso não o possua (por exemplo, porque não o designou quando deveria), nomeado de ofício e atribuído gratuitamente se não tiver condições de remunerá-lo, previsto ainda o direito de comunicação privativa e livre com ele.

- *Recurso a juiz ou tribunal competente:* em termos de direitos humanos, perante as Nações Unidas, não se pode afirmar que o duplo grau de jurisdição seja um direito, *embora o recurso o seja*, posto que cabe interposição perante juiz competente de mesmo grau, conforme a legislação interna preveja, uma vez que não há previsão no Pacto Internacional dos Direitos Civis e Políticos nem na Declaração Universal dos Direitos Humanos neste linear. Contudo, o Pacto de São José da Costa Rica *prevê o duplo grau de jurisdição* em seu artigo 8º, item 2, alínea *h*, de modo que perante a Organização dos Estados Americanos o duplo grau de jurisdição é reconhecido como um direito humano, consistente na possibilidade de recorrer da sentença penal condenatória a um juiz ou Tribunal de grau superior.
- *Revisão da sentença transitada em julgado apenas a favor do réu:* a revisão criminal, consistente na alteração de uma sentença judicial que já tenha transitado em julgado, somente é aceita para absolver um réu que tenha sido condenado, mas não para condenar um que já tenha sido absolvido. O fundamento da garantia é a segurança jurídica, a qual somente é relativizada quando um interesse maior estiver em jogo, qual seja, a liberdade do acusado.
- *Tratamento especial de determinados detidos:* a separação de categorias é prevista no item 8 das Regras Mínimas para o Tratamento dos Reclusos, dispositivo segundo o qual as diferentes categorias de reclusos serão mantidas em estabelecimentos penitenciários separados ou em diferentes zonas de um mesmo estabelecimento penitenciário, tendo em consideração o respectivo sexo, idade, antecedentes penais, justificação legal da detenção e necessidades de tratamento. Assim: *a)* na medida do possível, homens e mulheres ficarão detidos em estabelecimentos separados; *b)* nos estabelecimentos que recebam homens e mulheres, a totalidade dos locais destinados às mulheres será completamente separada; *c)* os presos preventivos serão mantidos em separado dos presos condenados; *d)* as pessoas presas por dívidas ou outros reclusos do foro civil serão mantidos em separado dos reclusos do foro criminal; e *e)* os jovens reclusos serão mantidos em separado dos adultos.
- *Tratamento especial de mulheres reclusas: Regras para o tratamento de mulheres presas e medidas não privativas de liberdade para mulheres infratoras:* não obstante o tratamento conferido pelas Regras Mínimas para o Tratamento dos Reclusos da ONU, que assegura a separação entre homens e mulheres em situações de detenção (regra nº 8), bem como a presença constante de oficial feminina no controle das chaves de estabelecimento ou setor prisional feminino e nas atividades de inspeção (regra nº 53), merecem destaque as Regras das Nações Unidas para o tratamento de mulheres presas e medidas não privativas de liberdade para mulheres infratoras, também conhecidas como Regras de Bangkok, expedidas em julho de 2010 pelo Conselho Econômico e Social da ONU. As mencionadas regras não são excludentes, devendo as Regras de Bangkok, assim, dialogarem com as Regras Mínimas para Tratamento de Reclusos.
- *Tratamento especial de menores infratores: Regras mínimas das Nações Unidas para a administração da justiça de menores:* as Regras mínimas das Nações Unidas para a administração da justiça de menores, também conhecidas como Regras de Pequim, foram adotadas pela Assembleia Geral das Nações Unidas em 1985, visando abordar a necessidade de atenção e assistência especial aos jovens infratores. Elas se aplicam não só aos delinquentes juvenis, mas também aos menores que possam ser processados por qualquer comportamento específico. Além disso, devem ser aplicadas em leitura conjunta com as Regras Mínimas para Tratamento dos Reclusos.
- *Tratamento digno quando da restrição da liberdade:* a privação da liberdade deve se dar com respeito à humanidade e à dignidade, o que envolve a não violação da integridade física, psíquica e moral para além do estritamente necessário à privação da liberdade. No mais, lembra-se que a pena tem finalidade ressocializadora, a qual só pode ser concretizada se o preso não for destruído em sua dignidade e, durante a privação da liberdade, obter o adequado acompanhamento para reintegrar-se na vida social sem cometer outros delitos. Da mesma forma, ao se vedar a tortura e outros tratamentos desumanos, cruéis ou degradantes, tem-se o impedimento de que a prisão seja suplício ou funcione como barreira à garantia de outros bens jurídicos essenciais à pessoa humana. Por fim, lembra-se da inclusão, no ordenamento brasileiro, da tese do *Estado de Coisas Inconstitucional*, importada do ordenamento colombiano, no sentido de que o sistema peniten-

ciário brasileiro, justamente por violar as mínimas condições de dignidade dos detidos, seria um *todo inconstitucional*.

• *Medidas alternativas à privação de liberdade: Regras Mínimas das Nações Unidas para a Elaboração de Medidas Não Privativas de Liberdade:* as Regras Mínimas das Nações Unidas para a Elaboração de Medidas Não Privativas de Liberdade foram aprovadas em 14 de dezembro de 1990, pela Assembleia Geral das Nações Unidas, integrando a Resolução nº 45/110, sendo também conhecidas como Regras de Tóquio. Trazem uma série de princípios básicos que visam promover o uso de medidas não privativas de liberdade, assim como garantias mínimas para os indivíduos submetidos a medidas substitutivas ao aprisionamento. Devem ser lidas em conjunto com as demais regras já expostas.

1.11 Audiência de custódia

• *Conceito:* a audiência de custódia representa a possibilidade de se levar o preso, no prazo mais urgente possível (e o prazo a que se tem feito menção é o de vinte e quatro horas) à presença da autoridade judicial, a fim de que esta delibere sobre a necessidade de manutenção da prisão em flagrante, sua conversão em prisão preventiva, a soltura condicionada ou incondicionada do indivíduo, a presença ou ausência do estado de flagrância, bem como a integridade física e moral daquele que teve sua liberdade de ir e vir restringida.

• *Proteção normativa:* trata-se de instituto absolutamente inovador no âmbito penal pátrio, muito embora esteja consagrado em documentos internacionais dos direitos humanos (artigo 9º, 3, do Pacto Internacional de Direitos Civis e Políticos, e artigo 7º, 5, da Convenção Americana de Direitos Humanos, ilustrativamente).

• *Atuação do Conselho Nacional de Justiça:* o Conselho Nacional de Justiça tem se mostrado entusiasta de tal prática, havendo, *em um primeiro momento*, acordo fixado com o Tribunal de Justiça do Estado de São Paulo para que a audiência de custódia fosse analisada em caráter experimental. Ademais, *em um segundo momento*, o Conselho Nacional de Justiça assume posição experimentalista de regulamentar algo que, por hora, somente é feito nos documentos internacionais de direitos humanos, sendo prova disso a Resolução nº 213, de 15 de dezembro de 2015 (com alterações pelas Resoluções nº 254 e nº 268, ambas de 2018), que institucionalizou a realização da audiência no âmbito judiciário pátrio ao estabelecer alguns procedimentos padronizados até então inexistentes (ressalta-se a inexistência de comando normativo típico regulamentando o instituto).

• *Importância do Poder Judiciário na proteção dos direitos humanos:* documentos internacionais de direitos humanos atribuem ao Poder Judiciário a função de analisar eventuais violações à integridade física e psicológica, bem como o natural estado de liberdade do indivíduo detido pré-cautelarmente, o que denota *confiança* e *legitimidade* à função judicante para que assim proceda. De nada adiantará a regulamentação do instituto, contudo, se não houver um *aparato estrutural* preparado para receber o contingente de pessoas envolvidas na audiência de custódia (o preso, obviamente, mas também a autoridade judicial, bem como o agente acusador e o agente defensor); se não houver *margem temporal* para que sejam elas realizadas sem "travar" as sempre críticas pautas judiciárias Brasil afora; dentre outros.

1.12 Prisão civil do devedor de alimentos

• *Proteção internacional:* enquanto o Pacto Internacional de Direitos Civis e Políticos exclui genericamente a possibilidade de uma pessoa ser presa por não cumprir obrigação contratual, a Convenção Americana sobre Direitos Humanos entra em detalhes e traz aquela que, para a OEA, é a única situação em que a prisão por dívida é aceita: quando recair sobre pensão alimentícia. Os ordenamentos constitucional e *infra*constitucional brasileiros aceitavam, além desta situação, também a do depositário infiel, o que gerou polêmicas no Poder Judiciário brasileiro até sobrevir decisão do Supremo Tribunal Federal com a consequente edição de enunciado daquilo que hoje é a súmula vinculante nº 25 vedando, enfim, a prisão do depositário infiel sob qualquer modalidade, conferindo o *status* de *supra*legalidade ao Pacto de San José da Costa Rica e consequente prevalência sobre o Decreto-Lei nº 911/1969, que autorizava tal prática.

1.13 Direitos de nacionalidade

- *Direito ao asilo e proteção dos refugiados: proteção dos direitos tipicamente humanos às questões envolvendo nacionalidade:* tem-se no âmbito dos direitos humanos internacionais a previsão do direito de asilo, consistente no direito de buscar abrigo em outro país quando naquele do qual for nacional estiver sofrendo alguma perseguição. Tal perseguição não pode ter motivos legítimos, como a prática de crimes comuns ou de atos atentatórios aos princípios das Nações Unidas, o que subverteria a própria finalidade desta proteção. Em suma, o que se pretende com o direito de asilo é evitar a consolidação de ameaças a direitos humanos de uma pessoa por parte daqueles que deveriam protegê-los – isto é, os governantes e os entes sociais como um todo –, e não proteger pessoas que justamente cometeram tais violações. Entre os tratados internacionais específicos, merece destaque a Convenção relativa ao Estatuto dos Refugiados, de 28 de julho de 1951, e seu Protocolo Facultativo, de 18 de novembro de 1967, trazendo obrigações de não discriminação e enumera direitos aos refugiados nos países em que eles se encontrem (submissão a estatuto próprio, aquisição de propriedade, fruição da propriedade intelectual, liberdade religiosa, acesso à justiça). Além do mencionado Estatuto, diversos documentos internacionais disciplinam a matéria, a exemplo da Declaração Universal de 1948, Quarta Convenção de Genebra Relativa à Proteção das Pessoas Civis em Tempo de Guerra de 1949, Convenção relativa ao Estatuto dos Apátridas de 1954, Convenção sobre a Prestação de Alimentos no Estrangeiro de 1956, Convenção sobre a Redução da Apatridia de 1961 e Declaração das Nações Unidas sobre a Concessão de Asilo Territorial de 1967. A proteção de refugiados foi estabelecida como missão principal da agência de refugiados da ONU, qual seja o *Alto Comissariado das Nações Unidas para os Refugiados (ACNUR)*, que foi constituída para assistir, entre outros, os refugiados que esperavam para retornar aos seus países de origem no final da Segunda Guerra Mundial. No âmbito interamericano, foi instaurada uma relatoria especial sobre os direitos dos migrantes pela Comissão Interamericana de Direitos Humanos, mas como é de praxe em relatorias a atuação se resume à realização de estudos e ao acompanhamento da situação nos países da América, não tomando providências materiais de proteção. O ordenamento brasileiro também trata do direito ao asilo e da proteção aos refugiados, tendo como ponto de partida o art. 4º, X, da Constituição, o qual consagra como um de seus princípios norteadores das relações internacionais a concessão de asilo político: em primeiro aspecto, chama-se a atenção para a Lei nº 13.445/2017 (nova Lei de Migração), que reconhece a proteção do asilado; por sua vez, com relação aos refugiados, tem-se a Lei nº 9.474, de 22 de julho de 1997, a qual define mecanismos para implementação do Estatuto dos Refugiados de 1951; merece destaque, por fim, no que pertine às tratativas atinentes ao refugiado no Brasil, o CONARE – Comitê Nacional para os Refugiados, órgão de deliberação coletiva e vinculado ao Ministério da Justiça.

- *Brasileiros e não brasileiros após a nova Lei de Migração (Lei nº 13.445/2017): proteção do direito constitucional às questões envolvendo nacionalidade:* a Lei de Migração (Lei nº 13.445/2017) expressamente revogou o Estatuto do Estrangeiro (Lei nº 6.815/1980). Nas primeiras três edições deste Manual de Direitos Humanos se fazia menção à proteção jurídica do estrangeiro pela Lei nº 6.815, documento muito criticado por adotar como critérios regulamentadores a soberania e a segurança nacionais, algo que foi reajustado pela Lei nº 13.445/2017, que passou a adotar como critério regulamentador a dignidade humana em seus preceitos. Sem prejuízo da Lei nº 13.445, destaque deve ser dado ao Decreto nº 9.199, de 20 de novembro de 2017, que regulamenta a Lei de Migração. Questão a ser considerada é que a nova Lei de Migração, que entrou em vigor no final de 2017 após cento e oitenta dias de *"vacatio legis"* (art. 125) modificou, também, questões relativas aos direitos da nacionalidade (notadamente casos de naturalização e perda da nacionalidade).

- *Nacionalidade originária e nacionalidade secundária:* a originária é aquela que resulta do nascimento, seja por um vínculo sanguíneo, seja por um vínculo territorial. O Estado atribui-a ao indivíduo num ato unilateral, isto é, independentemente da vontade do indivíduo. Já a secundária é aquela que decorre de uma manifestação conjunta de vontades, de modo que ao indivíduo competirá demonstrar seu interesse em adquirir a nacionalidade de um país, e ao Estado competirá decidir se aceita ou não tal indivíduo como seu nacional.

- *Polipátrida e apátrida:* o polipátrida é aquele que possui mais de uma nacionalidade, porque critérios de soberania de cada país permitem isso. Aqui há um conflito positivo de nacionalidades, já que o enquadramento do indivíduo é múltiplo. Já o apátrida, também conhecido por *"heimatlos"*, é o indivíduo sem nacionalidade alguma. Aqui há um conflito negativo de nacionalidades. A nova Lei de Migração (Lei nº 13.445/2017) disciplina, dentre outras coisas, o apátrida, e o define como a pessoa que não seja considerada como nacional por nenhum Estado, segundo a sua legislação, nos termos da Convenção sobre o Estatuto dos Apátridas, de 1954, promulgada pelo Decreto nº 4.246, de 22 de maio de 2002, ou assim reconhecida pelo Estado brasileiro.

- *São brasileiros natos: a)* os nascidos na República Federativa do Brasil, ainda que de pais estrangeiros, desde que estes não estejam a serviço de seu país (art. 12, I, "a", CF); *b)* os nascidos no estrangeiro, de pai brasileiro ou mãe brasileira, desde que qualquer deles esteja a serviço da República Federativa do Brasil (art. 12, I, "b", CF); *c)* os nascidos no estrangeiro de pai brasileiro ou mãe brasileira, desde que sejam registrados em repartição brasileira competente ou venham a residir na República Federativa do Brasil e optem, em qualquer tempo, depois de atingida a maioridade, pela nacionalidade brasileira (art. 12, I, "c", CF).

- *São brasileiros naturalizados: a)* os que, na forma da lei, adquiram a nacionalidade brasileira, exigidas aos originários dos países de língua portuguesa apenas residência por um ano ininterrupto e idoneidade moral (art. 12, II, "a", CF, que traz a naturalização ordinária); *b)* os estrangeiros de qualquer nacionalidade residentes na República Federativa do Brasil há mais de quinze anos ininterruptos e sem condenação penal, desde que requeiram a nacionalidade brasileira (art. 12, II, "b", CF, que traz a naturalização extraordinária).

- *Naturalização especial:* pelo art. 68 da nova Lei de Migração, a naturalização especial poderá ser concedida ao estrangeiro que se encontre em uma das seguintes situações: seja cônjuge ou companheiro, há mais de cinco anos, de integrante do Serviço Exterior Brasileiro em atividade ou de pessoa a serviço do Estado brasileiro no exterior (inciso I); ou seja ou tenha sido empregado em missão diplomática ou em repartição consular do Brasil por mais de dez anos ininterruptos (inciso II). Pelo art. 69 da nova Lei, são requisitos para a concessão da naturalização especial ter capacidade civil, segundo a lei brasileira (inciso I); comunicar-se em língua portuguesa, consideradas as condições do naturalizando (inciso II); bem como não possuir condenação penal ou estar reabilitado, nos termos da lei (inciso III).

- *Naturalização provisória:* pelo art. 70 da nova Lei de Migração, a naturalização provisória poderá ser concedida ao migrante criança ou adolescente que tenha fixado residência em território nacional antes de completar dez anos de idade e deverá ser requerida por intermédio de seu representante legal. Tal naturalização será convertida em definitiva se o naturalizando expressamente assim o requerer no prazo de dois anos após atingir a maioridade.

- *Extradição:* a extradição é a medida de cooperação internacional entre o Estado brasileiro e outro Estado pela qual se concede ou solicita a entrega de pessoa sobre quem recaia condenação criminal definitiva ou para fins de instrução de processo penal em curso. Sua regulamentação está, na nova Lei de Migração (Lei nº 13.445/2017), entre os arts. 81 e 99 (acordos de extradição também podem disciplinar a questão). O Brasil, sob hipótese alguma, extraditará brasileiros natos. Quanto aos naturalizados, somente o serão caso tenham praticado crimes comuns (exceto crimes políticos e/ou de opinião) antes da naturalização, ou, mesmo depois da naturalização, em caso de envolvimento com o tráfico ilícito de entorpecentes (art. 5º, LI, CF e art. 82, § 5º, da Lei nº 13.445/2017). *Alguns princípios aplicáveis: a)* Princípio da Especialidade; b) Princípio da Dupla Punibilidade; *c)* Princípio da Retroatividade dos Tratados; *d)* Princípio da Comutação da Pena (Direitos Humanos).

- *Deportação:* a deportação representa a devolução compulsória de um estrangeiro que tenha entrado ou esteja de forma irregular no território nacional, estando prevista na Lei nº 13.445/2017, em seus arts. 50 a 53. Neste caso, não houve prática de qualquer ato nocivo ao Brasil, havendo, pois, mera irregularidade de visto/permanência.

- *Expulsão:* a expulsão consiste em medida administrativa de retirada compulsória de migrante ou visitante do território nacional, conjugada com o impedimento de reingresso por prazo determinado (o prazo de vigência da medida de impedimento vinculada aos efeitos da expulsão será proporcional ao prazo total da pena aplicada e nunca será superior ao dobro de seu tempo). A existência de processo de expulsão não impede a saída voluntária do expulsando do país.

1.14 Direitos políticos: fundamentos da autodeterminação dos povos e da garantia do sistema democrático

- *Direito à autodeterminação dos povos: artigo 1º comum aos dois Pactos Internacionais da ONU de 1966 e convergência com o artigo 1º, itens 2 e 3, da Carta da ONU:* a premissa dos direitos políticos é a autodeterminação dos povos. Se autodeterminar significa garantir a liberdade do povo na tomada das decisões políticas, logo, o direito à autodeterminação pressupõe a exclusão do colonialismo. Não se aceita a ideia de que um Estado domine o outro, tirando a sua autodeterminação. Para as Nações Unidas, a autodeterminação é tão importante que consta do artigo 1º comum aos dois Pactos de 1966. Mais do que isso, a noção de autodeterminação converge com a de cooperação internacional. Significa que não é possível manter um país sob tutela ou colonizado sob o argumento de que ele não tem condições de "andar por suas próprias pernas". Se um país tem dependência econômica para com outro, de forma que perdê-la o levaria à miséria, a solução não é mantê-lo submisso, mas propiciar a ele meios de adquirir a sua autodeterminação progressivamente, até se encontrar em plena independência, garantindo ao povo sua autodeterminação.
- *Direito à democracia:* a ordem internacional apoia o regime democrático a ser adotado em todos os países que sigam os preceitos das Nações Unidas, sendo este reconhecido como a única forma adequada de garantir com efetividade e segurança os direitos humanos inerentes a cada um. O Pacto de São José da Costa Risca coloca como aceitáveis apenas distinções pelos seguintes motivos: idade, nacionalidade, residência, idioma, instrução, capacidade civil ou mental, ou condenação, por juiz competente, em processo penal. Qualquer discriminação fora destes casos consiste em ilegalidade no óbice ao acesso às funções públicas. Preocupação específica se desenvolve no âmbito interamericano pela Carta Democrática Interamericana, de 11 de setembro de 2001, a qual tem natureza de documento "*soft law*", aberto à assinatura dos países-membros da OEA.
- *Direito ao acesso a cargos públicos:* uma das facetas do direito à democracia se encontra na garantia de que todos poderão gozar, em condições de igualdade, do acesso às funções públicas. Isso não abrange apenas o acesso a cargos eletivos, mas a toda espécie de função pública, garantindo-se a estabilidade em seu exercício. Quando, por arbítrio estatal e sem o devido processo legal, uma pessoa é privada de sua função pública, há violação de direitos humanos passível de responsabilização internacional.

2 SEGUNDA ESPÉCIE DE DIREITOS HUMANOS: DIREITOS ECONÔMICOS, SOCIAIS E CULTURAIS

2.1 Diferenças entre direitos civis e políticos e obrigações decorrentes da garantia de direitos econômicos, sociais e culturais: princípios da progressão e do constante aperfeiçoamento

- *Característica marcante:* a principal característica dos direitos econômicos, sociais e culturais consiste na necessidade de uma atuação estatal positiva para a sua efetiva implementação. Sem a prestação estatal, tais direitos somente ficarão acessíveis àqueles com poderio econômico e não a todas as pessoas humanas, o que quebraria a concepção da universalidade dos direitos humanos. Diferente dos direitos de segunda dimensão, os direitos civis e políticos não necessitam de uma postura de intervenção estatal intensa, embora o entendimento de que eles dependem apenas de abstenção esteja se quebrando.

- *Papéis do Estado:* há se ressaltar, ainda, que o Estado não possui apenas um *papel direto* na promoção dos direitos econômicos, sociais e culturais, mas também um *indireto*, quando por meio de sua gestão permite que os indivíduos adquiram condições para sustentarem suas necessidades pertencentes a esta categoria de direitos.
- *Custo dos direitos sociais:* é preciso reconhecer que há uma barreira econômica para os Estados implementarem plenamente os direitos econômicos, sociais e culturais. Seria preciso um "*Super Estado*", com orçamento ilimitado, para que se garantisse a todos os indivíduos o maior conforto possível (e necessário) em todos os aspectos abrangidos pelos direitos humanos de segunda dimensão: educação, saúde, lazer, alimentação, moradia, vestuário, trabalho, assistência social, segurança pública etc. O grande problema dos direitos sociais, portanto, é que eles possuem um *custo de individualização* muito mais oneroso que os demais direitos humanos. Isto porque, a efetivação da igualdade material implica num gasto relevante pelo Estado, e mais, há uma individualização na prestação desses direitos.
- *Normativa internacional:* as Nações Unidas reconhecem que o esforço nacional deve se aliar com o internacional para proporcionar uma viabilização dos direitos econômicos, sociais e culturais, ou seja, não ignora o problema financeiro em implementá-los, principalmente nos países menos desenvolvidos. Contudo, não aceita que a viabilização de tais direitos seja ignorada, isto é, o mínimo de esforço positivo deve ser realizado, de forma que a cada dia se amplie a efetividade de tais direitos. Em semelhante teor, a *progressividade* e o *constante aperfeiçoamento* são reconhecidos pela OEA. No entanto, a Convenção Americana sobre Direitos Humanos em si não aprofunda o tratamento dos direitos econômicos, sociais e culturais, o que é feito pelo seu Protocolo Adicional, conhecido como Protocolo de San Salvador, datado de 17 de novembro de 1988, entrando em vigor no Brasil com o Decreto nº 3.321, de 30 de dezembro de 1999.

2.2 Importância da igualdade material

- *Proteção especial a determinados grupos/agentes:* independentemente da categoria de direitos que esteja sendo abordada, a igualdade nunca deve aparecer num sentido meramente formal, mas necessariamente material. Significa que discriminações indevidas são proibidas, mas existem certas distinções que não só devem ser aceitas, como também se mostram essenciais. Neste sentido, ao se tratar dos direitos econômicos, sociais e culturais em espécie, chama-se a atenção para a presença de grupos especiais que merecem tratamento próprio e individualizado, por exemplo, o das crianças e adolescentes, o dos incapacitados ao trabalho e o das mães.

2.3 Direito à educação

- *Declaração Universal de 1948:* a Declaração Universal de 1948 divide a disponibilidade e a obrigatoriedade da educação em níveis. Aquela educação que é considerada essencial, qual seja, a elementar, deve ser gratuita e obrigatória. Já a educação fundamental, de grande importância, deve ser gratuita, mas não é obrigatória. Ainda, a Declaração Universal deixa claro que a educação não envolve apenas o aprendizado do conteúdo programático das matérias comuns como matemática, português, história e geografia, mas também a compreensão de abordagens sobre assuntos que possam contribuir para a formação da personalidade da pessoa humana e conscientizá-la de seu papel social. Não obstante, da parte final da Declaração extrai-se a consciência de que a educação não é apenas a formal, aprendida nos estabelecimentos de ensino, mas também a informal, transmitida no ambiente familiar e nas demais áreas de contato da pessoa, como igreja, clubes e, notadamente, a residência. Por isso, os pais têm um papel direto na escolha dos meios de educação de seus filhos.
- *UNESCO:* ressalta-se que a preocupação com o direito à educação no âmbito das Nações Unidas vai além das disposições genéricas da DUDH e do PIDESC, culminando no estabelecimento de um órgão vinculado próprio, qual seja a UNESCO – Organização das Nações Unidas para Educação, Ciência e Cultura, fundada em 16 de novembro de 1945 conforme carta constitutiva assinada em

Londres, modificada por diversas conferências que a seguiram. No setor de educação, a principal diretriz da UNESCO é auxiliar os países membros a atingir as metas de *Educação para Todos*, promovendo o acesso e a qualidade da educação em todos os níveis e modalidades, incluindo a educação de jovens e adultos.

- *Proteção no âmbito regional:* regionalmente, destaca-se a previsão do artigo XII da Declaração Americana, que acaba por acompanhar parcialmente o teor das regulamentações das Nações Unidas. Por sua vez, o Protocolo de San Salvador acompanha o teor do PIDESC, fazendo menção especial que este não faz a respeito da educação das pessoas com deficiência.

2.4 Direito à cultura

- *Três vertentes do direito à cultura: a) participar* da vida cultural; *b) ter acesso* à vida cultural; e *c) contribuir* com a vida cultural. Com efeito, as minorias e vulneráveis merecem atenção especial no que tange ao acesso à cultura, afinal, somente assim há uma efetiva sociedade pluricultural.
- *Sentido amplo do direito à cultura:* a cultura se torna mais do que a simples promoção de eventos artísticos, científicos ou folclóricos, adquirindo a faceta da *cultura da paz*, consistente numa ideia de livre acesso à cultura em si, no exercício da liberdade de informação.
- *Constituição como cultura:* convém lembrar, por fim, importante trabalho desenvolvido por Peter Häberle, no sentido da fixação de uma *concepção de Constituição como cultura*. Para o autor, um texto constitucional é resultado do agrupamento de diferentes pontos de vista e grupos que compõem um grupo social, sendo, portanto, fator condicionante e condicionador dessa vida em sociedade.

2.5 Direito à saúde

- *Organização Mundial da Saúde:* a preocupação das Nações Unidas com o direito à saúde vai além das previsões da DUDH e do PIDESC e ganha força com a criação da OMS – Organização Mundial da Saúde, vinculada às Nações Unidas e criada em 7 de abril de 1948, objetivando promover o mais elevado nível de saúde possível. Assim, é responsável por prover liderança no mundo em questões de saúde, controlando a agenda de pesquisa da saúde, estabelecendo normas e estandartes, articulando opções políticas, provendo suporte técnico para países e monitorando e acessando tendências de saúde.
- *Proteção no âmbito regional:* a preocupação no âmbito interamericano reflete-se no artigo XI da Declaração Americana e é aprofundada pelo artigo 10 do Protocolo de San Salvador. Nota-se que referido protocolo associa a saúde ao mais alto nível de bem-estar físico, mental e social, o qual deve ser buscado mediante o asseguramento progressivo das seguintes medidas: *a)* atendimento primário e generalizado; *b)* imunização contra as principais doenças; *c)* prevenção e tratamento de doenças; *d)* educação a respeito das doenças; e *e)* atenção a grupos de alto risco.

2.6 Direito à alimentação, ao vestuário e à moradia

- *Existência com dignidade:* alimentação, vestuário e moradia formam a *tríade de suporte material* que é necessária à *existência com dignidade*. No entanto, esta ainda é uma realidade distante. Inúmeros são os relatos de pessoas passando fome pelo mundo, principalmente crianças, e diversas foram as recomendações e tentativas de desenvolvimento de políticas das Nações Unidas, mas apesar de estas terem gerado alguma melhoria isolada, o grande quadro ainda mostra uma situação insatisfatória longe de ser solucionada. Acabar com a fome e com a miséria é galgado pelas Nações Unidas como um entre oito dos Objetivos do Milênio, que foram fixados a partir da Declaração do Milênio das Nações Unidas, adotada em 8 de setembro de 2000.
- *Normativa específica:* especificamente, destaca-se a Convenção Interamericana sobre Obrigação Alimentar, concluída em Montevidéu, em 15 de julho de 1989, e promulgada no Brasil em 17 de dezembro de 1997 pelo Decreto nº 2.428.

2.7 Direito ao lazer

- *Conceito:* o PIDESC, em seu art. 7°, associa o direito ao lazer como um dos direitos dos trabalhadores. No entanto, o direito ao lazer pode ser compreendido num sentido muito mais amplo, posto que mesmo aqueles que não trabalham necessitam de atividades em sua vida que funcionem como "válvula de escape" às tarefas cotidianas.
- *Proteção normativa:* como se extrai da Declaração Universal, o lazer e o descanso são direitos que devem ser garantidos a todas as pessoas. Mesmo sentido amplo é extraído do artigo XV da Declaração Americana, que coloca o direito ao lazer como direito ao recreio honesto, correlacionado ao direito ao descanso.

2.8 Direito à segurança

- *Noções gerais:* o sentido que a expressão *segurança social* adota no vigésimo segundo artigo da Declaração Universal é semelhante ao do art. 6° da Constituição Federal de 1988. Trata-se da chamada *segurança pública*, aquela que deve ser garantida pelo Estado aos que convivem em sociedade, de modo a evitar que seus direitos humanos fundamentais sejam violados. Envolve, assim, uma postura estatal positiva de construção de um espaço público seguro, a ser garantido, notadamente, mediante policiamento ostensivo voltado à prevenção e à repressão.
- *SUSP – Sistema Único de Segurança Pública:* uma inovação do direito interno que merece ser sobrelevada é o popularmente denominado "SUS da Segurança Pública", o qual nomeamos de forma correta: *SUSP – Sistema Único de Segurança Pública*. Com regulamentação dada pela Lei n° 13.675/2018, em atenção ao preceito constitucional do art. 144, § 7°, CF, o SUSP é integrado pelos órgãos de que trata o art. 144 da Constituição Federal, pelos agentes penitenciários, pelas guardas municipais e pelos demais integrantes estratégicos e operacionais, que atuarão nos limites de suas competências, de forma cooperativa, sistêmica e harmônica. A ideia é integrar as políticas de segurança pública no país, a fim de coibir a – cada vez mais organizada e sofisticada – atuação de criminosos, bem como compartilhar informações e modelos operacionais nos mais diversos organismos de todos os entes federativos.
- *Polícia, direitos humanos e cidadania:* o policial é, acima de tudo um cidadão, e na cidadania deve nutrir sua razão de ser. Portanto, o policial é equiparado a todos os membros da comunidade em direitos e deveres. Ademais, o agente de segurança pública é um cidadão qualificado, por representar o Estado em seu contato mais imediato com a população. Outrossim, o policial é também um formador de opinião, enquadrando-se num conceito mais amplo de educador. A atuação policial, assim, é indispensável para as culturas urbanas, complexas e de interesses conflitantes, contendo o óbvio caos a que estaríamos expostos sem ela. Zelar, pois, diligentemente, pela segurança pública, pelo direito do cidadão de ir e vir, de não ser molestado, de não ser saqueado, de ter respeitada sua integridade física e moral, é dever da polícia, essencial para a preservação dos direitos humanos. O uso legítimo da força não se confunde, contudo, com truculência. A fronteira entre a força e a violência é delimitada, na seara formal, pela lei, no âmbito racional pela necessidade técnica e, no campo moral, pelo antagonismo que deve reger a metodologia de policiais e criminosos. Quando a sociedade enxerga o policial como o bandido, entra numa crise de moralidade decorrente da confusão de arquétipos, intensificando o processo de violência. Dando continuidade, ter identidade com a polícia, amar a corporação, coisas essas desejáveis, não se podem confundir, em momento algum, com acobertar práticas abomináveis. Pelo contrário, a verdadeira identidade policial exige do sujeito um permanente zelo pela "limpeza" da instituição da qual participa, não concordando com práticas desonestas ou ilícitas. Por fim, os processos de seleção de policiais devem tornar-se cada vez mais rígidos no bloqueio à entrada desse tipo de gente. Igualmente, é preciso proporcionar um maior acompanhamento psicológico aos policiais já na ativa.
- *Uso da força e das armas de fogo: vedação ao abuso de autoridade:* no campo dos direitos humanos internacionalizados, merece destaque o Código de Conduta para os Funcionários Responsáveis

pela Aplicação da Lei, adotado pela Assembleia Geral das Nações Unidas na sua Resolução nº 34/169, de 17 de dezembro de 1979, o qual é aplicável a delegados, policiais e outras autoridades que de alguma forma apliquem a lei. Há que se mencionar que em complemento ao documento estudado surgiram os Princípios orientadores para a Aplicação Efetiva do Código de Conduta para os Funcionários Responsáveis pela Aplicação da Lei, adotados pelo Conselho Econômico e Social das Nações Unidas na sua Resolução nº 1.989/61, de 24 de maio de 1989. Também merece destaque as disciplinas internacionais que vedam a tortura, além dos Princípios Básicos sobre o Uso da Força e Armas de Fogo pelos Funcionários Responsáveis pela Aplicação da Lei, adotados pelo Oitavo Congresso das Nações Unidas para a Prevenção do Crime e o Tratamento dos Delinquentes, realizado em Havana, Cuba, de 27 de Agosto a 7 de setembro de 1999.

- *Combate ao crime organizado transnacional e ao tráfico de armas:* a Convenção das Nações Unidas contra o Crime Organizado Transnacional assinada em 15 de novembro de 2000 foi promulgada no Brasil pelo Decreto nº 5.015, de 12 de março de 2004, possuindo três Protocolos facultativos, todos ratificados pelo Brasil: a) assinado em 15 de novembro de 2000 e promulgado no Brasil pelo Decreto nº 5.016 de 12 de março de 2004, relativo ao Combate ao Tráfico de Migrantes por Via Terrestre, Marítima e Aérea; b) assinado em 15 de novembro de 2000 e promulgado no Brasil pelo Decreto nº 5.017 de 12 de março de 2004, contra o Crime Organizado Transnacional Relativo à Prevenção, Repressão e Punição do Tráfico de Pessoas, em Especial Mulheres e Crianças; c) assinado em 31 de maio de 2001 e promulgado no Brasil pelo Decreto nº 5.941 de 26 de outubro de 2006, contra a Fabricação e o Tráfico Ilícito de Armas de Fogo, suas Peças, Componentes e Munições. A Convenção tem por objetivo promover a cooperação para prevenir e combater mais eficazmente a criminalidade organizada transnacional. Trata-se de Convenção bastante específica e aprofundada, que serve de parâmetro para a atuação dos Estados no combate ao crime organizado transnacional, que expõe a grave risco a segurança pública interna.

2.9 Direito à família

- *Direito a constituir/ter família:* o direito a constituir/ter família também é garantido internacionalmente, conforme menção da Declaração Universal de 1948. Para tanto, garante-se o direito ao casamento aos homens e mulheres maiores de idade, sem distinção de raça, nacionalidade ou religião. Os cônjuges possuirão iguais direitos, tanto na formação do vínculo do casamento, quanto no seu curso e em sua dissolução. Outro marco do compromisso de formação da família pelo casamento é a manifestação da vontade livre e plena dos nubentes, não sendo possível coagir alguém ao casamento.
- *Família como base da sociedade:* a família é vista pelo Pacto Internacional de Direitos Civis e Políticos como um elemento natural e fundamental da sociedade, razão pela qual o Estado deve protegê-la, assim como a própria sociedade. No mais, seguem-se as disposições da Declaração Universal, especificando que a igualdade de direitos e deveres envolve também questões sobre a proteção dos filhos.
- *Proteção internacional:* a família também é abordada no Pacto Internacional dos Direitos Econômicos, Sociais e Culturais, que por sua própria natureza foca no papel do Estado de garantir às famílias toda proteção e assistência possíveis.
- *Caráter nuclear:* o *caráter nuclear* da família é reforçado pela Declaração e pela Convenção Americanas, bem como o casamento é colocado na segunda como um direito humano do homem e da mulher, valendo o princípio da não discriminação. Reforça-se na Convenção que os filhos devem ser protegidos quando da dissolução do casamento, sendo o critério para tanto apenas o interesse a conveniência destes. Não obstante, tem-se por esta que os filhos nascidos dentro e fora do casamento recebem o mesmo tratamento e são considerados igualmente parte da família. Já o Protocolo à Convenção Americana aprofunda alguns aspectos sobre a família, focando na proteção especial que deve ser conferida a alguns de seus membros, como a mulher gestante ou em lactação, a criança e o adolescente. Para tanto, cabe a constituição de programas especiais de proteção.

2.10 Direito à proteção da maternidade e da infância

- A maternidade e a infância devem ser protegidas pela razão óbvia que é assegurar o desenvolvimento adequado dos futuros cidadãos. Assim, é apoiada a mãe *antes* e *após* a chegada de seu filho por um período de tempo, de forma que ele fique por ela assistido; bem como é garantido à criança a igual proteção de direitos pelo Estado, nascendo dentro ou fora do casamento, no que se inclui a vedação de explorações de caráter econômico ou social, notadamente laboral (crianças não podem trabalhar e mesmo os adolescentes, quando o podem, sujeitam-se a limitações em prol de sua saúde e segurança).
- Aliás, melhorar a saúde das gestantes é um entre oito dos Objetivos do Milênio, que foram fixados a partir da Declaração do Milênio das Nações Unidas, adotada em 8 de setembro de 2000, exteriorizando uma prática das Nações Unidas para atender aos seus propósitos.

2.11 Direito ao trabalho

- *Liberdade de escolha:* o direito ao trabalho associa-se à liberdade de escolha de uma atividade laboral que seja juridicamente aceita. Não significa que uma pessoa pode exercer qualquer trabalho que queira independentemente de qualificações pessoais. Uma vez escolhido o trabalho que se deseja obter, é preciso buscar a formação necessária ao seu exercício, que será mais ou menos complexa conforme as aptidões exigidas para tanto.
- *Condições justas e favoráveis:* a expressão *"condições justas e favoráveis"* que aparece nos documentos internacionais de direitos humanos é tão ampla quanto aparenta, englobando um conjunto de fatores a serem desenvolvidos pelo Estado em favor do trabalho. Envolve desde o pleno emprego, passando pela necessidade de iguais oportunidades na cadeia de trabalho, chegando à busca do emprego de qualidade ao trabalhador e à sociedade – dotado de condições humanas e materiais suficientes à promoção do bem-estar. Ademais, a necessidade de promover condições justas e favoráveis de trabalho vai além da garantia apenas aos nacionais, exteriorizando-se numa genuína preocupação de direitos humanos. Maior exemplo disso é a Convenção nº 97 da OIT para Trabalhadores Migrantes, aprovada em 1949 (e em vigor no plano internacional desde 1952), obrigando aos signatários a adoção de políticas voltadas à melhoria das condições de trabalho e de vida das pessoas sob condição de migração e emigração.
- *Igual e suficiente remuneração:* não é a qualquer remuneração que o trabalhador faz jus, mas a uma remuneração revestida de duas características: *a) igualitária*, no sentido de que fatores discriminatórios não podem levar uma pessoa a receber melhor remuneração que outra no desempenho das mesmas funções; e *b) suficiente*, devendo assim proporcionar uma existência digna à pessoa que a recebe. Com efeito, o recebimento de remuneração justa e satisfatória se enquadra na acepção de condições justas e favoráveis de trabalho. Merecem destaque, por fim, as Convenções da OIT de *nº 95* (para Proteção do Salário), de *nº 131* (para Fixação de Salários Mínimos, especialmente nos Países em Desenvolvimento), e de *nº 100* (para Igualdade de Remuneração de Homens e Mulheres Trabalhadores por Trabalho de Igual Valor).
- *Férias e limitação do horário de trabalho:* o trabalho é apenas uma parte da vida de uma pessoa, e não toda ela. São necessários intervalos para descanso tanto entre uma jornada e outra quanto entre períodos de tempo, isto é, deve ser garantido espaço diário para descanso e lazer pela limitação das horas de trabalho (com pagamento de horas extras eventualmente trabalhadas), assim como um período contínuo de dias para repouso e diversão após um tempo de trabalho, geralmente anual. Há, ainda, convenções específicas no âmbito da OIT, merecendo destaque a *Convenção da OIT nº 132* para Férias Remuneradas, revista, em vigor internacionalmente desde 30 de junho de 1973, estabelecendo o direito a férias remuneradas anuais.
- *Saúde e segurança no trabalho:* a noção de meio ambiente do trabalho vem acompanhada de diversos fatores que influenciam a relação do trabalhador com o ambiente no qual desempenhará suas funções, abrangendo sua saúde e segurança não somente em aspectos materiais, com aparelhos de proteção, mas também pessoais, coibindo-se práticas de assédio moral no espaço de

trabalho. Dentre os documentos específicos nesta seara, cumpre mencionar a *Convenção da OIT nº 155* para Segurança e Saúde dos Trabalhadores, em vigor internacional desde 11 de agosto de 1983, elaborada pela Organização Internacional do Trabalho (OIT). Também, a *Convenção da OIT nº 111* contra Discriminação em Matéria de Emprego e Ocupação, em vigor internacional desde 15 de junho de 1960, a qual veda qualquer espécie de discriminação no espaço de trabalho, preservando a saúde do trabalhador.

- *Liberdade de reunião e de associação:* da Declaração Universal extrai-se que o direito de formação de associações entre trabalhadores, na forma de sindicatos, é uma das facetas da liberdade de associação. Neste sentido, uma pessoa não pode ser compelida a associar-se. A Declaração Americana também traz o direito de formação de associações entre trabalhadores como sindicatos. Quanto aos limites da liberdade de associação, são os mesmos do direito tomado em sentido geral, havendo na Convenção Americana uma previsão específica quanto aos limites da classe de profissionais membros das forças armadas e da polícia, o que é reforçado no Pacto dos Direitos Econômicos, Sociais e Culturais, que também aceita limitações da liberdade de associação dos políticos e funcionários da administração pública. Não obstante, tanto o Pacto quanto a Convenção Americana afirmam a necessidade de respeito à *Convenção da OIT nº 87* para Liberdade Sindical e Proteção ao Direito de Sindicalização, com preocupação em garantir a perenidade dos sindicatos, ainda que postulem questões contrárias aos interesses do Estado. Menciona-se, ainda, a *Convenção da OIT nº 98* para Direito de Sindicalização e de Negociação Coletiva, tratando das negociações a serem promovidas pelo sindicato em nome da classe.

2.12 Direito à assistência e à previdência sociais

- O suporte à pessoa quando ela atinge, por qualquer motivo, um estágio em que não tem condições de trabalhar, é um direito humano a ser assegurado pela assistência ou pela previdência social. Entre outros aspectos que serão resguardados por este direito estão: desemprego, doença, invalidez, viuvez, velhice ou qualquer caso de perda de meio de subsistência que esteja fora de seu controle.
- A *Convenção da OIT nº 102* traz as Normas Mínimas da Seguridade Social, tratando de questões como auxílio-doença, prestação em caso de desemprego, aposentadoria por velhice, prestações em caso de acidente de trabalho e doenças profissionais, prestações de família, prestações de maternidade e aposentadoria por invalidez.

3 TERCEIRA ESPÉCIE DE DIREITOS HUMANOS: DIREITOS DE FRATERNIDADE OU DE SOLIDARIEDADE

- A terceira dimensão de direitos humanos ganhou força num momento posterior ao de internacionalização de direitos humanos em seus aspectos específicos, razão pela qual as menções nos documentos base do sistema, quais sejam, Declaração Universal, Pactos de 1966 e Convenção Americana de 1969, não são frequentes e nem detalhadas. Entretanto, da Declaração Universal pode ser depreendido o vocábulo que origina todos os direitos de terceira dimensão: *fraternidade*. Assim, foge-se da observância do indivíduo e passa-se a enxergá-lo dentro do todo, da sociedade.

3.1 Direitos difusos e coletivos

- *Diferenças:* é possível diferenciar os direitos difusos dos coletivos, no sentido de que os primeiros são muito mais heterogêneos e vagos, não cabendo determinar o grupo ou categoria de pessoas atingidas, enquanto os segundos são mais específicos, recaindo sobre um grupo de pessoas que pode ser identificado, embora não plenamente determinado.
- *Tutela específica:* aos direitos difusos e coletivos são conferidos mecanismos de tutela específicos para sua proteção, bem como atribuída competência para tanto a órgãos determinados que exercerão um papel representativo. No Brasil, destacam-se instituições como o Ministério Público e a Defensoria Pública.

3.2 Direito à paz

- *Paz como elemento social:* o direito à paz vai muito além do direito de viver num mundo sem guerras, atingindo o direito de ter paz social, de ver seus direitos respeitados em sociedade.
- *Paz como elemento de abstenção de guerras:* a respeito do direito à paz no viés de abstenção às guerras, destaca-se a previsão específica do Pacto Internacional dos Direitos Civis e Políticos, que no artigo 20 veda a propaganda em favor da guerra, bem como qualquer espécie de apologia do ódio nacional, radical, racial ou religioso (tipos de apologias que geraram incontáveis conflitos entre os povos do planeta, inclusive a Segunda Guerra Mundial).
- *Normativa internacional:* quanto a tratados internacionais específicos a respeito do direito à paz, são incontáveis, até mesmo porque a própria instituição da ONU teve como objetivo primordial a promoção da paz mundial. Diariamente, questões sobre acordos de paz são levadas a debate na ONU e demais organizações regionais, sempre tendo em vista evitar o máximo possível conflitos armados entre países e impedir o máximo que as consequências negativas dos conflitos em geral recaiam sobre a população civil. Entretanto, merecem destaque a Declaração sobre o Direito dos Povos à Paz, aprovada pela Assembleia Geral da ONU em 12 de novembro de 1984, e a Declaração sobre o Direito à Paz, aprovada pela Assembleia Geral da ONU em 19 de dezembro de 2016.

3.3 Direito ambiental

- *Surgimento tardio da consciência ambiental coletiva:* embora no âmbito dos documentos internacionais base de direitos humanos sejam raras previsões expressas sobre o direito ao meio ambiente equilibrado – exceto os transcritos no § 2º, do artigo 1º, do Pacto Internacional dos Direitos Civis e Políticos e artigo 11 do Protocolo de San Salvador –, diversos tratados internacionais foram firmados nas últimas décadas neste âmbito.
- *Primeira normativa internacional de maior amplitude:* na Conferência de Estocolmo (1ª Conferência Mundial sobre o Homem e o Meio Ambiente), realizada de 5 a 16 de junho de 1972, se deu a primeira tentativa de regulamentação internacional do direito ambiental, sendo que o principal objeto de discussão foi o limite de exploração dos recursos naturais e do meio ambiente em prol do desenvolvimento econômico, ficando clara a oposição entre os países desenvolvidos e os em desenvolvimento. Um dos principais frutos da Conferência foi a Declaração de Estocolmo sobre o Ambiente Humano.
- *Relatório Brundtland:* como segundo ato do direito ambiental dos direitos humanos, merece destaque o "*Relatório Brundtland*" (Relatório Nosso Futuro Comum, de 1987). De conteúdo amplíssimo, pautou-se pela noção de desenvolvimento sustentável (ou ecodesenvolvimento), o qual foi definido como o desenvolvimento que satisfaz as necessidades do presente sem comprometer a capacidade das gerações vindouras satisfazerem suas próprias necessidades.
- *Rio/92 e documentos correlatos:* depois de 20 anos da Conferência de Estocolmo, foi convocada a Conferência das Nações Unidas sobre Meio Ambiente e Desenvolvimento, também conhecida como Rio/92 ou ECO/92, realizada no Rio de Janeiro de 03 a 14 de junho de 1992, numa espécie de retomada da referida Conferência. Foram elaborados na Rio/92 os seguintes documentos: *a)* Declaração do Rio sobre Meio Ambiente e Desenvolvimento; *b)* Agenda 21; *c)* Declaração de Princípios sobre as Florestas; *d)* Convenção sobre a Diversidade Biológica; e *e)* Convenção-Quadro das Nações Unidas sobre Mudança do Clima.
- *Rio+20:* outro evento relevante no âmbito internacional que teve por preocupação central o meio ambiente foi a Conferência das Nações Unidas sobre Desenvolvimento Sustentável (CNUDS), conhecida também como "*Rio+20*", realizada entre os dias 13 e 22 de junho de 2012 no Rio de Janeiro, cujo objetivo era discutir sobre a renovação do compromisso político com o desenvolvimento sustentável. O resultado da Rio+20 não foi o esperado. Os impasses, principalmente entre os interesses dos países desenvolvidos e em desenvolvimento, acabaram por frustrar as expectativas para o desenvolvimento sustentável do planeta. O documento final apresenta

várias intenções e joga para os próximos anos a definição de medidas práticas para garantir a proteção do meio ambiente.
• *Acordo de Paris:* viabilizando parte destas intenções, na 21ª Conferência das Partes (COP21), realizada em Paris entre novembro e dezembro do ano de 2015, foi adotado o Acordo de Paris, novo acordo que tem por objetivo a redução das emissões de gases do efeito estufa no contexto do desenvolvimento sustentável, limitando o aumento da temperatura média global a no mínimo 2 graus, com ambição de que o aumento não exceda 1,5 graus. O acordo fixa NDCs, sigla correspondente a "Contribuições Nacionalmente Determinadas". O Brasil ratificou o acordo em setembro de 2016 e pelo seu NDC se compromete a reduzir em 37% a emissão comparada aos níveis de 2005, chegando a 43% abaixo destes em 2030. Vale destacar que os termos do Acordo de Paris atualmente são objeto de rediscussões e replanejamentos que podem afetar todos os países participantes, o que ocorreu devido à saída dos Estados Unidos anunciada em 01 de junho de 2017. Embora não tenha sido uma saída formal, mediante denúncia, a intenção de não mais cumprir as metas do acordo foi manifestada de forma clara pelo Presidente Donald Trump e a punição do gigante norte-americano no âmbito internacional por descumprimento de tratados internacionais perpassa por entraves políticos intensos, apenas restando aos países remanescentes no acordo a opção de renegociação interna.
• Como documentos finais a serem mencionados na esfera do direito ambiental dos direitos humanos, se pode elencar, também, a Declaração dos Direitos dos Animais (1978), bem como a Carta Encíclica do Papa Francisco sobre o cuidado da Casa Comum (2015).

3.4 Direito do consumidor

• A proteção das relações de consumo pelos direitos difusos e coletivos tem a capacidade de efetivar o direito do consumidor, uma vez que sozinho, muitas vezes, o consumidor é fraco para buscar uma tutela efetiva. É a característica da vulnerabilidade, reconhecida mesmo no âmbito das Nações Unidas.
• A Assembleia Geral da ONU editou a Resolução nº 39/248, de 10 de abril de 1985, sobre a proteção ao consumidor. Referida Resolução coloca a obrigação dos Estados de desenvolverem uma política de proteção dos consumidores, garantindo a segurança dos consumidores, bem como a qualidade dos produtos e serviços. Assim, fica reconhecido que os consumidores ocupam uma posição jurídica que exige tratamento e tutela específicos, não somente no aspecto individual, mas também no coletivo. Em 22 de dezembro de 2015, o documento foi atualizado pela Resolução nº 70/186 da Assembleia Geral da ONU.
• *No Brasil,* o direito do consumidor é regulado por uma das codificações mais modernas do mundo, a Lei nº 8.078/1990, a qual goza, inclusive, de suprema importância para o "*microssistema processual coletivo*", ao lado da Lei nº 7.347/1985 ("Lei da Ação Civil Pública"), da Lei nº 4.717/1965 ("Lei da Ação Popular"), da Lei nº 12.016/2009 (Lei do Mandado de Segurança), dentre outras.

3.5 Direito à probidade administrativa

• No âmbito da Organização das Nações Unidas, a preocupação com a temática da probidade administrativa denota-se na Convenção das Nações Unidas contra a Corrupção, adotada pela Assembleia Geral das Nações Unidas em 31 de outubro de 2003 e assinada pelo Brasil em 9 de dezembro de 2003, promulgada internamente pelo Decreto nº 5.687, de 31 de janeiro de 2006, restando desde então plenamente vigente.
• No âmbito interamericano, tem-se a Convenção Interamericana contra a Corrupção, de 29 de março de 1996, promulgada no Brasil pelo Decreto nº 4.410, de 7 de outubro de 2002.
• *No Brasil,* merece destaque a Lei nº 8.429/1992, também conhecida por "Lei de Improbidade Administrativa", que deve ser encarada como um mecanismo nacional de defesa dos direitos humanos.

INSTRUMENTOS E MECANISMOS NACIONAIS DE PROTEÇÃO AOS DIREITOS HUMANOS

Sumário • **1.** Política nacional de direitos humanos – **1.1.** Programas nacionais de direitos humanos – **1.2.** Conselho Nacional dos Direitos Humanos – Lei nº 12.986/2014 – **2.** Tutela individual na promoção dos direitos humanos – **2.1.** *Habeas corpus* – **2.2.** Mandado de segurança individual – **2.3.** Mandado de injunção individual – **2.4.** *Habeas data* – **2.5.** Ação popular – **3.** Tutela coletiva na promoção dos direitos humanos – **3.1.** Ação Civil Pública – **3.2.** Mandado de segurança coletivo – **3.3.** Mandado de injunção coletivo – **4.** Outros mecanismos nacionais de proteção aos direitos humanos – **4.1.** Incidente de deslocamento de competência – **4.2.** Comissão Nacional da Verdade – **4.3.** Ministério Público e direitos humanos – **4.4.** Defensoria Pública e direitos humanos – **5.** Sinopse do capítulo.

Artigo VIII, DUDH
*Toda pessoa tem direito a receber dos tributos nacionais competentes **remédio efetivo** para os atos que **violem os direitos fundamentais** que lhe sejam reconhecidos pela constituição ou pela lei.*

Artigo 2º, PIDCP
*1. Os Estados Partes do presente Pacto comprometem-se **a respeitar e a garantir** a todos os indivíduos que se achem em seu território e que estejam sujeito a sua jurisdição **os direitos reconhecidos** no presente Pacto, sem discriminação alguma por motivo de raça, cor, sexo, religião, opinião política ou outra natureza, origem nacional ou social, situação econômica, nascimento ou qualquer outra condição.*

2. Na ausência de medidas legislativas ou de outra natureza destinadas a tornar efetivos os direitos reconhecidos no presente Pacto, os Estados do presente Pacto comprometem-se a tomar as providências necessárias com vistas a adotá-las, levando em consideração seus respectivos procedimentos constitucionais e as disposições do presente Pacto.

> 3. Os Estados Partes do presente pacto comprometem-se a:
>
> a) garantir que toda pessoa, cujos direitos e liberdades reconhecidos no presente pacto tenham sido violados, possa dispor de **um recurso efetivo**, mesmo que a violência tenha sido perpetrada por pessoa que agiam no exercício de funções oficiais;
>
> b) garantir que toda pessoa que interpuser tal recurso terá seu direito determinado pela competente **autoridade judicial, administrativa ou legislativa** ou por qualquer outra autoridade competente prevista no ordenamento jurídico do Estado em questão; e a desenvolver as possibilidades de recurso judicial;
>
> c) garantir o **cumprimento**, pelas autoridades competentes, de qualquer decisão que julgar procedente tal recurso.
>
> **Artigo 2º, PIDESC**
>
> 1. Cada Estados Partes do presente Pacto comprometem-se a adotar **medidas**, tanto por esforço próprio como pela assistência e cooperação internacionais, principalmente nos planos econômico e técnico, até o máximo de seus recursos disponíveis, que visem assegurar, progressivamente, por todos os meios apropriados, o, pleno exercício e dos direitos reconhecidos no presente Pacto, incluindo, em particular, a adoção de **medidas legislativas**.
>
> **Artigo 2º – Dever de adotar disposições de direito interno, CADH**
>
> Se o exercício dos direitos e liberdades mencionados no artigo 1º ainda não estiver garantido por **disposições legislativas ou de outra natureza**, os Estados-partes comprometem-se a adotar, de acordo com as suas normas constitucionais e com as disposições desta Convenção, as medidas legislativas ou de outra natureza que forem necessárias para **tornar efetivos** tais direitos e liberdades.

Não basta afirmar direitos, é preciso **garantir instrumentos e mecanismos** para seu adequado exercício. Neste sentido, a Declaração Universal de 1948 fala do dever de garantir remédios para a proteção de direitos fundamentais, expressão que em sentido estrito pode ser tomada como correspondente aos remédios constitucionais que serão estudados no tópico 2 deste capítulo.

O Pacto Internacional de Direitos Civis e Políticos aprofunda a ideia e prevê que, para o respeito dos direitos humanos ali reconhecidos, é preciso não apenas que os Estados assumam o compromisso de garantia, mas também o de efetivação, o que envolve o acesso a um recurso efetivo para buscar a tutela perante a autoridade competente e o direito de ver a decisão por ela tomada sendo cumprida.

No mesmo sentido, o Pacto Internacional dos Direitos Econômicos, Sociais e Culturais traz o dever de adoção de medidas, inclusive legislativas, com vistas à proteção dos direitos nele declarados.

O mesmo é feito na Convenção Americana sobre Direitos Humanos, reforçando a necessidade de tornar efetivos os direitos humanos reconhecidos.

Logo, a palavra de ordem para a tutela dos direitos humanos é a efetivação, correspondente à criação de instrumentos e mecanismos para a preservação de tais direitos.

No que tange à busca de proteção dos direitos humanos no âmbito internacional, notadamente por parte de indivíduos, grupos ou organizações, frisa-se que isso somente será possível quando os instrumentos/mecanismos internos de proteção não forem efetivos ou suficientes, *ou* se eles não existirem. Sempre que conferida a legitimidade ativa à vítima ou a grupo/organização que a represente no âmbito internacional, exige-se paralelamente o requisito do **esgotamento dos recursos no plano interno**.

Com efeito, a denúncia internacional tem um caráter subsidiário: primeiro a vítima de violação de direitos humanos deve buscar a proteção no âmbito interno e, caso esta não tenha sido possível, partir para o âmbito internacional. Dispensa-se que a vítima tenha chegado ao final das instâncias no âmbito interno **se não existirem normas de proteção ao devido processo legal no Estado, quando tiver sido impedido ou dificultado o acesso ao Judiciário no país**, ou **quando houver demora sem motivos para o processamento interno**.

Tal aspecto será aprofundado no próximo capítulo, mas é trazido neste momento com a intenção de evidenciar que os sistemas internacionais de proteção são subsidiários, enquanto **os sistemas nacionais são principais**. Logo, sempre que uma pessoa tiver um direito humano violado irá primeiro buscar a sua proteção internamente, baseada nas normas de direitos fundamentais e nas normas *infra*constitucionais especificadoras, e caso não consiga que tal proteção seja prestada ou que o seja de modo efetivo, poderá recorrer ao sistema internacional.

1 POLÍTICA NACIONAL DE DIREITOS HUMANOS

O que é a política nacional de direitos humanos?

Política nacional é o instrumento que estabelece o patamar e orienta as ações governamentais futuras, buscando o aperfeiçoamento de alguma das esferas consideradas essenciais para a sociedade. No caso, o Brasil adota como uma de suas políticas nacionais os direitos humanos, sendo que a aborda em detalhes em Programas Nacionais de Direitos Humanos, reelaborados periodicamente de acordo com as novas necessidades sociais.

A política nacional de direitos humanos do Estado brasileiro, desenvolvida a partir do retorno ao governo civil em 1985, mais especificadamente desde 1995, pelo governo do Presidente Fernando Henrique Cardoso, reflete e aprofunda uma concepção de direitos humanos partilhada por organizações de direitos humanos desde a resistência ao regime autoritário nos anos 1970. Na história republicana, pela primeira vez, quase meio século depois da Declaração Universal de Direitos Humanos de 1948, os direitos humanos passaram a ser assumidos como política oficial do governo, num contexto social e político deste fim de século extremamente adverso para a maioria das não elites na população brasileira[1].

---

[1] PINHEIRO, Paúlo Sérgio; MESQUITA NETO, Paulo de. **Direitos humanos no Brasil**: perspectivas no final do século. Disponível em: <http://www.dhnet.org.br/direitos/militantes/pspinheiro/pspinheirodhbrasil.html>. Acesso em: 13 jun. 2013.

Em meados dos anos 1980, começava a ficar claro que o desenvolvimento econômico e social e a transição para democracia, ainda que necessários, não eram suficientes para conter o aumento da criminalidade e da violência no Brasil. Ao mesmo tempo, ficava evidente que esse fenômeno era um grande obstáculo e uma ameaça aos processos de desenvolvimento e de consolidação da democracia. A questão era saber se esta tendência de banalização da criminalidade, da violência e da morte poderia ser controlada e revertida ou se ela acabaria por consumir os recursos humanos da sociedade brasileira a ponto de inviabilizar os processos de desenvolvimento e de consolidação da democracia[2].

Com o objetivo de limitar, controlar e reverter as graves violações de direitos humanos e implementando uma recomendação da **Conferência Mundial de Direitos Humanos de Viena** realizada em 1993 – na qual o Brasil teve papel muito atuante –, o governo Fernando Henrique Cardoso decidiu integrar como política de governo a promoção e realização dos direitos humanos propondo um plano de ação para direitos humanos. Em 7 de setembro de 1995, o Presidente anunciou o compromisso pela efetivação dos direitos humanos por meio de uma política nacional. Ao assumir esse compromisso, o governo brasileiro reconheceu a obrigação de proteger e promover os direitos humanos e os princípios da universalidade e da indivisibilidade dos direitos humanos[3].

O principal mecanismo utilizado para exteriorizar e planejar a Política Nacional de Direitos humanos é o **Programa Nacional de Direitos Humanos**. Atualmente, o Brasil está implementando a terceira versão do PNDH. Sem prejuízo, outros órgãos são instituídos, como o **Conselho Nacional dos Direitos Humanos** (Lei nº 12.986, de junho de 2014, que revogou a Lei nº 4.319/1964, a qual tratava do Conselho de Defesa dos Direitos da Pessoa Humana), sem contar o papel institucional de órgãos do **Ministério Público**, da **Defensoria Pública**, e da **Administração em geral**.

1.1 Programas nacionais de direitos humanos

O PNDH – Programa Nacional de Direitos Humanos foi lançado pelo Presidente Fernando Henrique Cardoso, em 13 de março de 1996. Apesar de não ser ainda possível medir o grau de aumento do respeito aos direitos humanos no Brasil, afirma-se que desde o lançamento do PNDH houve uma diminuição da tolerância em relação à impunidade e às violações de direitos humanos. Essa mudança de atitude a médio prazo poderá contribuir para diminuir a omissão e o apoio de largos setores da população, tanto nas elites como nas classes populares, em relação a atos arbitrários que venham a ser cometidos pelo Estado nessa fase do processo de consolidação da democracia[4].

O PNDH reflete e fortalece uma mudança na concepção de direitos humanos, partilhada anteriormente por organizações de direitos humanos, mas pela

---

[2] Ibid.
[3] Ibid.
[4] Ibid.

primeira vez adotada e defendida pelo governo brasileiro na história da República, segundo a qual os **direitos humanos devem ser os direitos de todos**, inclusive as não elites[5].

O governo brasileiro e os Estados da federação obrigam-se a proteger não apenas os direitos humanos definidos nas Constituições nacional e estaduais, mas igualmente os direitos humanos definidos em tratados internacionais, reconhecidos como válidos para aplicação interna pela Constituição de 1988[6].

No mais, a nova concepção de direitos humanos implica que os Estados nacionais na comunidade internacional tenham o direito de agir para proteger os direitos humanos em outros países e reconheçam o direito de outros Estados de defenderem a realização dos direitos humanos dentro do seu território[7].

1.1.1 Primeiro Programa Nacional de Direitos Humanos (PNDH-1)

> *Sobre quais direitos prioritariamente se concentra o Primeiro Programa Nacional de Direitos Humanos?*

A primeira versão do Programa Nacional de Direitos Humanos (PNDH-1), de 1996 **(Decreto nº 1.904)**, conferiu especial ênfase aos **direitos civis e políticos**, o que seria natural num contexto de recente aprovação da Constituição Federal e ainda subsistente cenário de reconstrução democrática. Basta lembrar que em 29 de dezembro de 1992 se encerrou o mandato de Fernando Collor de Melo após *impeachment*, sendo ele o primeiro Presidente eleito pela via direta no sistema democrático. A crise institucional parecia bastante evidente, justificando-se a adoção de um primeiro programa ficado nos direitos civis e políticos.

Neste sentido, foram políticas públicas adotadas para proteção e promoção dos direitos humanos no Brasil: **proteção do direito à vida, segurança das pessoas, luta contra a impunidade, proteção do direito à liberdade, liberdade de expressão e classificação indicativa**, questões sobre **trabalho forçado, penas privativas de liberdade, proteção do direito a tratamento igualitário perante a lei, proteção de grupos vulneráveis em prol da igualdade material** (crianças e adolescentes, mulheres, população negra, sociedades indígenas, estrangeiros, refugiados e migrantes, terceira idade, pessoas com deficiência), **bases para uma cultura e para a educação em Direitos Humanos, ações internacionais** para proteção e promoção dos Direitos Humanos, **apoio a organizações e operações de defesa dos direitos humanos, implementação e monitoramento do Programa Nacional de Direitos Humanos.**

---

[5] Ibid.
[6] Ibid.
[7] Ibid.

1.1.2 Segundo Programa Nacional de Direitos Humanos (PNDH-2)

> Sobre quais direitos prioritariamente se concentra o Segundo Programa Nacional de Direitos Humanos?

A segunda versão do Programa Nacional de Direitos Humanos (PNDH-2), de 2002 (**Decreto nº 4.229**), tem por foco os **direitos econômicos, sociais e culturais** e o **direito ao meio ambiente saudável**. Aprofundam-se aspectos do PNDH-1 e, ainda, mencionam-se extensão de proteção a outros grupos vulneráveis, como Afrodescendentes e Gays, Lésbicas, Travestis, Transexuais e Bissexuais – GLTTB.

Em profundidade, aborda-se o direito à **educação**, à **saúde**, à **previdência** e à **assistência social** (especificidades sobre saúde mental, dependência química e HIV/AIDS), ao **trabalho**, à **moradia**, ao **meio ambiente saudável**, à **alimentação**, à **cultura**, ao **lazer** e à **inserção nos sistemas internacionais de proteção**.

1.1.3 Terceiro Programa Nacional de Direitos Humanos (PNDH-3)

A terceira versão do Programa Nacional de Direitos Humanos (PNDH-3), lançada em 2009 (**Decreto nº 7.037**), traz a **política de Estado** para os temas relativos a esta área, ao estabelecer diretrizes, objetivos e ações para os anos seguintes. A explicação deste tópico foi baseada na própria descrição do governo brasileiro do conteúdo de seu programa[8].

> Qual o objetivo do PNDH-3? Quais são seus eixos orientadores?

O objetivo do programa desenvolvido pelo governo federal é conferir continuidade à integração e ao aprimoramento dos mecanismos de participação existentes e criar novos meios de construção e monitoramento das políticas públicas brasileiras sobre direitos humanos.

O PNDH-3 tem como diretriz a garantia da igualdade na diversidade, com respeito às diferentes crenças, liberdade de culto e garantia da laicidade do Estado brasileiro. O programa prevê ainda Planos de Ação a serem construídos a cada dois anos, sendo fixados os recursos orçamentários, as medidas concretas e os órgãos responsáveis por sua execução.

O PNDH-3 foi precedido pelo PNDH-1, de 1996, que enfatizou os direitos civis e políticos, e pelo PNDH-2, que incorporou os direitos econômicos, sociais, culturais e ambientais, em 2002 (ambos já trabalhados anteriormente).

---

[8] PORTAL BRASIL. **PNDH-3 reúne políticas sobre direitos humanos**. Disponível em: <http://www.brasil.gov.br/sobre/cidadania/direitos-do-cidadao/programa-nacional-de-direitos-humanos-pndh>. Acesso em 13 jun. 2013.

A participação social na elaboração do programa se deu por meio de conferências, realizadas em todos os Estados do Brasil durante o ano de 2008, envolvendo diretamente mais de 14 mil cidadãos, além de consulta pública.

A versão preliminar do Programa ficou disponível no *site* da SEDH durante o ano de 2009, aberta a críticas e sugestões. O texto incorporou ainda propostas aprovadas em cerca de 50 conferências nacionais, realizadas desde 2003, a respeito de temas como igualdade racial, direitos da mulher, segurança alimentar, cidades, meio ambiente, saúde, educação, juventude e cultura.

O tema da *Interação Democrática entre Estado e Sociedade Civil* abre o Programa, de acordo com a ideia de que os agentes públicos e todos os cidadãos são responsáveis pela consolidação dos direitos humanos no Brasil. Para tanto, o PNDH-3 propõe a integração e o aprimoramento dos fóruns de participação existentes, além da criação de novos espaços e mecanismos institucionais de interação e acompanhamento, como o fortalecimento da democracia participativa.

A estratégia relativa ao tema *Desenvolvimento e Direitos Humanos* é centrada na inclusão social e em garantir o exercício amplo da cidadania, assegurando espaços consistentes às estratégias de desenvolvimento local e territorial, agricultura familiar, pequenos empreendimentos, cooperativismo e economia solidária.

O direito humano ao meio ambiente e às cidades sustentáveis, por exemplo, bem como o fomento a pesquisas de tecnologias socialmente inclusivas constituem pilares para um modelo de crescimento sustentável, capaz de assegurar os direitos fundamentais das gerações presentes e futuras.

Já o tema *Universalizar Direitos em um Contexto de Desigualdades* dialoga com as intervenções desenvolvidas no Brasil para reduzir a pobreza e garantir geração de renda aos segmentos sociais mais pobres, contribuindo de maneira decisiva para a erradicação da fome e da miséria.

O eixo *Segurança Pública, Acesso à Justiça e Combate à Violência* aborda metas para diminuir a violência, reduzir a discriminação e a violência sexual, erradicar o tráfico de pessoas e a tortura. Propõe ainda reformular o sistema de Justiça e Segurança Pública ao estimular o acesso a informações e fortalecer modelos alternativos de solução de conflitos, além de garantir os direitos das vítimas de crimes e de proteção das pessoas ameaçadas, reduzir a letalidade policial e carcerária, dentre outros.

Nesta linha, o eixo prioritário e estratégico da *Educação e Cultura em Direitos Humanos* se traduz em uma experiência individual e coletiva que atua na formação de uma consciência centrada no respeito ao outro, na tolerância, na solidariedade e no compromisso contra todas as formas de discriminação, opressão e violência.

O capítulo que aborda o *Direito à Memória e à Verdade* encerra o temas abordados no PNDH-3. No ano seguinte à publicação do PNDH-3 é aprovada a lei que institui a Comissão Nacional da Verdade, destinada a apurar violações aos direitos humanos ocorridas entre 1946 e 1988. A CNV será estudada mais à frente, como mecanismo nacional de proteção dos direitos humanos.

O PNDH-3 é extremamente extenso, pois detalha o conteúdo de cada um de seus eixos e diretrizes. Para fins deste estudo, colaciona-se o teor do decreto que o instituiu, trazendo o título de cada um de seus eixos e diretrizes. Entretanto, não são abrangidos pelo decreto as ações que devem ser desenvolvidas em cada um dos eixos, as quais são aprofundadas em respectivo anexo. Na verdade, o anexo delimita e explica cada um dos eixos orientadores e diretrizes adotados pela PNDH-3.

Vejamos:

DECRETO Nº 7.037, DE 21 DE DEZEMBRO DE 2009

Aprova o Programa Nacional de Direitos Humanos – PNDH-3 e dá outras providências.

O PRESIDENTE DA REPÚBLICA, no uso da atribuição que lhe confere o art. 84, inciso VI, alínea "a", da Constituição,

DECRETA:

*Art. 1º Fica aprovado o Programa Nacional de Direitos Humanos - PNDH-3, em consonância com as diretrizes, objetivos estratégicos e ações programáticas estabelecidos, na forma do **Anexo** deste Decreto.*

*Art. 2º O PNDH-3 será implementado de acordo com os seguintes **eixos orientadores e suas respectivas diretrizes**:*

*I - Eixo Orientador I: **Interação democrática entre Estado e sociedade civil**:*

*a) Diretriz 1: Interação democrática entre Estado e sociedade civil como instrumento de **fortalecimento da democracia participativa**;*

*b) Diretriz 2: Fortalecimento dos Direitos Humanos como instrumento transversal das **políticas públicas e de interação democrática**; e*

*c) Diretriz 3: Integração e ampliação dos sistemas de informações em Direitos Humanos e construção de **mecanismos de avaliação e monitoramento** de sua efetivação;*

*II - Eixo Orientador II: **Desenvolvimento e Direitos Humanos**:*

*a) Diretriz 4: Efetivação de modelo de **desenvolvimento sustentável**, com inclusão social e econômica, ambientalmente equilibrado e tecnologicamente responsável, cultural e regionalmente diverso, participativo e não discriminatório;*

*b) Diretriz 5: Valorização da **pessoa humana como sujeito central** do processo de desenvolvimento; e*

*c) Diretriz 6: Promover e proteger os **direitos ambientais** como Direitos Humanos, incluindo as gerações futuras como sujeitos de direitos;*

*III - Eixo Orientador III: **Universalizar direitos em um contexto de desigualdades**:*

*a) Diretriz 7: Garantia dos Direitos Humanos de forma **universal, indivisível e interdependente**, assegurando a cidadania plena;*

*b) Diretriz 8: Promoção dos direitos de **crianças e adolescentes** para o seu desenvolvimento integral, de forma não discriminatória, assegurando seu direito de **opinião e participação**;*

*c) Diretriz 9: Combate às **desigualdades estruturais**; e*

*d) Diretriz 10: Garantia da **igualdade na diversidade**;*

*IV - Eixo Orientador IV: **Segurança Pública, Acesso à Justiça e Combate à Violência**:*

*a) Diretriz 11: **Democratização e modernização** do sistema de segurança pública;*

*b) Diretriz 12: **Transparência e participação popular** no sistema de segurança pública e justiça criminal;*

c) *Diretriz 13:* **Prevenção** *da violência e da criminalidade e* **profissionalização da investigação de atos criminosos**;

d) *Diretriz 14: Combate à* **violência institucional**, *com ênfase na erradicação da tortura e na redução da letalidade policial e carcerária;*

e) *Diretriz 15: Garantia dos* **direitos das vítimas de crimes** *e de* **proteção das pessoas ameaçadas**;

f) *Diretriz 16:* **Modernização da política de execução penal**, *priorizando a aplicação de penas e medidas alternativas à privação de liberdade e melhoria do* **sistema penitenciário**; *e*

g) *Diretriz 17: Promoção de* **sistema de justiça mais acessível, ágil e efetivo**, *para o conhecimento, a garantia e a defesa de direitos;*

V - *Eixo Orientador V:* **Educação e Cultura em Direitos Humanos**:

a) *Diretriz 18: Efetivação das diretrizes e dos princípios da política nacional de educação em Direitos Humanos para* **fortalecer uma cultura de direitos**;

b) *Diretriz 19: Fortalecimento dos princípios da democracia e dos Direitos Humanos nos sistemas de* **educação básica, nas instituições de ensino superior e nas instituições formadoras**;

c) *Diretriz 20: Reconhecimento da* **educação não formal** *como espaço de defesa e promoção dos Direitos Humanos;*

d) *Diretriz 21: Promoção da Educação em Direitos Humanos no* **serviço público**; *e*

e) *Diretriz 22: Garantia do direito à* **comunicação democrática** *e ao* **acesso à informação** *para consolidação de uma cultura em Direitos Humanos; e*

VI - *Eixo Orientador VI:* **Direito à Memória e à Verdade**:

a) *Diretriz 23: Reconhecimento da memória e da verdade como* **Direito Humano da cidadania e dever do Estado**;

b) *Diretriz 24:* **Preservação da memória histórica e construção pública da verdade**; *e*

c) *Diretriz 25:* **Modernização da legislação** *relacionada com promoção do direito à memória e à verdade, fortalecendo a democracia.*

Parágrafo único. A implementação do PNDH-3, além dos responsáveis nele indicados, envolve **parcerias com outros órgãos federais** *relacionados com os temas tratados nos eixos orientadores e suas diretrizes.*

Art. 3º As metas, prazos e recursos necessários para a implementação do PNDH-3 serão definidos e aprovados em **Planos de Ação de Direitos Humanos bianuais**.

Art. 4º Fica instituído o **Comitê de Acompanhamento e Monitoramento do PNDH-3**, *com a finalidade de:*

I - *promover a* **articulação** *entre os órgãos e entidades envolvidos na implementação das suas ações programáticas;*

II - *elaborar os* **Planos de Ação dos Direitos Humanos**;

III - *estabelecer* **indicadores** *para o acompanhamento, monitoramento e avaliação dos Planos de Ação dos Direitos Humanos;*

IV - *acompanhar a* **implementação das ações e recomendações**; *e*

V - *elaborar e aprovar seu* **regimento interno**.

§ 1º O Comitê de Acompanhamento e Monitoramento do PNDH-3 será integrado por um representante e respectivo suplente de cada órgão a seguir descrito, indicados pelos respectivos titulares:

I - Secretaria Especial dos Direitos Humanos da Presidência da República, que o coordenará;

II - Secretaria Especial de Políticas para as Mulheres da Presidência da República;

III - Secretaria Especial de Políticas de Promoção da Igualdade Racial da Presidência da República;

IV - Secretaria Geral da Presidência da República;

V - Ministério da Cultura;

VI - Ministério da Educação;

VII - Ministério da Justiça;

VIII - Ministério da Pesca e Aquicultura;

IX - Ministério da Previdência Social;

X - Ministério da Saúde;

XI - Ministério das Cidades;

XII - Ministério das Comunicações;

XIII - Ministério das Relações Exteriores;

XIV - Ministério do Desenvolvimento Agrário;

XV - Ministério do Desenvolvimento Social e Combate à Fome;

XVI - Ministério do Esporte;

XVII - Ministério do Meio Ambiente;

XVIII - Ministério do Trabalho e Emprego;

XIX - Ministério do Turismo;

XX - Ministério da Ciência e Tecnologia; e

XXI – Ministério de Minas e Energia.

§ 2º O Secretário Especial dos Direitos Humanos da Presidência da República designará os representantes do Comitê de Acompanhamento e Monitoramento do PNDH-3.

§ 3º O Comitê de Acompanhamento e Monitoramento do PNDH-3 poderá constituir **subcomitês temáticos** para a execução de suas atividades, que poderão contar com a participação de representantes de outros órgãos do Governo Federal.

§ 4º O Comitê convidará **representantes dos demais Poderes**, da sociedade civil e dos entes federados para participarem de suas reuniões e atividades.

Art. 5º Os **Estados, o Distrito Federal, os Municípios e os órgãos do Poder Legislativo, do Poder Judiciário e do Ministério Público**, serão convidados a **aderir ao PNDH-3**.

Art. 6º Este Decreto entra em vigor na data de sua publicação.

Art. 7º Fica revogado o Decreto nº 4.229, de 13 de maio de 2002.

Brasília, 21 de dezembro de 2009; 188º da Independência e 121º da República.

Em resumo, *o eixo orientador I* visa propiciar que a sociedade civil participe cada vez mais do processo democrático, notadamente quanto à efetivação dos direitos humanos; *o II* volta-se ao desenvolvimento dos direitos humanos que cada vez mais se fixa numa terceira dimensão, inerente aos direitos difusos e coletivos, como o de convivência num meio ambiente saudável (a pessoa humana enquanto indivíduo fica no centro do sistema, mas não se perde de vista o todo); *o III* confere atenção aos muitos grupos sociais desprivilegiados ainda existentes no Brasil, como crianças e adolescentes, negros, homossexuais etc., cabendo trabalhar diariamente para mitigar tais desigualdades, consolidando a dignidade da pessoa humana; *o IV* traz diretivas que perpassam pela necessidade de aperfeiçoamento do sistema de justiça criminal e da segurança pública, até mesmo porque o Brasil é considerado um país deficiente quando o assunto é direito dos presos e é essencial que ocorra uma busca de melhora, diminuindo a tolerância quanto a práticas arbitrárias, desumanas, e cruéis, sem deixar de prestar a devida assistência à vítima; *o V* concentra-se na conscientização individual dos direitos humanos fundamentais, prevenindo condições de indignidade, frisando-se que o trabalho de educação para a consciência de seus próprios direitos humanos é complexo e deve perpassar por todas as áreas da educação, tanto formal quanto informal; *o VI* finaliza o PNDH-3 tratando da preservação da memória sobre eventos históricos brasileiros, considerando que por muito tempo foi desprezado e esquecido o quadro ditatorial que manchou a história recente do país, o que se faz notadamente pela instituição da Comissão da Verdade, que não objetiva punir infratores, mas sim resgatar os fatos trágicos que marcaram tal momento histórico para que não se repitam.

1.1.4 Alterações do PNDH-3

Alguns aspectos do PNDH-3 causaram grande repercussão, gerando alterações no texto original por parte da Presidência da República, nos termos do Decreto nº 7.177, de 12 de maio de 2010. Foram alteradas: eixo III – diretriz 9 – ação g; eixo VI – diretriz 17 – ação d; eixo I – ação a da diretriz 22, ações c e f da diretriz 24, ações c e d da diretriz 25 / Revogadas: eixo VI – diretriz 10 – c; eixo I – diretriz 22 – ação d.

1.2 Conselho Nacional dos Direitos Humanos – Lei nº 12.986/2014

LEI Nº 12.986, DE 2 DE JUNHO DE 2014.

Transforma o Conselho de Defesa dos Direitos da Pessoa Humana em Conselho Nacional dos Direitos Humanos – CNDH; revoga as Leis nos 4.319, de 16 de março de 1964, e 5.763, de 15 de dezembro de 1971; e dá outras providências.

A PRESIDENTA DA REPÚBLICA faço saber que o Congresso Nacional decreta e eu sanciono a seguinte Lei:

CAPÍTULO I
DISPOSIÇÕES PRELIMINARES

Art. 1º O Conselho de Defesa dos Direitos da Pessoa Humana criado pela Lei nº 4.319, de 16 de março de 1964, **passa a denominar-se** Conselho Nacional dos Direitos Humanos – CNDH, com finalidade, composição, competência, prerrogativas e estrutura organizacional definidas por esta Lei.

Art. 2º O CNDH tem por finalidade a promoção e a defesa dos direitos humanos, mediante ações preventivas, protetivas, reparadoras e sancionadoras das condutas e situações de ameaça ou violação desses direitos.

§ 1º Constituem direitos humanos sob a proteção do CNDH os direitos e garantias fundamentais, individuais, coletivos ou sociais previstos na Constituição Federal ou nos tratados e atos internacionais celebrados pela República Federativa do Brasil.

§ 2º A defesa dos direitos humanos pelo CNDH independe de provocação das pessoas ou das coletividades ofendidas.

CAPÍTULO II
DA COMPOSIÇÃO, COMPETÊNCIA E PRERROGATIVAS

Art. 3º O Conselho Nacional dos Direitos Humanos – CNDH é integrado pelos seguintes membros:

I – **representantes de órgãos públicos**:

a) Secretário Especial dos Direitos Humanos;

b) Procurador-Geral da República;

c) 2 (dois) Deputados Federais;

d) 2 (dois) Senadores;

e) 1 (um) de entidade de magistrados;

f) 1 (um) do Ministério das Relações Exteriores;

g) 1 (um) do Ministério da Justiça;

h) 1 (um) da Polícia Federal;

i) 1 (um) da Defensoria Pública da União;

II – **representantes da sociedade civil**:

a) 1 (um) da Ordem dos Advogados do Brasil, indicado pelo Conselho Federal da entidade;

b) 9 (nove) de organizações da sociedade civil de abrangência nacional e com relevantes atividades relacionadas à defesa dos direitos humanos;

c) 1 (um) do Conselho Nacional dos Procuradores-Gerais do Ministério Público dos Estados e da União.

§ 1º Os representantes dos órgãos públicos serão designados pelos ministros, chefes ou presidentes das respectivas instituições.

§ 2º Os representantes indicados na alínea b do inciso II deste artigo e seus suplentes serão eleitos em encontro nacional para um mandato de 2 (dois) anos.

§ 3º O edital de convocação do encontro nacional a que se refere o § 2º será divulgado, na primeira vez, pela Secretaria Especial dos Direitos Humanos e, quanto aos encontros subsequentes, pelo CNDH, observando-se os princípios da ampla publicidade e da participação plural dos diversos segmentos da sociedade.

§ 4º Os representantes do Senado Federal e da Câmara dos Deputados serão designados pelos presidentes das respectivas Casas no início de cada legislatura, obedecida a paridade entre os partidos de situação e de oposição.

§ 5º As situações de perda e de substituição de mandato, bem como as regras de funcionamento do CNDH, serão definidas no seu regimento interno.

Art. 4º O CNDH é o órgão incumbido de velar pelo efetivo respeito aos direitos humanos por parte dos poderes públicos, dos serviços de relevância pública e dos particulares, competindo-lhe:

I – promover **medidas necessárias à prevenção, repressão, sanção e reparação** de condutas e situações contrárias aos direitos humanos, inclusive os previstos em tratados e atos internacionais ratificados no País, e apurar as respectivas responsabilidades;

II – **fiscalizar a política nacional** de direitos humanos, podendo sugerir e recomendar diretrizes para a sua efetivação;

III – **receber representações ou denúncias** de condutas ou situações contrárias aos direitos humanos e apurar as respectivas responsabilidades;

IV – **expedir recomendações** a entidades públicas e privadas envolvidas com a proteção dos direitos humanos, fixando prazo razoável para o seu atendimento ou para justificar a impossibilidade de fazê-lo;

V – (VETADO);

VI – **articular-se** com órgãos federais, estaduais, do Distrito Federal e municipais encarregados da proteção e defesa dos direitos humanos;

VII – **manter intercâmbio e cooperação** com entidades públicas ou privadas, nacionais ou internacionais, com o objetivo de dar proteção aos direitos humanos e demais finalidades previstas neste artigo;

VIII – acompanhar o desempenho das obrigações relativas à defesa dos direitos humanos resultantes de acordos internacionais, produzindo **relatórios e prestando a colaboração** que for necessária ao Ministério das Relações Exteriores;

IX – **opinar** sobre atos normativos, administrativos e legislativos de interesse da política nacional de direitos humanos e elaborar propostas legislativas e atos normativos relacionados com matéria de sua competência;

X – **realizar estudos e pesquisas** sobre direitos humanos e promover ações visando à divulgação da importância do respeito a esses direitos;

XI – **recomendar** a inclusão de matéria específica de direitos humanos nos **currículos escolares**, especialmente nos cursos de formação das polícias e dos órgãos de defesa do Estado e das instituições democráticas;

XII – dar especial **atenção às áreas** de maior ocorrência de violações de direitos humanos, podendo nelas promover a instalação de representações do CNDH pelo tempo que for necessário;

XIII - (VETADO);

XIV - **representar:**

a) à autoridade competente para a instauração de inquérito policial ou procedimento administrativo, visando à apuração da responsabilidade por violações aos direitos humanos ou por descumprimento de sua promoção, inclusive o estabelecido no inciso XI, e aplicação das respectivas penalidades;

b) ao Ministério Público para, no exercício de suas atribuições, promover medidas relacionadas com a defesa de direitos humanos ameaçados ou violados;

c) ao Procurador-Geral da República para fins de intervenção federal, na situação prevista na alínea b do inciso VII do art. 34 da Constituição Federal;

d) ao Congresso Nacional, visando a tornar efetivo o exercício das competências de suas Casas e Comissões sobre matéria relativa a direitos humanos;

XV - realizar **procedimentos apuratórios** *de condutas e situações contrárias aos direitos humanos e aplicar sanções de sua competência;*

XVI - pronunciar-se, por deliberação expressa da maioria absoluta de seus conselheiros, sobre **crimes** *que devam ser considerados, por suas características e repercussão, como violações a direitos humanos de excepcional gravidade, para fins de acompanhamento das providências necessárias a sua apuração, processo e julgamento.*

Art. 5º Para a realização de **procedimentos apuratórios** *de situações ou condutas contrárias aos direitos humanos, o CNDH goza das seguintes prerrogativas:*

I - (VETADO);

II - requisitar informações, documentos e provas necessárias às suas atividades;

III - requisitar o auxílio da Polícia Federal ou de força policial, quando necessário ao exercício de suas atribuições;

IV - (VETADO);

V - requerer aos órgãos públicos os serviços necessários ao cumprimento de diligências ou à realização de vistorias, exames ou inspeções e ter acesso a bancos de dados de caráter público ou relativo a serviços de relevância pública.

CAPÍTULO III
DAS SANÇÕES E DOS CRIMES

Art. 6º Constituem **sanções** *a serem aplicadas pelo CNDH:*

I - **advertência;**

II - **censura pública;**

III - **recomendação de afastamento** *de cargo, função ou emprego na administração pública direta, indireta ou fundacional da União, Estados, Distrito Federal, Territórios e Municípios do responsável por conduta ou situações contrárias aos direitos humanos;*

IV - recomendação de que **não sejam concedidos verbas, auxílios ou subvenções** *a entidades comprovadamente responsáveis por condutas ou situações contrárias aos direitos humanos.*

§ 1º *As sanções previstas neste artigo serão aplicadas isolada ou cumulativamente, sendo correspondentes e proporcionais às ações ou omissões ofensivas à atuação do CNDH ou às lesões de direitos humanos, consumadas ou tentadas, imputáveis a pessoas físicas ou jurídicas e a entes públicos ou privados.*

§ 2º *As sanções de competência do CNDH têm caráter autônomo, devendo ser aplicadas independentemente de outras sanções de natureza penal, financeira, política, administrativa ou civil previstas em lei.*

§ 3º *(VETADO).*

CAPÍTULO IV
DA ESTRUTURA ORGANIZACIONAL

Art. 7º *São* **órgãos** *do CNDH:*

I – **o Plenário;**

II – **as Comissões;**

III – **as Subcomissões;**

IV – **a Secretaria Executiva.**

Art. 8º *O* **Plenário** *reunir-se-á:*

I – **ordinariamente**, *por convocação do Presidente, na forma do regimento interno;*

II – **extraordinariamente**, *por iniciativa do Presidente ou de 1/3 (um terço) dos membros titulares.*

§ 1º *O Vice-Presidente poderá convocar reuniões ordinárias do Plenário, na hipótese de omissão injustificável do Presidente quanto a essa atribuição.*

§ 2º *O Plenário poderá reunir-se, com um mínimo de 1/3 (um terço) dos conselheiros titulares, para tratar de assuntos que não exijam deliberação mediante votação.*

§ 3º *As resoluções do CNDH serão tomadas por deliberação da maioria absoluta dos conselheiros.*

§ 4º *Em caso de empate, o Presidente terá o voto de qualidade.*

§ 5º *O Plenário poderá nomear consultores ad hoc, sem remuneração, com o objetivo de subsidiar tecnicamente os debates e os estudos temáticos.*

Art. 9º **As Comissões e as Subcomissões** *serão constituídas pelo Plenário e poderão ser compostas por conselheiros do CNDH, por técnicos e profissionais especializados e por pessoas residentes na área investigada, nas condições estipuladas pelo regimento interno.*

Parágrafo único. As Comissões e as Subcomissões, durante o período de sua vigência, terão as prerrogativas estabelecidas no art. 5º.

Art. 10. *Os serviços de apoio técnico e administrativo do CNDH competem à sua Secretaria Executiva, cabendo-lhe, ainda, secretariar as reuniões do Plenário e providenciar o cumprimento de suas decisões.*

Parágrafo único. (VETADO).

Art. 11. *O Departamento de Polícia Federal do Ministério da Justiça designará e capacitará* **delegados, peritos e agentes** *para o atendimento das requisições do CNDH, objetivando o necessário apoio às suas ações institucionais e diligências investigatórias.*

Art. 12. *(VETADO).*

CAPÍTULO V
DISPOSIÇÕES FINAIS

*Art. 13. O exercício da função de conselheiro do CNDH **não será remunerado** a qualquer título, constituindo serviço de relevante **interesse público**.*

*Art. 14. As despesas decorrentes do funcionamento do CNDH correrão à conta de **dotação própria** no orçamento da União.*

*Art. 15. O CNDH elaborará o seu **regimento interno** no prazo de 90 (noventa) dias.*

Art. 16. Esta Lei entra em vigor na data de sua publicação.

Art. 17. Revogam-se as Leis nos 4.319, de 16 de março de 1964, e 5.763, de 15 de novembro de 1971.

Brasília, 2 de junho de 2014; 193º da Independência e 126º da República.

A Lei nº 12.986, de 2 de junho de 2014, **transformou** o antigo Conselho de Defesa dos Direitos da Pessoa no **Conselho Nacional dos Direitos Humanos**, órgão que solicitou credenciamento junto à Organização das Nações Unidas (ONU) para ser reconhecido como Instituição Nacional de Direitos Humanos, uma vez atendidos os **Princípios de Paris**, que foram sugeridos durante o **Encontro Internacional das Instituições Nacionais de Direitos do Homem**, em 1991, e adotados pela Assembleia Geral das Nações Unidas, em 1993.

De acordo com os **Princípios de Paris**, as Instituições Nacionais de Direitos Humanos devem atender a cinco características, todas elas preenchidas pelo Conselho criado pela Lei nº 12.986/2014: autonomia para monitorar qualquer violação de direitos humanos; autoridade para assessorar o Executivo, o Legislativo e qualquer outra instância sobre temas relacionados aos direitos humanos; capacidade de se relacionar com instituições regionais e internacionais; legitimidade para educar e informar sobre direito humanos; e competência para atuar em temas jurídicos (quase judicial).

Neste sentido, o Conselho pode tomar ações preventivas, protetivas, reparadoras e sancionadoras das condutas e situações de ameaça ou violação desses direitos, mas isso não significa que possa se intrometer no regular exercício das funções dos Poderes estatais. Então, a questão orçamentária é determinada pelo Executivo (não há autonomia, mas sim dotação própria no orçamento da União), e não pode o Conselho deliberar sobre a alocação de recursos públicos em programas e projetos de direitos humanos; tem autoridade para negociar com lideranças do setor público e do setor privado, mas sem se imiscuir nas funções estatais; não pode sozinho denunciar os Estados que descumpram as previsões, mas no máximo aconselhar o Executivo a fazê-lo ou então tomar providências contra este Executivo quando ele for o denunciado; embora possa auxiliar o Legislativo e opinar sobre as leis, não possui poder legiferante e nem poder de veto; ainda que possa ser ouvido em juízo, não é ele que responde nos casos de violação dos direitos humanos.

Quanto à composição, não há eleição direta de seus membros, mas o Conselho inova ao preencher uma exigência da normativa internacional: estabelece a participação civil em seu âmbito. Neste viés, os representantes dos órgãos públicos serão designados e os representantes da sociedade civil serão eleitos em encontro nacional, publicando-se edital dando conhecimento do referido encontro.

No mais, a legislação delineia as competências de atuação no art. 4º (destacando-se as atribuições de receber denúncias, apurar e punir infrações, fiscalizar o cumprimento da política nacional de direitos humanos – PNDH, expedir recomendações, opinar sobre atos normativos, realizar estudos e pesquisas e oferecer representações) e as sanções que podem ser aplicadas, todas de natureza administrativa, no art. 6º (a mais leve é a de advertência, a intermediária é a de censura pública e a mais grave é a de recomendaçõ de afastamento de função ou de vedação ao recebimento de verbas, auxílios ou subvenções, todas aplicadas isoladas ou cumulativamente conforme a gravidade da infração). Por sua vez, o art. 7º aborda os órgãos que compõem o Conselho e até o art. 11 são descritas questões sobre o funcionamento, sem prejuízo da regulação decorrente de regimento interno.

2 TUTELA INDIVIDUAL NA PROMOÇÃO DOS DIREITOS HUMANOS

Além de analisar os programas de direitos humanos, urge discorrer sobre *instrumentos* propriamente ditos de proteção aos direitos humanos. Para tanto, a divisão foi feita entre os **instrumentos nacionais** e os **instrumentos internacionais** (estes últimos serão vistos no capítulo a seguir).

E, dentre os instrumentos nacionais, foram estes divididos entre **instrumentos de tutela individual** e **instrumentos de tutela coletiva**.

Ressalte-se, contudo, que a divisão *supramencionada* é *puramente metodológica*, haja vista a possibilidade – ainda que excepcional – de que instrumentos tipicamente de tutela individual acabem alcançando efeito plural e vice-versa, como se verá a seguir.

Ressalte-se, por fim, que o estudo dos aludidos instrumentos será feito *pela ótica dos direitos humanos*, e não pelas lentes do direito constitucional (como o são tipicamente estudados os instrumentos individuais) ou dos direitos difusos e coletivos (como o são tipicamente estudados os instrumentos coletivos). Em outras palavras, há se lembrar que se trata de um *"Manual de Direitos Humanos"*, e não de um "Manual de Direito Constitucional" ou de "Direitos Difusos, Coletivos e Individuais Homogêneos", de modo que o que se pretende nos tópicos a seguir **não é a análise à exaustão dos instrumentos nacionais** (muitos "Cursos" e "Manuais" já fazem isso com maestria), mas, sim, sua **apresentação como meios de assegurar proteção naquilo que em que guardam perfilhamento com a ciência dos direitos humanos.**

2.1 *Habeas corpus*

> **Art. 5º, CF**
> LXVIII – *conceder-se-á habeas-corpus sempre que alguém sofrer ou se achar ameaçado de sofrer violência ou coação em sua liberdade de locomoção, por ilegalidade ou abuso de poder [...]*

2.1.1 Surgimento

A Magna Carta inglesa, de 1215, foi o primeiro documento a prevê-lo, enquanto o "*Habeas Corpus Act*", de 1679, procedimentalizou-o pela primeira vez. No Brasil, o Código de Processo Penal do Império, de 1832, trouxe-o para este ordenamento, enquanto a primeira Constituição Republicana, de 1891, foi a primeira Lei Fundamental pátria a consagrar o instituto (é da época da Lei Fundamental a chamada "*Doutrina Brasileira do Habeas Corpus*", de Ruy Barbosa, que maximizava o instituto e habilitava-o a proteger qualquer direito, inclusive aqueles que hoje são buscados pela via do mandado de segurança[9]). Somente no ano de 1926 (emenda constitucional nº 1/1926 à Constituição de 1891) o *habeas corpus* teve sua amplitude reduzida para os casos de efetivo risco à liberdade de locomoção, permanecendo com esta essência até os dias atuais. Desde então, o que se tem observado é um movimento pela restrição à utilização do instituto apenas para os casos em que exista deliberado risco à liberdade de locomoção, a fim de conter processo de banalização que possa estar ocorrendo em torno do HC.

Hoje, a previsão constitucional do "*writ*" está no art. 5º, LXVIII, da Constituição da República, dispositivo segundo o qual "*conceder-se-á habeas corpus sempre que alguém sofrer violência ou coação em sua liberdade de locomoção por ilegalidade ou abuso de poder*".

2.1.2 Natureza jurídica

Trata-se de **ação constitucional** (e não de "recurso processual penal", nada obstante sua previsão no Capítulo X, do Título II, do Código de Processo Penal, que trata "dos recursos em geral"), de natureza **tipicamente penal**, que almeja a proteção das **liberdades individuais de locomoção** quando esta se encontra indevidamente violada ou em vias de violação[10 e 11].

Vale frisar que, apesar de ser uma ação tipicamente penal, não há qualquer óbice a que se utilize o *habeas corpus* em outras searas como a cível, num caso de indevida privação de liberdade por dívida de alimentos, por exemplo, ou na trabalhista, caso alguém seja indevidamente impedido de exercer seu labor mediante coação à liberdade de locomoção, noutro exemplo.

Ademais, importa lembrar que, por sua natureza de *ação tipicamente sumaríssima*, fica prejudicada a análise do conjunto fático-probatório por dilação exauriente, exigindo-se, pois, "*prova pré-constituída*" de que esteja havendo risco materializado ou potencial à liberdade de ir e vir[12]. Assim, como exemplos, não se pode manejar

---

[9] SILVA, José Afonso da. **Curso de direito constitucional positivo**. 25. ed. São Paulo: Malheiros, 2005, p. 445.
[10] Reforça-se, ainda, posição dada pelo Ministro Celso de Mello quanto ao *caráter essencialmente documental do habeas corpus*, a ser utilizado com o objetivo de: *a)* promover a análise da prova penal; *b)* efetuar o reexame do conjunto probatório regularmente produzido; *c)* provocar a reapreciação da matéria de fato; e *d)* proceder à revalorização dos elementos instrutórios coligidos no processo penal de conhecimento (Supremo Tribunal Federal, 2ª T. **HC nº 125.131 AgR/DF**. Rel.: Min. Celso de Mello. DJ. 29/09/2015).
[11] Inclui-se, aqui, a via do *habeas corpus* para assegurar o direito de visitas do preso. Neste sentido: Supremo Tribunal Federal, 2ª T. **HC nº 107.701/RS**. Rel.: Min. Gilmar Mendes. DJ. 13/09/2011.
[12] Supremo Tribunal Federal, 1ª T. **HC nº 85.457/SP**. Rel.: Min. Sepúlveda Pertence. DJ. 22/03/2005.

o "*writ*" para aferir a existência de indícios de autoria ou materialidade delitiva ou para fomentar a reapreciação de prova na seara da instrução criminal[13], bem como para realizar o exame minucioso da causa que levou à fixação de pena em continuidade delitiva[14].

A finalidade do *habeas corpus*, pois, é uma só: trazer ao conhecimento da autoridade judicial uma afronta à liberdade de locomoção. Qualquer situação que fuja deste contexto torna a via do remédio constitucional em lume inapta/inadequada para tanto[15].

2.1.3 Espécies

O *habeas corpus* pode ser **preventivo** (quando houver mera ameaça de violação ao direito de ir e vir, caso em que se obterá um "salvo conduto"), ou **repressivo** (quando ameaça já tiver se materializado).

Urge esclarecer, neste diapasão, que o "*writ*" não é um remédio tipicamente processual, sendo perfeitamente admissível seu manejo fora dos autos. É o caso da **impetração** (é este o verbo utilizado para o manejo) de *habeas corpus* para o trancamento de inquérito policial manifestamente ilegal[16 e 17] ou para liberação de paciente que esteja indevidamente internado em centro de tratamento por insanidade mental[18], como exemplos.

> *Ato contínuo, convém indagar: tendo em vista a possibilidade do manejo de mandado de segurança coletivo e mandado de injunção coletivo (assuntos que serão oportunamente estudados), seria possível falar em um* habeas corpus *coletivo ou multitudinário?*

A questão é pouco trabalhada na doutrina, bem como escassa é a jurisprudência sobre o tema. A dificuldade da utilização do "*writ*" em sua forma coletiva, para além de uma ausência de previsão legal – o que certamente não deve ser óbice, data máxima vênia –, certamente pode residir na descrição, em um único instrumento, de afronta ou ameaça à liberdade de locomoção plural de modo sumário, isto é, sem qualquer dilação probatória (já que a via do HC, como já dito, não é adequada

---

[13] Supremo Tribunal Federal, 2ª T. **HC nº 125.585 AgR/PE**. Rel.: Min. Cármen Lúcia. DJ. 16/12/2014.
[14] Supremo Tribunal Federal, 1ª T. **HC nº 125.772/PE**. Rel.: Min. Rosa Weber. DJ. 17/03/2015.
[15] Como se não bastasse: "O objeto da tutela em *habeas corpus* é a liberdade de locomoção quando ameaçada por ilegalidade ou abuso de poder (CF, art. 5º, LXVIII), não cabendo sua utilização quando indissociável do reexame de pressupostos de admissibilidade de recursos de outros tribunais" (Supremo Tribunal Federal, 1ª T. **HC nº 163.320 AgR/SP**. Rel.: Min. Luiz Fux. DJ. 30/11/2018).
[16] Supremo Tribunal Federal, 2ª T. **HC nº 119.172/DF**. Rel.: Min. Teori Zavascki. DJ. 01/04/2014.
[17] Nada obstante seja possível a utilização do HC para trancar inquérito policial (ou mesmo ação penal), ressalta-se que o STF vem entendendo pela *natureza excepcional* de tais hipóteses. Isso somente seria possível quando manifesta a atipicidade da conduta, a presença de causa extintiva de punibilidade ou a ausência de suporte probatório mínimo de autoria e materialidade delitivas (Supremo Tribunal Federal, 1ª T. **HC nº 122.505 AgR/SP**. Rel.: Min. Rosa Weber. DJ. 15/12/2015).
[18] Superior Tribunal de Justiça, 3ª T. **HC nº 35.301/RJ**. Rel.: Min. Nancy Andrighi. DJ. 13/09/2004.

para isso). Há se entender, contudo, que em determinadas hipóteses a amoldagem ao manejo desta ação constitucional em sua forma plural fica claramente caracterizada. É o caso, por exemplo, dos protestos populares que atingiram o Brasil em junho e julho de 2013, os quais ensejaram atuações dúbias das autoridades policiais com o aprisionamento de indivíduos que *ou* não estavam protestando ("lugar errada, hora errada"), *ou* estavam protestando de forma pacífica, *ou* meramente tentaram impedir que colegas fossem indevidamente presos. **Igualmente, é o caso do *habeas corpus* coletivo concedido pelo Supremo Tribunal Federal envolvendo gestantes e mães de filhos com até doze anos presas preventivamente**[19 e 20].

Observa-se, pois, que se for **claramente comum** o motivo que restringe o direito de ir e vir indevidamente, não se pode vedar a utilização de um *habeas corpus* em sua forma coletiva. Mesmo porque, em termos práticos, reutilizando o exemplo dos protestos populares, os "modelos" do "*writ*" corriam "pré-moldados" pelas mídias sociais, organizações de defesa dos direitos humanos e advogados. Os argumentos eram os mesmos, de modo que apenas se alterava o nome das partes, dando à autoridade judicial o "trabalho" de analisar pessoa por pessoa, pelos mesmos motivos.

Isto posto, a seguir são sistematizadas – de forma genérica, é verdade – algumas premissas para a utilização do "*writ*" epigrafado em sua forma plural, de acordo com aquilo que foi observado na doutrina e na jurisprudência pátria, e de acordo com balizas que devem ser simplesmente transpostas do *habeas corpus* individual para seu símile coletivo:

a) Jamais se pode esquecer que o *habeas corpus* é um instrumento sumário, de modo que o conteúdo probatório da restrição ao direito de ir e vir já deve vir em seu bojo como medida apta demonstrar a gravidade da coação. A questão da "*prova pré-constituída*", pois, tem fundamental importância na forma plural do "*writ*" em comento, haja vista a necessidade de que fique claramente demonstrada a ameaça ou sua materialização contra os pacientes. Se a pré-constituição de prova já é tão importante no seio individual do HC, na versão multitudinária ela é imperiosa para que o remédio não se revele uma mera carta de intenções desprovida de concretude;

b) É preciso que os pacientes (sejam eles ao mesmo tempo impetrantes ou não) estejam privados de sua liberdade – ou corram esse risco – por um *motivo singular, claramente perceptível a todos*, a fim de evitar que a situação de cada sujeito seja tratada de forma separada em um mesmo instrumento. Caso assim se admitisse, não se

---

[19] Supremo Tribunal Federal, 2ª T. **HC nº 143.641/SP**. Rel.: Min. Ricardo Lewandowski. DJ. 20/02/2018. A decisão foi no sentido de conceder a ordem para determinar a substituição da prisão preventiva pela domiciliar – sem prejuízo da aplicação concomitante das medidas alternativas previstas no artigo 319 do CPP – de todas as mulheres presas, gestantes, puérperas ou mães de crianças com até 12 anos sob sua guarda ou pessoa com deficiência, listadas no processo pelo Departamento Penitenciário Nacional (DEPEN) e outras autoridades estaduais, enquanto perdurar tal condição, excetuados os casos de crimes praticados por elas mediante violência ou grave ameaça, contra seus descendentes ou, ainda, em situações excepcionalíssimas, as quais deverão ser devidamente fundamentadas pelo juízes que denegarem o benefício. Nesse mesmo julgado, aliás, o STF entendeu que a legitimidade ativa do *habeas corpus* coletivo, a princípio, deve ser reservada àqueles listados no art. 12 da Lei nº 13.300/2016, por analogia ao que dispõe a legislação referente ao mandado de injunção coletivo.

[20] De conteúdo similar ao do HC nº 143.641/SP, menciona-se o novo art. 318-A, do Código de Processo Penal, com redação dada pela Lei nº 13.769/2018: "A prisão preventiva imposta à mulher gestante ou que for mãe ou responsável por crianças ou pessoas com deficiência será substituída por prisão domiciliar, desde que: I – não tenha cometido crime com violência ou grave ameaça a pessoa; II – não tenha cometido o crime contra seu filho ou dependente".

estaria, em verdade, diante de um *habeas corpus* coletivo, mas de uma multiplicidade de "*writs*" individuais em um instrumento único. De nada adiantaria, pois, impetrar HC em favor de cinco mil manifestantes de um protesto, a título ilustrativo, se os delineamentos que ameaçam a liberdade de todos não forem devidamente singularizados (lembra-se, mais uma vez, da importância da pré-constituição de prova)[21];

c) Se o motivo de risco ou consubstanciação à privação da liberdade deve ser singularmente considerado, é preciso que a decisão seja uniforme a todos, *salvo se houver circunstâncias de caráter pessoal, como uma extensa ficha de antecedentes e/ ou o grau de periculosidade do agente, ou os elementos colhidos nos autos indicarem que algum dos pacientes teve conduta diferenciada que não se amolda à condição genérica dos demais*[22];

d) Óbice algum deve haver à utilização de *habeas corpus* coletivo preventivo, razão em que o atestado liberatório também ficará condicionado à totalidade de pacientes salvo as exceções vistas no item anterior. Ademais, tal como na modalidade repressiva, a demonstração do risco de privação da liberdade deve embasar-se em elementos concretos[23];

e) O Ministério Público mantém sua legitimidade ativa, nos termos do art. 654, *caput*, CPP, em sua parte final. Ademais, deve-se enfatizar no rol de legitimados ativos impetrantes a figura de pessoas jurídicas, algo que a doutrina e a jurisprudência já há algum tempo consideram pacífico para a versão individual do HC, e que pode se revestir de fundamental importância na versão multitudinária através, notadamente, de associações.

2.1.4 Legitimidade ativa

É **amplíssima**[24]. Qualquer pessoa pode manejá-lo, em próprio nome ou de terceiro, assim como o Ministério Público. Neste sentido, o art. 654, do Código de Processo Penal, prevê que o *habeas corpus* poderá ser impetrado por qualquer pessoa, em seu favor ou de outrem, bem como pelo Ministério Público. A pessoa que o maneja é chamada *impetrante*, enquanto a pessoa que dele se beneficia é chamada *paciente* (desta maneira, é perfeitamente possível que impetrante e paciente sejam a mesma pessoa).

A importância deste *writ* é tão grande que, nos termos do segundo parágrafo, do art. 654, do Código de Processo Penal, os juízes e os tribunais têm competência para expedir de ofício o remédio quando, no curso do processo, verificarem que alguém sofre ou está na iminência de sofrer coação ilegal[25].

---

21 Superior Tribunal de Justiça, 2ª T. **HC nº 207.720/SP**. Rel.: Min. Herman Benjamin. DJ. 01/12/2011.
22 O Superior Tribunal de Justiça, por sua 6ª T., já adotou tal premissa no que atine a pacientes recolhidos junto ao sistema prisional: **AgRg no RHC nº 40.334/SP**. Rel.: Min. Og Fernandes. DJ. 03/09/13.
23 Superior Tribunal de Justiça, 2ª T. **AgRg no HC nº 279.813/RN**. Rel.: Min. Og Fernandes. DJ. 05/11/13.
24 Também: Supremo Tribunal Federal, 1ª T. **HC nº 158.379 AgR/SP**. Rel.: Min. Alexandre de Moraes. DJ. 23/11/2018.
25 Lembra-se, entretanto: "O deferimento de *habeas corpus* de ofício constitui medida excepcional que somente se justifica quando a situação demonstrada nos autos representar, desde logo, manifesta ilegalidade ou decisão teratológica" (Supremo Tribunal Federal, 2ª T. **RE nº 1.050.341 AgR/RS**. Rel.: Min. Edson Fachin. DJ. 30/11/2018).

Acerca do Ministério Público, aliás, é absolutamente pacífico na doutrina e na jurisprudência[26] que o órgão ministerial pode se valer de *habeas corpus* para **beneficiar** acusado de infração criminal, somente reforçando a tese de que, nada obstante seja sujeito parcial no processo, tem o órgão ministerial função precípua de *oferecimento de justiça*, algo muito mais amplo que sua tradicional definição como "órgão acusatório".

No mais, também a pessoa jurídica tem legitimidade ativa, hipótese em que será impetrante de paciente pessoa física, obviamente, já que não tem a pessoa jurídica risco efetivo ou potencial à sua liberdade de locomoção.

Trata-se de **ação gratuita**, na forma do art. 5º, LXXVII (isso não obsta, contudo, que o causídico cobre por sua atividade em juízo, se o paciente não for beneficiário de gratuidade), e não exige capacidade postulatória de seu impetrante, tão menos forma específica. Como exemplo, são comuns os casos de indivíduos presos definitiva ou provisoriamente que elaboram *habeas corpus* feitos à mão em meras folhas de caderno a fim de solicitar uma análise de seus casos. Neste sentido, o primeiro parágrafo, do art. 654, do Código de Processo Penal, dispõe em suas alíneas que a petição conterá o nome da pessoa que sofre ou está ameaçada de sofrer violência ou coação e o de quem exercer a violência, coação ou ameaça (alínea "a"); a declaração da espécie de constrangimento ou, em caso de simples ameaça de coação, as razões em que funda o seu temor (alínea "b"); bem como a assinatura do impetrante (ou de alguém a seu rogo) quando não souber ou não puder escrever, e a designação das respectivas residências (alínea "c"). Tais requisitos podem – aliás, *devem* – ser relativizados em prol da manutenção ou do retorno ao estado de liberdade de quem é paciente do remédio.

> *É possível impetrar* habeas corpus *em favor de um animal?*

Acerca da possibilidade de figurar como paciente do "*writ*", ainda, há se chamar a atenção para os – cada vez mais comuns – casos de macacos (notadamente chimpanzés) se encaixarem supostamente em tal condição, dada sua similitude genética com os humanos. O amparo a tal tese costuma se dar com base no **direito animal**, bem como na ideia de proteção ao meio ambiente pela preservação da fauna. Apesar de respeitáveis entendimentos doutrinários acerca desta possibilidade, é majoritário o entendimento nos tribunais de que o *habeas corpus* não pode ser manejado em favor de qualquer tipo de animal, já que o inciso LXVIII, do art. 5º, CF, é cristalino no sentido de que o *habeas corpus* será concedido sempre que "*alguém*" – pressupõe pessoa – sofrer ou se achar ameaçado de sofrer violência ou coação em sua liberdade de locomoção. Nada obstante, óbice algum deve haver a que se utilize uma ação inominada qualquer quando animais estiverem diante de situação de maus-tratos, hipótese em que "*procedimentalismos*" não podem contaminar a sensibilidade judicial para fazer cessar imediatamente o estado de sofrimento da espécie ameaçada[27].

---

[26] Neste sentido: Supremo Tribunal Federal, 1ª T. **HC nº 116.233 AgR/SP**. Rel.: Min. Rosa Weber. DJ. 25/06/2013.

[27] Segundo noticiou a AFP – Agence France Presse em dezembro de 2014, contudo, abriu-se um precedente na Argentina, quando a Câmara de Cassação Penal de Buenos Aires decidiu que, embora um orangotango não seja um

2.1.5 Legitimidade passiva

Pode ser tanto um **agente público** (autoridade policial ou autoridade judicial, por exemplo) como um **agente particular** (diretor de uma clínica de psiquiatria, por exemplo).

A pessoa jurídica não pode ser agente legitimado passivo de *habeas corpus*.

2.1.6 Hipóteses de coação ilegal

A coação será considerada ilegal, nos moldes do art. 648, CPP (trata-se de **rol exemplificativo**, vale frisar):

a) Quando não houver justa causa para tal (inciso I);
b) Quando alguém estiver preso por mais tempo do que determina a lei (inciso II);
c) Quando quem tiver ordenado a coação não tiver competência para fazê-lo (inciso III);
d) Quando houver cessado o motivo que autorizou a coação (inciso IV);
e) Quando não for alguém admitido a prestar fiança nos casos em que a lei autoriza (inciso V);
f) Quando o processo for manifestamente nulo (inciso VI);
g) Ou, quando extinta a punibilidade (inciso VI).

Qual a amplitude do art. 142, § 2º, da Constituição Federal?

O segundo parágrafo, do art. 142, da Constituição, veda tal remédio constitucional em relação a punições disciplinares militares. Essa vedação somente tem razão de existir quando a questão se exaurir em meras pontuações procedimentais ou de subsunção da norma ao caso concreto, de modo que, em sentido contrário, isto é, caso haja expressa e frontal ilegalidade de mérito ou de competência na decisão que determina a punição militar, não se deve afastar o *habeas corpus* como remédio combativo ainda que se esteja no âmbito das punições disciplinares militares[28].

---

ser humano, tem sentimentos, e por isso a ele se pode aplicar HC a fim de que possa viver com mais liberdade (**JUSTIÇA argentina estende noção de "direito humano" para libertar o orangotango**. Disponível em: http://operamundi.uol.com.br/conteudo/noticias/38938/justica+argentina+estende+nocao+de+direito+humano+para+libertar+orangotango.shtml. Acesso em: 09 jan. 2015). Também, noutro precedente (janeiro de 2015), o Código Civil Francês, em seu art. 514-14, passou a afirmar serem os animais seres vivos dotados de sensibilidade. Com isso, os animais foram retirados da categoria de "bens móveis" (**CÓDIGO civil francês**. Disponível em: http://www.legifrance.gouv.fr/affichCode.do?cidTexte=LEGITEXT000006070721. Acesso em: 15 abril. 2015). Assim também procedeu o ordenamento português, com seu Estatuto Jurídico dos Animais (Lei nº 8/2017), que alterou o Código Civil do país lusitano com a inclusão, dentre outros, de um art. 201-B, para considerar os animais como seres vivos dotados de sensibilidade e objeto de proteção jurídica em virtude da sua natureza (CÓDIGO CIVIL PORTUGUÊS. Disponível em: http://www.codigocivil.pt. Acesso em: 04 jun. 2017).

[28] Neste sentido: Supremo Tribunal Federal, 2ª T. **RE nº 338.840/RS**. Rel.: Min. Ellen Gracie. DJ. 19/08/2003.

2.1.7 Competência para apreciação

A competência é determinada de acordo com a **autoridade coatora**. Ademais, conforme o art. 650, § 1º, do Código de Processo Penal (que merece interpretação ampliativa), a competência do Juiz cessará sempre que a violência ou coação provier de autoridade judiciária de igual ou superior jurisdição. Assim, se esta for um Delegado de Polícia, o *"writ"* será endereçado ao juiz de primeiro grau; se for o Juiz de primeira instância, endereça-se ao tribunal a que é vinculado; se for o Promotor de Justiça, para um primeiro entendimento endereça-se ao Juiz de primeira instância e para um segundo entendimento endereça-se ao tribunal respectivo equiparando, pois, a autoridade ministerial ao magistrado de primeiro grau; se a autoridade coatora for o juiz do JECRIM, competente para apreciar o remédio será a turma recursal.

Vale lembrar, ainda, que além dos Juízes e tribunais típicos de primeiro e segundo grau, também as Cortes de Superposição, como o STF (arts. 102, I, "d", "i" e 102, II, "a", CF)[29], o STJ (arts. 105, I, "c" e 105, II, "a", CF) e o TSE (art. 121, § 3º, CF), também têm competência para apreciar *habeas corpus*[30].

2.1.8 Procedimento

O procedimento está previsto essencialmente no Código de Processo Penal, entre seus arts. 647 e 667:

a) Considerações preliminares sobre o procedimento: com efeito, o Juiz ou o tribunal, dentro dos limites da sua jurisdição, fará passar imediatamente a ordem impetrada, nos casos em que tenha cabimento, seja qual for a autoridade coatora (art. 649, CPP). A concessão do *habeas corpus* não obstará, nem porá termo ao processo, desde que este não esteja em conflito com os fundamentos daquela (art. 651, CPP). Se o *habeas corpus* for concedido em virtude de nulidade do processo, este será renovado (art. 652, CPP). Ordenada a soltura do paciente em virtude de *habeas corpus*, será condenada nas custas a autoridade que, por má-fé ou evidente abuso de poder, tiver determinado a coação (art. 653, *caput*, CPP), caso em que será remetida ao Ministério Público cópia das peças necessárias para ser promovida a responsabilidade da autoridade (art. 653, parágrafo único, CPP);

b) Itens constantes da petição de *habeas corpus*: de acordo com o primeiro parágrafo, do art. 654, da Lei Adjetiva, a petição de *habeas corpus* conterá o nome da pessoa que sofre ou está ameaçada de sofrer violência sexual ou coação e o de quem exercer a violência, coação ou ameaça (alínea "a"); a declaração da espécie de constrangimento ou, em simples caso de ameaça de coação, as razões em que funda o seu temor (alínea "b"); a assinatura do impetrante (ou de alguém a seu rogo, quando não souber ou não puder escrever) e a designação das respectivas residências (alínea "c");

---

[29] Ainda: "A concessão de *habeas corpus ex officio* pelo STF somente é cabível nas hipóteses em que ele poderia concedê-lo a pedido (art. 102, I, 'i', da Constituição Federal), sob pena de supressão de instância" (Supremo Tribunal Federal, 1ª T. **Rcl nº 24.768 AgR/SP**. Rel.: Min. Alexandre de Moraes. DJ. 21/08/2017).

[30] Lembrando: "O *habeas corpus* mostra-se adequado quer se trate de ato individual, quer de Colegiado" (Supremo Tribunal Federal, 1ª T. **HC nº 129.025/SP**. Rel.: Min. Marco Aurélio. DJ. 01/08/2017).

c) **Competência para expedição de ordem de *habeas corpus* de ofício:** os Juízes e os tribunais têm competência para expedir de ofício ordem de *habeas corpus*, quando, no curso do processo, verificarem que alguém sofre ou está na iminência de sofrer coação ilegal (art. 654, § 2º, CPP);

d) **Apresentação do paciente:** recebida a petição de *habeas corpus*, o Juiz, se julgar necessário e estiver preso o paciente, mandará que este lhe seja imediatamente apresentado em dia e hora que designar (art. 656, *caput*, CPP). Em caso de desobediência, será expedido mandado de prisão contra o detentor, que será processado na forma da lei, e o juiz providenciará para que o paciente seja tirado da prisão e apresentado em juízo (art. 656, parágrafo único, CPP).

Ademais, se o paciente estiver preso, diz o art. 657, da Lei Adjetiva, nenhum motivo escusará a sua apresentação, salvo em caso de grave enfermidade do paciente (inciso I); se não estiver o paciente sob a guarda da pessoa a quem se atribui a detenção (inciso II); ou se o comparecimento não tiver sido determinado pelo juiz ou pelo tribunal (inciso III). O juiz poderá ir ao local em que o paciente se encontrar, se este não puder ser apresentado por motivo de doença (art. 657, parágrafo único, CPP);

e) **Decisão do remédio:** efetuadas as diligências e interrogado o paciente, o juiz decidirá fundamentadamente dentro de vinte e quatro horas (art. 660, *caput*, CPP). Se a decisão for favorável ao paciente, será logo posto em liberdade, salvo se por outro motivo dever ser mantido na prisão (art. 660, § 1º, CPP). Se os documentos que instruírem a petição evidenciarem a ilegalidade da coação, o Juiz ou o tribunal ordenará que cesse imediatamente o constrangimento (art. 660, § 2º, CPP). Se a ilegalidade decorrer do fato de não ter sido o paciente admitido a prestar fiança, o Juiz arbitrará o valor desta, que poderá ser prestada perante ele, remetendo, neste caso, à autoridade os respectivos autos, para serem anexados aos do inquérito policial ou aos do processo judicial (art. 660, § 3º, CPP). Se a ordem de *habeas corpus* for concedida para evitar ameaça de violência ou coação ilegal, dar-se-á ao paciente salvo-conduto assinado pelo juiz (art. 660, § 4º, CPP). Será enviada cópia da decisão à autoridade que tiver ordenado a prisão ou tiver o paciente à sua disposição, a fim de juntar-se aos autos do processo (art. 660, § 5º, CPP).

2.1.9 Algumas considerações finais

a) Pela súmula nº 694, do Supremo, não cabe tal "*writ*" contra a imposição de pena de exclusão de militar ou de perda de patente ou de função pública;

b) Pela súmula nº 695, do Supremo Tribunal Federal, não cabe HC quando já extinta a pena privativa de liberdade. A ideia pensada para o enunciado sumular é a de que somente se autorizará o aludido "*writ*" caso haja um risco *concreto* à liberdade de locomoção[31];

---

[31] O próprio Supremo Tribunal Federal, contudo, relativizou seu conteúdo sumular de modo peculiar no **HC nº 121.907/AM** (1ª T. Rel.: Min. Dias Toffoli. DJ. 30/09/2014), ao aceitar "*writ*" impetrado por réu cuja pena de prisão já havia sido extinta. Explica-se: um indivíduo foi condenado à pena de mais de cinco anos por ter incorrido no delito previsto no art. 303, § 2º, do Código Penal Militar. Inconformado, interpôs apelação, cujo provimento foi

c) Pela súmula nº 693, STF, não cabe *habeas corpus* contra decisão condenatória a pena de multa, ou relativo a processo em curso por infração penal a que a pena pecuniária seja a única cominada;

d) Pela súmula nº 690, STF, compete ao Supremo o julgamento de *habeas corpus* contra decisão de turma recursal dos juizados especiais criminais[32];

e) Pela súmula nº 691, do STF, não compete ao Supremo Tribunal Federal conhecer de *habeas corpus* impetrado contra decisão do relator que, em *habeas corpus* requerido a tribunal superior, indefere a liminar[33];

f) Não cabe ao Supremo Tribunal Federal, em sede de *habeas corpus*, proceder ao reexame dos pressupostos de admissibilidade de recursos de competência exclusiva do Superior Tribunal de Justiça (CF, art. 105, III), salvo em hipótese de flagrante ilegalidade[34];

g) É cabível o manejo de *habeas corpus* por estrangeiro não domiciliado no país, dada sua qualidade de remédio máximo quando se trata da liberdade constitucional de ir e vir[35];

---

negado pelo Superior Tribunal Militar. Em janeiro de 2014, antes do HC ser apreciado pelo STF, foi julgada extinta a punibilidade do paciente por ter recebido indulto presidencial (art. 123, II, do Código Penal Militar e art. 1º, I, do Decreto nº 8.172/13). A grande questão é que o indulto somente atinge os principais efeitos da condenação, permanecendo os efeitos secundários, como a reincidência e a obrigação de reparar o dano. Isto posto, seguindo entendimento da relatoria, a subsistência desse efeito secundário gera sério gravame ao estado de liberdade do paciente, uma vez que o benefício (indulto) não devolve a condição de primário. Ademais, conforme aduzido, a subsistência dos efeitos secundários da condenação é relevante, mas não foi o fator determinante para o conhecimento da impetração. Isto porque, uma das teses suscitadas no HC dizia respeito à nulidade do processo, o que foi rejeitado pelo STM quando do deslinde processual. De acordo com os precedentes que levaram à edição da súmula nº 695, ausente o risco à liberdade de locomoção, o reconhecimento de ilegalidade deveria ser buscado em sede de revisão criminal. Como, no caso em lume, competiria ao STM a revisão do seu julgado, e já tendo ele se manifestado sobre a questão, não teria sentido insistir na hipótese da revisão criminal, por conta do princípio da proteção judicial efetiva. Por tal motivo, não só relativizou o STF sua súmula como concedeu a ordem de *habeas corpus*. Complementando, muito embora tenha reconhecido prejuízo à defesa por conta de nulidade (ausência de interrogatório do paciente ao final da instrução), atentou o STF, contudo, para a "*proibição de reformatio in pejus*": o HC foi impetrado para reparar flagrante ilegalidade no processo em que o paciente foi condenado. A concessão do "*writ*", contudo, poderia agravar a situação jurídica do paciente, já que, apesar de sua condenação não mais subsistir, não mais subsistiria também o indulto concedido, de modo que, na hipótese de vir a ser novamente condenado, poderia o paciente ser compelido a cumprir o restante da pena. Deste modo, determinou-se, também, que a pena imposta em eventual nova condenação não poderá ser agravada, protraindo-se os efeitos jurídicos do indulto. Assim, ainda que o paciente venha a ser novamente condenado, essa condenação, por força da "*proibição da reformatio in pejus*", também será alcançada pelo indulto já concedido. Veja-se, portanto, que em tal decisão, não só excepcionou o Supremo Tribunal Federal sua súmula nº 695 para admitir HC mesmo já tendo sido extinta pena privativa de liberdade, como adotou a ideia de proibição da piora da situação do indivíduo em sede de *habeas corpus* por ele manejado.

[32] Muito embora tal conteúdo sumular não tenha sido oficialmente cancelado, o Supremo Tribunal Federal não o tem utilizado em termos práticos. No **HC nº 86.834/SP** (Pleno. Rel.: Min. Marco Aurélio. DJ. 23/08/2006), o STF decidiu que estando os integrantes das turmas recursais dos juizados especiais submetidos, nos crimes comuns e de responsabilidade, à jurisdição do Tribunal de Justiça ou do Tribunal Regional Federal, incumbe a cada qual, conforme o caso, julgar os "*writs*" impetrados contra ato que tenham praticado. Como se não bastasse, no **HC nº 86.026 QO/SP** (1ª T. Rel.: Min. Marco Aurélio. DJ. 26/09/2006), decidiu o Supremo que uma vez cessada sua competência para julgamento de HC contra ato oriundo de turma recursal, cumpre a remessa ao órgão ao qual incumbe a apreciação, pouco importando o início do exame do pedido.

[33] O Supremo Tribunal Federal, por seu Pleno, contudo, já relativizou tal conteúdo sumular, em caso de situações teratológicas ou de patente ilegalidade no indeferimento da liminar (**HC nº 86.864 MC/SP**. Rel.: Min. Carlos Velloso. DJ. 20/10/2005).

[34] Supremo Tribunal Federal, 2ª T. **HC nº 126.750 AgR/SP**. Rel.: Min. Teori Zavascki. DJ. 24/03/2015.

[35] Supremo Tribunal Federal, 1ª T. **HC nº 103.311/PR**. Rel.: Min. Luiz Fux. DJ. 07/06/2011.

h) A aceitação de proposta de suspensão condicional do processo não subtrai ao réu o interesse jurídico para ajuizar pedido de *habeas corpus* para trancamento da ação penal por falta de justa causa[36].

i) De acordo com o entendimento – ainda – prevalente atual, não cabe ação constitucional de *habeas corpus* como substitutivo de recursos ordinários e de outros recursos no processo penal[37]. Entretanto, *se for o caso*, a ordem poderá ser concedida de ofício[38]. Há, contudo, fortes movimentos em prol da **superação** de tal posicionamento[39];

j) O *habeas corpus*, garantia de liberdade de locomoção, não se presta para discutir confisco criminal de bem[40];

k) O *habeas corpus* pode ser impetrado, perante o Supremo Tribunal Federal, mediante *fax*. Esta petição deverá, entretanto, ser ratificada no prazo que for assinalado ao impetrante[41];

l) O Supremo Tribunal Federal admitiu o manejo de *habeas corpus* para alterar o regime inicial de cumprimento de pena, convertendo o regime fechado em regime aberto. Decidiu-se que em caso de réu não reincidente, tendo sido a pena base fixada em seu mínimo legal e sendo positivas as circunstâncias judiciais previstas no art. 59 do Código Penal, é cabível a imposição do regime aberto de cumprimento da pena e a substituição da pena privativa de liberdade pela restritiva de direitos[42].

2.2 Mandado de segurança individual

Art. 5º, CF

LXIX – conceder-se-á mandado de segurança para proteger direito líquido e certo, não amparado por "habeas-corpus" ou "habeas-data", quando o responsável pela ilegalidade ou abuso de poder for autoridade pública ou agente de pessoa jurídica no exercício de atribuições do Poder Público [...]

2.2.1 Surgimento

Trata-se de remédio criado pela Lei Fundamental de 1934 como alternativa à já mencionada "doutrina brasileira do *habeas corpus*", e, desde então, a única Constituição que não o previu foi a de 1937. Hoje, o mandado de segurança individual está

---

[36] Supremo Tribunal Federal, 2ª T. **RHC nº 82.365/SP**. Rel.: Min. Cezar Peluso. DJ. 27/05/2008.
[37] Supremo Tribunal Federal, 1ª T. **HC nº 112.412/DF**. Rel.: Min. Marco Aurélio. DJ. 10/11/2015.
[38] Supremo Tribunal Federal, 1ª T. **HC nº 123.374 AgR/RJ**. Rel.: Min. Rosa Weber. DJ. 02/12/2014. Também: Supremo Tribunal Federal, 1ª T. **HC nº 123.311/PR**. Rel.: Min. Luiz Fux. DJ. 24/03/2015.
[39] Supremo Tribunal Federal, 1ª T. **RHC nº 124.739 AgR/DF**. Rel.: Min. Rosa Weber. DJ. 06/11/2018; Supremo Tribunal Federal, 1ª T. **HC nº 140.770/MG**. Rel.: Min. Marco Aurélio. DJ. 25/09/2018.
[40] Supremo Tribunal Federal, 1ª T. **HC nº 99.619/RJ**. Rel.: Min. Marco Aurélio. DJ. 14/02/2012.
[41] Supremo Tribunal Federal, 1ª T. **HC nº 71.084 QO/RS**. Rel.: Min. Celso de Mello. DJ. 22/02/1994.
[42] Supremo Tribunal Federal, 1ª T. **HC nº 129.714/SP**. Rel.: Min. Marco Aurélio. DJ. 11/10/2016.

constitucionalmente disciplinado no art. 5º, LXIX, da Lei Maior pátria, segundo o qual "conceder-se-á mandado de segurança para proteger direito líquido e certo, não amparado por *habeas corpus* ou *habeas data*, quando o responsável pela ilegalidade ou abuso de poder for autoridade pública ou agente de pessoa jurídica no exercício de atribuições do Poder Público". A Lei nº 12.016/2009 procedimentaliza o *"writ"*.

2.2.2 Natureza jurídica

Trata-se de **ação constitucional**, de **rito sumário e especial**, destinada à proteção de **direito líquido e certo** de **pessoa física ou jurídica** não amparado por *habeas corpus* ou *habeas data*. Com isso já se denota a **natureza subsidiária** do *"writ"*: ele somente é cabível caso não seja hipótese de *habeas corpus* ou *habeas data* (boa prova disso é o art. 20, da Lei nº 12.016/2009, pelo qual os processos de mandado de segurança e os respectivos recursos terão prioridade sobre todos os atos judiciais, **salvo *habeas corpus***).

Aliás, justamente por sua natureza subsidiária, tanto o desrespeito ao direito de obtenção de certidões em repartições públicas para defesa de direitos e esclarecimento de situações de natureza pessoal, consagrado no art. 5º, XXXIV, "b", CF, como o direito de obter dos órgãos públicos informações de seu interesse particular, ou de interesse coletivo ou geral (que serão prestados no prazo da lei, sob pena de responsabilidade, ressalvadas aquelas cujo sigilo seja imprescindível à segurança da sociedade e do Estado), previsto no art. 5º, XXXIII, CF, ensejam mandado de segurança, já que, para as situações específicas de assegurar o conhecimento de informações relativas à pessoa do impetrante constantes de registros ou bancos de dados de entidades governamentais ou de caráter público, ou para a retificação de dados quando não se prefira fazê-lo por processo sigiloso, judicial ou administrativo (alíneas "a" e "b", respectivamente, do art. 5º, LXXII, CF), se utiliza a via do *"habeas data"*, o remédio específico que será estudado a seguir.

Por fim, apesar de ser mais comum a utilização do mandado de segurança no âmbito cível, óbice não deve haver à sua utilização nas searas das justiças criminal e especializada.

Na **seara criminal**, são alguns exemplos de utilização do mandado de segurança:

a) Para que o advogado do acusado tenha acesso aos autos do inquérito policial que já estejam documentados, de acordo com a súmula vinculante nº 14 e com o art. 7º, XIV, do Estatuto da Ordem dos Advogados do Brasil, há se ter em mente que a característica da sigilosidade do inquérito policial não se opera para a autoridade judicial, para o Ministério Público, e, *quanto aos atos já documentados, para o advogado do acusado* (ver, neste sentido, a Lei nº 13.245, de 12 de janeiro de 2016, que deu nova redação ao Estatuto da OAB. Sem prejuízo de nova redação dada ao art. 7º, XIV, do Estatuto, cumpre mencionar aqui um parágrafo onze incluído ao artigo, no sentido de que a autoridade competente poderá delimitar o acesso do advogado aos elementos de prova relacionados a diligências em andamento e ainda não documentadas nos autos, quando houver risco de comprometimento da eficiência, da eficácia ou da finalidade das diligências; pelo parágrafo subsequente, também incluído no início de 2016, a inobservância dos direitos estabelecidos no inciso XIV, o fornecimento incompleto de autos ou o fornecimento de autos em que houve a retirada de peças já incluídas no caderno investigativo implicará responsabilização criminal e funcional por abuso de autoridade do responsável que impedir o acesso do advogado com intuito de prejudicar o exercício da defesa, sem prejuízo do direito subjetivo do advogado de requerer acesso aos autos ao juiz competente). Assim, caso a autoridade policial insista na negativa de vista dos autos ao causídico, este poderá se valer de **reclamação constitucional** (por desrespeito a teor de súmula vinculante), de **habeas corpus em nome de seu cliente** (se houver risco à liberdade de locomoção deste), ou de **mandado de segurança em seu nome** *(constando como autoridade coatora o agente policial que não permite o acesso ao que já está documentado no inquérito)*;

b) É possível a utilização de mandado de segurança para trancamento de ação penal ou processo penal caso não haja, nestes, risco à liberdade de locomoção do acusado/investigado. Como a doutrina e a jurisprudência têm restringido o uso do *habeas corpus* nos casos em que não há risco de supressão de liberdade, conforme já estudado, é utilizável o mandado de segurança de modo subsidiário. Tal como já foi dito quando do estudo do *habeas corpus*, reforça-se o posicionamento do Supremo Tribunal Federal no sentido de que o trancamento somente deve ocorrer quando manifesta a atipicidade da conduta, a presença de causa extintiva de punibilidade ou a ausência de suporte probatório mínimo de autoria e materialidade delitivas[43];

c) Da decisão que indefere a habilitação do assistente de acusação não é cabível recurso algum (art. 273, do Código de Processo Penal). Por tal motivo, seria possível a utilização de mandado de segurança para que o assistente busque êxito em sua empreita[44].

2.2.3 Espécies

O *"writ"* pode ser **preventivo** (quando se estiver na iminência de violação a direito líquido e certo), ou **reparatório** (quando já consumado o abuso/ilegalidade).

2.2.4 Legitimidade ativa

Deve ser a mais ampla possível, abrangendo não só a pessoa física como a jurídica, nacional ou estrangeira, residente ou não no Brasil, bem como órgãos públicos despersonalizados e universalidades/pessoas formais reconhecidas por lei (espólio, condomínio, massa falida etc.). Vale lembrar que esta legitimidade pode ser **ordinária** (se postula-se direito próprio em nome próprio) ou **extraordinária** (postula-se em nome próprio direito alheio). Ainda, de acordo com o art. 1º, § 3º, da Lei nº 12.016/2009, quando o direito ameaçado ou violado couber a várias pessoas, qualquer delas poderá requerer o mandado de segurança.

---

[43] Acerca desta atual posição do STF para o HC, também o STJ para o MS: Superior Tribunal de Justiça, 5ª T. **RMS nº 32.644/GO**. Rel.: Min. Ribeiro Dantas. DJ. 14/09/2017; Superior Tribunal de Justiça, 6ª T. **RMS nº 50.276/MG**. Rel.: Min. Rogerio Schietti Cruz. DJ. 12/09/2017.

[44] Superior Tribunal de Justiça, 5ª T. **RHC nº 31.667/ES**. Rel.: Min. Jorge Mussi. DJ. 28/05/2013.

Não se pode esquecer, entretanto, que o mandado de segurança exige **direito líquido e certo**, de modo que, caso se prefira a dilação probatória, o instrumento adequado se dará pela via ordinária. Observa-se, portanto, que dada a celeridade e a especialidade sumária do procedimento do mandado de segurança, mister se faz que o impetrante atente para a verossimilhança de sua alegação, para a juntada imediata do máximo possível de indícios probantes dos seus argumentos (notadamente documentos), e, fundamentalmente, pela rápida exequibilidade daquilo que pretende contestar e/ou resguardar[45].

2.2.5 Legitimidade passiva

Frisa-se que o ato a ser impugnado – de ilegalidade ou abuso de poder – tanto pode ser **comissivo** (por conduta positiva) como **omissivo** (por conduta negativa).

A autoridade coatora deve ser autoridade pública ou agente de pessoa jurídica no exercício de atribuições do Poder Público. Neste diapasão, o terceiro parágrafo, do art. 6º, da Lei nº 12.016/2009, preceitua que "considera-se autoridade coatora aquela que tenha praticado o ato impugnado ou da qual emane a ordem para a sua prática".

Ademais, de acordo com o art. 1º, § 1º, da Lei nº 12.016/2009, equiparam-se às autoridades, para os efeitos da aludida lei, os representantes ou órgãos de partidos políticos e os administradores de entidades autárquicas, bem como os dirigentes de pessoas jurídicas ou as pessoas naturais no exercício de atribuições do poder público, somente no que disser respeito a essas atribuições. Também, considera-se federal a autoridade coatora se as consequências de ordem patrimonial do ato contra o qual se requer o mandado houverem de ser suportadas pela União ou entidade por ela controlada (art. 2º, Lei nº 12.016/2009).

Corroborando as ideias acima expostas, Rodrigues Junior e Montenegro Filho[46]: "Em termos rigorosos, o direito de ação no MS forma-se pela violação, ou por sua ameaça, de direitos pessoais, não amparados por injunções específicas, como o *habeas corpus* e o *habeas data*. Essa ofensa a direitos pessoais exige, porém, o concurso de dois outros elementos integrativos: (a) O primeiro está na autoridade de quem comete ou ameaça cometer a infração ao direito pessoal. Fala-se em 'autoridade coatora' para se referir à autoridade pública ou ao agente de pessoa jurídica, não necessariamente de direito público, no exercício de atribuições típicas do Estado. Com isso, ter-se-ia que não basta haver ofensa, real ou potencial, a direitos pessoais. É imprescindível que o agente causador integre a estrutura do Poder Público e, sob sua égide, atue abusiva ou ilegalmente. E, se não participar estruturalmente do aparato estatal, o agente deve exercer funções do Estado que se encontram delegadas, outorgadas ou transferidas a particulares, ao exemplo de dirigentes de estabelecimentos de ensino superior, quando emitem diplomas,

---

[45] Neste sentido: Supremo Tribunal Federal, Pleno. **MS nº 24.506 AgR/DF**. Rel.: Min. Teori Zavascki. DJ. 25/11/2015.
[46] RODRIGUES JUNIOR, Otavio Luiz; MONTENEGRO FILHO, Misael. Art. 5º, incisos LXIX e LXX. In: BONAVIDES, Paulo; MIRANDA, Jorge; AGRA, Walber de Moura (coord.). **Comentários à Constituição Federal de 1988**. Rio de Janeiro: Forense, 2009, p. 251.

reconhecem títulos acadêmicos, reprovam estudantes; diretores de concessionárias, permissionárias ou autorizatárias de serviços públicos de fornecimento de energia elétrica, água, luz ou telefonia, quando também exerçam poder de polícia administrativa. A Nova Lei do MS (art. 1º, parágrafos primeiro e segundo) deixou essas questões mais explícitas ao considerar como autoridades coatoras, por equiparação, os representantes ou órgãos de partidos políticos e os administradores de entidades autárquicas, bem como dirigentes de pessoas jurídicas ou as pessoas naturais no exercício de atribuições do poder público, somente no que disser respeito a essas atribuições. E, por seu turno, ao excluir desse rol os administradores de empresas públicas, de sociedades de economia mista e de concessionárias de serviço público, no que se refere aos chamados 'atos de gestão'".

2.2.6 Competência

A competência se fixa de acordo com a **autoridade coatora**. Assim, sem pretensões exaurientes e análises casuísticas, podem apreciar mandado de segurança um juiz de primeiro grau, estadual ou federal; os Tribunais estaduais ou federais; o STF (arts. 102, I, "d" e 102, II, "a", CF); o STJ (arts. 105, I, "b" e 105, II, "b", CF); a Justiça do Trabalho (art. 114, IV, CF); o TSE (art. 121, § 3º, CF), sem prejuízo do previsto em autorizativo *infra*constitucional e jurisprudencial.

2.2.7 Procedimento

O mandado de segurança é regulado pela Lei nº 12.016/2009, que revogou a Lei anterior, de nº 1.533, que vigia desde 1951. Atenta-se apenas para o prazo decadencial de **cento e vinte dias para o seu manejo** (findo este prazo, óbice não há a que se postule a questão pelas vias ordinárias), conforme o art. 23, da Lei nº 12.016/2009[47]. Ademais, chama-se a atenção para a necessidade de perfilhamento do aludido diploma normativo ao **Código de Processo Civil** (Lei nº 13.105, de 16 de março de 2015), em vigor desde 18 de março de 2016[48].

---

[47] Também a súmula nº 632, STF: "É constitucional lei que fixa o prazo de decadência para a impetração de mandado de segurança".

[48] Alguns posicionamentos jurisprudenciais sobre o prazo decadencial em mandado de segurança: "Tratando-se de ato comissivo, considera-se como termo inicial do prazo decadencial para a propositura do writ a data da respectiva publicação na imprensa oficial, oportunidade na qual é dada ciência ao interessado do ato impugnado e que este se revela apto à produção de efeitos lesivos à esfera jurídica do impetrante" (Superior Tribunal de Justiça, 2ª T. **REsp nº 1.692.278/SP**. Rel.: Min. Herman Benjamin. DJ. 10/10/2017); "De acordo com a jurisprudência do STJ, nas hipóteses em que há alegação de preterição de candidato em razão de, durante o prazo de validade de concurso público, ter sido realizado outro certame para o mesmo cargo, o prazo decadencial para a impetração de mandado de segurança tem início na data de publicação do novo edital" (Superior Tribunal de Justiça, 2ª T. **AgInt no RMS nº 49.231/MS**. Rel.: Min. Og Fernandes. DJ. 10/10/2017); "Consoante a jurisprudência pacífica desta Corte, 'nos casos em que se discute o ato omissivo continuado da Administração Pública, como o não reajustamento de vantagem pecuniária, a relação é de trato sucessivo e o prazo decadencial para impetrar o mandado de segurança renova-se mês a mês, não se havendo falar em decadência'" (Superior Tribunal de Justiça, 2ª T. **AgRg no AREsp nº 315.128/AM**. Rel.: Min. Assusete Magalhães. DJ. 05/10/2017); "A jurisprudência desta Corte formou-se no sentido de que o marco inicial para a contagem do prazo decadencial para impetração do mandado de segurança deve coincidir com a data da ciência inequívoca do ato lesivo pelo interessado" (Superior Tribunal de Justiça, 3ª T. **RMS nº 49.993/SC**. Rel.: Min. Ricardo Villas Bôas Cueva. DJ. 22/08/2017).

2.2.8 Algumas considerações finais

a) Nos casos de competência originária dos tribunais, caberá ao relator a instrução do processo, sendo assegurada a defesa oral na sessão do julgamento **do mérito** *ou* **do pedido liminar** (novo art. 16, da Lei nº 12.016/2009, com redação dada pela Lei nº 13.676/2018);

b) Não cabe mandado de segurança contra atos de gestão comercial praticados pelos administradores de empresas públicas, de sociedade de economia mista e de concessionárias de serviço público (art. 1º, § 2º, da Lei nº 12.016/2009);

c) O pedido de mandado de segurança poderá ser renovado no prazo decadencial de cento e vinte dias acima visto, se a decisão denegatória não lhe houver apreciado o mérito (art. 6º, § 6º, da Lei nº 12.016/2009);

d) Deferida a medida liminar, o processo terá prioridade para julgamento (art. 7º, § 4º, da Lei nº 12.016/2009);

e) O prazo decadencial de cento e vinte dias não é aplicado caso não seja possível verificar o termo inicial da situação que ensejou a necessidade de concessão da segurança. De outro lado, caso se trate de obrigação de trato sucessivo, o prazo começa a correr quando presente ato inequívoco da administração que indefira a pretensão[49]. Por fim, o pedido de reconsideração na via administrativa não interrompe o prazo para o mandado de segurança (súmula nº 430, do Supremo Tribunal Federal);

f) O mandado de segurança não se presta para atribuir efeito suspensivo a recurso criminal interposto pelo Ministério Público (súmula nº 604, do Superior Tribunal de Justiça);

g) O mandado de segurança não substitui a ação popular (súmula nº 101, do Supremo Tribunal Federal);

h) Não cabe mandado de segurança contra lei em tese (súmula nº 266, do Supremo Tribunal Federal)[50];

i) O mandado de segurança não é substitutivo de ação de cobrança (súmula nº 269, do Supremo Tribunal Federal);

j) Extrai-se da súmula nº 429, do Supremo Tribunal Federal, que a existência de recurso administrativo com efeito suspensivo não impede o uso do mandado de segurança contra omissão da autoridade. Vale lembrar que este conteúdo sumular deve ser conjugado com o art. 5º, I, da Lei nº 12.016/2009: a omissão da autoridade (que permitirá o uso do mandado de segurança) é o elemento diferenciador entre o previsto no plano legal (conduta comissiva) e o disposto no plano sumular (conduta omissiva);

k) Não compete ao Supremo Tribunal Federal conhecer originariamente de mandado de segurança contra atos de outros tribunais (súmula nº 624, do Supremo Tribunal Federal);

l) De acordo com a súmula nº 625, do Supremo Tribunal Federal, controvérsia sobre matéria de direito não impede concessão de mandado de segurança;

---

[49] Supremo Tribunal Federal, 1ª T. **MS nº 28.944 AgR/DF**. Rel.: Min. Dias Toffoli. DJ. 26/02/2013.
[50] Também: Supremo Tribunal Federal, 2ª T. **MS nº 32.694 AgR/DF**. Rel.: Min. Dias Toffoli. DJ. 28/04/2015.

m) No mandado de segurança contra a nomeação de magistrado da competência do Presidente da República, este é considerado autoridade coatora, ainda que o fundamento da impetração seja nulidade ocorrida em fase anterior do procedimento (súmula nº 627, do Supremo Tribunal Federal);

n) É possível desistir do mandado de segurança após a sentença de mérito, ainda que seja favorável ao impetrante, sem anuência do impetrado[51];

o) É firme o entendimento do STF de que não cabe mandado de segurança contra decisões interlocutórias proferidas no âmbito dos Juizados Especiais[52];

p) O Supremo Tribunal Federal admite a legitimidade do parlamentar para impetrar mandado de segurança com a finalidade de coibir atos praticados no processo de aprovação de lei ou emenda constitucional incompatíveis com disposições constitucionais que disciplinam o processo legislativo. Se trata de hipótese excepcional de apreciação de constitucionalidade de modo preventivo pelo guardião da Constituição Federal[53];

q) O mandado de segurança não é a via processual adequada para dar cumprimento a obrigação prevista em termo de ajustamento de conduta ou em acórdão prolatado em ação civil pública[54].

2.3 Mandado de injunção individual

> *Art. 5º, CF*
> *LXXI – conceder-se-á mandado de injunção sempre que a falta de norma regulamentadora torne inviável o exercício dos direitos e liberdades constitucionais e das prerrogativas inerentes à nacionalidade, à soberania e à cidadania [...]*

2.3.1 Surgimento

Onde surgiu o mandado de injunção?

É contraditória a doutrina acerca do surgimento do aludido *"writ"*. Na dialética acerca do berço do mandado de injunção, Ackel Filho[55] afirma que: "A injunção

---

[51] Supremo Tribunal Federal, 1ª T. **RE nº 550.258 AgR/SP**. Rel.: Min. Dias Toffoli. DJ. 26/08/2013. Também: Supremo Tribunal Federal, 2ª T. **RE nº 521.358 ED-AgR/DF**. Rel.: Min. Celso de Mello. DJ. 22/10/2013; Superior Tribunal de Justiça, 1ª T. **AgRg no Resp nº 1.334.812/MA**. Rel.: Min. Napoleão Nunes Maia Filho. DJ. 20/08/2015.
[52] Supremo Tribunal Federal, 2ª T. **AI nº 857.811 AgR/PR**. Rel.: Min. Ricardo Lewandowski. DJ. 26/04/2013.
[53] Supremo Tribunal Federal, Pleno. **MS nº 30.033/DF**. Rel.: Min. Gilmar Mendes. DJ. 20/06/2013; Supremo Tribunal Federal, Pleno. **MS nº 24.667 AgR/DF**. Rel.: Min. Carlos Velloso. DJ. 04/12/2003.
[54] Superior Tribunal de Justiça, 2ª T. **RMS nº 54.506/GO**. Rel.: Min. Mauro Campbell Marques. DJ. 05/09/2017.
[55] ACKEL FILHO, Diomar. **Writs constitucionais**: habeas corpus, mandado de segurança, mandado de injunção, habeas data. 2. ed. São Paulo: Saraiva, 1991, p. 113.

assenta suas raízes no direito americano, com origem embrionária mais remota na célebre *Bill of Rights*. Dela cuida a *Federal Rule 65* e o Regimento da Suprema Corte dos Estados Unidos, nos itens 1 a 3 do art. 31. É meio impeditivo da execução de ato ou de lei, caracterizando-se por seu efeito mandamental proibitório. Pode ser oposta contra ato de autoridade ou de particular, não se detendo sequer ante a coisa julgada, que pode atacar para obstar seus efeitos, quando as decisões padecerem de vícios essenciais. Fundamento do *writ of injunction* no direito americano é a chamada jurisdição de equidade. [...] A jurisdição de equidade americana atua sempre que a norma se afigura incompleta ou insuficiente para solucionar, com justiça, determinado caso. E, também, quando a questão envolve julgamento com base em princípios de justiça e consciência, reclamando a busca de um remédio de equidade".

Já Ramos[56] enxerga o surgimento deste instituto no direito anglo-saxão, senão vejamos: "[...] ele surge na Inglaterra entre os séculos XIII e XIV. Fixam-se na *Common law*, e no século XV passa a ser *lex scripta*. Perde sua maleabilidade, não pode mais adaptar-se diante de circunstâncias novas a exigir aplicação de princípios jurídicos diversos. Foi substituído por um processo paralelo que se limitou às matérias de graça cujo objeto era a violação individual do direito, o '*processo da Corte de Chancelaria*', a partir do princípio do século XV. No século XVI, os chanceleres, homens da Igreja, foram substituído pelos chanceleres, homens do Estado, que formam uma classe de especialistas do direito e graça; o processo foi, por este motivo, suplantado pela consciência, como fundamento da jurisdição de equidade. Com nova evolução esse processo foi adotado pela jurisprudência federal norte-americana, no caso *Osborne vs. Bank of the United States*, no qual a Corte Suprema sancionou uma injunção da Corte Federal, vedando a um funcionário do Estado que executasse uma lei fiscal inconstitucional. Com o advento da 'ação declaratória', incrementada sua aplicação a partir de 1918, houve uma superação da injunção, da mesma forma como esta superara os meios históricos da *Common law*. Hoje permanece como um processo de equidade, que consiste em solicitar ao tribunal a expedição de uma ordem (*injunction*), que proíba aos funcionários ou representantes do Executivo, encarregados de velar pela aplicação das leis, que as executem ou ameacem executá-las".

Prevalece, contudo, o entendimento pela **natureza pátria** do instituto. Neste sentido, Oliveira[57] pontifica: "Pelo que vimos, o Mandado de Injunção nos moldes em que fora concebido pelo constituinte brasileiro, além do nome, pouca ou nenhuma semelhança guarda com a *injunction* concebida pelos Direitos inglês, norte-americano, francês, italiano e alemão. O instituto, naqueles países, guarda maior semelhança com o mandado de segurança, *habeas corpus*, medidas cautelares e até mesmo com o *habeas data*, dada a variedade das *injunctions*". Também, Cretella

---

[56] RAMOS, Dircêo Torrecillas. **Remédios constitucionais**: habeas corpus, mandado de segurança, mandado de segurança coletivo, ação popular/ação civil pública, mandado de injunção, *habeas data* – petição e certidão, inconstitucionalidade por omissão. 2. ed. São Paulo: WVC Editora, 1998, p. 40-41.

[57] OLIVEIRA, Francisco Antonio de. **Mandado de injunção**: da inconstitucionalidade por omissão, enfoques trabalhistas. São Paulo: RT, 1993, p. 19.

Júnior[58]: "A não ser no nome – 'injunction' e 'injunção' –, os dois institutos não guardam a menor relação entre si, pelo que o direito constitucional comparado de nada nos auxiliaria, no confronto dos dois writs e em suas respectivas consequências".

Isto posto, o remédio está disciplinado no inciso LXXI, do art. 5º, CF, dispositivo segundo o qual "conceder-se-á mandado de injunção sempre que a falta de norma regulamentadora torne inviável o exercício dos direitos e liberdades constitucionais e das prerrogativas inerentes à nacionalidade, à soberania e à cidadania"[59]. Sua regulamentação se deu pela Lei nº 13.300, de 23 de junho de 2016, sobre a qual alguns comentários serão tecidos (frisa-se, desde já, que tal como o mandado de segurança individual é visto dentro dos instrumentos nacionais de tutela individual e o mandado de segurança coletivo é visto dentro dos instrumentos nacionais de tutela coletiva, assim também será feito em relação ao MI, cuja versão multitudinária será oportunamente estudada mais à frente por questão puramente metodológica).

Primeiro entendimento: direito norte americano
Segundo entendimento: direito anglo-saxão
Terceiro entendimento (prevalente): direito brasileiro

2.3.2 Natureza jurídica

Cuida-se de **ação constitucional** que objetiva a **regulamentação de normas constitucionais de eficácia limitada (omissas, portanto)**, assegurando, deste modo, o intento de aplicabilidade imediata previsto no parágrafo primeiro, do art. 5º, da Constituição Federal[60].

Esta omissão pode ser **total** ou **parcial**: tanto se não houver a norma, como se, muito embora haja, esta não cuida de toda a potencialidade do fato que se propõe a regular, igualmente será possível a utilização do mandado de injunção. Inclusive, conferindo interpretação extensiva à Constituição Federal, que apenas fala em "*falta da norma regulamentadora*" (a doutrina e a jurisprudência há muito vem dando interpretação maximizada ao art. 5º, LXXI, CF neste aspecto, convém frisar), o art. 2º da Lei nº 13.300/2016 fala em "*falta total ou parcial de norma regulamentadora*", conferindo definição ao contexto de "*falta parcial*" no parágrafo único do aludido dispositivo, segundo o qual "*considera-se parcial a regulamentação quando forem insuficientes as normas editadas pelo órgão legislador competente*".

---

[58] CRETELLA JÚNIOR, José. **Os writs na Constituição de 1988**: mandado de segurança, mandado de segurança coletivo, mandado de injunção, habeas data, ação popular, habeas corpus. 2. ed. Rio de Janeiro: Forense Universitária, 1996, p. 200.

[59] Conforme pontuou o Min. Edson Fachin, dois pressupostos constitutivos devem ser demonstrados para o cabimento do mandado injunção, a saber, a existência de uma omissão relativa a um direito ou liberdade garantidos constitucionalmente, bem como a inviabilização do direito da parte pela ausência desta norma *infra*constitucional regulamentadora (Supremo Tribunal Federal, Pleno. **MI nº 3.920 AgR/RN**. Rel.: Min. Edson Fachin. DJ. 26/11/2015).

[60] Também: Superior Tribunal de Justiça, Corte Especial. **AgRg no MI nº 225/DF**. Rel.: Min. Napoleão Nunes Maia Filho. DJ. 21/06/2017.

> Mas o que é, afinal, a aplicabilidade *das normas constitucionais?*

Contemporaneamente, vale frisar de antemão, se costuma apontar como superada a ideia de qualquer teor programático e/ou condicional das normas constitucionais a comandos administrativos ou legislativos, tomando-se como ponto de partida o art. 5º, § 1º, da Constituição Federal. Consoante tal dispositivo, as normas definidoras de direitos e garantias fundamentais têm aplicabilidade imediata. Por esta ótica, havendo a necessidade do processo implementador da Constituição, algo decorrente da atribuição de força normativa, inexige-se o advento de regulamentação para que uma norma definidora de direitos e garantias fundamentais valha de plano. Muito embora seja um posicionamento *válido* e *louvável*, não é o que se observa em *termos práticos*, quando é clara a ausência de operacionalidade automática de determinadas normas constitucionais caso não venha o preceito regulamentador, razão pela qual a seguir se faz um estudo baseado na tradicional – e ainda predominante – doutrina que enxerga **cargas de eficiência** nas normas consagradas na Lei Fundamental da República de cinco de outubro de 1988.

A aplicabilidade das normas constitucionais diz respeito à sua eficácia jurídica e a consequente produção de efeitos, isto é, sua capacidade de atingir os objetivos previstos na norma, regulando os comportamentos a que se propõe. Com efeito, uma ampla gama de classificações doutrinárias é feita: *normas constitucionais mandatórias e normas constitucionais diretórias, normas constitucionais "self-executing" e normas constitucionais "not self executing", normas constitucionais preceptivas e diretivas* etc.

Como se não bastasse, cada autor nacional costuma fazer a sua própria classificação de normas constitucionais. Neste sentido, há se falar na classificação de Teixeira[61] (*"normas constitucionais de eficácia plena"* e *"normas constitucionais de eficácia reduzida"*), na classificação de Bastos e Brito[62] (*"normas de aplicação"* e *"normas de integração"*), bem como na classificação de Diniz[63] (*"normas com eficácia absoluta"*, *"normas com eficácia plena"*, *"normas com eficácia relativa restringível"*, e *"normas com eficácia relativa complementável"*), como alguns exemplos.

Mas, indubitavelmente, partiu do italiano Vezio Crisafulli a classificação mais arraigada neste país, graças à contribuição de Silva[64], que "abrasileirou-a". Com efeito, o italiano divide as normas constitucionais em *"de eficácia plena"* e *"de eficácia limitada"*. Neste diapasão, o brasileiro acrescenta a estas duas modalidades as *"normas de eficácia contida"*.

---

[61] TEIXEIRA, J. H. Meirelles. **Curso de direito constitucional**. São Paulo: Forense, 1991.
[62] BASTOS, Celso Ribeiro; BRITO, Calos Ayres de. **Interpretação e aplicabilidade das normas constitucionais**. São Paulo: Saraiva, 1982.
[63] DINIZ, Maria Helena. **Norma constitucional e seus efeitos**. 5. ed. São Paulo: Saraiva, 2001.
[64] SILVA, José Afonso da. **Aplicabilidade das normas constitucionais**. São Paulo: RT, 1982.

(DEFENSOR PÚBLICO ESTADUAL – DPE-PE – CESPE – 2017) Discorra a respeito da aplicabilidade imediata dos direitos fundamentais, abordando o preceito de máxima efetividade da Constituição Federal de 1988 e a compatibilidade entre as normas definidoras de direito fundamental e a eficácia plena, a eficácia contida e a eficácia limitada das normas constitucionais.

Esta classificação, de José Afonso da Silva, é a mais difundida na doutrina brasileira, e, por isso, será a seguir explicada, para se buscar entender um pouco melhor a essência do mandado de injunção:

a) Normas de eficácia plena: são normas absolutamente vigentes desde a entrada em vigor da Lei Fundamental pátria (ou, caso se trate de Emenda à Constituição, desde a inclusão do texto da Emenda à Constituição). Por isso se diz que sua aplicabilidade é *direta, imediata e integral*. Segundo José Afonso da Silva, para que uma norma constitucional tenha eficácia plena, precisa ser completa no sentido de que contenha todos os elementos e requisitos para a sua incidência direta.

Assim, não é preciso lei regulamentadora para se saber, por exemplo, que são brasileiros natos os nascidos na República Federativa do Brasil, ainda que de pais estrangeiros, desde que estes não estejam a serviço de seu país (art. 12, I, "a", CF). Com isso, fica claro que não é preciso lei *infra*constitucional para que tais normas possam entrar em operação. E, caso venha alguma lei *infra*constitucional tratando de assunto moldado em norma de eficácia plena, tal lei não poderá restringir os efeitos desta norma, mas apenas reforçar seu âmbito de validade e abrangência;

b) Normas de eficácia contida: são normas que incidem, também, diretamente desde a edição do texto constitucional. A diferença para as normas de eficácia plena, contudo, é que enquanto naquelas leis *infra*constitucionais não podem restringir-lhe a abrangência, nestas isso é possível. Por isso se diz que estas normas são de aplicabilidade *direta, imediata*, mas *não integral*.

Como exemplo, o art. 5º, XIII, da Constituição, preceitua que é livre o exercício de qualquer trabalho, ofício ou profissão, atendidas as qualificações profissionais que a lei estabelecer. Trata-se de norma de eficácia contida, pois, em regra, o exercício de qualquer ofício/profissão é livre, embora lei possa restringir isso. É o caso do exercício da advocacia, por exemplo, que seria livre a todo bacharel em direito caso não se exigisse a prévia inclusão no quadro da Ordem dos Advogados do Brasil;

c) Normas de eficácia limitada: diferentemente das normas de eficácia plena e contida que vigem desde o advento da Constituição Federal (ou, se for o caso, de Emenda Constitucional), as normas de eficácia limitada necessitam de complemento *infra*constitucional a bem do início de sua operacionalidade. Por isso, se diz que tais normas têm aplicabilidade *indireta, mediata* e *reduzida*.

Isto posto, enquanto tal norma não vem, não podem (como regra) ser aplicadas. Por isso, pode-se dizer que a Constituição Federal de 1988 contempla dispositivos que ainda não entraram em funcionamento. Isto é, inclusive, um problema constitucional e sua consequente crítica: a inércia do legislador em regulamentar as normas desta espécie que necessitam ser regulamentadas.

Com efeito, as normas de eficácia limitada se subdividem em "*de princípio institutivo (ou organizacionais)*" e em "*de princípio programático (ou programáticas)*".

As primeiras são as normas que se propõem à criação de institutos, organismos ou entidades. O art. 18, § 2º, da Constituição, como exemplo, prevê que os Territórios Federais integram a União, e sua criação, transformação em Estado ou reintegração ao Estado de origem serão reguladas em lei complementar. Tal norma prevê a criação de Territórios Federais. No momento, o Brasil não possui nenhum Território Federal, o qual, para ser criado, necessita de lei complementar. Desta forma, trata-se de norma limitada de princípio institutivo, já que ela somente terá real aplicabilidade caso de opte por criar, mediante lei complementar, um Território Federal, o qual representa um instituto/organismo/entidade.

O mesmo ocorre, noutro exemplo, no terceiro parágrafo, do art. 25, da Lei Fundamental, segundo o qual os Estados poderão, mediante lei complementar, instituir regiões metropolitanas, aglomerações urbanas e microrregiões, constituídas por agrupamentos de Municípios limítrofes, para integrar a organização, o planejamento e a execução de funções públicas de interesse comum.

Já as segundas (normas de eficácia limitada de princípio programático) tratam-se de normas através das quais o constituinte, ao invés de regular diretamente determinados interesses, limitou-se a traçar os princípios para serem cumpridos a curto, médio e longo prazos, a depender da complexidade da matéria a ser organizada. Ou seja, são normas que versam sobre políticas ou programas de governo.

A grande quantidade destas normas na Constituição levou o português J. J. Gomes Canotilho[65] a cunhar a expressão "*Constituição Dirigente*", típica de um Estado Social, que conduz à ideia de vinculação política dos órgãos de direção. Isto porque, durante muito tempo prevaleceu a visão de que tais normas estariam submetidas à discricionariedade do Estado, que deveria implementá-las de acordo com a observância do binômio necessidade/possibilidade. O problema é que, passados quase trinta anos do advento da Constituição de 1988, muitas destas normas não foram (ou, pior, acabaram sendo esquecidas) regulamentadas.

A Constituição tenta, exatamente, acabar com esta esfera de discricionariedade livre, ao vincular o legislador, o administrador e o judiciário no compromisso do cumprimento de todos os preceitos constitucionais, sejam eles plenos, contidos, ou, aqui no caso, limitados. Para este último caso, criou-se a via do mandado de injunção, para buscar acionar "manualmente" estas normas constitucionais impossibilitadas de incidência por ausência de diploma *infra*constitucional regulamentador.

2.3.3 Legitimidade ativa

Pelo art. 3º, da Lei nº 13.300/2016, são legitimadas para o MI individual as pessoas naturais ou jurídicas que se sintam prejudicadas pela omissão total ou parcial. Deste modo, toda e qualquer pessoa, nacional ou estrangeira, física ou jurídica, capaz ou incapaz, que titularize direito fundamental não materializável por omissão

---

[65] CANOTILHO, José Joaquim Gomes. **Constituição dirigente e vinculação do legislador**: contributo para a compreensão das normas constitucionais programáticas. Coimbra: Coimbra Ed., 1994.

legislativa do Poder público, entra no rol de legitimados ativos. O Supremo Tribunal Federal, entretanto, em duas oportunidades – MI nº 725[66] e MI nº 395[67] – já se posicionou quanto à ilegitimidade ativa de pessoas jurídicas de direito público.

Ressalte-se, inclusive, posicionamento quanto à legitimidade ativa do Ministério Público, desde que no exercício de suas funções institucionais[68]. A Lei nº 13.300 não trouxe de forma expressa o Ministério Público como legitimado ativo para o mandado de injunção individual, contudo, a exemplo do que fez para o mandado de injunção coletivo (art. 12, I). Apesar de ser conduta precoce prever o dilema, pode-se afirmar numa futura discussão, por um lado, que a ausência de legitimação expressa deslegitima o MP ao manejo do "*writ*" individual, e, por outro lado, que a ausência de legitimação pode ser suprida pelas finalidades institucionais do "*Parquet*" no Estado democrático de direito.

2.3.4 Legitimidade passiva

Pertence à autoridade ou órgão responsável pela expedição da norma regulamentadora, de qualquer que seja a função da República (art. 3º, parte final, da Lei nº 13.300/2016).

Jamais o particular pode figurar no polo passivo, por sua mais absoluta incapacidade em sanar regulamentação que compete a agente público[69].

2.3.5 Competência

No tocante ao órgão competente para julgamento, tal "*writ*" apresenta competência "móvel", de acordo com a condição e vinculação do impetrado. Assim, tal incumbência caberá:

a) Ao Supremo Tribunal Federal: Quando a elaboração de norma regulamentadora for atribuição do Presidente da República, do Congresso Nacional, da Câmara dos Deputados, do Senado, das Mesas de uma dessas Casas Legislativas, do Tribunal de Contas da União, de um dos Tribunais Superiores, ou do próprio Supremo Tribunal Federal (art. 102, I, "q", CF). Também, se for mandado de injunção decidido em única instância pelos Tribunais Superiores, se denegatória a decisão (art. 102, II, "a", CF);

b) Ao Superior Tribunal de Justiça: Quando a elaboração da norma regulamentadora for atribuição de órgão, entidade ou autoridade federal, da administração direta ou indireta, excetuados os casos da competência do Supremo Tribunal Federal e dos órgãos da Justiça Militar, da Justiça Eleitoral, da Justiça do Trabalho e da Justiça Federal (art. 105, I, "h", CF).

c) Ao Tribunal Superior Eleitoral: Quando as decisões dos Tribunais Regionais Eleitorais denegarem *habeas corpus*, mandado de segurança, *habeas data* ou mandado de injunção (art. 121, § 4º, V, CF);

---

[66] Supremo Tribunal Federal, Pleno. **MI nº 725/RO**. Rel.: Min. Gilmar Mendes. DJ. 10/05/2007.
[67] Supremo Tribunal Federal, Pleno. **MI nº 395 QO/PR**. Rel.: Min. Moreira Alves. DJ. 27/05/1992.
[68] NOVELINO, Marcelo. **Direito constitucional**. 6. ed. Rio de Janeiro: Forense; São Paulo: Método, 2012, p. 606.
[69] Supremo Tribunal Federal, Pleno. **MI nº 1.007 AgR/SE**. Rel.: Min. Dias Toffoli. DJ. 19/09/2013.

d) **Aos Tribunais de Justiça dos Estados:** Frente aos entes a ele vinculados.

2.3.6 Procedimento

Até 2016, não havia lei regulamentadora para o mandado de injunção (o que criava situação no mínimo "interessante", afinal, o instrumento destinado a sanar omissões inconstitucionais era vítima, também, de uma omissão inconstitucional). Aos 23 de junho de 2016, com a Constituição Federal prestes a completar vinte e oito anos, tem-se o advento da Lei nº 13.300 (embrionariamente, PL nº 6.128/2009), que completou o **ciclo de leis regulamentadoras** dos "*writs*" constitucionais: agora, o mandado de injunção tem sua própria lei (antes se lhe aplicava, por analogia, a Lei do Mandado de Segurança no que coubesse, inclusive no tocante ao mandado de injunção coletivo), assim como o tem o mandado de segurança (Lei nº 12.016/2009), o *habeas corpus* (Código de Processo Penal), o *habeas data* (Lei nº 9.507/1997), a ação popular (Lei nº 4.717/1965), a ação civil pública (Lei nº 7.347/1985), sem prejuízo das ações de controle de constitucionalidade (que, muito embora não sejam "*writs*" propriamente ditos, ajudam a defender os direitos constitucionais).

Procedimentalmente, a petição inicial deverá preencher os requisitos estabelecidos pela lei processual (ponto de contato da Lei nº 13.300 com o **Código de Processo Civil**, notadamente os arts. 319 a 321) e indicará, além do órgão impetrado, a pessoa jurídica que ele integra ou aquela a que está vinculado (art. 4º). Quando o documento necessário à prova do alegado encontrar-se em repartição ou estabelecimento público, em poder de autoridade ou de terceiro, havendo recusa em fornecê-lo por certidão (no original ou em cópia autêntica), será ordenada, a pedido do impetrante, a exibição do documento no prazo de dez dias, devendo, nesse caso, ser juntada cópia à segunda via da petição (art. 4º, § 2º). Se a recusa em fornecer o documento for do impetrado, a ordem será feita no próprio instrumento de notificação (art. 4º, § 3º).

Ato contínuo, recebida a inicial ordenar-se-á a notificação do impetrado para que preste informações no prazo de dez dias (art. 5º, I), bem como a ciência do ajuizamento da ação ao órgão de representação judicial da pessoa jurídica interessada (inclusive enviando-lhe cópia da inicial), para que, querendo, ingresse no feito (art. 5º, II). Findo o prazo para apresentação de informações, será ouvido o Ministério Público no prazo de dez dias, e, **com ou sem o seu parecer** (o parecer não é obrigatório, pois é perfeitamente possível que haja no MI apenas interesses estritamente individuais do impetrante que fujam da finalidade de atuação do órgão ministerial), os autos serão conclusos para decisão (art. 7º). A petição inicial será indeferida de plano quando a impetração for manifestamente incabível ou improcedente, sendo que da decisão de indeferimento do relator caberá agravo no prazo de cinco dias (art. 6º)[70]. O indeferimento do pedido por insuficiência de provas não impede a renovação da impetração fundada em outros elementos probatórios (art. 9º, § 3º).

---

[70] Sobre o prazo e a forma de contagem do agravo do art. 6º, parágrafo único, Lei nº 13.300, o STF decidiu pela prevalência da Lei do Mandado de Injunção sobre o Código de Processo Civil, tanto por ser norma especial, como por ser norma posterior: Supremo Tribunal Federal, Pleno. **MI nº 7.016 AgR/DF**. Rel.: Min. Rosa Weber. DJ. 06/11/2018.

2.3.7 Diferença do mandado de injunção para a ação direta de inconstitucionalidade por omissão

O mandado de injunção é remédio habilitado a socorrer o particular numa **situação concreta**, isto é, busca-se um pronunciamento apto a atender uma especificidade. Já a ação direta de inconstitucionalidade por omissão é instrumento adequado a atender o particular numa **situação abstrata**, sendo dotado, por conseguinte, de conteúdo e finalidade mais abrangente que seu antecessor em razão de seu raio de alcance. Em outras palavras, seria dizer que o mandado de injunção se baseia em um **comando de emergência**, e a ADI por omissão se baseia em um **dispositivo de urgência**.

Outro elemento diferenciador alude à **competência para propositura**. O mandado de injunção pode ser impetrado por aquele que se sinta violado pela ausência *infra*constitucional, seja ele pessoa física ou jurídica, como já dito. Já a ADI por omissão, enquanto amplíssima no objeto, apresenta restrito rol de legitimados ativos, previstos no art. 103 da Constituição Federal: Presidente da República, Mesa do Senado, Mesa da Câmara dos Deputados, Mesa da Assembleia Legislativa ou da Câmara Legislativa do Distrito Federal, Governador do Estado ou do Distrito Federal, Procurador-Geral da República, Conselho Federal da Ordem dos Advogados do Brasil, partido político com representação no Congresso Nacional, confederação sindical ou entidade de classe de âmbito nacional (também a Lei nº 9.868/1999, notadamente após o advento da Lei nº 12.063/2009, ajuda a regular a questão no art. 12-A).

Por fim, também se pode diferenciar ambos os institutos pela **competência para a apreciação**. Se o órgão para processar e julgar o mandado de injunção é móvel, como já visto, na competência para processar e julgar a ação direta de inconstitucionalidade por omissão a questão é mais simples, por ser concentrada no Supremo Tribunal Federal, conforme o art. 102, I, "a" da Carta Magna (discussões existem acerca da possibilidade de sua instituição em âmbito estadual, caso em que a competência seria dos Tribunais de Justiça).

2.3.8 Efeitos da decisão concedida em sede de mandado de injunção

> Qual a natureza da decisão concedida em sede de mandado de injunção? Como fica a questão com a Lei nº 13.300/2016?

Aqui há forte divergência na doutrina e na jurisprudência, de modo que entende-se, de antemão, que a Lei nº 13.300 não conseguirá pacificar a questão tão cedo. Em primeiro lugar, convém analisar a discussão pelas óticas da **doutrina** e da **jurisprudência**, que já há algum tempo vem debatendo a questão acerca de qual efeito atribuir à decisão concedida em sede de mandado de injunção.

Para uma **primeira corrente** ("*corrente não concretista*"), deve o Judiciário apenas cientificar o omisso em prol da edição normativa necessária, dando à injunção concedida natureza *declaratória* apenas. Este posicionamento imperou por muito tempo no Supremo Tribunal Federal, sendo exemplo paradigmático o MI nº 107[71], oriundo do Supremo Tribunal Federal.

Já um **segundo entendimento** (*"corrente concretista individual intermediária"*) entende que, constatada a mora legislativa, é o caso de assinalar um prazo razoável para a elaboração da norma regulamentadora. Findo tal prazo e persistindo a omissão, é caso de indenização por perdas e danos a ser buscada perante o Estado, nada obstante a criação da norma em caráter restrito às partes[72 e 73].

Por sua vez, uma **terceira corrente** (*"corrente concretista individual pura"*) acena pelo caráter *constitutivo* da injunção concedida via pronunciamento judicial, mas que a criação normativa se limita apenas aos litigantes. Assim, admite-se atividade legislativa do Judiciário, mas com alcance restrito às partes. Esse é o posicionamento atualmente prevalente no Guardião da Constituição Federal, inclusive tendo sido adotado nos Mandados de Injunção nº 708[74] e 721[75].

Por fim, uma **quarta corrente** (*"corrente concretista geral"*) entende, sim, ser *constitutiva* a natureza da injunção concedida, tomando de um caso específico a inspiração necessária para a edição de uma norma geral e abstrata. Seria o exercício atípico de "atividade legislativa" do Judiciário. Consoante tal entendimento, o STF sanaria ele próprio a ausência de regulamentação a normas constitucionais de eficácia e aplicabilidade limitada.

Estas quatro correntes certamente passarão por um processo de "recompreensão" com o advento da Lei nº 13.300/2016. Ao passo que o aludido diploma vem para promover uma regulamentação há muito esperada, cria questões que ensejarão novas deliberações e frutuosos debates.

Analisando pela ótica da **lei**, nos termos do art. 8º do aludido diploma normativo, reconhecido o estado de mora legislativa será deferida a injunção para determinar **prazo razoável para que o impetrado promova a edição da norma regulamentadora** (inciso I) (esta determinação deixará de ser observada quando ficar comprovado que o impetrado deixou de atender, em mandado de injunção anterior, ao prazo estabelecido para a edição da norma); bem como **estabelecer as condições em que se dará o exercício dos direitos, das liberdades ou das prerrogativas reclamados, ou, se for o caso, as condições em que poderá o interessado promover ação própria visando a exercê-los caso não seja suprida a mora legislativa no prazo determinado** (inciso II). Isto posto, o art. 9º, *caput*, da Lei do Mandado de Injunção dispõe que a decisão terá **eficácia subjetiva limitada às partes** e **produzirá efeitos até o advento da norma regulamentadora**.

Pela leitura deste primeiro conjunto de dispositivos, *pareceu* ter o legislador adotado *como regra* a corrente concretista individual intermediária (fixando prazo

---

[71] Supremo Tribunal Federal, Pleno. **MI nº 107/DF**. Rel.: Min. Moreira Alves. DJ. 21/11/1990.
[72] Supremo Tribunal Federal, Pleno. **MI nº 283/DF**. Rel.: Min. Sepúlveda Pertence. DJ. 20/03/1991.
[73] Apenas a título de curiosidade, recentemente o Supremo Tribunal Federal acenou pela natureza mandamental da decisão concedida em sede de mandado de injunção, muito embora tal posicionamento esteja longe de ser pacífico. Neste sentido: Supremo Tribunal Federal, Pleno. **MI nº 6.272 AgR/DF**. Rel.: Min. Dias Toffoli. DJ. 18/03/2015.
[74] Supremo Tribunal Federal, Pleno. **MI nº 708/DF**. Rel.: Min. Gilmar Mendes. DJ. 25/10/2007.
[75] Supremo Tribunal Federal, Pleno. **MI nº 721/DF**. Rel.: Min. Marco Aurélio. DJ 30/08/2007.

para a criação da norma e a extensão da decisão apenas às partes envolvidas na demanda), e *como exceção* a corrente concretista individual pura (se o impetrado, em mandado de injunção anterior, não atentou ao prazo para edição da norma, não é caso de fixação de novo prazo, de forma que o Poder Judiciário poderá criar a regra diretamente, de forma restrita às partes). Certo mesmo, de toda maneira, é que ficou sepultada a corrente não concretista (mera ciência da mora), por sua mais absoluta falta de aplicabilidade nos tempos atuais.

A **continuidade da discussão**, contudo, começa a partir da análise do art. 9º, § 1º, da Lei nº 13.300, pelo qual **poderá ser conferida eficácia *ultra partes* ou *erga omnes* à decisão**, quando isso for **inerente ou indispensável** ao exercício do direito, da liberdade ou da prerrogativa objeto da impetração. Ademais, **transitada em julgado a decisão**, seus efeitos poderão ser **estendidos aos casos análogos** por decisão monocrática do relator (art. 9º, § 2º). Aqui, parece ter o legislador chancelado a corrente concretista geral, abrindo a possibilidade para que o mandado de injunção individual seja pluralizado (há necessidade de leitura de tais dispositivos com o art. 13, da Lei nº 13.300) em determinados casos, inclusive por mera decisão monocrática do relator.

Nas duas primeiras edições deste livro se dizia que a corrente concretista geral começava a encontrar ecos cada vez mais consistentes no âmbito do Supremo Tribunal Federal. Se alertava que, nos MI's nos 943[76], 1010, 1074 e 1090, seguindo tendência de suprir "por atalhos" a crise de legislação ineficiente e letárgica da função homônima, o STF, ao julgar questão envolvendo o aviso-prévio proporcional por tempo de serviço reconheceu que, ante a absoluta ineficácia em meramente cientificar o Congresso Nacional, **regras precisariam ser estabelecidas para o instituto, ainda que fruto da criatividade judicial**. Nos quatro julgados paradigmáticos acima mencionados, entendeu-se pela necessidade da criação de regras de prévio aviso partindo do *mínimo* de trinta dias, e não do *quantum* exato de trinta dias, como se fazia até então (na ocasião, alguns Ministros chegaram a propor um mês de salário/ indenização para cada cinco anos trabalhados, enquanto outros falaram em dez dias a mais para cada ano de labor, propostas que, pela mais absoluta falta de critérios e pacificação opinativa, não foram levadas adiante, o que fez com que o relator dos "*writs*", o Min. Gilmar Mendes, optasse por suspender o julgamento até que regras fossem criadas pelo Tribunal do qual faz parte). Com efeito, tal intento criacionista só não foi adiante dada a aprovação "às pressas" da Lei nº 12.506/2011, que "requentou" o Projeto de Lei nº 3.941, do longínquo ano de 1989, e regulamentou, ainda que de maneira incipiente (em parcos dois artigos, sendo que o segundo apenas informa que o comando legislativo entra em vigor na data de sua publicação), o prévio aviso proporcional ao tempo de serviço.

Também se dizia que, se no exemplo acima se limitou o STF a "mandar o recado", na súmula vinculante nº 33 (segundo a qual "aplicam-se ao servidor público, no que couber, as regras do regime geral da previdência social – RGPS – sobre a

---

[76] Supremo Tribunal Federal, Pleno. **MI nº 943/DF**. Rel.: Min. Gilmar Mendes. DJ. 06/02/2013. Os demais mandados de injunção foram julgados juntamente com este cujos dados se traz, tendo em vista que todos tratavam do mesmo assunto e tinham a mesma relatoria.

aposentadoria especial de que trata o art. 40, § 4º, III, CF, até a edição de lei complementar específica"), **a questão se materializou**, afinal, sua edição se deu, justamente, em razão de vários precedentes originados por mandados de injunção, como os de nos 721[77], 795[78] e 788[79], todos do Distrito Federal (nada obstante questionamentos acerca da natureza normativa dos enunciados sumulares vinculantes, inquestionável é o fato de que seus efeitos regulamentadores estendem-se para além das partes envolvidas na espécie de direito constitucional não regulamentado[80]).

Agora, com a edição da Lei nº 13.300, confirmando o que já se alertava nas versões anteriores desta obra, parece haver a possibilidade de que o mandado de injunção individual se preste a regulamentar questões que fujam da mera alçada restrita das partes que litigam concretamente, bastando, para tanto, que isso seja "inerente ou indispensável ao exercício do direito, da liberdade ou da prerrogativa objeto da impetração".

Meritoriamente, ainda se tem dúvidas dos benefícios que esta elasticidade em torno do mandado de injunção pode provocar. Afora o fato de não ser a atividade legislativa, ainda que provisória, algo típico do Poder Judiciário (certamente poder-se-ia alegar que, se o legislador autorizou o julgador a agir assim com o advento da Lei nº 13.300, não poderá depois alegar que está o julgador intervindo em seu âmbito de atribuições, graças à ideia de proibição de comportamento contraditório), bem como a necessidade de que não se confunda o mandado de injunção com a ação direta de inconstitucionalidade por omissão (distinções outrora vistas), entende-se que o momento atual é de conter o ímpeto do Poder Judiciário, a fim de que sua hipertrofia cristalina não distorça as noções mais sublimes de federalismo (e as competências legislativas de seus entes) e de republicanismo (questões de independência, mas, sobretudo, de harmonia entre as funções). Por hora, é aguardar para ver, e "torcer" para que o Poder Judiciário não pratique excessos[81].

De toda forma, qualquer que seja a opinião do leitor, após o advento da Lei nº 13.300 a questão se desenrola, **sintetizando tudo o que foi dito acima**, da seguinte forma: em um primeiro momento o impetrado tem prazo para criação da norma e a decisão judiciária vale até o advento dessa criação em caráter restrito às partes (*corrente concretista individual intermediária*); em um segundo momento, se o impetrado já se revelou desidioso em outros mandados de injunção no cumprimento do prazo, a decisão judiciária vale em caráter restrito às partes até o advento da norma regulamentadora (*corrente concretista individual pura*); em um terceiro momento, a decisão pode fugir do âmbito restrito às partes se isso for inerente ou indispensável ao exercício do direito, valendo até o advento da norma regulamentadora oriunda do órgão competente (*corrente concretista geral*).

---

[77] Supremo Tribunal Federal, Pleno. **MI nº 721/DF**. Rel.: Min. Marco Aurélio. DJ 30/08/2007.
[78] Supremo Tribunal Federal, Pleno. **MI nº 795/DF**. Rel.: Min. Cármen Lúcia. DJ 15/04/2009.
[79] Supremo Tribunal Federal, Pleno. **MI nº 788/DF**. Rel.: Min. Carlos Britto. DJ 15/04/2009.
[80] Também: Supremo Tribunal Federal, Pleno. **MI nº 5.873 Agr-Agr/DF**. Rel.: Min. Dias Toffoli. DJ. 19/11/2014.
[81] Mais recentemente, o que se tem é: "O mandado de injunção possui natureza mandamental e volta-se à colmatagem de lacuna legislativa capaz de inviabilizar o gozo de direitos e liberdades constitucionalmente assegurados, bem como de prerrogativas inerentes à nacionalidade, à soberania e à cidadania (art. 5º, inciso LXXI, da Constituição Federal)" (Supremo Tribunal Federal, Pleno. **MI nº 6.234 AgR/DF**. Rel.: Min. Dias Toffoli. DJ. 29/06/2018).

2.3.9 Algumas considerações finais

A seguir, há se trazer questões doutrinárias e jurisprudenciais acerca do MI:

a) Para conhecimento do mandado de injunção, há necessidade de prova concreta do obstáculo ao exercício do direito constitucional em razão da ausência de norma regulamentadora[82];

b) A edição do diploma reclamado pela Constituição leva à perda do objeto do mandado de injunção, caso em que o processo será extinto sem análise de mérito. Esse já era o entendimento prevalente do Supremo Tribunal Federal[83], e está agora consagrado no art. 11, parágrafo único, da Lei nº 13.300/2016;

c) O Supremo Tribunal Federal é competente para os mandados de injunção envolvendo servidores públicos estaduais, distritais e municipais[84];

d) O Supremo Tribunal Federal não tem admitido a concessão de medida cautelar em sede de mandado de injunção[85]. A Lei nº 13.300 nada dispôs sobre a matéria;

e) A legitimação passiva no mandado de injunção é da pessoa estatal a qual incumba o dever jurídico de editar o ato normativo, ainda que terceiras pessoas sofram os efeitos da decisão[86];

f) O MI tem a finalidade de estimular o órgão competente a solucionar omissão constitucional acerca de matéria que seja de sua competência. Não compete ao Congresso, contudo, sanar omissões existentes na Convenção Americana dos Direitos Humanos, porque esta não tem assento constitucional.

2.4 Habeas data

> **Art. 5º, CF**
> LXXII – conceder-se-á "habeas-data":
> a) para assegurar o conhecimento de informações relativas à pessoa do impetrante, constantes de registros ou bancos de dados de entidades governamentais ou de caráter público;
> b) para a retificação de dados, quando não se prefira fazê-lo por processo sigiloso, judicial ou administrativo [...]

2.4.1 Surgimento

A origem do *habeas data* está no direito norte-americano, através do "*Freedom of Information Act*", de 1974, com a finalidade de possibilitar o acesso do particular

---

[82] Supremo Tribunal Federal, Pleno. **MI nº 5.830 AgR/DF**. Rel.: Min. Dias Toffoli. DJ. 07/10/2015. Mais recentemente: Supremo Tribunal Federal, Pleno. **MI nº 6.731 ED/DF**. Rel.: Min. Ricardo Lewandowski. DJ. 19/11/2018.
[83] Supremo Tribunal Federal, Pleno. **MI nº 3.709 AgR/DF**. Rel.: Min. Roberto Barroso. DJ. 11/12/2014.
[84] Supremo Tribunal Federal, 2ª T. **ARE nº 678.410 AgR/MS**. Rel.: Min. Ricardo Lewandowski. DJ. 12/02/2014.
[85] Supremo Tribunal Federal, Pleno. **AC nº 124 AgR/PR**. Rel.: Min. Marco Aurélio. DJ. 23/09/2004.
[86] Supremo Tribunal Federal, Pleno. **MI nº 4.142 AgR/SE**. Rel.: Min. Dias Toffoli. DJ. 18/12/2013.

aos dados ou às informações constantes de registros públicos ou particulares permitidos ao público.

No Brasil, a Constituição Federal de 1988 foi a primeira a trazê-lo, de modo pioneiro, em seu art. 5º, LXXII. O grande objetivo histórico do instituto no Brasil foi o de funcionar como instrumento de acesso aos **dados constantes dos arquivos do governo militar** que antecedera à Lei Fundamental em vigência[87]. A procedimentalização do HD é dada pela Lei nº 9.507/1997.

2.4.2 Natureza jurídica

Trata-se de **ação constitucional**, que objetiva **assegurar o conhecimento de informações relativas à pessoa do impetrante**, constantes de **registros ou bancos de dados de entidades governamentais de caráter público**, bem como a **retificação de dados**, quando não se prefira fazê-lo por procedimento sigiloso, judicial ou administrativo.

Nada obstante, o art. 7º, da Lei nº 9.507/1997, amplia as hipóteses de manejo do "*writ*" em lume, para os casos de **anotação nos assentos do interessado, de contestação ou explicação sobre fato verdadeiro, mas justificável e que esteja sob pendência judicial ou amigável** (inciso III)[88]. Consoante explica Bueno, este alargamento de hipóteses promovido na Lei do HD "[...] não viola o comando, o alcance e a amplitude do art. 5º, LXXII, da Constituição Federal. Justamente porque é ampliativo do direito e da garantia *minimamente* estabelecidos no Texto Maior"[89].

Hipóteses de cabimento do *habeas data*
• Para assegurar o conhecimento de informações relativas à pessoa do impetrante, constantes de registros ou bancos de dados de entidades governamentais ou de caráter público **(hipótese constitucional 1)**
• Para a retificação de dados, quando não se prefira fazê-lo por processo sigiloso, judicial ou administrativo **(hipótese constitucional 2; lembra-se que, aqui, dá o constituinte uma faculdade ao agente, qual seja, a de que promova a retificação de dados por uma via outra que não a do HD)**
• Para a anotação nos assentamentos do interessado, de contestação ou explicação sobre dado verdadeiro mas justificável e que esteja sob pendência judicial ou amigável **(hipótese legal 1; entende-se que, como o art. 7º, III, da Lei nº 9.507 criou uma nova modalidade de HD, óbice não haveria a que um projeto de lei criasse novas hipóteses,** *desde que ainda não contempladas nas três hipóteses hoje consagradas*)

Frisa-se, apenas, que as hipótese passíveis de manejo do HD são **taxativas**, limitando-se àquelas consagradas no art. 5º, LXXII, CF e no art. 7º, da Lei nº 9.507.

---

[87] MENDES, Gilmar Ferreira; COELHO, Inocêncio Mártires; BRANCO, Paulo Gustavo Gonet... Op. Cit., p. 588.
[88] Neste sentido: Superior Tribunal de Justiça, 1ª Seção. **HD nº 246/MG**. Rel.: Min. Eliana Calmon. DJ. 10/04/2013.
[89] BUENO, Cassio Scarpinella. Habeas data. In: DIDIER JR., Fredie (org.). **Ações constitucionais**. 5. ed. Salvador: JusPODIVM, 2011, p. 71.

2.4.3 Legitimidade ativa

Tal "*writ*" pode ser impetrado por pessoa física, brasileira ou estrangeira, ou por pessoa jurídica, de direito público ou privado.

Ademais, não se pode esquecer que, como o art. 5º, LXXII, CF enfatiza o *habeas data* para garantir direitos relativos *à pessoa do impetrante*, trata-se o remédio de **ação personalíssima**, o que praticamente anula a possibilidade de impetração de um *habeas data* coletivo.

> Seria possível a legitimação superveniente dos herdeiros do interessado no habeas data *em caso de falecimento deste?*

A questão não encontra pacificação doutrinária dada a literalidade do texto constitucional, muito embora o Supremo Tribunal Federal[90] e o Superior Tribunal de Justiça[91] já tenham acenado com esta possibilidade.

Carece o Ministério Público, por fim, de legitimidade ativa, justamente pela natureza estritamente personalíssima do "*writ*" em comento, algo incompatível com a atribuição do órgão ministerial.

2.4.4 Legitimidade passiva

Figurarão no polo passivo entidades governamentais da Administração Pública Direta e Indireta nas três esferas, bem como instituições, órgãos, entidades e pessoas jurídicas privadas prestadores de serviços de interesse público que possuam dados relativos à pessoa do impetrante.

Neste prumo, o parágrafo único, do art. 1º, da Lei nº 9.507/1997 dispõe que considera-se de caráter público todo registro ou banco de dados contendo informações que sejam ou que possam ser transmitidas a terceiros ou que não sejam de uso privativo do órgão ou entidade produtora ou depositária das informações. Enquadram-se neste cenário as empresas privadas de proteção ao crédito, como o SPC – Serviço de Proteção ao Crédito.

2.4.5 Competência

A Constituição Federal prevê a competência do Supremo Tribunal Federal (art. 102, I, "d" e art. 102, II, "a"), do Superior Tribunal de Justiça (art. 105, I, "b"), dos Tribunais Regionais Federais (art. 108, I, "c"), dos Juízes federais (art. 109, VIII), da Justiça do Trabalho (art. 114, IV) e da Justiça Eleitoral (art. 121, § 4º, V) para a apreciação do "*writ*".

---

[90] Supremo Tribunal Federal, 1ª Turma. **RE nº 589.257 AgR/DF**. Rel.: Min. Marco Aurélio. DJ. 05/08/2014.
[91] Superior Tribunal de Justiça, 3ª Seção. **HD nº 147/DF**. Rel.: Min. Arnaldo Esteves Lima. DJ. 28/02/2008.

2.4.6 Procedimento

A disciplina do *habeas data* está prevista na Lei nº 9.507/1997. Ademais, atenta-se para a necessidade de perfilhamento do aludido diploma normativo ao **Código de Processo Civil** (Lei nº 13.105, de 16 de março de 2015), em vigor desde 18 de março de 2016.

Chama-se a atenção para o **lapso temporal** antecedente ao manejo do instrumento em comento, bem como a **existência de pretensão resistida na via administrativa**. De acordo com o art. 8º, parágrafo único, da Lei nº 9.507/1997, a petição inicial deverá ser instruída com prova da recusa ao acesso às informações ou do decurso de mais de dez dias sem decisão (inciso I); da recusa em fazer-se a retificação ou do decurso de mais de quinze dias sem decisão (inciso II); ou da recusa em fazer-se a anotação a que se refere o § 2º do art. 4º ou do decurso de mais de quinze dias sem decisão (inciso III). Disto se infere que será o impetrante carecedor da ação caso não tenha encontrado obstáculo prévio para o acesso às informações pessoais que deseja na esfera administrativa.

Neste sentido, inclusive, a súmula nº 2, do Superior Tribunal de Justiça, prevê que não *cabe habeas data* se não houve recusa de informações por parte da autoridade administrativa. A jurisprudência do Tribunal da Cidadania vem acompanhando esta tônica[92].

Por fim, de acordo com o art. 19, *caput*, primeira parte, da Lei nº 9.507/1997, os processos de *habeas data* terão prioridade sobre todos os atos judiciais, **exceto habeas corpus e mandado de segurança**.

2.4.7 Algumas considerações finais

A seguir, há se fazer algumas considerações finais acerca do HD:

a) O STJ já se pronunciou no sentido de que o *habeas data* não é instrumento idôneo para a obtenção de acesso aos critérios utilizados em correção de prova discursiva aplicada em concursos públicos, por não se tratar de hipótese taxativamente prevista em lei[93];

b) O STF já se pronunciou no sentido de que o aludido *"writ"* é via processual inadequada ao atendimento de pretensão do autor de sustar a publicação de matéria em sítio eletrônico, por não se tratar de hipótese taxativamente prevista em lei[94];

c) Se o documento for de uso privativo/interno da autoridade administrativa, não poderá o indivíduo se valer de *habeas data* para ter acesso ao seu conteúdo. No caso que ensejou o julgado que aqui se traz, envolvendo Registro de Procedimento Fiscal, decidiu o STJ que, muito embora seja possível, nos

---

[92] Superior Tribunal de Justiça, 1ª Seção. **HD nº 232/DF**. Rel.: Min. Mauro Campbell. DJ. 29/02/2012.
[93] Superior Tribunal de Justiça, 1ª Seção. **AgRg no HD nº 127/DF**. Rel.: Min. João Otávio Noronha. DJ. 14/08/2006.
[94] Supremo Tribunal Federal, 1ª T. **HD nº 100 AgR/DF**. Rel.: Min. Luiz Fux. DJ. 25/11/2014.

termos da superveniente Lei nº 12.527/2011 (Lei da Acesso à Informação), o acesso às informações constantes do Registro de Procedimento Fiscal – RPF, o HD não é a via adequada para que o impetrante tenha acesso às informações que dele constam. Segundo o tribunal da cidadania, isso ocorre pois o RPF, por definição, é documento de uso privativo da Receita Federal, não tem caráter público nem pode ser transmitido a terceiros; e, de outro lado, não contém somente informações relativas à pessoa do impetrante, mas, principalmente, informações sobre as atividades desenvolvidas pelos auditores fiscais no desempenho de suas funções. Nessa linha, o acesso a esse documento pode, em tese, obstar o regular desempenho do poder de polícia da Receita Federal[95].

2.5 Ação popular

Art. 5º, CF

LXXIII – qualquer cidadão é parte legítima para propor ação popular que vise a anular ato lesivo ao patrimônio público ou de entidade de que o Estado participe, à moralidade administrativa, ao meio ambiente e ao patrimônio histórico e cultural, ficando o autor, salvo comprovada má-fé, isento de custas judiciais e do ônus da sucumbência [...]

2.5.1 Surgimento

A ação popular é **tutela de interesse coletivo** para a proteção da coisa pública, **não servindo para amparar interesse particular e pessoal**. Trata-se de poderoso instrumento colocado à disposição dos cidadãos para a tutela da coisa pública.

Sua origem vem da época do Império Romano, quando os cidadãos romanos dirigiam-se ao magistrado para buscar a tutela de um bem, valor ou interesse que pertencesse à coletividade. O primeiro texto legal sobre a ação popular surgiu na Bélgica, em 1836.

No Brasil, a primeira Lei Fundamental pátria a disciplinar a ação popular tal como se conhece hoje foi a de 1934. Suprimida na Constituição de 1937, mas restabelecida na de 1946, tem estado presente em todas as Cartas desde então, como instrumento indispensável à salvaguarda de direitos da população contra abusos que possam ser praticados pela Administração Pública. Na Constituição Federal de 1988, sua previsão se encontra no art. 5º, LXXIII, dispositivo segundo o qual "qualquer cidadão é parte legítima para propor ação popular que vise a anular ato lesivo ao patrimônio público ou de entidade de que o Estado participe, à moralidade administrativa, ao meio ambiente e ao patrimônio histórico e cultural, ficando o autor, salvo comprovada má-fé, isento de custas judiciais e do ônus da sucumbência".

---

[95] Superior Tribunal de Justiça, 2ª T. **Resp nº 1.411.585/PE**. Rel.: Min. Humberto Martins. DJ. 05/08/2014.

Nada obstante a previsão constitucional, a Lei nº 4.717/1965, elaborada à égide da Constituição de 1946, auxilia na disciplina do instrumento de direitos humanos que aqui se estuda.

2.5.2 Natureza jurídica

Trata-se de **ação constitucional**, que visa **anular** ato lesivo ao patrimônio público ou de entidade de que o Estado participe, à moralidade administrativa, ao meio ambiente e ao patrimônio histórico e cultural.

Interessante, neste sentido, a reprodução do art. 2º, da Lei nº 4.717, dispositivo segundo o qual são nulos os atos lesivos ao patrimônio das entidades mencionadas do art. 1º da lei em comento, nos casos de **incompetência** (quando o ato não se incluir nas atribuições legais do agente que o praticou); **vício de forma** (omissão ou observância incompleta/irregular de formalidades indispensáveis à existência ou seriedade do ato); **ilegalidade do objeto** (quando o resultado do ato importa em violação de lei, regulamento ou outro ato normativo); **inexistência dos motivos** (quando a matéria de fato ou de direito em que se fundamenta o ato é materialmente inexistente ou juridicamente inadequada ao resultado obtido); e **desvio de finalidade** (o agente pratica o ato visando a fim diverso daquele previsto, explícita ou implicitamente, na regra de competência).

Conforme pontuado: "Do ponto de vista da classificação das ações, nas conhecidas categorias existentes, diríamos que a Ação Popular, tendo em vista a perspectiva classificatória ancorada na hipótese de sua procedência, é uma ação mista, no sentido de ser (poder ser) uma ação constitutiva negativa (ou, desconstitutiva) e uma condenatória. Isso porque se trata de ação, quando procedente, que poderá levar à condenação de reposição de pecúnia aos cofres públicos, em razão de ter sido anulado ou decretada a nulidade do ato administrativo que tenha dado margem à lesão"[96].

> A ação popular pode ser considerada um mecanismo de soberania popular?

Sim. Além dos tradicionais mecanismos de soberania popular previstos no art. 14, da Constituição Federal, a saber, o plebiscito (inciso I), o referendo (inciso II), e a iniciativa popular (inciso III), pode, também a ação popular, ser considerada um mecanismo de soberania, sobretudo em considerando os preceitos de **democracia participativa** consagrados no art. 1º, parágrafo único, da CF.

2.5.3 Legitimidade ativa

Deve ser **cidadão**, isto é, aquele que esteja no pleno gozo dos direitos políticos. Se está falando, pois, do cidadão-eleitor. Inclusive, o parágrafo terceiro, do art. 1º,

---

[96] ARRUDA ALVIM NETTO, José Manoel de. Instrumentos constitucionais direcionados à proteção dos direitos coletivos: ação civil pública e ação popular. In: MOREIRA, Alberto Camiña; ALVAREZ, Anselmo Prieto; BRUSCHI, Gilberto Gomes (coord.). **Panorama atual das tutelas individual e coletiva**: estudos em homenagem ao professor Sérgio Shimura. São Paulo: Saraiva, 2011, p. 155.

da Lei nº 4.717/1965, que regula a ação popular, dispõe que a prova da cidadania para ingresso em juízo será feita com o título eleitoral ou com o documento a que ele corresponda. Aos portugueses com residência permanente no país, ser-lhes-á dada legitimidade ativa desde que haja reciprocidade em favor de brasileiros (art. 12, § 1º, CF).

Ademais, em considerando a condição para propositura do aludido remédio (bem como sua prova), excluem-se como legitimados ativos os estrangeiros (salvo os portugueses equiparados, se houver reciprocidade), os apátridas, e, obviamente, as pessoas jurídicas (súmula nº 365, do Supremo Tribunal Federal).

> O Ministério Público tem legitimidade ativa para o manejo de ação popular?

Como regra, não há se falar em legitimidade ativa do Ministério Público, **salvo na hipótese do art. 9º, da Lei nº 4.717/1965**, segundo o qual se o autor desistir da ação ou der motivo à absolvição da instância, serão publicados editais nos prazos e condições previstos no art. 7º, II, ficando assegurado a qualquer cidadão bem como ao representante do Ministério Público, no prazo de noventa dias da última publicação feita, promover o prosseguimento da ação.

Também, muito embora ainda não exista jurisprudência firmada sobre o assunto, ao cidadão entre dezesseis e dezoito anos, para quem o voto é facultativo (art. 14, II, "c", CF), deve-se atribuir legitimidade ativa sem a necessidade de assistência por representante maior, bastando se fazer representar em juízo por advogado, tal como naturalmente ocorre para aqueles dotados de maioridade. O fundamento para tanto é que a "maioridade política" é diferente das maioridades civil e penal, devendo a legitimidade para o remédio em comento acompanhar esta realidade diferenciada.

Por fim, é facultado a qualquer cidadão habilitar-se como litisconsorte ou assistente do autor da ação popular (art. 6º, § 5º, Lei nº 4.717/1965).

2.5.4 Legitimidade passiva

Nos moldes do art. 6º, da Lei nº 4.717/1965, sempre haverá um ente da Administração Pública, direta ou indireta, ou então pessoa jurídica que de algum modo lide com a coisa pública.

Ademais, o terceiro parágrafo do dispositivo em questão preceitua que a pessoa jurídica de direito público ou privado, cujo ato seja objeto de impugnação, poderá abster-se de contestar o pedido, ou poderá atuar ao lado do autor, desde que isso se afigure útil ao interesse público, a juízo do respectivo representante legal ou dirigente.

2.5.5 Competência

Será fixada de acordo com a origem do ato ou omissão a serem impugnados. Vale lembrar que, quanto ao procedimento, a Lei nº 4.717/1965, que disciplina tal ação, afirma que segue-se o rito ordinário previsto no Código de Processo Civil, com algumas modificações. Atenta-se, pois, para a necessidade de perfilhamento do aludido diploma normativo ao Código de Processo Civil (Lei nº 13.105, de 16 de março de 2015), em vigor desde 18 de março de 2016.

Frisa-se, entretanto, a ausência de foro por prerrogativa de função na ação popular[97]. Neste sentido, o art. 5º da LAP dispõe que "conforme a origem do ato impugnado, é competente para conhecer da ação, processá-la e julgá-la, o juiz que, de acordo com a organização judiciária de cada Estado, o for para as causas que interessem à União, ao Distrito Federal, ao Estado ou ao Município". Ato contínuo, o primeiro parágrafo do aludido artigo prevê que "para fins de competência, equiparam-se a atos da União, do Distrito Federal, do Estado ou dos Municípios os atos das pessoas criadas ou mantidas por essas pessoas jurídicas de direito público, bem como os atos das sociedades de que elas sejam acionistas e os das pessoas ou entidades por elas subvencionadas ou em relação às quais tenham interesse patrimonial". Por fim, o parágrafo segundo dispõe que "quando o pleito interessar simultaneamente à União, será competente o juiz das causas da União, se houver; quando interessar simultaneamente ao Estado e ao Município, será competente o juiz das causas do Estado, se houver".

Desta maneira, como majoritária regra, a competência será da justiça estadual ou federal, a depender da natureza do ato lesivo. Disso denota-se que ação popular pode ser manejada contra o Presidente da República, por exemplo, no juízo de primeiro grau federal[98].

Costuma-se, entretanto, elencar duas hipóteses de competência originária do Supremo Tribunal Federal:

a) **Art. 102, I, "f", CF:** as causas e os conflitos entre a União e os Estados, a União e o Distrito Federal, ou entre uns e outros, inclusive as respectivas entidades da administração indireta[99];

b) **Art. 102, I, "n", CF:** a ação em que todos os membros da magistratura sejam direta ou indiretamente interessados, e aquela em que mais da metade dos membros do tribunal de origem estejam impedidos ou sejam direta ou indiretamente interessados[100].

2.5.6 Controle do mérito do ato administrativo por meio da ação popular[101]

> É possível o controle do mérito do ato administrativo por meio de ação popular?

---

[97] Neste sentido: Supremo Tribunal Federal, Pleno. **AC nº 2.596 AgR/DF**. Rel.: Min. Celso de Mello. DJ. 20/03/2013; Supremo Tribunal Federal, Pleno. **Rcl nº 2.769 AgR/AL**. Rel.: Min. Cármen Lúcia. DJ. 23/09/2009.

[98] Supremo Tribunal Federal, Pleno. **Pet nº 5.859 AgR/DF**. Rel.: Min. Celso de Mello. DJ. 25/11/2015; Supremo Tribunal Federal, Tribunal Pleno. **AO nº 859 QO/AP**. Rel.: Min. Ellen Gracie. DJ. 11/10/2001.

[99] Supremo Tribunal Federal, Tribunal Pleno. **ACO nº 622 QO/RJ**. Rel.: Min. Ilmar Galvão. DJ. 07/11/2007.

[100] Supremo Tribunal Federal, Pleno. **AO nº 1.031 AgR/RN**. Rel.: Min. Carlos Velloso. DJ. 19/02/2004.

[101] Também: LAZARI, Rafael de; SCHMEISKE, Francielly. A ação popular como instrumento de controle do mérito do ato administrativo. **Revista Dialética de Direito Processual**. São Paulo, Oliveira Rocha Comércio e Serviços LTDA, v. 125, p. 109-129, ago./2013.

Hodiernamente, há muita divergência doutrinária com relação à possibilidade de análise do mérito administrativo pelo Poder Judiciário.

Dessa forma, para um melhor entendimento da matéria, importante pontuar que as principais discussões sobre a análise de mérito recaem sobre o ato administrativo discricionário, o qual possui maior ponderação quanto à **conveniência e oportunidade** para sua realização, ou seja, o administrador encontra na legislação mais de uma solução aplicável ao caso concreto. Sobre o ato vinculado, não há se debruçar com afinco, neste estudo, na possibilidade – mais ululante, é claro – de análise do mérito pelo Poder Judiciário, uma vez que esses atos são pautados pela lei, não existindo, dessa forma, juízo de conveniência e oportunidade explícito para a prática do ato.

Isto posto, atualmente é predominante o entendimento de que o mérito do ato administrativo discricionário guarda auras de "intocabilidade", em razão de ser praticado pautado em juízo de conveniência e oportunidade. Contudo, há se defender que, pela ótica contemporânea do Estado democrático de direito, esse posicionamento merece ressalvas. Afinal, a ação popular é meio utilizado por qualquer cidadão, a fim de anular ato lesivo, seja vinculado ou discricionário.

Isso se afirma, uma vez que mesmo o ato praticado com discricionariedade não pode servir de fundamento para afastar a apreciação do Poder Judiciário, por se pautar em juízo de conveniência e oportunidade. Vale dizer: o ato discricionário não possui uma liberdade incondicionada e impenetrável, tendo em vista encontrar na Constituição Federal um limitador natural e soberanamente imposto.

Como dito, o ato discricionário possibilita ao administrador uma margem de atuação para a sua prática, tendo em vista que a lei prevê mais de uma opção aplicável ao caso concreto. Assim sendo, se, dentro dessa margem de liberdade, a escolha feita pelo administrador é inadequada no caso concreto, sendo mais ideal, para os administrados, a prática do ato de maneira diversa, caberá ao Judiciário a análise do mérito, e a consequente anulação do ato discricionário.

Ressalte-se que esses conceitos subjetivos, de escolha adequada e ideal, devem ser verificados *de acordo com a conduta que deveria adotar o homem médio*. Esta verificação, por sua vez, se dará no bojo da ação judicial, intentada pelo indivíduo lesado ou em vias de lesão.

Nota-se, também, que as afirmativas acima não se referem a vícios de legalidade ou legitimidade. Ou seja, mesmo o ato legal e legítimo, poderá ser apreciado e anulado pelo Poder Judiciário.

Isso decorre da assertiva de que mesmo o ato praticado com conveniência e oportunidade deve seguir as regras e princípios constitucionais, bem como todo o conjunto normativo brasileiro, sendo que a discricionariedade não possui o condão de afastar do Poder Judiciário a possibilidade de constatar se houve lesão ou sua mera ameaça com a prática do ato (art. 5º, XXXV, CF).

Além disso, a atuação discricionária tem a finalidade de possibilitar ao administrador a escolha pela melhor opção no caso concreto. Diante disso, se for verificado que os motivos (conveniência e oportunidade) do ato visaram fins inadequados, o Poder Judiciário, por força do mecanismo de freios e contrapesos ("*checks and balances*"), deverá intervir, ainda que para isso deva adentrar ao mérito do ato administrativo.

Assim, o cidadão poderá levar à apreciação do Poder Judiciário o ato lesivo, seja vinculado ou, com mais razão, discricionário. Neste momento, incumbirá ao magistrado, pela inafastabilidade que a Constituição lhe impõe, analisar o mérito do ato administrativo discricionário, para verificar a alegada lesão decorrente do ato. Por conclusão, caso não sejam observados os princípios e as regras constitucionais, cabe ao Poder Judiciário fiscalizar e assegurar a supremacia da Constituição Federal, não devendo, neste caso, prevalecer qualquer alegação de intromissão jurisdicional nas demais esferas dos Poderes. Isto porque, em que pese ser o ato administrativo discricionário praticado de acordo com o juízo de conveniência e oportunidade, essa atuação deve se pautar pelos princípios e regras constitucionais.

A discussão ganha contornos mais nobres em considerando a iniciativa de quem almeja promover este controle: o *cidadão*, essência mais sublime de todas as tratativas promovidas pelo administrador público enquanto gestor de políticas públicas e econômicas.

Dá-se como exemplo o caso de cidadão – advogado – sul-rio-grandense que manejou ação popular questionando o patrocínio esportivo de empresa pública do setor predominante bancário e de finanças a entidades desportivas de futebol, pessoas jurídicas de direito privado, em valores vultosos. Nada obstante não tenha o cidadão logrado êxito em sua demanda, o exemplo, indubitavelmente, é dotado de grande carga ilustrativa. Segundo alegou aquela entidade bancária, o gasto e seu valor seriam de livre escolha de gestão, porquanto destinados à publicidade estatal, motivo, inclusive, que nortearia não apenas o patrocínio vultoso àqueles clubes de primeira e segunda maior torcida do país como outros patrocínios a equipes ditas "menores", como, por fim, futuros patrocínios com outras equipes que estariam sendo engatilhados à época do manejo do *"writ"* constitucional assegurado no quinto artigo, inciso LXXIII, da Lei Fundamental pátria. Consoante as razões expostas pelo polo ativo da ação popular, o gasto em publicidade deve ter mero caráter informador e educativo, algo totalmente inconcebível para sua utilização em clubes de futebol que, atualmente, já têm as maiores receitas do país no setor futebolístico. É dizer: seu contingente de torcedores e sua exposição de mídia não seriam fatores, *per si*, a ensejar o direcionamento de verba estatal. Nada obstante o posicionamento definitivo tomado pelos tribunais pátrios, isso não é o principal fator a ser tomado de lição no exemplo que se colaciona. O que se chama a atenção, isso sim, é para o fato de que cidadão utilizou-se de ação popular para controlar mérito de ato administrativo discricionário, e o Poder Judiciário, em caráter inafastável – como há de ser –, não só admitiu a peleja como chegou a dar parecer favorável em caráter liminar ao requerente.

Diante disso, nota-se que a conveniência e oportunidade, ou seja, a liberdade do administrador público, está limitada pelas normas constitucionais. Verifica-se, pois, que a liberdade de escolha do administrador não é total e ilimitada.

2.5.7 Art. 18, da "Lei da Ação Popular"

O art. 18, da Lei nº 4.717/1965, prevê que a sentença proferida em sede de ação popular terá eficácia de coisa julgada oponível *"erga omnes"*, exceto no caso de haver sido a ação julgada improcedente por deficiência de prova; neste caso, qualquer cidadão poderá intentar outra ação com idêntico fundamento, valendo-se de prova nova. É a mesma lógica que está consagrada no 103, I, do Código de Proteção e Defesa do Consumidor.

2.5.8 Algumas considerações finais

a) O art. 21 da Lei nº 4.717/1965 estabelece que o prazo prescricional da ação popular é de **cinco anos**;

b) Não se pode esquecer que qualquer cidadão que almeje manejar ação popular fica isento de custas judiciais e ônus de sucumbência. Este preceito não é absoluto, contudo, vez que tal isenção não se operará em caso de **comprovada má-fé**;

c) Consoante o art. 7º, IV, da Lei nº 4.717/1965, o prazo de contestação é de **vinte dias, prorrogáveis por mais vinte**[102]. Frisa-se que essa prorrogação **depende de requerimento do interessado**, se particularmente **difícil a produção de prova documental**, e será comum a todos os interessados, correndo da entrega em cartório do mandado cumprido ou, quando for o caso, do decurso do prazo assinado em edital;

d) Dispositivo interessante da Lei da Ação Popular é o parágrafo único, do art. 7º, segundo o qual o proferimento de sentença além do prazo estabelecido (esse prazo é a própria audiência de instrução e julgamento ou o limite de quinze dias do recebimento dos autos pelo Juiz) privará o Juiz da inclusão em lista de merecimento para promoção, durante dois anos, e acarretará a perda, para efeito de promoção por antiguidade, de tantos dias quantos forem o do retardamento, **salvo motivo justo, declinado nos autos e comprovado perante o órgão disciplinar competente**;

e) A ação popular não se destina a anular atos normativos genéricos, sob o risco de funcionar como uma verdadeira ação direta de inconstitucionalidade, que tem rol de legitimados e objeto próprios. Em sentido restrito, o "*writ*" em estudo se presta, sim, a anular atos administrativos lesivos ao Estado[103].

3 TUTELA COLETIVA NA PROMOÇÃO DOS DIREITOS HUMANOS

O estudo do **processo coletivo** se desenvolveu no *Estado Democrático de Direito (ou Estado Constitucional Democrático)*, sobretudo em considerando que, nada obstante o pluralismo da multicultural sociedade em que se vive, é cada vez mais comum a **singularidade de interesses** que movem determinadas demandas, como aquelas que envolvem o direito ao meio ambiente, a tutela do consumidor, a probidade e a lisura nas tratativas com a coisa pública e com o patrimônio social, bem como pelejas que, apesar de naturalmente individuais, ganham o caráter conglobado dado o enorme contingente de litigantes com a mesma causa de pedir.

---

[102] Não se aplicam os prazos em dobro dos arts. 183 e 229, do Código de Processo Civil, vale frisar, já que a ação popular é ação de procedimento especial.

[103] Supremo Tribunal Federal, 1ª T. **AO nº 1.725 AgR/DF**. Rel.: Min. Luiz Fux. DJ. 24/02/2015; Supremo Tribunal Federal, Pleno. **Pet nº 5.859 AgR/DF**. Rel.: Min. Celso de Mello. DJ. 25/11/2015.

Assim, jamais desconsiderando a importância do processo individual – **este ainda prevalece no cotidiano prático forense** –, o fato é que, nos dias atuais, por questão de **efetivação do acesso à justiça**, de **economia processual**, e de **homogeneidade dos pronunciamentos judiciais acerca de temas símiles** (o que visa resguardar a isonomia), o processo coletivo ou coletivizado tem sua importância maximizada com o estudo dos chamados **direitos metaindividuais**, dos quais são espécies os **direitos coletivos**, os **direitos difusos**, e, conforme a doutrina majoritária, os **direitos individuais homogêneos**.

Utiliza-se a expressão "conforme a doutrina majoritária", pois há se ressalvar a resistência de parcela minoritária de pensadores do processo coletivo em considerar a natureza coletiva pura dos direitos individuais homogêneos. A título ilustrativo, Venturi[104] entende que: "Tecnicamente revela-se inapropriada uma aproximação conceitual dos direitos difusos e coletivos (essencialmente meta-individuais e indivisíveis) em relação aos individuais homogêneos (essencialmente individuais e divisíveis). A verdadeira ligação entre tais categorias é de índole estritamente instrumental, e não substancial, visto que os direitos individuais homogêneos são considerados, apenas para fins de tutela jurisdicional coletiva, indivisíveis. De fato, perante o procedimento judicial da ação coletiva para tutelá-los (arts. 91 e ss. do CDC), e para fins da obtenção da chamada sentença condenatória genérica, prevista no art. 95 do CDC, há, por ficção legal, um *acidente de coletivismo* que torna a pretensão da obtenção da fixação da responsabilidade civil do infrator processualmente indivisível".

> *Como "nasceu" e se desenvolveu o processo coletivo no Brasil?*

No Brasil, o processo coletivo nasceu – ainda sem tal consciência, de "processo coletivo como ciência autônoma" – com a edição da Lei nº 6.938/1981, que é a "Lei da Política Nacional do Meio Ambiente". Esta dispôs, em seu art. 14, § 1º, que o Ministério Público da União e dos Estados terá legitimidade para propor *ação de responsabilidade civil e criminal por danos causados ao meio ambiente*. Nesta toada, como no âmbito penal já havia a "ação *penal* pública" (natureza óbvia da ação penal nestes casos), esta ação civil foi chamada "ação *civil* pública", para distingui-la da sua congênere criminal.

Vale lembrar, contudo, que nada obstante o surgimento tímido do processo coletivo no Brasil em 1981, boa parcela da doutrina – minoritária, entretanto – aponta a Lei nº 4.717/1965, conhecida por "Lei da Ação Popular", como pioneira dos processos coletivos no país. Isto tanto é verdade que tal lei, mesmo antiga, integra o chamado "*microssistema processual coletivo*", sobre o qual se falará quando do estudo da ação civil pública.

Dando prosseguimento, se em 1965 ou 1981 o processo coletivo ainda era uma ideia abstrata, em 1985 tem-se o advento da Lei nº 7.347 ("Lei da Ação Civil Pública"), que regulamentou o dispositivo da Lei nº 6.938 no que dizia respeito à

---

[104] VENTURI, Elton. **Processo civil coletivo**: a tutela jurisdicional dos direitos difusos, coletivos e individuais homogêneos no Brasil. Perspectivas de um código brasileiro de processos coletivos. São Paulo: Malheiros, 2007, p. 68.

ação civil pública (art. 14, § 1º), ampliando-a para além do meio ambiente, para que abarcasse, também, a tutela de direitos e interesses pertinentes ao consumidor, a bens e direitos de valor artístico, estético, histórico, turístico e paisagístico, à ordem urbanística, bem como qualquer outro interesse difuso ou coletivo.

Com o terreno previamente preparado pela Lei da Ação Civil Pública, a Constituição Federal de 1988 confirmou o processo coletivo como ciência autônoma (basta uma breve leitura do art. 129, III, CF, por exemplo), o que somente foi solidificado com o Código de Proteção e Defesa do Consumidor, de 1990 (Lei nº 8.078), este último um explícito e velado regulador da tutela coletiva no país.

Ato contínuo, indaga-se acerca de um futuro para o processo coletivo no Brasil. Com efeito, houve uma tentativa frustrada de instituir no Brasil um "Código Brasileiro de Processos Coletivos" (há Anteprojetos oriundos do Instituto Brasileiro de Direito Processual bem como da Universidade Estadual do Rio de Janeiro). Ante a infrutífera tentativa, em 2008, o Ministério da Justiça convocou uma Comissão de Juristas que propôs uma codificação apresentada como Projeto de Lei nº 5.139/2009, que pretendia dar nova disciplina às ações coletivas (seria a nova lei da ACP). Tal Projeto de Lei atualmente está paralisado na Câmara dos Deputados.

Isto posto, se neste capítulo oportunamente foram trabalhadas as *políticas nacionais de direitos humanos* e os *instrumentos individuais nacionais de proteção dos direitos humanos*, a seguir há se discorrer – brevemente, é verdade, como já dito – sobre alguns *instrumentos nacionais coletivos de proteção aos direitos humanos* (lembrando que os *instrumentos internacionais de proteção aos direitos humanos* serão estudados no capítulo seguinte).

3.1 Ação Civil Pública

> *Art. 129, CF. São funções institucionais do Ministério Público:*
>
> *III – promover o inquérito civil e a ação civil pública, para a proteção do patrimônio público e social, do meio ambiente e de outros interesses difusos e coletivos; [...]*

3.1.1 Considerações iniciais

A ação civil pública é regulada pela Lei nº 7.347/1985, encontrando assento constitucional no art. 129, III, da Lei Fundamental, como uma das funções institucionais do Ministério Público. Sua previsão *jus*fundamental não está no art. 5º, diferentemente dos remédios estudados até agora, o que não se mostra capaz, entretanto, de retirar da ACP o *"status"* de *"writ"* constitucional.

> A ação civil pública é sinônimo de ação coletiva?

Prevalece o entendimento pelo qual não é possível tratar ambas com sinonímia. Com efeito, se trata de instrumento colocado à disposição do órgão ministerial e de outros legitimados ativos para a **tutela de quaisquer direitos difusos, coletivos ou individuais homogêneos**. Em verdade, a ação coletiva é gênero, da qual a ACP é espécie, tal como a ação popular (que já foi estudada como instrumento tipicamente individual), a ação de improbidade administrativa, e o mandado de segurança coletivo[105]. Como se não bastasse, é comum, principalmente ao órgão do Ministério Público, utilizar o termo "ação civil pública" para a defesa de interesse de uma única pessoa, notadamente em casos que envolvem a concessão de medicamentos ou reserva de vagas em estabelecimento público de ensino[106].

Por fim, a ação civil pública nasceu no art. 14, § 1º, da Lei nº 6.938/1981, que trata da "Política Nacional do Meio Ambiente". Ou seja, a ACP nasceu para tutelar, apenas, o meio ambiente. Depois é que se tem o advento da Lei nº 7.347/1985, e, também, a Constituição Federal de 1988 e o Código de Proteção e Defesa do Consumidor, que ampliaram a importância da ACP.

3.1.2 A ação civil pública e o microssistema processual coletivo

Para se estudar processo coletivo no Brasil, não existe um "Código de Processo Coletivo", como já visto. Existem várias leis, dentre as quais se podem mencionar, em evidência, o Código de Defesa do Consumidor (Lei nº 8.078/1990) e a Lei da Ação Civil Pública (Lei nº 7.347/1985), leis principais que trazem um *"núcleo essencial do processo coletivo"*. Assim, toda ação coletiva é regida pelo CDC e pela LACP, ou seja, na prática, aplica-se o CDC ainda que não haja questão consumerista envolvida na demanda[107].

Neste sentido, Rodrigues[108] lembra que a Lei da ACP "[...] possui uma ligação visceral com o Título III do CDC, de forma que não se consegue estudar um sem o outro, e, não raramente, dispositivos de um são completados pelo outro e vice-versa. [...] Como se sabe o CDC veio cinco anos depois da LACP, e a sua parte processual (Título III) foi confeccionada por juristas que participaram da feitura da LACP. Nenhuma surpresa, portanto, da ligação entre os institutos. O interessante disso tudo é que o Título III do CDC – a despeito de estar na Lei de Proteção ao Consumidor – não cuido apenas da tutela coletiva dos consumidores, justamente porque nas disposições finais e transitórias, mais precisamente no art. 117, o legislador fez questão de incluir um artigo na LACP – art. 21, estabelecendo a simbiose mencionada".

Se o CDC e a LACP não tratarem da questão, antes de se aplicar o Código de Processo Civil, há o Estatuto da Criança e do Adolescente (Lei nº 8.069/1990), o Estatuto da Juventude (Lei nº 12.852/2013), o Estatuto do Idoso (Lei nº 10.741/2003),

---

[105] MAZZILLI, Hugo Nigro... Op. Cit., p. 74.
[106] Supremo Tribunal Federal, 1ª T. **AI nº 669.098 AgR/RS**. Rel.: Min. Roberto Barroso. DJ. 30/11/2018.
[107] Inclusive, de acordo com o art. 21, da Lei nº 7.347, acrescido pela Lei nº 8.078 – CDC, "aplicam-se à defesa dos direitos e interesses difusos, coletivos e individuais, no que for cabível, os dispositivos do Título III da Lei que instituiu o Código de Defesa do Consumidor". Por sua vez, o CDC prevê, em seu art. 90, que "aplicam-se às ações previstas neste Título as normas do Código de Processo Civil e da Lei n. 7.347, de 24 de julho de 1985, inclusive no que respeita ao inquérito civil, naquilo que não contrariar suas disposições".
[108] RODRIGUES, Marcelo Abelha. Ação civil pública. In: DIDIER JR., Fredie (org.). **Ações constitucionais**. 5. ed. Salvador: JusPODIVM, 2011, p. 359-360.

a Lei de Improbidade Administrativa (Lei nº 8.429/1992), a Lei do Mandado de Segurança Coletivo (Lei nº 12.016/2009), a Lei de Ação Popular (Lei nº 4.717/1965), a Lei do Mandado de Injunção Coletivo (Lei nº 13.300/2016), o Estatuto das Cidades (Lei nº 10.257/2001), o Estatuto do Torcedor (Lei nº 10.671/2003) etc., que também trazem questões atinentes ao processo coletivo. Todos estes microssistemas devem ser **integrados (princípio da integração)**, pois.

A esta integração entre diversos microssistemas dá-se o nome de "*Teoria do Diálogo das Fontes Normativas*", ou, ainda, como preferem alguns, de "*sistema integrativo aberto*" ou de "*diálogo sistemático de coerência*"[109].

Somente se, mesmo em todas as leis, não se achar a regra para o caso concreto, é que será o Código de Processo Civil aplicado, o qual, vale lembrar, *não compõe este sistema integrado*. O CPC é aplicado de mera **forma subsidiária**.

3.1.3 Hipóteses de cabimento

De acordo com o art. 1º, da Lei nº 7.347/1985, é cabível ação civil pública em caso de danos patrimoniais e morais causados:

a) Ao meio ambiente (inciso I);

b) Ao consumidor (inciso II);

c) A bens e direitos de valor artístico, estético, histórico, turístico e paisagístico (inciso III);

d) A qualquer outro interesse difuso ou coletivo (inciso IV);

e) Por infração da ordem econômica e da economia popular (inciso V);

f) À ordem urbanística (inciso VI);

g) À honra e à dignidade de grupos raciais, étnicos ou religiosos (inciso VII);

h) Ao patrimônio público e social (inciso VIII).

O inciso IV, ao utilizar a expressão "qualquer outro interesse difuso ou coletivo", torna o rol da ACP meramente exemplificativo, o que permite falar em um "*princípio da não taxatividade da ação civil pública*". Ademais, a inclusão de expressões abertas, como "patrimônio público e social" (Lei nº 13.004/2014), somente confirma tal postulado.

3.1.4 Hipóteses de não cabimento da ação civil pública

Sem prejuízo de vedações previstas na jurisprudência e em legislações esparsas, consoante o parágrafo único, do art. 1º, da LACP, não será cabível ação civil pública para veicular pretensões que envolvam **tributos, contribuições previdenciárias, FGTS ou outros fundos de natureza institucional cujos beneficiários podem ser individualmente determinados**.

---

[109] DIDIER JÚNIOR, Fredie; ZANETI JÚNIOR, Hermes. **Curso de direito processual civil**: processo coletivo, vol. 4. 7. ed. Salvador: JusPODIVM, 2012, p. 124.

3.1.5 Objeto

Conforme o art. 3º, LACP, a ação civil poderá ter por objeto a **condenação em dinheiro** ou o **cumprimento de obrigação de fazer ou não fazer**.

Vale lembrar, neste diapasão, que de acordo com o art. 11 da mesma Lei, na ação que tenha por objeto o cumprimento de obrigação de fazer ou não fazer, o Juiz determinará o cumprimento da prestação da atividade devida ou a cessação da atividade nociva, sob pena de execução específica ou de cominação de multa diária (astreinte), se esta for suficiente ou compatível, independentemente de requerimento do autor.

O art. 4º da Lei nº 7.347/1985 prevê a possibilidade de ajuizamento de ação cautelar em sede de ação civil pública, objetivando, inclusive, evitar o dano ao meio ambiente, ao consumidor, à ordem urbanística ou aos bens e direitos de valor artístico, estético, histórico, turístico e paisagístico. Isso é possível em razão do poder geral de cautela do juiz previsto no art. 297 do Código de Processo Civil. A medida cautelar serve para garantir a eficácia da ação principal (no caso da ação civil pública). O autor deverá comprovar os dois requisitos básicos: *periculum in mora* e o *fumus boni juris*. A lei que regulamentou a ação civil pública **deve dialogar com o Código de Processo Civil**, conforme expressamente previsto no art. 19 da Lei nº 7.347/1985. Assim, o mencionado art. 4º deve se adequar às regras processuais introduzidas pela Lei nº 13.105/2015, que introduziu a nova lei processual. O novel diploma não prevê mais a cautelar como processo autônomo, pois agora ela se enquadra dentro das tutelas provisórias juntamente com a tutela antecipada e a tutela da evidência.

3.1.6 Competência

Em relação à competência da ação civil pública, o art. 2º da lei de regência estabelece que a ação civil pública e a ação cautelar[110] serão propostas no **foro do local onde ocorrer o dano**, cujo juízo terá **competência funcional** para processar e julgar a causa. Como é uma competência funcional ela não admitirá a prorrogação, sendo, portanto, **absoluta**. Eventual incompetência do juízo pode ser declarada, inclusive, de ofício pelo Juiz.

O registro ou a distribuição[111] da **tutela cautelar requerida em caráter antecedente**, da **tutela antecipada requerida em caráter antecedente** ou da **ação civil pública** torna prevento o juízo[112] para todas as ações posteriores intentadas que possuam a mesma **causa de pedir** ou o **mesmo objeto**. Assim, tramitando outras ações com o mesmo fundamento ou o mesmo pedido o primeiro juízo exercerá a chamada *vis attractiva*, ou seja, atraindo todos os demais processos para o mesmo juízo a fim de que as decisões não sejam conflitantes.

Ademais, uma informação que merece sobrelevação é a de que o art. 2º e seu parágrafo único são dispositivos válidos, embora empobrecidos de conteúdo, por

---

[110] Como o novo CPC não prevê mais a cautelar como processo autônomo, entendemos que é possível manusear a tutela de urgência na forma dos arts. 300 e seguintes do CPC.
[111] Art. 43 do CPC.
[112] Art. 2º, parágrafo único, da Lei nº 7.347/1985.

tratarem apenas do dano local, mas não dos danos de âmbito nacional ou regional, caso em que se aplica, seguindo a regra do microssistema processual coletivo, o art. 93, do Código de Proteção e Defesa do Consumidor.

Também, urge lembrar que não mais se aplica o art. 109, § 3º, da Constituição Federal para as ações civis públicas, ainda que no local do dano não haja sede de justiça federal. O STJ tinha tal posicionamento (que era, inclusive, conteúdo da súmula nº 183), o qual foi posteriormente revisto pelo STF, levando ao cancelamento do enunciado sumular[113].

Outrossim, obtempera-se que ações civis públicas pertinentes ao meio ambiente do trabalho serão processadas e julgadas pela Justiça do Trabalho, seguindo-se a lógica do disposto na súmula nº 736, editada pelo Supremo Tribunal Federal[114]. Isto porque, quatro são as espécies de meio ambiente: o *meio ambiente natural* (de acordo com a Lei nº 6.938/1981, em seu art. 3º, I, o meio ambiente natural é o conjunto de condições, leis, influências e interações de ordem física, química e biológica, que permite, abriga e rege a vida em todas as suas formas); o *meio ambiente do trabalho* (é o local onde são desempenhadas as atividade laborativas); o *meio ambiente artificial* (é aquele constituído pelo espaço urbano construído em sua relação com a natureza); e o *meio ambiente cultural* (é o patrimônio de valor histórico). A Lei da Ação Civil Pública protege todos estes meios ambientes.

Por fim, nos Juizados Especiais, sejam eles estaduais, federais ou da Fazenda Pública, não se entra com ação coletiva (art. 8º, § 1º, I, da Lei nº 9.099/1995; art. 3º, § 1º, I, da Lei nº 10.259/2001; art. 2º, § 1º, I, da Lei nº 12.153/2009).

3.1.7 Legitimidade ativa

Nos Estados Unidos da América, para que o indivíduo proponha uma ação coletiva, deve comprovar que representa os interesses de uma classe ou grupo. É o art. 23, das *"Federal Rules"*, que trata da chamada *"representatividade adequada"*[115]. Também, o advogado deve ser especializado em processo coletivo, e o requerente deve ser pessoa idônea. Esta pertinência do requerente é a "fase de certificação" – *"class certification"* –, de que trata Gidi[116].

Já no Brasil é diferente, tendo em vista que o sistema jurídico pátrio estabelece as regras, no art. 5º, da Lei da Ação Civil Pública, de quem são os legitimados ativos coletivos.

Então, diferentemente do sistema americano, em que qualquer indivíduo pode propor ação coletiva *desde que prove ao juiz por critérios pré-definidos ser representante adequado para tal ("adequacy of representation")*, no Brasil, em princípio este controle não é judicial, mas, sim, **legislativo**. Por isso, o art. 5º, da Lei da Ação Civil

---

[113] Superior Tribunal de Justiça, 1ª Seção. **EDcl no CC nº 27.676/BA**. Rel.: Min. José Delgado. DJ. 08/11/2000.
[114] A título ilustrativo: Supremo Tribunal Federal, 2ª T. **RE nº 568.187 AgR/SP**. Rel.: Min. Gilmar Mendes. DJ. 16/02/2016.
[115] CORNELL UNIVERSITY LAW SCHOOL. *Legal Information Institute*. Disponível em: <http://www.law.cornell.edu/rules/frcp/rule_23>. Acesso: 18 nov. 2013.
[116] GIDI, Antonio. **A class action como instrumento de tutela coletiva dos direitos**. São Paulo: RT, 2007.

Pública presume que todos os entes ali descritos são representantes adequados da coletividade.

Neste diapasão, consoante o art. 5º, da LACP, tem legitimidade ativa tanto para a ação principal como para a cautelar:

a) O Ministério Público (inciso I);
b) A Defensoria Pública (inciso II);
c) A União, os Estados, o Distrito Federal e os Municípios (inciso III);
d) A autarquia, empresa pública, fundação ou sociedade de economia mista (inciso IV);
e) a associação que, concomitantemente, esteja constituída há pelo menos um ano nos termos da lei civil (inciso V, alínea "a") e inclua, entre suas finalidades institucionais, a proteção ao patrimônio público e social, ao meio ambiente, ao consumidor, à ordem econômica, à livre concorrência, aos direitos de grupos raciais, étnicos ou religiosos ou ao patrimônio artístico, estético, histórico, turístico e paisagístico (inciso V, alínea "b").

Conforme lembra Almeida[117], esta legitimidade ativa é *"concorrente"*, *"disjuntiva"* e *"exclusiva"*. É *"concorrente"*, por haver mais de um legitimado; é *"disjuntiva"*, pois um pode ajuizar a ação sem a presença do outro; e, é *"exclusiva"*, pois depende de expressa previsão legal no rol do art. 5º, diferentemente das *"class action"* norte americanas.

Ademais, os parágrafos segundo e quinto, do art. 5º, são claros no sentido de que é possível litisconsórcio de qualquer das partes (§ 2º) ou o litisconsórcio facultativo entre os Ministérios Públicos da União, Distrito Federal e Estados (§ 5º).

O Ministério Público como legitimado ativo é o mais comum de ocorrer, já que, muito embora o parágrafo primeiro, do art. 129, da Constituição não impeça a legitimação de terceiros, e a Lei nº 11.448/2007 tenha ampliado as hipóteses de legitimados ativos, a ação civil pública como função institucional do órgão ministerial é muito mais arraigada na prática. Isto porque, de acordo com o art. 127, da Constituição Federal, cabe ao Ministério Público a defesa da ordem jurídica, do regime democrático, e dos interesses sociais e individuais indisponíveis, o que guarda grande perfilhamento com as hipóteses de cabimento da ação civil pública[118].

Já a Defensoria Pública foi inserida no rol de legitimados ativos pela Lei nº 11.448/2007, e vem despertando, desde então, celeuma doutrinária. De acordo com o art. 134, da Constituição Federal, a finalidade institucional da Defensoria Pública é a defesa dos necessitados em todos os graus. Este necessitado pode ser o *econômico* (nos moldes do art. 5º, LXXIV, CF, o Estado prestará assistência jurídica integral e gratuita aos que comprovarem insuficiência de recursos), bem como o *necessitado jurídico*.

---

[117] ALMEIDA, Gregório Assagra de. **Direito processual coletivo brasileiro:** um novo ramo do direito processual (princípios, regras interpretativas e a problemática da sua interpretação e aplicação). São Paulo: Saraiva, 2003, p. 349-350.
[118] Dentre tantos: Supremo Tribunal Federal, 1ª T. **RE nº 460.923 AgR/RR**. Rel.: Min. Marco Aurélio. DJ. 08/05/2018; Supremo Tribunal Federal, 1ª T. **ARE nº 1.078.443 AgR/MS**. Rel.: Min. Alexandre de Moraes. DJ. 15/06/2018; Supremo Tribunal Federal, 1ª T. **ARE nº 945.949 AgR/SP**. Rel.: Min. Marco Aurélio. DJ. 30/08/2016.

Neste diapasão, há quem defenda que a Defensoria Pública só deva atender ao necessitado econômico, já que esta é sua função típica (sua função atípica seria a defesa dos necessitados jurídicos). Já para um segundo posicionamento, a Lei Complementar nº 80/1994 ("Lei Orgânica da Defensoria Pública") autoriza em sua essência o Defensor Público a agir também em nome do juridicamente carente, de maneira que, por consequência, poderia a Defensoria ajuizar ACP também em prol destes. Embora a jurisprudência acene de forma cristalina para a legitimidade plena da Defensoria Pública para o ajuizamento de ação civil pública[119] (notadamente após a redação da EC nº 80/2014, que deu nova e mais abrangente roupagem à leitura do *caput* do art. 134, CF), a questão ainda está longe de ser pacificada.

Prosseguindo noutra questão pontualmente divergente a ser trabalhada quanto à legitimidade ativa, há se lembrar que, no que atine à associação (que, concomitantemente, esteja constituída há pelo menos um ano nos termos da lei civil, bem como inclua entre suas finalidades institucionais a proteção ao meio ambiente, ao consumidor, à ordem econômica, à livre concorrência, aos direitos de grupos raciais, étnicos ou religiosos ou ao patrimônio artístico, estético, histórico, turístico e paisagístico), o art. 5º, § 4º, da Lei nº 7.347/1985 prevê que o requisito da pré-constituição há pelo menos um ano *poderá ser dispensado, quando haja manifesto interesse social evidenciado pela dimensão ou característica do dano, ou pela relevância do bem-jurídico a ser protegido*.

Há se tomar cuidado, contudo, com o parágrafo único, do art. 2º-A, da Lei nº 9.494/1997, segundo o qual, para a propositura de ACP por associação contra o Poder Público, é preciso prévia autorização da assembleia, bem como relação nominal dos associados e indicação dos respectivos endereços. Na prática, isso inviabiliza o ajuizamento de ACP por estas associações, razão pela qual o STJ já sinalizou pela inconstitucionalidade do dispositivo[120].

Por fim, de acordo com o **princípio da indisponibilidade mitigada da ação coletiva (ou princípio da disponibilidade motivada da ação coletiva)**, cuja previsão está no art. 5º, § 3º, da Lei nº 7.347/1985, e no art. 9º, da Lei nº 4.717/1965, em caso de desistência infundada ou abandono por associação legitimada, o Ministério Público ou outro legitimado assumirá a titularidade ativa. Assim, é vedada a desistência e o abandono infundados da ação coletiva. Se houver desistência, não se extingue a ação. Há, sim, subsistência do polo ativo, mas com sucessão processual. Agora, se o motivo para a desistência ou abandono for contundente, nesse caso o Juiz pode extinguir o processo. Por isso que o princípio fala em uma indisponibilidade "*mitigada*".

Fica em zona cinzenta, contudo, a situação em que é o Ministério Público a desistir da ação coletiva. Para um primeiro entendimento, majoritário, é caso de aplicação do art. 28, do Código de Processo Penal, que consagra o chamado prin-

---

[119] Neste sentido: Supremo Tribunal Federal, Pleno. ADI nº 3.943/DF. Rel.: Min. Cármen Lúcia. DJ. 07/05/2015. Também: Superior Tribunal de Justiça, 4ª T. **EDcl no AgRg no REsp nº 417.878/RJ**. Rel.: Min. Maria Isabel Gallotti. DJ. 27/11/2012; Superior Tribunal de Justiça, 2ª T. **REsp nº 1.264.116/RS**. Rel.: Min. Herman Benjamin. DJ. 18/10/2011.
[120] Superior Tribunal de Justiça, 3ª T. **REsp nº 805.277/RS**. Rel. Min.: Nancy Andrighi. DJ. 23/09/2008.

cípio da devolução[121]; já para um segundo entendimento, minoritário, é hipótese de aplicação do art. 9º, da Lei da Ação Civil Pública[122].

3.1.8 Legitimidade passiva

Não há, em regra, limitação quanto a quem deva figurar no polo passivo da ação civil pública. Pode, portanto, ser qualquer sujeito, pessoa natural ou jurídica, a quem se atribua a responsabilidade pelo dano ou risco de dano aos bens objeto daquela ação.

3.1.9 Possibilidade de utilização da ação civil pública como meio de controle difuso de constitucionalidade e como meio de controle de políticas públicas

Na doutrina, em geral, há forte discussão, mas o STF[123] e o STJ[124] entendem, de forma pacífica, que as ações coletivas, dentre elas a ação civil pública, podem ser utilizadas como instrumento de controle difuso-concreto de constitucionalidade.

Todavia, mostra-se forçoso lembrar que, na ação civil pública, a declaração de inconstitucionalidade apenas poderá ser **causa de pedir**, jamais podendo constar do próprio pedido da ação. Caso contrário, haveria usurpação da competência do Supremo Tribunal Federal, pois se permitiria a um juiz de primeira instância realizar juízo de competência exclusiva do STF.

No que atine à possibilidade de se utilizar a ação civil pública como forma de controle/imposição/regulamentação de políticas públicas, vale aquilo que já foi visto no tópico 2.5.6 deste capítulo, com relação ao manejo da ação popular para tanto.

3.1.10 Art. 16, da "Lei da Ação Civil Pública"

Este dispositivo foi criado por medida provisória (de nº 1.570-4/1997), e depois convertido em artigo propriamente dito pela Lei nº 9.494/1997. Ele prevê que a sentença civil fará coisa julgada "*erga omnes*", *nos limites da competência do órgão prolator*.

Ora, seguir a letra fria do dispositivo significa dizer que a sentença coletiva só atinge aqueles que moram na Comarca ou Subseção Judiciária de onde saiu a decisão. Isso acabaria por "matar" o processo coletivo, pois, nesta lógica, vai ter de haver um processo coletivo em cada Comarca/Subseção do Brasil, por exemplo, se houver interesse nacional.

Isso leva, segundo posicionamento doutrinário majoritário, à esdrúxula situação de uma sentença individual que vale mais que uma sentença coletiva, já que não há

---

[121] ALMEIDA, Gregório Assagra de. **Direito processual coletivo brasileiro:** um novo ramo do direito processual (princípios, regras interpretativas e a problemática da sua interpretação e aplicação). São Paulo: Saraiva, 2003, p. 573.
[122] MAZZILLI, Hugo Nigro. **A defesa dos interesses difusos em juízo**. 22. ed. São Paulo: Saraiva, 2009, p. 419-423.
[123] Supremo Tribunal Federal, Pleno. **RE nº 424.993/DF**. Rel.: Min. Joaquim Barbosa. DJ. 12/09/2007.
[124] Superior Tribunal de Justiça, 2ª T. **REsp nº 1.326.437/MG**. Rel.: Min. Castro Meira. DJ 25/06/2013.

esta limitação para sentenças individuais (o art. 2º-A, da Lei nº 9.494/1997 fala da mesma coisa para os direitos individuais homogêneos).

Com base nisso, Leonel[125] entende que a norma demonstra retrocesso por militar contra a economia processual, impossibilitando o equacionamento do litígio numa única demanda e dando ensejo ao conflito lógico e prático dos julgados. Ademais, afirma haver explícita violação ao postulado da igualdade, ao estabelecer distinção no tratamento de brasileiros em decorrência da possibilidade de diversas soluções dos julgados com relação ao mesmo caso. Também, alega que tais regras desconsideram a premissa de que a abrangência da coisa julgada coletiva decorre da natureza da relação jurídica de direito material. Por fim, lembra que tal dispositivo, na melhor das hipóteses, é ineficaz, já que o próprio legislador determina, no art. 93, II, CDC, que no caso de dano regional ou nacional, a competência será do foro da capital do Estado ou do Distrito Federal, deixando, assim, implícito que a decisão abrangerá todo este território.

Em mesmo sentido, também são oportunas as palavras de Didier Jr. e Zaneti Jr.[126], os quais elencam **cinco objeções** às "lógicas" trazidas no art. 16, LACP – e no art. 2º-A, da Lei nº 9.494/1997 –, a saber: "a) ocorre prejuízo à economia processual e fomento ao conflito lógico e prático de julgados; b) representa ofensa aos princípios da igualdade e do acesso à jurisdição, criando diferença no tratamento processual dado aos brasileiros e dificultando a proteção dos direitos coletivos em juízo; c) existe indivisibilidade ontológica do objeto da tutela jurisdicional coletiva, ou seja, é da natureza dos direitos coletivos *lato sensu* sua não separatividade no curso da demanda coletiva, sendo legalmente indivisíveis (art. 81, parágrafo único do CDC); d) há, ainda, equívoco na técnica legislativa, que acaba por confundir competência, como critério legislativo para repartição da jurisdição, com a imperatividade decorrente do comando jurisdicional, esta última elemento do conceito de jurisdição que é uma em todo o território nacional; e) por fim, existe a ineficácia da própria regra de competência em si, vez que o legislador estabeleceu expressamente no art. 93 do CDC (lembre-se, aplicável a todo o sistema das ações coletivas) que a competência para julgamento de ilícito de âmbito regional ou nacional é do juízo da capital dos Estados ou no Distrito Federal, portanto, nos termos da Lei em comento, ampliou a 'jurisdição do órgão prolator'"[127].

Amparado em forte doutrina, o Superior Tribunal de Justiça prolatou decisão paradigmática, no EREsp nº 1.134.957[128], afastando tal limitação territorial, estendendo efeitos de decisão em sede de ACP que travava de direitos individuais homogêneos. Eis uma tendência que tem sido replicada pela Corte da Cidadania[129], tanto por questão de **lógica**, como por questão de **justiça**, assegurando a este importante instrumento o alcance e a finalidade que dele se espera. Conforme se posicionou a Corte Especial:

---

[125] LEONEL, Ricardo de Barros. **Manual do processo coletivo**. 2. ed. São Paulo: RT, 2011, p. 300-303.
[126] DIDIER JÚNIOR, Fredie; ZANETI JÚNIOR, Hermes... Op. Cit., p. 148-149.
[127] Ver, neste sentido: Superior Tribunal de Justiça, Corte Especial. **REsp nº 1.243.887/PR**. Rel.: Min. Luis Felipe Salomão. DJ. 19/10/2011.
[128] Superior Tribunal de Justiça, Corte Especial. **EREsp nº 1.134.957/SP**. Rel.: Min. Nancy Andrighi. DJ. 24/10/2016.
[129] Superior Tribunal de Justiça, 4ª T. **AgInt no REsp nº 1.723.278/DF**. Rel.: Min. Luis Felipe Salomão. DJ. 27/11/2018; Superior Tribunal de Justiça, 2ª T. **AgInt no REsp nº 1.709.635/SP**. Rel.: Min. Francisco Falcão. DJ. 04/09/2018.

"No julgamento do recurso especial repetitivo (representativo de controvérsia) n.º 1.243.887/PR, Rel. Min. Luís Felipe Salomão, a Corte Especial do Superior Tribunal de Justiça, ao analisar a regra prevista no art. 16 da Lei nº 7.347/85, primeira parte, consignou ser indevido limitar, aprioristicamente, a eficácia de decisões proferidas em ações civis públicas coletivas ao território da competência do órgão judicante. 2. Embargos de divergência acolhidos para restabelecer o acórdão de fls. 2.418-2.425 (volume 11), no ponto em que afastou a limitação territorial prevista no art. 16 da Lei n.º 7.347/85".

3.1.11 Algumas considerações finais

Vejamos algumas considerações finais doutrinárias, jurisprudenciais e legais pertinentes à ACP:

a) Somente em caso de **litigância de má-fé** a associação autora e os diretores responsáveis pela propositura da ação serão solidariamente condenados em honorários advocatícios e custas, **sem prejuízo da responsabilidade por perdas e danos** (art. 17, da Lei nº 7.347/1985);

b) O Ministério Público (e só ele) **poderá** instaurar inquérito civil, nos termos do primeiro parágrafo, do art. 8º, da LACP (poderá, também, requisitar de algum organismo público ou particular certidões, informações, exames ou perícias, no prazo que assinalar, o qual **não poderá ser inferior a dez dias úteis**). Com relação ao arquivamento do inquérito civil, os autos serão remetidos ao Conselho Superior do Ministério Público, no prazo de três dias, sob pena de se incorrer em falta grave. A promoção de arquivamento será submetida a exame e deliberação do Conselho Superior do Ministério Público, conforme dispuser o seu regimento (art. 9º, § 3º, Lei nº 7.347/1985). Por fim, o art. 10, § 4º, da Resolução nº 23/2007, do Conselho Nacional do Ministério Público (com redação atualizada pela Resolução nº 143/2016), no sentido de que, deixando o órgão de revisão competente de homologar a promoção de arquivamento, tomará uma das seguintes providências: converterá o julgamento em diligência para a realização de atos imprescindíveis à sua decisão, especificando-os e remetendo os autos ao membro do Ministério Público que determinou seu arquivamento, e, no caso de recusa fundamentada, ao órgão competente para designar o membro que irá atuar (inciso I); deliberará pelo prosseguimento do inquérito civil ou do procedimento preparatório, indicando os fundamentos de fato e de direito de sua decisão, adotando as providências relativas à designação, em qualquer hipótese, de outro membro do Ministério Público para atuação (inciso II);

c) De acordo com a súmula nº 643, do Supremo Tribunal Federal, o Ministério Público tem legitimidade para promover ação civil pública cujo fundamento seja a ilegalidade de reajuste de mensalidades escolares;

d) A súmula nº 470, do Superior Tribunal de Justiça, **preceituava** que o Ministério Público não teria legitimidade ativa para pleitear, via ACP, a indenização decorrente do DPVAT – Seguro de Danos Pessoais Causados por Veículos Automotores de Vias Terrestres, em benefício do segurado. O STF, entretanto, prolatou decisão contrariando tal posicionamento, no sentido de que considerada a natureza e a finalidade do seguro obrigatório DPVAT, há interesse social qualificado na tutela coletiva dos direitos individuais homogêneos dos seus titulares, alegadamente lesados de forma semelhante pela Seguradora no pagamento das correspondentes indenizações[130]. Por tal motivo, a aludida súmula foi cancelada (na metade do ano de 2015) e a legitimidade ativa do Ministério Público restou cristalina.

3.2 Mandado de segurança coletivo

> *Art. 5º, CF*
>
> *LXX – o mandado de segurança coletivo pode ser impetrado por:*
>
> *a) partido político com representação no Congresso Nacional;*
>
> *b) organização sindical, entidade de classe ou associação legalmente constituída e em funcionamento há pelo menos um ano, em defesa dos interesses de seus membros ou associados [...]*

3.2.1 Considerações gerais

Se o mandado de segurança individual foi trazido pela Constituição de 1934, o mandado de segurança coletivo **nasceu na Constituição Federal de 1988**, no art. 5º, LXX. Até então, não havia instrumento assim no ordenamento pátrio.

O grande problema é que, de 1988 até 2009, o mandado de segurança coletivo ficou sem lei regulamentadora. Graças a esta falta de disciplinamento, a jurisprudência entendia que a norma do mandado de segurança coletivo era autoaplicável, e se lhe adaptava a Lei nº 1.533/1551, que era a "Lei do Mandado de Segurança Individual".

Isto posto, em 2009, tem-se o advento da Lei nº 12.016 (popularmente conhecida por "Nova Lei do Mandado de Segurança"), que, enfim, regulamentou o mandado de segurança coletivo no Brasil. É de se lamentar, entretanto, a parca disciplina do instituto no aludido Diploma Legal, em meros dois dispositivos, a saber, os arts. 21 e 22, que, aliás, pouco inovaram no ordenamento, apenas repetindo conceitos já arraigados do processo coletivo.

Para se ter uma ideia, o art. 21 disciplina que o mandado de segurança coletivo pode ser impetrado por partido político com representação no Congresso Nacional, na defesa de seus interesses legítimos relativos a seus integrantes ou à finalidade partidária, ou por organização sindical, entidade de classe ou associação legalmente constituída há pelo menos um ano[131], em defesa de direitos líquidos e certos da totalidade, ou de parte, dos seus membros ou associados, na forma de seus estatutos, e desde que pertinentes às suas finalidades, dispensada, para tanto, autorização especial. Boa parte disso é mera reprodução do art. 5º, LXX, "a" e "b", da Constituição Federal.

---

[130] Supremo Tribunal Federal, Pleno. **RE nº 631.111/GO**. Rel.: Min. Teori Zavascki. DJ. 07/08/2014.

[131] A exigência de funcionamento há pelo menos um ano vale apenas para as associações. Também: Supremo Tribunal Federal, 1ª T. **RE nº 198.919/DF**. Rel.: Min. Ilmar Galvão. DJ. 15/06/1999.

3.2.2 Natureza jurídica

Trata-se de **ação constitucional**, de **rito sumário e especial**, destinada à **proteção de direito líquido e certo**, contra **ato ilegal ou praticado com abuso de poder**, praticado por **autoridade ou particular no exercício de atribuições do Poder Público**.

3.2.3 Objeto

> *É possível a utilização do mandado de segurança coletivo para a defesa de direitos/interesses difusos?*

O objeto do mandado de segurança coletivo são os **direitos coletivos** e os **direitos individuais homogêneos**. Tal instituto **não se presta à proteção dos direitos difusos**, conforme posicionamento **amplamente majoritário**, já que, dada sua difícil individualização, fica improvável a verificação da ilegalidade ou do abuso do poder sobre tal direito.

Neste diapasão, o parágrafo único, do art. 21, da Lei nº 12.016/2009, disciplina que os direitos protegidos pelo mandado de segurança coletivo podem ser **coletivos**, assim entendidos os transindividuais, de natureza indivisível, de que seja titular grupo ou categoria de pessoas ligadas entre si ou com a parte contrária por uma relação jurídica básica; bem como **individuais homogêneos**, assim entendidos os decorrentes de origem comum e da atividade ou situação específica da totalidade ou de parte dos associados ou membros do impetrante.

Os argumentos que pendem pela possibilidade do *"mandamus"* coletivo também na seara difusa, contudo, utilizam a impossibilidade de redução interpretativa do art. 5º, LXX, da Constituição Federal, que não fez qualquer distinção quanto ao tipo de direito tutelado.

> *Mas qual o significado de direito ou interesse difuso, afinal?*

Eles são indivisíveis, já que integram os direitos naturalmente coletivos. São duas as suas características principais:

a) Indeterminabilidade de sujeitos sem relação jurídica pré-estabelecida entre si: há número indefinido de titulares, de modo que estes são unidos por circunstâncias meramente fáticas, isto é, não jurídicas. Deste modo, não é possível atribuir a um único indivíduo a maior ou menor fruição com relação aos demais integrantes da mesma categoria de beneficiários;

b) Alta abstração: Mazzilli[132] leciona que há interesses difusos *tão abrangentes que chegam a coincidir com o interesse público propriamente dito* (*ex.:* meio ambien-

---

[132] MAZZILLI, Hugo Nigro...Op. Cit., p. 51.

te); que há interesses difusos *menos abrangentes que o interesse público, mas que não chegam a confundir-se com a coletividade* (*ex.*: propaganda enganosa); que há direitos difusos *que chegam a entrar em conflito com a coletividade* (*ex.*: interesses dos trabalhadores da indústria do tabaco e de bebidas alcóolicas); e, que há interesses difusos *que entram em conflito com os interesses do próprio Estado* (*ex.*: moralidade administrativa) (*ex. 2*: patrimônio público).

> *E qual o significado de direito ou interesse coletivo em sentido estrito?*

Também são indivisíveis quanto ao objeto (tal como os interesses difusos), por serem igualmente naturalmente coletivos. São suas principais características:

a) Apesar de indeterminados de "per si", são determináveis por grupos: é possível que não se saiba quem são as pessoas individualmente consideradas que têm o direito, mas é possível saber a que *grupo, classe* ou *categoria* o indivíduo titular do direito pertence (*ex.*: os trabalhadores membros de um determinado sindicato);

b) Há circunstância jurídica conectando seus titulares: diferentemente dos direitos difusos, em que a circunstância interligadora é meramente fática, casuística, aqui nos direitos coletivos em sentido estrito há homogeneidade na relação de direito material (*ex.*: os integrantes de um consórcio sofrem com aumentos ilegais nas prestações a vencer);

c) São dotados de menor abstração: há maior concretude quanto ao objeto, se comparado com os direitos difusos (*ex.*: a súmula nº 643, STF, prevê que o Ministério Público tem legitimidade para propor ação civil pública cujo fundamento seja a ilegalidade de reajuste de mensalidades escolares).

> *E qual o significado de direito ou interesse individual homogêneo, por fim?*

São divisíveis quanto ao objeto, porque acidentalmente coletivos. Fala-se em "acidentalmente coletivos", pois, tecnicamente, são direitos individuais que recebem tratamento de direito coletivo *por opção do legislador*, dada a homogeneidade destes interesses individuais. Como razões para este tratamento se pode elencar a economia processual para o Poder Judiciário, a redução de custos para a parte, a monopolarização do conflito, e a diminuição do risco de decisões contraditórias. Ademais, são suas características:

a) Determinabilidade de sujeitos: cada integrante do grupo terá direito divisível à reparação devida. Assim, o consumidor lesado que adquiriu dois carros, por exemplo, terá direito à indenização dobrada em relação àquele que adquiriu apenas um veículo. Exatamente por isso, essa determinabilidade somente vai ocorrer na fase de execução, pois num primeiro momento é difícil aferir o quanto cada um tem direito;

b) Pretensão de origem comum: o direito que nasce para todo mundo deriva do mesmo evento (*ex.*: cobrança indevida da assinatura mensal básica de telefonia).

Observa-se, pois, que ante as características acima vistas, fica difícil visualizar a existência de direito líquido e certo, a ilegalidade ou abuso de poder, o grau de lesão a cada indivíduo, bem como a necessidade imperativa para se utilizar o "*remédio heroico*" do mandado de segurança estando diante da modalidade difusa de direitos.

3.2.4 Regras do mandado de segurança individual

Naquilo que a Lei nº 12.016 não disciplinou especificamente para o "*mandamus*" coletivo, vige o que já se sabe – e já foi visto – para o "*mandamus*" individual.

3.2.5 Legitimidade ativa dos partidos políticos

A condição para que o partido político impetre mandado de segurança coletivo é que ele tenha representação no Congresso Nacional, isto é, basta que tenha um Deputado Federal ou Senador no Congresso. Se o partido somente tiver suplente, ou se estiver momentaneamente sem representante por haver parlamentar exercendo cargo de Ministro do Estado, por exemplo, perde-se a legitimidade.

Ademais, muito embora os partidos políticos devam ter caráter nacional (art. 17, I, CF), sua legitimidade ativa não está só no âmbito da União, também valendo para a Justiça Estadual.

Por fim, conforme posicionamento dominante, a legitimação ativa do partido político para impetrar mandado de segurança coletivo somente se dá dentro de suas finalidades institucionais e/ou para defender interesses de seus filiados (há entendimentos minoritários, contudo, que entendem ser irrestrita esta legitimidade ativa). O STF perfilha-se ao posicionamento majoritário[133], que foi, inclusive, consagrado na cabeça do art. 21, da Lei nº 12.016/2009, primeira parte.

3.2.6 Legitimidade ativa das organizações sindicais, entidades de classe ou associação

De acordo com a súmula nº 629, STF, a impetração de mandado de segurança coletivo por entidade de classe em favor dos associados independe da autorização destes[134]. Ademais, consoante a súmula nº 630, do Supremo Tribunal Federal, a entidade de classe tem legitimação para o mandado de segurança coletivo ainda que a pretensão veiculada interesse a uma parcela da respectiva categoria.

Outrossim, prevalece o entendimento de que não é possível aplicar por analogia, para as associações, o art. 5º, § 4º, da Lei nº 7.347/1985. Tal dispositivo preceitua que, em alguns casos, o juiz pode dispensar o requisito da constituição há pelo menos um ano. O motivo para a impossibilidade de dispensa do requisito é a exigência feita às associações pela própria Constituição Federal.

---

[133] Supremo Tribunal Federal, 1ª T. **RE nº 196.184/AM**. Rel.: Min. Ellen Gracie. DJ. 27/10/2004.
[134] A jurisprudência do STF vem seguindo esta tônica: Supremo Tribunal Federal, 1ª T. **RE nº 501.953 AgR/DF**. Rel.: Min. Dias Toffoli. DJ. 20/03/2012.

Prosseguindo, o objeto de defesa do mandado de segurança coletivo impetrado por entidade de classe, sindicato e associação não precisa guardar relação com os fins institucionais da entidade, **bastando que conste de seus estatutos** (um entendimento minoritário, contudo, defende que a legitimação ativa somente seria de acordo com os interesses típicos da categoria). O entendimento histórico do STF, perfilhado ao posicionamento majoritário, foi, inclusive, consagrado na cabeça do art. 21, da Lei nº 12.016/2009, parte final.

3.2.7 Legitimidade ativa do Ministério Público e da Defensoria Pública

Apesar de haver alguma divergência doutrinária, perfilha-se ao entendimento de que o órgão ministerial não tem legitimidade ativa para o MS coletivo, por estar fora de suas atribuições institucionais, bem como por ser-lhe disponibilizado outros instrumentos aptos a se atingir o fim que se buscaria ao manejar-se um *"mandamus"* coletivo.

Em mesmo sentido já decidiu o Superior Tribunal de Justiça especificamente no que pertine à Defensoria Pública[135].

Há se lembrar, aliás, que o rol de legitimados ativos do art. 5º, LXX, é *"numerus clausus"*.

3.2.8 Coisa julgada no mandado de segurança coletivo

De acordo com o art. 22, da Lei nº 12.016/2009, no mandado de segurança coletivo a sentença fará coisa julgada limitadamente aos membros do grupo ou categoria substituídos pelo impetrante (*"coisa julgada ultra partes"*). Ademais, de acordo com o primeiro parágrafo do dispositivo em comento, se o indivíduo tiver mandado de segurança individual proposto e houver, concomitantemente, mandado de segurança coletivo, caso queira se beneficiar do *"mandamus"* coletivo deverá *desistir* da ação principal (e não pedir a suspensão, como dispõe o art. 104, CDC) no prazo de trinta dias a contar da ciência comprovada da impetração da segurança coletiva.

Julgado procedente o *"writ coletivo"*, resolvida estará a questão. Mas, se julgado improcedente, o indivíduo – na prática – não poderá propor novo mandado de segurança individual, pois já terá decaído o prazo de 120 dias do art. 23, da Lei nº 12.016 para ajuizamento de novo *"writ individual"*, apenas lhe restando, portanto, a via ordinária.

3.2.9 Algumas considerações finais

A seguir, há se tecer algumas considerações finais acerca do MS coletivo, amparadas em posicionamento jurisprudencial:

---

[135] Superior Tribunal de Justiça, 6ª T. **RMS nº 49.257/DF**. Rel.: Min. Maria Thereza de Assis Moura. DJ. 03/11/2015.

a) Consoante já decidido pelo Supremo Tribunal Federal, impetrado mandado de segurança coletivo, descabe admitir, como terceiros interessados, os substituídos[136];

b) Conforme posicionamento do Superior Tribunal de Justiça, centros acadêmicos possuem legitimidade para pleitear, via mandado de segurança coletivo, a cessação de medida causadora de transtornos no meio estudantil[137];

c) Conforme decidido pelo Tribunal da Cidadania, os sindicatos de servidores não têm legitimidade ativa para impetrar mandado de segurança em defesa de interesse de candidatos aprovados em concurso público destinado ao provimento de cargos na Administração Pública. Com efeito, o enunciado da súmula nº 630/STF tão somente autoriza a impetração do mandado de segurança por entidade de classe em defesa de interesse de "parte da respectiva categoria". Não se aplica, por isso, às hipóteses nas quais a segurança é buscada em favor de candidatos aprovados em concurso público para formação de cadastro de reserva, pois, enquanto não investidos em cargos públicos, estes não ostentam a condição de servidores[138].

3.3 Mandado de injunção coletivo

Art. 5º, CF
LXXI – conceder-se-á mandado de injunção sempre que a falta de norma regulamentadora torne inviável o exercício dos direitos e liberdades constitucionais e das prerrogativas inerentes à nacionalidade, à soberania e à cidadania [...]

3.3.1 Considerações gerais e regras do mandado de injunção individual

Como visto oportunamente quando do estudo do mandado de injunção individual (dentro dos instrumentos nacionais individuais de proteção dos direitos humanos), a recente Lei nº 13.300, de 23 de junho de 2016, enfim disciplinou o art. 5º, LXXI, CF, conferindo regulamentação específica ao último dos *"writs"* constitucionais que não gozava desta prerrogativa de ter lei procedimental própria (até então, se aplicava ao mandado de injunção a Lei do Mandado de Segurança – Lei nº 12.016/2009 – no que coubesse, inclusive no pertinente ao mandado de injunção coletivo). A partir de junho de 2016, a Lei nº 13.300 dispensa atenção tanto à versão individual do mandado de injunção, como à versão coletiva. Com relação à Lei do Mandado de Segurança, vale lembrar, esta continua sendo aplicada no mandado de injunção, mas de **forma subsidiária** (mesma condição em que se aplica o Código de Processo Civil, vigente desde março de 2016), e não de forma analógica como ocorria antes da regulamentação do MI.

---

[136] Supremo Tribunal Federal, Pleno. **MS nº 26.794 AgR/MS**. Rel.: Min. Marco Aurélio. DJ. 23/05/2013.
[137] Superior Tribunal de Justiça, 3ª T. **RMS nº 44.011/DF**. Rel.: Min. Ricardo Villas Bôas Cueva. DJ. 05/06/2014.
[138] Superior Tribunal de Justiça, 1ª T. **AgInt no RMS nº 49.529/MG**. Rel.: Min. Sérgio Kukina. DJ. 15/08/2017.

No mais, naquilo que a Lei nº 13.300 não disciplinou especificamente para o "*mandamus*" coletivo, vige o que já se sabe – e já foi visto – para o "*mandamus*" individual.

3.3.2 Legitimidade ativa

Nos termos do art. 12, da Lei nº 13.300, o mandado de injunção coletivo pode ser promovido por partido político com representação no Congresso Nacional, para assegurar o exercício de direitos, liberdades e prerrogativas de seus integrantes ou relacionados com a finalidade partidária (inciso II); e por organização sindical, entidade de classe ou associação legalmente constituída e em funcionamento há pelo menos um ano, para assegurar o exercício de direitos, liberdades e prerrogativas em favor da totalidade ou de parte de seus membros ou associados, na forma de seus estatutos e desde que pertinentes a suas finalidades, dispensada, para tanto, autorização especial (inciso III)[139]. Para estes dois casos de legitimidade ativa, vale aquilo que já foi falado para a idêntica legitimidade ativa do mandado de segurança coletivo.

O art. 12 da nova Lei do Mandado de Injunção contempla a legitimidade ativa do **Ministério Público** e da **Defensoria Pública**, contudo, algo que não se prevê para o MS coletivo. De acordo com o inciso I, o Ministério Público é legitimado a agir quando a tutela requerida for especialmente relevante para a defesa da ordem jurídica, do regime democrático ou dos interesses sociais ou individuais indisponíveis (reprodução do *caput* do art. 127, CF); e, de acordo com o inciso IV, por sua vez, a Defensoria Pública é legitimada a agir quando a tutela requerida for especialmente relevante para a promoção dos direitos humanos e a defesa dos direitos individuais e coletivos dos necessitados, na forma do art. 5º, LXXIV, CF (reprodução da essência do art. 134, *caput*, CF). Estes dois legitimados deverão mostrar pertinência ao seu âmbito de atuação quando forem manejar MI, sob risco de representação inadequada e consequente extinção do instrumento.

Ato contínuo, dispositivo que merece atenção no estudo do mandado de injunção coletivo é o parágrafo único do art. 12, segundo o o qual "os direitos, as liberdades e as prerrogativas protegidos por mandado de injunção coletivo são os pertentences, indistintamente, a uma coletividade indeterminada de pessoas ou determinada por grupo, classe ou categoria". Pela leitura do comando normativo, abre-se o leque de opções para o manejo de MI coletivo, bastando, para tanto, que a ausência total ou parcial de norma regulamentadora torne inviável o exercício dos direitos e liberdades constitucionais e das prerrogativas inerentes à nacionalidade, à soberania e à cidadania.

3.3.3 Coisa julgada no mandado de injunção coletivo

No mandado de injunção coletivo, a sentença fará coisa julgada limitada às pessoas integrantes da coletividade, do grupo, da classe ou da categoria substituídos

---

[139] Este inciso III já encontrava guarida no âmbito jurisprudencial: Supremo Tribunal Federal, Pleno. **MI nº 4.503 AgR/DF**. Rel.: Min. Ricardo Lewandowski. DJ. 07/11/2013.

pelo impetrante, **sem prejuízo do disposto nos parágrafos primeiro e segundo do art. 9º, da Lei nº 13.300** (art. 13). Aqui, o legislador condicionou e limitou a coisa julgada àqueles que estão sendo assistidos no âmbito processual, mas atentou para o art. 9º da nova Lei do MI, quando este dispositivo atribui a possibilidade de conferir eficácia "*ultra partes*" ou "*erga omnes*" à decisão (quando isso for inerente ou indispensável ao exercício do direito, da liberdade ou da prerrogativa objeto da impetração), e quando se atribui ao relator a possibilidade de, após trânsito em julgado da decisão, monocraticamente elastecer os efeitos da decisão em sede de MI a casos análogos.

Evita-se, com esta parte final do art. 13, um problema que poderia ser causado no sentido de ter o mandado de injunção individual "maior alcance" que o mandado de injunção coletivo. Não fosse o lembrete dado pelo legislador sobre a necessidade de conciliar o art. 13 com o art. 9º (dispositivo este último tipicamente criado para o mandado de injunção individual), poder-se-ia ter a paradoxal situação de um mandado de injunção individual que teve eficácia "*erga omnes*" atribuída, sendo mais abrangente que um mandado de injunção coletivo que ficou restrito ao grupo/classe/categoria representado. Guardadas as devidas proporções (mesmo porque se trata de contexto diferente de competência), isso evita enfrentamentos esdrúxulos como o constante do art. 16, da Lei nº 7.347/1985, que se for observado em seus estritos termos, pode fazer uma sentença individual ter mais abrangência que uma sentença coletiva prolatada no âmbito de ação civil pública (situação já trabalhada quando do estudo da ação civil pública como mecanismo nacional coletivo de proteção dos direitos humanos – ver item 3.1.10 deste Capítulo).

3.3.4 Algumas considerações finais

A seguir, convém tecer algumas considerações finais acerca do mandado de injunção coletivo:

a) O mandado de injunção coletivo não induz litispendência em relação aos mandados de injunção individuais, mas os efeitos da coisa julgada não beneficiarão o impetrante que não requerer a desistência da demanda individual no prazo de trinta dias a contar da ciência comprovada da impetração coletiva (art. 13, parágrafo único, Lei nº 13.300/2016). Numa primeira informação, tem-se que deverá haver "desistência" do mandado de injunção individual, e não "pedido de suspensão", como trata o art. 104, CDC. Numa segunda informação, se o "*writ*" coletivo for julgado improcedente, não se deve obstar a propositura de novo "*writ*" individual (não há a limitação do prazo decadencial de 120 dias, como existe no âmbito do mandado de segurança e o contexto que pode ocorrer se o mandado de segurança coletivo for julgado improcedente);

b) Há **alta volatilidade** da coisa julgada em se tratando de mandado de injunção (tanto a versão individual como a coletiva). Em primeira análise, é prevista uma "*ação de revisão*" (que não pode ser encarada como sinônima de "ação rescisória") ao se dispor que "sem prejuízo dos efeitos já produzidos, a decisão poderá ser revista, a pedido de qualquer interessado, quando sobrevierem relevantes modificações das circunstâncias de fato ou de direito" (art. 10, *caput*); em segunda análise, "a norma regulamentadora superveniente produzirá efeitos *ex nunc* em relação aos beneficiados por decisão transitada em julgado, *salvo se a aplicação da norma editada lhes for mais favorável*" (art. 11, *caput*);

c) O mandado de injunção (individual ou coletivo) se presta a sanar omissão total ou parcial de regulamentação. Se a norma existe, mas é apenas *inefetiva*, não é caso de cabimento do aludido "*writ*"[140];

d) Nos mandados de injunção coletivos, a emissão de juízo de mérito pressupõe a especificação dos substituídos e a demonstração de que efetivamente inviabilizado está o exercício do direito com base na lacuna normativa apontada[141].

4 OUTROS MECANISMOS NACIONAIS DE PROTEÇÃO AOS DIREITOS HUMANOS

Com um ordenamento em constante **ebulição constitucional** após o advento da Lei Fundamental de 1988, outros mecanismos nacionais também podem ser pensados dentro do **fenômeno da ininterrupta necessidade de proteção dos direitos humanos**, para além da própria política nacional de direitos humanos, bem como das tutelas promocionais individual e coletiva acima vistas.

A seguir, desde já reconhecendo a inesgotabilidade dos temas (eis um atributo do fato de serem medidas ainda em fase de solidificação no ordenamento pátrio), convém discorrer sobre o **incidente de deslocamento de competência**, a **Comissão Nacional da Verdade**, o **Ministério Público** e a **Defensoria Pública**.

4.1 Incidente de deslocamento de competência

(DEFENSORIA PÚBLICA ESTADUAL DO MATO GROSSO – DPE-MT – DEFENSOR PÚBLICO – UFMT – 2016) Explique em que consiste a federalização de crimes graves contra os direitos humanos, abordando as referências legais e os conflitos no aparato jurídico-político envolvendo o tema.

Em 2004, por força da Emenda Constitucional nº 45 (popularmente conhecida por "Emenda da Reforma do Judiciário" – mas que não tratou apenas da função judicante, convém frisar), acresceu-se ao art. 109 da Constituição Federal um quinto parágrafo, segundo o qual **nas hipóteses de grave violação dos direitos humanos**, o **Procurador-Geral da República**, com a finalidade de **assegurar o cumprimento de obrigações decorrentes de tratados internacionais de direitos humanos de que o Brasil seja parte**, poderá suscitar, perante o **Superior Tribunal de Justiça**, em **qualquer fase do inquérito ou do processo**, incidente de deslocamento de competência para a **justiça federal**.

---

[140] Supremo Tribunal Federal, Pleno. **MI nº 5.907 ED/DF**. Rel.: Min. Roberto Barroso. DJ. 25/11/2015.
[141] Supremo Tribunal Federal, Pleno. **MI nº 2.859 ED/DF**. Rel.: Min. Rosa Weber. DJ. 19/06/2013.

4.1.1 O temor da responsabilização do Estado brasileiro perante organismos internacionais de proteção aos direitos humanos

É fato que o atual momento dos direitos humanos implica não mais apenas consagrá-los em documentos internacionais (**primeiro momento**) ou captá-los de sua natural zona de flutuação por meio de dispositivos próprios a isso (**segundo momento**), mas, sim, assegurar a responsabilização de seus contumazes agentes violadores (**terceiro momento**)[142]. Este último momento, aliás, representa a maior decorrência do processo de internalização de documentos internacionais sobre direitos humanos porque passa o Brasil desde o advento, notadamente, do art. 5º, § 3º, CF, dispositivo este também incluído pela EC nº 45/2004.

E, exatamente por temer sua responsabilização perante organismos internacionais de proteção aos direitos humanos (como a Corte Interamericana e a Comissão Interamericana de direitos humanos, como exemplos) **aos quais o Brasil se comprometeu perante documentos internacionais**, é que o incidente de deslocamento de competência foi criado, juntamente com o acréscimo do inciso V-A ao art. 109, CF, no sentido de que aos juízes federais compete processar e julgar as causas relativas a direitos humanos envolvidas no IDC.

"A transferência que se promove para a Justiça Federal poderá ser prestigiada por parte da doutrina, que vislumbrará nela uma justa adequação entre responsabilidade e poderes da União. É que, sendo o país, por meio da União, responsável internacionalmente pelo cumprimento dos tratados sobre direitos humanos, muito se criticava a circunstância de não ter esta entidade federativa o controle pleno sobre a aplicação das diretrizes internacionalmente assumidas, visto que, em muitíssimas hipóteses, a realização dos direitos encontra-se na alçada dos Estados-membros"[143].

Com efeito, o IDC representa o reconhecimento pelos agentes políticos nacionais de que o Brasil ainda contempla **guetos de obscurantismo social**, nos quais sequer as autoridades investigativas, acusadoras ou processadoras são capazes de transpor as barreiras do coronelismo e da corrupção. Na maioria das vezes por incapacidade técnica ou logística, o cenário fica ainda mais preocupante em considerando a possibilidade de que tais autoridades possam, eventual e temerariamente, integrar estes mencionados guetos de obscurantismo.

Por tal motivo, consagra-se a possibilidade de que, tanto na fase inquisitória como na fase processual, sejam os procedimentos levados para o âmbito federal (policial e/ou federal), a fim de tornar mais **aparelhadas** e **impessoais** as averiguações em torno de uma grave denúncia de violação de direitos humanos que o Brasil se comprometeu a combater por meio de documentos internacionais.

Para tanto, mister se faz que haja **iniciativa do Procurador-Geral da República**, chefe do Ministério Público da União (art. 128, § 1º, CF), mediante **provocação ao Superior Tribunal de Justiça**.

---

[142] Vide, neste sentido, o segundo capítulo do livro, que trata do processo de evolução histórica e filosófica dos direitos humanos.

[143] TAVARES, André Ramos. **Manual do Poder Judiciário brasileiro**. São Paulo: Saraiva, 2012, p. 171.

4.1.2 Significado das expressões "grave violação de direitos humanos" e "em qualquer fase do inquérito ou processo"

Houve algumas tentativas de criar um rol de "*graves violações*", dentro do qual estariam, dentre outros, atos de tortura, crimes cometidos contra as comunidades indígenas e seus integrantes, homicídios dolosos qualificados praticados por agente funcional de quaisquer dos entes federados, crimes que envolvessem exploração de trabalho escravo de criança ou adolescente em quaisquer das formas previstas em tratados internacionais, dentre outros. O constituinte reformador, contudo, **a fim de evitar o risco de que atos atentatórios ficassem fora de eventual listagem**, optou por não trazê-lo expressamente, **deixando à situação fática a concretude de sua configuração**.

Importa lembrar, contudo, que é comum que se associe a "grave violação" à prática delituosa (criminal), muito embora insista-se na ausência de delimitação, pelo constituinte reformador, de um conceito específico.

Ademais, igualmente indeterminada é a expressão "*em qualquer fase do inquérito ou processo*". Também pela ausência de delimitação sobre qual "inquérito" ou qual "processo" seria esse (é perfeitamente indagável se poderia ser um inquérito civil, ou um processo cível, ou mesmo um procedimento decorrente de improbidade administrativa), mantém-se a questão em zona de indefinição.

Em termos práticos, da junção destes dois conceitos indeterminados é perfeitamente possível, a título ilustrativo, pensar em algo que não envolva questão meramente criminal, como um incidente de deslocamento que ocorra por **violação à duração razoável do processo**, ou questão envolvendo **causa ambiental** (direito coletivo em sentido amplo por excelência).

4.1.3 Da excepcionalidade do IDC: critérios para que haja deslocamento

De acordo com entendimento fixado pelo Superior Tribunal de Justiça em alguns casos suscitados, trata-se o incidente de **medida excepcional**. O IDC não pode ser utilizado como mero "preciosismo", a fim de que uma análise no âmbito federal represente algo "melhor" que aquilo conduzido no âmbito estadual pelo simples fato de ocorrer em nível federalizado. Com efeito, é preciso que os agentes investigadores, acusadores e processantes no prisma estadual se revelem absolutamente incapazes de conduzir a análise de grave violação a direitos humanos.

No IDC nº 1/PA[144], envolvendo a morte da missionária norte-americana Dorothy Stang, foram fixados alguns **paradigmas** em torno do instituto. Caso com grande repercussão nas mídias nacional e internacional, a irmã Dorothy Stang, cuja atuação destacava-se pela defesa dos direitos dos colonos envolvidos em conflitos com grileiros de terras, foi assassinada em Anapu/PA, município situado a 68 Km da Comarca de Pacajá/PA. Após a solicitação feita pela Procuradoria Geral da República, manifestou-se o Superior Tribunal de Justiça contrariamente à pretensão de deslocamento para a polícia e a justiça federal paraense.

---

[144] Superior Tribunal de Justiça, 3ª Seção. **IDC nº 1/PA**. Rel.: Min. Arnaldo Esteves Lima. DJ. 08/06/2005.

Em seu voto, o Min. Arnaldo Esteves Lima, relator do IDC, afirmou que a criação do instituto decorreu, dentre outros motivos, "[...] da percepção de que, em vários caso, os mecanismos até então disponíveis para apuração e punição desses delitos demonstram-se insuficientes e, até mesmo, ineficientes, expondo de forma negativa a imagem do Brasil no exterior, que, frequentemente, por meio de diversos organismos internacionais, além da mídia, tem sofrido severas críticas quanto à negligência na apuração desse tipo de crime, que resulta quase sempre em impunidade, não obstante os diversos compromissos por ele firmados, com relação à proteção desses diretos, como a Convenção Americana sobre Diretos Humanos (Pacto de São José da Costa Rica) e a Declaração de Reconhecimento da Competência Obrigatória da Corte Interamericana de Diretos Humanos, que podem colocar o Estado brasileiro com sujeito passivo nos caso impunes a elas comunicados. Por outro lado, não há como negar a grande dificuldade do Governo Federal, no que tange às reiteradas omissões na apuração e punição dos crimes praticados internamente e com grave violação aos diretos humanos, uma vez que a competência originária para a investigação, processamento e julgamento encontra-se no âmbito dos Estados, que, muitas vezes, por questões histórico-culturais e socioeconômicas, mostram-se insensíveis às violações desses diretos, os quais o Brasil comprometeu-se, inclusive no plano internacional, a respeitar e proteger e é, de resto, dever elementar, essencial, do Estado, como um todo, coibir e punir severamente os seus infratores, sem maltrato, jamais, à legalidade estrita".

> Quais os requisitos para que haja incidente de deslocamento de competência?

Foram fixados três parâmetros cumulativos, a saber, a **demonstração inequívoca de ameaça ao cumprimento de obrigações assumidas pelo Brasil perante organismos e documentos internacionais** (primeiro requisito), a **imprescindibilidade do pedido** (segundo requisito), e a **comprovação de inaptidão dos órgãos investigatórios, acusadores e processantes** (terceiro requisito).

Convém explicar cada um deles:

a) Primeiro requisito: não é qualquer violação aos direitos humanos que autorizará o IDC. Deve ser uma **grave** violação aos direitos humanos. Neste sentido, atentou o STJ que todo homicídio doloso, independentemente da condição pessoal da vítima ou da repercussão do fato nos âmbitos nacional e internacional, representa violação ao direito à vida, o mais importante dos direitos humanos.

Decidiu o Superior Tribunal de Justiça, assim, que é suficiente para o deslocamento da competência a **demonstração inequívoca**, no caso concreto, de ameaça efetiva ou real ao cumprimento de obrigações decorrentes de tratados internacionais sobre direitos humanos de que o Brasil seja parte, respeitando-se o direito de manifestação das partes interessadas sobre o pedido formulado pelo Procurador-Geral da República;

b) Segundo requisito: o IDC é instrumento a ser utilizado em situações imprescindíveis, tal como ocorre, segundo afirmou o STJ, com o pedido de desaforamento (art. 427, CPP) ou com os mecanismos de intervenção (arts. 34 a 36, CF). Neste sentido, postulados como a **razoabilidade** e a **proporcionalidade** devem funcionar como vetores;

c) Terceiro requisito: deve ficar claramente comprovado que os órgãos investigatórios, acusatórios e processadores estaduais se revelam **incompetentes**, **negligentes**, **corruptos** ou **não tenham vontade política** para conduzir investigação do porte de uma grave violação de direitos humanos.

Frisa-se que o STJ continua aplicando tal entendimento, sem prejuízo de ter consagrado a **natureza processual** do instituto: "O IDC possui natureza processual, com características de excepcionalidade e subsidiariedade. Quanto aos seus requisitos, exige-se cumulativamente (i) grave violação de direitos humanos previsto em tratado internacional do qual signatário o Brasil; (ii) risco de responsabilização internacional do Estado brasileiro em razão da incapacidade das instâncias locais para realizar a investigação ou julgamento das graves violações de direitos humanos previstos em tratados (IDC's n. 1, 2, 3 e 5, Terceira Seção). 2. A inércia das instâncias locais e o risco de responsabilização internacional são requisitos correlacionados – este pressupõe aquele – a serem justificados sob critérios objetivamente aferíveis. 2.1. Ausente prova de leniência, inércia ou falta de comprometimento das instâncias locais em processar e julgar os crimes militares próprios objeto do IDC, inviável se cogitar sobre o risco de responsabilização internacional do Estado brasileiro"[145].

4.2 Comissão Nacional da Verdade

(MINISTÉRIO PÚBLICO ESTADUAL DO PARANÁ – MPE-PR – PROMOTOR DE JUSTIÇA – 2014) Discorra sobre a justiça de transição no Brasil.

A Lei nº 12.528, de 18 de novembro de 2011, criou, no âmbito da Casa Civil da Presidência da República, a Comissão Nacional da Verdade, com a finalidade de examinar e esclarecer as graves violações de direitos humanos praticadas **no período entre 18 de setembro de 1946 e 05 de outubro de 1988** (prazo previsto no art. 8º, do Ato das Disposições Constitucionais Transitórias), a fim de efetivar o **direito à memória** e à **verdade histórica** e promover a **reconciliação nacional**.

A CNV merece ser estudada como mecanismo de proteção, **notadamente como instrumento da justiça de transição**, vez que, nada obstante críticas que lhe possam ser feitas quanto à parcialidade das investigações (o relatório de suas atividades foi entregue em dezembro de 2014, e apenas analisou violações praticadas por agentes que atuavam em prol da manutenção do regime militar, e não condutas de opositores ao regime), fez um grande trabalho de promoção dos direitos humanos (inclusive não deixando de fazer menção a documentos protetores, como a Convenção Americana), **em sintonia com o PNDH-3** (terceira versão do Programa Nacional de Direitos Humanos).

---

[145] Superior Tribunal de Justiça, 3ª Seção. **IDC nº 14/DF**. Rel.: Min. Maria Thereza de Assis Moura. DJ. 08/08/2018.

4.2.1 Composição

De acordo com o art. 2º do diploma normativo em comento, a CNV seria integrada por sete membros designados pelo Presidente da República, dentre brasileiros – de reconhecida idoneidade e conduta ética – identificados com a defesa da democracia e da institucionalidade constitucional, bem como o respeito aos direitos humanos. O mandato dos membros deveria durar até o término dos trabalhos, assim como a participação deveria ser considerado serviço público relevante.

Ficaram excluídos da composição, de acordo com o primeiro parágrafo do dispositivo em comento, aqueles que exercessem cargos executivos em agremiação partidária, com exceção daqueles de natureza honorária (inciso I); aqueles que não tivessem condições de atuar com imparcialidade no exercício das competências da Comissão (inciso II); bem como os que estivessem no exercício de cargo em comissão ou função de confiança em quaisquer esferas do Poder Público (inciso III).

Isto posto, conforme relatório publicado no final de 2014 (e cujas conclusões serão analisadas a seguir), foi a CNV inicialmente composta pelos membros Claudio Fonteles, ex-Procurador-geral da República; Gilson Dipp, Ministro do Superior Tribunal de Justiça; José Carlos Dias, advogado, defensor de presos políticos e ex-Ministro da Justiça; José Paulo Cavalcanti Filho, advogado e ex-Ministro da Justiça; Maria Rita Kehl, psicanalista e jornalista; Paulo Sérgio Pinheiro, professor titular de ciência polícia da Universidade de São Paulo (USP); e Rosa Maria Cardoso da Cunha, advogada criminal e defensora de presos políticos. Com a renúncia de Claudio Fonteles, em junho de 2013, sua vaga foi ocupada por Pedro Bohomoletz de Abreu Dallari, advogado e professor titular de direito internacional do Instituto de Relações Internacionais da USP. Registre-se, ainda, que, por conta de problemas de saúde, Gilson Dipp se afastou da Comissão e não participou do período final de suas atividades.

4.2.2 Objetivos

A Comissão Nacional da Verdade representou a tentativa de trazer à tona fatos obscuros da história brasileira, a fim de que incertezas se tornassem certezas, e eventuais conclusões dúbias fossem reapreciadas (daí sua importância como representante da **justiça de transição** no país). Em termos específicos, dispôs o art. 3º, da Lei nº 12.528, como **objetivos** da Comissão Nacional da Verdade:

   a) Esclarecer os fatos e as circunstâncias dos casos de graves violações de direitos humanos mencionados no *caput* do art. 1º (inciso I);

   b) Promover o esclarecimento circunstanciado dos casos de torturas, mortes, desaparecimentos forçados, ocultação de cadáveres e sua autoria, ainda que ocorridos no exterior (inciso II);

   c) Identificar e tornar públicos as estruturas, os locais, as instituições e as circunstâncias relacionados à prática de violações de direitos humanos mencionadas no *caput* do art. 1º e suas eventuais ramificações nos diversos aparelhos estatais e na sociedade (inciso III);

   d) Encaminhar aos órgãos públicos competentes toda e qualquer informação obtida que possa auxiliar na localização e identificação de corpos e restos mortais de desaparecidos políticos, nos termos do art. 1º da Lei nº 9.140, de 4 de dezembro de 1995 (inciso IV);

e) Colaborar com todas as instâncias do poder público para apuração de violação de direitos humanos (inciso V);

f) Recomendar a adoção de medidas e políticas públicas para prevenir violação de direitos humanos, assegurar sua não repetição e promover a efetiva reconciliação nacional (inciso VI);

g) Promover, com base nos informes obtidos, a reconstrução da história dos casos de graves violações de direitos humanos, bem como colaborar para que seja prestada assistência às vítimas de tais violações (inciso VII).

Ademais, para **execução de seus objetivos**, se previu que a CNV poderia (art. 4º):

a) Receber testemunhos, informações, dados e documentos que lhe forem encaminhados voluntariamente, assegurada a não identificação do detentor ou depoente, quando solicitada (inciso I);

b) Requisitar informações, dados e documentos de órgãos e entidades do poder público, ainda que classificados em qualquer grau de sigilo (inciso II);

c) Convocar, para entrevistas ou testemunho, pessoas que possam guardar qualquer relação com os fatos e circunstâncias examinados (inciso III);

d) Determinar a realização de perícias e diligências para coleta ou recuperação de informações, documentos e dados (inciso IV);

e) Promover audiências públicas (inciso V);

f) Requisitar proteção aos órgãos públicos para qualquer pessoa que se encontre em situação de ameaça em razão de sua colaboração com a Comissão Nacional da Verdade (inciso VI);

g) Promover parcerias com órgãos e entidades, públicos ou privados, nacionais ou internacionais, para o intercâmbio de informações, dados e documentos (inciso VII);

h) Requisitar o auxílio de entidades e órgãos públicos (inciso VIII).

Veja-se, se a justiça de transição representa a forma de abordagem para lidar com o conjunto de **violências históricas em massa de um país**, a fim de promover reparações, e, se for o caso, aplicar sanções, a Comissão Nacional da Verdade se enquadra como tentativa de revisitar o passado brasileiro, através das *medidas institucionais*, das *propostas de reformas constitucionais e legais* e das *medidas que seguimento e recomendações* que encampou (e que serão vistas mais à frente).

4.2.3 Duração

Por força do disposto na Lei nº 12.998/2014, definiu-se no art. 11, da Lei nº 12.528, que a Comissão Nacional da Verdade teria prazo **até 16 de dezembro de 2014** para conclusão dos trabalhos (a redação inicial da Lei nº 12.528 falava no prazo de dois anos para conclusão dos trabalhos contados da sua instalação – que se deu em maio de 2012 –, o que foi posteriormente alterado pela Medida Provisória nº 632/2013 e confirmado pela Lei nº 12.998), devendo apresentar, ao final, **relatório circunstanciado** contendo as atividades realizadas, os fatos examinados, as conclusões e as recomendações.

4.2.4 Relatório da Comissão Nacional da Verdade

Em 10 de dezembro de 2014, a CNV apresentou extenso relatório de suas atividades realizadas.

O **volume 1**[146] é composto de dezoito capítulos assim estruturados:

Parte I – A Comissão Nacional da Verdade	
Capítulo 1 – **A criação da Comissão Nacional da Verdade**	A) Antecedentes históricos B) Comissões da verdade: a experiência internacional C) O mandato legal da Comissão Nacional da Verdade
Capítulo 2 – **As atividades da CNV**	A) A organização interna da CNV B) Relacionamento com órgãos públicos C) Relacionamento com o Ministério da Defesa e as Forças Armadas D) Relacionamento com a sociedade civil E) Cooperação internacional F) Investigação sobre a morte dos presidentes Juscelino Kubitschek e João Goulart e do educador Anísio Teixeira
Parte II – As estruturas do Estado e as graves violações de direitos humanos	
Capítulo 3 – **Contexto histórico das graves violações entre 1946 e 1988**	A) Democracia de 1946 B) O primeiro atentado armado à ordem constitucional de 1946: golpe e contragolpe em 1955 C) O governo Juscelino Kubitschek D) O golpe de 1961, ensaio geral para 1964 E) O golpe de 1964 F) Os antecedentes imediatos do golpe de 1964: retomando 1961 G) Traços constitutivos do regime entre 1964 e 1988: continuidades e mudanças H) O segundo ato fundador da autodesignada Revolução I) A ditadura: a política de controle J) O controle da política K) Epílogo: uma transição sob medida

---

[146] BRASIL. Comissão Nacional da Verdade. **Relatório da Comissão Nacional da Verdade**. Brasília: CNV, 2014. v. 1.

Capítulo 4 – **Órgãos e procedimentos** **de repressão política**	A) A criação de um Sistema Nacional de Informações B) Órgãos de repressão do Exército C) Centros de Informações das Forças Armadas D) Os Departamentos Estaduais de Ordem Política e Social (DOPS)
Capítulo 5 – **A participação do Estado** **brasileiro em graves violações** **no exterior**	A) A Divisão de Segurança e Informações na estrutura do Ministério das Relações Exteriores B) A Comunidade de Informações do Ministério das Relações Exteriores (CI/MRE) C) O Centro de Informações do Exterior (Ciex) D) Os antecedentes do Ciex: o intercâmbio com a EIA e a longa transição dos SEI ao Ciex E) Organização, cadeia de comando e métodos de trabalho do Ciex F) Informantes e codinomes G) O envolvimento do Ciex ou da DSI/MRE em graves violações aos direitos humanos de brasileiros no exterior H) Colaboração do governo britânico I) O desvirtuamento da instituição: monitoramento de brasileiros no exterior J) Restrições à concessão de passaportes e à prática de outros atos de natureza consular K) Repressão interna no MRE L) Adidâncias M) A atuação da ditadura brasileira nos foros internacionais
Capítulo 6 – **Conexões internacionais: a** **aliança repressiva no Cone Sul** **e a Operação Condor**	A) A Operação Condor B) Envolvimento brasileiro na coordenação repressiva internacional anterior à Operação Condor C) Vítimas da Operação Condor e de outros mecanismos de coordenação repressiva na América Latina
Parte III – Métodos e práticas nas graves violações de direitos humanos e suas vítimas	
Capítulo 7 – **Quadro conceitual** **das grandes violações**	A) Detenção (ou prisão) ilegal ou arbitrária B) Tortura C) Execução sumária, arbitrária ou extrajudicial, e outras mortes imputadas ao Estado D) Desaparecimento forçado e ocultação de cadáver
Capítulo 8 – **Detenções ilegais** **e arbitrárias**	A) O uso de meios ilegais, desproporcionais ou desnecessários e a falta de informação sobre os fundamentos da prisão B) A realização de prisões em massa C) Da incomunicabilidade do preso D) As sistemáticas ofensas à integridade física e psíquica do detido e o esforço dos advogados em evitá-las

Capítulo 9 – Tortura	A) A prática da tortura no contexto da doutrina de segurança nacional B) O caráter massivo e sistemático da tortura praticada pelo aparelho repressivo do regime de 1964 C) A prática da tortura e de outros tratamentos ou penas cruéis, desumanas ou degradantes D) As vítimas de tortura e suas marcas
Capítulo 10 – Violência sexual, violência de gênero e violência contra crianças e adolescentes	A) A violência sexual e de gênero como instrumento de poder e dominação B) Normativa internacional, violência sexual e violência de gênero C) A preponderância da violência sexual – métodos e procedimentos D) Consequências para os sobreviventes E) A violência contra crianças e adolescentes, o legado traumático e sua transmissão
Capítulo 11 – Execuções e mortes decorrentes de tortura	A) Homicídio como prática sistemática de violação de direitos humanos B) Esclarecimento circunstanciado pela CNV: pesquisa, depoimentos e perícias C) Falsos confrontos com armas de fogo D) Mortes decorrentes de tortura E) Homicídios com falsas versões de suicídios F) Homicídios em manifestações públicas G) Execuções em chacinas H) Suicídios decorrentes de sequelas de tortura I) Os casos de morte reconhecida
Capítulo 12 – Desaparecimentos forçados	A) O desaparecimento forçado no Brasil B) Desaparecimento forçado em diferentes órgãos e locais do território brasileiro C) Casos emblemáticos D) As vítimas de desaparecimento forçado
Parte IV – Dinâmica das graves violações de direitos humanos: casos emblemáticos, locais e autores. O Judiciário.	
Capítulo 13 – Casos emblemáticos	A) A repressão contra militares B) A repressão contra trabalhadores, sindicalistas e camponeses C) A repressão contra grupos políticos insurgentes D) Violência e terrorismo de Estado contra a sociedade civil
Capítulo 14 – A Guerrilha do Araguaia	A) Início da guerrilha na região do Araguaia B) Operações das Forças Armadas C) Camponeses e indígenas D) Vítimas e violações E) Audiências públicas e diligências realizadas pela CNV

Capítulo 15 – **Instituições e locais associados a graves violações de direitos humanos**	A) Unidades militares e policiais B) A estrutura clandestina C) Navios-prisões
Capítulo 16 – **A autoria das graves violações de direitos humanos**	A) Responsabilidade político-institucional pela instituição e manutenção de estruturas e procedimentos destinados à prática de graves violações de direitos humanos B) Responsabilidade pela gestão de estruturas e condução de procedimentos destinados à prática de graves violações de direitos humanos C) Responsabilidade pela autoria direta de condutas que ocasionaram graves violações de direitos humanos
Capítulo 17 – **O Judiciário na ditadura**	A) A atuação do Supremo Tribunal Federal B) A atuação da Justiça Militar C) A atuação da justiça comum D) Considerações finais sobre a apreciação judicial acerca de graves violações de direitos humanos
Parte V – Conclusões e recomendações	
Capítulo 18 – **Conclusões e recomendações**	*I CONCLUSÕES* *II RECOMENDAÇÕES* A) Medidas institucionais B) Reformas constitucionais e legais C) Medidas de seguimento das ações e recomendações da CNV

Com efeito, não apenas trazendo métodos de graves violações aos direitos humanos, foi uma preocupação constante do relatório analisar, também, o contexto histórico entre 1946 e 1988, bem como a atuação do Poder Judiciário durante a ditadura.

O **volume 2**[147], por sua vez, é formado de textos temáticos: violações de direitos humanos no meio militar (texto 1); violações de direitos humanos dos trabalhadores (texto 2); violações de direitos humanos dos camponeses (texto 3); violações de direitos humanos nas igrejas cristãs (texto 4); violações de direitos humanos dos povos indígenas (texto 5); violações de direitos humanos na universidade (texto 6); ditadura e homossexualidades (texto 7); civis que colaboraram com a ditadura (texto 8); e a resistência da sociedade civil às graves violações de direitos humanos (texto 9). São documentos produzidos para situações casuísticas, contendo dados e fatos pertinentes ao período abrangido pelas investigações da CNV, notadamente aqueles ocorridos entre 1964 e 1988, em que país viveu seu regime militar.

O **volume 3**[148], por fim, contém perfis de 434 mortos e desaparecidos políticos, em ordem cronológica.

---

[147] BRASIL. Comissão Nacional da Verdade. **Relatório da Comissão Nacional da Verdade**. Brasília: CNV, 2014. v. 2.
[148] BRASIL. Comissão Nacional da Verdade. **Relatório da Comissão Nacional da Verdade**. Brasília: CNV, 2014. v. 3.

4.2.5 Conclusões da CNV

Foram as seguintes as conclusões da CNV, constante do primeiro capítulo de seu relatório:

I. CONCLUSÕES

3. *O resultado das investigações conduzidas pela CNV possibilita a seus conselheiros explicitar as conclusões de ordem geral que se seguem, todas vinculadas ao mandato que lhes foi conferido na lei de instituição da comissão.*

[1] Comprovação das graves violações de direitos humanos

4. *A CNV pôde documentar a ocorrência de* **graves violações de direitos humanos entre 1946 e 1988***, período assinalado para sua investigação, notadamente durante a ditadura militar, que se estendeu de 1964 a 1985. Essa comprovação decorreu da apuração dos fatos que se encontram detalhadamente descritos neste Relatório, nos quais está perfeitamente configurada a prática sistemática de detenções ilegais e arbitrárias e de tortura, assim como o cometimento de execuções, desaparecimentos forçados e ocultação de cadáveres por agentes do Estado brasileiro. Para essa apuração, a CNV valeu-se de elementos consistentes, frutos de sua atividade de pesquisa, bem como de evidências obtidas por órgãos públicos, entidades da sociedade civil e vítimas e seus familiares, que, antes da existência da comissão, se dedicaram a essa busca.*

5. *No âmbito desse quadro de graves violações de direitos humanos, a CNV teve condições de confirmar* **434 mortes e desaparecimentos de vítimas do regime militar***, que se encontram identificados de forma individualizada no Volume III deste Relatório, sendo 191 os mortos, 210 os desaparecidos e 33 os desaparecidos cujos corpos tiveram seu paradeiro posteriormente localizado, um deles no curso do trabalho da CNV. Esses números* **certamente não correspondem ao total de mortos e desaparecidos***, mas apenas ao de casos cuja comprovação foi possível em função do trabalho realizado, apesar dos obstáculos encontrados na investigação, em especial a falta de acesso à documentação produzida pelas Forças Armadas, oficialmente dada como destruída. Registre-se, nesse sentido, que os textos do Volume II deste Relatório correspondentes às graves violações perpetradas contra camponeses e povos indígenas descrevem um quadro de violência que resultou em expressivo número de vítimas.*

[2] Comprovação do caráter generalizado e sistemático das graves violações de direitos humanos

6. *Conforme se encontra amplamente demonstrado pela apuração dos fatos apresentados ao longo deste Relatório, as graves violações de direitos humanos perpetradas durante o período investigado pela CNV, especialmente nos 21 anos do regime ditatorial instaurado em 1964, foram o resultado de uma* **ação generalizada e sistemática do Estado brasileiro***. Na ditadura militar, a repressão e a eliminação de opositores políticos se converteram em política de Estado, concebida e implementada a partir de decisões emanadas da presidência da República e dos ministérios militares. Operacionalizada através de cadeias de comando que, partindo dessas instâncias dirigentes, alcançaram os órgãos responsáveis pelas instalações e pelos procedimentos diretamente implicados na atividade repressiva, essa política de Estado mobilizou agentes públicos para a prática sistemática de detenções ilegais e arbitrárias e tortura, que se abateu sobre milhares de brasileiros, e para o cometimento de desaparecimentos forçados, execuções e ocultação de cadáveres. Ao examinar as graves violações de direitos humanos da ditadura militar, a CNV refuta integralmente, portanto, a explicação que até hoje tem sido adotada pelas Forças Armadas, de que as graves violações de direitos humanos se constituíram em alguns poucos atos isolados ou excessos, gerados pelo voluntarismo de alguns poucos militares.*

[3] Caracterização da ocorrência de crimes contra a humanidade

7. A configuração de condutas ilícitas como crimes contra a humanidade consolidou-se ao longo do século XX e no princípio deste século nas **normas imperativas internacionais – ditas de jus cogens, o direito cogente, inderrogável e peremptório –**, expressas no costume e em tratados de direito internacional dos direitos humanos e de direito internacional penal, como o Tratado de Roma, que instituiu o Tribunal Penal Internacional. Tal configuração decorre da associação de tais condutas a uma série de elementos que as tornam particularmente graves: serem atos desumanos, cometidos no contexto de um ataque contra a população civil, de forma generalizada ou sistemática e com o conhecimento dessa abrangência por parte de seus autores. Emergiu, assim, a concepção jurídica de que crimes como detenções ilegais e arbitrárias, a tortura, as execuções, os desaparecimentos forçados e a ocultação de cadáveres – objeto da investigação da CNV –, uma vez revestidos desses elementos contextuais, constituem crimes contra a humanidade.

8. Ao demonstrar por meio da apuração registrada neste Relatório que as graves violações de direitos humanos praticadas pelo regime militar ocorreram em um contexto generalizado e sistemático de ataque do Estado contra a população civil – foram atingidos homens, mulheres, crianças, adolescentes e idosos, vinculados aos mais diferentes grupos sociais, como trabalhadores urbanos, camponeses, estudantes, clérigos, dentre tantos outros –, a CNV constatou que a prática de detenções ilegais e arbitrárias, tortura, execuções, desaparecimentos forçados e ocultação de cadáveres por agentes do Estado durante a ditadura militar caracterizou o **cometimento de crimes contra a humanidade**.

[4] Persistência do quadro de graves violações de direitos humanos

9. A CNV, ao examinar o cenário de graves violações de direitos humanos correspondente ao período por ela investigado, pôde constatar que ele **persiste nos dias atuais**. Embora não ocorra mais em um contexto de repressão política – como ocorreu na ditadura militar –, a prática de detenções ilegais e arbitrárias, tortura, execuções, desaparecimentos forçados e mesmo ocultação de cadáveres não é estranha à realidade brasileira contemporânea. Relativamente à atuação dos órgãos de segurança pública, multiplicam-se, por exemplo, as denúncias de tortura, o que levou à recente aprovação da Lei nº 12.847/2013, destinada justamente à implementação de medidas para prevenção e combate a esse tipo de crime. É entendimento da CNV que esse quadro resulta em grande parte do fato de que o cometimento de graves violações de direitos humanos verificado no passado não foi adequadamente denunciado, nem seus autores responsabilizados, criando-se as condições para sua perpetuação.

4.2.6 Recomendações da CNV: 29 medidas

Levando em conta as conclusões vistas no item anterior, e com o intuito de prevenir violações futuras de direitos humanos, a Comissão Nacional da Verdade apresentou, no final do volume 1 do seu relatório, um conjunto de 29 medidas (recomendações), sendo **17 medidas institucionais, 8 medidas de reforma constitucional ou legal**, mais **4 medidas de seguimento das ações e recomendações da CNV**.

4.2.6.1 Medidas institucionais

Convém reproduzi-las:

[1] Reconhecimento, pelas Forças Armadas, de sua responsabilidade institucional pela ocorrência de graves violações de direitos humanos durante a ditadura militar (1964 a 1985) [...]

[2] Determinação, pelos órgãos competentes, da responsabilidade jurídica – criminal, civil e administrativa – dos agentes públicos que deram causa às graves violações de direitos humanos ocorridas no período investigado pela CNV, afastando-se, em relação a esses agentes, a aplicação dos dispositivos concessivos de anistia inscritos nos artigos da Lei nº 6.683, de 28 de agosto de 1979, e em outras disposições constitucionais e legais [...]

[3] Proposição, pela administração pública, de medidas administrativas e judiciais de regresso contra agentes públicos autores de atos que geraram a condenação do Estado em decorrência da prática de graves violações de direitos humanos [...]

[4] Proibição da realização de eventos oficiais em comemoração ao golpe militar de 1964 [...]

[5] Reformulação dos concursos de ingresso e dos processos de avaliação contínua nas Forças Armadas e na área de segurança pública, de modo a valorizar o conhecimento sobre os preceitos inerentes à democracia e aos direitos humanos [...]

[6] Modificação do conteúdo curricular das academias militares e policiais, para promoção da democracia e dos direitos humanos [...]

[7] Retificação da anotação da causa de morte no assento de óbito de pessoas mortas em decorrência de graves violações de direitos humanos [...]

[8] Retificação de informações na Rede de Integração Nacional de Informações de Segurança Pública, Justiça e Fiscalização (Rede Infoseg) e, de forma geral, nos registros públicos [...]

[9] Criação de mecanismos de prevenção e combate à tortura [...]

[10] Desvinculação dos institutos médicos legais, bem como dos órgãos de perícia criminal, das secretarias de segurança pública e das polícias civis [...]

[11] Fortalecimento das Defensorias Públicas [...]

[12] Dignificação do sistema prisional e do tratamento dado ao preso [...]

[13] Instituição legal de ouvidorias externas no sistema penitenciário e nos órgãos a ele relacionados [...]

[14] Fortalecimento de Conselhos da Comunidade para acompanhamento dos estabelecimentos penais [...]

[15] Garantia de atendimento médico e psicossocial permanente às vítimas de graves violações de direitos humanos [...]

[16] Promoção dos valores democráticos e dos direitos humanos na educação [...]

[17] Apoio à instituição e ao funcionamento de órgão de proteção e promoção dos direitos humanos [...]

Tais medidas institucionais (frisando que são "recomendações", isto é, desprovidas de coercibilidade) têm o fito de **promover a readequação** de certos vetores da sociedade brasileira e das organizações que a compõem (notadamente aquelas relacionadas à segurança pública), em prol de um **avanço na ideia de Estado Democrático de Direito** e de **direitos humanos devidamente sistematizados**.

Muito embora houvesse uma determinação para que fossem analisados fatos ocorridos entre 1946 e 1988, houve uma concentração maior de esforços no período compreendido entre 1964 e 1988, período no qual o país viveu sob a **égide do regime militar**. Uma das medidas recomendadas, neste sentido, foi que houvesse o reconhecimento, pelas Forças Armadas, de sua responsabilidade pela ocorrência de graves violações de direitos humanos, bem como a punição de agentes que deram causa a tais violações (medidas 1, 2 e 3, por exemplo).

De acordo com o art. 4º, § 3º, da Lei nº 12.528/2011, havia o dever dos servidores públicos e dos militares de colaborar com a CNV. Não foram poucos, contudo, os casos em que Forças Armadas e Comissão estiveram em zona conflituosa desde a instalação desta última em 2012.

Noutro aspecto a ser comentado (medida 3), como muitas vezes defendido por todo o relatório, a **Lei da Anistia careceria de perfilhamento ao regime vigente desde 1988** na parte em que protegeu os defensores do regime militar, nada obstante o Supremo Tribunal Federal tenha decidido em sentido contrário a isso quando da análise, via ADPF nº 153/DF, do art. 1º, § 1º, da Lei nº 6.683/1979. Como argumento da CNV, a decisão da Corte Interamericana de Direitos Humanos pela inconvencionalidade da Lei nº 6.683 em relação ao Pacto de San José da Costa Rica no caso envolvendo a guerrilha do Araguaia (a questão já foi enfrentada no capítulo I em estudo de caso específico).

Outrossim, quando do período militar, era comum que o dia 31 de março fosse uma data a ser comemorada, em alusão ao dia e ao mês, do ano de 1964, em que o Presidente João Goulart foi deposto e um novo regime foi instaurado. A data, aliás, por muito tempo fez parte do calendário oficial do Exército (retirada em 2011). De acordo com uma das medidas institucionais (medida 4), contudo, **festejos como tais não devem mais ser realizados**, polemizando acerca da possibilidade de interferência das funções republicanas nos costumes arraigados nas Forças Armadas.

Também, um dos grandes problemas enfrentados pela Comissão Nacional da Verdade foi conseguir adentrar os chamados "*porões da ditadura*" (medidas 7, 8 e 10). Mais que ambientes físicos, em que a prática de tortura e intimidação era uma constante, os "*porões*" representam a tentativa de **corrigir inverdades documentais**, como aquelas constantes dos registros de óbitos de muitos detidos para averiguações. Um destes casos, emblemático, foi o do jornalista Vladimir Herzog, morto em 1975 após se apresentar ao DOI-CODI – Destacamento de Operações de Informações/Centro de Operações de Defesa Interna – do II Exército, em São Paulo. Como causa da morte à época, constou asfixia mecânica (sugeriu-se que o jornalista teria cometido suicídio), o que foi revisto em 2012, por iniciativa da CNV, para que no laudo necroscópico fizesse constar morte decorrente de lesões e maus-tratos na dependência do mencionado órgão subordinado ao Exército (o Brasil foi condenado pelo caso Herzog em 15 de março de 2018, pela Corte Interamericana de Direitos Humanos, por não averiguar adequadamente os fatos ocorridos).

A **vedação à prática de tortura**, ademais, é uma preocupação constante tanto no âmbito internacional como no âmbito nacional dos diretos humanos (ver no capítulo III desta obra, neste sentido, as tratativas atinentes à tortura). A grande maioria das medidas institucionais somente confirmou tais iniciativas (medida 9, por exemplo).

Atenção também se deu à Defensoria Púbica (medida 11). A tendência ao **fortalecimento e à consolidação das Defensorias Públicas** é um processo inevitável na atual fase do Estado Democrático de Direito porque passa o Brasil após o restabelecimento da democracia aos 05 de outubro de 1988. Prova disso é a EC nº

80/2014, que consagrou a Defensoria Pública como instituição permanente e essencial à função jurisdicional do Estado, incumbindo-lhe como expressão e instrumento do regime democrático a orientação jurídica, a **promoção dos direitos humanos** e a defesa (em todos os graus, bem como judicial e extrajudicial), dos direitos individuais e coletivos, de forma integral e gratuita, aos necessitados.

Isso demonstra um processo constitucional de crescimento da Defensoria Pública, que começou com uma tímida previsão pelo constituinte originário de 1988, foi expandida pelas Emendas nº 45/2004 e nº 74/2013, e atualmente encontra-se em fase de grandes expectativas com o art. 98, do Ato das Disposições Constitucionais Transitórias, que prevê **proporcionalidade no número de Defensores** nas unidades jurisdicionais em relação à respectiva população, bem como a observância do **prazo de oito anos** para que União, Estados e Distrito Federal contem com defensores em todas as unidades jurisdicionais.

Ademais, não ficou de fora das medidas institucionais a **atenuação da questão calamitosa criminal** (medidas 12, 13 e 14). Sabe-se que, há muito, a pena deixou de ter finalidade ressocializadora servindo, tão somente, para retirar o indivíduo do convívio social. Da somatória de indivíduos nesta circunstâncias gerou-se problema penitenciário sobre o qual o Brasil deverá debruçar especial atenção, inclusive dado o risco de responsabilização perante organismos internacionais, como no caso envolvendo a penitenciária Urso Branco (casos como este serão estudados no capítulo V). Se falou, inclusive, do **fortalecimento dos Conselhos da Comunidade**, órgão da execução penal (art. 61, VII, da Lei nº 7.210/1984), com incumbências previstas no art. 81 da Lei de Execuções Penais, a saber, visitar, ao menos mensalmente, os estabelecimentos penais existentes na comarca (inciso I); entrevistas presos (inciso II); apresentar relatórios (inciso III); bem como diligenciar a obtenção de recursos materiais e humanos para melhor assistência ao preso, em harmonia com a direção do estabelecimento (inciso IV).

No mais, as medidas institucionais se concentraram na **educação em direitos humanos**, no **atendimento médico constante** às vítimas de graves violações de direitos humanos, bem como no **estímulo aos valores democráticos** (medidas 5, 6, 15 e 17, por exemplo).

4.2.6.2 Reformas constitucionais e legais

Vejamos:

[18] *Revogação da Lei de Segurança Nacional* [...]

[19] *Aperfeiçoamento da legislação brasileira para tipificação das figuras penais correspondentes aos crimes contra a humanidade e ao crime de desaparecimento forçado* [...]

[20] *Desmilitarização das polícias militares estaduais* [...]

[21] *Extinção da Justiça Militar estadual* [...]

[22] *Exclusão de civis da jurisdição da Justiça Militar federal* [...]

[23] *Supressão, na legislação, de referências discriminatórias das homossexualidades* [...]

[24] *Alteração da legislação processual penal para eliminação da figura do auto de resistência à prisão* [...]

[25] Introdução da audiência de custódia, para prevenção da prática da tortura e de prisão ilegal [...]

Enquanto as medidas institucionais representam a readequação de vetores axiológicos, as sugestões de reformas constitucionais e legais importam propriamente na **alteração do regime vigente**.

Neste sentido, se dispensa atenção para a proposta de **revogação da Lei de Segurança Nacional** (Lei nº 7.170/1983), entendida como resquício do regime militar (medida 18). Tal lei prevê os crimes que lesam ou expõem a perigo de lesão (art. 1º) a integridade territorial e a soberania nacional (inciso I); o regime representativo e democrático bem como a federação e o Estado de Direito (inciso II); bem como os chefes dos Poderes republicanos (inciso III). De acordo com entendimento da CNV, o diploma normativo em combate reflete as "*concepções doutrinárias*" que vigoraram no período de 1964 a 1985, razão pela qual merece ser extirpado do ordenamento pátrio.

Noutro ponto passível de amplíssima discussão futura está a questão da **desmilitarização das polícias militares estaduais**, a **extinção da Justiça Militar estadual**, bem como a **exclusão de civis da Justiça Militar federal** (medidas 20, 21 e 22). Mais uma vez, tais práticas foram entendidas como resquícios da ditadura militar.

Merece destaque, por fim, a recomendação de introdução da **audiência de custódia** no sistema legal brasileiro, para prevenção da prática de tortura e prisão ilegal, tal como disposto no art. 7º da Convenção Americana sobre Direitos Humanos (medida 25). Há fortes intenções de órgãos como o Ministério da Justiça e o Conselho Nacional de Justiça na aprovação de projeto de lei neste sentido, a fim de assegurar que presos em flagrante sejam apresentados a um juiz num prazo máximo de 24 horas (por hora, atenta-se para a Resolução nº 213/2015, do CNJ). A ideia é que se faça uma primeira análise sobre o cabimento e a necessidade de manutenção dessa prisão ou a imposição de medidas alternativas ao cárcere. Na mesma ocasião, a autoridade judicial deverá apurar, também, a eventual prática de tortura, maus tratos ou outras irregularidades. Mais considerações acerca da audiência de custódia já foram feitas no capítulo III desta obra.

4.2.6.3 Medidas de seguimento das ações e recomendações da CNV

Vejamos:

[26] Estabelecimento de órgão permanente com atribuição de dar seguimento às ações e recomendações da CNV [...]

[27] Prosseguimento das atividades voltadas à localização, identificação e entrega aos familiares ou pessoas legitimadas, para sepultamento digno, dos restos mortais dos desaparecidos políticos [...]

[28] Preservação da memória das graves violações de direitos humanos [...]

[29] Prosseguimento e fortalecimento da política de localização e abertura dos arquivos da ditadura militar [...]

As medidas de seguimento finais, por sua vez, representam a ideia de que os serviços prestados pela Comissão Nacional da Verdade à sociedade brasileira tenham continuidade de outras formas. Com efeito, se pode entender a Lei nº 12.528/2011 como uma **lei temporária**, vez que ela, ao mesmo tempo, instituiu a CNV, mas a ela deu o prazo até 16 de dezembro de 2014 para a conclusão das suas atividades. A Comissão Nacional da Verdade enquanto órgão, portanto, teve início, meio e fim.

Ao dar prazo de duração ao órgão, se atendeu o objetivo de intensificar ao máximo suas atividades, a fim de que seus integrantes e assessores desempenhassem função de modo concentrado, direcionado e intenso. Não se poderia esperar, contudo, em um encerramento de atividades após pouco mais de dois anos de serviços prestados, a elucidação de dúvidas que pairam há décadas no país, como, por exemplo, o destino de tantos desaparecidos na região do Araguaia no início da década de 1970.

Exatamente pensando nisso, se pensou em um **órgão permanente com fito de dar seguimento às ações e recomendações da CNV**, na **continuidade na procura dos desaparecidos políticos**, na **preservação da memória das graves violações de direitos humanos**, bem como na **continuidade do processo de abertura dos arquivos da ditadura militar**.

4.2.7 Legado deixado pela CNV

> Qual o legado deixado pela Comissão Nacional da Verdade?

Enquanto mecanismo de proteção dos direitos humanos e instrumento representativo da justiça de transição, a Comissão Nacional da Verdade realizou bom papel no desenvolvimento da temática no Brasil, seguindo a tendência da Política Nacional de Direitos Humanos.

Críticas podem ser feitas aos trabalhos da CNV, como a excessiva concentração de atividades no período compreendido entre 1964 e 1988 (dando-se pouca atenção ao período entre 1946 e 1964, que também deveria ter sido abrangido, por expressa previsão legal) ou constatação histórica e comprovada de que também houve graves violações de direitos humanos por parte dos opositores ao regime então vigente (e que não foram averiguadas pela Comissão).

De todo modo, não se pode olvidar que a simples **intenção de promover a verdade** (ainda que incompleta) representa avanço histórico para os direitos humanos no Brasil, um país que sempre flertou com regimes, digamos, "*menos*" democráticos do que deveriam ser. Em outras palavras, o sistema pátrio sempre teve de lidar com ordenamentos constitucionais mais ou menos afinados com os postulados convencionais de tolerância: a Constituição outorgada de 1824 (*controladora*) foi substituída pela Constituição republicana de 1891 (*promissora*), que foi substituída pela Constituição de 1934 (após a suspensão de sua antecessora e o consequente "governo por decretos" de Vargas), que foi substituída pela Constituição de 1937 (*controladora*), que foi substituída pela Constituição de 1946 (*promissora*), que foi substituída pela Constituição de 1967, mais a famigerada "Emenda Constitucional" nº 01/1969 (*controladoras*), que foram substituídas pela Constituição de 1988 (*promissora*).

Saber qual o legado deixado pela Comissão Nacional da Verdade depende de **elementos** a serem considerados para a solução de uma equação complexa: se o relatório for utilizado em consonância com o **elemento da reconciliação nacional** (elemento este extremamente estimulado pelo governo de Nelson Mandela, na África do Sul, quando do fim do regime de "*apartheid*", por exemplo), então ele terá logrado êxito absoluto; se não, então ele será mais um mecanismo de discriminação entre quem investigou e quem foi investigado; se o relatório for utilizado em consonância com o **elemento da materialização de direitos**, então o ordenamento, as instituições e as leis hão de humanizar-se (assim como as pessoas); se não, ele será mais um calhamaço de papel a ocupar as prateleiras dos órgãos governamentais; e, por fim, se o relatório for utilizado em consonância com o **elemento democrático**, o país se lembrará para sempre que não deve repetir experiências ditatoriais, se não, "*órfãos da ditadura*" continuarão por aí a defender suas teses mirabolantes.

4.3 Ministério Público e direitos humanos

(MINISTÉRIO PÚBLICO FEDERAL – MPF – PROCURADOR DA REPÚBLICA – 2011) Membro do Ministério Público tem legitimidade para recorrer a órgãos de monitoramento de tratados internacionais de direitos humanos? Exemplifique e justifique sua posição à luz das atribuições constitucionais do *parquet* e de sua posição institucional no Estado brasileiro.

O Ministério Público é instituição **permanente, essencial à função jurisdicional do Estado**, incumbindo-lhe a **defesa da ordem jurídica, do regime democrático, e dos interesses sociais e individuais indisponíveis** (art. 127, *caput*, da Constituição Federal). É um importante órgão pátrio de defesa dos direitos humanos.

O Ministério Público não tem existência contextual. Ele se fixa nas pilastras do tempo democrático de direito como instituição apta a lutar pelos valores democráticos, seja em momentos de calmaria, seja, principalmente, em momentos tempestuosos. Como um dos grandes órgãos de fiscalização pós-redemocratização em 1988 (mas não o único, vale frisar), o Ministério Público acaba criando incômodos para os fiscalizados, muitos dos quais têm influência política. Desta maneira, a garantia de permanência institucional assegura que o órgão não seja extinto, ou esvaziado, ou desvirtuado em prol de interesses escusos e/ou meramente políticos. Disso decorre uma defesa pela natureza de cláusula pétrea implícita da instituição (tal como se defende para todas funções essenciais à justiça, já adiantando).

O ingresso na carreira do Ministério Público se fará por concurso público de provas e títulos, assegurada a participação da Ordem dos Advogados do Brasil em sua realização, exigindo-se do bacharel em direito, no mínimo, três anos de atividade jurídica e observando-se, nas nomeações, a ordem de classificação. As funções do Ministério Público só podem ser exercidas por integrantes de carreira, que deverão residir na comarca da respectiva lotação, salvo autorização do chefe da instituição (art. 129, § 2º, CF).

4.3.1 Funções institucionais

Elas estão previstas no art. 129 da Constituição Federal, a saber:

a) Promover, privativamente, a ação penal pública, na forma da lei (conforme o inciso I);

b) Zelar pelo efetivo respeito dos Poderes Públicos e **dos serviços de relevância pública aos direitos assegurados nesta Constituição**, promovendo as medidas necessárias a sua garantia (conforme o inciso II);

c) Promover **o inquérito civil e a ação civil pública**, para a proteção do **patrimônio público e social**, do **meio ambiente** e de outros **interesses difusos e coletivos** (eis o previsto no inciso III; vale lembrar, rememorando o que já foi dito quando do estudo da ação civil pública como mecanismo nacional de proteção dos direitos humanos, que a legitimação do Ministério Público para o manejo da ação civil pública *não impede a de terceiros*, nas mesmas hipóteses; o inquérito civil, entretanto, é de instauração privativa do órgão ministerial, nos termos do art. 8º, § 1º, da Lei nº 7.347/1985);

d) Promover a ação de inconstitucionalidade ou representação para fins de intervenção da União e dos Estados, nos casos previstos na Constituição (conforme o inciso IV);

e) **Defender judicialmente os direitos e interesses das populações indígenas** (em caráter complementar a este inciso V, consoante disposto no art. 232, CF, os índios, suas comunidades e organizações são partes legítimas para ingressar em juízo em defesa de seus direitos e interesses, intervindo o Ministério Público em todos os atos do processo);

f) Expedir notificações nos procedimentos administrativos de sua competência, requisitando informações e documentos para instruí-los, na forma da lei complementar respectiva (conforme o inciso VI);

g) Exercer o **controle externo da atividade policial** (conforme o inciso VII; com efeito, tanto está a autoridade policial submetida a *controle interno*, isto é, por seus próprios pares, através de suas Corregedorias, como a *controle externo*, caso em que se atribui tal função ao órgão ministerial; não é pacífica a aplicação deste dispositivo constitucional por parte do órgão controlado, por entender-se como indevida ingerência nas atribuições da atividade policial; em vários pontos, a Lei Complementar nº 75/1993 trata desta questão do controle externo, destacando-se o art. 3º, pelo qual isso ocorre, dentre outros, para a preservação da ordem pública, da incolumidade das pessoas e do patrimônio público e para a prevenção e a correção de ilegalidade ou de abuso de poder[149]);

---

[149] Na busca por uma solução conciliatória, o Supremo Tribunal Federal: *"A Constituição Federal de 1988, ao regrar as competências do Ministério Público, o fez sob a técnica do reforço normativo. Isso porque o controle externo da atividade policial engloba a atuação supridora e complementar do órgão ministerial no campo da investigação criminal. Controle naquilo que a Polícia tem de mais específico: a investigação, que deve ser de qualidade. Nem insuficiente, nem inexistente, seja por comodidade, seja por cumplicidade. Cuida-se de controle técnico ou operacional, e não administrativo-disciplinar"* (Supremo Tribunal Federal, 2ª T. **HC nº 97.969/RS**. Rel.: Min. Ayres Britto. DJ. 01/02/2011).

h) Requisitar diligências investigatórias e a instauração de inquérito policial, indicados os fundamentos jurídicos de suas manifestações processuais (melhor explicando este inciso VIII, na condição de destinatário do inquérito policial, e a fim de instruir eventual ação penal pública da qual é titular, tem o órgão ministerial a aptidão para requisitar a instauração de inquérito, ou, havendo inquérito em curso, requisitar diligências investigatórias se entender pela necessidade da complementação do aludido procedimento investigativo);

i) Exercer outras funções que lhe forem conferidas, desde que compatíveis com sua finalidade, sendo-lhe vedada a representação judicial e a consultoria jurídica de entidades públicas (conforme o inciso IX que ora se estuda, as funções institucionais do Ministério Público consagradas no art. 129, CF, contemplam exemplificativo rol[150]).

4.3.2 Investigação pelo Ministério Público

Apesar do atual grau de pacificação acerca do tema, *no sentido de que o Ministério Público pode, sim, investigar* – o que se confirmou com a rejeição da proposta de emenda à Constituição nº 37/2011, que acrescia um décimo parágrafo ao art. 144 da Constituição Federal no sentido de que a apuração de infrações penais caberia apenas aos órgãos policiais –, há se disponibilizar argumentos favoráveis e contrários a tal prática.

Um argumento **favorável** à possibilidade de investigar atribuída ao Ministério Público é a chamada "*teoria dos poderes implícitos*", oriunda da Suprema Corte dos EUA, segundo a qual "*quem pode o mais, pode o menos*", isto é, se ao Ministério Público compete o oferecimento da ação penal (que é o "mais"), também a ele compete buscar os indícios de autoria e materialidade para essa oferta de denúncia pela via do inquérito policial (que é o "menos"). Ademais, o procedimento investigatório utilizado pela autoridade policial seria o mesmo, apenas tendo uma autoridade presidente diferente, no caso, o agente ministerial. Por fim, como último argumento, tem-se que a bem do direito estatal de perseguir o crime, atribuir funções investigatórias ao Ministério Público é mais uma arma na busca deste intento, desde que isso seja feito com respeito à dignidade humana, à proporcionalidade e à razoabilidade, sem prejuízo de tantas outras regras do Estado democrático de direito.

Por outro lado, como primeiro argumento **desfavorável** à possibilidade investigatória do Ministério Público, tem-se que tal função atenta contra o sistema acusatório. Ademais, fala-se em desequilíbrio entre acusação e defesa, já que terá o membro ministerial todo o aparato estatal para conseguir a condenação de um acusado, restando a este, em contrapartida, apenas a defesa por seu advogado caso não tenha condições financeiras de conduzir uma investigação particular. Também, fala-se que o Ministério Público já tem poder de requisitar diligências e instauração de inquérito policial, de maneira que a atribuição para presidi-lo seria "querer demais". Por fim, alega-se que as funções investigativas são uma exclusividade da

---

[150] Também: Supremo Tribunal Federal, Pleno. **ADI nº 3.463/RJ**. Rel.: Min. Ayres Britto. DJ. 27/10/2011.

polícia judiciária, e que não há previsão legal nem instrumentos para realização da investigação Ministério Público.

Importa lembrar que a proposta de emenda à Constituição n° 37/2011 ganhou elevado clamor social contrário a ela, porque sobre seu conteúdo se discutia justamente na época em que eclodiram no Brasil os protestos populares de junho de 2013. De acordo com seu conteúdo, o art. 144 da Constituição (que trata da segurança pública) ganharia um décimo parágrafo, para que nele se fizesse constar que a apuração das ações penais de que tratam os §§ 1° a 4° do mencionado dispositivo incumbiriam privativamente às Polícias federal e civis dos Estados e do Distrito Federal, respectivamente (estes parágrafos tratam, justamente, das atribuições da Polícia Federal, da Polícia Rodoviária Federal, da Polícia Ferroviária Federal, bem como das Polícias Civis). Isto posto, de uma aprovação – controversa – que se entendia provável nos bastidores políticos, foi a votação adotada como simbolismo de uma agenda positiva anunciada pelo Congresso Nacional como resposta aos pedidos das ruas, sendo rejeitada por amplíssima maioria.

A fim de suplantar de vez a questão, o **Supremo Tribunal Federal reafirmou a aptidão investigatória do Ministério Público**, entendendo-o como mais um órgão necessário ao combate dos desmazelos praticados pelos agentes e organismos corruptos do Brasil. No recurso extraordinário n° 593.727/MG[151], o Supremo Tribunal Federal chancelou conduta investigatória após reconhecimento de repercussão geral, **muito embora tenha fixado requisitos para tanto**: "O Ministério Público dispõe de competência para promover, por autoridade própria, e por prazo razoável, investigações de natureza penal, desde que respeitados os direitos e garantias que assistem a qualquer indiciado ou a qualquer pessoa sob investigação do Estado, observadas, sempre, por seus agentes, as hipóteses de reserva constitucional de jurisdição e, também, as prerrogativas profissionais de que se acham investidos, em nosso País, os Advogados (Lei 8.906/94, artigo 7°, notadamente os incisos I, II, III, XI, XIII, XIV e XIX), sem prejuízo da possibilidade – sempre presente no Estado democrático de Direito – do permanente controle jurisdicional dos atos, necessariamente documentados (Súmula Vinculante 14), praticados pelos membros dessa instituição".

É claro que não se pode entender o Ministério Público como o "*órgão salvador*" em sede investigatória (a grande maioria das investigações ainda se concentra nos órgãos policiais próprios), tão menos como agente desobrigado a observar os princípios constitucionais de índole processual. Some-se a isso a necessidade de que se atenda a reivindicações dos órgãos policiais por melhores estrutura e salários. Com a decisão autorizadora pela investigação do Ministério Público, ao contrário do que se possa pensar, inicia-se (e não finda-se) mais um capítulo no combate aos malfeitos no país.

4.3.3 Outras formas de atuação na defesa dos direitos humanos

Como se não bastasse, há forte arcabouço *legislativo* consagrando uma atuação ministerial na defesa dos direitos humanos. Em primeiro exemplo se pode mencionar

---

[151] Supremo Tribunal Federal, Pleno. **RE n° 593.727 RG/MG**. Rel.: Min. Cezar Peluso. DJ. 14/05/2015.

a **Lei nº 8.625/1993** ("Lei Orgânica Nacional do Ministério Público"), em cujo art. 25, IV, se reforça a promoção do inquérito civil e da ação civil pública para a proteção, prevenção e reparação dos danos causados ao meio ambiente, ao consumidor, aos bens e direitos de valor artístico, estético, histórico, turístico e paisagístico, e a outros interesses difusos, coletivos e individuais indisponíveis e homogêneos, bem como para a anulação ou declaração de nulidade de atos lesivos ao patrimônio público ou à moralidade administrativa do Estado ou de Município, de suas administrações indiretas ou fundacionais ou de entidades privadas de que participem. Também a **LC nº 75/1993** (que disciplina o Ministério Público da União), que traz mais funções institucionais em seu art. 5º: a defesa da ordem jurídica, do regime democrático, dos interesses sociais e dos interesses individuais indisponíveis (inciso I); o zelo por seguridade social, educação, cultura, desporto, ciência, tecnologia, comunicação social e meio ambiente (inciso II, "d"); a defesa do patrimônio nacional, do patrimônio cultural brasileiro, do meio ambiente, dos direitos e interesses coletivos, especialmente das comunidades indígenas, da família, da criança, do adolescente e do idoso (inciso III).

Igualmente, o apoio *jurisprudencial* que continua reafirmando o Ministério Público como importante organismo de defesa dos direitos humanos, como, exemplificativamente, a recente súmula nº 601 do Superior Tribunal de Justiça ("O Ministério Público tem legitimidade ativa para atuar na defesa de direitos difusos, coletivos e individuais homogêneos dos consumidores, ainda que decorrentes da prestação de serviço público").

Destaque deve ser dado, por fim, à atuação do Ministério Público Federal na linha da **justiça de transição** (algo que já foi mencionado alhures). Trata-se de atuação temática desenvolvida com o intento de investigar e punir crimes ocorridos durante a ditadura civil-militar no Brasil, inclusive havendo denúncias contra possíveis torturadores. Problemas têm havido, entretanto: com relação às alegações da defesa de prescrição desses crimes (argumento mais fraco, muito embora existente); com relação ao anistiamento destes crimes em 1979 pela Lei da Anistia (argumento mais forte).

4.4 Defensoria Pública e direitos humanos

Disciplinada constitucionalmente no art. 134, a Defensoria Pública é **instituição permanente, essencial à função jurisdicional do Estado**, incumbindo-lhe, como **expressão e instrumento do regime democrático**, fundamentalmente, a **orientação jurídica**, a **promoção dos direitos humanos** e a **defesa, em todos os graus, judicial e extrajudicial, dos direitos individuais e coletivos**, de forma **integral e gratuita**, aos **necessitados**, na **forma do inciso LXXIV do art. 5º da Constituição Federal** (aqueles que comprovarem insuficiência de recursos deverão ser assistidos, entrando neste conceito tanto pessoas físicas como pessoas jurídicas que comprovadamente não disponham de condições de arcar com despesas processuais, cabendo à outra parte questionar isso, se for o caso, ou mesmo a autoridade judicial, ante suas máximas de experiência). A atuação da Defensoria Pública foi expandida pela EC nº 80/2014, popularmente conhecida por *"emenda constitucional da Defensoria para Todos"*. Trata-se de outro importante órgão pátrio de defesa dos direitos humanos.

Muito embora tenha desenvolvimento tardio (a Defensoria é, atualmente, a função essencial à justiça que mais se expande no país, muito embora nem sempre tenha sido assim, ficando renegada a forte e lamentável ostracismo nos primeiros dez anos da Constituição Federal), não se pode desconsiderar o fato de que tal instituição é uma conquista da democracia, tendo sido introduzida no ordenamento pátrio pela redemocratização em 1988. Daí se dizer que a Defensoria Pública é uma "*expressão da democracia*". Ato contínuo, a Defensoria age para atenuar algumas discrepâncias que possam ocorrer entre litigantes de capacidades econômicas e sociais distintas, a fim de fornecer um sentido material de "*justiça justa*" (com o perdão da redundância) que somente democracias consolidadas possuem. Daí se dizer que a Defensoria Pública é um "*instrumento da democracia*".

Destaque deve ser dado à **LC nº 80/1994**, que organiza a Defensoria Pública da União e prescreve normas gerais para sua organização nos Estados. O art. 3º-A dispõe que são objetivos da Defensoria Pública a **primazia da dignidade da pessoa humana e a redução das desigualdades sociais** (inciso I), bem como a **prevalência e efetividade dos direitos humanos** (inciso III). Também, no art. 4º se traz como funções institucionais da Defensoria **promover a difusão e a conscientização dos direitos humanos**, da cidadania e do ordenamento jurídico (inciso III), bem como **representar aos sistemas internacionais de proteção dos direitos humanos, postulando perante seus órgãos** (inciso VI).

4.4.1 No Brasil: art. 98, do Ato das Disposições Constitucionais Transitórias

A Emenda Constitucional nº 80/2014 acresceu ao ADCT um art. 98, segundo o qual o número de Defensores públicos na unidade jurisdicional será **proporcional à efetiva demanda pelo serviço da Defensoria Pública e à respectiva população**. É preciso observar, portanto, três vetores: a demanda local pelo serviço da Defensoria; o tamanho populacional; e a proporcionalidade entre a demanda e o contingente populacional.

No prazo de oito anos, a União, os Estados e o Distrito Federal deverão contar com defensores públicos em todas as unidades jurisdicionais, observado o disposto no *caput* do art. 98, ADCT. Durante o decurso deste prazo de oito anos, a lotação dos defensores públicos ocorrerá, prioritariamente, atendendo as regiões com maiores índices de exclusão social e adensamento populacional (art. 98, § 1º, ADCT).

A inclusão deste dispositivo era a principal cobrança da EC nº 80, razão pela qual foi ela apelidada de "*emenda da Defensoria para todos*". Resta saber, agora, se tal prazo será efetivamente cumprido, ou se, próximo de sua expiração, será novamente prorrogado pelo não atingimento dos objetivos nele contidos.

4.4.2 No sistema interamericano: Defensor público interamericano

No regulamento da Corte Interamericana de Direitos Humanos se traz a figura do chamado **Defensor Público interamericano**. De acordo com o art. 2º do diploma, item 11, a expressão "Defensor Interamericano" significa a pessoa que a Corte designe para assumir a representação legal de uma suposta vítima que não tenha designado um defensor por si mesma. Ademais, pelo art. 37, em casos de supostas vítimas sem representação legal devidamente credenciada, o Tribunal (Corte) poderá designar um Defensor Interamericano **de ofício** que as represente durante a tramitação do caso.

Neste sentido, merece destaque a **Associação Interamericana de Defensorias Públicas**. Criada em 2003, no Rio de Janeiro, por ocasião do II Congresso Interamericano de Defensorias Públicas, fundamenta-se na ideia de estabelecer um sistema permanente de coordenação e cooperação entre as Defensorias Públicas dos diferentes países, havendo atualmente um acordo de cooperação geral firmado com a Organização dos Estados Americanos para a promoção e defesa dos direitos humanos (sem prejuízo de um regulamento específico para a Corte e para a Comissão Interamericana de Direitos Humanos). A ideia é que, se a vítima não reunir condições econômicas para custear advogados **em demandas perante a Corte Interamericana de Direitos Humanos ou a Comissão Interamericana de Direitos Humanos**, caberá à Associação a designação de um defensor.

Alguns casos paradigmáticos na Corte Interamericana contam/contaram com a figura do Defensor Interamericano. Exemplificativamente: **Oscar Alberto Mohamed vs. Argentina** (Caso 11.618); **Família Pacheco Tineo vs. Bolívia** (Caso 12.474); **Canales Huapaya e outros vs. Perú** (Caso 12.214); e **V.R.P. e V.P.C vs. Nicarágua** (Caso 12.590).

5 SINOPSE DO CAPÍTULO

Atenta-se para o fato que a sinopse abaixo não exclui a necessidade de leitura de todo o capítulo. A seguir, apenas são **condensadas** algumas das principais informações extraídas da análise dos Instrumentos Nacionais Individuais e Coletivos caso o leitor procure uma **compreensão sistematizada** do conteúdo trabalhado nesta quarta parte do Manual.

1 POLÍTICA NACIONAL DE DIREITOS HUMANOS

- No que tange à busca de proteção dos direitos humanos no âmbito internacional, notadamente por parte de indivíduos, grupos ou organizações, frisa-se que isso somente será possível quando os instrumentos/mecanismos internos de proteção não forem efetivos ou suficientes, ou se eles não existirem. Sempre que conferida a legitimidade ativa à vítima ou a grupo/organização que a represente no âmbito internacional, exige-se paralelamente o requisito do esgotamento dos recursos no plano interno. Com efeito, a denúncia internacional tem um caráter subsidiário: primeiro a vítima de violação de direitos humanos deve buscar a proteção no âmbito interno e, caso esta não tenha sido possível, partir para o âmbito internacional. Dispensa-se que a vítima tenha chegado ao final das instâncias no âmbito interno: *a)* se não existirem normas de proteção ao devido processo legal no Estado; *b)* quando tiver sido impedido ou dificultado o acesso ao Judiciário no país; ou *c)* quando houver demora sem motivos para o processamento interno.
- A política nacional de direitos humanos do Estado brasileiro, desenvolvida a partir do retorno ao governo civil em 1985, mais especificadamente desde 1995, pelo governo do Presidente Fernando Henrique Cardoso, reflete e aprofunda uma concepção de direitos humanos partilhada por organizações de direitos humanos desde a resistência ao regime autoritário nos anos 1970.
- O principal mecanismo utilizado para exteriorizar e planejar a Política Nacional de Direitos humanos é o Programa Nacional de Direitos Humanos, lançado em 13 de março de 1996. Atualmente, o Brasil está implementando a terceira versão do PNDH. Sem prejuízo, outros órgãos são instituídos, como o Conselho Nacional dos Direitos Humanos, sem contar o papel institucional de órgãos do Ministério Público, da Defensoria Pública, e da Administração em geral.

1.1 Programas nacionais de direitos humanos

- *1º Programa Nacional de Direitos Humanos (PNDH-1):* a primeira versão do Programa Nacional de Direitos Humanos (PNDH-1), de 1996, conferiu especial ênfase aos direitos civis e políticos. Foram políticas públicas adotadas para proteção e promoção dos direitos humanos no Brasil: *a)* proteção do direito à vida; *b)* segurança das pessoas; *c)* luta contra a impunidade; *d)* proteção do direito à liberdade; *e)* liberdade de expressão e classificação indicativa; *f)* questões sobre trabalho forçado; *g)* penas privativas de liberdade; *h)* proteção do direito a tratamento igualitário perante a lei; *i)* proteção de grupos vulneráveis em prol da igualdade material (crianças e adolescentes, mulheres, população negra, sociedades indígenas, estrangeiros, refugiados e migrantes, terceira idade, pessoas com deficiência); *j)* bases para uma cultura e para a educação em Direitos Humanos; *k)* ações internacionais para proteção e promoção dos Direitos Humanos; *l)* apoio a organizações e operações de defesa dos direitos humanos; *m)* implementação e monitoramento do Programa Nacional de Direitos Humanos.
- *2º Programa Nacional de Direitos Humanos (PNDH-2):* a segunda versão do Programa Nacional de Direitos Humanos (PNDH-2), de 2002, tem por foco os direitos econômicos, sociais e culturais e o direito ao meio ambiente saudável. Aprofundam-se aspectos do PNDH-1 e, ainda, menciona-se extensão de proteção a outros grupos vulneráveis, como Afrodescendentes e Gays, Lésbicas, Travestis, Transexuais e Bissexuais – GLTTB. Em profundidade, aborda-se: *a)* direito à educação; *b)* à saúde; *c)* à previdência e à assistência social (especificidades sobre saúde mental, dependência química e HIV/AIDS); *d)* ao trabalho; *e)* à moradia; *f)* ao meio ambiente saudável; *g)* à alimentação; *h)* à cultura; *i)* ao lazer; e *j)* à inserção nos sistemas internacionais de proteção.
- *3º Programa Nacional de Direitos Humanos (PNDH-3):* a terceira versão do Programa Nacional de Direitos Humanos (PNDH-3), lançada em 2009, traz a política de Estado para os temas relativos a esta área, ao estabelecer diretrizes, objetivos e ações para os anos seguintes. O objetivo do programa desenvolvido pelo governo federal é conferir continuidade à integração e ao aprimoramento dos mecanismos de participação existentes e criar novos meios de construção e monitoramento das políticas públicas brasileiras sobre direitos humanos. O PNDH-3 tem como diretriz a garantia da igualdade na diversidade, com respeito às diferentes crenças, liberdade de culto e garantia da laicidade do Estado brasileiro.
- *Alterações do PNDH-3:* alguns aspectos do PNDH-3 causaram grande repercussão, gerando alterações no texto original por parte da Presidência da República, nos termos do Decreto nº 7.177, de 12 de maio de 2010. Foram alteradas: eixo III – diretriz 9 – ação g; eixo VI – diretriz 17 – ação d; eixo I – ação a da diretriz 22, ações c e f da diretriz 24, ações c e d da diretriz 25 / Revogadas: eixo VI – diretriz 10 – c; eixo I – diretriz 22 – ação d.

1.2 Conselho Nacional dos Direitos Humanos – Lei nº 12.986/2014

- *Inovação legislativa e transformação de órgão:* a Lei nº 12.986, de 2 de junho de 2014, transformou o antigo Conselho de Defesa dos Direitos da Pessoa no Conselho Nacional dos Direitos Humanos, órgão que solicitou credenciamento junto à Organização das Nações Unidas (ONU) para ser reconhecido como Instituição Nacional de Direitos Humanos, uma vez atendidos os Princípios de Paris, que foram sugeridos durante o Encontro Internacional das Instituições Nacionais de Direitos do Homem, em 1991, e adotados pela Assembleia Geral das Nações Unidas, em 1993.
- *Competências:* o Conselho pode tomar ações preventivas, protetivas, reparadoras e sancionadoras das condutas e situações de ameaça ou violação desses direitos, mas isso não significa que possa se intrometer no regular exercício das funções dos Poderes estatais.

2 TUTELA INDIVIDUAL NA PROMOÇÃO DOS DIREITOS HUMANOS

2.1 *Habeas corpus*

- *Origem:* a Magna Carta inglesa, de 1215, foi o primeiro documento a prevê-lo, enquanto o *"Habeas Corpus Act"*, de 1679, procedimentalizou-o pela primeira vez. No Brasil, o Código de Processo Penal

do Império, de 1832, trouxe-o para este ordenamento, enquanto a primeira Constituição Republicana, de 1891, foi a primeira Lei Fundamental pátria a consagrar o instituto.
- *Natureza jurídica:* trata-se de ação constitucional, gratuita (art. 5º, LXXVII), de natureza tipicamente (mas não exclusivamente) penal, que almeja a proteção das liberdades individuais de locomoção quando esta se encontra indevidamente violada ou em vias de violação.
- *Espécies:* o *habeas corpus* pode ser preventivo (quando houver mera ameaça de violação ao direito de ir e vir, caso em que se obterá um "salvo conduto"), ou repressivo (quando ameaça já tiver se materializado).
- *Utilização:* não é um remédio tipicamente processual, sendo perfeitamente admissível seu manejo fora dos autos. É o caso da impetração (é este o verbo utilizado para o manejo) de *habeas corpus* para o trancamento de inquérito policial manifestamente ilegal ou para liberação de paciente que esteja indevidamente internado em centro de tratamento por insanidade mental, como exemplos.
- *Legitimidade ativa:* a legitimidade ativa é amplíssima. Qualquer pessoa pode manejá-lo, em próprio nome ou de terceiro, assim como o Ministério Público. Como se não bastasse, nos termos do segundo parágrafo, do art. 654, do Código de Processo Penal, os juízes e os tribunais têm competência para expedir de ofício o remédio quando, no curso do processo, verificarem que alguém sofre ou está na iminência de sofrer coação ilegal. A pessoa jurídica tem legitimidade ativa na condição de impetrante.
- *Legitimidade passiva:* com relação ao legitimado passivo, pode ser tanto um agente público (autoridade policial ou autoridade judicial, por exemplo) como um agente particular (diretor de uma clínica de psiquiatria, por exemplo). A pessoa jurídica não pode ser agente legitimado passivo de *habeas corpus*.
- *Coação ilegal:* As hipóteses de coação ilegal estão consagradas, em rol não exaustivo, no art. 648, CPP.
- *Competência:* a competência é determinada de acordo com a autoridade coatora. Conforme o art. 650, § 1º, do Código de Processo Penal, que merece interpretação ampliativa, a competência do Juiz cessará sempre que a violência ou coação provier de autoridade judiciária de igual ou superior jurisdição. Vale lembrar, ainda, que além dos Juízes e tribunais típicos de primeiro e segundo grau, também as Cortes de Superposição, como o STF (arts. 102, I, "d", "i" e 102, II, "a", CF), o STJ (arts. 105, I, "c" e 105, II, "a", CF) e o TSE (art. 121, § 3º, CF), também têm competência para apreciar *habeas corpus*.
- *Procedimento:* o procedimento está previsto essencialmente no Código de Processo Penal, entre seus arts. 647 e 667.

2.2 Mandado de segurança individual

- *Regulamentação e prazo decadencial:* é regulado pela Lei nº 12.016/2009, que revogou a Lei anterior, de nº 1.533, que vigia desde 1951. Atenta-se apenas para o prazo decadencial de cento e vinte dias para o seu manejo (findo este prazo, óbice não há a que se postule a questão pelas vias ordinárias), conforme o art. 23, da Lei nº 12.016/2009. Ademais, chama-se a atenção para a necessidade de perfilhamento do aludido diploma normativo ao Código de Processo Civil (Lei nº 13.105, de 16 de março de 2015).
- *Origem:* trata-se de remédio criado pela Lei Fundamental de 1934 como alternativa à "doutrina brasileira do *habeas corpus*", e, desde então, a única Constituição que não o previu foi a de 1937.
- *Natureza jurídica e subsidiariedade:* cuida-se de ação constitucional, de rito sumário e especial, destinada à proteção de direito líquido e certo de pessoa física ou jurídica não amparado por *habeas corpus* ou *habeas data*. Com isso já se denota a natureza subsidiária do "*writ*".
- *Espécies:* o "*writ*" pode ser preventivo (quando se estiver na iminência de violação a direito líquido e certo), ou reparatório (quando já consumado o abuso/ilegalidade).
- *Legitimidade ativa:* a legitimidade ativa deve ser a mais ampla possível, abrangendo não só a pessoa física como a jurídica, nacional ou estrangeira, residente ou não no Brasil, bem como órgãos

públicos despersonalizados e universalidades/pessoas formais reconhecidas por lei (espólio, condomínio, massa falida etc.). Vale lembrar que esta legitimidade pode ser ordinária (se postula-se direito próprio em nome próprio) ou extraordinária (postula-se em nome próprio direito alheio).
- *Requisito fundamental:* não se pode esquecer que o mandado de segurança exige direito líquido e certo, de modo que, caso se prefira a dilação probatória, o instrumento adequado se dará pela via ordinária.
- *Autoridade coatora:* a autoridade coatora deve ser autoridade pública ou agente de pessoa jurídica no exercício de atribuições do Poder Público. Neste diapasão, o terceiro parágrafo, do art. 6º, da Lei nº 12.016/2009, preceitua que "considera-se autoridade coatora aquela que tenha praticado o ato impugnado ou da qual emane a ordem para a sua prática".
- *Competência:* a competência se fixa de acordo com a autoridade coatora. Assim, sem pretensões exaurientes e análises casuísticas, podem apreciar mandado de segurança um juiz de primeiro grau, estadual ou federal; os Tribunais estaduais ou federais; o STF (arts. 102, I, "d" e 102, II, "a", CF); o STJ (arts. 105, I, "b" e 105, II, "b", CF); a Justiça do Trabalho (art. 114, IV, CF); o TSE (art. 121, § 3º, CF), sem prejuízo do previsto em autorizativo *infra*constitucional e jurisprudencial.

2.3 Mandado de injunção individual

- *Origem:* é contraditória a doutrina acerca do surgimento do aludido "*writ*" (direito norte-americano ou direito anglo-saxão). Prevalece, contudo, o entendimento pela natureza pátria do instituto (trazido pela CF/88).
- *Natureza jurídica:* cuida-se de ação constitucional que objetiva a regulamentação de normas constitucionais de eficácia limitada (omissas, portanto), assegurando, deste modo, o intento de aplicabilidade imediata previsto no parágrafo primeiro, do art. 5º, da Constituição Federal. Esta omissão apta a ensejar o MI pode ser total ou parcial (art. 2º, Lei nº 13.300/2016).
- *Regulamentação:* até 2016, não havia lei regulamentadora para o mandado de injunção (o que criava situação no mínimo "interessante", afinal, o instrumento destinado a sanar omissões inconstitucionais era vítima, também, de uma omissão inconstitucional). Aos 23 de junho de 2016, com a Constituição Federal prestes a completar vinte e oito anos, tem-se o advento da Lei nº 13.300, que disciplinou o mandado de injunção individual e o mandado de injunção coletivo.
- *Legitimidade ativa:* a legitimidade ativa pertence a toda e qualquer pessoa, nacional ou estrangeira, física ou jurídica, capaz ou incapaz, que titularize direito fundamental não materializável por omissão legislativa do Poder público (ver, neste sentido, art. 3º, da Lei nº 13.300/2016). Ademais, o Supremo Tribunal Federal já se posicionou quanto à ilegitimidade ativa de pessoas jurídicas de direito público. Por fim, a nova Lei do Mandado de Injunção não previu a legitimidade ativa do Ministério Público para a versão individual do "*writ*" como o fez para a versão coletiva.
- *Legitimidade passiva:* a legitimidade passiva é da autoridade ou órgão responsável pela expedição da norma regulamentadora, de qualquer que seja a função da República. Jamais o particular pode figurar no polo passivo.
- *Competência:* no tocante ao órgão competente para julgamento, tal "*writ*" apresenta competência "móvel", de acordo com a condição e vinculação do impetrado. Assim, tal incumbência caberá ao Supremo Tribunal Federal (art. 102, I, "q" e art. 102, II, "a", ambos da CF); ao Superior Tribunal de Justiça (art. 105, I, "h", CF); ao Tribunal Superior Eleitoral (art. 121, § 4º, V, CF); e aos Tribunais de Justiça Estaduais, frente aos entes a ele vinculados.
- *Diferenças entre mandado de injunção e ação direta de inconstitucionalidade por omissão: a)* MI é remédio habilitado a socorrer o particular em uma situação concreta (menor raio de alcance), enquanto a ADO é instrumento adequado a atender o particular numa situação abstrata (maior raio de alcance); *b)* MI se baseia em comando de emergência, enquanto a ADO se baseia em comando de urgência; *c)* a legitimidade ativa no MI é amplíssima, enquanto na ADO se restringe ao rol previsto no art. 103, CF; e *d)* quanto à competência para apreciação, esta é móvel para o MI, como já visto, e concentrada no STF para a ADO (art. 102, I, "a", CF).

- *Efeitos da decisão concedida em sede de mandado de injunção:* analisando pela ótica da lei, nos termos do art. 8º, da Lei nº 13.300/2016, reconhecido o estado de mora legislativa será deferida a injunção para determinar prazo razoável para que o impetrado promova a edição da norma regulamentadora (inciso I) (esta determinação deixará de ser observada quando ficar comprovado que o impetrado deixou de atender, em mandado de injunção anterior, ao prazo estabelecido para a edição da norma); bem como estabelecer as condições em que se dará o exercício dos direitos, das liberdades ou das prerrogativas reclamados, ou, se for o caso, as condições em que poderá o interessado promover ação própria visando a exercê-los caso não seja suprida a mora legislativa no prazo determinado (inciso II). Isto posto, o art. 9º, *caput*, da Lei do Mandado de Injunção dispõe que a decisão terá eficácia subjetiva limitada às partes e produzirá efeitos até o advento da norma regulamentadora. Pelo art. 9º, § 1º, contudo, poderá ser conferida eficácia *ultra partes* ou *erga omnes* à decisão, quando isso for inerente ou indispensável ao exercício do direito, da liberdade ou da prerrogativa objeto da impetração. Ademais, transitada em julgado a decisão, seus efeitos poderão ser estendidos aos casos análogos por decisão monocrática do relator (art. 9º, § 2º).

2.4 Habeas data

- *Origem:* a origem do *habeas data* está no direito norte-americano, através do "*Freedom of Information Act*", de 1974, com a finalidade de possibilitar o acesso do particular aos dados ou às informações constantes de registros públicos ou particulares permitidos ao público. No Brasil, a Constituição Federal de 1988 foi a primeira a trazê-lo, de modo pioneiro, em seu art. 5º, LXXII. O grande objetivo histórico do instituto no Brasil foi o de funcionar como instrumento de acesso aos dados constantes dos arquivos do governo militar que antecedera à Lei Fundamental em vigência.
- *Regulamentação:* a disciplina do *habeas data* está prevista na Lei nº 9.507/1997. Ademais, atenta-se para a necessidade de perfilhamento do aludido diploma normativo ao Código de Processo Civil (Lei nº 13.105, de 16 de março de 2015).
- *Natureza jurídica e taxatividade:* trata-se de ação constitucional, que objetiva assegurar o conhecimento de informações relativas à pessoa do impetrante, constantes de registros ou bancos de dados de entidades governamentais de caráter público, bem como a retificação de dados, quando não se prefira fazê-lo por procedimento sigiloso, judicial ou administrativo. Nada obstante, o art. 7º, da Lei nº 9.507/1997, amplia as hipóteses de manejo do "*writ*" em lume, para os casos de anotação nos assentos do interessado, de contestação ou explicação sobre fato verdadeiro, mas justificável e que esteja sob pendência judicial ou amigável (inciso III). As hipóteses de cabimento do HD são taxativas.
- *Requisitos específicos:* chama-se a atenção para o lapso temporal antecedente ao manejo do instrumento em comento, bem como a existência de pretensão resistida na via administrativa. De acordo com o art. 8º, parágrafo único, da Lei nº 9.507/1997, a petição inicial deverá ser instruída com prova da recusa ao acesso às informações ou do decurso de mais de dez dias sem decisão (inciso I); da recusa em fazer-se a retificação ou do decurso de mais de quinze dias sem decisão (inciso II); ou da recusa em fazer-se a anotação a que se refere o § 2º do art. 4º ou do decurso de mais de quinze dias sem decisão (inciso III). Disto se infere que será o impetrante carecedor da ação caso não tenha encontrado obstáculo prévio para o acesso às informações pessoais que deseja na esfera administrativa.
- *Legitimidade ativa:* quanto à legitimidade ativa, tal "*writ*" pode ser impetrado por pessoa física, brasileira ou estrangeira, ou por pessoa jurídica, de direito público ou privado. Trata-se de ação personalíssima, ressalvadas divergências doutrinárias e jurisprudenciais quanto à legitimação superveniente dos herdeiros do impetrante em caso de falecimento deste (STF e STJ já acenaram favoravelmente a tal possibilidade). Carece o Ministério Público de legitimidade ativa por conta desta natureza personalíssima do *habeas data*.
- *Legitimidade passiva:* figurarão no polo passivo entidades governamentais da Administração Pública Direta e Indireta nas três esferas, bem como instituições, órgãos, entidades e pessoas jurídicas privadas prestadores de serviços de interesse público que possuam dados relativos à pessoa do impetrante. Neste prumo, o parágrafo único, do art. 1º, da Lei nº 9.507/1997 dispõe

que considera-se de caráter público todo registro ou banco de dados contendo informações que sejam ou que possam ser transmitidas a terceiros ou que não sejam de uso privativo do órgão ou entidade produtora ou depositária das informações. Enquadram-se neste cenário as empresas privadas de proteção ao crédito, como o SPC – Serviço de Proteção ao Crédito.
- *Competência:* a Constituição Federal prevê a competência do Supremo Tribunal Federal (art. 102, I, "d" e art. 102, II, "a"), do Superior Tribunal de Justiça (art. 105, I, "b"), dos Tribunais Regionais Federais (art. 108, I, "c"), dos Juízes federais (art. 109, VIII), da Justiça do Trabalho (art. 114, IV) e da Justiça Eleitoral (art. 121, § 4º, V) para a apreciação do "*writ*".

2.5 Ação popular

- *Origem:* sua origem vem da época do Império Romano, quando os cidadãos romanos dirigiam-se ao magistrado para buscar a tutela de um bem, valor ou interesse que pertencesse à coletividade. O primeiro texto legal sobre a ação popular surgiu na Bélgica, em 1836. No Brasil, a primeira Lei Fundamental pátria a disciplinar a ação popular tal como se conhece hoje foi a de 1934. Suprimida na de 1937, mas restabelecida na de 1946, tem estado presente em todas as Cartas desde então.
- *Regulamentação:* nada obstante a previsão constitucional, a Lei nº 4.717/1965, elaborada à égide da Constituição de 1946, auxilia na disciplina do instrumento de direitos humanos que aqui se estuda.
- *Natureza jurídica:* a ação popular é tutela de interesse coletivo para a proteção da coisa pública, não servindo para amparar interesse particular e pessoal. Trata-se de poderoso instrumento colocado à disposição dos cidadãos para a tutela da coisa pública. Trata-se de ação constitucional, que visa anular ato lesivo ao patrimônio público ou de entidade de que o Estado participe, à moralidade administrativa, ao meio ambiente e ao patrimônio histórico e cultural. É considerada um mecanismo de soberania popular, ao lado daqueles previstos no art. 14, CF (plebiscito, referendo e iniciativa popular).
- *Legitimidade ativa:* a legitimidade ativa é do cidadão, isto é, aquele que esteja no pleno gozo dos direitos políticos (se está falando, pois, do cidadão-eleitor). Aos portugueses com residência permanente no país, ser-lhes-á dada legitimidade ativa desde que haja reciprocidade em favor de brasileiros (art. 12, § 1º, CF). Como regra, não há se falar em legitimidade ativa do Ministério Público, salvo na hipótese do art. 9º, da Lei nº 4.717/1965.
- *Legitimidade passiva:* quanto à legitimidade passiva, nos moldes do art. 6º, da Lei nº 4.717/1965, sempre haverá um ente da Administração Pública, direta ou indireta, ou então pessoa jurídica que de algum modo lide com a coisa pública.
- *Competência:* a competência será fixada de acordo com a origem do ato ou omissão a serem impugnados. Frisa-se, entretanto, a ausência de foro por prerrogativa de função na ação popular. Excepcionalmente, são elencadas duas hipóteses de competência originária do STF: *a)* art. 102, I, "f", CF; *b)* art. 102, I, "n", CF.
- *Coisa julgada:* o art. 18, da Lei nº 4.717/1965, prevê que a sentença proferida em sede de ação popular terá eficácia de coisa julgada oponível "*erga omnes*", exceto no caso de haver sido a ação julgada improcedente por deficiência de prova; neste caso, qualquer cidadão poderá intentar outra ação com idêntico fundamento, valendo-se de prova nova.

3 TUTELA COLETIVA NA PROMOÇÃO DOS DIREITOS HUMANOS

- O estudo do processo coletivo se desenvolveu no *Estado Democrático de Direito (ou Estado Constitucional Democrático)*, sobretudo em considerando que, nada obstante o pluralismo da multicultural sociedade em que se vive, é cada vez mais comum a singularidade de interesses que movem determinadas demandas, como aquelas que envolvem o direito ao meio ambiente, a tutela do consumidor, a probidade e a lisura nas tratativas com a coisa pública e com o patrimônio social, bem como pelejas que, apesar de naturalmente individuais, ganham o caráter conglobado dado o enorme contingente de litigantes com a mesma causa de pedir. Assim, jamais desconsiderando a importância do processo individual – este ainda prevalece no cotidiano prático forense –, o fato é que, nos dias atuais, por questão de efetivação do acesso à justiça, de economia processual, e de homogeneidade dos pronunciamentos judiciais acerca de temas símiles (o que visa resguardar a isonomia), o processo coletivo ou coletivizado tem sua importância maximizada com o estudo dos chamados direitos metaindividuais, dos quais são espécies os direitos coletivos, os direitos difusos, e, conforme a doutrina majoritária, os direitos individuais homogêneos.

3.1 Ação Civil Pública

- *Regulamentação:* é regulada pela Lei nº 7.347/1985, encontrando assento constitucional no art. 129, III, da Lei Fundamental, como uma das funções institucionais do Ministério Público. Trata-se de instrumento colocado à disposição do órgão ministerial e de outros legitimados ativos para a tutela de quaisquer direitos difusos, coletivos ou individuais homogêneos.
- *Origem:* a ação civil pública nasceu no art. 14, § 1º, da Lei nº 6.938/1981, que trata da "Política Nacional do Meio Ambiente". Ou seja, a ACP nasceu para tutelar, apenas, o meio ambiente. Depois é que se tem o advento da Lei nº 7.347/1985, e, também, a Constituição Federal de 1988 e o Código de Proteção e Defesa do Consumidor, que ampliaram a importância da ACP.
- *Cabimento:* de acordo com o art. 1º, da Lei nº 7.347/1985, é cabível ação civil pública em caso de danos patrimoniais e morais causados: *a)* ao meio ambiente (inciso I); *b)* ao consumidor (inciso II); *c)* a bens e direitos de valor artístico, estético, histórico, turístico e paisagístico (inciso III); *d)* a qualquer outro interesse difuso ou coletivo (inciso IV); *e)* por infração da ordem econômica e da economia popular (inciso V); *f)* à ordem urbanística (inciso VI); *g)* à honra e à dignidade de grupos raciais, étnicos ou religiosos (inciso VII); e *h)* ao patrimônio público e social (inciso VIII). O inciso IV, ao utilizar a expressão "qualquer outro interesse difuso ou coletivo", torna o rol da ACP meramente exemplificativo, o que permite falar em um *"princípio da não taxatividade da ação civil pública".* Ademais, a inclusão de expressões abertas, como "patrimônio público e social" (Lei nº 13.004/2014), somente confirma tal postulado.
- *Objeto:* conforme o art. 3º, LACP, a ação civil poderá ter por objeto a condenação em dinheiro ou o cumprimento de obrigação de fazer ou não fazer.
- *Utilização como instrumento de controle difuso-concreto de constitucionalidade:* na doutrina, em geral, há forte discussão, mas o STF e o STJ entendem, de forma pacífica, que as ações coletivas, dentre elas a ação civil pública, podem ser utilizadas como instrumento de controle difuso-concreto de constitucionalidade. Todavia, mostra-se forçoso lembrar que, na ação civil pública, a declaração de inconstitucionalidade apenas poderá ser causa de pedir, jamais podendo constar do próprio pedido da ação. Caso contrário, haveria usurpação da competência do Supremo Tribunal Federal, pois se permitiria a um juiz de primeira instância realizar juízo de competência exclusiva do STF.

3.2 Mandado de segurança coletivo

- *Origem:* se o mandado de segurança individual foi trazido pela Constituição de 1934, o mandado de segurança coletivo nasceu na Constituição Federal de 1988, no art. 5º, LXX. Até então, não havia instrumento assim no ordenamento pátrio. Atualmente, a regulamentação se dá pela Lei nº 12.016/2009 (a mesma que regula o mandado de segurança individual).
- *Natureza jurídica:* trata-se de ação constitucional, de rito sumário e especial, destinada à proteção de direito líquido e certo, contra ato ilegal ou praticado com abuso de poder, praticado por autoridade ou particular no exercício de atribuições do Poder Público.
- *Objeto:* o objeto do mandado de segurança coletivo são os direitos coletivos e os direitos individuais homogêneos. Tal instituto não se presta à proteção dos direitos difusos, conforme posicionamento amplamente majoritário, já que, dada sua difícil individualização, fica improvável a verificação da ilegalidade ou do abuso do poder sobre tal direito.
- *Sobre a legitimidade ativa dos partidos políticos:* conforme posicionamento dominante, a legitimação ativa do partido político para impetrar mandado de segurança coletivo somente se dá dentro de suas finalidades institucionais e/ou para defender interesses de seus filiados (há entendimentos minoritários, contudo, que entendem ser irrestrita esta legitimidade ativa). O STF

perfilha-se ao posicionamento majoritário, que foi, inclusive, consagrado na cabeça do art. 21, da Lei nº 12.016/2009, primeira parte.

- Sobre a legitimidade ativa das organizações sindicais, entidades de classe ou associação: de acordo com a súmula nº 629, STF, a impetração de mandado de segurança coletivo por entidade de classe em favor dos associados independe da autorização destes. Ademais, consoante a súmula nº 630, do Supremo Tribunal Federal, a entidade de classe tem legitimação para o mandado de segurança coletivo ainda que a pretensão veiculada interesse a uma parcela da respectiva categoria. O objeto de defesa do mandado de segurança coletivo impetrado por entidade de classe, sindicato e associação não precisa guardar relação com os fins institucionais da entidade, bastando que conste de seus estatutos (um entendimento minoritário, contudo, defende que a legitimação ativa somente seria de acordo com os interesses típicos da categoria). O entendimento histórico do STF, perfilhado ao posicionamento majoritário, foi, inclusive, consagrado na cabeça do art. 21, da Lei nº 12.016/2009, parte final.

3.3 Mandado de injunção coletivo

- *Regulamentação:* a partir de junho de 2016, a Lei nº 13.300 dispensa atenção tanto à versão individual do mandado de injunção, como à versão coletiva (antes, se aplicava ao MI analogicamente a Lei do Mandado de Segurança – Lei nº 12.016/2009 – no que coubesse, inclusive no tocante ao mandado de injunção coletivo). Com relação à Lei do Mandado de Segurança, após a regulamentação do MI, esta continua sendo aplicada no mandado de injunção, mas agora de forma subsidiária (mesma condição em que se aplica o Novo Código de Processo Civil, vigente desde março de 2016).

- *Legitimidade ativa:* nos termos do art. 12, da Lei nº 13.300, o mandado de injunção coletivo poderá ser impetrado pelo Ministério Público, quando a tutela requerida for especialmente relevante para a defesa da ordem jurídica, do regime democrático ou dos interesses sociais ou individuais indisponíveis (inciso I) (deve-se mostrar pertinência institucional para a impetração do *"writ"*); por partido político com representação no Congresso Nacional, para assegurar o exercício de direitos, liberdades e prerrogativas de seus integrantes ou relacionados com a finalidade partidária (inciso II) (vale o que já foi dito para o mandado de segurança coletivo); por organização sindical, entidade de classe ou associação legalmente constituída e em funcionamento há pelo menos um ano, para assegurar o exercício de direitos, liberdades e prerrogativas em favor da totalidade ou de parte de seus membros ou associados, na forma de seus estatutos e desde que pertinentes a suas finalidades, dispensada, para tanto, autorização especial (inciso III) (vale o que já foi dito para o mandado de segurança coletivo); e pela Defensoria Pública, quando a tutela requerida for especialmente relevante para a promoção dos direitos humanos e a defesa dos direitos individuais e coletivos dos necessitados, na forma do inciso LXXIV do art. 5º da Constituição Federal (inciso IV) (deve-se mostrar pertinência institucional para a impetração do *"writ"*).

- *Coisa julgada no mandado de injunção coletivo:* no mandado de injunção coletivo, a sentença fará coisa julgada limitada às pessoas integrantes da coletividade, do grupo, da classe ou da categoria substituídos pelo impetrante, sem prejuízo do disposto nos parágrafos primeiro e segundo do art. 9º, da Lei nº 13.300 (art. 13, da Lei nº 13.300). Aqui, o legislador condicionou e limitou a coisa julgada àqueles que estão sendo assistidos no âmbito processual, mas atentou para a possibilidade de aplicação do art. 9º da nova Lei do MI, quando este dispositivo atribui a possibilidade de conferir eficácia *"ultra partes"* ou *"erga omnes"* à decisão (quando isso for inerente ou indispensável ao exercício do direito, da liberdade ou da prerrogativa objeto da impetração), e quando se atribui ao relator a possibilidade de, após trânsito em julgado da decisão, monocraticamente elastecer os efeitos da decisão em sede de MI a casos análogos.

4 OUTROS MECANISMOS NACIONAIS DE PROTEÇÃO AOS DIREITOS HUMANOS

4.1 Incidente de deslocamento de competência

- *Justificativa da criação:* por temer a responsabilização perante organismos internacionais de proteção aos direitos humanos (como a Corte Interamericana e a Comissão Interamericana de direitos

humanos, como exemplos) aos quais o Brasil se comprometeu perante documentos internacionais, é que o incidente de deslocamento de competência foi criado, juntamente com o acréscimo do inciso V-A ao art. 109, CF, no sentido de que aos juízes federais compete processar e julgar as causas relativas a direitos humanos envolvidas no IDC.
- *Conceito:* o IDC, consagrado no art. 109, § 5º, CF, representa o reconhecimento pelos agentes políticos nacionais de que o Brasil ainda contempla guetos de obscurantismo social, nos quais sequer as autoridades investigativas, acusadoras ou processadoras são capazes de transpor as barreiras do coronelismo e da corrupção. Na maioria das vezes por incapacidade técnica ou logística, o cenário fica ainda mais preocupante em considerando a possibilidade de que tais autoridades possam, eventual e temerariamente, integrar estes mencionados guetos de obscurantismo. Por tal motivo, consagra-se a possibilidade de que, tanto na fase inquisitória como na fase processual, sejam os procedimentos levados para o âmbito federal (policial e/ou federal), a fim de tornar mais aparelhadas e impessoais as averiguações em torno de uma grave denúncia de violação de direitos humanos que o Brasil se comprometeu a combater por meio de documentos internacionais. Para tanto, mister se faz que haja iniciativa do Procurador-Geral da República, chefe do Ministério Público da União (art. 128, § 1º, CF), mediante provocação ao Superior Tribunal de Justiça.
- *Grave violação de direitos humanos / qualquer fase do inquérito ou processo:* não há um rol específico do que venha a ser "grave *violação de direitos humanos*" (medida utilizada com fito de evitar que atos atentatórios ficassem fora de eventual listagem pré-determinada). Também, quando se utiliza a expressão "*em qualquer fase do inquérito ou do processo*", não se delimita qual inquérito ou qual processo seria esse (podendo ser um inquérito civil, por exemplo). Em termos práticos, da junção destes dois conceitos indeterminados é perfeitamente possível, a título ilustrativo, pensar em algo que não envolva questão meramente criminal (situação mais comum de pensar em "grave violação"), como um incidente de deslocamento que ocorra por violação à duração razoável do processo, ou questão envolvendo causa ambiental (direito coletivo em sentido amplo por excelência).
- *Requisitos para que haja incidente de deslocamento de competência: a)* demonstração inequívoca de ameaça ao cumprimento de obrigações assumidas pelo Brasil perante organismos e documentos internacionais; *b)* imprescindibilidade do pedido (razoabilidade e proporcionalidade devem funcionar como vetores); *c)* comprovação de inaptidão dos órgãos investigatórios, acusadores e processantes.

4.2 Comissão Nacional da Verdade

- *Origem:* a Lei nº 12.528, de 18 de novembro de 2011, criou, no âmbito da Casa Civil da Presidência da República, a Comissão Nacional da Verdade, com a finalidade de examinar e esclarecer as graves violações de direitos humanos praticadas no período entre 18 de setembro de 1946 e 05 de outubro de 1988 (prazo previsto no art. 8º, do Ato das Disposições Constitucionais Transitórias), a fim de efetivar o direito à memória e à verdade histórica e promover a reconciliação nacional. Trata-se de um mecanismo de justiça de transição.
- *Objetivos da CNV: a)* esclarecer os fatos e as circunstâncias dos casos de graves violações de direitos humanos mencionados no *caput* do art. 1º da Lei nº 12.528; *b)* promover o esclarecimento circunstanciado dos casos de torturas, mortes, desaparecimentos forçados, ocultação de cadáveres e sua autoria, ainda que ocorridos no exterior; *c)* identificar e tornar públicos as estruturas, os locais, as instituições e as circunstâncias relacionados à prática de violações de direitos humanos mencionadas no *caput* do art. 1º e suas eventuais ramificações nos diversos aparelhos estatais e na sociedade; *d)* encaminhar aos órgãos públicos competentes toda e qualquer informação obtida que possa auxiliar na localização e identificação de corpos e restos mortais de desaparecidos políticos, nos termos do art. 1º da Lei nº 9.140, de 4 de dezembro de 1995; *e)* colaborar com todas as instâncias do poder público para apuração de violação de direitos humanos; *f)* recomendar a adoção de medidas e políticas públicas para prevenir violação de direitos humanos, assegurar sua não repetição e promover a efetiva reconciliação nacional; e *g)* promover, com base nos informes obtidos, a reconstrução da história dos casos de graves violações de direitos humanos, bem como colaborar para que seja prestada assistência às vítimas de tais violações.

- *Duração:* por força do disposto na Lei nº 12.998/2014, definiu-se no art. 11, da Lei nº 12.528, que a Comissão Nacional da Verdade teria prazo até 16 de dezembro de 2014 para conclusão dos trabalhos (a redação inicial da Lei nº 12.528 falava no prazo de dois anos para conclusão dos trabalhos contados da sua instalação – que se deu em maio de 2012 –, o que foi posteriormente alterado pela Medida Provisória nº 632/2013 e confirmado pela Lei nº 12.998), devendo apresentar, ao final, relatório circunstanciado contendo as atividades realizadas, os fatos examinados, as conclusões e as recomendações. Em 10 de dezembro de 2014, a CNV apresentou extenso relatório de suas atividades realizadas.
- *Legado da CNV:* saber qual o legado deixado pela Comissão Nacional da Verdade depende de elementos a serem considerados para a solução de uma equação complexa: *a)* se o relatório por ela produzido for utilizado em consonância com o elemento da reconciliação nacional (elemento este extremamente estimulado pelo governo de Nelson Mandela, na África do Sul, quando do fim do regime de "*apartheid*", por exemplo), então ele terá logrado êxito absoluto; se não, então ele será mais um mecanismo de discriminação entre quem investigou e quem foi investigado; *b)* se o relatório for utilizado em consonância com o elemento da materialização de direitos, então o ordenamento, as instituições e as leis hão de humanizar-se (assim como as pessoas); se não, ele será mais um calhamaço de papel a ocupar as prateleiras dos órgãos governamentais; e *c)* por fim, se o relatório for utilizado em consonância com o elemento democrático, o país se lembrará para sempre que não deve repetir experiências ditatoriais; se não, "*órfãos da ditadura*" continuarão por aí a defender suas teses mirabolantes.

4.3 Ministério Público e direitos humanos

- *Conceito:* o Ministério Público é instituição permanente, essencial à função jurisdicional do Estado, incumbindo-lhe a defesa da ordem jurídica, do regime democrático, e dos interesses sociais e individuais indisponíveis (art. 127, *caput*, da Constituição Federal). É um importante órgão pátrio de defesa dos direitos humanos.

4.4 Defensoria Pública e direitos humanos

- *Conceito:* disciplinada constitucionalmente no art. 134, a Defensoria Pública é instituição permanente, essencial à função jurisdicional do Estado, incumbindo-lhe, como expressão e instrumento do regime democrático, fundamentalmente, a orientação jurídica, a promoção dos direitos humanos e a defesa, em todos os graus, judicial e extrajudicial, dos direitos individuais e coletivos, de forma integral e gratuita, aos necessitados, na forma do inciso LXXIV do art. 5º da Constituição Federal.
- *Defensoria para todos:* a Emenda Constitucional nº 80/2014 acresceu ao ADCT um art. 98, segundo o qual o número de Defensores públicos na unidade jurisdicional será proporcional à efetiva demanda pelo serviço da Defensoria Pública e à respectiva população. É preciso observar, portanto, três vetores: a demanda local pelo serviço da Defensoria; o tamanho populacional; e a proporcionalidade entre a demanda e o contingente populacional.
- *Defensoria no sistema interamericano:* no regulamento da Corte Interamericana de Direitos Humanos se traz a figura do chamado Defensor Público interamericano. De acordo com o art. 2º do diploma, item 11, a expressão "Defensor Interamericano" significa a pessoa que a Corte designe para assumir a representação legal de uma suposta vítima que não tenha designado um defensor por si mesma. Ademais, pelo art. 37, em casos de supostas vítimas sem representação legal devidamente credenciada, o Tribunal (Corte) poderá designar um Defensor Interamericano de ofício que as represente durante a tramitação do caso. Neste sentido, merece destaque a Associação Interamericana de Defensorias Públicas.

JUSTIÇA INTERNACIONAL E SISTEMAS GLOBAL E REGIONAIS DE PROTEÇÃO AOS DIREITOS HUMANOS

Sumário • **1**. Introdução à justiça internacional dos direitos humanos – **1.1**. Direito Internacional dos Direitos Humanos – **1.2**. Violação de direitos humanos e responsabilidade internacional do Estado – **1.3**. *Responsibility to Protect* – R2P – **1.4**. Mecanismos de monitoramento e proteção internacional dos direitos humanos – **1.5**. Empresas e direitos humanos: a possibilidade de extensão da responsabilidade internacional – **1.6**. Convenção de Viena sobre Direito dos Tratados e noções mínimas de direito internacional – **2**. Sistema africano de direitos humanos – **2.1**. Carta Africana dos Direitos Humanos e dos Povos – **2.2**. Protocolo à CADHP para estabelecimento da Corte Africana dos Direitos Humanos e dos Povos – **3**. Sistema islamo-árabe de direitos humanos – **4**. Sistema europeu de direitos humanos – **4.1**. Conselho da Europa – **4.2**. Convenção Europeia dos Direitos do Homem – **4.3**. Tribunal Europeu dos Direitos do Homem – **5**. Sistema interamericano de direitos humanos – **5.1**. Sistema da Organização dos Estados Americanos – OEA – **5.2**. Convenção Americana dos Direitos Humanos: aspectos materiais – **5.3**. Convenção Americana dos Direitos Humanos: aspectos formais – meios de proteção – **6**. Sistema global de direitos humanos – **6.1**. Sistema da Organização das Nações Unidas – ONU – **6.2**. Corte Internacional de Justiça – **6.3**. Alto Comissariado das Nações Unidas para os Direitos Humanos – **6.4**. Comitê de Direitos Humanos – **6.5**. Conselho de Direitos Humanos – **6.6**. Comitê de Direitos Econômicos, Sociais e Culturais – **6.7**. Organismos especializados – **6.8**. Tribunal Penal Internacional – **7**. Sinopse do capítulo.

Nos tópicos que seguem, atenção especial deve ser dada aos ditos **mecanismos internacionais de proteção dos direitos humanos**. Se no capítulo passado foram vistos instrumentos e mecanismos nacionais, urge lembrar que as relações internas são complementadas – **e muito** – por um sistema internacionalizado que prevê agentes, órgãos com atribuições jurisdicionais, procedimentos etc. A internacionalização dos direitos humanos, indubitavelmente, é a principal conquista do pós-Segunda Guerra Mundial.

1 INTRODUÇÃO À JUSTIÇA INTERNACIONAL DOS DIREITOS HUMANOS

Em primeiro aspecto, convém tecer comentários a uma ideia de justiça internacional dos direitos humanos, isto é, os direitos humanos também podem ser estudados conciliando dispositivos do direito internacional público. Deste modo, da extração de elementos do direito internacional público e dos direitos humanos se pode falar em um **direito internacional dos direitos humanos**.

1.1 Direito Internacional dos Direitos Humanos

É recente na história o movimento de internacionalização dos direitos humanos, remetendo-se ao **Pós-Guerra (Segunda Guerra)** enquanto resposta às atrocidades e aos terrores cometidos durante o nazismo, notadamente diante da lógica de destruição de Hitler e da descartabilidade da pessoa humana por ele pregada que gerou o extermínio de 11 milhões de pessoas, tudo com "embasamento" legal. Logo, se a Segunda Guerra Mundial foi uma ruptura com os direitos humanos, o Pós-Guerra foi o marco para o reencontro com estes[1], consolidando-se o processo de formação dos sistemas internacionais de proteção pouco a pouco.

Os sistemas internacionais de proteção de direitos humanos se estabelecem **no âmbito de organizações internacionais**, conforme as regras e princípios de direito internacional. Neste sentido, o conceito de soberania estatal se torna relativo em prol do fortalecimento e da efetiva proteção dos direitos inerentes à dignidade da pessoa humana, notadamente quando o sistema interno de proteção não for suficiente.

Denota Piovesan[2] que no viés da concepção contemporânea de direitos humanos é revista a tradicional ideia de soberania absoluta estatal, que passa a ser **relativizada**, e fica cristalizada a noção de que o indivíduo merece ter direitos protegidos internacionalmente enquanto sujeito de direito.

O direito internacional é originário de uma sociedade descentralizada e o fenômeno da globalização induz esta mesma sociedade a repensar os contornos da soberania estatal, tanto que parte da doutrina prega a prevalência do direito internacional sobre o direito interno[3]. Contudo, pensa-se que não se trata de uma questão de prevalência – até mesmo porque tais sistemas funcionam de maneira muito diversa embora devam dialogar –, mas sim de **coexistência** e **complementação**.

"O Direito Internacional dos Direitos Humanos concede a titularidade de direitos derivados diretamente do ordenamento jurídico internacional, gerando obrigações positivas para os Estados. Neste sentido, o reconhecimento dos direitos dos indivíduos frente ao Estado, assim como a criação de mecanismos internacionais de supervisão, são inovações em relação ao Direito Internacional clássico"[4].

A intenção do sistema global de proteção de direitos humanos é a crescente efetividade de tais direitos, independentemente do instrumento utilizado para que se

---

[1] PIOVESAN, Flávia. Introdução ao sistema interamericano de proteção dos direitos humanos... Op. Cit., p. 17-18.
[2] Ibid., p. 19.
[3] NEVES, Gustavo Bregalda... Op. Cit., p. 31.
[4] GALLI, Maria Beatriz; DULITZKY, Ariel E... Op. Cit., p. 57.

atinja tal pretensão. Por isso mesmo, tem-se a chamada característica da complementaridade, que se relaciona com a necessidade de **coexistência de sistemas regionais de proteção internacional de direitos humanos ao lado de um sistema global**.

Nesta seara, a própria Carta da Organização das Nações Unidas, em que se estabelece o sistema de proteção global em questão, afirma: "Nada na presente Carta impede a existência de acordos ou de entidades regionais, destinadas a tratar dos assuntos relativos à manutenção da paz e da segurança internacionais que forem suscetíveis de uma ação regional, desde que tais acordos ou entidades regionais e suas atividades sejam compatíveis com os Propósitos e Princípios das Nações Unidas" (artigo 52, 1, Carta ONU).

Depois do processo de internacionalização dos direitos humanos, iniciou-se um processo de regionalização deles, ou seja, adaptação do conteúdo de cada uma das declarações de direitos até então proferidas a determinadas regiões do globo. Nesse sentido, considera Piovesan[5]: "Ao lado do sistema global, surgem os sistemas regionais de proteção, que buscam internacionalizar os direitos humanos no plano regional, particularmente na Europa, América e África. [...] Cada um dos sistemas regionais de proteção apresenta um aparato jurídico próprio. O sistema interamericano tem como principal instrumento jurídico a Convenção Americana de Direitos Humanos de 1969, que estabelece a Comissão Interamericana de Direitos Humanos e a Corte Interamericana. Já o sistema europeu conta com a Convenção Europeia de Direitos Humanos de 1950, que estabeleceu originariamente a Comissão e a Corte Europeia de Direitos Humanos. [...] Por fim, o sistema africano apresenta como principal instrumento a Carta Africana dos Direitos Humanos e dos Povos de 1981, que, por sua vez, estabelece a Comissão Africana de Direitos Humanos, mediante um Protocolo à Carta, em 1998".

Embora o sistema de proteção dos direitos humanos seja global é necessária a criação de sistemas regionais, sem os quais não é possível levar em consideração as **características culturais das diversas localidades na questão dos direitos humanos**. Nas regiões do globo com sistemas regionais mais fortalecidos, diminui-se a necessidade de se recorrer ao sistema global, ao passo que aquelas que possuem sistemas falhos ou embrionários demandam maior esforço da ONU. Com efeito, os sistemas regionais descentralizam a ONU e passam a considerar os diferentes elementos de base cultural, religiosa e social das diversas regiões, tornando pleno o sistema internacional.

"Logo, os sistemas global e regional não são dicotômicos, mas, ao revés, são complementares. Inspirados pelos valores e princípios da Declaração Universal, compõem o universo instrumental de proteção dos direitos humanos, no plano internacional. Em face deste complexo universo de instrumentos internacionais, cabe ao indivíduo, que sofreu violação de direito, a escolha do aparato mais favorável, tendo em vista que, eventualmente, direitos idênticos são tutelados por dois ou mais instrumentos de alcance global ou regional, ou ainda, de alcance geral ou especial"[6].

---

[5] PIOVESAN, Flávia. **Direitos humanos e o direito constitucional internacional...** Op. Cit.
[6] Id. Introdução ao sistema interamericano de proteção dos direitos humanos... Op. Cit., p. 24.

Não é surpreendente o fato de que o indivíduo possa escolher o procedimento internacional a ser acionado, seja global ou regional, reduzindo ou minimizando a possibilidade de conflito no plano normativo. O critério da **primazia da norma mais favorável** à suposta vítima de violação de direitos humanos também é coerente. Esta complementaridade de instrumentos de direitos humanos em níveis global e regional reflete a especificidade e autonomia do Direito Internacional dos Direitos Humanos, caracterizado essencialmente como direito de proteção[7].

Não obstante, reflete a preocupação do direito internacional dos direitos humanos em garantir reparação às vítimas de violações de direitos humanos. Neste ponto, a Assembleia Geral da ONU aprovou em 16 de dezembro de 2005 os **Princípios e Diretrizes básicos sobre os direitos das vítimas** de violações manifestas das normas internacionais de direitos humanos e de violações graves do direito internacional humanitário a interpor recursos e a obter reparações, incluindo: obrigação de respeitar, assegurar que se respeitem e aplicar normas internacionais de direitos humanos e de direito internacional humanitário; previsão de violações manifestas de direitos humanos e violações graves de direito humanitário que são crimes diante do direito internacional, tidos como imprescritíveis; conceito de vítima abrangendo aquele que sofra violações de direito individual ou coletivo; tratamento com dignidade e respeito destas vítimas; direito de interpor recursos, abrangendo acesso à justiça, acesso à informação e reparação de danos; e aplicação não discriminatória das disposições descritas no documento.

Tanto os sistemas de proteção de direitos humanos global quanto os regionais se estabelecem no âmbito de organizações internacionais, razão pela qual é importante estudá-las a título de introdução ao tema do capítulo.

"Uma vez constituídas, as organizações internacionais adquirem personalidade internacional independente da de seus membros constituintes, podendo, portanto, adquirir direitos e contrair obrigações em seu nome e por sua conta, inclusive por intermédio da celebração de tratados com outras organizações internacionais e com Estados, nos termos do seu ato constitutivo"[8].

Mello[9] aponta que Organizações internacionais caracterizam-se por:

a) **Associação voluntária de sujeitos de direito internacional:** em regra, a expressão sujeitos de direito internacional abrange exclusivamente Estados. Quando os Estados ingressam numa organização internacional passam a ter o status de membros, sendo este ato de ingresso voluntário, não obrigatório;

b) **Ato institutivo de natureza internacional:** as organizações internacionais são criadas via tratados e convenções, aceitando o ingresso de novos Estados mesmo após sua instituição;

---

[7] TRINDADE, Antônio Augusto Cançado. O sistema interamericano de direitos humanos no limiar do novo século... Op. Cit., p. 104.
[8] NEVES, Gustavo Bregalda... Op. Cit., p. 75.
[9] MELLO, Celso D. de Albuquerque... Op. Cit., p. 584-589.

c) **Personalidade internacional:** por possuírem personalidade internacional independente da dos seus membros, as organizações internacionais são entes de aspecto estável;

d) **Ordenamento jurídico interno:** assim como as sociedades de direito privado, as organizações internacionais são dotadas de estatuto interno regulamentando as relações entre seus órgãos;

e) **Existência de órgãos próprios:** a estrutura das organizações internacionais é variável, mas geralmente se encontra nelas um Conselho (órgão executivo onde estão representados apenas alguns Estados), uma Assembleia (com representação de todos os membros) e um Secretariado (que exerce a parte administrativa das funções);

f) **Exercício de poderes próprios:** os poderes de uma organização são fixados no tratado que as cria, atendendo às finalidades comuns de seus membros. No exercício de seus poderes, as organizações criam normas internacionais, via deliberações, as quais podem ou não ter valor obrigatório.

Em suma, organizações internacionais são entes dotados de personalidade internacional independente, instituídas por ato de natureza internacional e composta por sujeitos de direito internacional que a ela se associam voluntariamente, geralmente Estados, possuindo ordenamento jurídico interno e órgãos próprios que movimentam sua estrutura, sem os quais não consegue exercer os seus poderes.

"A sociedade internacional, formada pelos Estados, pelos organismos internacionais e pelo homem, apresenta as seguintes peculiaridades em contraposição às sociedades internas: universal, isonômica, descentralizada, aberta e com Direito originário"[10].

Não significa que as organizações internacionais regulamentem apenas questões de direitos humanos, nem que tais entidades devem se ater a uma finalidade específica neste aspecto. Em termos de proteção internacional de direitos humanos nota-se a instituição de órgãos e comitês voltados à proteção de tais direitos dentro de uma **organização com fins gerais**, bem como a expedição de diversos documentos que funcionam como mecanismos de proteção (que podem ser parte de um sistema convencional ou extraconvencional).

Por exemplo, a Organização das Nações Unidas – ONU e a Organização dos Estados Americanos – OEA, principais organizações internacionais que serão estudadas neste capítulo, servem a fins gerais, pois atendem a vários fins, inclusive direitos humanos, estando a primeira em âmbito global e a segunda no âmbito da América.

1.2 Violação de direitos humanos e responsabilidade internacional do Estado

A denúncia internacional serve como **mecanismo alternativo** para a proteção das vítimas de violações de direitos humanos ante a falta de respostas adequadas no âmbito interno, conferindo publicidade a estes casos de violação. Cabe ao Estado

---
[10] NEVES, Gustavo Bregalda... Op. Cit., p. 4.

prestar contas à comunidade internacional em caso de violações de direitos humanos ocorridas em seu território diante de solicitação por um órgão de supervisão. Após a manifestação do Estado acusado, a organização internacional competente decidirá sobre a violação causada por uma ação ou omissão dos agentes estatais. Assim, garante-se a responsabilidade internacional dos Estados de respeitar e garantir direitos humanos[11].

A **ação internacional**, com a conversão dos indivíduos em sujeitos de direito internacional, é sempre **suplementar**, isto é, funciona como garantia adicional de proteção dos direitos humanos[12]. O que deverá predominar é a busca pela aplicação do direito interno, também garantidor da proteção dos direitos humanos (daí a regra do esgotamento dos recursos internos, que será estudada em momento oportuno).

> Os tratados de proteção dos direitos humanos podem ser equiparados aos tratados multilaterais clássicos?

Os tratados de proteção dos direitos humanos não podem ser equiparados aos tratados multilaterais clássicos porque as convenções sobre direitos humanos são mais amplas, já que seu objeto não são compromissos recíprocos para o benefício mútuo dos Estados Partes, mas a incorporação de **obrigações objetivas a serem cumpridas por meio de mecanismos de implementação coletiva**.

Em relação aos tratados de direitos humanos, maior relevância tem o sistema de proteção internacional devido à **própria natureza dos direitos protegidos**. Direitos assegurados à pessoa humana independem da nacionalidade dos indivíduos e se baseiam, exclusivamente, na sua posição de seres humanos. Os indivíduos, em relação a tais documentos e às instituições, órgãos ou entidades encarregadas de protegê-los, não aparecem através de seu Estado, mas sim "desnacionalizados".

As pessoas passam a poder exercer direitos que a elas são atribuídos diretamente pelo direito internacional. Uma vez reconhecidas como titulares de direitos, num passo seguinte, foi-lhes atribuída *capacidade processual* perante órgãos de supervisão internacional: direito de petição individual, e direito de recorrer a instâncias internacionais.

Neste novo sistema de proteção, portanto, tornou-se patente que a natureza dos direitos protegidos é inerente à pessoa humana, não deriva do Estado e tem ampliada a efetiva proteção, antes limitada pelas relações diplomáticas internacionais, de cunho discricionário.

"As obrigações convencionais de proteção vinculam Estados-parte (todos os seus poderes, órgãos e agentes), e não só seus governos. [...] Ao Poder Executivo

---

[11] GALLI, Maria Beatriz; DULITZKY, Ariel E. A comissão interamericana de direitos humanos e o seu papel central no sistema interamericano de proteção dos direitos humanos. In: GOMES, Luís Flávio; PIOVESAN, Flávia (Coord.). **O sistema interamericano de proteção dos direitos humanos e o direito brasileiro**. São Paulo: Revista dos Tribunais, 2000, p. 54-56.

[12] PIOVESAN, Flávia. Introdução ao sistema interamericano de proteção dos direitos humanos... Op. Cit., p. 27.

incumbe tomar todas as medidas – administrativas e outras – a seu alcance para dar fiel cumprimento àquelas obrigações. **A responsabilidade internacional pelas violações dos direitos humanos sobrevive aos governos, e se transfere a governos sucessivos, precisamente por se tratar de responsabilidade do Estado.** Ao Poder Legislativo incumbe tomar todas as medidas dentro de seu âmbito de competência, seja para regulamentar os tratados de direitos humanos de modo a dar-lhes eficácia no plano do direito interno, seja para harmonizar este último com o disposto naqueles tratados. E ao Poder Judiciário incumbe aplicar efetivamente as normas de tais tratados no plano do direito interno e assegurar que sejam respeitados. Isto significa que o Legislativo e o Judiciário nacionais têm o dever de prover e aplicar recursos internos eficazes contra violações tanto dos direitos consignados na Constituição como dos direitos consagrados nos tratados de direitos humanos que vinculam o país em questão, ainda mais quando a própria Constituição nacional assim expressamente o determina (art. 5º, § 2º). O descumprimento das normas convencionais de proteção engaja de imediato a responsabilidade internacional do Estado, por ato ou omissão, seja do Poder Executivo, seja do Legislativo, seja do Judiciário"[13].

Assim, hoje, finalmente, caminha-se no sentido da **responsabilização internacional dos Estados** pelo tratamento da pessoa humana e, notadamente, pelos atos ilícitos que venham a ser praticados contra ela.

Destaque deve ser dado ao **Projeto da Comissão da Direito Internacional das Nações Unidas, sobre responsabilidade internacional dos Estados** (ainda em fase embrionária, mas com redação trabalhada mais intensamente desde a década de 1990). O projeto conta com 59 artigos divididos em quatro partes.

Na **parte I** se fala do **ato internacionalmente ilícito de um Estado**: um ato internacional ilícito é aquele atribuível ao Estado consoante o direito internacional, e que constitua violação de obrigação internacional do Estado (art. 2º); fala-se em responsabilidade conexa entre Estados que cometam atos internacionais ilícitos (art. 16); assim como são previstas excludentes de ilicitude, se a conduta se dá em legítima defesa ou por força maior, por exemplo (arts. 21 e 23).

Na **parte II** se faz menção ao **conteúdo da responsabilidade internacional do Estado**: o Estado responsável pelo ato internacionalmente ilícito tem a obrigação de cessá-lo se ele continua ocorrendo, bem como oferecer segurança e garantias para que ele não se repita após sua cessação (art. 30); o Estado tem a obrigação de reparar o dano, seja ele material ou moral (arts. 31); as formas de reparação deverão se dar através de restituição, indenização e satisfação, individualmente ou em combinação (art. 34).

Na **parte III** se fala da **implementação da responsabilidade internacional do Estado**: meios de comunicar que o Estado praticou ato internacionalmente ilícito e a eventual perda deste direito (arts. 42 a 45); se há pluralidade de Estados lesados cada um pode, indivigualmente, invocar a responsabilização daquele Estado que causou

---

[13] TRINDADE, Antônio Augusto Cançado. Direitos humanos no século XXI. **Revista da Universidade de Brasília**, Brasília, p. 16 – 18, 01 jul. 2000.

a lesão (art. 46); possibilidade, pelo Estado lesado, de utilização de contra-medidas desde que com parcimônia e proporcionalidade (arts. 49 a 54).

Na **parte IV**, por fim, são trazidas **considerações gerais**: a não-aplicabildade do projeto de Convenção caso exista legislação especial tratando do tema, denotando, portanto, seu caráter subsidiário (art. 55); a não-prejudicialidade da Convenção em relação à Carta das Nações Unidas (art. 59) etc.

Sem prejuízo da aludida expectativa norma de direito internacional público, Convenções específicas existem. Ilustrativamente, um primeiro caso é a **Convenção sobre Responsabilidade Internacional por Danos Causados por Objetos Espaciais** (1972, internalizada pelo Brasil pelo Decreto nº 71.981/1973). Outro caso é a **Convenção de Viena sobre Responsabilidade Civil por Danos Nucleares** (1963, internalizada pelo Brasil pelo Decreto nº 911/1993). Por fim, a **Convenção Internacional sobre Preparo, Resposta e Cooperação em caso de Poluição por Óleo** (1990, internalizada pelo Brasil pelo Decreto nº 2.870/1998).

1.3 Responsibility to Protect – R2P

> *Em que consiste a "Responsibility to Protect"?*

A iniciativa *Responsibility to Protect* (R2P – em português: responsabilidade de proteger) relaciona-se com o **dever dos Estados de proteger as respectivas populações de crimes internacionais graves, como o genocídio, os crimes contra a humanidade, a limpeza étnica e os crimes de guerra.**

A iniciativa, também conhecida como RtoP, foi estabelecida na Cúpula Mundial de 2005 (Cúpula das Nações Unidas), promovida pela ONU, e suas linhas gerais constam dos pontos 138 e 139 do documento da reunião em apreço. Funda-se em três "pilares":

1. Os Estados têm a responsabilidade primária de proteger as respectivas populações contra o genocídio, os crimes contra a humanidade, a limpeza étnica e os crimes de guerra, **não importando se o conflito é interno ou internacional**;
2. A comunidade internacional tem a responsabilidade de **prestar assistência aos Estados**, para que estes cumpram referida responsabilidade;
3. A comunidade internacional deve empregar meios diplomáticos, humanitários e de outra natureza, **desde que pacíficos**, para proteger as populações humanas contra tais crimes e, se um Estado for falho em proteger a respectiva população contra tais atos, ou for o perpetrador de tais crimes, **a comunidade internacional deve estar preparada para tomar medidas mais duras**, que podem incluir o uso da força no interesse coletivo, determinado pelo Conselho de Segurança da ONU.

Neste sentido, a iniciativa R2P prevê o **emprego da força em última instância**. Primeiramente, deve o Estado falhar em proteger sua população ou cometer os crimes combatidos pela iniciativa. Em seguida, devem fracassar os mecanismos pacíficos para resolver o problema. Por fim, se pode empregar a força, a partir de decisão tomada no âmbito do Conselho de Segurança da ONU e, portanto, no interesse coletivo.

1.4 Mecanismos de monitoramento e proteção internacional dos direitos humanos

> O que são mecanismos de monitoramento e proteção internacional dos direitos humanos?

Podem ser considerados mecanismos de proteção contra violações de direitos humanos **todos os órgãos instituídos com vistas a conferir tal proteção** e os respectivos **instrumentos por ele utilizados para receber informações e denúncias, divulgar relatórios e promover investigações**.

Os mecanismos de proteção podem operar tanto ao serem provocados pelo interessado (*sistema de petições*), quanto de ofício (*sistema de relatórios e investigações*):

a) **Sistema de Petições:** formado por reclamações individuais ou de Estados, cujas condições de admissibilidade estão consignadas nos respectivos instrumentos de direitos humanos que as preveem. É possível que surjam problemas pela utilização simultânea ou sucessiva de procedimentos distintos de petição, diante da multiplicidade e diversidade dos tratados na esfera mundial e regional. A configuração da "mesma matéria" sendo tratada por diferentes órgãos internacionais, em procedimentos distintos, é averiguada em relação ao objeto da causa *ratione materiae* e em relação às partes *ratione personae*. Havendo identidade, tem prevalência para examinar a questão o órgão da Convenção que der a mais ampla proteção ao direito lesado; contudo, a princípio, cabe ao reclamante escolher qual o procedimento, dentre os previstos nos instrumentos coexistentes, que considere mais favorável a seu caso, pois terá que arcar com a solução dada.

Nem todas as decisões proferidas pelo sistema de petições são vinculantes, no sentido estrito da palavra, isto é, nem todas decisões possuem caráter jurisdicional. Nas Nações Unidas, apenas as proferidas pela Corte Internacional de Justiça possuem força jurisdicional, sendo que o Brasil se sujeita a este órgão apenas em casos incidentais, não reconhecendo sua competência geral. Na Organização dos Estados Americanos, apenas as proferidas pela Corte Interamericana dos Direitos Humanos possuem força jurisdicional, as quais se impõem ao Brasil e possuem força executiva plena no âmbito interno. O Brasil se sujeita a outros órgãos que possuem poder deliberativo, mas não jurisdicional (logo, suas decisões não são executivas), como o Comitê de Direitos Humanos (ONU), o Conselho de Direitos Humanos (ONU) e a Comissão Interamericana de Direitos Humanos (OEA). Todos estes aspectos serão aprofundados ao longo do capítulo;

b) **Sistema de Relatórios:** é um método de controle dos direitos humanos exercido de ofício pelos órgãos de supervisão internacional instituídos nos tratados, ou pelos Estados-partes. Diversos tratados dispõem que os Estados-partes devem enviar relatórios periódicos aos órgãos de supervisão, a fim de informarem sobre o cumprimento dos pactos. Recebidos os relatórios, os órgãos de supervisão elaboram seus relatórios, que eventualmente servem de base para tomada de medidas. Sendo assim, os próprios órgãos cuidam de elaborar relatórios a partir de todas as informações que recebem, tanto pelas petições quanto pelos relatórios dos Estados, instituindo relatorias especiais quando necessário e, muitas vezes, emitindo ao final dos seus relatórios observações gerais;

c) **Procedimentos de Investigação:** podem ser *permanentes* ou *designados*, sendo os primeiros institucionalizados (previstos nos tratados para situações específicas) e os últimos decorrem indiretamente do sistema de relatórios e de petições (iniciados a partir do recebimento de uma comunicação de violação aos direitos humanos).

"Não é suficiente a existência de normas internacionais de proteção se os mecanismos disponíveis para salvaguarda-a desses direitos não funcionam de maneira eficaz. Assim, para se combater este quadro e tornar a tutela dos direitos humanos uma realidade universal, é necessário que se fortaleçam os mecanismos de salvaguarda dessas garantias. O fortalecimento desses sistemas de proteção dos direitos humanos (seja o global ou os regionais) passa pela vontade política dos Estados. O papel das organizações não-governamentais e da sociedade civil organizada para transformar esta realidade é fundamental. A pressão para que os governos se comprometam a respeitar os direitos humanos é essencial para que estes sejam respeitados. O cenário atual demonstra a necessidade de que esses sistemas de proteção dos direitos humanos sejam fortalecidos e respeitados. A luta pelos direitos humanos e pela existência de mecanismos eficientes de proteção desses direitos é a luta para que possa garantir aos seres humanos, sob quaisquer condições, o mínimo, o necessário para se viver com dignidade"[14].

1.5 Empresas e direitos humanos: a possibilidade de extensão da responsabilidade internacional

O sistema de proteção dos direitos humanos se baseia na responsabilização internacional de Estados. Noutras palavras, nos organismos internacionais, em regra, o sujeito isolado, o particular, é usualmente excluído do processo de participação. A responsabilização individual apenas se viabiliza expressamente no caso de condenações do Tribunal Penal Internacional, podendo recair apenas sobre um indivíduo e diante da prática de determinados crimes, sendo assim exclusivamente penal, escapando do campo indenizatório.

Considerando que o sistema de proteção emerge como resposta aos conflitos armados entre Estados, em especial na Segunda Guerra Mundial, as limitações sistêmicas se mostravam bastante lógicas. Se o Estado era o responsável pelas violações em massa de direitos humanos e se era o poder dele que teria que ser limitado para

---

[14] SILVA, Karine de Souza; VIEL, Ricardo Nunes. Os mecanismos coletivos de proteção dos direitos humanos: os sistemas de proteção universal e o interamericano. **Revista Direito e Justiça**, Reflexões Sociojurídicas, ano VI, n. 9, nov. 2006.

a proteção de tais direitos e para a preservação da paz, razoável que o sistema de proteção buscasse conter exclusivamente a sua conduta. Tanto é verdade que, mesmo com o julgamento de Nuremberg, foram anos até se pensar num sistema penal internacional de responsabilidade individual.

Entretanto, as décadas que se seguiram à emergência do sistema de proteção dos direitos humanos contextualizaram a temática da violação de direitos de forma diversa, em especial no contexto dos processos de globalização. "A globalização, neste sentido, significa um processo em que os Estados nacionais sofrem interferências cruzadas de fatores transnacionais em sua soberania, identidade, redes de comunicações, enfim, em suas oportunidades de poder como um processo irreversível iniciado no próprio surgimento dos Estados nacionais" (tradução nossa)[15]. Tais interferências transnacionais que pairam acima dos limites territoriais do Direito posto se tornam cada vez mais comuns conforme ganham força as **grandes empresas transnacionais**, como exploradoras de petróleo e outros recursos naturais e, recentemente, das tecnologias informacionais.

A obediência à lei sempre foi uma matéria delicada no campo dos direitos humanos, mas quando a globalização se intensifica fica claro que a violação de direitos humanos poderá, muitas vezes, não partir dos Estados, **mas sim de indivíduos detentores do poder econômico ou, mais precisamente, das empresas transnacionais**. Tal constatação impulsiona discussões a respeito da responsabilidade internacional de empresas por violações de direitos humanos.

Estas discussões se baseiam nos seguintes aspectos: **1º) impunidade e abuso do poder econômico** – as empresas transnacionais detentoras de poder econômico possuem facilidade para se esquivarem dos tradicionais sistemas de responsabilização entabulados nas jurisdições nacionais, manipulando o sistema processual para postergar o máximo possível o dever de reparação, logo, as chances de impunidade são grandes; **2º) extensão do dano e sua reparação** – os impactos dos danos praticados por estas empresas muitas vezes não são apenas locais, transcendendo as fronteiras territoriais de um Estado, além do que é possível que o dano seja praticado fora da jurisdição de qualquer Estado, por exemplo, em águas internacionais, o que demandaria a possibilidade de uma justiça universal reparatória, isto é, de que a responsabilização por tais danos pudesse ocorrer não apenas no local estrito onde a violação ocorreu, mas fora dele, inclusive na esfera internacional.

1.5.1 Caso Shell e a invocação do Alien Tort Claims Act (ATCA)

Vale trazer uma análise de um exemplo prático para compreender estes aspectos. Naquele que ficou conhecido internacionalmente como **Caso Shell**, um grupo de nigerianos acionou a justiça americana em busca da reparação de danos decorrentes

---

[15] ARANHA, Marcio Iorio. Mundialización informativa, informacional y cultural. **Política y Cultura**, Distrito Federal, México, n. 26, 2006, p. 80. No original: "La mundialización, en este sentido, significa un proceso en que los Estados nacionales sufren interferencias cruzadas de factores transnacionales en su soberanía, identidad, redes de comunicaciones, en fin, sus oportunidades de poder como un proceso irreversible iniciado en el propio surgimiento de los Estados nacionales".

de explorações abusivas de petróleo na Nigéria por parte da Shell e de suas incorporadoras (gerando não apenas danos ambientais, mas danos à população local num contexto de prisões arbitrárias e tortura), com conivência de Estados desenvolvidos, violando normas de direito internacional[16].

Observam-se nuances do primeiro aspecto acima mencionado, afinal, a incorporadora da Shell atuava em território nigeriano com abuso do poder econômico, mas o fato de ser uma gigante do ramo acabava por render as estruturas governamentais de proteção de seus próprios cidadãos, isto é, **tanto o Estado nigeriano quanto outros Estados estavam cientes do abuso e, ainda assim, eles persistiam**, gerando danos ao meio ambiente e à população local: o cenário ideal para uma persistente impunidade.

Quanto ao segundo aspecto, há que se constatar que os danos ambientais são típicos danos difusos, isto é, não atingem sujeitos passivos determinados. Ultimamente, todo o planeta é prejudicado por práticas predatórias contra o meio ambiente, ainda que num determinado local o impacto seja sentido de forma mais intensa.

Pois bem, como mencionado, no Caso Shell, um grupo de nigerianos acionou a justiça dos Estados Unidos por danos praticados na Nigéria com impacto extraterritorial. O fundamento da propositura de tal ação no território americano foi o ***Alien Tort Claims Act* (ATCA)**, que permite que qualquer ação civil cometida em **violação das leis das Nações ou em ameaça aos Estados Unidos** seja **julgada pelos tribunais federais norte-americanos**, mesmo que praticadas por um estrangeiro ou em território estrangeiro[17]. Entretanto, no ano de 2013, a Suprema Corte dos Estados Unidos negou o pleito, afirmando que o ATCA não se aplicaria extraterritorialmente naquele caso.

Cabe constatar que a invocação do ATCA foi uma tentativa falha de se invocar um poder jurisdicional que tivesse força para se impor diante de uma empresa com grande poder econômico. Claro, seria uma mera solução paliativa a um problema muito complexo. A verdade é que violações sistemáticas de direitos humanos por parte de empresas têm se tornado comuns e que o direito internacional dos direitos humanos não traz uma resposta que solucione tais casos. Ciente disso, começam a surgir debates no âmbito das organizações internacionais sobre a **possibilidade de extensão da responsabilidade internacional, atingindo empresas transnacionais e obrigando-as a reparar danos decorrentes de violações graves de direitos humanos**.

1.5.2 *Princípios Orientadores sobre Empresas e Direitos Humanos*

Em meio às discussões sobre a responsabilidade de empresas por violações de direitos humanos, em junho de 2011 o Conselho de Direitos Humanos da Organização das Nações Unidas aprovou os **Princípios Orientadores sobre Empresas e**

---

[16] DENNY, Andrew. The Shell Nigeria cases: an important precedent for transnational liability claims. **Allen & Overy**, 07 fev. 2013. Disponível em: <http://www.allenovery.com/publications/en-gb/Pages/The-Shell-Nigeria-cases----an--important-precedent-for-transnational-liability-claims.aspx>. Acesso em: 24 jul. 2017.

[17] KARP, David Jason. **Responsibility for Human Rights Transnational Corporations in Imperfect States**. Nova York: Cambridge University Press, 2014.

Direitos Humanos, a partir da proposta do representante especial do Secretário-Geral da ONU, John Ruggie.

Os princípios orientadores se aplicam a todos Estados e empresas, de qualquer dimensão, setor, estrutura, proprietários e localização, buscando a melhoria de padrões e práticas de empresas com relação aos direitos humanos, contribuindo com a globalização socialmente sustentável.

"Os três pilares dos Princípios Orientadores são: PROTEGER: a obrigação dos Estados de proteger os direitos humanos; RESPEITAR: a responsabilidade das empresas de respeitar os direitos humanos; REPARAR: a necessidade de que existam recursos adequados e eficazes, em caso de descumprimento destes direitos pelas empresas"[18].

Os 31 princípios se distribuem em três capítulos: o *primeiro* sobre o **dever do Estado de proteger os direitos humanos**; o *segundo* sobre a **responsabilidade das empresas de respeitar os direitos humanos**; o *terceiro* sobre o **acesso a mecanismos de reparação**. Dentro de cada capítulo, os princípios se dividem em princípios fundamentais, de caráter mais teórico, e em princípios operacionais, de viés prático.

No que se refere ao dever do Estado de proteger os direitos humanos, são instituídos 2 princípios fundamentais: "Princípio 1. Os Estados devem proteger contra violações dos direitos humanos cometidas em seu território e/ou sua jurisdição por terceiros, inclusive empresas. Para tanto, devem adotar as **medidas apropriadas para prevenir, investigar, punir e reparar tais abusos** por meio de políticas adequadas, legislação, regulação e submissão à justiça. Princípio 2. Os Estados devem **estabelecer claramente a expectativa** de que todas as empresas domiciliadas em seu território e/ou jurisdição respeitem os direitos humanos em todas suas operações".

Delineando estes dois princípios fundamentais, do princípio 3 ao 10 são instituídos princípios operacionais, que explicitam como os Estados poderão adotar medidas de prevenção, investigação, punição e reparação dos abusos cometidos por empresas no campo dos direitos humanos: os Estados possuem o dever de fazer cumprir suas leis e de fazer com que o arcabouço normativo no país incentive o respeito de direitos humanos pelas empresas, tendo ainda o papel de assessoramento e incentivo (princípio 3); os Estados devem adotar medidas adicionais de proteção contra as violações de direitos humanos cometidas por empresas de sua propriedade, sob seu controle ou que contem com seu financiamento, com auditorias periódicas (princípio 4); os Estados devem fiscalizar adequadamente as empresas por ele contratadas (princípio 5) e promover o respeito aos direitos humanos por parte destas empresas com as quais firma transações (princípio 6); os Estados devem fomentar o respeito aos direitos humanos por empresas que atuem em regiões afetadas por conflitos, onde o risco de graves violações de direitos humanos é maior (princípio 7); os Estados devem garantir a coerência política assegurando que os órgãos a ele vinculados orientem práticas de direitos humanos conscientes por parte de empresas (princípio 8), adotando um marco normativo adequado (princípio 9) e cooperando nas instituições multilaterais pela efetivação destes princípios (princípio 10).

---

[18] EMPRESAS E DIREITOS HUMANOS: Parâmetros da ONU para proteger, respeitar e reparar. Relatório final de John Huggie – representante especial do secretário geral. **Conectas**, março de 2012.

Quanto à responsabilidade das empresas de respeitar os direitos humanos, são traçados 5 princípios fundamentais: "Princípio 11. As **empresas devem respeitar os direitos humanos**. Isso significa que devem se abster de infringir os direitos humanos de terceiros e enfrentar os impactos negativos sobre os direitos humanos nos quais tenham algum envolvimento"; "Princípio 12. A responsabilidade das empresas de respeitar os direitos humanos refere-se aos direitos humanos internacionalmente reconhecidos – que incluem, no mínimo, os direitos enunciados na **Carta Internacional de Direitos Humanos** e os princípios relativos aos direitos fundamentais estabelecidos na **Declaração da Organização Internacional do Trabalho relativa aos princípios e direitos fundamentais no trabalho**"; "Princípio 13. A responsabilidade de respeitar os direitos humanos exige que as empresas: A. **Evitem que suas próprias atividades gerem impactos negativos** sobre direitos humanos ou para estes contribuam, bem como **enfrentem essas consequências** quando vierem a ocorrer; B. Busquem **prevenir ou mitigar os impactos negativos** sobre os direitos humanos diretamente relacionadas com operações, produtos ou serviços prestados por suas relações comerciais, inclusive quando não tenham contribuído para gerá-los"; "Princípio 14. A responsabilidade das empresas de respeitar os direitos humanos **aplica-se a todas as empresas independentemente de seu tamanho, setor, contexto operacional, proprietário e estrutura**. No entanto, a magnitude e a complexidade dos meios dispostos pelas empresas para assumir essa responsabilidade pode variar em função desses fatores e da gravidade dos impactos negativos das atividades da empresa sobre os direitos humanos"; "Princípio 15. Para cumprir com sua responsabilidade de respeitar os direitos humanos, as empresas devem contar com **políticas e procedimentos apropriados em função de seu tamanho e circunstâncias**, a saber: A. Um compromisso político de assumir sua responsabilidade de respeitar os direitos humanos; B. Um processo de auditoria (*due diligence*) em matéria de direitos humanos para identificar, prevenir, mitigar e prestar contas de como abordam seu impacto sobre os direitos humanos; C. Processos que permitam reparar todas as consequências negativas sobre os direitos humanos que provoquem ou tenham contribuído para provocar".

Dos princípios 16 a 24 são descritas as diretrizes operacionais que devem ser adotadas por parte das empresas, que envolvem a assunção de um compromisso político devidamente publicado e divulgado (princípio 16); a realização de auditorias (*due diligence*) em matéria de direitos humanos, delimitando impactos e riscos, de forma periódica e contínua (princípio 17); a consulta nas auditorias de especialistas e grupos potencialmente afetados e outras partes interessadas (princípio 18); a prevenção e a mitigação de impactos nos seus processos internos a partir das conclusões das auditorias (princípio 19); o acompanhamento e o monitoramento das práticas de proteção dos direitos humanos mediante indicadores qualitativos e quantitativos (princípio 20); a disponibilização de informações para os operadores da empresa e para a sociedade, não acobertando com a confidencialidade práticas que possam gerar impactos aos direitos humanos (princípio 21); a reparação dos danos causados (princípio 22); o cumprimento das leis e das normas internacionais de direitos humanos (princípio 23); e a prevenção e a redução de agravos que possam gerar danos irreversíveis aos direitos humanos (princípio 24).

Por fim, sobre o acesso a mecanismos de reparação, o princípio fundamental 25 tem o seguinte teor: "Como parte de seu dever de proteção contra violações de direitos humanos relacionadas com atividades empresariais, os **Estados devem tomar medidas apropriadas para garantir, pelas vias judiciais, administrativas, legislativas ou de outro meios** que correspondam, que quando se produzam esse tipo de abusos em seu território e/ou jurisdição **os afetados possam acessar mecanismos de reparação eficazes**". Neste sentido, devem ser instituídos mecanismos judiciais e extrajudiciais legítimos e eficazes de denúncias e de reparação de danos, conforme princípios 26 a 31.

Há que se destacar que estes princípios orientadores **não são norma coativa do sistema de proteção de direitos humanos**, enquadrando-se como diploma de *soft law* e, nesta condição, apenas se propondo a trazer diretrizes gerais de comportamento das empresas e dos Estados em relação a elas. **Logo, não viabilizam a responsabilização internacional destas empresas, possuindo uma importância mais axiológica do que jurídica.**

1.5.3 Draft de Tratado Internacional Regulatório das Atividades de Empresas Transnacionais e de outras Empresas do Mercado no Direito Internacional dos Direitos Humanos

Por isso, tais princípios são um primeiro passo em uma meta mais ambiciosa, que seria a elaboração e a ratificação de um tratado internacional sobre responsabilização de empresas. Tal tratado consistiria em uma normativa de *hard law* na qual os Estados firmariam o compromisso pela responsabilização internacional de empresas por violações sistêmicas de direitos humanos, **instituindo uma perspectiva de justiça universal reparatória e transcendendo os clássicos limites da jurisdição**.

Neste ponto em específico, em julho de 2018 foi publicada versão proposta para um *Instrumento Legalmente Obrigatório para Regular, no Direito Internacional dos Direitos Humanos, as Atividades de Empresas Transnacionais e de outras Empresas do Mercado*[19]. Em linhas gerais, o documento pressupõe que todas as empresas, independentemente do setor em que atuem, devem respeitar os direitos humanos, eis que tal dever é compartilhado por toda humanidade e não apenas por Estados.

Os objetivos essenciais do documento seriam, assim, reforçar a necessidade de respeito a direitos humanos universais; assegurar o acesso à justiça às vítimas de violações transnacionais de direitos humanos; e avançar na cooperação internacional com os Estados para fortalecer o reconhecimento deste compromisso das empresas[20].

O instrumento em questão não se propõe a especificar negócios transnacionais especialmente afetos, optando por uma fórmula genérica de responsabilização de toda e qualquer empresa que cometa violações de direitos humanos que não possam, por sua peculiaridade, serem punidas em território nacional, mas em alguns pontos

---

[19] ORGANIZAÇÃO DAS NAÇÕES UNIDAS – ONU. **Legally binding instrument to regulate, in international human rights law, the activities of transnational corporations and other business enterprises**. Disponível em: <https://www.ohchr.org/Documents/HRBodies/HRCouncil/WGTransCorp/Session3/DraftLBI.pdf>. Acesso em: 30 ago. 2018.
[20] Ibid.

confere atenção à questão ambiental, berço das discussões sobre responsabilização transnacional de empresas. Neste sentido, adota um amplo conceito de jurisdição para a proteção dos direitos humanos das vítimas, obrigando todos os Estados a assegurarem em suas legislações medidas de responsabilização e prevenção[21].

Acontece que as discussões sobre um documento desta natureza existem há alguns anos no âmbito da ONU, mas, apesar do esboço mencionado, até o momento pouco se tem avançado em relação ao clássico modelo de *soft law*, trazendo meras guias de ação a empresas transnacionais que pretendessem agir conforme direitos humanos.

O documento brevemente exposto acima, por enquanto, desempenha apenas esse papel orientador e não vinculativo, sendo que os esforços em sua implementação como documento legalmente vinculante ainda são escassos – já o eram há mais de 10 anos, quando as primeiras propostas de redação surgiram, descrevendo Gelfland[22]: "Até que as normas sejam amplamente aceitas para serem usadas em tratados multilaterais, ou a maioria delas seja endurecida para o direito internacional consuetudinário, elas permanecerão não vinculantes. Embora atingir um *status* vinculante seja uma meta legítima, não é realista a curto prazo. Em vez disso, as normas devem ser usadas como um documento explicitamente não vinculativo e, portanto, flexível, que reafirma as obrigações de direitos humanos, sugere novos meios de fiscalização e monitoramento e, por fim, encoraja os atores corporativos, políticos e sociais a trabalhar juntos para garantir os direitos humanos, o que torna a proteção de direitos humanos por empresas transnacionais menos ambiciosa e mais real" (tradução nossa).

Com efeito, as diretrizes do *draft* que foi brevemente analisado não tomaram a forma de norma coativa, subsistindo apenas no campo axiológico, tal como os princípios orientadores para empresas e direitos humanos. Sendo assim, por enquanto, a possibilidade de extensão da responsabilidade internacional para empresas no sistema de proteção de direitos humanos é apenas teórica e não encontra embasamento jurídico normativo.

1.6 Convenção de Viena sobre Direito dos Tratados e noções mínimas de direito internacional

O Decreto nº 7.030, de 14 de dezembro de 2009, promulga a Convenção de Viena sobre Direitos dos Tratados, de 23 de maio de 1969, da qual se extrai disciplina essencial do direito internacional **aplicável também no campo dos direitos**

---

[21] Ibid.

[22] GELFLAND, Jacob. The Lack of Enforcement in the United Nations Draft Norms: Benefit or Disadvantage? In: SCHUTTER, Olivier de. **Transnational Corporations and Human Rights**. Oregon: Orford and Portland, 2006, p. 313-333, p. 333. No original: "Until the Norms are widely enough accepted to be used in multilateral treaties, or a majority of them are hardened into customary international law, they will remain non-binding. While attaining binding status is a legitimate goal, it is not realistic in the short term. Instead, the Norms should be used as an explicitly non-binding, and therefore flexible, document that restates human rights obligations, suggests new means of enforcement and monitoring, and ultimately encourages corporate, political, and social actors to work together to ensure human rights protection by TNCs becomes less aspirational and more of a reality".

humanos. Consoante a regra do artigo 4º da Convenção, somente entrou em vigor internacionalmente para o Brasil em 14 de dezembro de 2009, quando passou a vigorar no ordenamento interno (antes da promulgação, contudo, se lhe aplicava em território nacional com **força consuetudinária**).

Prevê o artigo 5º que a Convenção se aplica "a todo tratado que seja o instrumento constitutivo de uma organização internacional e a todo tratado adotado no âmbito de uma organização internacional". Isso envolve, portanto, todos os tratados que compõem o sistema de proteção dos direitos humanos, com as peculiaridades estudadas ao longo desta obra.

1.6.1 Tratados e sujeitos de direito internacional

O artigo 2º da Convenção possui caráter conceitual, não impedindo que as legislações internas dos Estados adotem sentido diverso para as expressões. Contudo, "uma parte não pode invocar as disposições de seu direito interno para justificar o inadimplemento de um tratado" (artigo 27). Assim, o sentido estabelecido neste dispositivo acaba sendo o predominante tanto no direito internacional quanto no direito nacional.

Pela alínea "a" do artigo 2º, "'tratado' significa um acordo internacional concluído por escrito entre Estados e regido pelo Direito Internacional, quer conste de um instrumento único, quer de dois ou mais instrumentos conexos, qualquer que seja sua denominação específica". Neste sentido, o artigo 6º prevê que "todo Estado tem capacidade para concluir tratados".

Com efeito, a Convenção de Viena conceitua este documento como o celebrado entre Estados, mas o artigo 3º prevê que esta regulação não é óbice para a efetividade dos acordos entre Estados e outros sujeitos de Direito Internacional, ou entre estes outros sujeitos de Direito Internacional, ou a acordos internacionais que não sejam concluídos por escrito.

O artigo 2º trabalha em sua alínea "e" com o conceito de Estado negociador, que é "um Estado que participou na elaboração e na adoção do texto do tratado". Por sua vez, a alínea "f" do dispositivo define Estado contratante como aquele "que consentiu em se obrigar pelo tratado, tenha ou não o tratado entrado em vigor". Por sua vez, "'parte' significa um Estado que consentiu em se obrigar pelo tratado e em relação ao qual este esteja em vigor". Com efeito, o Estado somente pode ser considerado parte se para ele o tratado estiver em vigor.

Enquanto não for parte, o Estado não pode ser responsabilizado por ato ou fato contrário ao tratado, devido à irretroatividade dos tratados assegurada no artigo 28.

A alínea "h" do artigo 2º aborda o conceito de terceiro Estado, aquele "que não é parte no tratado". Para que um tratado crie direitos e obrigações para ele é preciso consentimento, conforme artigos 34 e 37 da Convenção. Contudo, nos termos do artigo 38, existem regras de tratado tornadas obrigatórias para terceiros Estados por força do costume internacional.

Uma vez parte, o Estado está obrigado ao cumprimento do tratado devido ao princípio do *pacta sunt servanda* assegurado no artigo 26: "todo tratado em vigor obriga as partes e deve ser cumprido por elas de boa fé". O não cumprimento do tratado internacional gera a responsabilização do Estado.

Evidentemente, no caso de conflitos que surjam entre os Estados se partirá primeiro às tentativas de negociações diplomáticas, evitando-se ao máximo o recurso ao uso da força (artigos 73 a 75).

1.6.2 Solução de conflitos

Entre os sujeitos de Direito Internacional podem surgir divergências que serão solucionadas por modos diversos, **preferencialmente diplomáticos**. Neste sentido, negociação diplomática, serviços amistosos, bons ofícios, mediação, sistema de consultas e inquérito são os meios diplomáticos de solução de controvérsias internacionais. Não existe hierarquia entre estes meios, que serão utilizados um ou outro conforme a conveniência no caso concreto.

Quanto aos meios diplomáticos, Neves[23] conceitua: "Negociação diplomática é a forma de autocomposição em que os Estados oponentes buscam resolver suas divergências de forma direta, por via diplomática. [...] Serviços amistosos é um meio de solução pacífica de conflito, sem aspecto oficial, em que o governo designa um diplomada para sua conclusão. [...] Bons ofícios constituem o meio diplomático de solução pacífica de controvérsia internacional, em que um Estado, uma organização internacional ou até mesmo um chefe de Estado apresenta-se como moderador entre os litigantes. [...] Mediação define-se como instituto por meio do qual uma terceira pessoa estranha à contenda, mas aceita pelos litigantes, de forma voluntária ou em razão de estipulação anterior, toma conhecimento da divergência e dos argumentos sustentados pelas partes, e propõe uma solução pacífica sujeita à aceitação destas. [...] Sistema de Consultas constitui-se em meio diplomático de solução de litígios em que os Estados ou organizações internacionais sujeitam-se, sem qualquer interferência pessoal externa, a encontros periódicos com o objetivo de compor suas divergências. [...] Inquérito, investigação ou *fact findings* consiste em procedimento preliminar à instalação de qualquer das formas de solução pacífica de conflito internacional, conduzido por uma comissão, destinado à apuração prévia da verdade dos fatos".

Contudo, não existem apenas meios diplomáticos de solução de controvérsias, sendo possível recorrer aos **meios políticos**, como a intervenção política de órgãos componentes de uma organização internacional (*ex.*: Assembleia Geral ou Conselho).

Outra categoria é a dos **meios jurisdicionais**, como a arbitragem e a solução judiciária. Explica Neves[24]: "A arbitragem é a modalidade de solução pacífica de controvérsia internacional instituída pelas partes por meio de um tratado bilateral denominado compromisso arbitral, nos seguintes termos: os litigantes elegem *ad hoc* um ou mais árbitros ou um tribunal arbitral; definem os contornos da demanda; informam as regras jurídicas aplicáveis; e firmam compromisso de cumprir a sentença

---

[23] NEVES, Gustavo Bregalda... Op. Cit., p. 123-127.
[24] Ibid., p. 129-130.

arbitral. [...] Solução judiciária é espécie de solução de conflito por intermédio de um tribunal internacional pré-constituído".

Quando estas soluções não se mostrarem suficientes, é possível partir ao **uso de meios coercitivos**, que podem ser: retorsão, represálias, embargo, bloqueio pacífico ou comercial, boicotagem ou boicote, rompimento das relações diplomáticas.

1.6.3 Manifestação do consentimento

O artigo 2º descreve em sua alínea "b" os atos de anuência com o teor de um tratado: "'ratificação', 'aceitação', 'aprovação' e 'adesão' significam, conforme o caso, o ato internacional assim denominado pelo qual um Estado estabelece no plano internacional o seu consentimento em obrigar-se por um tratado". Neste viés, preconiza o artigo 11: "O consentimento de um Estado em obrigar-se por um tratado pode manifestar-se pela assinatura, troca dos instrumentos constitutivos do tratado, ratificação, aceitação, aprovação ou adesão, ou por quaisquer outros meios, se assim acordado". Dos artigos 12 a 15 são descritas em detalhes todas estas formas de consentimento.

Por seu turno, preconiza o artigo 16: "A não ser que o tratado disponha diversamente, os instrumentos de ratificação, aceitação, aprovação ou adesão estabelecem o consentimento de um Estado em obrigar-se por um tratado por ocasião: a) da sua troca entre os Estados contratantes; b) do seu depósito junto ao depositário; ou c) da sua notificação aos Estados contratantes ou ao depositário, se assim for convencionado".

1.6.4 Plenos poderes

Nos moldes da alínea "c" do artigo 2º da Convenção, "'plenos poderes' significa um documento expedido pela autoridade competente de um Estado e pelo qual são designadas uma ou várias pessoas para representar o Estado na negociação, adoção ou autenticação do texto de um tratado, para manifestar o consentimento do Estado em obrigar-se por um tratado ou para praticar qualquer outro ato relativo a um tratado".

A questão é aprofundada nos artigos 7º e 8º. Nos termos do artigo 7º, expedido o documento que confira plenos poderes, a pessoa é considerada representante do Estado, podendo adotar ou autenticar um texto ou mesmo expressar o consentimento do Estado. Ainda que não expedido o documento escrito, o artigo 7º equipara a situação à "prática dos Estados interessados ou outras circunstâncias indicarem que a intenção do Estado era considerar essa pessoa seu representante para esses fins e dispensar os plenos poderes". O ato praticado sem estes plenos poderes, no entanto, pode ser validado posteriormente pela autoridade competente, conforme o artigo 8º.

Existem autoridades que pela própria posição que ocupam não precisam apresentar o documento de plenos poderes, pois são consideradas representantes do Estado: "a) os Chefes de Estado, os Chefes de Governo e os Ministros das Relações Exteriores, para a realização de todos os atos relativos à conclusão de um tratado; b) os Chefes de missão diplomática, para a adoção do texto de um tratado entre o

Estado acreditante e o Estado junto ao qual estão acreditados; c) os representantes acreditados pelos Estados perante uma conferência ou organização internacional ou um de seus órgãos, para a adoção do texto de um tratado em tal conferência, organização ou órgão" (art. 7º).

1.6.5 Reserva

Nos termos do artigo 2º, "d", "'reserva' significa uma declaração unilateral, qualquer que seja a sua redação ou denominação, feita por um Estado ao assinar, ratificar, aceitar ou aprovar um tratado, ou a ele aderir, **com o objetivo de excluir ou modificar o efeito jurídico de certas disposições do tratado em sua aplicação a esse Estado**". Basicamente, o Estado especifica qual dispositivo não irá cumprir ou em qual medida irá fazê-lo. Exige-se, tanto para lançá-la quando para revogá-la, a forma escrita.

O artigo 19 regulamenta a formulação de reservas nos seguintes termos: "Um Estado pode, ao assinar, ratificar, aceitar ou aprovar um tratado, ou a ele aderir, formular uma reserva, a não ser que: a) a reserva seja proibida pelo tratado; b) o tratado disponha que só possam ser formuladas determinadas reservas, entre as quais não figure a reserva em questão; ou c) nos casos não previstos nas alíneas 'a' e 'b', a reserva seja incompatível com o objeto e a finalidade do tratado".

As reservas expressamente autorizadas não precisam de aceitação dos outros Estados contratantes, salvo disposição expressa. Se a adoção na íntegra for essencial ao objeto e finalidade do contrato é possível exigir a anuência dos demais Estados. A reserva a ato constitutivo de organização deve ser por esta anuída. (artigo 20, Convenção de Viena).

Os efeitos gerados pelas reservas, nos termos do artigo 21, 1, são: "a) modifica para o autor da reserva, em suas relações com a outra parte, as disposições do tratado sobre as quais incide a reserva, na medida prevista por esta; e b) modifica essas disposições, na mesma medida, quanto a essa outra parte, em suas relações com o Estado autor da reserva". Prevê, ainda, o artigo 21: "2. A reserva não modifica as disposições do tratado quanto às demais partes no tratado em suas relações *inter se*. 3. Quando um Estado que formulou objeção a uma reserva não se opôs à entrada em vigor do tratado entre ele próprio e o Estado autor da reserva, as disposições a que se refere a reserva não se aplicam entre os dois Estados, na medida prevista pela reserva".

Sobre a retirada de reservas e de objeções às reservas, prevê o artigo 22: "1. A não ser que o tratado disponha de outra forma, uma reserva pode ser retirada a qualquer momento, sem que o consentimento do Estado que a aceitou seja necessário para sua retirada. 2. A não ser que o tratado disponha de outra forma, uma objeção a uma reserva pode ser retirada a qualquer momento. 3. A não ser que o tratado disponha ou fique acordado de outra forma: a) a retirada de uma reserva só produzirá efeito em relação a outro Estado contratante quando este Estado receber a correspondente notificação; b) a retirada de uma objeção a uma reserva só produzirá efeito quando o Estado que formulou a reserva receber notificação dessa retirada".

1.6.6 Vigência

Sobre a entrada em vigor, preconiza o artigo 24 da Convenção: "1. Um tratado entra em vigor na forma e na data previstas no tratado ou acordadas pelos Estados negociadores. 2. Na ausência de tal disposição ou acordo, um tratado entra em vigor tão logo o consentimento em obrigar-se pelo tratado seja manifestado por todos os Estados negociadores. 3. Quando o consentimento de um Estado em obrigar-se por um tratado for manifestado após sua entrada em vigor, o tratado entrará em vigor em relação a esse Estado nessa data, a não ser que o tratado disponha de outra forma. 4. Aplicam-se desde o momento da adoção do texto de um tratado as disposições relativas à autenticação de seu texto, à manifestação do consentimento dos Estados em obrigarem-se pelo tratado, à maneira ou à data de sua entrada em vigor, às reservas, às funções de depositário e aos outros assuntos que surjam necessariamente antes da entrada em vigor do tratado". A aplicação provisória, que deve ser expressamente prevista ou acordada pelos Estados, é regulada no artigo 25.

1.6.7 Emenda e Modificação de Tratados

É possível emendar e modificar tratados, conforme regulam os artigos 39 a 41 da Convenção de Viena.

Nos termos do artigo 39, "um tratado poderá ser emendado por acordo entre as partes. As regras estabelecidas na parte II aplicar-se-ão a tal acordo, salvo na medida em que o tratado dispuser diversamente".

É possível a emenda de tratados multilaterais, mas o procedimento é mais rigoroso, conforme prevê o artigo 40: "1. A não ser que o tratado disponha diversamente, a emenda de tratados multilaterais reger-se-á pelos parágrafos seguintes. 2. Qualquer proposta para emendar um tratado multilateral entre todas as partes deverá ser notificada a todos os Estados contratantes, cada um dos quais terá o direito de participar: a) na decisão quanto à ação a ser tomada sobre essa proposta; b) na negociação e conclusão de qualquer acordo para a emenda do tratado. 3. Todo Estado que possa ser parte no tratado poderá igualmente ser parte no tratado emendado. 4. O acordo de emenda não vincula os Estados que já são partes no tratado e que não se tornaram partes no acordo de emenda; em relação a esses Estados, aplicar-se-á o artigo 30, parágrafo 4 (b). 5. Qualquer Estado que se torne parte no tratado após a entrada em vigor do acordo de emenda será considerado, a menos que manifeste intenção diferente: a) parte no tratado emendado; e b) parte no tratado não emendado em relação às partes no tratado não vinculadas pelo acordo de emenda". Não obstante, é possível que a modificação nos tratados multilaterais sejam feitas em acordos entre algumas partes, gerando efeitos apenas entre elas, conforme artigo 41.

1.6.8 Nulidade, Extinção e Suspensão da Execução de Tratados

Questões sobre nulidade, extinção e suspensão da execução de tratados são reguladas em detalhes na Convenção. Num dispositivo de caráter geral, o artigo 42 prevê: "1. A validade de um tratado ou do consentimento de um Estado em obrigar-se por um tratado só pode ser contestada mediante a aplicação da presente Convenção. 2. A extinção de um tratado, sua denúncia ou a retirada de uma das partes só poderá ocorrer em virtude da aplicação das disposições do tratado ou da presente Convenção. A mesma regra aplica-se à suspensão da execução de um tratado".

Vale lembrar, por outro lado, que o dever de obedecer determinadas normas cogentes do direito internacional independem de tratado específico, em consonância ao artigo 43.

A invocação de nulidade pode se dar em situações de erro, dolo, corrupção de representante do Estado, coação deste representante, coação do Estado pela ameaça ou emprego da força. Destaca-se a nulidade por haver conflito com norma imperativa de direito internacional (*jus cogens*), conforme artigo 53: "É nulo um tratado que, no momento de sua conclusão, conflite com uma norma imperativa de Direito Internacional geral. Para os fins da presente Convenção, uma norma imperativa de Direito Internacional geral é uma norma aceita e reconhecida pela comunidade internacional dos Estados como um todo, como norma da qual nenhuma derrogação é permitida e que só pode ser modificada por norma ulterior de Direito Internacional geral da mesma natureza". Nos mesmos moldes, há nulidade superveniente (artigo 64).

Sobre a extinção ou retirada de um tratado em virtude de suas disposições ou por consentimento das partes, dispõe o artigo 54: "A extinção de um tratado ou a retirada de uma das partes pode ter lugar: a) de conformidade com as disposições do tratado; ou b) a qualquer momento, pelo consentimento de todas as partes, após consulta com os outros Estados contratantes". Os dispositivos seguintes aprofundam a temática, chegando-se ao artigo 61 sobre a impossibilidade superveniente de cumprimento e ao artigo 62 sobre a mudança fundamental de circunstâncias.

Por seu turno, o artigo 63 prevê que "o rompimento de relações diplomáticas ou consulares entre partes em um tratado não afetará as relações jurídicas estabelecidas entre elas pelo tratado, salvo na medida em que a existência de relações diplomáticas ou consulares for indispensável à aplicação do tratado".

Questões procedimentais são colacionadas a partir do artigo 65 da Convenção, ao passo que as consequências da nulidade, da extinção e da suspensão da execução de um tratado constam a partir do artigo 69, preservando-se o ato jurídico perfeito (salvo *jus cogens* superveniente).

1.6.9 *Depositários, Notificações, Correções e Registro*

Os tratados internacionais serão depositados em órgão designado pelos Estados negociadores, o que é mais comum, mas também com pessoa determinada ou Estado determinado (artigo 76). As funções dos depositários são descritas no artigo 77 nos seguintes termos: "1. As funções do depositário, a não ser que o tratado disponha ou os Estados contratantes acordem de outra forma, compreendem particularmente: a) guardar o texto original do tratado e quaisquer plenos poderes que lhe tenham sido entregues; b) preparar cópias autenticadas do texto original e quaisquer textos do tratado em outros idiomas que possam ser exigidos pelo tratado e remetê-los às partes e aos Estados que tenham direito a ser partes no tratado; c) receber quaisquer assinaturas ao tratado, receber e guardar quaisquer instrumentos, notificações e comunicações pertinentes ao mesmo; d) examinar se a assinatura ou qualquer instrumento, notificação ou comunicação relativa ao tratado, está em boa e devida forma e, se necessário, chamar a atenção do Estado em causa sobre a questão; e) informar as partes e os Estados que tenham direito a ser partes no tratado de quaisquer atos, notificações ou comunicações relativas ao tratado; f) informar os Estados que tenham direito a ser partes no tratado sobre quando tiver sido recebido ou depositado o número de assinaturas ou de instrumentos de ratificação, de aceitação, de aprovação ou de adesão exigidos para a entrada em vigor do tratado; g) registrar o tratado junto ao Secretariado das Nações Unidas; h) exercer as funções previstas em outras disposições da presente Convenção. 2. Se surgir uma divergência entre um Estado e o depositário a respeito do exercício das funções deste último, o depositário levará a questão ao conhecimento dos Estados signatários e dos Estados contratantes ou, se for o caso, do órgão competente da organização internacional em causa".

Sobre o registro e publicação dos tratados, dispõe o artigo 80: "1. Após sua entrada em vigor, os tratados serão remetidos ao Secretariado das Nações Unidas para fins de registro ou de classificação e catalogação, conforme o caso, bem como de publicação. 2. A designação de um depositário constitui autorização para este praticar os atos previstos no parágrafo anterior".

Com efeito, a disciplina do direito internacional ora estudada em linhas gerais é aplicável aos tratados de direitos humanos, direcionando o funcionamento dos sistemas de proteção dos direitos humanos.

2 SISTEMA AFRICANO DE DIREITOS HUMANOS

Qual a organização regional no sistema africano? Em que documento se baseia? Seu sistema pode ser considerado efetivo?

O sistema regional africano de proteção de direitos humanos ainda é *insípido* e *pouco efetivo*. Basta ter em vista que embora a formação da primeira organização internacional nesta região, a **Organização da Unidade Africana – OUA**, date de 25 de maio de 1963, o regime do *apartheid* foi adotado em vários locais de 1948 até o ano de 1994, além do que seus países somente adquiriram independência após árduo processo de descolonização (por exemplo, em 27 de junho de 1977, Djibouti, ex-colônia francesa, foi o último país africano a perder a colonização europeia, ao passo que processos de ocupação interna permaneceram, como o caso da Namíbia, ocupada pela África do Sul até 21 de março de 1990).

A dificuldade da OUA em lidar com estes problemas africanos é a principal razão de sua substituição pela **União Africana – UA**, em 9 de julho de 2002. Esta nova organização é baseada no modelo da União Europeia, visando promover a democracia, os direitos humanos e o desenvolvimento econômico na África. A UA manteve a principal regulamentação de direitos humanos da OUA, qual seja a **Carta Africana dos Direitos Humanos e dos Povos**, também conhecida como **Carta de Banjul**, aprovada pela Conferência Ministerial da OUA em Banjul, Gâmbia, em janeiro de 1981, e adotada pela XVIII Assembleia dos Chefes de Estado e Governo da OUA em Nairóbi, Quênia, em 27 de julho de 1981. Tal documento é complementado por um **Protocolo Adicional**, estabelecendo a **Corte Africana de Direitos Humanos e dos Povos**, adotado pelos Estados-membros da OUA em Ouagadougou, capital do país Burkina Faso, em junho de 1998, adquirindo vigência em 25 de janeiro de 2004 após ser ratificado por mais de 15 países. Tanto a referida Corte instituída pelo Protocolo quanto a Comissão criada pela Carta Africana dos Direitos Humanos e dos Povos são órgãos mantidos pela nova organização africana.

2.1 Carta Africana dos Direitos Humanos e dos Povos

No preâmbulo da Carta já fica evidente a intenção de libertar a África do colonialismo, focando-se então sob o aspecto do direito dos povos e do direito ao desenvolvimento, além do respeito universal dos direitos inerentes à pessoa humana.

A **Parte I** do documento traz uma relação de direitos e deveres: o capítulo I aborda os direitos humanos e dos povos, tanto civis e políticos, passando por econômicos, sociais e culturais (notadamente a educação) e abordando vários aspectos do direito dos povos como convivência num país independente e em livre desenvolvimento; e o capítulo II abrange os deveres do indivíduo (numa relação de reciprocidade) e do Estado. Já a **Parte II** do documento aborda as medidas de salvaguarda, isto é, regulamenta a Comissão Africana dos Direitos Humanos e dos Povos. Por fim, a **Parte III** traz disposições diversas, destacando-se o art. 66 sobre a possibilidade de complemento à Carta por protocolos.

Quanto à Comissão estabelecida pela Carta, "[...] encarregada de promover os direitos humanos e dos povos e de assegurar a respectiva proteção na África" (artigo 30, CADHP), é composta por **11 membros** que devem ser escolhidos entre personalidades africanas de alta consideração e moralidade, bem como integridade e imparcialidade, com notória competência na matéria em questão, de preferência com formação jurídica (artigo 31, CADHP), **não podendo ter mais de um nacional do mesmo Estado africano** (artigo 32, CADHP). Seus membros, todos com privilégios e imunidades diplomáticas (artigo 43, CADHP), serão **eleitos para mandato de 6 anos admitida 1 reeleição** (artigo 36, CADHP), por voto secreto dos Estados-membros, sendo que cada qual poderá apresentar uma lista com até 2 membros, caso em que ao menos 1 deve ser nacional de outro Estado (artigos 33 e 34, CADHP).

O artigo 45 da Carta em estudo trata das competências da Comissão: "a Comissão tem por missão: 1. Promover os direitos humanos e dos povos e nomeadamente: a) Reunir documentação, fazer estudos e pesquisas sobre problemas africanos no domínio dos direitos humanos e dos povos, organizar informações, encorajar os organismos nacionais e locais que se ocupam dos direitos humanos e, se necessário, dar pareceres ou fazer recomendações aos governos; b) Formular e elaborar, com vistas a servir de base à adoção de textos legislativos pelos governos africanos, princípios e regras que permitam resolver os problemas jurídicos relativos ao gozo dos direitos humanos e dos povos e das liberdades fundamentais; c) Cooperar com as outras instituições africanas ou internacionais que se dedicam à promoção e à proteção dos direitos humanos e dos povos; 2. Assegurar a proteção dos direitos humanos e dos povos nas condições fixadas pela presente Carta. 3. Interpretar qualquer disposição da presente Carta a pedido de um Estado-parte, de uma instituição da Organização da Unidade Africana ou de uma organização africana reconhecida pela Organização da Unidade Africana. 4. Executar quaisquer outras tarefas que lhe sejam eventualmente confiadas pela Conferência dos Chefes de Estado e de Governo".

No artigo 46 começa o tratamento do processo perante a Comissão, estendendo-se até o artigo 59.

Um Estado-parte poderá comunicar ao outro que entende que ele cometeu violação de direitos humanos, endereçando ao Secretário-Geral da UA e ao Presidente da Comissão. No prazo de três meses o Estado que recebeu a comunicação facultará ao Estado que endereçou a comunicação explicações ou declarações escritas que elucidem a questão (artigo 47, CADHP). Se em três meses da recepção da comunicação inicial a questão não estiver solucionada satisfatoriamente para os dois Estados interessados de maneira pacífica, qualquer um poderá submetê-la à Comissão (artigo 48, CADHP). Também é possível efetuar comunicação direta à Comissão, dispensando-se a fase inicial do artigo 47 (artigo 49, CADHP).

O **esgotamento dos recursos internos** é um requisito de admissibilidade do caso apresentado à Comissão, salvo no caso de comprovado protelamento destes (artigo 50, CADHP).

Admitindo-se o processo, a Comissão poderá pedir informações, destacando-se a autorização do uso de qualquer método de investigação, com representação dos Estados interessados (artigos 46 e 51, CADHP).

Após notificada a Comissão e efetuadas tentativas de solução amistosa durante a obtenção de informações, ela deverá em um prazo razoável apresentar um relatório descrevendo os fatos e as conclusões a que chegou, o qual é enviado aos Estados interessados e comunicado à Conferência da União Africana (artigo 52, CADHP). A Comissão poderá enviar à referida Conferência recomendações que julgar úteis (artigo 53, CADHP).

O artigo 55 da Carta traz a possibilidade da Comissão conhecer comunicações pela maioria de seus membros sobre direitos humanos e dos povos que não partam de Estados-membros. São requisitos da comunicação: identificação do autor; compatibilidade com a Carta; não conter termos de insulto ou ultraje; não ser mera repetição de notícias divulgadas em meio de comunicação em massa; ser posterior ao esgotamento de recursos internos salvo prolongamento anormal; ser introduzida num prazo razoável; não dizer respeito a casos já resolvidos internacionalmente (artigo 56, CADHP). A comunicação deverá ser levada a conhecimento do Estado interessado (artigo 57, CADHP).

Por sua vez, a Conferência da União Africana poderá solicitar estudos e relatórios com conclusões e recomendações quando a ela comunicadas situações de violações graves ou maciças de direitos humanos e dos povos quando estas chegarem a seu conhecimento pela Comissão (artigo 58, CADHP).

No âmbito da Comissão aplica-se o "[...] direito internacional relativo aos direitos humanos e dos povos, nomeadamente nas disposições dos diversos instrumentos africanos relativos aos direitos humanos e dos povos, nas disposições da Carta das Nações Unidas, da Carta da Organização da Unidade Africana, da Declaração Universal dos Direitos Humanos, nas disposições dos outros instrumentos adotados pelas Nações Unidas e pelos países africanos no domínio dos direitos humanos e dos povos, assim como nas disposições de diversos instrumentos adotados no seio das agências especializadas das Nações Unidas de que são membros as Partes na presente Carta" (artigo 60, CADHP), além de meios auxiliares de determinação de regras jurídicas e convenções internacionais, como costumes, princípios gerais de direito, jurisprudência e doutrina (artigo 61, CADHP).

Cada Estado-parte tem a **obrigação de apresentar a cada dois anos** um **relatório** sobre medidas que foram tomadas para efetivar os direitos humanos e dos povos reconhecidos pelo documento (artigo 61, CADHP).

2.2 Protocolo à CADHP para estabelecimento da Corte Africana dos Direitos Humanos e dos Povos

Quais as regras para funcionamento da Corte Africana dos Direitos Humanos e dos Povos?

No intuito de proteger os direitos humanos e dos povos no continente africano, a **Corte Africana dos Direitos Humanos e dos Povos** *complementa* e *reforça* a atuação da Comissão estudada no tópico anterior.

O preâmbulo do Protocolo frisa as intenções da Carta e lembra os esforços que foram feitos desde sua instituição no âmbito do continente africano, se mostrando, ainda assim, necessário um reforço do sistema protetivo ora ocupado apenas pela Comissão.

A **função complementar** da Corte em relação à Comissão é frisada no artigo 2º do Protocolo.

A Corte tem jurisdição sobre as disputas submetidas concernentes a direitos humanos e dos povos, notadamente os declarados na Carta Africana dos Direitos Humanos e dos Povos e documentos correlatos (artigo 3º, PCADHP).

Quanto à **jurisdição consultiva**, os Estados-membros da UA, a UA e seus órgãos ou qualquer organização africana reconhecida podem pedir opinião da Corte em qualquer questão legal de sua competência que não esteja sendo examinada pela Comissão (artigo 4º, PCADHP).

Quanto à **jurisdição contenciosa**, ela pode ser acessada tanto pela Comissão Africana dos Direitos Humanos e dos Povos quanto pelos Estados-partes signatários que tenham reconhecido sua competência e tenham proposto ou sido acionados no âmbito dela ou então cujo cidadão tenha sido vítima de violação de direitos humanos, bem como por organizações africanas intergovernamentais. Estados interessados podem requerer o ingresso no caso. A Corte poderá considerar relevantes cidadãos que tenham submetido casos diretamente à Comissão e organizações não governamentais com *status* de observadora junto da Comissão (artigo 5º, PCADHP).

Para admissão do caso de cidadão ou organização não governamental, pode antes ser ouvida a Comissão. Seguirá, ainda, os requisitos do artigo 56 da CADHP. Poderá decidir se apreciará o caso ou o transferirá à Comissão (artigo 6º, PCADHP).

A Corte também deverá priorizar **soluções amigáveis** (artigo 9º, PCADHP).

Os requisitos para escolha dos juízes são os mesmos da Comissão, mas serão no número de 11, eleitos por voto secreto e para mandato de 6 anos aceita 1 recondução e de nacionalidade diferente (artigos 11 e 15, PCADHP). A lista apresentada pelos Estados-partes poderá ter até 3 candidatos, com ao menos 2 de sua nacionalidade (artigo 12, PCADHP). Os juízes possuem independência funcional e não devem desempenhar atividades incompatíveis (artigos 17 e 18, PCADHP). O *quórum* para julgamento é de 7 juízes (artigo 23, PCADHP).

Nas suas deliberações, caso reconheça que houve violação de direitos humanos, a Corte irá indicar medidas apropriadas para reparação, **incluindo o pagamento de compensação ou reparação**. Pode, ainda, determinar medidas provisórias no caso de urgência (artigo 27, PCADHP).

Das deliberações, a Corte tem 90 dias para expedir o julgamento final com o devido fundamento, do qual não caberá recurso, mas apenas revisão em caso de eventual nova evidência que surja (artigo 28, PCADHP).

Os Estados-partes assumem o compromisso de cumprir a decisão da Corte (artigo 30, PCADHP) e as regras procedimentais adotadas serão estabelecidas por ela mesma, com eventuais consultas à Comissão (artigo 33, PCADHP).

Nota-se que o sistema africano, *pouco a pouco*, tenta se estabelecer como um sistema regional de proteção efetivo, mas este cenário ainda parece distante, **podendo tal sistema ser considerado embrionário**.

3 SISTEMA ISLAMO-ÁRABE DE DIREITOS HUMANOS

Quais as principais barreiras para a efetivação de um sistema islamo-árabe de direitos humanos?

Frisa-se, em primeiro lugar, que não existe um sistema asiático de proteção dos direitos humanos. No mais, quanto ao sistema que ora se estuda, são muitas as questões que devem ser vislumbradas para compreender o porquê do sistema islamo-árabe, apesar de existente na prática em alguns documentos regionais (tendo sido, inclusive, criado um órgão específico), e na participação dos seus países perante as Nações Unidas, é *insípido* e *ineficaz*. Sua ineficácia é tão grande que parcela da doutrina **sequer considera a sua existência** (muito embora respeitosamente manifestemos discordância deste posicionamento). Para esta posição não adotada neste livro, portanto, são sistemas, apenas: europeu, africano, interamericano e global (sem prejuízo dos sistemas nacionais).

De fato, a disciplina regional de direitos humanos demonstra que no sistema islamo-árabe **as perspectivas religiosas merecem destaque**. Assim, na interpretação das normas de direitos humanos, é preciso tomar como base a lei islâmica, notadamente o *Corão* e a *Sunnah*. A secularização já torna mais complicada a luta pela universalidade e efetividade dos direitos humanos. No entanto, não seria um problema intransponível se outro fator não estivesse presente: o uso das premissas religiosas por parte dos governantes para fins de manutenção do poder.

Os três principais documentos regionais no sistema em estudo são: **Declaração Islâmica Universal dos Direitos Humanos**, de 19 de setembro de 1981; a **Declaração do Cairo de Direitos Humanos no Islã**, de 5 de agosto 1990; e a **Carta Árabe de Direitos Humanos**, de 15 de setembro de 1994.

Para fins de compreensão geral, destaca-se o prefácio do primeiro documento para a constatação do forte cunho religioso do tratamento dos direitos humanos no islã:

> Há quatorze séculos atrás, o Islam concedeu à humanidade um código ideal de direitos humanos. Esses direitos têm por objetivo conferir honra e dignidade à humanidade, eliminando a exploração, a opressão e a injustiça.
>
> Os direitos humanos no Islam estão firmemente enraizados na crença de que Deus, e somente Ele, é o Legislador e a Fonte de todos os direitos humanos. Em razão de sua origem divina, nenhum governante, governo, assembleia ou autoridade pode reduzir ou violar, sob qualquer hipótese, os direitos humanos conferidos por Deus, assim como não podem ser cedidos.
>
> Os direitos humanos no Islam são parte integrante de toda a ordem islâmica e se impõem sobre todos os governantes e órgãos da sociedade muçulmana, com o objetivo de implementar, na letra e no espírito, dentro da estrutura daquela ordem.
>
> Infelizmente os direitos humanos estão sendo esmagados impunemente em muitos países do mundo, inclusive em alguns países muçulmanos. Tais violações são objeto de grande preocupação e estão despertando cada vez mais a consciência das pessoas em todo o mundo.
>
> Espero sinceramente que esta Declaração dos Direitos Humanos seja um poderoso estímulo aos muçulmanos para que se mantenham firmes e defendam decidida e corajosamente os direitos conferidos a todos por Deus.
>
> Esta Declaração dos Direitos Humanos é o segundo documento fundamental proclamado pelo Conselho Islâmico para marcar o início do 15º século da Era Islâmica, sendo o primeiro a Declaração Islâmica Universal, proclamada na Conferência Internacional sobre o Profeta Muhammad (que a Paz e a Bênção de Deus estejam sobre ele), e sua Mensagem, ocorrida em Londres, no período de 12 a 15 de abril de 1980.
>
> A Declaração Islâmica Universal dos Direitos Humanos baseia-se no Alcorão e na Sunnah e foi compilada por eminentes estudiosos, juristas e representantes muçulmanos dos movimentos e pensamento islâmicos. Que Deus os recompense por seus esforços e que nos guie na senda reta.

Em termos de conteúdo, referido documento é bastante coerente, inclusive ao tratar da liberdade religiosa. O problema é que, como todas as normas de direitos humanos, possuem baixa densidade normativa, deixando espaços para interpretações, o que pode ser usado como um **meio de subversão do sistema**. *Na prática*, é o que ocorre cotidianamente na maioria dos países mulçumanos.

A mesma tendência se verifica na Declaração do Declaração do Cairo de Direitos Humanos no Islã e na Carta Árabe de Direitos Humanos, sendo o último o documento mais importante do sistema islamo-árabe por instituir o único órgão protetivo dos direitos humanos em âmbito regional.

Louise Arbour, Alta-Comissária para os Direitos Humanos na época em que a Carta Árabe de Direitos Humanos entrou em vigor, manifestou-se contrariamente ao conteúdo de alguns dispositivos do documento, notadamente o que não veda totalmente a pena de morte a crianças, os que tratam os direitos das mulheres e dos não cidadãos e o que identifica o sionismo[25] com o racismo[26].

No entanto, o documento teve o mérito de instituir o **Comitê Árabe de Direitos Humanos**, disciplinado nos artigos 45 a 48, embora a disciplina seja muito sumária e não defina questões como legitimidade para apresentação de comunicação, apenas se aprofundando um pouco sobre a apreciação e o envio de relatórios, o que é insuficiente para construir um sistema regional com substrato que permita a efetividade dos direitos humanos.

4 SISTEMA EUROPEU DE DIREITOS HUMANOS

Enquanto os sistemas africano e islamo-arábico ainda são superficiais, o sistema europeu de proteção tem raízes sólidas. A seguir far-se-ão algumas digressões.

4.1 Conselho da Europa

> *Qual o principal documento de proteção dos direitos humanos no âmbito europeu, qual órgão o aprovou e qual órgão ele instituiu?*

O principal documento europeu voltado à proteção dos direitos humanos é a **Convenção Europeia dos Direitos do Homem**, no âmbito da qual se institui o **Tribunal Europeu dos Direitos do Homem**. Referida Convenção foi aprovada e instituída pelo **Conselho da Europa**, organização internacional fundada em 5 de maio de 1949, sendo a mais antiga organização europeia em funcionamento, documentada no chamado Tratado de Londres de 1949 (Estatuto do Conselho da Europa).

Frisa-se que a Europa é a região global com maior número de organizações internacionais, logo, possui grande tradição na área, embora sob o aspecto da defesa dos direitos do homem, entre outras, mereça destaque o Conselho da Europa[27].

Destaca-se que **o Conselho da Europa não pode ser confundido com o Conselho da União Europeia**, órgão político de representação dos governos nacionais

---

[25] Movimento político e filosófico que defende o direito à autodeterminação do povo judeu e à existência de um Estado nacional judaico independente e soberano no território onde historicamente existiu o antigo Reino de Israel (Eretz Israel).

[26] ORGANIZAÇÃO DAS NAÇÕES UNIDAS – ONU. Centro Regional de Informação das Nações Unidas. Carta Árabe dos Direitos Fundamentais é incompatível com normas internacionais, segundo Alta-Comissária para os Direitos Humanos. **Centro de Notícias da ONU**, 30 jan. 2008. Disponível em: <http://www.unric.org/pt/actualidade/14971>. Acesso em: 16 maio. 2013.

[27] MELLO, Celso D. de Albuquerque... Op. Cit., p. 709-710.

perante a União Europeia, **ou com o Conselho Europeu**, nomenclatura dada às reuniões nas quais se decide a política a ser adotada pela União Europeia. Com efeito, o Conselho da Europa é uma organização internacional independente da União Europeia.

Bem se sabe, no entanto, que com o aprofundamento progressivo da União Europeia, o Conselho da Europa foi perdendo aos poucos a sua importância, transformando-se numa *organização complementar* e *de passagem quase obrigatória* para os Estados que aderiram ou desejam aderir à União Europeia.

Pode-se afirmar, ainda, que o Conselho da Europa foi a organização internacional base para o fortalecimento do direito comunitário europeu, que ganhou novos rumos com a criação da União Europeia e a adoção de moeda única para seus países membros, o euro.

Em resumo, trata-se o Conselho da Europa de organização formada por uma Assembleia e um Comitê de Ministros, bem como um secretariado, com sede em Estrasburgo, na França, adotando o inglês e o francês como línguas oficiais (artigos 10, 11 e 12, Estatuto do Conselho da Europa).

O Comitê de Ministros é formado pelo Ministro de Negócios Estrangeiros de cada país signatário, aceitando-se seu suplente que seja de preferência membro do governo, e a ele cabe: examinar medidas a serem tomadas pelo Conselho da Europa e referentes à adoção de política comum; efetuar recomendações aos governos dos seus membros e receber informações a respeito delas; decidir questões relativas ao Conselho que não sejam de competência exclusiva da Assembleia; constituir comissões; adotar seu próprio regulamento; e enviar relatórios à Assembleia (artigos 13 a 19, ECE).

A Assembleia Consultiva, formada por representantes de cada membro (com direito a suplente), com número variável de cadeiras (ver artigo 26, ECE), por sua vez, é o órgão deliberativo do Conselho da Europa, cabendo a ela: formular recomendações sobre qualquer objetivo do Conselho da Europa; emitir pareceres quando solicitados pelo Comitê de Ministros; fixar sua ordem do dia; constituir comitês e comissões; além de aprovar seu regulamento (artigos 22 a 28, ECE).

> As **finalidades** do Conselho da Europa podem ser detraídas de seu preâmbulo:
>
> Persuadidos de que a **consolidação da paz** fundada na justiça e na cooperação internacional é de um interesse vital para a preservação da sociedade humana e da civilização;
>
> Reafirmando a sua adesão aos **valores espirituais e morais**, que são o patrimônio comum dos seus povos e que estão na origem dos princípios da liberdade individual, da liberdade política e do primado do Direito, sobre os quais se funda qualquer verdadeira democracia;
>
> Convencidos de que, a fim de salvaguardar e de fazer progressivamente triunfar este ideal e favorecer o progresso social e econômico, se impõe uma **união mais estreita entre os países europeus** animados dos mesmos sentimentos;
>
> Considerando a necessidade de criar uma organização agrupando os Estados europeus numa associação mais estreita, com vista a responder a este imperativo e às aspirações manifestadas pelos seus povos;
>
> Decidiram, em consequência, constituir um Conselho da Europa, compreendendo um Comitê de representantes dos Governos e uma Assembleia Consultiva, e para esse fim adotaram o presente Estatuto.

Logo, a finalidade primordial do Conselho da Europa envolve a **manutenção da paz e, por decorrência lógica, a proteção dos direitos inatos consagrados no patrimônio comum da humanidade**. Neste sentido, ainda, o artigo 1º, que frisa *não ser de competência do Conselho da Europa questões de defesa nacional*, e os artigos 3º e 4º, que estabelecem a aceitação como Membros de países com intenção de proteger os direitos do homem e as liberdades fundamentais.

Nota-se que a finalidade do Conselho da Europa é mais voltada à proteção dos direitos humanos que a da União Europeia, a qual tem um viés notadamente político-econômico, embora isso não exclua o desenvolvimento de políticas de direitos humanos[28].

Neste viés, destaca-se a **Carta dos Direitos Fundamentais** estabelecida no âmbito da **União Europeia**, que reúne num único documento os direitos que se encontram dispersos por diversos instrumentos legislativos, como a legislação nacional e da UE, bem como as convenções internacionais do Conselho da Europa, das Nações Unidas e da Organização Internacional do Trabalho.

Possui 54 artigos divididos em 7 capítulos: dignidade, liberdades, igualdade, solidariedade, cidadania, justiça e disposições gerais. Referida carta tem mais a preocupação de conferir segurança jurídica aos direitos que devem ser assegurados no âmbito da União Europeia do que propriamente estabelecer meios para assegurá-los. Por isso, **limita-se à declaração de direitos**, não estabelecendo meios de proteção.

4.2 Convenção Europeia dos Direitos do Homem

A Convenção Europeia dos Direitos do Homem data de 4 de novembro de 1950 e foi alterada pelos Protocolos nº 14 (STCE nº 194), em vigor desde 1º de junho de 2010, e nº 11 (STE nº 155), de 1º de novembro de 1998, sendo que o mais recente na verdade substituiu redações dadas por protocolos anteriores. Além disso, a Convenção conta com um Protocolo adicional de 20 de março de 1952, bem como com outros protocolos ampliando direitos e liberdades, notadamente relativos à abolição da pena de morte, à liberdade de locomoção, às garantias processuais e ao combate à discriminação.

Em seu preâmbulo, a Convenção enuncia a inspiração na Declaração Universal de 1948 e a intenção de manter a paz no seio do continente europeu, respeitando os preceitos da democracia e das liberdades fundamentais. Após, seguem três títulos, o primeiro abordando direitos e liberdades; o segundo tratando do Tribunal Europeu dos Direitos do Homem, que será estudado no próximo tópico; e o terceiro com disposições diversas.

---

[28] O Tratado sobre a União Europeia (TUE), assinado em Maastricht em 7 de Fevereiro de 1992, entrou em vigor em 1 de Novembro de 1993, possuindo inicialmente apenas um objetivo econômico consistente na realização de um mercado comum. Este objetivo foi ultrapassado e a União adquiriu uma dimensão política. Pode-se dizer que os cinco pilares da União são: reforçar a legitimidade democrática das instituições, melhorar a eficácia das instituições, instaurar uma União Econômica e Monetária, desenvolver a vertente social da Comunidade e Instituir uma política externa e de segurança comum.

No artigo 1º se reconhece que qualquer pessoa dependente de sua jurisdição possui os direitos declarados no primeiro título, o qual traz a abordagem sobre o direito à vida, resguardada a legítima defesa (artigo 2º, CEDH); a proibição da tortura (artigo 3º, CEDH); a vedação da escravatura e do trabalho forçado ou obrigatório, não se encaixando na segunda parte o trabalho em cumprimento de pena criminal compatível com a dignidade, o serviço militar ou o necessário em caso de crises e calamidades e as demais atividades cívicas (artigo 4º, CEDH); o direito à liberdade e à segurança, numa relação de correspondência, pois assegura-se a privação da liberdade quando ela for necessária à segurança dos demais, sendo devidas garantias processuais (artigo 5º, CEDH); o direito a um processo equitativo, com duração razoável, em regra público, garantidos direitos ao acusado, inclusive presunção de inocência (artigo 6º, CEDH); o princípio da legalidade e da irretroatividade, excetuando-se casos de violação de princípios gerais reconhecidos pelas nações civilizadas (artigo 7º, CEDH); o direito ao respeito pela vida privada e familiar, ao domicílio e à correspondência, salvo interesse público (artigo 8º, CEDH); a liberdade de pensamento, de consciência e de religião, e a manifestação desta crença, salvo interesse público ou de outrem (artigo 9º, CEDH); a liberdade de expressão, envolvendo tanto a emissão quanto o recebimento de informação, frisando-se a correlação entre liberdades e direitos alheios (artigo 10, CEDH); a liberdade de reunião e associação, incluindo formação de sindicatos, respeitado o interesse público de segurança e os direitos alheios (artigo 11, CEDH); o direito ao casamento (artigo 12, CEDH); o direito a um recurso efetivo perante uma instância nacional (artigo 13, CEDH); e a proibição da discriminação (artigo 14, CEDH). No entanto, tais direitos podem ser derrogados em caso de estado de necessidade, exceto artigos 2º, 3º, 4º, § 1º e 7º (artigo 15, CEDH), além do que é possível limitar a atividade política dos estrangeiros (artigo 16, CEDH), mas nenhuma limitação pode visar fim contrário ao da Convenção (artigo 18, CEDH) assim como nenhum direito pode ser abusado (artigo 17, CEDH). Estas disciplinas valem para todas as pessoas que se encontrem na jurisdição de um Estado-parte, independentemente de ser ou não seu nacional.

O título III, em suas disposições diversas, inicia tratando do inquérito que pode ser instaurado pelo Secretário-Geral, ao qual devem ser prestadas informações quando solicitadas (artigo 52, CEDH). Após, reconhece que os direitos ali declarados não limitam ou prejudicam outros direitos e liberdades reconhecidos pelos Estados-partes (artigo 53, CEDH) e prevê que nenhuma de suas disposições afeta os poderes do Comitê de Ministros do Conselho (artigo 54, CEDH). Finaliza, no artigo 57, com o reconhecimento da possibilidade de reservas que não tenham caráter genérico; no artigo 58, validando a possibilidade de denúncia após 5 anos e respeitadas obrigações anteriores; no artigo 59, estabelecendo que os países-membros do Conselho da Europa poderão se tornar signatários, bem como **a própria União Europeia**.

4.3 Tribunal Europeu dos Direitos do Homem

Frisa-se, em primeiro lugar, que não mais se pode falar em uma **Comissão Europeia dos Direitos do Homem**. Muito embora existisse, ela foi extinta pelo Protocolo nº 11, de 1998, à Convenção Europeia. Na verdade, tal Protocolo promoveu profunda transformação no sistema europeu ao assegurar um caráter de **permanência** ao Tribunal Europeu dos Direitos do Homem, bem como ao atribuir-lhe funções que outrora eram repartidas com a Comissão Europeia. Nos considerandos do Protocolo, aliás, se fala em substituir a Comissão e o Tribunal Europeu dos Direitos do Homem atuais **por um novo Tribunal permanente**.

A seguir, portanto, são feitos comentários de acordo com as repaginadas competências do Tribunal após alterações na Convenção Europeia feitas pelo *supramencionado* Protocolo.

4.3.1 Competência

O artigo 55 da Convenção traz como regra a utilização dos meios de solução de litígios nela previstos para solucionar controvérsias entre Estados-partes sobre suas disposições. Neste sentido, desponta o **Tribunal Europeu dos Direitos do Homem** como meio por excelência para resolver conflitos entre os signatários da Convenção quanto às suas normas, até mesmo face à previsão de sua competência no artigo 32.

4.3.2 Composição

Trata-se de um **órgão permanente** (artigo 19, CEDH), composto por **um juiz representante de cada alta parte contratante** (artigo 20, CEDH), que deverá possuir ilibada reputação moral e condições para exercer altas funções judiciais ou ser jurisconsulto de grande competência, bem como não exercer funções incompatíveis durante o mandato (artigo 21, CEDH). Os juízes serão eleitos pela Assembleia por cada alta parte contratante, que apresentará uma lista tríplice (artigo 22, CEDH). O mandato é de **9 anos**, **não aceita reeleição**, sendo obrigatória a saída ao atingir 70 anos, ficando o juiz responsável pelos casos em que já estivesse atuando até que se encerrem (artigo 23, CEDH).

4.3.3 Legitimidade ativa

> *A legitimidade do Tribunal Europeu dos Direitos do Homem se estende a particulares ou é apenas de Estados-partes?*

Possuem legitimidade ativa perante o Tribunal *qualquer pessoa singular, organização não governamental* ou *grupo de particulares* que se considere vítima de violação por qualquer Estado-parte dos direitos reconhecidos na Convenção ou nos seus protocolos (artigo 34, CEDH). Veja-se, portanto, que o indivíduo tem legitimidade ativa para peticionar perante o Tribunal.

4.3.4 Condições de admissibilidade

O artigo 35 aponta como condições de admissibilidade, que poderão ser analisadas a qualquer tempo: esgotamento dos recursos internos; prazo de seis meses da última decisão interna; identificação do peticionário; não ser idêntica na essência a outra petição já examinada; ter fundamentos e ser compatível com a Convenção; não ter a parte sofrido dano significativo.

4.3.5 Arquivamento e desarquivamento

Assim como será aceito o desarquivamento, caberá o arquivamento do processo a qualquer momento quando o requerente não pretender mantê-la, o litígio tiver sido solucionado ou não se justificar mais sua apreciação, mas prosseguirá se o respeito aos direitos humanos consagrados na Convenção assim o exigir (artigo 37, CEDH).

4.3.6 Processo

O Tribunal só funciona como Assembleia plenária em casos especiais descritos no artigo 25 da Convenção, como eleição de presidente e vice-presidentes, criação de seções e adoção de regulamento. Em outros casos, sempre que funcionar enquanto tribunal singular, o Tribunal será assistido por relatores que exercerão as suas funções sob autoridade do Presidente do Tribunal (estes integram a secretaria do Tribunal), nos termos do artigo 24 da Convenção.

Em caráter complementar, o artigo 26 da Convenção trata do funcionamento do Tribunal como singular, comitês, seções e pleno: "1. Para o exame dos assuntos que lhe sejam submetidos, o Tribunal funcionará com juiz singular, em comitês compostos por 3 juízes, em seções compostas por 7 juízes e em tribunal pleno composto por 17 juízes. As seções do tribunal constituem os comitês por período determinado. 2. A pedido da Assembleia Plenária do Tribunal, o Comitê de Ministros poderá, por decisão unânime e por período determinado, reduzir para cinco o número de juízes das seções. 3. Um juiz com assento na qualidade de juiz singular não procederá à apreciação de qualquer petição formulada contra a Alta Parte Contratante em nome da qual o juiz em causa tenha sido eleito. 4. O juiz eleito por uma Alta Parte Contratante que seja parte no diferendo será membro de direito da seção e do tribunal pleno. Em caso de ausência deste juiz ou se ele não estiver em condições de intervir, uma pessoa escolhida pelo Presidente do Tribunal de uma lista apresentada previamente por essa Parte intervirá na qualidade de juiz. 5. Integram igualmente o Tribunal pleno o presidente do Tribunal, os vice-presidentes, os presidentes das secções e outros juízes designados em conformidade com o regulamento do Tribunal. Se o assunto tiver sido deferido ao Tribunal pleno nos termos do artigo 43, nenhum juiz da seção que haja proferido a decisão poderá naquele intervir, salvo no que respeita ao presidente da seção e ao juiz que decidiu em nome da Alta Parte Contratante que seja Parte interessada".

Nos termos do artigo 27, as petições são enviadas ao juiz singular, que pode declarar sua inadmissibilidade (decisão esta irrecorrível), ou enviá-la a um Comitê ou Seção. O Comitê que conheça petição individual pode declarar sua inadmissibilidade ou mandar arquivá-la para posterior apreciação, decisão definitiva, bem como declarar a admissibilidade e proferir sentença quando tratar-se de questão cuja jurisprudência do Tribunal já esteja consolidada. O Comitê poderá a qualquer momento chamar o juiz representante da alta parte contratante envolvida ao Comitê, caso ele ainda não faça parte dele (artigo 28, CEDH). Se o juiz singular admitir, assim como o Comitê, não tendo ele sentenciado desde logo, o caso irá para a Seção que se pronunciará sobre a admissibilidade e o fundo de petições interestaduais (acusações de violação de um Estado-parte quanto ao outro) (artigos 29 c.c. 33, CEDH). Se o assunto pendente na Seção levantar questão grave quanto à interpretação da Convenção ou seus protocolos, ou se puder haver contradição entre a sentença a ser prolatada e outra já proferida pelo Tribunal, a Seção pode devolver a decisão ao Tribunal pleno, com anuência das partes (artigo 30, CEDH). O Tribunal pleno, então, apreciará a questão, nos termos do artigo 31 da Convenção.

Nota-se, assim, que a regra é que a sentença que aprecia diretamente o mérito da questão seja prolatada por uma **Seção**, não pelo Pleno. Por isso, o artigo 43 da Convenção prevê que em 3 meses da prolação de sentença pela Seção qualquer parte poderá, em casos excepcionais, solicitar a devolução ao Pleno, solicitação esta que será apreciada por um coletivo de 5 juízes com base na gravidade quanto à interpretação e à aplicação da Convenção. Logo, o Pleno apreciará o mérito e prolatará sentença quando a Seção assim o requerer nos casos do artigo 30, ou quando o coletivo de 5 juízes decidir que é caso de devolução após recurso das partes nos termos do artigo 43.

As sentenças, que, nos termos do artigo 45 da Convenção, deverão ser fundamentadas, serão definitivas quando proferidas pelo Pleno sempre. Já a sentença de uma Seção somente será definitiva se as partes declararem que não solicitarão a devolução do assunto ao Tribunal pleno; três meses após a data da sentença, se a devolução do assunto ao Tribunal pleno não for solicitada; ou se o coletivo do Tribunal pleno rejeitar a petição de devolução formulada nos termos do artigo 43 (artigo 44, CEDH). **Apesar da irrecorribilidade da sentença, não se afasta a possibilidade de pedido de esclarecimentos**. Ainda, segundo o artigo 46 da Convenção, a sentença tem força vinculativa aos Estados-partes e seu cumprimento será fiscalizado e determinado pelo Comitê de Ministros.

4.3.7 Contraditório e produção de provas

O Estado-parte envolvido terá espaço para participar no processo, assim como o Tribunal poderá chamar outros interessados a se manifestarem, espaço também concedido ao Comissário para Direitos do Homem do Conselho da Europa (artigo 36, CEDH).

O Tribunal permitirá a produção de provas garantindo o contraditório (artigo 38, CEDH) e buscará solução amigável a qualquer tempo, que caso ocorra gerará arquivamento do processo, expedindo-se decisão com relato dos fatos e do acordo, que será emitida ao Comitê de Ministros para garantir a sua fiel execução (artigo 39, CEDH).

A audiência e os documentos serão acessíveis ao público, em regra (artigo 40, CEDH). Reconhecida a violação pelo Tribunal, será determinada uma reparação razoável, se necessário (artigo 41, CEDH).

4.3.8 Competência consultiva

Dos artigos 47 a 49, a Convenção aborda a **competência consultiva** do Tribunal, pela qual ele poderá emitir pareceres fundamentados em caso de solicitação pelo Comitê de Ministros, respeitadas limitações, notadamente a de não se manifestar sobre a extensão ou o conteúdo dos direitos e liberdades fundamentais previstos no título I da Convenção e seus protocolos e sobre questões que possam a ele ou ao Comitê serem submetidas por recurso.

5 SISTEMA INTERAMERICANO DE DIREITOS HUMANOS

Passa-se, a seguir, à análise do sistema interamericano de proteção dos direitos humanos, dentro do qual se insere o Brasil. Sua importância vem sendo maximizada no ordenamento pátrio, graças à contribuição doutrinária, legislativa e jurisprudencial, de promover um perfilhamento entre decisões e legislações nacionais e interamericanas. Trata-se de um esforço ainda em implementação, entretanto (enquanto o sistema europeu é tradicional, e os sistemas africano e islamo-arábico são ineficientes, **o sistema interamericano é intermediário**).

5.1 Sistema da Organização dos Estados Americanos - OEA

A Carta da Organização dos Estados Americanos, que criou a **Organização dos Estados Americanos**, foi celebrada na IX Conferência Internacional Americana de 30 de abril de 1948, em Bogotá, e entrou em vigência no dia 13 de dezembro de 1951, sendo reformada pelos protocolos de Buenos Aires (27 de fevereiro de 1967), de Cartagena das Índias (5 de dezembro de 1985), de Washington (14 de dezembro de 1992) e de Manágua (10 de junho de 1993).

5.1.1 Estrutura e Funcionamento

> Quais países podem fazer parte da Organização dos Estados Americanos? Quais requisitos para tanto?

Por ser uma organização continental, naturalmente, está aberta apenas a **Estados independentes americanos**, além de **entidades políticas que deles surjam** (artigos 4º, 5º e 8º, Carta OEA). "A Assembleia Geral, após recomendação do Conselho Permanente da Organização, determinará se é procedente autorizar o Secretário-Geral a permitir que o Estado solicitante assine a Carta e a aceitar o depósito do respectivo instrumento de ratificação. Tanto a recomendação do Conselho Permanente como a decisão da Assembleia Geral requererão o voto afirmativo de dois terços dos Estados membros" (artigo 7º, Carta OEA).

Os Estados-membros possuem iguais direitos e deveres, devendo respeitar os deveres de acordo com o direito internacional e não podendo ter seus direitos fundamentais restringidos (artigos 10, 11 e 12, Carta OEA). "[...] Mesmo antes de ser reconhecido, o Estado tem o direito de defender a sua integridade e independência, de promover a sua conservação e prosperidade, e, por conseguinte, de se organizar como melhor entender, de legislar sobre os seus interesses, de administrar os seus serviços e de determinar a jurisdição e a competência dos seus tribunais [...]", somente possuindo como limites os direitos dos demais Estados (artigo 13, Carta OEA), os quais são especificados dos artigos 14 a 23 da Carta da OEA.

Como se estrutura a Organização dos Estados Americanos?

Quanto aos órgãos da OEA, explicita o artigo 53 da Carta: "a Organização dos Estados Americanos realiza os seus fins por intermédio: a) Da Assembleia Geral; b) Da Reunião de Consulta dos Ministros das Relações Exteriores; c) Dos Conselhos; d) Da Comissão Jurídica Interamericana; e) Da Comissão Interamericana de Direitos Humanos; f) Da Secretaria-Geral; g) Das Conferências Especializadas; e h) Dos Organismos Especializados. Poderão ser criados, além dos previstos na Carta e de acordo com suas disposições, os órgãos subsidiários, organismos e outras entidades que forem julgados necessários".

5.1.1.1 Assembleia Geral

Como é composta e qual a atribuição da Assembleia Geral da OEA?

Trata-se do **órgão supremo da OEA**, que, segundo o artigo 54 da Carta da OEA, tem entre suas atribuições decidir a ação e a política gerais da OEA; estruturar e delimitar funções e atividades dos órgãos; fortalecer a cooperação com as Nações Unidas e outras organizações internacionais com objetivos análogos; aprovar orçamento; adotar normas de funcionamento da Secretaria; aprovar regulamento (*quórum*: 2/3). "Todos os Estados membros têm direito a fazer-se representar na Assembleia Geral. Cada Estado tem direito a um voto" (artigo 56, Carta OEA).

A reunião ordinária ocorrerá anualmente em locais diferentes consoante ao princípio do rodízio (artigo 57, Carta OEA), mas é possível realizar convocações extraordinárias mediante aprovação de 2/3 dos Estados-Membros dirigida ao Conselho Permanente (artigo 58, Carta OEA).

Quanto ao *quórum* de votação, estabelece o artigo 59 da Carta da OEA: "As decisões da Assembleia Geral serão adotadas pelo voto da maioria absoluta dos Estados membros, salvo nos casos em que é exigido o voto de dois terços, de acordo com o disposto na Carta, ou naqueles que determinar a Assembleia Geral, pelos processos regulamentares".

5.1.1.2 Da Reunião de Consulta dos Ministros das Relações Exteriores

"A Reunião de Consulta dos Ministros das Relações Exteriores deverá ser convocada a fim de considerar problemas de natureza urgente e de interesse comum para os Estados americanos, e para servir de Órgão de Consulta", conforme texto do artigo 61 da Carta da OEA. Questões inerentes ao funcionamento do órgão são delimitadas nos artigos 62 a 69 do documento.

5.1.1.3 Dos Conselhos

> Quais são os Conselhos principais da OEA e o que eles podem fazer?

O **Conselho Permanente da Organização**, especificado dos artigos 80 a 92 da Carta da OEA, e o **Conselho Interamericano de Desenvolvimento Integral**, delimitado do artigo 93 a 98 da mesma, são os dois Conselhos em funcionamento na OEA, conforme artigo 70 da sua Carta. Terão representação de todos os Estados-membros (artigo 71, Carta OEA). Os Conselhos poderão fazer recomendações aos Estados; apresentar estudos, propostas e projetos à Assembleia Geral e às Conferências Especializadas, que poderá também convocar; prestar serviço especializado; requerer informações e assessoramento um ao outro e dos demais órgãos e organismos subsidiários; fazer reuniões no território de qualquer Estado-membro; elaborar o próprio Estatuto e Regulamento, o primeiro com aprovação da Assembleia Geral (artigos 72 a 79, Carta OEA).

A respeito do Conselho Permanente, expõe Seitenfus[29]: "O Conselho é formado por representantes de todos os Estados, indicados especialmente com o título de embaixador. Ele apresenta, segundo a Carta, uma ambígua situação. Não há reconhecimento expresso de seu caráter, e nenhum artigo define claramente suas funções e tarefas. Esta flexibilidade institucional permite ao Conselho participar, de maneira ampla e nebulosa, em diferentes atividades da OEA".

Entre os organismos ligados ao Conselho Permanente destacam-se: Corte Interamericana de Direitos Humanos, Comissão Interamericana de Direitos Humanos (disciplinadas no Pacto de São José da Costa Rica) e Comissão Jurídica Interamericana (órgão consultivo em assuntos jurídicos)[30].

5.1.1.4 Da Comissão Jurídica Interamericana

"A Comissão Jurídica Interamericana tem por finalidade servir de corpo consultivo da Organização em assuntos jurídicos; promover o desenvolvimento progressivo e a codificação do direito internacional; e estudar os problemas jurídicos referentes à integração dos países em desenvolvimento do Continente, bem como a possibilidade de uniformizar suas legislações no que parecer conveniente", conforme o artigo 99 e especificações dos artigos 100 a 105 da Carta da OEA.

5.1.1.5 Da Comissão Interamericana de Direitos Humanos

Remete-se no artigo 106 da Carta da OEA à Comissão que deveria ser constituída, e o foi, pela Convenção Interamericana de Direitos Humanos, que será estudada adiante.

---

[29] SEITENFUS, Ricardo... Op. Cit., p. 266.
[30] Ibid., p. 267.

5.1.1.6 Da Corte Interamericana de Direitos Humanos

Da mesma forma, foi criada pela Convenção sobre Direitos Humanos a Corte Interamericana de Direitos Humanos, que também será estudada adiante.

5.1.1.7 Da Secretaria-Geral

A Secretaria-Geral é órgão permanente e administrativo da Organização, exercendo atribuições designadas pela Assembleia e especificadas na Carta (artigos 107, 111 e 112, Carta OEA). Será eleito pela Assembleia um **Secretário-Geral com mandato de 5 anos, permitida uma reeleição, não se aceitando sucessão por outro da mesma nacionalidade** (artigo 108, Carta OEA). "A Assembleia Geral, com o voto de dois terços dos Estados membros, pode destituir o Secretário-Geral ou o Secretário-Geral Adjunto, ou ambos, quando o exigir o bom funcionamento da Organização" (artigo 116, Carta OEA).

5.1.1.8 Das Conferências e Organismos Especializados

> Para que fim servem as conferências e os organismos especializados da OEA?

Seguindo o ideário de que os sistemas de proteção ora possuem foco geral, ora específico, a Carta da OEA institui Conferências e Organismos Especializados.

"As **Conferências Especializadas** são **reuniões intergovernamentais destinadas a tratar de assuntos técnicos especiais ou a desenvolver aspectos específicos da cooperação interamericana** e são realizadas quando o determine a Assembleia Geral ou a Reunião de Consulta dos Ministros das Relações Exteriores, por iniciativa própria ou a pedido de algum dos Conselhos ou Organismos Especializados" (artigo 122, Carta OEA). Logo, são **reuniões esporádicas voltadas a um tema específico**.

Por sua vez, os **organismos especializados**, alguns dos quais serão estudados oportunamente neste capítulo, são "os **organismos intergovernamentais estabelecidos por acordos multilaterais, que tenham determinadas funções em matérias técnicas de interesse comum para os Estados americanos**" (artigo 124, Carta OEA). São regulamentados dos artigos 125 a 130 da Carta da OEA e geralmente instituídos por tratados internacionais voltados a uma área específica de proteção.

5.1.2 Competência e Documentos Produzidos

A Organização dos Estados Americanos, como visto, é o órgão dentro do qual se desenvolve o sistema interamericano de proteção. Convém falar um pouco sobre suas áreas de atuação, bem como sistemas convencional e extraconvencional (algo que também se atentará dentro do sistema global).

5.1.2.1 Áreas de atuação

> Qual o fulcro de proteção dos direitos humanos na OEA e como ele interage com o da ONU?

O fulcro de proteção dos direitos humanos se evidencia no preâmbulo da Carta da OEA, ao afirmar a intenção de paz e de respeito aos direitos essenciais do homem no âmbito das Américas:

> EM NOME DOS SEUS POVOS, OS ESTADOS REPRESENTADOS NA NONA CONFERÊNCIA INTERNACIONAL AMERICANA,
>
> Convencidos de que a missão histórica da América é oferecer ao Homem uma terra de **liberdade** e um ambiente favorável ao desenvolvimento de sua **personalidade** e à realização de suas justas aspirações;
>
> Conscientes de que esta missão já inspirou numerosos convênios e acordos cuja virtude essencial se origina do seu desejo de conviver em **paz** e de promover, mediante sua mútua compreensão e seu respeito pela soberania de cada um, o melhoramento de todos na **independência**, na **igualdade** e no **direito**;
>
> Seguros de que a **democracia** representativa é condição indispensável para a estabilidade, a paz e o desenvolvimento da região;
>
> Certos de que o verdadeiro sentido da **solidariedade** americana e da boa vizinhança não pode ser outro senão o de consolidar neste Continente, dentro do quadro das instituições democráticas, um regime de liberdade individual e de justiça social, fundado no respeito dos **direitos essenciais do Homem**;
>
> Persuadidos de que o **bem-estar** de todos eles, assim como sua contribuição ao progresso e à civilização do mundo exigirá, cada vez mais, uma intensa **cooperação** continental;
>
> Resolvidos a perseverar na nobre empresa que a Humanidade confiou às **Nações Unidas**, cujos princípios e propósitos reafirmam solenemente;
>
> Convencidos de que a organização jurídica é uma condição necessária à segurança e à paz, baseadas na **ordem moral** e na **justiça**; e
>
> De acordo com a Resolução IX da Conferência sobre Problemas da Guerra e da Paz, reunida na cidade do México,
>
> RESOLVERAM
>
> Assinar a seguinte
>
> CARTA DA ORGANIZAÇÃO DOS ESTADOS AMERICANOS

Nota-se no preâmbulo a inspiração do sistema da OEA naquele instituído pela ONU, agora com abrangência regional, mas mantendo a mesma intenção de **buscar equilíbrio entre a soberania estatal e a garantia da paz mundial**, com o **consequente respeito aos direitos humanos individuais**. Neste sentido, são frisados conceitos como liberdade, personalidade, independência, igualdade, democracia, bem-estar, cooperação, moralidade e justiça.

Tal ideário de paz e justiça, aliado à independência estatal, é reforçado no artigo 1º da Carta da OEA. Prossegue, afirmando no artigo 2º enquanto seus propósitos: *paz e segurança no continente*; *consolidação da democracia representativa*; *solução pacífica de controvérsias; ação solidária em caso de agressão; solução dos problemas jurídicos/ políticos/econômicos dos Estados-membros; desenvolvimento por ação cooperativa; erradicação da pobreza; limitação dos armamentos convencionais.* Verifica-se a constante remissão a preceitos dos direitos humanos, tendência que prossegue no artigo 3º.

Logo, a OEA não pretende ir contra aos preceitos consagrados pelas Nações Unidas, mas sim **complementá-los** e torná-los **mais efetivos e culturalmente compatíveis** no âmbito das Américas. Neste sentido: "Nenhuma das estipulações desta Carta se interpretará no sentido de prejudicar os direitos e obrigações dos Estados membros, de acordo com a Carta das Nações Unidas" (artigo 131, Carta da OEA).

Ela desempenhará seu papel não somente decidindo situações de conflito que surjam entre os Estados-membros e avaliando relatórios gerais remetidos a seus órgãos, mas principalmente expedindo documentos internacionais que exteriorizem suas diretrizes. Não obstante, possuirá diversos órgãos que a levem a alcançar o fim pretendido.

5.1.2.2 Sistema convencional e extraconvencional

Os órgãos ou mecanismos criados pela OEA podem ser classificados como parte de um **sistema convencional** ou de um **sistema extraconvencional**.

Como a própria denominação permite deduzir, os órgãos pertencentes ao *sistema convencional* são aqueles que decorrem de tratados internacionais postos à assinatura dos Estados-membros, de forma que somente quando estes os ratificam é que passam a ter vinculação com os países signatários, que passam a serem denominados como Estados-partes naquele tratado internacional (geralmente denominado Pacto ou Convenção), sendo exemplos os organismos especializados que serão estudados oportunamente.

Por sua vez, os órgãos do *sistema extraconvencional* são aqueles criados pela OEA independentemente de assinatura específica do Estado-membro, decorrendo geralmente de sua Carta de fundação ou de uma votação promovida na Assembleia para a criação, de modo que todos os países membros da Organização passam a ter vinculação a ele.

Esta classificação entre órgãos ou mecanismos convencionais e extraconvencionais é tradicionalmente utilizada na doutrina quando se fala sobre a ONU, mas também vale para a OEA, que assim como a ONU cria organismos específicos em alguns de seus tratados internacionais que dependem de convenção. O motivo desta classificação não ser tão utilizada para a OEA é que, diferente da ONU, seus organismos especializados não possuem uma disciplina extensa e suas funções são restritas.

5.1.2.3 Pacto de São José da Costa Rica e sua posição jurídica no ordenamento brasileiro

Com o advento da Emenda Constitucional nº 45/2004, que acresceu o § 3º ao art. 5º da Constituição Federal, os tratados internacionais de direitos humanos foram **equiparados às emendas constitucionais**, desde que houvesse a aprovação do tratado em cada Casa do Congresso Nacional, com votação em dois turnos e aprovação por três quintos dos votos dos respectivos membros.

Quanto aos demais diplomas, há posicionamentos doutrinários conflitantes quanto à possibilidade de considerar como hierarquicamente constitucional os tratados internacionais de direitos humanos que ingressaram no ordenamento jurídico brasileiro anteriormente ao advento da referida emenda. **Jurisprudencialmente**, a resposta foi dada pelo Supremo Tribunal Federal na discussão que se deu com relação à prisão civil do depositário infiel, prevista e procedimentalizada como legal no Decreto-Lei nº 911/1969 e ilegal no Pacto de São José da Costa Rica (tratado de direitos humanos aprovado antes da EC nº 45/2004 e depois da CF/1988, pelo Decreto nº 678/1992). O Supremo Tribunal Federal firmou o entendimento pela **supralegalidade** do tratado de direitos humanos anterior à Emenda (estaria numa posição que paralisaria a eficácia da lei *infra*constitucional, mas não revogaria a Constituição no ponto controverso). Logo, o tratado de direitos humanos anterior à Emenda Constitucional nº 45/2004 é mais do que lei ordinária, e por isso paralisa a lei ordinária que o contrarie, porém menos que o texto constitucional. Criou-se, então, uma necessidade de dupla compatibilidade das leis ordinárias (sobre isso já se falou no capítulo I).

Assim, a Convenção Americana sobre Direitos Humanos ocupa uma posição de *supra*legalidade no ordenamento brasileiro, acima das leis ordinárias (paralisando a eficácia das que com ela sejam incompatíveis), mas abaixo da Constituição Federal.

5.2 Convenção Americana dos Direitos Humanos: aspectos materiais

A **primeira parte** do Pacto de São José da Costa Rica traz questões inerentes aos **direitos e deveres da pessoa humana** e ao **modo como os Estados-partes devem tratá-los**.

5.2.1 Estrutura, Premissas e Estados-partes

"O processo preparatório do chamado Pacto de San José teve presente a questão da coexistência e coordenação da nova Convenção regional com os instrumentos internacionais de direitos humanos das Nações Unidas. Com a entrada em vigor da Convenção, prevendo o estabelecimento de uma Comissão e uma Corte Interamericanas de Direitos Humanos, surgiram questões como a 'transição' entre o regime pré-existente e o da Convenção no tocante ao labor da Comissão"[31].

A Convenção Americana dos Direitos Humanos apresenta a seguinte estrutura:

---
[31] TRINDADE, Antônio Augusto Cançado. O sistema interamericano de direitos humanos no limiar do novo século... Op. Cit., p. 120.

Preâmbulo	
Parte I – Deveres dos Estados e Direitos Protegidos	Capítulo I – Enumeração dos Deveres
	Capítulo II – Direitos Civis e Políticos
	Capítulo III – Direitos Econômicos, Sociais e Culturais
	Capítulo IV – Suspensão de Garantias, Interpretação e Aplicação
	Capítulo V – Deveres das Pessoas
Parte II – Meios de Proteção	Capítulo VI – Órgãos Competentes
	Capítulo VII – Comissão Interamericana de Direitos Humanos
	Capítulo VIII – Corte Interamericana de Direitos Humanos
	Capítulo IX – Disposições Comuns
Parte III – Disposições Gerais e Transitórias	Capítulo X – Assinatura, Ratificação, Reserva, Emenda, Protocolo e Denúncia
	Capítulo XI – Disposições Transitórias

Com efeito, após a enunciação de suas premissas e intenções no preâmbulo, o qual servirá como norte de interpretação para as regras do corpo do Pacto, divide-se em **duas partes principais**: uma que trata dos **aspectos materiais**, inerentes ao tratamento dos direitos e deveres da pessoa humana; e outra abordando os **aspectos formais**, trazendo os meios de proteção estabelecidos no âmbito do Pacto. A título de finalização, a **terceira parte** traz as **disposições gerais e transitórias**, as quais, notadamente, descrevem as condições para integração.

As premissas da Convenção Americana dos Direitos Humanos podem ser bem visualizadas em seu preâmbulo, com a seguinte redação:

PREÂMBULO

Os Estados Americanos signatários da presente Convenção,

*Reafirmando seu propósito de consolidar **neste Continente**, dentro do quadro das instituições democráticas, um **regime de liberdade pessoal e de justiça social**, fundado no respeito dos **direitos humanos** essenciais;*

*Reconhecendo que os **direitos essenciais da pessoa humana** não derivam do fato de ser ela nacional de determinado Estado, mas sim do fato de ter como fundamento os **atributos** da pessoa humana, razão por que justificam uma **proteção internacional**, de natureza convencional, coadjuvante ou complementar da que oferece o direito interno dos Estados americanos;*

*Considerando que esses princípios foram consagrados na **Carta da Organização dos Estados Americanos, na Declaração Americana dos Direitos e Deveres do Homem e na Declaração Universal dos Direitos do Homem**, e que foram reafirmados e desenvolvidos em outros instrumentos internacionais, tanto de âmbito mundial como regional;*

*Reiterando que, de acordo com a Declaração Universal dos Direitos Humanos, só pode ser realizado o ideal do ser humano livre, isento do temor e da miséria, se forem criadas condições que permitam a cada pessoa gozar dos seus **direitos econômicos, sociais e culturais**, bem como dos seus **direitos civis e políticos**; e*

Considerando que a Terceira Conferência Interamericana Extraordinária (Buenos Aires, 1967) aprovou a incorporação à própria Carta da Organização de normas mais amplas sobre os direitos eco-

> nômicos, sociais e educacionais e resolveu que uma Convenção Interamericana sobre Direitos Humanos determinasse a estrutura, competência e processo dos órgãos encarregados dessa matéria; Convieram no seguinte:

Pelo preâmbulo da Convenção denotam-se os antecedentes históricos e as intenções envoltas em sua elaboração. Basicamente, os direitos humanos já haviam sido reconhecidos internacionalmente desde a criação da ONU e a elaboração da Declaração Universal dos Direitos Humanos de 1948 por todos os Estados-membros da organização. Entretanto, ainda se buscava um caminho para a efetivação deles, garantindo a dignidade inerente à pessoa humana em qualquer localidade, independentemente de fatores externos. Neste sentido, optou-se por um processo de regionalização dos direitos humanos, no qual as peculiaridades das grandes regiões globais poderiam ser levadas em consideração, permitindo maior efetividade das normas de direitos humanos. Assim, os países da América se reuniram para a formação de uma organização específica, a Organização dos Estados Americanos, e para a assunção de um compromisso internacional continental pela preservação dos direitos humanos.

Tais direitos humanos são aqueles inatos à pessoa humana independente da nacionalidade desta, bem como os mais abrangentes possíveis, envolvendo os civis e políticos, além dos econômicos, sociais e culturais. A preservação destes se dará no âmbito da OEA num ideário de complementaridade, intervindo-se quando a atuação do Estado soberano foi insuficiente ou ineficaz.

Podem ser signatários do Pacto de São José da Costa Rica todos os Estados-membros da Organização dos Estados Americanos (artigo 74, CADH). Apesar de ser de 1969, entrou em vigor quando 11 Estados a ela aderiram (artigo 74, CADH), em 18 de julho de 1978. Os Estados-partes podem propor emendas e protocolos adicionais (artigos 76 e 77, CADH).

Reservas somente são admitidas nos termos da Convenção de Viena sobre o Direito dos Tratados (artigo 75, CADH), adotada em 22 de maio de 1969, que codificou o direito internacional consuetudinário referente aos tratados e entrou em vigor em 27 de janeiro de 1980. É possível denunciar a adesão, mas apenas após 5 anos da entrada em vigor e mediante aviso prévio de 1 ano, o que desliga o Estado-parte mas não o desincumbe das obrigações até então assumidas (artigo 78, CADH).

5.2.2 Deveres estatais

> *Quais os principais deveres dos Estados signatários da Convenção Americana sobre Direitos Humanos?*

Os **deveres essenciais** dos Estados-partes são os de **respeito** e **adoção das disposições do pacto no ordenamento jurídico interno**.

No artigo 1º da CADH, os Estados-membros da OEA assumem o compromisso de respeitar os direitos humanos declarados no documento para com todos os seres humanos que ingressem em território de sua jurisdição – não apenas nacionais –, respeitando-se o princípio da igualdade. Não obstante, o dispositivo frisa que não há ser humano que possa não ser considerado como pessoa.

O conteúdo da Convenção tem um caráter genérico, de forma que meios específicos para assegurar os direitos nela previstos dentro do ordenamento interno são necessários. O artigo 2º da CADH deixa claro o dever dos Estados-partes de adaptar o ordenamento interno a este contexto, adotando medidas legislativas ou de outra natureza que tornem efetivos tais direitos humanos e que sejam compatíveis com o ordenamento constitucional.

5.2.3 Direitos civis e políticos

Dois momentos representam a formação da primeira dimensão de direitos humanos, correspondentes aos direitos civis e políticos, os quais são abordados neste capítulo da Convenção: **direitos de liberdade**, propugnando a limitação do poder estatal, e **direitos políticos**, garantindo ao indivíduo a participação nas decisões estatais. Em geral, nota-se que tais direitos não exigem uma postura ativa estatal, mas sim de abstenção, deixando de se ingerir em direitos humanos individuais e permitindo que as pessoas participem das decisões políticas.

A CADH enumera dos artigos 3º a 25 os direitos civis e políticos da pessoa humana no âmbito interamericano de proteção: direitos ao reconhecimento da personalidade jurídica; à vida à integridade pessoal; à indenização; à retificação ou resposta; à reunião; ao nome; da criança; à nacionalidade; à propriedade privada; de circulação e de residência; políticos; proteção conferida à honra e à dignidade; à família e judicial; igualdade perante a lei; proibição da escravidão e da servidão; desdobramento da preservação das liberdades em geral, especificando-se a pessoal, de consciência e de religião, de pensamento e de expressão, de associação; além das garantias judiciais e do respeito ao princípio da legalidade e da retroatividade.

5.2.4 Progressão dos direitos econômicos, sociais e culturais

> Como são tratados os direitos econômicos, sociais e culturais na Convenção Americana sobre Direitos Humanos?

Estabelece o artigo 26 da CADH, intitulado *desenvolvimento progressivo*: "Os Estados-partes comprometem-se a adotar as providências, tanto no âmbito interno, como mediante cooperação internacional, especialmente econômica e técnica, a fim de conseguir progressivamente a plena efetividade dos direitos que decorrem das normas econômicas, sociais e sobre educação, ciência e cultura, constantes da Carta da Organização dos Estados Americanos, reformada pelo Protocolo de Buenos Aires, na medida dos recursos disponíveis, por via legislativa ou por outros meios apropriados".

Os direitos econômicos, sociais e culturais, por exigirem uma prestação positiva estatal, não são auto implementáveis. Assim, a natureza destes direitos exige que cada Estado adote medidas e políticas que o levem a cada dia mais se tornarem efetivos, no que consiste o desenvolvimento progressivo. **Neste ponto diferem-se dos direitos civis e políticos, que por exigirem apenas uma postura de abstenção estatal são implementáveis desde logo.**

Embora a Convenção Americana não enuncie especificadamente direitos sociais, culturais e econômicos, determina que os Estados alcancem, progressivamente, a plena realização destes[32], ou seja, não admite que os direitos econômicos, sociais e culturais – como trabalho, lazer, educação, saúde e assistência social –, dotados da mesma relevância dos direitos civis e políticos, sejam deixados de lado, exigindo dos Estados-partes um compromisso pela crescente efetivação deles. Ainda, o Protocolo à referida Convenção se aprofunda na temática (**Protocolo de San Salvador**, de 17 de novembro de 1988, promulgado pelo Brasil pelo Decreto nº 3.321/1999).

5.2.5 Suspensão de garantias

O artigo 27 trata da suspensão de garantias no âmbito interno por um Estado-parte, autorizando-a nos casos de guerra, de perigo público, ou de outra emergência que ameace a independência ou segurança deste Estado-parte, guardada a devida proporcionalidade factual e temporal, limitada a suspensão em termos materiais ao não se permitir discriminações fundadas em motivos de raça, cor, sexo, idioma, religião ou origem social.

Logo, a limitação de direitos humanos é permitida, mas não é possível que ela viole premissas ligadas à dignidade humana, como raça, cor, sexo, idioma, religião. Por exemplo, na situação descrita no artigo seria aceitável autorizar trabalhos forçados compatíveis com a dignidade humana.

Visando conferir maior segurança jurídica, o artigo 27 continua especificando alguns destes direitos que não são limitáveis: "A disposição precedente não autoriza a suspensão dos direitos determinados nos seguintes artigos: 3 **(direito ao reconhecimento da personalidade jurídica), 4 (direito à vida), 5 (direito à integridade pessoal), 6 (proibição da escravidão e da servidão), 9 (princípio da legalidade e da retroatividade), 12 (liberdade de consciência e religião), 17 (proteção da família), 18 (direito ao nome), 19 (direitos da criança), 20 (direito à nacionalidade) e 23 (direitos políticos), nem das garantias indispensáveis para a proteção de tais direitos**".

Assim, o direito de suspensão é, basicamente, a possibilidade do Estado-parte da Organização dos Estados Americanos, por alguma razão específica e discriminada em suas justificativas, de deixar de cumprir parte do conteúdo da Convenção Americana de Direitos Humanos, respeitados os limites consagrados internacionalmente no que tange à dignidade humana.

A suspensão deverá ser comunicada imediatamente aos outros Estados-partes na presente Convenção, por intermédio do Secretário Geral da Organização dos

---

[32] PIOVESAN, Flávia. **Introdução ao sistema interamericano de proteção dos direitos humanos**... Op. Cit., p. 30.

Estados Americanos, com indicação dos dispositivos suspensos, motivos que levaram a isso e data limite (artigo 27, 3, CADH).

5.2.6 Cláusula federal

> O que prevê a cláusula federal da Convenção Americana sobre Direitos Humanos?

A forma federativa de Estado tem origem nos Estados Unidos, em 1787. No federalismo por agregação, os Estados independentes ou soberanos abrem mão de parcela de sua soberania para agregar-se entre si e formarem um Estado Federativo, mas mantendo a autonomia entre si: foi o que ocorreu nos Estados Unidos. Mas também é possível o federalismo por desagregação, quando a federação surge a partir de um Estado Unitário que resolve descentralizar-se, a exemplo do Brasil desde 1891.

Dentro da federação há repartição de competências entre a União e as unidades federativas. Como é a União que tradicionalmente firma os compromissos internacionais, nem sempre ela terá competência para fazer cumprir todas as normas deles, que podem ser da alçada das unidades federativas.

Daí o artigo 28 instituir a chamada **cláusula federal**: "1. Quando se tratar de um Estado-parte constituído como Estado federal, o governo nacional do aludido Estado-parte cumprirá todas as disposições da presente Convenção, relacionadas com as matérias sobre as quais exerce competência legislativa e judicial. 2. No tocante às disposições relativas às matérias que correspondem à competência das entidades componentes da federação, o governo nacional deve tomar imediatamente as medidas pertinentes, em conformidade com sua Constituição e com suas leis, a fim de que as autoridades competentes das referidas entidades possam adotar as disposições cabíveis para o cumprimento desta Convenção. 3. Quando dois ou mais Estados-partes decidirem constituir entre eles uma federação ou outro tipo de associação, diligenciarão no sentido de que o pacto comunitário respectivo contenha as disposições necessárias para que continuem sendo efetivas no novo Estado, assim organizado, as normas da presente Convenção".

Primeiro, reconhece-se que a União só poderá cumprir o tratado na matéria de sua competência; depois, confere-se, apesar disso, o dever à União de tomar medidas para que as entidades federativas com competência para atender aquela determinada questão do tratado sobre qual a União não a possui; por fim, determina-se que quando dois Estados-partes forem formar uma união federativa deverão constituir pacto comunitário em respeito às disposições da Convenção. Isto impede que o federalismo seja usado como *desculpa* para não tornar efetiva a aplicação da Convenção.

5.2.7 Interpretação e aplicação

O norte para a interpretação e aplicação de todas as regras do tratado consiste na vedação do uso da Convenção para contrariar os preceitos que ela visa proteger, isto é, para permitir a violação de direitos humanos fundamentais consagrados.

Neste sentido, estabelece o artigo 29: "Nenhuma disposição da presente Convenção pode ser interpretada no sentido de: a) permitir a qualquer dos Estados-partes, grupo ou indivíduo, **suprimir o gozo e o exercício dos direitos e liberdades reconhecidos** na Convenção ou limitá-los em maior medida do que a nela prevista; b) **limitar o gozo e exercício de qualquer direito ou liberdade que possam ser reconhecidos** em virtude de leis de qualquer dos Estados-partes ou em virtude de Convenções em que seja parte um dos referidos Estados; c) **excluir outros direitos e garantias** que são inerentes ao ser humano ou que decorrem da forma democrática representativa de governo; d) **excluir ou limitar o efeito** que possam produzir a Declaração Americana dos Direitos e Deveres do Homem e outros atos internacionais da mesma natureza".

O dispositivo consagra o **princípio da prevalência da norma mais benéfica**, de forma que a regulamentação da Convenção somente se aplicará se ampliar, fortalecer e aprimorar o grau de proteção de direitos, vedando-se sua aplicação se for resultar em restrição e limitação do exercício de direitos previstos pela ordem jurídica de um Estado-parte ou por tratados internacionais ratificados por ele[33].

Por isso mesmo, o artigo 30 da CADH exige, nos vários casos em que é possível limitar direitos humanos, previstos no decorrer do documento e aceitos em termos de direito constitucional interno, que se tenha em mente o interesse da coletividade e a finalidade pelas quais foram aceitas.

Nada impede, ainda, o reconhecimento de outros direitos, notadamente os reconhecidos pelos órgãos protetivos instituídos no âmbito da Convenção (artigo 31, CADH).

5.2.8 Correlação entre direitos e deveres

O artigo 32 da CADH traz a correlação entre deveres e direitos: "1. Toda pessoa tem deveres para com a família, a comunidade e a humanidade. 2. Os direitos de cada pessoa são limitados pelos direitos dos demais, pela segurança de todos e pelas justas exigências do bem comum, em uma sociedade democrática". **A um direito humano conferido à pessoa corresponde o dever de respeito ao arcabouço de direitos conferidos às outras pessoas.**

Considera-se um aspecto da característica da relatividade dos direitos humanos, que não podem ser utilizados como um escudo para práticas ilícitas ou como argumento para afastamento ou diminuição da responsabilidade por atos ilícitos. Assim, os direitos humanos não são ilimitados e encontram seus limites nos demais direitos igualmente consagrados como humanos.

5.3 Convenção Americana dos Direitos Humanos: aspectos formais – meios de proteção

> Qual o aparato formal de monitoramento da Convenção Americana sobre Direitos Humanos?

---
[33] Ibid., p. 26.

A **segunda parte** da Convenção analisa os **meios de proteção aos direitos humanos que deverão ser garantidos**, criando a **Comissão Interamericana de Direitos Humanos** (na verdade a Comissão já foi prevista na Carta da OEA, que remeteu sua organização à Convenção, como visto) e a **Corte Interamericana de Direitos Humanos** (artigo 33, CADH). "A reparação da violação aos direitos consagrados na Convenção Americana inclui o dever de garantir os recursos legais efetivos para o processamento do responsável e o pagamento de um montante indenizatório para a vítima ou seus familiares pelos danos sofridos decorrentes da violação, visando prevenir futuras violações em circunstâncias semelhantes", o que, obviamente, não pode ser feito sem o devido processamento perante os meios de proteção[34].

Assim, "a Convenção Americana estabelece um aparato de monitoramento e implementação dos direitos que enuncia. Esse aparato é integrado pela Comissão Interamericana de Direitos Humanos e pela Corte Interamericana"[35]. Estes dois órgãos ficam, então, vinculados à OEA e são os responsáveis pela implementação no plano do continente americano dos direitos humanos garantidos na Convenção, sendo estudados daqui em diante.

5.3.1 Comissão Interamericana de Direitos Humanos

A seguir se vai estudar a Comissão e a Corte de forma pormenorizada, dada a importância das suas atuações nos tempos atuais, **sobretudo considerando o Brasil perante estes órgãos**.

5.3.1.1 Origens

A Comissão é anterior à Corte em mais de 20 anos; aliás, é anterior à Convenção Americana de Direitos Humanos, atuando antes de 1969 com base na Carta da OEA e na DUDH[36].

Em se tratando de um mecanismo de processamento individual, seu uso "[...] deve ser encarado como parte de um processo de lutas políticas e sociais históricas, pela efetiva melhora das condições de vida dos grupos mais vulneráveis da sociedade brasileira. Nesta perspectiva, as organizações não-governamentais brasileiras devem acionar o sistema interamericano de forma estratégica e paralela às suas ações no âmbito interno"[37]. São raros os instrumentos de proteção internacional dos direitos humanos que permitem o acesso direto por indivíduos ou grupos que o representem, sendo este o principal mérito da Comissão em estudo.

5.3.1.2 Composição

> Qual a composição da Comissão Interamericana de Direitos Humanos?

---

[34] GALLI, Maria Beatriz; DULITZKY, Ariel E... Op. Cit., p. 60.
[35] PIOVESAN, Flávia. **Direitos humanos e o direito constitucional internacional...** Op. Cit.
[36] GALLI, Maria Beatriz; DULITZKY, Ariel E... Op. Cit., p. 61.
[37] Ibid., p. 54.

Nos termos do artigo 34 da CADH, a Comissão será composta por **7 membros**, dotados de **alta autoridade moral** e de **reconhecido saber em matéria de direitos humanos**. Tais critérios são bastante subjetivos, tanto que nem é preciso formação em Direito.

Embora composta de 7 membros, a Comissão **representa** todos os membros da OEA (artigo 35, CADH), isto é, a representatividade dos Estados perante a Comissão não é direta.

Os Estados-membros irão propor candidatos, formando uma lista. Cada qual indicará **até** três candidatos e, possuindo sua lista este número, um deles deverá ser de outra nacionalidade (artigo 36, CADH).

O **mandato é de 4 anos**, **aceita uma reeleição**, estabelecendo-se no artigo 37 uma regra de transição que permita a alternância a cada dois anos. Segundo o mesmo dispositivo, não é permitido que dois nacionais do mesmo país componham a Comissão.

O Conselho Permanente da Organização preencherá as vagas que surjam por motivos diversos de fim de mandato, por exemplo, morte ou renúncia do membro da Comissão (artigo 38, CADH).

5.3.1.3 Funcionamento

Nos termos do artigo 39, "a Comissão elaborará seu estatuto e submetê-lo-á à aprovação da Assembleia Geral e expedirá seu próprio Regulamento". O regulamento da Comissão discrimina como se dá a sua atuação em detalhes. Por sua vez, o Estatuto da Comissão foi aprovado pela resolução AG/RES nº 447 (IX-O/79), adotada pela Assembleia Geral da OEA, em seu Nono Período Ordinário de Sessões, realizado em La Paz, Bolívia, em outubro de 1979.

Nota-se que o Regulamento não passa pelo crivo da Assembleia, mas somente o Estatuto. Isto é coerente porque enquanto o Regulamento é mais formal, tratando de questões ligadas ao modo de atuação da Comissão, o Estatuto é mais profundo, trazendo princípios e finalidades que regem a Comissão.

Quanto ao órgão que movimenta administrativamente a Comissão, isto é, desempenha os serviços de secretaria, trata-se da própria Secretaria Geral da Organização dos Estados Americanos (artigo 40, CADH), não havendo então secretaria específica para a Comissão. É suficiente a assessoria material da Secretaria Geral, não se necessitando de uma específica para o bom desempenho das funções.

5.3.1.4 Competência

> Qual a competência da Comissão Interamericana de Direitos Humanos?

O artigo 41 da CADH permite uma compreensão clara a respeito das funções da Comissão: fomentar a consciência do dever de respeito aos direitos humanos;

formular recomendações a Estados-membros que estejam violando a Convenção; além de atender a consultas que estes façam, podendo redigir estudos e relatórios e solicitar informações para tanto, finalizando com a obrigação de apresentar relatório anual sobre sua atuação.

Galli e Dulitzky[38] dividem as competências da Comissão na seguinte sistemática:

Caráter promocional	Caráter protetivo
Assessoria aos Estados para reforçar a consciência sobre a importância dos direitos humanos entre os povos das Américas, incluindo funções consultivas além de funções de assessoramento, podendo elaborar tratados, interpretar a Convenção Americana e determinar a compatibilidade dela com a legislação interna dos Estados-membros.	Proteção dos direitos humanos mediante supervisão da conduta dos Estados referentes às obrigações internacionais quanto aos direitos humanos, autorizada a investigação de fatos que podem chegar a ela por denúncia individual e a elaboração de relatórios especiais.

Os mesmos relatórios e estudos que os Estados-partes submetem às Comissões Executivas do Conselho Interamericano Econômico e Social e do Conselho Interamericano de Educação, Ciência e Cultura deverão ser enviados à Comissão, com os fins dela zelar pelas normas econômicas, sociais e sobre educação, ciência e cultura vigentes no âmbito da OEA (artigo 42, CADH).

Também para assegurar que a Comissão desempenhe suas funções, os Estados-partes deverão proporcionar a ela as informações solicitadas sobre a maneira pela qual seu direito interno assegura a aplicação efetiva de quaisquer disposições da Convenção (artigo 43, CADH).

5.3.1.5 Legitimidade ativa

Nos termos do artigo 44 da CADH, "**qualquer pessoa ou grupo de pessoas, ou entidade não-governamental** legalmente reconhecida em um ou mais Estados-membros da Organização, pode apresentar à Comissão petições que contenham denúncias ou queixas de violação desta Convenção por um Estado-parte". Logo, pessoas da sociedade e grupos que a representam possuem legitimidade perante este órgão internacional.

Também os **Estados-partes** podem ser legitimados ativos quando aleguem haver outro Estado-parte incorrido em violações dos direitos humanos estabelecidos nesta Convenção, **mas é preciso que se faça uma declaração de competência**. Seja no momento de depósito da ratificação, seja posteriormente, o Estado-parte pode reconhecer a competência da Comissão para receber e examinar comunicações de um Estado-parte a respeito de outro Estado-parte que tenha cometido violações. Se não reconhecê-la, não poderá apresentar comunicações neste sentido. No entanto, a declaração pode ser feita por tempo determinado ou para casos específicos (não precisa ser por tempo indefinido), sendo depositada na Secretaria Geral da OEA. (artigo 45, CADH).

---
[38] Ibid., p. 63-65.

5.3.1.6 Requisitos de admissibilidade

> O que é o requisito do esgotamento dos recursos da jurisdição interna perante a Comissão Interamericana dos Direitos Humanos? Quando ele é dispensado?

Antes de verificar a admissibilidade, a Comissão analisa se estão presentes os pré-requisitos processuais, se pode apurar o objeto da petição e se os fatos ocorreram antes da ratificação da Convenção pelo Estado[39].

Estabelece o artigo 46 da CADH: "Para que uma petição ou comunicação apresentada de acordo com os artigos 44 ou 45 seja admitida pela Comissão, será necessário: a) que hajam sido **interpostos e esgotados os recursos** da jurisdição interna, de acordo com os princípios de Direito Internacional geralmente reconhecidos[40]; b) que seja apresentada dentro do prazo de **seis meses**, a partir da data em que o presumido prejudicado em seus direitos tenha sido **notificado da decisão definitiva**; c) que a matéria da petição ou comunicação **não** esteja **pendente** de outro processo de **solução internacional**; e d) que, no caso do artigo 44, a petição contenha o **nome**, a **nacionalidade**, a **profissão**, o **domicílio** e a **assinatura** da pessoa ou pessoas ou do representante legal da entidade que submeter a petição. 2. As disposições das alíneas 'a' e 'b' do inciso 1 deste artigo **não** se aplicarão quando: a) **não existir**, na legislação interna do Estado de que se tratar, o **devido processo legal** para a proteção do direito ou direitos que se alegue tenham sido violados; b) **não se houver permitido** ao presumido prejudicado em seus direitos o **acesso aos recursos da jurisdição interna**, ou houver sido ele impedido de esgotá-los; e c) houver **demora injustificada na decisão** sobre os mencionados recursos[41]".

Dispensa-se o esgotamento de recursos e a consequente passagem de 6 meses como prazo quando não existirem normas de proteção ao devido processo legal no Estado, quando tiver sido impedido ou dificultado o acesso ao Judiciário no país ou quando houver demora sem motivos para o processamento interno. Logo, o esgotamento dos recursos não pode servir de óbice ao acesso à justiça internacional.

---

[39] Ibid., p. 67.

[40] "A obrigatoriedade da observância do requisito de esgotamento dos recursos internos justifica-se pelo fato de o Direito internacional ter sido concebido subsidiariamente ao direito interno dos Estados, conferindo aos Estados a oportunidade de reparar a violação de direito causada à vítima, antes de serem acionados internacionalmente. Neste sentido, o objetivo último do Direito Internacional dos Direitos Humanos é fortalecer o Direito nacional como instrumento de proteção e garantia". Não obstante, se o Estado não alegar em sua defesa que ainda haviam recursos a serem esgotados, a Comissão pode interpretar que ocorreu renúncia tácita a este requisito, não podendo o Estado fazer esta alegação num momento posterior (Ibid., p. 72).

[41] Quando se exige que os recursos sejam adequados e efetivos, tem-se que não é suficiente a existência no aparato interno de recursos meramente formais, pois é preciso que eles sejam eficazes na reparação das violações de direitos humanos. Assim, é possível que o peticionário alegue que não esgotou os recursos internos e que é caso de uma das exceções ao requisito, justificando. Geralmente, é o que ocorre nas denúncias apresentadas à Comissão, uma vez que as falhas estruturais no acesso das pessoas aos sistemas de justiça latino-americanos são muitas, sem contar a impunidade comum nos casos de violação dos direitos humanos. Se constatado que os recursos internos são ineficazes para reparar tais violações, o Estado será responsabilizado por não garantir o devido processo legal à vítima, efetuando-se uma investigação diligente, processamento, condenação do responsável pela violação e pagamento de indenização à vítima ou seus familiares (Ibid., p. 73-75).

Na **Opinião Consultiva n° 11/90**, a Corte Interamericana definiu a **relativização do requisito de esgotamento dos recursos internos** sempre que, por razões de indigência ou por temor generalizado dos advogados para representá-lo legalmente, um reclamante diante da Comissão tenha se visto impedido de utilizar os recursos internos necessários para proteger um direito garantido pela Convenção.

Neste sentido, o artigo 47 estabelece que a Comissão fará um exame prévio da petição ou comunicação para decidir se irá processá-la ou arquivá-la, avaliando os seguintes requisitos: os descritos no artigo anterior e expostos acima; exposição dos fatos que caracterizam violação dois direitos garantidos pela Convenção; não ser a petição manifestamente infundada ou evidentemente improcedente; não se tratar de reprodução de petição ou comunicação anterior, já examinada pela Comissão ou por outro organismo internacional.

5.3.1.7 Processo

A comunicação ou petição que passa pelo crivo do artigo 47 será processada. O primeiro passo é a solicitação de informações do governo ao qual pertença a autoridade apontada como responsável pela violação, informando o conteúdo da comunicação ou petição, fixando-se prazo.

Recebidas as informações ou transcorrido o prazo decidirá se continuará o processamento da petição ou comunicação, arquivando-a se não subsistirem os fundamentos da petição, decidindo pela improcedência ou pela inadmissibilidade com base nas novas provas ou informações, ou dando o próximo passo para a continuidade (artigo 48, CADH).

Decidido continuar o expediente, produz-se provas, com o devido exame do assunto exposto na petição e eventual investigação, a qual os Estados envolvidos devem facilitar. Poderá, ainda, pedir informações. Deve, ainda, se colocar à disposição para uma solução amigável (artigo 48, CADH).

Como a Convenção não traz critérios rígidos de valoração, aceita-se qualquer meio capaz de averiguar a verdade dos fatos, incluindo documentos (textos de leis e decretos, passaportes, registros de imigração, documentos administrativos, sentenças e decisões nacionais, cartas privadas, fotografias, gravações, reportagens, entre outros), testemunhas, presunções e indícios etc.[42]

"Apesar de ter um papel aparentemente passivo nesta fase do trâmite da denúncia, a Comissão está avaliando os fatos apresentados e a solidez das provas. Durante esta fase do procedimento, o peticionário deve assumir um papel ativo, impulsionando o procedimento através da apresentação de escritos contendo informações adicionais, solicitando diligências, ou requerendo audiências para produção de prova testemunhal"[43].

É possível abreviar estas etapas no caso de uma denúncia grave, procedendo desde logo com a investigação, desde que com autorização do Estado, respeitados ainda os requisitos de admissibilidade (artigo 48, 2, CADH).

---

[42] Ibid., p. 69.
[43] Ibid., p. 68.

Obtida a solução amistosa descrita no artigo 48, se redigirá um relatório, que será encaminhado a todos Estados-partes da Convenção e transmitido ao Secretário Geral da OEA, contendo uma breve exposição dos fatos e da solução alcançada, e também se dará ampla informação a quaisquer partes no caso que solicitar (artigo 49, CADH).

No procedimento de solução amistosa, **em que a Comissão exerce um papel estritamente político e diplomático**, exige-se do Estado envolvido que esteja pronto para atuar com boa-fé e fazer concessões. Ele permite que as partes negociem sobre medidas concretas de reparação às violações de direitos humanos alegadas, fornecendo vantagens para todos envolvidos: permite que as discussões e negociações se iniciem com intermediação e fiscalização de um órgão internacional independente que é a Comissão, bem como oferece soluções mais efetivas e rápidas quando o compromisso firmado é cumprido em respeito ao princípio da boa-fé[44].

Não obtida a conciliação, será expedido um **relatório**, no qual se decidirá se houve de fato violação de direitos humanos e serão formuladas proposições e recomendações, se o caso. **A ele serão agregados eventuais votos dissidentes e exposições dos interessados**. Será encaminhado aos Estados interessados que não poderão publicá-lo (artigo 50, CADH)[45].

Em três meses o Estado-parte no qual ocorreu a violação deve apresentar uma solução ou levar o caso à Corte Interamericana de Direitos Humanos; ou, se a Comissão não levar o caso à Corte reconhecendo sua competência para o julgamento daquele caso, ela mesma poderá emitir sua opinião e conclusões sobre a questão, num julgamento conclusivo. Este julgamento conclusivo irá trazer as providências esperadas do Estado-parte em certo prazo, após o qual se decidirá se ele tomou ou não tais medidas assecuratórias num relatório final (artigo 51, CADH).

A Comissão confere um prazo de três meses para que suas recomendações sejam cumpridas a contar da notificação e, se não o forem, ela decidirá se o caso será ou não levado à Corte. Para a Comissão levar o caso à Corte é preciso que o Estado tenha aceito a competência dela, senão o caso continua tramitando na Comissão. Esta decisão sobre o envio ou não do caso para a Corte tem caráter estritamente discricionário e não é obrigatória. No mais, está sujeita ao prazo de caducidade de três meses contados a partir da data em que a Comissão encaminha o relatório para o Estado. Esta decisão deverá ser orientada para o alcance da efetiva proteção dos direitos humanos naquele caso específico, notadamente quando o caso for muito grave ou quando por sua complexidade e transcendência merecer ser analisado pela Corte[46].

---

[44] Ibid., p. 77.
[45] A divulgação de um relatório para os Estados-membros da OEA é um constrangimento internacional público em relação ao Estado-membro que cometeu a violação de direitos humanos. No caso, a sanção máxima da Comissão é a publicação no seu Relatório Anual do relatório final condenando o Estado, o qual deverá ser divulgado na Assembleia Geral. Em tal relatório a Comissão pode incluir recomendações, que deverão ser cumpridas com base no princípio da boa-fé (Ibid., p. 62).
[46] Ibid., p. 83-86.

5.3.1.8 Relatórios de casos, medidas cautelares, relatórios anuais e relatoria para a liberdade de expressão

> Para quais fins servem os relatórios de casos, as medidas cautelares, os relatórios anuais e a relatoria para a liberdade de expressão?

Entre algumas maneiras pela qual a Comissão Interamericana irá atuar destacam-se:

a) Relatórios de casos e relatórios anuais: trazem em detalhes os rumos de um caso e de todos os ocorridos naquele período de 1 ano, respectivamente. Os *relatórios de casos* são publicados sempre que um caso não for admitido, for admitido, se alcançar uma solução amistosa, se julgar o mérito, se arquivar o caso. Já os *relatórios anuais* trazem os principais casos individualmente relatados, notadamente os que não forem cumpridos após recomendações da comissão, bem como demais medidas tomadas no âmbito da Comissão;

b) Medidas cautelares: "O mecanismo de medidas cautelares encontra-se previsto no artigo 25 do Regulamento da CIDH. Conforme o que estabelece o Regulamento, em situações de gravidade ou urgência, a Comissão poderá, por iniciativa própria ou a pedido da parte, requerer que o Estado adote medidas cautelares para prevenir danos irreparáveis às pessoas ou ao objeto do processo com base em uma petição ou caso pendente, assim como, às pessoas que se encontrem sob sua jurisdição, independentemente de qualquer petição ou caso pendente. Estas medidas poderão ser de natureza coletiva com o fim de prevenir um dano irreparável às pessoas em razão de vínculo com uma organização, grupo ou comunidade de pessoas determinadas ou determináveis. Consequentemente, o número de medidas cautelares concedidas não reflete o número de pessoas protegidas mediante sua adoção. Como se pode observar, muitas das medidas cautelares adotadas pela CIDH estendem proteção para mais de uma pessoa e, em certas situações, a grupos de pessoas, como comunidades ou povos indígenas. O Regulamento também estabelece que a concessão dessas medidas e sua adoção pelo Estado não constituirá pré-julgamento sobre a violação dos direitos protegidos na Convenção Americana sobre Direitos Humanos e em outros instrumentos aplicáveis"[47];

c) Relatoria para a liberdade de expressão: "Desde sua criação em 1997, a Relatoria para a Liberdade de Expressão se propôs a contribuir nos debates de certos temas relacionados com a proteção e o respeito ao direito objeto de seu mandato. Os relatórios que seguem foram elaborados a pedido da Comissão Interamericana de Direitos Humanos e aprovados por ela"[48]. As principais relatorias foram sobre: ação de *habeas data* e o direito de acesso à informação no hemisfério (*Relatório Anual 2001*), acesso à informação pública na região (*Relatório Anual 2003*), designação

---

[47] Organização dos Estados Americanos – OEA. **Cautelares**. Disponível em: <http://www.oas.org/pt/cidh/decisiones/cautelares.asp>. Acesso em: 15 fev. 2014.

[48] Id. **Índice temático sobre a liberdade de expressão**. Disponível em: <http://www.oas.org/es/cidh/expresion/showarticle.asp?artID=159&lID=4>. Acesso em: 15 fev. 2014.

discriminatória da publicidade oficial (*Relatório Anual 2003*), ética nos meios de comunicação (*Relatório Anual 2001*), leis de desacato e difamação criminal (*Relatório Anual 2002*), liberdade de expressão e pobreza (*Relatório Anual 2002*).

5.3.1.9 Casos contra o Estado brasileiro perante o sistema Interamericano de Direitos Humanos: o Brasil na Comissão Interamericana de Direitos Humanos

Por ser uma das vias de mais fácil acesso por parte de indivíduos e grupos de indivíduos brasileiros no plano internacional, inúmeros casos chegam à Comissão Interamericana. Muitos não são admitidos, mas muitos o são, resultando em soluções amistosas, em arquivamentos, em aceitação da responsabilização pelo Estado ou, em último caso, em julgamento futuro pela Corte Interamericana.

No presente tópico, se restringirá a um estudo das 2 soluções amistosas, trazidas primeiramente (independentemente da data de publicação) e das 18 decisões de mérito nas quais o Brasil foi responsabilizado.

Ressalta-se que outros casos foram inicialmente admitidos e posteriormente arquivados pela Comissão, os quais não serão estudados. Também não se adentrará nos casos que atualmente tramitam perante a Comissão, mas apenas nos já encerrados.

5.3.1.9.1 Casos contenciosos decididos e soluções amigáveis acordadas

Vejamos, portanto, o Brasil na Comissão Interamericana de Direitos Humanos.

5.3.1.9.1.1 Caso José Pereira

Em 16 de dezembro de 1994, as organizações não governamentais Américas Watch e Centro pela Justiça e o Direito Internacional (CEJIL) apresentaram petição em nome da vítima José Pereira, com afirmações de fatos relacionados com uma situação de trabalho escravo, com violação do **direito à vida** e do **direito à justiça** na zona sul do Estado de Pará.

A petição trazia fatos sobre o grave ferimento infligido à vítima (que quase morreu) e a um outro trabalhador rural morto na tentativa de escapar, em 1989, da Fazenda "Espírito Santo", onde tinham sido atraídos com falsas promessas sobre condições de trabalho e terminaram sendo submetidos a trabalhos forçados, sem liberdade para sair e sob condições desumanas e ilegais, situação que sofreram juntamente com 60 outros trabalhadores no local. Na petição reforçou-se que o Estado brasileiro não vinha respondendo adequadamente às denúncias sobre essas práticas, comuns nessa região, o que autorizava a persistência da situação; sem contar o desinteresse e a ineficácia nas investigações e nos processos referentes aos assassinos e aos responsáveis pela exploração trabalhista.

O Brasil assinou solução amistosa em 18 de setembro de 2003, reconhecendo sua responsabilidade internacional (ver Relatório nº 95/03, publicado em 24 de outubro de 2003). Vejamos um trecho:

4. O Estado brasileiro **reconheceu sua responsabilidade internacional** em relação ao caso 11.289, **embora a autoria das violações não sejam atribuídas a agentes estatais**, visto que os órgãos estatais não foram capazes de prevenir a ocorrência da grave prática de trabalho escravo, nem de punir os atores individuais das violações denunciadas.

5. O reconhecimento público da responsabilidade do Estado brasileiro com relação à violação de direitos humanos terá lugar durante a **solenidade de criação da Comissão Nacional de Erradicação do Trabalho Escravo – CONATRAE** (criada pelo Decreto Presidencial de 31 de julho de 2003), que será realizada no dia 18 de setembro de 2003.

6. As partes assumem o compromisso de manter sigilo sobre a identidade da vítima no momento da solenidade de reconhecimento de responsabilidade do Estado e em declarações públicas sobre o caso.

II. Julgamento e punição dos responsáveis individuais.

7. O Estado brasileiro assume o compromisso de **continuar com os esforços para o cumprimento dos mandados judiciais de prisão contra os acusados pelos crimes cometidos contra José Pereira**. Para isto, o Acordo de Solução Amistosa será encaminhado ao Diretor Geral do Departamento da Polícia Federal.

III. Medidas pecuniárias de Reparação.

8. A fim de efetuar a indenização pelos danos materiais e morais a José Pereira, o Estado brasileiro encaminhou um projeto de lei ao Congresso Nacional. A Lei nº 10.706 de 30 de julho de 2003, aprovada em caráter de urgência, determinou o pagamento de R$ 52.000,00 (cinquenta e dois mil reais) à vítima. O montante foi pago a José Pereira mediante uma ordem bancária (nº 030B000027) em 25 de agosto de 2003.

9. O pagamento da indenização descrita no parágrafo anterior exime o Estado brasileiro de efetuar qualquer outro ressarcimento a José Pereira.

IV. Medidas de Prevenção.

IV.1 Modificações Legislativas.

10. A fim de melhorar a Legislação Nacional, que tem como objetivo proibir a prática do trabalho escravo no país, o Estado brasileiro **compromete-se a implementar as ações e as propostas de mudanças legislativas contidas no Plano Nacional para a Erradicação do Trabalho Escravo**, elaborado pela Comissão Especial do Conselho de Defesa dos Direitos da Pessoa Humana, e iniciado pelo Governo brasileiro em 11 de março de 2003.

11. O Estado brasileiro compromete-se a efetuar todos os esforços para a aprovação legislativa (i) do Projeto de Lei nº 2130-A, de 1996 que inclui, entre as infrações contra a ordem econômica, a **utilização de mecanismos "ilegítimos da redução dos custos de produção como o não pagamento dos impostos trabalhistas e sociais, exploração do trabalho infantil, escravo o semiescravo"**; e (ii) o Substitutivo apresentado pela Deputada Zulaiê Cobra ao projeto de Lei nº 5.693 do Deputado Nelson Pellegrino, que **modifica o artigo 149 do Código Penal Brasileiro**.

12. Por último, o Estado brasileiro compromete-se a defender a **determinação da competência federal para o julgamento do crime de redução análoga à de escravo**, com o objetivo de evitar a impunidade.

IV.2. Medidas de Fiscalização e Repressão do Trabalho Escravo.

13. Considerando que as propostas legislativas demandarão um tempo considerável para serem implementadas na medida que dependem da atuação do Congresso Nacional, e que a gravidade do problema da prática do trabalho escravo requer a tomada de medidas imediatas, o Estado compromete-se desde já a: (i) fortalecer o Ministério Público do Trabalho; (ii) velar pelo cumprimento imediato da legislação existente, por meio

de cobranças de multas administrativas e judiciais, da investigação e a apresentação de denúncias contra os autores da prática de trabalho escravo; (iii) fortalecer o Grupo Móvil do MTE; (iv) realizar gestões junto ao Poder Judiciário e a suas entidades representativas, no sentido de garantir o castigo dos autores dos crimes de trabalho escravo.

14. O Governo compromete-se a revogar, até o fim do ano, por meio de atos administrativos que lhe correspondam, o Término de Cooperação assinado em fevereiro de 2001 entre os proprietários de fazendas e autoridades do Ministério de Trabalho e do Ministério Público do Trabalho, e que foi denunciado no presente processo em 28 de fevereiro de 2001.

15. O Estado brasileiro compromete-se a fortalecer gradativamente a Divisão de Repressão ao Trabalho Escravo e de Segurança dos Dignatários – DTESD, criada no âmbito do Departamento da Polícia Federal por meio da Portaria MJ nº 1.016, de 4 de setembro de 2002, de maneira a dotar a Divisão com fundos e recursos humanos adequados para o bom cumprimento das funções da Polícia Federal nas ações de fiscalização de denúncias de trabalho escravo.

16. O Estado brasileiro compromete-se a diligenciar junto ao Ministério Público Federal, com o objetivo de ressaltar a importância da participação e acompanhamento das ações de fiscalização de trabalho escravo pelos Procuradores Federais.

IV.3. Medidas de Sensibilização contra o Trabalho Escravo.

17. O Estado brasileiro realizará uma **campanha nacional de sensibilização contra a prática do trabalho escravo**, *prevista para outubro de 2003, e com um enfoque particular no Estado do Pará. Nessa oportunidade, mediante a presença dos peticionários dar-se-á publicidade aos termos deste Acordo de Solução Amistosa. A campanha estará baseada num plano de comunicação que contemplará a elaboração de material informativo dirigido aos trabalhadores, a inserção do tema na mídia pela imprensa e através de difusão de curtas publicitários. Também estão previstas visitas de autoridades nas áreas de enfoque.*

18. O Estado brasileiro compromete-se a avaliar a possibilidade de realização de seminários sobre a erradicação do trabalho escravo no Estado do Pará, até o primeiro semestre de 2004, com a presença do Ministério Público Federal, estendendo o convite para a participação dos peticionários.

O acordo foi homologado pela Comissão, que reconheceu e valorizou os esforços brasileiros em solucionar o caso.

5.3.1.9.1.2 Caso dos Meninos Castrados de Maranhão

Neste caso em que se obteve uma solução amistosa entre Brasil e os peticionantes, discutiu-se o homicídio e mutilação das crianças Raniê Silva Cruz, Eduardo Rocha da Silva, Raimundo Nonato da Conceição Filho e outros 27 meninos maranhenses, não esclarecidos pela polícia.

Alegou-se violação dos seguintes direitos garantidos na Convenção Americana: **à vida; à constituição e à proteção da família; à proteção da maternidade e da infância; às garantias judiciais; à proteção da criança**; e **à proteção judicial**.

Embora o Brasil tenha respondido às alegações informando que a polícia maranhense tomou as providências necessárias ao esclarecimento dos casos, em 15 de dezembro de 2005 foi apresentada proposta de solução amistosa, na qual o Brasil reconheceu sua responsabilidade internacional e assumiu uma série de compromissos quanto ao julgamento e à punição dos responsáveis, sem prejuízo das medidas de reparação pecuniária e das medidas de prevenção de eventos semelhantes (ver Relatório nº 43/06, publicado em 15 de março de 2006).

Vejamos:

I. Aceitação da responsabilidade.

*4. O Estado brasileiro **reconhece sua responsabilidade internacional**, em relação aos casos nº 12.426 e nº 12.427 da seguinte forma: o Estado do Maranhão reconhece o fracasso de resultados positivos de linhas de pesquisa anteriores, em comparação com o estado atual da investigação, admitindo erros e dificuldades na necessária resolução imediata dos casos, pelas falhas estruturais do sistema de segurança até então existente, pela complexidade dos fatos e seu modus operandi, bem como pelo estabelecimento geográfico dos crimes e pelo fato de que alguns procedimentos de investigação foram impróprios do ponto de vista técnico, o que exige um especial esforço para tornar a responsabilização dos perpetradores e agentes eficazes para a prevenção de situações de vulnerabilidade de crianças e adolescentes.*

*5. O reconhecimento público da responsabilidade do Estado brasileiro em relação à violação dos direitos humanos acima citados **deverá se dar em uma cerimônia pública** na cidade de São Luís, Maranhão, por ocasião da inauguração do Complexo Integrado de Proteção de Crianças e Adolescentes, em 15 de dezembro de 2005, na presença de autoridades federais e estaduais, dos peticionários e das famílias beneficiárias.*

II. Julgamento e punição dos responsáveis.

*6. O Estado brasileiro compromete-se a promover a **responsabilização do réu confesso atualmente preso**, dentro do âmbito do devido processo legal e do respeito aos direitos humanos, e assume o compromisso de persistir na realização de eventuais investigações e nas autuações tendentes ao castigo de outros possíveis responsáveis.*

III. Medidas de reparação.

III.1 De reparação simbólica.

*7. O Estado do Maranhão instalará uma **placa simbólica em homenagem às crianças- -vítimas** no Complexo Integrado de Proteção à Criança e ao Adolescente, que será aberto durante um ato público de reconhecimento da responsabilidade descrito no parágrafo 5.*

III.2 De reparos tangíveis.

8. O Governo Federal, através do Ministério das Cidades, e o Estado do Maranhão, por meio da Secretaria das Cidades, incluirão as famílias beneficiárias, no prazo de 12 (doze) meses, nos programas habitacionais de Moradia de Interesse Social, que são geridos pelo Ministério das Cidades, de nenhuma maneira onerosa, nas áreas onde residem atualmente.

8.1. Em caso de impossibilidade de manutenção das famílias nas áreas onde residem atualmente, em observância do princípio da igualdade entre as famílias beneficiadas, os moradores obterão condições habitacionais equivalentes, em consulta com cada família que se encontre nessa situação.

8.2. Para efeitos de inclusão das famílias beneficiárias nesses programas, e em relação aos eventuais condicionamentos técnicos pré-existentes, não se considerará a pensão especial que será concedida às famílias beneficiárias pelo Estado do Maranhão nos termos da cláusula 10 do presente Acordo.

9. O Governo Federal, através do Ministério do Desenvolvimento Social, e o Estado do Maranhão, por meio da Secretaria do Desenvolvimento Social, incluirão as famílias beneficiárias em seus programas sociais, incluindo os programas de transferência de renda, de acordo com os critérios de elegibilidade específicos para cada programa.

9.1. Tendo em vista a inclusão de famílias beneficiadas nesses programas, não serão considerados, para efeitos de renda, a pensão especial a ser concedida às famílias beneficiárias pelo Estado do Maranhão, conforme previsto no artigo 10 do presente Acordo.

10. O Estado do Maranhão, por autoridade legislativa, vai pagar uma **pensão mensal especial**, de **caráter indenizatório**, no valor de R$ 500,00 (quinhentos reais), para cada uma das famílias beneficiárias, por um período de 15 (quinze) anos.

10.1. O ajuste da pensão mensal deve seguir o índice de revisão aplicável aos funcionários estaduais.

11. O pleno cumprimento das cláusulas nº 8, 9 e 10 isenta o Estado brasileiro, tanto o Governo Federal quanto o Estado do Maranhão, da obrigação de prestar qualquer compensação às famílias beneficiadas pelo presente Acordo.

11.1. As famílias beneficiárias devem assinar um **documento de adesão ao presente acordo**, pelo qual se comprometem a renunciar ao seu direito de ação contra a União Federal e o Estado do Maranhão. Esta renúncia está condicionada ao cumprimento integral das cláusulas nº 8, 9 e 10.

IV. As medidas de não-repetição.

12. A União Federal se compromete a incluir, também no ano de 2006, **o Estado do Maranhão no Programa de Ações Integradas Referenciais de Luta contra a Violência Sexual contra Crianças e Adolescentes no território brasileiro (PAIR)**, coordenado pela Secretaria Especial de Direitos Humanos da Presidência da República, em conjunto com o Ministério do Desenvolvimento Social, o Ministério da Saúde, o Ministério da Educação, o Ministério do Esporte, o Ministério da Justiça, o Ministério do Turismo, em associação com os esforços de parceria com Organização Internacional do Trabalho (OIT), a USAID e o Partners of the Americas.

13. O Estado do Maranhão está empenhado em **continuar a implementação do Sistema Estadual de Enfrentamento à Violência Sexual contra Crianças e Adolescentes e do Sistema Interinstitucional de Ações Antidrogas – SIAD** no âmbito do Estado do Maranhão, conforme definido pelos respectivos decretos estaduais.

14. A fim de atender crianças e adolescentes vítimas de violência sexual e suas famílias, o Estado do Maranhão, por meio do Ministério do Desenvolvimento Social, compromete-se a incluir no Programa Sentinela, no prazo de 06 (seis) meses, os municípios de São José de Ribamar, Paço do Lumiar e Raposa.

15. Levando-se em conta as características especiais apresentadas em atenção aos casos de violência contra crianças e adolescentes, o Estado do Maranhão, através da Secretaria de Estado da Segurança Pública, concorda em:

15.1. realizar, por um período mínimo de 03 (três) anos, a **formação da polícia militares e civis para atenção aos crimes envolvem crianças e adolescentes**;

15.2. incluir a questão da violência contra crianças e adolescentes no **currículo do Curso de Formação de Policiais Civis e Militares que ingressem a partir de então**;

15.3. regulamentar e adotar, dentro de 06 (seis) meses, **procedimentos especiais para lidar com casos envolvendo crianças vítimas**, a fim de evitar restrições no atendimento inicial às vítimas;

15.4. regulamentar a delegação de casos mais complexos que envolvem crianças e adolescentes registrados nas delegações da denominada Região da Grande São Luís para a **Delegacia de Proteção da Criança e do Adolescente – DPCA**;

15.5. **reestruturar e equipar a delegacia de polícia do município de Raposa – MA**, a fim de facilitar o tratamento adequado dos casos que envolvem crianças vítimas;

15.6 abrir e manter em funcionamento, com profissionais eficazes, o **Centro de Perícias Oficiais** para casos de violência sexual perpetrada contra crianças e adolescentes.

16. A fim de melhorar o atendimento escolar para crianças e adolescentes da Grande São Luís e uso do ambiente escolar para atividades esportivas e culturais, o Estado do Maranhão, por meio da Secretaria da Educação está empenhado em:

16.1. viabilizar, a partir do mês de fevereiro de 2006, atividades desportivas e culturais nos finais de semana em todas as escolas da rede estadual de ensino existentes nos municípios da Região da Grande São Luís;

16.2. articular, com a União Nacional de Administração Municipal de Educação – Undime, a viabilização de atividades esportivas e culturais nos finais de semana nas escolas da rede municipal de ensino dos Municípios da Grande São Luís;

16.3. construir, até o final do ano de 2006, uma escola média com nada menos que 06 (seis) salas de aula na área da Maiobinha, em Paço do Lumiar, e

16.4. concluir, no prazo de 06 (seis) meses, a construção de uma escola média, com 15 salas, e uma escola de ensino fundamental, com 12 salas de aula, no bairro Cidade Operária, em São Luís.

17. A fim de incrementar a assistência jurídica dispensa à Defensoria Pública, o Estado do Maranhão também tem o compromisso de reativar, no prazo de 06 (seis) meses, o núcleo de Paço do Lumiar, com a nomeação por concurso, de um defensor público.

O acordo foi homologado pela Comissão, que reconheceu e valorizou os esforços brasileiros em solucionar os casos.

5.3.1.9.1.3 Caso Aristeu Guida da Silva e família

A Sociedade Interamericana de Imprensa, representada por Ricardo Trotti, apresentou petição em 23 de setembro de 1999 na qual alegou violação de direitos humanos por parte do Estado brasileiro em razão do assassinato do jornalista Aristeu Guida da Silva em 1995 por motivos relacionados ao exercício do jornalismo, o qual não teria sido devidamente prevenido, investigado e punido.

O Estado brasileiro apresentou defesa alegando que o assassinato foi perpetrado por particulares, razão pela qual não caberia a responsabilização do país, bem como que foi devidamente investigado.

Tecendo recomendações a respeito após admissão e análise do caso, a Comissão considerou o Estado brasileiro responsável por violação aos direitos à **vida** e à **liberdade de expressão** do jornalista (artigos 4º e 13 da CADH, respectivamente), bem como dos direitos à **integridade pessoal**, às **garantias judiciais** e à **proteção judicial de seus familiares** (artigos 5º, 8º e 25 da CADH, respectivamente).

Vejamos:

> [...] 121. O direito à vida reveste especial importância, pois é o pressuposto essencial para a realização dos demais direitos. Nesse sentido, a Corte Interamericana estabeleceu em sua jurisprudência constante que os Estados "têm a obrigação de garantir a criação das condições necessárias para que não haja violações desse direito inalienável e, em particular, o dever de impedir que os seus agentes atentem contra o mesmo". Como

se verá em maior detalhe adiante, *a observância do direito à vida não só pressupõe que nenhuma pessoa seja privada de sua vida arbitrariamente, mas requer também que os Estados adotem todas as medidas apropriadas para proteger e preservar esse direito*, em conformidade com o dever de garantir o pleno e livre exercício dos direitos de todas as pessoas sob sua jurisdição. [...]

123. O artigo 13 da Convenção Americana prevê não apenas o direito e a liberdade das pessoas a expressar seu próprio pensamento, mas também o direito e a liberdade de buscar, receber e difundir informações e ideias de toda natureza, bem como o de receber e conhecer as informações e ideias difundidas pelos demais. Nesse sentido, *a liberdade de expressão tem uma dupla dimensão*. Por um lado, há uma **dimensão individual inerente ao direito de todas as pessoas a manifestar seu pensamento e circular as informações que considerem relevantes**. Por outro lado, há uma **dimensão social que engendra um direito coletivo a receber qualquer informação e a conhecer a expressão do pensamento alheio**.

124. *A dimensão social da liberdade de expressão constitui uma garantia institucional necessária para a existência de uma verdadeira democracia*. Em particular, o sistema interamericano tem reiterado que o direito do público a conhecer a maior quantidade de opiniões ou informações sobre todos os assuntos que revistam interesse geral é fundamental para que todas as pessoas possam controlar a administração, participar ativamente do processo decisório que lhes diz respeito e, em particular, exercer os seus direitos políticos. [...]

127. Como afirmaram de modo reiterado a Comissão e a Corte, a violência contra jornalistas ou funcionários dos meios de comunicação com o objetivo de silenciá-los constitui uma violação do direito à liberdade de expressão da vítima e gera um profundo efeito negativo sobre o exercício da liberdade de expressão das pessoas que exercem a profissão jornalística e sobre o direito da sociedade em geral a buscar e receber todo tipo de informação e ideias de forma pacífica e livre. [...]

128. **Quando tais crimes ficam impunes, isso fomenta a reiteração de atos violentos semelhantes e pode resultar no silenciamento e na autocensura dos(as) comunicadores(as)**. A impunidade gera um forte efeito inibidor no exercício da liberdade de expressão e suas consequências para a democracia, que depende de um intercâmbio livre, aberto e dinâmico de ideias e informações, são particularmente graves. [...]

132. **A responsabilidade internacional do Estado se fundamenta em atos ou omissões de qualquer um de seus poderes ou órgãos**, independentemente de sua hierarquia, que violem a Convenção Americana, inclusive quando os seus agentes excedam os limites de seu âmbito de competência. [...]

133. Em relação à obrigação de respeito aos direitos humanos, os Estados têm o dever, sob a Convenção Americana, de **assegurar que seus agentes não interfiram nos direitos à vida e à liberdade de expressão**. Isto é, os Estados têm a obrigação de se abster de realizar atos que possam violar de forma direta esses direitos, como cometer atos de violência contra seus cidadãos. [...]

135. No caso da violência cometida contra jornalistas ou funcionários dos meios de comunicação pelo exercício de seus direitos à liberdade de expressão, a jurisprudência interamericana explicou que do direito à vida e à liberdade de expressão, emanam três obrigações positivas do Estado, que serão analisadas em maior profundidade a seguir: (i) a obrigação de prevenir os crimes contra as pessoas por razão do exercício de seu direito à liberdade de pensamento e expressão; (ii) a obrigação de proteger as pessoas que se encontram em risco especial em razão do exercício de sua profissão; e (iii) a obrigação de investigar, julgar e punir criminalmente os responsáveis pelos crimes cometidos. [...]

136. Os Estados têm a **obrigação de adotar medidas para prevenir a violência contra jornalistas e funcionários dos meios de comunicação**. Essa obrigação é particularmente importante em países ou regiões nos quais existe um risco de que tais atos sejam produzidos e em situações concretas nas quais as autoridades sabem ou deveriam ter sabido que há um risco real e imediato de que tais crimes sejam cometidos. Algumas medidas de prevenção que poderiam ser adotadas pelo Estado incluem: (i) manter um discurso público que contribua à prevenção da violência contra os jornalistas; (ii) capacitar funcionários públicos, em especial os membros das forças policiais e de segurança, sobre o papel cumprido pelos jornalistas em uma democracia e o direito dos jornalistas a exercer livremente sua profissão; (iii) adotar guias de conduta ou diretrizes sobre o respeito à liberdade de expressão e protocolos especiais para proteger a imprensa, especialmente em situações de intenso conflito social; (iv) respeitar o direito dos jornalistas ao sigilo de suas fontes de informação, anotações e arquivos pessoais ou profissionais; (v) produzir estatísticas precisas sobre violência contra jornalistas para fundamentar a adoção de políticas públicas adequadas de prevenção; e (vi) criar um marco legal adequado para punir esses crimes. [...]

139. De acordo com as normas de direitos humanos do sistema interamericano, os Estados têm uma **obrigação de proteger as pessoas que estejam expostas a um risco especial em relação aos seus direitos fundamentais**. Nesses casos, a obrigação de adotar medidas concretas de proteção está subordinada ao conhecimento de que existe uma situação de risco real e iminente para um indivíduo ou grupo de indivíduos determinado e à possibilidade razoável de prevenir ou evitar tal dano. Nesse sentido, a obrigação de proteção de um jornalista em risco pode ser satisfeita por meio da aplicação individual das medidas necessárias para assegurar, entre outros, os direitos à vida, à integridade pessoal e à liberdade de expressão do (a) beneficiário (a). [...]

143. Os Estados não apenas têm a **obrigação de proteger os jornalistas em risco**, mas também devem garantir que as **medidas de proteção adotadas sejam efetivas e adequadas**. Nesse sentido, quando são adotadas medidas para proteger um jornalista em caso de uma ameaça crível de dano à sua integridade física, essas medidas devem considerar as necessidades próprias da profissão do (a) beneficiário (a), seu gênero e outras circunstâncias individuais. [...]

147. Tanto a Comissão quanto a Corte se referiram ao efeito amedrontador que os crimes contra jornalistas têm para outros (as) profissionais dos meios de comunicação, bem como para os(as) cidadã(o)s que pretendam denunciar abusos de poder ou atos criminosos de qualquer natureza. Tal efeito amedrontador só poderá ser evitado "por meio da **ação decisiva do Estado** para punir aqueles que forem responsáveis, assim como corresponde à sua obrigação sob o Direito Internacional e o Direito Interno".

148. A Corte tem ressaltado que a **impunidade – entendida como a falta em seu conjunto de investigação, perseguição, captura, processo e punição – favorece a repetição** crônica de violações de direitos humanos e a total vulnerabilidade das vítimas e de seus familiares. [...]

152. Para isso, os **Estados devem atribuir a responsabilidade de investigar e julgar** tais crimes às autoridades que estejam em melhores condições de resolvê-los e contem com autonomia e independência para agir. Nesse sentido, deve-se assegurar não apenas a independência hierárquica e institucional das autoridades responsáveis por conduzir as investigações e os processos judiciais, mas também que essa independência possa ser verificada de modo prático no caso concreto.[...]

158. Uma terceira obrigação dos Estados na realização da justiça em relação a atos de violência contra jornalistas é **garantir que as investigações e o processo penal transcorram em um prazo razoável**. Nesse sentido, a Corte Interamericana estabeleceu que

uma demora excessiva na investigação de atos de violência pode constituir per se uma violação das garantias judiciais. As autoridades responsáveis pela investigação devem conduzir as suas ações com rapidez, evitando atrasos ou obstáculos injustificados nos processos, que conduzam à impunidade e violem a devida proteção judicial do direito. [...]

*164. A CIDH observa que após as reiteradas ameaças sofridas, em 12 de maio de 1995, **Guida da Silva foi assassinado com a participação material de pelo menos três pessoas**, que lhe dispararam em uma via pública. As provas apresentadas no foro interno e os relatórios dos órgãos investigativos indicam a **participação de agentes do Estado no planejamento e na execução do assassinato**. Nesse sentido, dos relatórios elaborados por órgãos investigativos e de operação da Justiça, depreende-se que os investigadores teriam concluído que a única hipótese lógica no processo penal era a de que o crime havia sido ordenado por membros da Câmara Municipal da cidade de São Fidélis. Porém, o processo penal não havia prosseguido por causa da morte do implicado. Do mesmo modo, as provas que constam no processo permitem concluir razoavelmente que o crime teria sido **executado por pessoas supostamente ligadas ao grupo de extermínio "Cerol", ao qual pertenciam agentes da polícia militar** do estado do Rio de Janeiro. [...]*

*166. Do mesmo modo, **os autos do processo do caso indicam que o vereador Rodrigues Silva teria realizado ações tendentes a obstar a administração da justiça** nesse caso por meio de ameaças a testemunhas e atos de coação para desviar a investigação. Com efeito, algumas testemunhas não objetadas indicaram que após o assassinato de Guida da Silva, o vereador Rodrigues Silva hostilizou e ameaçou diretamente ao menos duas delas e os familiares da vítima. Uma testemunha também observou que o vereador tentou suborná-la para que ela lhe informasse sobre a participação dos familiares da vítima nas investigações, e que, ao recusar-se a fazê-lo, passou a sofrer ameaças e assédio, o que a obrigou a deixar a cidade [...].*

*170. Uma vez que **já transcorreram mais de 19 anos desde o assassinato do jornalista Aristeu Guida da Silva** e que as investigações e processos penais movidos em âmbito interno permitiram que até o momento tivesse sido **impossível determinar as responsabilidades individuais** correspondentes, a Comissão considera razoável outorgar valor probatório à série de indícios que emergem dos autos do processo sobre a participação de agentes estatais nesses atos, em particular daqueles geridos pelos próprios órgãos estatais encarregados da investigação que não foram desacreditados pelo Estado. Como indicou a Corte Interamericana, concluir o contrário implicaria em permitir que o Estado se escudasse sob a negligência e a ineficácia da investigação penal para se eximir de sua responsabilidade pela violação dos artigos 4.1 e 13 da Convenção. [...]*

*176. Dos fatos provados, **não se depreende que o Estado tenha adotado medidas no presente caso para prevenir o assassinato da vítima ou proteger Guida da Silva,** apesar de ter conhecimento da situação de risco real e imediato em relação à integridade pessoal e à vida do jornalista. De fato, com a exceção de uma diligência para localizar o veículo supostamente utilizado pelos responsáveis por uma das ameaças de morte sofridas por Guida da Silva, não há indícios que demonstrem que o Estado tenha investigado as ameaças sofridas ou adotado medidas para analisar a situação de risco do jornalista, e, se fosse o caso, proporcionar-lhe medidas de proteção à sua vida e integridade pessoal. Ao contrário, como foi observado, apesar da existência das ameaças, a Câmara Municipal aprovou publicamente uma moção de repúdio ao seu veículo de comunicação, que foi apresentada em uma sessão na qual membros da casa legislativa teriam ameaçado e insultada o jornalista, agravando o risco sob o qual ele se encontrava. Tudo isso no contexto da existência de grupos do crime organizado, como o grupo de extermínio "Cerol", cujas ações estavam sendo investigadas pelo jornalista. Efetivamente, como foi observado (supra par. 115-118) a Comissão Interamericana, em sua visita in loco em 1995, expressou* *sua preocupação com a atuação de pelo menos 15 grupos de extermínio no estado do Rio de Janeiro, que operavam na impunidade e seriam formados, entre outras pessoas, por membros das forças de segurança e apoiados por autoridades locais. [...]*

187. O dever de investigar, julgar e punir os responsáveis por uma violação de direitos humanos é uma obrigação de meio, e não de resultado. Apesar disso, os órgãos do sistema interamericano reiteraram que essa obrigação deve ser cumprida de acordo com os princípios derivados da Convenção Americana.

*188. Nesse caso, cabe à Comissão analisar se, em seu conjunto, a investigação e os processos penais iniciados após o assassinato do jornalista Aristeu Guida da Silva transcorreram com a devida diligência em relação às garantias judiciais e se constituíram um recurso efetivo para assegurar os direitos de acesso à justiça, à verdade e à reparação dos familiares. Para esse efeito, a CIDH examinará se no curso da investigação e dos processos penais, as autoridades estatais atuaram para garantir: i) a **efetiva proteção contra ameaças, intimidação ou pressões a juízes, promotores e testemunhas**; ii) o **adequado esgotamento das linhas de investigação e a determinação dos responsáveis pelo crime**; iii) o **transcurso das investigações e processos em um prazo razoável**; e iv) a **participação dos familiares do jornalista assassinado nos processos**. Tudo isso à luz dos padrões internacionais expostos acima em relação às obrigações gerais e específicas dos Estados de investigar, julgar e, de acordo com o caso, punir os responsáveis em casos de assassinatos de jornalistas em razão do exercício de seu direito à liberdade de expressão. [...]*

*225. Diante dos elementos examinados acima, a CIDH entende que ficou evidenciada a falta da devida diligência na condução das ações oficiais de investigação. Essa falta da devida diligência se manifesta na falta de adoção das medidas necessárias de proteção em relação às ameaças que se apresentaram durante as investigações, na demora e inação na execução das ordens de captura, nas graves omissões na coleta e preservação da prova e na ir razoabilidade do prazo transcorrido nas investigações e nos processos penais realizados. Em suma, a Comissão entende que **o Estado não atuou com a devida diligência para investigar, julgar e punir os responsáveis pelo homicídio do jornalista Guida da Silva**. No presente data, o crime continua impune; os familiares do senhor Guida da Silva não tiveram acesso à verdade e à justiça, e os (as) jornalistas na região não contam com a tranquilidade de saber que um crime para silenciá-los não ficará impune. [...]*

IX. CONCLUSÕES E RECOMENDAÇÕES FINAIS

*253. Com base em tudo o que se afirmou até este momento, a Comissão conclui que **o Estado do Brasil é responsável pela violação dos direitos à vida e à liberdade de pensamento e expressão**, consagrados nos artigos quatro e 13 da Convenção Americana, em relação ao seu artigo 1.1, em prejuízo do senhor Guida da Silva, e **dos direitos à integridade pessoal, a garantias judiciais e à proteção judicial**, consagrados nos artigos 5, 8 e 25 deste mesmo instrumento, em relação ao seu artigo 1.1, em prejuízo de seus familiares.*

254. A Comissão toma nota das ações empreendidas pelo Estado brasileiro, que constituem os primeiros passos rumo ao cumprimento das recomendações indicadas no Relatório de Mérito Nº 23/15. Entretanto, com base nos fatos e nas informações proporcionadas, a CIDH conclui que até esta data, o Estado não cumpriu inteiramente essas recomendações. Por isso, a Comissão Interamericana de Direitos Humanos reitera as recomendações de que o Estado brasileiro:

*1. Realize uma **investigação completa, imparcial, efetiva e em um prazo razoável**, capaz de esclarecer as circunstâncias do assassinato de Aristeu Guida da Silva e determinar as responsabilidades correspondentes.*

2. Programe as **medidas administrativas, disciplinares ou penais** cabíveis para as ações ou omissões dos funcionários estatais que contribuíram à denegação da justiça e à impunidade em relação aos fatos do caso.

3. Adote as medidas necessárias **para prevenir os crimes contra as pessoas em razão do exercício do seu direito à liberdade de pensamento e expressão e proteger os jornalistas** que se encontrem em risco especial pelo exercício de sua profissão. Nesse sentido, a CIDH avalia de modo positivo a existência do Programa Nacional de Proteção aos Defensores de Direitos Humanos e a criação do Grupo de Trabalho "Direitos Humanos dos Profissionais de Comunicação no Brasil". A CIDH insta o Estado a seguir adotando medidas para fortalecer o programa nacional de proteção e garantir a efetiva inclusão dos/das jornalistas sob o seu âmbito. Também insta o Estado a garantir que o programa tenha a capacidade de se articular com as instituições estaduais e municipais para que se torne efetivo para as pessoas em todo o território nacional, incluindo o estado do Rio de Janeiro e o município de São Fidélis.

4. **Repare adequadamente as violações de direitos humanos** declaradas no presente relatório, tanto no aspecto material quanto moral, bem como a reivindicação do trabalho do senhor Aristeu Guida da Silva como jornalista, por meio da difusão, em especial nos municípios do estado do Rio de Janeiro, em um formato pedagógico, dos padrões interamericanos aplicáveis em relação aos deveres dos Estados em matéria de prevenção, proteção e realização da justiça em casos de violência cometida contra jornalistas em razão do exercício do seu direito à liberdade de expressão.

Na data de conclusão do relatório, entendeu-se que o Brasil não havia atendido a nenhuma das recomendações efetuadas pela Comissão Interamericana (ver Relatório nº 7/16).

5.3.1.9.1.4 Caso Antônio Ferreira Braga

O Centro de Defesa e Promoção dos Direitos Humanos da Arquidiocese de Fortaleza/CE, o Centro de Defesa da Vida Herbert de Sousa, o Centro pela Justiça e pelo Direito Internacional (CEJIL), e Antônio Ferreira Braga – sendo o último a vítima –, apresentaram, em 11 de junho de 1998, petição contra o Estado brasileiro alegando detenção ilegal por policiais civis e tortura da vítima na Delegacia de Furtos e Roubos de Fortaleza/CE, com o objetivo de obter sua confissão no furto de um televisor.

Em relação aos fatos, dois dos agentes responsáveis foram condenados a 6 meses de prisão, juntamente com o reconhecimento de agravantes, mas quando da decisão final reconheceu-se a prescrição. Já a Delegada titular da Delegacia de Polícia de Fortaleza/CE onde ocorreram os acontecimentos e o inspetor da mesma dependência foram absolvidos. O Estado brasileiro não contestou o caso.

Tecendo recomendações a respeito após admissão e análise do caso, a Comissão concluiu que o Estado violou, em prejuízo de Antônio Ferreira Braga, os seguintes direitos: **integridade física; liberdade pessoal; garantias judiciais; e proteção judicial**. Tais garantias são consagradas pelos artigos 5, 7, 8.1 e 25 da Convenção Americana. Frisa-se, ademais, que o Estado brasileiro não cumpriu a **obrigação de prevenir e punir todo ato de tortura cometido em seu território**, prevista nos artigos 1, 6, 7 e 8 da Convenção Interamericana contra a Tortura. Tal conclusão foi tomada com base na premissa de que os fatos afirmados pela vítima seriam verdadeiros, já que o Estado não os contestou.

Vejamos trechos:

68. No entender da Comissão, uma detenção é arbitrária e ilegal quando é **praticada à margem dos motivos e formalidades estabelecidos pela lei**, quando é **executada sem observar as normas exigidas pela lei** e quando se **incorre em desvio das faculdades de detenção**, ou seja, quando se pratica com fins diversos aos previstos e aos requeridos pela lei. Este órgão indicou também que a detenção para fins impróprios é, em si mesma, um castigo ou pena que constitui uma forma de pena sem processo ou pena extrajudicial que viola a garantia do juízo prévio, propiciando que o termo "arbitrário" seja considerado sinônimo de "irregular, abusivo, contrário ao direito". [...]

71. No presente caso, a Comissão observa que a suposta vítima foi detida ilegal e arbitrariamente, uma vez que foi presa em um local público, pela manhã, sem haver qualquer tipo de atividade da qual se possa presumir um indício de suspeita em relação à autoria de um fato punível. No entendimento da Comissão, a detenção foi ilegal pois não se conclui dos fatos descritos que o detido tenha sido surpreendido em flagrante delito, sendo a detenção também arbitrária pois não se dispunha da imprescindível ordem para o efeito, violando-se o direito à liberdade pessoal do indivíduo, na modalidade consagrada no âmbito do artigo 7.3 da Convenção Americana.

72. Uma vez que a vítima foi levada à Delegacia de Furto e Roubos, "durante o transcurso da viagem, foram-na golpeando, inclusive dizendo que quando chegassem à Delegacia colocariam uma bolsa d'água em sua cabeça para confessar o furto da televisão". Ao chegar ao destino a vítima não foi devidamente informada sobre as razões de sua detenção, bem como não foi em nenhum momento acusada do delito de furto. [...]

77. Em virtude das considerações de fato, de direito e jurisprudenciais expostas, a Comissão conclui que a suposta vítima foi privada de sua liberdade de forma arbitrária e ilegal, **sem ter existido causa aberta alguma na qual se deveria determinar sua detenção nem situação flagrante**. A ela não se facilitou sem demora o acesso a um órgão judicial competente, a fim de que este determinasse de maneira rápida a legalidade de sua detenção ou ordenasse sua liberdade, conforme manda a Constituição Federal do Estado. Em vez disso, foi mantida sem comunicação na Delegacia de Furtos e Roubos de Fortaleza, onde foi submetida a maus-tratos, procurando os agentes obter dela uma confissão do fato punível de que estava sendo acusada, até a repentina irrupção no local por defensores de direitos humanos, os quais acionaram outras autoridades que pusessem fim à ilegalidade.

78. Ante o exposto, conclui-se que na presente hipótese foram configurados o primeiro e o terceiro ponto que a Comissão leva em conta para determinar a existência ou não tanto de ilegalidade como de arbitrariedade em uma detenção. **O Estado é responsável pela violação do direito à liberdade protegido pela Convenção Americana em seu artigo 7, em prejuízo de Antônio Ferreira Braga, ao não lhe ter garantido seu direito à liberdade e à segurança pessoais.** [...]

85. O Laudo Pericial de Constatação, realizado pelo Instituto de Criminalística da Polícia Civil, confirmou que Antônio Ferreira Braga foi submetido a tortura e que o local onde estava detido, bem como os objetos presentes nesse lugar não eram adequados para a prática da investigação policial.

86. Entre os fatos estabelecidos no presente caso também constatou-se que no local dos acontecimentos foi encontrada uma série de elementos, supra descritos, empregados para a prática de torturas e que no Instituto Médico Legal do Estado do Ceará foi feito na

mesma data um Auto de Exame do Corpo do Delito, o qual determinou que a suposta vítima sofreu lesões contundentes graves. [...]

90. Todos os fatos descritos, não contestados pelo Estado, somados aos precedentes aludidos, levam a Comissão a concluir que Antônio Ferreira Braga foi submetido a um tratamento considerado como tortura, de acordo com os parâmetros do artigo 5 da Convenção Americana e do artigo 2 da Convenção Interamericana contra a Tortura, pelos agentes José Sergio Andrade da Silva, Valderi Almeida da Silva e Valdir de Oliveira Silva Júnior, na manhã de 12 de abril de 1993, a fim de obter uma confissão a respeito de um fato punível do qual era acusado, o que materializa uma violação ao artigo 5 da Convenção Americana. [...]

98. No presente caso é preciso ter presente que os acontecimentos datam de 12 de abril de 1993. Estabeleceu-se como fato que a pena, depois do julgamento dos mesmos com base nos fatos puníveis de violência arbitrária e abuso de autoridade, foi proferida em 12 de maio de 1999 em relação a Valderi Almeida da Silva e José Sergio Andrade da Silva para, em seguida, ser decretada a extinção da punibilidade, em 10 de junho do mesmo ano, com base na prescrição liberatória. A base legal utilizada para aplicar a extinção da punibilidade da sentença de 10 de junho de 1999 foi o tempo transcorrido entre a data da denúncia e o momento em que a decisão foi proferida, ou seja, mais de 5 (cinco) anos. Na decisão de 29 de julho de 1996, proferida pelo Juiz da 9ª Vara Criminal do Ceará, interinamente na 4ª Vara Criminal, foram absolvidos Francisco Girolando Batalha e Sônia Maria Gurgel Matos dos fatos puníveis de que eram acusados, tipificados como lesão grave, constrangimento ilegal e violência arbitrária, previstos nos artigos 129, 146 e 322 do Código Penal. Essa medida foi adotada com base no artigo 386, inciso IV, do Código do Processo Penal.

*99. Cumpre indicar que, embora neste caso os processos internos tenham tido tramitação, **foram ineficazes para determinar a responsabilidade de todos os acusados e indenizar a suposta vítima**, uma vez que, de acordo com as exigências tanto da Convenção Americana como da Convenção Interamericana contra a Tortura, toda situação em que se tenha demonstrado a prática de fatos considerados como tortura deve ser prontamente investigada e julgada. Todas as pessoas que forem consideradas responsáveis por esses atos devem ser declaradas responsáveis e penalizadas, devendo igualmente a pessoa que tenha sofrido as torturas ser devidamente indenizada. Se isso não ocorrer, os processos carecem de efetividade e integralidade. [...]*

*106. Como ficou determinado até este ponto, a excessiva demora na tramitação do julgamento dos processos internos levou a que vigorasse a prescrição liberatória da pena imposta. **Isso leva a Comissão a determinar que estes foram ineficazes para proporcionar ao afetado um recurso simples e rápido que lhe oferecesse um amparo contra os atos que lesionaram seus direitos**. [...]*

108. Além disso, no tocante à prescrição estabelecida no nível de direito interno a Corte indicou que são inadmissíveis as disposições de prescrição ou qualquer obstáculo de direito interno, mediante o qual se pretenda impedir a investigação e punição dos responsáveis pelas violações de direitos humanos. [...]

109. Em conformidade com o direito internacional, a obrigação de julgar e, se forem declarados culpáveis, punir os perpetradores de determinados crimes internacionais, entre os quais figuram os crimes de lesa humanidade, provém da obrigação de garantia consagrada no artigo 1.1 da Convenção Americana. Essa obrigação implica no dever dos Estados Partes de organizar todo o aparato governamental e, em geral, todas as estruturas por meio das quais se manifesta o exercício do poder público, de maneira tal que sejam capazes de assegurar juridicamente o livre e pleno exercício dos direitos humanos. Como consequência dessa obrigação, os Estados devem prevenir, investigar e punir toda violação dos direitos reconhecidos pela Convenção e procurar, além disso, o restabelecimento, se possível, do direito violado e, quando for o caso, a reparação dos danos produzidos pela violação dos direitos humanos. Se o aparato do Estado atuar de modo que tal violação fique impune e não se restabeleça, na medida do possível, à vítima na plenitude de seus direitos, pode-se afirmar que não cumpriu o dever de garantir seu livre e pleno exercício às pessoas sujeitas à sua jurisdição. [...]

*112. Ante o exposto, a Comissão **conclui que o Estado violou**, em prejuízo de Antônio Ferreira Braga, os direitos garantidos nos artigos 8.1 e 25 da Convenção Americana em relação com o artigo 1.1 da mesma. [...]*

*114. A Corte Interamericana indicou que a tortura e as penas ou tratamentos cruéis, desumanos ou degradantes estão estritamente proibidos pelo Direito Internacional dos Direitos Humanos. **A proibição absoluta da tortura, tanto física como psicológica, pertence atualmente ao domínio do jus cogens internacional**. Essa proibição subsiste mesmo nas circunstâncias mais difíceis, como guerra, ameaça de guerra, combate ao terrorismo e quaisquer outros delitos, estado de sítio ou de emergência, comoção ou conflito interno, suspensão de garantias constitucionais, instabilidade política interna ou outras emergências ou calamidades públicas. [...]*

117. Segundo ficou demonstrado, Antônio Ferreira Braga foi submetido à tortura na manhã de 12 de abril de 1993, em uma dependência da Delegacia de Furtos e Roubos de Fortaleza, Ceará, por agentes dessa dependência policial. O Estado não preveniu eficazmente tais atos e, de acordo com o resultado dos processos instruídos em relação aos fatos, não puniu os responsáveis pelos mesmos, pois sua demora levou a que vigorasse a prescrição liberatória da pena imposta, posto que a resolução final foi proferida em 12 de maio de 1999, transcorridos mais de 6 (seis) anos desde a ocorrência do fato. [...]

121. Além disso, a Comissão estabeleceu como um fato que a suposta vítima foi submetida a um tratamento, considerado como tortura, na Delegacia de Furtos e Roubos de Fortaleza, Ceará, por agentes dessa dependência policial, com o objetivo de obter a confissão de um furto de que era acusada. O Estado, de acordo com o artigo 7 da Convenção Interamericana contra a Tortura, estava obrigado a tomar medidas para o treinamento de agentes de polícia e de outros funcionários públicos responsáveis pela custódia das pessoas privadas de liberdade, provisória ou definitivamente, de maneira que nos interrogatórios, detenções ou prisões se desse ênfase especial à proibição do emprego da tortura. Os fatos tidos como certos pela Comissão levam a inferir que os agentes que praticaram os fatos sobre a pessoa da suposta vítima ao interrogá-la não contavam com a preparação adequada com a qual, segundo estipula a Convenção Interamericana contra a Tortura, devem ser formados os funcionários a serviço do Estado nas matérias aludidas.

122. Ante o exposto, determina-se que o Estado faltou aos compromissos contraídos em virtude da Convenção Interamericana contra a Tortura. [...]

129. Independentemente da distribuição interna de competências, o Estado Federal devia ter adotado medidas eficazes tendentes a evitar que agentes de polícia a seu serviço levassem a cabo práticas de tortura com o objetivo de obter uma confissão de um detido. Da mesma forma, devia ter adotado outras medidas que levassem a uma investigação eficaz, julgamento e punição dos fatos particulares, bem como a uma indenização do afetado, de um modo tal que o sistema de justiça fosse eficaz. Somente mediante a maneira de atuar descrita, o Estado teria cumprido cabalmente o dever de adotar as medidas internas tendentes a tornar eficazes os direitos e as liberdades reconhecidos pela Convenção Americana. [...]

135. A Comissão faz presente que é esse o entendimento do artigo 28 da Convenção Americana que melhor condiz com os artigos 27 e 31 da Convenção de Viena e com o artigo 29 (a) da Convenção Americana. Uma interpretação diversa da obrigação constante da cláusula federal levaria ao absurdo de transformar a proteção dos Direitos Humanos em uma decisão meramente discricionária, sujeita ao arbítrio de cada um dos Estados Parte. [...]

VIII. RECOMENDAÇÕES.

136. Com base na análise e nas conclusões deste relatório, a Comissão Interamericana de Direitos Humanos recomenda ao Estado brasileiro:

1. Adotar as medidas necessárias a fim de que se dê efeito jurídico à obrigação de investigar e punir efetivamente os autores da detenção ilegal e as torturas infligidas a Antônio Ferreira Braga; nesse sentido, **o Estado deve assegurar um devido processo penal com vistas a evitar que a prescrição seja invocada como causa da extinção da punibilidade penal a respeito de delitos como a tortura e ocorram demoras injustificadas na tramitação da mesma**.

2. Investigar as responsabilidades civis e administrativas **pelo atraso irrazoável no processo penal** no tocante às torturas infligidas a Antônio Ferreira Braga, especialmente das autoridades judiciais que tiveram conhecimento do expediente, para fins de punir adequadamente a quem for responsável, a fim de estabelecer se houve negligência na atuação dessas autoridades.

3. Reparar adequadamente a Antônio Ferreira Braga pelas violações de seus direitos humanos estabelecidas supra, **incluindo uma indenização**.

4. **Capacitar os oficiais da polícia civil** a fim de lhes proporcionar conhecimentos básicos sobre o respeito aos direitos fundamentais previstos na Convenção Americana, especialmente no que se refere ao devido tratamento.

Em 18 de julho de 2008 (Relatório nº 35/08), a Comissão reiterou as recomendações contidas na apreciação do mérito do caso, uma vez que nenhuma delas havia sido cumprida adequadamente. Em destaque, a Comissão afirmou que a ausência de entrada com ação de indenização no Brasil não justificava a falta de pagamento de indenização, dever que não deveria exigir da vítima qualquer espécie de esforço.

5.3.1.9.1.5 Caso Wallace de Almeida

Ivanilde Telacio dos Santos, Rafaela Telacio dos Santos, Rosana Tibuci Jacob e Fagner Gomes dos Santos, juntamente com o Núcleo de Estudos Negros (NEN) e o Centro de Justiça Global (CJG), apresentaram petição em 26 de dezembro de 2001 em nome da vítima Wallace de Almeida, alegando que policiais militares assassinaram no dia 13 de setembro de 1998 a presumida vítima, em vida um jovem negro, de 18 anos de idade e soldado do Exército.

Os peticionários afirmaram que a investigação policial ainda estava inconclusa, sem que sequer a denúncia do fato tenha sido apresentada; sustentaram que os fatos de que se trata aconteceram no contexto de uma escalada da violência policial/militar resultante da política carioca neste âmbito desde fins de 1994; alegaram que estão presentes no caso fatores raciais e sociais, pois negros e pobres são vítimas desse tipo de execuções extrajudiciais. Solicitou-se que fosse recomendado ao Estado do Brasil que investigasse, julgasse e punisse os responsáveis pelo crime praticado, sem prejuízo do pagamento de indenização e da adoção de medidas de não repetição.

O Estado brasileiro não contestou a denúncia e quando compareceu a uma audiência da Comissão informou que de fato o caso ainda não havia sido denunciado, estando a investigação judicial paralisada.

Admitido o caso, a Comissão fez recomendações em 16 de novembro de 2006 mediante relatório ao concluir que o Estado violou em prejuízo do senhor Wallace de Almeida os direitos: **à vida**; **à integridade**; **à igualdade**; **às garantias judiciais**; e **à proteção judicial**. Tais direitos são garantidos pelos artigos 4, 5, 8, 24 e 25 da Convenção Americana, em concordância com as obrigações gerais de respeitar e garantir os direitos e de adotar disposições de direito interno constantes do artigo 2º do mesmo instrumento.

Vejamos:

> 47. *A morte de Wallace de Almeida ocorreu em um contexto de violência na ação da polícia, cujos componentes, à época dos fatos referidos, a empregavam em suas operações de uma forma vista como desproporcionada. O argumento que os integrantes dessas corporações costumam invocar para justificar sua ação violenta, que geralmente resulta na morte do presumido delinquente, é o da **legítima defesa ou do estrito cumprimento do dever** que, segundo aduzem, os exime de responsabilidade em relação à mesma.*

> 48. *Embora a Comissão tenha informação que indique a existência de um clima generalizado de violência delinquente no Estado do Rio de Janeiro, dispõe-se de evidências mais do que suficientes para concluir que na maioria das vezes a atuação violenta da polícia **excede os limites do marco legal regulamentar e que seus agentes usaram, em não poucos casos, o poder, a organização e o equipamento de que dispõem em atividades ilegais**. [...]*

> 60. *No parecer da Comissão, mesmo quando uma nítida aura de violência cerca todo o âmbito de ação do tráfico de drogas, constituindo uma séria ameaça para a população do Rio de Janeiro e de outras áreas do Brasil, as políticas em matéria criminal contraofensivas que ataquem essa situação sem que sejam observados o devido respeito e o cumprimento dos padrões internacionais de direitos humanos ratificados em tratados internacionais pelo Estado **subvertem a congruência que este é consensualmente obrigado a respeitar em sua legislação, ao não se harmonizarem com os mesmos**. [...]*

> 67. *Por mais que no caso submetido à análise não existam elementos objetivamente concludentes que determinem com absoluta fidedignidade que o assassinato de Wallace de Almeida se deveu à sua raça, esta oportunidade é propícia para que a Comissão ressalte novamente a sua preocupação com a grave relação existente no Brasil, especialmente na área do Rio de Janeiro, entre a violência policial e a raça das pessoas por ela afetadas, afirmação que foi confirmada pelo Estado na audiência realizada no 121º Período de Sessões da Comissão, em 21 de outubro de 2004. [...]*

> 84. *Entendemos que existem dados suficientes indicando que, no Brasil, cabe ao próprio Poder Judiciário parte da responsabilidade pela impunidade de abusos cometidos por policiais. **Em muitos casos, mesmo quando todos os obstáculos processuais são superados, o favorecimento judicial aos policiais envolvidos permite a impunidade**. Esse fato é particularmente verdadeiro nos tribunais militares cujas raras instâncias de condenação de oficiais que cometeram abusos contra direitos humanos são de conhecimento público. Muitos juízes de competência ordinária também demonstram favoritismo em relação a policiais, sobretudo quando suas vítimas são pessoas suspeitas da prática de crimes comuns. [...]*

> 98. *A Comissão deu por estabelecido que foram os policiais militares que assassinaram Wallace de Almeida em 14 de setembro de 1998. De fato, consta do presente caso um*

depoimento do sargento da Polícia Militar Luís Fernando dos Santos Silva, que tomara parte na operação na qual a presumida vítima foi ferida e havia relatado que, para os policiais se resguardarem da situação criada, o comando da operação dela fora informado, o que havia motivado, segundo o seu depoimento, a remoção da vítima para um hospital. Consta do Anexo VII da petição que a vítima deu entrada no hospital às 22h16min e faleceu às 2h45min. No Anexo VIII da petição, laudo do exame cadavérico, é dito que sua morte violenta foi consequência de um tiro recebido na coxa direita, com lesão da artéria femoral direita e de vasos venosos femorais que produziu uma hemorragia externa. Iguais dados constam da certidão de óbito incluída no Anexo IX da petição. Ao ter por certa a afirmação dos peticionários de que a vítima não foi socorrida pela polícia após ter sido ferida, tendo permanecido durante várias horas estendida no chão sem assistência, deve-se concluir que Wallace de Almeida faleceu em consequência do ferimento em questão. [...]

104. Tem-se como fato provado que Wallace de Almeida se encontrava no quintal de sua casa, à qual chegara às primeiras horas da noite, quando se viu envolvido numa operação policial que procurava presumidos delinquentes. Ele estava desarmado e o local do fato ficou às escuras em consequência dos disparos feitos pela polícia. Sua situação não apresentava nenhum risco para os policiais que executavam a operação. **Nenhum indício leva a inferir que se pudesse esperar qualquer violência de sua parte.** *Apesar disso, uma quantidade desnecessária de projéteis foi disparada na operação, um dos quais feriu a presumida vítima.* ***A Comissão considera que, comparando-se a necessidade imperiosa de preservar a vida como um valor fundamental com a hipótese que defrontamos, uma operação policial que não persiga um delinquente em particular não pode justificar a colocação em risco de qualquer vida humana, pois as pessoas que se encontram no seu entorno, como a presumida vítima, prima facie, não representam perigo algum para quem quer que seja.*** *Qualquer outra apreciação dessa matéria seria incompatível com os princípios fundamentais de toda sociedade democrática hoje universalmente reconhecidos. [...]*

110. Isso leva a concluir que a República Federativa do Brasil ***é responsável****, no caso em estudo,* ***pelos atos e omissões dos policiais que participaram da operação realizada no Morro da Babilônia****, na noite de 13 de setembro de 1998, que resultou na morte de Wallace de Almeida.* ***A obrigação constante do artigo 4 da Convenção Americana tem uma face ativa e outra passiva. No perfil ativo estão compreendidas tanto a obrigação de arbitrar as medidas para que se respeite a vida dos cidadãos, assegurando a efetividade das mesmas, como a de socorrê-los quando assim o requeiram, em situações que revistam uma gravidade relativa.*** *É por isso que, ao ferirem a presumida vítima e não a levarem imediatamente a um hospital, a ter-se por certa a afirmação dos peticionários de que o tiroteio cessou com o seu grito ao ser atingida, e na ausência de resposta do Estado, os policiais incorreram em uma evidente omissão, cumprindo necessariamente que se impute a alguém a referida responsabilidade. [...]*

116. A Comissão conclui que integrantes das forças policiais brasileiras violaram, no presente caso, o direito de Wallace de Almeida a um tratamento humano. Os policiais envolvidos na operação o feriram na coxa e não lhe prestaram o necessário socorro. Tem-se como fato provado que ele permaneceu estendido no chão durante cerca de uma hora, até ser levado a um hospital, sob precárias condições, sendo arrastado e depois jogado no compartimento para o transporte de presos de uma viatura policial. Tal procedimento subentende tanto um perceptível menosprezo físico quanto um perigo intrínseco para a segurança da pessoa, pois fere de maneira clara a sua integridade, entendida como a "qualidade de um sistema orgânico inalterado", ao sofrer com esse procedimento uma nítida deterioração do seu estado físico, que já antes apresentava agravos, pois os maus-tratos sofridos com tudo isso assim o indicam. O fato de haver sido simplesmente jogado no compartimento de transporte de um veículo, sem o mínimo de atenção que um ferido exige ao ser transportado, também fere a integridade física do indivíduo. Independentemente do tratamento dispensado à presumida vítima revestir a gravidade que o qualifique como tortura, o certo é que ele afetou sua integridade física, o que constitui um tratamento cruel em violação do artigo 5 da Convenção. [...]

127. Consta dos autos que mais de 8 (oito) anos se passaram desde que a investigação da morte de Wallace de Almeida foi iniciada e que até esta data, segundo toda a informação constante dos autos, não se chegou sequer a apontar uma pessoa como responsável pelo crime cometido. A etapa inicial da investigação policial que, conforme assinalado, tem um prazo curto dentro do qual deve ser concluída, não foi superada, o que impede que o Ministério Público possa denunciar alguém. Por esse motivo não se chegou a uma sentença definitiva nem se repararam as consequências dessa morte. [...]

129. Conclui a Comissão que, como a investigação policial foi iniciada em 14 de setembro de 1998 e não apontou nenhum responsável, há uma impossibilidade material de que o Ministério Público denuncie alguma pessoa como suposto responsável pelo crime. A situação configurada leva à conclusão de que há no processo elementos claros de prova, bem como uma confissão do Estado de que a atividade processual investigativa foi paralisada sine die e não registrou nenhum avanço desde a sua instauração, inexistindo qualquer motivo que justifique esse fato. Além disso, entende que os familiares da vítima cumpriram com os meios a seu alcance ao que era de sua competência em relação à atividade processual perante os tribunais brasileiros, posto que o esforço processual em matéria de ação penal pública está nas mãos do Ministério Público e dos tribunais competentes, não restando, portanto, aos prejudicados muito a fazer. Por conseguinte, a Comissão considera que as características do fato, a condição pessoal dos implicados no processo, o grau de complexidade da causa ou a atividade processual dos interessados não são elementos que desculpem o atraso injustificado da administração de justiça neste caso. [...]

136. No presente caso, não se chegou a uma sentença definitiva proferida pelos tribunais brasileiros depois de transcorridos 8 (oito) anos e, mais ainda, sequer se concluiu a etapa de investigação policial, razão pela qual o Ministério Público não pôde formular uma Denúncia contra os responsáveis. ***Esse atraso vem claramente aproximando a possibilidade de impunidade definitiva por prescrição, com a consequente impossibilidade de consecução de qualquer punição ou ressarcimento****. A Comissão considera que, neste caso, as decisões judiciais internas mostram uma ineficácia, negligência ou omissão por parte das autoridades policiais brasileiras que impede a determinação de um responsável pelos atos praticados e seu julgamento e punição, impossibilitando igualmente a procedência de algum tipo de reparação para os familiares da vítima, dado que em casos dessa natureza o resultado da ação penal é imprescindível para a instauração da ação ressarcitória civil. Essas considerações demonstram que o Estado não foi capaz de organizar sua estrutura no sentido de garantir esses direitos. Tudo isso constitui uma violação independente dos artigos 8 e 25 da Convenção Americana sobre Direitos Humanos em relação com o seu artigo 1(1) e os correspondentes da Declaração. [...]*

141. No caso em tela, Wallace de Almeida era um afrodescendente cujo grupo social tem sido ***historicamente marginalizado em relação à população branca política e economicamente dominante****. A sociedade brasileira é provavelmente, dentre todas as sociedades contemporâneas, a que conseguiu um amálgama mais profundo de diferentes origens e culturas. Essa combinação nem sempre foi harmônica, e tampouco é completa ou igualitária. Ainda hoje persistem diferenças que estão longe de uma igualdade mínima aceitável, e essas discriminações se traduzem em muitos casos em padrões violatórios dos direitos humanos, especialmente de igualdade e de não discriminação, e do direito* *à dignidade. A principal expressão dessas disparidades raciais é a distribuição desigual da riqueza e das oportunidades. [...]*

150. A Comissão considera que Wallace de Almeida perdeu a vida em consequência de uma ação discriminatória praticada por agentes do Estado, sem que a sua condição de membro de um grupo considerado vulnerável (afrodescendente, pobre, favelado) fosse respeitada. A Corte assemelhou essa situação de vulnerabilidade a um estado de incerteza e insegurança para a vítima. Como consequência, seus direitos foram violados pelo Estado quando este não cumpriu com sua obrigação como garantidor de direitos. [...]

162. Com relação ao não cumprimento da cláusula federal, esta Comissão deseja ressaltar que, no caso do estado do Rio de Janeiro, a obrigação emanada do artigo 2 da Convenção Americana é reforçada e precisada, em virtude de sua estrutura federal, pelo seu artigo 28. Essa disposição, interpretada também à luz do artigo 1(1), descarta de imediato a possibilidade do Estado invocar a complexidade de sua estrutura a fim de eludir as obrigações por ele contraídas.

163. Nesse sentido, a finalidade de salvaguarda dos Direitos Humanos imposta pela Convenção Americana, em geral, e pelas disposições mencionadas, em particular, prescinde de qualquer referência à distribuição interna de competências ou à organização das entidades integrantes de uma federação. [...]

IX. CONCLUSÕES.

167. Com base nas considerações de fato e de direito acima expostas, a Comissão Interamericana **conclui que existe uma violação do direito à vida, à integridade pessoal, às garantias judiciais, à igualdade e à proteção judicial** *consagrados, respectivamente, nos artigos 4, 5, 8, 24 e 25 da Convenção Americana. Isso no entendimento de que, no tocante à responsabilidade estatal pela violação dos artigos 4, 5 e 24 da Convenção Americana,* **o prejudicado é Wallace de Almeida**, *enquanto no concernente às violações dos artigos 8 e 25, em concordância com o artigo 1(1) da Convenção,* **os prejudicados são seus familiares**. *A Comissão conclui igualmente que também foram violadas as obrigações impostas pela Convenção Americana em seu artigo 1(1), de respeito e garantia dos direitos nela consagrados; em seu artigo 2, que estabelece o dever de adotar disposições de direito interno a fim de tornar efetivos os direitos previstos no referido instrumento; e em seu artigo 28, relativamente à obrigação tanto do Estado Federal como do estado do Rio de Janeiro de cumprir as disposições contidas na Convenção.*

X. RECOMENDAÇÕES.

168. Com fundamento na análise e nas conclusões do presente relatório, a Comissão Interamericana de Direitos Humanos formula ao Estado brasileiro as seguintes recomendações:

1. Levar a cabo uma **investigação completa, imparcial e efetiva dos fatos**, *por órgãos judiciais independentes do foro policial civil/militar, a fim de estabelecer e punir a responsabilidade pelos atos relacionados com o assassinato de Wallace de Almeida e os impedimentos que impossibilitaram a realização tanto de uma investigação quanto de um julgamento efetivos;*

2. Proporcionar **plena reparação aos familiares** *de Wallace de Almeida,* **incluindo tanto o aspecto moral quanto o material**, *pelas violações de direitos humanos indicadas no presente relatório e, em particular;*

3. Adotar e instrumentar as medidas necessárias à efetiva implementação da disposição constante no artigo 10 do Código de Processo Penal Brasileiro.

4. **Adotar e instrumentar medidas adequadas dirigidas aos funcionários da justiça e da polícia**, a fim de evitar ações que impliquem discriminação racial nas operações policiais, nas investigações, no processo ou na sentença penal.

Em 20 de março de 2009 (Relatório nº 26/09), quando da análise do cumprimento das recomendações, a Comissão observou que o Estado tomou algumas iniciativas tendentes ao cumprimento das recomendações formuladas no caso, mas restava evidente que as medidas até então adotadas não reuniam as características de investigação completa, imparcial e efetiva – tal como recomendado no relatório sobre o mérito –, e nem demonstravam a adoção de medidas efetivas que evitassem a repetição dos fatos denunciados, razão pela qual reiterou-se o dever de atendimento das recomendações.

5.3.1.9.1.6 Caso Manoel Leal de Oliveira

A Sociedade Interamericana de Imprensa (SIP) apresentou petição, em 22 de maio de 2000, sobre o homicídio do jornalista Manoel Leal de Oliveira, ocorrido em 14 de janeiro de 1998, acusando o Brasil devido à impunidade do fato, o qual não respondeu às denúncias, apesar de informado.

A Comissão, em 17 de outubro de 2006, aprovou relatório no qual reconheceu a violação do **direito à vida**; **à liberdade de pensamento e expressão**; **às garantias judiciais**; e **à proteção judicial**, respectivamente consagrados nos artigos 4, 13, 8 e 25 da Convenção Americana, em prejuízo da vítima e de seus familiares, no seguinte teor:

> 84. No presente caso, a Comissão considera importante frisar que Manoel Leal de Oliveira recebeu ameaças após a publicação de matérias denunciando integrantes do poder executivo da cidade de Itabuna e policiais civis do Estado da Bahia; que dois policiais civis foram denunciados pelo seu assassinato, sendo um deles condenado em primeira instância como autor material; que às vésperas do crime, Manoel Leal havia sido alertado por parte de funcionários da administração municipal que sua morte estava sendo planejada por autoridades policiais e do poder executivo local; e que a vítima tinha feito inimizade com lideranças políticas locais.
>
> 85. Pelos fatos supra expostos, a Comissão considera estabelecido que **agentes do Estado brasileiro participaram do homicídio** de Manoel Leal de Oliveira, ocorrido em 14 de janeiro de 1998, **e conclui que o Estado violou, em detrimento daquele, a obrigação de respeitar o direito à vida consagrada no artigo 4 em conexão com o artigo 1.1 da Convenção Americana**.
>
> 86. Em uma leitura conjunta dos artigos 4 e 1.1 da Convenção, os Estados devem garantir o direito à vida das pessoas sujeitas à sua jurisdição, o que se traduz no dever de prevenir e investigar a violação deste direito, punir os responsáveis e reparar os familiares das vítimas, quando a violação deriva de uma conduta do Estado.
>
> 87. Consoante a jurisprudência da Corte Interamericana de Direitos Humanos, para que uma investigação à violação do direito à vida seja comprovadamente efetiva, **deve ser célere, imparcial e conduzida com a devida diligência**. [...]
>
> 90. Com base em tais considerações, a Comissão Interamericana conclui que o Estado brasileiro violou a obrigação de garantir o direito à vida de Manoel de Oliveira, consagrada nos artigos 4 e 1.1 da Convenção Americana, interpretados de forma conjunta, por

não haver investigado devidamente o seu assassinato, não haver punido os responsáveis nem reparado os familiares de Manoel Leal de Oliveira. [...]

101. No caso sub judice a Comissão considera importante mencionar que o jornal "A Região" costumava publicar matérias denunciando juízes, políticos influentes e policiais. Ademais, difundiu diversas críticas sobre a gestão do município de Itabuna, Estado da Bahia, à época do assassinato do seu editor e fundador, Manoel Leal de Oliveira.

102. Em dezembro de 1997, "A Região" denunciou irregularidades por parte do prefeito de Itabuna, Fernando Gomes, referentes a uma suposta utilização de notas fiscais falsas. No mesmo período o jornal denunciou o delegado de polícia Gilson Prata e dois subordinados – Roque Cardoso Souza e Monzar da Costa Brasil – de terem sido corrompidos pelo prefeito da cidade de Itabuna. Este último seria mais tarde condenado em primeira instância pelo assassinato de Manoel de Oliveira.

103. Conforme a análise antes realizada sobre a violação ao artigo 4 da Convenção Americana, a Comissão concluiu que agentes do Estado participaram do homicídio de Manoel Leal de Oliveira ocorrido no dia 14 de janeiro de 1998. A Comissão conclui, igualmente, que tal assassinado ocorreu em função dos artigos e matérias publicadas pela vítima no jornal "A Região", com o objetivo de silenciá-lo e como forma de represália pelas informações difundidas. Destarte, o Brasil violou, em prejuízo de Manoel de Oliveira, o direito de se expressar livremente e difundir suas ideias, consagrado no artigo 13 da Convenção Americana. [...]

107. No caso em apreço, a Comissão considera que ao não investigar devidamente o homicídio de Manoel de Oliveira, **o Estado brasileiro foi condescendente a que outros jornalistas se sintam coibidos ao pretenderem difundir informações sobre a corrupção e irregularidades cometidas por funcionários públicos.**

108. A CIDH destaca que alguns testemunhos prestados com a finalidade de colaborar com as investigações policiais sequer foram tomados a termo pelo delegado João Jacques Valois Coutinho, responsável pelo inquérito policial, o que constitui um descalabro para com cidadãos com vocação para denunciar arbitrariedades e fatos de notório interesse público. ***Não bastasse, a testemunha Pedro Roberto Santos Figueiredo foi pressionada e ameaçada após suas declarações, prestadas por iniciativa própria ao mencionado delegado.***

109. Por fim, tendo por demonstrado que o assassinato de Manoel de Oliveira foi motivado pela difusão de determinadas notícias e com o fim de silenciá-lo, à luz do artigo 13 em conexão com artigo 1.1 da Convenção, a CIDH conclui que **o Estado brasileiro violou o direito à liberdade de pensamento e expressão em prejuízo daquele, pelo descumprimento do dever de investigar o mencionado assassinato.** *[...]*

133. [...] a Comissão considera que o Estado violou o artigo 8.1 da Convenção Americana uma vez que o inquérito policial que investigava o assassinato de Manoel Leal de Oliveira não foi conduzido com a devida diligência. [...]

137. Haja vista a falta de diligência durante a realização do inquérito policial, a Comissão conclui que o atraso de quase quatro anos entre o homicídio e o oferecimento da denúncia penal deveu-se à conduta das próprias autoridades policiais responsáveis pelas investigações. Ademais, cabe mencionar que, passados mais de oito anos desde o cometimento do crime, ainda não houve uma sentença definitiva em relação aos três denunciados pelo Ministério Público. Pelos motivos expostos, a Comissão considera que o processo penal não foi concluído em um prazo razoável, nos termos do artigo 8.1 da Convenção. [...]

140. No caso em apreço, a Comissão enfatiza que a indeterminação de todos os autores materiais e intelectuais do assassinato de Manoel Leal de Oliveira foi resultado de uma investigação penal espúria e marcada por diversas irregularidades. **Tanto a Comissão quanto a Corte consideram que a simples constatação de que os responsáveis por violações a direitos humanos não foram identificados mediante uma investigação diligente e, em última instância, punidos por atos judiciais em um processo devidamente substanciado basta para concluir que o Estado descumpriu o artigo 1.1 da Convenção Americana.** *[...]*

150. Enfim, apesar de corresponder aos Estados federais optar pelas medidas legislativas, judiciais e administrativas apropriadas para implementar as obrigações previstas na Convenção em suas unidades territoriais, e do reconhecimento dos esforços do governo brasileiro neste sentido, a Comissão observa que no caso em apreço o Brasil não adotou todas as medidas necessárias para se garantir e respeitar os direitos à vida, à liberdade de pensamento e expressão, às garantias judiciais e à proteção judicial em favor de Manoel Leal de Oliveira e seus familiares. Destarte, considera que não obstante os atos que originaram tais violações tenham sido praticados por agentes e órgãos de um ente federado, recai sobre a República Federativa do Brasil a responsabilidade internacional pelas mesmas, assim como a obrigação de repará-las. [...]

151. Tomando em conta que no presente caso os familiares da vítima não foram indenizados, a Comissão ressalta que tal obrigação corresponde ao Estado brasileiro, uma vez que, pese os tribunais não tenham sancionado todos os responsáveis pelo homicídio de Manoel de Oliveira, resta demonstrado que agentes estatais tiveram participação em tal crime.

152. **Além da obrigação de apurar e punir qualquer violação de direitos humanos cometida por seus agentes, o Estado tem, igualmente, a obrigação de reparar as vítimas de tais violações ou suas famílias, conforme o caso.** *[...]*

159. Tendo por base a análise e as conclusões deste relatório, a Comissão Interamericana de Direitos Humanos recomenda ao Estado brasileiro:

1. **Reconhecer publicamente** *a responsabilidade internacional pelas violações de direitos humanos determinadas pela CIDH no presente relatório;*

2. **Realizar uma investigação completa, imparcial e efetiva dos fatos***, de forma a estabelecer e sancionar todos os autores materiais e intelectuais do assassinato de Manoel Leal de Oliveira;*

3. Realizar uma investigação completa, imparcial e efetiva sobre as **irregularidades ocorridas ao longo do inquérito policial** *que investigava o homicídio de Manoel Leal de Oliveira,* **inclusive os atos que buscaram dificultar a identificação dos seus autores materiais e intelectuais;**

4. **Reparar a família** *de Manoel Leal de Oliveira pelos danos sofridos. Tal reparação deve ser calculada conforme os parâmetros internacionais por um montante suficiente para ressarcir tanto os danos materiais quanto os danos morais sofridos pelos familiares da vítima;*

5. **Providenciar atos a fim de recuperar a memória histórica de Manoel Leal de Oliveira e demais jornalistas assassinados no Estado da Bahia ao longo da década de 1990***, conforme mencionado supra no parágrafo 46, tendo em vista as conclusões sobre a responsabilidade internacional do Estado do Brasil determinada no presente relatório;*

6. **Adotar, de forma prioritária, uma política global de proteção ao trabalho dos jornalistas e centralizar, como política pública, o combate à impunidade em relação ao assassinato, agressão e a ameaça a jornalistas, através de investigações exaustivas e independentes sobre tais fatos e punição dos seus autores materiais e intelectuais.**

Mais adiante, em 17 de março de 2010, a Comissão Interamericana considerou que o Estado brasileiro demonstrou boa predisposição e iniciativas importantes para o cumprimento das recomendações, em particular a referente à indenização e às reparações de caráter moral. Apesar disso, a maior parte das informações sobre as investigações apresentadas depois de adotado o relatório sobre o mérito constitui uma reiteração de suas observações apresentadas durante a tramitação do caso, continuando pendente o cumprimento de cinco das seis recomendações.

5.3.1.9.1.7 Caso Sebastião Camargo Filho

O Movimento dos Trabalhadores Rurais Sem Terra (MST), a Comissão Pastoral da Terra (CPT), a Rede Nacional Autônoma de Advogados e Advogadas Populares (RENAAP), o Centro de Justiça Global (CJG), e o *International Human Rights Law Group* apresentaram, em 30 de outubro de 2000, petição com relação ao assassinato de Sebastião Camargo Filho, em 7 de fevereiro de 1998, no Estado do Paraná.

Alegou-se, assim, violação dos direitos à vida, à integridade pessoal e às garantias judiciais, bem como do dever de respeitar direitos. Neste sentido, salientaram que a falta de prevenção e investigação da morte do trabalhador rural Sebastião Camargo Filho comprometia a responsabilidade internacional do Estado, além do que, após mais de oito anos após terem sido cometidos os fatos, o caso permanecia em total impunidade judicial.

O Estado, por seu turno, alegou que não houve participação de agentes estatais no caso e que suas autoridades haviam tomado todas as providências necessárias para processar e punir os culpados.

Ainda assim, a Comissão reconheceu que o Estado brasileiro é responsável pela violação do **direito à vida**; **às garantias judiciais**; e **à proteção judicial** em relatório aprovado em 28 de fevereiro de 2006, destacando-se os seguintes trechos:

> *45. Na época em que ocorreram os fatos era comum a constituição de grupos de pistoleiros para a realização de desocupações forçadas, inclusive no Estado do Paraná. Os segmentos da sociedade ligados ao poder latifundiário intensificaram seus ataques contra líderes de movimentos rurais mediante a constituição de milícias privadas e a fundação de empresas de segurança clandestina que dispunham de armamentos pesados e sessões de treinamento militar. A esse respeito, a Comissão recebeu ampla informação acerca da constituição e funcionamento de grupos tais como os autodenominados Primeiro Comando Rural e Primeiro Comando da Capital.*
>
> *46. A Comissão constatou que essa violência se dirige e se intensifica **contra os líderes dos movimentos**, os **defensores dos direitos humanos dos trabalhadores rurais** e **todo aquele que se destaque na promoção da implementação de um processo de reforma agrária**. Assim como em outros países da Região que possuem esse tipo de conflito rural, no Brasil as pessoas que promovem e lideram as reivindicações relacionadas com os direitos de trabalhadores rurais são as mais afetadas, ao serem identificadas como alvos de ataques que servem de exemplo para dissuadir as demais pessoas que participam das reivindicações. **Os atos de violência contra essas pessoas são destinados a causar temor generalizado e, por conseguinte, desanimar os demais defensores e defensoras de direitos humanos, bem como a atemorizar e silenciar as denúncias, queixas e reivindicações das vítimas**. [...]*

53. *Na fazenda Boa Sorte, os encapuzados realizaram operação semelhante, na qual agrediram e destruíram os pertences de mais de 70 famílias. Os pistoleiros tiraram as famílias à força de seus ranchos e as levaram até a porta da fazenda, onde as obrigaram a deitar-se de bruços e de cabeça baixa.*

54. *Sebastião Camargo Filho, de 65 anos de idade, sofria de uma lesão na coluna que o obrigava a caminhar curvado. Essa lesão o impedia de adotar a posição que lhe foi ordenada, motivo por que tentou sustentar a cabeça com as mãos para evitar a dor. Um dos encapuzados, que parecia ser quem comandava a operação, ordenou-lhe que abaixasse a cabeça, mas Sebastião não pôde cumprir a ordem. Como reação a essa impossibilidade, o encapuzado apontou a arma para a cabeça do agricultor e disparou contra ele a menos de um metro de distância. O disparo produziu uma lesão cranioencefálica que tirou a vida de Sebastião Camargo Filho. Em seguida, os dois encapuzados alçaram o corpo de Sebastião até a caminhonete em que foi levado ao Hospital Santa Teresinha de Nova Londrina, onde chegou sem vida.*

55. *Depois de disparar contra Sebastião, o líder dos encapuzados ordenou aos camponeses que entrassem em um caminhão, no qual foram trasladados, contra sua vontade, até o município de Querência do Norte. [...]*

73. *Na data de aprovação deste relatório, transcorridos mais de oito anos da ocorrência dos fatos, o processo judicial encontra-se em etapa de discussão de primeira instância. [...]*

88. *Das provas anteriormente citadas depreende-se que autoridades federais, a Polícia Civil e a Polícia Militar* **sabiam da iminência das desocupações e que estas seriam realizadas com armas.** *Não obstante haver informado as autoridades estatais com antecipação, nenhuma medida de proteção foi adotada. Os camponeses assentados nas fazendas ficaram indefesos, à mercê dos pistoleiros, apesar de serem amplamente conhecidas na região as condições em que seriam realizadas essas desocupações ilegais.*

89. *Nessas circunstâncias, a Comissão Interamericana considera que o Estado não adotou medidas razoáveis para evitar que fossem cometidas as violações de 7 de fevereiro de 1998, nas fazendas Boa Sorte e Santo Ângelo, apesar de que as informações em poder dos órgãos de segurança do Estado eram claras em indicar a iminência de um risco de violações, entre elas do direito à vida das pessoas assentadas nas mencionadas fazendas. Como era previsível, a desocupação gerou consequências nefastas, dentre as quais se destaca a execução extrajudicial de Sebastião Camargo Filho. Por conseguinte, a Comissão Interamericana considera que o Estado descumpriu sua obrigação de adotar medidas para prevenir o atentado contra a vida de Sebastião Camargo Filho, com o que violou o artigo 4 da Convenção Americana, em conexão com o artigo 1.1 desse tratado. [...]*

91. *Essencialmente, a Comissão constata que o Estado* **não tem cumprido com a sua obrigação de garantir o direito à vida mediante uma investigação séria e imparcial**. *Com base no material probatório constante do expediente penal interno, a Comissão Interamericana considera demonstrado que há, com relação ao direito à vida, múltiplos indícios que sugerem a participação ou colaboração de funcionários oficiais na operação de desocupação, sendo que nenhum deles foi seriamente investigados pela justiça brasileira. [...]*

99. *A investigação que se seguiu à morte de Sebastião Camargo Filho, depois de mais de oito anos de iniciada, não redundou na punição de nenhum dos responsáveis, em que pese as múltiplas provas a que tiveram acesso os funcionários encarregados da investigação. Com isso, o caso de Sebastião Camargo Filho se inclui no padrão de impunidade de atos violentos cometidos pelos grupos de pistoleiros que operam no Estado do Paraná e em outros estados do Brasil.*

100. *Com base no exposto, a Comissão considera que o Brasil não cumpriu as obrigações internacionais que a ele competem, ao não investigar e punir todos os responsáveis. O*

Estado brasileiro não cumpriu sua obrigação de investigar devidamente o paradeiro dos autores intelectuais e materiais do assassinato de Sebastião Camargo Filho, julgá-los e puni-los, nem indenizou os familiares das vítimas. Ademais, o Estado não corroborou nem anulou os indícios da aquiescência e conivência de seus funcionários com relação aos fatos. [...]

102. A Comissão considera, por conseguinte, que o Estado brasileiro descumpriu sua obrigação de garantir o direito à vida de Sebastião Camargo Filho, por ter deixado de prevenir a violação do direito à vida da vítima, apesar de ter tomado conhecimento, por intermédio de várias de suas autoridades, do risco iminente que corriam os trabalhadores assentados nas fazendas Boa Sorte e Santo Ângelo. Descumpriu também sua obrigação de garantir o direito à vida, ao deixar de investigar rapidamente os fatos, apesar de sua posição de garante, e de punir os responsáveis, apesar dos indícios de aquiescência que constam do expediente judicial, tudo isso em violação do artigo 4.1 da Convenção Americana, com relação ao artigo 1.1. [...]

115. Com base nesses parâmetros, a Comissão considera que a investigação policial iniciada para investigar os fatos foi imprecisa, morosa e rica em omissões. Quanto à coleta e prática de testes, a investigação registrou várias irregularidades. **Inexplicavelmente, as autoridades não realizaram testes de impressão digital nas 12 armas apreendidas nas fazendas Boa Sorte e Santo Ângelo no dia em que ocorreram os fatos. Tampouco realizaram testes de absorção atômica nas sete pessoas detidas, para verificar se haviam disparado armas de fogo. Outra mostra da falta de diligência das autoridades foi a demora na apreensão das armas que os trabalhadores sem terra encontraram na fazenda Água da Prata.** *[...]*

119. Deduz-se da comunicação citada como solicitações feitas pelo Ministério Público em fevereiro e agosto de 1998, reiteradas em 8 de dezembro do mesmo ano, não haviam sido cumpridas mais de um ano após terem sido encaminhadas. No caso do Instituto de Criminalística, a Comissão constata que, em 24 de novembro de 1999, esta instituição remeteu um relatório em resposta à reiteração do Ministério Público, em que salienta que a prova técnica solicitada havia sido realizada em 10 de março de 1998, mas não explica a razão por que o relatório sobre essa prova foi apresentado às respectivas autoridades mais de um ano e oito meses após ter sido ela realizada.

120. Essas graves omissões não foram explicadas pelo Estado brasileiro apesar de serem necessárias para a individualização dos autores dos atos. O Estado tampouco esclareceu a omissão das autoridades de polícia que detiveram o caminhão em que eram transportados à força os camponeses, no que se refere à retenção imediata do veículo e de seu condutor. [...]

122. Nessas condições, o recurso interno se tornou ineficaz, a ponto de seu injustificado atraso ter levado à prescrição de vários dos delitos investigados. Com isso, a falta de diligência das autoridades culminou na impunidade dos fatos. Três dos delitos investigados tinham pena inferior a um ano, motivo por que, em conformidade com a legislação interna, prescreviam dois anos após terem sido cometidos. No entanto, somente a fase inicial de investigação confiada à Polícia Civil superou o prazo de dois anos. Quando as investigações chegaram ao conhecimento do Ministério Público, os delitos de ameaça, exercício de razões próprias e dano haviam prescrito.

123. As autoridades judiciais dispunham de amplo material probatório que lhes teria possibilitado abordar distintas linhas de investigação, mas indesculpavelmente não fizeram uso oportuno desse material. Por exemplo, dias depois dos fatos, a UDR regional fez circular uma nota em que se atribuía a desocupação, mas somente em 26 de agosto de 2004 (seis anos depois dos fatos), o juiz da causa solicitou à UDR de Paranavaí uma lista dos fazendeiros filiados à referida organização em fevereiro de 1998.

124. Com base nas considerações acima, a Comissão conclui que a falta de devida diligência no processo de investigação e coleta de prova essencial, sem a qual os processos judiciais não poderiam ser levados adiante, em que incorreu o Brasil caracteriza violação dos artigos 8 e 25 da Convenção Americana, com relação ao artigo 1.1 do mesmo instrumento.

VI. CONCLUSÕES.

125. Com base nas considerações de fato e de direito acima expostas, a Comissão Interamericana conclui que:

1. **tem competência para conhecer deste caso e que a petição é admissível**, em conformidade com os artigos 46 e 47 da Convenção Americana;

2. **o Estado brasileiro é responsável pela violação do direito à vida, às garantias judiciais e à proteção judicial**, consagrados, respectivamente, nos artigos 4, 8 e 25 da Convenção Americana, todos eles em conexão com a obrigação imposta ao Estado pelo artigo 1.1 do referido tratado, relativa a respeitar e garantir os direitos consagrados na Convenção, em detrimento de Sebastião Camargo Filho.

VII. RECOMENDAÇÕES.

126. Com fundamento na análise e nas conclusões deste relatório, a Comissão Interamericana de Direitos Humanos recomenda ao Estado brasileiro:

1. **realizar una investigação completa, imparcial e efetiva dos fatos**, com o objetivo de estabelecer e punir a responsabilidade material e intelectual pelo assassinato de Sebastião Camargo Filho;

2. **reparar plenamente os familiares** de Sebastião Camargo Filho, no aspecto tanto moral quanto material, pelas violações de direitos humanos determinadas neste relatório;

3. **adotar em caráter prioritário uma política global de erradicação da violência rural**, que abranja medidas de prevenção e proteção de comunidades em risco e o fortalecimento das medidas de proteção destinadas a líderes de movimentos que trabalham pela distribuição equitativa da propriedade rural;

4. adotar medidas efetivas destinadas ao **desmantelamento dos grupos ilegais armados** que atuam nos conflitos relacionados com a distribuição da terra;

5. **adotar uma política pública de combate à impunidade das violações de direitos humanos das pessoas envolvidas em conflitos agrários**, que lutam por uma distribuição equitativa da terra.

Em 19 de março de 2009 (Relatório nº 25/09), a Comissão se manifestou no sentido de que, embora o Brasil tenha se esforçado no combate à violência rural, muito pouco foi feito para cumprir as recomendações do caso, reiterando quanto a todas elas o dever de cumprimento.

5.3.1.9.1.8 Caso Simone André Diniz

O Centro pela Justiça e o Direito Internacional (CEJIL), a Subcomissão do Negro da Comissão de Direitos Humanos da Ordem dos Advogados do Brasil (OAB/SP), e o Instituto do Negro Padre Batista apresentaram petição contra o Estado brasileiro argumentando violação de direitos humanos quanto à vítima Simone André Diniz.

Os peticionários alegaram que o Estado não garantiu o pleno exercício do direito à justiça e ao devido processo legal, falhou na condução dos recursos internos para apurar a discriminação racial sofrida pela senhora Simone André Diniz, e por isso descumpriu a obrigação de garantir o exercício dos direitos previstos na Convenção Americana.

O Estado prestou informações alegando que o Poder Judiciário havia emitido sentença decisória sobre o assunto objeto da presente denúncia, não havendo nenhuma violação de direitos humanos por parte do Estado.

Em 28 de outubro de 2004, a Comissão aprovou relatório no qual reconheceu que o Brasil havia cometido violação de direitos humanos no caso em questão, mais especificamente no que tange ao **princípio da igualdade**, do qual se destacam os seguintes trechos:

> 27. Na data de 2 de março de 1997, a senhora Aparecida Gisele Mota da Silva, fez publicar na parte de Classificados do jornal A Folha de São Paulo, o seguinte anúncio: "doméstica. Lar. P/ morar no empr. C/ exp. Toda rotina, cuidar de crianças, c/docum. E ref.; Pref. Branca, s/filhos, solteira, maior de 21 a. Gisele".
>
> 28. A senhora Simone André Diniz, de cor negra, para candidatar-se à vaga anunciada, ligou para o telefone informado no anúncio, tendo sido atendida por uma colega de trabalho de Aparecida Gisele Mota da Silva, de prenome Maria Tereza, que lhe indagou sobre a cor de sua pele. **Em contestando ser negra, Simone André Diniz foi informada que não preenchia os requisitos exigidos para o cargo.**
>
> 29. A senhora Simone André Diniz, por se sentir vítima de racismo em base a sua cor, registrou ocorrência na Delegacia de Investigações de Crimes Raciais, no dia 2 de março de 1997. [...]
>
> 33. A senhora Gisele Silva também prestou depoimento confirmando haver feito publicar o anúncio em que procurava uma empregada doméstica preferencialmente branca. Declarou que a preferência era em razão do fato de haver tido uma empregada doméstica negra que havia maltratado seus filhos.
>
> 34. O marido de Gisela Silva, Jorge Honório da Silva, também prestou depoimento confirmando as declarações feitas por sua esposa, Gisela Silva.
>
> 35. O relatório final do Inquérito Policial foi enviado ao Ministério Público em 19 de março de 1997.
>
> 36. O Ministério Público do Estado de São Paulo, em 2 de abril de 1997, emitiu parecer requerendo arquivamento do feito, por falta de base para o oferecimento da denúncia.
>
> 37. O Juiz do Departamento de Inquéritos Policiais, em data de 7 de abril de 1997, acolheu e adotou como razão de decidir o pronunciamento do Ministério Público e determinou o arquivamento dos autos. [...]
>
> 43. Portanto, embora tratar-se o presente caso de uma relação havida entre particulares – no caso, Simone André Diniz e Aparecida Gisele Mota da Silva –, o Estado brasileiro tinha a obrigação de velar para que nessa relação fossem respeitados os direitos humanos das partes a fim de prevenir a ocorrência de uma violação, bem como, na eventualidade de haver a violação, buscar, diligentemente, investigar, processar e sancionar o autor da violação, nos termos requeridos pela Convenção Americana. [...]
>
> 60. A Comissão sabe que **a condição de vulnerabilidade dos afro-brasileiros tem uma dimensão histórica** que é mantida por questões de fato como a que ocorreu por exemplo com Simone André Diniz e que conduz ao estabelecimento de diferenças no acesso de uns e outros a direitos básicos, como por exemplo, acesso à justiça, direito à educação, ao trabalho etc.

61. *A Comissão reconhece que o Brasil, atento a essa realidade e no cumprimento de tratados internacionais sobre a matéria, construiu um ordenamento jurídico em matéria de proteção e garantias contra o preconceito e a discriminação racial*, como é o caso da penalização de tal prática. [...]

70. Não obstante a evolução penal no que tange ao combate à discriminação racial no Brasil, a Comissão tem conhecimento que a impunidade ainda é a tônica nos crimes raciais. Quando publicou relatório sobre a situação dos direitos humanos no país, a Comissão chamou a atenção para a difícil aplicação da Lei nº 7.716/89 e como a Justiça brasileira tendia a ser condescendente com a prática de discriminação racial e que dificilmente condenava um branco por discriminação. Com efeito, uma análise do racismo através do Poder Judiciário poderia levar à **falsa impressão** de que no Brasil não ocorrem práticas discriminatórias. [...]

95. Segundo os peticionários, o arquivamento da denúncia feita por Simone André Diniz, representa uma situação generalizada de desigualdade no acesso à justiça e impunidade nos casos de denúncia de crimes com motivação racial. Com efeito, tal conjuntura revelaria a ineficácia da Lei nº 7.716/89 uma vez que esta não tem sido aplicada pelas autoridades brasileiras e gera no Brasil uma situação de desigualdade de acesso à justiça para aqueles que são vítimas de preconceito racial e racismo. [...]

97. *A Comissão já julgou que toda vítima de violação de direitos humanos deve ter assegurada uma investigação diligente e imparcial* e, em havendo indícios de autoria do delito, deve ser iniciada a ação pertinente para que juiz competente, no marco de um processo justo, determine ou não ocorrência do crime, como ocorre com todo delito levado ao conhecimento da autoridade pública.

98. Em assim não ocorrendo com as denúncias de discriminação racial levadas a efeito por pessoas afrodescendentes no Brasil, o Estado Brasileiro viola flagrantemente o **princípio da igualdade** insculpido na Declaração e Convenção Americanas, as quais se obrigou a respeitar e que determinam que todas as pessoas são iguais perante a lei e têm direito, sem discriminação, a igual proteção da lei. [...]

107. *A Comissão chama a atenção do governo brasileiro que a omissão das autoridades públicas em efetuar diligente e adequada persecução criminal de autores de discriminação racial e racismo cria o risco de produzir não somente um racismo institucional, onde o Poder Judiciário é visto pela comunidade afrodescendente como um poder racista, como também resulta grave pelo impacto que tem sobre a sociedade na medida em que a impunidade estimula a prática do racismo.*

108. A Comissão gostaria de concluir dizendo que é de fundamental importância estimular uma consciência jurídica capaz de tornar efetivo o combate à discriminação racial e ao racismo pois o Poder Judiciário de um país deve ser um sistema de uso eficaz porquanto é instrumento imprescindível no controle e combate à discriminação racial e do racismo.

109. Em razão do tratamento desigual conferido pelas autoridades brasileiras à denúncia de racismo e discriminação racial feita por Simone André Diniz, revelador de uma prática generalizada discriminatória na análise desses crimes, a Comissão conclui que o Estado brasileiro violou o artigo 24 da Convenção Americana, em face de Simone André Diniz.

110. Em razão dos fatos adrede estabelecidos, a Comissão é da opinião que a investigação efetuada para apurar o crime de racismo ocorrido em desfavor de Simone André Diniz, não obstante haver sido aberto um Inquérito Policial, não foi adequada e eficaz, uma vez que não foi aberta a ação penal para julgar a responsável pelo ilícito, tampouco foram impostas sanções pertinentes, como determina a Lei nº 7.716/89. [...]

130. Entretanto, a instauração do Inquérito Policial não eximia o Estado de sua responsabilidade em negar acesso à justiça a Simone André Diniz. Isto porque o Inquérito Policial, como peça meramente informativa não era remédio jurídico adequado e eficaz para processar, sancionar e reparar uma denúncia de violação de direitos humanos, de acordo com os padrões convencionais. Neste caso, o meio jurídico idôneo seria a ação penal pública, instaurada pelo Ministério Público que conferiria ao juiz o poder de, havendo indícios da ocorrência do crime, julgar o autor da violação e eventualmente condená-lo, o que não ocorreu no particular. [...]

134. Diante do exposto, a Comissão entende que o Estado brasileiro violou os artigos 8.1 e 25 em conjunção com o artigo 1.1 da Convenção Americana, em face de Simone André Diniz, por não haver iniciado a ação penal pertinente para apurar denúncia de discriminação racial sofrida por esta. [...]

VI. CONCLUSÕES.

145. Com base nas considerações de fato e de direito expostas anteriormente, a Comissão Interamericana reitera sua conclusão em relação a que o Estado brasileiro é responsável pela violação do direito à igualdade perante a lei, à proteção judicial e às garantias judiciais, consagrados, respectivamente, nos artigos 24, 25 e 8 da Convenção Americana, em prejuízo de Simone André Diniz. A Comissão determina, ainda, que o Estado violou o dever de adotar disposições de direito interno, nos termos do artigo 2 da Convenção Americana, violando, também, a obrigação que lhe impõe o artigo 1.1, de respeitar e garantir os direitos consagrados na Convenção.

VII. RECOMENDAÇÕES.

146. Tendo por base a análise e as conclusões deste informe, A COMISSÃO INTERAMERICANA DE DIREITOS HUMANOS REITERA AO ESTADO BRASILEIRO AS SEGUINTES RECOMENDAÇÕES:

1. **Reparar plenamente a vítima** Simone André Diniz, considerando tanto o aspecto moral como o material, pelas violações de direitos humanos determinadas no relatório de mérito e, em especial,

2. **Reconhecer publicamente a responsabilidade internacional por violação dos direitos humanos** de Simone André Diniz;

3. **Conceder apoio financeiro à vítima para que esta possa iniciar e concluir curso superior;**

4. **Estabelecer um valor pecuniário a ser pago à vítima à título de indenização por danos morais;**

5. Realizar as **modificações legislativas e administrativas** necessárias para que a legislação antirracismo seja efetiva, com o fim de sanar os obstáculos demonstrados nos parágrafos 78 e 94 do presente relatório;

6. **Realizar uma investigação completa, imparcial e efetiva dos fatos**, com o objetivo de estabelecer e sancionar a responsabilidade a respeito dos fatos relacionados com a discriminação racial sofrida por Simone André Diniz;

7. **Adotar e instrumentalizar medidas de educação dos funcionários de justiça e da polícia** a fim de evitar ações que impliquem discriminação nas investigações, no processo ou na condenação civil ou penal das denúncias de discriminação racial e racismo;

8. **Promover um encontro com organismos representantes da imprensa brasileira**, com a participação dos peticionários, com o fim de elaborar um compromisso para evitar a publicidade de denúncias de cunho racista, tudo de acordo com a Declaração de Princípios sobre Liberdade de Expressão;

9. **Organizar Seminários estaduais** com representantes do Poder Judiciário, Ministério Público e Secretarias de Segurança Pública locais com o objetivo de fortalecer a proteção contra a discriminação racial e o racismo;

10. Solicitar aos governos estaduais a criação de **delegacias especializadas na investigação de crimes de racismo e discriminação racial**;

11. Solicitar aos Ministérios Públicos Estaduais a criação de **Promotorias Públicas Estaduais Especializadas no combate ao racismo e a discriminação racial**;

12. Promover **campanhas publicitárias** contra a discriminação racial e o racismo.

Em 21 de outubro de 2006 (ver Relatório nº 66/06), a Comissão reiterou o dever do Estado de cumprimento das recomendações impostas no relatório.

5.3.1.9.1.9 Caso Jailton Neri da Fonseca

Caso apresentado em 07 de dezembro de 1995 pelo Centro de Defesa D. Luciano Mendes, em razão da execução do menino Jailton Neri da Fonseca por policiais do Estado do Rio de Janeiro em 22 de dezembro de 1992. Alegou-se que o Estado deveria ser responsabilizado pelo homicídio porque não garantiu o exercício dos direitos à justiça, à liberdade e ao devido processo legal, não permitindo também o acesso a recursos internos para investigar o assassinato.

O Estado argumentou que não havia provas de que a criança havia sido assassinada por policiais militares do Rio de Janeiro e nem da ineficácia do Poder Judiciário no julgamento do processo militar.

Em 08 de outubro de 2003, a Comissão reconheceu a violação dos **direitos à liberdade pessoal**; **à proteção judicial**; e **às garantias judiciais** consagradas na Convenção Americana, bem como do **dever de adotar disposições de ordenamento interno que coíbam tais violações**.

Vejamos os principais trechos:

> 39. Embora o presente caso específico não conte com elementos conclusivos de que o assassinato de Jailton Neri da Fonseca tenha sido por causa de sua raça, a Comissão considera oportuno destacar a sua preocupação pela grave relação que existe no Brasil, e especialmente no Rio de Janeiro, entre a violência policial e raça das pessoas afetadas por este tipo de violência [...]
>
> 47. Três inquéritos foram instaurados para investigar o delito denunciado: uma investigação civil, uma investigação administrativa e uma investigação efetuada pela Polícia Militar. Das três, apenas a da Polícia Militar chegou ao fim.
>
> 48. A Polícia Militar não instruiu de ofício nenhuma investigação para esclarecer a morte do menino imputada a seus agentes. Apenas oito meses depois de ocorridos os fatos, a pedido do Ministério público, o Comando Militar realizou a investigação pertinente. Em razão disso, **se perderam várias provas imprescindíveis para o esclarecimento da verdade dos fatos**, não se efetuou uma perícia no local do crime, não foram realizadas perícias balísticas, nem se tomou a declaração de testemunhas. Consequentemente, o relatório dessa pesquisa não chegou a lugar algum. Não se investigou o assassino do menino nem a extorsão denunciada. Somente se concluiu que o menino esteve sob custódia dos policiais durante certo número de horas no dia dos fatos.
>
> 49. Dezoito meses após o assassinato de Jailton Neri, os promotores solicitaram ao Comando Militar para reabrir a investigação. **Apenas nessa investigação foi ouvida**

a mãe da criança, assim como os policiais envolvidos no assassinato. Baseado na mesma pesquisa, 21 meses após o crime, se realizou um exame pericial em que foram comparadas as balas retiradas do cadáver com as dos revólveres dos policiais envolvidos. Esta avaliação concluiu que os projéteis que tiraram a vida da criança tinham sido disparados pela arma do Policial Militar Eduardo Bezerra Matos.

50. Quanto ao processo em matéria penal, apesar das falhas ocorridas em todo o processo de investigação, a Justiça Militar tinha indícios de que Jailton Neri da Fonseca havia sido morto por policiais militares. No entanto, o Ministério Público, em suas alegações finais, pediu a absolvição dos réus por causa da fraqueza das evidências dos autos. Ademais, o Conselho Militar decidiu, por unanimidade, absolver os dois réus aplicando o princípio do in dubio pro reo.

*51. Com base no exposto, a Comissão considera que as **investigações conduzidas, tanto pela Polícia Militar como pela Polícia Civil, foram frágeis**. Ambas as investigações foram marcadas por atrasos, falhas e negligência, o que culminou com a absolvição dos acusados pelo Tribunal Penal Militar. [...]*

56. O adolescente Jailton Neri da Fonseca, como demonstrado nos autos, em ocasiões anteriores à sua morte, havia sido detido ilegalmente pelos mesmos policiais denunciados por seu assassinato, segundo declarou sua mãe. No dia de sua execução, o jovem Jailton foi violentamente preso pelos policiais militares. [...]

*59. A Comissão conclui que Jailton Neri da Fonseca foi privado de sua liberdade de forma ilegal, sem que houvesse qualquer motivo para sua detenção ou de qualquer situação flagrante. **Não foi apresentado imediatamente a um juiz. Não teve direito de recorrer a um tribunal para que este deliberasse sobre a legalidade da sua detenção ou ordenasse sua liberdade, uma vez que foi morto logo após sua prisão. O único propósito da sua detenção arbitrária e ilegal foi matá-lo.***

60. Pelo raciocínio acima se conclui que, ao não superar este caso o estandarte do primeiro dos três passos da análise anteriormente mencionada, o Estado é responsável pela violação do direito à liberdade protegido pela Convenção Americana em detrimento de Jailton Neri da Fonseca. A Comissão conclui que o Estado não garantiu a Jailton Neri da Fonseca seu direito à liberdade e segurança pessoais, em violação do artigo 7º da Convenção Americana. [...]

64. A respeito, embora esse artigo deixe alguma margem de interpretação para determinar se um fato específico constitui tortura, no caso de crianças é preciso ter em conta um parâmetro mais rigoroso sobre o grau de sofrimento que implica tortura, tendo em conta, por exemplo, fatores como idade e sexo, o efeito do estresse e o medo experimentado, o estado de saúde da vítima, e sua maturidade.

*65. A Comissão considera que Jailton Neri da Fonseca deve ter experimentado medo e terror extremo ao estar nas mãos da Polícia Militar, sem rumo conhecido. A Comissão considera que esta situação levou Jailton Neri da Fonseca a uma situação de **sofrimento psicológico e moral extremo**.*

66. De acordo com as considerações acima, a Comissão conclui que o Estado violou o direito à integridade pessoal de Jailton Neri da Fonseca. Desta maneira, o Brasil incorreu em violação do artigo 5º da Convenção Americana. [...]

71. A Comissão deu por estabelecido que foram os policiais militares que assassinaram Jailton Neri da Fonseca. Com efeito, existe neste caso uma prova técnica e numerosas evidências de que a vítima, a criança Jailton Neri da Fonseca, foi na verdade assassinado por agentes da Polícia Militar do Rio de Janeiro. [...]

*77. A Comissão não pode deixar de sublinhar a gravidade especial que reveste o presente caso, **por se tratar do assassinato de uma criança**. Salienta também que este* *caso não é isolado, mas reflete um padrão de conduta fora da lei, exercida pela Polícia militar do Estado. A Comissão vem sendo informada faz anos sobre a escalada da ação violenta das polícias estaduais, especialmente a militar, acusada de agir com violência. Em seu Informe Geral sobre a Situação dos Direitos Humanos no Brasil, de 1997, a Comissão observou que "no período de Fevereiro de 1996, o número médio mensal de mortes pela Polícia Militar passou mensal 3,2 a 20,55 pessoas, ou seja, um total de 201 em 1996".*

78. Analisando o presente caso, a CIDH considerou como elementos centrais da convicção das declarações, depoimentos e provas de investigações policiais. Com base nessas declarações e testemunhos, e nas provas que foram exaustivamente mencionadas, a Comissão considera que existem provas claras e contundentes que levam a concluir que os agentes da Polícia Militar do Rio de Janeiro Estado violaram o direito à vida do menino Jailton Neri da Fonseca. Por tal motivo, o Estado brasileiro é responsável pela violação do direito à vida, consagrado no artigo 4º da Convenção Americana, em detrimento de Jailton Neri da Fonseca. [...]

86. No presente caso, o Estado, em vez de proteger especialmente os direitos humanos de Jailton Neri da Fonseca, de 14 anos, toda vez que sua condição de criança o tenha feito sujeitos de direitos e garantias especiais, o assassinou por meio de seus agentes estatais.

87. Ademais, à luz do artigo 19 da Convenção, o Estado tinha o dever de proteger o jovem Jailton contra abusos e maus-tratos praticados por seus agentes contra este. Além disso, o jovem Jailton estava sob a proteção integral das disposições que lhe conferiam um tratamento especial por sua condição de criança. Não se pode esquecer que o menino foi arbitrariamente preso e submetido a interrogatório ilegal, sendo obrigado a acompanhar os policiais pela favela com o pretexto de denunciar o que sabia. [...]

90. Ante o exposto, a Comissão Interamericana conclui que o Estado violou o artigo 19 da Convenção Americana ao não tomar medidas adequadas de prevenção e proteção em favor do adolescente Jailton Neri da Fonseca. [...]

127. Em conclusão, a Comissão considera que o Estado não cumpriu com a obrigação de investigar efetiva e adequadamente o homicídio cometido por policiais militares contra Jailton Neri, em violação do artigo 1º (1) da Convenção Americana, em conjugação com o artigo 8º da mesma, vez que violou o direito a um recurso efetivo que sancionara os culpados pela prática do delito, contravindo o disposto no artigo 25 da Convenção, em conexão com o artigo 1 (1) da mesma, tudo em detrimento dos familiares da criança Jailton Neri da Fonseca.

128. Os Estados parte do sistema interamericano de direitos humanos têm a obrigação para investigar e punir os responsáveis por violações dos direitos humanos, a Comissão conclui que a falta de independência, autonomia e imparcialidade tanto da Polícia Militar que investigou os fatos como do Tribunal Militar que efetuou o julgamento dos acusados da morte de Jailton Neri da Fonseca, juntamente com os outros vícios que caracterizaram as investigações e certamente tiveram um efeito decisivo sobre o resultado do julgamento, constitui violação pelo Estado brasileiro, em detrimento dos familiares de Jailton Neri da Fonseca, às obrigações contidas nos artigos 25 e 8 da Convenção Americana, em concordância com o disposto no artigo 1 (1) desse tratado.

129. Tendo em conta que no presente caso o Estado brasileiro não indenizou a família da vítima, a Comissão deve ressaltar que essa obrigação corresponde ao Estado brasileiro ainda quando seus tribunais internos tenham absolvido os policiais militares acusados pelo assassinato de Jailton Neri da Fonseca.

130. Além da obrigação de investigar e punir toda violação dos direitos humanos cometidas por seus agentes o Estado também tem a obrigação de indenizar as vítimas de tais violações, ou a seus familiares, se for o caso. [...]

155. Com base na análise e conclusões deste relatório, a Comissão Interamericana de Direitos Humanos reitera ao Estado brasileiro às seguintes recomendações:

*1. **Compensar plenamente os familiares de Jailton Neri da Fonseca, incluindo tanto o aspecto moral como o material**, pelas violações de direitos humanos identificadas neste relatório e, em particular;*

*2. Fazer uma investigação completa, imparcial e efetiva dos fatos, **por órgãos que não sejam militares**, a fim de identificar e punir a responsabilidade sobre os fatos relativos à detenção e assassinato de Jailton Neri da Fonseca;*

*3. **Compensar a família** de Jailton Neri da Fonseca tanto pelos danos materiais como pelos danos morais sofridos em ocasião de seu assassinato. Tal reparação a ser paga pelo Estado brasileiro deve ser calculada de acordo com as normas internacionais, e deve ser um montante suficiente para reparar tanto os danos materiais como os morais sofridos pelos familiares de Jailton Neri da Fonseca por ocasião de seu assassinato e outras violações de seus direitos humanos a que este relatório se refere;*

*4. **Alterar o artigo 9º do Código Penal Militar, o artigo 82 do Código de Processo Penal Militar e qualquer outra norma interna que deva modificar-se com o objetivo de abolir a jurisdição da Polícia Militar para investigar as violações de direitos humanos cometidas por policiais militares, e transferir esta competência para a Polícia Civil**;*

*5. Adotar e instrumentalizar **medidas de educação dos funcionários da justiça e da polícia**, para evitar atos de discriminação racial em operações policiais, nas investigações, no processo ou na condenação penal;*

6. Adotar e implementar medidas imediatas para assegurar o cumprimento dos direitos estabelecidos na Convenção Americana, na Convenção sobre os Direitos da Criança e nas demais normas nacionais e internacionais sobre o assunto, de modo que se faça efetivo o direito à proteção especial da infância no Brasil.

Dentre as recomendações, apenas em 2009 foi cumprida a de indenizar, estando as demais pendentes.

5.3.1.9.1.10 Caso Corumbiara

O Centro de Defesa dos Direitos Humanos da Arquidiocese de Porto Velho/RO, a Comissão Teotônio Vilela, o Movimento dos Trabalhadores Rurais Sem Terra (MST), o Centro pela Justiça e pelo Direito Internacional (CEJIL), e Direitos Humanos *Watch*/Américas, em 06 de outubro de 1995, peticionaram contra o Estado brasileiro a respeito dos fatos relacionados ao assassinato de pessoas cometido por policiais militares e ao ferimento de outras 53 pessoas, incluindo policiais militares, para expulsar trabalhadores rurais que invadiram uma propriedade rural no Município de Corumbiara/RO.

O Estado brasileiro alegou falta de esgotamento dos recursos internos e informou sobre o desenvolvimento e os resultados de tais recursos.

Não obstante, em 04 de março de 2003, a Comissão reconheceu que o Estado brasileiro era responsável pela violação dos **direitos à vida**; **à integridade pessoal**; **à proteção judicial e às garantias judiciais consagrados na Convenção Americana**, todos em conexão com as disposições da Convenção sobre a obrigação do Estado brasileiro de respeitar e garantir os direitos consagrados na Convenção.

Vejamos trechos:

123. Antes da análise do mérito do presente caso, a Comissão observa que o objetivo deste transcende a preocupação com situações sobre a distribuição de terras no Brasil, em geral, e sobre a situação particular dos trabalhadores de famílias sem-terra que invadiram a Fazenda Santa Elina, em agosto de 1995. A este respeito, a Comissão decidiu, em diversas ocasiões sobre o problema, em geral, e observou, por exemplo, que o Brasil tem um vasto território com grande capacidade produtiva e de assentamento social, mas por razões históricas a distribuição de tais bens é extremamente desequilibrada e, consequentemente, são criadas condições para conflitos sociais e violações dos direitos humanos.

124. A Comissão Interamericana começou a sua decisão sobre o mérito com base na análise da maneira pela qual o mandado de despejo da Santa Elina foi cumprida, uma vez que transcende o assunto deste estudo de caso as razões econômicas, sociais e históricas outras medidas que podem ter levado aos trabalhadores ocupantes de tomar a decisão de invadir o Santa Elina, em julho de 1995, e instalar um acampamento lá. [...]

129. Assim, embora o ônus da prova no processo perante a Comissão Interamericana, em princípio, ao denunciante ou denunciantes, a falta de contradição do Estado produz na prática, uma inversão do ônus da prova, como para que o Estado deve provar contra as acusações. Se o Estado não contradiz os fatos materiais ou produzir provas para desafiá-los, a Comissão pode presumir os fatos alegados, desde que não haja evidência de que poderia fazer concluir o contrário. [...]

134. Previamente, tendo em conta a posição do governo brasileiro, neste caso, de não responder aos fatos mas ater-se ao resultado dos processos internos, a Comissão deve destacar uma diferença fundamental entre o objeto de recursos internos e o objetivo do processo internacional perante o sistema interamericano. [...]

138. A 15 de julho de 1995 um grupo de famílias de trabalhadores rurais, compreendendo cerca de 500 famílias extremamente pobres, invadiram e estabeleceram um acampamento em uma parte da fazenda Santa Elina, localizada nas proximidades da cidade de Colorado do Oeste, município de Corumbiara, Estado de Rondônia, localizada no norte do Brasil. Em 17 de julho de 1995, o proprietário da Fazenda Santa Elina, Helio Pereira de Morais, apresentou ação judicial para manter a posse, solicitando a evacuação dos trabalhadores. No dia seguinte, o juiz concedeu liminar e mandou expulsar. [...]

140. Em 19 julho de 1995, um oficial de Justiça acompanhado por um grupo de policiais militares, foi até o acampamento de ocupação montado pelos trabalhadores na Santa Elina e tentou executar a ordem de despejo. Na ocasião, houve um confronto entre trabalhadores rurais e policiais que deixou uma vítima ferida de bala, o trabalhador Adão Mateus da Silva.

141. A 20 de julho de 1995 um juiz determinou que a polícia militar fornecesse um maior número de policiais militares para cumprir o despejo liminar, acrescentando que devia ser feito com ponderação e cautela, de modo que não se resultasse em tragédia. [...]

144. Na manhã de 9 de agosto de 1995, por volta de 3h00, a operação policial para expulsão na Santa Elina começou. [...]

146. A operação de despejo começou quando a polícia chegou de madrugada ao acampamento. Das alegações e evidências deste caso, a Comissão não tem provas conclusivas para determinar os detalhes precisos da operação de despejo. No entanto, pode-se afirmar que a Polícia Militar entrou no acampamento dos trabalhadores ocupantes, no meio da noite, com gás lacrimogêneo, bem como ativando e utilizando armas de fogo manuseadas por policiais militares, com o rosto coberto ou pintado, que também foram ajudados por homens armados contratados por proprietários de terras na área armados.

147. Também é certo que alguns trabalhadores resistiram despejo, e alguns deles utilizaram armas de fogo contra os policiais.

148. Como resultado do confronto inicial entre policiais militares e trabalhadores rurais, dois policiais – Tenente Rubens Fidelis Miranda e Ronaldo de Souza – foram mortos e onze foram feridos. Do lado dos trabalhadores também houveram mortos e dezenas de feridos. [...]

153. Além disso, apenas em 16 de agosto de 1995, ou seja, quando já havia passado 7 dias após os acontecimentos, a Polícia Militar abriu uma investigação quanto aos policiais militares que participaram dos eventos, pelos crimes cometidos por eles contra ocupantes trabalhadores, os quais responderam somente em 30 de agosto de 1995, isto é, quase um mês após o incidente ocorrido foi que o trabalho de investigação começou.

154. Existiram irregularidades na investigação que dificultaram o esclarecimento dos fatos e a identificação de responsabilidades individuais. **A primeira dificuldade foi a questão relativa aos policiais militares, que conduziram a operação com máscaras ou pintura facial, dificultando ainda mais a identificação. Depois da cena, os policiais militares destruíram o acampamento e queimaram o que restou.** [...]

156. Durante a fase de julgamento foram alegações e provas contra alguns policiais, mas, com as exceções mencionadas abaixo, eles foram absolvidos ou nem sequer levados a julgamento pelas mortes de trabalhadores. [...]

160. Como resultado do julgamento, portanto, um oficial da polícia militar e dois soldados dos oficiais foram condenados, todos em conexão com a morte de trabalhadores José Marcondes da Silva, Ercílio Oliveira Campos e do trabalhador identificado como 'H5'. Condenados foram Vitório Regis Mena Mendes, capitão da Polícia Militar, que foi condenado a 19 anos e meio de prisão, a ser cumprida em regime fechado; o policial militar Daniel da Silva Furtado, condenado a 16 anos de prisão em um sistema fechado; e o policial militar Airton Ramos de Morais, condenado a 18 anos de prisão em regime fechado. [...]

161. Nenhum policial militar ou qualquer outra autoridade, nem os proprietários de terras envolvidos, nem os seus homens armados foram processados ou condenados pela morte da menina Vanessa dos Santos Silva, nem pela morte dos outros trabalhadores que pereceram nos eventos.

162. Aos dois trabalhadores que foram considerados líderes da invasão foram aplicadas penas pela morte por dois policiais durante o confronto que ocorreu, e pelos delitos de cárcere privado, desobediência e formação de quadrilha. [...]

169. **Antes, deve-se notar que o despejo forçado de uma fazenda invadida, feito com a ajuda da polícia e o uso racional da força, de acordo com uma ordem judicial, não é contrário,** por si só, **à Convenção Americana sobre Direitos Humanos, que inclui o direito de propriedade como um dos direitos protegidos**. O Estado tem o dever e a obrigação de fazer cumprir a Constituição, as leis e as decisões judiciais. **No entanto, agentes do Estado não podem atuar como um poder discricionário ilimitado na realização de suas funções para fazer cumprir a lei.** [...]

171. Quanto à geração de responsabilidade internacional do Estado por violação de sua obrigação de respeitar o direito à vida dos trabalhadores que ocupam, a Comissão observa que, de acordo com as diretrizes internacionais que têm sido desenvolvidas sobre o uso da força por parte de agentes da lei para fazer o seu trabalho, que a atividade deve ser necessária e proporcional às necessidades da situação e ao objetivo a ser alcançado. [...]

180. A Comissão, com base nas alegações e provas no caso, considera que durante a primeira fase do conflito, os membros da força policial podem ter tido motivos razoáveis para crer que as suas vidas estavam em perigo devido à resistência armada oferecida

alguns trabalhadores à desocupação forçada, e que, em princípio, a força letal que eles usaram durante esta fase poderia, em alguns casos determinados, ter sido proporcional ao risco, dadas as circunstâncias.

181. Além disso, e relacionando com a segunda etapa do conflito, ou seja, quando a polícia militar tinha absolutamente controlada a situação, a Comissão observa que o Estado tinha na época uma obrigação absoluta de respeitar a vida, a integridade pessoal e os outros direitos humanos de todos os trabalhadores e suas famílias, e não havia nenhuma circunstância que legitimava o uso da força pública. [...]

223. Pelas razões expostas, a Comissão considera que, em relação aos acontecimentos na fazenda Santa Elina, em 9 de agosto de 1995, o Estado brasileiro violou o artigo 4º da Convenção Americana sobre Direitos Humanos, em detrimento das seguintes vítimas: Alcindo Correia da Silva, Odilon Feliciano, Sergio Rodrigues Gomes, Nelci Ferreira, Ari Pinheiro dos Santos, Vanessa dos Santos Silva, Enio Rocha Borges, Jesus Ribeiro de Souza, José Marcondes da Silva Oliveira Campos Ercílio e trabalhador não identificado conhecido como "H5". [...]

225. No presente caso, a Comissão está consciente de que, no início do conflito, quando a troca de tiros entre policiais militares e trabalhadores ocorreu, pode ter surgido a necessidade de submeter trabalhadores pela força e, eventualmente, causar-lhes danos à sua integridade pessoal.

226. No entanto, neste caso, há evidências relacionadas com as alegações de que a polícia usou excessiva, desnecessária e desproporcional da força contra os trabalhadores e ferindo mais de cinquenta deles. Observa-se que, depois de ter completamente controlado a situação, os agentes estatais submeteram trabalhadores a espancamentos, humilhações e tratamento desumano e degradante. [...]

*228. Perante isto, e os argumentos e provas das partes, a falta de resposta do governo brasileiro a respeito dos fatos, a falta de elementos de prova fornecidos pelo Estado para o contrário, e a ausência de um inquérito judicial para apurar a injúria, a tortura e os maus-tratos infligidos a trabalhadores, a Comissão conclui que **o governo brasileiro usou de força excessiva e desproporcionada contra os trabalhadores durante a primeira fase do conflito**, e **torturou trabalhadores depois de adquirir o controle total da situação**, causando-lhes lesões de natureza peculiar à sua integridade pessoal. [...]*

248. Pelas razões expostas, a Comissão considera que, em relação aos acontecimentos na fazenda Santa Elina, em 9 de agosto de 1995, o Estado brasileiro violou o artigo 5º da Convenção Americana sobre Direitos Humanos, em detrimento dos trabalhadores que ocupam da referida propriedade, por ter usado força excessiva e desproporcionada contra os trabalhadores, durante a primeira fase do conflito; ter torturado e submetido a tratamentos cruéis, desumanos e degradantes os trabalhadores depois de adquirir o controle da situação; e pela falta de investigação correta desses fatos. A este respeito, as vítimas específicas que compõem a declaração são: Darci do Nascimento Nunes, Antonio Ferreira da Silva, Alzira Augusto Monteiro, José Carlos Moreira, Claudionor Paula, Ana Paula Alves, Jair Nunes de Morais, Edimar Silírio Dias, Eilvo Hilario Schneider, Arivaldo Neckel de Almeida, Zildo Cunha Gomes, Valtair Alves da Silva, Francisco Geraldo Clara, Claudemir Pereira, Paulo da Silva Correia, Moacir Camargo Ferreira e Agostinho Neto Feliciano. [...]

287. A Comissão conclui que a falta de independência, autonomia e imparcialidade dos policiais militares que investigaram os fatos, juntamente com os outros vícios que caracterizam as investigações e certamente tiveram um efeito decisivo sobre o resultado do julgamento, constituem violação por parte do Estado brasileiro às obrigações contidas nos artigos 25 e 8º da Convenção Americana, de acordo com o disposto no artigo 1(1) desse tratado. A Comissão conclui também que o Estado brasileiro violou os artigos 1º, 6º e 8º da Convenção Interamericana para Prevenir e Punir a Tortura. [...]

301. A segunda obrigação prevista no artigo 1(1) é a de assegurar o livre e pleno exercício dos direitos e liberdades reconhecidos na Convenção. A Comissão conclui que, ao violar em prejuízo das vítimas mencionadas neste relatório, os direitos à vida, à integridade pessoal, à proteção judicial e às garantias judiciais, o Estado brasileiro violou sua obrigação de garantir o livre e pleno exercício de direitos de todas as pessoas sujeitas à sua jurisdição. [...]

VII. RECOMENDAÇÕES.

307. Com base na análise e conclusões deste relatório, a Comissão Interamericana de Direitos Humanos faz ao Estado brasileiro as seguintes recomendações:

1. Realizar uma investigação completa, imparcial e efetiva dos fatos por parte de agências não-militares, para identificar e punir a responsabilidade de todos, tanto militares como civis, em caso de morte, lesões corporais e outros autores e fatos que ocorreram na Fazenda Santa Elina em 9 de agosto de 1995;

2. Oferecer uma compensação adequada para as vítimas especificados no relatório, ou às suas famílias, se for o caso, por violações de direitos humanos identificadas neste relatório;

3. Tomar as medidas necessárias para tentar evitar que eventos semelhantes ocorram no futuro.

Em 11 de março de 2004 (ver Relatório nº 32/04), a Comissão reiterou as recomendações feitas, determinando que o Brasil as cumpra na integralidade.

5.3.1.9.1.11 Caso Maria da Penha Maia Fernandes: Lei nº 11.340, de 7 de agosto de 2006 ("Lei Maria da Penha") – origem e escopo

Num dos casos de maior repercussão que tramitou perante a Comissão, Maria da Penha Maia Fernandes, o Centro pela Justiça e pelo Direito Internacional (CEJIL) e o Comitê Latino-Americano de Defesa dos Direitos da Mulher (CLADEM) apresentaram, em 20 de agosto de 1998, petição contra o Estado brasileiro referente à violência cometida por Marco Antônio Heredia Viveiros em seu domicílio na cidade de Fortaleza, Estado do Ceará, contra a sua então esposa, a peticionária Maria da Penha Maia Fernandes, durante os anos de convivência matrimonial, que culminou numa tentativa de homicídio e novas agressões em maio e junho de 1983, levando a vítima à paralisia irreversível e a diversas outras enfermidades. Neste sentido, **denunciou-se a tolerância do Estado, por não haver efetivamente tomado, em mais de 15 anos, as medidas necessárias para processar e punir o agressor, apesar das denúncias efetuadas**.

Tendo em vista que o Estado brasileiro **não contestou os fatos**, estes presumiram-se verdadeiros, o que levou a Comissão a remeter, em 13 de março de 2001, relatório no qual se estabeleceu a responsabilização e se teceram recomendações, as quais não atendidas em um mês pelo Estado brasileiro levaram à publicação com o seguinte teor (ver Relatório nº 54/01):

38. Transcorreram mais de 17 anos desde que foi iniciada a investigação pelas agressões de que foi vítima a Senhora Maria da Penha Maia Fernandes e, até esta data, segundo a informação recebida, continua aberto o processo contra o acusado, não se chegou à sentença definitiva, nem foram reparadas as consequências do delito de tentativa de homicídio perpetrado em prejuízo da Senhora Fernandes. [...]

39. *Nesse sentido, na determinação de em que consiste a expressão "num prazo razoável" deve-se levar em conta as particularidades de cada caso. In casu, a Comissão levou em consideração tanto as alegações dos peticionários como o silêncio do Estado. A Comissão conclui que desde a investigação policial em 1984, havia no processo elementos probatórios claros e determinantes para concluir o julgamento e que a atividade processual foi às vezes retardada por longos adiamentos das decisões, pela aceitação de recursos extemporâneos e por demoras injustificadas. Também considera que a vítima e peticionária neste caso cumpriu as exigências quanto à atividade processual perante os tribunais brasileiros, que vem sendo impulsionada pelo Ministério Público e pelos tribunais atuantes, com os quais a vítima acusadora sempre colaborou. Por esse motivo, a Comissão considera que nem as características do fato e da condição pessoal dos implicados no processo, nem o grau de complexidade da causa, nem a atividade processual da interessada constituem elementos que sirvam de escusa para o retardamento injustificado da administração de justiça neste caso.*

40. *Desde o momento em que a Senhora Fernandes foi vítima do delito de tentativa de homicídio em 1983, presumidamente por seu então esposo, e foram iniciadas as respectivas investigações, transcorreram quase oito anos para que fosse efetuado o primeiro juízo contra o acusado em 1991; os defensores apresentaram um recurso de apelação extemporâneo, que foi aceito, apesar da irregularidade processual e, após mais três anos o Tribunal decidiu anular o juízo e a sentença condenatória existente.*

41. *O novo processo foi postergado por um recurso especial contra a sentença de pronúncia (indictment) de 1985 (recurso igualmente alegado como extemporâneo), que só foi resolvido tardiamente em 3 de abril de 1995. O Tribunal de Justiça do Estado do Ceará reafirmou dez anos depois a decisão tomada pelo Juiz em 1985 de que havia indícios de autoria por parte do acusado. Outro ano mais tarde, em 15 de março de 1996, um novo Júri condenou o Senhor Viveiros a dez anos e seis meses de prisão, ou seja, cinco anos depois de ser pela primeira vez proferida uma sentença neste caso. E, finalmente, embora ainda não encerrado o processo, uma apelação contra a decisão condenatória está à espera de decisão desde 22 de abril de 1997. Nesse sentido, a Comissão Interamericana observa que a demora judicial e a prolongada espera para decidir recursos de apelação demonstra uma conduta das autoridades judiciais que constitui uma violação do direito a obter o recurso rápido e efetivo estabelecido na Declaração e na Convenção. Durante todo o processo de 17 anos, o acusado de duas tentativas de homicídio contra sua esposa, continuou – e continua – em liberdade. [...]*

44. *No caso em apreço, os tribunais brasileiros não chegaram a proferir uma sentença definitiva depois de 17 anos, e esse atraso vem se aproximando da possível impunidade definitiva por prescrição, com a consequente impossibilidade de ressarcimento que, de qualquer maneira, seria tardia.* ***A Comissão considera que as decisões judiciais internas neste caso apresentam uma ineficácia, negligência ou omissão por parte das autoridades judiciais brasileira e uma demora injustificada no julgamento de um acusado, bem como põem em risco definitivo a possibilidade de punir o acusado e indenizar a vítima, pela possível prescrição do delito.*** *Demonstram que o Estado não foi capaz de organizar sua estrutura para garantir esses direitos. Tudo isso é uma violação independente dos artigos 8 e 25 da Convenção Americana sobre Direitos Humanos em relação com o artigo 1(1) da mesma, e dos artigos correspondentes da Declaração. [...]*

45. *Os peticionários também alegam a violação do artigo 24 da Convenção Americana em relação ao direito de igualdade perante a Lei e ao direito à justiça protegidos pela Declaração Americana dos Direitos e Deveres do Homem (artigos II e XVIII).*

46. *Nesse sentido, a Comissão Interamericana destaca que acompanhou com especial interesse a vigência e evolução do respeito aos direitos da mulher, especialmente os*

relacionados com a violência doméstica. A Comissão recebeu informação sobre o alto número de ataques domésticos contra mulheres no Brasil. Somente no Ceará (onde ocorreram os fatos deste caso) houve, em 1993, 1.183 ameaças de morte registradas nas Delegacias Policiais para a mulher, de um total de 4.755 denúncias. [...]

50. Nessa análise do padrão de resposta do Estado a esse tipo de violação, a Comissão também nota medidas positivas efetivamente tomadas nos campos legislativo, judiciário e administrativo. A Comissão salienta três iniciativas diretamente relacionadas com os tipos de situação exemplificados por este caso:

*1) a **criação de delegacias policiais especiais para o atendimento de denúncias de ataques a mulheres**;*

*2) a **criação de casas de refúgio** para mulheres agredidas; e*

*3) a **decisão da Corte Suprema de Justiça em 1991 que invalidou o conceito arcaico de "defesa da honra" como causal de justificação de crimes contra as esposas**. Essas iniciativas positivas, e outras similares, foram implementadas de maneira reduzida em relação à importância e urgência do problema, conforme se observou anteriormente. No caso emblemático em estudo, não tiveram efeito algum. [...]*

51. Em 27 de novembro de 1995, o Brasil depositou seu instrumento de ratificação da Convenção de Belém do Pará, o instrumento interamericano mediante o qual os Estados americanos reconhecem a importância do problema, estabelecem normas a serem cumpridas e compromissos a serem assumidos para enfrentá-lo e instituem a possibilidade para qualquer pessoa ou organização de apresentar petições ou instaurar ações sobre o assunto perante a Comissão Interamericana de Direitos Humanos pelos procedimentos desta. Os peticionários solicitam que seja declarada a violação, por parte do Estado, dos artigos 3, 4, 5 e 7 da Convenção Interamericana para Prevenir, Punir e Erradicar a Violência contra a Mulher e alegam que este caso deve ser analisado à luz da discriminação de gênero por parte dos órgãos do Estado brasileiro, que reforça o padrão sistemático de violência contra a mulher e a impunidade no Brasil. [...]

*55. **A impunidade que gozou e ainda goza o agressor e ex-esposo da Senhora Fernandes é contrária à obrigação internacional voluntariamente assumida por parte do Estado de ratificar a Convenção de Belém do Pará**. A falta de julgamento e condenação do responsável nessas circunstâncias constitui um ato de tolerância, por parte do Estado, da violência que Maria da Penha sofreu, e essa omissão dos tribunais de justiça brasileiros agrava as consequências diretas das agressões sofridas pela Senhora Maria da Penha Maia Fernandes. Além disso, como foi demonstrado anteriormente, essa tolerância por parte dos órgãos do Estado não é exclusiva deste caso, mas uma pauta sistemática. Trata-se de uma tolerância de todo o sistema, que não faz senão perpetuar as raízes e fatores psicológicos, sociais e históricos que mantêm e alimentam a violência contra a mulher.*

56. Dado que essa violação contra Maria da Penha é parte de um padrão geral de negligência e falta de efetividade do Estado para processar e condenar os agressores, a Comissão considera que não só é violada a obrigação de processar e condenar, como também a de prevenir essas práticas degradantes. Essa falta de efetividade judicial geral e discriminatória cria o ambiente propício à violência doméstica, não havendo evidência socialmente percebida da vontade e efetividade do Estado como representante da sociedade, para punir esses atos.

57. Em relação às alíneas c e h do artigo 7, a Comissão deve considerar as medidas tomadas pelo Estado para eliminar a tolerância da violência doméstica. A Comissão chamou a atenção positivamente para várias medidas tomadas pela atual administração com esse objetivo, particularmente para a criação de delegacias especiais de polícia e de refúgios para mulheres agredidas, entre outras. Entretanto, neste caso emblemático de tantos outros, a ineficácia judicial, a impunidade e a impossibilidade de a vítima obter uma reparação mostra a falta de cumprimento do compromisso de reagir adequadamente ante a violência doméstica. O artigo 7 da Convenção de Belém do Pará parece ser uma lista dos compromissos que o Estado brasileiro ainda não cumpriu quanto a esses tipos de caso.

58. Ante o exposto, a Comissão considera que se verificam neste caso as condições de violência doméstica e de tolerância por parte do Estado definidas na Convenção de Belém do Pará e que o Estado é responsável pelo não-cumprimento de seus deveres estabelecidos nas alíneas b, d, e, f e g do artigo 7 dessa Convenção, em relação aos direitos por ela protegidos, entre os quais o direito a uma vida livre de violência (artigo 3), a que seja respeitada sua vida, sua integridade física, psíquica e moral e sua segurança pessoal, sua dignidade pessoal, igual proteção perante a lei e da lei; e a recurso simples e rápido perante os tribunais competentes, que a ampare contra atos que violem seus direitos (artigo 4, a, b, c, d, e, f, g). [...]

VII. CONCLUSÕES.

60. A Comissão Interamericana de Direitos Humanos reitera ao Estado Brasileiro as seguintes conclusões:

*1. Que **tem competência para conhecer deste caso e que a petição é admissível** em conformidade com os artigos 46.2, c e 47 da Convenção Americana e com o artigo 12 da Convenção de Belém do Pará, com respeito a violações dos direitos e deveres estabelecidos nos artigos 1(1) (Obrigação de respeitar os direitos, 8 (Garantias judiciais), 24 (Igualdade perante a lei) e 25 (Proteção judicial) da Convenção Americana em relação aos artigos II e XVIII da Declaração Americana, bem como no artigo 7 da Convenção de Belém do Pará.*

*2. Que, com fundamento nos fatos não controvertidos e na análise acima exposta, **a República Federativa do Brasil é responsável da violação dos direitos às garantias judiciais e à proteção judicial**, assegurados pelos artigos 8 e 25 da Convenção Americana em concordância com a obrigação geral de respeitar e garantir os direitos, prevista no artigo 1(1) do referido instrumento pela dilação injustificada e tramitação negligente deste caso de violência doméstica no Brasil.*

*3. Que o Estado tomou algumas medidas destinadas a reduzir o alcance da violência doméstica e a tolerância estatal da mesma, **embora essas medidas ainda não tenham conseguido reduzir consideravelmente o padrão de tolerância estatal**, particularmente em virtude da falta de efetividade da ação policial e judicial no Brasil, com respeito à violência contra a mulher.*

4. Que o Estado violou os direitos e o cumprimento de seus deveres segundo o artigo 7 da Convenção de Belém do Pará em prejuízo da Senhora Fernandes, bem como em conexão com os artigos 8 e 25 da Convenção Americana e sua relação com o artigo 1(1) da Convenção, por seus próprios atos omissivos e tolerantes da violação infligida.

VIII. RECOMENDAÇÕES.

61. A Comissão Interamericana de Direitos Humanos reitera ao Estado Brasileiro as seguintes recomendações:

*1. **Completar rápida e efetivamente o processamento penal do responsável da agressão e tentativa de homicídio em prejuízo da Senhora Maria da Penha Fernandes Maia.***

2. Proceder a uma investigação séria, imparcial e exaustiva a fim de determinar a responsabilidade pelas irregularidades e atrasos injustificados que impediram o processamento rápido e efetivo do responsável, bem como tomar as medidas administrativas, legislativas e judiciárias correspondentes.

3. Adotar, **sem prejuízo das ações que possam ser instauradas contra o responsável civil da agressão**, as medidas necessárias para que o Estado assegure à vítima adequada reparação simbólica e material pelas violações aqui estabelecidas, particularmente por sua falha em oferecer um recurso rápido e efetivo; por manter o caso na impunidade por mais de quinze anos; e por impedir com esse atraso a possibilidade oportuna de ação de reparação e indenização civil.

4. Prosseguir e intensificar o **processo de reforma que evite a tolerância estatal e o tratamento discriminatório com respeito à violência doméstica contra mulheres no Brasil**.

A Comissão recomenda particularmente o seguinte:

a) **Medidas de capacitação e sensibilização dos funcionários judiciais e policiais especializados** para que compreendam a importância de não tolerar a violência doméstica;

b) **Simplificar os procedimentos judiciais penais a fim de que possa ser reduzido o tempo processual, sem afetar os direitos e garantias de devido processo**;

c) O estabelecimento de **formas alternativas às judiciais, rápidas e efetivas de solução de conflitos intrafamiliares**, bem como de sensibilização com respeito à sua gravidade e às consequências penais que gera;

d) **Multiplicar o número de delegacias policiais especiais para a defesa dos direitos da mulher e dotá-las dos recursos especiais necessários à efetiva tramitação e investigação de todas as denúncias de violência doméstica, bem como prestar apoio ao Ministério Público na preparação de seus informes judiciais**;

e) Incluir em seus planos pedagógicos unidades curriculares destinadas à compreensão da importância do respeito à mulher e a seus direitos reconhecidos na Convenção de Belém do Pará, bem como ao manejo dos conflitos intrafamiliares.

5. **Apresentar à Comissão Interamericana de Direitos Humanos, dentro do prazo de 60 dias a partir da transmissão deste relatório ao Estado, um relatório sobre o cumprimento destas recomendações para os efeitos previstos no artigo 51(1) da Convenção Americana**.

O Estado brasileiro, após a publicação do relatório, cumpriu com as recomendações efetuadas pela Comissão, notadamente a de alteração do sistema legislativo, com a aprovação da Lei nº 11.340, de 07 de agosto de 2006, conhecida como "Lei Maria da Penha", que cria mecanismos para coibir a violência doméstica e familiar contra a mulher. A condenação do agressor, à pena de 8 anos de reclusão, sobreveio somente 19 anos depois dos ocorridos, mantendo-o na prisão por apenas 2 anos.

5.3.1.9.1.12 Casos Aluísio Cavalcante e outro, Clarival Xavier Coutrim, Celso Bonfim de Lima, Marcos Almeida Ferreira, Delton Gomes da Mota, Marcos de Assis Ruben, Wanderlei Galati e Carlos Eduardo Gomes Ribeiro

O Centro Santos Dias de Direitos Humanos, da Arquidiocese de São Paulo, apresentou 8 denúncias contra o Estado brasileiro a respeito de violações perpetradas por agentes da Polícia Militar do Estado de São Paulo, notadamente aos **direitos à vida**; **à liberdade**; **à segurança**; e **à integridade da pessoa** (bem como os correlatos **direitos à justiça** e às **garantias judiciais**). Por isso, os casos 11.286, 11.407, 11.406, 11.416, 11.413, 11.417, 11.412 e 11.415 foram decididos em conjunto.

Após a admissibilidade das denúncias e da rejeição das defesas apresentadas no mérito pelos Estados, em 12 de março de 2001 foi remetido relatório com recomendações ao Brasil, as quais não foram atendidas em um mês, levando à publicação do referido documento em 04 de abril de 2001 (ver Relatório nº 55/01), contendo notadamente o seguinte teor:

a) Caso 11.286 (Aluísio Cavalcanti e outro)

8. Em fevereiro de 1994 a Comissão recebeu denúncia segundo a qual Aluísio Cavalcanti Júnior teria sido morto e Cláudio Aparecido de Moraes teria sido vítima de tentativa de homicídio, crimes estes ocorridos em 04 de março de 1987, no bairro Jardim Camargo Velho, na cidade de São Paulo, e alegadamente cometidos pelos agentes da Polícia Militar do Estado de São Paulo José Carvalho, Robson Bianchi, Luís Fernando Gonçalves, Francisco Carlos Gomes Inocêncio, Rubens Antonio Baldasso e Dirceu Bartolo.

9. Aluísio Cavalcanti Júnior foi acusado por um dos policiais de ser o assassino de seu filho. Os meninos foram interrogados e ameaçados até que um deles confirmou ser o outro o autor do homicídio, motivo pelo qual os policiais decidiram matá-los. Ambos foram alvejados na cabeça e seus corpos foram levados a um matagal, aonde foram abandonados. Por motivos alheios à vontade dos policiais, Cláudio Aparecido de Moraes sobreviveu.

10. Em 9 de novembro de 1987 o Promotor de Justiça Militar denunciou José Carvalho, Robson Bianchi, Luís Fernando Gonçalves, Francisco Carlos Gomes Inocêncio, Rubens Antonio Baldasso e Dirceu Bartolo perante a 3ª Auditoria da Justiça Militar do Estado pelo homicídio de Aluísio e tentativa de homicídio de Cláudio. O Sargento João Simplício Filho e o soldado Roberto Carlos de Assis, que presenciaram os fatos, mas não participaram direta e efetivamente nos crimes, foram denunciados por omissão.

11. Não foi ajuizada ação de indenização. [...]

15. Em relação à alegação de violação ao direito à vida e à integridade física de Aluísio Cavalcanti Júnior e Cláudio Aparecido de Moraes, conclui a Comissão terem sido apresentados indícios suficientes que levam a conclusão de que efetivamente os dois jovens foram arbitrariamente feridos por agentes estatais. [...]

19. Assim, embora não tendo sido concluído o respectivo processo criminal, inúmeras são as provas que indicam a materialidade dos fatos – morte de Aluísio e graves lesões em Cláudio – e a autoria dos mesmos por Policiais Militares do Estado de São Paulo. Isto posto, verifica-se a responsabilidade do Estado brasileiro pelas violações de que foram vítimas os dois jovens, em ofensa ao Artigo I da Declaração Americana. [...]

*20. Verifica-se dos documentos e informações apresentados pelo Governo e pelos peticionários que o processo judicial relativo aos crimes cometidos contra Aluísio e Cláudio foi **extremamente lento**. [...]*

*23. Em face de tais dados, entende a Comissão que embora existentes recursos judiciais de que se podiam valer as vítimas de violação de direitos humanos no caso aqui analisado, **tais recursos não foram rápidos e efetivos**. Houve demora excessiva por parte do Estado no julgamento dos acusados pelas violações e mais de oito anos após os fatos os responsáveis ainda não haviam sido condenados. Violou o Estado Brasileiro, assim, aos artigos 8 e 25 da Convenção Americana.*

b) Caso 11.407 (Clarival Xavier Coutrim)

24. Em 6 de setembro de 1994 a Comissão recebeu denúncia segundo a qual Clarival Xavier Coutrim, de 22 anos, teria sido morto em 20 de abril de 1982, na Zona Leste da cidade de São Paulo, por tiros alegadamente disparados pelos policiais militares

Júlio César Passos da Silva, Nelson de Freitas Nascimento Filho, Rodolfo Cosin Filho, Hermes Simplício da Silva, Celso de Castilho e Miguel Portos Neto.

25. A vítima teria sido aprisionada pelos policiais e posteriormente levada a um local ermo, aonde foi executada.

*26. Foi aberto o respectivo inquérito policial militar. **O mesmo concluiu que, embora existissem indícios de que os policiais teriam cometido o crime, existia igualmente evidencia que excluía a ilicitude de sua conduta, uma vez que agiram em cumprimento de seu dever e em legítima defesa**. O inquérito foi arquivado e mais tarde desarquivado face à apresentação de novas provas, sendo então determinada a prisão preventiva dos réus. Abriu-se processo criminal contra os mesmos perante a 3ª Auditoria Militar do Estado de São Paulo.*

27. A respectiva ação indenizatória foi ajuizada e julgada improcedente pela 6ª Vara da Fazenda Pública do Estado de São Paulo. [...]

*33. Da análise dos documentos e informações fornecidos pelas partes, conclui a Comissão que Clarival Xavier Coutrim foi **sumariamente executado** por Policiais Militares do Estado de São Paulo. [...]*

36. Por fim, entende a Comissão serem relevantes as conclusões do laudo necroscópico, que revelaram que os seis projéteis que atingiram o corpo de Clarival, pelo local em que se alojaram, não poderiam ter sido causados com a vítima em fuga, em meio a um tiroteio. Verifica-se que nenhum dos projéteis penetrou pelas costas, todos atingindo a vítima da frente para trás. Apontam os ferimentos, assim, para o fato de que a vítima foi morta sem qualquer defesa, ou seja, sumariamente executada. Assim, violou o Governo brasileiro ao Artigo I da Declaração Americana.

37. Várias audiências não se realizaram e foram redesignadas para datas distantes, o que favoreceu a demora excessiva na conclusão do processo crime. Em razão de tal delonga, o julgamento dos acusados somente ocorreu muitos anos após os fatos e, mesmo após sua condenação em primeira instancia, os réus continuaram em liberdade. [...]

40. A Comissão entende que a não finalização do processo criminal dentro de um prazo razoável afetou visivelmente o desfecho da ação indenizatória. E embora seja possível o ajuizamento de nova ação de indenização com o advento de uma condenação criminal, a eficácia de tal provimento jurisdicional será também gravemente afetada devido ao enorme lapso temporal entre a morte de Clarival e sua reparação pelo Estado de São Paulo.

41. Assim, a Comissão conclui que houve violação por parte do Estado brasileiro aos artigos 8 e 25 da Convenção Americana [...].

c) Caso 11.406 (Celso Bonfim de Lima)

42. Em setembro de 1994 a Comissão recebeu uma denúncia que informava que Celso Bonfim de Lima, de 18 anos, funcionário de um restaurante, teria sido atingido por um disparado efetuado pelo policial militar Aurino Tavares da Silva, cuja correspondente lesão o deixou paralítico.

43. Segundo a denúncia, em 26 de fevereiro de 1983, Celso teria trabalhado no restaurante até às 23 horas e então, dado ao avançado da hora, teria sido autorizado a pernoitar naquele estabelecimento comercial. Policiais militares foram informados sobre uma estranha movimentação no local e decidiram verificar o que ocorria. Ali chegando, avistaram Celso dormindo, gritaram para que se levantasse e abrisse a porta do estabelecimento e, enquanto este obedecia ao solicitado, foi atingido por um tiro disparado pelo citado policial.

44. Em 13 de março de 1984 o policial militar Aurino Tavares da Silva foi denunciado perante a 3ª Auditoria da Justiça Militar do Estado de São Paulo por tentativa de homicídio qualificado. Seu julgamento ocorreu 10 anos depois dos fatos, quando foi condenado por lesão corporal de natureza grave a dois anos de reclusão, com direito a suspensão. A vítima interpôs ação de indenização perante a 7ª Vara da Fazenda Pública do Estado, que foi julgada procedente em primeira instancia e confirmada pelo Tribunal. [...]

49. Um primeiro ponto que parece indicar a arbitrariedade da ação policial no caso aqui analisado é a **tentativa dos policiais acusados de forjar uma situação de confronto***. Além de alegarem que a vítima não estava sozinha no interior do estabelecimento e que seu comparsa teria fugido, afirmaram que Celso estava armado e teria atirado contra eles. [...]*

54. Isto posto, a Comissão observa que a grave lesão sofrida por Celso foi resultado do despreparo dos agentes policiais envolvidos, que aproximaram-se violentamente de Celso, não permitiram que explicasse porque encontrava-se naquele estabelecimento comercial e em seguida dispararam desnecessariamente contra o mesmo. Acrescente-se que, dada a localização do ferimento, a vítima só não faleceu por razões alheias à vontade dos policiais.

55. Assim, tanto o direito à vida como o direito à integridade física de Celso Bonfim de Lima foram violados por agentes policiais do Estado de São Paulo, razão pela qual é responsável o Governo brasileiro pela ofensa ao Artigo I da Declaração Americana.

56. A Comissão entende que o processo criminal, que apenas julgou o acusado dez anos após os fatos, foi demasiado lento. Além disso, o recurso da acusação que buscava discutir a sentença foi denegado. Face à pequena pena aplicada, tal delonga acabou por resultar na prescrição da pretensão executória do Estado.

57. Conclui a Comissão, assim, que o Estado não cumpriu com sua obrigação de garantir o direito de Celso à proteção judicial e ao devido processo legal. O responsável por crime violento e de tão drásticos resultados para a vítima não cumpriu sequer um dia de pena e teve sua punibilidade extinta, além de continuar exercendo normalmente suas atividades como policial militar. **A prestação jurisdicional prestada pelo Estado não foi efetiva***, restando o mesmo responsável pelo não cumprimento aos artigos 8 e 25 da Convenção Americana.*

d) Caso 11.416 (Marcos Almeida Ferreira)

58. A Comissão recebeu, em setembro de 1994, denúncia que informava que Marcos de Almeida Ferreira, de 18 anos, teria sido atingido por um tiro de arma de fogo que o deixou paralítico, disparado pelo policial militar Elcio Vitoriano no dia 31 de agosto de 1989, quando a vítima se dirigia a uma padaria na zona leste de São Paulo.

59. Marcos teria sido confundido com um suspeito, perseguido pelo policial militar e, sem ter reagido, teria sido atingido por um tiro na região lombar.

60. O agente policial foi denunciado pela prática do crime de lesão corporal grave cometida à traição pela 4ª Auditoria Militar do Estado de São Paulo. O julgamento do acusado foi inicialmente fixado para março de 1995, mas devido a diversos procedimentos dilatórios o mesmo não se realizou. Foi ajuizada indenização perante a 9ª Vara da Fazenda Pública do Estado de São Paulo, que foi julgada parcialmente procedente em primeira instancia. [...]

65. A versão dos acontecimentos como descrita pela vítima encontra total respaldo em todas as provas colhidas nos dois processos judiciais relativos aos fatos. A situação de resistência, afirmada pelo policial Elcio, não foi sustentada sequer pelas testemunhas de acusação ouvidas no primeiro processo judicial movido contra Marcos. Ainda neste processo, o próprio Ministério Público solicitou a absolvição do réu Marcos, porque as evidências colhidas durante o expediente judicial tinham deixado claro que o que ocorreu de fato foi uma "atuação agressiva e abusiva do PM Elcio Vitorino", solicitando, inclusive, a responsabilização do policial face às gravíssimas consequências de seus atos. Provou-se que Marcos estava desarmado, que não cometera qualquer crime e que não se opusera à atuação policial. [...]

67. Face a todas estas evidências, a Comissão entende que provaram os peticionários que o direito à vida e à integridade física de Marcos Almeida Ferreira foi violado por um agente da forças de segurança do Estado de São Paulo, violando o Estado brasileiro desta forma ao Artigo I da Declaração Americana.

68. A abusiva e violenta atitude de policial militar Elcio Vitorino teve consequências gravíssimas e permanentes sobre a vítima, que perdeu definitivamente sua função locomotora.

69. Tais consequências devem ser minoradas da melhor forma possível de maneira a reparar, ainda que parcialmente, o mal sofrido pela vítima. Neste sentido, a Fazenda Pública do Estado de São Paulo julgou parcialmente procedente a ação de indenização proposta por Marcos, fixando-lhe o direito a uma pensão vitalícia e a uma indenização pelos danos morais por ele sofridos.

70. No entanto, **parte da reparação a que faz jus a vítima neste tipo de casos é o processamento e penalização dos responsáveis pelo ato criminoso contra ela cometido**. A Comissão entende que neste ponto falhou o Estado brasileiro em garantir a Marcos seus direitos ao devido processo legal e às garantias judiciais. Embora tenha-se instaurado uma ação criminal para processamento de Elcio Vitorino, tal processo apenas sentenciou o acusado seis anos após a ocorrência do crime e outorgou-lhe o benefício de apelar em liberdade. Com isso, a sentença não foi efetivamente cumprida e, devido à curta pena aplicada e à demora no processamento dos recursos, é presente o risco da prescrição da pretensão executória do Estado em relação ao crime.

71. Assim, entende a Comissão que os recursos internos mostraram-se ineficazes em razão da delonga, não sendo garantido a Marcos Almeida Ferreira seu direito ao devido processo legal e à garantia de ver levado a juízo, processado e penalizado, o responsável pelas graves violações que sofreu. Neste sentido, o Estado brasileiro violou os artigos 8 e 25 da Convenção Americana.

e) Caso 11.413 (Delton Gomes da Mota)

72. A Comissão recebeu denúncia em setembro de 1994 segundo a qual Delton Gomes da Mota, de 20 anos, teria sido morto pelos policiais militares Gilson Lopes da Silva e Maurício Corrêa da Silva no dia 14 de março de 1985.

73. Consta da denúncia que a vítima encontrava-se com alguns amigos em uma rua da zona norte da cidade de São Paulo quando foram abordados por policiais que procuravam por um traficante que se encontrava na região. Os policiais passaram a atirar contra o grupo, que dispersou-se. Na fuga, Delton teria se jogado em um córrego e então corrido para um matagal, aonde foi atingido por quatro projéteis de arma de fogo.

74. Em outubro de 1985 os agentes da Polícia Militar foram denunciados perante a 3ª Auditoria de Justiça Militar de São Paulo pelo homicídio qualificado de Delton Gomes da Mota. Os pais da vítima interpuseram ação visando a declaração da responsabilidade do Estado pela morte de seu filho, ação esta que em 1997 encontrava-se para, já há mais de três anos, aguardando a finalização do processo criminal. [...]

79. Os depoimentos tomados das pessoas que presenciaram os fatos e da família da vítima indicam para a arbitrariedade da abordagem e de sua execução.

80. O expediente comprova o despreparo dos policiais envolvidos, que abordaram os garotos de forma totalmente irregular. Assumiram que os mesmos fossem traficantes de entorpecentes sem efetuarem qualquer prévia verificação de sua identidade.

81. *Além disso, os ferimentos sofridos pela vítima indicam extremada violência na captura. Se realmente os policiais tivessem por finalidade impedir a fuga do jovem e levá-lo para averiguação, bastaria que o tivessem imobilizado. No entanto, os tiros disparados atingiram Delton em regiões vitais – tórax e crânio – o que indica dolo homicida. Por tais razões, entende a Comissão que o Estado brasileiro, face à ação dos policiais Gilson Lopes da Silva e Maurício Corrêa da Silva, violou o direito à vida de Delton Gomes da Mota, previsto no Artigo I da Declaração Americana.*

82. *O processo judicial para averiguação das responsabilidades pela morte de Delton foi extremamente lento e, em alguns momentos, pareceu demonstrar ausência de interesse por parte das autoridades judiciárias militares no rápido e efetivo desfecho do caso. [...]*

85. *Pelo exposto, afrontou o Estado brasileiro aos artigos 8 e 25 da Convenção Americana, uma vez que o devido processo legal e as garantias processuais, a que tinham direito os familiares da vítima, não foram observados nos processos acima citados.*

f) Caso 11.417 (Marcos de Assis Ruben)

86. *Segundo denúncia recebida pela Comissão em setembro de 1994, os policiais militares Orlando Aparecido Garcia, Edison Donizeti e Waldemar José de Oliveira Tenório, teriam assassinado o estudante Marcos de Assis Ruben, de 23 anos, em março de 1988, na cidade de São Paulo.*

87. *Os peticionários informam que os citados policiais teriam atendido a um chamado para verificar o caso de um rapaz que estava atacando uma jovem com o intuito de estuprá-la. Ao chegar nas proximidades do local indicado, os policiais encontraram Marcos junto a uma jovem, motivo pelo qual o prenderam. O mesmo foi levado a um parque nas imediações da cidade de São Paulo onde foi morto com cinco tiros na cabeça.*

88. *Em maio de 1988 os mencionados policiais foram denunciados pelo crime de homicídio com agravantes contra a pessoa de Marcos de Assis Ruben e outras sete pessoas, vítimas de crimes que se deram em semelhantes circunstâncias. À época da denúncia, o processo encontrava-se pendente de decisão final perante a 3ª Auditoria da Justiça Militar de São Paulo.*

89. *Os pais da vítima ajuizaram ação indenizatória contra o Estado, tendo a mesma sido julgada procedente pela 8ª Vara da Fazenda Pública de São Paulo e confirmada em segundo grau. [...]*

93. *Das provas coletadas conclui a Comissão que os policiais militares acusados executaram extrajudicialmente a Marcos de Assis Ruben. Neste sentido manifestou-se o Tribunal de Justiça do Estado de São Paulo, ao julgar a respectiva ação indenizatória, concluindo que os policiais militares envolvidos na morte de Marcos exorbitaram de suas funções. [...]*

96. *Do conjunto probatório apresentado, conclui a Comissão ter sido violado o direito à vida de Marcos de Assis Ruben pelo Estado brasileiro, conforme dispositivo previsto no Artigo I da Declaração Americana.*

97. *Oito anos após a denúncia, o processo-crime ainda aguardava fixação da data para julgamento. Em 1995 o Governo brasileiro admitiu que sequer a etapa de instrução criminal havia sido finalizada após sete anos dos fatos.*

98. **A excessiva demora no desenrolar dos atos processuais contraria os padrões exigidos para realização de um processo eficaz.** *O prazo decorrido foi irrazoável, em desrespeito às garantias processuais e ao princípio do devido processo legal, assegurados pela Convenção Americana. Considera a Comissão que o prazo decorrido sem que se chegasse a uma decisão final sobre o caso é excessivo. Por isso, entende ser o Estado brasileiro responsável pela violação aos artigos 8 e 25 do mencionado documento internacional.*

g) Caso 11.412 (Wanderlei Galati)

99. Segundo a denúncia apresentada em setembro de 1994 à Comissão, Wanderlei Galati, mecânico de 28 anos de idade, foi morto a coronhadas de revólver pelo policial militar Ademar Cavalcante Dourado na data de 26 de agosto de 1983, na cidade de São Paulo.

100. O Senhor Galati teria sido morto após uma colisão entre seu automóvel e a viatura do mencionado agente policial. Segundo a denúncia, apesar do Senhor Galati assumir a responsabilidade pelo acidente e comprometer-se a indenizar o prejuízo causado, foi agredido e morto por Ademar Cavalcante Dourado.

101. Em 2 de dezembro de 1983, o agente da Polícia Militar foi denunciado perante a 1ª Instância da Justiça Militar do Estado de São Paulo. A sentença foi ditada em 15 de outubro de 1991, ocasião em que Ademar Cavalcante Dourado foi absolvido por insuficiência de provas. Posteriormente, em que pese o seu crime foi promovido na carreira policial.

102. A mãe da vítima ajuizou ação de indenização por danos morais e materiais contra o Estado de São Paulo, que foi julgada procedente pela 2ª Vara da Fazenda Pública do Estado e confirmada pelo tribunal. [...]

110. As diversas testemunhas que depuseram no processo confirmam que, depois da colisão, Wanderlei se oferecera imediatamente para ressarcir os danos causados, sem agredir de nenhuma forma o agente acusado. Por outro lado, Ademar Cavalcante Dourado desfechou diversos golpes em Wanderlei, causando-lhe a morte. [...]

114. Em face dessas provas, a Comissão não pode senão concluir que Wanderlei Galati foi vítima de homicídio intencional, resultante dos atos despropositados e injustificados do agente da Polícia Militar Ademar Cavalcante Dourado, **envolvendo responsabilidade estatal tanto pela investidura do criminoso como por sua identificação como policial na presença da vítima e de seus acompanhantes no momento do ato, pelas ordens que deu aos mesmos e ao motorista da ambulância usando sua autoridade de policial e utilizando a arma da corporação para golpear fatalmente a vítima na cabeça.** Nesse sentido, o Estado brasileiro incorreu em violação do direito a que se refere o Artigo I da Declaração Americana.

115. O conjunto probatório coletado durante as investigações e durante o processo judicial foi suficiente para convencer ao delegado e ao promotor que trabalharam na ação criminal, assim como ao juiz e ao tribunal que decidiram sobre a ação indenizatória. Também a Comissão entende serem os indícios apresentados fundamentos demonstrativos da materialidade e da autoria do crime cometido por Ademar Cavalcanti Dourado. [...]

117. Entende a Comissão, que os depoimentos e exames periciais realizados bastavam a uma decisão de mérito sobre o caso, decisão esta a que tinham direito os familiares de Wanderlei. O Estado brasileiro, neste sentido, não garantiu o acesso das vítimas a um recurso judicial eficaz e a um processo acorde com os ditames internacionalmente reconhecidos. Sendo-lhes negado tal direito, violou o Governo brasileiro aos artigos 8 e 25 da Convenção Americana.

h) Caso 11.415 (Carlos Eduardo Gomes Ribeiro)

118. Segundo denúncia apresentada em setembro de 1994, em 03 de maio de 1989 Carlos Eduardo Gomes Ribeiro, de 19 anos, teria sido agredido pelos policiais militares Donizeti Aparecido Bezerra da Silva, Dorival Bernardo de Senna, Marcos Aparecido Corrêa Cesar e Mauro Garofo.

119. Segundo a denúncia, Cláudio estava em companhia de dois amigos, quando foram abordados pelos agentes da Polícia Militar que, sob o pretexto de revistá-los, passaram à agressão física e psicológica. Consta nos autos que os três jovens foram obrigados a entrar numa viatura, onde sofreram novas sevícias, sendo a seguir levados ao posto

policial, onde foram advertidos de que não comentassem o acontecido. Carlos Eduardo foi o único que se animou a denunciar os fatos, o que fez imediatamente.

120. Em 6 de julho de 1990, os agentes da Polícia foram denunciados pela Promotoria. As audiências foram sucessivamente proteladas e marcadas para prazos muito longos, de modo que, em 29 de julho de 1994, sem que o caso tivesse sido resolvido, a 2ª Instância da Justiça Militar decretou a prescrição da ação punitiva do Estado, assim extinguindo-se a possibilidade de sancionar os acusados.

121. Em 13 de abril de 1994, a vítima ajuizou uma ação de indenização contra o Estado, que foi remetida à 7ª Jurisdição da Fazenda Pública. Até a data da denúncia, a Fazenda Pública nem sequer havia sido citada, aguardando-se por enquanto a decisão a respeito da assistência judiciária gratuita à vítima. [...]

125. O exame de corpo de delito confirmou as lesões sofridas pela vítima. Todas as testemunhas ouvidas que presenciaram os fatos alegam que efetivamente o policial acusado fez uso excessivo e desnecessário de força física contra a vítima, que não havia cometido nem estava para cometer delito algum. A defesa não apresentou qualquer testemunha que apoiasse a versão dos policiais sobre o motivo da abordagem e prisão dos meninos que, assim, restou injustificada.

126. Tais elementos levaram a Comissão à conclusão de que policiais militares do Estado de São Paulo violaram a integridade física e psicológica de Carlos Eduardo Gomes Ribeiro, em ofensa ao artigo I da Declaração Americana.

127. Os dados apresentados demonstram que o processo judicial foi lento e que tal morosidade deu-se pela ineficiência do aparato judicial brasileiro. **Contribuiu para a demora o repetido adiamento de audiências. O interrogatório do réu deu-se apenas dois anos após os fatos e a as testemunhas só foram ouvidas quatro anos após o crime.**

128. Tais atitudes levaram à prescrição da pretensão punitiva do Estado e à consequente extinção da punibilidade dos réus. Assim ocorrendo, negou-se à vítima seu direito a ver processados, julgados e condenados aqueles que lhe ofenderam. **Não foi garantido à Carlos Eduardo um processo rápido e eficaz para determinação de seu direito.** *Neste sentido, o Estado brasileiro violou aos artigos 8 e 25 da Convenção Americana.*

i) Considerações comuns e recomendações

136. Nos termos do artigo 28 da Convenção, **quando se tratar de um Estado-parte constituído como Estado federal, como o Brasil, o governo nacional responderá na esfera internacional por atos praticados pelas entidades que compõem a federação.** *Os casos aqui tratados envolvem alegações de violações de direitos humanos praticadas por policiais militares do Estado do São Paulo. [...]*

142. Os casos aqui discutidos mostram-se de relevante gravidade pois verifica-se que as investigações concluíram, como já salientado, que não houve qualquer confronto entre os jovens e os policiais. Não estavam as vítimas a praticar atos delituosos, tendo sido suas mortes causadas sem qualquer motivo aparente (como nos casos de Clarival e Delton) ou por motivo absolutamente fútil (Wanderlei Galati), quando encontravam-se indefesas, sob controle e custódia da polícia. As provas apresentadas apontam tanto para a arbitrariedade da abordagem como da execução.

143. Assim, as circunstâncias dos crimes demonstram um **quadro geral de despreparo** *para atuação nos serviços de manutenção da ordem e segurança daqueles que conduzem a guarda ostensiva no Estado de São Paulo e a consciente e espontânea prática de atos de brutalidade pelos mesmos.*

144. O curto espaço de tempo entre os sete casos aqui analisados (1982 - 1989) demonstra tal panorama de violência. Vemos que em um destes casos – o de Marcos de Assis Ruben – os policiais acusados foram denunciados na mesma época pelo homicídio de outras sete pessoas em circunstancias semelhante. **Estes dados levam à conclusão de que prisões e execuções arbitrárias praticadas por policiais militares eram uma realidade comum no Estado de São Paulo naquele período.** *[...]*

153. **A Comissão reitera sua convicção de que julgar delitos comuns como se fossem militares pelo simples fato de terem sido cometidos por militares é uma violação da garantia de um tribunal independente e imparcial**. *Para fundamentar seu argumento, invoca um pronunciamento da Comissão de Direitos Humanos das Nações Unidas, os princípios básicos terceiro e quarto das Nações Unidas sobre independência judicial, o artigo 16(4) dos Padrões Mínimos de Normas de Direitos Humanos em Situações de Emergência (Paris, 1984) e, finalmente, a doutrina da própria Comissão Interamericana. [...]*

157. *Os processos foram extremamente lentos, verificando-se a reiterada não realização de audiências e sua redesignação, a declaração da nulidade de provas e anulação de diversos atos processuais, o que levou a um desenrolar demasiadamente lento dos procedimentos. Com isso, vários dos julgamentos realizaram-se muitos anos após a ocorrência dos crimes, sendo que algumas das testemunhas foram ouvidas sobre fatos que haviam presenciado há mais de 5 anos. O decurso de tamanho lapso temporal colabora para a inefetividade da prestação jurisdicional já tão tardiamente obtida. [...]*

165. *Por todo acima, a Comissão considera que a ineficiência, negligência ou omissão no desenvolvimento das investigações e processos por parte das autoridades estatais brasileiras, que culminou em demora injustificada na conclusão dos processos, não só eximiu os peticionários da obrigação de esgotar os recursos da jurisdição interna, conforme consta da parte relativa à admissibilidade, como também infringe o artigo XVIII da Declaração e os artigos 8 e 25 da Convenção, ao privar os familiares das vítimas do direito de obter justiça dentro de um prazo razoável pela via de um recurso simples e rápido. O artigo 1(1) da Convenção estabelece que os Estados-partes nessa Convenção comprometem-se a respeitar os direitos e liberdades nela reconhecidos e a garantir seu livre e pleno exercício a toda pessoa que esteja sujeita à sua jurisdição. [...]*

168. *A Comissão Interamericana de Direitos Humanos reitera ao Estado Brasileiro as seguintes recomendações:*

1. Que o Estado brasileiro leve a cabo uma **investigação, séria, imparcial e eficaz** *dos fatos e circunstâncias em que ocorreu a morte de Aluísio Cavalcanti, Clarival Xavier Coutrim, Delton Gomes da Mota, Marcos de Assis Ruben, Wanderlei Galati e as agressões e tentativas de homicídio de Celso Bonfim de Lima e Marcos Almeida Ferreira e Carlos Eduardo Gomes Ribeiro, submeta a processo os responsáveis e os puna devidamente;*

2. Que essa investigação inclua as possíveis omissões, negligências e obstruções da justiça que tenham tido como consequência a falta de condenação definitiva dos responsáveis, **incluindo as possíveis negligências e incorreções do Ministério Público e dos membros do Poder Judiciário** *que possam haver determinado a não aplicação ou redução do caráter das condenações correspondentes;*

3. Que sejam tomadas as medidas necessárias para concluir, com a maior brevidade possível e dentro da mais absoluta legalidade, os processos judiciais, administrativos referentes às pessoas envolvidas nas violações indicadas anteriormente;

4. **Que o Estado brasileiro ofereça reparação das consequências das violações de direitos às vítimas e seus familiares ou aos que têm direito, pelos danos sofridos mencionados neste relatório;**

5. **Que se adotem as medidas necessárias para abolir a competência da Justiça Militar sobre delitos cometidos por policiais contra civis, tal como propunha o projeto original oportunamente apresentado para a revogação da alínea f do artigo 9 do Código Penal Militar, e que se aprove a modificação no parágrafo único no mesmo proposta;**

6. *Que o Estado brasileiro adote medidas para que se estabeleça um sistema de **supervisão externa e interna da Polícia Militar do Rio de Janeiro, independente, imparcial e efetivo**;*

7. *Que o Estado brasileiro apresente à Comissão no prazo de 60 dias da transmissão do presente, um relatório sobre cumprimento de recomendações com a finalidade de aplicar o disposto no art. 51 (1) da Convenção Americana.*

5.3.1.9.1.13 Caso Diniz Bento da Silva

A Comissão Pastoral da Terra, o Centro de Justiça e o Direito Internacional (CEJIL), e a *Human Rights Watch*/Américas apresentaram, em 5 de julho de 1995, uma petição referente à morte de Diniz Bento da Silva, vulgo Teixeirinha, membro da organização dos trabalhadores "sem-terra", pela Polícia do Estado do Paraná, em 8 de março de 1993.

Em 20 de fevereiro de 2001, a Comissão reconheceu a responsabilidade do Estado brasileiro, com base na violação do **direito à vida** e da **imparcialidade para apuração dos fatos**, conforme se extrai do seguinte trecho:

*35. No presente caso, a **responsabilidade do Estado vai muito mais além do padrão de tolerância e apoio a infração do direito à vida**, pois foram os próprios agentes do Estado, sob a égide da autoridade e portando elementos constitutivos e demostrativos da mesma, como armas, uniformes, etc., decidiram, planejaram e executaram o assassinato de Diniz Bento da Silva e posteriormente encobriram os fatos através de uma investigação irregular e ineficaz no âmbito da justiça militar.*

36. A Comissão considera que, tendo em vista a análise acima e a avaliação das circunstâncias em que ocorreu a morte de Diniz Bento da Silva, as quais não caracterizavam um caso isolado, pois como o próprio Estado menciona, havia precedentes de casos de abuso policial, há elementos de convicção suficientes que permitem estabelecer que agentes do Estado Brasileiro executaram extrajudicialmente o Sr. Diniz Bento da Silva. Adicionalmente, o Estado Brasileiro não adotou medidas para prevenir a prática de execuções extrajudiciais, nem procedeu à punição dos agentes perpetradores desta violação. Por conseguinte, a Comissão conclui que o Estado violou o direito à vida consagrado no artigo 4 da Convenção Americana. [...]

37. A Comissão considera que não há elementos suficientes no expediente que provem que a vítima sofreu tortura ou trato cruel nem que houve atos ou campanhas para desprestigiar ou difamar a vítima antes de sua morte. Por conseguinte, a Comissão entende que não existe elementos disponíveis para imputar ao Estado Brasileiro a violação dos artigos 5 e 11 da Convenção. [...]

*39. A Comissão entende que a justiça militar no Brasil, pela natureza e estrutura de suas atividades, **não permite satisfazer os requisitos de independência e imparcialidade constantes no artigo 8 da Convenção para a investigação e julgamento de crimes conexos com violação de direitos humanos**. A ineficácia da justiça militar na apuração de crimes cometidos por policiais militares já foi tema de discussão no Brasil e resultou na promulgação da Lei nº 9.299 de 7 de agosto de 1996, a qual transfere para a competência da justiça comum os crimes dolosos contra a vida praticados por policial militar contra civil. Na medida em que a primeira parte das investigações, objeto da presente denúncia, foi realizada no âmbito da justiça militar e antes do advento da mencionada lei, tal fato constitui denegação à família de Diniz Bento da Silva a exercer o direito garantido pelo artigo 8 da Convenção, qual seja o direito a um* *tribunal independente e imparcial para apuração do crime cometido contra a vítima de violação de direitos humanos. [...]*

42. Com relação à complexidade do caso e a conduta das autoridades policiais, a Comissão entende que deve-se fazer uma análise objetiva das características dos fatos e das pessoas envolvidas. O caso concreto, entretanto, tem características simples, envolvendo o homicídio de apenas uma vítima. Além disso, o laudo pericial realizado anteriormente conclui que houve irregularidades durante a condução do inquérito policial militar e determina quais as provas técnicas complementares necessárias para apurar o crime. Entretanto, não há prova de que o Estado tenha realizado as provas complementares a fim de apurar as irregularidades. Soma-se a isto o fato de que o inquérito policial civil não tenha sido concluído, mesmo após o transcurso de dois anos de sua reabertura e sete anos da data da morte da vítima.

43. Com respeito à atividade do interessado, a Comissão, ao examinar os documentos aportados pelos peticionários, entende que os representantes legais de Diniz Bento da Silva procederam a todas providências que estavam sob seu alcance na tentativa de desarquivar o inquérito policial no âmbito penal, tendo os mesmos aportado dados novos e interposto pedido de desarquivamento por duas vezes, além de terem interposto ação indenizatória no âmbito civil. [...]

52. Nota-se, portanto, que o Estado Brasileiro conhecia das irregularidades existentes a respeito do inquérito policial militar antes mesmo do desarquivamento do mesmo em 9 de março de 1998, mas não procedeu a nenhuma diligência a respeito. As irregularidades denunciadas pelos peticionários, mediante as conclusões do laudo oficial, não foram refutadas pelo Estado e este tampouco providenciou informações quanto ao saneamento das irregularidades constantes das primeiras investigações ou a produção de novas provas técnicas.

53. Em 11 de junho de 1999, ou seja, um ano depois de reabertas as investigações no âmbito da polícia civil, o Ministério Público do Paraná assinalou a necessidade de apurar eventual ligação do ex-govenador do Estado do Paraná na morte da vítima e indicou a falta de justificativa para a demora nas investigações da polícia civil, conforme se de depreende do seu parecer. [...]

54. Apesar do transcurso de dois anos desde a reabertura do inquérito policial e sete anos da ocorrência do crime, o inquérito ainda não foi concluído, o que priva os familiares da vítima do direito de obter justiça dentro de um prazo razoável por via de um recurso simples e rápido. Estes elementos levam a Comissão a concluir que as investigações não tem-se realizado com seriedade e eficácia que requerem os artigos 8.1 e 25.1 da Convenção e considera, consequentemente, que o Estado Brasileiro violou os artigos mencionados. [...]

56. Tendo em vista o exposto acima, a Comissão considera que o Estado Brasileiro, ao não empreender uma investigação séria e exaustiva e acarretar a impunidade do crime, aliada a ausência de reparação a vítima, violou o artigo 1(1) da Convenção.

Em 15 de outubro de 2001, foi aprovado relatório reiterando as seguintes recomendações, até então não cumpridas pelo Estado brasileiro (ver Relatório nº 111/01):

*1. **Efetuar uma investigação oficial seria, efetiva e imparcial por intermédio da justiça comum** para determinar e punir os responsáveis pela morte de Diniz Bento da Silva, punir os responsáveis pelas irregularidades do inquérito policial militar, assim como aqueles responsáveis pela demora injustificada na condução do inquérito civil, de acordo com a legislação brasileira;*

*2. Adotar as medidas necessárias para que os familiares da vítima recebam **reparação adequada pelas violações aqui estabelecidas**;*

3. Adotar medidas para **evitar a repetição de eventos similares**, em particular, formas de prevenção de confronto com trabalhadores rurais nos conflitos de terras, negociação e solução pacifica destes conflitos.

5.3.1.9.1.14 Caso Carandiru

A *Americas Watch*, o CEJIL e a Comissão Teotônio Vilela apresentaram petição contra o Estado brasileiro em 22 de fevereiro de 1994, em razão de fatos que ocorreram em 2 de outubro de 1992 na Casa de Detenção Carandiru, na cidade de São Paulo, especificadamente quanto à **morte de 111 presos** (dos quais 84 processados, mas ainda não condenados) e às **lesões graves sofridas por outros internos** durante a repressão de um motim de detentos, ações praticadas pela Polícia Militar de São Paulo.

O Estado brasileiro não negou os fatos e afirmou que estava adotando medidas suficientes de reparação. No entanto, em 24 de fevereiro de 2000, a Comissão aprovou o relatório que trazia recomendações ao Estado brasileiro, conferindo prazo de um mês do recebimento para a adoção das recomendações, o que não foi feito, levando à publicação do documento no relatório anual da Assembleia, contendo o seguinte teor (ver Relatório nº 34/2000):

> *55. O pavilhão da Prisão Carandiru onde ocorreu o motim e sua subjugação alojava em setembro de 1992 **mais do dobro dos internos que sua capacidade comportava**, tal como **reconhece o Governo em seu Plano de Reforma Penitenciária**. Essa aglomeração facilita os atritos entre internos e destes com a guarda. Convivia no estabelecimento o total de 7.257 prisioneiros, dos quais 2.706 estavam recolhidos no Pavilhão 9 onde houve a revolta. Estes últimos eram 'réus primários' (cumpriam sua primeira pena de prisão) e muitos deles ainda não haviam sido condenados, achando-se amparados pela presunção de inocência. A maioria tinha entre 18 e 25 anos de idade. Estavam encarcerados em 248 celas, ou seja, oito presos em média ocupavam cada cela, onde se amontoavam e não dispunham de espaço físico quer para atividades recreativas, quer para trabalho. **Com efeito, tal como comprovou a Comissão na sua visita pessoal ao presídio em 1995, havia espaço apenas para que eles se mantivessem de pé ou sentados apoiando-se uns contra os outros.***
>
> *56. Ao assumir o cargo de governador em 1991, Fleury Filho, que antes havia sido Secretário de Segurança Pública, removeu da jurisdição da Secretaria de Justiça a administração das prisões do Estado de São Paulo e transferiu-a para a Secretaria de Segurança Pública. **Isso foi criticado pela Associação de Advogados de São Paulo, pois colocava sob a mesma subordinação a polícia e a guarda penitenciária**. Quando há distúrbios nas prisões, o Juiz Corregedor (juiz de inspeção de prisões) e o Juiz de Execuções Penais (juiz de sentença) são chamados para salvaguardar a integridade dos prisioneiros e tomar as decisões necessárias para dissipar os distúrbios. Em incidentes anteriores, o próprio Secretário de Justiça estava presente ou participou ativamente das negociações.*
>
> *57. **Em 2 de outubro de 1992, a responsabilidade administrativa, penitenciária e policial sobre Carandiru estava pois concentrada na Secretaria de Segurança Pública do Estado de São Paulo**. Oficiais policiais subordinados a essa Secretaria obstaram a potencial ação negociadora dos juízes que acorreram à prisão ao indicar-lhes que não deviam nela entrar porque a situação era perigosa e de difícil controle. [...]*
>
> *61. **As condições de vida dos detentos contrárias aos preceitos da lei, as rebeliões anteriores ocorridas em Carandiru e a falta de estratégias de prevenção destinadas***

a evitar a eclosão de atritos, aliadas à incapacidade do Estado de desenvolver uma ação negociadora que poderia ter evitado ou diminuído a violência do motim, configuram por si sós uma violação, por parte do Estado, da sua obrigação de garantir a vida e a integridade pessoal dos que se encontram sob a sua custódia. Acrescente-se a isso o fato de que, contrariando a legislação nacional e internacional, a maioria dos que se encontravam reclusos naquele momento em Carandiru estavam sendo processados mas ainda não haviam sido condenados (encontrando-se portanto sob a presunção de inocência), embora fossem obrigados a conviver, nessas situações de alta periculosidade, com os réus condenados.

62. **O Estado tem o direito e o dever de debelar um motim de presos**, *tal como sustentou a Corte no caso Neira Alegría. Na sua subjugação devem ser adotadas estratégias e ações indispensáveis para sufocá-lo com o* **mínimo de dano à vida e à integridade física dos reclusos** *e o* **mínimo de risco para as forças policiais.**

63. *A ação da polícia, conforme se acha descrita na petição e foi confirmada pelas investigações oficiais e o parecer de peritos, foi efetuada com absoluto desprezo pela vida dos detentos, demonstrando-se uma atitude retaliativa e punitiva, absolutamente contrária às garantias que a ação policial deve oferecer. A Comissão registra que as mortes não decorreram de ações em legítima defesa, nem para desarmar os detentos, uma vez que as armas de que disponham, de fabricação caseira, haviam sido depostas no pátio ao entrarem os policiais.* **Não se comprovou a existência de arma de fogo alguma em poder dos rebeldes***, nem que tenham feito disparo algum de arma de fogo contra a polícia. Sua atitude violenta inicial foi rapidamente superada pela entrada maciça da polícia fortemente apetrechada. [...]*

66. *A Comissão considera que as autoridades civis do Estado de São Paulo não assumiram a responsabilidade que lhes cabia ante a rebelião, particularmente as autoridades da Secretaria de Segurança Pública, que reconhecendo a atitude violenta e de desrespeito ao direito à vida deram carta branca para a invasão do Pavilhão, sem procurarem isolar e apaziguar os rebeldes. Por sua vez, os magistrados judiciais tampouco fizeram valer sua autoridade, pois aceitaram papel totalmente subordinado às indicações dos militares, mesmo depois de extinta a rebelião, quando poderiam ter dado início à investigação a fim de preservar a evidência. Sua simples presença provavelmente tivesse evitado sofrimento e mortes. Tampouco tomaram nesse momento medidas para o controle do destino dos prisioneiros sobreviventes ao massacre inicial, muitos dos quais foram liquidados posteriormente. [...]*

68. **Também de deduz que alguns dos detentos foram mortos depois de cumprirem as ordens de remover os cadáveres de onde originalmente haviam caído, o que é parte de uma evidente série de esforços por destruir as provas que pudessem servir para identificar os policiais responsáveis de cada morte em particular e confundir a evidência das circunstâncias em que ocorreram.** *Essa série de ações de encobrimento se inicia ao serem os juízes presentes na prisão impedidos de entrar em todos os pavilhões no momento da rendição e continua com a execução de testemunhas e com numerosos outros atos praticados de maneira sistemática para evadir a investigação, confundir a opinião pública e manter a impunidade. Tais ações documentadas na investigação parlamentar consistiram em lavar o sangue do cenário das mortes, impedir a presença de fotógrafos uma vez conseguida a rendição dos rebeldes, prestar informações contraditórias sobre os policiais feridos, tendendo-se a exagerar o número, apresentar treze armas de fogo atribuídas aos detentos, que não correspondiam a disparo algum encontrado e que, por seu estado de oxidação e sua forma de aparecimento, foram notoriamente "plantadas" a posteriori. [...]*

75. **A petição informa sobre um número não identificado de feridos cuja assistência médica fora retardada durante dias e que vieram em alguns casos a falecer em**

consequência da falta de socorro médico adequado. Esses dados são confirmados pela investigação parlamentar, assim como pelo relatório da Anistia Internacional. Nenhum deles foi contestado pelo Estado em suas exposições. Da análise dos documentos depreende-se que não apenas se deixou de prestar a esses feridos adequada assistência como vários foram depois arbitrariamente executados, o que é confirmado pela proporção mínima de feridos graves em relação a mortos. Esses fatos, que tampouco foram negados pelo Governo, são corroborados pelos depoimentos de guardas da prisão. Mais ainda, alguns dos poucos feridos sobreviventes sofreram maus-tratos e receberam golpes em seus ferimentos, como uma forma de vingança e punição. [...]

77. Oito entidades oficiais, seis do Estado de São Paulo e duas do Governo da União, procederam a investigações das ocorrências. As entidades estaduais eram a Polícia Civil, a Polícia Militar, o Serviço de Prisioneiros, o Ministério Público, o Poder Judicial e a Assembleia Legislativa. As do Governo Nacional eram o Conselho para a Defesa dos Direitos Humanos, órgão consultivo do Ministério da Justiça, e o Conselho para Políticas sobre Crime e Prisões. Embora com diferentes interpretações, nenhuma delas nega os excessos e crimes militares, nem que os prisioneiros tenham sido mortos quando se achavam indefesos em suas celas. Nenhuma delas foi capaz de determinar responsabilidades individuais pelos homicídios. [...]

81. Tal como se analisou na seção sobre o esgotamento dos recursos internos (parágrafos 39 a 51), decorridos sete anos desses fatos não foram aplicadas sanções a nenhum dos responsáveis por eles. Um processo em que se acusam lesões corporais leves, não obstante as gravidades destas, prescreveu (ver o parágrafo 42); outros estão parados; em outros foram proferidas sentenças absolutórias, e os processos contra o Comandante Guimarães foram tolhidos pela imunidade parlamentar a que este tinha direito, como membro da Assembleia Legislativa, de janeiro de 1997 até a conclusão de seu mandato, em 1999. Não obstante os numerosos pedidos formulados por instituições nacionais e internacionais, a Assembleia indeferiu a suspensão da imunidade parlamentar do Comandante Guimarães, razão por que o processo contra ele está parado.

82. Tampouco houve indenização adequada das famílias. A esse respeito, a Comissão foi informada pelo Estado de que este havia movido ações indenizatórias e que em 49 deles havia sido concedida indenização às famílias. A Comissão foi, porém, informada de que tais indenizações, embora tenham sido ordenadas, não foram efetivadas, por não haver no orçamento estadual dotações para isso destinadas. O Governo também afirmou que o Estado havia reconhecido sua responsabilidade civil no foro civil e que se devia esperar a resolução no foro penal. [...]

86. A Comissão conclui que os diferentes processos judiciais tramitados na justiça militar e na justiça comum paulista sofreram numerosos atrasos e adiamentos injustificáveis, deixaram de estabelecer a verdade dos fatos e as responsabilidades coletivas e individuais e não impuseram indenizações adequadas às vítimas e seus familiares. Conclui também que, apesar da já analisada destruição de provas pela Polícia Militar, havia outros meios de provar que teriam permitido uma investigação séria e profissional, e que não foram devidamente utilizados pela Promotoria e pelos magistrados competentes, o que contribuiu para a impunidade resultante. [...]

91. A Comissão conclui que nem o Estado de São Paulo nem a República Federativa do Brasil haviam tomado antes da rebelião, nem durante ou depois, medidas para organizar seu aparato governamental a fim de evitar tais tragédias. Depreende-se dos citados antecedentes que o Estado, anteriormente às ocorrências e levando-se em conta as condições da prisão, não havia desenvolvido planos e estratégias para melhorá-las de maneira eficaz e legal, nem para sua atuação ante as frequentes irrupções de violência que a situação provocava. Em primeiro lugar, as condições ilegais de aglomeração e de vida na prisão aumentavam as possibilidades de incidentes de violência. O que

era uma rixa entre detentos recebeu tratamento que degenerou em rebelião contra a guarda diminuta encarregada da segurança da prisão. A falta de um mecanismo de pacificação rápida permitiu a irrupção e crescimento do incidente, que envolveu grande número de detentos. A capacidade de negociação das autoridades da penitenciária era mínima e foi sufocada pelo comando da Polícia Militar. Também foi impedida pelas ordens dadas às forças policiais pelas autoridades civis, particularmente pelo Secretário de Segurança Pública. A atuação dos magistrados judiciais encarregados da supervisão da prisão também foi abortada pelas forças policiais, subvertendo--se a hierarquia da tomada de decisões que correspondia à situação. Em definitivo, toda a estratégia de ação estatal se baseou na utilização imediata de toda a força disponível, com absoluta falta de proporcionalidade e totalmente sem estratégia que permitisse resolver a situação eficazmente com respeito à vida e à integridade dos detentos. O uso sistemático de violência letal desproporcionada por parte da Polícia Militar de São Paulo no manejo da segurança pública, comprovado pelas estatísticas oficiais referentes a esses anos, era uma prática que se repetiu na repressão da revolta de 2 de outubro. Essa falta de planejamento por parte do Estado de medidas para melhorar as condições de vida anteriores na Penitenciária, bem como de organização de estratégias legais, eficazes e compatíveis com o respeito à vida para o manejo de situações de emergência nas penitenciárias também configura uma violação dos compromissos internacionais estabelecidos na Convenção, nos artigos 4 e 5, em relação ao artigo 1. [...]

97. No presente caso, o comandante das forças encarregadas de sufocar o motim, Coronel Guimarães, que vinha sendo processado por homicídios dolosos e outros crimes graves, foi posteriormente eleito deputado à Assembleia Legislativa do Estado de São Paulo, em 1997, o que lhe conferiu imunidade parlamentar até o final de seu mandato em princípios de 1999, quando não foi reeleito. Durante todo o seu mandato, a Assembleia Legislativa do Estado de São Paulo absteve-se de suspender a sua imunidade, não obstante a notoriedade do caso e as solicitações nesse sentido formuladas por diferentes organismos e por vários deputados.

98. A Comissão nota com preocupação que, nos termos da legislação brasileira (e no presente caso devido à inação da Assembleia Legislativa do Estado de São Paulo), é facultado a um parlamentar, apenas pelo fato de haver sido eleito, livrar-se de processo criminal, ainda que sob a acusação de crimes graves, inclusive homicídio com aleivosia e tortura, cometidos antes de iniciar-se o seu mandato ou no curso deste. Embora a Comissão compreenda que a imunidade parlamentar é necessária, principalmente quando se trata de ações relacionadas com a atividade parlamentar, quando a imunidade se traduz em total impunidade, como neste caso de graves violações dos direitos humanos, tal prática é incompatível com os compromissos fundamentais do Estado nos termos da Convenção Americana. Admitir essa imunidade privaria as vítimas do direito a remédio judicial efetivo, conforme disposto no artigo 25 da Convenção.

99. O não-cumprimento da obrigação de investigar imediatamente assumiu diversas formas neste caso, revelando-se em primeiro lugar na responsabilidade da própria Polícia Militar por eliminar a evidência e da Polícia Civil por não fazer enérgica intervenção que pudesse documentar e salvar a evidência física no Pavilhão, e nas deficiências das autópsias forenses, bem como do Ministério Público paulista e dos órgãos judiciais desse Estado, que não aproveitaram a quantidade de provas existentes, que poderiam haver levado a efetivo processamento dos responsáveis. [...]

101. A Comissão conclui, por conseguinte, que o Estado não cumpriu sua obrigação de investigar de maneira exaustiva, imparcial e concludente os fatos ocorridos em Carandiru objeto deste caso, desse modo contribuindo para a impunidade e a consequente falta de indenização.

102. A Comissão conclui que o Estado não cumpriu sua obrigação de processar e punir os responsáveis. Como corolário do artigo 1(1) da Convenção, o Estado tem a obrigação de garantir o pleno exercício dos direitos nela reconhecidos e deve prevenir, investigar e punir qualquer violação. O Estado sustentou que haviam sido iniciados diferentes processos e que estes estavam sendo conduzidos de acordo com a legislação interna e em coerência com o respeito às garantias processuais. **Contudo, da análise do decurso e resultados de tais processos, comprova-se que sofreram atrasos injustificáveis e se depararam com negligências e obstáculos de toda natureza, todos eles de fato ou intencionalmente destinados a assegurar a impunidade dos responsáveis.** *Sete anos depois das ocorrências, essa completa incapacidade de punir os responsáveis é uma manifestação definitiva do não-cumprimento da obrigação constante do artigo 1(1) da Convenção. [...]*

104. Adicionalmente, a Comissão salienta a falência do Estado brasileiro em indenizar as vítimas desses fatos ou seus familiares, segundo o caso. É obrigação do Estado assegurar à vítima adequada reparação pelas violações da Convenção, por ação de seus agentes ou pela falta de garantias adequadas. Essa reparação depende de que haja uma violação da Convenção e, neste caso, as referidas violações do direito à vida, à integridade pessoal, à justiça e às garantias judiciais, ficaram claramente estabelecidas. [...]

VI. CONCLUSÕES.

A COMISSÃO INTERAMERICANA DE DIREITOS HUMANOS CONCLUI QUE:

1. **Tem competência para conhecer deste caso** *e que* **a petição é admissível***, em conformidade com os artigos 46 e 47 da Convenção Americana.*

2. A República Federativa do Brasil violou suas obrigações decorrentes dos artigos 4 (direito à vida) e 5 (direito à integridade pessoal), em virtude da morte de 111 pessoas e de um número indeterminado de feridos, todos eles detidos sob a sua custódia, na subjugação do motim de Carandiru em 2 de outubro de 1992, pela ação dos agentes da Polícia Militar de São Paulo.

3. A República Federativa do Brasil é responsável pela violação dos citados artigos da Convenção por motivo do descumprimento, no caso dos internos em Carandiru, das devidas condições de detenção e pela omissão em adotar estratégias e medidas adequadas para prevenir as situações de violência e para debelar possíveis motins. A Comissão reconhece que foram tomadas medidas para melhorar as condições carcerárias, em particular a construção de novas instalações penitenciárias, a fixação de novas normas de detenção e o estabelecimento no Estado de São Paulo de uma secretaria especial responsável por esses assuntos.

4. A República Federativa do Brasil é responsável pela violação dos artigos 8 e 25 (garantias e proteção judicial) em conformidade com o artigo 1 (1) da Convenção, pela falta de investigação, processamento e punição séria e eficaz dos responsáveis e pela falta de indenização efetiva das vítimas dessas violações e seus familiares.

VII. RECOMENDAÇÕES.

Com fundamento na análise e nas conclusões deste relatório, a Comissão de Direitos Humanos recomenda à República Federativa do Brasil o seguinte:

1. Realizar uma **investigação completa, imparcial e efetiva** *a fim de identificar e processar as autoridades e funcionários responsáveis pelas violações dos direitos humanos assinaladas nas conclusões deste relatório;*

2. Adotar as medidas necessárias para que as vítimas dessas violações que foram identificadas e suas famílias recebam **adequada e oportuna indenização** *pelas violações definidas nas conclusões deste relatório,* **assim como para que sejam identificadas as demais vítimas***;*

3. Desenvolver políticas e estratégias destinadas a descongestionar a população das casas de detenção, estabelecer programas de reabilitação e reinserção social acordes com as normas nacionais e internacionais e prevenir surtos de violência nesses estabelecimentos. Desenvolver, ademais, para o pessoal carcerário e policial, políticas, estratégias e treinamento especial orientados para a negociação e a solução pacífica de conflitos, assim como técnicas de reinstauração da ordem que permitam a subjugação de eventuais motins com o mínimo de risco para a vida e a integridade pessoal dos internos e das forças policiais;

4. Adotar as medidas necessárias para o cumprimento, no presente caso, das disposições do artigo 28 da Convenção (Cláusula federal) relativas às matérias que correspondem à competência das entidades componentes da federação, neste caso o Estado de São Paulo.

5.3.1.9.1.15 Caso Alonso Eugênio da Silva

Em 7 de dezembro de 1995, chegou à Comissão petição encaminhada pelo Centro de Defesa e Garantia dos Direitos Humanos/Projeto Legal do Instituto Brasileiro de Inovações em Saúde Social (IBISS) contra o Estado brasileiro, com a denúncia do homicídio do menor Alonso Eugênio da Silva, de 16 anos, por um Policial Militar do Estado do Rio de Janeiro, em um restaurante de Madureira, Rio de Janeiro, em 8 de março de 1992. Referido disparo havia sido efetuado pelo policial na **tentativa de prender o menor por um assalto**, sendo que após mais de três anos e meio do ocorrido a investigação policial não havia sido concluída.

O Estado brasileiro não respondeu à petição, até que em 6 de outubro de 1999 a Comissão decidiu enviar relatório com recomendações, concedendo o prazo de um mês para o cumprimento destas, o que não foi feito, levando à publicação do relatório em 24 de fevereiro de 2000, do qual se destaca o seguinte teor (ver Relatório nº 9/00):

29. A morte do jovem da Silva ocorreu em 8 de março de 1992. Estava então em vigor no Brasil a Declaração Americana, que em seu artigo 1 dispõe: "Todo ser humano tem direito à vida, à liberdade e à segurança de sua pessoa".

30. No caso de que se trata, há reiterada evidência nos relatórios policiais de que o próprio policial militar Nivaldo Vieira Pinto declarou haver disparado e fatalmente ferido o menor Alonso Eugenio da Silva, embora sustente que o fez em legítima defesa. Figuram no expediente cópias das declarações do referido policial e da outra testemunha, instruídas na Delegacia de Polícia Civil 28 (fólios 13 a 18). O peticionário declara que os disparos podiam ter partido do policial ou do agente privado de segurança. No expediente da Comissão não há prova de que tenha sido o agente de segurança quem disparou; e, não havendo este disparado, se complicaria ainda mais a responsabilidade do policial, que não só acompanhou a ação, mas depois assumiu a responsabilidade, supostamente para encobrir o delito e dar-lhe a aparência de intervenção legítima policial. O policial Nivaldo defende que disparou contra Alonso porque, segundo consta de sua declaração (fólio 14), ao resistir, o menor levou a mão à cintura depois de a polícia lhe perguntar o que fazia no restaurante. Mais adiante, em sua declaração, o policial afirma que houve troca de disparos entre ele e o menor e que este foi atingido por um de seus disparos. A inspeção do local, segundo relatório policial, não encontrou impactos de disparos, senão o que recebeu a vítima.

31. O registro da resistência, em ata lavrada na Delegacia, assinala a apreensão da arma de fogo pertencente a menor Alonso. Entretanto, os peticionários alegam que

Alonso não possuía arma de fogo. O médico que recebeu o cadáver teria declarado que a arma que levava Alonso ao chegar ao hospital não era dele, mas do policial. Essa caracterização é plausível. Um dado adicional que contradiz a versão policial de legítima defesa é que não se encontrou vestígio algum do disparo que supostamente a vítima teria feito, segundo a declaração do policial. Consta do próprio expediente judicial (fólios 13 e 14) que o segundo revólver teria um cartucho detonado. Tudo isso leva a Comissão a concluir que a segunda arma foi disparada pelo policial e colocada junto à vítima para responsabilizá-la. Além disso, a inexistência de vestígios do outro disparo deu origem a evasivas policiais para não realizar a inelutável perícia do local, como corresponde em casos da natureza deste. [...]

33. A Comissão comprovou também que, nesses anos, a perseguição e extermínio de meninos e jovens de rua foram frequentemente utilizados no Rio de Janeiro por agentes do Estado ou de segurança privada, por motivos pessoais ou de suposta "limpeza social". A Comissão se pronunciou sobre essa prática, que constitui uma das mais horríveis violações sistemáticas do direito à vida e à integridade pessoal e implica a renúncia do Estado à sua obrigação de garantir os direitos de todas as pessoas, especialmente os direitos das crianças e menores. A Comissão considera como elementos centrais de convicção neste caso os testemunhos e provas constantes do expediente. Entende, porém, que deve mencionar essa situação geral a fim de deixar claro que não se tratava de um caso isolado e anômalo, e sim de um exemplo da atitude sistemática de alguns agentes policiais nessa época. [...]

35. A Comissão, com base nos acima mencionados testemunhos e evidências constantes do expediente, considera que há provas suficientes que levam à plena convicção de que um agente da Polícia do Rio de Janeiro violou o direito à vida de Alonso Eugenio da Silva, no dia 8 de março de 1992, nessa cidade.

36. Os peticionários alegam a violação do artigo 25, sobre detenção arbitrária. A Comissão entende que a denúncia caracteriza uma violação do direito à vida por abuso de força por parte da polícia. Não há elementos que caracterizem esses atos como de detenção de pessoa, motivo por que considera a petição improcedente no que se refere a esse direito. [...]

42. Neste caso, a investigação parece parcializada para legitimar a conduta do policial, pela morte de Alonso Eugênio da Silva, e não incluiu processos regulamentares essenciais. Não houve uma investigação séria sobre a suposta resistência do menor, em que pese a que o próprio proprietário do restaurante tenha protestado dizendo que não era necessário matá-lo. Não se infere do expediente que se tenha tomado depoimento do proprietário, dos garçons e de outras pessoas presentes no restaurante, se se leva em conta que o fato ocorreu à tarde em lugar muito concorrido. Não se procedeu a uma perícia no local dos fatos, nem foi o lugar fechado enquanto se efetuasse a mesma. Tampouco foram apresentadas provas convincentes de que a vítima estivesse armada, salvo o aparecimento de uma arma com um cartucho detonado junto ao cadáver ao chegar ao hospital. Não se investigou seriamente, pois, se houve troca de disparos (conforme disse o policial) nenhum vestígio de disparo (salvo o disparo fatal) apareceu na primeira inspeção do local. Tampouco se investigou seriamente a opinião do médico que recebeu o corpo, que defendeu não poder a arma pertencer ao menor. Não se investigou se o menor tivera confrontações anteriores com o policial e, particularmente, não se investigou o episódio com respeito à suposta ofensa ao menor e sua reação de agressão ao policial. Não se investigaram os antecedentes do policial com relação a outros menores, que poderiam aclarar os motivos de sua ação. Tais elementos levam a Comissão a concluir que a investigação não foi realizada com as garantias de seriedade que o artigo 25 da Convenção requer. [...]

52. Por tudo isso, a Comissão considera que a ineficiência, negligência ou omissão por parte das autoridades nas investigações, que culminaram na demora injustificada na conclusão do inquérito policial, eximiram os peticionários da obrigação de esgotar os recursos da jurisdição interna, conforme consta da parte relativa à admissibilidade, mas também violam o artigo 18 da Declaração e os artigos 8 a 25 da Convenção, ao privarem os familiares da vítima do direito de obter justiça dentro de prazo razoável mediante recurso simples e rápido. [...]

VII. CONCLUSÕES.

53. A Comissão conclui que tem competência para conhecer deste caso e que a petição é admissível, em conformidade com os artigos 46 e 47 da Convenção Americana e dos artigos 1 e 20 do seu Estatuto. 54. Com base nos fatos e na análise expostos anteriormente, a Comissão conclui que a República Federativa do Brasil é responsável pela violação dos direitos à vida (artigo 4) e à justiça (artigo 18) da Declaração Americana dos Direitos e Deveres do Homem, bem como do direito às garantias e proteção judiciais (artigos 8 e 25), e da obrigação do Estado de garantir e respeitar os direitos (artigo 1(1)) da Convenção Interamericana sobre Direitos Humanos, no caso do homicídio de Alonso Eugênio da Silva por um policial militar do Estado do Rio de Janeiro, bem como pela falta de investigação e de punição efetiva dos responsáveis.

VIII. RECOMENDAÇÕES.

Com base na análise e nas conclusões precedentes, a Comissão Interamericana de Direitos Humanos reitera ao Estado do Brasil as seguintes recomendações:

*1. Que leve a cabo uma **investigação completa, imparcial e efetiva** para determinar as circunstâncias em que ocorreu a morte do menor Alonso Eugênio de Silva, e **para apurar as irregularidades na investigação policial subsequente e na atuação do Ministério público e dos funcionários judiciais**, a fim de punir a todos os responsáveis em conformidade com a legislação vigente;*

*2. Que adote as medidas necessárias para que os **familiares da vítima recebam uma reparação adequada e oportuna** pelas violações aqui estabelecidas.*

5.3.1.9.1.16 Caso Marcos Aurélio de Oliveira

Em 7 de dezembro de 1995, chegou à Comissão uma petição do Centro de Defesa e Garantia dos Direitos Humanos/Projeto Legal do Instituto Brasileiro de Inovações em Saúde Social (IBISS) contra o Estado brasileiro, referente ao **homicídio** do menor Marcos Aurélio de Oliveira, no Rio de Janeiro, em 25 de setembro de 1993, supostamente por um policial civil do Estado do Rio de Janeiro, conhecido como achacador de crianças de rua. A vítima foi atacada quando supostamente tentava roubar o condutor de um automóvel, e outro menor, que foi testemunha ocular e depôs sobre a responsabilidade do policial, sofreu depois ameaças e mudou o seu depoimento, o que não impediu que quatro meses depois o mesmo policial tentasse matá-lo. Mais de dois anos após os fatos, a investigação policial ainda não tinha sido concluída.

A Comissão decidiu, em 06 de outubro de 1999, remeter relatório no qual se reconheceu a responsabilidade do Estado brasileiro, tecendo recomendações, as quais não foram atendidas, levando à publicação do documento em 24 de fevereiro de 2000, do qual se destaca o seguinte teor (ver Relatório nº 10/00):

29. O artigo 4 da Convenção estabelece que ninguém pode ser arbitrariamente privado da vida. A vítima, Marcos Aurelio de Oliveira Santana, de 17 anos de idade, era um "menino de rua" que integrava um grupo de jovens que viviam nas vizinhanças da Cinelândia e mantinham contato com a organização de proteção e defesa de menores IBISS, peticionária do caso. Marcos recebia orientação da entidade peticionária IBISS com vistas ao seu alistamento no Exército (Petição e Anexo 4). Segundo vários menores que fizeram declarações à imprensa e a membros do IBISS, e em particular a testemunha ocular Mario de Souza Godinho, a vítima, Marco Aurelio de Oliveira Santana, foi morta por um policial civil do Estado do Rio de Janeiro conhecido como "Robocop" e acusado de extorquir meninos de rua. [...]

31. Durante a fase de inquérito policial, tomou-se o depoimento do menor Alexandre Oliveira da Silva, que afirma haver visto um homem com os mesmos traços físicos descritos por Mario rondando o local do crime momentos antes de ser este praticado. Alexandre também declarou que, no seu entender, o assassino havia premeditado sua ação, com a expressa intenção de matar o menor Marcos Aurelio.

32. A Comissão comprovou, ademais, que naqueles anos a perseguição e o extermínio de meninos e jovens de rua era um meio utilizado com frequência no Rio de Janeiro por agentes da segurança pública ou da segurança privada por razões de ordem pessoal ou da presumida "limpeza social". A Comissão pronunciou-se contra essa prática, que constitui uma das violações sistemáticas do direito à vida e à integridade pessoal mais abomináveis e implica a renúncia do Estado à sua obrigação de garantir os direitos de todas as pessoas e, em particular, os das crianças e menores. A Comissão, ao analisar o caso, considera como elementos centrais de convicção os depoimentos e evidências emanados do respectivo expediente. É de opinião, porém, que cabe fazer referência a esse quadro geral a fim de deixar claro que este não é um caso isolado e anômalo, mas, antes, o exemplo de uma atitude sistemática adotada na época por alguns agentes da polícia. [...]

34. Com base nos depoimentos e evidências que constam do expediente do caso e foram acima apresentados, a Comissão considera que existem evidências claras e contundentes que levam à plena convicção de que agentes da Polícia do Rio de Janeiro violaram o direito à vida de parte de Marcos Aurelio de Oliveira Santana no dia 25 de setembro de 1993, nessa cidade. [...]

38. Verifica-se, por conseguinte, que enquanto a legislação interna e a Convenção ratificada pelo Brasil reconhecem a obrigação primordial do Estado de dispensar à criança cuidados e atenções especiais em virtude de sua condição vulnerável, no presente caso as instituições estatais não só não ofereceram as condições básicas para o cumprimento de sua obrigação de proteger o menor Marcos Aurelio da violência como infringiram o artigo 19 da Convenção.

40. Ao considerar este ponto, a Comissão comprova que a aparente liberdade que têm esses meninos e jovens de circular, procurar formas de sobrevivência e pernoitar nas ruas, não é a mesma liberdade acima prevista. São impelidos a fazê-lo pelas condições sociais de suas famílias e também pela falta de medidas adequadas, de parte do Estado, para prover-lhes uma estrutura de educação, saúde, casa e apoio. Os meninos e jovens como Marcos Aurelio vivem na rua, em que pese à sua vontade, pela falta de opções e de salvaguardas mínimas que lhes deem oportunidade e meios de ter uma vida com os padrões mínimos que lhes são garantidos pela Constituição nacional e pelos compromissos internacionais do Brasil. [...]

42. Mais ainda, essa resignação do Estado ao seu dever de proporcionar proteção e assistência é agravada pela perseguição e a violência praticadas por agentes das forças de segurança pública e pela falta de respeito de parte dos mesmos tanto às garantias judiciais como à presunção de inocência. Esse círculo vicioso de marginalidade, falta de oportunidades, perseguição e convivência com a ilegalidade em que se encontram

os menores como Marcos Aurelio, o qual se completa com a desconfiança que gera em setores da sociedade, facilita a corrupção de agentes das forças de segurança pública no seu trato com esses menores e, por sua vez, gera maior marginalidade e violência. Esforços de instituições como o IBISS, que procuram oferecer saídas honrosas dessa vida marginalizada, veem-se frustrados. E toda ocorrência como a que levou aos fatos denunciados torna mais difícil a solução do problema e agrava o círculo vicioso.

43. Em consequência, o direito dos menores de circulação e de residência, e no presente caso especialmente da vítima e da testemunha ocular ameaçada, foi violado pelo Estado mediante a perseguição e ataque por parte de um agente da polícia, bem como pela negligência de outros agentes em proporcionar as condições necessárias a que seu direito de circulação e de residência se tornasse efetivo sob condições razoáveis de segurança. [...]

47. Os peticionários informaram à delegacia responsável pelo inquérito policial que possuíam dados de outra testemunha, a qual dispunha de informações que facilitariam as investigações. As autoridades policiais, por falta de diligência, não tomaram providências para prosseguir com as investigações a fim de determinar a autoria do crime, apesar das evidências claras que constavam do depoimento do menor Alexandre, das informações importantes de outra testemunha potencial (passageira de ônibus) e do atentado contra a vida do menor Mario alegadamente cometido pelo mesmo homem que matou o menor Marcos Aurelio.

48. Neste caso, a investigação não compreendeu vários procedimentos regulamentares essenciais. Não se tomou o depoimento de outras testemunhas que presenciaram o ataque e a fuga do perpetrador do crime; não se investigou se a vítima estava armada, nem as circunstâncias de sua suposta conduta delituosa (tentativa de roubo segundo os peticionários), não se inquiriu acerca da segunda pessoa que esperava pelo policial em um automóvel branco e que alegadamente também apareceu, de forma ameaçadora, em seguida ao ataque contra a testemunha quatro meses depois. Não se investigou a relação entre o atacante e os policiais de guarda no posto da Polícia Militar, onde os viu a testemunha Mario, nem se procurou saber por que esses policiais de guarda se recusaram a dar refúgio a Mario quando este o solicitou, uma vez que havia sido vítima de tentativa de morte e de ameaça. Tampouco se investigaram os antecedentes do policial, que fora acusado de perseguir esses menores e de extorqui-los. Estes elementos levam a Comissão a concluir que a investigação não foi levada a efeito com as garantias de seriedade que o artigo 25 da Convenção exige. [...]

54. Segundo a informação em poder da Comissão, o inquérito policial foi instaurado em setembro de 1993 e permanece aberto até a presente data. Mais de cinco anos transcorreram sem que fosse concluído, embora a legislação brasileira fixe o prazo de 30 dias para a conclusão de inquéritos policiais.

55. Cabe neste caso ao Ministério Público, que tem competência para fiscalizar a aplicação da lei no que respeita aos atos e prazos judiciais, exigir da dependência policial responsável a realização do inquérito, o que não fez. Depreende-se do expediente do caso que mais de cinco anos transcorreram desde a data dos fatos denunciados sem que até o momento fosse encerrado o inquérito e instaurada a correspondente ação penal.

56. Por tudo isso, a Comissão considera que a ineficiência, negligência ou omissão nas investigações de parte das autoridades, que culminou em demora injustificada na conclusão do inquérito policial, não só eximiu os peticionários da obrigação de esgotar os recursos da jurisdição interna, conforme consta da parte relativa à admissibilidade, como também infringe os artigos 8 e 25 da Convenção, ao privar os familiares da vítima do direito de obter justiça dentro de um prazo razoável pela via de um recurso simples e rápido. O artigo 1(1) da Convenção estabelece que os Estados-partes nessa Convenção

comprometem-se a respeitar os direitos e liberdades nela reconhecidos e a garantir seu livre e pleno exercício a toda pessoa que esteja sujeita à sua jurisdição. [...]

VII. CONCLUSÕES.

1. A Comissão reitera a sua conclusão de que tem competência para conhecer deste caso e que a petição é admissível, em conformidade com os artigos 46 e 47 da Convenção Americana.

2. Com fundamento nos fatos e na análise expostos anteriormente, a Comissão reitera a sua conclusão de que a República Federativa do Brasil é responsável pela violação do direito à vida (artigo 4), dos direitos da criança (artigo 19), do direito às garantias e proteção judiciais (artigo 8 e 25) e da obrigação do Estado de garantir e respeitar os direitos (artigo 1(1)) da Convenção Interamericana sobre Direitos Humanos, em relação com o homicídio de Marcos Aurélio de Oliveira por um policial civil do Estado do Rio de Janeiro, bem como pela falta de investigação e punição efetiva dos responsáveis.

VIII. RECOMENDAÇÕES.

Com base na análise e nas conclusões precedentes, a Comissão Interamericana de Direitos Humanos reitera ao Estado do Brasil as seguintes recomendações:

*1. Que leve a cabo uma **investigação oficial completa, imparcial e efetiva** para determinar as circunstâncias em que ocorreu a morte de Marcos Aurélio de Oliveira e o atentado contra Mário de Souza Godinho, bem como a demora injustificada na investigação policial desses fatos; e para punir os responsáveis em conformidade com a legislação brasileira;*

*2. Que adote as medidas necessárias **para que os familiares da vítima recebam a reparação adequada e oportuna** pelas violações aqui estabelecidas;*

3. Adotar as medidas necessárias para assegurar o cumprimento dos compromissos do Estado em relação aos "meninos da rua" na cidade do Rio de Janeiro, em conformidade com os compromissos internacionais do Estado brasileiro e, em especial, com a Convenção Americana sobre Direitos Humanos a Convenção das Nações Unidas sobre Direitos da Criança e instrumentos correlatos em vigor.

5.3.1.9.1.17 Caso Newton Coutinho Mendes

A Comissão Pastoral da Terra, o Centro pela Justiça e pelo Direito Internacional (CEJIL) e a *Human Rights Watch*/Américas apresentaram à Comissão, em 18 de novembro de 1994, petição contra o Estado brasileiro referente aos **assassinatos** de Newton Coutinho Mendes, Moacir Rosa de Andrade, José Martins dos Santos, Martin Gilvam dos Santos e Matías de Souza Cavalcante; à **tentativa de assassinato** de Rosa Juscelina e Silva e Ana Beatriz de Silva; às **ameaças de morte** contra Ricardo Rezende, Benedito Rodríguez Costa e Henri Burin des Roziers; ao **sequestro e abuso** de Valdemir Soares Pereira; e, no geral, **à falta de garantias judiciais** quanto aos eventos ocorridos em Xinguara Rio Maria, Estado do Pará, parte de uma campanha deliberada contra trabalhadores rurais fazendeiros e seus advogados, com a conivência dos agentes do Estado do Pará.

Os fatos não foram negados pelo Estado brasileiro, que trouxe óbices formais à admissibilidade, os quais não foram reconhecidos, levando a Comissão a decidir, em 24 de fevereiro de 1999, pelo encaminhamento de relatório no qual se reconheceu a responsabilização e se teceram recomendações, as quais não foram atendidas, levando à publicação do mesmo em 13 de abril de 1999, do qual se extraem os seguintes pontos (ver Relatório nº 59/99):

98. A Comissão considera que está evidenciada [...] a existência, no Ele Xinguara e no Rio Maria, no sul do Estado do Pará, de uma campanha organizada ação violenta e ilegal para silenciar aqueles que apoiam ou matar os ocupantes de terra ou os que reivindicam os direitos legais dos trabalhadores rurais. O número de assassinatos, ameaças, agressões, obstruções de responsabilidades pela aplicação da lei e do testemunho judicial acima mencionado, incluindo aqueles recebidos diretamente pela Delegação da Comissão durante a sua visita ao local, fornecem elementos de convicção absoluta sobre a existência dessa campanha organizada.

99. A Comissão considera ainda que esta campanha tem a ajuda direta de policiais, que por ação ou omissão não tomam as medidas necessárias para estabelecer a força da ordem e da lei [...].

100. Da mesma forma, a Comissão – **embora reconhecendo a difícil tarefa e situação dos promotores de justiça e juízes locais** *–, pode verificar em sua visita de modo a afirmar de forma confiável que a demora judicial e a inação, juntamente com um sistema labiríntico formalista e processual tem contribuído para a impunidade e insegurança pessoal. [...]*

101. Neste caso, não é alegado que os assassinatos e assaltos foram cometidos por policiais ou outros agentes do governo. Alega-se que a impunidade em Xinguara, e, geralmente, no sul do estado do Pará, dada a existência de grupos organizados para alimentar a violência e, inclusive, o extermínio, contra aqueles que acreditam no ataque de seus interesses, torna o cometimento destes crimes responsabilidade do Estado, seja por omissão ou por conivência ou cumplicidade ativa dos seus agentes com tal impunidade. [...]

107. A Comissão considera que as autoridades do Estado do Pará falharam em sua obrigação de respeitar o direito à vida, neste caso, assim como as autoridades federais quanto à obrigação de tomar as medidas adequadas, de acordo com a sua Constituição e as suas leis, para que por sua vez as autoridades estaduais pudessem adotar medidas adequadas para tal cumprimento (Cláusula Federal, artigo 28).

108. Apesar de ter pleno conhecimento da situação e de ter enviado comissões investigadoras tanto do Poder Executivo quanto dos legislativos estaduais e do federal, que puderam avaliar a gravidade e ilegalidade da situação, nenhuma ação foi tomada no âmbito de marcos constitucionais e legais eficazes para evitar a Campanha violência ou prevenir os seus efeitos, ou para processar os responsáveis, e para reformar as estruturas e os regulamentos policiais e judiciais, ou para compensar as vítimas dos eventos. Neste sentido, a violação do direito à vida está intimamente ligada ao direito às garantias judiciais e à proteção judicial consagrados nos artigos 8 e 25 da Convenção. [...]

112. A Comissão sustenta que, em um caso geral, a resposta do Estado não pode ser reduzida à tarefa importante mas insuficiente de individualmente processar os responsáveis. Em casos de situações gerais de violência, o Estado deve tomar medidas proativas para garantir os direitos e a segurança, para prevenir, evitar e punir associações ou ações coletivas que tendem a impedir o pleno exercício dos direitos à população.

113. Nestes casos, é particularmente importante para a legitimidade das ações de agentes do Estado, e, portanto, o Estado deve tomar medidas administrativas e disciplinares, para além das judiciais, para garantir que seus policiais, juízes e investigadores ajam legalmente e de forma eficaz na erradicação da criminalidade e da violência privada, conferindo as garantias de segurança necessárias para a população.

114. Tem o Estado a obrigação de manter a ordem e as condições para o desenvolvimento normal da vida cotidiana dentro dos marcos legais. O Estado não pode abdicar de sua obrigação soberana de fornecer garantias, sem que o distanciamento dos territórios em relação aos grandes centros urbanos justifiquem uma exceção a esta responsabilidade. [...]

X. CONSIDERAÇÕES FINAIS.

119. Assim, o Comitê reitera a sua conclusão de que o Estado brasileiro é responsável, nos termos do artigo 28 da Convenção Americana, pelas violações dos direitos consagrados nos artigos da Convenção que estão listados abaixo, todos em conexão com artigo 1(1) da mesma. A. Direito à vida (artigo 4) – Newton Coutinho Mendes; Moacir Rosa de Andrade, José dos Santos Martin; Gilvara Martins dos Santos, Matias Cavalcante; Jascelino Rosa e Silva e Ana Beatriz Silva. B. Direito à integridade pessoal (artigo 5(2)) – Ricardo Resende, Henri de Roziers, Benedito Rodríguez Costa, Valdemir Soares Pereira. C. Direitos às garantias judiciais e à proteção judicial (artigos 8 e 25) – Vítimas das subseções A e B, com suas famílias e beneficiários.

XI. RECOMENDAÇÕES.

120. A Comissão Interamericana de Direitos Humanos reitera ao Estado brasileiro as seguintes recomendações:

*1. Tomar medidas que permitam às autoridades competentes a **criar mecanismos e garantias necessários para conduzir uma investigação independente, abrangente, séria e imparcial dos fatos** que estão sendo desenvolvidos na parte sul do Estado do Pará, em detrimento das vítimas a que se refere este relatório, a fim de identificar e punir todas as pessoas que são individualizadas como responsáveis pela violação dos direitos humanos mencionados nas conclusões acima;*

2. Que, em conformidade com as suas obrigações nos termos dos artigos 2, 8 e 25 da Convenção Americana, tome as medidas necessárias, de acordo com seus procedimentos constitucionais, a fim de garantir a plena eficácia dos já designados direitos à vida, à integridade pessoal e às garantias e à proteção judicial de todos os habitantes da parte sul do estado do Pará, em particular dos trabalhadores rurais e seus representantes e dos defensores dos direitos humanos;

3. Em virtude das violações da Convenção Americana mencionadas acima, adotar medidas mais adequadas para compensar as vítimas ou seus familiares pelos danos sofridos em decorrência das medidas identificadas neste relatório.

5.3.1.9.1.18 Caso Ovelário Tames

O Conselho Indígena de Roraima, a *Human Rights Watch*, e o Centro pela Justiça e pelo Direito Internacional (CEJIL) apresentaram em junho de 1995 petição contra o Estado brasileiro, nos termos da qual Ovelário Tames, membro dos povos indígenas Macuxi, **depois de ser preso e agredido** por um Policial Civil do Estado de Roraima, **morreu na cela na Delegacia de Polícia** no dia seguinte, **em decorrência do ataque perpetrado**.

No mérito, o Estado observou que os policiais acusados foram absolvidos, exceto num caso em que tinha prescrito a ação penal, bem como afirmou que tinha começado as negociações para compensar a família da vítima; formalmente, alegou que não haviam se esgotado os recursos internos. Tais alegações foram refutadas pela Comissão, que em 24 de fevereiro de 1999 decidiu encaminhar relatório no qual se reconheceu a responsabilização do Estado brasileiro, contendo recomendações, as quais não foram atendidas em um mês, levando à publicação do documento em 13 de abril de 1999 (ver Relatório nº 60/99), destacando-se os seguintes trechos:

> 31. Este caso envolve denúncias de violações de direitos humanos cometidas pela polícia civil do Estado de Roraima. Face ao exposto, a Comissão conclui que, neste caso, o Brasil é responsável e deve responder na arena internacional por atos de violação dos direitos estabelecidos na Convenção cometidos por funcionários públicos de um dos estados da federação. [...]
>
> 38. A morte de Ovelário Tames ocorreu **dentro da delegacia**, depois de ter sido violentamente agredido pelo oficial José Felipe da Silva Neto e depois de ter sido deixado por horas com queixa de dor, sem que o agente José Felipe e outros em guarda tenham fornecido cuidados médicos. Portanto, verifica-se que os policiais civis falharam em seu dever legal de garantir a integridade física do prisioneiro.
>
> 39. Como já foi referido, o Estado, de acordo com os princípios do direito internacional, é responsável por atos cometidos por seus agentes no exercício das suas funções oficiais. Assim, a Comissão considera que o governo brasileiro é responsável por atos de infração cometidos pelo policial civil que agrediu Ovelário Tames, bem como pelo fracasso dos policiais de plantão, que não fizeram nada para ajudar a vítima, durante o período em que ocupou a cela na delegacia de polícia. O Estado brasileiro não cumpriu a sua obrigação de proteger as pessoas sob sua custódia, garantindo o direito à vida. A Comissão sublinha mais uma vez que é um dos predicados mais importantes da responsabilidade internacional dos Estados em relação aos direitos humanos proteger a vida e a integridade física e mental das pessoas sob sua custódia. Neste caso, não só a vítima morreu de um tratamento ilegal que oferecera um policial do Estado de Roraima, mas também ao mesmo tempo, na prisão, teve abertamente negados cuidados médicos necessários para curar-se, apesar dos diversos pedidos e das notórias amostras de sofrimento do Sr. Tames, que duraram várias horas, em frente a policiais e outros detidos, mas que foram ignorados, trazendo resultados fatais. Consequentemente, a Comissão considera que o Estado brasileiro violou o artigo I da Declaração. [...]
>
> 41. O julgamento sobre a morte de Ovelário Tames permaneceu quase oito anos a partir da data dos fatos na fase preliminar, uma vez que levou mais de quatro anos para ser emitida uma citação por edital de um dos réus. O Estado, na sua resposta, admitiu o atraso na condução do processo, dizendo que iria dar ordens ao Conselho de Defesa dos direitos da pessoa humana do Ministério da Justiça para determinar que a justiça do Estado de Roraima procedesse, o mais rapidamente, com o processo penal e para estabelecer contatos com os familiares da vítima sobre uma possível ação civil por perdas e danos. O Estado nunca tomou tais medidas.
>
> 42. No presente caso, **o Estado não garantiu** à família brasileira de Ovelário Tames **um processo simples e rápido**, o que poderia ser percebido pelas ações das autoridades que violaram os direitos fundamentais consagrados na Constituição Federal do Brasil. Portanto, a Comissão considera que o Estado brasileiro violou o artigo XVIII da Declaração. [...]
>
> 47. No presente caso, o agente de polícia civil iniciou a prisão de Ovelário Tames **embora ele não estivesse cometendo um delito flagrante**, ou seja, sem justificativa legal ou mandado, tendo, portanto, agido de forma arbitrária. A Comissão conclui que o Estado brasileiro também violou o artigo XXV da Declaração em relação ao direito à proteção contra a detenção arbitrária. [...]

53. **O Estado brasileiro não forneceu à família Ovelário Tames um recurso eficaz para obter garantias mínimas e chegar a uma decisão sobre os direitos violados.** Em outras palavras, o Estado brasileiro não ofereceu para a família da vítima um recurso simples e rápido, por isso, não foram esclarecidas as circunstâncias da morte, punidos os seus autores e compensadas as famílias ou os que tinham direito. Demorou mais de oito anos desde que os acontecimentos ocorreram sem o Estado brasileiro, mesmo tendo admitido atraso injustificado na condução do processo, fazer os acordos necessários com os órgãos competentes (neste caso, o Conselho de Defesa dos Direitos da pessoa humana e do Estado de Roraima) para agilizar o processamento dos mesmos e garantir a possibilidade de indenização civil à família da vítima. Em resumo, a ineficácia dos recursos judiciais frustra o direito à justiça e à reparação dos danos causados.

54. A Comissão conclui que o Estado brasileiro violou, portanto, os artigos 8 e 25 da Convenção, uma vez que não assegurou à família da vítima os direitos à justiça num prazo razoável, por um recurso simples e rápido. [...]

58. No presente caso, o Estado brasileiro não tomou as medidas necessárias por seus órgãos competentes para agilizar o processamento dos procedimentos penais relativos à morte de Ovelário Tames ou providenciou ação de reparação por danos civis aos familiares da vítima, demonstrando violação do dever do Estado de respeitar e garantir os direitos consagrados nos artigos 8 e 25 da Convenção (garantias e proteção judicial). Como tal, a Comissão conclui que o Brasil violou o artigo 1 (1) da Convenção. [...]

VIII. CONCLUSÃO.

60. Diante dos fatos e da análise acima, a Comissão conclui que a República Federativa do Brasil é responsável pela violação dos direitos à vida, à liberdade, à segurança e à integridade física (artigo I), à justiça (artigo XVIII), de proteção contra a detenção arbitrária (artigo XXV) da Declaração Americana dos Direitos e Deveres do Homem, bem como o direito à segurança e à proteção judicial (artigos 8 e 25) e à obrigação do Estado de respeitar e garantir os direitos (artigo 1 (1)) da Convenção Americana sobre Direitos Humanos, em conexão com a morte de Ovelário Tames, decorrente de lesões sofridas por membros das polícias estaduais civis de Roraima, quando ele foi preso sob sua custódia, bem como a falta de investigação, julgamento e punição efetiva dos responsáveis, aliada à falta de compensação para as famílias ou para aqueles que tinham direito.

IX. RECOMENDAÇÕES.

61. A Comissão Interamericana de Direitos Humanos reitera ao Estado brasileiro as seguintes recomendações:

1. Que o Estado brasileiro realize uma **investigação séria, imparcial e efetiva dos fatos e circunstâncias** da morte de Ovelário Tames, processando os responsáveis e punindo-os de forma adequada.;

2. Que esta investigação inclua as possíveis omissões e obstruções da justiça, que resultaram na falta de condenação definitiva dos responsáveis, incluindo a possível negligência e má conduta de promotores e juízes que podem ter decidido não aplicar ou reduzir o caráter da infração descrita;

3. A conclusão necessária, o mais rápido possível e em medidas completas de legalidade, dos processos judiciais e administrativos relativos a todas as pessoas envolvidas nas violações indicadas nas conclusões acima feitas;

4. **Que o Estado brasileiro repare as consequências das violações dos direitos aos parentes ou quem de direito que sofreu em decorrência das violações acima men-**

cionadas, reparação que deve se basear no conceito de família estabelecido pelo Tribunal de Direitos Humanos.

5.3.1.9.1.19 Caso João Canuto de Oliveira

Em 27 de maio de 1994, a Comissão recebeu denúncia contra o Estado brasileiro referente ao homicídio de João Canuto de Oliveira, então presidente da Associação dos Trabalhadores Rurais do Rio Maria, Estado do Pará, com consequente **violação de garantias judiciais** e do **direito ao processamento adequado e em tempo razoável das investigações e condenações**.

As alegações apresentadas pelo Estado brasileiro foram refutadas, levando à aprovação do encaminhamento de relatório com recomendações em 10 de março de 1998, conferindo um mês para atendimento, o qual não foi respeitado, levando à publicação do documento em 7 de abril de 1998, do qual se destaca o seguinte teor (ver Relatório nº 24/98):

> *Veja bem, sendo o Brasil uma federação, é o Estado nacional que deve responder na esfera internacional. Com efeito, o artigo 28 da Convenção dispõe:*
>
> *1) Quando se trate de um Estado-parte constituído em Estado federal, o governo nacional de dito Estado-parte cumprirá todas as disposições da presente Convenção relacionadas com as matérias sobre as quais exerce jurisdição legislativa e judicial.*
>
> *2) Com respeito às disposições relativas às matérias que correspondem à jurisdição das entidades componentes da federação, o governo nacional deve tomar de imediato as medidas pertinentes, conforme a sua constituição e suas leis, a fim de que as autoridades pertinentes, conforme a sua constituição e as suas leis, a fim das autoridades competentes de ditas entidades possam adotar as disposições do caso para o cumprimento desta Convenção.*
>
> *43. Em consequência do anterior, a Comissão conclui que, no presente caso, a República Federativa do Brasil é responsável e deve responder na esfera internacional pela violação ao direito à vida cometida por um de seus funcionários, assim como pelos atos e omissões de seus agentes e órgãos encarregados de prevenir a comissão de um ato ilícito violatório dos direitos humanos, de investigar referido fato identificando os responsáveis e de impulsionar as atividades do Estado para sancioná-los. [...] Em 18 de dezembro de 1985, João Canuto, Presidente da União de Trabalhadores Rurais de Rio Maria, foi assassinado por dois pistoleiros, estando supostamente envolvidos no assassinato de vários sem-terra e políticos locais, incluindo o então prefeito de Rio Maria, Adilson Carvalho Laranjeiras. Em vista de que o Estado brasileiro ratificou a Convenção Americana com posteridade dos fatos que motivaram a presente denúncia, a parte peticionária alega que houve violação do direito à vida da vítima estabelecido no artigo I da Declaração Americana dos Direitos e Deveres do Homem. [...]*
>
> *51. O governo não controverteu o sustentado pelo peticionário em relação ao fato de que as autoridades de polícia correspondentes negaram blindar de proteção policial à vítima, não obstante tivessem o conhecimento público das ameaçar de morte que estava recebendo, as quais se justificavam pelo conflito de terras no qual estava envolvido João Canuto ao desempenhar o cargo de Presidente da União dos Trabalhadores Rurais de Rio Maria.*
>
> *52. Em virtude do anterior, e em atenção ao princípio de direito internacional segundo o qual o silêncio do demandado ou sua contestação evasiva ou ambígua podem ser*

interpretados como aceitação dos fatos da demanda – o que não aconteceu neste caso –, a Comissão entende que o Brasil reconheceu tacitamente a existência destes fatos e de sua responsabilidade pelos mesmos.

53. Portanto, a Comissão declara que o Brasil deixou de cumprir também com seu dever de prevenir a Comissão da prática de um ato ilícito violatório dos direitos humanos ao não brindar de proteção a vítima quanto ela solicitou, deixando-a indefesa e facilitando, então, seu posterior assassinato. Situação que, de acordo com o assinalado pela Corte Interamericana, acarreta a responsabilidade internacional do Estado.

54. A parte peticionária alega em sua denúncia escrita e em suas posteriores comunicações, que a investigação iniciada em origem do assassinato de João Canuto, se havia desenrolado de uma forma extremamente lenta, e que o Promotor demorou mais de dois anos para formalizar a denúncia penal correspondente, alegando que ditos fatos constituem uma violação dos artigos 8º e 25 da Convenção. [...]

63. No presente caso, a Comissão considera que a falta de eficiência na investigação do assassinato de João Canuto, a qual se traduziu em um retardo injustificado para a finalização da mesma, assim como na negligência manifesta do Ministério Público para interpor a denúncia correspondente, comprometeu a responsabilidade internacional do Estado brasileiro. Com efeito, o retardo injustificado tanto da investigação policial como da atuação do Ministério Público que se demorou por 10 anos no total, não somente eximiu o peticionário da obrigação de esgotar os procedimentos jurisdicionais internos [...], mas também gerou violação do artigo 8º da Convenção Americana sobre Direitos Humanos ao privar a vítima e seus familiares do direito de obter a justiça "dentro de um prazo razoável", conforme o prescrito por dita norma, e ao artigo 25 do dito instrumento, que estabelece que toda pessoa tem direito a um "recurso simples e rápido". [...]

67. [...] a Comissão conclui que, no presente caso, o Estado brasileiro, ao incorrer num retardo injustificado tanto na investigação policial como na negligente atuação do Ministério Público para formalizar a denúncia, violou o artigo XVIII da Declaração Americana dos Direitos e Deveres do Homem e os artigos 8º e 25 da Convenção Americana sobre Direitos Humanos, em relação com o artigo 1(1) do mesmo instrumento legal. [...]

A COMISSÃO INTERAMERICANA DE DIREITOS HUMANOS, DECIDE:

A. Como resultado dos eventos no sul do Pará, a República Federativa do Brasil é responsável pela violação do direito à vida, à liberdade, à segurança e à integridade da pessoa humana (art. I) e do direito a um julgamento justo (artigo XVIII), todos da Declaração Americana dos Direitos e Deveres do Homem, e dos direitos a um julgamento justo (artigo 8º) e à proteção judicial (artigo 25), previstos na Convenção Americana sobre Direitos Humanos, este último em relação ao artigo 1 (1).

B. Para reconhecer o interesse da República Federativa do Brasil em melhorar a situação no Estado do Pará, através dos esforços do Conselho de Defesa dos Direitos Humanos (CDDPH) e outras agências, enquanto recomenda a intensificação dos esforços para evitar a repetição de casos como este.

E RECOMENDA:

*A. Ao Estado brasileiro que seus órgãos impulsionem, **com a devida diligência**, o procedimento criminal, e que seus órgãos jurisdicionais competentes julguem prontamente e imparcialmente, punindo no devido tempo e de acordo com a gravidade da ofensa e as leis aplicáveis para aqueles indivíduos envolvidos no assassinato de João Canuto;*

*B. Ao Estado brasileiro que **indenize mediante o pagamento de uma soma compensatória aos familiares da vítima**, o dano causado como consequência das atividades ilícitas e da negligência na atuação e exercício do poder público por parte do Estado e seus agentes neste caso;*

C. Ao Estado brasileiro que, de acordo com o artigo 28 (2) da Convenção, tome de imediato as medidas pertinentes, conforme a sua Constituição e as suas leis, a fim de que as autoridades competentes do Estado do Pará possam adotar as disposições do caso para o cumprimento dos compromissos estabelecidos na Convenção Americana sobre Direitos Humanos.

5.3.1.9.1.20 Caso 42º Distrito Policial Parque São Lucas

A *Human Rights Watch*/Américas apresentou, em 07 de fevereiro de 1989, denúncia contra o Estado brasileiro a respeito de uma tentativa de motim nas celas do 42º Distrito Policial do Parque São Lucas, em nome das vítimas Arnaldo Alves de Souza, Antonio Permoniam Filho, Amaury Raymundo Bernardo, Tomaz Badovinac, Izac Dias da Silva, Francisco Roberto de Lima, Romualdo de Souza, Wagner Saraiva, Paulo Roberto Jesuíno, Jorge Domingues de Paula, Robervaldo Moreira dos Santos, Ednaldo José da Fonseca, Manoel Sivestre da Silva, Roberto Paes da Silva, Antonio Carlos de Souza, Francisco Marlon da Silva Barbosa, Luiz de Matos e Reginaldo Avelino de Araújo, que faleceram na ocasião, sem prejuízo dos demais presos que acabaram feridos, alegando violação dos **direitos à vida** e **à integridade física**, bem como das **normas mínimas sobre as condições de detenção**.

No mérito, o Estado brasileiro respondeu à denúncia afirmando:

> 1) que haviam sido iniciadas as investigações policiais previstas na lei a fim de apurar a responsabilidade criminal e administrativa dos policiais envolvidos, os quais haviam sido suspensos de forma preventiva;
>
> 2) que as chamadas "celas fortes" dos Distritos Policiais tinham sido desativadas; e
>
> 3) que a investigação do caso por parte das autoridades competentes estava sendo acompanhada pelo Conselho de Defesa dos Direitos da Pessoa do Ministério da Justiça, que havia recebido uma denúncia sobre o caso.

Seguiram argumentos de ambas as partes, até que em 24 de março de 1997, a Comissão encaminhou relatório no qual decidiu que o Estado brasileiro havia cometido violação de direitos humanos, nos seguintes termos:

> 36. O Estado brasileiro não refutou a informação apresentada pelas partes peticionárias a respeito dos fatos ocorridos em 5 de fevereiro de 1989 na cela do 42º Distrito Policial do Parque São Lucas, da cidade de São Paulo, os quais também foram divulgados pela imprensa e por outros meios de comunicação locais e internacionais e foram objeto de estudo por parte de instituições brasileiras de reputação inegável no campo da defesa e promoção dos direitos humanos. Nessa ocasião, cerca de 50 detentos foram encarcerados em uma solitária de um metro por três, dentro da qual agentes do Estado jogaram gases lacrimogêneos. Dezoito dos detentos morreram por asfixia, e 12 foram hospitalizados.
>
> 37. Das informações enviadas à Comissão, depreende-se que foram agentes do Estado que ordenaram e executaram os atos que produziram a morte de 18 detentos e as lesões em outros 12, e que o Estado brasileiro aceita esta responsabilidade. O referido Estado, além disso, não contestou as alegações das partes peticionárias no sentido de que os detentos, que estavam despidos e indefesos, foram previamente torturados pelos encarregados de sua custódia. [...]

39. *O direito internacional atribui responsabilidade ao Estado pela atuação de seus diversos órgãos e unidades constituintes, tanto durante, como fora do exercício regular de suas funções. Isto abrange os órgãos superiores do Estado, como o Poder Executivo, o Legislativo e o Judiciário, bem como os atos e omissões de seus funcionários ou agentes subalternos, isto porque o Estado, sendo uma pessoa jurídica fictícia, somente pode atuar através de seus empregados e organismos.* [...]

41. *Ou seja, o Governo é responsável, no caso em questão, pela conduta de seus agentes policiais que infligiram tratamento desumano a cerca de 50 prisioneiros foram encarcerados em uma solitária de dimensões mínimas e que morreram ou ficaram lesionados em decorrência de terem sido jogados gases lacrimogêneos no interior da mesma. É também responsável pelas ações ou omissões dos agentes encarregados de apurar os fatos e pelas do Poder Judiciário, especialmente da Justiça Militar que, sete anos após a ocorrência desses fatos, ainda não cumpriu com sua obrigação de investigar e punir os culpados.* [...]

50. *No presente caso, o fato de ter encarcerado tantas pessoas em uma cela de um metro por três, obstruído a única ventilação da mesma e jogado em seu interior gases lacrimogêneos, constituem atos dos agentes do Estado que ignoraram de maneira consciente e temerária o direito à vida dos presos e atuaram sem levar em consideração as prováveis consequências de seus atos. Essas ações resultaram na morte de 18 detentos, que morreram por asfixia entre seus próprios excrementos e vômito. Por conseguinte, a Comissão considera que o Estado brasileiro, em decorrência da ação de seus agentes, violou o direito à vida (artigo I da Declaração Americana) das 18 pessoas falecidas nessas circunstâncias.* [...]

51. *Com base no princípio da irretroatividade dos tratados ao qual fez referência anteriormente, a Comissão considera que lhe cabe examinar os fatos ocorridos em 5 de fevereiro de 1989 no 42º Distrito Policial não à luz do artigo 5 da Convenção Americana de Direitos Humanos mas à luz do artigo I da Declaração Americana, no que diz respeito ao direito à segurança e à integridade pessoal.*

52. *A este respeito, a Comissão considera que os agentes do Estado brasileiro afetaram a saúde física, psíquica e moral de 50 detentos no 42º Distrito Policial ao agredi-los, amontoá-los numa cela de punição de um metro por três e jogar gases lacrimogêneos para dentro da referida cela, a qual tivera obstruída sua única fonte de ventilação. Em decorrência desses atos, 18 dos detentos morreram e 12 foram hospitalizados. Essas ações ignoraram de maneira temerária e consciente os direitos humanos das vítimas que morreram ou saíram da cela de punição cobertas de urina, fezes e vômito devido aos efeitos dos gases e da falta de ventilação.* [...]

55. *Finalmente, a Comissão acredita ser necessário observar que durante sua visita in loco ao Brasil, realizada no período compreendido entre 27 de novembro e 8 de dezembro de 1995, teve a oportunidade de verificar que ainda existem celas fortes nos estabelecimentos carcerários, o que contradiz a informação prestada pelo Governo federal em sua nota de resposta de 12 de julho de 1989 no sentido de que as referidas celas fortes tinham sido desativadas.* [...]

65. *No caso sub judice, a Comissão considera que a falta de eficiência para punir os policiais envolvidos, especialmente da Justiça Penal Militar, **comprometeu a responsabilidade internacional do Estado brasileiro**. Com efeito, a demora injustificada na decisão dos processos judiciais relacionados com o ocorrido no 42º Distrito Policial não somente eximiu os peticionários da obrigação de esgotar os recursos da jurisdição interna – conforme foi observado no capítulo relativo à admissibilidade – como também violou o artigo 8 (garantias judiciais) da Convenção Americana sobre Direitos Humanos, ao privar as vítimas e seus familiares do direito a que seu caso fosse solucionado "dentro de um prazo razoável", conforme prescreve a referida norma.* [...]

72. Por todo acima exposto, a Comissão Interamericana de Direitos Humanos concorda em:

1. Declarar o Estado brasileiro responsável pela violação dos artigos I (direito à vida, à segurança e integridade pessoais) e XVIII (direito à justiça) da Declaração Americana dos Direitos e Deveres do Homem bem como dos artigos 8 (garantias judiciais) e 25 (proteção judicial) da Convenção Americana sobre Direitos Humanos, combinados com o artigo 1.1, do mesmo instrumento legal;

2. Recomendar ao Estado brasileiro que adote as medidas legislativas necessárias para transferir para a justiça penal comum a competência para o julgamento dos crimes comuns cometidos pelos policiais militares;

*3. **Recomendar ao Estado brasileiro que desative as solitárias (celas fortes)**;*

4. Solicitar ao Estado brasileiro que puna, de acordo com a gravidade dos crimes cometidos, os policiais civis e militares envolvidos nos fatos que são motivo do caso sub judice;

5. Recomendar ao Estado brasileiro que, nos casos em que ainda não o tenha feito, pague uma indenização compensatória justa e adequada aos familiares das vítimas pelos danos causados em consequência do descumprimento das referidas disposições;

6. Solicitar ao Estado brasileiro que informe à Comissão Interamericana de Direitos Humanos, dentro do prazo de 90 dias, a respeito das medidas que tenham sido adotadas no sentido de cumprir as recomendações estabelecidas no presente relatório;

7. Enviar o presente relatório ao Estado brasileiro, através do Governo federal, de acordo com o inciso 2 do artigo 50, da Convenção Americana, e informá-lo de que, de acordo com o mesmo artigo, não está autorizado a publicá-lo.

Em relatório sobre providências tomadas, datado de 08 de outubro de 2003 (lapso longo porque houve inúmeras negociações entre as vítimas e seus familiares e o Estado brasileiro), relatou-se o cumprimento parcial da obrigação de adoção de medidas legislativas, o não cumprimento da obrigação de desativar as solitárias, o cumprimento parcial da obrigação de punir os responsáveis pelo ocorrido (apenas um deles havia sido condenado com trânsito em julgado), e o cumprimento quase total da obrigação de indenizar as vítimas e seus familiares (ver Relatório nº 40/03). Está pendente de nova avaliação o cumprimento das demais obrigações.

5.3.1.9.2 Casos brasileiros em trâmite

Caso	Alegações	Admissão
Gerson Mendonça de Freitas Filho	Assassinato da vítima devido ao uso excessivo de força letal por agentes policiais, que estavam tentando deter os seus sequestradores. A vítima havia sofrido um sequestro relâmpago e na intervenção policial se iniciou uma troca de tiros, que resultou em sua morte dentro do veículo dos sequestradores. Embora o Ministério Público tenha ajuizado ação penal por homicídio em razão do uso excessivo da força, os policiais foram absolvidos com o reconhecimento das excludentes de legítima defesa e estrito cumprimento do dever legal. Os agentes policiais não sofreram nenhuma punição administrativa ou penal.	24/04/2019

Elisabeth Semann	Omissão do Estado por não conceder medidas protetivas em caso de violência doméstica familiar cometida pelo cônjuge da vítima, inclusive por não protegê-la de ameaças feitas pela família de seu cônjuge que a levaram a não comparecer à audiência que permitiria o prosseguimento da ação penal instaurada em razão das denúncias que apresentou. Após o episódio, a vítima sofreu novos ataques, inclusive facadas em seu local de trabalho, mas ainda assim não teria sido tomada nenhuma providência protetiva pelo Estado, que se resumiu a condenar o autor dos fatos pela tentativa de homicídio. A vítima ajuizou ação indenizatória contra o Estado por tais omissões, mas esta não havia sido ainda julgada após anos de sua propositura, razão pela qual a Comissão dispensou o requisito do esgotamento dos recursos internos.	12/04/2019
Hindenburgh de Melo Rocha e outros	Violação aos direitos à garantia judicial e à propriedade privada devido às falhas do Poder Judiciário brasileiro em tomar medidas que permitissem que as vítimas fossem ressarcidas por prejuízos causados pela Caixa de Previcência dos Funcionários do Banco do Nordeste do Brasil – CAPEF.	31/03/2019
Edivaldo Barbosa de Andrade e outros	Impunidade de agentes de polícia que executaram quatro vítimas e tentaram assassinar outra, no episódio conhecido como "Massacre do Parque Bistrol". Teria havido uso excessivo da força pela Polícia Militar de São Paulo entre 12 e 21 de maio de 2006, que em veículo a paisana havia efetuado disparos contra as vítimas, num ato que seria resposta aos ataques coordenados pelo PCC – Primeiro Comando da Capital, que resultaram em 564 mortes no mesmo período. O Estado brasileiro teria falhado em promover a investigação dos fatos.	31/03/2019
Fernando Alcântara de Figueiredo e Laci Marinho de Araújo	Discriminação e perseguição das vítimas, homens militares que conviviam em relacionamento homoafetivo, em razão de sua orientação sexual pelas Forças Armadas brasileiras, que por motivos discriminatórios teriam dado início a procedimentos administrativos imputando a uma das vítimas acusações de calúnia, deserção e desacato, após recusarem o direito ao afastamento para tratamento de saúde. Além disso, com base em uma denúncia anônima de fraude, as Forças Armadas transferiram as vítimas para diferentes Estados do Brasil. Também teriam detido ilegalmente e torturado, privando acesso a medicamentos de uso contínuo e agredindo fisicamente a vítima doente, após ela e seu companheiro terem denunciado os abusos em rede televisiva nacional, imputando ainda ao seu companheiro o delito de ofensa às Forças Armadas. Sem prejuízo, a petição relata que uma das vítimas teria sofrido ameaças de morte após se recusar a fazer parte de sistema de corrupção e denunciá-lo.	03/01/2019

Sidney Da Silva, Elias Valério da Silva e David da Silva	Uso excessivo da força e abuso de autoridade por parte de 2 agentes da Polícia Rodoviária Federal em relação a 3 jovens afrodescendentes, que viajavam pela Rodovia Presidente Dutra, entre Rio de Janeiro e São Paulo, em 8 de maio de 1999. Os policiais teriam disparado 10 a 12 vezes no veículo em movimento e rendido no asfalto as vítimas feridas em meio a tapas e pontapés nas suas cabeças e pernas. O objeto da petição é a questão do racismo institucionalizado no Brasil, que vitimiza em vasta maioria os jovens negros de periferia. O Estado brasileiro teria apresentado diversos recursos protelatórios na ação indenizatória e não teria aplicado pena proporcional às autoridades que proferiram os disparos, que foram apenas suspensas administrativamente.	27/12/2018
Paulo Igor Do Nascimento Pinto, Defensoria Pública do Estado do Rio de Janeiro e Outros	Ausência de garantia pública, integral e especializada de educação e de saúde às pessoas com transtorno do espectro autista, sendo 12 as vítimas na petição. Os serviços de saúde mental no RJ cobriam apenas psicose grave e neurose, não havendo tratamento do TEA. Os serviços de educação se limitavam a um único estabelecimento com condições de atender alunos com TEA. Embora uma ação civil pública tenha sido proposta e julgada contra o Estado do Rio de Janeiro, houve suspensão da execução da decisão e, além de não haver melhora, houve piora nos poucos serviços antes ofertados. O Estado brasileiro responde por violações aos direitos à vida, à integridade pessoal, às garantias judiciais e à igualdade.	12/12/2018
Almir Muniz da Silva	Desaparecimento forçado do defensor de direitos humanos e líder de movimentos rurais Almir Muniz da Silva, devido às suas denúncias à atuação policial em conflito agrário no estado da Paraíba. O Estado brasileiro não teria prevenido o desaparecimento, apesar das ameaças dirigidas pela Polícia Civil ao ativista, e nem investigado e punido o fato após sua ocorrência.	30/12/2016
Luiza Melinho	Negação de cirurgia de afirmação sexual pelo sistema público de saúde – SUS.	14/04/2016
Reinaldo Coutinho da Silva e Luiz Otávio Monteiro	Assassinatos em 1995 do jornalista Reinaldo Coutinho da Silva e em 1988 do jornalista Luiz Otávio Monteiro, seguidos de ameaças de morte aos familiares após tais acontecimentos. Não houve investigação e punição dos responsáveis.	27/10/2015
Mário de Almeida Coelho Filho e família	Assassinato do jornalista Mário de Almeida Coelho Filho, repórter, fotógrafo e diretor administrativo do jornal "A Verdade" na cidade de Magé, estado do Rio de Janeiro, em 16 de agosto de 2001 ao receber cinco disparos quando chegava em um veículo à sua residência, local onde também funcionava a sede do jornal. Entre as prováveis causas do assassinato estariam as denúncias publicadas contra políticos da região da Baixada Fluminense, uma das regiões mais violentas do estado do Rio de Janeiro. O fato nunca foi devidamente investigado e punido pelo Estado.	15/08/2014

Maicon de Souza Silva, Renato da Silva Paixão e outros	Morte dos dois menores Maicon de Souza Silva (2 anos) e Renato da Silva Paixão (6 anos) em decorrência de disparo efetuado na ação do 9º Batalhão da Polícia Militar do Rio de Janeiro no bairro de Irajá/RJ. O fato não foi devidamente investigado e punido pelo Estado brasileiro, acabando arquivado.	25/07/2014
M.V.M. e P.S.R.	Omissão do Poder Judiciário brasileiro em agir com a devida diligência a fim de sancionar os reiterados atos de estupro perpetrados por um padre católico em 1996 e 1997, em Porto Alegre, estado do Rio Grande do Sul, em detrimento de M.V.M. e P.S.R., esta última com 16 anos de idade.	11/07/2013
Ivete Jordani Demeneck e outros	Morte de Ivete Jordani Demeneck na Casa de Repouso Curitiba Park S/C, de propriedade particular, no Município de Colombo, Estado do Paraná, em 18 de julho de 2004. A morte da suposta vítima teria ocorrido em virtude de negligência e tratamento médico inadequado na clínica privada *supra*citada. O Estado teria deixado de conduzir uma investigação eficaz para processar e punir os responsáveis.	08/11/2012
José Laurindo Soares	Atraso na prestação jurisdicional relativa a uma ação de revisão de benefício previdenciário contra o Instituto Nacional de Seguro Social (INSS). A ação, interposta em 21 de maio de 1986 por José Laurindo Soares, até a data da petição, não produziu o pagamento do valor devido pelo Estado, decorridos mais de 26 anos.	08/11/2012
Moradores do Conjunto Habitacional "Barão de Mauá"	Degradação ambiental e risco para a vida humana, a integridade pessoal e a saúde decorrente da contaminação do solo e do consequente dano ambiental, em detrimento dos moradores do Conjunto Habitacional "Barão de Mauá" (doravante, "Barão de Mauá" ou "CHBM"), dos que trabalharam nas fundações e na construção do CHBM, dos ex-moradores do CHBM e de quem quer que trabalhe ou tenha trabalhado no CHBM.	17/07/2012
Pedro Augusto da Silva, Inácio José da Silva e outros	Em 5 de junho de 1997, as terras do Engenho Camarazal, em Nazaré da Mata, Estado de Pernambuco, foram invadidas por trabalhadores rurais sem terra que reivindicavam a expropriação da propriedade para fins de reforma agrária. Os peticionários alegam que, pouco depois da meia-noite de 9 de junho de 1997, cerca de 30 indivíduos chegaram em entre seis a dez veículos ao acampamento dos trabalhadores sem-terra e começaram a atirar indiscriminadamente em todas as pessoas. Seis pessoas ficaram feridas e dois homens foram mortos com os disparos, sendo os corpos destes últimos atirados num rio próximo. Os responsáveis continuam impunes anos após esses crimes.	17/07/2012
Jurandir Ferreira de Lima e outros	A suposta vítima teria saído de casa para ir à comunidade "Chico Mendes" no Estado do Rio de Janeiro, onde trabalhava como líder comunitário no combate ao narcotráfico, e desde então está desaparecida. Busca-se a responsabilização do Estado pelo desaparecimento forçado.	20/03/2012

Márcio Manoel Fraga e Nancy Victor da Silva (Precatórios)	Morte de Márcio Manoel Fraga, filho da peticionária, em 27 de março de 1999 no Hospital Penitenciário "Fábio Soares Maciel" do Rio de Janeiro; bem como falta de cumprimento de uma sentença judicial efetiva no âmbito de uma ação civil pela morte da suposta vítima (não pagamento da indenização disposta porque está vinculado a um título executivo judicial – precatório).	20/03/2012
Flávio Mendes Pontes e outros	Execução extrajudicial de Flávio Mendes Pontes, de 16 anos de idade, em mãos de Oficiais da Polícia Militar do Estado do Rio de Janeiro.	20/03/2012
Alejandro Daniel Esteve e Filhos	Retenção ilegal de ambos filhos em território brasileiro, assim como as supostas violações ao devido processo ocorridas no processo de restituição. O Judiciário teria entendido que que a permanência das crianças no Brasil não constitui um ato ilícito levando em conta o interesse superior das mesmas.	02/11/2011
Hildebrando Silva de Freitas	Suposta vítima foi acusada de desacato porque questionou as ações da Polícia e não teria sido imediatamente informada das acusações que lhe eram imputadas. A suposta vítima teria sido submetida a violência nas mãos dos agentes da Polícia estadual, o que configura tortura e violação da integridade pessoal. Além disso, apesar das queixas apresentadas pela suposta vítima às autoridades competentes, não foi instaurado um inquérito oficial independente e, até hoje, o Estado não puniu as violações.	31/10/2011
Clélia de Lourdes Goldenberg e Rita de Cassia da Rosa	As supostas vítimas eram viúva e filha, respectivamente, de funcionários públicos falecidos. As supostas vítimas obtiveram sentenças definitivas favoráveis às suas pretensões de revisão da pensão por morte em 13 de outubro de 1997 e em 3 de março de 1998 e, consequentemente, foram emitidos títulos executivos judiciais (precatórios) em nome de cada uma delas, os quais não teriam sido pagos até a data da petição.	31/10/2011
Pedro Stábile Neto e outros	O direito à complementação salarial dos peticionários teria sido reconhecido em sentenças de primeira e segunda instâncias, que fizeram coisa julgada mediante decisões definitivas, emitindo-se títulos executivos judiciais – precatórios no ano de 1994. Contudo, não houve pagamento até a data de petição, anos depois.	31/10/2011
Mauricio Hernandez Norambuena	A suposta vítima foi privada de liberdade sob um regime de reclusão caracterizado pelo isolamento e incomunicabilidade, nas penitenciárias de Taubaté e Presidente Bernardes, em São Paulo, qual seja, o "regime disciplinar diferenciado – RDD". Tal regime, que seria excepcional e temporário, vinha continuamente sendo aplicado há 8 anos.	31/10/2011

Ivan Rocha	A suposta vítima desapareceu depois de haver informado em seu programa de rádio "A Voz de Ivan Rocha" que entregaria a uma autoridade uma lista com os nomes de vários Policiais e inclusive de um Deputado supostamente envolvidos nos crimes levados a cabo pelos grupos de extermínio. Alega-se a prática de desaparecimento forçado.	22/03/2011
Rosa Hernandes Sundermann e José Luis Sundermann	Os peticionários alegam que em 12 de junho de 1994, as supostas vítimas foram assassinadas em sua residência, no Município de São Carlos, Estado de São Paulo, e tudo indica haver sido um crime político, no qual possivelmente estejam envolvidos grupos de extermínio, com suspeitas de participação de agentes estatais. Segundo os peticionários, o crime teria sido motivado pelo ativismo político e sindical das supostas vítimas.	23/10/2010
Thalita Carvalho de Mello, Carlos André Batista da Silva, William Keller Azevedo Marinheiro e Ana Paula Goulart	Execução extrajudicial de Thalita Carvalho de Mello (16 anos), Carlos André Batista da Silva (22 anos), William Keller Azevedo Marinheiro (24 anos) e Ana Paula Goulart (22 anos), os quais morreram em 10 de outubro de 1998. Os indivíduos que executaram extrajudicialmente as supostas vítimas seriam Agentes Penitenciários, Policiais Civis e Militares, assim como ex-Policiais Civis e Militares, que trabalhariam como seguranças da casa noturna "Malagueta".	23/10/2010
Roberto Carlos Pereira de Souza e outros	Entre maio de 2003 e janeiro de 2004, as supostas vítimas foram lesionadas, desaparecidas e/ou assassinadas pela Polícia Militar do Rio de Janeiro, em cumprimento de uma política de segurança pública violenta e discriminatória implementada pelo Governo do Estado do Rio de Janeiro, que supostamente "criminaliza a pobreza" e persegue desproporcionalmente jovens afrodescendentes do sexo masculino residentes em favelas ou em bairros pobres.	23/10/2010
Povos Indígenas da Raposa Serra do Sol	A petição denuncia um atraso que data de 1977 a 2009 para a consumação efetiva da demarcação, delimitação e titulação do território indígena da Raposa Serra do Sol ("território indígena" ou "território da Raposa"), assim como frequentes incidentes violentos e severa degradação ambiental que teriam afetado a vida e a integridade pessoal das supostas vítimas. Tais incidentes violentos e degradação ambiental, segundo os peticionários, têm sido causados pela contínua presença de pessoas não-indígenas dentro do território indígena, o que igualmente vem produzindo restrições ao direito de circulação e residência, liberdade de religião e direito a exercer sua cultura. Segundo os peticionários, houve atraso injustificado na resolução do processo administrativo de demarcação do território indígena e inexistem disposições na legislação do Estado que garantam o devido processo legal, a proteção dos direitos territoriais indígenas e a igualdade perante a lei dos povos indígenas.	23/10/2010

Adão Pereira de Souza e Clotilde de Souza Rocha	Os peticionários afirmam que, em 26 de maio de 1993, Oficiais da Polícia Civil prenderam a suposta vítima e o levaram à Delegacia de Polícia de São Félix do Xingu, Estado do Pará. Segundo alegam os peticionários, depois que a suposta vítima estava na Delegacia de Polícia, Oficiais da Polícia Civil e Militar, inclusive o Delegado de Polícia, o espancaram violentamente, socando, chutando e asfixiando com um cinto enquanto estava algemado. De acordo com os peticionários, como resultado desse tratamento, a suposta vítima, indefesa, morreu na Delegacia de Polícia.	17/03/2010
Nélio Nakamura Brandão e Alexandre Roberto Azevedo Seabra da Cruz	Em 13 de setembro de 2004, dois indivíduos, um dos quais portava uma arma de fogo, teriam roubado o veículo de Nélio Nakamura Brandão e de sua esposa. O Sr. Brandão teria entrado em perseguição, portando sua própria arma de fogo, seguido por Policiais Militares. Tais Policiais, ao localizarem o veículo e a motocicleta, confundiram o senhor Brandão com um dos assaltantes e o executaram, assim como a Alexandre Roberto Azevedo Seabra da Cruz, um dos ladrões. Os Policiais Militares que participaram da operação teriam passado a realizar uma montagem para alterar a verdade dos fatos e aparentar que a morte das supostas vítimas ocorreu mediante fogo cruzado. A morte das supostas vítimas não foi sancionada em razão da ampla impunidade vigente com respeito a crimes perpetrados pela Polícia Militar.	17/03/2010
Ivanildo Amaro da Silva e outros	O peticionário sustenta que, em 19 e 22 de outubro de 2004, uma série de ataques foi perpetrada contra moradores de rua no centro de São Paulo. De acordo com o peticionário, as supostas vítimas foram espancadas na cabeça – algumas mortalmente – com pedaços de madeira e/ou barras de ferro, e há fortes indícios de que entre os autores dos ataques estavam soldados da Polícia Militar. O peticionário denuncia a impunidade desses fatos devido à falta de diligência e à parcialidade das autoridades encarregadas de investigá-los, alegando ser isso comum em casos que envolvem Policiais Militares.	17/03/2010
Fátima Regina Nascimento de Oliveira	A funcionária pública Fátima Regina Nascimento de Oliveira adotou a sua filha Maura Tatiane Ferreira Alves, nascida em 23 de julho de 1989, nesse mesmo dia. A senhora Oliveira teria solicitado por via administrativa sua licença maternidade ao Hospital Militar de Santa Maria, um estabelecimento de saúde público; contudo, segundo os peticionários, sua solicitação foi denegada por referida instituição do Estado. O Judiciário teria estabelecido, após, que ela não teria direito à licença maternidade.	15/03/2010
Antônio Tavares Pereira e outros	Alega-se responsabilidade do Estado pelo assassinato do trabalhador rural Antônio Tavares Pereira e pelas lesões corporais sofridas por 185 trabalhadores rurais, supostamente cometidos por Policiais Militares do Estado do Paraná durante violenta repressão a uma marcha pela reforma agrária, ocorrida em 2 de maio de 2000.	29/10/2009

Francisco de Assis Ferreira	Os peticionários alegam que a suposta vítima teria sido assassinada com dois tiros de arma de fogo, em uma emboscada, em 5 de novembro de 1991. Argumentam que o Estado ainda não puniu devidamente os responsáveis com uma decisão judicial definitiva.	07/09/2009
Samanta Nunes da Silva	Supostas irregularidades e violações ao devido processo, supostamente cometidas no marco da investigação penal da agressão sexual denunciada por Samanta Nunes da Silva, uma criança de 16 anos de idade.	07/09/2009
Silas Abel da Conceição e Augusta Tomázia Inácia	A petição denuncia a tortura e subsequente execução sumária da suposta vítima, então com 18 anos, por três membros da Polícia Civil de Minas Gerais, começando com sua detenção em meados de setembro de 1988, quando se alega que ele foi arbitrariamente preso e torturado junto com Pedro de Almeida, então com 20 anos, supostamente também morto sob tortura na Delegacia de Polícia de Cachoeirinha, em Belo Horizonte, capital do Estado de Minas Gerais. Os peticionários indicam que não houve decisão definitiva sobre esse crime mais de 20 anos depois da execução da suposta vítima.	04/08/2009
Josenildo João de Freitas Júnior e outros	Suposto assassinato de Josenildo João de Freitas Júnior, que teria sido executado por um esquadrão da morte formado por Policiais Militares do Estado de Pernambuco.	22/07/2009
Armand Lerco e Alain Roulaud	Sucessivas invasões e ataques, danos e tentativas de expropriação da fazenda de propriedade das supostas vítimas; ameaças e atos de instigação perpetrados contra Armand Lerco; e a falta de diligência do Estado em prevenir esses atos e responder aos mesmos, bem como de investigar e punir seus responsáveis.	19/03/2009
Gabriel Sales Pimenta	A petição denuncia o assassinato da suposta vítima, defensor de direitos humanos e sócio fundador da Associação Nacional de Advogados dos Trabalhadores da Agricultura, que exerce o cargo de advogado do Sindicato dos Trabalhadores Rurais de Marabá, no Estado do Pará, em 18 de julho de 1982. Segundo os peticionários, o crime foi motivado pela atuação de Gabriel Sales Pimenta na luta pelos direitos dos trabalhadores rurais da região e alegam que não foi devidamente prevenido pelo Estado, nem tampouco foi devidamente investigado posteriormente, permanecendo, impunes os responsáveis pelo mesmo.	17/10/2008
Márco Lapoente da Silveira	Argumenta-se que a suposta vítima, cadete da Primeira Companhia do Curso de Treinamento de Oficiais da Academia Militar das Agulhas Negras do Exército Brasileiro, situada nas montanhas de Resende, a 150 quilômetros da cidade do Rio de Janeiro, morreu em 9 de outubro de 1990 em consequência de ter sido submetido a maus-tratos físicos excessivos. O inquérito policial militar aberto em relação ao caso não determinou o responsável pela morte da suposta vítima e, portanto, foi arquivado. A ação civil de indenização por danos, interposta em 25 de junho de 1993 pelos parentes da suposta vítima, não produziu nenhum resultado até a data da admissão.	16/10/2008

José Dutra da Costa	A petição denuncia o assassinato da suposta vítima, que era líder sindical e exercia o cargo de Presidente do Sindicato dos Trabalhadores Rurais de Rondon do Pará, Estado do Pará, em 21 de novembro de 2000. Segundo os peticionários, o crime foi motivado pela atuação de José Dutra da Costa na luta pelos direitos dos trabalhadores rurais da região e os responsáveis pelo mesmo permanecem impunes.	16/10/2008
Clínica Pediátrica da Região dos Lagos	A petição aponta mortes de 10 recém-nascidos, ocorridas em 1996, como resultado de suposta negligência médica por parte de funcionários da Clínica Pediátrica da Região dos Lagos (CLIPEL) na cidade de Cabo Frio, no Estado do Rio de Janeiro. Os peticionários alegam que, embora a CLIPEL seja uma clínica privada, o Estado não cumpriu com o seu dever de inspecioná-la e avaliá-la de forma periódica, nem com o seu dever de supervisionar o funcionamento da clínica.	16/10/2008
Margarida Maria Alves	A petição denuncia o assassinato da presumida vítima, que exercia o cargo de presidente do Sindicato dos Trabalhadores Rurais de Alagoa Grande, Estado da Paraíba, em 12 de agosto de 1983. Segundo os peticionários, o crime foi motivado pela atuação de Margarida Maria Alves na luta pelos direitos dos trabalhadores rurais da região e os responsáveis pelo mesmo permanecem impunes.	05/02/2008
José Airton Honorato e outros	Denuncia-se uma série de fatos concatenados, o principal dos quais é o assassinato das supostas vítimas por Policiais Militares, em 5 de março de 2002. Aduz o peticionário que, a partir de 2001, agentes policiais e autoridades dos poderes Executivo e Judiciário do Estado de São Paulo começaram a recrutar prisioneiros condenados para que atuassem como agentes infiltrados, incitando em alguns casos ao planejamento e prática de atos puníveis, inclusive o assassinato das supostas vítimas da petição.	03/03/2007
Pessoas Privadas de Liberdade na Carceragem da 76ª Delegacia de Polícia (76ª DP) de Niterói, Rio de Janeiro	A petição denuncia e solicita medidas cautelares em situação de ameaça à vida e à integridade de aproximadamente 400 (quatrocentos homens) detidos na carceragem da 76ª Delegacia de Polícia da cidade de Niterói, Rio de Janeiro (76ª DP), perante uma situação de permanente perigo, produto da superpopulação e más condições carcerárias.	17/07/2007
Henrique José Trindade e Juvenal Ferreira Trindade	Segundo as informações, em 4 de novembro de 1982, Henrique Trindade foi assassinado no Município de Alto Paraguai, Brasil, por um grupo de 6 (seis) pessoas, sendo na mesma ocasião ferido, por uma bala disparada da arma de um destes sujeitos, Juvenal Ferreira Trindade, filho do falecido. O inquérito policial a respeito dos fatos teve início em 6 de setembro de 1982, sendo em 6 de setembro de 1983 encaminhado ao Juiz competente, perante o qual o Ministério Público apresentou uma denúncia contra os responsáveis, sem que até esta data se tenha superado a etapa de instrução do processo.	17/07/2007

Marcia Barbosa de Souza	A petição denuncia o Estado como responsável por violações dos direitos de Márcia Barbosa de Souza, cujo corpo foi encontrado num terreno baldio nas imediações da cidade de João Pessoa, capital da Paraíba, em 18 de junho de 1998. A polícia local iniciou uma investigação policial, concluída em 27 de agosto de 1998. Atribui-se a responsabilidade do crime a um Deputado Estadual, suposto amante da suposta vítima. A Procuradoria-Geral da Justiça se havia declarado no início impedida de iniciar ação contra o aludido Deputado, em virtude de seu foro parlamentar, ao não haver concedido a Assembleia Legislativa autorização para esse procedimento. Com a alteração da Constituição no ano de 2001, determinou-se que a ação penal contra parlamentares não mais dependeria da autorização da Assembleia Legislativa. Não obstante isso, as autoridades competentes da Paraíba não reiniciaram a ação penal até março de 2003. A causa ainda não havia sido julgada e tramitada com extrema lentidão na data da admissão.	26/07/2007
Alan Felipe da Silva e outros	Denuncia-se que as presumidas vítimas eram crianças e jovens que deviam cumprir medidas socioeducativas, detidas por algum tempo no CTR (Centro de Triagem e Recepção), situado no Rio de Janeiro. Em 29 de maio de 2002, os peticionários tiveram notícia de que nesse lugar as crianças e jovens estavam sofrendo diversos tipos de abuso e inclusive torturas. Estes fatos foram constatados em visita ao local, em virtude dos quais se instituiu a pertinente denúncia policial. Os inquéritos instaurados não produziram resultados, apresentando os caracteres da situação um atraso injustificado que configura uma condição de impunidade.	23/07/2007
Lazinho Brambilla da Silva	Denuncia-se que a suposta vítima, de dezesseis anos de idade, foi assassinada em 9 de novembro de 2003. Isso ocorreu durante uma fuga em massa da Unidade III do Complexo Vila Maria, Adoniran Barbosa, da Fundação Estadual do Bem-Estar do Menor (FEBEM), de São Paulo, onde estava detido. A esta violação, acrescenta-se supostamente a não-observância do devido processo legal, materializado na ação omissa da Polícia na produção de provas e na falta de recursos contra o arquivamento indevido do caso pelo Juiz, com aquiescência do Ministério Público.	23/07/2007
Comunidades de Alcântara	A petição denuncia a desestruturação sociocultural e a violação ao direito de propriedade e ao direito à terra ocupada pelas Comunidades tradicionais de Alcântara. Tal situação foi gerada pela instalação do "Centro de Lançamento de Alcântara" e pelo consequente processo de desapropriação que vem sendo executado pelo governo brasileiro naquela região, bem como pela omissão do Estado em conferir os títulos de propriedade definitiva para aquelas comunidades.	21/10/2006

Manoel Luis da Silva	A petição denuncia violações dos direitos de um trabalhador rural sem-terra assassinado em 19 de maio de 1997 na Fazenda Engenho Taipu, em São Miguel de Taipu, Estado da Paraíba. Essa fazenda particular encontrava-se então submetida a um processo de expropriação a título de utilidade pública com fins de reforma agrária. Caminhando pela propriedade, a suposta vítima teria sido detida por "jagunços" do proprietário e assassinada.	21/10/2006
Neusa dos Santos Nascimento e Gisele Ana Ferreira	As vítimas, negras, teriam se candidatado ao cargo de representante comercial na empresa NIPOMED – Planos de Saúde, conforme anúncio publicado em jornal, mas quando chegaram ao local foram informadas sobre o preenchimento da vaga. A informação mostrou-se falsa porque no dia seguinte uma colega de cor branca teria sido contratada pela empresa. Registrado boletim de ocorrência e levado o fato à justiça, houve arquivamento, e interposto recurso, foi protelado seu julgamento.	21/10/2006
Eldorado dos Carajás	Os peticionários alegam que em 17 de abril de 1996 o Estado brasileiro, por intermédio de seus agentes, assassinou 19 trabalhadores rurais e feriu dezenas deles, ao desalojá-los de uma rodovia pública onde se encontravam acampados como parte de um grupo muito maior de trabalhadores.	20/02/2003

5.3.1.9.3 Medidas cautelares fixadas

O mecanismo de medidas cautelares está previsto no artigo 25 do Regulamento da CIDH, permitindo que a Comissão, por iniciativa própria ou a requerimento, estabeleça medidas cautelares em situações de gravidade ou urgência, com vistas a **prevenir danos irreparáveis às pessoas ou ao objeto do processo** com base em uma petição ou caso pendente, bem como a pessoas que se encontrem sob sua jurisdição, independentemente de qualquer petição ou caso pendente.

Neste sentido, existem medidas cautelares concedidas no âmbito da Comissão com relação a fatos no Brasil sem que tenha sido aberto processo de responsabilização (até mesmo porque a concessão de medidas cautelares não implica em pré--julgamento de eventual processo de responsabilização), tal como existem medidas cautelares fixadas em casos propriamente ditos.

Diversos casos de medidas cautelares concedidas contra o Brasil versam sobre **condições prisionais**, estabelecendo o dever de sanar situações de maus tratos, violência, superlotação e tratamento inadequado dos presos (tanto em presídios propriamente ditos quanto em estabelecimentos semelhantes, por exemplo, voltado a menores infratores). Entre eles, aponta-se: pessoas privadas de liberdade no Instituto Penal Plácido de Sá Carvalho (2016); adolescentes privados de liberdade em unidades de atendimento socioeducativo de internação masculina do Estado do Ceará (2015); pessoas privadas de liberdade no presídio central de Porto Alegre (2013); pessoas privadas de liberdade no complexo presidiário de Pedrinhas (2013); pessoas privadas de liberdade na prisão Professor Aníbal Bruno (2011); pessoas privadas de liberdade no departamento policial de Vila Velha (2010); adolescentes privados de liberdade em unidade de internação socioeducativa (2009); pessoas privadas de liberdade na penitenciária Polinter-Neves (2008); adolescentes na cadeia pública de Guarujá (2007); Centro de Defesa dos Direitos da Criança e do Adolescente do Distrito Federal (2006); adolescentes privados de liberdade na Fundação Estadual do Bem-Estar do Menor (FEBEM) de Tatuapé (2004); internos da penitenciária Urso Branco (2002); María Emilia De Marchi e outros (1998); e menores do Instituto Padre Severino (1996).

Há, ainda, casos que versam sobre a **proteção de testemunha que deveria ser conferida pelo Brasil a cidadãos em situação de ameaça à vida e à integridade física**. São eles: Jorge Custodio, Rosangela Aparecida Saraiva Ferreira e Alessandra Rodríguez Celestino (2003); María Aparecida Gomes da Silva e sua família e Edson Azambuja (2003); Iriny Nicolau Corres Lopes (2002); Rony Clay Chaves, Rubens Leoncio Pereira, Marcos Massari e Gilmar Leite Siquiera (2002); Manoel Bezerra, Rosmary Souto e Luiz Da Silva (2002); Elma Soraya Souza Novais (2002); Catherine Halvey (2000); Benedito Mariano e familiares (2000); promotores de justiça e detidos na cadeia de Piracicaba/SP (2000); Joaquín Marcelo Denadai e José Luis Azevedo da Silveira (1999); Luzia Canuto (1998); Padre Ricardo Rezende (1998); Osmar Barcelos do Nascimento (1996); e pessoas ameaçadas pelo esquadrão da morte "Meninos de Ouro" (1996).

No mesmo sentido, o **caso do Povo Xucuru**, versando sobre **demarcação de terras indígenas** (esta caso será depois visto dentro das condenações da Corte Interamericana de Direitos Humanos ao Brasil) teve medida cautelar concedida para proteção de Zenilda Maria de Araujo e Marcos Luidson de Araujo (Cacique Marquinhos), que lideravam o movimento indígena que estava chegando no tenso período de demarcação. Ainda na questão indígena, em 2004 outorgou-se medida cautelar em favor dos grupos indígenas Ingaricó, Macuxi, Wapichana, Patamona e Taurepang da reserva Raposa Serra do Sol, por conta de ameaça à vida e à integridade pessoal decorrente de conflitos no contexto de demarcação territorial.

Por sua vez, destaca-se a medida cautelar nº 382/10, talvez uma das mais relevantes conferidas pela Comissão interamericana, proposta pelas comunidades indígenas da bacia do Rio Xingu, devido à ameaça à vida e à integridade pessoal por conta do impacto ambiental decorrente da **construção da usina de Belo Monte**. Pelas medidas cautelares, qualquer obra material dependeria de consulta de todos afetados e beneficiados, acesso das comunidades indígenas ao Estudo de Impacto Ambiental, adoção de medidas de proteção para prevenir enfermidades e epidemias que pudessem decorrer da intervenção (Programa Integrado de Saúde Indígena, programa sugerido pela FUNAI), criação de programas de proteção e preservação do território das comunidades.

5.3.2 *Corte Interamericana de Direitos Humanos*

Passa-se, a partir de agora, para o órgão com atribuições judiciais e consultivas no âmbito do sistema interamericano de proteção dos direitos humanos. Enquanto a

Comissão Interamericana de Direitos Humanos foi prevista ao menos genericamente desde a Carta da OEA, a Corte tem sua fundação na Convenção Americana de Direitos Humanos. **Por esta razão, a Corte não é órgão propriamente dito da OEA (não está na lista de organismos da OEA previstos no artigo 53 da Carta da OEA).**

O Brasil aderiu à Corte Interamericana pelo Decreto nº 4.463/2002, que promulgou a **Declaração de Reconhecimento da Competência Obrigatória da Corte Interamericana de Direitos Humanos, sob reserva de reciprocidade, em consonância com o art. 62 da Convenção Americana sobre Direitos Humanos (Pacto de São José), de 22 de novembro de 1969**. Esse reconhecimento de competência deu-se por **prazo indeterminado**, para **fatos posteriores a 10 de dezembro de 1998**.

5.3.2.1 Composição

A Corte é composta de **sete juízes**, de **nacionalidades diferentes**, nacionais dos Estados-membros da Organização, **eleitos** dentre juristas de alta autoridade moral e de reconhecida competência em matéria de direitos humanos, que reúnam as condições requeridas para o exercício das mais elevadas funções judiciais, de acordo com a lei do Estado do qual sejam nacionais, ou do Estado que os propuser como candidatos (artigo 52, CADH). Quanto ao requisito de possuir condições para o exercício dos mais altos cargos judiciários do país, seria, **no Brasil**, atender aos critérios para ser ministro de um Tribunal Superior.

Tais juízes serão **eleitos por voto secreto**, exigido *quórum* de maioria absoluta (mais da metade de todos Estados-partes da Convenção). Cada Estado-parte pode propor até 3 candidatos e, o fazendo, deverá indicar ao menos 1 que não seja seu nacional (artigo 53, CADH).

O mandato durará **6 anos**, **aceita uma reeleição**, estabelecendo-se regra de transição para a alternância trienal dos juízes. No caso de eleição para substituir juiz cujo mandato não tenha expirado (por exemplo, que tenha falecido ou renunciado), será completado o período do mandato anterior. Mesmo após o mandato de 6 anos, independente de reeleição, os juízes continuarão julgando os casos que estiverem sendo processados perante eles e que se encontrem em fase de sentença (artigo 54, CADH).

Nos termos do artigo 55 da CADH, se algum juiz do caso foi nacional de um dos Estados-partes não precisará se afastar, mas o seu país não poderá indicar um juiz *ad hoc*. Quando não for nacional, ambos os Estados-partes poderão indicar o juiz *ad hoc*, mas se forem muitos os Estados-partes com o mesmo interesse eles serão considerados como uma única parte (indicando um só juiz *ad hoc*).

Na Opinião Consultiva nº 20/09, a Corte Interamericana esclarece que a nomeação de juízes *ad hoc* nos procedimentos que venham a ser por ela julgados somente será possível diante de petições levadas pelos Estados e não nos casos de petições individuais, afirmando ser devido o afastamento de juízes nacionais do país em julgamento nos casos de petições individuais.

Ao menos 5 juízes da Corte devem participar da decisão. Eis o *quórum* de deliberação (artigo 56, CADH).

5.3.2.2 Funcionamento

De início, destaca-se que a Comissão comparecerá em todos os casos perante a Corte, isto é, ainda que a Comissão não leve o caso à Corte, sempre será ouvida (artigo 57, CADH).

A sede da Corte fica em São José, na Costa Rica, como decidido em Assembleia Geral, podendo realizar reuniões em outras localidades. Somente o secretário designado pela Corte obrigatoriamente residirá na sede (artigo 58, CADH). A primeira reunião da Corte ocorreu em 1979.

Diferente da Comissão, a Corte possui uma secretaria específica, a qual será dirigida pelo Secretário-Geral da OEA, que nomeará funcionários após consultado o Secretário da Corte, respeitada sempre a independência da Corte (artigo 59, CADH).

O Estatuto elaborado pela Corte foi aprovado pela resolução AG/RES nº 448 (IX-O/79), adotada pela Assembleia Geral da OEA, em seu Nono Período Ordinário de Sessões, realizado em La Paz, Bolívia, outubro de 1979. Já seu Regulamento não se sujeita a tal aprovação (artigo 60, CADH).

5.3.2.3 Competência

(DEFENSORIA PÚBLICA DA UNIÃO – DPU – DEFENSOR PÚBLICO – 2015)
Discorra sobre as funções da Corte Interamericana de Direitos Humanos, abordando os modos de exercício de sua competência e os elementos que a caracterizam como tribunal internacional.

O artigo 63 da CADH resume as providências que a Corte pode determinar, basicamente: **que seja assegurado o gozo do direito ou liberdade violados** e, se o caso, **que sejam reparadas as consequências da violação**, além do pagamento de **indenização ao lesado**. Prossegue o dispositivo esclarecendo que mesmo antes do final do julgamento a Corte pode tomar providências provisórias[49], bem como pode intervir quando o caso ainda estiver na Comissão, desde que esta requeira.

Já o artigo 64 da CADH trata da **competência consultiva** da Corte, de fundamental importância, que poderá ser exercida pelos Estados-membros quanto à interpretação da Convenção e de tratados correlatos à proteção dos direitos humanos, bem como pelos órgãos da OEA. Há também a possibilidade de um Estado-membro

---

[49] "É necessário a ocorrência de três condições para que a solicitação de medidas provisórias seja admitida pela Corte: a gravidade da ameaça; a necessidade de evitar danos irreparáveis às pessoas; e urgência na medida requerida. A situação de grave ameaça implica a existência de risco à vida e à integridade física de pessoas em locais nos quais não há garantias judiciais suficientes para proteção dos direitos humanos. A prática da Comissão tem sido de inicialmente solicitar a adoção de medidas cautelares ao Estado e, quanto não forem cumpridas ou a situação se agravar, recorrer à Corte. Vale ressaltar que o conceito de danos irreparáveis somente diz respeito à violação do direitos à vida e à integridade física, não tendo ainda sido ampliado para incluir outros direitos consagrados pela Convenção Americana como, por exemplo, o direito à liberdade de expressão. O caráter provisório das medidas determinadas pela Corte implica em sua curta duração. Assim, a sua vigência pode estar condicionada à necessidade de se evitar danos irreparáveis. Além disso, podem ser suspensas ou retiradas por terem deixado de ser necessárias, ou porque não há evidências que justifiquem a sua continuidade" (GALLI, Maria Beatriz; KRSTICEVIC, Viviana; DULITZKY, Ariel E... Op. Cit., p. 97).

buscar parecer a respeito da compatibilidade de seu ordenamento interno com os mecanismos internacionais. Afinal, a Corte não serve apenas para julgar litígios, mas para aconselhar e direcionar o cumprimento das normas de direitos humanos, o que inclui fazer interpretações que esclareçam dúvidas dos Estados-membros[50].

Desta maneira, "a Corte possui uma função contenciosa, que inclui o recebimento e trâmite de casos individuais de violação de direitos humanos, e uma função consultiva. Nos primeiros anos de seu funcionamento, a Corte fortaleceu a proteção internacional dos direitos humanos através da emissão de opiniões consultivas. As opiniões consultivas contribuíram para a interpretação e consequente ampliação de alguns direitos consagrados na Convenção Americana sobre Direitos Humanos"[51].

A Corte tem ainda a função de apresentar relatório de suas atividades à Assembleia: ele é anual e informa as recomendações feitas e as medidas que tenham sido ou não cumpridas (artigo 65, CADH).

5.3.2.4 Legitimidade ativa

> Quem pode dar início a um processo na Corte Interamericana de Direitos Humanos?

Diferentemente do que ocorre nas Comissões, não é qualquer pessoa que pode submeter um caso à Corte, mas somente **Estados-partes e a própria Comissão**, não se atingindo solução perante esta (artigo 61, CADH).

No momento do depósito do instrumento de ratificação ou posteriormente o Estado-parte pode reconhecer como obrigatória a competência da Corte, de maneira condicionada ou incondicionada – é a chamada **declaração especial**. Também é possível reconhecer tal competência por convenção especial, que é um tipo de tratado internacional com este fim. É preciso ao menos uma das duas para que a Corte possa apreciar o caso relativo ao Estado-parte (artigo 62, CADH). Não havendo reconhecimento de competência, não é possível figurar nem no polo ativo, nem no passivo de processo perante a Corte.

O Brasil, como já dito, reconheceu a competência da Corte para fatos posteriores a 10 de dezembro de 1998, conforme o Decreto nº 4.463/2002.

5.3.2.5 Requisitos de admissibilidade

"Sobre a admissibilidade da demanda, a interpretação da própria Corte sobre o prazo de três meses, transcorridos desde a notificação do relatório ao Estado pela

---

[50] Na Opinião Consultiva nº 10/89, a Corte é questionada sobre a possibilidade de solicitação de opiniões consultivas que tenham por objeto a Declaração Americana sobre Direitos e Deveres do Homem, afirmando que apesar de tal documento não ser um tratado é possível a sua interpretação no âmbito da função consultiva, decorrendo tal possibilidade do reconhecimento de competência quando da vinculação à OEA e à sua Assembleia Geral.

[51] Ibid., p. 82.

Comissão, é de que o mesmo não é fatal e pode ser prorrogado. Além disso, a Corte determinou que a segurança jurídica exige que os Estados respeitem os prazos, e que a Comissão não faça uso arbitrário dos mesmos, principalmente em relação aos prazos estabelecidos pela Convenção Americana"[52].

Assim, embora nos termos da Convenção a submissão do caso pela Comissão à Corte se sujeite ao prazo de caducidade de três meses contados a partir da data em que a Comissão encaminha o relatório para o Estado, a Corte relativizou a previsão, aceitando que o caso seja encaminhado após o prazo, conferindo flexibilidade à Comissão para que pense sobre a necessidade de submeter o caso à Corte.

Ao se defender, o Estado demandado pode apresentar exceções preliminares por escrito no sentido de ser o tribunal incompetente ou não haver admissibilidade da demanda, as quais são um incidente processual processado independente do procedimento relativo ao mérito[53].

As exceções preliminares são questão previamente apresentadas no prazo de 30 dias a contar da notificação, não paralisando o procedimento de mérito e tramitando em separado. Nelas, o Estado demandado pode alegar não só que a demanda não preenche os requisitos de admissibilidade, mas também que não atende outro requisito indispensável ao prosseguimento do procedimento, como prescrição, vício insanável ou, o que é comum, omissão de trâmites prévios junto à Comissão[54].

5.3.2.6 Sentença

A Corte deve justificar sua decisão, referindo-se às provas dos autos e às normas de direitos humanos vigentes. Se o voto não for unânime, ou seja, o mesmo para todos, o voto dissidente ou diverso poderá ser juntado à sentença e não ignorado (artigo 66, CADH).

A sentença é **definitiva** e **inapelável**, ou seja, não é possível interpor recurso para nenhum órgão, **nem mesmo à Assembleia Geral da OEA**. No máximo, é possível pedir em até 90 dias da notificação da sentença **esclarecimentos** sobre o seu conteúdo (artigo 67, CADH).

A decisão da Corte deverá ser cumprida pelos Estados-partes, **sob pena de sanção internacional**. Eventual indenização a ser paga pelo Estado-parte será processada conforme as normas de execução internas (artigo 68, CADH), logo, **a sentença é título executivo**.

"A sentença pronuncia-se sobre a responsabilidade do Estado demandado pelos fatos apresentados e dispõe sobre o seu dever de garantir à vítima o gozo do direito ou liberdade violados, decidindo sobre as reparações e indenizações respectivas, além do eventual pagamento de custas. Neste sentido, a sentença não tem um caráter meramente declaratório da violação cometida pelo Estado, mas, ao contrário,

---

[52] Ibid., p. 90.
[53] Ibid., p. 92.
[54] Ibid., p. 94-95.

requer que o mesmo adote medidas concretas para reparar as violações aos direitos da Convenção Americana"[55].

É conferida publicidade à sentença não só quanto aos envolvidos, mas quanto a todos Estados-partes (artigo 69, CADH), que ficarão cientes do posicionamento da Corte em relação a certa matéria, podendo eventualmente corrigir alguma postura interna.

5.3.2.7 Exequibilidade doméstica das decisões da Corte Interamericana de Direitos Humanos

Estabelece o artigo 68.2 da Convenção Americana: "A parte da sentença que determinar indenização compensatória poderá ser executada no país respectivo pelo processo interno vigente para a execução de sentenças contra o Estado". Logo, a decisão da Corte é considerada uma sentença proferida fora dos limites territoriais do Estado, razão pela qual passará por um procedimento no âmbito interno de cada país em respeito à soberania deste. Significa que o ordenamento interno do país decidirá se a sentença da Corte é uma sentença internacional, não precisando de validade no país (*posição defendida pela doutrina majoritária e no direito alienígena*), ou é uma sentença estrangeira, devendo ser convalidada.

No Brasil, fixa-se o processo de validação da sentença estrangeira perante o Superior Tribunal de Justiça, que a homologará, transformando-a num título executivo válido no país, conforme previsão da Constituição Federal: "Art. 105, CF. Compete ao Superior Tribunal de Justiça: I – processar e julgar, originariamente: [...] i) a homologação de sentenças **estrangeiras** e a concessão de *exequatur* às cartas rogatórias; [...]". A divergência surge do seguinte questionamento: a sentença proferida pela Corte Interamericana é uma sentença estrangeira ou não? Para os defensores da autoexequibilidade, como Mazzuoli[56], a sentença da Corte é internacional e não estrangeira, referindo-se o vocábulo "estrangeira" apenas a sentença proferida no território de outro país, mas não em tribunais internacionais[57]. Argumenta-se que a União tem interesse direto no cumprimento dos tratados internacionais dos quais o Brasil faz parte, por ser o ente federativo responsável pela representação internacional do Estado brasileiro.

Não se pode negar que, em termos práticos, a autoexequibilidade tende a ser facilitadora no processo de cumprimento das sentenças proferidas pela Corte Interamericana. Nem por isso o posicionamento pode ser tido como correto **à luz da Constituição Federal**. Ora, não existe margem interpretativa na Constituição Federal que permita entender que sentença estrangeira não abrange todo tipo de sentença proferida fora das fronteiras soberanas do Estado brasileiro. Tecnicamente, estrangeiro é o que é externo, o que vem de fora. Então, não importa se sentença foi proferida pelo Judiciário de outro país ou se foi proferida por uma Corte internacional. Basta

---
[55] Ibid., p. 94.
[56] MAZZUOLI, Valerio de Oliveira. **Curso de direito internacional público**. 8. ed... Op. Cit.
[57] No ano de 2015, o concurso da Advocacia Geral da União, para o cargo de Advogado da União, banca CESPE, adotou este posicionamento.

imaginar: e se a sentença for manifestamente inaplicável ao ordenamento brasileiro porque claramente excessiva ou se ela for prolatada em atenção a interesses meramente políticos? O Brasil ficaria sem condições de resistir à sua execução interna, seria obrigado a acatá-la sem questionar. Então, mostra-se coerente interpretar a Constituição no sentido de que qualquer sentença proferida fora da jurisdição brasileira deve ser tida como estrangeira. Adotando aqui este posicionamento, **não existe autoexequibilidade doméstica das decisões proferidas pela Corte Interamericana de Direitos Humanos, mostrando-se necessário o procedimento de homologação perante o Superior Tribunal de Justiça, nos termos do art. 105, I, "i", CF.**

5.3.2.8 Casos contenciosos, medidas provisórias, supervisão de cumprimento e opiniões consultivas

A Corte Interamericana de Direitos Humanos divide suas decisões em quatro categorias:

a) **Casos contenciosos:** há um litígio estabelecido entre o Estado-parte e outro Estado-parte e/ou uma vítima de violação, sendo ele levado à Corte por um Estado-parte ou pela Comissão Interamericana de Direitos Humanos;

b) **Medidas provisórias:** são antecipações à própria decisão ante a necessidade de evitar um prejuízo irreversível;

c) **Supervisão de cumprimento:** são decisões de acompanhamento das condenações feitas pela Corte, verificando se o país está cumprindo adequadamente o determinado ou se é necessário tomar alguma providência;

d) **Opiniões consultivas:** a Corte não decide apenas litígios, mas também emite pareceres, opiniões, a respeito da interpretação da Convenção Americana em situações peculiares.

5.3.2.9 Casos contra o Estado brasileiro perante o sistema Interamericano de Direitos Humanos: jurisprudência da Corte Interamericana de Direitos Humanos

(DEFENSORIA PÚBLICA ESTADUAL DO ESPÍRITO SANTO – DPE-ES – DEFENSOR PÚBLICO – FCC – 2017) Disserte sobre as competências da Corte Interamericana de Direitos Humanos. Na sua dissertação devem ser explorados exemplos concretos que envolvam o Estado brasileiro, de forma detalhada para cada uma das competências narradas, a forma de utilização e requisitos de cada competência, suas diferenças e semelhanças, a aplicação ou não de medidas provisórias e as ferramentas de acompanhamento das decisões.

Passa-se, a partir de agora, à análise do Brasil perante a Corte Interamericana de Direitos Humanos (frisa-se, desde já, que o país tem sido sistematicamente demandado perante este organismo).

5.3.2.9.1 Casos contenciosos julgados

Em primeiro aspecto, serão vistos casos em que houve efetivo litígio.

5.3.2.9.1.1 Casos sobre tratamento de presos

Por quatro vezes, o Brasil foi levado à Corte Interamericana de Direitos Humanos com denúncias variadas sobre o tratamento dos presos no país. Em verdade, o desrespeito à dignidade das pessoas presas é tido como uma das principais falhas brasileiras no que tange ao respeito dos direitos humanos (vide, inclusive, a tese do **Estado de Coisas Inconstitucional** em torno da matéria, como trabalhado oportunamente no capítulo III). Ainda assim, se evoluiu em comparação com um passado relativamente recente, no qual casos extremos vinham à tona com frequência. Abaixo, seguem os casos arquivados pela Corte Interamericana após atendimento de medidas provisórias pelo Brasil:

a) Assunto das pessoas privadas de liberdade na Penitenciária "Dr. Sebastião Martins Silveira" em Araraquara, São Paulo

Reclamando o manejo e tratamento dos presos na referida penitenciária, notadamente, questões como atenção médica necessária, especialmente àqueles que padecem de doenças infectocontagiosas ou se encontram em grave condição de saúde; provisão de alimentos, vestimentas e produtos de higiene em quantidade e qualidade suficientes; detenção sem superpopulação; separação das pessoas privadas de liberdade por categorias, segundo os padrões internacionais; visita dos familiares; acesso e comunicação dos advogados defensores com os detentos, e acesso dos representantes. Foi deferida medida provisória em razão de estar presente situação de extrema gravidade e urgência, implicando um risco de dano irreparável às pessoas.

Chamada para decidir se deveria ser mantida a vigência das medidas provisórias, a Corte explicou que deveria analisar se persistia a situação de extrema gravidade e urgência que determinou a sua adoção, ou se as novas circunstâncias, igualmente graves e urgentes, justificam sua manutenção.

Vejamos:

> 18. Que este Tribunal observa que a melhora e correção da situação da Penitenciária de Araraquara, depois do motim de junho de 2006, **requereu do Estado a adoção de diversas medidas para enfrentar os problemas que afetaram as pessoas detidas nesse estabelecimento**.
>
> 19. Que o Tribunal observa que nos últimos dois anos o Estado realizou, entre outras ações, a **transferência dos 1.200 beneficiários a diversos centros penitenciários** sem que ocorresse nenhum incidente, com o objetivo de poder levar a diante a reforma do estabelecimento. Entre outros critérios, a realocação dos beneficiários foi realizada tendo em consideração a proximidade dos detentos com seus familiares.
>
> 20. Que o Estado procedeu a **reconstrução de toda a Penitenciária de Araraquara**, que funciona atualmente **dentro da sua capacidade**.
>
> 21. Que adicionalmente, o Estado adotou, entre outras medidas, um plano de **construção de novas penitenciárias com o objetivo de reduzir a superlotação penitenciária no estado de São Paulo**; da mesma maneira, garantiu o acesso dos representantes

aos centros de detenção, e a comunicação e visitas dos familiares e advogados aos beneficiários.

22. Que, adicionalmente, o Estado tem cumprido com seu dever de informar ao Tribunal periodicamente sobre as gestões que tem realizado para a implementação das presentes medidas, apresentou a lista de beneficiários que ainda se encontravam privados de liberdade, um relatório individualizado sobre seu estado de saúde e informação sobre os centros a que foram transferidos.

*23. Que a Corte **valoriza o esforço realizado pelo Estado** e considera que os fatos que motivaram a adoção das presentes medidas em favor de determinadas pessoas que nesse momento encontravam-se privadas de liberdade na Penitenciária de Araraquara não subsistem.*

Em razão disso, as medidas provisórias foram suspensas e foi arquivado o expediente do assunto em 25 de novembro de 2008.

b) Assunto das crianças e adolescentes privados de liberdade no "Complexo do Tatuapé" da Fundação CASA

O objeto foi a proteção da vida e da integridade das crianças e adolescentes residentes no complexo, notadamente quanto aos seguintes aspectos: redução considerável da aglomeração; confisco de armas que estejam em poder dos jovens; separação dos internos, de acordo com os padrões internacionais sobre a matéria e tomando em conta o interesse superior da criança; e prestação da devida atenção médica às crianças internas; tudo isto realizando uma supervisão periódica das condições de detenção e do estado físico e emocional das crianças detidas.

Chamada para decidir se deveria ser mantida a vigência das medidas provisórias, a Corte entendeu:

*14. Que este Tribunal observa que a melhora e correção da situação de todas as unidades que compõem a Fundação CASA é um processo que requererá por parte do Estado a adoção de **medidas a curto, médio e longo prazo** para enfrentar os problemas estruturais que afetam todas as crianças e adolescentes que aí cumprem medidas socioeducativas. O dever de adotar essas medidas deriva das obrigações gerais de respeito e garantia dos direitos, adquiridas pelo Estado ao ratificar a Convenção Americana. A compatibilidade das medidas adotadas com os padrões de proteção fixados pelo sistema interamericano deve ser avaliada no momento apropriado, qual seja, a etapa de mérito do caso 12.328, atualmente em conhecimento da Comissão Interamericana.*

15. Que as presentes medidas provisórias foram adotadas em relação à situação particular de extrema gravidade e urgência que foi informada a respeito de uma das unidades da Fundação CASA, o Complexo do Tatuapé.

*16. Que as medidas provisórias têm **caráter excepcional**, são emitidas em função das necessidades de proteção e, uma vez ordenadas, devem ser mantidas sempre e quando, a Corte considere que subsistem os requisitos básicos da extrema gravidade e urgência e da prevenção de danos irreparáveis aos direitos das pessoas protegidas por elas.*

*17. Que desde a Resolução do Presidente sobre este assunto de 17 de novembro de 2005, foram produzidos **avanços notáveis** no cumprimento das medidas provisórias. Nesse sentido, o Estado continuou com a desativação paulatina do Complexo do Tatuapé, transferindo os beneficiários a outras unidades da Fundação – as quais, conforme os registros do expediente, não apresentariam superlotação –, considerando para isso, entre* *outros critérios, a proximidade entre o novo centro de internação e a residência dos pais ou responsáveis dos beneficiários.*

18. Que uma vez terminado o processo de transferência da totalidade dos beneficiários a outros centros, o Complexo do Tatuapé foi completamente desativado e, em 16 de outubro de 2007, o Estado destruiu suas instalações.

*19. Que, por outra parte, o Estado **tem cumprido com seu dever de informar** ao Tribunal periodicamente sobre as gestões que tem realizado para implementar as presentes medidas; **apresentou a lista de beneficiários que ainda se encontravam privados de liberdade**, um relatório individualizado sobre seu estado de saúde e demais condições, realizado por profissionais das áreas psicossocial, pedagógica, de saúde e de segurança, e a relação dos centros aos quais os beneficiários haviam sido transferidos (supra Considerando 7).*

*20. Que, finalmente, a Corte observa que o Estado adotou diversas medidas, tais como: a **construção de novas unidades de internação em conformidade com o novo padrão estrutural e sistema pedagógico da Fundação CASA**, nas quais teria investido, nos últimos três anos, mais de setenta milhões de dólares; a **revogação da decisão administrativa nº 90/2005**; mudanças institucionais que levaram à redução do número de rebeliões nas unidades da Fundação e do índice de adolescentes que reincidem em fatos delituosos depois de cumprir medidas socioeducativas, entre outras.*

*21. Que a Corte **valoriza o esforço realizado pelo** Estado e considera que os fatos que motivaram a adoção das presentes medidas em favor de determinadas pessoas que àquele momento encontravam-se privadas de liberdade no Complexo do Tatuapé já não subsistem. Essa conclusão não tem sido desvirtuada com os elementos aportados a este procedimento de medidas provisórias, a respeito daqueles beneficiários que foram transferidos e ainda se encontram em determinadas unidades da Fundação CASA.*

Por isso, as medidas provisórias foram suspensas e foi arquivado o expediente do assunto em 25 de novembro de 2008.

c) Assunto da Penitenciária Urso Branco

O caso encerrado mais recentemente nesta matéria, conhecido como Urso Branco, teve por objeto a adoção imediata de medidas que se mostrassem necessárias para proteger eficazmente a vida e a integridade de todas as pessoas privadas de liberdade na Penitenciária Urso Branco e de todas as pessoas que nela ingressem, inclusive os visitantes e os agentes de segurança que prestam serviços nela. Para tanto, deveriam ser realizadas as gestões pertinentes para que as medidas de proteção da vida e da integridade pessoal se planifiquem e se implementem com a participação e a devida informação dos representantes dos beneficiários.

Vejamos:

*9. A Corte Interamericana valora positivamente o Pacto **(Pacto para Melhoria do Sistema Prisional do Estado de Rondônia e Levantamento das Medidas Provisórias Outorgadas pela Corte Interamericana de Direitos Humanos)** apresentado na audiência pública pelo Brasil e pelos representantes dos beneficiários e a atitude construtiva de ambas as partes que se reflete na adoção do mesmo. O Tribunal toma nota que tanto o Estado como os representantes pactuaram o levantamento das medidas provisórias e que a Comissão indicou que houve uma melhora qualitativa na Penitenciária Urso Branco.*

10. Por outra parte, a Corte observa que desde dezembro de 2007 não foram registradas mortes violentas ou motins no Presídio Urso Branco. Além disso, a população carce-

rária diminuiu a aproximadamente 700 internos em 2009, e desde então o número de internos tem permanecido sem maiores variações. Adicionalmente, o Estado encontra-se ***investigando as denúncias de violência ou maus tratos apresentadas pelos representantes****, e inclusive alguns processos penais foram resolvidos em primeira instância, tais como os relacionados com os fatos ocorridos em janeiro de 2002 que deram origem às presentes medidas provisórias.*

11. Em consequência, tendo em consideração o Pacto mencionado, o pedido de levantamento apresentado pelo Estado com o consentimento dos representantes e a informação apresentada pelas partes, a Corte Interamericana considera que os requisitos de extrema gravidade, urgência e necessidade de prevenir danos irreparáveis à integridade e à vida dos beneficiários deixaram de concorrer, de modo que procede o levantamento das presentes medidas provisórias.

12. Sem prejuízo do anterior, faz-se oportuno recordar que o artigo 1.1 da Convenção estabelece as obrigações gerais que têm os Estados-parte de respeitar os direitos e liberdades nela consagrados e de garantir seu livre e pleno exercício a toda pessoa que esteja sujeita a sua jurisdição, em todas as circunstâncias. Em especial, a Corte ressalta a posição de garante do Estado com relação às pessoas privadas de liberdade, em razão de que as autoridades penitenciárias exercem um controle total sobre estas, em cujo caso aquelas obrigações gerais adquirem um matiz particular que obriga ao Estado a proporcionar aos internos, com o objetivo de proteger e garantir seus direitos à vida e à integridade pessoal, as condições mínimas compatíveis com sua dignidade enquanto permanecerem nos centros de detenção. Por esta razão, independentemente da existência de medidas provisórias específicas, o Estado encontra-se especialmente obrigado a garantir os direitos das pessoas em circunstâncias de privação de liberdade.

Neste sentido, as medidas provisórias foram levantadas e foi arquivado o expediente do assunto em 25 de agosto de 2011.

5.3.2.9.1.2 Caso Ximenes Lopes

O Caso nº 12.237, proposto por Irene Ximenes Lopes Miranda, irmã da vítima Damião Ximenes Lopes, teve por objeto a exposição da vítima, pessoa com deficiência mental, a condições desumanas e degradantes de internação em um centro de saúde no âmbito do Sistema Único de Saúde (Casa de Repouso Guararapes), culminando em sua morte. O caso permaneceu sem investigação e impune, sendo levado à Comissão em 22 de novembro de 1999 e submetido por esta à Corte em 1º de outubro de 2004.

(DEFENSORIA PÚBLICA ESTADUAL DO RIO DE JANEIRO – DPE-RJ – DEFENSOR PÚBLICO – 2019) Discorra sobre a internação compulsória na Lei nº 10.216/2001 e o sistema interamericano de direitos humanos.

O caso Ximenes Lopes foi um paradigma no tema do direito à saúde mental no sistema interamericano de direitos humanos. Sua leitura permite verificar a excepcionalidade que deve ser conferida ao tratamento de internação em hospital psiquiátrico e a necessidade de que nestes casos de internação o estabelecimento proporcione, de fato, condições de restabelecimento da sanidade mental a ponto de permitir que o regime de internação não mais seja necessário e possa ser substituído por tratamento ambulatorial.

Vale destacar que a condenação no caso Ximenes Lopes sobreveio em 2006, sendo que no ano de 2001 o Brasil aprovou normativa interna – Lei nº 10.216/2001, que dispõe sobre a proteção e os direitos das pessoas portadoras de transtornos mentais e redireciona o modelo assistencial em saúde mental. Referida legislação corresponde, em muitos aspectos, com o que veio a ser a decisão condenatória da Corte interamericana no caso Ximenes Lopes.

De forma notória, o art. 2º, parágrafo único, Lei nº 10.216/2001: "São direitos da pessoa portadora de transtorno mental: I – ter acesso ao melhor tratamento do sistema de saúde, consentâneo às suas necessidades; II – ser tratada com humanidade e respeito e no interesse exclusivo de beneficiar sua saúde, visando alcançar sua recuperação pela inserção na família, no trabalho e na comunidade; III – ser protegida contra qualquer forma de abuso e exploração; IV – ter garantia de sigilo nas informações prestadas; V – ter direito à presença médica, em qualquer tempo, para esclarecer a necessidade ou não de sua hospitalização involuntária; VI – ter livre acesso aos meios de comunicação disponíveis; VII – receber o maior número de informações a respeito de sua doença e de seu tratamento; VIII – ser tratada em ambiente terapêutico pelos meios menos invasivos possíveis; IX – ser tratada, preferencialmente, em serviços comunitários de saúde mental". Destaca-se, ainda, o art. 4º, segundo o qual "a internação, em qualquer de suas modalidades, só será indicada quando os recursos extra-hospitalares se mostrarem insuficientes" (*caput*) e "o tratamento visará, como finalidade permanente, a reinserção social do paciente em seu meio" (§ 1º).

Ainda assim, a normativa permite a **internação compulsória**, considerada aquela determinada por ordem judicial (art. 6º, parágrafo único, III e art. 9º). O juiz apenas deve conceder a internação compulsória em casos excepcionais, nos quais perceba que a pessoa portadora de transtorno mental – inclui-se, conforme vasta jurisprudência, a pessoa com dependência química – não tem condições de deliberar sobre sua vida e sua saúde. Sendo assim, a intervenção na liberdade e na autonomia do indivíduo se justifica pela necessidade de proteção dos direitos à vida e à integridade pessoal. Devem ser respeitados requisitos como a provisoriedade da internação e da curadoria; tal como o de necessidade de que a internação sirva não como uma conveniência para a sociedade e para os familiares (o que é muito comum no caso de dependentes químicos e acaba por conduzir uma onda em massa de internações compulsórias), mas sim como tratamento para redução dos agravos de transtorno mental.

Há que se destacar, contudo, que não há uma perfeita convergência do caso Ximenes Lopes com a normativa em comento, eis que "se Damião fosse considerado pela Corte IDH como portador de transtorno, e não de deficiência mental, ela estaria em convergência com a Lei nº 10.216/2001, que diz respeito a 'pessoas portadoras de transtornos mentais'. Entretanto, Damião foi classificado como deficiente, e não doente, na sentença da Corte IDH, por conta de uma perícia, não médica, mas de um especialista em proteção dos direitos humanos de pessoas com deficiência. Esse perito destacou muito mais a situação de confinamento em que a vítima se encontrava e a vulnerabilidade que implica tal circunstância, ou seja, enfatizou a necessidade de proteção mais do que de tratamento. [...] Considerado uma vítima de circunstâncias domésticas promovidas pelos seus parentes – a causa da doença – e de circunstâncias institucionais promovidas pelos profissionais de Guararapes – a causa da morte –, Damião não podia ser rotulado como 'perigoso', algo relevante para a mobilização coletiva no âmbito da luta antimanicomial nacional que antecedeu o julgamento do caso na Corte IDH, quando a vítima foi apontada como 'deficiente', e não 'doente', vulnerável e necessitado de proteção mais do que um indivíduo com transtornos mentais precisando de tratamento"[58].

Noutras palavras, para a Corte, a vítima nunca foi tratada de um transtorno mental, mas rotulada como uma pessoa deficiente, cuja situação seria irreversível ou não poderia ser amenizada pelo tratamento em hospital psiquiátrico. Assim, acabou sendo submetida a práticas equivalentes à tortura, inclusive de privação de liberdade, que acarretaram na sua morte.

Há que se ressaltar que os eventos se passaram antes da Lei nº 10.216/2001, mas que na época já havia cobrança de um redelineamento do sistema de políticas públicas para o transtorno mental no Brasil, em especial no que se refere à retirada da análise de periculosidade como critério determinante da internação e à assunção de que o tratamento médico poderia reduzir os agravos do transtorno mental. Já a fixação de uma clara distinção entre tratamento de deficiência e tratamento de transtorno mental somente toma rumos mais claros com o Estatuto da Pessoa com Deficiência – Lei nº 13.146/2015, do qual se depreende que o tratamento de transtornos mentais para a redução de agravos é direito fundamental da pessoa com deficiência, a qual deve ser proporcionado pleno acesso ao direito à saúde para que possa se integrar à sociedade; noutras palavras, a deficiência não é elemento que permite a exclusão social, por si só, sendo que procedimentos como a internação em hospitais psiquiátricos de pessoas com deficiência são criticáveis, apenas se aceitando a internação para recebimento de tratamentos indispensáveis à redução de agravos de forma a permitir a reinserção social. Cabe a internação para tratar o transtorno mental, mas não a deficiência.

Na prática, nenhuma destas concepções foi tida em conta e é verdadeiro que o marco normativo brasileiro da época era falho e insuficiente, o que gerou um contexto de conivência do poder público à submissão da vítima à restrição arbitrária de sua liberdade (posto que nunca se objetivou um tratamento do transtorno mental, mas sim o simples isolamento social) e, ultimamente, de sua vida.

Vale a leitura dos trechos da decisão da Corte neste caso paradigmático:

> 119. *A Corte reitera que o reconhecimento de responsabilidade efetuado pelo Estado pela violação dos artigos 4º e 5º da Convenção, em detrimento do senhor Damião Ximenes Lopes, constitui uma contribuição positiva para o desenvolvimento desse processo e reveste fundamental importância para a vigência dos princípios que inspiram a Convenção Americana no Estado.*

---

[58] BRAGA E SILVA, Martinho. Um caso entre a saúde mental e os direitos humanos: as versões e a vítima. **Physis: Revista de Saúde Coletiva**, Rio de Janeiro, v. 23, n. 4, out./dez. 2013.

*120. O Tribunal tem por estabelecido que na Casa de Repouso Guararapes existia um contexto de violência contra as pessoas ali internadas, que estavam sob a ameaça constante de serem agredidas diretamente pelos funcionários do hospital ou de que estes não impedissem as agressões entre os pacientes, uma vez que era frequente que os funcionários não fossem capacitados para trabalhar com pessoas portadoras de deficiência mental. Os doentes se encontravam sujeitos a violência também quando seu estado de saúde se tornava crítico, já que a contenção física e o controle de pacientes que entravam em crise eram muitas vezes realizados com a ajuda de outros pacientes. A violência, no entanto, **não era o único obstáculo** para a recuperação dos pacientes da Casa de Repouso Guararapes, mas também as precárias condições de manutenção, conservação e higiene, bem como da assistência médica, igualmente constituíam uma afronta à dignidade das pessoas ali internadas. Na Casa de Repouso Guararapes o armazenamento dos alimentos era inadequado; as condições higiênicas e sanitárias eram precárias, os banheiros se achavam danificados, sem chuveiro, lavatório ou cesta de lixo, e o serviço sanitário se encontrava sem cobertura nem higiene; não havia médico de plantão, o atendimento médico aos pacientes era frequentemente prestado na recepção do hospital e algumas vezes não havia medicação; faltavam aparelhos essenciais na sala de emergência, tais como tubos de oxigênio, "aspirador de secreção" e vaporizador; os prontuários médicos não registravam a evolução dos pacientes nem os relatórios circunstanciados de acompanhamento que deviam apresentar os profissionais de assistência social, psicologia, terapia ocupacional e enfermagem; o proprietário do hospital não se encontrava presente de maneira assídua, motivo por que era evidente a falta de administração. [...]*

121. A Corte considerou provado que no momento da visita de Albertina Viana Lopes à Casa de Repouso Guararapes, em 4 de outubro de 1999, o senhor Damião Ximenes Lopes se encontrava sangrando, apresentava hematomas, tinha a roupa rasgada, estava sujo e cheirando a excremento, com as mãos amarradas para trás, com dificuldade para respirar, agonizante, gritando e pedindo socorro à polícia. Posteriormente a esse encontro, deram-lhe um banho ao senhor Damião Ximenes Lopes e este, ainda com as mãos atadas, caiu da cama. A suposta vítima permaneceu no solo, foi medicada e posteriormente faleceu, sem a presença ou supervisão de médico algum. A necropsia realizada ressaltou que o corpo apresentava escoriações localizadas na região nasal, ombro direito, parte anterior dos joelhos e do pé esquerdo, equimoses localizadas na região do olho esquerdo, ombro homolateral e punhos, motivo por que esta Corte considerou provado que a morte se deu em circunstâncias violentas (par. 112.9, 112.10, 112.11 e 112.14 supra).

122. No reconhecimento parcial de responsabilidade internacional, o Estado reconheceu os fatos da demanda relacionados com o falecimento do senhor Damião Ximenes Lopes e a falta de prevenção para superar as condições que permitiram que tal incidente ocorresse, bem como a precariedade do sistema de assistência mental a que a suposta vítima foi submetida, no momento dos fatos, o que constituiu uma violação do artigo 4º da Convenção. O Estado, ademais, reconheceu os maus-tratos de que o senhor Ximenes Lopes foi vítima antes de sua morte, em violação do artigo 5º da Convenção (par. 36, 63 e 66 supra). [...]

150. As anteriores considerações levam a Corte a concluir que, por haver faltado com seus deveres de respeito, prevenção e proteção, com relação à morte e os tratos cruéis, desumanos e degradantes sofridos pelo senhor Damião Ximenes Lopes, o Estado tem responsabilidade pela violação dos direitos à vida e à integridade pessoal consagrados nos artigos 4.1 e 5.1 e 5.2 da Convenção Americana, em relação com o artigo 1.1 desse mesmo tratado, em detrimento do senhor Damião Ximenes Lopes. [...]

170. A Comissão e os representantes alegaram neste caso a violação dos artigos 8º (Garantias judiciais) e 25 (Proteção judicial) da Convenção Americana, em relação com o artigo 1.1 desse tratado, em detrimento dos familiares da suposta vítima, com fundamento em que o processo penal que se iniciou para investigar, identificar e sancionar os responsáveis pelos maus-tratos e pela morte do senhor Damião Ximenes Lopes ainda se encontra pendente, transcorridos mais de seis anos dos fatos, sem que até esta data se tenha proferido sentença de primeira instância (par. 112.43 supra). A ação civil de reparação, que busca uma compensação pelos danos, tampouco foi solucionada (par. 112.49 supra). [...]

191. Todas as falências mencionadas demonstram a negligência das autoridades encarregadas de examinar as circunstâncias da morte do senhor Damião Ximenes Lopes e constituem graves faltas do dever de investigar os fatos. [...]

205. Pelo exposto, a Corte considera que o Estado não dispôs de um recurso efetivo para garantir, **em um prazo razoável***, o direito de acesso a justiça das senhoras Albertina Viana Lopes e Irene Ximenes Lopes Miranda, mãe e irmã, respectivamente, do senhor Damião Ximenes Lopes, com plena observância das garantias judiciais.*

206. A Corte conclui que o Estado não proporcionou às familiares de Ximenes Lopes um recurso efetivo para garantir o acesso à justiça, a determinação da verdade dos fatos, a investigação, identificação, o processo e, se for o caso, a punição dos responsáveis e a reparação das consequências das violações. O Estado tem, por conseguinte, responsabilidade pela violação dos direitos às garantias judiciais e à proteção judicial consagrados nos artigos 8.1 e 25.1 da Convenção Americana, em relação com o artigo 1.1 desse mesmo tratado, em detrimento das senhoras Albertina Viana Lopes e Irene Ximenes Lopes Miranda. Em consideração aos diferentes aspectos do dano aduzidos pela Comissão e pelos representantes, a Corte considera os seguintes aspectos:

a) no que se refere ao senhor Damião Ximenes Lopes, este Tribunal leva em conta **para a determinação da indenização a título de dano imaterial** *que está provado que este não recebeu assistência médica nem tratamento adequados como paciente portador de deficiência mental, que por sua condição era especialmente vulnerável e foi submetido a tratamentos cruéis desumanos e degradantes enquanto esteve hospitalizado na Casa de Repouso Guararapes, situação que se viu agravada com sua morte (par. 112.7, 112.8, 112.9, 112.11, 112.12, 112.56 e 112.57 supra);*

b) na determinação da indenização a título de dano imaterial que cabe à senhora Albertina Viana Lopes, esta Corte toma em conta o fato de que é a mãe do falecido. Considera, ademais, que foi constatado o profundo sofrimento e angústia que lhe causou ver a situação deplorável em que se encontrava seu filho na Casa de Repouso Guararapes e seu consequente falecimento; e as sequelas físicas e psicológicas posteriormente produzidas (par. 112.70 e 157);

c) com respeito ao senhor Francisco Leopoldino Lopes, com a finalidade de determinar a indenização por danos imateriais, o Tribunal considera o fato de que era o pai do senhor Damião Ximenes Lopes, mantinha vínculo afetivo com ele e sofreu em consequência da morte do filho (par. 112.71 e 159 supra);

d) no que se refere à senhora Irene Ximenes Lopes Miranda, irmã do senhor Damião Ximenes Lopes, o Tribunal, para a determinação da indenização a título de dano imaterial, considera o sofrimento causado pela morte de seu irmão, com quem mantinha um laço afetivo estreito, o que lhe causou sofrimentos e sequelas psicológicas posteriores. A senhora Irene Ximenes Lopes Miranda, ademais, ainda em detrimento do bem-estar de suas filhas, procurou justiça a partir da morte do irmão, para o que recorreu a diversos órgãos na jurisdição interna e internacional, o que a fez sofrer e reviver de maneira constante as circunstâncias da morte do irmão (par. 112.70, 160 e 161 supra); e

e) na determinação da indenização a título de dano imaterial que cabe ao senhor Cosme Ximenes Lopes, que também esteve internado em instituições psiquiátricas, a

Corte considera o vínculo afetivo e a identificação que havia entre os dois irmãos e o fato de que o falecimento de seu irmão lhe causou dor e sofrimento, que esteve em estado de choque, sofreu depressão e deixou de trabalhar em consequência da morte do senhor Damião Ximenes Lopes (par. 112.71 e 162 supra).

238. Em consideração ao exposto, a Corte fixa com equidade o valor das compensações a esse título, nos seguintes termos:

a) para o senhor Damião Ximenes Lopes a quantia de US$50.000,00 (cinquenta mil dólares dos Estados Unidos da América), que deverá ser distribuída entre as senhoras Albertina Viana Lopes e Irene Ximenes Lopes Miranda e os senhores Francisco Leopoldino Lopes e Cosme Ximenes Lopes;

b) para a senhora Albertina Viana Lopes a quantia de US$30.000,00 (trinta mil dólares dos Estados Unidos da América);

c) para o senhor Francisco Leopoldino Lopes a quantia de US$10.000,00 (dez mil dólares dos Estados Unidos da América);

d) para a senhora Irene Ximenes Lopes Miranda, a quantia de US$25.000,00 (vinte e cinco mil dólares dos Estados Unidos da América); e

e) para o senhor Cosme Ximenes Lopes a quantia de US$10.000,00 (dez mil dólares dos Estados Unidos da América).

A Corte reconheceu a responsabilidade internacional brasileira pela violação dos artigos 4º e 5º da Convenção Americana de Direitos Humanos (**direitos à vida e à integridade pessoal**), violando seu compromisso com a tutela dos direitos humanos, conforme julgamento proferido em 04 de julho de 2006, com condenação de pagamento de indenização aos familiares da vítima. **Foi a primeira vez que o Brasil foi condenado perante a Corte Interamericana de Direitos Humanos.**

5.3.2.9.1.3 Caso Nogueira de Carvalho e outros

O Caso nº 12.058, proposto à Comissão em 11 de dezembro de 1997, e por ela submetido à Corte em 13 de janeiro de 2005, foi movido pelo Centro de Direitos Humanos e Memória Popular (CDHMP), pelo *Holocaust Human Rights Project*, e pelo *Group of International Human Rights Law Students*, em representação da vítima Francisco Gilson Nogueira de Carvalho. O caso teve por objeto a falta de diligência para investigar os fatos e punir os responsáveis pela morte da vítima, crime cometido pelos "meninos de ouro", um esquadrão da morte composto por Policiais Civis e outras autoridades públicas. A vítima em questão havia se dedicado à promoção de ações penais contra funcionários públicos corruptos em Macaíba/RN.

No caso, o Brasil afirmou que houve investigação séria, sem omissões ou negligência, e que tanto a investigação quanto o processo tramitaram em prazo razoável, sendo que o fato de não ter havido condenação, tendo os suspeitos sido absolvidos, deveu-se à alta complexidade dos fatos, com muitos suspeitos, combinada com a insuficiência de provas para embasar uma condenação.

Com base nestas informações, a Corte decidiu:

*74. Gilson Nogueira de Carvalho era um **advogado defensor de direitos humanos** que foi objeto de **ameaças de morte e vítima de homicídio numa emboscada** em 20 de outubro de 1996. Levando em conta que Gilson Nogueira de Carvalho atuava como* *defensor de direitos humanos, a Corte julga pertinente reiterar que compete aos Estados o dever de criar as condições necessárias para o efetivo gozo e desfrute dos direitos consagrados na Convenção. O Tribunal considera que, numa sociedade democrática, o cumprimento do dever dos Estados de criar as condições necessárias para o efetivo respeito e garantia dos direitos humanos de todas as pessoas sob sua jurisdição está intrinsecamente ligado à proteção e ao reconhecimento da importância do papel que cumprem os defensores de direitos humanos, como a Corte tem manifestado em sua jurisprudência constante.*

75. A Organização dos Estados Americanos reconheceu, entre outros aspectos, a necessidade do "apoio à tarefa dos defensores dos direitos humanos, no plano nacional e regional, e reconhecimento à sua valiosa contribuição para a promoção, respeito e proteção dos direitos humanos e das liberdades fundamentais, bem como de condenar os atos que, direta ou indiretamente, impedem ou dificultam [sua] tarefa nas Américas". O compromisso com a proteção dos defensores de direitos humanos foi ressaltado, ademais, em outros instrumentos internacionais.

*76. O Tribunal considera que as ameaças e os atentados à integridade e à vida dos defensores de direitos humanos, e a impunidade dos responsáveis por esses fatos, são particularmente graves, **porque têm um efeito não somente individual, mas também coletivo, na medida em que a sociedade se vê impedida de conhecer a verdade sobre a situação de respeito ou de violação dos direitos das pessoas sob a jurisdição de um determinado Estado.***

*77. Os Estados têm o dever de facilitar os meios necessários para que os defensores de direitos humanos **executem livremente suas atividades; protegê-los quando são objeto de ameaças**, de forma a evitar os atentados a sua vida e integridade; **abster-se de impor obstáculos que dificultem a realização de seu trabalho** e **investigar séria e eficazmente as violações cometidas contra eles, combatendo a impunidade.***

78. Em consequência da morte de Gilson Nogueira de Carvalho, o Estado abriu inquérito policial em 20 de outubro de 1996, em que se consideraram diferentes hipóteses sobre a autoria do homicídio. Uma delas relacionava a morte às denúncias públicas apresentadas por Gilson Nogueira de Carvalho como defensor de direitos humanos, sobre a atuação de um suposto grupo de extermínio denominado "meninos de ouro", que seria formado por funcionários e agentes de polícia do gabinete de Maurílio Pinto de Medeiros, que na época da morte de Gilson Nogueira de Carvalho era o Subsecretário de Segurança Pública do Estado do Rio Grande do Norte. Em virtude das denúncias do advogado, foram iniciadas investigações sobre diversos integrantes da Polícia do Estado do Rio Grande do Norte pela suposta prática de homicídios, sequestros e torturas (par. 67.2, 67.7, 67.8, 67.10 supra).

79. No presente caso, a Corte levou em conta o acervo probatório e as alegações apresentadas pelas partes e efetuou um cuidadoso exame do conjunto das medidas policiais e judiciais efetuadas a partir de 10 de dezembro de 1998, ou seja, desde a data de reconhecimento da competência contenciosa deste Tribunal pelo Estado.

*80. A Corte lembra que compete aos tribunais do Estado o exame dos fatos e das provas apresentadas nas causas particulares. **Não compete a este Tribunal substituir a jurisdição interna estabelecendo as modalidades específicas de investigação e julgamento num caso concreto para obter um resultado melhor ou mais eficaz, mas constatar se nos passos efetivamente dados no âmbito interno foram ou não violadas obrigações internacionais do Estado decorrentes dos artigos 8º e 25 da Convenção Americana.***

*81. Do exposto, a Corte restringiu sua análise aos fatos verificados no período sobre o qual tem competência, análise realizada nos termos do parágrafo 79 da presente Sentença, e considera que **não se demonstrou que o Estado tenha violado os direitos*** *à proteção e às garantias judiciais consagrados nos artigos 8º e 25 da Convenção Americana*, com relação a Jaurídice Nogueira de Carvalho e Geraldo Cruz de Carvalho.

82. Portanto, A CORTE DECLARA, por unanimidade, que:

1. Desconsidera as duas exceções preliminares interpostas pelo Estado, em conformidade com os parágrafos 40 a 46 e 50 a 54 da presente Sentença.

2. Em virtude do limitado suporte fático de que dispõe a Corte, não ficou demonstrado que o Estado tenha violado no presente caso os direitos às Garantias Judiciais e à Proteção Judicial consagrados nos artigos 8º e 25 da Convenção Americana sobre Direitos Humanos, pelas razões expostas nos parágrafos 74 a 81 da presente Sentença.

E DECIDE, Por unanimidade,

3. Arquivar o expediente.

Em 26 de novembro de 2006, o Procedimento foi **arquivado**, não restando demonstrado que o Estado violou os direitos às garantias judiciais e à proteção judicial consagrados nos artigos 8º e 25 da Convenção Americana de Direitos Humanos.

5.3.2.9.1.4 Caso Escher e outros

No caso Escher e outros, submetido pela Comissão à Corte em 20 de dezembro de 2007, e peticionado à Comissão em 26 de dezembro de 2000 pela Rede Nacional de Advogados Populares e Justiça Global (em nome da Cooperativa Agrícola Avanate Ltda., da Associação Comunitária de Trabalhadores Rurais e, notadamente, dos trabalhadores Arlei José Escher, Dalton Luciano de Vargas e outros 32 indivíduos), **discutiu-se a interceptação e o monitoramento telefônico ilegais realizados pela Polícia Militar do Estado do Paraná, sem reparação de danos às vítimas**.

O Brasil apresentou contestação, alegando que a Corte Interamericana de Direitos Humanos seria incompetente para analisar o caso.

A Corte se manifestou pela **condenação** ao pagamento de danos morais e custas judiciais, no seguinte sentido:

> 114. Como esta Corte expressou anteriormente, ainda que as conversações telefônicas não se encontrem expressamente previstas no artigo 11 da Convenção, trata-se de uma forma de comunicação incluída no âmbito de proteção da vida privada. O artigo 11 protege as conversas realizadas através das linhas telefônicas instaladas nas residências particulares ou nos escritórios, seja seu conteúdo relacionado a assuntos privados do interlocutor, seja com o negócio ou a atividade profissional que desenvolva. Desse modo, o artigo 11 aplica-se às conversas telefônicas independentemente do conteúdo destas, inclusive, pode compreender tanto as operações técnicas dirigidas a registrar esse conteúdo, mediante sua gravação e escuta, como qualquer outro elemento do processo comunicativo, como, por exemplo, o destino das chamadas que saem ou a origem daquelas que ingressam; a identidade dos interlocutores; a frequência, hora e duração das chamadas; ou aspectos que podem ser constatados sem necessidade de registrar o conteúdo da chamada através da gravação das conversas. Finalmente, a proteção à vida privada se concretiza com o direito a que sujeitos distintos dos interlocutores não conheçam ilicitamente o conteúdo das conversas telefônicas ou de outros aspectos, como os já elencados, próprios do processo de comunicação.
>
> 115. A fluidez informativa que existe atualmente coloca o direito à vida privada das pessoas em uma situação de maior risco, devido à maior quantidade de novas ferramentas

tecnológicas e à sua utilização cada vez mais frequente. **Esse progresso, especialmente quando se trata de interceptações e gravações telefônicas, não significa que as pessoas devam estar em uma situação de vulnerabilidade frente ao Estado ou aos particulares.** *Portanto, o Estado deve assumir um compromisso com o fim adequar aos tempos atuais as fórmulas tradicionais de proteção do direito à vida privada. [...]*

125. As linhas telefônicas das organizações COANA e ADECON foram interceptadas durante os períodos de 14 a 26 de maio de 1999 e de 9 a 30 de junho de 1999. Do acervo probatório do presente caso, percebe-se claramente que as conversas telefônicas das supostas vítimas Celso Aghinoni, Arlei José Escher e Dalton Luciano de Vargas foram interceptadas e gravadas por agentes do Estado (supra par. 97).

126. As outras supostas vítimas, os senhores Delfino José Becker e Pedro Alves Cabral, não foram mencionadas nos resumos dos trechos gravados e apresentados pelo major Neves à Vara de Loanda.

127. O Tribunal estabeleceu que **é legítimo o uso da prova circunstancial, os indícios e as presunções para fundamentar uma sentença,** *"desde que se possa inferir conclusões consistentes sobre os fatos". Nesse sentido, a Corte tem afirmado que corresponde à parte demandante, em princípio, o ônus da prova dos fatos em que se funda sua alegação; inobstante, tem destacado que diferentemente do direito penal interno, nos processos sobre violações de direitos humanos, a defesa do Estado não pode se basear na impossibilidade do demandante de juntar provas, quando é o Estado que tem o controle dos meios para esclarecer fatos ocorridos dentro do seu território.*

128. A Corte não conta com provas que demonstrem o conteúdo e os interlocutores da totalidade das chamadas telefônicas interceptadas, haja vista que as transcrições do material gravado não foram anexadas aos autos do Pedido de Censura, pese as disposições do artigo 6º da Lei nº 9.296/96, nem ao expediente do presente caso. Diante disso, o Tribunal considera razoável outorgar valor probatório aos indícios que surgem do expediente. Tendo em conta, portanto, a duração do monitoramento telefônico e o papel desempenhado nas organizações por Delfino José Becker e Pedro Alves Cabral, os quais na época dos fatos eram membro da COANA e presidente da ADECON, respectivamente, existe uma **alta probabilidade** *de que suas comunicações tenham sido interceptadas. Desse modo, ainda que não se possa demonstrar com inteira certeza e em forma direta a interceptação, a Corte conclui que também houve interferência na vida privada de Delfino José Becker e Pedro Alves Cabral.*

129. Como as conversas telefônicas das supostas vítimas eram de caráter privado e tais pessoas não consentiram seu conhecimento por terceiros, sua interceptação por parte de agentes do Estado causou uma **ingerência em suas vidas privadas.** *Portanto, a Corte deve examinar se tal ingerência resulta arbitrária ou abusiva nos termos do artigo 11.2 da Convenção ou se é compatível com o referido tratado. [...]*

136. Nesse sentido, a Corte ressalta que, à luz do artigo 144 da Constituição, a investigação dos fatos delitivos indicados no pedido de interceptação, por sua natureza comum, competia exclusivamente à polícia civil. Portanto, as únicas autoridades policiais legitimadas para solicitar a interceptação das linhas telefônicas da COANA e da ADECON eram o delegado de polícia a cargo da investigação ou o secretário de segurança, em substituição ao primeiro. No presente caso, apesar de o ex-secretário Cândido Martins ter avalizado o pedido formulado pelo coronel Kretschmer, este e sua autorização foram juntados aos autos do Pedido de Censura depois que a medida havia sido concluída, anexados ao relatório policial de entrega das fitas gravadas. Dessa maneira, a Vara de Loanda não se manifestou sobre o mesmo. Ao contrário, a juíza Khater emitiu suas autorizações com base nos pedidos apresentados pelo major Neves e pelo sargento Silva, ambos policiais militares, em cujo texto escreveu a simples anotação de que havia apreciado tais pedidos e os concedia (supra pars. 91 e 92).

137. Além disso, apesar de a interceptação telefônica poder ser determinada de ofício pela magistrada, suas decisões expressam que, ao ordená-la, a juíza atuou autorizando as solicitações dos policiais militares, e não por iniciativa própria. Ante o exposto, **não se observou** o artigo 3º da Lei nº 9.296/96. [...]

139. Em ocasiões anteriores, ao analisar as garantias judiciais, o Tribunal ressaltou que as decisões adotadas pelos órgãos internos que possam afetar direitos humanos, **devem estar devidamente motivadas e fundamentadas**, caso contrário, seriam **decisões arbitrárias**. As decisões devem expor, através de uma argumentação racional, os motivos nos quais se fundamentam, considerando as alegações e o acervo probatório aportado aos autos. O dever de motivar não exige uma resposta detalhada a cada argumento constante nas petições, podendo variar de acordo com a natureza de cada decisão. Cabe analisar em cada caso se essa garantia foi observada. Nos procedimentos cuja natureza jurídica exija que a decisão seja emitida sem a oitiva da outra parte, a motivação e a fundamentação devem demonstrar que foram ponderados todos os requisitos legais e demais elementos que justifiquem a concessão ou a negativa da medida. **Desse modo, o livre convencimento do juiz deve ser exercido respeitando-se as garantias adequadas e efetivas contra possíveis ilegalidades e arbitrariedades no procedimento em questão.**

140. Em detrimento do anterior, a juíza Khater autorizou as interceptações telefônicas com uma mera anotação de que havia recebido e visto os pedidos e os concedia, "R. e A. Defiro. Oficie-se". **A magistrada não expôs em sua decisão a análise dos requisitos legais nem os elementos que a motivaram a conceder a medida, nem a forma e o prazo em que se realizaria a diligência, a qual implicaria a restrição de um direito fundamental das supostas vítimas em descumprimento ao artigo 5º da Lei nº 9.296/96.**

141. Quanto à duração das medidas autorizadas, a Corte constata que as interceptações iniciaram a partir da segunda ordem judicial, a qual atendia o pedido de interceptação telefônica apresentada pelo sargento Silva em 12 de maio de 1999. Essa última ampliava o objeto do pedido de interceptação datado de 3 de maio de 1999, solicitando que se incluísse na diligência também a linha telefônica da ADECON (supra pars. 90 a 92). Desse modo, conforme explicado pelo próprio Estado, "a primeira autorização judicial [de 5 de maio de 1999], não chegou sequer a surtir efeito, pois foi absorvida pela segunda autorização, concedida no pedido feito pelo [sargento Silva]". Ante isso, a primeira fase das interceptações, concernentes às duas linhas telefônicas, se desenvolveu durante treze dias, entre 14 e 26 de maio de 1999, baseada na segunda autorização judicial já mencionada. A seguinte etapa de interceptações se deu por um período de vinte e dois dias, entre 9 e 30 de junho de 1999 (supra para. 97), em contrariedade ao artigo 5º da Lei nº 9.296/96, o qual determina que a medida não poderá exceder ao prazo de 15 dias, podendo ser renovado por igual período de tempo, quando se comprove que a prova é indispensável. Nesse contexto, a Corte ressalta que não consta no procedimento do Pedido de Censura requerimento nem autorização para prorrogar as interceptações telefônicas. [...]

142. O artigo 6º da Lei nº 9.296/96 estabelece que, depois da concessão do pedido, a autoridade policial conduzirá os procedimentos de interceptação e comunicará a ordem da medida ao Ministério Público, que poderá acompanhar sua realização. O Tribunal observa que, a despeito do anterior, as ordens de interceptação não foram notificadas ao Ministério Público, que só recebeu os autos do Pedido de Censura em 30 de maio de 2000, ou seja, mais de um ano depois que as ordens haviam sido emitidas e onze meses depois que as interceptações telefônicas haviam cessado. [...]

146. A Corte conclui que as interceptações e gravações das conversas telefônicas objeto deste caso não observaram os artigos 1º, 2º, 3º, 4º, 5º, 6º e 8º da Lei nº 9.296/96 e, por isso, não estavam fundadas em lei. Em consequência, ao descumprir o requisito

de legalidade, não resulta necessário continuar com a análise quanto à finalidade e à necessidade da interceptação. Com base no anterior, a Corte conclui que **o Estado violou o direito à vida privada**, *reconhecido no artigo 11 da Convenção Americana, em relação com a obrigação consagrada no artigo 1.1 do mesmo tratado em prejuízo de Arlei José Escher, Dalton Luciano de Vargas, Delfino José Becker, Pedro Alves Cabral e Celso Aghinoni. [...]*

158. Ante o exposto, a Corte considera que as conversas telefônicas das vítimas e as conversas relacionadas com as organizações que elas integravam eram de caráter privado e nenhum dos interlocutores consentiu que fossem conhecidas por terceiros. Assim, a divulgação de conversas telefônicas que se encontravam sob segredo de justiça, por agentes do Estado, implicou uma ingerência na vida privada, honra e reputação das vítimas. A Corte deve examinar se tal ingerência resulta compatível com os termos do artigo 11.2 da Convenção. [...]

164. Em consequência, a Corte considera que, ao divulgar as conversas privadas que se encontravam sob segredo de justiça, sem respeitar os requisitos legais, o Estado violou os direitos à vida privada, à honra e à reputação, reconhecidos nos artigos 11.1 e 11.2 da Convenção Americana, conexo com a obrigação de respeito consagrada no artigo 1.1 do mesmo tratado, em prejuízo de Arlei José Escher, Dalton Luciano de Vargas, Delfino José Becker, Pedro Alves Cabral e Celso Aghinoni. [...]

169. O artigo 15 da Convenção Americana consagra o direito de reunião pacífica e sem armas. Por sua vez, a liberdade de associação, prevista no artigo 16 do mesmo tratado pressupõe o direito de reunião e se caracteriza por habilitar as pessoas para criar ou participar de entidades ou organizações com o objetivo de atuar coletivamente na consecução dos mais diversos fins, sempre e quando estes sejam legítimos. Diferentemente da liberdade de associação, o direito de reunião não implica necessariamente a criação de ou participação em entidade ou organização, mas pode manifestar-se em uma união esporádica ou congregação para perseguir os mais diversos fins, desde que estes sejam pacíficos e conformes à Convenção. Ante o anterior, e considerando que os argumentos das partes neste caso versam principalmente sobre possíveis restrições injustificadas do Estado à liberdade de associação de membros da COANA e da ADECON, a Corte procederá a analisar exclusivamente se o Estado violou, em prejuízo das vítimas, o direito consagrado no artigo 16 da Convenção. [...]

178. A Corte nota, portanto, que a ingerência do Estado nas comunicações da COANA e da ADECON além de não cumprir com os requisitos legais, não atendeu ao fim supostamente legítimo ao qual se propunha, ou seja, a investigação criminal dos delitos alegados, e trouxe consigo o monitoramento de ações dos integrantes de tais associações. [...] De tal maneira, alteraram o livre e normal exercício do direito de associação dos membros já mencionados da COANA e da ADECON, implicando uma interferência contrária à Convenção Americana. Com base no anterior, o Estado violou em prejuízo dos senhores Arlei José Escher, Dalton Luciano de Vargas, Delfino José Becker, Pedro Alves Cabral e Celso Aghinoni, o direito à liberdade de associação reconhecido no artigo 16 da Convenção Americana, em relação com o artigo 1.1 do referido tratado. [...]

198. Por tal motivo, a Corte examinará as alegações relativas ao 1) mandado de segurança, assim como as ações ante as jurisdições 2) penal, 3) administrativa e 4) civil, à luz dos padrões estabelecidos na Convenção Americana, para determinar a existência de violações das garantias judiciais e do direito à proteção judicial no marco nesses procedimentos internos. [...]

214. Pelo anterior, o Tribunal não conta com elementos que demonstrem a existência de uma violação aos direitos consagrados nos artigos 8 e 25 da Convenção Americana no que concerne ao mandado de segurança e às ações civis examinadas no presente caso. (supra pars. 199 e 213). De outra feita, em relação aos processos e procedimentos penais e administrativos mencionados (supra pars. 204, 205 e 209), a Corte conclui que o Estado violou os direitos previstos nos artigos 8.1 e 25.1 da Convenção Americana, em conexão com o artigo 1.1 da mesma, em prejuízo de Arlei José Escher, Dalton Luciano de Vargas, Delfino José Becker, Pedro Alves Cabral e Celso Aghinoni. [...]

223. O Tribunal reitera que se considera parte lesionada, nos termos do artigo 63.1 da Convenção, a quem foi declarado vítima da violação de algum direito consagrado na mesma. Nesse sentido, o Tribunal negou a solicitação de ampliação do número de supostas vítimas formulada pelos representantes, já que estas não foram mencionadas no escrito de demanda da Comissão (supra par. 82). Em relação ao senhor Eduardo Aghinoni, a Corte estimou que este não tinha sofrido violação a seus direitos com base nos fatos ocorridos posteriormente à sua morte (supra par. 83). Ao analisar o mérito do caso, a Corte determinou que o Estado violou os direitos humanos dos senhores Arlei José Escher, Dalton Luciano de Vargas, Delfino José Becker, Pedro Alves Cabral e Celso Aghinoni (supra pars. 146, 164, 180 e 214), a quem, consequentemente, considera como "partes lesionadas" e beneficiários das reparações que ordena a seguir. [...]

i) Dano material.

*228. A Corte observa que não obstante as alegações dos representantes e a declaração de uma vítima no sentido de que a divulgação do conteúdo das conversas gravadas implicou graves prejuízos econômicos para COANA e ADECON e uma redução da renda das vítimas, não foram aportadas aos autos provas documentais ou outras a fim de demonstrar o dano material alegado. Igualmente, outras vítimas e uma testemunha não indicaram de maneira consistente em suas declarações apresentadas ante este Tribunal que as associações tenham sofrido prejuízos econômicos como os mencionados (supra par. 179). Portanto, este Tribunal **não fixará uma indenização** por conceito de dano material pelos supostos ingressos não percebidos relativos à atividade laboral das vítimas, devido à falta de elementos que comprovem que as essas perdas realmente ocorreram e, eventualmente, quais teriam sido.*

*235. Pelo anterior, a Corte estima pertinente determinar o pagamento de uma compensação pelo conceito de **danos imateriais** na quantidade de US$ 20.000,00 (vinte mil dólares dos Estados Unidos da América) para cada vítima. O Estado deverá efetuar o pagamento dessa quantia diretamente aos beneficiários, dentro do prazo de um ano contado a partir da notificação da presente Sentença. [...]*

236. Nesta seção, o Tribunal determinará as medidas de satisfação que buscam reparar o dano imaterial e que não têm natureza pecuniária, e a dispor as medidas de alcance ou repercussão pública.

i) Obrigação de publicar a Sentença [...]

ii) Reconhecimento público de responsabilidade internacional [...]

iii) Dever de investigar, julgar e, se for o caso, sancionar os responsáveis pelas violações aos direitos humanos [...] No tocante à entrega e divulgação das fitas com as conversas gravadas, em conformidade com os critérios estabelecidos na jurisprudência do Tribunal, o Estado deve investigar os fatos e atuar em consequência. Ademais, com relação às demais violações encontradas, a Corte considera que esta Sentença, sua publicação e a indenização por danos imateriais, são medidas suficientes de reparação. [...]

iv) Formação dos funcionários do Poder Judiciário e da Polícia [...] Tendo em vista o anterior, a Corte determina, em equidade, que o Estado deve pagar a quantia de US$ 10.000,00 (dez mil dólares dos Estados Unidos da América) às vítimas, pelo conceito de custas e gastos. [...]. Assim, em 20 de novembro de 2009, o Estado Brasileiro foi condenado ao pagamento de danos morais e ao pagamento de custas judiciais, além da obrigação de investigar o caso novamente.

5.3.2.9.1.5 Caso Gomes Lund e outros (Guerrilha do Araguaia)

No Caso Gomes Lund e outros, tratando da Guerrilha do Araguaia, proposto à Comissão em 07 de agosto de 1995 e por ela submetido à Corte em 26 de março de 2009, peticionado pelo Centro pela Justiça e pelo Direito Internacional (CEJIL) e pelo *Human Rights Watch*/Americas em nome das pessoas desaparecidas durante a Guerrilha do Araguaia e seus familiares, discutiu-se a responsabilidade do Estado brasileiro na detenção arbitrária, tortura e desaparecimento forçado de 70 pessoas, entre membros do Partido Comunista do Brasil e camponeses da região do Araguaia, através de operações do Exército Brasileiro ocorridas entre os anos de 1972 e 1975, durante o período da ditadura militar (1964 e 1985).

O Brasil apresentou contestação, alegando que a Corte Interamericana de Direitos Humanos seria incompetente para analisar o caso.

A Corte manifestou-se pela **responsabilização** no seguinte sentido:

*126. No presente caso, **a responsabilidade estatal pelo desaparecimento forçado das vítimas não se encontra controvertida** (supra pars. 116 e 118). No entanto, as partes discrepam a respeito das **obrigações internacionais do Estado**, decorrentes da Convenção Americana sobre Direitos Humanos, ratificada pelo Brasil em 1992, que, por sua vez, reconheceu a competência contenciosa deste Tribunal em 1998. Desse modo, a Corte Interamericana deve decidir, no presente caso, se a Lei de Anistia sancionada em 1979 é ou não compatível com os direitos consagrados na Convenção Americana ou, dito de outra maneira, se aquela pode manter seus efeitos jurídicos a respeito de graves violações de direitos humanos, uma vez que o Estado obrigou-se internacionalmente a partir da ratificação da Convenção Americana. [...]*

*147. **As anistias ou figuras análogas foram um dos obstáculos alegados por alguns Estados para investigar e, quando fosse o caso, punir os responsáveis por violações graves aos direitos humanos**. Este Tribunal, a Comissão Interamericana de Direitos Humanos, os órgãos das Nações Unidas e outros organismos universais e regionais de proteção dos direitos humanos **pronunciaram-se sobre a incompatibilidade das leis de anistia, relativas a graves violações de direitos humanos com o Direito Internacional e as obrigações internacionais dos Estados**. [...]*

180. Com base nas considerações acima, a Corte Interamericana conclui que, devido à interpretação e à aplicação conferidas à Lei de Anistia, a qual carece de efeitos jurídicos a respeito de graves violações de direitos humanos, nos termos antes indicados (particularmente, supra par. 171 a 175), o Brasil descumpriu sua obrigação de adequar seu direito interno à Convenção, contida em seu artigo 2º, em relação aos artigos 8.1, 25 e 1.1 do mesmo tratado. Adicionalmente, o Tribunal conclui que, pela falta de investigação dos fatos, bem como da falta de julgamento e punição dos responsáveis, o Estado violou os direitos às garantias judiciais e à proteção judicial, previstos nos artigos 8.1 e 25.1 da Convenção Americana, em relação aos artigos 1.1 e 2º do mesmo tratado, em detrimento dos seguintes familiares das vítimas [...]

181. Por outro lado, a Corte Interamericana conta com informação de que 24 familiares indicados como supostas vítimas faleceram antes de 10 de dezembro de 1998. A respeito destas pessoas, o Tribunal não fará nenhuma declaração de responsabilidade estatal devido à regra de competência temporal. [...]

187. Alguns familiares de integrantes da Guerrilha do Araguaia promoveram, desde 1982, uma ação de natureza não penal, a fim de esclarecer as circunstâncias dos desaparecimentos forçados, localizar os restos mortais, e aceder aos documentos oficiais sobre as operações militares nessa região. Por sua parte, o Ministério Público Federal também interpôs ações de natureza civil com objetivos semelhantes. [...]

196. A Corte estabeleceu que, de acordo com a proteção que outorga a Convenção Americana, o direito à liberdade de pensamento e de expressão compreende "não apenas o direito e a liberdade de expressar seu próprio pensamento, mas também o direito e a liberdade de buscar, receber e divulgar informações e ideias de toda índole". **Assim como a Convenção Americana, outros instrumentos internacionais de direitos humanos, tais como a Declaração Universal de Direitos Humanos e o Pacto Internacional de Direitos Civis e Políticos, estabelecem um direito positivo a buscar e a receber informação.** *[...]*

202. Finalmente, o Tribunal também estabeleceu que, em casos de violações de direitos humanos, as autoridades estatais não se podem amparar em mecanismos como o segredo de Estado ou a confidencialidade da informação, ou em razões de interesse público ou segurança nacional, para deixar de aportar a informação requerida pelas autoridades judiciais ou administrativas encarregadas da investigação ou processos pendentes. Do mesmo modo, quando se trata da investigação de um fato punível, a decisão de qualificar como sigilosa a informação e de negar sua entrega, jamais pode depender exclusivamente de um órgão estatal a cujos membros seja atribuída a prática do ato ilícito. Outrossim, tampouco pode ficar sujeita à sua discricionariedade a decisão final sobre a existência da documentação solicitada. [...]

203. A Corte pode pronunciar-se a respeito da atuação estatal referente à entrega de informação somente por fatos ocorridos após 10 de dezembro de 1998, data a partir da qual este Tribunal tem competência sobre alegadas violações à Convenção atribuídas ao Brasil (supra par 18). [...]

220. A Corte observa que o atraso do andamento e cumprimento da Ação Ordinária não pode ser justificado em razão da complexidade do assunto. Com efeito, no presente caso, a Ação Ordinária tinha como objeto, no que aqui interessa, o acesso a documentos oficiais sobre as operações militares contra a Guerrilha do Araguaia. Quanto ao acesso à informação em poder do Estado, o Tribunal considera que não se trata de uma solicitação de maior complexidade, cuja resposta pudesse justificar uma ampla dilação. A Ação Ordinária foi interposta em 1982 e a sentença de primeira instância foi proferida em 2003, ou seja, 21 anos depois. Por outro lado, desde a prolação dessa decisão até que o Estado iniciasse seu cumprimento, em 2009, transcorreram seis anos.

221. Quanto ao segundo dos elementos a serem considerados, a atividade processual dos familiares, é evidente que, em nenhum momento, eles tentaram obstruir o processo judicial nem muito menos protelar qualquer decisão a respeito; pelo contrário, participaram deste processo em diferentes momentos com o propósito de avançar na solução do processo judicial. Portanto, os familiares que interpuseram a Ação Ordinária em nenhum momento entorpeceram seu andamento.

222. Com respeito à conduta das autoridades nos procedimentos judiciais, em 10 de dezembro de 1998, data em que o Brasil reconheceu a competência do Tribunal, encontrava-se pendente de decisão um recurso do Estado, opondo-se a uma determinação do juiz de primeira instância para que prestasse informações sobre a Guerrilha do Araguaia. Entretanto, logo após uma apelação e outros recursos interpostos pelo Estado, os quais foram rejeitados pelos tribunais superiores (supra pars. 191, 204 a 208), a decisão adquiriu força de coisa julgada em 9 de outubro de 2007 (supra par. 191). Os expedientes tardaram mais de sete meses para retornar, em maio de 2008, ao juiz de primeira instância a fim de iniciar a execução da sentença. Finalmente, apesar dessa decisão firme, a execução da sentença teve início 18 meses depois, em 12 de março de 2009 (supra par. 191). Embora a autoridade judicial tenha ordenado a entrega de documentação, o Estado Federal requerido não a forneceu, com base em distintos argumentos e interpondo numerosos recursos, sendo, finalmente, entregue vários anos depois de solicitada. Com efeito, a Corte observa que, durante o trâmite da Ação Ordinária, o Estado afirmou, em 1999, que "não havia qualquer mínima prova razoável da existência de um suposto relatório da Guerrilha do Araguaia" e, em abril de 2000, o Ministério da Defesa informou sobre a inexistência do referido relatório (supra par. 191), apesar de que, em julho de 2009, a União apresentou numerosa documentação sobre a Guerrilha do Araguaia (supra pars. 192 e 210). [...]

*225. A Corte Interamericana, por conseguinte, conclui que a Ação Ordinária no presente caso **excedeu o prazo razoável** e, por esse motivo, o Brasil violou os direitos às garantias judiciais estabelecidos no artigo 8.1 da Convenção Americana, em relação com o artigo 13 e 1.1 do mesmo instrumento, em prejuízo das pessoas determinadas conforme aos parágrafos 212 e 213 da presente Sentença. [...]*

231. Igualmente, a Corte destaca a obrigação de garantir a efetividade de um procedimento adequado para a tramitação e resolução das solicitações de informação, que fixe prazos para resolver e entregar a informação e que se encontre sob a responsabilidade de funcionários devidamente capacitados. Finalmente, ante a recusa de acesso a determinada informação sob seu controle, o Estado deve garantir que exista um recurso judicial simples, rápido e efetivo que permita determinar se houve uma violação do direito de acesso à informação e, se for o caso, ordenar ao órgão correspondente proceda à entrega da mesma. [...]

*235. **A Corte considerou em numerosos casos que os familiares das vítimas de violações dos direitos humanos podem ser, ao mesmo tempo, vítimas.** A esse respeito, este Tribunal considerou que se pode presumir um dano à integridade psíquica e moral dos familiares diretos de vítimas de certas violações de direitos humanos, aplicando uma presunção juris tantum a respeito de mães e pais, filhas e filhos, esposos e esposas, companheiros e companheiras permanentes (doravante "familiares diretos"), sempre que corresponda às circunstâncias particulares do caso. No caso desses familiares diretos, cabe ao Estado descaracterizar essa presunção. Nos demais casos, o Tribunal deverá analisar se na prova que consta do expediente se comprova alguma afetação à integridade pessoal da suposta vítima. A respeito das pessoas sobre as quais o Tribunal não presumirá dano à sua integridade pessoal por não serem familiares diretos, a Corte avaliará, por exemplo, se existe um vínculo particularmente estreito entre eles e as vítimas do caso que permita estabelecer uma afetação a sua integridade pessoal e, por conseguinte, uma violação do artigo 5º da Convenção. O Tribunal também poderá avaliar se as supostas vítimas participaram da busca de justiça no caso concreto ou se passaram por sofrimentos próprios, em consequência dos fatos do caso ou em razão das posteriores ações ou omissões das autoridades estatais frente a esses fatos. [...]*

245. Com base no disposto no artigo 63.1 da Convenção Americana, a Corte indicou que toda violação de uma obrigação internacional que tenha provocado dano compreende o dever de repará-lo adequadamente e que essa disposição "reflete uma norma consuetudinária que constitui um dos princípios fundamentais do Direito Internacional contemporâneo sobre a responsabilidade de um Estado".

*246. Este Tribunal estabeleceu que **as reparações devem ter um nexo causal com os fatos do caso, as violações declaradas e os danos provados, bem como com as medidas solicitadas para reparar os danos respectivos.** Portanto, a Corte deverá observar essa simultaneidade para pronunciar-se devidamente e conforme o direito. [...]*

257. Especificamente, o Estado deve garantir que as causas penais que tenham origem nos fatos do presente caso, contra supostos responsáveis que sejam ou tenham sido funcionários militares, sejam examinadas na jurisdição ordinária, e não no foro militar.

Finalmente, a Corte considera que, com base em sua jurisprudência, o Estado deve assegurar o pleno acesso e capacidade de ação dos familiares das vítimas em todas as etapas da investigação e do julgamento dos responsáveis, de acordo com a lei interna e as normas da Convenção Americana. Além disso, os resultados dos respectivos processos deverão ser publicamente divulgados, para que a sociedade brasileira conheça os fatos objeto do presente caso, bem como aqueles que por eles são responsáveis. [...]

262. A Corte avalia positivamente que o Brasil tenha adotado medidas para avançar na busca das vítimas da Guerrilha do Araguaia. Nesse sentido, é necessário que o Estado realize todos os esforços possíveis para determinar seu paradeiro, com brevidade. O Tribunal destaca que os familiares esperam essa informação há mais de 30 anos. Quando for o caso, os restos mortais das vítimas desaparecidas, previamente identificados, deverão ser entregues aos familiares, tão logo seja possível e sem custo algum para eles, para que possam sepultá-los de acordo com suas crenças. O Estado deverá também financiar as despesas funerárias, de comum acordo com os familiares. [...]

267. A Corte considera, como o fez em outros casos, que é necessária uma medida de reparação que ofereça um atendimento adequado aos sofrimentos físicos e psicológicos sofridos pelas vítimas. Portanto, o Tribunal considera conveniente dispor que o Estado preste atendimento médico e psicológico ou psiquiátrico, de forma gratuita e imediata, adequada e efetiva, por meio das instituições públicas especializadas de saúde, às vítimas que assim o solicitem. Para isso, deverão ser levados em conta os sofrimentos específicos dos beneficiários, mediante a realização prévia de uma avaliação física e psicológica ou psiquiátrica. Os respectivos tratamentos também deverão ser prestados no Brasil pelo tempo que seja necessário e incluir o fornecimento gratuito dos medicamentos que eventualmente requeiram. [...]

*283. A Corte considera de maneira positiva a informação do Brasil sobre os programas de capacitação das Forças Armadas. Este Tribunal julga importante fortalecer as **capacidades institucionais do Estado**, mediante a capacitação de integrantes das Forças Armadas sobre os princípios e normas de proteção dos direitos humanos e os limites a que devem ser submetidos. Para essa finalidade, o Estado deve dar prosseguimento às ações desenvolvidas e implementar, em um prazo razoável, um programa ou curso permanente e obrigatório sobre direitos humanos, destinado a todos os níveis hierárquicos das Forças Armadas. Como parte dessa formação, deverá ser incluída a presente Sentença, a jurisprudência da Corte Interamericana a respeito do desaparecimento forçado de pessoas, de outras graves violações aos direitos humanos e à jurisdição penal militar, bem como às obrigações internacionais de direitos humanos do Brasil, derivadas dos tratados nos quais é Parte. [...]*

287. De acordo com o anteriormente exposto, o Tribunal insta o Estado a que dê prosseguimento à tramitação legislativa e a que adote, em prazo razoável, todas as medidas necessárias para ratificar a Convenção Interamericana sobre o Desaparecimento Forçado de Pessoas. Por outro lado, de acordo com a obrigação decorrente do artigo 2º da Convenção Americana, o Brasil deve adotar as medidas que sejam necessárias para tipificar o delito de desaparecimento forçado de pessoas, em conformidade com os parâmetros interamericanos. Essa obrigação vincula a todos os poderes e órgãos estatais em seu conjunto. [...]

*292. **A Corte avalia, de maneira positiva, as numerosas iniciativas do Brasil em prol de sistematizar e dar publicidade aos documentos relativos ao período do regime militar, inclusive os relacionados com a Guerrilha do Araguaia**. [...]*

293. Por outro lado, quanto à adequação do marco normativo do acesso à informação, o Tribunal toma nota de que o Estado informou que se encontra em tramitação um projeto de lei que, entre outras reformas, propõe uma redução dos prazos previstos para a reserva de documentos e dispõe a proibição da mesma a respeito daqueles que tenham relação com violações de direitos humanos, e que os representantes manifestaram sua aprovação ao projeto mencionado. Com base no anterior, o Tribunal exorta ao Estado que, em prazo razoável, de acordo com o artigo 2º da Convenção Americana, adote as medidas legislativas, administrativas e de qualquer outra natureza que sejam necessárias para fortalecer o marco normativo de acesso à informação, em conformidade com os parâmetros interamericanos de proteção dos direitos humanos, como os citados na presente Sentença (supra pars. 228 a 231). [...]

*297. Quanto à criação de uma **Comissão da Verdade**, a Corte considera que se trata de um mecanismo importante, entre outros aspectos, para cumprir a obrigação do Estado de garantir o direito de conhecer a verdade sobre o ocorrido. Com efeito, o estabelecimento de uma Comissão da Verdade, dependendo do objeto, do procedimento, da estrutura e da finalidade de seu mandato, **pode contribuir para a construção e preservação da memória histórica, o esclarecimento de fatos e a determinação de responsabilidades institucionais, sociais e políticas em determinados períodos históricos de uma sociedade**. Por isso, o Tribunal valora a iniciativa de criação da Comissão Nacional da Verdade e exorta o Estado a implementá-la, em conformidade com critérios de independência, idoneidade e transparência na seleção de seus membros, assim como a dotá-la de recursos e atribuições que lhe possibilitem cumprir eficazmente com seu mandato. A Corte julga pertinente, no entanto, destacar que as atividades e informações que, eventualmente, recolha essa Comissão, não substituem a obrigação do Estado de estabelecer a verdade e assegurar a determinação judicial de responsabilidades individuais, através dos processos judiciais penais. [...]*

303. A Corte considera, como o fez em outros casos, que na hipótese de existirem mecanismos nacionais para determinar formas de reparação, esses procedimentos e resultados devem ser valorizados. Caso esses mecanismos não atendam a critérios de objetividade, razoabilidade e efetividade para reparar adequadamente as violações de direitos reconhecidas na Convenção, declaradas por este Tribunal, corresponde a este, no exercício de sua competência subsidiária e complementar, dispor as reparações pertinentes. Nesse sentido, foi estabelecido que os familiares das vítimas desaparecidas tiveram acesso a um processo administrativo que determinou uma indenização "a título de reparação" pelos desaparecimentos forçados ou mortes das vítimas diretas. A Corte avalia positivamente a atuação do Estado nesse sentido e considera que os montantes fixados pela Lei nº 9.140/95, e pagas aos familiares das vítimas a "título de reparação", são razoáveis nos termos de sua jurisprudência e supõe que incluem tanto os danos materiais como os imateriais a respeito das vítimas desaparecidas. Por outro lado, nos casos das indenizações não reclamadas pelos familiares dos senhores Francisco Manoel Chaves, Pedro Matias de Oliveira ('Pedro Carretel'), Hélio Luiz Navarro de Magalhães e Pedro Alexandrino de Oliveira Filho, o Tribunal dispõe que o Estado estabeleça a possibilidade de que, num prazo de seis meses contados a partir da notificação da presente Sentença, aqueles interessados possam apresentar, caso o desejem, seus pedidos de indenização, utilizando os critérios e mecanismos estabelecidos no direito interno pela Lei nº 9.140/95.

304. Por outro lado, quanto às despesas médicas e outras relacionadas com a busca dos familiares, solicitadas pelos representantes, a Corte observa que não foram apresentados comprovantes das despesas alegadas, nem foram indicados os danos específicos sofridos por cada familiar para fundamentar esse pedido, tampouco foram individualizadas as atividades de que cada um deles participou com uma indicação dos gastos realizados. Sem prejuízo do anterior, o Tribunal presume que os familiares das vítimas incorreram, desde 10 de dezembro de 1998 até esta data, entre outras, em despesas relacionadas com serviços ou atenção médica e aquelas referentes à busca de informação e dos restos *mortais das vítimas desaparecidas até o presente. Com base no anterior, o Tribunal determina, em equidade, o pagamento de US$ 3.000,00 (três mil dólares dos Estados Unidos da América) a favor de cada um dos familiares considerados vítimas na presente Sentença (supra par. 151). As indenizações ordenadas na presente Sentença não obstaculizarão outras reparações que, eventualmente, possam ordenar-se no direito interno. [...]*

311. Em atenção a sua jurisprudência, em consideração às circunstâncias do presente caso, às violações cometidas, aos sofrimentos ocasionados e ao tratamento que receberam, ao tempo transcorrido, à denegação de justiça e de informação, bem como às mudanças nas condições de vida e às demais consequências de ordem imaterial que sofreram, o Tribunal fixa, em equidade, o montante de US$ 45.000,00 (quarenta e cinco mil dólares dos Estados Unidos da América) para cada familiar direto e de US$ 15.000,00 (quinze mil dólares dos Estados Unidos da América) para cada familiar não direto, considerados vítimas no presente caso e indicados no parágrafo 251 da presente Sentença. As indenizações ordenadas na presente Sentença não obstaculizarão outras reparações que, eventualmente, possam ordenar-se no direito interno. [...]

318. Sem prejuízo do anteriormente exposto, a Corte constatou que os representantes incorreram em diversos gastos junto a este Tribunal, relativos, entre outros aspectos, ao recolhimento de prova, transporte, serviços de comunicação, na tramitação interna e internacional do presente caso. Levando em conta o anterior, o Tribunal determina, em equidade, que o Estado pague o montante de US$ 5.000,00 (cinco mil dólares dos Estados Unidos da América), US$ 5.000,00 (cinco mil dólares dos Estados Unidos da América) e US$ 35.000,00 (trinta e cinco mil dólares dos Estados Unidos da América) a favor do Grupo Tortura Nunca Mais, da Comissão de Familiares de Mortos e Desaparecidos Políticos de São Paulo e do Centro pela Justiça e o Direito Internacional, respectivamente, a título de custas e gastos. [...]

325. Portanto, A CORTE DECIDE, por unanimidade:

1. Admitir parcialmente a exceção preliminar de falta de competência temporal interposta pelo Estado, em conformidade com os parágrafos 15 a 19 da presente Sentença.

2. Rejeitar as demais exceções preliminares interpostas pelo Estado, nos termos dos parágrafos 26 a 31, 38 a 42 e 46 a 49 da presente Sentença.

DECLARA, por unanimidade, que:

*3. **As disposições da Lei de Anistia brasileira que impedem a investigação e sanção de graves violações de direitos humanos são incompatíveis com a Convenção Americana, carecem de efeitos jurídicos e não podem seguir representando um obstáculo para a investigação dos fatos do presente caso, nem para a identificação e punição dos responsáveis, e tampouco podem ter igual ou semelhante impacto a respeito de outros casos de graves violações de direitos humanos consagrados na Convenção Americana ocorridos no Brasil.***

*4. **O Estado é responsável pelo desaparecimento forçado e, portanto, pela violação dos direitos ao reconhecimento da personalidade jurídica, à vida, à integridade pessoal e à liberdade pessoal**, estabelecidos nos artigos 3, 4, 5 e 7 da Convenção Americana sobre Direitos Humanos, em relação com o artigo 1.1 desse instrumento, em prejuízo das pessoas indicadas no parágrafo 125 da presente Sentença, em conformidade com o exposto nos parágrafos 101 a 125 da mesma.*

5. O Estado descumpriu a obrigação de adequar seu direito interno à Convenção Americana sobre Direitos Humanos, contida em seu artigo 2, em relação aos artigos 8.1, 25 e 1.1 do mesmo instrumento, como consequência da interpretação e aplicação que foi dada à Lei de Anistia a respeito de graves violações de direitos humanos. Da mesma maneira, o Estado é responsável pela violação dos direitos às garantias judiciais e à proteção judicial previstos nos artigos 8.1 e 25.1 da Convenção Americana sobre Direitos Humanos, em relação aos artigos 1.1 e 2 desse instrumento, pela falta de investigação dos fatos do presente caso, bem como pela falta de julgamento e sanção dos responsáveis, em prejuízo dos familiares das pessoas desaparecidas e da pessoa executada, indicados nos parágrafos 180 e 181 da presente Sentença, nos termos dos parágrafos 137 a 182 da mesma.

6. O Estado é responsável pela violação do direito à liberdade de pensamento e de expressão consagrado no artigo 13 da Convenção Americana sobre Direitos Humanos, em relação com os artigos 1.1, 8.1 e 25 desse instrumento, pela afetação do direito a buscar e a receber informação, bem como do direito de conhecer a verdade sobre o ocorrido. Da mesma maneira, o Estado é responsável pela violação dos direitos às garantias judiciais estabelecidos no artigo 8.1 da Convenção Americana, em relação com os artigos 1.1 e 13.1 do mesmo instrumento, por exceder o prazo razoável da Ação Ordinária, todo o anterior em prejuízo dos familiares indicados nos parágrafos 212, 213 e 225 da presente Sentença, em conformidade com o exposto nos parágrafos 196 a 225 desta mesma decisão.

7. O Estado é responsável pela violação do direito à integridade pessoal, consagrado no artigo 5.1 da Convenção Americana sobre Direitos Humanos, em relação com o artigo 1.1 desse mesmo instrumento, em prejuízo dos familiares indicados nos parágrafos 243 e 244 da presente Sentença, em conformidade com o exposto nos parágrafos 235 a 244 desta mesma decisão.

E DISPÕE, por unanimidade, que:

8. **Esta Sentença constitui per se uma forma de reparação.**

9. O Estado deve conduzir eficazmente, perante a jurisdição ordinária, a **investigação penal dos fatos do presente caso** a fim de esclarecê-los, determinar as correspondentes responsabilidades penais e aplicar efetivamente as sanções e consequências que a lei preveja, em conformidade com o estabelecido nos parágrafos 256 e 257 da presente Sentença.

10. O Estado deve realizar todos os esforços para **determinar o paradeiro das vítimas desaparecidas** e, se for o caso, **identificar e entregar os restos mortais a seus familiares**, em conformidade com o estabelecido nos parágrafos 261 a 263 da presente Sentencia.

11. O Estado deve oferecer o **tratamento médico e psicológico ou psiquiátrico que as vítimas requeiram** e, se for o caso, pagar o montante estabelecido, em conformidade com o estabelecido nos parágrafos 267 a 269 da presente Sentença.

12. O Estado deve realizar as publicações ordenadas, em conformidade com o estabelecido no parágrafo 273 da presente Sentença.

13. O Estado deve realizar um **ato público de reconhecimento de responsabilidade internacional** a respeito dos fatos do presente caso, em conformidade com o estabelecido no parágrafo 277 da presente Sentença.

14. O Estado deve continuar com as ações desenvolvidas em matéria de capacitação e implementar, em um prazo razoável, um programa ou curso permanente e obrigatório sobre direitos humanos, **dirigido a todos os níveis hierárquicos das Forças Armadas**, em conformidade com o estabelecido no parágrafo 283 da presente Sentença.

15. O Estado deve adotar, em um prazo razoável, as medidas que sejam necessárias para tipificar o delito de desaparecimento forçado de pessoas em conformidade com os parâmetros interamericanos, nos termos do estabelecido no parágrafo 287 da presente Sentença. Enquanto cumpre com esta medida, o Estado deve adotar todas aquelas ações que garantam o efetivo julgamento, e se for o caso, a punição em relação aos fatos constitutivos de desaparecimento forçado através dos mecanismos existentes no direito interno.

16. O Estado deve continuar desenvolvendo as iniciativas de busca, sistematização e publicação de toda a informação sobre a Guerrilha do Araguaia, assim como da informação relativa a violações de direitos humanos ocorridas durante o regime militar, garantindo o acesso à mesma nos termos do parágrafo 292 da presente Sentença.

17. O Estado deve pagar as quantias fixadas nos parágrafos 304, 311 e 318 da presente Sentença, a título de indenização por dano material, por dano imaterial e por restituição de custas e gastos, nos termos dos parágrafos 302 a 305, 309 a 312 e 316 a 324 desta decisão.

*18. O Estado deve realizar uma **convocatória**, em, ao menos, um **jornal de circulação nacional e um da região onde ocorreram os fatos do presente caso**, ou mediante outra modalidade adequada, para que, por um período de 24 meses, contado a partir da notificação da Sentença, os familiares das pessoas indicadas no parágrafo 119 da presente Sentença aportem prova suficiente que permita ao Estado identificá-los e, conforme o caso, considerá-los vítimas nos termos da Lei nº 9.140/95 e desta Sentença, nos termos do parágrafo 120 e 252 da mesma.*

19. O Estado deve permitir que, por um prazo de seis meses, contado a partir da notificação da presente Sentença, os familiares dos senhores Francisco Manoel Chaves, Pedro Matias de Oliveira ("Pedro Carretel"), Hélio Luiz Navarro de Magalhães e Pedro Alexandrino de Oliveira Filho, possam apresentar-lhe, se assim desejarem, suas solicitações de indenização utilizando os critérios e mecanismos estabelecidos no direito interno pela Lei nº 9.140/95, conforme os termos do parágrafo 303 da presente Sentença.

20. Os familiares ou seus representantes legais apresentem ao Tribunal, em um prazo de seis meses, contado a partir da notificação da presente Sentença, documentação que comprove que a data de falecimento das pessoas indicadas nos parágrafos 181, 213, 225 e 244 é posterior a 10 de dezembro de 1998.

21. A Corte supervisará o cumprimento integral desta Sentença, no exercício de suas atribuições e em cumprimento de seus deveres, em conformidade ao estabelecido na Convenção Americana sobre Direitos Humanos, e dará por concluído o presente caso uma vez que o Estado tenha dado cabal cumprimento ao disposto na mesma. Dentro do prazo de um ano, a partir de sua notificação, o Estado deverá apresentar ao Tribunal um informe sobre as medidas adotadas para o seu cumprimento.

Assim, em 24 de novembro de 2010, foi reconhecida responsabilidade do Estado Brasileiro em relação ao caso, afirmando que a sentença em si seria uma forma de reparação, não importando a impossibilidade de fixar desde logo montante indenizatório para todas as vítimas do evento, posto que apenas algumas delas foram identificadas e apenas quanto a elas previsto montante indenizatório. O Brasil foi condenado a realizar dura investigação criminal em relação aos fatos ocorridos, punindo efetivamente os culpados, além de reparar os direitos das vítimas e seus familiares de forma ampla. Além disso, determinou-se que o Estado Brasileiro desenvolvesse planos de direitos humanos e capacitações de forma constante.

5.3.2.9.1.6 Caso Sétimo Garibaldi

O Caso de nº 12.478 foi proposto perante a Comissão, em 06 de maio de 2003 (e por ela submetido à Corte em 24 de dezembro de 2007), tendo sido peticionado pelas organizações Justiça Global, Rede Nacional de Advogados e Advogadas Populares (RENAP) e Movimento dos Trabalhadores Rurais Sem Terra (MST) em nome de Sétimo Garibaldi e seus familiares. Consta que Sétimo Garibaldi foi vítima de homicídio por 20 pistoleiros, que atuaram ilegalmente em um despejo de trabalhadores sem-terra no Estado do Paraná. Acusou-se o Estado brasileiro de falta de diligências para apurar e punir o fato, bem como para proceder à reparação de danos aos familiares da vítima.

Vejamos alguns trechos:

> 71. Conforme estabelecido no Capítulo III desta Sentença, a Corte analisará os fatos relacionados com a investigação do homicídio de Sétimo Garibaldi ocorridos com posterioridade a 10 de dezembro de 1998, data em que o Estado reconheceu a jurisdição obrigatória do Tribunal. Em consequência, examinará se as supostas falhas e omissões nesse procedimento constituíram violações dos artigos 8º e 25 da Convenção, com relação ao artigo 1.1 do mesmo tratado. [...]
>
> 115. Esta Corte Interamericana tem especificado os princípios norteadores de uma investigação quando se está diante de uma morte violenta. **Conforme a jurisprudência do Tribunal, as autoridades estatais que conduzem uma investigação desse tipo devem tentar no mínimo, inter alia: a) identificar a vítima; b) recuperar e preservar o material probatório relacionado com a morte, com o fim de ajudar em qualquer potencial investigação penal dos responsáveis; c) identificar possíveis testemunhas e obter suas declarações com relação à morte que se investiga; d) determinar a causa, forma, lugar e momento da morte, assim como qualquer padrão ou prática que possa ter causado a morte; e e) distinguir entre morte natural, morte acidental, suicídio e homicídio. Ademais, é necessário investigar exaustivamente a cena do crime e realizar autopsias e análises dos restos humanos de forma rigorosa, por profissionais competentes e empregando os procedimentos mais apropriados.**
>
> 116. **De outra feita, este Tribunal tem se referido ao direito que assiste aos familiares das supostas vítimas de conhecer o que sucedeu e saber quem foram os responsáveis dos fatos.** A esse respeito, a Corte também indicou que do artigo 8º da Convenção se depreende que as vítimas de violações de direitos humanos, ou seus familiares, devem contar com amplas possibilidades de ser ouvidos e atuar nos respectivos processos, em busca tanto do esclarecimento dos fatos e da sanção dos responsáveis, como de uma devida reparação. Nesse sentido, a Corte afirmou que em um caso de execução extrajudicial os direitos afetados correspondem aos familiares da vítima falecida, que são a parte interessada na busca por justiça e a quem o Estado deve prover recursos efetivos para garantir-lhes o acesso à justiça, a investigação e a eventual sanção, de ser o caso, dos responsáveis e a reparação integral das consequências das violações. [...]
>
> 120. Consoante exposto, este Tribunal deve determinar se o Estado incorreu em violações dos direitos reconhecidos nos artigos 8.1 e 25.1 da Convenção, em relação com o artigo 1.1 desse tratado. Para esse efeito, a Corte estabeleceu que o esclarecimento de se o Estado violou ou não suas obrigações internacionais pelas atuações de seus órgãos podem conduzir o Tribunal a ocupar-se do exame dos respectivos processos judiciais internos. Para tanto, dependendo das circunstâncias do caso, a Corte pode ter que analisar os procedimentos que vinculam ou constituem o pressuposto de um processo judicial, particularmente, as tarefas de investigação de cujo resultado depende o início e o avanço do mesmo. [...]
>
> 130. A Corte considera que os órgãos estatais encarregados da investigação relacionada com a morte violenta de uma pessoa, cujo objetivo é a determinação dos fatos, a identificação dos responsáveis e sua possível sanção, devem realizar sua tarefa de forma diligente e exaustiva. O bem jurídico sobre o qual recai a investigação obriga a redobrar esforços nas medidas que devam ser praticadas para cumprir seu objetivo.

A atuação omissa ou negligente dos órgãos estatais não resulta compatível com as obrigações emanadas da Convenção Americana, com maior razão se está em jogo um dos bens essenciais da pessoa.

131. De outra feita, embora a Corte valore o desarquivamento do Inquérito ocorrido em 2009, destaca que o pedido de reabertura desse procedimento evidencia a necessidade de adotar medidas investigativas para esclarecer os fatos que se haviam omitido anteriormente, algumas das quais foram apontadas nesta seção. A respeito, o Ministério Público estimou necessário realizar, entre outras, as seguintes diligências: i) escutar Vanderlei Garibaldi e dois de seus cunhados, quem presenciaram os fatos; ii) receber as declarações de outras pessoas do acampamento presentes na operação de desocupação e de Giovani Braun; iii) escutar o escrivão Ribeiro para esclarecer a informação que aportou ao Inquérito; iv) receber as declarações de Morival Favoreto e Ailton Lobato, a quem se deverá perguntar onde estavam no momento do crime, '[d]estacando-se que [o recibo da consulta médica] refere à data anterior aos fatos, qual seja, dia 25/11/1998'; e v) localizar e enviar a arma apreendida, assim como as cápsulas e projéteis apreendidos, para exame de comparação balística.

*132. Diante do exposto, a Corte indica que **a falta de resposta estatal é um elemento determinante** ao avaliar se tem descumprido os artigos 8.1 e 25.1 da Convenção Americana, pois tem relação direta com o princípio de efetividade que deve caracterizar o desenvolvimento de tais investigações. No presente caso, as falhas e omissões apontadas pelo Tribunal demonstram que as autoridades estatais não atuaram com a devida diligência nem em consonância com as obrigações derivadas dos artigos mencionados. [...]*

134. A Corte adverte que a demora no desenvolvimento do Inquérito não pode ser justificada em razão da complexidade do assunto. Com efeito, o presente caso se tratou de um só fato, ocorrido diante de numerosas testemunhas, a respeito de uma única vítima claramente identificada. Ademais, desde o início do Inquérito poderiam existir indícios sobre a possível autoria e motivo do fato, os quais podiam guiar o procedimento e suas diligências.

135. No que concerne ao segundo dos elementos a ser considerado, o Tribunal adverte que o delito de homicídio deve ser investigado de ofício pelo Estado, conforme este mesmo já o explicou e a legislação nacional (supra pars. 106 e 119), e a atividade processual dos familiares do senhor Garibaldi em nenhum momento maculou o Inquérito. [...]

139. Pelo exposto, o Tribunal conclui que o lapso de mais de cinco anos que demorou o procedimento interno apenas na fase de investigação dos fatos ultrapassa excessivamente um prazo que possa ser considerado razoável para que o Estado realize as correspondentes diligências investigativas, bem como constitui uma denegação de justiça em prejuízo dos familiares de Sétimo Garibaldi.

140. A Corte conclui que as autoridades estatais não atuaram com a devida diligência no Inquérito da morte de Sétimo Garibaldi, o qual, ademais, excedeu um prazo razoável. Por isso, o Estado violou os direitos às garantias e à proteção judiciais previstos nos artigos 8.1 e 25.1 da Convenção Americana, em relação com o artigo 1.1 da mesma, em prejuízo de Iracema Garibaldi, Darsônia Garibaldi, Vanderlei Garibaldi, Fernando Garibaldi, Itamar Garibaldi, Itacir Garibaldi e Alexandre Garibaldi.

*141. A Corte não pode deixar de expressar sua preocupação pelas graves falhas e demoras no inquérito do presente caso, que afetaram vítimas que pertencem a um **grupo considerado vulnerável**. Como já foi manifestado reiteradamente por este Tribunal, a impunidade propicia a repetição crônica das violações de direitos humanos. [...]*

152. O Tribunal considera parte lesionada, nos termos do artigo 63.1 da Convenção, a quem foi declarado vítima da violação de algum direito consagrado na mesma. No presente caso, a Corte entendeu que o Estado violou os direitos humanos das seguintes pessoas: Iracema Garibaldi, Darsônia Garibaldi, Vanderlei Garibaldi, Fernando Garibaldi, Itamar Garibaldi, Itacir Garibaldi e Alexandre Garibaldi (supra par. 140), a quem, por conseguinte, considera como "partes lesionadas" e beneficiários das reparações que ordena a continuação. [...]

161. [...] Nesse sentido, a Corte não constata uma relação entre a medida de reparação solicitada e a violação declarada no presente caso pelas falhas e omissões no Inquérito Policial. Por outra parte, o Tribunal considera que a presente Sentença, assim como as medidas de reparação ordenadas, constituem importantes e suficientes medidas para reparar as violações às garantias e à proteção judiciais declaradas no presente caso. [...]

165. A Corte constatou nesta Sentença que o Inquérito seguido no presente caso não tem constituído um recurso efetivo para garantir um verdadeiro acesso à justiça por parte das vítimas, dentro de um prazo razoável, que abarque o esclarecimento dos fatos, a investigação e, se for o caso, a sanção dos responsáveis pelo homicídio de Sétimo Garibaldi.

166. A Corte valora positivamente o desarquivamento do Inquérito. Todavia, considera que, embora tal medida resulte em um avanço inicial importante, a reabertura do procedimento investigativo deverá ser seguida pela realização efetiva das diligências necessárias para a elucidação dos fatos e o estabelecimento das responsabilidades correspondentes, conforme exposto nesta Sentença (supra pars. 122 a 127). [...]

186. Como foi indicado pelo Tribunal, as reparações devem ter um nexo causal com os fatos do caso, as violações alegadas, os danos demonstrados, bem como com as medidas solicitadas para reparar os danos respectivos. Portanto, a Corte deverá observar a concorrência desses requisitos para pronunciar-se devidamente e conforme o direito. No presente caso, o Tribunal não analisou a responsabilidade estatal pela morte de Sétimo Garibaldi, em razão de que estava fora da sua competência temporal (supra par. 22), pelo que não pode ordenar medidas que se dirijam a reparar os prejuízos relacionados com o falecimento do senhor Garibaldi. As medidas de reparação devem ter relação com os fatos violatórios declarados na presente Sentença, quais sejam, as falhas e omissões no Inquérito Policial.

187. Considerando o anterior, quanto aos gastos de transporte e de gestões os quais teria despendido Iracema Garibaldi em procura de apoio de seus familiares em outras localidades, a Corte fixa por equidade o montante de US$ 1.000,00 (um mil dólares dos Estados Unidos da América) em favor dessa vítima. [...]

191. Os representantes, em seu escrito de petições e argumentos, afirmaram que o dano causado à família do senhor Garibaldi é irreparável sob o ponto de vista econômico, já que nunca poderão regressar às condições de vida existentes antes dos fatos. A indenização econômica, em conjunto com outras formas de reparação, poderia ajudar na construção de um novo projeto de vida para a família. Indicaram que a Corte considera os familiares como vítimas quando é lesado seu direito à integridade física e moral produto de violações cometidas contra seus entes queridos, assim como a continuidade do sofrimento promovido quando os agentes do Estado, por ação ou omissão, não investigam nem responsabilizam os agressores dos fatos. No escrito de alegações finais, solicitaram a quantidade de US$ 280.000,00 (duzentos e oitenta mil dólares dos Estados Unidos da América), para ser dividida em partes proporcionais entre os familiares do senhor Garibaldi. [...]

199. [...] Tendo em conta o anterior e ante a falta de comprovantes desses gastos, a Corte determina, em equidade, que o Estado deve entregar a quantia de US$ 8.000,00 (oito mil dólares dos Estados Unidos da América) a título de custas e gastos. Essa quantia inclui os gastos futuros em que possam incorrer as vítimas durante a supervisão do cumprimento desta Sentença e deverá ser entregue dentro de um ano a partir da no-

tificação da presente Sentença à senhora Iracema Garibaldi, quem entregará, se for o caso, a quantidade que considere adequada para seus representantes no foro interno e no processo perante o Sistema Interamericano. [...]

204. Portanto, A CORTE DECIDE, por unanimidade:

1. Declarar parcialmente admissível a exceção preliminar de competência ratione temporis interposta pelo Estado, conforme os parágrafos 12 a 25 da presente Sentença.

2. Rejeitar as demais exceções preliminares interpostas pelo Estado, nos termos dos parágrafos 26 a 51 da presente Sentença. DECLARA, por unanimidade, que:

3. O Estado violou os direitos às garantias judiciais e à proteção judicial reconhecidos nos artigos 8.1 e 25.1 da Convenção Americana, em relação com o artigo 1.1 da mesma, em prejuízo de Iracema Garibaldi, Darsônia Garibaldi, Vanderlei Garibaldi, Fernando Garibaldi, Itamar Garibaldi, Itacir Garibaldi e Alexandre Garibaldi, nos termos dos parágrafos 111 a 141 da presente Sentença.

4. O Estado não descumpriu a cláusula federal estabelecida no artigo 28 da Convenção Americana, em relação com os artigos 1.1 e 2 da mesma, em prejuízo de Iracema Garibaldi, Darsônia Garibaldi, Vanderlei Garibaldi, Fernando Garibaldi, Itamar Garibaldi, Itacir Garibaldi e Alexandre Garibaldi, nos termos dos parágrafos 145 a 149 da presente Sentença.

E DISPÕE, por unanimidade, que:

5. Esta Sentença constitui per se uma forma de reparação.

6. O Estado deve publicar no Diário Oficial, em outro jornal de ampla circulação nacional, e em um jornal de ampla circulação no Estado do Paraná, uma única vez, a página de rosto, os Capítulos I, VI e VII, sem as notas de rodapé, e a parte resolutiva da presente Sentença, bem como deve publicar de forma íntegra a presente Decisão, por no mínimo um ano, em uma página web oficial adequada da União e do Estado do Paraná, tomando em conta as características da publicação que se ordena realizar. As publicações nos jornais e na internet deverão realizar-se nos prazos de seis e dois meses, respectivamente, contados a partir da notificação da presente Sentença, nos termos do parágrafo 157 da mesma.

7. O Estado deve conduzir eficazmente e dentro de um prazo razoável o Inquérito e qualquer processo que chegar a abrir, como consequência deste, para identificar, julgar e, eventualmente, sancionar os autores da morte do senhor Garibaldi. *Da mesma maneira, o Estado deve investigar e, se for o caso, sancionar as eventuais faltas funcionais nas quais poderiam ter incorrido os funcionários públicos a cargo do Inquérito, nos termos dos parágrafos 165 a 169 da presente Sentença.*

8. O Estado deve pagar a Iracema Garibaldi, Darsônia Garibaldi, Vanderlei Garibaldi, Fernando Garibaldi, Itamar Garibaldi, Itacir Garibaldi e Alexandre Garibaldi, os montantes fixados no parágrafos 187 e 193 da presente Sentença a título de dano material e imaterial, dentro do prazo de um ano, contado a partir da notificação da mesma, e conforme as modalidades especificadas nos parágrafos 200 a 203 desta Decisão.

9. O Estado deve pagar a Iracema Garibaldi o montante fixado no parágrafo 199 da presente Sentença por restituição de custas e gastos, dentro do prazo de um ano contado a partir da notificação da mesma e conforme as modalidades especificadas nos parágrafos 200 a 203 desta Decisão.

10. A Corte supervisará o cumprimento íntegro desta Sentença, em exercício de suas atribuições e em cumprimento dos seus deveres conforme a Convenção Americana, e dará por concluído o presente caso uma vez que o Estado tenha dado cabal cumprimento ao disposto na mesma. O Estado deverá, dentro do prazo de um ano contado a partir da notificação desta Sentença, apresentar ao Tribunal um relatório sobre as medidas adotadas para cumprir a mesma.

Assim, em 23 de setembro de 2009, a Corte entendeu pela **responsabilização** do Estado brasileiro neste caso em decorrência de violação de garantias judiciais e de proteção judicial, determinando medidas de reparação (notadamente pagamento de indenização) e não repetição.

5.3.2.9.1.7 Caso Trabalhadores da Fazenda Brasil Verde

O caso nº 12.066 da Comissão Interamericana foi remetido à Corte em 04 de março de 2005, sendo conhecido como Caso Trabalhadores da Fazenda Brasil Verde vs. Brasil, o qual foi julgado pela Corte em 20 de outubro de 2016, **condenando-se o Estado brasileiro por violação do direito à proteção judicial** de 43 trabalhadores da Fazenda Brasil Verde encontrados durante a fiscalização de 23 de abril de 1997 – e que foram identificados pela Corte no litígio – e de 85 trabalhadores da Fazenda Brasil Verde encontrados durante a fiscalização de 15 de março de 2000 – e que foram identificados pela Corte no litígio –, num total de 128 trabalhadores, **os quais foram submetidos à redução à condição análoga a de escravo**. Consta que as autoridades brasileiras já tinham conhecimento das práticas no local desde 1989. **O Brasil foi o primeiro país condenado pela Corte nessa matéria.**

O Estado brasileiro apresentou defesa, mas ao final foi considerado culpado tanto porque não tomou medidas de prevenção adequadas para que a violação nunca acontecesse quanto porque permaneceu inerte ao problema mesmo depois de ter tomado ciência dele, sendo especialmente grave na perspectiva da Corte a consolidação de uma discriminação estrutural que levou à displicência no tratamento da questão devido à consolidada situação econômica desfavorável e à natural marginalização da população nas regiões norte e nordeste do país.

Vejamos alguns trechos:

*[...] 1. O caso se refere à suposta prática de trabalho forçado e servidão por dívidas na Fazenda Brasil Verde, localizada no Estado do Pará. Conforme se alega, os fatos do caso se enquadravam em um contexto no qual milhares de trabalhadores eram submetidos anualmente a trabalho escravo. Adicionalmente, alega-se que os trabalhadores que conseguiram fugir declararam sobre a existência de **ameaças de morte caso abandonassem a fazenda, o impedimento de saírem livremente, a falta de salário ou a existência de um salário ínfimo, o endividamento com o fazendeiro, a falta de moradia, alimentação e saúde dignas**. Além disso, esta situação seria supostamente atribuível ao Estado, pois teve conhecimento da existência destas práticas em geral e, especificamente, na Fazenda Brasil Verde, desde 1989 e, **apesar deste conhecimento, não teria adotado as medidas razoáveis de prevenção e resposta, nem fornecido às supostas vítimas um mecanismo judicial efetivo para a proteção de seus direitos, a punição dos responsáveis e a obtenção de uma reparação**. Finalmente, alega-se a responsabilidade internacional do Estado pelo desaparecimento de dois adolescentes, o qual foi denunciado a autoridades estatais em 21 de dezembro de 1988, sem que, supostamente, houvessem sido adotadas medidas efetivas para determinar o seu paradeiro. [...]*

269. A partir do desenvolvimento do conceito de escravidão no Direito Internacional e da proibição estabelecida no artigo 6 da Convenção Americana sobre Direitos Huma-

*nos, a Corte observa que este conceito evoluiu e já não se limita à propriedade sobre a pessoa. A esse respeito, a Corte considera que os dois elementos fundamentais para definir uma situação como escravidão são: **i) o estado ou condição de um indivíduo e ii) o exercício de algum dos atributos do direito de propriedade**, isto é, que o escravizador exerça poder ou controle sobre a pessoa escravizada ao ponto de anular a personalidade da vítima. As características de cada um destes elementos são entendidas de acordo com os critérios ou fatores identificados a seguir.*

*270. O primeiro elemento (estado ou condição) se refere tanto à situação de jure como de facto, isto é, **não é essencial a existência de um documento formal ou de uma norma jurídica para a caracterização desse fenômeno**, como no caso da escravidão chattel ou tradicional.*

271. Com respeito ao elemento de "propriedade", este deve ser entendido no fenômeno de escravidão como "posse", isto é, a demonstração de controle de uma pessoa sobre outra. [...]

*272. [...] Para determinar uma situação como escravidão nos dias atuais, deve- se avaliar, com base nos seguintes elementos, a manifestação dos chamados "**atributos do direito de propriedade**":*

*a) **restrição ou controle da autonomia individual**;*

*b) **perda ou restrição da liberdade de movimento de uma pessoa**;*

*c) **obtenção de um benefício por parte do perpetrador**;*

*d) **ausência de consentimento ou de livre arbítrio da vítima, ou sua impossibilidade ou irrelevância devido à ameaça de uso da violência ou outras formas de coerção, o medo de violência, fraude ou falsas promessas**;*

*e) **uso de violência física ou psicológica**;*

*f) **posição de vulnerabilidade da vítima**;*

*g) **detenção ou cativeiro**,*

*i) **exploração**.*

*273. A partir do exposto, fica evidente que a constatação de uma situação de escravidão representa uma restrição substantiva da personalidade jurídica do ser humano e poderia representar, ademais, **violações aos direitos à integridade pessoal, à liberdade pessoal e à dignidade**, entre outros, dependendo das circunstâncias específicas de cada caso. [...]*

280. A Corte coincide com a definição do Tribunal Europeu de Direitos Humanos sobre "servidão", e considera que essa expressão do artigo 6.1 da Convenção deve ser interpretada como "a obrigação de realizar trabalho para outros, imposto por meio de coerção, e a obrigação de viver na propriedade de outra pessoa, sem a possibilidade de alterar essa condição". [...]

*290. A proibição do "**tráfico de escravos e o tráfico de mulheres**", contida no artigo 6.1 da Convenção Americana, refere-se a:*

*i) **O recrutamento, o transporte, a transferência, o alojamento ou o acolhimento de pessoas**;*

*ii) **Recorrendo à ameaça ou ao uso da força ou outras formas de coação, ao rapto, à fraude, ao engano, ao abuso de autoridade ou à uma situação de vulnerabilidade ou à entrega ou aceitação de pagamentos ou benefícios**, para obter o consentimento de uma pessoa a fim de que se tenha autoridade sobre ela. Para os menores de 18 anos estes requisitos não são condição necessária para a caracterização de tráfico;*

*iii) Com qualquer **fim de exploração**.*

291. Com respeito ao trabalho forçado ou obrigatório, proibido pelo artigo 6.2 da Convenção Americana, a Corte já se pronunciou sobre o conteúdo e alcance desta norma no Caso dos Massacres de Ituango Vs. Colômbia. Naquela Sentença, a Corte aceitou a definição de trabalho forçado contida no artigo 2.1 da Convenção nº 29 da OIT, a qual dispõe que: "[a] expressão 'trabalho forçado ou obrigatório' designará todo trabalho ou serviço exigido de um indivíduo sob ameaça de qualquer penalidade e para o qual ele não se ofereceu de espontânea vontade". [...]

295. Inicialmente, é necessário registrar que não há controvérsia entre as partes sobre a evolução histórica do fenômeno da escravidão no Brasil, em particular no ambiente rural. Tampouco há controvérsia sobre as denúncias realizadas pela CPT e outras organizações a partir da década de 1970, sobre a ocorrência de "trabalho escravo" nas regiões norte e nordeste do país, e tampouco sobre a Fazenda Brasil Verde, especificamente do ano 1988 até o ano 2000 (pars. 110 a 115 supra). Finalmente, a Corte considera que não há controvérsia a respeito de que agentes estatais não participaram ativa e diretamente na submissão dos trabalhadores à alegada situação de "trabalho escravo" na Fazenda Brasil Verde, mas sim que essa submissão esteve a cargo de terceiros particulares.

296. No que tange aos fatos específicos do caso que foram alegados como violação ao artigo 6.1 da Convenção Americana, após estudar minuciosamente os autos e as provas apresentadas pelas partes no presente litígio, a Corte estabeleceu os fatos relevantes que serão detalhados a seguir.

297. Durante o mês de fevereiro de 2000, o gato conhecido como "Meladinho" aliciou a dezenas de trabalhadores no Município de Barras, Estado do Piauí, para trabalharem na Fazenda Brasil Verde (par. 164 supra).

298. Para chegar à Fazenda Brasil Verde, os trabalhadores aliciados viajaram durante aproximadamente três dias em ônibus, trem e caminhão (par. 165 supra). Ademais, os trabalhadores tiveram que permanecer uma noite em um hotel situado na cidade de Xinguara, com o que ficaram endividados (par. 165 supra).

299. Quando os trabalhadores chegaram à Fazenda Brasil Verde, entregaram suas carteiras de trabalho ao gerente, que os obrigou a assinar documentos em branco. Esta prática era conhecida pelo Estado em virtude de fiscalizações anteriores (par. 166 supra). Além disso, no caso da suposta vítima Antônio Francisco da Silva, os encarregados alteraram a data de nascimento registrada em sua carteira de trabalho para que constasse como maior de idade e, assim, pudesse prestar serviços na fazenda.

300. As declarações dos trabalhadores demonstram que, ao chegar à fazenda, perceberam que nada do que fora oferecido pelo gato era verdadeiro (par. 166 supra). Suas condições de vida e de trabalho eram degradantes e anti-higiênicas. A alimentação recebida era insuficiente e de má qualidade. A água ingerida provinha de um pequeno poço no meio da mata, era armazenada em recipientes inadequados e distribuída em garrafas coletivas (par. 167 supra). A jornada de trabalho era exaustiva, com duração de 12 horas ou mais todos os dias, exceto aos domingos (par. 168 supra).

*301. **Toda a comida consumida era anotada em cadernos, para posteriormente descontá-la de seus salários, o que aumentava suas dívidas com o empregador** (par. 167 supra). **Além disso, os trabalhadores eram obrigados a realizar seus trabalhos sob ordens e ameaças dos capatazes da fazenda, que portavam armas de fogo e os vigiavam permanentemente** (par. 171 supra). Como consequência de estarem impedidos de sair da fazenda, quando os trabalhadores necessitavam comprar algum produto, eram obrigados a pedir aos encarregados da fazenda, com a correspondente dedução do salário (par. 172 supra).*

*302. A situação dos trabalhadores provocava neles um profundo desejo de fugir da fazenda. No entanto, **a vigilância sob a qual se encontravam, somada à carência de salário, à localização isolada da fazenda com a presença de animais selvagens ao seu redor, impedia-os de regressar a suas casas** (par. 173 supra). Essas circunstâncias* *foram caracterizadas pelo Ministério Público como um "sistema de **cárcere privado**" (par. 179 supra).*

*303. O resumo dos fatos contidos nos parágrafos anteriores indica a evidente existência de um **mecanismo de aliciamento de trabalhadores através de fraudes e enganos**. Ademais, a Corte considera que, com efeito, os fatos do caso indicam a existência de uma situação de **servidão por dívida**, uma vez que, a partir do momento em que os trabalhadores recebiam o adiantamento em dinheiro por parte do gato, até os salários irrisórios e descontos por comida, medicamentos e outros produtos, originava-se para eles uma dívida impagável. Como agravante a esse sistema, conhecido como truck system, peonaje ou sistema de barracão em alguns países, os trabalhadores eram submetidos a **jornadas exaustivas de trabalho, sob ameaças e violência, vivendo em condições degradantes**. Além disso, os trabalhadores não tinham perspectiva de poder sair dessa situação em razão de: i) a presença de **guardas armados**; ii) a **restrição de saída** da Fazenda sem o pagamento da dívida adquirida; iii) a **coação física e psicológica** por parte de gatos e guardas de segurança e iv) o **medo de represálias e de morrerem na mata em caso de fuga**. As condições anteriores se potencializavam em virtude da condição de vulnerabilidade dos trabalhadores, os quais eram, em sua maioria, analfabetos, provenientes de uma região muito distante do país, não conheciam os arredores da Fazenda Brasil Verde e estavam submetidos a condições desumanas de vida.*

*304. Diante do exposto, é evidente para a Corte que **os trabalhadores resgatados da Fazenda Brasil Verde se encontravam em uma situação de servidão por dívida e de submissão a trabalhos forçados**. Sem prejuízo do anterior, o Tribunal considera que as características específicas a que foram submetidos os 85 trabalhadores resgatados em 15 de março de 2000 ultrapassavam os elementos da servidão por dívida e de trabalho forçado, para atingir e cumprir os elementos mais estritos da definição de escravidão estabelecida pela Corte (par. 272 supra), em particular o exercício de controle como manifestação do direito de propriedade. Nesse sentido, a Corte constata que: i) os trabalhadores se encontravam submetidos ao **efetivo controle dos gatos, gerentes, guardas armados da fazenda**, e, em última análise, também de seu proprietário; ii) de forma tal que sua **autonomia e liberdade individuais estavam restringidas**; iii) **sem seu livre consentimento**; iv) através de **ameaças, violência física e psicológica**, v) para explorar seu **trabalho forçado em condições desumanas**. Além disso, as circunstâncias da fuga realizada pelos senhores Antônio Francisco da Silva e Gonçalo Luiz Furtado e os riscos enfrentados até denunciarem o ocorrido à Polícia Federal demonstram: vi) a **vulnerabilidade dos trabalhadores** e vii) o **ambiente de coação** existente nesta fazenda, os quais viii) **não lhes permitiam alterar sua situação e recuperar sua liberdade**. Por todo o exposto, a Corte conclui que a circunstância verificada na Fazenda Brasil Verde em março de 2000 representava uma situação de escravidão.*

305. De outra parte, considerando o contexto do presente caso em relação à captação ou aliciamento de trabalhadores através de fraude, enganos e falsas promessas desde as regiões mais pobres do país, sobretudo em direção a fazendas dos Estados do Maranhão, Mato Grosso, Pará e Tocantins (par. 112 supra), bem como a declaração pericial da Procuradora Federal Raquel Elias Dodge, durante a audiência pública deste caso, na qual precisou com detalhes o funcionamento do tráfico de seres humanos contemporâneo para fins de exploração laboral no Brasil, além das "fichas de entrevista" dos trabalhadores resgatados na fiscalização de março de 2000, as denúncias de Antônio Francisco da Silva e Gonçalo Luiz Furtado que deram origem à referida fiscalização e os testemunhos de Marcos Antônio Lima, Francisco Fabiano Leandro, Rogerio Felix Silva e Francisco das Chagas Bastos Sousa, durante a diligência in situ do presente caso, a Corte considera provado que os trabalhadores resgatados em março de 2000 haviam sido também vítimas de tráfico de pessoas.

306. *No presente caso, os representantes alegaram que a situação fática e as circunstâncias presentes na Fazenda Brasil Verde em março de 2000 também representariam violações aos direitos à personalidade jurídica, à integridade pessoal, à liberdade pessoal, à honra e dignidade e ao direito de circulação e residência. A este respeito, o Tribunal nota que estas alegações fazem referência aos mesmos fatos que já foram analisados à luz do artigo 6 da Convenção. A este respeito, a Corte considera que,* **em virtude do caráter pluriofensivo da escravidão, ao submeter uma pessoa a esta condição, são violados vários direitos individualmente, alguns em maior ou menor intensidade, dependendo das circunstâncias fáticas específicas de cada caso.** *Sem prejuízo do anterior, em virtude da definição específica e complexa do conceito de escravidão, quando se trata da verificação de uma situação de escravidão, estes direitos são subsumidos na Convenção sob o artigo 6. Nesse sentido, a Corte considera que a análise da violação ao artigo 6 da Convenção já tomou em consideração os elementos alegados pelos representantes como violações a outros direitos, pois na análise fática do caso a Corte constatou que a violação à integridade e à liberdade pessoais (violência e ameaças de violência, coerção física e psicológica dos trabalhadores, restrições da liberdade de movimento), os tratamentos indignos (condições degradantes de habitação, alimentação e de trabalho) e a limitação da liberdade de circulação (restrição de circulação em razão de dívidas e do trabalho forçado exigido), foram elementos constitutivos da escravidão no presente caso, de modo que não é necessário fazer um pronunciamento individual a respeito dos outros direitos alegados pelos representantes. Não obstante isso, serão levados em consideração ao realizar a determinação sobre a responsabilidade estatal no presente caso e no que for pertinente ao ordenar as reparações. [...]*

322. *A Corte estabeleceu que o dever de prevenção inclui todas as medidas de caráter jurídico, político, administrativo e cultural que promovam a salvaguarda dos direitos humanos e que assegurem que eventuais violações a esses direitos sejam efetivamente consideradas e tratadas como um fato ilícito o qual, como tal, é suscetível de gerar punições para quem os cometa, bem como a obrigação de indenizar às vítimas por suas consequências prejudiciais. Resta claro, por sua vez, que a obrigação de prevenir é de meio ou comportamento, e não se demonstra seu descumprimento pelo mero fato de que um direito tenha sido violado.*

323. *De acordo com a jurisprudência da Corte, é evidente que um Estado não pode ser responsável por qualquer violação de direitos humanos cometida entre particulares dentro de sua jurisdição. Com efeito, as obrigações convencionais de garantia sob responsabilidade dos Estados não significam uma responsabilidade ilimitada dos Estados frente a qualquer ato ou fato de particulares, pois seus deveres de adotar medidas de prevenção e proteção dos particulares em suas relações entre si se encontram condicionados ao conhecimento de uma situação de risco real e imediato para um indivíduo ou grupo de indivíduos determinado e às possibilidades razoáveis de prevenir ou evitar esse risco. Isto é,* **mesmo que um ato ou omissão de um particular tenha como consequência jurídica a violação de determinados direitos humanos de outro particular, aquele não é automaticamente atribuível ao Estado, pois deve-se verificar as circunstâncias particulares do caso e a concretização destas obrigações de garantia.**

324. *Para a análise do caso concreto, entretanto, a jurisprudência constante deste Tribunal determina que, para estabelecer a responsabilidade estatal, é preciso estabelecer se, "no momento dos fatos, as autoridades estatais sabiam ou deveriam ter sabido da existência de uma situação envolvendo um risco real e imediato para a vida de um indivíduo ou grupo de indivíduos, e que não tenham sido adotadas as medidas necessárias, dentro do âmbito de sua autoridade, para prevenir ou evitar esse risco".*

325. *A este respeito, no caso concreto,* **a Corte constatou uma série de falhas e negligência por parte do Estado no sentido de prevenir a ocorrência de servidão, tráfico**

de pessoas e escravidão em seu território antes do ano 2000, mas também a partir da denúncia concreta realizada pelos adolescentes Antônio Francisco da Silva e Gonçalo Luiz Furtado.

326. Desde 1988 a Comissão Pastoral da Terra (CPT) realizou várias denúncias sobre a existência de uma situação análoga à escravidão no Estado do Pará e, especificamente, na Fazenda Brasil Verde. Estas denúncias identificavam um modus operandi de aliciamento e exploração de trabalhadores na região específica do sul do Estado do Pará. O Estado tinha conhecimento dessa situação, pois, como resultado destas denúncias, foram realizadas fiscalizações na Fazenda Brasil Verde nos anos 1989, 1992, 1993, 1996, 1997, 1999 e 2000. Em várias delas foram constatadas violações às leis trabalhistas, condições degradantes de vida e de trabalho, e situações análogas à escravidão. Essas constatações levaram à abertura de procedimentos penais e trabalhistas, mas não foram efetivos para prevenir a situação verificada em março de 2000. Além disso, diante das frequentes denúncias, da gravidade dos fatos denunciados e da obrigação especial de prevenção imposta ao Estado em relação à escravidão, era necessária a intensificação das fiscalizações nesta fazenda por parte do Estado, de modo a erradicar a prática de escravidão no referido estabelecimento. [...]

*334. Com respeito à **discriminação estrutural**, a Corte registra a inclusão da alegada violação do artigo 24 da Convenção (Igualdade perante a Lei) nas alegações finais escritas dos representantes, sem que tenham apresentado uma alegação ou explicação para essa inclusão e mudança de postura. Nesse sentido, a Corte recorda que, à medida em que a obrigação geral do artigo 1.1 se refere ao dever do Estado de respeitar e garantir, "sem discriminação", os direitos contidos na Convenção Americana, o artigo 24 protege o direito à "igual proteção da lei".465 Isto é, o artigo 24 da Convenção Americana proíbe a discriminação de direito ou de fato, não apenas quanto aos direitos contidos neste tratado, mas no que respeita a todas as leis promulgadas pelo Estado e sua aplicação.466 Em outras palavras, se um Estado discrimina no que tange ao respeito ou à garantia de um direito convencional, descumpriria a obrigação estabelecida no artigo 1.1 e o direito substantivo em questão. Se, por outro lado, a discriminação se refere a uma proteção desigual da lei interna ou de sua aplicação, o fato deve ser analisado à luz do artigo 24 da Convenção Americana, em relação às categorias protegidas pelo artigo 1.1 da Convenção. [...]*

*337. A Corte se pronunciou no sentido de estabelecer que **toda pessoa que se encontre em uma situação de vulnerabilidade é titular de uma proteção especial, em razão dos deveres especiais cujo cumprimento por parte do Estado é necessário para satisfazer as obrigações gerais de respeito e garantia dos direitos humanos**. O Tribunal recorda que, não basta que os Estados se abstenham de violar os direitos, mas é imperativa a adoção de medidas positivas, determináveis em função das particulares necessidades de proteção do sujeito de direito, seja por sua condição pessoal ou pela situação específica em que se encontre, como a extrema pobreza ou a marginalização.*

*338. A Corte considera que **o Estado incorre em responsabilidade internacional nos casos em que, existindo discriminação estrutural, não adota medidas específicas com respeito à situação particular de vitimização na qual se concretiza a vulnerabilidade sobre um círculo de pessoas individualizadas**. A própria vitimização destas pessoas demonstra a sua particular vulnerabilidade, o que demanda uma ação de proteção também particular, em relação à qual houve omissão no caso das pessoas aliciadas para trabalharem na Fazenda Brasil Verde.*

339. A Corte constata, no presente caso, algumas características de particular vitimização compartilhadas pelos 85 trabalhadores resgatados em 15 de março de 2000: eles se encontravam em uma situação de pobreza; provinham das regiões mais pobres do país, com menor desenvolvimento humano e perspectivas de trabalho e emprego; eram analfabetos, e tinham pouca ou nenhuma escolarização (par. 41 supra). Essas circunstâncias os colocava em uma situação que os tornava mais suscetíveis de serem aliciados mediante falsas promessas e enganos. Esta situação de risco imediato para um grupo determinado de pessoas com características idênticas e originários das mesmas regiões do país possui origens históricas e era conhecida, pelo menos, desde 1995, quando o Governo do Brasil expressamente reconheceu a existência de "trabalho escravo" no país (par. 111 supra). [...]

341. Ao constatar a situação anterior, a Corte conclui que o Estado não considerou a vulnerabilidade dos 85 trabalhadores resgatados em 15 de março de 2000, em virtude da discriminação em razão da posição econômica à qual estavam submetidos. [...]

362. A Corte recorda que, como a proteção contra a escravidão e suas formas análogas é uma obrigação internacional erga omnes, derivada "dos princípios e regras relativos aos direitos básicos da pessoa humana" (par. 249 supra), quando os Estados tomam conhecimento de um ato constitutivo de escravidão, servidão ou tráfico de pessoas, nos termos do disposto no artigo 6 da Convenção Americana, devem iniciar ex officio a investigação pertinente para estabelecer as responsabilidades individuais correspondentes.

*363. No presente caso **o Estado tinha um dever de atuar com devida diligência, a qual se incrementava em razão da gravidade dos fatos denunciados e da natureza da obrigação; era necessário que o Estado atuasse diligentemente a fim de prevenir que os fatos permanecessem em uma situação de impunidade**, como ocorreu no presente caso. [...]*

371. No presente caso, o processo penal sobre a fiscalização realizada em abril de 1997 teve início com a denúncia apresentada pelo Ministério Público Federal em junho daquele mesmo ano e concluiu com a declaração de prescrição emitida em 2008 (par. 157 supra), de maneira que a duração do processo foi de aproximadamente 11 anos. [...] a Corte conclui que o Estado violou a garantia judicial ao prazo razoável, prevista no artigo 8.1 da Convenção Americana sobre Direitos Humanos, em relação ao artigo 1.1 do mesmo instrumento, em prejuízo dos 43 trabalhadores da Fazenda Brasil Verde que foram encontrados durante a fiscalização de 23 de abril de 1997 e que foram identificados pela Corte no presente litígio (par. 199 supra). [...]

404. Por todo o anterior, a Corte adverte que nenhum dos procedimentos a respeito dos quais recebeu informação determinou qualquer tipo de responsabilidade em relação às condutas denunciadas, de maneira que não constituíram meios para obter a reparação de dano às vítimas, pois em nenhum dos processos foi realizado um estudo de mérito de cada questão proposta.

*405. Esta situação se traduziu em uma denegação de justiça em prejuízo das vítimas, pois não foi possível garantir-lhes, material e juridicamente, a proteção judicial no presente caso. **O Estado não ofereceu às vítimas um recurso efetivo através das autoridades competentes, que protegesse os seus direitos humanos contra atos que os violaram**.*

406. Em conclusão, apesar da extrema gravidade dos fatos denunciados, os procedimentos levados a cabo: i) não analisaram o mérito da questão apresentada, ii) não determinaram responsabilidades nem puniram adequadamente os responsáveis pelos fatos, iii) não ofereceram um mecanismo de reparação para as vítimas e iv) não tiveram impacto em prevenir que as violações aos direitos das vítimas continuassem.

407. A esse respeito, a Corte registra que, diante da presença de vítimas que eram menores de idade e do conhecimento do Estado sobre esta situação, sua responsabilidade de prover um recurso simples e efetivo para a proteção de seus direitos era ainda maior. A Corte já indicou que os casos nos quais as vítimas de violações aos direitos humanos são crianças se revestem de especial gravidade, pois as crianças são titulares dos direitos estabelecidos na Convenção Americana, além de contarem com as medidas especiais de proteção contempladas em seu artigo 19, as quais devem ser definidas segundo as circunstâncias particulares de cada caso concreto. [...]

*419. Portanto, é razoável concluir que **a falta de devida diligência e de punição dos fatos de submissão à condição análoga à de escravo estava relacionada a uma ideia preconcebida de normalidade frente as condições às quais eram submetidos os trabalhadores das fazendas do norte e nordeste do Brasil**. Esta ideia preconcebida resultou discriminatória em relação às vítimas do caso e teve um impacto na atuação das autoridades, obstaculizando a possibilidade de conduzir processos que sancionassem os responsáveis. [...]*

X – PONTOS RESOLUTIVOS

508. Portanto, A CORTE DECIDE,

Por unanimidade,

1. Rejeitar as exceções preliminares interpostas pelo Estado relativas à inadmissibilidade da submissão do caso à Corte em virtude da publicação do Relatório de Mérito por parte da Comissão; à incompetência ratione personae com respeito a supostas vítimas não identificadas, ou identificadas, mas que não concederam procuração, ou que não apareciam no Relatório de Mérito da Comissão ou que não estavam relacionadas aos fatos do caso; à incompetência ratione personae de violações em abstrato; à incompetência ratione materiae por violação ao princípio de subsidiariedade do Sistema Interamericano (fórmula da 4ª instância); à incompetência ratione materiae relativa a supostas violações da proibição de tráfico de pessoas; à incompetência ratione materiae sobre supostas violações de direitos trabalhistas; à falta de esgotamento prévio dos recursos internos e à prescrição da petição perante a Comissão em relação a pretensões de reparação de dano moral e material, nos termos dos parágrafos 23 a 28, 44 a 50, 54, 71 a 74, 78 a 80, 84, 89 a 93 e 98 da presente Sentença.

2. Declarar parcialmente procedente a exceção preliminar interposta pelo Estado relativa à incompetência ratione temporis em relação a fatos anteriores à data de reconhecimento da jurisdição da Corte por parte do Estado e à incompetência ratione temporis sobre fatos anteriores à adesão do Estado à Convenção Americana, nos termos dos parágrafos 63 a 65 da presente Sentença.

DECLARA:

Por unanimidade, que:

3. O Estado é responsável pela violação do direito a não ser submetido a escravidão e ao tráfico de pessoas, estabelecido no artigo 6.1 da Convenção Americana sobre Direitos Humanos, em relação aos artigos 1.1, 3, 5, 7, 11 e 22 do mesmo instrumento, em prejuízo dos 85 trabalhadores resgatados em 15 de março de 2000 na Fazenda Brasil Verde, listados no parágrafo 206 da presente Sentença, nos termos dos parágrafos 342 e 343 da presente Sentença. Adicionalmente, em relação ao senhor Antônio Francisco da Silva, essa violação ocorreu também em relação ao artigo 19 da Convenção Americana sobre Direitos Humanos, por ser criança no momento dos fatos, nos termos dos parágrafos 342 e 343 da presente Sentença.

Por cinco votos a favor e um contrário, que:

4. O Estado é responsável pela violação do artigo 6.1 da Convenção Americana, em relação ao artigo 1.1 do mesmo instrumento, produzida no marco de uma situação de discriminação estrutural histórica, em razão da posição econômica dos 85 trabalhadores identificados no parágrafo 206 da presente Sentença, nos termos dos parágrafos 342 e 343 da presente Sentença.

Voto Dissidente o Juiz Sierra Porto.

Por unanimidade, que:

5. *O Estado é responsável por violar as garantias judiciais de devida diligência e de prazo razoável, previstas no artigo 8.1 da Convenção Americana sobre Direitos Humanos, em relação ao artigo 1.1 do mesmo instrumento, em prejuízo dos 43 trabalhadores da Fazenda Brasil Verde encontrados durante a fiscalização de 23 de abril de 1997 e que foram identificados pela Corte no parágrafo 199 da Sentença, nos termos dos parágrafos 361 a 382 da presente Sentença.*

Por cinco votos a favor e um contrário, que:

6. *O Estado é responsável por violar o direito à proteção judicial, previsto no artigo 25 da Convenção Americana sobre Direitos Humanos, em relação aos artigos 1.1 e 2 do mesmo instrumento em prejuízo de: a) os 43 trabalhadores da Fazenda Brasil Verde encontrados durante a fiscalização de 23 de abril de 1997 e que foram identificados pela Corte no presente litígio (par. 199 supra) e b) os 85 trabalhadores da Fazenda Brasil Verde encontrados durante a fiscalização de 15 de março de 2000 e que foram identificados pela Corte no presente litígio (par. 206 supra). Adicionalmente, em relação ao senhor Antônio Francisco da Silva, essa violação ocorreu em relação ao artigo 19 da Convenção Americana, todo anterior nos termos dos parágrafos 383 a 420 da presente Sentença.*

Voto Dissidente o Juiz Sierra Porto.

Por unanimidade, que:

7. *O Estado não é responsável pelas violações aos direitos à personalidade jurídica, à vida, à integridade e à liberdade pessoal, às garantias e à proteção judiciais, contemplados nos artigos 3, 4, 5, 7, 8 e 25 da Convenção Americana, em relação aos artigos 1.1 e 19 do mesmo instrumento, em prejuízo de Luis Ferreira da Cruz e Iron Canuto da Silva nem de seus familiares, nos termos dos parágrafos 421 e 426 a 434 da presente Sentença.*

E DISPÕE:

Por unanimidade, que:

8. *Esta Sentença constitui, per se, uma forma de reparação.*

9. *O Estado deve* **reiniciar, com a devida diligência, as investigações e/ou processos penais relacionados aos fatos** *constatados em março de 2000 no presente caso para, em um prazo razoável, identificar, processar e, se for o caso, punir os responsáveis, de acordo com o estabelecido nos parágrafos 444 a 446 da presente Sentença. Se for o caso, o Estado deve restabelecer (ou reconstruir) o processo penal 2001.39.01.000270-0, iniciado em 2001, perante a 2ª Vara de Justiça Federal de Marabá, Estado do Pará, de acordo com o estabelecido nos parágrafos 444 a 446 da presente Sentença.*

10. *O Estado deve realizar, no prazo de seis meses a partir da notificação da presente Sentença, as publicações indicadas no parágrafo 450 da Sentença, nos termos dispostos na mesma.*

11. *O Estado deve, dentro de um prazo razoável a partir da notificação da presente Sentença, adotar as* **medidas necessárias para garantir que a prescrição não seja aplicada ao delito de Direito Internacional de escravidão e suas formas análogas**, *no sentido disposto nos parágrafos 454 e 455 da presente Sentença.*

12. *O Estado deve* **pagar** *os montantes fixados no parágrafo 487 da presente Sentença, a título de indenizações por dano imaterial e de reembolso de custas e gastos, nos termos do parágrafo 495 da presente Sentença.*

13. *O Estado deve, dentro do prazo de um ano contado a partir da notificação desta Sentença, apresentar ao Tribunal um relatório sobre as medidas adotadas para dar cumprimento à mesma, sem prejuízo do estabelecido no parágrafo 451 da presente Sentença.*

14. *A Corte supervisionará o cumprimento integral desta Sentença, no exercício de suas atribuições e no cumprimento de seus deveres, em conformidade com a Convenção Americana sobre Direitos Humanos e dará por concluído o presente caso uma vez que o Estado tenha dado total cumprimento ao disposto na mesma.*

Após quase 20 anos dos eventos marcantes da Fazenda Brasil Verde, finalmente a resposta veio na forma de **condenação** pela Corte Interamericana, que determinou medidas de reparação (notadamente pagamento de indenização) e não repetição, bem como para assegurar que os fatos possam ser punidos – mediante reabertura de investigações e alteração da legislação para considerar o crime de redução à condição análoga de escravo imprescritível. Noticia-se que em 2018, oficialmente, o Ministério Público Federal retomou as investigações dos fatos, dando cumprimento à decisão.

5.3.2.9.1.8 Caso Favela Nova Brasília

O caso nº 11.566, conhecido como caso Favela Nova Brasília (Cosme Rosa Genoveva, Evandro de Oliveira e outros), foi submetido pela Comissão à Corte em 19 de maio de 2015, condenando-se o Estado brasileiro pelas execuções extrajudiciais de 26 pessoas – inclusive seis meninos/meninas – por ocasião das operações policiais a que procedeu a Polícia Civil do Rio de Janeiro, em 18 de outubro de 1994 e 8 de maio de 1995, na Favela Nova Brasília, bem como pelos atos de tortura e violência sexual cometidos contra outras 3 vítimas por agentes policiais.

Embora o Estado brasileiro tenha apresentado defesa, a Corte formou seu convencimento pela responsabilização internacional, ressaltando o dever estatal de assegurar a investigação efetiva e imparcial de violações de direitos humanos cometidas por agentes públicos, bem como de prevenir que tais eventos sequer ocorram.

Vejamos alguns trechos:

> *[...] 102. De acordo com informações de órgãos estatais, a violência policial representa um problema de direitos humanos no Brasil, em especial no Rio de Janeiro. Não há dados disponíveis sobre mortes ocorridas durante operações policiais nos anos 1994 e 1995. A partir de 1998, a Secretaria de Segurança Pública do Rio de Janeiro começou a compilar essas estatísticas. Em 1998, 397 pessoas morreram por ação da polícia nesse Estado; em 2007, a cifra chegou a 1.330. Em 2014, houve 584 vítimas letais de intervenções policiais e, em 2015, esse número aumentou para 645.*
>
> *103. **Entre as vítimas fatais de violência policial, estima-se uma predominância de jovens, negros, pobres e desarmados.** [...]*
>
> **Incursão policial de 18 de outubro de 1994**
>
> *113. Em 18 de outubro de 1994, pela manhã, uma incursão policial foi realizada na Favela Nova Brasília por um grupo de 40 a 80 policiais civis e militares de várias delegacias da cidade do Rio de Janeiro. Somente 28 policiais foram identificados na investigação.*
>
> *114. Durante a operação, os policiais **invadiram pelo menos cinco casas e começaram a: i) disparar contra os ocupantes e levar os corpos, cobertos por cobertores, à praça principal da comunidade; ou ii) deter ocupantes para levá-los e posteriormente privá-los da vida e depositar seus corpos na praça da comunidade.***
>
> *115. Em duas das casas invadidas, os policiais interrogaram e cometeram **atos de violência sexual contra três jovens, duas das quais eram meninas de 15 e 16 anos de idade.***

116. *Como resultado dessa incursão, a polícia matou 13 residentes do sexo masculino da Favela Nova Brasília, quatro dos quais eram crianças: Alberto dos Santos Ramos, 22 anos (três ferimentos a bala no peito e um no braço esquerdo); André Luiz Neri da Silva, 17 anos (um ferimento a bala nas costas, um na parte esquerda do abdômen, um na mão esquerda, um no pulso direito e um no braço direito); Macmiller Faria Neves, 17 anos (um ferimento a bala na parte de trás da cabeça, um na região temporal esquerda, um no rosto e um no ombro esquerdo); Fábio Henrique Fernandes, 19 anos (oito ferimentos de bala na parte de trás do pescoço, seis ferimentos de bala na parte de trás da perna direita e um ferimento a bala na coxa esquerda); Robson Genuíno dos Santos, 30 anos (dois ferimentos a bala no abdômen e no peito); Adriano Silva Donato, 18 anos (três ferimentos a bala nas costas, na região temporal direita e no braço direito); Evandro de Oliveira, 22 anos (um ferimento a bala nas costas e duas nos olhos – um em cada olho); Alex Vianna dos Santos, 17 anos (dois ferimentos a bala na orelha e no peito); Alan Kardec Silva de Oliveira, 14 anos (dois ferimentos a bala na região temporal direita e na coxa direita); Sérgio Mendes Oliveira, 20 anos (nove ferimentos a bala na boca, no pescoço, no abdômen direito, no ombro esquerdo, na coxa direita, no quadril esquerdo, na nádega direita e dois na nádega esquerda); Ranílson José de Souza, 21 anos (três ferimentos a bala no olho esquerdo, na face esquerda e na parte de trás do crânio); Clemilson dos Santos Moura, 19 anos (dois ferimentos a bala na região temporal direita e um no braço direito); e Alexander Batista de Souza, 19 anos (um ferimento a bala nas costas e dois no ombro direito).*

[...] 129. No âmbito do inquérito IP No 52/94, entre 19 de dezembro e 26 de dezembro de 1994, nove policiais da DRE depuseram perante o delegado encarregado da investigação. Dois policiais afirmaram não haver participado da operação e os outros sete reconheceram haver participado, afirmando que a incursão estava a cargo do delegado José Secundino. Não obstante isso, afirmaram que não foram testemunhas ou participaram de nenhum ato de tortura ou abuso, e que somente se deram conta de que pessoas haviam morrido quando viram os corpos numa rua da favela antes que fossem levados ao hospital. Em 30 de dezembro de 1994, o Chefe da DETAA solicitou novas medidas. No entanto, segundo as provas apresentadas, não houve avanço algum na investigação entre os anos de 1995 e 2002. [...]

Incursão policial de 8 de maio de 1995

117. Em 8 de maio de 1995, aproximadamente às seis horas da manhã, um grupo de 14 policiais civis entrou na Favela Nova Brasília, com o apoio de dois helicópteros. A operação supostamente tinha como objetivo deter um carregamento de armas que seria entregue a traficantes de drogas da localidade. De acordo com testemunhas, houve um tiroteio entre policiais e supostos traficantes de drogas, que causou pânico na comunidade.

118. Como resultado dessa incursão policial, **três policiais foram feridos e 13 homens da comunidade foram mortos. As análises forenses com base nos relatórios de autópsia mostraram numerosos ferimentos a bala no corpo das 13 vítimas, com frequência impactando o peito, perto do coração e a cabeça.** *Além disso, documentos provenientes do Hospital Getúlio Vargas indicaram que as 13 pessoas chegaram mortas ao hospital.*

119. As pessoas falecidas foram: Cosme Rosa Genoveva, 20 anos (três ferimentos a bala no peito, um no joelho, um no pé e um na coxa); Anderson Mendes, 22 anos (um ferimento a bala na nádega direita e dois na caixa torácica esquerda); Eduardo Pinto da Silva, 18 anos (vários ferimentos a bala no peito); Nilton Ramos de Oliveira Júnior, 17 anos (dois ferimentos a bala no peito); Anderson Abrantes da Silva, 18 anos (um ferimento a bala na região temporal direita); Márcio Félix, 21 anos (um ferimento a bala no peito, dois na coxa superior esquerda, dois nas costas, um no ombro esquerdo, dois no lado direito inferior das costas, um na mão direita e um na mão esquerda);

Alex Fonseca Costa, 20 anos (um ferimento a bala no pescoço, um no peito esquerdo, um na coxa superior direita, um no joelho direito); Jacques Douglas Melo Rodrigues, 25 anos (um ferimento a bala na região frontal direita, um no queixo, um na parte superior direita do peito e um no ombro direito); Renato Inácio da Silva, 18 anos (um ferimento a bala na zona temporal esquerda e um no peito); Ciro Pereira Dutra, 21 anos (um ferimento a bala nas costas, perto do ombro esquerdo); Welington Silva, 17 anos (um ferimento a bala no peito e uma no ombro direito); Fábio Ribeiro Castor, 20 anos (um ferimento a bala no pescoço, dois no peito e um no abdômen); e Alex Sandro Alves dos Reis, 19 anos (dois ferimentos a bala no peito e um no braço esquerdo). [...]

137. Em 29 de janeiro de 1996, a Promotora Maria Ignez Pimentel solicitou que os familiares das 13 vítimas fossem citados. Alguns desses familiares prestaram depoimento em 16 de fevereiro, 1º de março, 8 de março, 22 de março e 29 de março de 1996. Transcorreram mais de quatro anos sem que se realizasse nenhuma diligência relevante no âmbito do inquérito IP Nº 061/95. [...]

177. Em casos em que se alega que ocorreram **execuções extrajudiciais é fundamental que os Estados realizem uma investigação efetiva da privação arbitrária do direito à vida** *reconhecido no artigo 4 da Convenção, destinada à determinação da verdade e à busca, captura, julgamento e eventual punição dos autores dos fatos. Esse dever se torna mais intenso quando nele estão ou podem estar implicados agentes estatais que detêm o monopólio do uso da força. Além disso, caso os fatos violatórios dos direitos humanos não sejam investigados com seriedade, seriam, de certo modo, favorecidos pelo poder público, o que compromete a responsabilidade internacional do Estado.*

178. **O dever de investigar é uma obrigação de meios e não de resultado, que deve ser assumida pelo Estado como dever jurídico próprio e não como simples formalidade condenada de antemão a ser infrutífera, ou como mera gestão de interesses particulares, que dependa da iniciativa processual das vítimas, de seus familiares ou da contribuição privada de elementos probatórios.**

179. O cumprimento da obrigação de empreender uma investigação séria, imparcial e efetiva do ocorrido, no âmbito das garantias do devido processo, implicou também um exame do prazo da referida investigação e dos "meios legais disponíveis" aos familiares da vítima falecida, para garantir que sejam ouvidas e que possam participar durante o processo de investigação.

180. A Corte estabeleceu que, a fim de garantir sua efetividade, na investigação de violações de direitos humanos se devem evitar omissões na coleta da prova e no acompanhamento de linhas lógicas de investigação. A esse respeito, a Corte definiu que, quando os fatos se referem à morte violenta de uma pessoa, a investigação iniciada deve ser conduzida de forma a poder garantir a devida análise das hipóteses de autoria que dela decorram. Nesse ponto, cabe lembrar que não corresponde à Corte analisar as hipóteses de autoria usadas durante a investigação dos fatos e, consequentemente, determinar responsabilidades individuais, cuja definição compete aos tribunais penais internos, mas avaliar as ações ou omissões de agentes estatais, segundo a prova apresentada pelas partes. Do mesmo modo, não compete à Corte substituir a jurisdição interna, estabelecendo as modalidades específicas de investigação e julgamento num caso concreto, para obter resultado melhor ou mais eficaz, mas constatar se nos passos efetivamente dados no plano interno violaram-se ou não obrigações internacionais do Estado decorrentes dos artigos 8 e 25 da Convenção Americana.

181. A Corte lembra que a falta de diligência tem como consequência que, conforme o tempo vá transcorrendo, se prejudique indevidamente a possibilidade de obter e apresentar provas pertinentes que permitam esclarecer os fatos e determinar as responsabilidades respectivas, com o que o Estado contribui para a impunidade.

182. Além disso, **a devida diligência numa investigação médico-legal de uma morte exige a manutenção da cadeia de custódia de todo elemento de prova forense**, o que consiste em manter um registro escrito preciso, complementado, conforme seja cabível, com fotografias e demais elementos gráficos, para documentar a história do elemento de prova à medida que passa pelas mãos de diversos investigadores encarregados do caso. [...]

187. A esse respeito, a Corte considera que o elemento essencial de uma investigação penal sobre uma morte decorrente de intervenção policial é a **garantia de que o órgão investigador seja independente dos funcionários envolvidos no incidente. Essa independência implica a ausência de relação institucional ou hierárquica, bem como sua independência na prática.** Nesse sentido, nas hipóteses de supostos crimes graves em que prima facie apareçam como possíveis acusados membros da polícia, a investigação deve ser atribuída a um órgão independente e diferente da força policial envolvida no incidente, como uma autoridade judicial ou o Ministério Público, assistido por pessoal policial, técnicos em criminalística e pessoal administrativo, alheios ao órgão de segurança a que pertençam o possível acusado ou acusados. [...]

190. Caso a independência ou a imparcialidade do órgão investigador sejam questionadas, o Tribunal deve proceder a um exame mais estrito para verificar se a investigação foi realizada de maneira independente e imparcial. Do mesmo modo, deve-se examinar se, e até que ponto, a alegada falta de independência e imparcialidade impactou a efetividade do procedimento para determinar o ocorrido e punir os responsáveis. Alguns critérios essenciais, que estão inter-relacionados, devem ser observados para estabelecer a **efetividade da investigação nesses casos: i) a adequação das medidas de investigação; ii) sua celeridade; e iii) a participação da família da pessoa morta e iv) a independência da investigação. Também em casos de morte provocada por intervenção de agente policial, para ser efetiva, a investigação deve ser capaz de mostrar se o uso da força foi ou não justificado em razão das circunstâncias.** Nesse tipo de caso, às autoridades domésticas cabe aplicar um exame particularmente rigoroso no que se refere à investigação.

191. Finalmente, no que diz respeito à intervenção de órgãos de supervisão da investigação ou do Poder Judiciário, é necessário fazer notar que em algumas ocasiões as falhas da investigação podem ser remediadas, mas em outros casos isso não é possível, em virtude de seu estado avançado e da dimensão dos erros ocasionados pelo órgão investigador. [...]

195. A Corte observa que, no presente caso, as investigações pelas mortes ocorridas em ambas as incursões começaram com a presunção de que os agentes de polícia agiam no cumprimento da lei, e que as mortes haviam sido resultado dos confrontos que teriam ocorrido durante as incursões. Além disso, as linhas de investigação tinham estado voltadas para determinar a responsabilidade das pessoas que haviam sido executadas, focando-se em determinar se tinham antecedentes criminais ou se seriam responsáveis por agredir os agentes de polícia ou atentar contra sua vida, o que coincide com o contexto em que ocorreram os fatos (par. 102 a 110 supra) e a impunidade nesse tipo de caso.

196. **Essa tendência nas investigações trouxe como consequência a consideração de que as pessoas executadas teriam praticado atividades criminosas, que colocaram os agentes de polícia na necessidade de defender-se e, nesse caso, disparar contra elas.** Essa noção regeu a dinâmica das investigações até o final, fazendo com que existisse uma revitimização das pessoas executadas e de seus familiares, e que as circunstâncias das mortes não fossem esclarecidas.

197. **O registro das execuções como "resistência à prisão" tinha um claro efeito nas investigações, na gravidade com que se assumiam os fatos e na importância que se**

atribuía à identificação e punição dos responsáveis. A seguir, a Corte avaliará como essa situação provocou um impacto nas investigações que se seguiram, em relação aos fatos já reconhecidos pelo Estado (par. 101 supra). [...]

204. A Corte considera que ocorreu uma demora no desenvolvimento do processo como consequência, principalmente, da falta de ação das autoridades, o que provocou longos períodos de inatividade nas investigações, e o descumprimento de diligências ordenadas, mas que não eram levadas a cabo. A esse respeito, **o Estado não demonstrou que tenha existido uma justificação para a inação de suas autoridades judiciais, nem para os longos períodos em que não houve ações.**

205. **O prolongado decurso de tempo sem avanços substantivos na investigação provocou, eventualmente, a prescrição, que foi resultado da falta de diligência das autoridades judiciais** *sobre as quais recaía a responsabilidade de tomar todas as medidas necessárias para investigar, julgar e, oportunamente, punir os responsáveis, e, como tal, é uma questão atribuível ao Estado. A reabertura da investigação e a superação da prescrição por razões materiais, em 2013, e a ação penal em curso desde então contra seis policiais pode chegar a punir alguns dos responsáveis, mas está restrita a um número limitado de agentes que participaram da referida incursão.*

206. No presente caso, a Corte observa que a entidade encarregada de conduzir as investigações (a DRE) era a mesma instituição a cargo da incursão policial de 18 de outubro de 1994. Desse modo, os agentes da DRE deviam avaliar suas próprias ações, o que não garantiu a independência real da investigação e constituiu um obstáculo significativo para seu avanço, uma vez que os agentes tinham interesse direto e se encontravam diretamente envolvidos nas alegadas execuções extrajudiciais que deviam investigar. A Corte considera que essa organização não dispunha da objetividade e da idoneidade institucional necessária para garantir uma investigação independente e imparcial. É inadmissível que os mesmos policiais estejam a cargo de uma investigação contra eles próprios ou seus companheiros de delegacia ou departamento. Isso impactou diretamente a investigação até sua transferência para a Corregedoria da Polícia Civil (COINPOL), em 2002, e repercutiu negativamente até hoje, em razão da falta de seriedade e diligência na investigação inicial. [...]

222. No que diz respeito à conduta das autoridades judiciais, **a Corte considera que houve atrasos nas investigações que obedeceram à inatividade das autoridades, à concessão de prorrogações e à falta de cumprimento de diversas diligências ordenadas, tudo isso relacionado com a falta de atuação diligente e a falta de independência das autoridades encarregadas da investigação.** *A Corte considera que as autoridades não tentaram, de forma diligente, que o prazo razoável fosse respeitado na investigação e no processo penal. [...]*

231. Pelo acima exposto, a Corte conclui que **o Estado violou as garantias judiciais de devida diligência e prazo razoável***, previstas no artigo 8.1 da Convenção Americana sobre Direitos Humanos, em relação ao artigo 1.1 do mesmo instrumento. [...]*

240. Quanto à investigação sobre a incursão levada a cabo em 1995, a Corte observa que **os familiares das vítimas não puderam ter acesso a um recurso que lhes oferecesse proteção judicial.** *Assim como no processo a respeito dos fatos de 1994, na investigação de 1995 tampouco se permitiu aos familiares das vítimas mortas a participação nos processos. Além disso, a investigação conduziu muito poucas diligências, as quais foram irrelevantes; e não se registrou nenhum avanço que ajudasse a determinar a responsabilidade pelas execuções. Essas falhas na investigação fizeram com que ela não constituísse um recurso efetivo, uma vez que não houve os avanços mínimos necessários para que se pudesse considerar como efetiva essa investigação, independentemente dos resultados a que se pudesse ter chegado. Essa situação constituiu uma denegação por* parte do Estado de um recurso efetivo contra atos que violaram seus direitos humanos, ou seja, foi violado o próprio direito de acesso à justiça. [...]

248. A Corte dispôs que **o estupro é um tipo particular de agressão que, em geral, se caracteriza por ocorrer na ausência de outras pessoas, além da vítima e do agressor ou agressores.** Dada a natureza dessa forma de violência, não se pode esperar a existência de provas gráficas ou documentais e, por isso, a declaração da vítima constitui uma prova fundamental sobre o fato. Sem prejuízo da qualificação jurídica dos fatos a que se procede adiante, a Corte considera que essa norma é aplicável à violência sexual em geral. Do mesmo modo, ao analisar essas declarações deve-se levar em conta que corresponde a um tipo de delito que a vítima não costuma denunciar, pelo estigma que essa denúncia em geral supõe.

249. Além disso, é necessário salientar que a ausência de sinais físicos não implica que não tenham ocorrido maus-tratos, já que é frequente que esses atos de violência contra as pessoas não deixem marcas ou cicatrizes permanentes. O mesmo se aplica aos casos de violência sexual e estupro, cuja ocorrência não necessariamente se verá refletida num exame médico. [...]

259. A situação acima descrita se traduziu em completa denegação de justiça em detrimento das vítimas, pois não foi possível garantir-lhes, material e juridicamente, a proteção judicial no presente caso. **O Estado não ofereceu às vítimas um recurso efetivo, por intermédio das autoridades competentes, que tutelasse seus direitos contra os atos que os violentaram, o que fez com que os fatos permanecessem na impunidade até hoje.** [...]

269. A Corte considerou, em vários casos, que **os familiares das vítimas de violações dos direitos humanos podem ser, simultaneamente, vítimas.** O Tribunal considerou violado o direito à integridade psíquica e moral de familiares de vítimas, por motivo do sofrimento adicional que padeceram em consequência das circunstâncias particulares das violações cometidas contra seus seres queridos, e em decorrência das posteriores ações ou omissões das autoridades estatais frente aos fatos.

270. No presente caso, a Corte observa que a falta de investigação dos fatos e a continuada impunidade podem ter provocado danos e prejuízos aos familiares das vítimas. A esse respeito, a Corte dispõe de prova nos autos relacionada com os danos e sofrimentos por que passaram alguns dos familiares das pessoas mortas nas incursões policiais. Com base nas declarações testemunhais escritas e presenciais, bem como nos relatórios sobre o impacto psicossocial aos familiares das vítimas, torna-se evidente que viram sua integridade pessoal afetada de uma ou outra maneira. [...]

IX – PONTOS RESOLUTIVOS

369. Portanto, A CORTE DECIDE,

Por unanimidade,

1. Julgar improcedentes as exceções preliminares interpostas pelo Estado, relativas à inadmissibilidade do encaminhamento do caso à Corte, em virtude da publicação do Relatório de Mérito por parte da Comissão; a incompetência ratione personae, a respeito de supostas vítimas que não outorgaram procurações ou que não estavam relacionadas aos fatos do caso; a incompetência ratione materiae por violação do princípio de subsidiariedade do Sistema Interamericano; a incompetência ratione materiae relativa a supostas violações da Convenção Interamericana para Prevenir e Punir a Tortura e da Convenção Interamericana para Prevenir, Punir e Erradicar a Violência contra a Mulher; a falta de esgotamento prévio dos recursos internos; e a inobservância do prazo razoável para submeter o caso à Comissão, nos termos dos parágrafos 24 a 29, 35, 36, 37, 40, 41, 42, 55 a 58, 64 a 67, 76 a 80 e 85 a 88 da presente Sentença.

2. Declarar parcialmente procedentes as exceções preliminares interpostas pelo Estado relativas à incompetência ratione personae a respeito de vítimas não incluídas no Relatório de Mérito da Comissão e à incompetência ratione temporis a respeito de fatos anteriores à data de reconhecimento da jurisdição da Corte por parte do Estado, nos termos dos parágrafos 35 a 40 e 49 a 51 da presente Sentença.

DECLARA:

Por unanimidade, que:

3. O Estado é responsável pela violação do direito às garantias judiciais de independência e imparcialidade da investigação, devida diligência e prazo razoável, estabelecidas no artigo 8.1 da Convenção Americana sobre Direitos Humanos, em relação ao artigo 1.1 do mesmo instrumento, em detrimento das pessoas citadas nos parágrafos 224 e 231 da presente Sentença e nos termos dos parágrafos 172 a 231 da mesma.

Por unanimidade, que:

4. O Estado é responsável pela violação do direito à proteção judicial, previsto no artigo 25 da Convenção Americana sobre Direitos Humanos, em relação aos artigos 1.1 e 2 do mesmo instrumento, em detrimento das pessoas citadas nos parágrafos 239 e 242 da presente Sentença e nos termos dos parágrafos 172 a 197 e 232 a 242 da mesma.

Por unanimidade, que:

5. O Estado é responsável pela violação dos direitos à proteção judicial e às garantias judiciais, previstas nos artigos 25 e 8.1 da Convenção Americana sobre Direitos Humanos, em relação ao artigo 1.1 do mesmo instrumento, e os artigos 1, 6 e 8 da Convenção Interamericana para Prevenir e Punir a Tortura, bem como o artigo 7 da Convenção Belém do Pará, em detrimento de L.R.J., C.S.S. e J.F.C., nos termos dos parágrafos 243 a 259 da presente Sentença.

Por unanimidade, que:

6. O Estado é responsável pela violação do direito à integridade pessoal, previsto no artigo 5.1 da Convenção Americana sobre Direitos Humanos, em relação ao artigo 1.1 do mesmo instrumento, em detrimento de: Mônica Santos de Souza Rodrigues; Evelyn Santos de Souza Rodrigues; Maria das Graças da Silva; Samuel da Silva Rodrigues; Robson Genuíno dos Santos Jr; Michelle Mariano dos Santos; Bruna Fonseca Costa; Joyce Neri da Silva Dantas; Geni Pereira Dutra; Diogo da Silva Genoveva; João Alves de Moura; Helena Vianna dos Santos; Otacílio Costa; Pricila Rodrigues; William Mariano dos Santos; L.R.J.; C.S.S. e J.F.C., nos termos dos parágrafos 269 a 274 da presente Sentença.

Por unanimidade, que:

7. O Estado não violou o direito à integridade pessoal, previsto no artigo 5.1 da Convenção Americana sobre Direitos Humanos, em relação ao artigo 1.1 do mesmo instrumento, em detrimento de Cirene dos Santos, Edna Ribeiro Raimundo Neves, José Francisco Sobrinho, José Rodrigues do Nascimento, Maria da Glória Mendes, Maria de Lourdes Genuíno, Ronaldo Inácio da Silva, Alcides Ramos, Thiago da Silva, Alberto da Silva, Rosiane dos Santos, Vera Lúcia dos Santos de Miranda, Lucia Helena Neri da Silva, Edson Faria Neves, Mac Laine Faria Neves, Valdenice Fernandes Vieira, Neuza Ribeiro Raymundo, Eliane Elene Fernandes Vieira, Rogério Genuino dos Santos, Jucelena Rocha dos Santos, Norival Pinto Donato, Celia da Cruz Silva, Nilcéia de Oliveira, Diogo Vieira dos Santos, Adriana Vianna dos Santos, Sandro Vianna dos Santos, Alessandra Vianna Vieira, Zeferino Marques de Oliveira, Aline da Silva, Efigenia Margarida Alves, Sergio Rosa Mendes, Sonia Maria Mendes, Francisco José de Souza, Martinha Martino de Souza, Luiz Henrique de Souza, Ronald Marcos de Souza, Eva Maria dos Santos Moura, João Batista de Souza, Josefa Maria de Souza, Waldomiro Genoveva, Océlia Rosa, Rosane da Silva Genoveva, Paulo Cesar da Silva Porto, Daniel Paulino da Silva,

Georgina Soares Pinto, Nilton Ramos de Oliveira, Maria da Conceição Sampaio de Oliveira, Vinicius Ramos de Oliveira, Geraldo José da Silva Filho, Georgina Abrantes, Paulo Roberto Felix, Beatriz Fonseca Costa, Dalvaci Melo Rodrigues, Lucas Abreu da Silva, Cecília Cristina do Nascimento Rodrigues, Adriana Melo Rodrigues, Roseleide Rodrigues do Nascimento, Shirley de Almeida, Catia Regina Almeida da Silva, Valdemar da Silveira Dutra, Vera Lucia Jacinto da Silva, Cesar Braga Castor, Vera Lucia Ribeiro Castor, Pedro Marciano dos Reis, Hilda Alves dos Reis e Rosemary Alves dos Reis, nos termos do parágrafo 272 da presente Sentença.

Por unanimidade, que:

8. O Estado não violou o direito de circulação e de residência, estabelecido no artigo 22.1 da Convenção Americana, em relação ao artigo 1.1 do mesmo instrumento, em detrimento de C.S.S., J.F.C. e L.R.J., nos termos dos parágrafos 281 e 282 da presente Sentença.

E DISPÕE:

Por unanimidade, que:

9. Esta Sentença constitui, per se, uma forma de reparação.

10. O Estado **deverá conduzir eficazmente a investigação** *em curso sobre os fatos relacionados às mortes ocorridas na incursão de 1994, com a devida diligência e em prazo razoável, para identificar, processar e, caso seja pertinente, punir os responsáveis, nos termos dos parágrafos 291 e 292 da presente Sentença. A respeito das mortes ocorridas na incursão de 1995, o Estado deverá iniciar ou reativar uma investigação eficaz a respeito desses fatos, nos termos dos parágrafos 291 e 292 da presente Sentença. O Estado deverá também, por intermédio do Procurador-Geral da República do Ministério Público Federal, avaliar se os fatos referentes às incursões de 1994 e 1995 devem ser objeto de pedido de Incidente de Deslocamento de Competência, no sentido disposto no parágrafo 292 da presente Sentença.*

11. O Estado deverá **iniciar uma investigação eficaz a respeito dos fatos de violência sexual,** *no sentido disposto no parágrafo 293 da presente Sentença.*

12. O Estado deverá **oferecer gratuitamente, por meio de suas instituições de saúde especializadas, e de forma imediata, adequada e efetiva, o tratamento psicológico e psiquiátrico de que as vítimas necessitem,** *após consentimento fundamentado e pelo tempo que seja necessário, inclusive o fornecimento gratuito de medicamentos. Do mesmo modo, os tratamentos respectivos deverão ser prestados, na medida do possível, nos centros escolhidos pelas vítimas, no sentido disposto no parágrafo 296 da presente Sentença.*

13. O Estado deverá proceder às publicações mencionadas no parágrafo 300 da Sentença, nos termos nela dispostos.

14. O Estado deverá **realizar um ato público de reconhecimento de responsabilidade internacional,** *em relação aos fatos do presente caso e sua posterior investigação, durante o qual deverão ser* **inauguradas duas placas em memória das vítimas da presente Sentença, na praça principal da Favela Nova Brasília,** *no sentido disposto nos parágrafos 305 e 306 da presente Sentença.*

15. O Estado deverá **publicar anualmente um relatório oficial com dados relativos às mortes ocasionadas durante operações da polícia em todos os estados do país.** *Esse relatório deverá também conter informação atualizada anualmente sobre as investigações realizadas a respeito de cada incidente que redunde na morte de um civil ou de um policial, no sentido disposto nos parágrafos 316 e 317 da presente Sentença.*

16. O Estado, no prazo de um ano contado a partir da notificação da presente Sentença, deverá estabelecer os mecanismos normativos necessários para que, na hipótese *de supostas mortes, tortura ou violência sexual decorrentes de intervenção policial, em que prima facie policiais apareçam como possíveis acusados, desde a notitia criminis se **delegue a investigação a um órgão independente e diferente da força pública envolvida no incidente, como uma autoridade judicial ou o Ministério Público, assistido por pessoal policial, técnico criminalístico e administrativo alheio ao órgão de segurança a que pertença o possível acusado, ou acusados**, em conformidade com os parágrafos 318 e 319 da presente Sentença.*

17. O Estado deverá adotar as medidas necessárias para que **o Estado do Rio de Janeiro estabeleça metas e políticas de redução da letalidade e da violência policial**, nos termos dos parágrafos 321 e 322 da presente Sentença.

18. O Estado deverá implementar, em prazo razoável, **um programa ou curso permanente e obrigatório sobre atendimento a mulheres vítimas de estupro**, destinado a todos os níveis hierárquicos das Polícias Civil e Militar do Rio de Janeiro e a funcionários de atendimento de saúde. Como parte dessa formação, deverão ser incluídas a presente Sentença, a jurisprudência da Corte Interamericana a respeito da violência sexual e tortura e as normas internacionais em matéria de atendimento de vítimas e investigação desse tipo de caso, no sentido disposto nos parágrafos 323 e 324 da presente Sentença.

19. O Estado deverá adotar as medidas legislativas ou de outra natureza necessárias para permitir às **vítimas de delitos ou a seus familiares participar de maneira formal e efetiva da investigação de delitos conduzida pela polícia ou pelo Ministério Público**, no sentido disposto no parágrafo 329 da presente Sentença.

20. O Estado deverá adotar as medidas necessárias para **uniformizar a expressão "lesão corporal ou homicídio decorrente de intervenção policial"** nos relatórios e investigações da polícia ou do Ministério Público em casos de mortes ou lesões provocadas por ação policial. O *conceito de "oposição" ou "resistência" à ação policial deverá ser abolido*, no sentido disposto nos parágrafos 333 a 335 da presente Sentença.

21. O Estado deverá pagar as quantias fixadas no parágrafo 353 da presente Sentença, a título de indenização por dano imaterial, e pelo reembolso de custas e gastos, nos termos do parágrafo 358 da presente Sentença.

22. O Estado deverá restituir ao **Fundo de Assistência Jurídica às Vítimas**, da Corte Interamericana de Direitos Humanos, a quantia desembolsada durante a tramitação do presente caso, nos termos do parágrafo 362 desta Sentença.

23. O Estado deverá, no prazo de um ano, contado a partir da notificação desta Sentença, apresentar ao Tribunal um **relatório** sobre as medidas adotadas para seu cumprimento.

24. A Corte supervisionará o cumprimento integral desta Sentença, no exercício de suas atribuições e em cumprimento de seus deveres, conforme a Convenção Americana sobre Direitos Humanos, e dará por concluído o presente caso tão logo o Estado tenha dado cabal cumprimento ao que nela se dispõe.

A **condenação** do Brasil na Corte fixou medidas de reparação e prevenção a serem cumpridas pelo Estado, que vão de relatorias periódicas e controles estatísticos a alterações terminológicas no relato oficial de casos, **bem como determinou a reabertura de investigações**, destacando ainda a importância da redução da letalidade policial para que circunstâncias como as relatadas não se repitam. Não se pode, por fim, deixar de criticar a demora na tramitação do processo perante o próprio sistema interamericano: as petições à Comissão são de 1995 e 1996, apresentadas pelo Centro pela Justiça e o Direito Internacional (CEJIL) e pela *Human Rights Watch Americas*; já a decisão condenatória da Corte data de 16 de fevereiro de 2017.

5.3.2.9.1.9 Caso Povo Indígena Xucuru

O caso de nº 12.728 foi proposto perante a Comissão em 16 de outubro de 2002 e remetido à Corte em 16 de março de 2016, tendo sido peticionado pelo Movimento Nacional de Direitos Humanos/Regional Nordeste, pelo Gabinete de Assessoria Jurídica das Organizações Populares (GAJOP) e pelo Conselho Indígena Missionário (CIMI). Alegou-se que o Estado brasileiro deveria ser responsabilizado por violar o **direito à propriedade** e o **direito à garantia de efetivação dos direitos em prazo razoável**, diante da demora no processo de demarcação de território ancestral e ineficácia da proteção judicial destinada a garantir esse direito, assim como da falta de recursos judiciais eficazes e acessíveis para tanto.

Sem prejuízo, no caso do Povo Indígena Xucuru foi concedida pela Comissão Interamericana de Direitos Humanos, enquanto tramitava perante ela o caso, uma medida cautelar para proteção de Zenilda Maria de Araujo e Marcos Luidson de Araujo (Cacique Marquinhos), que lideravam o movimento indígena no tenso período de demarcação.

No mais, a decisão da Corte descreve os fatos que envolveram o processo de demarcação, inclusive no que tange a medidas judiciais e oposições administrativas de interessados durante este, bem como o assassinato de um dos caciques do povo indígena, analisando de forma específica os que aconteceram após 10 de dezembro de 1998 (data a partir da qual o Brasil passou a se submeter à Corte).

Vejamos alguns trechos:

> 62. *A Constituição da República Federativa do Brasil de 1988 (doravante 'a Constituição') concedeu status constitucional aos direitos dos povos indígenas sobre suas terras, territórios e recursos. De acordo com o artigo 20 da Constituição, as áreas indígenas são de propriedade da União, que concede a posse permanente aos povos indígenas, bem como o usufruto exclusivo dos recursos neles contidos. [...]*
>
> 77. *[...] Em 30 de abril de 2001, o Presidente da República promulgou o Decreto Presidencial que aprova a demarcação do território Xucuru indígena, correspondendo a uma área de 27.555,0583 hectares (quarta etapa). O decreto foi publicado no Diário Oficial da União em 2 de maio de 2001. [...]*
>
> 79. *Em 18 de novembro 2005, foi executada a titulação do território indígena Xucuru, perante o 1º Registro de Imóveis de Pesqueira, como propriedade da União para posse permanente dos povos indígenas Xucuru.*
>
> 80. *O processo de regularização fundiária com o objetivo de registrar os ocupantes não indígenas foi iniciado em 1989 com os estudos de identificação, e foi concluído em 2007, resultando em 624 áreas cadastradas. O procedimento para pagamento de indenizações por melhorias de boa fé teve início em 2001, e o último pagamento foi feito em 2013, concluindo a indenização de 523 ocupantes não indígenas. Das 101 terras restantes, 19 pertenciam aos indígenas, subtraindo então 82 áreas pertencentes a não indígenas. Dessas 82 áreas, 75 foram ocupadas pelos Xucurus entre 1992 e 2012. Além disso, até a data de emissão do presente acórdão, 45 antigos ocupantes não indígenas não haviam recebido indenização e, de acordo com o Estado, estes estão em comunicação com as autoridades para receber os respectivos pagamentos por melhorias de boa-fé. Além disso, 6 ocupantes não indígenas permanecem dentro do território indígena Xucuru.*
>
> 81. *Quanto à ação pela restituição de posse iniciada em março de 1992 [...] em 10 de março de 2016, a FUNAI interpôs uma ação de rescisão para anular a sentença por*

violação do direito à defesa contraditória e ampla. A decisão do Tribunal Regional Federal sobre essa ação ainda está pendente e a disputa por essa parcela de 300 ha do território do povo indígena Xucuru não teve solução definitiva.

85. Além disso, em fevereiro de 2002 Paulo Pessoa Cavalcanti de Petribu e Outros propuseram a ação ordinária n° 0002246-51.2002.4.05.8300 (número original 2002.83.00.002246-6), pedindo a anulação do processo administrativo de demarcação das seguintes propriedades localizadas no território identificado como parte da terra indígena Xucuru: Fazenda Lagoa da Pedra, Ramalho, Lago Grande e lugares Capim Grosso e Pedra da Cobra. Os autores da ação argumentaram que a demarcação deveria ser anulada porque eles não haviam sido pessoalmente notificados para apresentar objeções ao processo administrativo. [...]

87. **O processo de delimitação, demarcação e saneamento da terra indígena do Povo Xucuru foi marcado por um contexto de insegurança e ameaças, o que resultou na morte de vários líderes de comunidades indígenas.**

88. A presença dos ocupantes não indígenas do território do povo Xucuru durante o processo administrativo de demarcação do mesmo e a existência de interesses externos, gerou dissidência e conflitos internos dentro da própria comunidade indígena.

89. O filho e sucessor de Cacique Xicão, o Cacique Marquinhos, e sua mãe, Maria de Araújo Zenilda receberam ameaças por sua posição de líderes da luta do povo indígena Xucuru pelo reconhecimento de suas terras ancestrais. Em 2001, as ameaças se concentraram no Cacique Marquinhos. A Comissão Interamericana outorgou medidas cautelares em favor de ambas em 29 de outubro de 2002.

90. No entanto, o Cacique Marquinhos sofreu um atentado contra sua vida em 7 de fevereiro de 2003, que matou dois membros do Povo Xucuru, que acompanhavam o Cacique naquele momento. [...]

115. O Tribunal recorda que o artigo 21 da Convenção Americana protege a estreita relação que os povos indígenas têm com suas terras e seus recursos naturais e elementos imateriais que deles derivam. Entre os povos indígenas e tribais, há uma tradição comunitária sobre uma forma comunal de propriedade coletiva da terra, no sentido de que a propriedade da terra não está centrada no indivíduo, mas no grupo e sua comunidade. Essas noções de posse e domínio de terras não correspondem necessariamente à concepção clássica de propriedade, mas a Corte estabeleceu que elas merecem a mesma proteção do artigo 21 da Convenção Americana. **Ignorar as versões específicas do direito de uso e gozo da propriedade, ditadas pela cultura, pelos costumes e pelas crenças de cada povo, equivale a afirmar que só há uma maneira de usar e dispor de bens**, *o que por sua vez significaria tornar ilusória a proteção de tal provisão a esses coletivos. Quando o direito ancestral dos membros das comunidades indígenas sobre seus territórios é desconhecido, outros direitos básicos podem ser afetados, como o direito à identidade cultural e à própria sobrevivência das comunidades indígenas e seus membros.*

116. A jurisprudência deste Tribunal reconheceu repetidamente os direitos patrimoniais dos povos indígenas sobre seus territórios tradicionais e o dever de proteção decorrente do artigo 21 da Convenção Americana, à luz das normas da Convenção 169 da OIT, da Declaração das Nações Unidas sobre os Direitos dos Povos Indígenas, bem como dos direitos reconhecidos pelos Estados em suas leis internas ou em outros instrumentos e decisões internacionais, formando assim um corpus juris que define as obrigações dos Estados Partes da Convenção Americana em relação à proteção dos direitos de propriedade indígena. [...]

117. Por outro lado, a Corte relembra sua jurisprudência sobre a propriedade comunitária das terras indígenas, segundo a qual se indica, inter alia, que: 1) a **posse tradicional** *dos indígenas sobre suas terras tem efeitos equivalentes ao título pleno domínio que outorga ao Estado*; 2) *a posse tradicional outorga aos indígenas o direito de exigir o reconhecimento oficial a propriedade e seu registro*; 3) *os membros dos povos indígenas que, por causas alheias ao seu controle, tenham deixado ou tenham perdido suas terras tradicionais mantém o direito de propriedade sobre as mesmas, mesmo na ausência de título legal, exceto quando as terras tenham sido legitimamente transferidas para terceiros de boa-fé;* 4) *o Estado deve delimitar, demarcar e conceder título coletivo às terras para os membros das comunidades indígenas*; 5) *os membros de povos indígenas que perderam involuntariamente suas terras e que foram legitimamente transferidas a terceiros de boa-fé, têm o direito de recuperá-las ou obter outras terras de igual tamanho e qualidade*; 6) *O Estado deve garantir a efetiva propriedade dos povos indígenas e abster-se de praticar atos que possam levar agentes do próprio Estado, ou a terceiros agindo com sua aquiescência ou tolerância, a afetarem a existência, valor, uso ou o gozo do seu território*; 7) *o Estado deve garantir o direito dos povos indígenas de efetivamente controlar e possuir seu território sem qualquer interferência externa de terceiros*; *e* 8) *o Estado deve garantir o direito dos povos indígenas de controlar e usar seu território e seus recursos naturais. Com relação ao acima exposto, a Corte sustentou que não se trata de um privilégio de usar a terra, que pode ser retirado pelo Estado ou atropelado por direitos de propriedade de terceiros, mas de um direito dos membros dos povos indígenas e tribais para obter a titulação de seu território, a fim de garantir o uso e gozo permanente da dita terra.*

118. *Da mesma forma, a Corte considerou que a falta de uma delimitação e de uma demarcação eficaz por parte do Estado dos limites do território sobre o qual existe um direito de propriedade coletivo dos povos indígenas pode criar um clima de incerteza permanente entre membros dos povos referidos, como não sabem com certeza até que ponto os seus direitos de propriedade coletiva se estendem geograficamente e, consequentemente, não sabem até que ponto podem usar e usufruir livremente dos respectivos ativos.*

119. *A Corte decidiu que, sob o princípio da segurança jurídica, é necessário materializar os direitos territoriais dos povos indígenas através da adoção de medidas legislativas e administrativas necessárias para criar um mecanismo eficaz para delimitação, demarcação e titulação, que reconhece tais direitos na prática.* [...]

125. *O precedente não significa que sempre que os interesses territoriais ou estatais particulares e os interesses territoriais dos membros das comunidades indígenas estiverem em conflito, estes últimos devem prevalecer sobre os primeiros. Esta Corte já se pronunciou sobre as ferramentas legais necessárias para resolver estas situações. A Corte reitera sua jurisprudência no sentido de que tanto a propriedade privada dos indivíduos como a propriedade coletiva dos membros das comunidades indígenas têm a proteção convencional concedida pelo artigo 21 da Convenção Americana. A esse respeito, a Corte indicou que, quando há conflitos de interesse em reivindicações indígenas, ou quando o direito à propriedade indígena coletiva e à propriedade privada caem em contradições reais ou aparentes, deve valorar-se caso a caso a legalidade, a necessidade, a proporcionalidade e a consecução de um objetivo legítimo em uma sociedade democrática (utilidade pública e interesse social), para restringir o direito de propriedade privada, por um lado, ou o direito a terras tradicionais, por outro, sem que a limitação de o último implique em negação de sua subsistência como povo. O conteúdo de cada um desses parâmetros foi definido pela Corte em sua jurisprudência (Caso da Comunidade Indígena Yakye Axa e posteriormente).* [...]

130. *A jurisprudência deste Tribunal assinalou em outros casos que os povos indígenas e tribais têm o direito de dispor de mecanismos administrativos eficazes e rápidos para proteger, garantir e promover seus direitos sobre os territórios indígenas, por meio dos quais eles podem realizar os processos de reconhecimento, titulação, demarcação e*

delimitação de sua propriedade territorial. Os procedimentos em questão devem obedecer às normas do devido processo legal consagradas nos artigos 8 e 25 da Convenção Americana. [...]

132. Esta Corte indicou que **não basta que a lei estabeleça processos destinados à titulação, delimitação, demarcação e remediação** de territórios indígenas ou ancestrais, mas que eles devem ter eficácia prática. Ela também destacou que esses procedimentos devem ser eficazes no sentido de que devem proporcionar uma possibilidade real para que comunidades indígenas e tribais defendam seus direitos e possam exercer controle efetivo de seu território, sem qualquer interferência externa. [...]

136. A esse respeito, a Corte considera que, de acordo com sua jurisprudência, a garantia de prazo razoável deve ser interpretada e aplicada a fim de garantir as normas do devido processo legal consagradas no artigo 8 da Convenção Americana, em processos de natureza administrativos, ainda mais quando estes se destinam a proteger, garantir e promover os direitos sobre os territórios indígenas, através dos quais os processos de reconhecimento, titulação, demarcação e delimitação de sua propriedade territorial podem ser realizados. [...]

141. No que diz respeito exclusivamente ao processo de **saneamento**, o Tribunal considera que se trata de um **procedimento complexo e caro, devido ao grande número de proprietários não indígenas**. Não obstante o acima exposto, observa que **o processo de cadastramento de ocupantes não indígenas levou 18 anos** (de 1989 a 2007), ou seja, 9 anos de jurisdição do Tribunal. Além disso, verificou-se que o procedimento para pagamento de indenização por benfeitorias em boa-fé teve início em 2001, e o último pagamento foi feito em 2013, concluindo a indenização de 523 ocupantes não indígenas. De acordo com a testemunha José Sergio de Souza durante a audiência pública e as informações fornecidas pelo Estado, o pagamento da compensação foi interrompido por vários anos em várias ocasiões por razões orçamentárias, bem como devido a problemas na documentação de beneficiários, e ainda não foi concluído. O Estado não demonstrou claramente a porcentagem do território Xucuru que permaneceu saneado até 10 de dezembro de 1998, nem explicou a complexidade específica que influencia ou explica o atraso no saneamento atual do território Xucuru. Não obstante, o que resta são apenas 6 ocupantes não-indígenas presentes no território Xucuru na emissão deste acórdão, a Corte adverte que, apesar do grande número de ocupantes não indígenas presentes no território no início do processo de reconhecimento e certificação, em 1989, a complexidade e os custos do processo de saneamento **não justificam o atraso de praticamente 28 anos – sendo 19 anos dentro da jurisdição do Tribunal – para concluir tal procedimento.** [...]

146. O Tribunal observa que, embora a sanção presidencial do território demarcado tenha ocorrido em 30 de abril de 2001, o pedido de registro FUNAI de propriedade foi contestado pelo registro de propriedade oficial Pesqueira em agosto de 2002. Isso influenciou diretamente para que os territórios não fossem titulados até 18 de novembro de 2005. A Corte observa que o atraso de quatro anos para a resolução da dita ação ocorreu apesar de sua falta de complexidade. Nesse sentido, o atraso adicional na titulação de terras é diretamente atribuível à atividade processual do Estado e às autoridades que processaram a ação. [...]

149. Portanto, a Corte considera que, com base nas considerações expostas nesta seção, existem **elementos suficientes para concluir que o atraso no procedimento administrativo foi excessivo, em particular, a aprovação e a titulação do território Xucuru**. Da mesma forma, o tempo decorrido para que o Estado realize a reabilitação dos territórios titulados é injustificável. A esse respeito, a Corte considera que o Estado violou o direito a uma garantia judicial de um prazo razoável, reconhecido no artigo 8.1 da Convenção, em relação ao artigo 1.1 do mesmo instrumento.

150. *De fato, a existência do direito do povo Xucuru sobre seus territórios tradicionais não está sujeita a controvérsias neste caso.* Tanto os regulamentos constitucionais quanto o próprio Estado, principalmente por meio da FUNAI, fizeram importantes esforços ao longo dos anos para proteger e garantir o direito à propriedade coletiva dos povos indígenas no Brasil. No entanto, o Tribunal identifica três pontos em que há controvérsia entre as partes e que poderia constituir um ato ilícito ao direito à propriedade coletiva. Por um lado, a alegada falta de cumprimento de obrigações positivas para garantir o direito de propriedade; por outro lado, a falta de segurança jurídica sobre o uso pacífico e gozo dos territórios tradicionais do povo Xucuru derivava da falta de saneamento dos mesmos. Da mesma forma, a eficácia dos processos iniciados internamente para este fim é discutida. Nesse sentido, a Corte deve verificar esses extremos e determinar se isso implica uma violação do direito de propriedade coletiva das referidas pessoas, nos termos do artigo 21 da Convenção. [...]

154. A esse respeito, a Corte considera que a homologação e o registro do território indígena Xucuru até 2005 e o lento e incompleto saneamento desse território foram elementos fundamentais que permitiram a presença de ocupantes não indígenas. O precedente gerou – em parte – tensão e disputas entre indígenas e não indígenas. [...]

155. A esse respeito, o Estado afirmou que a reocupação da maior parte do território pelos povos indígenas Xucuru ocorreu entre 1992 e 2012. No entanto, o Estado não especificou em que períodos ou de que forma ocorreu a recuperação de cada parcela. O Estado não apresentou provas de como ou qual foi o processo de despejo das 624 ocupações registradas. Como tal, *a Corte considera que as ações empreendidas pelo Estado não foram eficazes para garantir o gozo livre dos direitos de propriedade do povo indígena Xucuru.* [...]

161. Além disso, conforme estabelecido acima, a demarcação e o processo de titulação e a resolução de ações judiciais movidas por terceiros demoraram muito, não foram eficazes, nem garantiram a segurança jurídica ao povo Xucuru. Além disso, se é verdade que o processo administrativo em seus vários estágios é estabelecido pela legislação brasileira, também é fato que este não tem funcionado para os fins para os quais foi concebido, isto é, garantir que as pessoas tenham plena confiança em exercer pacificamente seus direitos de uso e gozo sobre seus territórios tradicionais. Segundo a Corte, embora apenas 6 ocupantes não indígenas continuem vivendo dentro do território indígena e 45 antigos ocupantes não tenham recebido indenização, *enquanto o povo Xucuru não tiver segurança jurídica para exercer plenamente o seu direito de propriedade coletiva, as instâncias nacionais não terão sido totalmente eficazes para garantir esse direito.* [...]

162. Portanto, *a Corte conclui que o processo administrativo de titulação, demarcação e reabilitação do território indígena Xucuru foi parcialmente ineficaz.* Por outro lado, o atraso na resolução das ações impetradas por terceiros não indígenas afetou a segurança jurídica dos direitos de propriedade do povo indígena Xucuru. A esse respeito, *a Corte considera que o Estado violou o direito à proteção judicial, bem como o direito à propriedade coletiva,* reconhecido nos artigos 25 e 21 da Convenção, em relação ao artigo 1.1 do mesmo instrumento. [...]

163. Esta Corte ordenou alterações legislativas quando, no contexto do litígio de um caso específico, ficou provado que uma lei interna viola os direitos estabelecidos na Convenção. No entanto, a Corte rejeitou pedidos desta natureza quando as partes não argumentaram, nem demonstraram a existência de uma norma específica incompatível com a Convenção e que foi aplicada às vítimas do caso particular. Da mesma forma, este tipo de pedido foi rejeitado quando não foi demonstrada nenhuma omissão legislativa que implique em violação do Artigo 2 da Convenção. [...]

166. Com base nas considerações precedentes, esta Corte considera que não possui elementos para determinar qual norma pode estar em conflito com a Convenção, muito menos sobre como essa norma final impactou negativamente o processo de titulação, reconhecimento e saneamento do território Xucuru, para assim concluir que **o Estado não é responsável pela violação do dever de adotar disposições de direito interno**, estabelecido no artigo 2 da Convenção Americana sobre Direitos Humanos, em relação ao artigo 21 do mesmo instrumento. [...]

175. A Corte reitera que a defesa dos direitos humanos só pode ser exercida livremente quando as pessoas que a executam não são vítimas de ameaças ou de qualquer tipo de agressão física, mental ou moral ou outros atos de assédio. Para tais fins, é dever do Estado não apenas criar condições legais e formais, mas também **garantir as condições de fato nas quais os defensores dos direitos humanos podem desenvolver livremente sua função**. Por sua vez, os Estados devem fornecer os **meios necessários** para que os defensores de direitos humanos ou aqueles que cumpram uma função pública com relação à qual eles estejam ameaçados **denunciem violações de direitos humanos**, para que possam exercer livremente suas atividades; **protegê-los** quando estiverem ameaçados de ataques à sua vida e integridade; gerar **condições para a erradicação** de violações por agentes estatais ou indivíduos; **abster-se de impor obstáculos** que impeçam o desempenho de seu trabalho e investigar com seriedade e eficácia as violações cometidas contra eles, combatendo a impunidade. Em suma, a obrigação do Estado de garantir os direitos à vida e à integridade pessoal do povo é reforçada quando se trata de um defensor dos direitos humanos.

176. No presente caso, a controvérsia proposta refere-se à obrigação do Estado de garantir o direito à integridade pessoal do povo indígena Xucuru e seus membros. Não obstante o acima exposto, a Corte observa que, em seu Relatório de Mérito, a Comissão fez uma alegação referente à violação do artigo 5 da Convenção, sem especificar a que fato se refere essa violação e quem seria a vítima do que precede. Para a Comissão, o atraso no processo de titulação, demarcação e saneamento, somado à falta de proteção do estado ao território, gerou insegurança e violência. O acima exposto violaria o direito à integridade mental e moral dos membros do povo Xucuru. Essa conclusão foi tomada com base no princípio iura novit curia, uma vez que os representantes não haviam apresentado tal argumento durante o processamento do caso perante a Comissão. [...]

178. A Corte verifica, em primeiro lugar, que a Comissão não cumpriu o ônus de provar seu caso, dado que não apresentou os argumentos jurídicos e factuais necessários; não indicou os fatos específicos que configurariam a suposta violação, nem os responsáveis por ela. Isto é particularmente relevante neste caso, considerando-se que a alegada violação do direito à integridade pessoal teria ocorrido em detrimento das pessoas que compõem o povo indígena Xucuru, ou seja, de milhares de pessoas. [...]

181. Por conseguinte, a Corte considera que, **embora seja possível verificar a existência de um contexto de tensão e violência durante certos períodos de titulação, demarcação e saneamento do território indígena Xucuru, o argumento da Comissão não oferece base suficiente para estabelecer a responsabilidade internacional do Estado**. [...] Consequentemente, não é possível concluir que o Estado violou o direito à integridade pessoal consagrado no artigo 5.1 da Convenção Americana, em conjugação com o artigo 1.1. do mesmo instrumento. [...]

X. PONTOS DE RESOLUÇÃO

220. Portanto,

A CORTE

DECIDE,

Por unanimidade,

1. Rejeitar as exceções preliminares interpostas pelo Estado sobre a admissibilidade do caso no tribunal diante da publicação do Relatório de Mérito pela Comissão; sobre a incompetência ratione materiae em relação à alegada violação da Convenção 169 da OIT; e sobre a falta de esgotamento dos recursos internos, em termos de números 24, 25, 35, 36, 44, 45, 46, 47 e 48 do presente julgamento.

2. Declarar parcialmente procedentes as exceções preliminares levantadas pelo Estado em matéria de incompetência ratione temporis relativas a eventos anteriores à data de reconhecimento da competência da Corte por parte do Estado, em termos dos parágrafos 31 e 32 do presente Julgamento

DECLARA,

Por unanimidade, que:

3. O Estado é responsável pela violação do direito à garantia judicial de tempo razoável nos termos do artigo 8.1 da Convenção Americana sobre Direitos Humanos, em conjugação com o artigo 1.1 da mesma, em detrimento povo indígena Xucuru, nos termos dos parágrafos 130 a 149 da presente Sentença.

Por unanimidade, que:

4. O Estado é responsável pela violação do direito à proteção judicial e do direito à propriedade coletiva, nos termos dos artigos 25 e 21 da Convenção Americana sobre Direitos Humanos, em conjugação com o artigo 1.1 da mesma, em detrimento do Povo Indígena Xucuru, nos termos dos parágrafos 150 a 162 da presente Sentença.

Por unanimidade, que:

5. O Estado não é responsável pela violação do dever de adotar disposições de direito interno, nos termos do artigo 2 da Convenção Americana sobre Direitos Humanos, em conjunto com o artigo 21, em detrimento povo indígena Xucuru, nos termos dos parágrafos 163 a 166 da presente Sentença.

Por unanimidade, que:

6. O Estado não é responsável pela violação do direito à integridade pessoal, previsto no artigo 5.1 da Convenção Americana sobre Direitos Humanos, em conjugação com o artigo 1.1 da mesma, em prejuízo do povo indígena Xucuru, nos termos parágrafos 171 a 181 da presente Sentença.

E DISPÕE:

Por unanimidade, que:

7. Este julgamento constitui, em si mesmo, uma forma de reparação.

8. O Estado deve garantir de maneira imediata o direito à propriedade coletiva do povo indígena Xucuru ao seu território, para que eles não sofram qualquer intrusão, interferência ou prejuízo por terceiros ou agentes que possam prejudicar a existência, o valor, o uso ou o aproveitamento de seu território, nos termos do parágrafo 193 da presente Sentença.

9. O Estado deve concluir o processo de consolidação do território indígena Xucuru com extrema diligência, fazer pagamentos de indenizações por melhorias de boa-fé pendentes e remover qualquer obstáculo ou interferência no território em questão, de modo a assegurar o domínio pleno e efetivo do povo Xucuru sobre seu território dentro de um período não superior a 18 meses, nos termos dos parágrafos 194 a 196 a desta Sentença.

10. O Estado deve fazer as publicações indicadas no parágrafo 199 da Sentença, nos termos nela previstos.

11. O Estado deve pagar os montantes estabelecidos nos parágrafos 212 e 216 do presente acórdão, para os custos e indenizações por danos morais, nos termos dos pontos 217 a 219 do presente acórdão.

12. O Estado deve, no prazo de um ano a partir da notificação da presente Sentença, apresentar ao Tribunal um relatório sobre as medidas adotadas para lhe dar cumprimento.

13. O Tribunal irá monitorar o cumprimento integral presente acórdão, no exercício das suas competências e em conformidade com as suas obrigações decorrentes da Convenção Americana sobre Direitos Humanos, e vai encerrar este caso uma vez que o Estado tenha cumprido plenamente o arranjado no mesmo.

Assim, em 05 de fevereiro de 2018 foi reconhecida a responsabilidade do Estado brasileiro no caso do povo Xucuru, em termos parciais quanto ao que foi originalmente proposto, determinando que o Brasil adotasse medidas de reparação, consistente em pagamento de indenização, e de efetivação, notadamente encerrando de uma vez por todas o processo de demarcação de terras indígenas pertencentes à comunidade no que tange à retirada de não indígenas do local e indenização dos terceiros de boa-fé remanescentes. Tal caso envolveu, veja-se, **além da questão indígena propriamente dita**, a **demora no processo de demarcação** (algo que se arrastava desde 1989), demonstrando que a morosidade na tutela do Estado também pode vir a ensejar decreto condenatório no âmbito do sistema interamericano de proteção.

5.3.2.9.1.10 Caso Herzog e outros

O caso de nº 12.879 foi proposto perante a Comissão Interamericana de Direitos Humanos em 10 de julho de 2009, sendo que em 28 de outubro de 2015 seu relatório concluiu pela violação de direitos humanos, sendo remetido o caso à Corte Interamericana de Direitos Humanos em 22 de abril de 2016. Alegou-se que o Estado brasileiro deveria ser responsabilizado pela situação de **impunidade sobre a detenção arbitrária, a tortura e a morte do jornalista Vladimir Herzog**, ocorridas em 25 de outubro de 1975, durante a ditadura militar, em especial por conta da **Lei nº 6.683/79** (Lei de Anistia). Se apresentam como peticionantes os familiares de Vladimir Herzog: Clarice Herzog, Ivo Herzog, André Herzog e Zora Herzog.

A Corte afastou parte das exceções preliminares apresentadas pelo Estado brasileiro, inclusive a de incompetência em razão do tempo, com base no caráter permanente da violação de direitos humanos praticada perdurando após o reconhecimento da competência da Corte, e a de ausência de esgotamento dos recursos internos, justificada pelos obstáculos impostos pela Lei da Anistia.

No mérito, considerou que havia provas suficientes das violações de direitos humanos perpetradas pelo Estado brasileiro contra as vítimas, que não obtiveram uma resposta jurisdicional adequada em relação ao óbito de seu familiar no contexto da ditadura e, em razão disso, sofreram danos psicológicos e morais. Nomeadamente, consideraram-se violados os seguintes direitos: às **garantias judiciais**, a **conhecer a verdade** e à **integridade pessoal**.

Vejamos alguns trechos:

VI – FATOS PROVADOS [...]

*108. A **maior violência contra opositores do regime militar ocorreu em 1964 e entre 1968 e 1975**. Esses foram os períodos com mais casos de mortos e desaparecidos políticos oficialmente reconhecidos pelo Estado. Além disso, esses períodos também coincidem* com a centralização das investigações e das operações de repressão nos centros de informação da Marinha (CENIMAR), do Exército (CIE) e da Aeronáutica (CISA), bem como com a estruturação dos Centros de Operações de Defesa Interna (CODI) e dos respectivos Departamentos de Operações Internas (DOI).

109. Ante o aparente crescimento do Partido Comunista Brasileiro (PCB) e a constatação de que se trataria de uma ameaça ao governo do Presidente Geisel, as forças de segurança decidiram **"neutralizar" o PCB**. Nesse sentido, **jornalistas da "Voz Operária" e membros do PCB passaram a ser sequestrados ou detidos, torturados e, inclusive, mortos** por agentes estatais entre os anos de 1974 e 1976.

110. Entre fins de setembro e princípios de outubro de 1975, o DOI/CODI de São Paulo intensificou ações de repressão contra jornalistas. [...]

112. Dezenas de dirigentes e membros integrantes do Comitê Central do PCB foram detidos e torturados, embora nem todos tenham sido assassinados. Estima-se que, **entre 1974 e 1976, tenham sido assassinadas pelo menos 19 pessoas**, entre as quais estavam 11 dirigentes do PCB. No total, entre março de 1974 e janeiro de 1976, foram detidos pela Operação Radar 679 membros do PCB, entre eles Vladimir Herzog. [...]

116. A Operação Radar surgiu como uma ofensiva dos órgãos de segurança para combater e desmantelar o PCB e seus membros, mas **a Operação não se limitava a deter, tendo também como objetivo matar seus dirigentes**. A Operação teve início em 1973, conduzida pelo Centro de Informação do Exército (CIE), em conjunto com o DOI-CODI do II Exército. A ofensiva funcionou entre março de 1974 e janeiro de 1976.

117. O **DOI do II Exército foi, notoriamente, um dos piores e mais violentos centros de repressão política do regime ditatorial**, sobretudo no período em que Carlos Alberto Brilhante Ustra esteve no comando, época em que se registrou o maior número de casos reconhecidos de **tortura, execução sumária e desaparecimentos** de opositores políticos. O DOI do II Exército deteve 2.541 pessoas e recebeu 914 presos enviados por outros órgãos. **Foram 54 as vítimas reconhecidas como executadas pelo DOI** e 1.348 os presos transferidos ao Departamento Estadual de Ordem Política e Social (DEOPS). [...]

121. Na noite de 24 de outubro de 1975, dois agentes do DOI/CODI apresentaram-se na sede da TV Cultura, onde Vladimir Herzog se encontrava trabalhando. O senhor Herzog foi intimado a acompanhá-los à sede desse organismo, a fim de prestar declaração testemunhal. Após a intervenção da direção do canal, as forças de segurança aceitaram notificar o senhor Herzog para que "voluntariamente" depusesse na manhã do dia seguinte.

122. **Vladimir Herzog se apresentou na sede do DOI/CODI na manhã do sábado, 25 de outubro**, voluntariamente. Ao chegar, foi privado de sua liberdade, interrogado e torturado. [...] Na **tarde desse mesmo dia, Vladimir Herzog foi assassinado** pelos membros do DOI/CODI que o mantinham preso. Segundo perícia da Comissão Nacional da Verdade, determinou-se que foi estrangulado. Vladimir Herzog tinha 38 anos.

124. Nesse mesmo dia, **o Comando do II Exército**, mediante comunicado, divulgou publicamente a versão oficial dos fatos. **Afirmou que Vladimir Herzog se suicidara, enforcando-se com uma tira de pano**. O comunicado informava que Herzog havia sido convidado a comparecer, já que fora citado por Konder e Duque Estrada como militante do PCB. Segundo essa versão, durante uma acareação com os jornalistas mencionados, Herzog teria confessado sua participação no partido, e teria feito, inclusive, uma declaração por escrito. Finalmente, o comunicado afirmou que uma perícia técnica teria confirmado a morte por suicídio. [...]

130. Em 19 de abril de 1976, Clarice, Ivo e André Herzog apresentaram uma Ação Declaratória à Justiça Federal de São Paulo para declarar a responsabilidade da União Federal pela detenção arbitrária, tortura e morte de Vladimir Herzog.

131. Em 2 de julho de 1976, a União apresentou sua defesa, e, em 16 de março de 1978, o Juiz Federal rechaçou suas questões preliminares. Em 16 de maio de 1978, a audiência de instrução foi realizada. Nessa audiência, o senhor Harry Shibata declarou que, apesar de ter assinado o laudo de necropsia de Herzog, nunca tinha visto seu corpo. Por sua vez, o jornalista Paulo Sérgio Markun declarou que seus depoimentos no âmbito do inquérito policial militar haviam sido manipulados. Finalmente, Rodolfo Konder declarou que conseguiu ouvir claramente os gritos do senhor Herzog enquanto era torturado por militares do DOI/CODI.

132. Em 27 de outubro de 1978, o Juiz Federal Márcio José de Moraes proferiu sentença na qual declarou que **Vladimir Herzog havia morrido de causas não naturais quando estava no DOI/CODI/SP**. [...]

134. Por outro lado, o juiz concluiu que houve **crime de abuso de autoridade**, assim como de tortura praticada contra Vladimir Herzog e os demais presos políticos que estavam detidos no DOI/CODI, razão pela qual solicitou o envio do expediente ao Procurador da Justiça Militar. [...]

136. Em 28 de agosto de 1979, o General João Baptista Figueiredo sancionou a **Lei de Anistia n° 6.683/1979**, que concedeu anistia nos seguintes termos: "Art. 1º É concedida anistia a todos quantos, no período compreendido entre 02 de setembro de 1961 e 15 de agosto de 1979, cometeram crimes políticos ou conexo com estes, crimes eleitorais, aos que tiveram seus direitos políticos suspensos e aos servidores da Administração Direta e Indireta, de fundações vinculadas ao poder público, aos Servidores dos Poderes Legislativo e Judiciário, aos Militares e aos dirigentes e representantes sindicais, punidos com fundamento em Atos Institucionais e Complementares. § 1º Consideram-se conexos, para efeito deste artigo, os crimes de qualquer natureza relacionados com crimes políticos ou praticados por motivação política. § 2º Excetuam-se dos benefícios da anistia os que foram condenados pela prática de crimes de terrorismo, assalto, sequestro e atentado pessoal".

137. Em 29 de abril de 2010, o Supremo Tribunal Federal decidiu, por sete votos a dois, que a **Lei de Anistia era compatível com a Constituição brasileira de 1988**, reafirmando sua vigência. Essa decisão tem eficácia erga omnes e efeito vinculante a respeito de todos os órgãos do poder público. [...]

146. Em 4 de dezembro de 1995, foi promulgada a **Lei nº 9.140/1995**, mediante a qual o Estado reconheceu sua responsabilidade, entre outros, pelo "assassinato de opositores políticos" no período compreendido entre 2 de setembro de 1961 e 15 de agosto de 1979. [...]

148. Do mesmo modo, a Lei nº 9.140/1995 determinou a possibilidade de conceder uma reparação pecuniária aos familiares dos mortos e desaparecidos políticos, no âmbito da Comissão Especial. Para esses fins, estabeleceu uma fórmula matemática e dispôs um montante mínimo de ressarcimento de R$100.000 reais.

149. Com base nessa lei, Clarice Herzog solicitou o reconhecimento de que Vladimir Herzog havia sido assassinado e torturado no DOI/CODI de São Paulo. Sua moção foi aprovada em abril de 1996, e, por esta razão, recebeu, em 1997, uma indenização de R$100.000,00 reais (equivalentes a aproximadamente US$100.000,00 da época).

150. Posteriormente, essa Comissão publicou, no ano de 2007, um livro denominado **"Direito à Memória e à Verdade"**, no qual analisou o contexto geral no qual ocorreu a última ditadura brasileira e também casos de vítimas concretas do terrorismo de Estado, entre elas Vladimir Herzog. [...]

161. Em 14 de maio de 2008, o MPF apresentou uma Ação Civil Pública (ACP) contra a União e contra os ex-comandantes do DOI/CODI/SP, Audir Santos Maciel e Carlos Alberto Brilhante Ustra. A ACP buscava: 1) que fosse declarada a existência de obrigação do Exército brasileiro de tornar pública toda a informação que tivessem com

respeito às atividades desenvolvidas no DOI/CODI do II Exército, entre 1970 e 1985; 2) que fosse declarada a omissão da União em promover as medidas necessárias para a reparação de danos que apoiou o pagamento das indenizações previstas na Lei nº 9.140/1995; 3) a declaração de responsabilidade dos ex-comandantes; e 4) a condenação dos mencionados ex-comandantes a diversas reparações e à perda de funções públicas.

162. Em 5 de maio de 2010, a 8ª Vara Federal de São Paulo, em conformidade com a Lei de Anistia, declarou improcedente a ACP, argumentando falta de idoneidade do recurso. O tribunal considerou que a ação interposta pelo MPF não podia ter como efeito a imposição de obrigações "de fazer", nem tampouco de produzir efeitos típicos e próprios do habeas data. [...]

164. Em 18 de novembro de 2011, foi promulgada a Lei nº 12.528/2011, que criou a **Comissão Nacional da Verdade (CNV)**. A CNV teve por finalidade "examinar e esclarecer graves violações de direitos humanos praticadas entre 18 de setembro de 1946 e 5 de outubro de 1988". Suas atividades tiveram lugar de maio de 2012 a dezembro de 2014.

165. A mencionada Comissão levou adiante um novo exame pericial das fotografias do corpo de Vladimir Herzog. A conclusão do exame foi que as marcas em seu pescoço e tórax eram próprias de uma morte por asfixia mecânica e não por enforcamento auto infligido. [...]

167. Como parte de suas atribuições, a **CNV solicitou a retificação da causa mortis registrada no atestado de óbito de Vladimir Herzog**. Em 24 de setembro de 2013, o juiz interveniente ordenou que no atestado constasse que a morte de Vladimir Herzog ocorrera em consequência de lesões e maus-tratos sofridos no DOI/CODI/SP. O relatório final da CNV afirmou que não havia dúvida de que Vladimir Herzog havia sido detido ilegalmente, torturado e assassinado por agentes do Estado no DOI/CODI/SP, em 25 de outubro de 1975. [...]

VII - MÉRITO

168. A Corte procederá, no presente caso, a analisar a responsabilidade internacional do Estado, com base em suas obrigações internacionais oriundas da **Convenção Americana e da Convenção Interamericana para Prevenir e Punir a Tortura**, a respeito da alegada falta de investigação, julgamento e eventual punição dos responsáveis pela tortura e assassinato de Vladimir Herzog. A Corte também analisará o alegado descumprimento do direito de conhecer a verdade, em virtude da divulgação da falsa versão da morte de Herzog, e da recusa por parte do Estado a entregar documentos militares, e da consequente falta de identificação dos responsáveis materiais pela morte do senhor Herzog. Por fim, a Corte determinará se houve violação do direito à integridade pessoal dos familiares de Vladimir Herzog, em razão da falta de investigação e punição dos responsáveis. [...]

VII-1 – **DIREITO ÀS GARANTIAS JUDICIAIS E À PROTEÇÃO JUDICIAL** [...]

220. Segundo a Comissão de Direito Internacional, a proibição dos crimes contra a humanidade é claramente aceita e reconhecida como norma imperativa de direito internacional. No mesmo sentido, a Corte Internacional de Justiça salientou **que a proibição de determinados atos, como a tortura, tem caráter de jus cogens**, o que, ademais, indica que **a proibição de cometer, de forma generalizada ou sistemática, esses atos constitutivos de crimes contra a humanidade também tem caráter de jus cogens**. [...]

221. Essa foi exatamente a interpretação da Corte Interamericana no Caso Almonacid Arellano, que se aplica também ao presente caso. É importante, além disso, destacar que, ao longo das últimas décadas, pronunciaram-se nesse sentido tribunais internacionais, nacionais, e órgãos das Nações Unidas.

*222. Os crimes contra a humanidade são um dos delitos reconhecidos pelo Direito Internacional, juntamente com os crimes de guerra, o genocídio, a escravidão e o crime de agressão. Isso significa que **seu conteúdo, sua natureza e as condições de sua responsabilidade são estabelecidos pelo Direito Internacional, independentemente do que se possa estabelecer no direito interno dos Estados**. A característica fundamental de um delito de Direito Internacional é que ameaça à paz e a segurança da humanidade porque choca a consciência da humanidade. Tratam-se de crimes de Estado planejados e que fazem parte de uma estratégia ou política manifesta contra uma população ou grupo de pessoas. **Aqueles que os cometem, tipicamente, devem ser agentes estatais** encarregados do cumprimento dessa política ou plano, que participam de atos de assassinato, tortura, estupro e outros atos repudiáveis contra civis, de maneira sistemática ou generalizada. [...]*

*230. [...] A proibição dos crimes contra a humanidade é uma norma imperativa de direito internacional (jus cogens), o que significa que essa proibição é aceita e reconhecida pela comunidade internacional de Estados em seu conjunto como norma que não admite acordo em contrário e que só pode ser modificada por uma norma ulterior de direito internacional geral que tenha o mesmo caráter. Concretamente, **a primeira obrigação dos Estados é evitar que essas condutas ocorram**. Caso isso não aconteça, o dever do Estado é **assegurar que essas condutas sejam processadas penalmente e seus autores punidos**, de modo a não deixá-las na impunidade. [...]*

*232. [...] A particular e determinante intensidade e importância dessa obrigação em casos de crimes contra a humanidade significa que **os Estados não podem invocar**: i) a **prescrição**; ii) o **princípio ne bis in idem**; iii) as **leis de anistia**; assim como iv) **qualquer disposição análoga ou excludente similar de responsabilidade**, para se escusar de seu dever de investigar e punir os responsáveis. Além disso, como parte das obrigações de prevenir e punir crimes de direito internacional, a Corte considera que os Estados têm a **obrigação de cooperar** e podem v) **aplicar o princípio de jurisdição universal** a respeito dessas condutas. [...]*

*237. De acordo com a jurisprudência da Corte Interamericana e de outros tribunais internacionais, nacionais e órgãos de proteção de direitos humanos, **a tortura e o assassinato do senhor Herzog seriam considerados uma grave violação de direitos humanos**. [...]*

*241. Os fatos descritos não deixam dúvidas quanto a que a detenção, tortura e assassinato de Vladimir Herzog foram, efetivamente, **cometidos por agentes estatais** pertencentes ao DOI/CODI do II Exército de São Paulo, como parte de um **plano de ataque sistemático e generalizado contra a população civil** considerada "opositora" à ditadura, em especial, no que diz respeito ao presente caso, jornalistas e supostos membros do Partido Comunista Brasileiro. **Sua tortura e morte não foi um acidente**, mas a consequência de uma máquina de repressão extremamente organizada e estruturada para agir dessa forma e eliminar fisicamente qualquer oposição democrática ou partidária ao regime ditatorial, utilizando-se de práticas e técnicas documentadas, aprovadas e monitoradas detalhadamente por altos comandos do Exército e do Poder Executivo. Concretamente, sua detenção era parte da Operação Radar, que havia sido criada para "combater" o PCB. Dezenas de jornalistas e membros do PCB haviam sido detidos e torturados antes de Herzog e também o foram posteriormente, em consequência da ação sistemática da ditadura para desmantelar e eliminar seus supostos opositores. O Estado brasileiro, por intermédio da Comissão Nacional da Verdade, confirmou a conclusão anterior em seu Informe Final, publicado em 2014.*

*242. A Corte conclui que **os fatos registrados contra Vladimir Herzog devem ser considerados crime contra a humanidade**, conforme a definição do Direito Internacional desde, pelo menos, 1945 (par. 211 a 228 supra). [...]*

269. Em suma, a Corte constata que, para o caso concreto, **a aplicação da figura da prescrição como obstáculo para a ação penal seria contrária ao Direito Internacional e, em especial, à Convenção Americana sobre Direitos Humanos**. Para esta Corte, é claro que existe suficiente evidência para afirmar que a **imprescritibilidade de crimes contra a humanidade** era uma norma consuetudinária do direito internacional plenamente cristalizada no momento dos fatos, assim como na atualidade. [...]

272. A Corte salientou que, quando se trata de graves e sistemáticas violações dos direitos humanos, a impunidade em que podem permanecer essas condutas em razão da falta de investigação gera um dano particularmente grave aos direitos das vítimas. **A intensidade desse dano não só autoriza, mas exige uma excepcional limitação à garantia de ne bis in idem, a fim de permitir a reabertura dessas investigações** quando a decisão que se alega como coisa julgada surge como consequência do descumprimento manifesto e notório dos deveres de investigar e punir seriamente essas graves violações. Nesses casos, a **preponderância dos direitos das vítimas sobre a segurança jurídica e o ne bis in idem** é ainda mais evidente, dado que as vítimas não só foram lesadas por um comportamento perverso, mas devem, além disso, suportar a indiferença do Estado, que descumpre manifestamente sua obrigação de esclarecer esses atos, punir os responsáveis e reparar os lesados. A gravidade do ocorrido nesses casos é de tal envergadura que prejudica a essência da convivência social e impede, ao mesmo tempo, qualquer tipo de segurança jurídica. Por esse motivo, a Corte ressalta que ao analisar os recursos judiciais que possam vir a interpor os acusados de graves violações de direitos humanos, as autoridades judiciais internas são obrigadas a determinar se o desvio no uso de uma garantia penal pode gerar uma restrição desproporcional aos direitos das vítimas, de modo que uma clara violação do direito de acesso à justiça dissipa a garantia processual penal de coisa julgada. [...]

274. Levando em consideração todo o acima exposto, a Corte considera que, no presente caso, **a alegada coisa julgada material, em virtude da aplicação da lei de anistia, é, definitivamente, inaplicável.** [...]

276. [...] a Corte considera que **tampouco é aplicável o princípio ne bis in idem**. Finalmente, a Corte observa que uma decisão baseada em uma lei que não produzia efeitos jurídicos por ser incompatível com a Convenção não gera a segurança jurídica esperada do sistema de justiça. [...]

289. Nesse sentido, **as leis de anistia, em casos de graves violações de direitos humanos, são manifestamente incompatíveis com a letra e o espírito do Pacto de San José**, pois infringem o disposto por seus artigos 1.1 e 2, porquanto impedem a investigação e a punição dos responsáveis pelas violações graves de direitos humanos e, consequentemente, o acesso das vítimas e seus familiares à verdade sobre o ocorrido e às reparações respectivas, impedindo, assim, o pleno, oportuno e efetivo império da justiça nos casos pertinentes, **favorecendo**, em contrapartida, **a impunidade e a arbitrariedade**, prejudicando, ademais, seriamente, o Estado de Direito, razões pelas quais se declarou que, à luz do Direito Internacional, elas carecem de efeitos jurídicos.

290. Em especial, **as leis de anistia afetam o dever internacional do Estado de investigar e punir as graves violações de direitos humanos**, ao impedir que os familiares das vítimas sejam ouvidos por um juiz, conforme o disposto no artigo 8.1 da Convenção Americana. Violam, ainda, o direito à proteção judicial consagrado no artigo 25 do mesmo instrumento, precisamente pela falta de investigação, persecução, captura, julgamento e punição dos responsáveis pelos fatos, descumprindo também o artigo 1.1 da Convenção.

291. À luz das obrigações gerais consagradas nos artigos 1.1 e 2 da Convenção Americana, **os Estados-partes têm o dever de adotar providências de toda natureza para**

que ninguém seja excluído da proteção judicial e do exercício do direito a um recurso simples e eficaz, nos termos dos artigos 8 e 25 da Convenção. [...]

302. Tendo presentes os antecedentes mencionados supra, a Corte Interamericana considera que **ante a prática de crimes contra a humanidade, a comunidade de Estados está facultada a aplicar a jurisdição universal** de modo que se torne efetiva a proibição absoluta desses delitos, estabelecida pelo direito internacional. Sem prejuízo do exposto, a Corte também reconhece que no atual estágio de desenvolvimento do direito internacional, o uso da **jurisdição universal é um critério de razoabilidade processual e político-criminal**, e não uma ordenação hierárquica, pois se deve favorecer a jurisdição territorial da prática do delito.

303. Nesse sentido, ao considerar o exercício de sua **competência universal para investigar, julgar e punir autores de crimes como os do presente caso**, os Estados devem cumprir determinados requisitos reconhecidos pelo direito internacional consuetudinário: i) que o delito passível de processo judicial seja um delito de direito internacional (crimes de guerra, crimes contra a humanidade, crimes contra a paz, escravidão, genocídio), ou tortura; ii) que o Estado onde se cometeu o crime não tenha demonstrado haver envidado esforços na esfera judicial para punir os responsáveis ou que seu direito interno impeça o início desses esforços, em razão da aplicação de excludentes de responsabilidade; e iii) que não seja exercida de maneira arbitrária ou atenda a interesses alheios à justiça, sobretudo objetivos políticos. [...]

307. Em atenção à proibição absoluta dos crimes de direito internacional e contra a humanidade no direito internacional, a Corte coincide com os peritos Roth-Arriaza e Mendez, no sentido de que **para os autores dessas condutas nunca foram criadas expectativas válidas de segurança jurídica**, posto que os crimes já eram proibidos no direito nacional e internacional no momento em que foram cometidos. Além disso, não há aplicação nem violação do princípio pro reo, já que nunca houve uma expectativa legítima de anistia ou prescrição que desse lugar a uma expectativa legítima de finalidade. A única expectativa efetivamente existente era o funcionamento do sistema de acobertamento e proteção dos verdugos das forças de segurança. Essa expectativa não pode ser considerada legítima por esta Corte e suficiente para ignorar uma norma peremptória de direito internacional. [...]

310. Com base em todas as considerações anteriormente expostas, a Corte considera que **o Estado não pode alegar a inexistência de normas internas, ou a incompatibilidade do direito interno, para não cumprir uma obrigação internacional imperativa e inderrogável**. O Tribunal considera que o Estado deixou de garantir um recurso judicial efetivo para investigar, julgar e punir os responsáveis pela detenção, tortura e morte de Vladimir Herzog. [...]

312. Com base nas considerações acima, a Corte Interamericana conclui que, em razão da falta de investigação, bem como de julgamento e punição dos responsáveis pela tortura e pelo assassinato de Vladimir Herzog, cometidos num contexto sistemático e generalizado de ataques à população civil, **o Brasil violou os direitos às garantias judiciais e à proteção judicial**, previstos nos artigos 8.1 e 25.1 da Convenção Americana, em relação aos artigos 1.1 e 2 do mesmo instrumento, e em relação aos artigos 1, 6 e 8 da Convenção Interamericana para Prevenir e Punir a Tortura, em detrimento de Zora, Clarice, André e Ivo Herzog. A Corte conclui também que o Brasil **descumpriu a obrigação de adequar seu direito interno à Convenção**, constante do artigo 2, em relação aos artigos 8.1, 25 e 1.1 do mesmo tratado, e aos artigos 1, 6 e 8 da CIPST, em virtude da aplicação da Lei de Anistia nº 6.683/1979 e de outras excludentes de responsabilidade proibidas pelo direito internacional em casos de crimes contra a humanidade, de acordo com os parágrafos 208 a 310 da presente Sentença.

VII-2 – *DIREITO A CONHECER A VERDADE* [...]

328. Este Tribunal considera pertinente recordar que, em conformidade com sua jurisprudência constante, **toda pessoa, inclusive os familiares das vítimas de graves violações de direitos humanos, tem o direito de conhecer a verdade**. Por conseguinte, os familiares das vítimas e a sociedade devem ser informados de todo o ocorrido com relação a essas violações. Embora o direito de conhecer a verdade tenha sido **incluído, fundamentalmente, no direito de acesso à justiça**, aquele tem uma natureza ampla e sua violação pode afetar diferentes direitos consagrados na Convenção Americana, dependendo do contexto e das circunstâncias particulares do caso. [...]

329. No presente caso, o Tribunal observa que as alegações relativas à suposta violação do direito à verdade teriam duas vertentes principais: i) a alegada violação desse direito em razão da **impunidade** em que se encontra a detenção, tortura e execução de Vladimir Herzog, bem como pela **divulgação de uma versão falsa** dos fatos; e ii) a suposta **falta de acesso aos arquivos** do DOI-CODI/SP.

330. O Tribunal constata que, com efeito, **o Brasil envidou diversos esforços para atender ao direito à verdade das vítimas do presente caso e da sociedade em geral**. A Corte avalia positivamente a criação e os respectivos relatórios da Comissão Especial de Mortos e Desaparecidos Políticos, bem como da Comissão Nacional da Verdade. Este Tribunal considerou, anteriormente, que esse tipo de esforço contribui para a construção e preservação da memória histórica, para o esclarecimento de fatos e para a determinação de responsabilidades institucionais, sociais e políticas em determinados períodos históricos de uma sociedade. Sem prejuízo do exposto, em conformidade com a jurisprudência constante deste Tribunal, a "verdade histórica" que possa resultar desse tipo de esforço, de nenhuma forma, substitui ou dá por atendida a obrigação do Estado de estabelecer a verdade e assegurar a determinação judicial de responsabilidades individuais, por meio dos processos judiciais penais. [...]

334. Além disso, o Tribunal considerou **também que toda recusa de prestar informação deve ser motivada e fundamentada**, cabendo ao Estado o ônus da prova referente à impossibilidade de revelar a informação e que, diante da dúvida ou do vazio legal, deve primar o direito de acesso à informação. Por outro lado, a Corte recorda o disposto sobre a obrigação das autoridades estatais de **não se amparar em mecanismos como o sigilo de Estado ou a confidencialidade da informação em casos de violações de direitos humanos**. Do mesmo modo, tampouco pode ficar à sua discrição a decisão final sobre a existência da documentação solicitada. [...]

338. Levando em conta o exposto, além do constatado no Capítulo VII-1, e ante as circunstâncias mencionadas supra, a Corte considera que, no presente caso, **o Brasil violou o direito das vítimas de conhecer a verdade**, pois não esclareceu judicialmente os fatos violatórios do presente caso e não apurou as respectivas responsabilidades individuais em relação à tortura e ao assassinato de Vladimir Herzog, por meio da investigação e do julgamento desses fatos na jurisdição ordinária, em conformidade com os artigos 8 e 25 da Convenção. **Esse direito também foi violado por vários anos dentro da competência da Corte**, sem que a versão do suicídio do senhor Herzog fosse aceita oficialmente pelo Estado, somada à recusa do exército de prestar informação e de permitir o acesso aos arquivos militares da época dos fatos. [...]

VII-3 – *DIREITO À INTEGRIDADE PESSOAL* [...]

351. Esta Corte considerou, em numerosos casos, que **os familiares das vítimas de violações de direitos humanos podem ser, por sua vez, vítimas**. Nesse sentido, o Tribunal considerou violado o direito à integridade psíquica e moral de familiares de vítimas, por motivo do sofrimento adicional por que passaram como resultado das circunstâncias particulares das violações cometidas contra seus seres queridos, e em

virtude das posteriores ações ou omissões das autoridades estatais frente aos fatos. Do mesmo modo, em casos que supõem uma **violação grave de direitos humanos**, como massacres, desaparecimentos forçados de pessoas, execuções extrajudiciais ou tortura, a Corte considerou que a Comissão ou os representantes não necessitam provar a violação da integridade pessoal, já que opera uma **presunção juris tantum**. Dessa forma, caberia ao Estado desvirtuá-la, caso considere que a citada ofensa não ocorreu.

352. Essa presunção é **aplicada pela Corte a respeito de familiares diretos**, como mães e pais, filhas e filhos, esposos e esposas, companheiros e companheiras permanentes, sempre que isso atenda às circunstâncias particulares do caso. [...]

354. O Tribunal constata, a partir do acervo probatório, que **a existência e a divulgação de uma versão falsa** da detenção, tortura e execução de Vladimir Herzog **geraram um dano à integridade de todo o seu núcleo familiar**. Além disso, os esforços infrutíferos dos familiares por conseguir reivindicar judicialmente seus direitos lhes causou **angústia e insegurança**, além de **frustração e sofrimento**. Isso, a juízo do Tribunal, também constitui **dano à sua integridade psíquica e moral**.

355. Além disso, a **falta de investigação** a respeito da morte de seu familiar provocou, nos demais membros da família de Vladimir Herzog, **dano à integridade psíquica e moral**, inclusive uma extrema angústia e insegurança, além de frustração e sofrimento, que perduram até a atualidade. A **falta de identificação e punição dos responsáveis** fez com que a **angústia permanecesse por anos**, sem que as vítimas se sentissem protegidas ou reparadas. [...]

358. Desse modo, levando em consideração as circunstâncias do presente caso, o Tribunal conclui **que o Estado violou o direito à integridade pessoal**, previsto no artigo 5.1 da Convenção Americana sobre Direitos Humanos, em relação ao artigo 1.1 do mesmo instrumento, em prejuízo de Zora Herzog, Clarice Herzog, Ivo Herzog e André Herzog. [...]

IX – PONTOS RESOLUTIVOS

416. Portanto, a CORTE DECIDE, por unanimidade,

1. Declarar **improcedentes as exceções preliminares** interpostas pelo Estado, relativas à inadmissibilidade do caso na Corte por **incompetência ratione materiae** quanto a supostas violações da Convenção Interamericana para Prevenir e Punir a Tortura; à falta de esgotamento prévio de recursos internos; ao descumprimento do prazo para a apresentação da petição à Comissão; à incompetência ratione materiae para revisar decisões internas; à publicação do Relatório de Mérito pela Comissão; e à incompetência ratione materiae para analisar fatos diferentes daqueles submetidos pela Comissão, nos termos dos parágrafos 36 a 38, 49 a 53, 66 a 71, 80 a 83, 88, 97 e 98 da presente Sentença.

2. Declarar **parcialmente procedentes** as exceções preliminares interpostas pelo Estado, relativas à incompetência **ratione temporis** a respeito de fatos anteriores à adesão à Convenção Americana, fatos anteriores à data de reconhecimento da jurisdição da Corte por parte do Estado e fatos anteriores à entrada em vigor da CIPST para o Estado brasileiro, nos termos dos parágrafos 27 a 30 da presente Sentença.

DECLARA:

Por unanimidade, que:

3. **O Estado é responsável pela violação dos direitos às garantias judiciais e à proteção judicial**, previstos nos artigos 8.1 e 25.1 da Convenção Americana, em relação aos artigos 1.1 e 2 do mesmo instrumento, e em relação aos artigos 1, 6 e 8 da Convenção Interamericana para Prevenir e Punir a Tortura, em prejuízo de Zora, Clarice, André e Ivo Herzog, pela falta de investigação, bem como do julgamento e punição dos responsáveis pela tortura e pelo assassinato de Vladimir Herzog, cometidos em um contexto sistemático e generalizado de ataques à população civil, bem como pela aplicação da

Lei de Anistia nº 6.683/1979 e de outras excludentes de responsabilidade proibidas pelo Direito Internacional em casos de crimes contra a humanidade, nos termos dos parágrafos 208 a 312 da presente Sentença.

Por unanimidade, que:

4. O Estado é responsável pela violação do direito de conhecer a verdade de Zora Herzog, Clarice Herzog, Ivo Herzog e André Herzog, em virtude de não haver esclarecido judicialmente os fatos violatórios do presente caso e não ter apurado as responsabilidades individuais respectivas, em relação à tortura e assassinato de Vladimir Herzog, por meio da investigação e do julgamento desses fatos na jurisdição ordinária, em conformidade com os artigos 8 e 25 da Convenção Americana, em relação ao artigo 1.1 do mesmo instrumento, nos termos dos parágrafos 328 a 339 da presente Sentença.

Por unanimidade, que:

5. O Estado é responsável pela violação do direito à integridade pessoal, previsto no artigo 5.1 da Convenção Americana sobre Direitos Humanos, em relação ao artigo 1.1 do mesmo instrumento, em prejuízo de Zora Herzog, Clarice Herzog, Ivo Herzog e André Herzog, nos termos dos parágrafos 351 a 358 da presente Sentença.

E DISPÕE:

Por unanimidade, que:

6. Esta Sentença constitui, por si mesma, uma forma de reparação.

*7. O Estado deve **reiniciar, com a devida diligência, a investigação e o processo penal cabíveis**, pelos fatos ocorridos em 25 de outubro de 1975, para **identificar, processar e, caso seja pertinente, punir os responsáveis pela tortura e morte de Vladimir Herzog**, em atenção ao caráter de crime contra a humanidade desses fatos e às respectivas consequências jurídicas para o Direito Internacional, nos termos dos parágrafos 371 e 372 da presente Sentença. Em especial, o Estado deverá observar as normas e requisitos estabelecidos no parágrafo 372 da presente Sentença.*

*8. O Estado deve adotar as medidas mais idôneas, conforme suas instituições, para que se **reconheça**, sem exceção, **a imprescritibilidade das ações emergentes de crimes contra a humanidade e internacionais**, em atenção à presente Sentença e às normas internacionais na matéria, em conformidade com o disposto na presente Sentença, nos termos do parágrafo 376.*

*9. O Estado deve realizar um **ato público de reconhecimento de responsabilidade internacional** pelos fatos do presente caso, em desagravo à memória de Vladimir Herzog e à falta de investigação, julgamento e punição dos responsáveis por sua tortura e morte. Esse ato deverá ser realizado de acordo com o disposto no parágrafo 380 da presente Sentença.*

*10. O Estado deve providenciar as **publicações** estabelecidas no parágrafo 383 da Sentença, nos termos nele dispostos.*

*11. O Estado deve **pagar os montantes** fixados nos parágrafos 392, 397 e 403 da presente Sentença, a título de danos materiais e imateriais, e de reembolso de custas e gastos, nos termos dos parágrafos 410 a 415 da presente Sentença.*

*12. O Estado deve **reembolsar ao Fundo de Assistência Jurídica a Vítimas**, da Corte Interamericana de Direitos Humanos, a quantia despendida durante a tramitação do presente caso, nos termos do parágrafo 409 desta Sentença.*

*13. O Estado deve, no prazo de um ano contado a partir da notificação desta Sentença, apresentar ao Tribunal um **relatório** sobre as medidas adotadas para seu cumprimento.*

14. A Corte supervisionará o cumprimento integral desta Sentença, no exercício de suas atribuições e no cumprimento de seus deveres, conforme a Convenção Americana sobre Direitos Humanos, e dará por concluído o presente caso, uma vez tenha o Estado cumprido cabalmente o que nela se dispõe.

Com efeito, no dia 15 de março de 2018 foi reconhecida a responsabilidade do Estado brasileiro no caso, determinando que o Brasil reinicie a investigação e o processo penal cabíveis contra os responsáveis pela morte e tortura de Vladimir Herzog; adote medidas concretas para que sua legislação reconheça de forma inequívoca a imprescritibilidade de ações penais que tenham por objeto crimes contra a humanidade e internacionais; reconheça publicamente sua responsabilidade no caso e indenize as vítimas.

Analisando pelos tecnicismos puros e simples, faz-se aqui alguns questionamentos quanto aos termos da sentença, entretanto. *Em primeiro lugar*, a Corte Interamericana de Direitos Humanos tem defendido a inconvencionalidade da Lei de Anistia brasileira (de todas as leis de autoanistia, aliás), direcionando a questão para uma revisão unilateral do aludido diploma. **Mais que o caráter unilateral ou bilateral incondicionado da Lei da Anistia brasileira, entende-se que a solução mais justa seria a do condicionamento do perdão à elucidação dos fatos**. Ao optar por passar uma "borracha histórica" no passado ditatorial pátrio, sem questionamentos ou perguntas a quem praticou atrocidades para manter e para derrubar o regime então vigente (e elas existiram dos dois lados, não se pode mais negar), perdeu-se oportunidade singular de documentar, punir, indenizar, e revisar versões oficiais. Prova maior desse ressentimento histórico são os relatórios finais da Comissão Nacional da Verdade (estudada no capítulo anterior como mecanismo nacional de proteção de direitos humanos), que foram simplesmente criticados sem maiores aprofundamentos simplesmente por conta de uma suposta parcialidade de quem os elaborou. Tivesse a anistia sido condicionada a reparações e à verdade (num exemplo parecido do que foi praticado na África do Sul com a chegada de Nelson Mandela ao poder), possivelmente a solução fosse mais satisfatória. Questiona-se a Corte, neste aspecto, pela visão "simplista" que tenta imprimir (da mesma maneira que se questiona o "simplismo" da Lei nº 6.683, vale frisar).

Em segundo lugar, parece forçoso ter a Corte definido como "crime contra a humanidade" os atos praticados contra Vladimir Herzog, por mais brutais e repulsivos que tenham sido. Por definição técnica (e aqui toma-se o melhor conceito que atualmente se tem, que é o do art. 7º do Estatuto de Roma do Tribunal Penal Internacional), entende-se por crime contra a humanidade qualquer um dos atos seguintes (e neles realmente se menciona o homicídio, a prisão indevida e a tortura), **desde que cometidos em um quadro de ataque, generalizado ou sistemático, contra qualquer população civil, havendo conhecimento desse ataque**. Repara-se, portanto, que o crime contra a humanidade exige generalização e sistematicidade para sua configuração, e não foi esse o caminho percorrido pela Corte Interamericana para definição da brutal morte de Herzog. No começo da sentença, os Juízes parecem acertar o caminho: havia uma operação montada para desmantelar a estrutura e matar os dirigentes do Partido Comunista Brasileiro, o que em tese caracterizaria generalizado e sistemático quadro de perseguição. Entretanto, depois, a sentença não esclarece se Herzog realmente fazia ou não parte do PCB (faz-se, apenas, menção a uma declaração do jornalista reconhecendo isso, a qual também se entendeu forjada – assim como o laudo necroscópico), deixando a morte de Herzog isolada em um universo de possibilidades diabólicas praticadas pela ditadura. Em outros termos, para que a morte de Herzog fosse, de fato, um crime contra a humanidade, seria necessário *ou* que fosse incluída em um quadro de matança generalizada de membros do PCB (e assim reconhecida na sentença, com nomes e provas após regular processo), *ou* que a ditadura brasileira como um todo fosse considerada um crime contra a humanidade. Nenhuma das duas situações aconteceu.

Talvez, o grande objetivo de considerar a morte de Herzog um crime contra a humanidade tenha sido assegurar a imprescritibilidade dos fatos, notadamente para a punição dos eventuais culpados (ou seja, mais que configurar o crime, o que se parece buscar realmente é sua consequência). Fosse a sentença prolatada pela Corte meramente declaratória (e não condenatória, como foi), reconhecendo a responsabilidade internacional do Estado brasileiro sem, contudo, constituir relações jurídicas (como as que foram constituídas entre o Estado brasileiro e os familiares de Herzog), essa questão da imprescritibilidade não seria um problema, pois tudo o que se buscaria seria uma declaração oficial da verdade. **Como se quis mais que uma declaração, a saída foi considerar a detenção indevida, tortura e morte um crime contra a humanidade.** Se o que está em jogo aqui é o vetor "justiça", então o artifício foi perfeitamente válido; se o que está em jogo aqui é o vetor "segurança jurídica", então o artifício foi indevido. Ao leitor cabe escolher seu lado (se quiser).

Em terceiro lugar, a Corte utiliza mecanismo de "ganchos históricos" para atuar em fatos anteriores ao reconhecimento da incidência de sua competência pelo Brasil. Como dito outrora, o Brasil reconhece a competência originária da Corte Interamericana de Direitos Humanos para fatos posteriores a dez de dezembro de 1998 (Decreto nº 4.463/2002), o que cria interpretação dúbia: um literalista dirá que a violação de direitos humanos deve ser inteiramente posterior a dez de dezembro de 1998 para que o Brasil possa ser julgado; um finalista dirá que isso inclui fatos que se arrastam anteriormente a esta data, mas que nesta data ainda não estejam resolvidos. A Corte tem utilizado esta segunda interpretação, analisando seu padrão de condenações (inclusive brasileiras). Ela diz respeitar a competência temporal da adesão do Estado brasileiro, mas verticaliza o máximo possível até chegar à origem do problema. Observando o caso em estudo, a Corte faz exatamente isso: a condenação é um pacote que engloba fatos anteriores e posteriores a dez de dezembro de 1998 (prova disso, a Corte demonstra excessivo incômodo com a forja de suicídio pelo Estado brasileiro, o que contraria o direito à verdade, sendo que esse fato – a afirmação mentirosa do II Exército e o laudo necroscópico de suicídio dúbio – se deu ainda na década de 1970, quando o Brasil não tinha aderido temporalmente à Corte Interamericana de Direitos Humanos). Como esse tem sido um padrão da Corte em casos envolvendo ou não o Estado brasileiro sem que haja rechaço da comunidade interamericana quanto a isso, entende-se que o silêncio traz consentimento: somente um novo Decreto do Estado brasileiro pode modificar isso (artigo 62 da Convenção Americana), o que parece altamente não recomendável para o atual estágio democrático em que o país se encontra.

Em quarto lugar, a Corte age bem em considerar os familiares de Herzog vítimas, bem como em determinar a reabertura das investigações. Essa ampliação do conceito de vítima humaniza – um pouco – o tratamento burocrático dado ao pós-crime (quando tudo vira, no fim das contas, papel). A brutal morte de Herzog nos porões da ditadura, em contexto nunca antes esclarecido, ainda mais com uma falsa acusação de suicídio (o que é imperdoável para determinadas religiões, como o cristianismo, o espiritismo, e o judaísmo – esta última, religião de Herzog e sua família), provocou irreparável dano aos que ficaram para lutar por sua memória e para conviver com a dor da perda de um ente querido. É difícil se colocar no lugar dos familiares de Herzog, mas a incansável luta pela verdade (um inquérito policial militar, uma ação declaratória, uma ação civil pública, um reconhecimento de responsabilidade estatal em 1995, e uma reanálise de fatos pela Comissão Nacional da Verdade) mostra uma paz difícil de ser alcançada durante todo este período. Para Zora Herzog, mãe do jornalista e morta em 2006, a sentença da Corte certamente veio tarde demais.

Neste sentido, a reabertura das investigações funciona como um norte, um "*modus operandi*", que, espera-se, seja replicado a fim de documentar mais esmiuçadamente o que aconteceu no período ditatorial brasileiro. Para se ter ideia do quão longe ainda se está do fim da apuração deste "período 1964-1985", menção se faz à "Vala de Perus" ("Cemitério de Perus"), localizada na zona norte da cidade de São Paulo/SP, conhecida por ter sido utilizada para o sepultamento de pessoas mortas pela ditadura. Em 1990, uma vala clandestina comum foi descoberta com mais de mil ossadas, as quais pertencem a indigentes, assassinados em contexto de violência geral, e desaparecidos políticos. Dessas mil ossadas, apenas cinco foram identificadas quase trinta anos depois, devido às dificuldades dos exames de identificação (que precisam ser feitos em um laboratório na Bósnia). Esse singelo exemplo deixa claro o quão longe se está de uma história definitiva, de modo que a sentença da Corte foi apenas mais um passo nessa longa caminhada.

5.3.2.9.2 Casos brasileiros em trâmite

Caso	Violações/Fatos	Fase
Márcia Barbosa de Souza e familiares	Denuncia-se o Estado brasileiro como responsável por violações dos direitos de Márcia Barbosa de Souza, cujo corpo foi encontrado sem vida num terreno baldio nas imediações da cidade de João Pessoa, capital da Paraíba, em 18 de junho de 1998. A polícia local iniciou uma investigação policial, concluída em 27 de agosto de 1998. Atribui-se a responsabilidade do crime a um deputado estadual, suposto amante da suposta vítima.	Caso submetido à Corte Interamericana de Direitos Humanos pela Comissão Interamericana de Direitos Humanos em 11 de julho de 2019 – Aguardando julgamento de mérito
Empregados da Fábrica de Fogos em Santo Antonio de Jesus e seus familiares	O caso está relacionado com a responsabilidade internacional do Estado pela violação do direito à vida de 64 pessoas e à integridade pessoal de 6 pessoas, como consequência da explosão de uma fábrica de fogos em 11 de dezembro de 1998, dentre elas 22 menores com idade entre 11 e 17 anos. A Comissão Interamericana de Direitos Humanos concluiu que o Estado brasileiro sabia que na fábrica	Caso submetido à Corte Interamericana de Direitos Humanos pela Comissão Interamericana de Direitos Humanos em 19 de setembro de 2018 – Aguardando julgamento de mérito

> se realizavam atividades industriais perigosas e, por isso, tinha a obrigação de inspecioná-la e fiscalizá-la conforme a legislação interna e suas obrigações internacionais; e que, em decorrência dessa obrigação, deveria saber que havia, na fábrica, uma das piores formas de trabalho infantil, bem como que estavam sendo cometidas graves irregularidades que implicavam um alto risco e iminente perigo para a vida, a integridade pessoal e a saúde de todos os trabalhadores. O caso também está relacionado com a violação dos direitos ao trabalho e ao princípio de igualdade e não discriminação, levando em conta que a fabricação de fogos artificiais era, no momento dos fatos, a principal e, ao que tudo indica, a única opção de trabalho para os habitantes do município – que, dada a sua situação de pobreza, não tinham outra alternativa senão aceitar um trabalho de alto risco, com baixo salário e sem medidas de segurança adequadas. Além disso, o caso está relacionado com a violação dos direitos às garantias judiciais e proteção judicial, uma vez que, através dos processos civis, penais e trabalhistas, o Estado não garantiu o acesso à justiça, a determinação da verdade dos fatos, a investigação e punição dos responsáveis, tampouco a reparação das consequências das violações dos direitos humanos detectadas.

5.3.2.9.3 Medidas cautelares fixadas

Entre as medidas cautelares conferidas pela Corte Interamericana em relação ao Brasil, todas versam sobre **inadequadas condições prisionais**, buscando sanar as ameaças à vida e à integridade dos detentos antes mesmo da resolução dos conflitos no âmbito extrajudicial, notadamente: caso do Instituto Penal Plácido de Sá Carvalho (relatórios entre 2017 e 2018); caso do Complexo Penitenciário de Curado (relatórios entre 2014 e 2018); caso do Complexo Penitenciário de Pedrinhas (relatórios entre 2014 e 2018); caso da Unidade de Internação Socioeducativa (relatórios entre 2011 a 2017); caso da Penitenciária Urso Branco (relatórios entre 2002 a 2011); Penitenciária "Dr. Sebastião Martins Silveira" (relatórios entre 2006 a 2008); caso das crianças e adolescentes privados de liberdade no "Complexo do Tatuapé" da FEBEM (relatórios entre 2005 a 2008).

5.3.3 *Disposições comuns à Corte e à Comissão*

Apesar de a Comissão poder ter seus casos revistos no âmbito da Corte, **não há hierarquia entre os órgãos**, tanto é que por diversas vezes a própria Corte se manifestou no sentido de que a Comissão deve ter sua autonomia respeitada.

Na **Opinião Consultiva nº 19/05**, a Corte Interamericana é questionada sobre a existência de um órgão de controle da Comissão Interamericana para situações de ilegalidade. Na resposta, reforça a autonomia e a independência da Comissão, atuando dentro de suas atribuições no que se refere ao processamento de petições individuais. **O único controle exercido é feito nos casos da Comissão levados até a Corte**.

Na **Opinião Consultiva nº 14/94**, a Corte Interamericana se manifesta sobre as consequências da edição de leis internas em países signatários da Convenção Americana que sejam incompatíveis com seus propósitos, afirmando que a elaboração de tais leis é uma violação à Convenção e acarreta a responsabilidade internacional. Por seu turno, na **Opinião Consultiva nº 13/03**, a Corte afirmou que a Comissão Interamericana é livre para qualificar qualquer norma de direito interno de um Estado-parte como violadora das obrigações que este assumiu ao ratificar a Convenção Americana, mas não o é para determinar se há contradição ou não no ordenamento interno de dito Estado.

No mais, as disposições em comum que regem ambos os órgãos versam sobre o tratamento de seus juízes, que é paritário.

As imunidades diplomáticas no curso do mandato são conferidas aos membros (comissários) da Comissão e juízes da Corte. Estes – comissários e juízes – não poderão ser responsabilizados por seus votos e opiniões, o que influenciaria na independência com a qual devem atuar em suas funções (artigo 70, CADH).

Juízes e comissários não podem assumir obrigações incompatíveis com o cargo que exercem, o que é delimitado nos Estatutos da Corte e da Comissão (artigo 71, CADH). É incompatível, por exemplo, ser ministro de Estado num dos Estados-partes da Convenção.

O artigo 72 da CADH abrange o custeio de juízes e comissários, notadamente quanto a honorários e despesas de viagem.

Somente por solicitação da Comissão ou da Corte, conforme o caso, cabe à **Assembléia Geral da Organização** resolver sobre as sanções aplicáveis aos membros da Comissão ou aos juízes da Corte que incorrerem nos casos previstos nos respectivos estatutos. Para expedir uma resolução, será necessária maioria de dois terços dos votos dos Estados Membros da Organização, no caso dos membros da Comissão; e, além disso, de dois terços dos votos dos Estados Partes na Convenção, se se tratar dos juízes da Corte (artigo 73, CADH).

5.3.4 Organismos especializados

> Quais os principais meios de controle da Comissão Interamericana de Mulheres e da Comissão para a Eliminação de Todas as Formas de Discriminação contra as Pessoas Portadoras de Deficiência?

5.3.4.1 Comissão Interamericana de Mulheres

Esta Comissão é o organismo específico para punição e erradicação da violência contra a mulher perante a OEA.

Nos termos do art. 10 da Convenção Interamericana para Prevenir, Punir e Erradicar a Violência contra a Mulher (Convenção de Belém do Pará), para alcançar o fim da Convenção, os Estados deverão apresentar informes nacionais à Comissão Interamericana de Mulheres, nos quais constarão dados "[...] sobre as medidas adotadas para prevenir e erradicar a violência contra a mulher, para assistir a mulher afetada pela violência, assim como sobre as dificuldades que observem na aplicação das mesmas e dos fatores que contribuam à violência contra a mulher".

No entanto, quem fornece opinião consultiva a respeito da interpretação do conteúdo desta Convenção não é a Comissão em Estudo, mas a **Corte Interamericana de Direitos Humanos**, podendo a Comissão Interamericana de Mulheres requerer a emissão desta opinião consultiva (artigo 11, CIPPEVM).

Da mesma forma, eventuais reclamações por parte de pessoas, grupos de pessoas ou entidades não-governamentais serão apresentadas à Comissão Interamericana de Direitos Humanos, não à Comissão Interamericana de Mulheres (artigo 12, CIPPEVM).

Em verdade, a Comissão Interamericana de Mulheres funciona mais como um órgão de avaliação do estágio da punição e da erradicação da violência contra a mulher, podendo provocar os principais órgãos da OEA quanto à interpretação e à punição de países por violação das normas da Convenção.

5.3.4.2 Comissão para a Eliminação de Todas as Formas de Discriminação contra as Pessoas Portadoras de Deficiência

A Convenção Interamericana para a Eliminação de Todas as Formas de Discriminação contra as Pessoas Portadoras de Deficiência, em seu artigo 6º, cria a Comissão para a Eliminação de Todas as Formas de Discriminação contra as Pessoas Portadoras de Deficiência no âmbito da OEA.

Ela é composta por um representante de cada Estado-parte (artigo 6º, item 1, CIEDPPD). Determina-se uma primeira reunião em 90 dias do depósito do último instrumento de ratificação necessário para a vigência, na qual serão apresentados ao Secretário-Geral da OEA (que encaminhará à Comissão), relatórios que a partir daí deverão ser novamente apresentados a cada 4 anos (artigo 6º, itens 2 e 3, CIEDPPD).

Referidos relatórios deverão conter "[...] as medidas que os Estados membros tiverem adotado na aplicação desta Convenção e qualquer progresso alcançado na eliminação de todas as formas de discriminação contra as pessoas portadoras de deficiência", bem como "[...] toda circunstância ou dificuldade que afete o grau de cumprimento decorrente desta Convenção" (artigo 6º, item 4, CIEDPPD).

A competência da Comissão consiste em acompanhar o progresso do atendimento às regras da Convenção, nos termos do item 5, do artigo 6º: "A Comissão será o foro encarregado de examinar o progresso registrado na aplicação da Convenção e de intercambiar experiências entre os Estados Partes. Os relatórios que a Comissão elaborará refletirão o debate havido e incluirão informação sobre as medidas que os Estados Partes tenham adotado em aplicação desta Convenção, o progresso alcançado na eliminação de todas as formas de discriminação contra as pessoas com deficiência, as circunstâncias ou dificuldades que tenham tido na implementação da

Convenção, bem como as conclusões, observações e sugestões gerais da Comissão para o cumprimento progressivo da mesma". Desta forma, questões que não estas ficarão a cargo da Comissão Interamericana de Direitos Humanos e da Corte Interamericana de Direitos Humanos.

6 SISTEMA GLOBAL DE DIREITOS HUMANOS

Se até agora neste capítulo foram vistos sistemas regionais de proteção dos direitos humanos, convém findar o estudo dos sistemas internacionais pela versão global. Aliás, conciliando este quinto capítulo como o anterior, ficar claro que objetivou-se trabalhar, primeiro, o sistema nacional (brasileiro) de proteção, para em seguida ver os sistemas regionais, para, aqui, concluir com o **sistema global (que também é chamado de *"sistema universal"* ou *"sistema onusiano"* de proteção dos direitos humanos)**.

6.1 Sistema da Organização das Nações Unidas – ONU

As Nações Unidas são decorrência de um segundo conflito de caráter mundial, aliado ao fracasso da sua antecessora, a Liga das Nações. Se é certo, por um lado, que a ONU tem recebido pesadas críticas (por uma suposta letargia, ou, pior, por calar-se frente a regimes governamentais de poucas tradições democráticas), por outro lado ela estrutura um mecanimo de atuação que permite implementar direitos humanos nos cantos mais distantes do globo terrestre. Procuramos, acima de tudo, uma posição otimista a respeito das Nações Unidas.

6.1.1 Igualdade entre os membros

> O que é o princípio da igualdade entre os membros na Organização das Nações Unidas?

Dos artigos 3º e 4º da Carta da ONU extrai-se a distinção entre os **membros originários**, quais sejam os que participaram da Conferência das Nações Unidas sobre a Organização Internacional em 1945 ou assinaram a Declaração das Nações Unidas de 1942, e os **membros aceitos**, isto é, os que se comprometerem à obrigações da Carta e forem aceitos pela Assembleia Geral após recomendação do Conselho de Segurança.

Não há qualquer distinção entre tais membros, uma vez que o artigo 2º da Carta consolida o **princípio da igualdade entre todos os membros**, de modo que cada membro das Nações Unidas tem a obrigação de respeitar todas as diretivas da Carta de 1945 com boa-fé e de solucionar suas controvérsias internacionais prioritariamente de modo pacífico[59].

---

[59] O mesmo artigo 2º traz interessante regra no artigo 6º: "A Organização fará com que os Estados que não são Membros das Nações Unidas ajam de acordo com esses Princípios em tudo quanto for necessário à manutenção da paz e da segurança internacionais". Trata-se de um dos poucos casos em que um tratado tem efeito em relação

O descumprimento dos preceitos da Carta pode gerar suspensão ou, nos casos mais graves, expulsão, mediante recomendação do Conselho de Segurança à Assembleia Geral, conforme artigos 5º e 6º, embora nunca tenham ocorrido na prática nenhuma das hipóteses.

6.1.2 Estrutura

Os principais órgãos das Nações Unidas são: Assembleia Geral; Conselho de Segurança; Conselho Econômico e Social; Conselho de Tutela; Corte Internacional de Justiça; e Secretariado (artigo 7º, Carta ONU). Um olhar para a estrutura da ONU permite observar que ao mesmo tempo em que ela possui um órgão com participação de todos os Estados – mas com possibilidade restrita de intervenção de um só país ou um pequeno grupo de países em outro, qual seja a Assembleia Geral –, possui também outro órgão composto pelos ditos "Estados mais poderosos", que se sagraram vencedores na Segunda Guerra Mundial, possuindo cargo permanente e poder de veto nas decisões tomadas pela Assembleia desde que versem sobre questões de segurança – embora apurar o que são estas questões seja algo subjetivo –, qual seja o Conselho de Segurança[60].

6.1.2.1 Assembleia Geral

Todos os membros das Nações Unidas fazem parte da Assembleia Geral e cada qual pode designar até cinco representantes (artigo 9º, Carta ONU). Isso não significa que cada membro possa votar cinco vezes, pois a Carta é expressa no sentido de que cada qual possui um voto (artigo 18, Carta ONU).

Não foi automaticamente que a ONU adquiriu membros o suficiente para se caracterizar como uma organização universal. De início, muitos países foram barrados, notadamente pelo constante uso do poder de veto ao ingresso de novos membros pela União Soviética. Era fácil justificar o veto, pois os requisitos para ingresso na ONU são bastante subjetivos: ser amante da paz, aceitar formalmente as obrigações decorrentes da Carta, estar capacitado para cumprir tais obrigações e demonstrar estar disposto a fazê-lo[61].

O *quórum* de votação é de 2/3 dos membros presentes e votantes para as questões importantes, ao passo que as demais questões são decididas pela maioria dos presentes e votantes. Em resumo, as questões importantes se referem às recomendações relativas à paz e à segurança, a quaisquer questões que envolvam a eleição de membros (para compor Conselhos, admissão, suspensão e expulsão), ao funcionamento do sistema de tutela e ao orçamento (artigo 18, Carta ONU).

A competência para discussão dentro da Assembleia Geral é ampla, pois podem deliberar e fazer recomendações sobre "quaisquer questões ou assuntos que estiverem

---

aos terceiros Estados, como adverte Celso D. de Albuquerque Mello (Op. Cit., p. 636). Tal regra perde importância se considerado que atualmente praticamente todos os países soberanos do globo fazem parte das Nações Unidas.
[60] SEITENFUS, Ricardo... Op. Cit., p. 128-131.
[61] Ibid., p. 138-139.

dentro das finalidades da presente Carta ou que se relacionarem com as atribuições e funções de qualquer dos órgãos nela previstos", ressalvada a possibilidade de fazer tais recomendações quando o Conselho de Segurança estiver apreciando a mesma matéria (artigo 10 c.c. artigo 12, Carta ONU)[62]. Tais recomendações podem ser dirigidas aos membros das Nações Unidas, a eventuais Estados interessados e ao Conselho de Segurança (artigo 11, Carta ONU). Nas recomendações poderão constar medidas que a Assembleia Geral entenda necessárias para a solução pacífica de qualquer situação no âmbito de sua competência (artigo 13 c.c. artigo 14, Carta ONU).

São atribuições exclusivas deste órgão, segundo Mello[63], "a) eleger os membros não permanentes do Conselho de segurança e os membros dos Conselhos de Tutela e Econômico e Social; b) votar o orçamento da ONU; c) aprovar os acordos de tutela; d) autorizar os organismos especializados a solicitarem pareceres à CIJ; e) coordenar as atividades desses organismos".

Além disso, a Assembleia Geral também tem competência para o recebimento e o exame de relatórios do Conselho de Segurança e dos demais órgãos das Nações Unidas (artigo 15, Carta ONU).

"A manifestação da vontade da Assembleia Geral se materializará através de resoluções. Elas se contrapõem às decisões emanadas do Conselho de Segurança. Estas últimas são impositivas, e todos os Estados-Membros devem acatá-las. Caso não o fizerem, correrão o risco de sofrer sanções por parte da ONU. A natureza das resoluções oriundas da Assembleia é bastante distinta. Trata-se unicamente de recomendações feitas aos Estados-Membros ou ao Conselho de Segurança, ausente qualquer elemento de constrangimento"[64].

Este órgão se reúne ordinariamente uma vez ao ano, mas é possível realizar convocações extraordinárias (artigo 20, Carta ONU), logo, não é um órgão permanente, mas sim temporário.

"Para auxiliar a Assembleia Geral na organização de sua reunião anual, ela conta com sete comissões: política, política especial (*ad hoc*), econômica, social, tutelar, administrativa e financeira e a comissão jurídica. Em contraponto à experiência da grande maioria dos Parlamentos dos Estados-Membros, não há limite na composição destas comissões. Portanto, cada Estado-Membro pode ser representado, Apesar do absurdo desta situação, com comissões pesadas e ineficientes, até o momento não foi encontrado outro mecanismo de representação satisfatório"[65].

6.1.2.2 Conselho de Segurança

Quem são os membros permanentes do Conselho de Segurança das Nações Unidas? Quantos são os facultativos? Sobre quais matérias este órgão delibera?

---

[62] Evidente que muitas das questões apreciadas pela Assembleia Geral podem ter estrita relação com direitos humanos.
[63] MELLO, Celso D. de Albuquerque... Op. Cit. p. 630.
[64] SEITENFUS, Ricardo... Op. Cit., p. 143.
[65] Ibid., p. 142.

O Conselho de Segurança é composto por quinze Membros das Nações Unidas, sendo **5 permanentes** (China, França, Rússia, Reino Unido e Estados Unidos) e **dez não permanentes**, eleitos pela Assembleia Geral para um mandato de 2 anos, cada qual contando com um representante (artigo 23, Carta ONU) que terá direito a um voto.

Há um alto grau político nas decisões que emanam do Conselho de Segurança, as quais afetam diretamente as relações internacionais dos Estados-membros em termos de guerra e paz. Contudo, após uma intensa fase de produção, o Conselho de Segurança ingressou num período com poucas resoluções, notadamente de 1948 a 1989. Desde 1989 a produção triplicou, em média, chegando a quase uma centena de resoluções anuais, de forma que o poder do veto passou a ser utilizado com menos intensidade[66].

O *quorum* para votação é diverso daquele da Assembleia Geral. **Enquanto questões processuais, menos importantes, são tomadas pelo voto afirmativo de 9 membros, nas demais questões é preciso que destes 9 votos 5 sejam dos membros permanentes**. Logo, se um membro permanente votar contra impede que a decisão seja tomada pelo Conselho de Segurança (instituto do veto[67]). Principalmente por isso que se algum membro for parte da controvérsia deverá se abster de votar (artigo 27, Carta ONU).

O Conselho age em nome dos demais membros da ONU em prol da manutenção da paz e da segurança mundiais, submetendo relatórios anuais à Assembleia Geral (artigo 24, Carta ONU). Por isso mesmo tem uma competência bastante ampla, notadamente quando o assunto perpassa por questões como guerras, conflitos armados e desarmamento: pode convidar partes para resolver controvérsias de forma pacífica (artigo 33, Carta ONU), "investigar sobre qualquer controvérsia ou situação suscetível de provocar atritos entre as Nações ou dar origem a uma controvérsia" (artigo 34, Carta ONU), fazer recomendações às partes buscando uma solução pacífica (artigo 38, Carta ONU), determinar "a existência de qualquer ameaça à paz, ruptura da paz ou ato de agressão" e recomendar medidas definitivas ou provisórias (artigo 39 c.c. artigo 40, Carta ONU) e decidir sobre o emprego de força (artigos 43 e 44, Carta ONU)[68]. Neste sentido, Mello[69] aponta que são suas atribuições exclusivas: "a) ação nos casos de ameaça à paz; b) aprova e controla a tutela estratégica; c) execução forçada das decisões da CIJ".

As reuniões são realizadas periodicamente, **funcionando o Conselho de forma contínua** (artigo 28, Carta ONU), logo, trata-se de **órgão permanente da ONU**.

---

[66] Ibid., p. 144-145.

[67] "Na conferência de Ialta foi resolvido definitivamente que os Grandes teriam o direito de vetar qualquer decisão sobre o assunto que não fosse matéria processual. Entre as questões não processuais podemos mencionar a ação coercitiva que é talvez a mais importante de todas. [...] A grande questão a respeito do veto é que a Carta da ONU não estabelece quais são as questões processuais ou não. Deste modo, é submetido preliminarmente, de um modo geral, o assunto em uma votação para ser decidido se ele é processual ou questão de fundo. Esta decisão é considerada matéria importante, surgindo assim a figura do duplo veto" (MELLO, Celso D. de Albuquerque... Op. Cit. p. 626).

[68] Indiretamente, matérias em debate no Conselho de Segurança podem atingir direitos humanos.

[69] Ibid., p. 627.

6.1.2.3 Conselho Econômico e Social

É composto por **54 membros**, cada qual com **um representante**, **eleitos pela Assembleia Geral**, os quais anualmente são substituídos em parte, pois anualmente é feita eleição para parcela das vagas com **mandato de 3 anos** com direito a uma **reeleição** (artigo 61, Carta ONU). Cada representante terá direito a um voto e as decisões são tomadas pela maioria dos membros presentes e votantes (artigo 67, Carta ONU).

Entre suas funções está a elaboração de estudos e relatórios sobre assuntos internacionais de caráter econômico, social, cultural, educacional, sanitário e conexos, notadamente no que tange ao "respeito e a observância dos direitos humanos e das liberdades fundamentais", fazendo recomendações e efetuando consultas à Assembleia Geral e entidades especializadas, preparando projetos de convenções e convocando conferências (artigos 62 e 63, Carta ONU). Cabe, ainda, fornecer informações ao Conselho de Segurança quando requisitadas (artigo 65, Carta ONU) e cumprir determinações da Assembleia Geral (artigo 66, Carta ONU).

Destaca-se o artigo 68 da Carta ONU, pelo qual cabe ao Conselho Econômico e Social criar comissões para proteção dos direitos humanos e demais assuntos econômicos e sociais. **Devido ao disposto neste artigo foi criada a Comissão de Direitos Humanos, que no ano de 2006 deu lugar ao Conselho de Direitos Humanos, que será estudado em detalhes posteriormente.**

Os interlocutores da ECOSOC integram um complexo sistema de relações, ante ao seu vasto leque de competências que leva à criação de inúmeros órgãos subsidiários (a rigor, somente questões estritamente políticas não são de sua competência). No entanto, a ECOSOC não possui um instrumento, material ou jurídico, para impor suas decisões, de forma que apenas sugere políticas e obrigações não coativas[70].

6.1.2.4 Conselho de Tutela

Vincula-se ao Sistema Internacional de Tutela, pelo qual territórios podem ser colocados sob tutela quando: estiverem sob mandato, puderem ser separados de Estados inimigos em virtude da Segunda Guerra Mundial ou forem voluntariamente colocados em tal posição por seus administradores (artigo 77, Carta ONU).

Pelo que se extrai do artigo 76 da Carta ONU, a finalidade da tutela é fazer com que o território passe a respeitar e adotar os ditames das Nações Unidas. A exemplo, praticamente todos os Estados africanos no início das Nações Unidas se submeteram a este regime até conquistarem a independência, isto é, serem descolonizados.

O Conselho de Tutela é composto pelos membros administradores dos territórios tutelados, além dos membros permanentes do Conselho de Segurança quando eles não forem administradores, e membros eleitos de modo que a cada administrador corresponda um membro eleito não administrador (artigo 86, Carta ONU), cada qual com um voto (artigo 89, Carta ONU).

---

[70] SEITENFUS, Ricardo... Op. Cit., p. 152-153.

> Qual a situação atual do Conselho de Tutela das Nações Unidas?

Como as situações em que a tutela se faria necessária foram extintas, em 1º de novembro de 1994 suas atividades foram suspensas e suas reuniões, antes anuais, somente devem ocorrer quando novas situações assim exigirem. Logo, atualmente, o Conselho de Tutela só é composto pelos cinco membros do Conselho de Segurança, não estando em funcionamento.

6.1.2.5 Corte Internacional de Justiça

Trata-se do **principal órgão judiciário das Nações Unidas**, o qual será estudado a parte por ser um dos principais instrumentos no sistema global de proteção dos direitos humanos. "Malgrado o nome que ostenta, não se deve imaginar que à Corte de Justiça corresponda o papel exercido, no modelo clássico do Estado Contemporâneo, pelo Poder Judiciário. Embora a Corte seja o principal órgão judiciário das Nações Unidas, ela dispõe de uma jurisdição eminentemente facultativa absolutamente distinta dos órgãos judiciais internos dos Estados"[71].

6.1.2.6 Secretariado

Desempenha as **funções administrativas da ONU**, sendo composto por um **Secretário-geral recomendado pelo Conselho de Segurança e aprovado pela Assembleia Geral** e **por um grupo de pessoas que o assiste por ele nomeado** (artigo 97 c.c. artigo 101, Carta ONU). Além de comparecer a todas as reuniões dos principais órgãos, o Secretário-geral deve elaborar relatório anual à Assembleia (artigo 98, Carta ONU), havendo preocupação especial da Carta da ONU com sua imparcialidade (artigo 100, Carta ONU).

"Além de suas funções administrativas, o Secretário-Geral pode exercer grande influência dentro da organização, junto aos Estados-Membros e perante o mundo exterior. Suas iniciativas, declarações e tomadas de posição transformam-no num dos mais importantes personagens da política internacional"[72].

6.1.3 Competência: proteção de direitos humanos

O preâmbulo da Carta das Nações Unidas deixa às claras as intenções que cercaram a elaboração de tal documento, que possuem um teor voltado à preservação dos direitos humanos, **tão necessária para que fossem evitados os trágicos reflexos de uma Terceira Guerra Mundial**, como se denota nas partes em grifo:

---

[71] Ibid., p. 157.
[72] Ibid., p. 156.

> *NÓS, OS POVOS DAS NAÇÕES UNIDAS, RESOLVIDOS a preservar as gerações vindouras do **flagelo da guerra**, que por duas vezes, no espaço da nossa vida, trouxe sofrimentos indizíveis à humanidade, e a reafirmar a **fé nos direitos fundamentais do homem**, na **dignidade** e no **valor do ser humano**, na **igualdade de direito** dos homens e das mulheres, assim como das nações grandes e pequenas, e a estabelecer condições sob as quais a justiça e o respeito às obrigações decorrentes de tratados e de outras fontes do direito internacional possam ser mantidos, e a promover o progresso social e melhores condições de vida dentro de uma liberdade ampla.
>
> *E PARA TAIS FINS*, praticar a tolerância e **viver em paz**, uns com os outros, como bons vizinhos, e unir as nossas forças para manter a **paz** e a **segurança** internacionais, e a garantir, pela **aceitação de princípios** e a instituição dos métodos, que a força armada não será usada a não ser no interesse comum, a empregar um mecanismo internacional para promover o progresso econômico e social de todos os povos.
>
> *RESOLVEMOS CONJUGAR NOSSOS ESFORÇOS PARA A CONSECUÇÃO DESSES OBJETIVOS*. Em vista disso, nossos respectivos Governos, por intermédio de representantes reunidos na cidade de São Francisco, depois de exibirem seus plenos poderes, que foram achados em boa e devida forma, concordaram com a presente Carta das Nações Unidas e estabelecem, por meio dela, uma organização internacional que será conhecida pelo nome de **Nações Unidas**.

A Segunda Guerra Mundial deixou marcas na história da humanidade que jamais serão apagadas, e a consolidação de um ideário de direitos humanos foi vista como a melhor forma para honrar o sacrifício de parte dela devido ao falho sistema de proteção destes direitos e, acima de tudo, impedir que um cenário semelhante ao das guerras mundiais se instale novamente.

"O preâmbulo consiste em um relatório sucinto das partes pactuantes, da matéria objeto do tratado. Traz os motivos, circunstâncias e pressupostos do ato convencional"[73].

O preâmbulo da Carta das Nações Unidas mostra os valores que passaram a vigorar na comunidade internacional no que tange à pessoa humana: **dignidade**, **igualdade** e **reconhecimento de direitos humanos fundamentais**. Tais princípios se repetem em toda a Carta[74], bem como em outros documentos internacionais adjacentes, mas isto não impede uma discussão a respeito do valor jurídico do preâmbulo da Carta.

No que tange ao **valor jurídico do preâmbulo**, é preciso analisar cada caso, verificando se as partes signatárias em conflito tiveram ou não a intenção de criar obrigações no preâmbulo, mas, no mínimo, o preâmbulo sempre terá valor interpretativo[75].

Destes aspectos introdutórios expostos, extrai-se que, ao lado da Declaração Universal dos Direitos Humanos de 1948, a Carta das Nações Unidas de 1945 é considerada um dos principais marcos à concepção contemporânea de direitos humanos. Colocam-se os dois documentos **lado a lado** porque, embora a Declaração

---

[73] NEVES, Gustavo Bregalda... Op. Cit., p. 33.
[74] A exemplo, o artigo 1º da Carta repete os propósitos das Nações Unidas voltados à manutenção da paz e da segurança mundiais, bem como a pretensão por uma comunhão e cooperação internacionais.
[75] MELLO, Celso D. de Albuquerque... Op. Cit. p. 635.

Universal tenha maior visibilidade em termos de reconhecimento dos direitos inerentes à pessoa humana, foi na Carta de 1945 que se instituiu um sistema embrionário de proteção global dos direitos humanos, notadamente com a aprovação conjunta do estatuto da Corte Internacional de Justiça e com a criação do Conselho Econômico e Social e sua respectiva Comissão de Direitos Humanos.

A Declaração Universal, embora tenha sido o documento mais relevante para a internacionalização dos direitos humanos, foi somente um primeiro passo. Como lembra Rezek[76], ela não instituiu nenhum órgão internacional judiciário para garantir o respeito aos seus princípios e nem abriu procedimentos de ação para a pessoa humana que tenha tido seus direitos violados por ação estatal.

Posteriormente, completando o sistema global de proteção dos direitos humanos no âmbito das Nações Unidas, foram criados o Comitê de Direitos Humanos e o Tribunal Penal Internacional, bem como houve um desmembramento recente da Comissão de Direitos Humanos do Conselho Econômico e Social, dando origem ao Conselho de Direitos Humanos, vinculado diretamente à Assembleia Geral.

Logo, são quatro os principais órgãos dentro das Nações Unidas com competência geral voltada à proteção dos direitos humanos. Sem prejuízo, surgem órgãos voltados à proteção de zonas específicas dos direitos humanos, por exemplo, direitos das crianças, direitos das mulheres, e combate à tortura.

6.1.4 Sistema convencional e extraconvencional

(DEFENSORIA PÚBLICA ESTADUAL DE SÃO PAULO – DPE-SP – DEFENSOR PÚBLICO – 2012) A respeito dos mecanismos extraconvencionais das Nações Unidas para o monitoramento dos Direitos Humanos, defina sua natureza, composição, atribuições, finalidade e forma de acesso.

Para a vigilância, supervisão, monitoramento e fiscalização da proteção dos direitos humanos foram criados órgãos ou mecanismos **extraconvencionais** e **convencionais**.

"Existem dois eixos através dos quais a proteção dos diretos humanos, dentro do sistema global, pode se efetivar: a) área convencional – sob a atmosfera dos tratados elaborados no âmbito da ONU; b) área extraconvencional – originada das resoluções da Organização das Nações Unidas e seus órgãos, tendo como base a interpretação da Carta de São Francisco"[77].

Assim, o sistema global é composto por mecanismos convencionais e mecanismos não convencionais de proteção dos direitos humanos. **Os mecanismos convencionais são aqueles criados por convenções específicas de direitos humanos**, ao passo que

---

[76] REZEK, J. F... Op. Cit., p. 211.
[77] SILVA, Karine de Souza; VIEL, Ricardo Nunes. Os mecanismos coletivos de proteção dos direitos humanos: os sistemas de proteção universal e o interamericano. **Revista Direito e Justiça**, Reflexões Sociojurídicas, ano VI, nº 9, nov. 2006.

os não convencionais são aqueles decorrentes de resoluções elaboradas por órgãos das Nações Unidas, como a Assembleia Geral e o Conselho Econômico e Social, extraindo sua legitimidade para proteção da ampla estrutura de competência das Nações Unidas.

"Essa proteção extraconvencional diferencia-se dos demais mecanismos de proteção das Nações Unidas, justamente por ter sido fundamentada na Carta da ONU e na Declaração Universal de 1948. Não há recurso a acordos específicos; ao contrário, busca-se extrair a proteção dos direitos humanos da interpretação ampla dos objetivos de proteção aos direitos humanos da ONU, e do dever de cooperação dos Estados para alcançar tais objetivos. [...] Os procedimentos convencionais distinguem-se dos procedimentos extraconvencionais, já que esses **obrigam os Estados contratantes, enquanto os procedimentos extraconvencionais buscam vincular os membros da Organização, sem o recurso às convenções específicas**. [...] O termo extraconvencional, apesar de inexato, é utilizado justamente para enfatizar a diferença entre procedimentos coletivos nascidos de convenções específicas [...] e os procedimentos adotados pela Organização que nascem baseados em dispositivos genéricos"[78].

O órgão não convencional mais relevante das Nações Unidas é o **Conselho de Direitos Humanos**, criado após votação da Assembleia Geral, substituindo a antiga Comissão de Direitos Humanos. Outro órgão não convencional é o **Conselho de Segurança**.

O sistema convencional de proteção dos direitos humanos é aquele por meio do qual os Estados membros da ONU se comprometem internacionalmente, através de um tratado, a proteger determinados direitos fundamentais, esquema de salvaguarda que pode ser desmembrado em três diferentes formas apontadas por Silva e Viel[79]:

a) **Não-contencioso:** através dele, que se assemelha aos bons ofícios e à conciliação, um Estado, espontaneamente (quando ratifica um tratado), obriga-se a respeitar e proteger os direitos humanos. Neste sentido, uma das modalidades de acompanhamento e controle da observância das obrigações é o **sistema de envio de relatórios periódicos (principal mecanismo não-contencioso)**. Nestes relatórios, o Estado presta contas das ações por ele adotadas em relação à garantia dos direitos assegurados no tratado;

b) **Quase-judicial:** é mecanismo de responsabilização dos Estados por violações dos tratados de direitos humanos em que são partes. São instituídos através de Convenções internacionais **Comitês** com atribuição de analisar casos de possíveis violações de direitos humanos e emitir deliberações que obrigam os Estados-partes a repararem os danos causados. Contudo, por não se tratarem de sentenças – uma vez que os Comitês não são órgãos judiciais – o mecanismo é chamado de quase-judicial. A manifestação dos Comitês, através das mencionadas deliberações, pode ocorrer através de petição de um Estado ou através de petição de um particular;

---

[78] ANNONI, Danielle. **Direitos humanos & acesso à justiça no direito internacional**. Curitiba: Juruá, 2004.
[79] SILVA, Karine de Souza; VIEL, Ricardo Nunes... Op. Cit.

c) **Mecanismo judicial:** no plano universal, a Corte Internacional de Justiça (CIJ) é órgão competente para julgar os Estados por violação de direitos humanos. A CIJ é o órgão judicial das Nações Unidas que tem competência para julgar qualquer demanda que envolva os membros da ONU. Contudo, o papel da Corte Internacional de Justiça no âmbito da proteção da pessoa humana tem sido muito modesto. **Frisa-se que não há na atualidade mecanismo judicial criado por Convenção específica, uma vez que a Corte Internacional de Justiça foi criada pela Carta da ONU (a CIJ é órgão extraconvencional, por tanto).**

Em outras palavras, na atualidade, pelo sistema convencional de proteção dos direitos humanos da ONU somente existem órgãos não-contenciosos e quase-judiciais, mas não judiciais. Caso não se encontre uma solução amistosa ou não se respeite a solução quase judicial, a alternativa é buscar proteção em órgão judicial da Organização, parte do sistema extraconvencional.

Os órgãos convencionais são inúmeros, merecendo menção: **Comitê de Direitos Humanos** instituído pelo Pacto Internacional dos Direitos Civis e Políticos; **Comitê para a eliminação da discriminação racial** instituído pela Convenção Internacional sobre a Eliminação de Todas as Formas de Discriminação Racial; **Comitê para a Eliminação da Discriminação contra as Mulheres** instituído pela Convenção sobre a eliminação de todas as formas de discriminação contra a mulher; **Comitê contra a Tortura** instituído pela Convenção contra a tortura e outro tratamentos ou penas cruéis, desumanos ou degradantes; e **Comitê para os Direitos da Criança** instituído pela Convenção sobre os Direitos da Criança. Todos eles serão estudados oportunamente neste capítulo.

6.2 Corte Internacional de Justiça

Como dito outrora, se deixaria para trabalhar a CIJ em outro momento, a fim de melhor destrinchá-la.

6.2.1 Histórico

A Corte Permanente de Justiça Internacional funcionava como organismo autônomo da Liga das Nações. Mesmo com a ocupação da Holanda pela Alemanha, ela continuou a funcionar em Genebra, sendo dissolvida apenas em 1946, dando lugar à Corte Internacional de Justiça[80].

"Em Dumbarton Oaks decidiu-se ainda que, antes da Conferência de São Francisco, um Comitê de Juristas prepararia o projeto do estatuto. Este Comitê se reuniu em Washington sob a presidência de Hackworth e teve como relator Basdevant. Ele tomou por base o estatuto da CPJI, introduzindo aí algumas modificações"[81].

---

[80] MELLO, Celso D. de Albuquerque... Op. Cit. p. 657.
[81] Ibid. p. 657.

6.2.2 Aspectos gerais

> Por que a Corte Internacional de Justiça é o órgão mais importante em termos judiciais no sistema global de proteção? Qual a razão dela não ser tão eficaz quanto poderia?

O Estatuto da Corte Internacional de Justiça é parte integrante da Carta das Nações Unidas de 1945, a qual também disciplina de maneira geral este órgão jurisdicional em seu capítulo XIV.

Embora este seja o principal órgão jurisdicional das Nações Unidas (artigo 92, Carta ONU), **nada impede que membros da organização confiem a solução de seus conflitos a outros tribunais internacionais** (artigo 95, Carta ONU).

O desempenho dos juízes da Corte é questionável: decidem a média de 2 casos por ano, o que não condiz com a quantidade de conflitos que são de sua competência; costumam adotar uma postura arbitral e fazem de tudo para satisfazerem mesmo a parte perdedora; e usualmente se filiam às posturas políticas de seu Estado de origem, beneficiando-o nas decisões. Por isso, o principal órgão judiciário da ONU não é tão efetivo quanto poderia ser, o que gera um mal-estar generalizado diante da impunidade dos infratores do direito internacional[82].

Apesar da sede da Corte ser em Haia, é possível que julgamentos se realizem em outras localidades (artigo 22, Estatuto CIJ). Ademais, a Corte é um **órgão permanente**, que somente deixa de funcionar nas férias judiciárias (artigo 23, Estatuto CIJ).

Ela funcionará em sessão plenária, ou seja, seu pleno tomará as decisões, mas o *quórum* de 9 juízes já é suficiente para que uma sessão seja instaurada (artigo 25, Estatuto CIJ). Câmaras poderão ser formadas para decidir questões em caráter especial (artigo 26, Estatuto CIJ).

Nos termos do artigo 34 do Estatuto da CIJ, "só os Estados poderão ser partes em questões perante a Corte"[83]. As partes serão representadas por agentes, que terão a assistência de consultores ou advogados, sendo que todos gozarão dos privilégios e imunidades necessários ao livre exercício de suas atribuições perante a Corte (artigo 42, Estatuto CIJ).

Suas línguas oficiais são o francês e o inglês (artigo 39, Estatuto CIJ).

6.2.3 Composição

A Corte é composta por um corpo de **15 juízes independentes**, dentre pessoas com alta consideração moral e condições para, no país de que é nacional, exercer as mais elevadas funções judiciárias (artigos 2º e 3º, Estatuto CIJ). Seus membros

---

[82] SEITENFUS, Ricardo... Op. Cit., p. 159.
[83] "As organizações internacionais, inclusive a ONU, não podem ser parte em um litígio perante a CIJ. Elas podem apenas prestar informações à Corte, bem como solicitar pareceres" (MELLO, Celso D. de Albuquerque... Op. Cit. p. 661).

são **eleitos pela Assembleia Geral e pelo Conselho de Segurança** a partir de uma lista apresentada pelos grupos nacionais da Corte Permanente de Arbitragem ou grupos indicados para este fim por Estados-membros não representados[84] (artigo 4º, Estatuto CIJ). Nenhum grupo poderá indicar mais de quatro pessoas e nunca mais que o dobro do número de vagas a serem preenchidas, e destas, no máximo, duas poderão ser de sua nacionalidade (artigo 5º, Estatuto CIJ). A lista geral será elaborada pelo Secretário-geral e enviada à Assembleia Geral e ao Conselho de Segurança, que votarão independentemente, aplicando-se o *quórum* da maioria absoluta (artigos 7º, 8º e 10, Estatuto CIJ). Se dois nacionais do mesmo Estado obtiverem o mesmo número de votos, será considerado eleito o mais velho (artigo 10, Estatuto CIJ). O Estatuto da CIJ prevê, ainda, critérios de desempate (artigos 11 e 12, Estatuto CIJ).

Os membros da Corte serão eleitos por **nove anos** e **poderão ser reeleitos**, além do que o artigo 13 do Estatuto da CIJ assegura que a cada três anos 5 novos membros sejam eleitos ou reeleitos. Na forma do mesmo artigo, o pedido de renúncia deve ser submetido ao Presidente da Corte e enviado ao Secretário-geral. Já a demissão deve se dar por opinião unânime dos demais membros da Corte (artigo 18, Estatuto CIJ). Em ambos casos, abre-se vaga antes que o mandato do predecessor se encerre, de forma que o candidato eleito completará o seu mandato (artigo 15, Estatuto CIJ).

Os artigos 16 e 17 do Estatuto da CIJ trazem impedimentos aos seus membros: exercício de qualquer função política ou administrativa, dedicação a outra ocupação de natureza profissional, servir como agente, consultor ou advogado em qualquer questão e participar da decisão de qualquer questão na qual anteriormente tenha intervindo em qualquer caráter (*ex:* consultor, advogado, membro de tribunal ou comissão de inquérito).

Os membros da Corte gozam de privilégios e imunidades diplomáticas (artigo 19, Estatuto CIJ) e devem declarar solenemente que exercerão suas atribuições com imparcialidade e de forma contenciosa (artigo 20, Estatuto CIJ).

Caso um membro da Corte sinta que não deva tomar parte do julgamento deverá informar o Presidente, assim como este também deverá informar ao membro caso entenda que ele não deverá participar do julgamento. Em ambos casos, controvérsias serão decididas pela Corte (artigo 24, Estatuto CIJ).

Não compromete a imparcialidade do juiz o fato dele ser nacional de um dos Estados-partes. No entanto, a permanência do nacional no julgamento garantirá à outra parte a nomeação de um juiz *ad hoc*, que preferencialmente figure na lista de candidatos a uma vaga na Corte. Se nenhum dos Estados-partes tiver nacional enquanto juiz da Corte, ambos poderão nomear juiz *ad hoc*[85]. Havendo formação de Câmara especial, que pode no máximo ter 5 membros, se necessário o Presidente

---

[84] "O procedimento de eleição pela Assembleia Geral e pelo Conselho de Segurança tem ocasionado que muitas vezes é ali eleito maior número de candidatos do que as vagas. Neste caso, são feitas eleições sucessivas até que o número de eleitos seja igual ao número de vagas" (Ibid. p. 660).

[85] O juiz *ad hoc* ou juiz nacional é um instituto remanescente da arbitragem, buscando a igualdade entre os Estados e a conferência de maior confiança na Corte. A instituição tem sido criticada, pois quando um país já tem o juiz permanente e outro nomeia o *ad hoc* há uma tendência do primeiro ser imparcial, enquanto que o segundo vota pelo Estado que representa (Ibid., p. 660).

solicitará que um membro que seja juiz da Corte dê lugar ao juiz nacional. Se houver partes plurais interessadas na mesma questão, elas serão consideradas uma só parte, nomeando apenas um juiz *ad hoc* (artigo 31, Estatuto CIJ).

6.2.4 Competência

Estabelece o artigo 36 do Estatuto da CIJ quanto à competência da Corte: "A competência da Corte abrange todas as questões que as partes lhe submetam, bem como todos os assuntos especialmente previstos na Carta das Nações Unidas ou em tratados e convenções em vigor". Em continuação, o mesmo dispositivo especifica o que abrangeria esta competência: "[...] todas as controvérsias de ordem jurídica que tenham por objeto: a) a interpretação de um tratado; b) qualquer ponto de direito internacional; c) a existência de qualquer fato que, se verificado, constituiria violação de um compromisso internacional; d) a natureza ou extensão da reparação devida pela ruptura de um compromisso internacional". **Nota-se que a competência da Corte, por ser tão abrangente, pode ou não envolver questões de direitos humanos. Assim, não se trata de tribunal internacional que julgue exclusivamente questões de direitos humanos, mas que também as julga.**

Quando os Estados-partes aceitam a jurisdição da Corte podem o fazer de forma limitada ou ilimitada. As limitações podem envolver um prazo determinado ou uma condição de reciprocidade de um ou vários Estados (artigo 36, Estatuto CIJ). Entre outras, são reservas comuns que os Estados-membros fazem à jurisdição da Corte: reciprocidade, prazo determinado, em relação a apenas alguns Estados ou excluindo só alguns Estados, somente quanto a jurisdição doméstica, aplicação a litígios futuros. Tais reservas têm sido admitidas pois o Estado é livre para reconhecer a cláusula como obrigatória ou não, limitando sua aceitação, sendo mais interessante para a justiça internacional haver aceitação da cláusula facultativa com reservas do que não haver qualquer aceitação[86].

A Corte decidirá de acordo com o direito internacional, aplicando convenções internacionais, costumes internacionais, princípios gerais do Direito, decisões judiciárias e doutrina. Se as partes concordarem, a Corte pode decidir a questão *ex aequo et bono*, expressão jurídica latina que significa **"conforme o correto e válido"**, ou seja, caso as partes concordem a decisão pode ser tomada com base no senso de justiça que repousa no conhecimento comum da humanidade (artigo 38, Estatuto CIJ).

Caso se mostre necessário, a Corte poderá sugerir medidas provisórias (artigo 41, Estatuto CIJ).

Além da função jurisdicional, a Corte desempenha função consultiva, pois tanto a Assembleia Geral quanto o Conselho de Segurança podem solicitar parecer consultivo sobre questão jurídica, assim como órgãos das Nações Unidas e entidades especializadas mediante autorização da Assembleia Geral (artigo 96, Carta). "Os pareceres não são obrigatórios, entretanto, de um modo geral, têm

---
[86] Ibid., p. 662.

sido cumpridos. Existem alguns casos em que se convenciona previamente a obrigatoriedade do parecer"[87].

6.2.5 Processo

O processo da Corte terá uma **fase escrita**, composta de memórias (memoriais), contra memórias, réplicas e documentos; e uma **fase oral**, consistente na oitiva de testemunhas, peritos, agentes, consultores e advogados (artigo 43, Estatuto CIJ). Os debates serão dirigidos pelo Presidente, pelo Vice-presidente ou pelo juiz mais velho da Corte, nesta ordem caso haja impedimento do anterior (artigo 45, Estatuto CIJ).

No andamento do processo a Corte proferirá decisões a respeito deste andamento, da forma e do tempo processuais; requererá documentos e informações; ordenará eventuais inquéritos ou perícias; e decidirá se receberá provas e depoimentos fora do prazo (artigos 48 a 52, Estatuto CIJ).

O artigo 53 do estatuto da CIJ descreve procedimento semelhante ao da revelia ao prever que um Estado-parte poderá pedir que se reconheça a pretensão a seu favor caso o outro não compareça perante a Corte, mas esta deverá examinar os fundamentos de fato e de Direito antes de fazê-lo.

Encerrados os debates, a Corte decidirá a controvérsia, **privadamente e pela maioria dos presentes**, com eventual desempate pelo Presidente ou juiz que funcione em seu lugar, que também assinará a decisão, de maneira fundamentada e mencionando o nome dos juízes que assim pensaram, **bem como incluindo votos dissidentes em separado** (artigos 54 a 58, Estatuto CIJ).

Conforme o artigo 59 do Estatuto da CIJ, "a decisão da Corte só será obrigatória para as partes litigantes e a respeito do caso em questão". Não obstante, prevê o artigo 60 do documento: "A Sentença é definitiva e inapelável. Em caso de controvérsia quanto ao sentido e ao alcance da sentença, caberá à Corte interpretá-la a pedido de qualquer das partes".

Assim, não cabe recurso da sentença da Corte. Contudo, em **hipóteses excepcionais** é admitido **processo de revisão**, isto é, descobrimento de algum fato suscetível de exercer influência decisiva que à época de julgamento era de desconhecimento da Corte ou das partes, sendo este justificável, que não tenha se dado por motivo de negligência (artigo 61, Estatuto CIJ).

Caso uma sentença da Corte seja descumprida por uma das partes, a outra poderá requerer ao Conselho de Segurança que faça recomendações ou decida sobre medidas que deverão ser tomadas para o seu cumprimento, caso entenda ser necessário (artigo 94, Carta ONU).

Quanto à **função consultiva**, o **pedido de parecer será escrito**, com exposição do assunto e juntada de documentos. Os Estados-membros da Corte serão notificados sobre o pedido e poderão comparecer perante a Corte. Especial notificação

---
[87] Ibid., p. 664.

será dada aos Estados-membros e a organizações internacionais que possam prestar informações na questão, aceitando-se destes manifestações escritas e orais. **O parecer, por sua vez, será proferido em sessão pública**. No mais, segue-se o procedimento dos casos litigiosos (artigos 65 a 68, Estatuto CIJ).

6.2.6 Casos brasileiros

> Por que são tão raros os casos brasileiros que tramitaram perante a Corte Internacional de Justiça em matéria de direitos humanos?

Quando o Brasil reconheceu a competência da Corte Internacional de Justiça, o fez por prazo determinado, o qual expirou em 12 de março de 1953. Não significa que a Corte Internacional de Justiça não tenha competência para julgar nenhum caso brasileiro, mas que apenas pode julgar:

a) Aqueles propostos entre o Brasil e Estados-partes com os quais ele tenha tratado específico reconhecendo a competência da Corte;

b) Aqueles que versem sobre matéria de Convenção específica da ONU na qual o Brasil reconheça a competência da Corte apenas quanto a litígios naquela matéria.

Em verdade, como o Brasil efetua amplo reconhecimento dos órgãos interamericanos de proteção dos direitos humanos e possui reservas quanto à Corte Internacional de Justiça, os casos mais relevantes de participação brasileira em litígios internacionais de direitos humanos se dão perante a OEA, e não diante da ONU.

6.3 Alto Comissariado das Nações Unidas para os Direitos Humanos

O Alto Comissariado das Nações Unidas para os Direitos Humanos – ACNUDH ou *Office of the High Commissioner for Human Rights* – OHCHR é o principal órgão da ONU responsável por promover e proteger a efetiva fruição de direitos humanos, inclusive por meio de assessoramento e assistência técnica, sendo instituído pela Resolução ONU nº 48/141, de 20 de dezembro de 1993.

6.3.1 Histórico, localização e custeio

O Alto Comissariado das Nações Unidas para os Direitos Humanos – ACNUDH foi instituído em 1993, na esteira da Conferência Mundial sobre Direitos Humanos, mais conhecida como Conferência de Viena, realizada naquele ano.

Apesar de apenas ter sido instituído em 1993, origina-se no propósito das Nações Unidas de instituir um programa específico direcionado aos direitos humanos que se iniciou já na segunda metade da década de 1940, quando se criou uma pequena divisão do Secretariado da Organização na sua sede, em Nova York, denominada Divisão de Direitos Humanos. Esta Divisão teve a importância de seu trabalho reconhecida e, na década de 1980, foi elevada à condição de Centro de Direitos Humanos e transferida para Genebra, na Suíça[88].

Em 1993, seguindo recomendação expressa do artigo 18 da Seção II da Declaração e Programa de Ação de Viena, o Centro de Direitos Humanos passou a ser um órgão vinculado ao Alto Comissariado das Nações Unidas para os Direitos Humanos – ACNUDH. A ACNUDH tem sede em Genebra, mas possui escritório obrigatório em Nova York, sede da ONU (artigo 6º, Resolução ONU nº 48/141).

Contudo, sua presença não se limita a estes dois escritórios porque ao longo dos anos o ACNUDH incrementou sua presença no campo, procurando se fazer presente globalmente. Com cerca de 1300 colaboradores, possui 10 escritórios regionais, entre eles o Escritório Regional para América do Sul sediado em Santiago/Chile (no qual o Brasil está abrangido); 2 centros regionais, na África e na região árabe; 15 escritórios em países, sendo 4 deles na América, respectivamente na Colômbia, na Guatemala, nas Honduras e no México; 12 componentes de missões de paz, com 1 deles no Haiti; junto a conselheiros em todo o mundo, inclusive no Brasil[89].

Cerca de 3,7% do orçamento da ONU é destinado ao ACNUDH, compondo 40% do orçamento total do órgão, sendo que os outros 60% vêm de doações voluntárias de Estados-membros, organizações não-governamentais e até mesmo particulares[90]. Cabe ao Secretário-Geral da ONU providenciar o pessoal e os recursos necessários para o desempenho das funções do ACNUDH (artigo 7º, Resolução ONU nº 48/141).

6.3.2 Composição e competência

O ACNUDH é um órgão vinculado ao Secretariado das Nações Unidas e é chefiado pelo Alto Comissário das Nações Unidas para os direitos humanos. Este Alto Comissário deve ser uma pessoa de intocáveis integridade moral e reputação pessoal, com experiência, inclusive na esfera dos direitos humanos, conhecimento geral e compreensão de diversas culturas para desempenhar sua função de forma imparcial, objetiva, não seletiva e eficaz (artigo 2º, "a", Resolução ONU nº 48/141).

O Alto Comissário é nomeado pelo Secretário das Nações Unidas, com aprovação da Assembleia Geral, respeitada a rotatividade geográfica, com mandato fixo de 4 anos, renovável para mais um mandato de 4 anos (artigo 2º, "b", Resolução ONU nº 48/141). Se categoriza como um Secretário-Geral Adjunto (artigo 2º, "c", Resolução ONU nº 48/141).

O Alto Comissário deve desempenhar suas funções tendo por base os marcos da Carta da ONU, da Declaração Universal dos Direitos Humanos e de outros documentos internacionais de direitos humanos, respeitando a soberania, a integri-

---

[88] MOREIRA, Aline de Oliveira; PEREIRA, Luciana Diniz Durães. O Alto Comissariado das Nações Unidas Para Direitos Humanos (ACNUDH). Centro de Direito Internacional, X Anuário Brasileiro de Direito Internacional, 2016, p. 11-27.

[89] Conforme dados oficiais do ACNUDH obtidos em 01 de julho de 2019. Disponível em: <https://www.ohchr.org/EN/Countries/Pages/WorkInField.aspx>. Acesso em: 01 jul. 2019.

[90] Conforme dados oficiais do ACNUDH obtidos em 01 de julho de 2019. Disponível em: <https://www.ohchr.org/EN/AboutUs/Pages/FundingBudget.aspx>. Acesso em: 01 jul. 2019.

dade e a jurisdição interna de todos Estados, bem como promovendo o respeito e a observância universal dos direitos humanos enquanto preocupações legítimas da comunidade internacional. Além disso, o Alto Comissário se guiará pelo reconhecimento de que todos os direitos humanos são universais, indivisíveis e interdependentes, logo, embora caiba entender a importância das peculiaridades regionais e nacionais e das diversas tradições históricas, culturais e religiosas dos Estados, tem o dever de promover e proteger todos os direitos humanos e liberdades fundamentais. Por fim, o Alto Comissário reconhecerá a importância de promover um desenvolvimento equilibrado e sustentável para todos e de assegurar a realização do direito ao desenvolvimento (artigo 3º, Resolução ONU nº 48/141).

Nos termos do artigo 4º, Resolução ONU nº 48/141, o Alto Comissário é o funcionário da ONU que tem a responsabilidade principal a respeito das atividades da ONU em matéria de direitos humanos, sob a direção e a autoridade do Secretário-Geral, submetendo-se à competência, à autoridade e às decisões da Assembleia Geral, do Conselho Econômico e Social e do Conselho de Direitos Humanos. Neste campo, cabe a ele, conforme as alíneas do artigo 4º, Resolução ONU nº 48/141: "a) promover e proteger o gozo efetivo de todos os direitos civis, culturais, econômicos, políticos e sociais por todos; b) executar as tarefas atribuídas pelos órgãos competentes do sistema das Nações Unidas na esfera dos direitos humanos e fazer recomendações com vistas a melhorar a promoção e a proteção de todos os direitos humanos; c) promover e proteger a realização do direito ao desenvolvimento e ampliar o apoio dos órgãos competentes do sistema das Nações Unidas para esse fim; d) proporcionar, por intermédio do Centro de Direitos Humanos da Secretaria e de outras instituições adequadas, serviços de consultoria e assistência técnica e financeira, a pedido do Estado em causa e, se necessário, das organizações regionais de direitos humanos, com vistas a apoiar medidas e programas no campo dos direitos humanos; e) coordenar programas relevantes de educação e informação pública das Nações Unidas no campo dos direitos humanos; f) desempenhar um papel ativo na tarefa de remover os atuais obstáculos e enfrentar os desafios para a plena realização de todos os direitos humanos e para evitar a persistência das violações dos direitos humanos em todo o mundo, como se reflete na Declaração e Programa de Ação de Viena; g) estabelecer um diálogo com todos os governos no exercício de seu mandato, com vistas a assegurar o respeito a todos os direitos humanos; h) expandir a cooperação internacional para a proteção e a promoção de todos os direitos humanos; i) coordenar atividades para a promoção e a proteção dos direitos humanos em todo o sistema das Nações Unidas; j) racionalizar, adaptar, fortalecer e simplificar o mecanismo das Nações Unidas no campo dos direitos humanos, com vistas a aumentar sua eficiência e eficácia; k) encarregar-se da supervisão geral do Centro de Direitos Humanos".

6.3.3 Mecanismos e atuação

De acordo com o artigo 5º, Resolução ONU nº 48/141, anualmente, o Alto Comissário das Nações Unidas para os direitos humanos deve elaborar um relatório sobre suas atividades, enviando-o ao Conselho de Direitos Humanos e, por intermédio do Conselho Econômico, Social e Cultural, à Assembleia Geral da ONU. O relatório é uma forma para que todos Estados e a própria sociedade tomem conhecimento das ações de direitos humanos implementadas pela ONU.

Com efeito, para desempenhar as funções para as quais foi criado, o ACNUDH pode: "promover espaços e fóruns de identificação, discussão e desenvolvimento de respostas aos desafios atuais dos direitos humanos; atuar como o centro do Sistema ONU para a pesquisa, educação, monitoramento, informação pública e realização de *advocacy activities* na área dos direitos humanos; auxiliar os países (já que são estes os responsáveis primeiros pela promoção e salvaguarda dos direitos humanos a partir da realização de programas de cooperação técnica, jurídica, informacional, dentre outras medidas) em áreas como as de administração da justiça, processo eleitoral, implementação de standards mínimos de proteção à pessoa humana e reforma/adequação legislativa na área dos direitos humanos; auxiliar entidades privadas e públicas que trabalham com direitos humanos, tanto as de direito interno como as de internacional, na execução de seus fins, visando, dessa maneira, a realização plena dos direitos dos indivíduos por elas protegidos ou orientados"[91].

Conforme se denota do rol de competências do alto comissário, o ACNUDH necessariamente deve interagir com o Conselho de Direitos Humanos. Neste sentido, "além de receber do Conselho informações atualizadas sobre o grau de eficácia e resguardo dos direitos humanos ao redor do mundo e de participar ativamente do debate de temas relevantes durante algumas sessões do CDH, em Genebra, o Alto Comissariado pode, também, através da figura do Alto Comissário ou de seus representantes, levar ao Conselho relatórios, análises ou tópicos de discussão a fim de ensejar debates e reflexões sobre temas de direitos humanos que requeiram imediata atenção da comunidade internacional. Assim, a interação entre estes dois órgãos é essencial ao monitoramento, à consecução e à salvaguarda das atividades da agenda internacional dos direitos humanos"[92]. Sem prejuízo, o ACNUDH também busca interagir com os procedimentos especiais, instituídos na forma de mandatos temáticos no âmbito do Conselho de Direitos Humanos.

O ACNUDH também deve trabalhar em regime de cooperação com os demais órgãos do sistema internacional de proteção dos direitos humanos, tanto os criados pela Carta da ONU quanto os decorrentes de tratados específicos. Sobre os últimos, o ACNHDH tem reforçado a importância de fortalecer o sistema dos órgãos de tratado, inclusive sugerindo a criação de um órgão unificado[93].

6.4 Comitê de Direitos Humanos

O Comitê de Direitos Humanos foi instituído pelo **Pacto Internacional dos Direitos Civis e Políticos de 1966**, que o disciplina nos artigos 28 a 45.

---

[91] MOREIRA, Aline de Oliveira; PEREIRA, Luciana Diniz Durães... Op. Cit., p. 15.
[92] Ibid.
[93] Ibid.

6.4.1 Composição e eleição

Como é composto o Comitê de Direitos Humanos das Nações Unidas?

É composto por **18 membros** que sejam **eleitos** pelos Estados-partes do Pacto, dotados de reputação moral e reconhecida competência em matéria de direitos humanos (artigo 28, PIDCP). Tais pessoas constarão em uma lista de indicados pelos Estados-partes, cada qual indicando duas, sendo possível que uma pessoa seja indicada mais de uma vez por Estados diferentes (artigo 29, PIDCP).

A eleição se dará em reunião convocada pelo Secretário-geral da Organização das Nações Unidas na sede da Organização, que será instaurada com ao menos 2/3 dos Estados-partes, aplicando-se o *quórum* da maioria absoluta dos votos entre os presentes e votantes (artigo 30, PIDCP). **Não é possível que figure no Comitê mais de um nacional do mesmo Estado** (artigo 31, PIDCP).

O mandato é de **4 anos, sendo possível uma recondução** (artigo 32, PIDCP).

Cabe aos próprios membros a decisão de expulsão de um membro que não esteja bem desempenhando suas funções, comunicando ao Secretário-geral, que iniciará um procedimento para o preenchimento da vaga (artigo 33, PIDCP).

Os membros prestarão compromisso de desempenhar de forma imparcial e consciente suas funções (artigo 38, PIDCP).

Já a mesa do Comitê terá 12 membros, que terão mandato de 2 anos, cabendo uma recondução (artigo 39, PIDCP).

Tanto os membros do Comitê quanto da Comissão de Conciliação que será estudada adiante possuem os privilégios e imunidades inerentes a quem está em missão pelas Nações Unidas (artigo 43, PIDCP).

6.4.2 Relatórios gerais

Os Estados-partes deverão apresentar **relatórios** sobre as medidas adotadas para tornar efetivos os direitos civis e políticos abrangidos pelo Pacto, dentro de um ano da ratificação do Pacto e, depois, cada vez que o Comitê solicitar (artigo 40, PIDCP). **Na sua primeira observação geral o Comitê alertou sobre o dever de apresentar os relatórios na periodicidade correta sempre que solicitado.**

O relatório será encaminhado ao Secretário-geral, que enviará ao Comitê e que poderá distribuir cópias a agências interessadas mediante autorização deste. Cabe ao relatório descrever eventuais fatores que dificultem a implementação dos direitos descritos no Pacto (artigo 40, PIDCP).

O Comitê não só estudará os relatórios, incluindo comentários e podendo encaminhá-los ao Conselho Econômico e Social com tais reflexões, como também elaborará seu próprio relatório com comentários e o transmitirá aos Estados-partes, os quais poderão se manifestar sobre referidos comentários (artigo 40, PIDCP).

Na **Observação Geral nº 2**, o Comitê deixou claro que **estes relatórios não podem ser excessivamente genéricos e amplos**, pois precisam permitir ao Comitê ter uma ideia real e concreta sobre o exercício dos direitos reconhecidos no Pacto, incluindo programas e políticas executivas, legislativas e judiciárias.

6.4.3 Recebimento de denúncias

Quais os requisitos para reconhecimento de denúncias pelo Comitê de Direitos Humanos das Nações Unidas? Qual o trâmite procedimental?

A competência do Comitê deve ser reconhecida pelo Estado-parte, de forma que sem tal declaração o Comitê não apreciará denúncias de violações aos direitos humanos civis e políticos descritos no Pacto. Esta declaração pode ser retirada a qualquer momento pelo Estado-parte.

O procedimento para que as reclamações sejam processadas pelo Comitê, nos termos do artigo 41 do PIDCP, é o seguinte:

a) Um Estado-parte que acredite que outro não está cumprindo o Pacto leva a reclamação a conhecimento dele, que terá 3 meses para se manifestar esclarecendo os fatos;

b) Se, em 6 meses do recebimento da primeira comunicação pelo Estado-parte, a questão não for satisfatoriamente dirimida entre os interessados, ambos poderão submeter a comunicação ao Comitê;

c) O Comitê se assegurará que houve esgotamento de recursos internos ou que, ainda que não tenha havido, se fez presente prolongamento injustificado da apuração;

d) **As reuniões do Comitê serão confidenciais**;

e) O Comitê colocará bons ofícios a serviço dos Estados-partes interessados, mas isso não dispensa o requisito do esgotamento de recursos internos;

f) O Comitê pedirá informações aos Estados-partes;

g) Tais Estados-partes poderão ter representantes perante o Comitê;

h) Em 12 meses do recebimento da notificação pelo Comitê após não darem resultado as negociações entre os Estados-partes, ele deverá apresentar relatório, cujo conteúdo será, no caso de solução por bons ofícios, uma breve exposição dos fatos e da solução alcançada, e no caso de não solução por tal meio, uma breve exposição dos fatos com juntada do texto das observações escritas e orais apresentadas pelos interessados, encaminhando-o aos Estados-partes em questão.

O artigo 42 do PIDCP descreve o procedimento para quando as providências do art. 41 forem **insuficientes**:

a) Formação de Comissão *ad hoc*, com consentimento dos interessados, que colocará bons ofícios à disposição dos Estados-partes buscando uma solução amistosa, sendo formada por 5 membros designados com anuência dos interessados, os quais terão que ser nacionais de algum Estado-parte que tenha reconhecido a competência do Comitê mas não nacionais dos Estados-partes envolvidos na controvérsia;

b) Não havendo concordância sobre a composição da Comissão em 3 meses, os membros sobre os quais houve divergência serão eleitos pelo Comitê, entre seus próprios membros, por votação secreta e mediante *quórum* de 2/3 do total dos membros;

c) A Comissão elegerá seu Presidente e estabelecerá seu procedimento, reunindo-se geralmente em Genebra, sem prejuízo de se reunir em outra localidade;

d) As informações obtidas pelo Comitê poderão ser usadas pela Comissão, que também poderá pedir novas informações;

e) Estudada a questão, a Comissão apresentará relatório no prazo de 12 meses do conhecimento da comunicação, encaminhando-o ao Presidente do Comitê, que o enviará aos Estados-partes interessados.

O relatório da Comissão terá o seguinte conteúdo, trazido no próprio artigo 42 do PIDCP:

a) Se ela não puder terminar o exame da questão, apenas exporá o estágio deste exame;

b) Se houver alcançado a solução amistosa, fará simples exposição do fato e da solução alcançada;

c) Se não alcançar solução amistosa, trará suas conclusões sobre os fatos inerentes à questão controversa e sua opinião sobre uma possível solução amistosa, juntando observações escritas e orais dos interessados, caso em que os Estados-partes comunicarão no prazo de 3 meses do recebimento do relatório ao Presidente do Comitê se aceitam ou não seus termos.

Não há qualquer problema em os Estados-partes optarem por solucionar a controvérsia perante outro órgão das Nações Unidas ou de organização diversa (artigo 44, PIDCP). O Comitê submeterá à Assembleia-Geral, por meio do Conselho Econômico e Social, um relatório sobre suas atividades (artigo 45, PIDCP).

6.4.4 Denúncias por particulares e o protocolo facultativo ao PIDCP

> *Cabem denúncias por particulares ao Comitê de Direitos Humanos das Nações Unidas?*

Embora o PIDCP não tenha previsto diretamente um mecanismo para a apresentação de denúncias pelos indivíduos ao Comitê, o **Protocolo Facultativo ao Pacto**, de 16 de dezembro de 1966, o fez (este protocolo está em vigor internacional desde 23 de março de 1976). A denúncia somente pode ser recebida se o Estado houver ratificado o Protocolo Facultativo (artigo 1º, PPIDCP). Não há, entretanto, decreto promulgando este Protocolo Facultativo no ordenamento brasileiro, concluindo o processo de internalização do tratado internacional. O que há, apenas, é o Decreto Legislativo nº 911/2009 (que aprovou não só este Protocolo Facultativo, como o outro Protocolo Facultativo ao PIDCP com vistas à Abolição da Pena de Morte).

"Ainda é grande a resistência de muitos Estados em consentir que indivíduos tenham o poder de encaminhar petições individuais, assumindo independência na arena internacional para acusá-los da inobservância de determinado direito". Neste sentido, mesmo que muitos países tenham assinado o protocolo facultativo, como as decisões do Comitê não possuem força obrigatória e vinculante, percebe-se uma dificuldade em implementá-las[94].

Aceita a competência, "[...] o indivíduo que se considerar vítima de violação de qualquer dos direitos enunciados no Pacto e que tenha esgotado todos os recursos internos disponíveis, poderá apresentar uma comunicação escrita ao Comitê para que este a examine" (artigo 2º, PPIDCP).

Além do esgotamento dos recursos na via interna, salvo excesso dos prazos razoáveis (artigo 5º, PPIDCP), são requisitos de admissibilidade, nos termos do artigo 3º, não serem denúncias anônimas e não constituírem abuso de direito ou serem incompatíveis com as disposições do Pacto, e, nos termos do artigo 5º, que a mesma questão já não esteja sendo examinada por uma outra instância internacional de investigação ou decisão.

Após, adota-se o procedimento descrito nos artigos 4º e 5º do protocolo:

a) Admitida a denúncia, o Comitê levará ao conhecimento dos Estados-partes no referido Protocolo que tenham alegadamente violado qualquer das disposições do Pacto as comunicações que lhe forem apresentadas;

b) Dentro de seis meses, os Estados destinatários das comunicações submeterão por escrito ao Comitê as explicações ou declarações que esclareçam a questão e o recurso, se existente, que tiver sido adotado por aquele Estado;

c) O Comitê examinará as comunicações recebidas em virtude do Protocolo tendo em conta todas as informações escritas que lhe forem submetidas pelo indivíduo e pelo Estado-parte interessado;

d) O Comitê realizará as suas sessões a portas fechadas quando examinar as comunicações previstas no Protocolo;

e) O Comitê comunicará seu parecer ao Estado-parte interessado e ao indivíduo.

Não obstante, o Comitê incluirá no seu relatório anual, elaborado nos termos do artigo 45 do Pacto, um resumo das suas atividades, desempenhadas nos termos do Protocolo.

Por fim, de acordo com o **Segundo Protocolo Facultativo ao PIDCP com vistas à Abolição da Pena de Morte** (ao qual o Brasil também editou Decreto Legislativo em 2009, muito embora ainda não haja Decreto Executivo promulgando o documento e concluindo seu processo de internalização), para os Estados Partes do (Primeiro)

---

[94] PIOVESAN, Flávia. **Direitos humanos e o direito constitucional internacional...** Op. Cit., p. 173.

Protocolo Adicional ao Pacto Internacional sobre Direitos Civis e Políticos, adotado em 16 de Dezembro de 1966, a competência reconhecida ao Comitê dos Direitos Humanos para receber e apreciar comunicações provenientes de indivíduos sujeitos à sua jurisdição é **igualmente extensiva às disposições do deste segundo Protocolo, exceto se o Estado Parte em causa tiver feito uma declaração em contrário no momento da respectiva ratificação ou adesão.**

6.5 Conselho de Direitos Humanos

O Conselho de Direitos Humanos é um órgão *intra*governamental da organização responsável pelo fortalecimento da promoção e da proteção dos direitos humanos pelo mundo. Ele foi criado pela **Resolução nº 60/251 da Assembleia Geral da ONU**, em 15 de março de 2006, passando a funcionar a partir de 30 de junho de 2006.

6.5.1 Funcionamento, finalidade e objetivo

O Conselho de Direitos Humanos tem sede em Genebra, na Suíça, substituindo a Comissão de Direitos Humanos e funcionando como órgão subsidiário da Assembleia (artigo 1º, Resolução AG nº 60/251).

Ele funcionará de forma permanente, encontrando-se com regularidade não menor que 3 sessões por ano, incluindo uma sessão principal com duração de ao menos 10 semanas, podendo outras sessões serem convocadas em caráter especial quando necessário, a requerimento por um membro do Conselho com apoio de pelo menos 1/3 dos demais membros (artigo 10, Resolução AG nº 60/251).

Nada impede que Estados-partes não eleitos, agências especializadas e organizações de direitos humanos atuem como observadores (artigo 11, Resolução AG nº 60/251).

Seu objetivo é proteger todos os direitos humanos e liberdades fundamentais com relação a todas as pessoas, bem como discutir as situações de violações de direitos humanos e fazer recomendações a respeito delas (artigos 2º e 3º, Resolução AG nº 60/251).

O trabalho do Conselho deve ser guiado pelos princípios da universalidade, imparcialidade, objetividade e não seletividade, além do diálogo internacional construtivo e da cooperação (artigo 4º, Resolução AG nº 60/251). O artigo 5º do documento em estudo delimita tais competências.

Após a Resolução AG nº 60/251 reforçar em seu preâmbulo os princípios basilares das Nações Unidas no que tange à proteção dos direitos humanos, notadamente, universalidade, inviolabilidade, interdependência, indivisibilidade e complementaridade, traz 16 dispositivos que regulamentam o funcionamento geral deste mecanismo global de proteção dos direitos humanos.

6.5.2 Composição e eleição

É composto por **47 países** que são eleitos para **mandato de 3 anos** pela **Assembleia Geral** sob o *quórum* da maioria dos seus membros, de maneira secreta, direta e individual, os quais estão distribuídos pelo globo da seguinte forma: 13 nos Estados africanos, 13 nos asiáticos, 6 na Europa Oriental, 8 na América Latina e no Caribe, 7 na Europa Ocidental e outros Estados (artigo 7º, Resolução AG nº 60/251).

Todos os Estados das Nações Unidas podem aderir ao Conselho de Direitos Humanos, podendo a Assembleia Geral por 2/3 dos votos suspender um Estado-parte que constantemente viole direitos humanos (artigo 8º, Resolução AG nº 60/251).

6.5.3 Mecanismos e procedimentos

Entre os mecanismos que o movimentam destacam-se: o de **Revisão Periódica Universal**, que serve para avaliar a situação dos direitos humanos em todos os Estados-membros das Nações Unidas; o **Comitê Consultivo**, que serve como órgão reflexivo do Conselho fornecendo-lhe conhecimentos e conselhos sobre questões temáticas de direitos humanos; e o **procedimento de queixa**, que permite que indivíduos e organizações tragam violações dos direitos humanos para a atenção do Conselho.

Há se falar, ainda, que o Conselho trabalha com base nos antigos procedimentos especiais estabelecidos pela ONU para a Comissão de Direitos Humanos (artigo 6º, Resolução AG nº 60/251), o que envolve a presença de relatores e representantes especiais, especialistas independentes e grupos de trabalho que monitoram, examinam, aconselham e informam publicamente sobre questões temáticas ou situações de direitos humanos em países específicos. Não obstante, as atividades do Conselho são revisadas pela Assembleia Geral a cada cinco anos de funcionamento (artigo 16, Resolução AG nº 60/251).

Complementando a Resolução AG nº 60/251, o Conselho de Direitos Humanos estabeleceu um documento abordando seu desenvolvimento institucional, a **Resolução CDH nº 5/1**. O documento inicia especificando questões inerentes ao procedimento de revisão quinquenal, passa pelos procedimentos especiais, chegando à abordagem individualizada dos principais mecanismos de proteção dentro do órgão, quais sejam Comitê Consultivo e processo de reclamação. Encerra-se tratando da agenda e estrutura para o programa de trabalho, dos métodos de trabalho e dos procedimentos internos.

6.5.4 Recebimento de reclamação

Dentre os pontos abrangidos pela Resolução CDH nº 5/1, merecem destaque as regras do processo de reclamação, acessível às pessoas que forem vítimas de violações de direitos humanos. Tal processo foi estabelecido para tratar padrões consistentes de violações de todos direitos humanos e liberdades fundamentais ocorridos em qualquer parte do mundo e sob qualquer circunstância (artigo 85, Resolução CDH nº 5/1).

As condições que devem ser preenchidas pela comunicação relatada são: não ser manifestamente motivada exclusivamente por questões políticas; descrever de forma discriminada a violação ocorrida (fatos e direito); não utilizar linguagem abusiva; ser submetida por uma pessoa ou um grupo de pessoas que alegue ter sido vítima da violação, ou então por um grupo de pessoas, incluindo organizações não governamentais, na qualidade de representante; não ser baseada em relatórios divulgados pela mídia em massa; não ter sido analisado por outro procedimento especial ou órgão das Nações Unidas ou de outra organização internacional; esgotamento dos recursos internos (artigo 87, Resolução CDH nº 5/1). Dois grupos de trabalho distintos recebem e analisam os processos de reclamação, tomando suas decisões por maioria simples, um para comunicações e outro para situações, cada qual contando com 5 membros (um de cada grupo regional) (artigos 89 a 97, Resolução CDH nº 5/1).

6.5.5 Procedimentos especiais: Resolução nº 1.235/1967 e Resolução nº 1.503/1970

(MINISTÉRIO PÚBLICO FEDERAL – MPF – PROCURADOR DA REPÚBLICA – 2015) Em relação aos procedimentos especiais do Conselho de Direitos Humanos, explique: (i) quais são os poderes de um Relator Especial designado pelo Conselho de Direitos Humanos da Organização das Nações Unidas, o conteúdo possível e a força vinculante de suas decisões? (ii) quais são os deveres dos Estados diante de tais deliberações – em especial, como o Ministério Público pode zelar pelo seu cumprimento no Brasil?

Como já destacado, o Conselho de Direitos Humanos, órgão vinculado à Assembleia Geral, sucedeu a extinta Comissão de Direitos Humanos, que se vinculava ao Conselho Econômico e Social da ONU. Ocorre que existem dois procedimentos que regulam trâmites perante a Comissão de Direitos Humanos e que, a partir do momento em que surge o Conselho de Direitos Humanos, passam a tramitar perante este novo órgão. Tais procedimentos descritos nas **Resoluções nº 1.235/1967 e nº 1.503/1970** buscam instrumentalizar os denominados procedimentos especiais – do inglês, *special procedures* –, os quais possuem a função de tratar de situações específicas em determinado Estado ou região do mundo ou de questões temáticas especializadas.

Neste sentido, as **Resoluções nº 1.235/1967 e nº 1.503/1970**, emitidas pelo Conselho Econômico e Social, viabilizam procedimentos especiais que tomam a posição de instrumentos hábeis no Conselho de Direitos Humanos, ambos aplicáveis em situações de consistentes e sistemáticas violações de direitos humanos. A propósito, a Resolução nº 1.235/1967 exemplifica situações comuns na época, que eram as de *apartheid* na África e ambas as resoluções fazem referência a sistêmicas violações de direitos humanos de **minorias e vulnerabilidades**.

Em linhas gerais, a Resolução nº 1.235/1967 cria um procedimento especial baseado em **publicidade ostensiva**, com investigações e debates públicos. Inicia-se a partir da constatação de notícias em geral, seguindo-se com a criação de um órgão específico, consistente numa subcomissão (grupo de trabalho ou relatoria especial), e culminando com eventual repreensão feita pela Assembleia Geral da organização. A Assembleia se utiliza não de poder coativo, **mas do constrangimento público**. A terminologia para a providência, no inglês, *é power of shame and embarasment*, que significa poder da vergonha e do embaraço.

Alguns anos depois, surgiu a necessidade de criação de um **procedimento que não se baseasse na publicidade, mas sim no sigilo, propósito esculpido pela Resolução nº 1.503/1970**. As investigações promovidas nos termos deste procedimento são **confidenciais**, embora as denúncias feitas em seus termos não possam ser anônimas. O Estado será notificado de forma confidencial e a subcomissão redigirá recomendações, que também ficarão confidenciais. **Caso o Estado se recuse a cumpri-las, será possível dar publicidade às recomendações, utilizando o mesmo mecanismo de humilhação pública pela Assembleia Geral da Resolução nº 1.235/1967**.

Especialistas consideram a possibilidade de utilização destes procedimentos especiais como uma coroação do sistema internacional de proteção de direitos humanos. Originalmente, as resoluções procuravam aparatar a instituição de um grupo de trabalho cuja preocupação específica seria investigar a situação dos direitos humanos e dos grupos de minorias no sul da África, mas nunca existiram dúvidas sobre a possibilidade de ampliação mediante criação de outros **grupos de trabalho** (órgão coletivo, com vários membros) ou **relatorias especiais** (órgão unitário, com um responsável direto, denominado relator especial), eis que a Resolução nº 1.235/1967 assegura o poder de **"examinar informações relevantes sobre graves violações de direitos humanos e liberdades fundamentais", em "todos os países"**.

"Os mandatários (indicados sempre pelo Conselho de Direitos Humanos), que podem ser indivíduos (*Special Rapporteurs*) ou grupos de trabalho, têm a função de monitorar e reportar a situação dos direitos humanos em países específicos ou territórios, ou então de descrever as situações de graves violações de direitos humanos. Os Procedimentos Especiais podem, ainda, reagir a reclamações individuais, conduzir estudos e promover cooperação técnica em nível nacional. Por fim, os Procedimentos Especiais podem desenvolver orientações e determinar padrões de direitos humanos, participar de seminários e conferências, organizar painéis durante as sessões do Conselho, preparar estudos temáticos, dentre outros. Vale ressaltar que tais mandatários desenvolvem seu trabalho de forma voluntária, por um período máximo de seis anos"[95].

O Conselho de Direitos Humanos adotou em 2007 a Resolução nº 5/2 que estabelece o **Código de Conduta dos Mandatários dos Procedimentos Especiais**, fixando estandartes éticos e profissionais para aqueles que forem revestidos de mandato em procedimento especial, nomeadamente: independência funcional, lealdade, confiança, comportamento imparcial e livre de influências externas, respeito à universalidade dos direitos humanos, obediência às normas regulamentares, eficiência, probidade, equidade, honestidade, boa-fé, ciência de seus deveres e responsabilidades, não utilização do mandato para ganhos particulares (artigo 3º).

O Código também estabelece a possibilidade de requerimentos de urgência (artigo 10), tal como outros procedimentos para as visitas técnicas (artigo 11) e a emissão de recomendações (artigo 13). Já em 2008, em consonância com o mencionado Código, foi adotado o **Manual da ONU para Procedimentos Especiais**, o qual detalha estes e outros instrumentos (como estudos temáticos e realização de seminários e

---

[95] MOREIRA, Aline de Oliveira; PEREIRA, Luciana Diniz Durães... Op. Cit., p. 25.

conferências) que podem ser adotados no curso do procedimento especial, tal como reforça os privilégios e imunidades inerentes ao cargo e explicita questões inerentes ao dever de cooperação no sistema de proteção de direitos humanos.

Com efeito, as relatorias especiais e os grupos de trabalho são bastante úteis quando não existe na organização um órgão específico instituído com relação a determinada categoria de direitos ou então diante de situações de graves violações específicas, permitindo a validação de **procedimentos especiais temáticos**.

Os Estados-partes devem acatar as decisões tomadas pelos relatores especiais e grupos de trabalho. Contudo, não se trata de um dever de respeito que decorre de uma força jurisdicional, eis que nem o Conselho de Direitos Humanos e nem seus subcomitês podem tomar decisões de caráter coativo (vale lembrar, a Corte Internacional de Justiça é o único órgão jurisdicional da ONU). Noutras palavras, o dever de respeitar e fazer cumprir tais decisões parte da necessidade de se evitar um constrangimento diplomático e, mais que isso, das obrigações gerais que cada Estado-parte tem de acatar de forma uniforme os entendimentos dos órgãos das Nações Unidas, mesmo os de caráter extraconvencional, que se estendem a todos seus órgãos, esferas e Poderes.

6.6 Comitê de Direitos Econômicos, Sociais e Culturais

O Comitê de Direitos Econômicos, Sociais e Culturais foi criado originalmente pelo próprio Conselho Econômico e Social (ECOSOC) da Organização das Nações Unidas, no ano de 1985 (Resolução nº 1985/17), a fim de controlar a aplicação, pelos Estados Partes, das disposições do Pacto Internacional sobre os Direitos Econômicos, Sociais e Culturais (PIDESC) de 1966. Posteriormente, o Comitê foi "oficializado" via tratado internacional de direitos humanos, pelo Protocolo Facultativo ao Pacto Internacional de Direitos Econômicos, Sociais e Culturais (adotado pela Assembleia Geral das Nações Unidas a 10 de dezembro de 2008, através da Resolução A/RES/63/117).

Trata-se, assim, de um órgão originalmente concebido como aparato instrumental do ECOSOC para fiscalizar o cumprimento de disposições de um tratado internacional específico, notadamente pelo **sistema de relatórios** instituído nos artigos 16 e 17 do PIDESC.

Basicamente, o ECOSOC delegou de forma interna sua competência ao Comitê de Direitos Econômicos, Sociais e Culturais. Como a Organização das Nações Unidas tem competência para organizar-se, o que se insere em seu poder de autogestão, não há nenhum problema com a criação de órgão interno subalterno, mesmo sem tratado internacional específico.

6.6.1 *Composição e eleição*

O Comitê é composto por **18 membros**, peritos com reconhecida experiência no domínio dos direitos humanos. Destaca-se que seus membros atuam como peritos e não como representantes dos governos dos quais são nacionais.

A escolha do presidente, de três vice-presidentes e do relator é feita no âmbito interno. Assim, o Conselho Econômico e Social (ECOSOC), do qual o Comitê retira sua autoridade, elege os membros que irão compor o Comitê, mediante **escrutínio secreto** a partir de lista de nomeados propostos pelos Estados-Partes do Pacto Internacional de Direitos Econômicos, Sociais e Culturais de 1966, sendo assegurada a distribuição geográfica equitativa e a representação dos diversos sistemas sociais e jurídicos.

6.6.2 Competências

Entre as competências atribuídas pelo ECOSOC ao Comitê, destacam-se a de examinar os **relatórios** elaborados pelos Estados-Partes do Pacto Internacional dos Direitos Econômicos, Sociais e Culturais de 1966, nos termos dos artigos 16 e 17, PIDESC, decidindo sobre encaminhamento à Comissão de Direitos Humanos, substituída no ano de 2006 pelo Conselho de Direitos Humanos, nos termos do artigo 19, PIDESC. Neste cenário, ao analisar os **relatórios** o Comitê também poderá emitir observações finais, salientando aspectos positivos e negativos relatados e recomendando soluções que pareçam adequadas. Além de apreciar os relatórios, o Comitê pode formular comentários gerais sobre artigos e seções do Pacto Internacional de Direitos Econômicos, Sociais e Culturais, bem como organizar debates temáticos sobre as matérias por ele abrangidas.

Além do sistema originário de relatórios, o Comitê de Direitos Econômicos, Sociais e Culturais foi instrumentalizado com um **sistema de petições** e com um **sistema de inquéritos** pelo já mencionado **Protocolo Facultativo ao Pacto Internacional sobre os Direitos Econômicos, Sociais e Culturais de 1966**, adotado pela Assembleia Geral das Nações Unidas em 10 de dezembro de 2008 e passando a viger em 05 de maio de 2013, quando obteve o número mínimo de adesões dos Estados-partes.

> O Brasil se sujeita à competência de apreciação de petições do Comitê de Direitos Econômicos, Sociais e Culturais?

O Brasil não é signatário do Protocolo Facultativo ao Pacto Internacional sobre os Direitos Econômicos, Sociais e Culturais de 1966, muito embora seja signatário do tratado principal ao qual este protocolo é acessório.

Assim sendo, embora o Brasil se sujeite ao Comitê de Direitos Econômicos, Sociais e Culturais **no que se refere ao sistema de relatórios** e à atuação de caráter geral, **não está subordinado aos aparatos instituídos pelo Protocolo Facultativo em questão**.

Logo, o Brasil não se sujeita à competência do órgão no que se refere ao julgamento de petições e nem ao sistema de inquéritos, pois foi o Protocolo em questão, não assinado pelo Brasil, que criou tal atribuição. Isso exclui a possibilidade de que brasileiros apresentem petições de denúncias a violações de direitos econômicos, sociais e culturais ao Comitê.

6.6.3 Relatórios gerais

O sistema de relatórios é a base do controle exercido pelas Nações Unidas em relação aos direitos econômicos, sociais e culturais, estando esculpido no Pacto Internacional de 1966. O Brasil é signatário do Pacto e, em razão disso, se sujeita ao sistema de relatórios nele esculpido.

Nos termos do PIDESC, cabe ao Conselho Econômico e Social da ONU apreciar os relatórios enviados periodicamente pelos Estados-partes sobre a evolução dos direitos econômicos, sociais e culturais no âmbito interno. Tal atribuição acaba sendo exercida por um Comitê criado pelo Conselho com exclusivo propósito para tanto, o Comitê dos Direitos Econômicos, Sociais e Culturais.

Neste sentido, o artigo 16 do PIDESC prevê o compromisso dos Estados-partes de apresentarem relatórios sobre medidas que tenham adotado e sobre o progresso realizado em prol de assegurar os direitos esculpidos no pacto. Os relatórios são encaminhados ao Secretário-Geral das Nações Unidas, que o remete ao Conselho Econômico e Social para exame e também às agências especializadas, respeitado no último caso os critérios de pertinência temática e reconhecimento da competência (ex.: se o Brasil é membro da UNESCO e o relatório por ele encaminhado versa sobre educação, cultura ou ciência, o Secretário-Geral irá encaminhar tal relatório para o Conselho Econômico e Social e para a UNESCO).

Como ressaltado, de forma específica, o Conselho Econômico e Social efetua o encaminhamento interno ao Comitê dos Direitos Econômicos, Sociais e Culturais, órgão por ele criado visando tal finalidade.

Nos termos do artigo 17, PIDESC, os relatórios devem ser apresentados por etapas, conforme programa fixado pelo Conselho Econômico e Social. Além disso, os relatórios "poderão indicar os fatores e as dificuldades que prejudiquem o pleno cumprimento das obrigações previstas no presente Pacto". Não obstante, se as informações já tiverem sido encaminhadas à ONU ou a uma agência especializada, o relatório não precisará reproduzi-las, podendo apenas fazer referência.

Por fim, o artigo 19, PIDESC, prevê a possibilidade de encaminhamento dos relatórios submetidos pelos Estados-partes à Comissão de Direitos Humanos pelo Conselho Econômico e Social, para fins de estudo e recomendação de ordem geral ou para fins de informação, conforme julgue apropriado. **Ressalta-se que a Comissão de Direitos Humanos foi extinta em 2006 e deu lugar ao Conselho de Direitos Humanos, logo, o encaminhamento deve ser feito a ele.**

6.6.4 Recebimento de denúncias

O próprio artigo 1º do Protocolo Facultativo ao Pacto Internacional sobre Direitos Econômicos, Sociais e Culturais já destaca: apenas podem apresentar comunicações os Estados-partes que reconheçam a competência do Comitê para recebê-las. Logo, como é de praxe, sem reconhecimento expresso da competência do Comitê mediante ratificação do Protocolo, um país não pode ser denunciado e nem denunciar – **é o caso do Brasil**.

O artigo 2º destaca a legitimidade ativa de pessoas e grupos de pessoas para fazer denúncias: "As comunicações podem ser submetidas por ou em nome de indivíduos ou grupos de indivíduos, sob a jurisdição de um Estado Parte, que aleguem serem vítimas de uma violação, por esse Estado Parte, de qualquer um dos direitos económicos, sociais e culturais enunciados no Pacto. Sempre que uma comunicação seja submetida em representação de indivíduos ou grupos de indivíduos, é necessário o seu consentimento, a menos que o autor consiga justificar a razão que o leva a agir em sua representação sem o referido consentimento".

Nos termos do artigo 3º, como é usual no caso de sistemas de petição acessíveis a pessoas e grupos de pessoas, fixa-se o requisito do esgotamento dos recursos internos – após o esgotamento, confere-se o prazo de 1 ano para o acesso ao Comitê. Outros requisitos fixados no artigo 3º são: que os fatos narrados tenham ocorrido antes da entrada em vigor do Protocolo para o país denunciado; que os fatos não estejam sendo discutidos ou já tenham sido discutidos em outro processo internacional; que exista compatibilidade com os propósitos esculpidos no PIDESC; que a comunicação não seja manifestamente infundada, insuficientemente fundamentada ou exclusivamente baseada em notícias divulgadas pelos meios de comunicação; que não constitua abuso de direito; que não seja anônima e que seja apresentada por escrito. O artigo 4º exige ainda que fique demonstrada a existência de desvantagem evidente por parte do peticionante.

Nos termos do artigo 6º, recebida a comunicação, o Estado-parte será informado e terá 6 meses para apresentar sua defesa e expor medidas que já tenham sido tomadas sobre a questão. O Comitê analisará toda a documentação apresentada e eventual documentação existente perante outros órgãos, sempre a portas fechadas, para tomar uma decisão (artigo 8º, PPIDESC). Após, transmitirá sua constatação juntamente com recomendações, conferindo prazo de 6 meses para o Estado apresentar informações sobre o cumprimento destas (artigo 9º, PPIDESC).

O artigo 5º trata da possibilidade de fixação de medidas cautelares no curso do processo a qualquer momento. Já o artigo 7º trata da possibilidade de que tudo se resolva de forma amigável.

A legitimidade ativa para apresentar denúncias perante o Comitê também é garantida, nos termos do artigo 10, PPIDESC: "Um Estado-parte no presente Protocolo pode, a qualquer momento, declarar ao abrigo do presente artigo que reconhece a competência do Comitê para receber e apreciar comunicações em que um Estado-parte alegue que outro Estado-parte não está a cumprir as suas obrigações decorrentes do Pacto. As comunicações ao abrigo do presente artigo só podem ser recebidas e apreciadas se submetidas por um Estado-parte que tenha feito uma declaração reconhecendo, no que lhe diz respeito, a competência do Comitê. Este não aprecia quaisquer comunicações de um Estado-parte que não tenha feito tal declaração".

Em seguida, o artigo 10, PPIDESC trata do procedimento no caso deste tipo de denúncia: três meses após recebimento da comunicação de um Estado-parte pelo outro, o destinatário deverá apresentar esclarecimentos, que deverão desde logo apontar os procedimentos e vias de recurso internas utilizadas, pendentes ou disponíveis sobre a matéria; não se resolvendo a questão no prazo de seis meses da comunicação inicial, qualquer um dos Estados-partes poderá levar a questão ao Comitê, notificando-o e também ao outro Estado; o Comitê irá se certificar que os recursos nacionais foram invocados e esgotados, exceto se a aplicação destes recursos exceder prazos razoáveis, apreciando em seguida a questão a portas fechadas, podendo solicitar informações adicionais; o Comitê elaborará relatório, seja para informar sobre eventual conciliação alcançada, seja para elucidar fatos relevantes sobre o litígio e tecer recomendações, transmitindo-se o documento aos Estados-partes.

6.6.5 Instauração de inquéritos

Além do sistema de petições, o Protocolo Facultativo ao PIDESC institui um procedimento de inquérito, esculpido nos artigos 11 e 12.

Nos termos do artigo 11, 2, PPIDESC, "se o Comitê receber uma informação fidedigna indicando violações graves ou sistemáticas, por um Estado-parte, de qualquer um dos direitos econômicos, sociais e culturais consagrados no Pacto, deverá convidar esse Estado-parte a cooperar no exame da informação e, para esse fim, a submeter observações sobre a informação em questão". Conforme o artigo 11, 3, PPIDESC, o Comitê poderá designar um ou mais de seus membros para conduzir o inquérito e reportar a ele, **sendo possível a condução de visita ao território**.

O inquérito é **confidencial** e o Estado-parte investigado será chamado a cooperar durante todas suas etapas (artigo 11, 4, PPIDESC). "Após analisar as conclusões do inquérito, o Comitê deverá transmitir as mesmas ao Estado Parte interessado, em conjunto com quaisquer comentários e recomendações" (artigo 11, 5, PPIDESC). O Estado-parte interessado terá seis meses para submeter suas próprias observações, não o fazendo, o Comitê poderá solicitá-las (artigo 11, 6, PPIDESC; artigo 12, 2, PPIDESC). O Comitê poderá incluir um relato sumário do procedimento concluído em seu relatório anual (artigo 11, 7, PPIDESC).

Nos termos do artigo 12, quanto ao seguimento do procedimento de inquérito, o Comitê poderá convidar o Estado-parte a incluir em seu relatório apresentado nos termos dos artigos 16 e 17 do Pacto Internacional de Direitos Econômicos, Sociais e Culturais, informações referentes a medidas tomadas no âmbito de inquéritos que tenham sido conduzidos,

6.7 Organismos especializados

Sem prejuízo do que já foi visto até agora, convém estudar órgãos convencionais quase-judiciais de proteção e promoção dos direitos humanos. Neste sentido serão vistos o Comitê contra a Tortura, o Comitê sobre a Eliminação da Discriminação contra a Mulher, o Comitê para os Direitos da Criança, o Comitê sobre os Direitos das Pessoas com Deficiência, o Comitê para a Eliminação da Discriminação Racial, e o Comitê contra o Desaparecimento Forçado.

6.7.1 Comitê contra a Tortura

> Por qual Convenção foi criado Comitê contra a Tortura das Nações Unidas? A que fins ele serve? Como é composto? Quais trâmites procedimentais são possíveis por ele e como funcionam?

O Comitê contra a Tortura foi criado pela **Convenção contra a Tortura e Outras Penas ou Tratamentos Cruéis, Desumanos ou Degradantes**, com disciplina do artigo 17 ao 24.

6.7.1.1 Composição e eleição

É composto por **dez peritos** de elevada reputação moral e reconhecida competência em matéria de direitos humanos, os quais exercerão suas funções a título pessoal, isto é, de forma indelegável. Eles serão indicados pelos Estados-partes e por eles **eleitos em votação secreta em reuniões bienais**, levando em conta uma distribuição geográfica equitativa e a utilidade da participação de algumas pessoas com experiência jurídica. Assim, o critério geográfico não é absoluto, mas deve ser observado. O *quórum* para instalação é de 2/3 dos Estados-partes e o *quórum* para votação é o de maioria absoluta dos votos presentes e votantes, restando eleito quem obtiver o maior número de votos. O mandato é de **4 anos, aceita uma reeleição**, prevendo-se regra de transição nos anos iniciais para a constante alternância. Se um dos membros falecer, o Estado-parte ao qual ele pertencia indicará o candidato, que deverá ser aprovado pela maioria dos Estados-partes, tratando-se de aprovação tácita (se mais da metade não se manifestar contrariamente, está eleito) (artigo 17, CCTPTCDD).

A Mesa será eleita pelo próprio Comitê para um período de 2 anos, aceita a reeleição de seus membros. O Comitê também estabelecerá suas regras de procedimento, respeitando minimamente o *quórum* de 6 membros para instalação e a tomada de decisões por maioria dos votos dos presentes. O Secretário Geral da ONU deve colocar à disposição pessoal e serviços necessários ao funcionamento do Comitê. Já o custeio de todas as despesas do Comitê será feito pelos Estados-parte (artigo 18, CCTPTCDD).

Os membros do Comitê e os membros das comissões de conciliação *ad hoc* "[...] terão direito às facilidades, privilégios e imunidades que se concedem aos peritos no desempenho de missões para a Organização das Nações Unidas, em conformidade com as seções pertinentes da Convenção sobre Privilégios e Imunidades das Nações Unidas" (artigo 23, CCTPTCDD).

6.7.1.2 Relatórios gerais

O Comitê examina e pode manifestar opinião sobre os relatórios encaminhados pelos Estados-partes ao Secretário Geral das Nações Unidas, sendo o primeiro relatório o mais completo, a cada 4 anos apresentando-se um complementar, trazendo as medidas adotadas no cumprimento das obrigações assumidas, em virtude da Convenção, podendo tais relatórios serem acessados por todos os demais Estados--partes (artigo 19, CCTPTCDD).

O Comitê apresentará, por causa da Convenção, um relatório anual sobre as suas atividades aos Estados-partes e à Assembleia Geral das Nações Unidas (artigo 24, CCTPTCDD).

6.7.1.3 Recebimento de Comunicações

O artigo 20 traz o procedimento de investigação de denúncias de prática de tortura por parte de Estados-parte, que será confidencial, podendo o Comitê incluir no relatório anual um resumo do caso, consultado o Estado-parte. O Comitê deve avaliar se as informações são fidedignas e bem fundamentadas e, então, convidar o Estado-parte em questão para cooperar na investigação. Conforme as observações inicialmente feitas pelo Comitê, pelo Estado-parte e constantes na denúncia, o Comitê pode designar um ou vários membros para procederem uma investigação confidencial, informando-o com urgência, **a qual poderá se dar no território do país com a sua anuência**. Examinadas as conclusões, serão transmitidas ao Estado--parte interessado, junto com as observações ou sugestões que considerar pertinentes com vista da situação.

Nos termos do artigo 21, mostra-se necessário que o Estado-parte declare, a qualquer momento, que reconhece a competência do Comitê para receber e examinar as comunicações em que um Estado-parte alegue que outro não vem cumprindo as obrigações que lhe impõe a Convenção **(comunicações interestatais)**. Se um Estado-parte não reconhecer a competência, não poderá apresentar comunicações. O procedimento a ser seguido quanto às comunicações apresentadas por Estados--partes é o seguinte:

a) Apresentação da comunicação escrita ao Estado-parte que se crê não estar cumprindo a Convenção;
b) Em 3 meses do recebimento, o destinatário fornecerá ao Estado denunciante a comunicação e outras declarações escritas que esclareçam a questão, esclarecendo procedimentos nacionais e recursos jurídicos adotados;
c) Se, em 6 meses da comunicação, a situação não estiver solucionada satisfatoriamente para ambos Estados-partes interessados, ambos poderão submetê-la ao Comitê por notificação endereçada a ele ou ao outro Estado interessado;
d) O Comitê verificará a admissibilidade da comunicação pelo requisito do esgotamento dos recursos internos, aceitas as exceções consolidadas em direito internacional (prolongamento injustificado ou impossibilidade de que os recursos existentes possibilitem uma solução para a vítima), colocando-se ao mesmo tempo à disposição dos Estados-partes seus bons ofícios, buscando uma solução conciliatória, inclusive criando comissão de conciliação *ad hoc* se julgar conveniente;

e) O Comitê produzirá provas, examinando as comunicações em reuniões confidenciais e poderá solicitar informações aos Estados-partes interessados. Destaca-se que quando a questão chega ao Comitê, ambos Estados-partes poderão designar representante e apresentar observações verbais e/ou por escrito quanto às questões examinadas;

f) O Comitê, dentro dos doze meses seguintes à data do recebimento da notificação, apresentará relatório em que: se houver sucesso na solução conciliatória, trazendo uma breve exposição dos fatos e da solução alcançada, mas se não houver tal sucesso, expondo brevemente os fatos e anexando ao relatório o texto das observações escritas e das atas das observações orais apresentadas pelos Estados-partes interessados, encaminhando-se cópia a eles.

Nos termos do artigo 22, também é necessário o reconhecimento de competência para o processamento de **comunicações apresentadas por pessoas sob sua jurisdição, ou em nome delas (petições individuais)**, que aleguem ser vítimas de violação, por parte do Estado-parte, das disposições da Convenção. Não são admissíveis comunicações anônimas, que constituam abuso do direito de apresentar as referidas comunicações ou que sejam incompatíveis com as disposições da Convenção.

Outros requisitos para o exame da comunicação por particular são: não estar a questão sendo examinada por outro órgão internacional; esgotamento dos recursos internos, salvo prolongamento injustificado ou impossibilidade de os recursos existentes permitirem a reparação do direito violado.

Será respeitado o seguinte procedimento:

a) O Comitê levará todas as comunicações apresentadas e inicialmente aceitas ao conhecimento do Estado-parte na Convenção que houver feito a declaração de reconhecimento de competência e sobre o qual se alegue ter violado qualquer disposição da Convenção;

b) Dentro dos seis meses seguintes, o Estado destinatário submeterá ao Comitê as explicações ou declarações por escrito que elucidem a questão e, se for o caso, que indiquem o recurso jurídico adotado pelo Estado em questão;

c) O Comitê examinará as comunicações recebidas, à luz de todas as informações a ele submetidas pela pessoa interessada, ou em nome dela, e pelo Estado-parte interessado, sempre em reuniões confidenciais;

d) O Comitê comunicará seu parecer ao Estado-parte e à pessoa que apresentou a comunicação.

6.7.1.4 *Protocolo Facultativo à Convenção: Subcomitê de Prevenção e sistema de visita*

É preciso lembrar, ainda, do Protocolo Facultativo à Convenção contra a Tortura e Outros Tratamentos ou Penais Cruéis, Desumanos ou Degradantes, adotado em 18 de dezembro de 2002, e com processo de internalização concluído pelo Brasil pelo Decreto nº 6.085/2007. De acordo com o artigo 1º, o objetivo do Protocolo é estabelecer um **sistema de visitas regulares efetuadas por órgãos nacionais e**

internacionais independentes a lugares onde pessoas são privadas de sua liberdade, com a intenção de prevenir a tortura e outros tratamentos ou penas cruéis, desumanos ou degradantes.

Ato contínuo se diz que um **Subcomitê de Prevenção da Tortura e outros Tratamentos ou Penas Cruéis, Desumanos ou Degradantes do Comitê contra a Tortura (doravante denominado Subcomitê de Prevenção)** deverá ser estabelecido e desempenhar as funções definidas no presente Protocolo. Algumas características deste Subcomitê: deverá ser constituído inicialmente por 10 membros; após a quinquagésima ratificação ou adesão ao Protocolo, o número de membros do Subcomitê deverá aumentar para 25 (**isso aconteceu em 2011**); os membros do Subcomitê deverão ser escolhidos entre pessoas de elevado caráter moral, de comprovada experiência profissional no campo da administração da justiça, em particular o direito penal e a administração penitenciária ou policial, ou nos vários campos relevantes para o tratamento de pessoas privadas de liberdade; na composição do Subcomitê deverá haver **equilíbrio de gênero**; na composição do Subcomitê deverá ser dada consideração devida à distribuição geográfica eqüitativa e à representação de diferentes formas de civilização e de sistema jurídico dos Estados membros; **não haverá no Subcomitê dois membros nacionais do mesmo Estado**; os membros devem agir com imparcialidade e independência; cada Estado-parte poderá indicar até dois candidatos (pelo menos um dos dois deve ter a nacionalidade do Estado indicante); antes de um Estado-parte indicar nacional de outro Estado-parte, deverá procurar e obter o consentimento deste Estado-parte; os membros do Subcomitê deverão ser eleitos pelos Estados-partes por **voto secreto** (as eleições dos membros do Subcomitê de Prevenção deverão ser realizadas em uma reunião bienal dos Estados-Partes convocada pelo Secretário-Geral das Nações Unidas, de modo que, nessas reuniões, cujo *quorum* é constituído por dois terços dos Estados-Partes, serão eleitos para o Subcomitê de Prevenção aqueles que obtenham o maior número de votos e uma maioria absoluta de votos dos representantes dos Estados-Partes presentes e votantes); o mandato do membro é de **quatro anos**, admitindo-se **uma reeleição** caso haja nova apresentação da candidatura; o Subcomitê deve **reunir-se a portas fechadas**.

Em seguida, a partir do artigo 11 do Protocolo são trazidas algumas competências do Subcomitê: visitar os lugares em que haja indícios de práticas de tortura e fazer recomendações para os Estados-partes; atuar aconselhando e assistindo os Estados-partes no desenvolvimento de mecanismos preventivos nacionais (tais mecanismos encontram-se a partir do artigo 17 do Protocolo). Os artigos 12 e 14 trazem as obrigações dos Estados, notadamente no que tange à recepção do Subcomitê em seu território, e ao acesso aos locais e dados necessários ao aproveitamento das visitas. Se diz, ainda, na parte final do artigo 14, que objeções a visitas a algum lugar de detenção em particular só poderão ser feitas com fundamentos urgentes e imperiosos ligados à defesa nacional, à segurança pública, ou a algum desastre natural ou séria desordem no lugar a ser visitado que temporariamente impeçam a realização dessa visita (a existência de uma declaração de estado de emergência não deverá ser invocada por um Estado-Parte como razão para objetar uma visita).

Por fim, destaca-se o artigo 16 do Protocolo: "1. O Subcomitê de Prevenção deverá comunicar suas recomendações e observações **confidencialmente para o**

Estado-Parte e, se for o caso, para o mecanismo preventivo nacional. 2. O Subcomitê de Prevenção deverá publicar seus relatórios, em conjunto com qualquer comentário do Estado-Parte interessado, **quando solicitado pelo Estado-Parte**. Se o Estado-Parte fizer parte do relatório público, o Subcomitê de Prevenção poderá publicar o relatório total ou parcialmente. Entretanto, **nenhum dado pessoal deverá ser publicado sem o expresso consentimento da pessoa interessada**. 3. O Subcomitê de Prevenção deverá apresentar um **relatório público anual sobre suas atividades ao Comitê contra a Tortura**. 4. Caso o Estado-Parte se recuse a cooperar com o Subcomitê de Prevenção nos termos dos Artigos 12 e 14, ou a tomar as medidas para melhorar a situação à luz das recomendações do Subcomitê de Prevenção, o Comitê contra a Tortura poderá, a pedido do Subcomitê de Prevenção, e depois que o Estado-Parte tenha a oportunidade de fazer suas observações, decidir, pela maioria de votos dos membros, fazer declaração sobre o problema ou publicar o relatório do Subcomitê de Prevenção".

6.7.2 Comitê sobre a Eliminação da Discriminação contra a Mulher

> *Por qual Convenção foi criado Comitê sobre a Eliminação da Discriminação contra a Mulher? A que fins ele serve? Como é composto? Quais trâmites procedimentais são possíveis por ele e como funcionam?*

O Comitê sobre a Eliminação da Discriminação contra a Mulher foi criado pela **Convenção da ONU sobre a Eliminação de Todas as Formas de Discriminação contra a Mulher**, de 18 de dezembro de 1979, que o disciplina do artigo 17 ao 22, estando portanto vinculado à ONU enquanto um de seus organismos especializados de proteção dos direitos humanos.

6.7.2.1 Composição e eleição

Quanto à composição, variou num estágio inicial para um avançado: "[...] no momento da entrada em vigor da Convenção, de dezoito e, após sua ratificação ou adesão pelo trigésimo quinto Estado-parte, de vinte e três peritos de grande prestígio moral e competência na área abarcada pela Convenção" (artigo 17, CEDM). Atualmente são **23 especialistas**, portanto.

Os peritos serão **eleitos** pelos Estados-partes e exercerão suas funções a título pessoal, respeitando-se uma distribuição geográfica equitativa, bem como garantindo a representação das formas diversas de civilização e dos principais sistemas jurídicos. A eleição é **secreta** a partir de uma lista de pessoas indicadas pelos Estados-partes (cada qual indica 1 candidato), organizada pelo Secretário Geral da Organização das Nações Unidas, em ordem alfabética, com indicações dos Estados-partes que os tiverem designado e comunicada a todos eles. O *quórum* de instalação de reunião de eleição é de 2/3 e o *quórum* de eleição é da maioria absoluta dos votos dos representantes dos Estados-partes presentes e votantes, restando eleito o que obtiver mais votos. O **mandato é de 4 anos**, estabelecendo-se regra inicial de transição. Para preencher as vagas fortuitas, o Estado-parte cujo perito tenha deixado de exercer suas funções de membro do Comitê nomeará outro perito entre seus nacionais, sob reserva da aprovação do Comitê (artigo 17, CEDM).

Os membros do Comitê, mediante aprovação da Assembleia Geral e na forma por ela decidida, receberão remuneração dos recursos das Nações Unidas. Não obstante, o Secretário Geral da Organização das Nações Unidas colocará à disposição do Comitê o pessoal e os serviços necessários ao desempenho eficaz das funções que lhe são atribuídas (artigo 17, CEDM).

O Comitê adotará seu próprio regulamento e elegerá sua Mesa para um período de dois anos (artigo 19, CEDM).

6.7.2.2 Relatórios gerais

O mecanismo principal para que o Comitê exerça suas funções é o do **recebimento e avaliação de relatórios**, previsto no artigo 18: "Os Estados-partes comprometem-se a submeter ao Secretário Geral das Nações Unidas, para exame do Comitê, um relatório sobre as medidas legislativas, judiciárias, administrativas ou outras que adotarem para tornarem efetivas as disposições desta Convenção e dos progressos alcançados a respeito: a) no prazo de um ano, a partir da entrada em vigor da Convenção para o Estado interessado; e b) posteriormente, pelo menos a cada quatro anos e toda vez que o Comitê vier a solicitar. 2. Os relatórios poderão indicar fatores e dificuldades que influam no grau de cumprimento das obrigações estabelecidas por esta Convenção". As reuniões ordinárias do Comitê serão anuais, durante até duas semanas, nas quais serão examinados os referidos relatórios.

O Comitê pode convidar agências especializadas a apresentar relatórios sobre a aplicação da Convenção em áreas que correspondam à esfera de suas atividades (artigo 22, CEDM).

"1. O Comitê, através do Conselho Econômico e Social das Nações Unidas, informará anualmente a Assembleia Geral das Nações Unidas de suas atividades e poderá apresentar sugestões e recomendações de caráter geral, baseadas no exame dos relatórios e em informações recebidas dos Estados-partes. Essas sugestões e recomendações de caráter geral serão incluídas no relatório do Comitê juntamente com as observações que os Estados-partes tenham porventura formulado. 2. O Secretário Geral das Nações Unidas transmitirá, para informação, os relatórios do Comitê à Comissão sobre a Condição da Mulher" (artigo 21, CEDM).

6.7.2.3 Recebimento de Comunicações

Nota-se que o Comitê criado pela Convenção da ONU sobre a Eliminação de Todas as Formas de Discriminação contra a Mulher, inicialmente, não possuía a função de apurar comunicações e denúncias, mas apenas de examinar relatórios dos Estados-partes e apresentar seus próprios relatórios com opiniões sobre a matéria. Entretanto, o Protocolo Opcional à Convenção sobre a Eliminação de Todas as Formas de Discriminação contra as Mulheres, adotado pela Assembleia Geral das Nações

Unidas na sua Resolução nº A/54/4, de 6 de Outubro de 1999, detalhou questões sobre o **recebimento e apreciação de apresentações por indivíduos ou grupos de indivíduos**, bem como a respeito de investigações promovidas pelo Comitê com base em informações a ele levadas (artigos 1º a 11, PCEDM). O Brasil promulgou este Protocolo Facultativo através do Decreto nº 4.316, de 30 de julho de 2002 (por seu art. 3º, entretanto, o Decreto só entrou em vigor em 28 de setembro de 2002).

No artigo 1º do Protocolo é trazido o requisito básico consistente na necessidade de que o Estado-parte reconheça a competência do Comitê para apreciar as participações trazidas nos moldes do artigo 2º, o qual prevê: "As participações poderão ser apresentadas **por e em nome de indivíduos ou grupos de indivíduos**, sob a **jurisdição de um Estado-parte**, que afirmem ser **vítimas de violação** de qualquer um dos direitos estabelecidos na Convenção por esse Estado-parte. As participações só poderão ser apresentadas **em nome** de indivíduos ou grupos de indivíduos mediante o respectivo **consentimento**, salvo se o autor justificar o fato de estar a agir em nome daqueles sem o seu consentimento".

Tais participações deverão ser escritas e **não anônimas**, referindo-se apenas a violações cometidas na jurisdição de um Estado-parte, signatário do Protocolo (artigo 3º).

O procedimento a ser seguido é o seguinte:

a) Requisitos de admissibilidade: esgotamento dos recursos internos, salvo se o meio processual previsto ultrapassar os prazos razoáveis ou seja improvável que conduza a uma reparação efetiva do requerente; não apreciação da questão pelo Comitê anteriormente ou não estar correndo (ou tiver corrido) apreciação em outro procedimento de inquérito ou resolução internacional; compatibilidade com a Convenção; não ser manifestamente infundada ou se apresentar insuficientemente fundamentada; não constituir um abuso do direito; terem os fatos que originaram a participação ocorrido antes da entrada em vigor do Protocolo relativamente ao Estado-parte em causa, salvo se tais fatos persistiram após tal data (artigo 4º);

b) Antes de decidir-se sobre o mérito, é possível a transmissão ao Estado--parte, para urgente consideração, de um pedido no sentido de que tome as medidas cautelares que se mostrem necessárias para evitar que as vítimas da presumível violação sofram danos irreparáveis. Isto não implica necessariamente numa decisão favorável sobre a admissibilidade ou o mérito da participação (artigo 5º);

c) A não ser que o Comitê não admita a participação e somente se o indivíduo ou os indivíduos consentirem na divulgação da sua identidade ao Estado-parte interessado, o Comitê o informará confidencialmente sobre qualquer participação que lhe seja apresentada nos termos do Protocolo (artigo 6º, 1);

d) "O Estado-parte interessado apresentará ao Comitê, por escrito e num prazo de seis meses, as explicações ou declarações que possam clarificar a questão que originou a comunicação, indicando, se for caso disso, as medidas de coação que aplicou" (artigo 6º, 2);

e) Na apreciação das participações, o Comitê considerará quaisquer elementos que lhe sejam fornecidos pelos indivíduos ou grupos de indivíduos, ou em nome destes, e pelo Estado-parte interessado, e deles notificará a parte contrária, assegurando-se assim o contraditório. A apreciação se dará em sessões privadas. Depois de ter apreciado uma participação, o Comitê transmitirá as suas considerações, se for o caso acompanhadas das suas recomendações às partes interessadas (artigo 7º, 1 a 3);

f) Tais considerações deverão ser apreciadas pelo Estado-parte, que deverá em 6 meses apresentar uma resposta escrita com indicação das medidas adotadas. O Comitê poderá convidar o Estado-parte a apresentar informações adicionais sobre as medidas que tomou em resposta às suas considerações e eventuais recomendações, incluindo, caso o Comitê entenda apropriado, os relatórios gerais subsequentes do Estado-parte apresentados nos moldes da Convenção (artigo 7º, 4 e 5).

Ressalta-se a previsão do artigo 11: "O Estado-parte tomará todas as medidas necessárias para que as pessoas que relevam da sua jurisdição não sejam objeto de maus tratos ou intimidações em consequência de participações que tenham feito ao Comitê nos termos do presente Protocolo".

Não obstante, o Comitê pode por outras vias receber informações credíveis de que o Estado-parte viola de forma grave ou sistemática os direitos estabelecidos na Convenção, seguindo-se o seguinte procedimento previsto nos artigos 8º e 9º:

a) O Comitê convidará tal Estado a apreciar, em conjunto com ele, a informação e a apresentar as suas observações sobre a questão em pauta;

b) O Comitê, baseando-se nas observações eventualmente formuladas pelo Estado-parte e nos outros elementos credíveis de que disponha, poderá encarregar um ou vários dos seus membros de efetuar um inquérito e de lhe comunicar urgentemente os resultados deste. **Tal inquérito poderá, caso o Estado-parte concorde e for necessário, incluir visitas ao seu território**. O inquérito terá caráter confidencial e a cooperação do Estado-parte poderá ser solicitada em qualquer fase;

c) Depois de ter analisado as conclusões do inquérito, o Comitê comunicará tais conclusões ao Estado-parte interessado, acompanhadas, se for caso, de observações e recomendações;

d) Após ter sido informado das conclusões do inquérito e das observações e recomendações do Comitê, o Estado-parte apresentará as suas observações a ele num prazo de seis meses. Expirado este prazo, o Comitê poderá, se necessário, convidar o Estado-parte interessado a informá-lo das medidas que tenha tomado na sequência de tal inquérito;

e) O Comitê poderá convidar o Estado-parte interessado a mencionar no relatório geral apresentado ao Comitê periodicamente aspectos específicos relativamente às medidas que tenha tomado na sequência de um inquérito efetuado nestes termos.

6.7.3 Comitê para os Direitos da Criança

> Por qual Convenção foi criado Comitê para os Direitos da Criança? A que fins ele serve? Como é composto? Quais trâmites procedimentais são possíveis por ele e como funcionam?

O Comitê para os Direitos da Criança foi criado pela **Convenção sobre os Direitos da Criança**, de 20 de novembro de 1989, que o trata nos artigos 43 a 45, sendo um organismo especializado de proteção de direitos humanos da ONU.

6.7.3.1 Composição e eleição

O Comitê é integrado por **dez especialistas** de reconhecida integridade moral e competência nas áreas cobertas pela Convenção. Eles são **eleitos** pelos Estados-partes dentre seus nacionais e exercem suas funções a título pessoal, considerando-se na escolha dos 10 uma distribuição geográfica equitativa e os principais sistemas jurídicos. A votação é **secreta**, a partir de lista formada por todas as pessoas indicadas (cada Estado-parte poderá indicar uma pessoa entre seus cidadãos), elaborada pelo Secretário-Geral em ordem alfabética. Há eleição de membros a cada 2 anos, sendo o **mandato de 4 anos** (possível **uma reeleição** caso haja reapresentação da candidatura), logo, 5 membros são eleitos a cada 2 anos (de início, estabeleceu-se regra de transição). O *quórum* de instalação de reunião de eleição é de 2/3 e o *quórum* de eleição é da maioria absoluta dos votos dos representantes dos Estados-partes presentes e votantes, restando eleito o que obtiver mais votos. Para preencher as vagas fortuitas, em decorrência de falecimento ou renúncia, por exemplo, o Estado--parte cujo especialista tenha deixado de exercer suas funções de membro do Comitê nomeará outro perito entre seus nacionais, sob reserva da aprovação do Comitê (artigo 43, CDC).

O comitê estabelecerá suas próprias regras de procedimento e elegerá a mesa para um período de dois anos. Ordinariamente, o Comitê se reúne todos os anos (artigo 43, CDC).

O Secretário-Geral das Nações Unidas fornecerá o pessoal e os serviços necessários para o desempenho eficaz das funções do Comitê, assim como serão remunerados os membros com recursos da ONU, nos termos e condições determinados pela Assembleia (artigo 43, CDC).

6.7.3.2 Relatórios gerais

O artigo 44 traz o principal mecanismo para o desempenho das funções do Comitê, que é o **envio de relatórios**: "1. Os Estados Partes se comprometem a apresentar ao comitê, por intermédio do Secretário-Geral das Nações Unidas, relatórios sobre as medidas que tenham adotado com vistas a tornar efetivos os direitos reconhecidos na convenção e sobre os progressos alcançados no desempenho desses direitos: a) num prazo de dois anos a partir da data em que entrou em vigor para cada Estado-parte a presente convenção; b) a partir de então, a cada cinco anos. 2. Os relatórios preparados em função do presente artigo deverão indicar as circunstâncias e as dificuldades, caso existam, que afetam o grau de cumprimento das obrigações derivadas da presente convenção. Deverão, também, conter informações suficientes para que o comitê compreenda, com exatidão, a implementação da convenção no país em questão. 3. Um Estado-parte que tenha apresentado um relatório inicial ao comitê não precisará repetir, nos relatórios posteriores a serem apresentados conforme o estipulado no subitem b) do parágrafo 1 do presente artigo, a informação básica fornecida anteriormente. 4. O comitê poderá solicitar aos Estados Partes maiores informações sobre a implementação da convenção. 5. A cada dois anos, o comitê submeterá relatórios sobre suas atividades à Assembleia Geral das Nações Unidas, por intermédio do Conselho Econômico e Social. 6. Os Estados Partes tornarão seus relatórios amplamente disponíveis ao público em seus respectivos países". Assim, os relatórios são enviados periodicamente, apresentando o contexto da efetivação dos direitos da criança reconhecidos na Convenção e eventuais dificuldades encontradas para tanto. O Comitê também apresenta relatórios, a cada 2 anos, relatando suas atividades à Assembleia.

6.7.3.3 Medidas de efetivação

Com vistas a incentivar a efetiva implementação da Convenção e estimular a cooperação internacional nas esferas regulamentadas pela convenção, o artigo 45 traz as seguintes providências: os organismos especializados, o Fundo das Nações Unidas para a Infância e outros órgãos das Nações Unidas terão o direito de estar representados quando for analisada a implementação das disposições da Convenção que estejam compreendidas no âmbito de suas competências; o Comitê poderá convidar as agências especializadas, o Fundo das Nações Unidas para a Infância e outros órgãos competentes para fornecerem assessoramento especializado sobre a implementação da Convenção, bem como para apresentarem relatórios sobre a implementação das disposições da Convenção compreendidas no âmbito de suas atividades; o Comitê transmitirá às agências especializadas, ao Fundo das Nações Unidas para a Infância e a outros órgãos competentes relatórios dos Estados-partes que contenham um pedido de assessoramento ou de assistência técnica, ou nos quais se indique essa necessidade, juntamente com as observações e sugestões do Comitê, se as houver, sobre esses pedidos ou indicações; o Comitê poderá recomendar à Assembleia que solicite ao Secretário-Geral que efetue, em seu nome, estudos sobre questões concretas relativas aos direitos da criança; o Comitê poderá formular sugestões e recomendações gerais com base nas informações recebidas nos relatórios, que deverão ser transmitidas aos Estados Partes e encaminhadas à Assembleia, juntamente com os comentários eventualmente apresentados pelos Estados-partes.

6.7.3.4 Recebimento de Comunicações

Este organismo especializado trabalha com a análise de relatórios remetidos pelos Estados-partes, não possuindo procedimento para apuração de denúncias e comunicações. Não significa que não cabem comunicações ou denúncias de violação destes direitos, mas que elas serão encaminhadas por órgãos gerais da ONU (extraconvencionais, portanto), não por este organismo especializado.

Contudo, o Terceiro Protocolo Facultativo à Convenção sobre os Direitos da Criança **amplia esta competência**, permitindo que denúncias sejam apresentadas por pessoas ou grupo de pessoas ao órgão. **O Protocolo ainda não vincula o Brasil, mas existe expectativa de que isso ocorrerá em breve**: este Terceiro Protocolo Facultativo foi celebrado em Nova York, em 2011, e já há no Brasil o Decreto Legislativo nº 85/2017 (não há, entretanto, Decreto de execução concluindo o processo de internalização deste tratado).

Por fim, a Convenção sobre os Direitos da Criança têm dois outros Protocolos Facultativos: **Protocolo Facultativo relativo ao envolvimento de crianças em conflitos armados** (promulgado pelo Decreto nº 5.006/2004), e **Protocolo Facultativo referente à venda de crianças, à prostituição infantil e à pornografia infantil** (promulgado pelo Decreto nº 5.007/2004).

O primeiro Protocolo Facultativo também traz um mecanismo de **envio de relatórios** ao Comitê que ora se estuda em seu artigo 8º: "1. Cada Estado Parte submeterá ao Comitê sobre os Direitos da Criança, no prazo de dois anos a contar da data de entrada em vigor do Protocolo para aquele Estado Parte, um relatório, inclusive as medidas adotadas para implementar as disposições sobre participação e recrutamento. 2. Após a apresentação do relatório abrangente, cada Estado Parte incluirá nos relatórios que submeter ao Comitê sobre os Direitos da Criança quaisquer informações adicionais sobre a implementação do Protocolo, em conformidade com o Artigo 44 da Convenção. Os demais Estados Partes do Protocolo submeterão um relatório a cada cinco anos. 3. O Comitê sobre os Direitos da Criança poderá solicitar aos Estados Partes informações adicionais relevantes para a implementação do presente Protocolo".

O segundo Protocolo Facultativo também traz um mecanismo de **envio de relatórios** ao Comitê que ora se estuda em seu artigo 12: "1. Cada Estado Parte submeterá ao Comitê sobre os Direitos da Criança, no prazo de dois anos a contar da data da entrada em vigor do Protocolo para aquele Estado Parte, um relatório contendo informações abrangentes sobre as medidas adotadas para implementar as disposições do Protocolo. 2. Após a apresentação do relatório abrangente, cada Estado Parte incluirá nos relatórios que submeter ao Comitê sobre os Direitos da Criança quaisquer informações adicionais sobre a implementação do Protocolo, em conformidade com o Artigo 44 da Convenção. Os demais Estados Partes do Protocolo submeterão um relatório a cada cinco anos. 3. O Comitê sobre os Direitos da Criança poderá solicitar aos Estados Partes informações adicionais relevantes para a implementação do presente Protocolo".

6.7.4 Comitê sobre os Direitos das Pessoas com Deficiência

Por qual Convenção foi criado Comitê sobre os Direitos das Pessoas com Deficiência? A que fins ele serve? Como é composto? Quais trâmites procedimentais são possíveis por ele e como funcionam?

O Comitê sobre os Direitos das Pessoas com Deficiência foi criado pela **Convenção Internacional sobre os Direitos das Pessoas com Deficiência** (artigos 34 a 39) e seu **Protocolo Facultativo** (protocolo este com foco especial no Comitê), sendo outro organismo especializado em proteção de direitos humanos vinculado à ONU.

6.7.4.1 Composição e eleição

O Comitê é constituído por 12 peritos numa fase inicial e, após 60 ratificações, **18 peritos** (atualmente, é este o número de peritos), **eleitos para mandato de 4 anos** (prevista regra inicial de transição para a devida alternância), **aceita uma reeleição**, em **votação secreta** a **título pessoal** a partir de lista de pessoas indicadas pelos Estados-partes (cada qual indica 1 nacional), organizada em ordem alfabética pelo Secretário-Geral da ONU. Os peritos devem possuir elevada postura moral, competência e experiência reconhecidas no campo dos direitos humanos das pessoas com deficiência. Os membros do Comitê terão direito aos privilégios, facilidades e imunidades dos peritos em missões das Nações Unidas, em conformidade com as disposições pertinentes da Convenção sobre Privilégios e Imunidades das Nações Unidas. Na eleição deve ser observada uma distribuição geográfica equitativa, com representação de diferentes formas de civilização e dos principais sistemas jurídicos, bem como representação equilibrada de gênero e participação de peritos com deficiência. O *quórum* de instalação de reunião de eleição é de 2/3 e o *quórum* de eleição é da maioria absoluta dos votos dos representantes dos Estados-partes presentes e votantes, restando eleito o que obtiver mais votos. Para preencher as vagas fortuitas, o Estado-parte cujo perito tenha deixado de exercer suas funções de membro do Comitê nomeará outro entre seus nacionais, que satisfaça todas as condições, para a conclusão do mandato (artigo 34, CDPD).

O Comitê estabelecerá suas próprias normas de procedimento. O Secretário-Geral das Nações Unidas proverá o pessoal e as instalações necessários para o efetivo desempenho das suas funções. Seus membros serão remunerados com recursos da ONU, sob termos e condições que a Assembleia decidir (artigo 34, CDPD).

6.7.4.2 Relatórios gerais

Conforme se extrai do artigo 35, os **relatórios (sistema de envio de relatórios)** são o instrumento utilizado para apurar o contexto da proteção dos direitos humanos das pessoas com deficiência no mundo por parte do Comitê. Cada Estado-parte deve enviar relatório sobre as medidas adotadas em cumprimento à Convenção e sobre o progresso alcançado neste aspecto, apontando os fatores e as dificuldades que tiverem afetado o cumprimento das obrigações decorrentes da Convenção, sendo o primeiro enviado em 2 anos da entrada em vigor da Convenção para o país e os próximos a cada 4 anos ou quando o Comitê solicitar. Um Estado-parte que tiver submetido ao Comitê um relatório inicial abrangente não precisará, em relatórios subsequentes, repetir informações já apresentadas. Ao elaborar os relatórios ao Comitê, os Estados-Partes são instados a fazê-lo de maneira franca e transparente e a levar em consideração o disposto no artigo 4.3 da Convenção, que prevê que "na elaboração e implementação de legislação e políticas para aplicar a presente Convenção e em outros processos de tomada de decisão relativos às pessoas com deficiência, os Estados Partes realizarão consultas estreitas e envolverão ativamente pessoas com deficiência, inclusive crianças com deficiência, por intermédio de suas organizações representativas".

Nos termos do artigo 36, os relatórios serão considerados pelo Comitê, que fará as sugestões e recomendações gerais que julgar pertinentes e as transmitirá aos respectivos Estados-partes, que poderão responder ao Comitê com as informações que julgar pertinentes. O Comitê poderá pedir informações adicionais ao Estados--partes, referentes à implementação da Convenção. Se um Estado-parte atrasar consideravelmente a entrega de seu relatório, o Comitê poderá notificar esse Estado de que examinará a aplicação da presente Convenção com base em informações confiáveis de que disponha, convidando o Estado-parte para participar deste exame, a menos que o relatório devido seja apresentado dentro do período de três meses após a notificação. O Secretário-Geral das Nações Unidas colocará os relatórios à disposição de todos os Estados-partes, além de os Estados-partes deverem dar publicidade em seu país aos seus relatórios, permitindo o fácil acesso para possíveis sugestões e recomendações. O Comitê transmitirá às agências, fundos e programas especializados das Nações Unidas e a outras organizações competentes, da maneira que julgar apropriada, os relatórios dos Estados-partes que contenham demandas ou indicações de necessidade de consultoria ou de assistência técnica, acompanhados de possíveis observações e sugestões do Comitê em relação às referidas demandas ou indicações.

"A cada dois anos, o Comitê submeterá à Assembleia Geral e ao Conselho Econômico e Social um relatório de suas atividades e poderá fazer sugestões e recomendações gerais baseadas no exame dos relatórios e nas informações recebidas dos Estados Partes. Estas sugestões e recomendações gerais serão incluídas no relatório do Comitê, acompanhadas, se houver, de comentários dos Estados-partes" (artigo 39, CDPD).

6.7.4.3 Medidas de efetivação

Cada Estado-parte cooperará com o Comitê e auxiliará seus membros no desempenho de seu mandato. Nas relações entre Comitê e Estado-parte devem ser considerados os meios e os modos de aprimorar a capacidade de cada Estado-parte para a implementação da Convenção (artigo 37, CDPD).

Com vistas a incentivar a efetiva implementação da Convenção e estimular a cooperação internacional nas esferas regulamentadas pela Convenção, são trazidas as seguintes providências: as agências especializadas e outros órgãos das Nações Unidas terão o direito de estar representados quando da consideração sobre a implementação das disposições da Convenção que estejam compreendidas no âmbito de suas competências; o Comitê poderá convidar as agências especializadas e outros órgãos competentes para fornecerem consultoria especializada sobre a implementação da Convenção, bem como convidar as agências especializadas e outros órgãos das Nações Unidas a apresentarem relatórios sobre a implementação das disposições da

Convenção compreendidas no âmbito de suas atividades; o Comitê consultará, de maneira apropriada, outros órgãos pertinentes instituídos ao amparo de tratados internacionais de direitos humanos, a fim de assegurar a consistência de suas respectivas diretrizes para a elaboração de relatórios, sugestões e recomendações gerais e de evitar duplicação e superposição no desempenho de suas funções (artigo 38, CDPD).

6.7.4.4 Recebimento de Comunicações

Não obstante, o Protocolo Facultativo à Convenção sobre os Direitos das Pessoas com Deficiência estabelece regras procedimentais para o recebimento e a apreciação de **comunicações submetidas por pessoas ou grupos de pessoas**, ou em nome deles, sujeitos à sua jurisdição, alegando serem vítimas de violação das disposições da Convenção pelo referido Estado-parte, **o que somente é possível se o Estado-parte reconhecer sua competência para tanto** (artigo 1º, PCDPD).

Os requisitos de admissibilidade da comunicação se encontram no artigo 2º: não ser anônima; não constituir abuso do direito de submeter tais comunicações ou for incompatível com as disposições da Convenção; não ter a mesma matéria sido examinada pelo Comitê ou ter sido ou estiver sendo examinada sob outro procedimento de investigação ou resolução internacional; tenham sido esgotados todos os recursos internos disponíveis, salvo no caso em que a tramitação desses recursos se prolongue injustificadamente, ou seja improvável que se obtenha com eles solução efetiva; estar devidamente fundamentada e ser suficientemente substanciada; terem os fatos que motivaram a comunicação ocorrido antes da entrada em vigor do Protocolo para o Estado-parte em apreço, salvo se os fatos continuarem ocorrendo após aquela data.

Após, segue-se o procedimento descrito dos artigos 3º a 5º:

a) Admitida a comunicação, o Comitê levará **confidencialmente** ao conhecimento do Estado-parte qualquer comunicação submetida ao Comitê;

b) No período de seis meses, o Estado-parte submeterá ao Comitê explicações ou declarações por escrito, esclarecendo a matéria e a eventual solução adotada pelo referido Estado;

c) A qualquer momento depois de receber uma comunicação e antes de decidir o mérito dela, o Comitê poderá transmitir ao Estado-parte interessado, para sua urgente consideração, um pedido para que tome as medidas de natureza cautelar que forem necessárias para evitar possíveis danos irreparáveis à vítima ou às vítimas da violação alegada. O exercício pelo Comitê de suas faculdades discricionárias em virtude do disposto não implicará prejuízo algum sobre a admissibilidade ou sobre o mérito da comunicação;

d) O Comitê realizará **sessões fechadas** para examinar comunicações a ele submetidas nestes termos. Depois de examinar uma comunicação, o Comitê enviará suas sugestões e recomendações, se houver, ao Estado-parte concernente e ao requerente.

Além disso, o Comitê pode, por outras vias, receber informações credíveis de que o Estado-parte viola de forma grave ou sistemática os direitos estabelecidos na Convenção, seguindo-se o seguinte procedimento previsto nos artigos 6º e 7º:

a) O Comitê convidará o referido Estado-parte a colaborar com a verificação da informação e, para tanto, a submeter suas observações a respeito da informação em pauta;

b) O Comitê, baseando-se nas observações eventualmente formuladas pelo Estado-parte e nos outros elementos credíveis de que disponha, poderá encarregar um ou vários dos seus membros de realizar investigação e de apresentar, em caráter de urgência, relatório. **Tal investigação poderá, caso o Estado-parte concorde e for necessário, incluir visitas ao seu território**. A investigação terá caráter confidencial e a cooperação do Estado-parte poderá ser solicitada em qualquer fase;

c) Depois de ter analisado as conclusões da investigação, o Comitê comunicará ao Estado-parte interessado, acompanhadas, se for caso, de comentários e recomendações;

d) Após ter sido informado das conclusões da investigação e das observações e recomendações do Comitê, o Estado-parte apresentará as suas observações a ele num prazo de seis meses. Expirado este prazo, o Comitê poderá, se necessário, convidar o Estado-parte interessado a informá-lo das medidas que tenha tomado na sequência de tal investigação;

e) O Comitê poderá convidar o Estado-parte interessado a mencionar no relatório geral apresentado ao Comitê periodicamente aspectos específicos relativamente às medidas que tenha tomado após uma investigação efetuada nestes termos.

6.7.5 Comitê para a Eliminação da Discriminação Racial

> *Por qual Convenção foi criado Comitê para a Eliminação da Discriminação Racial? A que fins ele serve? Como é composto? Quais trâmites procedimentais são possíveis por ele e como funcionam?*

O Comitê para a Eliminação da Discriminação Racial foi criado pela **Convenção Internacional sobre a Eliminação de Todas as Formas de Discriminação Racial**, tratando-se de outro organismo especializado vinculado à ONU buscando a proteção dos direitos humanos numa área específica.

6.7.5.1 Composição e eleição

É composto de **18 peritos** conhecidos para sua alta moralidade e conhecida imparcialidade, que serão **eleitos em votação secreta** pelos Estados-partes e que atuarão a título individual, levando-se em conta uma repartição geográfica equitativa, assim como a representação das formas diversas de civilização e dos principais sistemas jurídicos. O mandato é de **4 anos**, estabelecendo-se regra inicial de transição para constante alternância bienal (artigo VIII, CEDR).

A eleição é secreta a partir de uma lista de candidatos designados pelos Estados-partes, cada designando um de seus nacionais. A lista é organizada pelo Secretário-Geral em ordem alfabética, realizando-se a eleição a partir dela (artigo VIII, CEDR).

Os membros do Comitê serão eleitos durante uma reunião que tem 2/3 por *quórum* de instalação, considerando eleitos os candidatos que obtiverem o maior número de votos e a maioria absoluta de votos dos representantes dos Estados-partes presentes e votantes (artigo VIII, CEDR).

Os Estados-partes serão responsáveis pelas despesas dos membros do Comitê para o período em que estes desempenharem funções nele (artigo VIII, CEDR). O Secretário-Geral da Organização das Nações Unidas fornecerá os serviços de Secretaria ao Comitê (artigo X, CEDR).

O Comitê adotará seu regulamento interno e elegerá sua mesa por um período de dois anos (artigo X, CEDR).

6.7.5.2 Relatórios gerais

O artigo IX disciplina o **envio de relatórios (sistema de relatórios)** tanto por parte dos Estados-partes quanto por parte do próprio Comitê: "1. Os Estados-partes comprometem-se a apresentar ao Secretário-Geral, para exame do Comitê, em relatório sobre as medidas legislativas, judiciárias, administrativas ou outras que tomarem para tornarem efetivas as disposições da presente convenção: a) dentro do prazo de um ano a partir da entrada em vigor da convenção, para cada Estado interessado no que lhe diz respeito, e b) posteriormente, cada dois anos, e toda vez que o Comitê solicitar informações complementares aos Estados Partes. 2. O Comitê submeterá anualmente à Assembleia Geral, um relatório sobre suas atividades e poderá fazer sugestões e recomendações de ordem geral baseadas no exame dos relatórios e das informações recebidas dos Estados Partes. Levará estas sugestões e recomendações de ordem geral ao conhecimento da Assembleia Geral, e, se as houver, juntamente com as observações dos Estados Partes".

Assim, periodicamente, os Estados-partes remetem, pelo Secretário-Geral, relatório sobre as providências tomadas em prol da efetivação dos direitos previstos na Convenção. Não obstante, o próprio Comitê pode apresentar sugestões em seus relatórios à Assembleia Geral em prol da proteção dos direitos que tem por fulcro proteger.

6.7.5.3 Recebimento de Comunicações

O artigo XI assegura a possibilidade de um Estado-parte denunciar o outro pelo descumprimento da Convenção (**comunicações interestatais**), nos seguintes termos:

a) A comunicação será transmitida ao Estado-parte interessado pelo Comitê, o qual submeterá a ele as explicações ou declarações por escrito, a fim de esclarecer a questão e indicar as medidas corretivas que por acaso tenham sido tomadas pelo referido Estado;

b) Se, no prazo de seis meses a partir da data do recebimento da comunicação original pelo Estado destinatário, a questão não foi resolvida satisfatoriamente para os dois Estados, por meio de negociações bilaterais ou por qualquer outro processo que estiver a sua disposição, tanto um como o outro terão o direito de submetê-la novamente ao Comitê, endereçando notificação ao Comitê assim como ao outro Estado interessado;

c) O Comitê verificará o requisito de admissibilidade de que todos os recursos internos disponíveis tenham sido interpostos ou esgotados, em conformidade com os princípios de direito internacional geralmente reconhecidos, regra que não se aplicará se os procedimentos de recurso excedem prazos razoáveis;

d) Durante a instrução, o Comitê poderá solicitar aos Estados-partes presentes que lhe forneçam quaisquer informações complementares pertinentes. Não obstante, se o Comitê for examinar uma questão, os Estados-partes interessados terão o direito de nomear representante que participará sem direito de voto dos trabalhos do Comitê durante todos os debates.

Prosseguindo com as questões procedimentais, têm-se os artigos XII e XIII, tratando da Comissão de Conciliação *ad hoc*:

a) Será composta de 5 pessoas que poderão ser ou não membros do Comitê, as quais serão nomeadas com o consentimento pleno e unânime das partes na controvérsia. Se o Estados-partes na controvérsia não chegarem a um entendimento em relação a toda ou parte da composição da Comissão num prazo de três meses, os membros da Comissão que não tiverem o assentimento dos Estados-partes, na controvérsia, serão eleitos por escrutínio secreto – entre os membros do Comitê, por maioria de dois terços dos membros do Comitê;

b) A Comissão fará seus bons ofícios à disposição dos Estados-partes, com o objetivo de chegar a uma solução amigável da questão, baseada no respeito à Convenção;

c) As informações obtidas e confrontadas pelo Comitê serão postas à disposição da Comissão, e a Comissão poderá solicitar aos Estados interessados de lhe fornecer qualquer informação complementar pertinente;

d) Os membros da Comissão atuarão a título individual, não deverão ser nacionais de um dos Estados-partes na controvérsia nem de um Estado que não seja parte da Convenção;

e) A Comissão elegerá seu Presidente e adotará seu regulamento interno, utilizando o secretariado do Comitê e tendo as despesas custeadas entre os Estados-partes envolvidos na controvérsia;

f) Após haver estudado a questão sob todos os seus aspectos, a Comissão preparará e submeterá ao Presidente do Comitê um relatório com as conclusões sobre todas as questões de fato relativas à controvérsia entre as partes e as recomendações que julgar oportunas com vistas a obter uma solução amistosa da controvérsia;

g) O Presidente do Comitê transmitirá o relatório da Comissão a cada um dos Estados-partes na controvérsia, os quais comunicarão ao Presidente do Comitê num prazo de três meses se aceitaram ou não as recomendações contidas no relatório da Comissão;

h) Expirado o prazo previsto de três meses, o Presidente do Comitê comunicará o Relatório da Comissão e as declarações dos Estados-partes interessados aos Estados-partes na Comissão.

Ainda, pelo artigo XIV, tem-se o procedimento para **apresentação de comunicações de indivíduos ou grupos de indivíduos** sob jurisdição de um Estado-parte que se consideram vítimas de uma violação por parte dele, sendo necessário o reconhecimento de competência do Comitê (sem ao menos 10 Estados reconhecendo, o Comitê não iniciaria o funcionamento para esta função), nos seguintes termos:

a) Um Estado-parte, aceitando esta competência, poderá criar ou designar um órgão dentro de sua ordem jurídica nacional, que terá competência para receber e examinar as petições de pessoas ou grupos de pessoas sob sua jurisdição que alegarem ser vítimas de uma violação de qualquer um dos direitos enunciados na Convenção e que esgotaram os outros recursos locais disponíveis. Este órgão deverá manter um registro de petições e cópias autenticadas do registro serão depositadas anualmente por canais apropriados junto ao Secretário-Geral das Nações Unidas, sendo que o conteúdo dessas cópias não será divulgado ao público;

b) Se não obtiver reparação satisfatória do órgão nacional criado ou designado nestes termos, o peticionário terá o direito de levar a questão ao Comitê dentro de seis meses;

c) O Comitê, **a título confidencial**, levará qualquer comunicação que lhe tenha sido endereçada ao conhecimento do Estado-parte que estiver sendo acusado de violar as disposições da Convenção, mas a identidade da pessoas ou dos grupos de pessoas não poderá ser revelado sem o consentimento expresso da referida pessoa ou grupos de pessoas (mesmo que o Comitê não receba comunicações anônimas);

d) Nos três meses seguintes, o referido Estado submeterá, por escrito ao Comitê, as explicações ou recomendações que esclareçam a questão e indicará as medidas corretivas que eventualmente houver adotado;

e) O Comitê examinará as comunicações, à luz az informações que lhe forem submetidas pelo Estado-parte interessado e pelo peticionário, respeitado o requisito de admissibilidade de esgotamento dos recursos internos (salvo prolongamento excessivo dos prazos);

f) O Comitê remeterá suas sugestões e recomendações eventuais ao Estado-parte interessado e ao peticionário;

g) O Comitê incluirá em seu relatório anual um resumo destas comunicações, se for necessário, um resumo das explicações e declarações dos Estados-partes interessados, juntamente com suas próprias sugestões e recomendações.

6.7.6 Comitê contra o Desaparecimento Forçado

> Por qual Convenção foi criado Comitê contra o Desaparecimento Forçado? A que fins ele serve? Como é composto? Quais trâmites procedimentais são possíveis por ele e como funcionam?

A **Convenção Internacional para a Proteção de Todas as Pessoas contra o Desaparecimento Forçado**, além de conferir proteção material com vistas a evitar este tipo de prática, cria um organismo especializado atuante no âmbito da Organização das Nações Unidas denominado Comitê contra o Desaparecimento Forçado.

6.7.6.1 Composição e eleição

O Comitê será composto por **10 peritos** de elevado caráter moral e com reconhecida competência na área dos direitos humanos, que exercerão as suas funções a título pessoal, com independência e imparcialidade. A escolha dos peritos será feita num critério de distribuição equitativa, contando com representantes de todas regiões do globo, exigindo-se ainda uma distribuição equilibrada entre os sexos dos membros (artigo 26, 1, CIPTPDF). O mandato é de **4 anos**, cabendo **uma única reeleição** (artigo 26, 4, CIPTPDF). A complementação de mandato de membro falecido ou que tenha pedido demissão se dará por outro nacional do Estado por ele indicado, exigindo-se aprovação por maioria dos Estados partes (esta aprovação é tácita, se os Estados não contestarem em seis semanas da data da informação da substituição) (artigo 26, 5, CIPTPDF).

A eleição se dará "**por escrutínio secreto**, a partir de uma lista de candidatos designados pelos Estados Partes entre seus nacionais, em reuniões bienais dos Estados Partes convocadas pelo Secretário-Geral das Nações Unidas para o efeito. Nessas reuniões, nas quais o *quórum* é constituído por dois terços dos Estados Partes, as pessoas eleitas para o Comitê serão as que obtenham o maior número de votos e a maioria absoluta dos votos dos representantes dos Estados Partes presentes e votantes" (artigo 26, 2, CIPTPDF).

Nos termos do artigo 26, 3, "quatro meses antes da data de cada eleição, o Secretário-Geral das Nações Unidas enviará uma carta aos Estados Partes convidando-os a designar os seus candidatos no prazo de três meses. O Secretário-Geral preparará uma lista, por ordem alfabética, de todos os candidatos assim designados, com indicação do Estado Parte que designou cada candidato e transmitirá esta lista a todos os Estados Partes".

Os mesmos privilégios e imunidades dos peritos em missão para as Nações Unidas serão conferidos aos peritos do Comitê (artigo 26, 8, CIPTPDF).

6.7.6.2 Relatórios gerais

O Comitê conta com **sistema de relatoria** para acompanhar o cumprimento da Convenção pelos Estados Partes. Neste sentido, o artigo 29 dispõe que após 2 anos da entrada em vigor da Convenção caberá a apresentação de um relatório sobre medidas adotadas pela efetivação, a ser analisado pelo Comitê para fazer os comentários, as observações ou recomendações que entenda apropriados, que serão comunicados ao Estado Parte que tem a faculdade de respondê-los. Sem prejuízo, o Comitê pode solicitar informações complementares.

Não somente os Estados Partes apresentarão relatórios, posto que o artigo 36 regulamenta a apresentação de relatório anual das atividades do Comitê. Neste sentido, "a publicação de uma observação sobre um Estado Parte no relatório anual será precedida de informação ao Estado Parte visado, o qual dispõe de um prazo de resposta razoável. Esse Estado Parte pode pedir para que os seus comentários ou observações sejam publicados no relatório".

6.7.6.3 Recebimento de Comunicações

O Comitê atua em duas frentes, a das **relatorias** e a do **recebimento de comunicações**. No último caso, exige-se que o Estado tenha reconhecido especificamente a competência do órgão para apreciação das comunicações. Sem prejuízo, confere-se capacidade investigativa ao Comitê, notadamente pela possibilidade de realização de visitas *in loco* para apurar denúncias. Cria-se, ainda, procedimento especial de pedido de busca e paradeiro.

O artigo 30 regulamenta o **pedido de busca e paradeiro de pessoa desaparecida**, que pode ser apresentado em caráter de urgência ao Comitê pelos familiares da vítima ou por seus representantes legais ou mandatários ou ainda por quem tenha interesse legítimo. O pedido não pode ser manifestamente infundado, nem caracterizar abuso de direito, ou ser incompatível com a Convenção. Também não pode já ter sido apresentado aos órgãos competentes e nem poderá estar em análise no âmbito de outro processo internacional de investigação ou de regulação da mesma natureza. Ausentes estes impedimentos, o Comitê solicitará ao Estado informações sobre a pessoa procurada, a partir das quais poderá transmitir recomendações e fazer um pedido de adoção de todas as medidas necessárias, incluindo as cautelares, para localizar e proteger a pessoa em causa em conformidade com a presente Convenção, e informá-lo num determinado prazo sobre as medidas adotadas, tendo em conta a urgência da situação, informando o denunciante.

O artigo 31 regula o **recebimento de comunicações por indivíduos** que aleguem ser vítimas de violação, exigindo-se do Estado o reconhecimento expresso de competência. Será inadmissível: quando for anônima, quando constituir abuso do direito de apresentar essas comunicações ou for incompatível com as disposições da Convenção, já estiver sendo analisada no âmbito de outro processo internacional de investigação ou de regulação da mesma natureza, ou quando não se tenham esgotado todos os recursos internos disponíveis (salvo excesso quanto aos prazos razoáveis). Após, o Comitê transmitirá a informação ao Estado, solicitando informações e alegações, podendo ainda solicitar medidas cautelares. As reuniões se darão **a portas fechadas** e, encerrado o processo, as partes serão comunicadas.

A competência para recebimento de comunicações **por parte de outro Estado Parte** está regulada no artigo 32, exigindo-se o reconhecimento de competência por ambos (denunciante e denunciado).

Em relação à competência do Comitê, o artigo 35 prevê que somente é competente **em relação a desaparecimentos forçados que se tenham iniciado após a entrada em vigor da Convenção**.

A **providência de visita** está descrita no artigo 33, cabendo quando receber informações sobre a violação da Convenção após solicitar a visita ao Estado visado por notificação escrita, podendo o Comitê decidir adiar ou cancelar a visita. Se o Estado Parte concordar com a visita, o Comitê e o Estado Parte visado trabalharão em conjunto para definir as modalidades da visita, devendo o Estado Parte disponibilizar ao Comitê todas as instalações necessárias para a realização da visita. Após, serão enviadas pelo Comitê observações e recomendações.

Finalizando a temática, o artigo 34 dispõe: "No caso de receber informações que entenda contenham fundados indícios da prática generalizada e sistemática de um desaparecimento forçado no território sob a jurisdição de um Estado Parte e depois de ter recolhido junto do Estado Parte visado todas as informações pertinentes sobre a situação, o Comitê pode com caráter de urgência levar a questão ao conhecimento da Assembleia Geral das Nações Unidas, através do Secretário-Geral das Nações Unidas".

6.8 Tribunal Penal Internacional

O Tribunal Penal Internacional (ou Corte Penal Interancional, como prefere parcela da doutrina), representa importante avanço no processo de consolidação substancial dos direitos humanos: a possibilidade de colocar **pessoas no banco dos réus** por graves violações aos direitos humanos, **em um Tribunal cuja existência antecede à própria ação ou omissão violadora**. A seguir, serão trazidos importantes aspectos sobre o TPI. Frisa-se desde logo, contudo: o TPI não integra o sistema global de proteção dos direitos humanos (sua atuação é complementar às Nações Unidas).

6.8.1 Histórico

Foi a partir do estabelecimento do **Tribunal de Nuremberg**, para julgar os grandes criminosos nazistas da Segunda Guerra Mundial, que se passou a falar num **Direito Internacional Penal**, sujeito a regime específico e distinto de responsabilidade. Com efeito, a história do direito penal internacional é lembrada quando se remete ao surgimento do direito internacional humanitário, notadamente em relação à responsabilização por crimes de guerra[96].

A partir do estabelecimento dos tribunais internacionais temporários e temáticos (**Nuremberg**, **Tóquio**, **Iugoslávia** e **Ruanda**), até chegar no permanente Tribunal Penal Internacional, os crimes de guerra passaram a ser punidos também por instâncias internacionais. Contudo, historicamente, a primeira tentativa de estabelecimento de uma jurisdição penal internacional ocorreu com o Tratado de Versalhes, que deter-

---

[96] PERRONE-MOISÉS, Cláudia. Antecedentes históricos do estabelecimento do Tribunal Penal Internacional. Revista da Faculdade de Direito da Universidade de São Paulo, São Paulo, v. 98, 2003.

minou o julgamento do ex-imperador da Alemanha Guilherme II - tal julgamento nunca aconteceu[97].

Ao final da Segunda Guerra Mundial, os líderes vitoriosos decidem que os criminosos de guerra cujos crimes tivessem localização geográfica definida deveriam ser julgados no país onde os crimes foram cometidos, mas quanto aos crimes sem localização geográfica precisa, cujas ações estendiam suas consequências por todo o continente europeu, deveriam ser julgados pelo o Tribunal Internacional Militar dos Grandes Criminosos de Guerra, o conhecido Tribunal de Nuremberg[98].

Já em 1948, a Organização das Nações Unidas, após sistematizar em sua Assembleia os princípios que regeram o Tribunal de Nuremberg na tentativa de escapar das críticas feitas ao julgamento, requisitou à Comissão de Direito Internacional a elaboração de um Estatuto para uma Corte Penal Internacional. Com a guerra fria, as negociações foram suspensas, sendo retomadas em 1989[99].

Em 1994, o projeto do Estatuto de uma Corte Permanente Internacional foi apresentado à Assembleia Geral da ONU. Finalmente, em 2002, entrou em vigor o **Estatuto de Roma do Tribunal Penal Internacional** (o tratado foi adotado em 17 de julho de 1998, mas entrou em vigor somente em primeiro de julho de 2002; a Corte iniciou suas atividades em março de 2003). O Estatuto contém 128 artigos, regendo a competência e o funcionamento deste Tribunal voltado às **pessoas** responsáveis por crimes de maior gravidade com repercussão internacional (artigo 1º, ETPI).

O Estatuto de Roma do Tribunal Penal Internacional foi promulgado no Brasil pelo **Decreto nº 4.388, de 25 de setembro de 2002**. Conforme expressamente se dispõe no Decreto, o aludido ato internacional entrou em vigor internacional em primeiro de julho de 2002, e passou a vigorar, para o Brasil, em primeiro de setembro de 2002, tendo em vista a redação do artigo 126, ETPI: "1. O presente Estatuto entrará em vigor no primeiro dia do mês seguinte ao termo de um período de 60 dias após a data do depósito do sexagésimo instrumento de ratificação, de aceitação, de aprovação ou de adesão junto do Secretário-Geral da Organização das Nações Unidas. 2. Em relação ao Estado que ratifique, aceite ou aprove o Estatuto, ou a ele adira após o depósito do sexagésimo instrumento de ratificação, de aceitação, de aprovação ou de adesão, o Estatuto entrará em vigor no primeiro dia do mês seguinte ao termo de um período de 60 dias após a data do depósito do respectivo instrumento de ratificação, de aceitação, de aprovação ou de adesão".

Tribunais antecedentes ao Tribunal Penal Internacional que julgaram pessoas
Tribunal de Nuremberg: Foi, na verdade, um Tribunal Militar Internacional, instituído para julgar o alto escalão nazista pelos horrores praticados durante a Segunda Guerra Mundial. Seu Estatuto data de 1945, e faz menção ao acordo firmado em 8 de agosto de 1945 pelos governos dos Estados Unidos, da França, do Reino Unido e da União Soviética para apreciar e julgar crimes de guerra do eixo europeu. No artigo 6º do Estatuto se fala em crimes que o Tribunal deveria julgar, a saber,

---

[97] Ibid.
[98] Ibid.
[99] Ibid.

crimes contra a paz, crimes de guerra, crimes contra a humanidade e conspiração. No artigo 7º se diz que o cargo dos acusados não os exoneraria de responsabilidade, nem poderia constituir atenuante. No artigo 16 se falou em um julgamento justo para os acusados. No artigo 27 se fala em possível pena de morte ou outra que se entendesse conveniente e justa no caso de condenação. Os julgamentos foram realizados em Nuremberg/Alemanha, daí o nome como se convencionou chamá-lo. Encerrou suas atividades em outubro de 1946.

Tribunal de Tóquio: Foi, na verdade, um Tribunal Militar Internacional para o Extremo Oriente, constituído para julgar os líderes do Império do Japão por crimes contra a paz, crimes de guerra, e crimes contra a humanidade durante o segundo conflito de caráter mundial. Sua criação se deu em 1946, com sede em Tóquio, por ato unilateral dos Estados Unidos (que, à época, ocupava o Japão). Encerrou suas atividades em 1948, sem jamais acusar ao Imperador Hiroito ou qualquer membro da família real (se lhes concedeu imunidade). Dentre as penas possíveis, se admitia a pena de morte, bem como a prisão perpétua.

Tribunal Internacional para a ex-Iugoslávia: Seu Estatuto foi adotado pelo Conselho de Segurança das Nações Unidas, a 25 de maio de 1993 (Resolução nº 827). Foi instituído para julgar as pessoas responsáveis por violações ao direito internacional humanitário cometidas no território da ex-República Socialista da Iugoslávia a partir de 1991. No artigo 2º do Estatuto se fala em violações graves às Convenções de Genebra de 1949; no artigo 3º se fala em violação das leis ou dos costumes da guerra; no artigo 4º se dispõe sobre genocídio; no artigo 5º, sobre crimes contra a humanidade. No artigo 6º do Estatuto está previsto que o Tribunal será competente relativamente às pessoas sigulares. Como penas possíveis, se fala em prisão, sem prejuízo da determinação de restituição aos legítimos proprietários de quaisquer bens e fontes de rendimento adquiridos por meios ilícitos, incluindo a coação (artigo 24). Encerrou suas atividades em dezembro de 2017. A sede ficava em Haia/Países Baixos.

Tribunal Internacional para Ruanda: Seu Estatuto foi adotado pelo Conselho de Segurança das Nações Unidas, a 8 de novembro de 1994 (Resolução nº 955). Foi instituído para julgar as pessoas responsáveis por genocídio e outras violações graves ao direito internacional humanitário, cometidas no território de Ruanda, bem como os nacionais de Ruanda responsáveis por genocídio e outras violações cometidas no território de Estados vizinhos, entre primeiro de janeiro e 31 de dezembro de 1994 (conflito entre tutsis e hutus). No artigo 2º do Estatuto se conceitua genocídio; no artigo 3º se define crimes contra a humanidade; no art. 4º se fala em violações do artigo 3º comum às Convenções de Genebra. No artigo 5º se dispõe acerca da competência para julgar pessoas. Como penas possíveis, se fala em prisão, sem prejuízo da determinação de restituição aos legítimos proprietários de quaisquer bens e fontes de rendimento adquiridos por meios ilícitos, incluindo a coação (artigo 23). Após quarenta e cinco julgamentos, encerrou suas atividades em dezembro de 2014. A sede ficava em Arusha/Tanzânia.

6.8.2 Finalidade e situação jurídica

Qual o principal diferencial do Tribunal Penal Internacional em relação aos demais órgãos do sistema global de proteção?

"Ao contrário da Corte Internacional de Justiça, cuja jurisdição é restrita a Estados, ao Tribunal Penal Internacional compete o processo e julgamento de violações contra indivíduos; e, distintamente dos Tribunais de crimes de guerra da Iugoslávia e de Ruanda, criados para analisarem crimes cometidos durante esses conflitos, sua jurisdição não está restrita a uma situação específica"[100].

Resume Mello[101]: "a Conferência das Nações Unidas sobre a criação de uma Corte Criminal Internacional, reunida em Roma, em 1998, aprovou a referida Corte. Ela é permanente. Tem sede em Haia. A corte tem personalidade internacional. Ela julga: a) crime de genocídio; b) crime contra a humanidade; c) crime de guerra; d) crime de agressão. Para o crime de genocídio usa a definição da convenção de 1948. Como crimes contra a humanidade são citados: assassinato, escravidão, prisão violando as normas internacionais, violação tortura, apartheid, escravidão sexual, prostituição forçada, esterilização, etc. São crimes de guerra: homicídio internacional, destruição de bens não justificada pela guerra, deportação, forçar um prisioneiro a servir nas forças inimigas etc.".

O preâmbulo do Estatuto de Roma remonta às mazelas que o desrespeito aos direitos humanos consagrados ocasionou, bem como aos princípios gerais que guiam as Nações Unidas e à obrigação de todos os Estados contribuírem para que os indivíduos que pratiquem atrocidades desta natureza sejam punidos, razão pela qual se faria necessário um "Tribunal Penal Internacional com caráter permanente e independente, no âmbito do sistema das Nações Unidas, e com jurisdição sobre os crimes de maior gravidade que afetem a comunidade internacional no seu conjunto".

Embora o Tribunal tenha sido originalmente concebido no âmbito das Nações Unidas, **trata-se de órgão independente dela**, conforme se extrai do artigo 2º do Estatuto: "A relação entre o Tribunal e as Nações Unidas será estabelecida através de um acordo a ser aprovado pela Assembleia dos Estados Partes no presente Estatuto e, em seguida, concluído pelo Presidente do Tribunal em nome deste". Também se trata de **órgão permanente**, ou seja, em constante funcionamento.

Sedia-se na cidade de Haia, nos Países Baixos, podendo funcionar em outro local (artigo 3º, ETPI). Por isso mesmo, o Tribunal Penal Internacional também é denominado Corte de Haia ou Tribunal de Haia.

6.8.3 Composição

Nos termos do artigo 34 do Estatuto, os órgãos do Tribunal são: Presidência; uma Seção de Recursos, uma Seção de Julgamento em Primeira Instância e uma Seção de Instrução; Gabinete do Procurador; e Secretaria.

O Tribunal será composto por **18 juízes, eleitos para mandato de nove anos (não admitida reeleição)**, dentre pessoas de elevada idoneidade moral, imparcialidade e integridade, que reúnam os requisitos para o exercício das mais altas funções judiciais nos seus respectivos países, bem como dotados de reconhecida competência em direito penal e processual penal ou direito internacional, além de fluência em

---

[100] NEVES, Gustavo Bregalda... Op. Cit., p. 169.
[101] MELLO, Celso D. de Albuquerque... Op. Cit. p. 941.

ao menos uma das línguas de trabalho[102] (artigo 36, ETPI). Eles se dividirão entre as seções do Tribunal (artigo 39, ETPI).

O Presidente, o Primeiro Vice-Presidente e o Segundo Vice-Presidente serão eleitos por maioria absoluta dos juízes, para mandato de 3 anos, permitida uma recondução (artigo 38, ETPI).

Os juízes serão independentes, não deverão exercer funções incompatíveis que prejudiquem sua imparcialidade e respeitarão o dever de exclusividade perante o Tribunal (artigo 40, ETPI).

Tanto um juiz pode pedir à Presidência que declare seu impedimento para julgar quanto o Procurador ou a pessoa interessada podem solicitar a sua desqualificação. Notadamente, entende-se como de impedimento a situação em que o juiz participe de caso em que, por qualquer motivo, seja posta em dúvida a sua imparcialidade, a exemplo da intervenção anterior, a qualquer titulo, em um caso submetido ao Tribunal ou em um procedimento criminal conexo em nível nacional que envolva a pessoa objeto de inquérito ou procedimento criminal (artigo 41, ETPI).

O Procurador é um órgão autônomo do Tribunal, dotado de independência, ao qual cabe "recolher comunicações e qualquer outro tipo de informação, devidamente fundamentada, sobre crimes da competência do Tribunal, a fim de os examinar e investigar e de exercer a ação penal junto ao Tribunal". O Procurador e os Procuradores-Adjuntos deverão ter elevada idoneidade moral, elevado nível de competência e vasta experiência prática em matéria de processo penal, bem como fluência em, pelo menos, uma das línguas de trabalho do Tribunal (artigo 42, ETPI).

"Os juízes, o Procurador, os Procuradores-Adjuntos e o Secretário gozarão, no exercício das suas funções ou em relação a estas, dos mesmos privilégios e imunidades reconhecidos aos chefes das missões diplomáticas, continuando a usufruir de absoluta imunidade judicial relativamente às suas declarações, orais ou escritas, e aos atos que pratiquem no desempenho de funções oficiais após o termo do respectivo mandato" (artigo 48, ETPI).

6.8.4 Estados-partes

A Assembleia é composta pelos Estados-partes, sendo que cada qual nela disporá de um representante, que poderá ser coadjuvado por substitutos e assessores, com direito a um voto, aplicando-se o *quórum* da maioria simples (maioria entre os presentes e votantes). Sua mesa, de caráter representativo, é composta por um presidente, dois vice-presidentes e 18 membros por ela eleitos por períodos de três anos (artigo 112, ETPI).

São funções da Assembleia: examinar e adotar se adequado, as recomendações da Comissão Preparatória; promover junto à Presidência, ao Procurador e ao Secretário as linhas orientadoras gerais no que toca à administração do Tribunal; examinar os relatórios e as atividades da Mesa; examinar e aprovar o orçamento do Tribunal; de-

---

[102] As línguas árabe, chinesa, espanhola, francesa, inglesa e russa serão as línguas oficiais do Tribunal, ao passo que o francês e o inglês são suas línguas de trabalho (artigo 50, ETPI).

cidir, se for caso disso, alterar o número de juízes; examinar qualquer questão relativa à não cooperação dos Estados; desempenhar qualquer outra função compatível com as disposições do Estatuto ou do Regulamento Processual (artigo 112, ETPI).

A Assembleia se reunirá na sede do Tribunal ou na sede da Organização das Nações Unidas uma vez por ano e, sempre que as circunstâncias o exigirem, em sessão extraordinária, que poderá ser convocada pela Mesa, de ofício ou a pedido de um terço dos Estados Partes (artigo 112, ETPI).

Quaisquer divergências entre dois ou mais Estados Partes relativos à interpretação ou à aplicação do presente Estatuto, que não forem resolvidos pela via negocial num período de três meses após o seu início, serão submetidos à Assembleia dos Estados Partes. A Assembleia poderá procurar resolver a controvérsia ou fazer recomendações relativas a outros métodos de resolução, incluindo a submissão à Corte Internacional de Justiça (artigo 119, ETPI).

Qualquer Estado-parte poderá, por notificação escrita e dirigida ao Secretário-Geral da Organização das Nações Unidas, retirar-se do Estatuto de Roma, mas a retirada produzirá efeitos um ano após a data de recepção da notificação, salvo se esta indicar uma data ulterior, além do que obrigações anteriores não serão afetadas (artigo 127, ETPI).

Vale lembrar que os Estados-partes deverão, em conformidade com o disposto no Estatuto, cooperar plenamente com o Tribunal no inquérito e no procedimento contra crimes de sua competência (artigo 86, ETPI).

6.8.5 Competência

> Quais crimes são julgados pelo Tribunal Penal Internacional?

Sua **competência material** está delimitada pelo artigo 5º do Estatuto: **crime de genocídio**, **crimes contra a humanidade**, **crimes de guerra** e **crime de agressão**.

O **crime de genocídio**[103] é especificado no artigo 6º como "qualquer um dos atos que a seguir se enumeram, praticado com intenção de destruir, no todo ou em parte, um grupo nacional, étnico, racial ou religioso, enquanto tal: a) homicídio de membros do grupo; b) ofensas graves à integridade física ou mental de membros do grupo; c) sujeição intencional do grupo a condições de vida com vista a provocar a sua destruição física, total ou parcial; d) imposição de medidas destinadas a impedir nascimentos no seio do grupo; e) transferência, à força, de crianças do grupo para outro grupo".

---

[103] Embora sempre tenha existido através da história, a verdadeira revolta contra o genocídio ocorreu com a matança e as perseguições praticadas pelo regime nazista alemão. No Tribunal de Nuremberg entendia-se que o crime de genocídio somente poderia ser praticado em tempo de guerra. Tal concepção mudou com a Convenção para a prevenção e repressão do crime de genocídio, aprovada pela Assembleia Geral da ONU em 1948, a qual enumera no artigo 2º os crimes de genocídio, destacando-se também os artigos 1º, 3º e 4º (MELLO, Celso D. de Albuquerque... Op. Cit., p. 930-931).

Já os **crimes contra a humanidade**[104] são descritos no artigo 7º enquanto "qualquer um dos atos seguintes, quando cometido no quadro de um ataque, generalizado ou sistemático, contra qualquer população civil, havendo conhecimento desse ataque: a) homicídio; b) extermínio; c) escravidão; d) deportação ou transferência forçada de uma população; e) prisão ou outra forma de privação da liberdade física grave, em violação das normas fundamentais de direito internacional; f) tortura; g) agressão sexual, escravatura sexual, prostituição forçada, gravidez forçada, esterilização forçada ou qualquer outra forma de violência no campo sexual de gravidade comparável; h) perseguição de um grupo ou coletividade que possa ser identificado, por motivos políticos, raciais, nacionais, étnicos, culturais, religiosos ou de gênero (sexo masculino ou feminino) ou em função de outros critérios universalmente reconhecidos como inaceitáveis no direito internacional, relacionados com qualquer ato referido neste parágrafo ou com qualquer crime da competência do Tribunal; i) desaparecimento forçado de pessoas; j) crime de apartheid; k) outros atos desumanos de caráter semelhante, que causem intencionalmente grande sofrimento, ou afetem gravemente a integridade física ou a saúde física ou mental".

Nesta linha, são descritos no artigo 8º os **crimes de guerra**[105], principalmente: a) violações graves às **Convenções de Genebra** de 12 de agosto de 1949 dirigidas contra pessoas ou bens por elas protegidos, por exemplo, homicídio doloso, tortura, destruição e apropriação de bens em larga escala, privação intencional do direito a julgamento justo e imparcial, deportação ou transferência ilegais, privação ilegal da liberdade, tomada de reféns; b) outras violações graves das leis e costumes aplicáveis em conflitos armados internacionais abrangidos pelo direito internacional, notadamente, ataques à população e a bens civis, ataques ao aparato de pessoal e bens de missões da paz ou humanitárias, morte ou ferimento a combatente que tenha se rendido, submeter pessoa sob domínio de uma parte beligerante a experiências médicas e científicas não motivadas por tratamento médico, abolir ou suspender juridicamente os direitos e ações dos nacionais da parte inimiga, utilizar armamentos que causem sofrimento desnecessário ao ferido, prática de certos crimes contra a humanidade que sejam também violação à Convenção de Genebra; c) em caso de conflito armado que não seja de índole internacional, excluídas situações de distúrbio e de tensão internas, tais como motins, atos de violência esporádicos ou isolados ou outros de caráter semelhante, as violações do artigo 3º comum às Convenções de Genebra, notadamente os seguintes atos contra quem não participe diretamente das hostilidades – atos de violência contra a vida e contra a pessoa, ultrajes à dignidade da pessoa, tomada de reféns e condenações proferidas e execuções efetuadas sem julgamento prévio por um tribunal regularmente constituído e que ofereça todas as garantias judiciais geralmente reconhecidas como indispensáveis; d) outras violações graves das leis e costumes aplicáveis aos conflitos armados que não têm caráter internacional, no quadro do direito internacional, incluindo conflitos

---

[104] Os crimes contra a humanidade se distinguem do genocídio no tocante à intenção. O elemento intencional, no sentido de querer destruir determinado grupo social, não existe nos crimes contra a humanidade (Ibid., p. 934).

[105] O conceito de punir os responsáveis pelos crimes de guerra não é novo na história, mas sempre foi um fenômeno esporádico e que somente se consubstanciou no século XX. Em suma, a questão foi trazida à baila com o fim da 2ª Guerra Mundial, notadamente ao ser instituído o Tribunal de Nuremberg (Ibid., p. 935-937).

armados que tenham lugar no território de um Estado, quando exista um conflito armado prolongado entre as autoridades governamentais e grupos armados, mas excluídas as já mencionadas situações de distúrbio e de tensão internas, organizados ou entre estes grupos, notadamente, ataques à população civil em geral ou civis que não participem diretamente nas hostilidades, ataques a aparato material ou pessoal com emblemas distintivos das Convenções de Genebra ou vinculados a missão de manutenção da paz ou de assistência humanitária, ataque a edifícios consagrados ao culto religioso, à educação, às artes, às ciências ou à beneficência, monumentos históricos, hospitais e lugares onde se agrupem doentes e feridos, sempre que não se trate de objetivos militares, saque de um aglomerado populacional ou um local, atos de violência sexual que constitua uma violação grave do artigo 3º comum às quatro Convenções de Genebra, recrutamento ou alistamento de menores de 15 anos nas forças armadas nacionais ou em grupos, deslocamento de população civil salvo por questão de segurança ou razão militar imperiosa, traição, submeter pessoa sob domínio de uma parte beligerante a experiências médicas e científicas não motivadas por tratamento médico, destruir ou apreender bens do inimigo salvo necessidades da guerra.

Neste âmbito, destacam-se as **Emendas de Kampala**, aprovadas no ano de 2010, que entraram em vigor no ano de 2016 após a ratificação pela Palestina. Apesar disso, foi apenas em 14 de dezembro de 2017 que a Assembleia Geral do Tribunal Penal Internacional, por meio da Resolução ICC-ASP/16/Res. 5, ativou a jurisdição da Corte para processar e julgar os crimes de agressão, nos termos aprovados pelas Emendas.

Como **ainda não foram ratificadas pelo Brasil**, não estão vigentes no território nacional, eis que é exigida a ratificação do tratado pelo Estado-parte para que a emenda passe a ter plena vigência em seu território (artigo 121, 5, ETPI). **Tais emendas alteram o Estatuto do Tribunal Penal Internacional para suprir a lacuna da definição do crime de agressão e ampliaram o rol dos crimes de guerra.**

Quanto à ampliação do rol dos crimes de guerra, coloca-se que além dos atos anteriormente mencionados que constam no artigo 5º, 2, "e" do Estatuto referentes a outras violações graves das leis e costumes aplicáveis aos conflitos armados que não têm caráter internacional, no quadro do direito internacional, também são considerados crimes de guerra: **emprego de veneno ou de armas envenenadas; emprego de gases venenosos ou asfixiantes e líquidos, materiais e aparelhos análogos**; e **emprego de balas que se expandem ou se achatam facilmente no corpo humano**, como balas "camisa dura" ou com incisões.

Mais relevante é a alteração que tipifica e regulamenta os crimes de agressão, em consonância ao previsto no artigo 5º, 2 do Estatuto: "O Tribunal poderá exercer a sua competência em relação ao crime de agressão desde que, nos termos dos artigos 121 e 123, seja aprovada uma disposição em que se defina o crime e se enunciem as condições em que o Tribunal terá competência relativamente a este crime. Tal disposição deve ser compatível com as disposições pertinentes da Carta das Nações Unidas". Neste sentido, tipificam-se como crimes de agressão situações de uso de força armada por parte de um Estado contra a soberania, integridade territorial ou independência política de outro Estado, ou de qualquer outra forma incompatível com a Carta das Nações Unidas (artigo 8º-A, ETPI). A emenda explicita que, de acordo com a Resolução nº 3314 (XXIV) da Assembleia Geral das Nações Unidas, realizada em 14 de dezembro de 1974, considera-se agressão, ainda que o Estado não tenha declarado guerra a outro país, qualquer ação que importe em invasão ou ataque pelas forças armadas de um país ao território de outro, ou ainda ocupação militar, mesmo que temporária, que resulte em invasão, ataque ou anexação, através do uso da força, a um território de outra nação ou parte dele. Adiante, considera-se também agressão o bombardeio do território de um país pelas Forças Armadas de outro, bem como o uso de quaisquer armas por uma nação contra outra; e a ação das Forças Armadas de um Estado que implique o bloqueio dos portos de outro, ou o ataque às Forças Armadas terrestres, marítimas ou aéreas de outro Estado, ou de sua frota mercante ou aérea. Continuando, diz-se haver agressão a violação das regras estabelecidas em um acordo envolvendo dois Estados em que se permite a um desses países manter no território do outro as suas Forças Armadas, de forma a prolongar sua presença após o término do acordo; e a ação de um Estado que permite em seu território a prática de atos de agressão de um outro Estado a um terceiro Estado. Por fim, prevê que se considera agressão o envio por um Estado, ou em seu nome, de "bandos armados", "grupos irregulares" ou "mercenários" que pratiquem atos de força armada contra outra nação, de tal gravidade que sejam equiparados às condutas descritas.

Já a **competência temporal** está descrita no artigo 11 do Estatuto, qual seja, a atuação do Tribunal Penal Internacional se dá em relação aos crimes cometidos após a entrada em vigor do documento para os membros originários (no caso, primeiro de julho de 2002), e depois da entrada em vigor relativamente ao Estado que o tenha assinado no caso de ingresso posterior.

6.8.6 *Normativa aplicável e princípios penais*

O artigo 21 do Estatuto aborda a normativa aplicável em seus julgamentos: "1. O Tribunal aplicará: a) Em primeiro lugar, o presente Estatuto, os Elementos Constitutivos do Crime e o Regulamento Processual; b) Em segundo lugar, se for o caso, os tratados e os princípios e normas de direito internacional aplicáveis, incluindo os princípios estabelecidos no direito internacional dos conflitos armados; c) Na falta destes, os princípios gerais do direito que o Tribunal retire do direito interno dos diferentes sistemas jurídicos existentes, incluindo, se for o caso, o direito interno dos Estados que exerceriam normalmente a sua jurisdição relativamente ao crime, sempre que esses princípios não sejam incompatíveis com o presente Estatuto, com o direito internacional, nem com as normas e padrões internacionalmente reconhecidos. 2. O Tribunal poderá aplicar princípios e normas de direito tal como já tenham sido por si interpretados em decisões anteriores. 3. A aplicação e interpretação do direito, nos termos do presente artigo, deverá ser compatível com os direitos humanos internacionalmente reconhecidos, sem discriminação alguma baseada em motivos tais como o gênero, a idade, a raça, a cor, a religião ou o credo, a opinião política ou outra, a origem nacional, étnica ou social, a situação econômica, o nascimento ou outra condição".

Notadamente, o capítulo III do Estatuto especifica os **princípios penais** que deverão ser aplicados nos julgamentos, quais sejam: *nullum crimen sine leqe*, *nulla poena sine lege*; **não retroatividade** *ratione personae*; **responsabilidade criminal individual; exclusão da jurisdição relativamente a menores de 18 anos à data da prática do crime; irrelevância da qualidade oficial, responsabilidade dos chefes militares e outros superiores hierárquicos; imprescritibilidade** (os crimes da competência do Tribunal não prescrevem); **elementos psicológicos, causas de exclusão da responsabilidade criminal, erro de fato ou erro de direito**; decisão hierárquica.

6.8.7 Processo e julgamento

São três as situações em que pode se iniciar a jurisdição do Tribunal Penal Internacional: mediante denúncia de um Estado-parte ao Procurador; por denúncia do Conselho de Segurança ao Procurador; e quando o Procurador tiver iniciado um inquérito sobre o crime (artigo 13, ETPI).

Quando o Procurador recebe uma informação, seja do Estado-parte, seja do Conselho de Segurança, a apreciará e requererá eventuais complementações, informando ao Juízo da Instrução a abertura de inquérito caso entenda ser este o caso (artigo 15, ETPI). A decisão do Procurador sobre a abertura do inquérito, com a seguinte informação ao Juízo da Instrução, baseia-se nos fundamentos da informação, no preenchimento dos critérios de admissibilidade, na gravidade do fato e nos interesses das vítimas. Se ao final do inquérito o Procurador entender que não há elementos para proceder criminalmente por ausência de elementos de fato e de direito, por inadmissibilidade do caso ou por não atender ao interesse da justiça, o Conselho de Segurança ou o Estado interessado poderão pedir ao Juízo de Instrução que solicite ao Procurador que reconsidere sua decisão. Não obstante, se a decisão do Procurador basear-se apenas no não atendimento dos interesses da justiça ou na gravidade do crime e nos interesses das vítimas, o Juízo de Instrução deverá confirmá-la (artigo 53, ETPI). Os artigos 54 a 58 do Estatuto delimitam aspectos inerentes à fase do inquérito, tanto quanto ao papel do Procurador quanto à atuação do Juízo de Instrução. Entre outros aspectos, destaca-se a possibilidade do Procurador solicitar ao Juízo de Instrução a emissão de mandado de detenção, solicitando ao Estado a prisão preventiva ou a detenção e entrega do acusado, ou de notificação para comparecimento, quando a privação preventiva da liberdade não for necessária (artigo 58, ETPI).

Há controvérsia sobre a possibilidade de extradição do nacional brasileiro criminoso para julgamento no TPI devido a dispositivos como o art. 5º, LI da CF, que veda a extradição de brasileiro, **prevalecendo que é preciso distinguir extradição de entrega**, que é o ato de entrega de uma pessoa para a Corte Internacional, também chamado de *surrender*[106]. Inclusive, o artigo 102 do Estatuto busca explicar isso: "entrega" é o envio de uma pessoa por um Estado para ser julgado *pelo Tribunal*; "extradição" é a entrega de uma pessoa por um Estado *a outro Estado*, conforme previsto em tratado, convenção ou no direito interno.

---
[106] NEVES, Gustavo Bregalda... Op. Cit., p. 170-171.

Nos termos do artigo 17 do Estatuto, é preciso respeitar critérios de admissibilidade. Neste sentido, não se admitirá processo: que o caso seja ou tenha sido objeto de inquérito ou de procedimento criminal por parte de um Estado que tenha jurisdição sobre ele, a não ser se que falte interesse em dar seguimento ao inquérito ou ao procedimento ou não tenha capacidade para o fazer (**prevalência de jurisdição interna, o que denota uma atuação complementar do TPI ao âmbito interno**); que a pessoa já tenha sido julgada pela conduta a que se refere a denúncia, salvo se o processo tenha tido por objetivo subtrair o acusado à sua responsabilidade criminal por crimes da competência do Tribunal, ou não tenha sido conduzido de forma independente ou imparcial, em conformidade com as garantias de um processo justo e equitativo (*ne bis in idem* – art. 20); e o caso não for suficientemente grave para justificar a ulterior intervenção do Tribunal. Tais critérios impeditivos poderão ser alegados pelo acusado, pelo Estado-membro que detenha jurisdição sobre o caso e pelo Estado-membro cuja aceitação da competência seja exigida (isto é, Estado em cujo território tenha tido lugar a conduta em causa, ou, se o crime tiver sido cometido a bordo de um navio ou de uma aeronave, o Estado de matrícula do navio ou aeronave, e Estado de que seja nacional a pessoa a quem é imputado um crime), bem como reconhecidos de ofício (artigos 12, 18 e 19, ETPI). Tais pessoas também poderão impugnar, salvo em situações excepcionais, por uma única vez a jurisdição do Tribunal antes do julgamento ou no seu início, conforme o procedimento descrito no artigo 19 do Estatuto.

"Logo que uma pessoa seja entregue ao Tribunal ou nele compareça voluntariamente em cumprimento de uma notificação para comparecimento, o Juízo de Instrução deverá assegurar-se de que essa pessoa foi informada dos crimes que lhe são imputados e dos direitos que o presente Estatuto lhe confere, incluindo o direito de solicitar autorização para aguardar o julgamento em liberdade" (artigo 60, ETPI). O Juízo de Instrução realizará uma audiência para apreciar os fatos constantes da acusação com base nos quais o Procurador pretende requerer o julgamento, que ocorrerá na presença do Procurador e do acusado (salvo renúncia dele ou fuga), assim como do defensor deste. Na audiência, o Procurador produzirá provas satisfatórias dos fatos constantes da acusação, nos quais baseou a sua convicção de que o acusado cometeu o crime que lhe é imputado; o acusado, por sua vez, poderá contestar as acusações, impugnar as provas apresentadas pelo Procurador e apresentar provas. Com base nisso, o Juízo de Instrução remeterá o acusado para o Juízo de Julgamento em Primeira Instância, declarará improcedente a acusação ou adiará a audiência. A declaração de improcedência não impede novo requerimento futuro em caso de novas provas (artigo 61, ETPI).

O julgamento se dará na sede do Tribunal **com a presença do acusado**, salvo se ele perturbar a audiência de forma persistente, caso em que se poderá ordenar sua remoção da sala com a providência de que possa acompanhar o processo de fora, inclusive dando instruções ao seu defensor (artigos 62 e 63, ETPI). A audiência de julgamento será **pública, em regra**. Se iniciará com a leitura ao acusado dos fatos imputados, certificando-se da compreensão dele e conferindo-lhe a oportunidade de confessar ou se declarar inocente (artigo 64, ETPI). Durante o julgamento será possível apresentar provas, especificadas no artigo 69 do Estatuto. Todo acusado é presumivelmente inocente e possui direitos assegurados pelo

Estatuto (artigos 66 e 67, ETPI). "O Juízo de Julgamento em Primeira Instância fundamentará a sua decisão com base na apreciação das provas e do processo no seu conjunto. A decisão não exorbitará dos fatos e circunstâncias descritos na acusação ou nas alterações que lhe tenham sido feitas. O Tribunal fundamentará a sua decisão exclusivamente nas provas produzidas ou examinadas em audiência de julgamento", utilizando-se o *quórum* da unanimidade ou, se não for possível, da maioria absoluta (artigo 74, ETPI).

Cabe ao Juízo de Julgamento delimitar a pena aplicável (artigo 76, ETPI), considerando a gravidade do crime e as condições penais do acusado (artigo 78, ETPI). **A pena poderá ser de prisão por um número determinado de anos, até ao limite máximo de 30 anos, ou de prisão perpétua, se o elevado grau de ilicitude do fato e as condições pessoais do condenado o justificarem**, não excluídas as penas de multa e perda de produtos, bens e haveres provenientes, direta ou indiretamente, do crime (artigo 77, ETPI).

Da decisão caberá recurso ao Juízo de Recursos a ser interposto pelo Procurador ou pelo condenado, com base nos argumentos vício processual, erro de fato, erro de direito ou, exclusivamente para o condenado ou o Procurador em defesa do interesse deste, qualquer outro motivo suscetível de afetar a equidade ou a regularidade do processo ou da sentença (artigo 81, ETPI). Também cabe recurso, interposto por qualquer das partes, de decisões sobre a competência ou a admissibilidade do caso, que autorize ou recuse a libertação da pessoa objeto de inquérito ou de procedimento criminal, proferida pelo Juízo de Instrução de agir por iniciativa própria, relativa a uma questão suscetível de afetar significativamente a tramitação equitativa e célere do processo ou o resultado do julgamento (e cuja resolução imediata pelo Juízo de Recursos poderia, no entender do Juízo de Instrução ou do Juízo de Julgamento em Primeira Instância, acelerar a marcha do processo) (artigo 82, ETPI). O acórdão fundamentado do Juízo de Recursos será tirado por maioria dos juízes e proferido em audiência pública (artigo 83, ETPI). Além do procedimento de recursos, também está previsto no artigo 84 do Estatuto um procedimento de revisão da sentença perante o Juízo de Recursos, descobertas novas provas ou que houve uso de provas falsas determinantes no julgamento.

7 SINOPSE DO CAPÍTULO

Atenta-se para o fato que a sinopse abaixo não exclui a necessidade de leitura de todo o capítulo. A seguir, apenas são **condensadas** algumas das principais informações extraídas da análise do direito internacional dos direitos humanos caso o leitor procure uma **compreensão sistematizada** do conteúdo trabalhado nesta quinta parte do Manual.

1 INTRODUÇÃO À JUSTIÇA INTERNACIONAL DOS DIREITOS HUMANOS

1.1 Direito Internacional dos Direitos Humanos

- Os sistemas internacionais de proteção de direitos humanos se estabelecem no âmbito de organizações internacionais, conforme as regras e princípios de direito internacional. Neste sentido, o conceito de soberania estatal se torna relativo em prol do fortalecimento e da efetiva proteção dos direitos inerentes à dignidade da pessoa humana, notadamente quando o sistema interno de proteção não for suficiente. São características das organizações internacionais: *a) associação voluntária de sujeitos de direito internacional; b) ato institutivo de natureza internacional; c) personalidade internacional; d) ordenamento jurídico interno; e) existência de órgãos próprios; f) exercício de poderes próprios.*

- Isso não significa que as organizações internacionais regulamentem apenas questões de direitos humanos, nem que tais entidades devem se ater a uma finalidade específica neste aspecto. Em termos de proteção internacional de direitos humanos nota-se a instituição de órgãos e comitês voltados à proteção de tais direitos dentro de uma organização com fins gerais, bem como a expedição de diversos documentos que funcionam como mecanismos de proteção (que podem ser parte de um sistema convencional ou extraconvencional). Por exemplo, a Organização das Nações Unidas – ONU e a Organização dos Estados Americanos – OEA servem a fins gerais, pois atendem a vários fins, inclusive direitos humanos, a primeira em âmbito global e a segunda no âmbito da América.

- A *intenção* do sistema global de proteção de direitos humanos é a *crescente efetividade* de tais direitos, independentemente do instrumento utilizado para que se atinja tal pretensão. Por isso mesmo, tem-se a chamada característica da *complementaridade*, que se relaciona com a necessidade de coexistência de sistemas regionais de proteção internacional de direitos humanos ao lado de um sistema global.

- Embora o sistema de proteção dos direitos humanos seja global é necessária a criação de sistemas regionais, sem os quais não é possível levar em consideração as características culturais das diversas localidades na questão dos direitos humanos. Nas regiões do globo com sistemas regionais *mais fortalecidos*, diminui-se a necessidade de se recorrer ao sistema global, ao passo que aquelas que possuem *sistemas falhos ou embrionários* demandam maior esforço da ONU. Com efeito, os sistemas regionais descentralizam a ONU e passam a considerar os diferentes elementos de base cultural, religiosa e social das diversas regiões, tornando pleno o sistema internacional.

1.2 Violação de direitos humanos e responsabilidade internacional do Estado

- A denúncia internacional serve como mecanismo alternativo para a proteção das vítimas de violações de direitos humanos ante a falta de respostas adequadas no âmbito interno, conferindo publicidade a estes casos de violação. Cabe ao Estado prestar contas à comunidade internacional em caso de violações de direitos humanos ocorridas em seu território diante de solicitação por um órgão de supervisão. Após a manifestação do Estado acusado, a organização internacional competente decidirá sobre a violação causada por uma ação ou omissão dos agentes estatais. Assim, garante-se a responsabilidade internacional dos Estados de respeitar e garantir direitos humanos. Destaque deve ser dado ao *Projeto da Comissão da Direito Internacional das Nações Unidas, sobre responsabilidade internacional dos Estados* (ainda em fase embrionária, mas com redação trabalhada mais intensamente desde a década de 1990). O projeto conta com 59 artigos divididos em quatro partes. Sem prejuízo da aludida expectativa norma de direito internacional público, Convenções específicas existem. Ilustrativamente, um primeiro caso é a Convenção sobre Responsabilidade Internacional por Danos Causados por Objetos Espaciais (1972, internalizada pelo Brasil pelo Decreto nº 71.981/1973); outro caso é a Convenção de Viena sobre Responsabilidade Civil por Danos Nucleares (1963, internalizada pelo Brasil pelo Decreto nº 911/1993); por fim, a Convenção Internacional sobre Preparo, Resposta e Cooperação em caso de Poluição por Óleo (1990, internalizada pelo Brasil pelo Decreto nº 2.870/1998).

1.3 *Responsibility to Protect* – R2P

- A iniciativa *Responsibility to Protect* (R2P – em português: responsabilidade de proteger) relaciona--se com o dever dos Estados de proteger as respectivas populações de crimes internacionais graves, como o genocídio, os crimes contra a humanidade, a limpeza étnica e os crimes de guerra. A iniciativa, também conhecida como RtoP, foi estabelecida na Cúpula Mundial de 2005 (Cúpula das Nações Unidas), promovida pela ONU, e suas linhas gerais constam dos pontos 138 e 139 do documento da reunião em apreço. Funda-se em três "pilares": *a)* os Estados têm a responsabilidade primária de proteger as respectivas populações contra o genocídio, os crimes contra a humanidade, a limpeza étnica e os crimes de guerra, não importando se o conflito é interno ou internacional; *b)* a comunidade internacional tem a responsabilidade de prestar assistência aos Estados, para que estes cumpram referida responsabilidade; *c)* a comunidade internacional deve empregar meios diplomáticos, humanitários e de outra natureza, desde que pacíficos, para proteger as populações humanas contra tais crimes e, se um Estado for falho em proteger a respectiva população contra tais atos, ou for o perpetrador de tais crimes, a comunidade internacional deve estar preparada para tomar medidas mais duras, que podem incluir o uso da força no interesse coletivo, determinado pelo Conselho de Segurança da ONU.

1.4 Mecanismos de monitoramento e proteção internacional dos direitos humanos

- Podem ser considerados mecanismos de proteção contra violações de direitos humanos todos os órgãos instituídos com vistas a conferir tal proteção e os respectivos instrumentos por ele utilizados para receber informações e denúncias, divulgar relatórios e promover investigações. Se pode mencionar: *a) sistema de petições* (formado por reclamações individuais ou de Estados, cujas condições de admissibilidade estão consignadas nos respectivos instrumentos de direitos humanos que as preveem); *b) sistema de relatórios* (é um método de controle dos direitos humanos exercido de ofício pelos órgãos de supervisão internacional instituídos nos tratados, ou pelos Estados-partes); *c) procedimentos de investigação* (podem ser permanentes ou designados, sendo os primeiros institucionalizados – previstos nos tratados para situações específicas – e os últimos decorrem indiretamente do sistema de relatórios e de petições – iniciados a partir do recebimento de uma comunicação de violação aos direitos humanos).

1.5 Empresas e direitos humanos: a possibilidade de extensão da responsabilidade internacional

- A obediência à lei sempre foi uma matéria delicada no campo dos direitos humanos, mas quando a globalização se intensifica fica claro que a violação de direitos humanos poderá, muitas vezes, não partir dos Estados, mas sim de indivíduos detentores do poder econômico ou, mais precisamente, das empresas transnacionais. Tal constatação impulsiona discussões a respeito da responsabilidade internacional de empresas por violações de direitos humanos.
- Em meio às discussões sobre a responsabilidade de empresas por violações de direitos humanos, em junho de 2011 o Conselho de Direitos Humanos da Organização das Nações Unidas aprovou os *Princípios Orientadores sobre Empresas e Direitos Humanos*, a partir da proposta do representante especial do Secretário-Geral da ONU, John Ruggie. Os princípios orientadores se aplicam a todos Estados e empresas, de qualquer dimensão, setor, estrutura, proprietários e localização, buscando a melhoria de padrões e práticas de empresas com relação aos direitos humanos, contribuindo com a globalização socialmente sustentável. Tais princípios são um primeiro passo em uma meta mais ambiciosa, que seria a elaboração e a ratificação de um tratado internacional sobre responsabilização de empresas. Tal tratado consistiria em uma normativa de *hard law* na qual os Estados firmariam o compromisso pela responsabilização internacional de empresas por violações sistêmicas de direitos humanos, instituindo uma perspectiva de justiça universal reparatória e transcendendo os clássicos limites da jurisdição. Neste ponto em específico, em julho de 2018 foi publicada versão proposta para um *Instrumento Legalmente Obrigatório para Regular, no Direito Internacional dos Direitos Humanos, as Atividades de Empresas Transnacionais e de outras Empresas do Mercado*.

1.6 Convenção de Viena sobre Direito dos Tratados e noções mínimas de direito internacional

- O Decreto nº 7.030, de 14 de dezembro de 2009, promulga a Convenção de Viena sobre Direitos dos Tratados, de 23 de maio de 1969, da qual se extrai disciplina essencial do direito internacional aplicável também no campo dos direitos humanos. Consoante a regra do artigo 4º da Convenção, somente entrou em vigor internacionalmente para o Brasil em 14 de dezembro de 2009, quando passou a vigorar no ordenamento interno (antes da promulgação, contudo, se lhe aplicava em território nacional com força consuetudinária).

- Entre os sujeitos de Direito Internacional podem surgir divergências que serão solucionadas por modos diversos, *preferencialmente diplomáticos*. Neste sentido, negociação diplomática, serviços amistosos, bons ofícios, mediação, sistema de consultas e inquérito são os meios diplomáticos de solução de controvérsias internacionais. Não existe hierarquia entre estes meios, que serão utilizados um ou outro conforme a conveniência no caso concreto. Contudo, não existem apenas meios diplomáticos de solução de controvérsias, sendo possível recorrer aos *meios políticos*, como a intervenção política de órgãos componentes de uma organização internacional (*ex.*: Assembleia Geral ou Conselho). Outra categoria é a dos *meios jurisdicionais*, como a arbitragem e a solução judiciária. Quando estas soluções não se mostrarem suficientes, é possível partir ao uso de *meios coercitivos*, que podem ser: retorsão, represálias, embargo, bloqueio pacífico ou comercial, boicotagem ou boicote, rompimento das relações diplomáticas.

2 SISTEMA AFRICANO DE DIREITOS HUMANOS

- O sistema regional africano de proteção de direitos humanos ainda é insípido e pouco efetivo. Basta ter em vista que embora a formação da primeira organização internacional nesta região, a Organização da Unidade Africana – OUA, date de 25 de maio de 1963, o regime do *apartheid* foi adotado de 1948 até o ano de 1994, além do que seus países somente adquiriram independência após árduo processo de descolonização.

- A dificuldade da OUA em lidar com estes problemas africanos é a principal razão de sua substituição pela União Africana – UA, em 9 de julho de 2002. Esta nova organização é baseada no modelo da União Europeia, visando promover a democracia, os direitos humanos e o desenvolvimento econômico na África. A UA manteve a principal regulamentação de direitos humanos da OUA, qual seja a Carta Africana dos Direitos Humanos e dos Povos, também conhecida como Carta de Banjul, aprovada pela Conferência Ministerial da OUA em Banjul, Gâmbia, em janeiro de 1981, e adotada pela XVIII Assembleia dos Chefes de Estado e Governo da OUA em Nairóbi, Quênia, em 27 de julho de 1981. Tal documento é complementado por um Protocolo Adicional, estabelecendo a Corte Africana de Direitos Humanos e dos Povos, adotado pelos Estados-membros da OUA em Ouagadougou, capital do país Burkina Faso, em junho de 1998, adquirindo vigência em 25 de janeiro de 2004 após ser ratificado por mais de 15 países. Tanto a referida Corte instituída pelo Protocolo quanto a Comissão criada pela Carta Africana dos Direitos Humanos e dos Povos são órgãos mantidos pela nova organização africana.

2.1 Carta Africana dos Direitos Humanos e dos Povos

- *Libertação da África:* no preâmbulo da Carta fica evidente a intenção de libertar a África do colonialismo, focando-se então sob o aspecto do direito dos povos e do direito ao desenvolvimento, além do respeito universal dos direitos inerentes à pessoa humana.

- A *Parte I* do documento traz uma relação de direitos e deveres: o *capítulo I* aborda os direitos humanos e dos povos, tanto civis e políticos, passando por econômicos, sociais e culturais (notadamente a educação) e abordando vários aspectos do direito dos povos como convivência num país independente e em livre desenvolvimento; e o *capítulo II* abrange os deveres do indivíduo (numa relação de reciprocidade) e do Estado. Já a *Parte II* do documento aborda as medidas de salvaguarda, isto é, regulamenta a Comissão Africana dos Direitos Humanos e dos Povos. Por fim, a *Parte III* traz disposições diversas, destacando-se o artigo 66 sobre a possibilidade de complemento à Carta por protocolos.

2.2 Protocolo à CADHP para estabelecimento da Corte Africana dos Direitos Humanos e dos Povos

- A função complementar da Corte em relação à Comissão é frisada no artigo 2º do Protocolo.
- A Corte tem jurisdição sobre as disputas submetidas concernentes a direitos humanos e dos povos, notadamente os declarados na Carta Africana dos Direitos Humanos e dos Povos e documentos correlatos.
- Quanto à jurisdição consultiva, os Estados-membros da UA, a UA e seus órgãos ou qualquer organização africana reconhecida podem pedir opinião da Corte em qualquer questão legal de sua competência que não esteja sendo examinada pela Comissão.
- Quanto à jurisdição contenciosa, ela pode ser acessada tanto pela Comissão Africana dos Direitos Humanos e dos Povos quanto pelos Estados-partes signatários que tenham reconhecido sua competência e tenham proposto ou sido acionados no âmbito dela ou então cujo cidadão tenha sido vítima de violação de direitos humanos, bem como por organizações africanas intergovernamentais. Estados interessados podem requerer o ingresso no caso. A Corte poderá considerar relevantes cidadãos que tenham submetido casos diretamente à Comissão e organizações não governamentais com *status* de observadora junto da Comissão.

3 SISTEMA ISLAMO-ÁRABE DE DIREITOS HUMANOS

- Frisa-se, em primeiro lugar, que não existe um sistema asiático de proteção dos direitos humanos. Já quanto ao sistema islamo-arábico, sua ineficácia é tão grande que parcela da doutrina sequer considera a sua existência (muito embora respeitosamente manifestemos discordância deste posicionamento).
- A disciplina regional de direitos humanos demonstra que, no sistema islamo-árabe, as perspectivas religiosas merecem destaque. Assim, na interpretação das normas de direitos humanos, é preciso tomar como base a lei islâmica, notadamente o Corão e a Sunnah. A secularização já torna mais complicada a luta pela universalidade e efetividade dos direitos humanos. No entanto, não seria um problema intransponível se outro fator não estivesse presente: o uso das premissas religiosas por parte dos governantes para fins de manutenção do poder.
- Os três principais documentos regionais no sistema em estudo são: *Declaração Islâmica Universal dos Direitos Humanos*, de 19 de setembro de 1981; a *Declaração do Cairo de Direitos Humanos no Islã*, de 5 de agosto 1990; e a *Carta Árabe de Direitos Humanos*, de 15 de setembro de 1994.

4 SISTEMA EUROPEU DE DIREITOS HUMANOS

4.1 Conselho da Europa

- O principal documento europeu voltado à proteção dos direitos humanos é a *Convenção Europeia dos Direitos do Homem*, no âmbito da qual se institui o Tribunal Europeu dos Direitos do Homem. Referida Convenção foi aprovada e instituída pelo Conselho da Europa, organização internacional fundada em 5 de maio de 1949, sendo a mais antiga organização europeia em funcionamento, documentada no chamado Tratado de Londres de 1949 (Estatuto do Conselho da Europa).
- *Diferenciação fundamental:* destaca-se que o *Conselho da Europa* não pode ser confundido com o *Conselho da União Europeia*, órgão político de representação dos governos nacionais perante a União Europeia, ou com o *Conselho Europeu*, nomenclatura dada às reuniões nas quais se decide a política a ser adotada pela União Europeia. Com efeito, o Conselho da Europa é uma organização internacional independente da União Europeia. Bem se sabe, no entanto, que com o aprofundamento progressivo da União Europeia, o Conselho da Europa foi perdendo aos poucos a sua importância, transformando-se numa organização complementar e de passagem quase obrigatória para os Estados que aderiram ou desejam aderir à União Europeia.

- *Finalidade:* a finalidade primordial do Conselho da Europa envolve a *manutenção da paz* e, por decorrência lógica, a *proteção dos direitos inatos consagrados no patrimônio comum da humanidade.* Não é de competência do Conselho da Europa questões de defesa nacional.

4.2 Convenção Europeia dos Direitos do Homem

- A Convenção Europeia dos Direitos do Homem data de 4 de novembro de 1950 e foi alterada pelos Protocolos nº 14 (STCE nº 194), em vigor desde 1º de junho de 2010, e nº 11 (STE nº 155), de 1º de novembro de 1998, sendo que o último na verdade substituiu redações dadas por protocolos anteriores. Além disso, a Convenção conta com um Protocolo adicional de 20 de março de 1952, bem como com outros protocolos ampliando direitos e liberdades, notadamente relativos à abolição da pena de morte, à liberdade de locomoção, às garantias processuais e ao combate à discriminação.
- Em seu *preâmbulo*, a Convenção enuncia a inspiração na Declaração Universal de 1948 e a intenção de manter a paz no seio do continente europeu, respeitando os preceitos da democracia e das liberdades fundamentais. Após, seguem três títulos, o *primeiro* abordando direitos e liberdades, o *segundo* tratando do Tribunal Europeu dos Direitos do Homem, e o *terceiro* com disposições diversas.

4.3 Tribunal Europeu dos Direitos do Homem

- Frisa-se, em primeiro lugar, que não mais se pode falar em uma Comissão Europeia dos Direitos do Homem. Muito embora existisse, ela foi extinta pelo Protocolo nº 11, de 1998, à Convenção Europeia. Na verdade, tal Protocolo promoveu profunda transformação no sistema europeu ao assegurar um caráter de permanência ao Tribunal Europeu dos Direitos do Homem, bem como ao atribuir-lhe funções que outrora eram repartidas com a Comissão Europeia. Nos considerandos do Protocolo, aliás, se fala em substituir a Comissão e o Tribunal Europeu dos Direitos do Homem atuais por um novo Tribunal permanente.
- O artigo 55 da Convenção Europeia dos Direitos do Homem traz como regra a utilização dos meios de solução de litígios nela previstos para solucionar controvérsias entre Estados-partes sobre suas disposições. Neste sentido, desponta o *Tribunal Europeu dos Direitos do Homem* como meio por excelência para resolver conflitos entre os signatários da Convenção quanto às suas normas, até mesmo face à previsão de sua competência no artigo 32.
- Trata-se de um *órgão permanente*, composto por *um juiz representante de cada alta parte contratante*, que deverá possuir ilibada reputação moral e condições para exercer altas funções judiciais ou ser jurisconsulto de grande competência, bem como não exercer funções incompatíveis durante o mandato. Os juízes serão *eleitos* pela Assembleia por cada alta parte contratante, que apresentará uma lista tríplice. O *mandato* é de 9 anos, não aceita reeleição, sendo obrigatória a saída ao atingir 70 anos, ficando o juiz responsável pelos casos em que já estivesse atuando até que se encerrem.
- Possuem legitimidade ativa perante o Tribunal qualquer pessoa singular, organização não governamental ou grupo de particulares que se considere vítima de violação por qualquer Estado-parte dos direitos reconhecidos na Convenção ou nos seus protocolos.

5 SISTEMA INTERAMERICANO DE DIREITOS HUMANOS

5.1 Sistema da Organização dos Estados Americanos – OEA

- A Carta da Organização dos Estados Americanos, que criou a Organização dos Estados Americanos, foi celebrada na IX Conferência Internacional Americana de 30 de abril de 1948, em Bogotá, e entrou em vigência no dia 13 de dezembro de 1951, sendo reformada pelos protocolos de Buenos Aires (27 de fevereiro de 1967), de Cartagena das Índias (5 de dezembro de 1985), de Washington (14 de dezembro de 1992) e de Manágua (10 de junho de 1993).

- Por ser uma organização continental, a OEA está aberta apenas a Estados independentes americanos, além de entidades políticas que deles surjam.
- *Estrutura:* a OEA se estrutura da seguinte forma: *a) Assembleia Geral* (órgão supremo da OEA); *b) Reunião de Consulta dos Ministros das Relações Exteriores* (deverá ser convocada a fim de considerar problemas de natureza urgente e de interesse comum para os Estados americanos, e para servir de Órgão de Consulta); *c) Conselhos* (o Conselho Permanente da Organização, especificado dos artigos 80 a 92 da Carta da OEA, e o Conselho Interamericano de Desenvolvimento Integral, delimitado do artigo 93 a 98 da mesma, são os dois Conselhos em funcionamento na OEA); *d) Comissão Jurídica Interamericana* (tem por finalidade servir de corpo consultivo da Organização em assuntos jurídicos, promover o desenvolvimento progressivo e a codificação do direito internacional, e estudar os problemas jurídicos referentes à integração dos países em desenvolvimento do Continente, bem como a possibilidade de uniformizar suas legislações no que parecer conveniente); *e) Comissão Interamericana de Direitos Humanos; f) Secretaria-Geral* (órgão permanente e administrativo da Organização, exercendo atribuições designadas pela Assembleia e especificadas na Carta da OEA); *g) Conferências Especializadas* (são reuniões esporádicas voltadas a um tema específico); *h) Organismos Especializados* (são os organismos intergovernamentais estabelecidos por acordos multilaterais, que tenham determinadas funções em matérias técnicas de interesse comum para os Estados americanos). Ademais, poderão ser criados, além dos previstos na Carta e de acordo com suas disposições, *os órgãos subsidiários*, organismos e outras entidades que forem julgados necessários.
- *Propósitos da OEA: a)* paz e segurança no continente; *b)* consolidação da democracia representativa; *c)* solução pacífica de controvérsias; *d)* ação solidária em caso de agressão; *e)* solução dos problemas jurídicos/políticos/econômicos dos Estados-membros; *f)* desenvolvimento por ação cooperativa; *g)* erradicação da pobreza; *h)* limitação dos armamentos convencionais.
- Os órgãos ou mecanismos criados pela OEA podem ser classificados como parte de um *sistema convencional* ou de um *sistema extraconvencional*. Como a própria denominação permite deduzir, os órgãos pertencentes ao sistema convencional são aqueles que decorrem de tratados internacionais postos à assinatura dos Estados-membros, de forma que somente quando estes os ratificam é que passam a ter vinculação com os países signatários, que passam a serem denominados como Estados-partes naquele tratado internacional (geralmente denominado Pacto ou Convenção), sendo exemplos os organismos especializados. Por sua vez, os órgãos do sistema extraconvencional são aqueles criados pela OEA independentemente de assinatura específica do Estado-membro, decorrendo geralmente de sua Carta de fundação ou de uma votação promovida na Assembleia para a criação, de modo que todos os países membros da Organização passam a ter vinculação a ele. Esta classificação entre órgãos ou mecanismos convencionais e extraconvencionais é tradicionalmente utilizada na doutrina quando se fala sobre a ONU, mas também vale para a OEA, que assim como a ONU cria organismos específicos em alguns de seus tratados internacionais que dependem de convenção.
- A Convenção Americana sobre Direitos Humanos ocupa uma posição de *supra*legalidade no ordenamento brasileiro, acima das leis ordinárias (paralisando a eficácia das que com ela sejam incompatíveis), mas abaixo da Constituição Federal.

5.2 Convenção Americana dos Direitos Humanos: aspectos materiais

- A *primeira parte* do Pacto de São José da Costa Rica traz questões inerentes aos direitos e deveres da pessoa humana e ao modo como os Estados-partes devem tratá-los (*aspectos materiais*). A *segunda parte* aborda os *aspectos formais*, trazendo os meios de proteção. Por fim, a *terceira parte* traz disposições gerais e transitórias, as quais descrevem *condições para integração*.
- *Deveres:* os *deveres essenciais* dos Estados-partes são os de respeito e adoção das disposições do Pacto no ordenamento jurídico interno. No artigo 1º da CADH, os Estados-membros da OEA assumem o compromisso de respeitar os direitos humanos declarados no documento para com todos os seres humanos que ingressem em território de sua jurisdição – não apenas nacionais –,

respeitando-se o princípio da igualdade. Não obstante, o dispositivo frisa que não há ser humano que possa não ser considerado como pessoa. Ademais, o artigo 2º da CADH deixa claro o dever dos Estados-partes de adaptar o ordenamento interno a este contexto, adotando medidas legislativas ou de outra natureza que tornem efetivos tais direitos humanos e que sejam compatíveis com o ordenamento constitucional.

- *Direitos:* com relação aos *direitos*, a CADH enumera dos artigos 3º a 25 os direitos *civis e políticos* da pessoa humana no âmbito interamericano de proteção: direitos ao reconhecimento da personalidade jurídica, à vida, à integridade pessoal, à indenização, a retificação ou resposta, à reunião, ao nome, da criança, à nacionalidade, à propriedade privada, de circulação e de residência, políticos; proteção conferida à honra e à dignidade, à família e judicial; igualdade perante a lei; proibição da escravidão e da servidão, desdobramento da preservação das liberdades em geral, especificando-se a pessoal, de consciência e de religião, de pensamento e de expressão, de associação; além das garantias judiciais e do respeito ao princípio da legalidade e da retroatividade. Por sua vez, com relação aos *direitos sociais, econômicos e culturais*, muito embora a Convenção Americana não os enuncie especificadamente, determina que os Estados alcancem, progressivamente (ideia de desenvolvimento progressivo), a plena realização destes, ou seja, não admite que os direitos econômicos, sociais e culturais – como trabalho, lazer, educação, saúde e assistência social –, dotados da mesma relevância dos direitos civis e políticos, sejam deixados de lado, exigindo dos Estados-partes um compromisso pela crescente efetivação deles. Ainda, o Protocolo à referida Convenção se aprofunda na temática (Protocolo de San Salvador, de 17 de novembro de 1988, promulgado pelo Brasil pelo Decreto nº 3.321/1999).

- O artigo 27 da Convenção trata da *suspensão de garantias no âmbito interno* por um Estado-parte, autorizando-a nos casos de guerra, de perigo público, ou de outra emergência que ameace a independência ou segurança deste Estado-parte, guardada a devida proporcionalidade factual e temporal, limitada a suspensão em termos materiais ao não se permitir discriminações fundadas em motivos de raça, cor, sexo, idioma, religião ou origem social. Logo, a limitação de direitos humanos é permitida, mas não é possível que ela viole premissas ligadas à dignidade humana, como raça, cor, sexo, idioma, religião. Ademais, a suspensão deverá ser comunicada imediatamente aos outros Estados-partes na presente Convenção, por intermédio do Secretário Geral da Organização dos Estados Americanos, com indicação dos dispositivos suspensos, motivos que levaram a isso e data limite.

5.3 Convenção Americana dos Direitos Humanos: aspectos formais – meios de proteção

- A segunda parte da Convenção analisa os meios de proteção aos direitos humanos que deverão ser garantidos, criando a Comissão Interamericana de Direitos Humanos (na verdade a Comissão já foi prevista na Carta da OEA, que remeteu sua organização à Convenção) e a Corte Interamericana de Direitos Humanos. A Comissão é anterior à Corte em mais de 20 anos; aliás, é anterior à Convenção Americana de Direitos Humanos, atuando antes de 1969 com base na Carta da OEA e na Declaração Universal dos Direitos Humanos. Destaca-se que a Comissão comparecerá em todos os casos perante a Corte, isto é, ainda que a Comissão não leve o caso à Corte, sempre será ouvida.

- *Composição da Comissão Interamericana de Direitos Humanos:* a Comissão Interamericana de Direitos Humanos será composta por 7 membros, dotados de alta autoridade moral e de reconhecido saber em matéria de direitos humanos. Embora composta de 7 membros, a Comissão representa todos os membros da OEA, isto é, a representatividade dos Estados perante a Comissão não é direta. O mandato é de 4 anos, aceita uma reeleição, estabelecendo-se no artigo 37 da Convenção uma regra de transição que permita a alternância a cada dois anos. Segundo o mesmo dispositivo, não é permitido que dois nacionais do mesmo país componham a Comissão.

- *Competências da Comissão Interamericana de Direitos Humanos: a) caráter promocional* (assessoria aos Estados para reforçar a consciência sobre a importância dos direitos humanos entre os povos das Américas, incluindo funções consultivas além de funções de assessoramento, podendo elaborar tratados, interpretar a Convenção Americana e determinar a compatibilidade dela com a legislação interna dos Estados-membros); e *b) caráter protetivo* (proteção dos direitos humanos mediante supervisão da conduta dos Estados referentes às obrigações internacionais quanto aos direitos humanos, autorizada a investigação de fatos que podem chegar a ela por denúncia individual e a elaboração de relatórios especiais).

- *Legitimidade ativa para provocar a Comissão:* qualquer pessoa ou grupo de pessoas, ou entidade não governamental legalmente reconhecida em um ou mais Estados-membros da Organização, pode apresentar à Comissão petições que contenham denúncias ou queixas de violação da Convenção por um Estado-parte. Logo, pessoas da sociedade e grupos que a representam possuem legitimidade perante este órgão internacional. Também os Estados-partes podem ser legitimados ativos quando aleguem haver outro Estado-parte incorrido em violações dos direitos humanos estabelecidos na Convenção, mas é preciso que se faça uma declaração de competência. Seja no momento de depósito da ratificação, seja posteriormente, o Estado-parte pode reconhecer a competência da Comissão para receber e examinar comunicações de um Estado-parte a respeito de outro Estado-parte que tenha cometido violações. Se não reconhecê-la, não poderá apresentar comunicações neste sentido. No entanto, a declaração pode ser feita por tempo determinado ou para casos específicos (não precisa ser por tempo indefinido), sendo depositada na Secretaria Geral da OEA.

- *Sobre o esgotamento dos recursos da jurisdição interna para acionar a Comissão Interamericana dos Direitos Humanos:* o artigo 46, CADH traz os requisitos para que a petição ou comunicação de uma possível violação aos direitos humanos seja processada pela Comissão, a saber, o esgotamento de recursos no plano interno, a partir do qual se conta um prazo de 6 meses, que não esteja pendente outra busca de solução internacional e identificação da pessoa ou grupo de pessoas ou entidade não governamental (se for o caso). Dispensa-se o esgotamento de recursos e a consequente passagem de 6 meses como prazo quando não existirem normas de proteção ao devido processo legal no Estado, quando tiver sido impedido ou dificultado o acesso ao Judiciário no país ou quando houver demora sem motivos para o processamento interno. Logo, o esgotamento dos recursos não pode servir de óbice ao acesso à justiça internacional. Na Opinião Consultiva nº 11/90, a Corte Interamericana definiu a relativização do requisito de esgotamento dos recursos internos sempre que, por razões de indigência ou por temor generalizado dos advogados para representá-lo legalmente, um reclamante diante da Comissão tenha se visto impedido de utilizar os recursos internos necessários para proteger um direito garantido pela Convenção.

- *Entre algumas maneiras pela qual a Comissão Interamericana irá atuar destacam-se: a)* relatórios de casos e relatórios anuais; *b)* medidas cautelares; *c)* relatoria para a liberdade de expressão.

- *Sobre a Corte Interamericana de Direitos Humanos:* a Corte não é órgão propriamente dito da OEA (não está na lista de organismos da OEA previstos no artigo 53 da Carta da OEA). O Brasil aderiu à Corte Interamericana pelo Decreto nº 4.463/2002, que promulgou a Declaração de Reconhecimento da Competência Obrigatória da Corte Interamericana de Direitos Humanos, sob reserva de reciprocidade, em consonância com o art. 62 da Convenção Americana sobre Direitos Humanos (Pacto de São José), de 22 de novembro de 1969. Esse reconhecimento de competência deu-se por prazo indeterminado, *para fatos posteriores a 10 de dezembro de 1998.*

- *Composição da Corte Interamericana de Direitos Humanos:* a Corte Interamericana de Direitos é composta de sete juízes, de nacionalidades diferentes, nacionais dos Estados-membros da Organização, eleitos dentre juristas de alta autoridade moral e de reconhecida competência em matéria de direitos humanos, que reúnam as condições requeridas para o exercício das mais elevadas funções judiciais, de acordo com a lei do Estado do qual sejam nacionais, ou do Estado que os propuser como candidatos (quanto ao requisito de possuir condições para o exercício dos mais altos cargos judiciários do país, seria, no Brasil, atender aos critérios para ser ministro de um Tribunal Superior). Tais juízes serão eleitos por voto secreto, exigido *quórum* de maioria absoluta (mais da metade de todos Estados-partes da Convenção). O mandato durará 6 anos, aceita uma reeleição, estabelecendo-se regra de transição para a alternância trienal dos juízes. Ao menos 5 juízes da Corte devem participar da decisão (eis o *quórum* de deliberação).

- *Sede da Corte:* a sede da Corte Interamericana de Direitos Humanos fica em São José, na Costa Rica, como decidido em Assembleia Geral, podendo realizar reuniões em outras localidades. Somente o secretário designado pela Corte obrigatoriamente residirá na sede.
- *Funções da Corte:* a Corte Interamericana de Direitos Humanos possui uma *função contenciosa*, que inclui o recebimento e trâmite de casos individuais de violação de direitos humanos, e uma *função consultiva*. Tem a Corte, por fim, a *função de apresentar relatório anual de suas atividades à Assembleia Geral*. Neste relatório, serão informadas as recomendações feitas no âmbito de sua atuação, bem como as medidas que tenham ou não sido cumpridas.
- *Legitimidade ativa:* diferentemente do que ocorre nas Comissões, não é qualquer pessoa que pode submeter um caso à Corte Interamericana de Direitos Humanos, mas somente Estados-partes e a própria Comissão Interamericana de Direitos Humanos, não se atingindo solução perante esta. No momento do depósito do instrumento de ratificação ou posteriormente o Estado-parte pode reconhecer como obrigatória a competência da Corte, de maneira condicionada ou incondicionada – é a chamada declaração especial. Também é possível reconhecer tal competência por convenção especial, que é um tipo de tratado internacional com este fim. É preciso ao menos uma das duas para que a Corte possa apreciar o caso relativo ao Estado-parte (artigo 62, CADH). Não havendo reconhecimento de competência, não é possível figurar nem no polo ativo, nem no passivo de processo perante a Corte. O Brasil, como já dito, reconheceu a competência da Corte para fatos posteriores a 10 de dezembro de 1998, conforme o Decreto nº 4.463/2002.
- A Corte Interamericana de Direitos Humanos deve justificar sua decisão (sentença), referindo-se às provas dos autos e às normas de direitos humanos vigentes. Se o voto não for unânime, ou seja, o mesmo para todos, o voto dissidente ou diverso poderá ser juntado à sentença e não ignorado. A sentença é definitiva e inapelável, ou seja, não é possível interpor recurso para nenhum órgão, nem mesmo à Assembleia Geral da OEA. No máximo, é possível pedir em até 90 dias da notificação da sentença esclarecimentos sobre o seu conteúdo. A decisão da Corte deverá ser cumprida pelos Estados-partes, sob pena de sanção internacional. Eventual indenização a ser paga pelo Estado-parte será processada conforme as normas de execução internas (artigo 68, CADH), logo, a sentença é título executivo.
- Segundo o posicionamento adotado neste livro, no Brasil, não existe autoexequibilidade doméstica das decisões proferidas pela Corte Interamericana de Direitos Humanos, mostrando-se necessário o procedimento de homologação perante o Superior Tribunal de Justiça, nos termos do art. 105, I, "i", CF. Há entendimentos em sentido contrário, pela autoexequibilidade.
- *A Corte Interamericana de Direitos Humanos divide suas decisões em quatro categorias: a) casos contenciosos* (há um litígio propriamente dito, que ensejará um pronunciamento decisório); *b) medidas provisórias* (são antecipações à própria decisão ante a necessidade de evitar um prejuízo irreversível); *c) supervisão de cumprimento* (decisões de acompanhamento das condenações feitas pela própria Corte); e *d) opiniões consultivas* (capacidade da Corte de emitir pareceres e opiniões a respeito da interpretação da Convenção Americana de Direitos Humanos em situações peculiares).

6 SISTEMA GLOBAL DE DIREITOS HUMANOS

6.1 Sistema da Organização das Nações Unidas – ONU

- *Os principais órgãos das Nações Unidas são: a) Assembleia Geral* (da qual todos os membros das Nações Unidas fazem parte, podendo designar até cinco representantes); *b) Conselho de Segurança* (composto de quinze membros das Nações Unidas, sendo 5 permanentes – China, França, Rússia, Reino Unido e Estados Unidos – e 10 não permanentes – eleitos pela Assembleia Geral para um mandato de 2 anos, cada qual contando com um representante que terá direito a um voto); *c) Conselho Econômico e Social* (composto por 54 membros, cada qual com um representante, eleitos pela Assembleia Geral, os quais anualmente são substituídos em parte, pois anualmente é feita eleição para parcela das vagas com mandato de 3 anos com direito a uma reeleição); *d) Conselho de Tutela* (apesar de não estar em funcionamento atualmente, vincula-se ao Sistema Internacional de Tutela, pelo qual territórios podem ser colocados sob tutela quando estiverem sob mandato, puderem ser separados de Estados inimigos em virtude da Segunda Guerra Mundial, ou forem voluntariamente colocados em tal posição por seus administradores); *e) Corte Internacional de Justiça* (principal órgão judiciário das Nações Unidas); e *f) Secretariado* (desempenha as funções administrativas da ONU, sendo composto por um Secretário-geral recomendado pelo Conselho de Segurança e aprovado pela Assembleia Geral e por um grupo de pessoas que o assiste por ele nomeado).

- Dos artigos 3º e 4º da Carta da ONU extrai-se a distinção entre os membros originários, quais sejam os que participaram da Conferência das Nações Unidas sobre a Organização Internacional em 1945 ou assinaram a Declaração das Nações Unidas de 1942, e os membros aceitos, isto é, os que se comprometerem à obrigações da Carta e forem aceitos pela Assembleia Geral após recomendação do Conselho de Segurança. Não há qualquer distinção entre tais membros, uma vez que o art. 2º da Carta consolida o princípio da igualdade entre todos os membros, de modo que cada membro das Nações Unidas tem a obrigação de respeitar todas as diretivas da Carta de 1945 com boa-fé e de solucionar suas controvérsias internacionais prioritariamente de modo pacífico.

- Para a vigilância, supervisão, monitoramento e fiscalização da proteção dos direitos humanos foram criados no âmbito das Nações Unidas órgãos ou mecanismos *extraconvencionais (não convencionais)* e *convencionais*. Os *mecanismos convencionais* são aqueles criados por convenções específicas de direitos humanos, ao passo que os *não convencionais* são aqueles decorrentes de resoluções elaboradas por órgãos das Nações Unidas, como a Assembleia Geral e o Conselho Econômico e Social, extraindo sua legitimidade para proteção da ampla estrutura de competência das Nações Unidas. O órgão não convencional mais relevante das Nações Unidas é o Conselho de Direitos Humanos, criado após votação da Assembleia Geral, substituindo a antiga Comissão de Direitos Humanos. Outro órgão não convencional é o Conselho de Segurança. Os órgãos convencionais, por sua vez, são inúmeros, merecendo menção: Comitê de Direitos Humanos instituído pelo Pacto Internacional dos Direitos Civis e Políticos; Comitê para a eliminação da discriminação racial instituído pela Convenção Internacional sobre a Eliminação de Todas as Formas de Discriminação Racial; Comitê para a Eliminação da Discriminação contra as Mulheres instituído pela Convenção sobre a eliminação de todas as formas de discriminação contra a mulher; Comitê contra a Tortura instituído pela Convenção contra a tortura e outro tratamentos ou penas cruéis, desumanos ou degradantes; e Comitê para os Direitos da Criança instituído pela Convenção sobre os Direitos da Criança.

6.2 Corte Internacional de Justiça

- *Histórico:* a Corte Permanente de Justiça Internacional funcionava como organismo autônomo da Liga das Nações. Mesmo com a ocupação da Holanda pela Alemanha, ela continuou a funcionar em Genebra, sendo dissolvida apenas em 1946, dando lugar à Corte Internacional de Justiça. Embora seja o órgão mais importante em termos judiciais no sistema global de proteção, nada impede que membros da organização confiem a solução de seus conflitos a outros tribunais internacionais.

- *Órgão permanente:* a Corte Internacional de Justiça é um órgão permanente, que somente deixa de funcionar nas férias judiciárias. Com sede em Haia, é possível que julgamentos se realizem em outras localidades. Suas línguas oficiais são o francês e o inglês.

- *Composição:* a Corte é composta por um corpo de 15 juízes independentes, dentre pessoas com alta consideração moral e condições para, no país de que é nacional, exercer as mais elevadas funções judiciárias. Seus membros são eleitos pela Assembleia Geral e pelo Conselho de Segurança a partir de uma lista apresentada pelos grupos nacionais da Corte Permanente de Arbitragem ou grupos indicados para este fim por Estados-membros não representados. Os membros da Corte serão eleitos por nove anos e poderão ser reeleitos, além do que o artigo 13 do Estatuto da CIJ assegura que a cada três anos 5 novos membros sejam eleitos ou reeleitos.

- *Competência:* a competência da Corte, por ser tão abrangente, pode ou não envolver questões de direitos humanos. Assim, não se trata de tribunal internacional que julgue exclusivamente questões de direitos humanos, mas que também as julga. A Corte decidirá de acordo com o direito internacional, aplicando convenções internacionais, costumes internacionais, princípios gerais do Direito, decisões judiciárias e doutrina. Se as partes concordarem, a Corte pode decidir a questão *ex aequo et bono*, expressão jurídica latina que significa "conforme o correto e válido", ou seja, caso as partes concordem a decisão pode ser tomada com base no senso de justiça que repousa no conhecimento comum da humanidade. Não cabe recurso da sentença da Corte, contudo, em hipóteses excepcionais, é admitido processo de revisão, isto é, descobrimento de algum fato suscetível de exercer influência decisiva que à época de julgamento era de desconhecimento da Corte ou das partes, sendo este justificável, que não tenha se dado por motivo de negligência.
- *Função consultiva:* além da função jurisdicional, a Corte desempenha função consultiva, pois tanto a Assembleia Geral quanto o Conselho de Segurança podem solicitar parecer consultivo sobre questão jurídica, assim como órgãos das Nações Unidas e entidades especializadas mediante autorização da Assembleia Geral.

6.3 Alto Comissariado das Nações Unidas para os Direitos Humanos
- O Alto Comissariado das Nações Unidas para os Direitos Humanos – ACNUDH ou *Office of the High Commissioner for Human Rights* – OHCHR é o principal órgão da ONU responsável por promover e proteger a efetiva fruição de direitos humanos, inclusive por meio de assessoramento e assistência técnica, sendo instituído pela Resolução ONU nº 48/141, de 20 de dezembro de 1993.

6.4 Comitê de Direitos Humanos
- *Criação e composição:* o Comitê de Direitos Humanos foi instituído pelo Pacto Internacional dos Direitos Civis e Políticos de 1966, que o disciplina nos artigos 28 a 45. É composto por 18 membros que sejam eleitos pelos Estados-partes do Pacto, dotados de reputação moral e reconhecida competência em matéria de direitos humanos. O mandato é de 4 anos, sendo possível uma recondução.
- *Relatórios gerais:* os Estados-partes deverão apresentar relatórios sobre as medidas adotadas para tornar efetivos os direitos civis e políticos abrangidos pelo Pacto, dentro de um ano da ratificação do Pacto e, depois, cada vez que o Comitê solicitar. Na sua primeira observação geral o Comitê alertou sobre o dever de apresentar os relatórios na periodicidade correta sempre que solicitado.
- *Competência:* a competência do Comitê deve ser reconhecida pelo Estado-parte, de forma que sem tal declaração o Comitê não apreciará denúncias de violações aos direitos humanos civis e políticos descritos no Pacto. Esta declaração pode ser retirada a qualquer momento pelo Estado-parte.
- Embora o PIDCP não tenha previsto diretamente um mecanismo para a apresentação de denúncias pelos indivíduos ao Comitê, o protocolo facultativo ao Pacto, de 16 de dezembro de 1966, o fez. A denúncia somente pode ser recebida se o Estado houver ratificado o Protocolo Facultativo. Não há, entretanto, decreto promulgando este Protocolo Facultativo no ordenamento brasileiro, concluindo o processo de internalização do tratado internacional. O que há, apenas, é o Decreto Legislativo nº 911/2009 (que aprovou não só este Protocolo Facultativo, como o outro Protocolo Facultativo ao PIDCP com vistas à Abolição da Pena de Morte). Além do esgotamento dos recursos na via interna, salvo excesso dos prazos razoáveis, são requisitos de admissibilidade não serem denúncias anônimas e não constituírem abuso de direito ou serem incompatíveis com as disposições do Pacto, e que a mesma questão já não esteja sendo examinada por uma outra instância internacional de investigação ou decisão.

6.5 Conselho de Direitos Humanos
- *Criação:* o Conselho de Direitos Humanos é um órgão *intra*governamental da organização responsável pelo fortalecimento da promoção e da proteção dos direitos humanos pelo mundo. Ele foi criado pela Resolução nº 60/251 da Assembleia Geral, em 15 de março de 2006, passando a funcio-

nar a partir de 30 de junho de 2006. Tem sede em Genebra, na Suíça, substituindo a Comissão de Direitos Humanos e funcionando (de forma permanente) como órgão subsidiário da Assembleia.
- *Objetivo:* seu objetivo é proteger todos os direitos humanos e liberdades fundamentais com relação a todas as pessoas, bem como discutir as situações de violações de direitos humanos e fazer recomendações a respeito delas.
- *Princípios que guiam as atividades do Conselho: a)* universalidade; *b)* imparcialidade; *c)* objetividade; *d)* não seletividade; *e)* diálogo internacional construtivo; *f)* cooperação.
- *Composição:* é composto por 47 países que são eleitos para mandato de 3 anos pela Assembleia Geral sob o *quórum* da maioria dos seus membros, de maneira secreta, direta e individual, os quais estão distribuídos pelo globo da seguinte forma: 13 nos Estados africanos, 13 nos asiáticos, 6 na Europa Oriental, 8 na América Latina e no Caribe, 7 na Europa Ocidental e outros Estados. Todos os Estados das Nações Unidas podem aderir ao Conselho de Direitos Humanos, podendo a Assembleia Geral por 2/3 dos votos suspender um Estado-parte que constantemente viole direitos humanos.
- *Entre os mecanismos que o movimentam destacam-se: a)* o *de Revisão Periódica Universal*, que serve para avaliar a situação dos direitos humanos em todos os Estados-membros das Nações Unidas; *b)* o *Comitê Consultivo*, que serve como órgão reflexivo do Conselho fornecendo-lhe conhecimentos e conselhos sobre questões temáticas de direitos humanos; *c)* e *o procedimento de queixa*, que permite que indivíduos e organizações tragam violações dos direitos humanos para a atenção do Conselho.
- Há acesso ao processo de reclamação perante o Conselho por pessoas/grupos de pessoas que forem vítimas de violações de direitos humanos (ou instituições que as representem), *desde que a comunicação não se dê manifestamente por questões políticas, que a violação ocorrida seja bem explicitada, que não seja utilizada linguagem abusiva, que a denúncia não seja baseada em relatórios divulgados pela mídia em massa, que a questão não tenha sido analisada por outro procedimento especial ou órgão das Nações Unidas ou de outra organização internacional,* e *que haja esgotamento dos recursos internos.*
- *Procedimentos especiais: Resolução nº 1.235/1967 e Resolução nº 1.503/1970:* o Conselho de Direitos Humanos, órgão vinculado à Assembleia Geral, sucedeu a extinta Comissão de Direitos Humanos, que se vinculava ao Conselho Econômico e Social da ONU. Ocorre que existem dois procedimentos especiais que regulam trâmites perante a Comissão de Direitos Humanos e que, a partir do momento em que surge o Conselho de Direitos Humanos, passam a tramitar perante este novo órgão. Neste sentido, as Resoluções nº 1.235/1967 e nº 1.503/1970, emitidas pelo Conselho Econômico e Social, regulam procedimentos especiais que tomam a posição de instrumentos hábeis no Conselho de Direitos Humanos, ambos aplicáveis em situações de consistentes e sistemáticas violações de direitos humanos. Em linhas gerais, a Resolução nº 1.235/1967 cria um procedimento especial baseado em publicidade ostensiva, com investigações e debates públicos. Inicia-se a partir da constatação de notícias em geral, seguindo-se com a criação de um órgão específico, consistente numa subcomissão (grupo de trabalho ou relatoria especial), e culminando com eventual repreensão feita pela Assembleia Geral da organização. A Assembleia se utiliza não de poder coativo, mas do constrangimento público. A terminologia para a providência, no inglês, é *power of shame and embarasment*, que significa poder da vergonha e do embaraço. Alguns anos depois, surgiu a necessidade de criação de um procedimento que não se baseasse na publicidade, mas sim no sigilo, propósito esculpido pela Resolução nº 1.503/1970. As investigações promovidas nos termos deste procedimento são confidenciais, embora as denúncias feitas em seus termos não possam ser anônimas. O Estado será notificado de forma confidencial e a subcomissão redigirá recomendações, que também ficarão confidenciais. Caso o Estado se recuse a cumpri-las, será possível dar publicidade às recomendações, utilizando o mesmo mecanismo de humilhação pública pela Assembleia Geral da Resolução nº 1.235/1967.

6.6 Comitê de Direitos Econômicos, Sociais e Culturais

- *Criação:* o Comitê de Direitos Econômicos, Sociais e Culturais foi criado originalmente pelo próprio Conselho Econômico e Social (ECOSOC) da Organização das Nações Unidas, no ano de 1985, a fim de controlar a aplicação, pelos Estados Partes, das disposições do Pacto Internacional sobre os Direitos Econômicos, Sociais e Culturais (PIDESC) de 1966. Posteriormente, o Comitê foi "oficializado" via tratado internacional de direitos humanos, pelo Protocolo Facultativo ao Pacto Internacional de Direitos Econômicos, Sociais e Culturais (adotado pela Assembleia Geral das Nações Unidas a 10 de dezembro de 2008, através da Resolução A/RES/63/117). Trata-se, assim, de um órgão originalmente concebido como aparato instrumental do ECOSOC para fiscalizar o cumprimento de disposições de um tratado internacional específico, notadamente pelo sistema de relatórios instituído nos artigos 16 e 17 do PIDESC.

- *Composição:* o Comitê é composto por 18 membros, peritos com reconhecida experiência no domínio dos direitos humanos. Destaca-se que seus membros atuam como peritos e não como representantes dos governos dos quais são nacionais. A escolha do presidente, de três vice-presidentes e do relator é feita no âmbito interno. Assim, o Conselho Econômico e Social (ECOSOC), do qual o Comitê retira sua autoridade, elege os membros que irão compor o Comitê, mediante escrutínio secreto a partir de lista de nomeados propostos pelos Estados-Partes do Pacto Internacional de Direitos Econômicos, Sociais e Culturais de 1966, sendo assegurada a distribuição geográfica equitativa e a representação dos diversos sistemas sociais e jurídicos.

- *Protocolo facultativo:* além do sistema de relatórios previsto originariamente no PIDESC, o Comitê de Direitos Econômicos, Sociais e Culturais foi instrumentalizado com um sistema de petições e com um sistema de inquéritos pelo Protocolo Facultativo ao Pacto Internacional sobre os Direitos Econômicos, Sociais e Culturais de 1966, adotado pela Assembleia Geral das Nações Unidas em 10 de dezembro de 2008 e passando a viger em 05 de maio de 2013, quando obteve o número mínimo de adesões dos Estados-partes. O Brasil não é signatário do Protocolo Facultativo ao Pacto Internacional sobre os Direitos Econômicos, Sociais e Culturais de 1966, muito embora seja signatário do tratado principal ao qual este protocolo é acessório. Assim sendo, embora o Brasil se sujeite ao Comitê de Direitos Econômicos, Sociais e Culturais no que se refere ao sistema de relatórios e à atuação de caráter geral, não está subordinado aos aparatos instituídos pelo Protocolo Facultativo em questão.

- *Relatórios gerais:* o sistema de relatórios é a base do controle exercido pelas Nações Unidas em relação aos direitos econômicos, sociais e culturais, estando esculpido no Pacto Internacional de 1966. O Brasil é signatário do Pacto e, em razão disso, se sujeita ao sistema de relatórios nele esculpido.

- *Recebimento de denúncias:* o artigo 1º do Protocolo Facultativo ao Pacto Internacional sobre Direitos Econômicos, Sociais e Culturais já destaca que apenas podem apresentar comunicações os Estados-partes que reconheçam a competência do Comitê para recebê-las. Logo, como é de praxe, sem reconhecimento expresso da competência do Comitê mediante ratificação do Protocolo, um país não pode ser denunciado e nem denunciar – é o caso do Brasil.

- *Instauração de inquéritos:* além do sistema de petições, o Protocolo Facultativo ao PIDESC institui um procedimento de inquérito, esculpido nos artigos 11 e 12.

6.7 Organismos especializados

- *Comitê contra a Tortura:* foi criado pela Convenção contra a Tortura e Outras Penas ou Tratamentos Cruéis, Desumanos ou Degradantes, com disciplina do artigo 17 ao 24 do aludido ato normativo. É composto por dez peritos de elevada reputação moral e reconhecida competência em matéria de direitos humanos, os quais exercerão suas funções a título pessoal, isto é, de forma indelegável. Eles serão indicados pelos Estados-partes e por eles eleitos em votação secreta em reuniões bienais, levando em conta uma distribuição geográfica equitativa e a utilidade da participação de algumas pessoas com experiência jurídica (assim, o critério geográfico não é absoluto, mas deve ser observado). O mandato é de 4 anos, aceita uma reeleição, prevendo-se regra de transição nos anos iniciais para a constante alternância. É preciso lembrar, ainda, do Protocolo Facultativo à Convenção contra a Tortura e Outros Tratamentos ou Penais Cruéis, Desumanos ou Degradantes, adotado em 18 de dezembro de 2002, e com processo de internalização concluído pelo Brasil pelo Decreto nº 6.085/2007. De acordo com o artigo 1º, o objetivo do Protocolo é estabelecer um sistema de visitas regulares efetuadas por órgãos nacionais e internacionais independentes a lugares onde pessoas são privadas de sua liberdade, com a intenção de prevenir a tortura e outros tratamentos ou penas cruéis, desumanos ou degradantes. Ato contínuo se diz que um *Subcomitê de Prevenção da Tortura e outros Tratamentos ou Penas Cruéis, Desumanos ou Degradantes do Comitê contra a Tortura (doravante denominado Subcomitê de Prevenção)* deverá ser estabelecido e desempenhar as funções definidas no presente Protocolo.

- *Comitê sobre a Eliminação da Discriminação contra a Mulher:* foi criado pela Convenção da ONU sobre a Eliminação de Todas as Formas de Discriminação contra a Mulher, de 18 de dezembro de 1979, que o disciplina do artigo 17 ao 22. Quando à composição, no momento da entrada em vigor da Convenção era composto de dezoito peritos e, após sua ratificação ou adesão pelo trigésimo quinto Estado-parte, passou a ter vinte e três peritos de grande prestígio moral e competência na área abarcada pela Convenção (atualmente são 23 especialistas, portanto). Os peritos serão eleitos – votação secreta – pelos Estados-partes e exercerão suas funções a título pessoal, respeitando-se uma distribuição geográfica equitativa, bem como garantindo a representação das formas diversas de civilização e dos principais sistemas jurídicos. O mandato é de 4 anos, estabelecendo-se regra inicial de transição.

- *Comitê para os Direitos da Criança:* foi criado pela Convenção sobre os Direitos da Criança, de 20 de novembro de 1989, que o trata nos artigos 43 a 45. O comitê é integrado por dez especialistas de reconhecida integridade moral e competência nas áreas cobertas pela Convenção. Eles são eleitos – votação secreta – pelos Estados-partes dentre seus nacionais e exercem suas funções a título pessoal, considerando-se na escolha dos 10 uma distribuição geográfica equitativa e os principais sistemas jurídicos. Há eleição de membros a cada 2 anos, sendo o mandato de 4 anos (possível uma reeleição caso haja reapresentação da candidatura), logo, 5 membros são eleitos a cada 2 anos (de início, estabeleceu-se regra de transição).

- *Comitê sobre os Direitos das Pessoas com Deficiência:* foi criado pela Convenção Internacional sobre os Direitos das Pessoas com Deficiência (artigos 34 a 39) e seu Protocolo Facultativo (protocolo este com foco especial no Comitê). O Comitê é constituído por 12 peritos numa fase inicial e, após 60 ratificações, 18 peritos (atualmente, é este o número de peritos), eleitos para mandato de 4 anos (prevista regra inicial de transição para a devida alternância), aceita uma reeleição, em votação secreta a título pessoal a partir de lista de pessoas indicadas pelos Estados-partes (cada qual indica 1 nacional), organizada em ordem alfabética pelo Secretário-Geral da ONU. Os peritos devem possuir elevada postura moral, competência e experiência reconhecidas no campo dos direitos humanos das pessoas com deficiência. Na eleição deve ser observada uma distribuição geográfica equitativa, com representação de diferentes formas de civilização e dos principais sistemas jurídicos, bem como representação equilibrada de gênero e participação de peritos com deficiência.

- *Comitê para a Eliminação da Discriminação Racial:* foi criado pela Convenção Internacional sobre a Eliminação de Todas as Formas de Discriminação Racial, tratando-se de outro organismo especializado vinculado à ONU buscando a proteção dos direitos humanos numa área específica. É composto de 18 peritos conhecidos para sua alta moralidade e conhecida imparcialidade, que serão eleitos pelos Estados-partes dentre seus nacionais e que atuarão a título individual, levando-se em conta uma repartição geográfica equitativa, assim como a representação das formas diversas de civilização e dos principais sistemas jurídicos. O mandato é de 4 anos – eleição secreta –, estabelecendo-se regra inicial de transição para constante alternância bienal.

- *Comitê contra o Desaparecimento Forçado:* a Convenção Internacional para a Proteção de Todas as Pessoas contra o Desaparecimento Forçado, além de conferir proteção material com vistas a evitar este tipo de prática, cria tal organismo especializado atuante no âmbito da Organização das Nações Unidas. O Comitê será composto por 10 peritos de elevado caráter moral e com reconhecida competência na área dos direitos humanos que exercerão as suas funções a título pessoal, com independência e imparcialidade. A escolha dos peritos será feita num critério de distribuição equitativa, contando com representantes de todas regiões do globo, exigindo-se ainda uma distribuição equilibrada entre os sexos dos membros. O mandato é de 4 anos (votação secreta), cabendo uma única reeleição.

6.8 Tribunal Penal Internacional

- *Criação:* em 2002, entrou em vigor o Estatuto de Roma do Tribunal Penal Internacional (o tratado foi adotado em 17 de julho de 1998, mas entrou em vigor somente em primeiro de julho de 2002; a Corte iniciou suas atividades em março de 2003). O Estatuto contém 128 artigos, regendo a competência e o funcionamento deste Tribunal voltado às pessoas responsáveis por crimes de maior gravidade com repercussão internacional (artigo 1º, ETPI). O Estatuto de Roma do Tribunal Penal Internacional foi promulgado no Brasil pelo Decreto nº 4.388, de 25 de setembro de 2002. Conforme expressamente se dispõe no Decreto, o aludido ato internacional entrou em vigor internacional em primeiro de julho de 2002, e passou a vigorar, para o Brasil, em primeiro de setembro de 2002, tendo em vista a redação do artigo 126, ETPI.
- *Particularidade:* ao contrário da Corte Internacional de Justiça, cuja jurisdição é restrita a Estados, ao Tribunal Penal Internacional compete o processo e julgamento de violações contra indivíduos; e, distintamente dos Tribunais de crimes de guerra da Iugoslávia e de Ruanda, criados para analisarem crimes cometidos durante esses conflitos, sua jurisdição não está restrita a uma situação específica.
- O TPI é permanente, tem sede em Haia (podendo funcionar em outro local), bem como possui personalidade internacional. Embora tenha sido originariamente concebido no âmbito das Nações Unidas, trata-se de órgão independente dela.
- *Competência: a)* crime de genocídio; *b)* crime contra a humanidade; *c)* crime de guerra; *d)* crime de agressão. Atentar, também, para a competência temporal: a atuação do Tribunal Penal Internacional se dá em relação aos crimes cometidos após a entrada em vigor do documento para os membros originários (no caso, primeiro de julho de 2002), e depois da entrada em vigor relativamente ao Estado que o tenha assinado no caso de ingresso posterior.
- *Composição:* nos termos do artigo 34 do Estatuto, os órgãos do Tribunal são: Presidência; uma Seção de Recursos, uma Seção de Julgamento em Primeira Instância e uma Seção de Instrução; Gabinete do Procurador; e Secretaria. O Tribunal será composto por 18 juízes, eleitos para mandato de nove anos (não admitida reeleição), dentre pessoas de elevada idoneidade moral, imparcialidade e integridade, que reúnam os requisitos para o exercício das mais altas funções judiciais nos seus respectivos países, bem como dotados de reconhecida competência em direito penal e processual penal ou direito internacional, além de fluência em ao menos uma das línguas de trabalho.

REFERÊNCIAS

ABELSON, Hal; LEDEEN, Ken; LEWIS, Harry. **Blown to bits**: your life, liberty and happiness after the digital explosion. Crawfordsville (Indiana/USA): Addison-Wesley, 2008.

ACKEL FILHO, Diomar. **Writs constitucionais**: *habeas corpus*, mandado de segurança, mandado de injunção, *habeas data*. 2. ed. São Paulo: Saraiva, 1991.

ALEXY, Robert. **Teoria dos direitos fundamentais**. 2. ed. São Paulo: Malheiros, 2011.

_____. **Conceito e validade do direito**. São Paulo: WMF Martins Fontes, 2009.

_____. **Teoría de los derechos fundamentales**. Centro de Estudios Políticos y Constitucionales: Madrid, 2002.

ALMEIDA, Gregório Assagra de. **Direito processual coletivo brasileiro**: um novo ramo do direito processual (princípios, regras interpretativas e a problemática da sua interpretação e aplicação). São Paulo: Saraiva, 2003.

ALVES, Adamo Dias; OLIVEIRA, Marcelo Andrade Cattoni de. Carl Schimitt: um teórico da exceção sob o estado de exceção. **Revista Brasileira de Estudos Políticos**, Belo Horizonte, n. 105, p. 225-276, jul./dez. 2012.

AMARAL, Sérgio Tibiriçá. Magna Carta: Algumas Contribuições Jurídicas. **Revista Intertemas**: revista da Toledo. Presidente Prudente, ano 09, v. 11, p. 201-227, nov. 2006.

ANNONI, Danielle. **Direitos humanos & acesso à justiça no direito internacional**. Curitiba: Juruá, 2004.

AQUINO, Rubim Santos Leão de; et. al. **História das Sociedades**: das comunidades primitivas às sociedades medievais. 36. ed. Rio de Janeiro: Ao Livro Técnico, 1997.

AQUINO, Santo Tomás de. **Suma teológica**. Direção Gabriel C. Galache e Fidel García Rodríguez. Coordenação Geral Carlos-Josaphat Pinto de Oliveira. Edição Joaquim Pereira. São Paulo: Loyola, 2005, v. IV, parte II, seção I, questões 49 a 114.

ARANHA, Marcio Iorio. Mundialización informativa, informacional y cultural. **Política y Cultura**, Distrito Federal, México, n. 26, 2006.

ARAÚJO, Luiz Alberto David; NUNES JÚNIOR, Vidal Serrano. **Curso de direito constitucional**. 10. ed. São Paulo: Saraiva, 2006.

ARBOUR, Louise. A votação na ONU sobre a pena de morte. **UNRIC**, 28 de dezembro de 2007. Disponível em: <http://www.unric.org/pt/actualidade/opiniao/14736>. Acesso em: 12 abr. 2015.

ARENDT, Hannah. **Origens do totalitarismo**. Tradução Roberto Raposo. São Paulo: Companhia de Bolso, 2012.

_____. **A condição humana**. Tradução Roberto Raposo. 10. ed. Rio de Janeiro: Forense, 2007.

ARISTÓTELES. **Retórica**. São Paulo: Rideel, 2007.

_____. **Ética a Nicômaco**. São Paulo: Martin Claret, 2006.

ARRUDA ALVIM NETTO, José Manoel de. Instrumentos constitucionais direcionados à proteção dos direitos coletivos: ação civil pública e ação popular. In: MOREIRA, Alberto Camiña; ALVAREZ, Anselmo Prieto; BRUSCHI, Gilberto Gomes (coord.). **Panorama atual das tutelas individual e coletiva**: estudos em homenagem ao professor Sérgio Shimura. São Paulo: Saraiva, 2011. p. 142-185.

ASSIS, Olney Queiroz. **O estoicismo e o Direito**: justiça, liberdade e poder. São Paulo: Lúmen, 2002.

BALERA, Wagner. Comentários aos artigos XXVII e XXVIII. In: BALERA, Wagner (Coord.). **Comentários à Declaração Universal dos Direitos do Homem**. Brasília: Fortium, 2008. p. 147-150.

BALESTERI, Ricardo. **Direitos humanos**: coisa de polícia. Disponível em: <http://www.mpba.mp.br/atuacao/ceosp/artigos/Balestreri_Direitos_Humanos_Coisa_policia.pdf>. Acesso em: 03 out. 2013.

BARRETO, Ana Carolina Rossi; IBRAHIM, Fábio Zambitte. Comentários aos Artigos III e IV. In: BALERA, Wagner (Coord.). **Comentários à Declaração Universal dos Direitos do Homem**. Brasília: Fortium, 2008. p. 13-24.

BARROSO, Luís Roberto. **Interpretação e aplicação da Constituição**. 7. ed. São Paulo: Saraiva, 2009.

BARSA Nova Enciclopédia. **Macropédia**. São Paulo: Barsa Consultoria Editorial Ltda., 2001 (versão 2.0 em CD).

BASTOS, Celso Ribeiro; BRITO, Calos Ayres de. **Interpretação e aplicabilidade das normas constitucionais**. São Paulo: Saraiva, 1982.

_____; MEYER-PFLUG, Samantha. A interpretação como fator de desenvolvimento e atualização das normas constitucionais. In: SILVA, Virgílio Afonso da (Org.). **Interpretação constitucional**. São Paulo: Malheiros, 2007. p. 145-164.

BOBBIO, Norberto. **A era dos direitos**. 9. ed. Rio de Janeiro: Elsevier, 2004.

BONAVIDES, Paulo. **Curso de direito constitucional**. 26. ed. São Paulo: Malheiros, 2011.

BOTELHO, Tatiana. Direitos humanos sob a ótica da responsabilidade internacional. **Revista da Faculdade de Direito de Campos**, Ano VI, nº 6, jun. 2005.

BRAGA E SILVA, Martinho. Um caso entre a saúde mental e os direitos humanos: as versões e a vítima. **Physis: Revista de Saúde Coletiva**, Rio de Janeiro, v. 23, n. 4, out./dez. 2013.

BRASIL. Poder Executivo. Planalto. **Portal de Legislação: Decretos**. Disponível em: <http://www4.planalto.gov.br/legislacao/portal-legis/legislacao-1/decretos1/decretos-1>. Acesso em: 10 nov. 2018.

_____. Comissão Nacional da Verdade. **Relatório da Comissão Nacional da Verdade**. Brasília: CNV, 2014, v. 1, 2 e 3.

_____. Secretaria Nacional de Justiça. **Manual de extradição**. Brasília: Secretaria Nacional de Justiça (SNJ), Departamento de Estrangeiros, 2012.

_____. Superior Tribunal de Justiça. **Improbidade administrativa**: desonestidade na gestão dos recursos públicos. Disponível em: <http://www.stj.gov.br/portal_stj/publicacao/engine.wsp?tmp.area=398&tmp.texto=103422>. Acesso em: 26 mar. 2013.

BUENO, Cassio Scarpinella. Habeas data. In: DIDIER JR., Fredie (org.). **Ações constitucionais**. 5. ed. Salvador: JusPODIVM, 2011. p. 67-109.

BULOS, Uadi Lammêngo. **Constituição Federal anotada**. 5. ed. São Paulo: Saraiva, 2003.

BURNS, Edward McNall. **História da civilização ocidental**: do homem das cavernas às naves espaciais. 41. ed. Atualização Robert E. Lerner e Standisch Meacham. São Paulo: Globo, 2001, v. 1.

_____. **História da civilização ocidental**: do homem das cavernas às naves espaciais. 43. ed. Atualização Robert E. Lerner e Standisch Meacham. São Paulo: Globo, 2005, v. 2.

CAMARGO, Raquel Peixoto do Amaral; MELO NETO, José Baptista de. **A proteção internacional dos direitos humanos face ao relativismo cultural**. UFPB, X encontro de iniciação à docência. Disponível em: <http://www.prac.ufpb.br/anais/IXEnex/iniciacao/documentos/anais/3.DIREITOSHUMANOS/3CCJDDPUMT01.pdf>. Acesso em: 04 jun. 2013.

CANARIS, Claus-Wilhelm. A influência dos direitos fundamentais sobre o direito privado na Alemanha. In: **Revista Jurídica**: órgão nacional de doutrina, jurisprudência, legislação e crítica judiciária, nº 312. Porto Alegre: Notadez, 2003.

CANOTILHO, José Joaquim Gomes. **Direito constitucional**. 7. ed. Coimbra, Portugal: Livraria Almedina, 2003.

_____. **Direito constitucional e teoria da constituição**. 2. ed. Coimbra: Almedina, 1998.

_____. **Constituição dirigente e vinculação do legislador**: contributo para a compreensão das normas constitucionais programáticas. Coimbra: Coimbra Ed., 1994.

CAPPELLETTI, Mauro; GARTH, Bryant. **Acesso à Justiça**. Tradução Ellen Grace Northfleet. Porto Alegre: Sérgio Antônio Fabris Editor, 1998.

CÁRITAS BRASILEIRA. Disponível em: http://caritas.org.br/projetos/programas-caritas/refugiados. Acesso em 14 jan. 2015.

CARVALHO FILHO, José dos Santos. **Manual de direito administrativo**. 23. ed. Rio de Janeiro: Lumen Juris, 2010.

Center for Justice and International Law – CEJIL. **La tortura en el derecho internacional**: Guía de jurisprudencia. [s.n.], 2008. Disponível em: <http://www.apt.ch/content/files_res/JurisprudenceGuideSpanish.pdf>. Acesso em: 12 abr. 2015.

CÍCERO, Marco Túlio. **Da República**. Rio de Janeiro: Ediouro, 1995.

CICV – COMITÊ INTERNACIONAL DA CRUZ VERMELHA. **Resumo das Convenções de Genebra de 12 de agosto de 1949 e dos seus protocolos adicionais**. 2. ed. Genebra: CICV, 2012.

CÓDIGO CIVIL FRANCÊS. Disponível em: http://www.legifrance.gouv.fr/affichCode.do?cidTexte=LEGITEXT000006070721. Acesso em: 15 abril. 2015.

CÓDIGO CIVIL PORTUGUÊS. Disponível em: http://www.codigocivil.pt. Acesso em: 04 jun. 2017.

COMPARATO, Fábio Konder. Fundamento dos Direitos Humanos. **Instituto de Estudos Avançados da USP**, 1997. Disponível em: <http://www.iea.usp.br/publicacoes/textos/comparatodireitoshumanos.pdf>. Acesso em: 02 jul. 2013.

_____. **A Constituição Mexicana de 1917**. Disponível em: <http://www.dhnet.org.br/educar/redeedh/anthist/mex1917.htm>. Acesso em: 10 nov. 2013.

_____. **A afirmação histórica dos direitos humanos**. 3. ed. São Paulo: Saraiva, 2004.

CORNELL UNIVERSITY LAW SCHOOL. **Legal Information Institute**. Disponível em: <http://www.law.cornell.edu/rules/frcp/rule_23>. Acesso: 18 nov. 2013.

CORRÊA, Paloma Morais. Corte interamericana de direitos humanos: opinião consultiva 4/84 – a margem de apreciação chega à América. **Revista de Direito Internacional**. Brasília, v. 10, n. 2, 2013.

COSTA, Paulo Sérgio Weyl A. Direitos Humanos e Crítica Moderna. **Revista Jurídica Consulex**. São Paulo, ano XIII, n. 300, p. 27-29, jul. 2009.

CRETELLA JÚNIOR, José. **Os writs na Constituição de 1988**: mandado de segurança, mandado de segurança coletivo, mandado de injunção, habeas data, ação popular, habeas corpus. 2. ed. Rio de Janeiro: Forense Universitária, 1996.

CRUZ, Marcelo Cavaletti de Souza. Comentários aos artigos XXIX e XXX. In: BALERA, Wagner (Coord.). **Comentários à Declaração Universal dos Direitos do Homem**. Brasília: Fortium, 2008. p. 151-154.

CUADRA, Bonifacio de la. La ONU rechaza la reclamación de eutanasia en el "caso Sampedro". **El país**, 03 de maio de 2004. Disponível em: <http://elpais.com/diario/2004/05/03/sociedad/1083535205_850215.html>. Acesso em: 12. abr. 2015.

DENNY, Andrew. The Shell Nigeria cases: an important precedent for transnational liability claims. **Allen & Overy**, 07 fev. 2013. Disponível em: <http://www.allenovery.com/publications/en-gb/Pages/The-Shell-Nigeria-cases----an-important-precedent-for-transnational--liability-claims.aspx>. Acesso em: 24 jul. 2017.

DEYRA, Michel. **Direito internacional humanitário**. Lisboa: Procuradoria-Geral da República, 2001.

DIDIER JÚNIOR, Fredie; ZANETI JÚNIOR, Hermes. **Curso de direito processual civil**: processo coletivo. 7. ed. Salvador: JusPODIVM, 2012, v. 4.

DINIZ, Maria Helena. **Norma constitucional e seus efeitos**. 5. ed. São Paulo: Saraiva, 2001.

EMPRESAS E DIREITOS HUMANOS: Parâmetros da ONU para proteger, respeitar e reparar. Relatório final de John Huggie – representante especial do secretário geral. **Conectas**, março de 2012.

FAJARDO, Raquel Z. Yrigoyen. El horizonte del constitucionalismo pluralista: del multiculturalismo a la descolonización. In: GARAVITO, Cézar Rodríguez (Coord.). **El derecho en América Latina**: Un mapa para el pensamiento jurídico del siglo XXI. Disponível em: <http://www.miguelcarbonell.com/artman/uploads/1/El_horizonte_del_constitucionalismo_pluralista.pdf>. Acesso em: 24 mar. 2015.

FARÁG, Cláudio. Comentários aos artigos XXI e XXII. In: BALERA, Wagner (Coord.). **Comentários à Declaração Universal dos Direitos do Homem**. Brasília: Fortium, 2008. p. 119-125.

FIORILLO, Celso Antonio Pacheco. **Curso de direito ambiental brasileiro**. 7. ed. São Paulo: Saraiva, 2006.

GALLI, Maria Beatriz; DULITZKY, Ariel E. A comissão interamericana de direitos humanos e o seu papel central no sistema interamericano de proteção dos direitos humanos. In:

GOMES, Luís Flávio; PIOVESAN, Flávia (Coord.). **O sistema interamericano de proteção dos direitos humanos e o direito brasileiro**. São Paulo: Revista dos Tribunais, 2000. p. 53-80.

GANDELMAN, Henrique. **De Gutenberg à *Internet*:** direitos autorais das origens à era digital. 5. ed. São Paulo: Record, 2007.

GARCIA, Bruna Pinotti. Crise constitucional decorrente das disparidades dos critérios de interpretação das normas de direitos humanos no Supremo Tribunal Federal: direitos humanos como muleta argumentativa do intervencionismo judicial. In: LAZARI, Rafael de; BERNARDI, Renato. **Crise constitucional:** espécies, perspectivas e mecanismos de superação. Rio de Janeiro: Lumen Juris, 2015. p. 143-162.

_____. **Ética na *Internet*:** um estudo da autodisciplina moral no ciberespaço e de seus reflexos jurídicos. 2013. 340 f. Dissertação (Mestrado em Direito) – Centro Universitário Eurípides de Marília, Fundação de Ensino "Eurípides Soares da Rocha", Marília, 2013.

GELFLAND, Jacob. The Lack of Enforcement in the United Nations Draft Norms: Benefit or Disadvantage? In: SCHUTTER, Olivier de. **Transnational Corporations and Human Rights**. Oregon: Orford and Portland, 2006, p. 313-333.

GIDI, Antonio. **A *class action* como instrumento de tutela coletiva dos direitos**. São Paulo: RT, 2007.

GOMES, Luiz Flávio. Punição dos crimes da ditadura: crise constitucional e internacional. In: LAZARI, Rafael de; BERNARDI, Renato (org.). **Crise constitucional**: espécies, perspectivas e mecanismos de superação. Rio de Janeiro: Lumen Juris, 2015. p. 129-141.

GONÇALVES, Carlos Roberto. **Direito civil brasileiro**: parte geral. São Paulo: Saraiva, 2011, v. 1.

GUARDIA, Andrés Felipe T. S. Comentários aos artigos V e VI. In: BALERA, Wagner (Coord.). **Comentários à Declaração Universal dos Direitos do Homem**. Brasília: Fortium, 2008. p. 25-34.

HÄBERLE, Peter. **Constitución como cultura**. Bogotá: Instituto de Estudios Constitucionales, 2002.

HABERMAS, Jürgen. **Agir comunicativo e razão destranscendentalizada**. Rio de Janeiro: Tempo Brasileiro, 2002.

_____. **Direito e moral**. Lisboa: Instituto Piaget, 1992.

_____. **Consciência moral e agir comunicativo**. Rio de Janeiro: Tempo Brasileiro, 1989.

HOBBES, Thomas. **Leviatã ou matéria, forma e poder de um Estado eclesiástico e civil**. 2. ed. São Paulo: Abril Cultural, 1979 (Coleção "Os Pensadores").

HOLMES, Stephen; SUSTEIN, Cass. **The cost of rights**: why liberty depends on taxes. New York: W. W. Norton & Company, 1999.

ÍNDIA declara os golfinhos como pessoas não humanas. **Revista ecológica**, 25 jul. 2013. Disponível em: <http://revistaecologica.com/direitos-dos-animais/india-declara-os-golfinhos--como-pessoas-nao-humanas>. Acesso em: 19 set. 2013.

JUSTIÇA argentina estende noção de "direito humano" para libertar o orangotango. Disponível em: http://operamundi.uol.com.br/conteudo/noticias/38938/justica+argentina+estende+n ocao+de+direito+humano+para+libertar+orangotango.shtml. Acesso em: 09 jan. 2015.

KARP, David Jason. **Responsibility for Human Rights Transnational Corporations in Imperfect States**. Nova York: Cambridge University Press, 2014.

KELSEN, Hans. **Teoria pura do Direito**. 6. ed. São Paulo: Martins Fontes, 2003.

LAFER, Celso. **A reconstrução dos direitos humanos**: um diálogo com o pensamento de Hannah Arendt. São Paulo: Cia. das Letras, 2009.

LARENZ, Karl. **Metodologia da ciência do direito**. 3. ed. Lisboa: Fundação Calouste Gulberkian, 1997.

LAZARI, Rafael de. **Manual de direito constitucional**. 2. ed. Belo Horizonte: D'Plácido, 2018.

_____. **Teoria da consolidação substancial dos direitos humanos**: aportes à concepção de "pessoas democráticas de direito". Rio de Janeiro: Lumen Juris, 2017.

_____. **Reserva do possível e mínimo existencial**: a pretensão de eficácia da norma constitucional em face da realidade. 2. ed. Curitiba: Juruá, 2016.

_____. Símbolos religiosos em repartições públicas e a atuação do Conselho Nacional de Justiça. In: LAZARI, Rafael de; BERNARDI, Renato; LEAL, Bruno Bianco (org.). **Liberdade religiosa no Estado Democrático de Direito**: questões históricas, filosóficas, políticas e jurídicas. Rio de Janeiro: Lumen Juris, 2014. p. 223-235.

_____; BERNARDI, Renato. **Ensaios escolhidos de direito constitucional**. Brasília: Kiron, 2013.

_____; SCHMEISKE, Francielly. A ação popular como instrumento de controle do mérito do ato administrativo. **Revista Dialética de Direito Processual**, São Paulo, Oliveira Rocha Comércio e Serviços LTDA, v. 125, p. 109-129, ago./2013.

_____. A natureza da decisão concedida em sede de mandado de injunção: aporte por uma teoria processual do tema In: **Revista Dialética de Direito Processual, vol. 123**. São Paulo: Oliveira Rocha Comércio e Serviços LTDA, jun/2013, p. 117-127.

_____; MARGRAF, Alencar Frederico (org.). **A consolidação substancial dos direitos humanos**: perspectivas e tendências. Rio de Janeiro: Lumen Juris, 2015.

LEITÃO, André Studart; MEIRINHO, Augusto Grieco Sant'Anna. In: BALERA, Wagner (Coord.). **Comentários à Declaração Universal dos Direitos do Homem**. Brasília: Fortium, 2008.

LEITÃO, Thais. Pessoas com deficiência representam 24% da população brasileira, mostra censo. **Agência Brasil**, 29 de junho de 2012. Disponível em: <http://memoria.ebc.com.br/agenciabrasil/noticia/2012-06-29/pessoas-com-deficiencia-representam-24-da-populacao--brasileira-mostra-censo>. Acesso em: 14 abr. 2015.

LEONEL, Ricardo de Barros. **Manual do processo coletivo**. 2. ed. São Paulo: RT, 2011.

LOCKE, John. Segundo **Tratado sobre o Governo Civil e Outros Escritos**. Petrópolis: Vozes, 1994.

LOWENTHAL, Anamaria Valiengo. Exame da expressão "a dignidade da pessoa humana" sob o ângulo de uma semiótica jurídica. In: POZZOLI, Lafayette; SOUZA, Carlos Aurélio Mota de (Org.). **Ensaios em homenagem a Franco Montoro**: humanismo e política. São Paulo: Loyolla, 2001. p. 331-335.

LUHMANN, Niklas. **Legitimação pelo procedimento**. Brasília: Universidade de Brasília, 1980.

MACHADO, Carlos Augusto Alcântara. **A fraternidade como categoria jurídico-constitucional**. In: Congresso Nacional "Direito e Fraternidade", 26 de janeiro de 2008, no Auditório Mariápolis Ginetta, Vargem Grande Paulista – São Paulo.

_____. **Mandado de injunção**: um instrumento de efetividade da constituição. São Paulo: Atlas, 1999.

MANCUSO, Rodolfo de Camargo. **Interesses difusos**: conceito e legitimação para agir. 6. ed. São Paulo: Revista dos Tribunais, 2004.

MAQUIAVEL, Nicolau. **O príncipe**. São Paulo: Martin Claret, 2007.

MARITAIN, Jacques. **Os direitos do homem e a lei natural**. 3. ed. Rio de Janeiro: Livraria José Olympio Editora, 1967.

_____. **Humanismo integral**. 4. ed. São Paulo: Dominus Editora S/A, 1962.

MARTINS, Argemiro Cardoso Moreira; MITUZANI, Larissa. Direito das minorias interpretado: o compromisso democrático do direito brasileiro. **Sequência**, n. 63, p. 319-352, dez. 2011.

MAZZILLI, Hugo Nigro. **A defesa dos interesses difusos em juízo**. 22. ed. São Paulo: Saraiva, 2009.

MAZZUOLI, Valerio de Oliveira. **Curso de direito internacional público**. 8. ed. São Paulo: RT, 2014.

_____. **Curso de direito internacional público**. 7. ed. São Paulo: RT, 2013.

_____. **Direito internacional**: tratados e direitos humanos fundamentais na ordem jurídica brasileira. Rio de Janeiro: América Jurídica, 2001.

MEDINA, José Miguel Garcia; ARAÚJO, Fábio Caldas de; GAJARDONI, Fernando da Fonseca. **Processo civil moderno**: procedimentos cautelares e especiais. São Paulo: RT, 2009, v. 4.

MEIRELLES, Hely Lopes. **Mandado de segurança, ação popular, ação civil pública, mandado de injunção, *habeas data*, ação direta de inconstitucionalidade e ação declaratória de constitucionalidade**. 22. ed. São Paulo: Malheiros, 2000.

MELLO, Celso D. de Albuquerque. **Curso de Direito Internacional Público**. 14. ed. São Paulo: Saraiva, 2000.

MELLO, Leonel Itassu Almeida. John Locke e o Individualismo Liberal. In: WEFFORT, Francisco (Org.). **Os Clássicos da Política**. 13. ed. São Paulo: Ática, 2002, v. 1.

MENDES, Gilmar Ferreira; BRANCO, Paulo Gustavo Gonet. **Curso de direito constitucional**. 7. ed. São Paulo: Saraiva, 2012.

_____. **Curso de direito constitucional**. 6. ed. São Paulo: Saraiva, 2011.

_____; _____; COELHO, Inocêncio Mártires. **Curso de direito constitucional**. 4. ed. São Paulo: Saraiva, 2009.

MONTESQUIEU, Charles de Secondat. **O espírito das leis**. 2. ed. São Paulo: Abril Cultural, 1979.

MORAES, Alexandre de. **Direitos humanos fundamentais**: teoria geral, comentários aos artigos 1º a 5º da Constituição da República Federativa do Brasil, doutrina e jurisprudência. São Paulo: Atlas, 1997.

MOREIRA, Aline de Oliveira; PEREIRA, Luciana Diniz Durães. **O Alto Comissariado das Nações Unidas Para Direitos Humanos (ACNUDH)**. Centro de Direito Internacional, X Anuário Brasileiro de Direito Internacional, 2016, p. 11-27.

NADER, Paulo. **Filosofia do direito**. 10. ed. Rio de Janeiro: Forense, 2001.

NEVES, Gustavo Bregalda. **Direito Internacional Público & Direito Internacional Privado**. 3. ed. São Paulo: Atlas, 2009.

NIESS, Andréa Patrícia Toledo Távora. Comentários aos artigos IX e X. In: BALERA, Wagner (Coord.). **Comentários à Declaração Universal dos Direitos do Homem**. Brasília: Fortium, 2008. p. 61-72.

NOVELINO, Marcelo. **Direito Constitucional**. 6. ed. Rio de Janeiro: Forense; São Paulo: Método, 2012.

OEA – Organização dos Estados Americanos. **Cautelares**. Disponível em: <http://www.oas.org/pt/cidh/decisiones/cautelares.asp>. Acesso em: 15 fev. 2014.

_____. **Índice temático sobre a liberdade de expressão**. Disponível em: <http://www.oas.org/es/cidh/expresion/showarticle.asp?artID=159&lID=4>. Acesso em: 15 fev. 2014.

_____. Comissão Interamericana de Direitos Humanos. **Informe nº 71/99 / Caso nº 11.656**. Partes: Marta Lúcia Álvarez Giraldo e Colômbia. Washington, 4 de maio de 1999. Disponível em: <https://www.cidh.oas.org/PRIVADAS/Colombia11656.htm>. Acesso em: 25 jun. 2013.

_____. Comissão Interamericana de Direitos Humanos. **Relatoria sobre direito à verdade nas Américas**. Aprovada em 13 de agosto de 2014. Disponível em: <http://www.oas.org/pt/cidh/>. Acesso em: 21 fev. 2018.

_____. Comissão Interamericana de Direitos Humanos. **Relatoria sobre os direitos da criança**. Disponível em: <http://www.oas.org/pt/cidh/>. Acesso em: 21 fev. 2018.

_____. Comissão Interamericana de Direitos Humanos. **Relatoria sobre os direitos da mulher**. Disponível em: <http://www.oas.org/pt/cidh/>. Acesso em: 21 fev. 2018.

_____. Comissão Interamericana de Direitos Humanos. **Relatoria sobre os direitos das pessoas lésbicas, gays, bissexuais, transexuais e intersexuais**. Disponível em: <http://www.oas.org/pt/cidh/>. Acesso em: 21 fev. 2018.

_____. Comissão Interamericana de Direitos Humanos. **Relatoria sobre os direitos humanos das pessoas afrodescendentes e contra a discriminação racial**. Disponível em: <http://www.oas.org/pt/cidh/>. Acesso em: 21 fev. 2018.

_____. Comissão Interamericana de Direitos Humanos. **Relatoria sobre os direitos humanos das pessoas privadas de liberdade**. Disponível em: <http://www.oas.org/pt/cidh/>. Acesso em: 21 fev. 2018.

_____. Comissão Interamericana de Direitos Humanos. **Relatoria sobre os direitos dos migrantes**. Disponível em: <http://www.oas.org/pt/cidh/>. Acesso em: 21 fev. 2018.

_____. Comissão Interamericana de Direitos Humanos. **Relatoria sobre pena de morte no sistema interamericano de direitos humanos: de restrições à abolição**. Aprovada em 31 de dezembro de 2011. Disponível em: <http://www.oas.org/pt/cidh/>. Acesso em: 21 fev. 2018.

_____. Comissão Interamericana de Direitos Humanos. Relatoria para a liberdade de expressão. **Informe anual de la Comisión interamericana de derechos humanos de 2013**. Disponível em: <http://www.oas.org/pt/cidh/>. Acesso em: 13 abr. 2015.

_____. Corte Interamericana de Direitos Humanos. **Sentença**. Partes: Atala Riffo e filhas e Chile. Washington, 24 de fevereiro de 2012. Disponível em: <http://www.corteidh.or.cr/docs/casos/articulos/seriec_239_esp.pdf>. Acesso em: 25 jun. 2013.

OIT – Organização Internacional do Trabalho. **Conheça a OIT**. Disponível em: <http://www.oit.org.br/>. Acesso em: 10 nov. 2013.

O JULGAMENTO DE NUREMBERG. Direção: Stanley Kramer. Elenco: Maximilian Schell, Spencer Tracy, Marlene Dietrich, Richard Widmark e outros. Estados Unidos: [s.n.], 1961. 187 min.

OLIVEIRA, Francisco Antonio de. **Mandado de injunção**: da inconstitucionalidade por omissão, enfoques trabalhistas. São Paulo: RT, 1993.

OLIVO, Luís Carlos Cancellier de. Os "novos" direitos enquanto direitos públicos virtuais na sociedade da informação. In: WOLKMER, Antônio Carlos; LEITE, José Rubens Morato (Org.). **Os "novos" direitos no Brasil**: natureza e perspectivas. São Paulo: Saraiva, 2003. p. 319-353.

ONU CONDENA execução de brasileiro na Indonésia e pede moratória à pena de morte. **ONU Brasil**, 20 de janeiro de 2015. Disponível em: <http://nacoesunidas.org/onu-condena--execucao-de-brasileiro-na-indonesia-e-pede-moratoria-a-pena-de-morte/>. Acesso em: 12 abr. 2015.

ORGANIZAÇÃO DAS NAÇÕES UNIDAS – ONU. **Legally binding instrument to regulate, in international human rights law, the activities of transnational corporations and other business enterprises**. Disponível em: <https://www.ohchr.org/Documents/HRBodies/HRCouncil/WGTransCorp/Session3/DraftLBI.pdf>. Acesso em: 30 ago. 2018.

_____. Alto Comissariado das Nações Unidas para os Refugiados (ACNUR). **A quem ajudamos**. Disponível em: <http://www.acnur.org/t3/portugues/a-quem-ajudamos/refugiados/>. Acesso em: 13 jun. 2013.

_____. **Direitos Humanos e Refugiados**. Ficha normativa nº 20. Disponível em: <http://www.gddc.pt/direitos-humanos/Ficha_Informativa_20.pdf>. Acesso em: 13 jun. 2013.

_____. Divisão Populacional. *World Abortion Policies*. Disponível em: <http://www.un.org/>. Acesso em: 12 abr. 2015.

_____. **Freedom of Opinion and Expression**: Annual reports. Disponível em: <http://www.ohchr.org/EN/Issues/FreedomOpinion/Pages/Annual.aspx>. Acesso em: 13 abr. 2015.

_____. **Rapporteur's Digest on Freedom of Religion or Belief**: Excerpts of the Reports from 1986 to 2011 by the Special Rapporteur on Freedom of Religion or Belief Arranged by Topics of the Framework for Communications. Disponível em: <http://www.ohchr.org/Documents/Issues/Religion/RapporteursDigestFreedomReligionBelief.pdf>. Acesso em: 14 abr. 2015.

_____. **Recomendações do Comitê sobre a Eliminação de Todas as Formas de Discriminação contra a Mulher**: *Follow-up* e recomendações gerais – 1989-2014. Disponível em: <http://monitoramentocedaw.com.br/documentos/cedaw>. Acesso em: 15 abr. 2015.

_____. *The Right to Privacy in the Digital Age*. Disponível em: <http://www.ohchr.org/EN/Issues/DigitalAge/Pages/DigitalAgeIndex.aspx>. Acesso em: 17 abr. 2015.

_____. Centro Regional de Informação das Nações Unidas. Carta Árabe dos Direitos Fundamentais é incompatível com normas internacionais, segundo Alta-Comissária para os Direitos Humanos. **Centro de Notícias da ONU**, 30 jan. 2008. Disponível em: <http://www.unric.org/pt/actualidade/14971>. Acesso em: 16 maio. 2013.

O TRIBUNAL DA UE endossa o "direito ao esquecimento" na *Internet*. **El país**, 13 de maio de 2014. Disponível em: <http://brasil.elpais.com/brasil/2014/05/12/sociedad/1399921965_465484.html>. Acesso em: 14 abr. 2015.

PAULA, Bruna Vieira de. As três vertentes da proteção internacional dos direitos da pessoa humana: direito internacional dos refugiados e o princípio do non-refoulement. **Fronteira**, Belo Horizonte, v. 5, n. 9, p. 31-65, jun. 2006.

PECK, Patrícia. **Direito digital**. São Paulo: Saraiva, 2002.

PERRONE-MOISÉS, Cláudia. Antecedentes históricos do estabelecimento do Tribunal Penal Internacional. **Revista da Faculdade de Direito da Universidade de São Paulo**, São Paulo, v. 98, 2003.

PFEIFFER, Roberto Augusto Castellanos. **Mandado de injunção**. São Paulo: Atlas, 1999.

PINHEIRO, Paúlo Sérgio; MESQUITA NETO, Paulo de. **Direitos humanos no Brasil**: perspectivas no final do século. Disponível em: <http://www.dhnet.org.br/direitos/militantes/pspinheiro/pspinheirodhbrasil.html>. Acesso em: 13 jun. 2013.

PIOVESAN, Flávia. **Direitos humanos e o direito constitucional internacional**. 9. ed. São Paulo: Saraiva, 2008.

_____. Introdução ao sistema interamericano de proteção dos direitos humanos: a convenção americana de direitos humanos. In: GOMES, Luís Flávio; PIOVESAN, Flávia (Coord.). **O sistema interamericano de proteção dos direitos humanos e o direito brasileiro**. São Paulo: Revista dos Tribunais, 2000.

PORTAL BRASIL. **PNDH-3 reúne políticas sobre direitos humanos**. Disponível em: <http://www.brasil.gov.br/sobre/cidadania/direitos-do-cidadao/programa-nacional-de-direitos-humanos-pndh>. Acesso em 13 jun. 2013.

PORTELA, Paulo Henrique Gonçalves. **Direito Internacional Público e Privado**. Salvador: JusPODIVM, 2009.

POZZOLI, Lafayette. Justiça participativa e cidadania. **Revista ibero-americana de filosofia política e filosofia do direito**. Porto Alegre, Instituto Jacques Maritain do Rio Grande do Sul, v. 1, n. 1, 2006, p. 93-112.

PRADO, José Luiz Aidar. **Habermas com Lacan**. Introdução crítica à teoria da ação comunicativa. São Paulo: EDUC, 2014.

QUEIRÓZ, Cristina. **Direitos fundamentais (teoria geral)**. Coimbra, Portugal: Coimbra Editora, 2002.

RAMOS, Dircêo Torrecillas. **Remédios constitucionais**: habeas corpus, mandado de segurança, mandado de segurança coletivo, ação popular/ação civil pública, mandado de injunção, *habeas data* – petição e certidão, inconstitucionalidade por omissão. 2. ed. São Paulo: WVC Editora, 1998.

REALE, Miguel. **Filosofia do direito**. 19. ed. São Paulo: Saraiva, 2002.

REIS, Marcus Vinícius. **Multiculturalismo e direitos humanos**. Disponível em: <www.senado.gov.br/senado/spol/pdf/ReisMulticulturalismo.pdf>. Acesso em: 04 jul. 2013.

RELATÓRIO DA RELATORA ESPECIAL sobre moradia adequada como componente do direito a um padrão de vida adequado e sobre o direito a não discriminação neste contexto. Disponível em: <https://terradedireitos.org.br/wp-content/uploads/2016/11/Relat%C3%B3rio_Popula%C3%A7%C3%A3o-em-situa%C3%A7%C3%A3o-de-rua.pdf>. Acesso em: 12 dez. 2018.

REZEK, J. F. **Direito Internacional Público**: curso elementar. 8. ed. São Paulo: Saraiva, 2000.

RODRIGUES, Marcelo Abelha. Ação civil pública. In: DIDIER JR., Fredie (org.). **Ações constitucionais**. 5. ed. Salvador: JusPODIVM, 2011. p. 341-439.

RODRIGUES JUNIOR, Otavio Luiz; MONTENEGRO FILHO, Misael. Art. 5º, incisos LXIX e LXX. In: BONAVIDES, Paulo; MIRANDA, Jorge; AGRA, Walber de Moura (coord.). **Comentários à Constituição Federal de 1988**. Rio de Janeiro: Forense, 2009.

ROUSSEAU, Jean Jacques. **O Contrato Social e Outros Escritos**. 12. ed. São Paulo: Cultrix, 1997.

SANFELICE, Patrícia de Mello. Comentários aos artigos I e II. In: BALERA, Wagner (Coord.). **Comentários à Declaração Universal dos Direitos do Homem**. Brasília: Fortium, 2008.

SANTOS FILHO, Oswaldo de Souza. Comentários aos artigos XIII e XIV. In: BALERA, Wagner (Coord.). **Comentários à Declaração Universal dos Direitos do Homem**. Brasília: Fortium, 2008. p. 79-84.

SARLET, Ingo Wolfgang. **A eficácia dos direitos fundamentais**. Porto Alegre: Livraria do Advogado, 2001.

SARMENTO, Daniel. **Direitos fundamentais e relações privadas**. 2. ed. Rio de Janeiro: Lumen Juris, 2006.

SCHLESENER, Anita Helena. Cidadania e política. In: CARDI, Cassiano; et. al. **Para filosofar**. São Paulo: Scipione, 2000. p. 173-192.

SCHMITT, Carl. O Führer protege o direito. In: MACEDO JR., Ronaldo Porto. **Carl Schmitt e a fundamentação do direito**. São Paulo: Max Limonad, 2001.

_____. **La defensa de la Constitución**. Madrid: Tecnos, 1998.

_____. **Teoría de la Constitución**. Salamanca: Alianza Editorial, 1996.

_____. **Teoría de la Constitución**. Madrid: Editorial Revista de Derecho Privado, 1927.

SEGATO, Rita Laura. Que cada povo teça os fios da sua história: o pluralismo jurídico em diálogo didático com legisladores. **Revista de Direito da UNB – Universidade de Brasília**. Brasília, ano 1, v. 1. Disponível em: <http://revistadireito.unb.br/index.php/revistadireito/article/view/19>. Acesso em: 24 mar. 2015.

SEITENFUS, Ricardo. **Manual das organizações internacionais**. 5. ed. Porto Alegre: Livraria do Advogado, 2008.

SILVA, Frederico Silveira e. Comentários aos artigos XVII e XVIII. In: BALERA, Wagner (Coord.). **Comentários à Declaração Universal dos Direitos do Homem**. Brasília: Fortium, 2008. p. 97-110.

SILVA, José Afonso da. **Curso de direito constitucional positivo**. 25. ed. São Paulo: Malheiros, 2006.

_____. **Aplicabilidade das normas constitucionais**. São Paulo: RT, 1982.

SILVA, Júlio César Lázaro da. Conflito na Síria: a primavera que não consegue se estabelecer. **Brasil Escola**. Disponível em: <http://brasilescola.uol.com.br/geografia/conflito-na-siria--primavera-que-nao-consegue-se-estabelecer.htm>. Acesso em: 25 mai. 2016.

SILVA, Karine de Souza; VIEL, Ricardo Nunes. Os mecanismos coletivos de proteção dos direitos humanos: os sistemas de proteção universal e o interamericano. **Revista Direito e Justiça**, Reflexões Sociojurídicas, ano VI, nº 9, nov. 2006.

SILVA, Virgílio Afonso da. **A constitucionalização do Direito**: os direitos fundamentais nas relações entre particulares. São Paulo: Malheiros, 2008.

SÓFOCLES. **Édipo rei / Antígona**. São Paulo: Martin Claret, 2003.

SPITZCOVSKY, Celso. **Direito Administrativo**. 13. ed. São Paulo: Método, 2011.

STEINMETZ, Wilson. Princípio da proporcionalidade e atos de autonomia privada restritivos de direitos fundamentais. In: SILVA, Virgílio Afonso da (Org.). **Interpretação constitucional**. São Paulo: Malheiros, 2007. p. 11-53.

TAVARES, André Ramos. **Curso de direito constitucional**. 12. ed. São Paulo: Saraiva, 2014.

_____. **Curso de direito constitucional**. 11. ed. São Paulo: Saraiva, 2013.

_____. **Manual do Poder Judiciário brasileiro**. São Paulo: Saraiva, 2012.

_____. **Teoria da justiça constitucional**. São Paulo: Saraiva, 2005.

TEIXEIRA, J. H. Meirelles. **Curso de direito constitucional**. São Paulo: Forense, 1991.

TEMPOS MODERNOS. Direção: Charles Chaplin. Elenco: Charles Chaplin, Paulette Goddard, Henry Bergman. Estados Unidos: [s.n.], 1936. 83 min.

TRINDADE, Antônio Augusto Cançado. Direito Internacional dos Direitos Humanos, Direito Internacional Humanitário e Direito Internacional dos Refugiados: Aproximações ou Convergências. In: COMITÊ INTERNACIONAL DA CRUZ VERMELHA (Org.). **As três vertentes da proteção internacional dos direitos da pessoa humana**: Direitos Humanos, Direito Humanitário, Direito dos Refugiados. [s.n.], 2004. Disponível em: <http://www.icrc.org/por/resources/documents/misc/direitos-da-pessoa-humana.htm>. Acesso em: 13 jun. 2013.

_____. Direitos humanos no século XXI. **Revista da Universidade de Brasília**, Brasília, p. 16 – 18, 01 jul. 2000.

_____. O sistema interamericano de direitos humanos no limiar do novo século: recomendações para o fortalecimento de seu mecanismo de proteção. In: GOMES, Luís Flávio; PIOVESAN, Flávia (Coord.). **O sistema interamericano de proteção dos direitos humanos e o direito brasileiro**. São Paulo: Revista dos Tribunais, 2000. p. 103-151.

UN CONCERN at Dutch euthanasia law. **BBC News**, 28 de julho de 2001. Disponível em: <http://news.bbc.co.uk/2/hi/europe/1461226.stm>. Acesso em: 12 abr. 2015.

VALVERDE, Thiago Pellegrini. Comentários aos artigos XV e XVI. In: BALERA, Wagner (Coord.). **Comentários à Declaração Universal dos Direitos do Homem**. Brasília: Fortium, 2008.

VENTURA, Daisy. O direito à saúde e os 70 anos da Declaração Universal dos Direitos Humanos. In: **Direitos humanos fundamentais**: 70 anos da Declaração Universal dos Direitos Humanos e 20 anos do reconhecimento da jurisdição da Corte Interamericana de Direitos Humanos e as mudanças na aplicação do direito no Brasil: coletânea de artigos. Brasília: MPF, 2019, p. 50-70.

VENTURI, Elton. **Processo civil coletivo**: a tutela jurisdicional dos direitos difusos, coletivos e individuais homogêneos no Brasil. Perspectivas de um código brasileiro de processos coletivos. São Paulo: Malheiros, 2007.

YOSHIHARA, Susan. United Nations Considers Euthanasia and New Treaty on Aging. **Lifenews**, 30 de setembro de 2011. Disponível em: <http://www.lifenews.com/2011/09/30/united-nations-considers-euthanasia-and-new-treaty-on-aging/>. Acesso em: 12 abr. 2015.

VOLUME ÚNICO